Jürgen Wolf

Photoshop Elements 2026

Das umfassende Handbuch

Rheinwerk
Fotografie

Liebe Leserin, lieber Leser,

die zielgerichtete Bearbeitung und effiziente Verwaltung von Bildern gehört zur digitalen Fotografie einfach dazu. Am Computer verleihen Sie Ihren bereits guten Fotos den finalen Schliff. Und Sie sorgen dafür, dass Sie schnell diejenigen Aufnahmen wiederfinden, die Sie benötigen. Mit Photoshop Elements 2026 haben Sie ein leistungsstarkes Werkzeug zur Hand, das es Ihnen ermöglicht, mehr aus Ihren Bildern herauszuholen.

Das Ziel dieses Buches ist es, Ihnen einen fundierten Überblick über die Menüs und die Struktur des Programms zu vermitteln. Es soll Sie dabei anleiten, die vielfältigen Funktionen effizient zu nutzen. Jürgen Wolf zeigt Ihnen, wie Sie sich in der Benutzeroberfläche orientieren, und leitet Sie detailliert an – von den grundlegenden Funktionen bis hin zu fortgeschrittenen Techniken. Dazu erhalten Sie viele praxisorientierte Tipps. So kommen Sie schnell zum Ziel, unabhängig davon, ob Sie Einsteiger oder erfahrene Anwenderin, Gelegenheitsbildbearbeiter oder Power-User sind.

Ich wünsche Ihnen viele erhellende Momente beim Lesen und Ausprobieren der verschiedenen Funktionen und hoffe, dass Sie mithilfe dieses Buches die Aufgaben am Rechner schnell erledigen können. Denn bei dem, was Bildbearbeitungsprogramme heutzutage leisten können, sollte am Ende doch mehr Zeit für die Fotografie übrig bleiben.

Bei Fragen oder Anregungen stehe ich Ihnen gerne zur Verfügung, denn Ihr Feedback bereichert unsere Publikationen.

Ihre Annette Graeber
Lektorat Rheinwerk Fotografie

annette.graeber@rheinwerk-verlag.de
www.rheinwerk-verlag.de
Rheinwerk Verlag • Rheinwerkallee 4 • 53227 Bonn

Auf einen Blick

Wir hoffen, dass Sie Freude an diesem Buch haben und sich Ihre Erwartungen erfüllen. Falls Sie Anregungen, Wünsche und Kommentare haben, lassen Sie es uns wissen: **service@rheinwerk-verlag.de**.

Informationen zu unserem Verlag und Kontaktmöglichkeiten finden Sie auf unserer Verlagswebsite **www.rheinwerk-verlag.de**. Dort können Sie sich auch umfassend über unser aktuelles Programm informieren und unsere Bücher und E-Books bestellen.

Autor Jürgen Wolf
Lektorat Annette Graeber
Typografie & Layout Vera Brauner, Maxi Beithe
Satz Markus Miller, München
Herstellung Vera Brauner
Covergestaltung Eva Hepper
Coverbilder Adobe Stock: 1460924961 © Piotr Krzeslak, 204062063 © Rixie;
iStock: 1290021667 © Alexander Farnsworth; Shutterstock: 795521707 © Edalin Photography;
Unsplash: insung yoon
Druck mediaprint solutions, Paderborn

PEFC
PEFC/04-31-0810

Dieses Buch wurde mit mineralölfreien Farben auf PEFC-zertifiziertem Papier aus nachhaltiger Waldwirtschaft gedruckt. Hergestellt in Deutschland.

Bibliografische Information der Deutschen Nationalbibliothek:
Die Deutsche Nationalbibliothek verzeichnet diese Publikation in der Deutschen Nationalbibliografie; detaillierte bibliografische Daten sind im Internet über *http://dnb.dnb.de* abrufbar.

ISBN 978-3-367-11174-9

17. Auflage 2026

Rheinwerk Verlag GmbH • Rheinwerkallee 4 • 53227 Bonn
service@rheinwerk-verlag.de

Inhalt

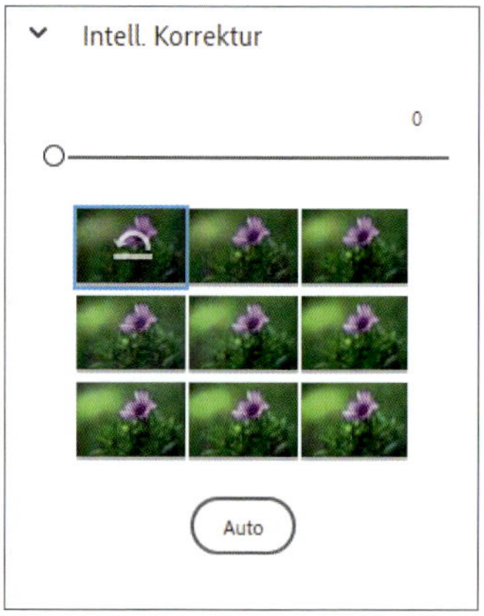

3 Der Assistent

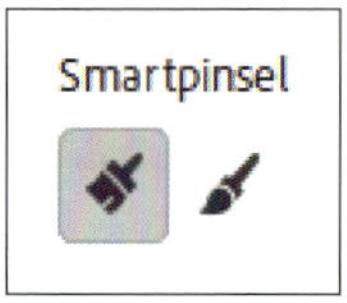

4 Der Fotoeditor im Erweitert-Modus

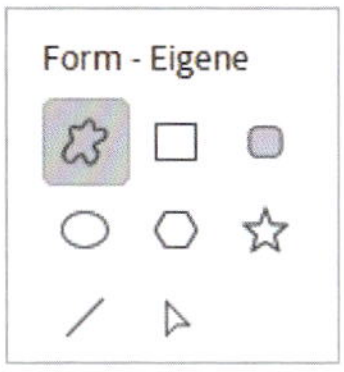

5 Exaktes Arbeiten auf der Arbeitsoberfläche

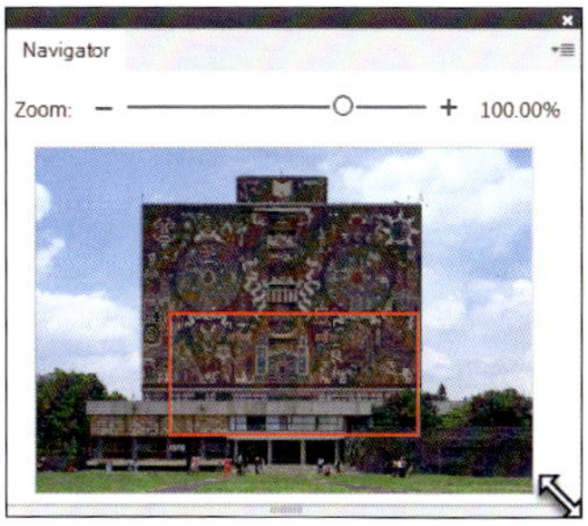

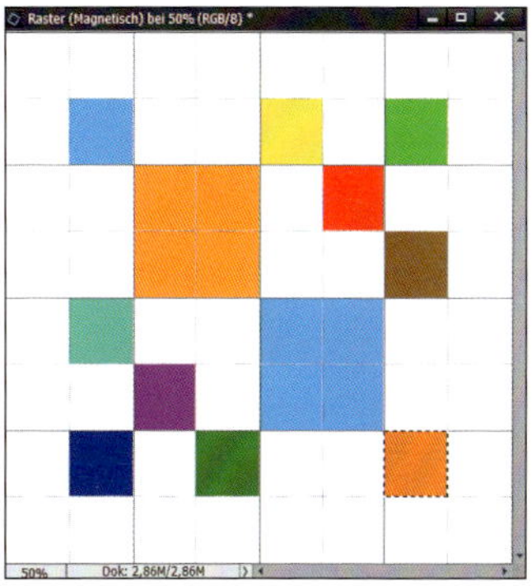

TEIL II Der Organizer

6 Fotos in den Organizer importieren

7 Die Arbeitsoberfläche des Organizers

8 Fotos organisieren und verwalten

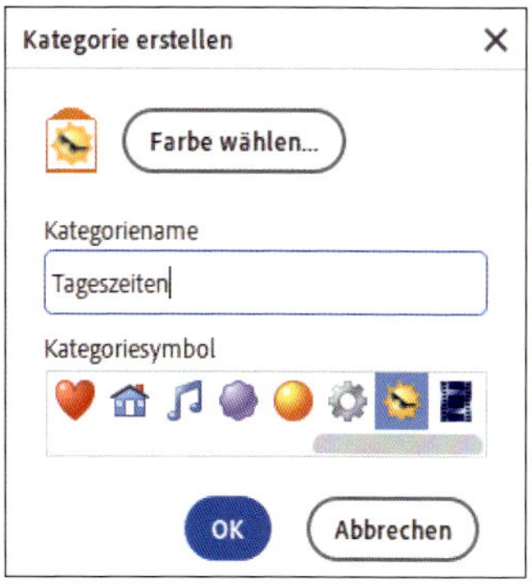

Kategorie erstellen
Farbe wählen...
Kategoriename
Tageszeiten
Kategoriesymbol
OK
Abbrechen

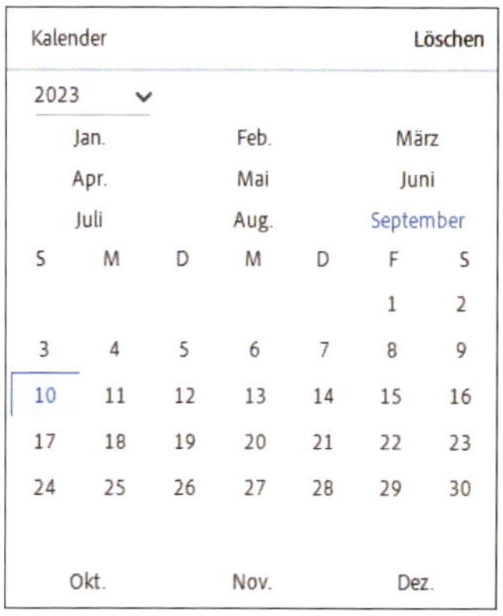

Kalender
Löschen
2023
Jan.
Feb.
März
Apr.
Mai
Juni
Juli
Aug.
September
S M D M D F S
1 2
3 4 5 6 7 8 9
10 11 12 13 14 15 16
17 18 19 20 21 22 23
24 25 26 27 28 29 30
Okt.
Nov.
Dez.

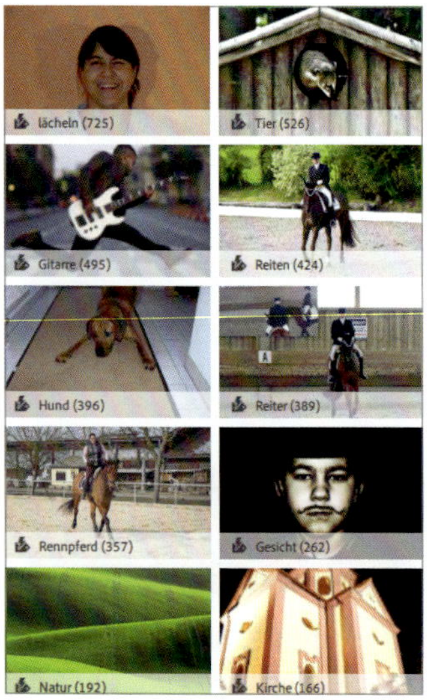
lächeln (725)
Tier (526)
Gitarre (495)
Reiten (424)
Hund (396)
Reiter (389)
Rennpferd (357)
Gesicht (262)
Natur (192)
Kirche (166)

TEIL III Bildkorrektur

9 Grundlegendes zur Bildkorrektur

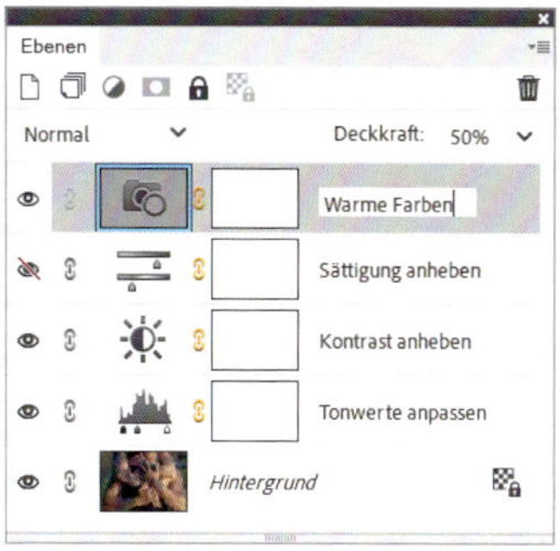

10 Belichtung korrigieren

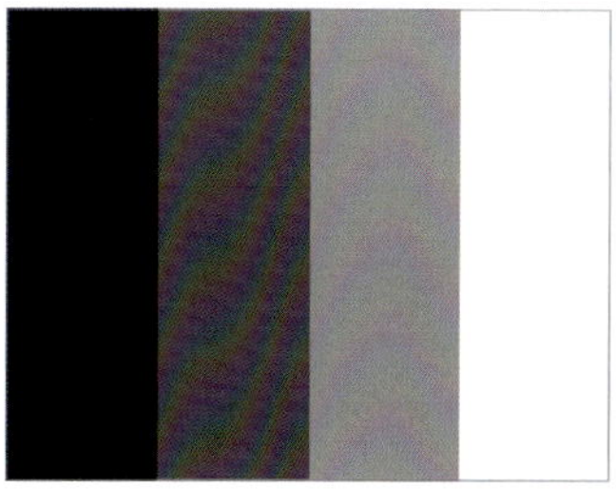

TEIL V Zuschneiden und Ausrichten

14 Zuschneiden, ausstechen und neu zusammensetzen

15 Bilder ausrichten

TEIL VI Schärfen und Weichzeichnen

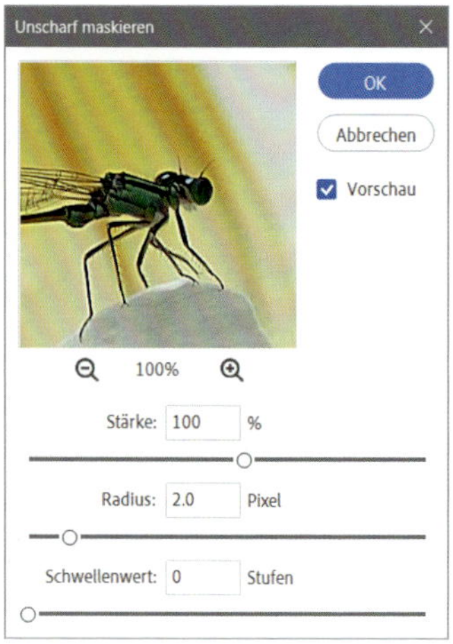

16 Bilder schärfen

17 Bilder weichzeichnen

TEIL VII Schwarzweiß und Farbveränderungen

18 Schwarzweißbilder

19 Farbverfremdung

TEIL VIII Die Mal- und Füllwerkzeuge

20 Mit Farben malen

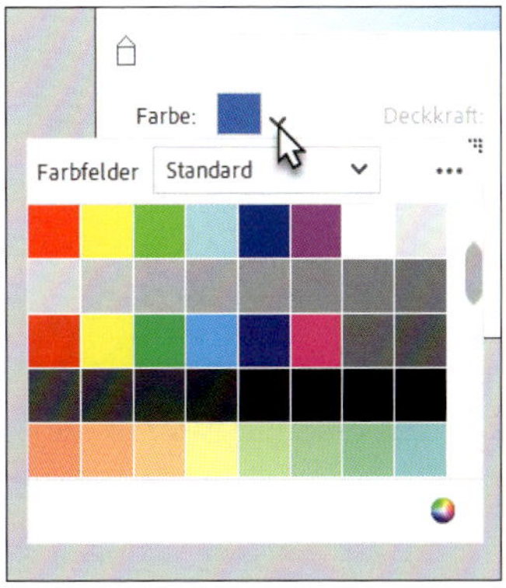

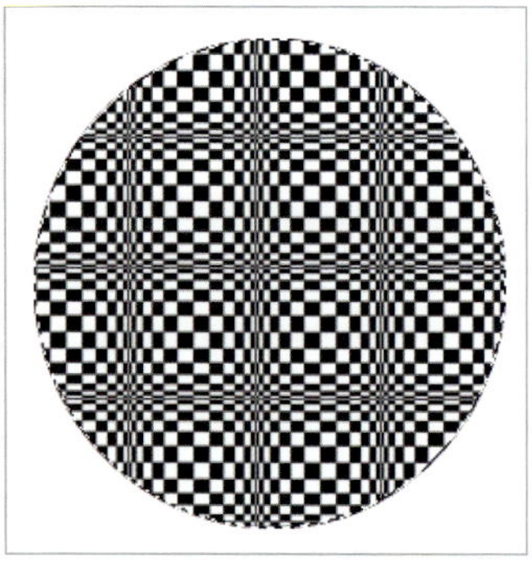

23 Komplexe Auswahlen erstellen

TEIL X Ebenen

24 Ebenen in Photoshop Elements

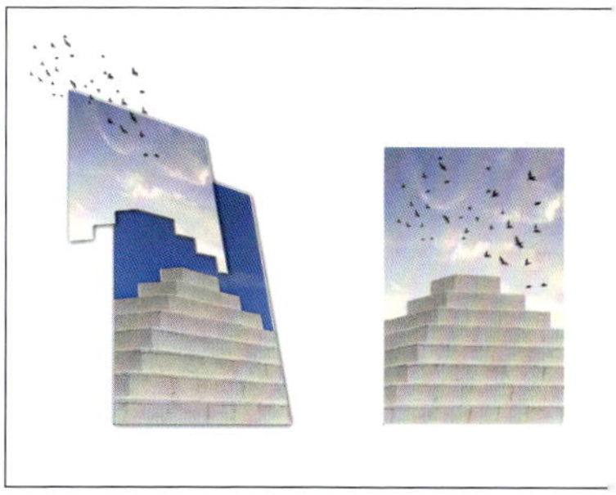

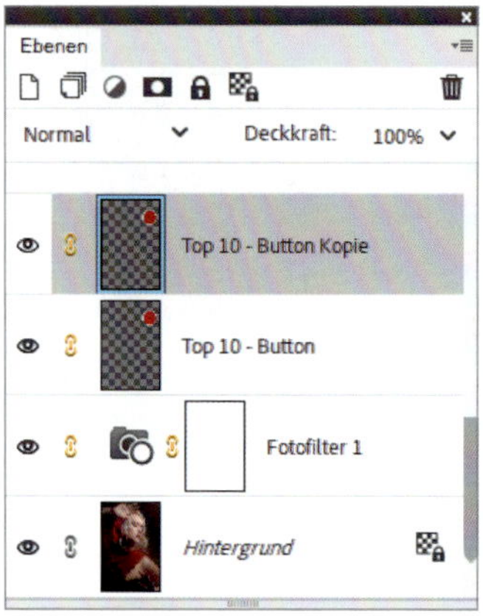

25 Das Ebenen-Bedienfeld

26 Transformieren, Skalieren, Vergrößern und Verkleinern

27 Füllmethoden von Ebenen

28 Ebenenmasken

29 Fotocollagen und -montagen

TEIL XI Reparieren und Retuschieren

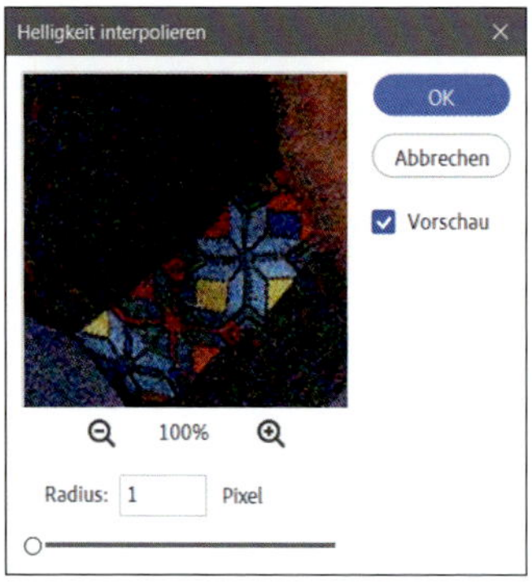

30 Bildstörungen

31 Retuschewerkzeuge

32 Generative KI

TEIL XII Mit Text und Formen arbeiten

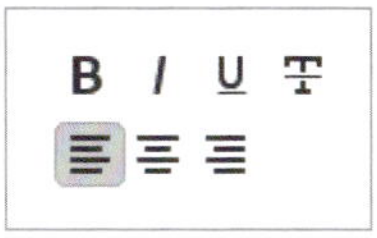

33 Grundlagen zur Texterstellung

34 Ebenenstile und -effekte

35 Kreative Textgestaltung

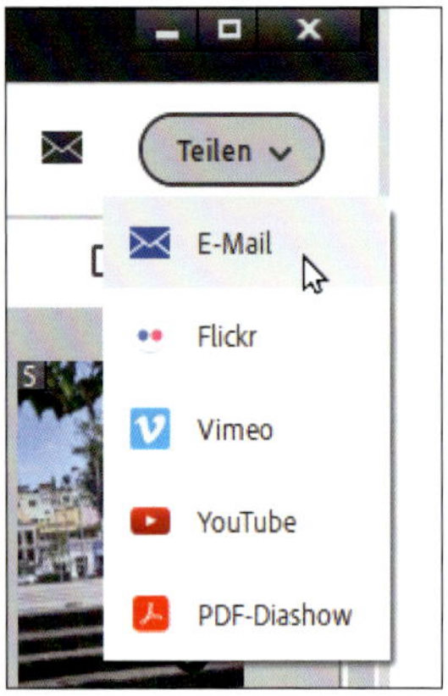
Teilen
E-Mail
Flickr
Vimeo
YouTube
PDF-Diashow

TEIL XIV Anhang

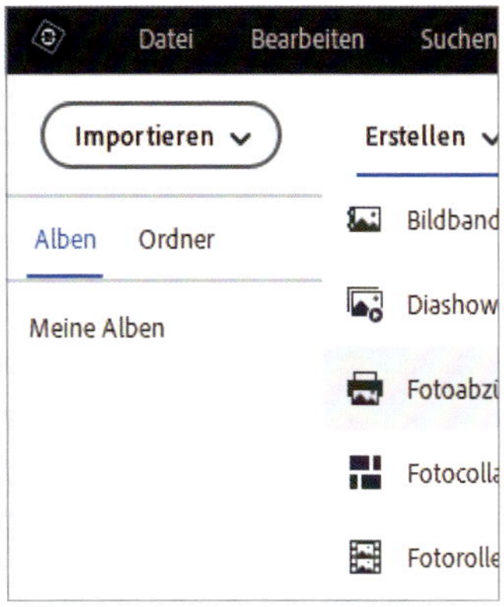

Workshops

Fotocollagen und -montagen

Bildstörungen

Retuschewerkzeuge

Generative KI

Kreative Textgestaltung

Bilder im Internet teilen

Bilder präsentieren

Einführung: Der rote Faden

Bevor Sie mit der Lektüre des Buches beginnen, erlauben Sie mir ein paar Zeilen für einige Hinweise zum Buch, einen Leitfaden für Einsteiger in Photoshop Elements und ein paar persönliche Worte.

In eigener Sache

Ich schreibe das Buch zu Photoshop Elements nun schon seit Version 7 der Software. In diesen Jahren hat sich die Software enorm verändert und stets verbessert. Wenn Sie, wie ich, mit dieser Software mitgewachsen sind, lassen sich Funktionen schnell finden und ausführen, um das gewünschte Bildergebnis zu erreichen. Sollten Sie aber neu in das Programm einsteigen, kann Sie die Funktionsvielfalt, die Photoshop Elements mittlerweile bietet, zunächst erschlagen oder gar abschrecken, und der Zugang zur Software kann Ihnen dadurch erschwert werden. Sicher können Sie dann zunächst den SCHNELL- oder den ASSISTENT-Modus nutzen, sodass Sie bei jeder Funktion Schritt für Schritt an die Hand genommen werden. Diese Möglichkeiten sind durchaus hilfreich, aber Sie nutzen die Software damit noch lange nicht vollumfänglich aus. Unter Umständen beschränken Sie sich auch in Ihrer Kreativität, weil Sie eben nur auf die Funktionen zugreifen, die Ihnen der ASSISTENT-Modus bietet.

Der Untertitel und der Buchumfang deuten bereits an, was alles in der Software steckt. Ich erkläre Ihnen hier ausführlich alle Werkzeuge und Funktionen und erläutere deren praktische Anwendung in nachvollziehbaren Schritt-für-Schritt-Anleitungen. Dennoch müssen Sie gerade als Neueinsteiger etwas Zeit investieren, bis Sie die Tiefen der Software ergründet haben.

Selbstverständlich blicke ich auch über den Tellerrand hinaus und behandele viele unverzichtbare Themen rund um die Bildbearbeitung. Anfänger finden so einen umfassenden Einstieg in alle Bereiche der Software. Weiter fortgeschrittene Leser können das Buch nutzen, um immer mal wieder Themen nachzuschlagen, und sicher auch das eine oder andere dazulernen.

Leitfaden zum Buch

Sehen Sie dieses Symbol neben dem Text in der Marginalie, wird dort beschrieben, wodurch sich die Mac-Version von der Windows-Version unterscheidet.

Einsteigern in und Umsteigern zu Photoshop Elements soll dieser Abschnitt für einen schnelleren Zugang dienen. Photoshop Elements ist nicht so komplex, wie es auf den ersten Blick scheint, sondern nur sehr umfangreich. Sofern Sie also keinerlei Erfahrung mit der Software oder überhaupt mit der Bildbearbeitung haben, empfehle ich Ihnen, zunächst diesen Leitfaden zu lesen.

Abbildung 1 verdeutlicht Ihnen das Zusammenspiel der einzelnen Komponenten von Photoshop Elements. Sie können daran auch erkennen, dass Sie unterschiedliche Möglichkeiten für den Arbeitsablauf haben und dass es kaum möglich ist, die Themen im Buch in einer ganz bestimmten Reihenfolge abzuhandeln. Trotzdem möchte ich gerade Einsteigern im Folgenden einen Leitfaden an die Hand geben, an dem sie sich orientieren und dann selbst entscheiden können, in welcher Reihenfolge sie vorgehen möchten.

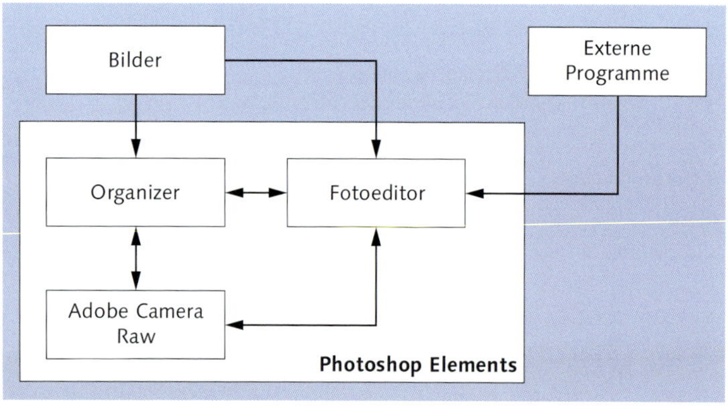

Abbildung 1 ▸
Das Zusammenspiel der einzelnen Komponenten von Photoshop Elements

Bilder importieren und verwalten mit dem Organizer

Falls Sie schon immer auf der Suche nach einer Software waren, mit der Sie die vielen Bilder auf Ihrem Rechner und den externen Festplatten verwalten können, dann ist der Organizer von Photoshop Elements eine sehr gute Wahl. Dank Funktionen wie beispielsweise der Gesichtserkennung, der Verwaltung von Aufnahmeorten via GPS, der Sortierung nach Ereignissen oder Stichwort-Tags und dem Erstellen von digitalen Fotoalben werden Sie garantiert immer Ihr gewünschtes Bild wiederfinden.

Sollten Sie also noch auf der Suche nach einem guten Werkzeug für die Bildverwaltung sein, können Sie mit **Teil II** des Buches beginnen, um Ihre Bilder in den Organizer zu importieren und dort zu organisieren.

Organizer ist optional
Die Verwaltung der Bilder mit dem Organizer ist optional. Sie können den Fotoeditor von Photoshop Elements auch nutzen, ohne die Bilder über den Organizer bereitzustellen. Dieses Vorgehen ist auch gar nicht so unüblich, da viele Fotografen ihre Bilder gerne mit einem kommerziellen Raw-Konverter organisieren, der häufig die Option zur Bilderverwaltung enthält.

Bilder bearbeiten (allgemeine Korrektur)

Der Begriff *Bildbearbeitung* ist sehr weit dehnbar. In einem typischen Arbeitsfluss sind die Bildkorrekturen meist ein erster Schritt. Bei der allgemeinen Bildkorrektur werden zum Beispiel die Belichtung, Tiefen, Lichter, Helligkeit, der Kontrast oder die Farbe angepasst. Wo Sie diese Bearbeitungsschritte ausführen, hängt davon ab, ob das Bild im JPEG- oder im Raw-Format vorliegt.

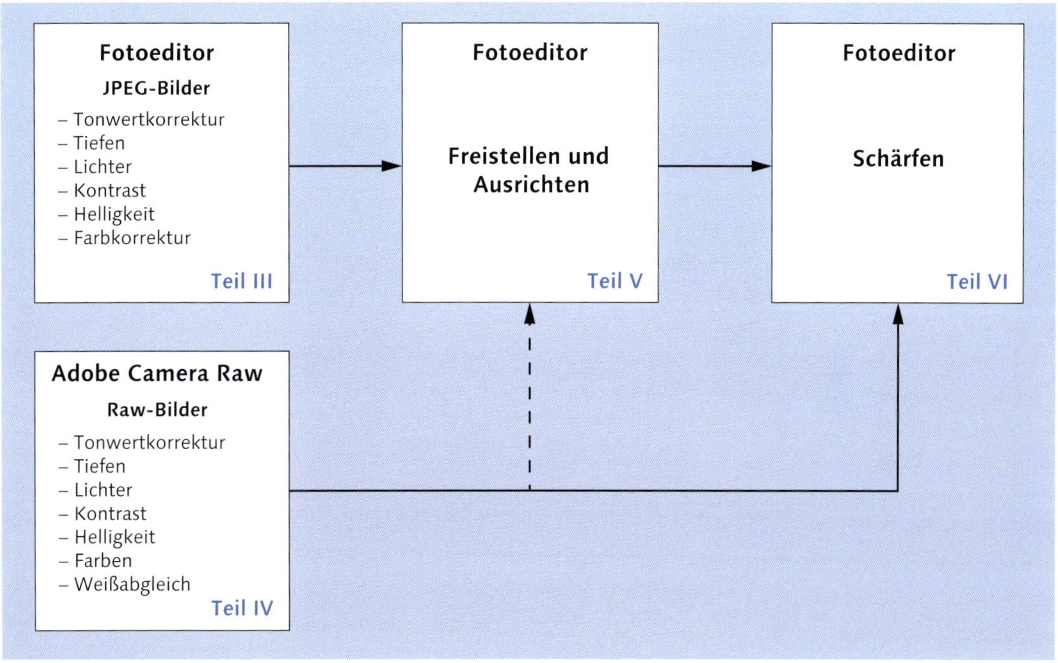

▲ **Abbildung 2**
Ein möglicher Arbeitsfluss bei der Bildkorrektur

Klassische Bildformate, wie das JPEG, können Sie direkt im Fotoeditor bearbeiten. Im Buch werden die entsprechenden Korrekturen in **Teil III** behandelt. Weitere Funktionen, die sich der Bildkorrektur zuordnen lassen, sind das Zuschneiden oder das Ausrichten Ihrer Bilder. Neben der Anpassung der Perspektive und Funktionen zum Kombinieren mehrerer Fotos werden diese Themen in

Teil V behandelt. Sollten Sie jedoch noch nicht mit Photoshop Elements gearbeitet haben, empfehle ich Ihnen, sich zuerst mit **Teil I** des Buches zu beschäftigen. Hier lernen Sie die Bedienung und die Bedienelemente des Fotoeditors kennen. Auch werden in Teil I der SCHNELL-Modus und der ASSISTENT-Modus beschrieben. Bei den meisten Funktionsbeschreibungen in diesem Buch habe ich allerdings den ERWEITERT-Modus verwendet.

ACR: Photoshop Elements vs. Photoshop

Technisch wird für Photoshop Elements dasselbe ACR verwendet wie für das »große« Photoshop. Allerdings ist die Version für Photoshop Elements in ihrer Funktionalität gegenüber der Photoshop-Version etwas eingeschränkt.

Sollten Sie Ihre Fotos (zusätzlich) im Raw-Format aufgenommen haben, können Sie die Bildkorrekturen sowie das Freistellen und Ausrichten in dem mitgelieferten Plug-in *Adobe Camera Raw* (kurz ACR) durchführen und anschließend im Fotoeditor weiterarbeiten. Auf die allgemeine Anwendung des Plug-ins und die Bildkorrekturen im Raw-Format gehe ich gesondert in **Teil IV** des Buches ein.

Eine Bildkorrektur wird häufig mit dem Nachschärfen als letztem Arbeitsschritt abgeschlossen. Neben den Filtern des Fotoeditors gibt es hier einige spezielle Techniken, die ich, ebenso wie das Weichzeichnen, in **Teil VI** des Buches beschreibe.

Vertiefende Bildbearbeitung

Funktionen, die über die grundlegende Bildkorrektur hinausgehen, thematisiere ich in der zweiten Hälfte des Buches ab **Teil VII**. Das erste Kapitel darin widmet sich den Farb- und Schwarzweißveränderungen. Hier erfahren Sie, wie Sie Farbverfremdungen durchführen können und Schwarzweißbilder erstellen. Auch wie Sie aus einem Schwarzweißbild ein farbiges Bild machen, zeige ich Ihnen hier.

Die darauffolgenden drei Teile behandeln fundamentale Themen, die wichtig sind, wenn Sie tiefer in die Bildbearbeitung einsteigen möchten. Zu Beginn erkläre ich Ihnen in **Teil VIII** die Mal- und Füllwerkzeuge. Der diesbezügliche Umgang ist ein wichtiger Baustein, um später mit komplexeren Techniken und Werkzeugen agieren zu können.

Die wohl wichtigsten Techniken der vertiefenden Bildbearbeitung sind die Auswahlen und Ebenen. Wenn Sie diese nicht beherrschen, dürfte es Ihnen schwerfallen, Bildmanipulationen, Fotocollagen, Bild-Composings, selektive Anpassungen und noch vieles mehr zu realisieren. Diese Eckpfeiler der professionellen Bildbearbeitung werden in **Teil IX** und **Teil X** behandelt.

Retuschearbeiten wie das Entfernen oder Klonen von Objekten, die Behebung von Bildstörungen sowie die Porträtretusche werden in diesem Buch gesondert in **Teil XI** behandelt. Dass Sie in Photoshop Elements auch gut mit Texten und Formen arbeiten können, zeige ich Ihnen in **Teil XII** des Buches.

Bilder präsentieren und teilen

In **Teil XIII**, dem letzten Teil des Buches, werden die Präsentation und die Weitergabe Ihrer Bilder thematisiert. Ich erkläre Ihnen hier, wie Sie Bilder beispielsweise für das Internet aufbereiten oder animierte Bilder erstellen. Weiterhin werden das Drucken und die Erstellung einer Diashow behandelt.

▼ **Abbildung 3**
Die Teile des Buches in der Übersicht

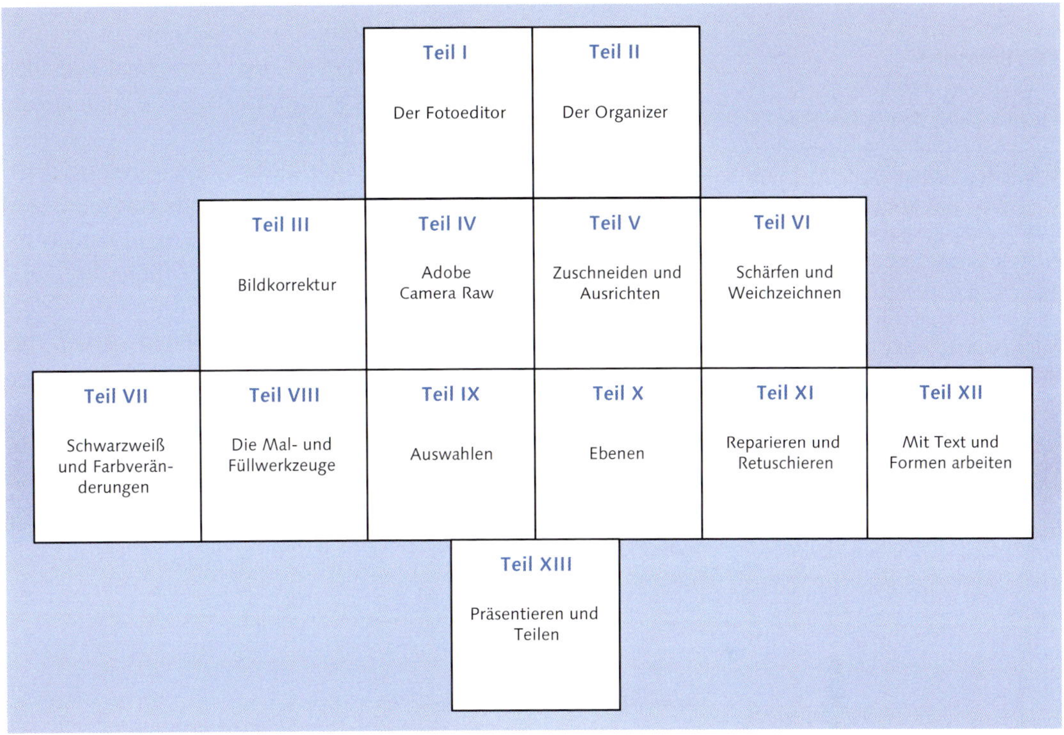

Schritt für Schritt – die Workshops

Viele Themen, Werkzeuge und Dialoge werden im Buch in Schritt-für-Schritt-Anleitungen beschrieben. Diese Workshops dokumentieren praktisch jeden Mausklick und Tastendruck und sind vielfach mit passenden Bildern und Screenshots illustriert. Im Buch erkennen Sie die Workshops an einer roten Überschrift, die immer mit dem Titel »Schritt für Schritt« beginnt. Die Bilder aus diesen Anleitungen finden Sie auch auf der Downloadseite zum Buch: *www.rheinwerk-verlag.de/6213*. Unterhalb der ersten Informationen zum Buch finden Sie dort einen grauen Kasten mit einem Reiter MATERIALIEN. Klicken Sie darauf, und halten Sie bitte Ihr Buchexemplar bereit, um die Materialien freischalten zu können.

Neben diesem Icon in der Marginalspalte werden der Name und der Ort der Bilddatei angegeben, die Sie unter *www.rheinwerk-verlag.de/6213* herunterladen können.

Beachten Sie allerdings, dass sich diese Schritt-für-Schritt-Anleitungen im Buch immer nur auf den Anwendungsfall des Beispielbildes beziehen. Um die Anleitung auf Ihre eigenen Bilder anzuwenden, werden Sie in der Regel andere Werte verwenden müssen, da jedes Bild anders ist. Ich rate Ihnen aber auf jeden Fall dazu, diese Beispiele selbst zu testen, um sich so mehr Praxiserfahrung anzueignen. Mithilfe dieser Kenntnisse werden Sie bald immer eigenständiger mit Photoshop Elements arbeiten und eigene Lösungen für neue Anwendungsfälle entwickeln.

Was ist neu in Version 2026?

Photoshop Elements konnte schon ein wenig KI. Mit den beiden neuen Werkzeugen BILD GENERIEREN und OBJEKT EINFÜGEN hat nun auch generative KI in Photoshop Elements Einzug gehalten. Ein weiteres Highlight ist die neue Option zum automatischen Entfernen von Personen in einer belebten Szene mit dem ENTFERNEN-Werkzeug. Neu ist auch die Funktion FOTO WIEDERHERSTELLEN, mit der Sie alte und beschädigte Fotos ohne Retusche mithilfe von KI wiederherstellen können.

Eine neue, kontextsensitive Taskleiste soll Ihnen helfen, den nächsten wichtigen Befehl im Workflow sofort zur Hand zu haben. Für das Textwerkzeug gibt es jetzt eine Rechtschreibprüfung, und auch einige COLOR FONTS wurden hinzugefügt. Sehr schön ist auch, dass Photoshop Elements endlich das WebP-Format vollständig unterstützt. Darüber hinaus wurde wieder vieles unter der Haube und an der Benutzeroberfläche verbessert und optimiert.

3-Jahres-Lizenz

Geändert hat sich auch das Lizenzmodell. Mit Photoshop Elements 2025 führte Adobe zwar kein Abo, aber eine 3-Jahres-Lizenz ein. Das bedeutet, dass die Software 3 Jahre lang auf dem Rechner läuft. In dieser Zeit erhalten Sie regelmäßige Updates, Fehlerkorrekturen und Leistungsverbesserungen, allerdings keine Funktionsupdates, die zum Beispiel mit der nächsten Version kommen. Nach drei Jahren wird die Software nicht mehr funktionieren. Sie haben dann die Möglichkeit, die neueste Version zu erwerben. Wie bisher können Sie Photoshop Elements auf zwei Computern aktivieren.

Danke

Niemand schreibt ein Buch ohne die Hilfe anderer Menschen. Daher möchte ich hier alle erwähnen, die maßgeblich zum Gelingen des Buches beigetragen haben. Zunächst möchte ich natürlich meiner Familie danken, die mir in den letzten Monaten den Rücken freigehalten hat, sodass ich mich zu 100% auf das Buch konzentrieren konnte. Ebenso möchte ich mich beim Rheinwerk Verlag bedanken, der mir dieses Buch überhaupt ermöglicht hat. Ganz besonders danke ich meiner Lektorin Annette Graeber, die immer ein angenehmes Arbeiten ermöglicht hat und mir stets mit Rat und Tat zur Seite stand.

Nun bleibt mir nur noch, Ihnen recht viel Spaß mit diesem Buch und mit Adobe Photoshop Elements zu wünschen!

Jürgen Wolf

Fragen zum Buch

Sollten Sie Fragen, Anregungen oder Hinweise zum Buch haben, können Sie mich gerne über den Verlag kontaktieren. Ich bin stets bemüht, Ihnen bei Problemen mit dem Buch zu helfen.

TEIL I
Der Fotoeditor

Kapitel 1

Bilder öffnen und speichern. Das Farbschema

Für die Bearbeitung der Bilder wird in Photoshop Elements der Fotoeditor verwendet. Damit Sie gleich loslegen können, erfahren Sie in diesem Kapitel, wie Sie Ihre Bilder im Fotoeditor öffnen und auf der Festplatte speichern.

1.1 Der Startbildschirm

Nach dem Start von Adobe Photoshop Elements müssen Sie sich im Startbildschirm zunächst entscheiden, was Sie tun möchten. Wollen Sie Fotos organisieren und verwalten, klicken Sie auf die Schaltfläche ORGANIZER ❸. Um den Fotoeditor zur Bildbearbeitung zu starten, drücken Sie die Schaltfläche FOTOEDITOR ❺. Das Organisieren der Fotos mit dem Organizer behandele ich in Teil II (ab Kapitel 6) des Buches.

»Schnell«-Modus
Standardeinstellung von Photoshop Elements ist, dass die Oberfläche des Fotoeditors zunächst im SCHNELL-Modus zur schnellen Bildkorrektur gestartet wird. Damit wird der absolute Einsteiger zunächst einmal nicht mit der Fülle an Funktionen erschlagen, die Adobe Photoshop Elements zu bieten hat.

◀ **Abbildung 1.1**
Über den Startbildschirm können Sie den Organizer ❸, den Fotoeditor ❺ oder (falls installiert) den Videoeditor Adobe Premiere Elements ❻ aufrufen.

Zwischen Anwendungen wechseln

Haben Sie sich eingangs für den Fotoeditor entschieden und zwischenzeitlich den Startbildschirm wieder geschlossen, müssen Sie nicht zu diesem zurückkehren, um etwa zum Organizer zu wechseln. Alle Arbeitsbereiche können Sie jederzeit auch aus anderen Arbeitsbereichen heraus öffnen. Wollen Sie den Startbildschirm wieder aufrufen, können Sie dies sowohl im Fotoeditor als auch im Organizer über die entsprechende Schaltfläche im unteren Arbeitsbereich oder über das Menü HILFE • STARTBILDSCHIRM machen.

▲ **Abbildung 1.2**
Die Schaltfläche für den Startbildschirm finden Sie im Organizer und im Fotoeditor wieder.

Kapitel_01: Provia 2.jpg

Natürlich sieht der Dialog zum Öffnen von Bildern bei der Mac-Version eben Mac-üblich anders aus. Aber das Prinzip und die Anwendung bleiben gleich.

▲ **Abbildung 1.3**
Ein Bild über die Schaltfläche ÖFFNEN in den Fotoeditor laden

Wenn Sie auf VIDEOEDITOR ❻ klicken, können Sie auch diesen hier starten, so Sie ihn denn installiert haben. Ist dies nicht der Fall, erscheint ein Dialog, der Ihnen anbietet, eine Voll- oder Testversion herunterzuladen. Haben Sie bereits Dateien oder Projekte bearbeitet bzw. erstellt, finden Sie diese im Bereich LETZTE DATEIEN ❹. Sie können die entsprechenden Dateien durch Anklicken erneut laden und daran weiterarbeiten.

Links unten ❶ finden Sie automatische Kreationen, wenn Sie Bilder in den Organizer importieren. Was es mit diesen Kreationen auf sich hat, werden Sie in Abschnitt 8.11, »Automatische Kreationen«, erfahren. Wenn Sie nicht so recht wissen, was Sie als Nächstes tun wollen oder sich inspirieren lassen möchten, finden Sie oberhalb des Startbildschirms Vorschläge und Tutorials ❷. Durch Anklicken eines Fensters öffnet sich eine Website zum Thema, oder Sie können direkt die entsprechende Funktion im Organizer oder Fotoeditor starten.

1.2 Bilddateien im Fotoeditor öffnen

Ich gehe davon aus, dass sich bereits ein paar Fotos auf Ihrem Rechner, in einer Cloud oder auf einer externen Festplatte befinden. Falls Sie noch keine Bilder haben oder nicht wissen, wie Sie Bilder von der Kamera auf den Rechner bekommen, sollten Sie sich zuerst Teil II, »Der Organizer«, ansehen. Dort bespreche ich die Verwaltung und Archivierung von Bildern im Detail. Alternativ können Sie aber auch ein Bild von den Beispielmaterialien zum Buch öffnen, zum Beispiel die Datei »Provia 2.jpg«.

Um ein Bild zu öffnen, klicken Sie entweder auf die entsprechende Schaltfläche ❶ unterhalb der Menüleiste oder wählen im Menü DATEI • ÖFFNEN aus, oder aber Sie nutzen die Tastenkombination Strg/cmd+O. Es öffnet sich ein neues Fenster mit dem Titel ÖFFNEN. Alternativ führen Sie auf der leeren Arbeitsoberfläche einen Doppelklick aus, um den Dialog anzuzeigen.

Im Grunde handelt es sich hier um eine übliche Dialogbox zum Öffnen von Dateien, wie Sie sie aus anderen Programmen kennen. Mit dieser Dialogbox können Sie auf Laufwerken und in Verzeichnissen Ihres Rechners nach Bildern suchen.

Mit einem Klick auf das Bild können Sie sich eine Vorschau ausgeben lassen ❸. Sie öffnen ein Bild einfach per Doppelklick oder durch Anklicken der Schaltfläche ÖFFNEN. Befinden sich in einem Verzeichnis viele Dateien verschiedener Formate, können Sie sie über die Dropdown-Liste DATEITYP ❹ filtern.

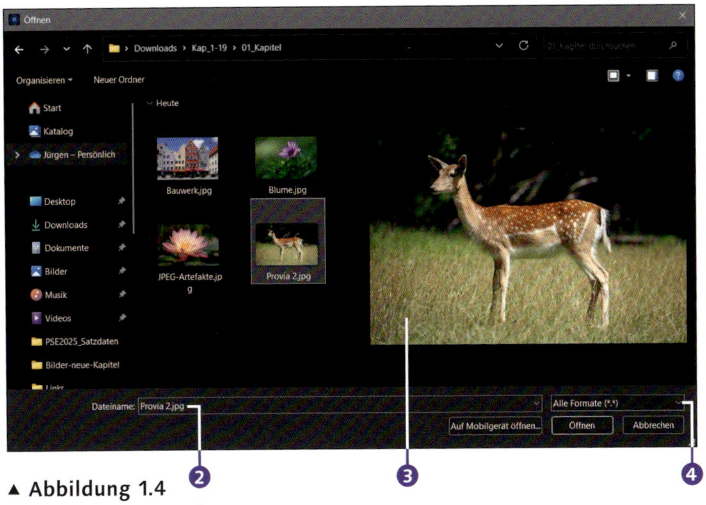

▲ **Abbildung 1.4**
Die Dialogbox zum Öffnen von Bildern

> **Mehrere Dateien öffnen**
> Wollen Sie mehrere Dateien aus demselben Verzeichnis öffnen, halten Sie einfach Strg/cmd gedrückt, während Sie die gewünschten Bilder mit der linken Maustaste auswählen.

Nach dem Öffnen des Bildes wird dieses jetzt im Dokumentfenster angezeigt. Das geöffnete Bild bzw. die Bilder finden Sie auch im Fotobereich ganz unten wieder.

> **Bilder aus dem Web öffnen**
> Wenn Sie Bilder aus dem Web öffnen wollen und die Webadresse dazu haben, können Sie diese bei Dateiname ❷ eingeben oder einfügen, und das Bild wird im Fotoeditor geöffnet. Wie Sie eine Adresse zu einem Bild im Webbrowser ermitteln können, unterscheidet sich von Browser zu Browser.

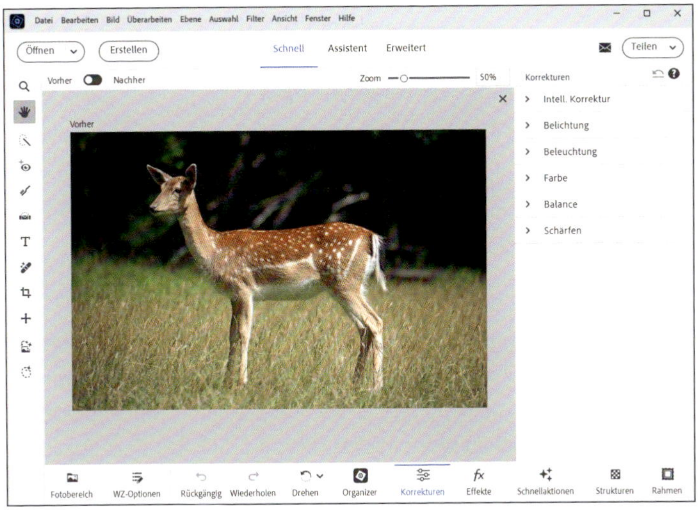

◂ **Abbildung 1.5**
Die geöffnete Bilddatei im Fotoeditor

Bilder über Drag & Drop öffnen | Es gibt eine weitere Möglichkeit, ein Bild mit Photoshop Elements zu öffnen: Ziehen Sie einfach ein Bild oder eine Grafik aus einem anderen Programm (Webbrowser, Explorer, anderes Bildbearbeitungsprogramm usw.) mit gedrückter linker Maustaste in Photoshop Elements, oder lassen Sie es, sofern minimiert, über der Taskleiste fallen (klassisches Drag & Drop).

Geöffnete Bilder anordnen
Wie Sie mehrere gleichzeitig geöffnete Bilder und die Darstellung der Fenster steuern, erfahren Sie in Abschnitt 5.5, »Das Dokumentfenster«.

In Camera Raw öffnen | Mit DATEI • IN CAMERA RAW ÖFFNEN (oder mit der Tastenkombination [Strg]/[cmd]+[Alt]+[O]) öffnen Sie ein Bild mit dem Camera-Raw-Plug-in von Photoshop Elements. Neben üblichen Raw-Formaten können Sie hiermit auch Bilder im JPEG-, TIFF- und PSD-Format in das Plug-in laden. Das Camera-Raw-Plug-in wird noch gesondert in Kapitel 12 und Kapitel 13 des Buches behandelt.

Zuletzt bearbeitete Datei | Über DATEI • ZULETZT BEARBEITETE DATEI ÖFFNEN wird ein Untermenü geöffnet, in dem Sie aus einer Liste der letzten geöffneten Bilder auswählen können. Das zuletzt bearbeitete Bild befindet sich ganz oben. Die Anzahl der angezeigten Dateien können Sie über BEARBEITEN • VOREINSTELLUNGEN • DATEIEN SPEICHERN (am Mac: PHOTOSHOP ELEMENTS EDITOR • VOREINSTELLUNGEN • DATEIEN SPEICHERN) ändern. Auch im Dropdown-Menü ❶ neben der Schaltfläche ÖFFNEN können Sie auf die fünf zuletzt geöffneten Dateien zurückgreifen.

▲ **Abbildung 1.6**
Die zuletzt geöffneten Dateien sind bereit zum erneuten Öffnen.

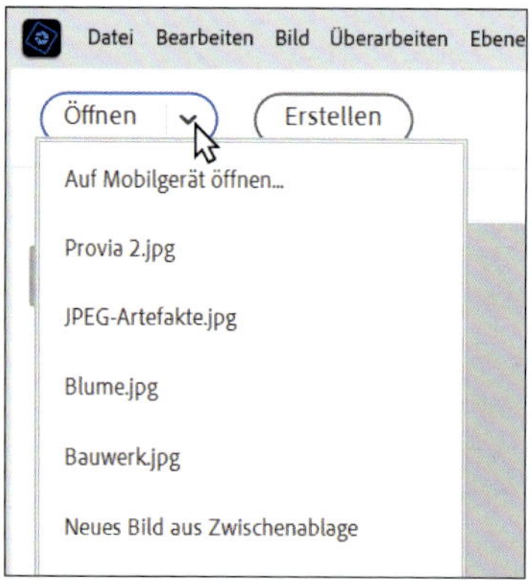

Abbildung 1.7 ►
Auch über das Dropdown-Menü neben der Schaltfläche ÖFFNEN können Sie schnell auf die fünf zuletzt geöffneten Dateien zugreifen.

Abbildung 1.8 ►►
Ist eine Bilddatei in der Zwischenablage vorhanden, können Sie diese mit entsprechendem Befehl in den Fotoeditor laden.

Neues Bild aus der Zwischenablage | Sie können jedes Bild anzeigen lassen, das sich in der Zwischenablage befindet. Wenn Sie zum Beispiel im Webbrowser einen Rechtsklick über einer Grafik machen und KOPIEREN wählen, können Sie das Bild ebenfalls mit DATEI • NEU • BILD AUS ZWISCHENABLAGE oder auch über das Dropdown-Menü neben der Schaltfläche ÖFFNEN aus der Zwischenablage in Photoshop Elements öffnen.

Auf Mobilgerät öffnen | In Photoshop Elements finden Sie im Menü DATEI den Befehl AUF MOBILGERÄT ÖFFNEN. Damit können Sie Fotos von Ihrem Mobilgerät ganz einfach per QR-Code in die Desktop-Anwendung übertragen, ohne dass Sie eine weitere Anwendung benötigen. Der Speicherort der importierten Bilder kann (optional) individuell festgelegt werden ❶.

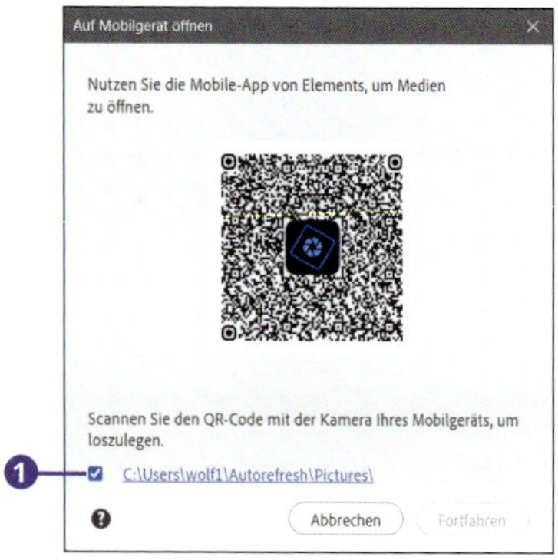

▲ **Abbildung 1.9**
Wenn Sie einen solchen QR-Code mit einem Mobilgerät scannen, können Sie darauf gespeicherte Bilder direkt in dem Editor öffnen.

Nach dem Scannen des QR-Codes mit einem Smartphone oder Tablet gelangen Sie über Ihren mobilen Browser auf eine Anmeldeseite und anschließend zur Fotoauswahl auf dem Mobilgerät. Die ausgewählten Bilder werden direkt an Photoshop Elements gesendet und nach erfolgreicher Übertragung automatisch im Editor geöffnet, sodass Sie sofort mit der Bearbeitung beginnen können.

1.3 Neues Bild anlegen

Selbstverständlich können Sie mit Photoshop Elements auch eine neue leere Datei anlegen. Möglich wird dies über das Menü Datei • Neu • Leere Datei oder mit der Tastenkombination Strg/cmd+N. Auch über die Dropdown-Liste neben Öffnen finden Sie hierfür einen entsprechenden Befehl, um eine Neue leere Datei anzulegen. Anschließend öffnet sich eine Dialogbox.

▲ **Abbildung 1.10**
Einfach mal schnell eine neue leere Datei über den entsprechenden Befehl anlegen

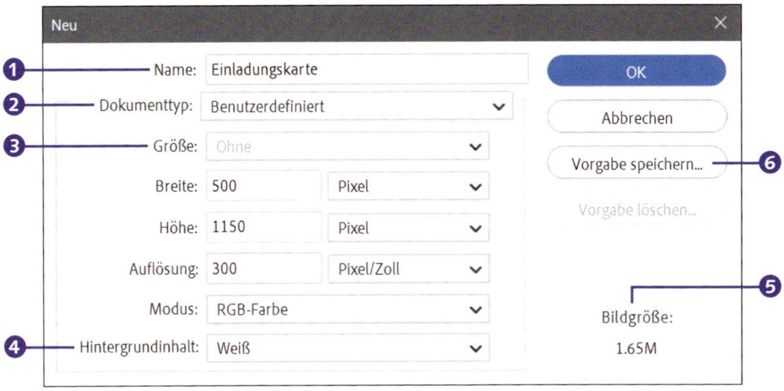

◄ **Abbildung 1.11**
Die Dialogbox zum Anlegen einer neuen Bilddatei

In der Dialogbox können Sie jetzt die Eigenschaften für die neu anzulegende Bilddatei angeben. Die Datei benennen Sie im Textfeld Name ❶. Beachten Sie allerdings, dass die Datei trotz der Vergabe eines Namens nicht automatisch gespeichert wird. Unter Dokumenttyp ❷ haben Sie mehrere Möglichkeiten, die Bildgröße anzugeben. Hier können Sie zwischen verschiedenen Vorgaben wie DIN-Formaten, US-Formaten usw. wählen, die Sie dann genauer über Größe ❸ (DIN A4, DIN A5 usw.) auswählen können. Das ist recht praktisch, weil man ja nicht alle DIN- und andere Standardmaße im Kopf haben kann.

Natürlich können Sie die Werte auch manuell über Breite und Höhe eingeben. Achten Sie darauf, dass Sie dahinter die richtige Maßeinheit gesetzt haben. Auch die Auflösung können Sie von Hand eingeben. Bei Modus stellen Sie den Farbmodus ein, den

Sie verwenden wollen. Worum es sich bei der Auflösung bzw. beim Modus handelt und welche Maßeinheiten Sie wofür einstellen sollten, erfahren Sie in Anhang B, »Grundlagen zu digitalen Bildern«.

Am Ende legen Sie den HINTERGRUNDINHALT ❹ fest, mit dem die Ebene gefüllt werden soll. Sie können zwischen WEISS, TRANSPARENZ und HINTERGRUNDFARBE wählen. Die Hintergrundfarbe bezieht sich auf die Einstellungen in der Werkzeugleiste.

Auf der rechten unteren Seite wird unter BILDGRÖSSE ❺ außerdem auch gleich berechnet, wie viel Speicherplatz das neue Bild benötigt.

Wollen Sie eine eigene Vorgabe für zukünftige Anwendungen sichern und wiederverwenden, können Sie dies tun, indem Sie die Werte des NEU-Dialogs ausfüllen und dann die Schaltfläche VORGABE SPEICHERN... ❻ anklicken. Im sich öffnenden Dialogfenster NEUE DOKUMENTVORGABE können Sie einen VORGABENAME ❼ vergeben und auswählen, welche der eingegebenen Werte Sie in die neue Vorgabe mit einschließen wollen.

Vorgabe löschen

Eine selbst erstellte Vorgabe können Sie löschen, indem Sie diese im Dropdown-Menü VORGABE auswählen und dann die Schaltfläche VORGABE LÖSCHEN anklicken. Hierbei können Sie nur selbst erstellte Vorgaben löschen. Vorhandene Vorgaben von Photoshop Elements können nicht gelöscht werden.

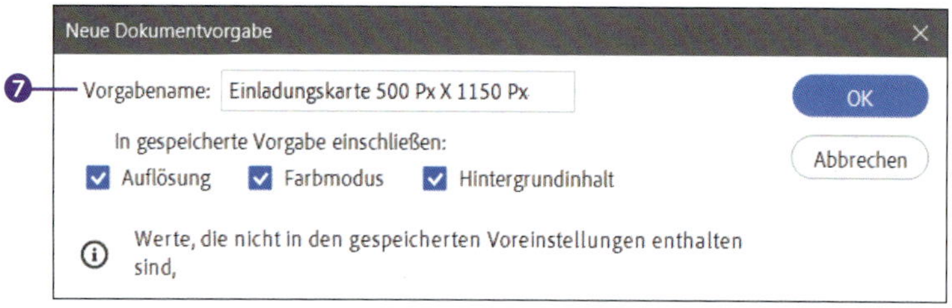

▲ **Abbildung 1.12**
Angaben für eine neue Vorgabe machen. Ein klarer VORGABENAME hilft Ihnen bei der späteren Auswahl.

Die so erstellte neue Vorgabe können Sie im Dropdown-Menü DOKUMENTTYP ❽ über den vergebenen Vorgabenamen ❾ aufrufen und verwenden.

▲ **Abbildung 1.13**
Die eigene Vorgabe wird im Dropdown-Menü VORGABE gespeichert.

1.4 Dateien speichern

Wenn Sie ein Bild fertig bearbeitet haben, wollen Sie es sicher auch speichern. Hier gilt: Speichern Sie lieber einmal zu oft als einmal zu wenig. Photoshop Elements bietet Ihnen zum Speichern zwei Kommandos an: den Befehl DATEI • SPEICHERN und den Befehl DATEI • SPEICHERN UNTER:

- Mit dem Befehl SPEICHERN (oder Strg/cmd+S) werden Änderungen der aktuellen Bilddatei gesichert. Beachten Sie hierbei, dass die alte Bildversion ohne Rückfrage einfach überschrieben wird.
- Mit SPEICHERN UNTER (oder Strg/cmd+⇧+S) wird ein umfangreicher SPEICHERN-Dialog aufgerufen, in dem Sie verschiedene Optionen festlegen können und vor allem die Möglichkeit haben, das Bild unter einem neuen Namen abzuspeichern.

Für das Web speichern
Einen weiteren Befehl finden Sie mit DATEI • FÜR WEB SPEICHERN. Auf diesen Befehl werde ich gesondert in Abschnitt 37.3, »Bilder für das Web speichern«, eingehen.

1.4.1 Der Speichern-Dialog

Wenn Sie den Befehl DATEI • SPEICHERN UNTER (oder Strg/cmd+⇧+S) auswählen oder eine Datei zum ersten Mal speichern, erscheint der SPEICHERN-Dialog aus Abbildung 1.14. Dort stehen Ihnen viele Speicheroptionen zur Verfügung, die ich im Folgenden erläutern möchte.

Der SPEICHERN-Dialog der Mac-Version sieht optisch natürlich etwas anders aus, ist aber – bis auf das Fehlen der Option MINIATUR – funktionell völlig identisch mit der Windows-Version.

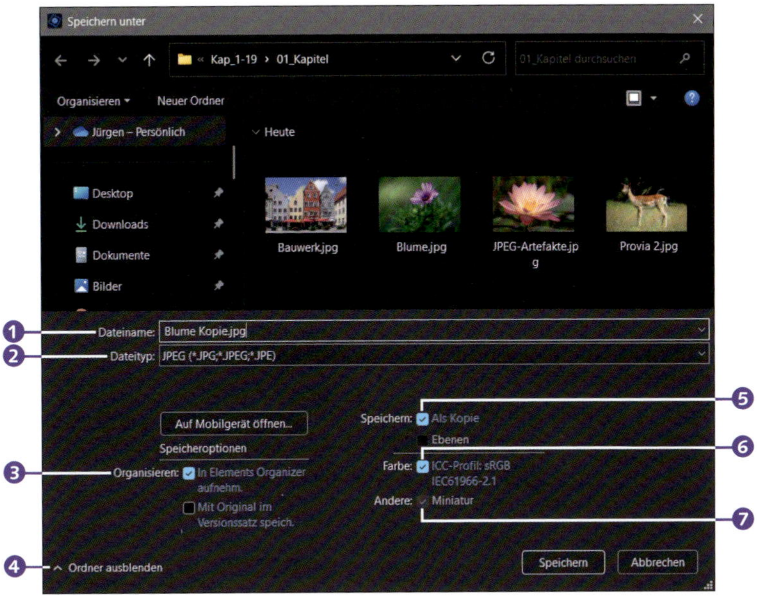

◂ **Abbildung 1.14**
Die Dialogbox zum Speichern von Bildern

Bei DATEINAME ❶ geben Sie den Namen der zu speichernden Datei an. Die Endung wird automatisch anhand des gewählten Formats ❷ bestimmt.

Mehr zum Organizer

Dem Verwalten und Archivieren von Bildern mit dem Organizer widmet sich Teil II dieses Buches.

Im Bereich ORGANISIEREN ❸ können Sie zwei Häkchen setzen. Zum einen können Sie IN ELEMENTS ORGANIZER AUFNEHMEN aktivieren, wodurch die neu gespeicherte Datei automatisch in den Katalog des Organizers aufgenommen wird. Wenn noch kein Katalog im Organizer vorhanden ist und Sie den Organizer zur Verwaltung Ihrer Bilder verwenden möchten, erscheint ein Hinweis, dass Sie zuerst den Organizer starten und einen neuen Katalog anlegen sollten. Wollen Sie den Organizer nicht zur Verwaltung Ihrer Bilder verwenden, können Sie selbstverständlich trotzdem die Dateien wie gehabt abspeichern. Die Optionen in ORGANISIEREN sind dann allerdings ausgegraut und Sie können diese nicht auswählen.

Mit der Option MIT ORIGINAL IM VERSIONSSATZ SPEICHERN hingegen speichern Sie bei einer mehrfach bearbeiteten Datei jeweils eine Version. Mehrere Versionen werden so zu einem Versionssatz zusammengefasst, der zum Beispiel im Organizer als Bilderstapel angezeigt wird. Ist diese Option ausgegraut, wird das Bild zum ersten Mal bearbeitet und gespeichert.

Mehr zu den Ebenen

Alles Wichtige zu den Ebenen finden Sie in Teil X in diesem Buch.

Im nächsten Bereich, SPEICHERN ❺, finden Sie ebenfalls wieder zwei Optionen, die Sie aktivieren oder deaktivieren können. Die Option EBENEN sollten Sie verwenden, wenn Sie ein Bild speichern, in dem Sie Ebenen angelegt haben. Ist diese Option ausgegraut, hat das Bild keine Ebenen, oder das Dateiformat unterstützt keine Ebenen. Das Speichern von Ebenen ist nur mit den Dateiformaten TIFF und PSD möglich. Ist diese Option bei mehreren Ebenen gesetzt und erlaubt das Datenformat Ebenen, werden die Ebenen gespeichert. Entfernen Sie das Häkchen, werden beim Speichern alle Ebenen zu einer vereint. In den meisten Fällen werden Sie das Häkchen sicher stehen lassen.

Duplizieren

Alternativ können Sie eine Kopie auch über DATEI • DUPLIZIEREN erstellen. Dabei wird der aktuelle Stand der Datei dupliziert. Allerdings müssen Sie diese Kopie anschließend trotzdem noch über den Menüpfad DATEI • SPEICHERN UNTER unter einem anderen Namen abspeichern.

Sehr nützlich ist auch die Option ALS KOPIE. Sie lässt sich hervorragend einsetzen, wenn Sie am aktuellen Bild weiterarbeiten wollen und nur schnell eine (Sicherungs-)Kopie des aktuellen Zustands des Bildes abspeichern wollen. Gewöhnlich wird zwischen dem Dateinamen und der Dateiendung (Format) der Text »Kopie« gesetzt. Sie können somit ungehindert am Original weiterarbeiten und haben zur Sicherheit immer noch eine Kopie des Originals auf der Festplatte, die Sie jederzeit in den Fotoeditor laden können.

Im Bereich FARBE ❻ finden Sie ein einziges Kontrollkästchen, mit dem Sie das ICC-Farbprofil, das mit dem Bild verbunden ist, mitspeichern können. Mehr zu diesem Thema lesen Sie in Anhang B des Buches.

Über ORDNER AUSBLENDEN ❹ bzw. über ORDNER DURCHSUCHEN, wenn ausgeblendet, können Sie die Ordneransicht zum

Suchen und Auswählen des Verzeichnisses, in dem Sie das Bild speichern wollen, aus- bzw. einblenden.

Windows-Optionen | Am Ende finden Sie noch zwei unsortierte Optionen, die nur unter Windows zur Verfügung stehen: Mit MINIATUR ❼ werden Miniaturvorschauen von Bildern eingebettet. Ob die Option überhaupt vorhanden ist, hängt auch vom gewählten Format ab. Im Grunde lässt sich die Option ohnehin nicht verändern.

Speichern bestimmter Datenformate | Wenn Sie im SPEICHERN-Dialog das Format gewählt haben, in dem die Datei gespeichert werden soll, erscheint (abhängig vom Format) meistens noch ein weiteres Dialogfenster, in dem Sie zusätzliche Optionen für das Speichern des Formats einstellen können. Zumeist handelt es sich dabei um Werte, mit denen Sie die Qualität und/oder Dateigröße beeinflussen.

Dateiformate im Überblick
Die wichtigsten Dateiformate stelle ich Ihnen in Anhang B in Abschnitt B.4 etwas genauer vor.

1.4.2 Wichtige Hinweise zum Speichern

Wenn Sie ein Bild speichern wollen, sollten Sie folgende Punkte beherzigen, um keine bösen Überraschungen zu erleben:

- **Nie mit dem Original arbeiten**: Wenn Sie ein Bild öffnen, sollten Sie von Anfang an mit einer Kopie und nicht mit dem Original arbeiten. Zwar können Sie mit DATEI • SPEICHERN UNTER vermeiden, dass Sie das Original überschreiben, aber schnell drückt man gedankenlos auf DATEI • SPEICHERN oder verwendet die Tastenkombination [Strg]/[cmd]+[S]. Solange Sie das Bild nicht geschlossen haben, können Sie notfalls die zuletzt gemachten Schritte noch mit [Strg]/[cmd]+[Z] rückgängig machen und das Bild gegebenenfalls wiederherstellen. Sicherer ist es aber, das Bild gleich zu Beginn unter einem neuen Namen abzuspeichern.
- **Bild duplizieren und schließen**: Damit Sie nicht mit dem Original arbeiten müssen, sollten Sie über DATEI • DUPLIZIEREN oder über einen Rechtsklick auf die Miniaturvorschau im FOTOBEREICH das Original duplizieren. Anschließend arbeiten Sie nur noch mit der Kopie und können das Original schließen. Der Vorteil dieser Vorgehensweise ist auch, dass mit DATEI • SPEICHERN derselbe Dialog erscheint wie mit DATEI • SPEICHERN UNTER, wenn Sie eine Datei zum ersten Mal in einem neuen Format speichern.

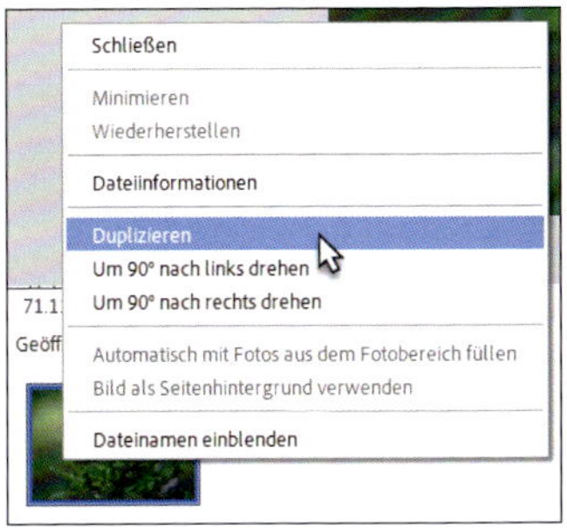

▲ **Abbildung 1.15**
Über einen rechten Mausklick in der Miniaturvorschau im FOTOBEREICH lässt sich schnell eine Kopie des Originals erstellen.

Tabelle 1.1 gibt Ihnen noch einmal einen Überblick über die wichtigsten Tastenkürzel für das Öffnen und Speichern von Dateien, natürlich für Windows und für Mac.

Vorhaben	Windows	Mac
Datei öffnen	Strg+O	cmd+O
in Camera Raw öffnen	Strg+Alt+O	cmd+alt+O
Datei anlegen	Strg+N	cmd+N
Datei schließen	Strg+W	cmd+W
alle Dateien schließen	Strg+Alt+W	cmd+alt+W
Datei speichern	Strg+S	cmd+S
Datei speichern unter	Strg+⇧+S	cmd+⇧+S
für Web speichern	Strg+⇧+Alt+S	cmd+⇧+alt+S

Tabelle 1.1 ▸
Tastaturbefehle für die Arbeit mit Dateien

1.5 Das Farbschema auswählen

Helles Farbschema im Buch
Für dieses Buch wurden die Screenshots mit dem hellen Farbschema erzeugt. Im gedruckten Buch sind sie so besser erkennbar, besonders, wenn Text vorhanden ist.

Seit Version 2024 bietet Photoshop Elements die Möglichkeit, die Benutzeroberfläche in einem hellen oder dunklen Farbschema zu verwenden. Sie können das Farbschema über das Menü BEARBEITEN • VOREINSTELLUNGEN • ALLGEMEIN oder das Tastaturkürzel Strg/cmd+K ändern. Bei den Voreinstellungen in der Dropdown-Liste von MODUS DER BENUTZEROBERFLÄCHE können Sie nun zwischen LICHT und DUNKEL wählen. Verwenden Sie den Modus, der Ihren Vorlieben entspricht. Das neu gewählte Farbschema wird nach einem Neustart der Software angewendet. Die Einstellung hier gilt nur für den Fotoeditor. Der Organizer kann jedoch ebenfalls in einem hellen oder dunklen Schema betrieben werden.

Abbildung 1.16 ▸
Der Editor im dunklen Farbschema

1.6 Kontextbezogene Taskleiste

Die kontextbezogene Taskleiste ist eine dauerhaft eingeblendete Leiste, die abhängig vom ausgewählten Werkzeug oder dem verwendeten Arbeitsschritt verschiedene Optionen einblendet – kontextbezogen eben. Um die kontextbezogene Taskleiste ein- bzw. auszublenden, können Sie diese über FENSTER • KONTEXTBEZOGENE TASKLEISTE (de-)aktivieren.

◂ **Abbildung 1.17**
Die kontextbezogene Taskleiste

Wenn Sie beispielsweise mit einem Auswahlwerkzeug eine Auswahl im Bild erstellen, wird direkt bei der Auswahl die kontextbezogene Taskleiste eingeblendet. Angezeigt werden darin sinnvolle Funktionen, die Sie vermutlich im nächsten Schritt tun möchten. Das erspart häufig den Umweg über Tastenkombinationen oder das Aufrufen von Menüpunkten, die lediglich mit langen Wegen erreichbar wären. Wenn Sie mit der Maustaste über die einzelnen Icons fahren, wird der Name des Befehls eingeblendet.

◂ **Abbildung 1.18**
Bezogen auf die Auswahl mit dem Rechteck-Auswahlwerkzeug werden sinnvolle nächste Schritte vorgeschlagen, aus denen Sie wählen können.

Ich finde die kontextbezogene Taskleiste eine sehr gelungene Hilfsfunktion, mit der man effizienter und zeitsparender arbeitet, weil relevante Funktionen, Werkzeuge, Dialoge und Menübefehle gleich im Kontext eingeblendet werden und umständliche Werkzeugwechsel, Suchen in Menüs und sogar Tastenkombinationen eingespart werden. Photoshop Elements macht von dieser

Kontextbezogene Taskleiste im Buch

Für die Screenshots im Buch habe ich die kontextbezogene Taskleiste zur besseren Übersichtlichkeit meist deaktiviert, da sie standardmäßig zunächst immer nur die Optionen MOTIV AUSWÄHLEN und HINTERGRUND ENTFERNEN anzeigt. Bei den meisten Beispielen im Buch bietet sie keinen Mehrwert.

Taskleiste noch nicht so intensiv Gebrauch wie das große Photoshop, aber das dürfte sich mit den kommenden Versionen sicherlich noch ändern.

Leistenposition fixieren | Die kontextbezogene Taskleiste wird entweder unter dem Bild oder unter der Auswahl angezeigt, wenn Sie eine Auswahl mit einem der Werkzeuge erstellen. Die Position der Taskleiste ist nicht immer optimal, und sie kann manchmal im Weg sein. Wenn Sie die Position fixieren möchten, verschieben Sie die Leiste mit dem Steg links an die gewünschte Position. Wenn Sie dann auf die drei Punkte rechts klicken, können Sie mit dem Befehl LEISTENPOSITION FIXIEREN die Taskleiste genau dort fixieren, wo sie im Augenblick ist. Des Weiteren finden Sie hier die Funktion LEISTENPOSITION ZURÜCKSETZEN, mit der Sie die Position wieder auf den Standard des Editors setzen.

Abbildung 1.19 ▸
Die Position der kontextbezogenen Leiste fixieren oder zurücksetzen

Kapitel 2

Schnelle Bildkorrekturen und KI-Funktionen

Der Modus »Schnell« ist der Standardmodus, den Sie zu Gesicht bekommen, sobald Sie den Fotoeditor starten. Dieser Modus ist auch ganz interessant, wenn es einfach mal schneller gehen soll und Sie nicht viel Zeit in Korrekturen investieren wollen. Viele gängige Korrekturen lassen sich in diesem Modus mit ein paar Mausklicks durchführen.

2.1 Die Oberfläche im Schnell-Modus

Dieser Abschnitt macht Sie mit der Arbeitsoberfläche des Fotoeditors im Schnell-Modus und den einzelnen Bedienelementen vertraut. Im nächsten Kapitel stelle ich Ihnen den Modus Assistent vor, und im weiteren Verlauf des Buches werden Sie dann nur noch den Erweitert-Modus verwenden, mit dem Ihnen die volle Funktionsvielfalt des Fotoeditors zur Verfügung steht.

Öffnen können Sie die Arbeitsoberfläche für die Schnellkorrektur, indem Sie (falls ein anderer Modus verwendet wird) die Schaltfläche Schnell ❹ auswählen. In der Werkzeugpalette ❶ stehen Ihnen in diesem Modus zehn Werkzeuge zur Verfügung:

- das Zoom-Werkzeug
- das Hand-Werkzeug
- das Schnellauswahl-Werkzeug
- das Augen-Werkzeug
- ein Werkzeug zum Zähnebleichen
- das Gerade-ausrichten-Werkzeug
- die Textwerkzeuge
- der Bereichsreparatur-Pinsel
- das Freistellungswerkzeug
- das Verschieben-Werkzeug
- das Bild-generieren-Werkzeug
- das Objekt-einfügen-Werkzeug

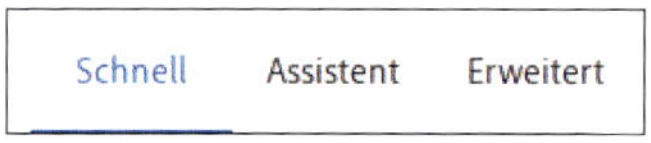

▲ **Abbildung 2.1**
Über diese Schaltflächen unterhalb der Menüleiste können Sie den Bearbeitungsmodus des Fotoeditors einstellen.

»Schnell« versus »Erweitert«
Mit wachsender Erfahrung werden Sie selten den Schnell-Modus verwenden. Im Erweitert-Modus erzielen Sie aufgrund einer höherwertigen Korrektur ebenso gute bzw. meistens sogar bessere Ergebnisse.

Kapitel_02:
Bauwerk.jpg

Im Menü ❺ sind viele Funktionen ausgegraut; sie stehen im Schnellkorrektur-Modus nicht zur Verfügung. Mit dem Schalter oben links ❷ können Sie zwischen der Vorher- und der Nachher-Ansicht wechseln und über den Schieberegler ZOOM ❻ jederzeit in die Ansicht hinein- bzw. aus ihr herauszoomen.

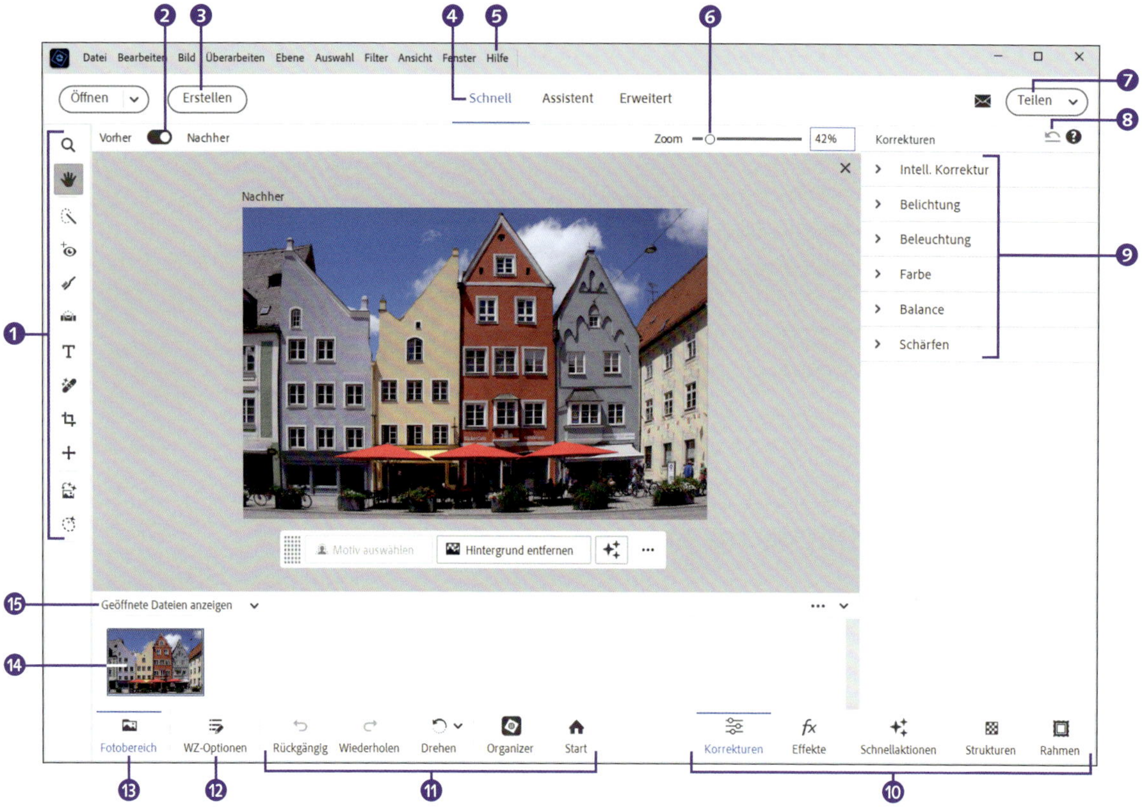

▲ **Abbildung 2.2**
Der Schnellkorrektur-Modus des Fotoeditors wird gegebenenfalls durch einen Klick auf die Schaltfläche SCHNELL aktiviert.

Zum Weiterlesen

Die Optionen ERSTELLEN ❸ und TEILEN ❼ finden Sie auch im Organizer mit ähnlichen Funktionalitäten. In Abschnitt 7.1.5, »›Erstellen‹ und ›Teilen‹«, finden Sie daher nochmals eine kurze Beschreibung hierzu. Im Teil XIII des Buches wird nochmals umfassender auf das ERSTELLEN und TEILEN eingegangen.

Im Bedienfeldbereich ❾ finden Sie, wenn in ❿ die KORREKTUREN ausgewählt sind, einige Schieberegler, mit deren Hilfe Sie Farb- und Beleuchtungskorrekturen am Bild vornehmen können. Mit dem (Not-)Schalter BILD ZURÜCKSETZEN ❽ rechts oben können Sie außerdem den Ursprungszustand des Bildes nach vielen gemachten Änderungen im SCHNELL-Modus sofort wiederherstellen. Rechts unten ❿ finden Sie fünf Schaltflächen, mit denen Sie zwischen KORREKTUREN, EFFEKTE, SCHNELLAKTIONEN, STRUKTUREN und RAHMEN wechseln können. Entsprechend der ausgewählten Schaltfläche können Sie dann die Funktionen im Bedienfeldbereich ❾ verwenden.

Fotobereich oder Werkzeugoptionen | Unterhalb des Bildes finden Sie entweder einen FOTOBEREICH ⓮, in dem Sie alle geöffneten Dateien des Fotoeditors oder die im Organizer markierten Dateien anzeigen und auswählen können. Ob die Bilder vom Fotoeditor oder vom Organizer angezeigt werden, hängt von der Auswahl im Dropdown-Menü darüber ⓯ ab.

Oder Sie können statt des Fotobereichs hier auch die Werkzeugoptionen des aktiven Werkzeugs der Werkzeugpalette einblenden lassen. Ob hier der Fotobereich oder die Werkzeugoptionen angezeigt werden, wählen Sie mit den beiden Schaltflächen FOTOBEREICH ⓭ und WZ-OPTIONEN ⓬ links unten im Fenster des Fotoeditors aus. Wenn Sie ein Werkzeug in der Werkzeugpalette auswählen (oder ein entsprechendes Tastenkürzel verwenden), werden immer die Werkzeugoptionen angezeigt, auch wenn zuvor der Fotobereich aktiv war.

Fotobereich/Werkzeugoptionen ausblenden
Natürlich können Sie auch den Fotobereich oder die Werkzeugoptionen komplett ausblenden, indem Sie einfach auf die entsprechende aktive (niedergedrückte) Schaltfläche ⓬ oder ⓭ klicken. Erneutes Anklicken einer der beiden Schaltflächen blendet den entsprechenden Bereich wieder ein.

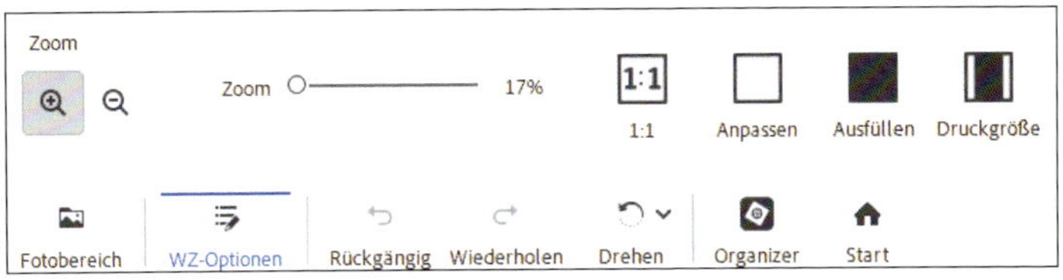

◂ **Abbildung 2.3**
Hier werden unterhalb des Bildes die Werkzeugoptionen angezeigt.

Im unteren Bereich befinden sich weitere fünf Schaltflächen ⓫, über die Sie einzelne Arbeitsschritte mit einem Klick rückgängig machen oder wiederholen können. Auch die Schaltfläche, mit der Sie das Bild im oder gegen den Uhrzeigersinn um 90° drehen können, finden Sie hier vor. Über die Schaltfläche ORGANIZER und STARTBILDSCHIRM können Sie jederzeit dorthin wechseln.

2.1.1 Werkzeuge im Schnell-Modus

In der Schnellkorrektur stehen, wie gesagt, nicht alle Werkzeuge des Fotoeditors wie im ERWEITERT-Modus zur Verfügung.

Zoom und Hand | Mit dem Zoom-Werkzeug (Tastenkürzel [Z]) können Sie komfortabel in ein Bild ein- bzw. auszoomen. Gerade bei der Verwendung des Zoom-Werkzeugs liegt beim Einzoomen nicht immer der gewünschte Bildausschnitt vor. Für solche Zwecke können Sie das Hand-Werkzeug (Tastenkürzel [H]) verwenden.

Mehr Details dazu …
Das Zoom- und das Hand-Werkzeug werden jeweils in Abschnitt 5.2 und in Abschnitt 5.3 ausführlich beschrieben.

Auswahlen erstellen | Zur reduzierten Auswahl gehören das Schnellauswahl-Werkzeug und der (zunächst ausgeblendete) Auswahlpinsel (Tastenkürzel für beide [A]). Das jeweils ausgeblendete Werkzeug erreichen Sie stets über die dann eingeblen-

Mehr Details dazu ...
Das Schnellauswahl-Werkzeug und den Auswahlpinsel behandle ich noch ausführlicher in Abschnitt 23.4 und Abschnitt 23.5.

▲ **Abbildung 2.4**
Die Werkzeugpalette der Schnellkorrektur

deten Werkzeugoptionen im unteren Teil des Fotoeditors, wenn Sie das nicht ausgeblendete Werkzeug auswählen.

Wenn Sie mit dem Schnellauswahl-Werkzeug einen bestimmten Bereich einzeichnen, sucht Photoshop Elements nach angrenzenden Kanten, die dann als Auswahl verwendet werden. Der Auswahlpinsel hingegen wird für die schnelle Auswahl und Freistellung von Bildbereichen benutzt.

Augen und Zähne bearbeiten | Dem Entfernen des unerwünschten Rote-Augen-Effekts dient das Augen-Werkzeug (Tastenkürzel Y).

Das Werkzeug zum Bleichen von Zähnen (Tastenkürzel F) ist im Grunde eine spezielle Version des Smartpinsel-Werkzeugs aus dem ERWEITERT-Modus des Fotoeditors. Die Anwendung des Werkzeugs ist relativ simpel: Malen Sie einfach die Bereiche, die Sie bearbeiten wollen, mit gedrückter linker Maustaste aus (ziehen Sie also mit gedrückter Maustaste darüber). Ähnlich wie beim Schnellauswahl-Werkzeug finden Sie hierzu bei den Werkzeugoptionen entsprechende Schaltflächen, um der Auswahl Bildbereiche hinzuzufügen oder Bereiche aus ihr zu entfernen. Für weitere Informationen empfehle ich Ihnen Abschnitt 20.2.8, »Das Smartpinsel-Werkzeug«. Dieses Werkzeug ist empfehlenswerter als die Schnellkorrektur-Version.

Texte schreiben | Mit dem Textwerkzeug T (Tastenkürzel T) können Sie einen Text zum Bild hinzufügen. Genau genommen stehen Ihnen hier alle sieben Textwerkzeuge mitsamt ihren Werkzeugoptionen zur Verfügung, die Sie auch im ERWEITERT-Modus verwenden können. Die Texterstellung ist kein Thema, das man mal schnell und kurz behandeln kann, weshalb wir uns hiermit in einem eigenen Kapitel im Buch beschäftigen (Kapitel 33, »Grundlagen zur Texterstellung«).

Mehr Details dazu ...
Das Thema Retusche wird natürlich auch gesondert in diesem Buch in Teil XI behandelt. Speziell die beiden Werkzeuge Bereichsreparatur-Pinsel und Reparatur-Pinsel werden in Abschnitt 31.3 behandelt. Dem Thema Zuschneiden und Ausrichten widmet sich Teil V in aller Ausführlichkeit.

Korrekturen durchführen | Ebenfalls an Bord bei den Schnellkorrekturen sind der Bereichsreparatur-Pinsel und der Reparatur-Pinsel (Tastenkombination für beide J). Auch hier erreichen Sie das jeweils ausgeblendete Werkzeug über die dann eingeblendeten Werkzeugoptionen im unteren Teil des Fotoeditors, wenn Sie das nicht ausgeblendete Werkzeug auswählen. Hiermit können Sie unerwünschte Bereiche im Bild quasi »wegmalen« oder Dinge wie Hautunreinheiten entfernen.

Bilder beschneiden und gerade ausrichten | Auch das Freistellungswerkzeug (Tastenkürzel C) steht Ihnen bei der Schnellkorrektur zur Verfügung. Mit diesem Werkzeug ziehen Sie per Drag&Drop einen Rahmen im Bild auf und schneiden mit [↵] oder mit dem Häkchen unter dem Rahmen diese Auswahl aus. Mit dem Gerade-ausrichten-Werkzeug (Tastenkürzel [P]) können Sie ein Bild ausrichten, indem Sie eine Linie an einer Kante ziehen, die horizontal ausgerichtet werden soll. Zusätzlich finden Sie weitere Optionen, womit Sie festlegen, was mit den leeren Bereichen passieren soll, die zwangsläufig entstehen, wenn das Bild gedreht wird. Das Werkzeug kann neben der horizontalen auch für eine vertikale Ausrichtung von Bildern verwendet werden, indem Sie ganz einfach eine Linie an einer vertikalen Kante ziehen.

Generative KI

Mit den Werkzeugen BILD GENERIEREN und OBJEKT EINFÜGEN können Sie mithilfe künstlicher Intelligenz neue Inhalte erzeugen. Mehr dazu lesen Sie in Kapitel 32, »Generative KI«.

Verschieben | Das Verschieben-Werkzeug macht erst richtig Sinn in Verbindung mit Auswahlen und Ebenen. Bezogen auf den SCHNELL-Modus des Fotoeditors können Sie dieses Werkzeug verwenden, indem Sie eine Auswahl mit dem Schnellauswahl-Werkzeug, dem Auswahlpinsel, dem Auswahl-verbessern-Pinselwerkzeug oder der automatischen Auswahl erstellen, das Verschieben-Werkzeug auswählen und dann mit gedrückt gehaltener Maustaste die Auswahl verschieben. Halten Sie dabei die [Alt]-Taste gedrückt, wird nur eine Kopie der Auswahl verschoben.

Mehr Details dazu ...

Auswahlen und Ebenen sind doch schon ein spezielles Thema und werden in Teil IX, »Auswahlen«, und Teil X, »Ebenen«, behandelt. Dort werden Sie auch das Verschieben-Werkzeug näher kennenlernen.

2.1.2 Ansichten im Schnell-Modus

Oberhalb des Bildfensters befindet sich ein Schalter für die Vorher-Nachher-Ansicht. In der Standardeinstellung NACHHER sehen Sie sofort die Auswirkungen der Schnellkorrektur. In diesem Fall ändert sich das Bild im Bildfenster, sobald Sie einen Wert der Schnellkorrektur ändern. Wenn Sie den Schalter auf VORHER stellen, werden die Änderungen nicht im Bildfenster angezeigt. Diese Einstellung ist daher nur im Wechsel mit der Einstellung NACHHER sinnvoll. Links über dem Bild wird zusätzlich angezeigt, ob Sie die Vorher- oder die Nachher-Ansicht verwenden. Sie finden diesen Vorher-Nachher-Schalter übrigens neben dem SCHNELL-Modus auch im Modus ASSISTENT, jedoch nicht im Modus ERWEITERT.

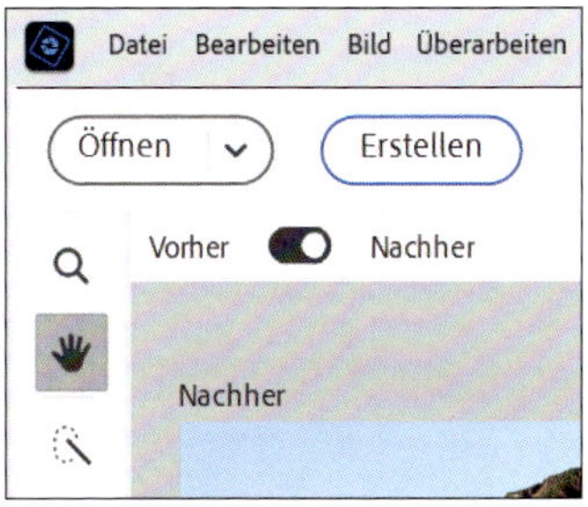

▲ **Abbildung 2.5**
Hier können Sie zwischen der Vorher- und Nachher-Ansicht umschalten.

Darstellungsgröße und Bildausschnitt verändern | Unabhängig davon, ob Sie die Vorher- oder die Nachher-Ansicht verwenden, können Sie die Darstellungsgröße mit dem ZOOM-WERKZEUG oder dem HAND-WERKZEUG ändern. Alternativ finden Sie in der gleichen Zeile, in der sich die Vorher-Nachher-Schaltfläche befindet, einen Schieberegler ❶, mit dem Sie das Bild vergrößern oder verkleinern können.

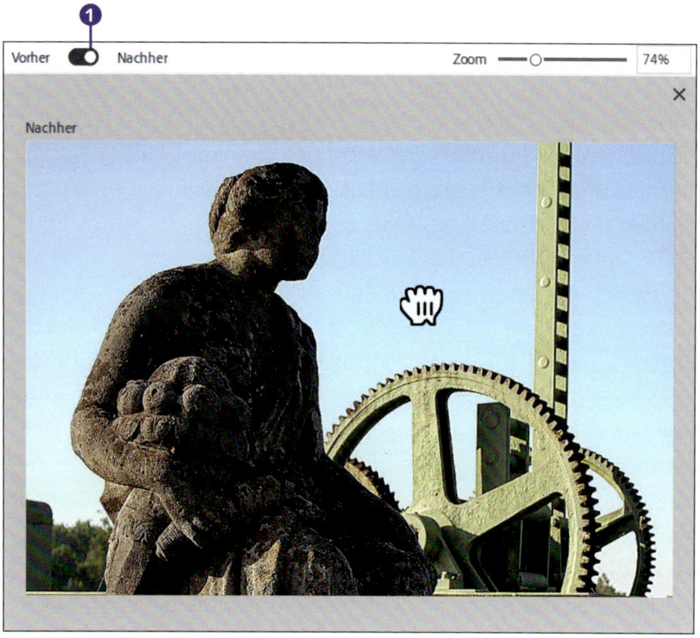

Abbildung 2.6 ▸
Mit dem Schieberegler rechts oben können Sie das Bild vergrößern oder verkleinern.

Kapitel_02: Hochablass.jpg

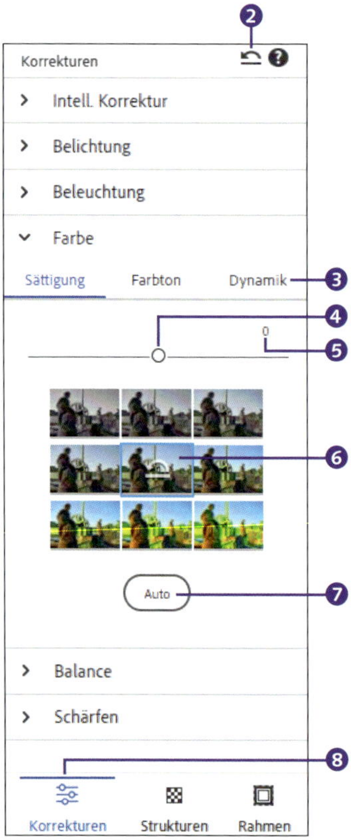

▴ Abbildung 2.7
Die Schnellkorrekturen im Bedienfeldbereich

2.1.3 Der Bedienfeldbereich »Korrekturen« im Schnell-Modus

Die eigentliche Schnellkorrektur im Bild führen Sie rechts im Bedienfeld aus. Voraussetzung dafür ist, dass Sie unten bei den Schaltflächen KORREKTUREN ❽ ausgewählt haben. Veränderungen an den Schiebereglern oder das Anklicken der Vorschaufunktion wirken sich unmittelbar auf das Bild aus. Um ein Gefühl für den Umgang mit den Reglern und Vorschaufunktionen zu bekommen, empfiehlt es sich, ein Bild zu laden und ein wenig damit zu experimentieren. Dabei werden Sie schnell feststellen, dass drastische Änderungen der Werte das Bild in aller Regel verschlechtern.

Die einzelnen Schnellkorrekturen können Sie durch Anklicken der entsprechenden Schnellkorrektur ausklappen. Es kann jeweils nur eine Schnellkorrektur zur gleichen Zeit ausgeklappt sein. Einige Schnellkorrekturen enthalten gegebenenfalls weitere Register ❸ mit zur Kategorie passenden Korrekturen, die Sie durch Anklicken aktivieren können. Die Schnellkorrektur der entsprechenden Funktion kann jetzt auf folgende Weise relativ einfach durchgeführt werden:

- Sie bewegen den Schieberegler ❹ einfach in die entsprechende Richtung.
- Sie klicken rechts neben dem Schieberegler auf den Wert ❺ und geben hier manuell einen Wert ein.
- Sie klicken auf eine der neun Miniaturvorschauen ❻. Wenn Sie mit dem Mauszeiger über einem der Vorschaubilder stehen

bleiben und in der Ansicht eine der Nachher-Darstellungen aktiviert haben, können Sie sehen, wie das Bild mit dieser Vorschau aussähe. Am Schieberegler ❹ darüber erkennen Sie, bei welcher Position dieses Ergebnis erzeugt würde. Wollen Sie das Ganze etwas feiner einstellen, können Sie die Korrektur über den Schieberegler feinjustieren.

- Sie klicken, falls vorhanden, auf die Schaltfläche Auto ❼ und überlassen dem Fotoeditor die Arbeit (meistens die schlechteste Wahl).

Die Aktionen werden sofort ausgeführt. Solange allerdings die entsprechende Schnellkorrektur aufgeklappt ist, können Sie die Werte jederzeit nochmals verändern. Erst wenn Sie eine andere Funktion oder ein anderes Werkzeug aufrufen, gilt die Schnellkorrektur mit dem zuletzt verwendeten Wert als bestätigt.

Bild wiederherstellen
Sobald Sie die erste Änderung bestätigt haben, steht Ihnen auch die Schaltfläche Bild zurücksetzen ❷ rechts oben im Schnell-Bedienfeldbereich zur Verfügung. Über diese Schaltfläche können Sie das Bild in den Zustand vor der Schnellkorrektur zurücksetzen.

Korrektur rückgängig machen | Glücklicherweise stehen Ihnen auch hierbei die Rückgängig-Funktionen für einzelne Arbeitsschritte zur Verfügung – entweder mit der Tastenkombination [Strg]/[cmd]+[Z] oder über das Menü Bearbeiten • Rückgängig. Umgekehrt können Sie den zuletzt rückgängig gemachten Schritt mit [Strg]/[cmd]+[Y] oder Bearbeiten • Wiederholen wiederherstellen.

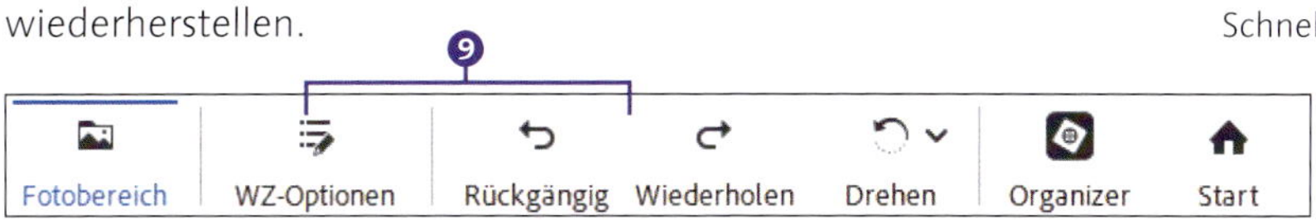

▲ **Abbildung 2.8**
Auch im unteren Bildfenster finden Sie die beiden Funktionen ❾, um einen Arbeitsschritt wieder rückgängig zu machen oder ihn zu wiederholen.

2.2 Die Schnellkorrekturen

Nach so viel Theorie haben Sie sicher Appetit auf die Praxis bekommen. Dieser Abschnitt bietet daher einige Workshops, die Ihnen die Arbeit mit Schnellkorrekturen veranschaulichen.

2.2.1 Belichtung korrigieren

Kapitel_02: Surfer.jpg

Mit der Schnellkorrektur Belichtung können Sie unter- oder überbelichtete Bilder ausgleichen. Dieser Regler ist ein wenig an die digitalen Kameras angelehnt, bei denen Sie die Belichtung ebenfalls häufig über ein Einstellrad regeln können. Ziehen Sie den Regler nach links, wird das Bild dunkler. Ziehen Sie

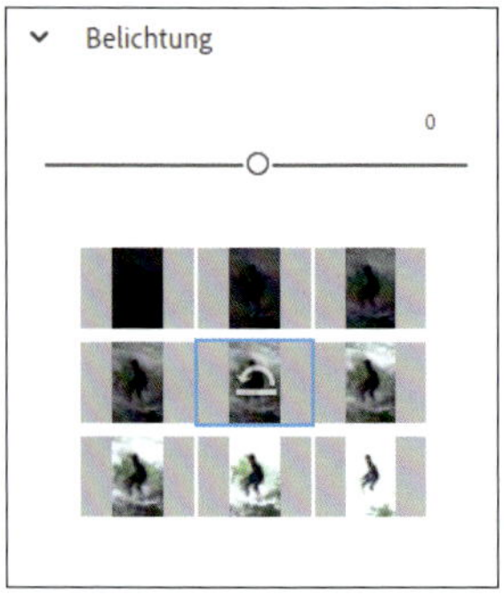

▲ **Abbildung 2.9**
Über- oder (wie hier) unterbelichtete Bilder lassen sich mit der Schnellkorrektur BELICHTUNG anpassen.

> **Achtung vor Bildrauschen**
> Wenn Sie bei zu dunkel geratenen Bildern die Tiefen aufhellen, müssen Sie das unschöne Bildrauschen im Auge behalten, das auftritt, wenn Sie zu stark aufhellen. Aus diesem Grund habe ich in diesem Beispiel den Zoomregler auf 100 % gestellt. In dieser Zoomstufe können Sie beurteilen, wie stark das Bildrauschen ausfällt. Probieren Sie es selbst aus, indem Sie den Regler von TIEFEN ❶ nach rechts verschieben, und beobachten Sie das Bild an den dunklen Stellen.

den Regler hingegen nach rechts, wird das Gesamtbild heller. Die besten Ergebnisse mit dieser Schnellkorrektur erzielen Sie, wenn Sie diese zusammen mit der Schnellkorrektur BELEUCHTUNG verwenden.

2.2.2 Beleuchtung

Stellen, die im Bild zu hell, zu dunkel oder zu flau geraten sind, korrigieren Sie mit der Funktion BELEUCHTUNG. Sie können entweder den Automatikmodus mit AUTO-TONW. oder AUTO-KONTRAST nutzen oder eine manuelle (und bessere) Korrektur mit den Schiebereglern oder Miniaturvorschauen vornehmen.

Mit AUTO-TONW. (für »Tonwertkorrektur«) und AUTO-KONTRAST passen Sie den Gesamtkontrast des Bildes an. Als Kontrast bezeichnet man die Differenz zwischen hellen und dunklen Bereichen im Bild. Im Idealfall liegen die hellsten Pixel in Weiß und die dunkelsten Pixel in Schwarz vor. Bei der Korrektur versucht Photoshop Elements daher stets, die hellsten Pixel zu Weiß und die dunkelsten Pixel zu Schwarz zu verarbeiten. Hierbei kann es allerdings auch zu Farbveränderungen kommen.

Bessere Ergebnisse als mit den AUTO-Schaltflächen erreichen Sie von Hand mit den entsprechenden Schiebereglern unter den Registern TIEFEN, MITTELTÖNE und LICHTER.

Mithilfe des Schiebereglers im Register TIEFEN hellen Sie die dunkelsten Töne im Bild (ausgenommen Schwarz) auf, indem Sie den Regler mit gedrückter Maustaste nach rechts ziehen. Analog bewirkt der Schieberegler unter dem Register LICHTER eine Abdunklung der hellsten Töne (ausgenommen Weiß) im Bild.

Um die Farbtöne in der Mitte zwischen Schwarz und Weiß zu korrigieren, steht im Register MITTELTÖNE ebenfalls ein Schieberegler zur Verfügung. Hierbei bleiben die Farbtöne Schwarz und Weiß unangetastet.

Abbildung 2.10 ▶
TIEFEN, MITTELTÖNE und LICHTER sind die Spezialität der Schnellkorrektur BELEUCHTUNG. Hier habe ich die Tiefen etwas aufgehellt.

2.2.3 Farbe und Farbbalance korrigieren

Wenn Ihr Bild zu viel oder zu wenig Farbe aufweist, zu kühl wirkt oder einen Farbstich hat, dann nutzen Sie die Regler bzw. Miniaturvorschauen von FARBE und BALANCE im Bedienfeldbereich.

Farbe | Wenn Sie für das Bild mehr oder weniger Leuchtkraft benötigen, nutzen Sie bei der Schnellkorrektur FARBE den Regler ❸ im Register SÄTTIGUNG. Bei einer Verschiebung nach links entziehen Sie dem Bild immer mehr Farben, bis das Bild nur noch in Graustufen wiedergegeben wird. Mehr Farbsättigung erzielen Sie, wenn Sie den Regler nach rechts schieben.

Mit dem Schieberegler im Register FARBTON ❶ im Bedienfeld FARBE können Sie Farben ganz verändern; dieser Regler »verschiebt« gleichsam die Farbkanäle.

Als dritte Option im Bedienfeld FARBE finden Sie auch noch ein Register DYNAMIK ❷, mit dem Sie recht ähnlich wie mit dem Regler SÄTTIGUNG die Leuchtkraft von Farben im Bild anpassen können. Nur hat der Regler von DYNAMIK den Vorteil, dass sich dieser, wenn Sie ihn nach rechts ziehen, nur auf weniger gesättigte Farben auswirkt. Bereits gut gesättigte Farben werden also nicht weiter (unnötig) gesättigt. Gleiches gilt, wenn Sie diesen nach links ziehen. Im Gegensatz zum Regler SÄTTIGUNG können Sie mit dem Regler DYNAMIK kein monochromes Bild erstellen, selbst wenn Sie diesen ganz nach links ziehen.

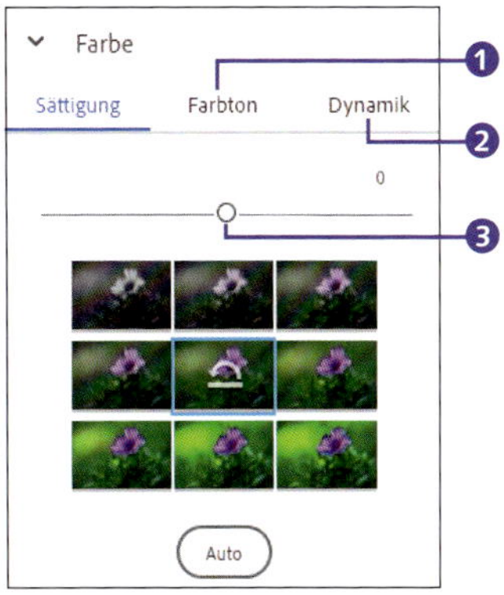

▲ **Abbildung 2.11**
Die Schnellkorrektur FARBE

Graustufenbild
Wenn Sie einem Bild über die SÄTTIGUNG die Farbe entziehen, bleibt es dennoch ein RGB-Bild, dem Sie Farbe (etwa einen farbigen Text) wieder hinzufügen könnten. Ein echtes Graustufenbild erzeugen Sie dagegen über BILD • MODUS • GRAUSTUFEN.

Balance | Bei der Schnellkorrektur BALANCE finden Sie im Register TEMPERATUR ❹ einen Schieberegler, mit dem Sie die Farbtemperatur ändern können. Bewegen Sie den Regler nach rechts, erhöhen Sie den Rotwert, wodurch die Farbgebung des Bildes wärmer erscheint. Eine kühlere Farbtemperatur erzielen Sie, indem Sie den Regler nach links in den Blauanteil verschieben.

Ein Feintuning der Temperatur im Grün- und Magentaanteil bewirkt der Schieberegler im Register FARBTONUNG ❺ im Bedienfeld BALANCE. Um etwa die kälteren Farben noch kühler zu machen, fügen Sie dem Bild mehr Grün hinzu (Regler nach links). Magenta (Regler nach rechts) bewirkt eine noch wärmere Farbgebung. Alternativ können Sie die beiden Schieberegler für kühlere bzw. wärmere Farben auch verwenden, um einen Farbstich auszugleichen.

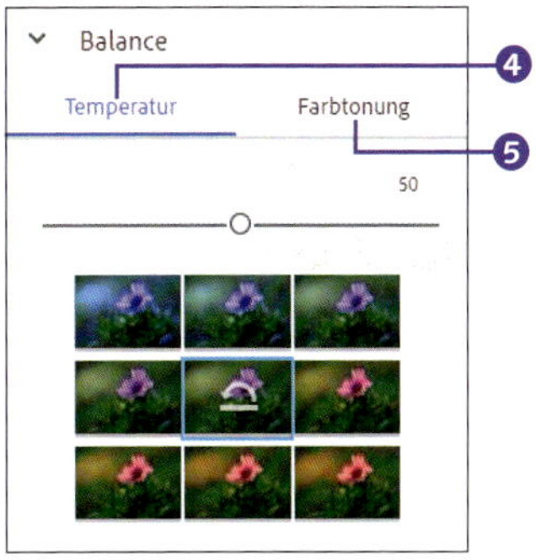

▲ **Abbildung 2.12**
Die Schnellkorrektur BALANCE

2.2.4 Unschärfe korrigieren

Wirkt ein Bild etwas zu weich, können Sie solche Bereiche unter SCHÄRFEN entweder mit der Schaltfläche AUTO automatisch oder manuell mit dem Schieberegler bzw. den Miniaturvorschauen

Kapitel_02: Blume.jpg

verbessern. Je weiter Sie den Schieberegler nach rechts schieben, desto stärker wird das Bild nachgeschärft. Das Thema Schärfen ist ebenfalls ein Schlüsselthema in der digitalen Bildbearbeitung. Ich werde daher in Kapitel 16, »Bilder schärfen«, noch darauf eingehen.

Abbildung 2.13 ▼
Unschärfe schnell korrigiert

2.2.5 Alles zusammen – die intelligente Korrektur

Im Bereich INTELL. KORREKTUR der Schnellkorrektur finden Sie eine Korrekturform, die alle soeben beschriebenen Korrekturen wie Belichtung, Beleuchtung, Farbe und Schärfe automatisch vornimmt. Mit einem Klick auf die Schaltfläche AUTO ❷ korrigiert Photoshop Elements das Bild selbsttätig. Die Stärke der automatischen Korrektur können Sie dabei mit dem Schieberegler ❶ oder eben wieder über die Miniaturvorschauen einstellen.

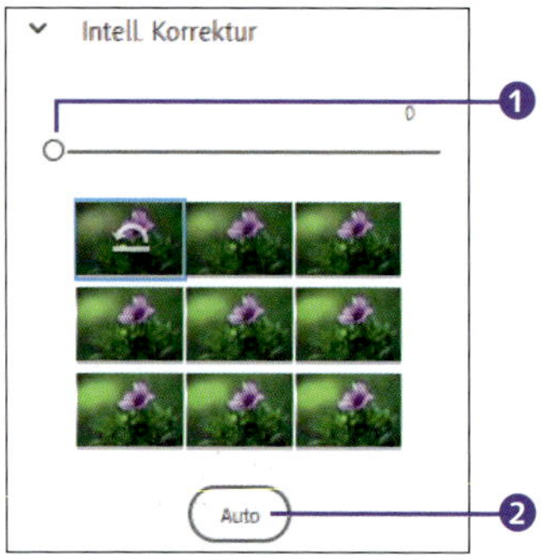

▲ Abbildung 2.14
Automatische Korrekturen

Die intelligente Schnellkorrektur eignet sich nur bedingt für Korrekturarbeiten. Hierbei übernimmt Photoshop Elements sämtliche Berechnungen für Sie. Das mag auf den ersten Blick praktisch erscheinen, dennoch ist eine gute Korrektur hier eher eine Frage des Zufalls. Bei Bildern, die nur sehr wenig Korrektur benötigen, können Sie ja einmal einen Versuch wagen.

2.2.6 Rote Augen korrigieren

Den Rote-Augen-Effekt, der sich bei Aufnahmen mit Blitzlicht einstellen kann, können Sie auch mit der Schnellkorrektur von Photoshop Elements entfernen.

Hierzu aktivieren Sie das Augen-Werkzeug in der Werkzeugpalette oder über die Taste [Y]. Die Standardeinstellung der

Werkzeugoptionen (PUPILLENRADIUS und ABDUNKELN) können Sie in der Regel bei 50 % belassen. Nun können Sie entweder mit gedrückter linker Maustaste in der NACHHER-Ansicht einen Rahmen um das Auge ziehen; lassen Sie die Maustaste los, sollte das rote Auge korrigiert sein. Oder Sie klicken mit dem Augen-Werkzeug einfach in den roten Bereich des Auges.

Ebenso korrigieren Sie den Rote-Augen-Effekt mit der Automatik über das Menü ÜBERARBEITEN • ROTE AUGEN AUTOMATISCH KORRIGIEREN oder mit der Tastenkombination [Strg]/[cmd]+[R].

Tieraugen
Bei Tierfotografien mit Blitzlicht sind die Ergebnisse der Rote-Augen-Automatik meist unbefriedigend. Die Augenfarbe der Tiere wird hierbei häufig gelblich, grünlich oder leicht bläulich wiedergegeben. Aber auch für solche Zwecke ist Photoshop Elements gerüstet. Um solche mit Blitzlicht entstandenen roten Tieraugen zu reparieren, können Sie ebenfalls das Augen-Werkzeug verwenden. Hierzu müssen Sie lediglich die Option TIERAUGE ❶ aktivieren. Je nach Stärkegrad des Blitzeffekts werden Sie hier vielleicht auch die Werte von PUPILLENRADIUS und ABDUNKELN anpassen müssen.

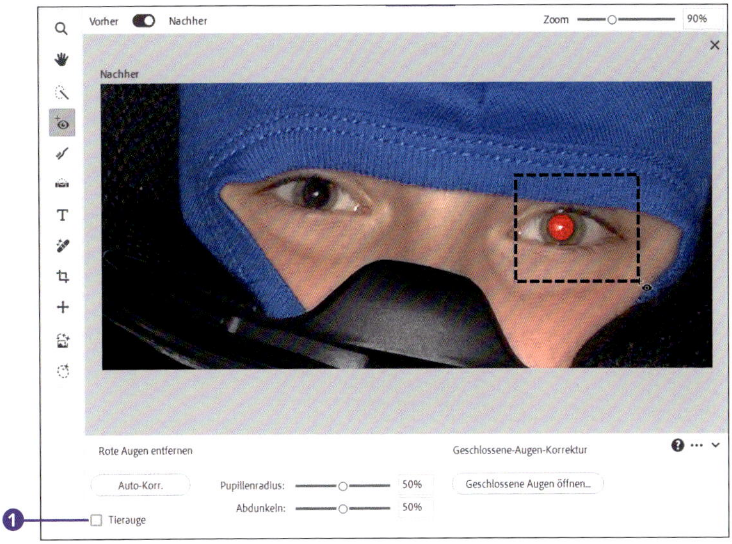

◄ **Abbildung 2.15**
Rote Augen mit dem Augen-Werkzeug entfernen

Kapitel_02: Ordner »Geschlossene-Augen«

Geschlossene Augen öffnen | Wenn Sie Personen fotografieren, kommt es gelegentlich vor, dass ein Bild genau zu dem Zeitpunkt gemacht wird, zu dem die Person die Augen geschlossen hat. So etwas kann ziemlich ärgerlich sein, weil solche Bilder in der Regel unbrauchbar sind. Mit der Geschlossene-Augen-Korrektur des Augen-Werkzeugs können Sie solche Bilder noch retten.

Mit einem Klick auf die Schaltfläche GESCHLOSSENE AUGEN öffnen rufen Sie einen Dialog auf, in dem alle erkannten Gesichter markiert sind. Wählen Sie ein Gesicht aus, indem Sie es mit der Maus anklicken. Es wird daraufhin mit einem blauen Kreis markiert, die übrigen Gesichter mit einem grauen Kreis. Rechts daneben finden Sie vier Beispielaugen ❺, die Sie ausprobieren können, indem Sie sie anklicken. Dadurch werden die angeklickten Beispielaugen der Augenquelle an die Stelle der Augen des erkannten Gesichts auf der linken Seite im blau markierten Kreis ❼ ausgetauscht. Mit der Schaltfläche ZURÜCKSETZEN ❻ stellen Sie den Ausgangszustand des Bildes wieder her. Idealerweise haben Sie

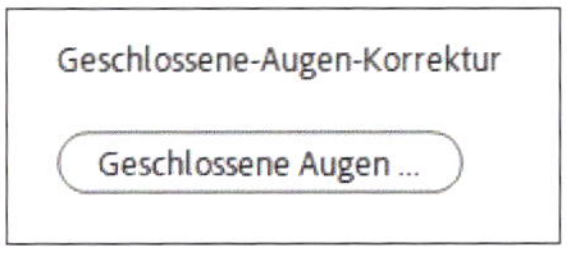

▲ **Abbildung 2.16**
Die Schaltfläche GESCHLOSSENE AUGEN ÖFFNEN finden Sie in den Werkzeugoptionen des Augen-Werkzeugs.

weitere Fotos von derselben Person, auf denen die Augen offen sind. Diese können Sie nutzen, um die geschlossenen Augen zu korrigieren. Dies funktioniert entweder über den COMPUTER ❷, den ORGANIZER ❹ oder die geöffneten Bilder im FOTOBEREICH ❸.

Abbildung 2.17 ▼
Der Geschlossene-Augen-öffnen-Dialog

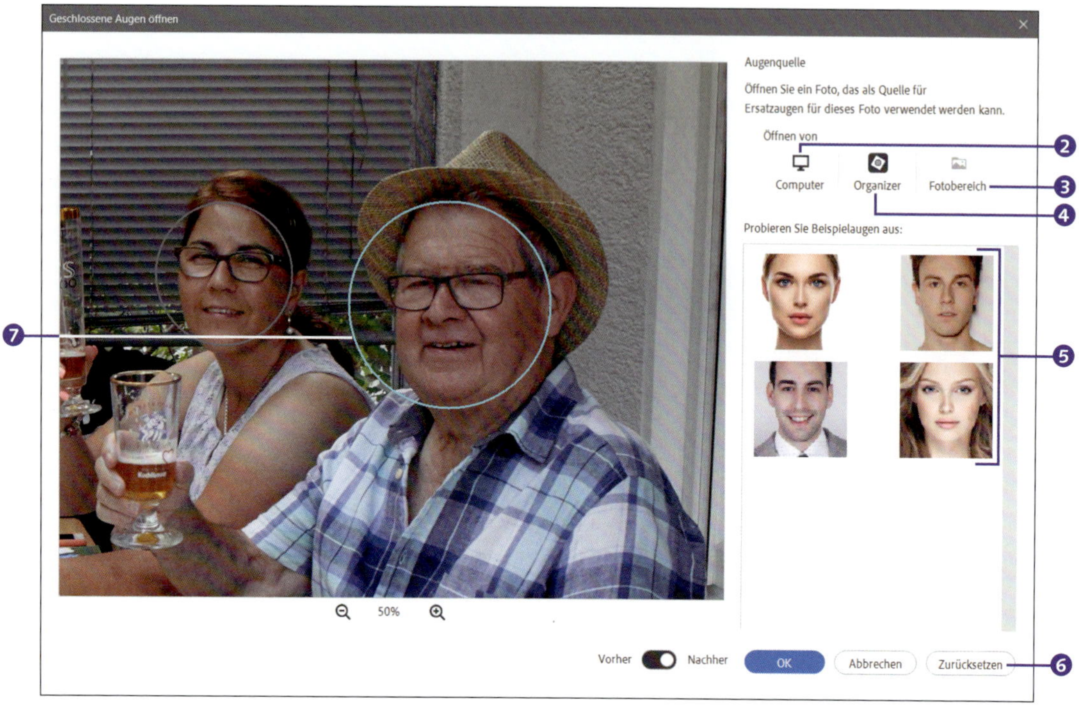

Die Software analysiert die ausgewählten Bilder und sucht die Augen (bzw. Gesichter) darin. Gefundene Augen werden rechts zur Auswahl hinzugefügt ❽.

Spaßbilder
Es hält Sie keiner davon ab, hier einfach nur Spaßbilder zu erstellen und die Augen von einer ganz anderen Person zu verwenden, um zu sehen, was dabei herauskommt.

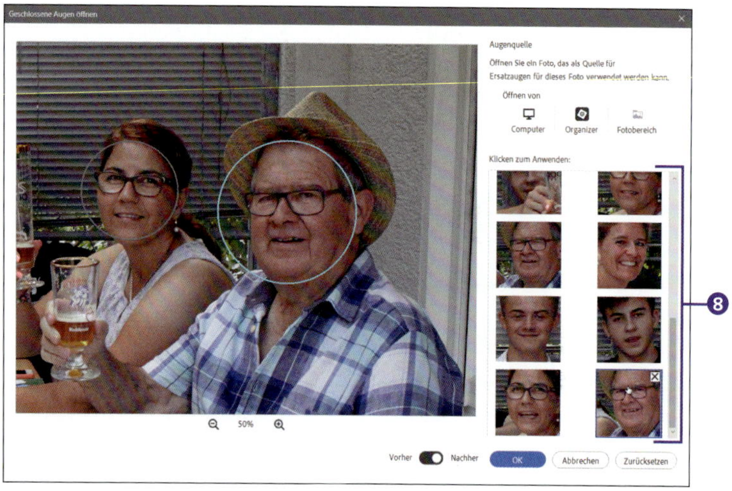

Abbildung 2.18 ►
Passende Augenquellen für die Korrektur ausprobieren und anwenden

Hier können Sie durch Anklicken der einzelnen Gesichter ausprobieren, welche der Augenquellen zum besten Ergebnis führt. Auf gleiche Weise können Sie mit allen gefundenen Gesichtern auf dem Bild fortfahren. Im Beispiel hatten ja gleich zwei Personen die Augen geschlossen. Klicken Sie auf OK, wird die Korrektur auf das gesamte Bild angewendet.

2.2.7 Bilder drehen und freistellen

Zur (Schnell-)Korrektur gehört natürlich auch das Drehen der Bilder um 90°. Hierzu finden Sie in allen Modi (SCHNELL, ASSISTENT, ERWEITERT) ganz unten im Bildfenster eine Schaltfläche, mit der Sie das Bild um 90° nach links ❷ drehen können. Soll das Bild um 90° nach rechts gedreht werden, müssen Sie auf den kleinen Pfeil ❶ klicken, um an die entsprechende Option zu gelangen. Beachten Sie, dass Sie mit dieser Funktion das Bild selbst um 90° drehen und nicht nur dessen Ansicht.

Gerade bei Sportaufnahmen, Aufnahmen von Objekten in Bewegung oder auch Aufnahmen, die man eben mal schnell geschossen hat, haben Sie selten auf Anhieb den richtigen Bildausschnitt. Dies ist aber noch lange kein Grund, ein Bild zu verwerfen. Sie können sich in einem solchen Fall mit dem Freistellungswerkzeug oder dem Gerade-ausrichten-Werkzeug in der Werkzeugpalette behelfen.

Kamera und Querformat
Viele Kameras bieten Bilder, die im Hochformat aufgenommen wurden, nur querformatig an. Daher finden Sie bei der Schnellkorrektur auch eine Option zum Drehen der Bilder.

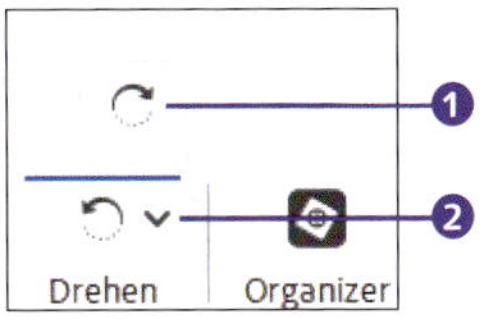

▲ **Abbildung 2.19**
Bilder um 90° nach links oder nach rechts drehen

Zum Nachlesen
Das Freistellungswerkzeug und seine Optionen werde ich in Abschnitt 14.1, »Bilder zuschneiden«, umfassend beschreiben. Das Gerade-ausrichten-Werkzeug hat in Abschnitt 15.1, »Bilder gerade ausrichten«, seinen eigenen Abschnitt erhalten.

◀ **Abbildung 2.20**
Ein Bild geraderücken oder passend zuschneiden – diese Aufgaben erledigen Sie im Handumdrehen im Schnell-Modus mit dem Gerade-ausrichten-Werkzeug oder dem Freistellungswerkzeug.

2.2.8 Bildbereiche korrigieren

Zum Schluss möchte ich Ihnen noch zeigen, wie Sie mit dem Schnellauswahl-Werkzeug einen bestimmten Bildbereich auswählen und diesen dann isoliert korrigieren bzw. manipulieren können.

Schritt für Schritt
Einzelne Bildteile einfärben

Kapitel_02: Blume.jpg

In diesem Workshop werden wir beim Bild »Blume.jpg« eine lilafarbene Blüte in eine gelbe umfärben, ohne dass die Änderung als Manipulation zu erkennen ist.

1 Konturen finden

Aktivieren Sie in der Ansicht NUR NACHHER das Schnellauswahl-Werkzeug ①, und malen Sie mit gedrückter linker Maustaste auf den lilafarbigen Bereich der Blume. Photoshop Elements versucht nun selbstständig, die zusammengehörenden Konturen zu finden. Anhand der Auswahlkante ④ können Sie feststellen, welche Konturen gefunden wurden. Sie können die Maustaste jederzeit loslassen und das Werkzeug neu ansetzen.

Abbildung 2.21 ▼
Konturen der Blume mit dem Schnellauswahl-Werkzeug finden

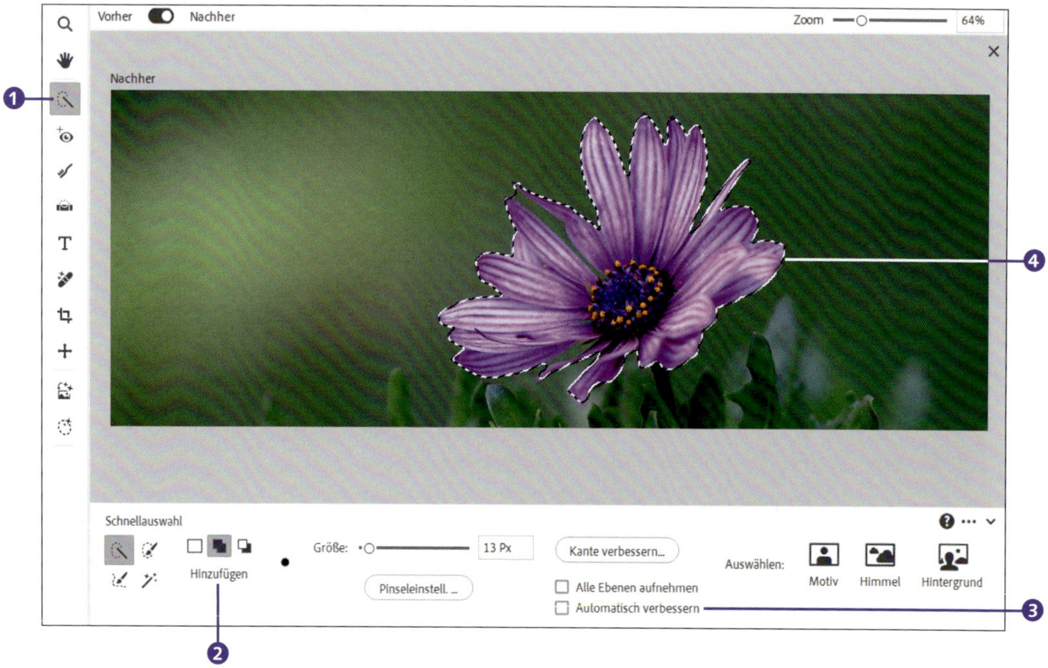

Solange bei den Werkzeugoptionen die HINZUFÜGEN-Option ② aktiviert ist, werden neu angesetzte Auswahlen der aktuellen Auswahl hinzugefügt. Je feiner die Bereiche werden, desto näher können Sie in das Bild hineinzoomen und bei Bedarf Klick für Klick weitere Auswahlen hinzufügen. Gegebenenfalls sollten Sie die Option AUTOMATISCH VERBESSERN ③ aktivieren.

2 Auswahl korrigieren

Sollten Sie mehr als nötig mit dem Schnellauswahl-Werkzeug markiert haben, wählen Sie einfach bei den Werkzeugoptionen

SUBTRAHIEREN ⑤ aus und übermalen den Bereich, der von der Auswahl entfernt werden soll ⑥. Umgekehrt können Sie natürlich jederzeit wieder zu viel entfernte Bereiche mit der Werkzeugoption HINZUFÜGEN der Auswahl hinzufügen.

▼ **Abbildung 2.22**
Hier wird zu viel Ausgewähltes von der Auswahl entfernt.

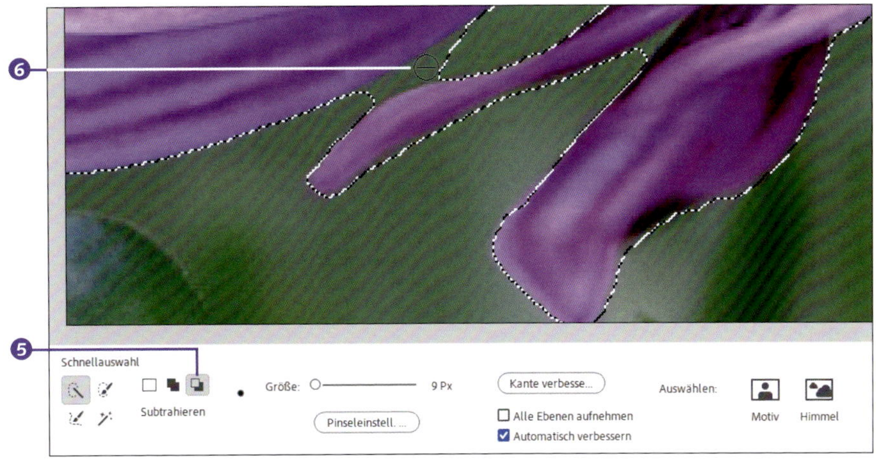

3 Ausgewählten Bereich bearbeiten

Den ausgewählten Bereich können Sie nun nach Belieben bearbeiten. Im Beispiel habe ich im Bereich FARBE den Schieberegler für FARBTON nach rechts (135) gezogen und die DYNAMIK ein wenig reduziert (genauer auf den Wert –30). Heben Sie die Auswahl mit Strg/cmd+D auf, und speichern Sie das Bild, am besten wieder unter einem anderen Namen.

▼ **Abbildung 2.23**
Den ausgewählten Bildbereich bearbeiten – in diesem Fall umfärben

2.3 Effekte, Schnellaktionen, Strukturen und Rahmen verwenden

▲ **Abbildung 2.24**
Rechts neben den Korrekturen finden Sie im Schnell-Modus noch die Schaltflächen für Effekte, Schnellaktionen, Strukturen und Rahmen.

Rechts unten im Schnell-Modus finden Sie neben der Schaltfläche für die Korrekturen noch vier weitere Schaltflächen für Effekte, Schnellaktionen, Strukturen und Rahmen vor. Wenn Sie eine der entsprechenden Schaltflächen anklicken, finden Sie im Bedienfeld darüber die zugehörigen Funktionen.

2.3.1 Die Effekte

Wenn Sie auf die Schaltfläche Effekte ❻ klicken, werden im Bedienfeld darüber drei verschiedene Kategorien ❸ (Kunstfilter, Klassisch und Farbabst.) aufgeführt. Um einen Effekt auf das aktuelle Foto anzuwenden, müssen Sie nur die entsprechende Kategorie mit einem Mausklick ausklappen und die Miniaturvorschau des gewünschten Effekts auswählen. Der Effekt wird dann auf einer neuen Ebene hinzugefügt und kann im Modus Erweitert ❶ weiter bearbeitet werden. Sie können das Bild zurücksetzen, indem Sie oberhalb des Bedienfelds Effekte auf das kleine Symbol ❷ Bild zurücksetzen klicken.

Mehr Details dazu ...
Ebenen sind ein spezielles Thema und werden in Teil X behandelt. Der Erweitert-Modus des Fotoeditors hingegen wird in Kapitel 4, »Der Fotoeditor im Erweitert-Modus«, umfassend beschrieben.

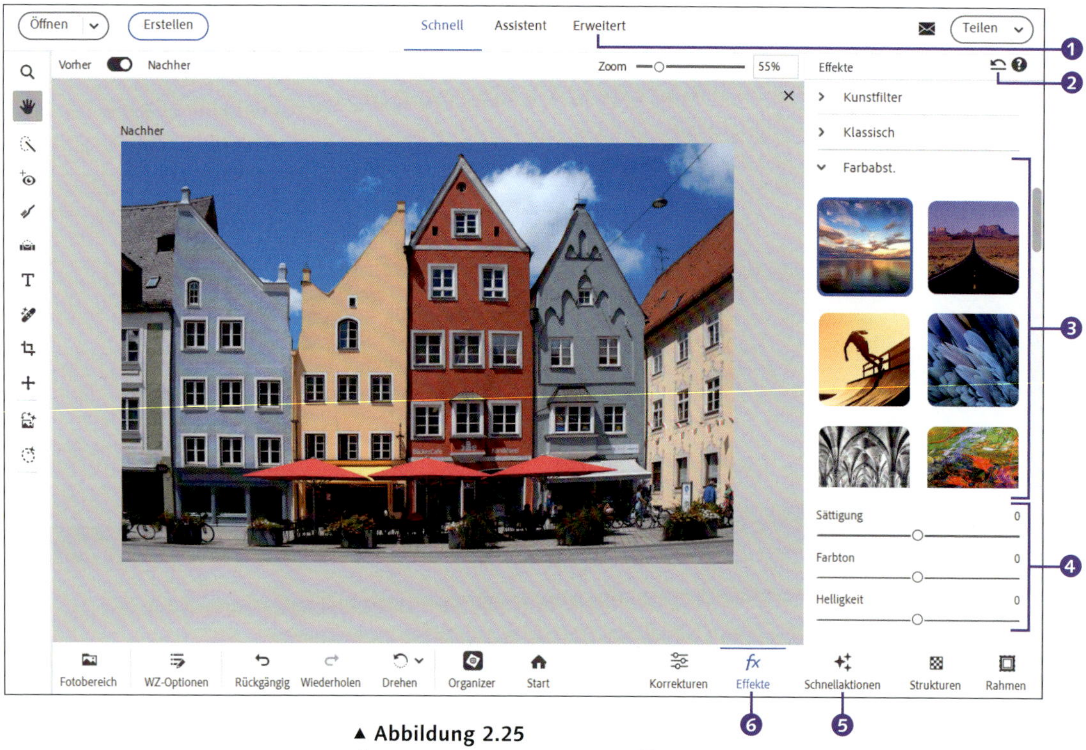

▲ **Abbildung 2.25**
Über die Schaltfläche Effekte ❻ finden Sie verschiedene künstlerische Effekte, die Sie auf Ihr Bild anwenden und anpassen können.

Die drei Kategorien von Effekten sind:

- KUNSTFILTER: Mit diesen insgesamt 35 Effekten verleihen Sie Ihren Fotos einen Effekt von berühmten Kunstwerken oder beliebten Kunststilen. Bei jedem dieser Effekte können Sie im unteren Bereich noch Anpassungen vornehmen.
- KLASSISCH: Hier finden Sie 11 klassische Effekte, die von Schwarzweiß über veraltete Fotos bis zu prozessübergreifenden Vorgaben reichen. Wenn Sie einen der Effekte auswählen, wird dieser angewendet und darunter werden vier weitere verfügbare Varianten zur Auswahl angezeigt.
- FARBABSTIMMUNG: Mit diesen 24 voreingestellten Optionen können Sie die Farbe des geöffneten Fotos an ein anderes anpassen. Indem Sie ein Bild aus der Auswahl anklicken, wird dessen Farbe auf das geöffnete Bild übertragen. Bei allen Farbübertragungen können Sie die SÄTTIGUNG, den FARBTON und die HELLIGKEIT ❹ anpassen.

2.3.2 Die Schnellaktionen

Im Bereich SCHNELLAKTIONEN ❺ finden Sie einige komplexere Funktionen, die Sie per Mausklick aufrufen können und die den Bearbeitungsprozess beschleunigen. Um eine der Funktionen auszuführen, klicken Sie auf das entsprechende Vorschaubild (zum Beispiel bei HINTERGRUND ENTFERNEN). Die Schnellaktion wird nun ausgeführt und bei einigen Aktionen wird rechts neben der Vorschau und der Schnellaktionskennung ein Doppelpfeil ❼ angezeigt.

Kapitel_02: Zitronen.jpg

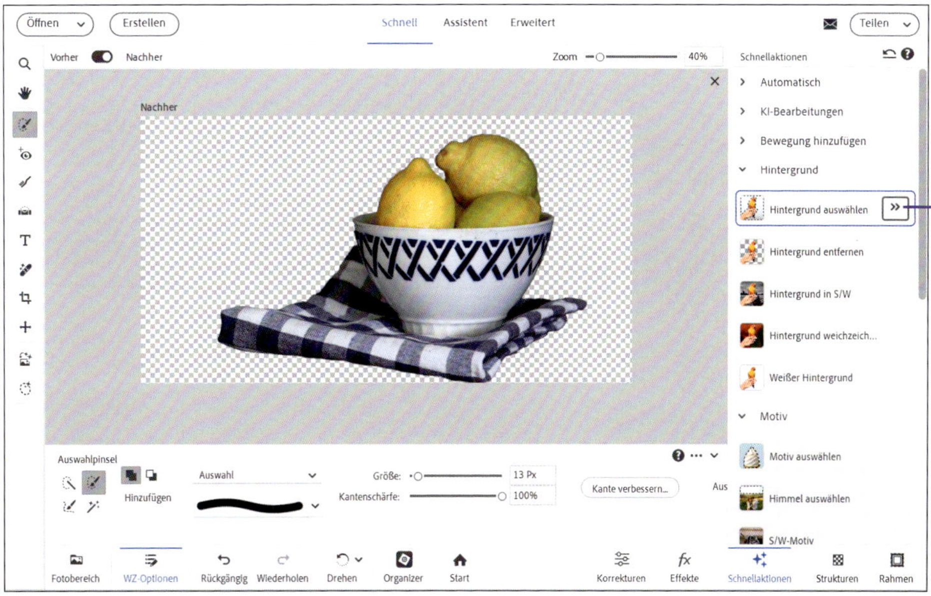

▼ Abbildung 2.26
Im Bereich SCHNELLAKTIONEN des SCHNELL-Modus finden Sie komplexe Funktionen, die Sie mit einem Mausklick ausführen können.

Hier kann die ausgeführte Schnellaktion überprüft oder die Bildbearbeitung mit der eigentlichen Schnellaktionsfunktion im entsprechenden Modus (SCHNELL, ASSISTENT oder ERWEITERT) fortgeführt werden. Die meisten Funktionen der Schnellaktionen sind auch als interaktive Funktionen über die Modi SCHNELL, ASSISTENT oder ERWEITERT erreichbar. Die Schnellaktionen sind praktisch nur Abkürzungen oder Ein-Klick-Lösungen zu den eigentlichen Funktionen dahinter.

Die Kategorien der Schnellaktionen AUTOMATISCH, KI-BEARBEITUNGEN, ADD MOTION, HINTERGRUND, MOTIV, EFFEKTE und KREATIV können Sie jederzeit auf- und zuklappen. Viele dieser Schnellaktionen sind selbsterklärend. Möchten Sie trotzdem mehr zu den einzelnen Funktionen erfahren, klicken Sie rechts oben auf das Fragezeichen ❽ und es wird die Online-Dokumentation im Webbrowser dazu aufgerufen.

2.3.3 Die Strukturen

Über die Schaltfläche STRUKTUREN finden Sie neun Strukturen, die Sie ebenfalls durch Anklicken dem aktuellen Bild hinzufügen können. Ansonsten gilt hierzu auch alles, was schon bei den Effekten beschrieben wurde.

2.3.4 Die Rahmen

Hinter der letzten Schaltfläche RAHMEN verbergen sich neun Rahmen, mit denen Sie das aktuelle Bild durch Anklicken der Miniatur einrahmen können. Photoshop Elements versucht, den Rahmen immer möglichst optimal dem Bild anzupassen. Wenn Ihnen das Ergebnis nicht gefällt, können Sie nachträglich das Bild und den Rahmen transformieren bzw. verschieben, indem Sie den Rahmen doppelt anklicken oder das Verschieben-Werkzeug + verwenden. Im ERWEITERT-Modus können Sie zusätzlich noch die Hintergrundfarbe des Rahmens anpassen.

2.4 KI-Funktionen in Photoshop Elements

Ab wann ist es KI?

Wenn bei der Bildbearbeitung Algorithmen zum Einsatz kommen, die maschinelles Lernen oder andere fortgeschrittene KI-Techniken nutzen, um Aufgaben zu erledigen, die normalerweise menschliche Intelligenz erfordern würden, spricht man von künstlicher Intelligenz, kurz KI.

Innerhalb der SCHNELLAKTIONEN finden Sie die KI-Funktionen im Bereich KI-BEARBEITUNGEN. Ich möchte diese hier etwas hervorheben, weil sie zu den Highlights einer jeden Bildbearbeitung gehören. An dieser Stelle gehe ich kurz darauf ein, wo diese Funktionen im Buch beschrieben werden. Ebenso nutze ich die Gelegenheit, weitere KI-Funktionen aufzuzählen, die in der Software enthalten sind.

2.4.1 Tiefenunschärfe

Der KI-basierte Filter TIEFENUNSCHÄRFE kann verwendet werden, um dem Bild eine realistische Schärfentiefe zu verleihen, die man normalerweise durch eine weit geöffnete Blende (kleine Blendenzahl) des Objektivs erhält. Diese Funktion wird in Abschnitt 17.3, »Tiefenunschärfe mit KI« gesondert beschrieben.

2.4.2 JPEG-Artefakte entfernen

Wenn Sie JPEG-Bilder mit Kompressionsfehlern in Form von Artefakten haben, können Sie diese mit dieser Schnellaktion entfernen oder reduzieren. Das Ergebnis ist ein schärferes Bild. Die KI arbeitet hier erstaunlich gut. In Abbildung 2.27 ist links ein Bild mit deutlichen JPEG-Artefakten zu sehen. Auf der rechten Seite wurde die Schnellaktion JPEG-ARTEFAKTE ENTFERNEN ausgeführt. Das Ergebnis ist beeindruckend.

Kapitel_02:
JPEG-Artefakte.jpg

▲ **Abbildung 2.27**
Beim linken Bild sehen Sie einen Ausschnitt einer Seerose mit starken JPEG-Artefakten. Im rechten Bild wurden diese JPEG-Artefakte mit der KI-Bearbeitung JPEG-ARTEFAKTE ENTFERNEN beseitigt.

2.4.3 Blauen Himmel hinzufügen

Kapitel_02:
Flauer-Himmel.jpg

Durch diese KI-Bearbeitung wird ein trüber und blasser Himmel durch einen farbenfrohen und leuchtenden ersetzt. Der Himmel wird als Ebenenmaske hinzugefügt, sodass Sie im ERWEITERT-Modus jederzeit nachbearbeiten können, wenn die KI nicht ganz sauber gearbeitet hat. Wenn Sie selbst aus verschiedenen Himmeln auswählen möchten, finden Sie diese Funktion auch im ASSISTENT-Modus unter SPEZIELLE BEARBEITUNGEN mit der (etwas unglücklich übersetzten) Funktion PERFEKTES QUERFORMAT.

▲ **Abbildung 2.28**
Ein flauer Himmel als Ausgangsbild.

▲ **Abbildung 2.29**
Nach der Ausführung von BLAUEN HIMMEL HINZUFÜGEN sieht der Himmel zwar gut aus, und wurde auch ordentlich eingefügt, aber die Farbstimmung könnte noch etwas angepasst werden.

2.4.4 Haut glätten

Mit dieser KI-Funktion wird die Haut bei erkannten Gesichtern mit einem Klick geglättet und schöner gemacht. Sie finden diese Funktion auch über das Menü ÜBERARBEITEN mit HAUT GLÄTTEN, wo Sie auch einstellen können, wie stark Sie die Haut glätten möchten.

2.4.5 S/W-Foto kolorieren

Mit dieser KI-Funktion können Sie mit einem Klick ein Schwarzweißfoto in ein Farbfoto umwandeln. Sie finden diese Funktion mit mehr Optionen auch über das Menü ÜBERARBEITEN mit FOTO EINFÄRBEN.

2.4.6 Das Entfernen-Werkzeug

Auch beim Entfernen-Werkzeug  wird eine KI verwendet. Damit können Sie unerwünschte Gegenstände oder Objekte auf dem Bild übermalen und entfernen. Die KI sorgt dafür, dass der zu entfernende Bereich mit den Gegebenheiten rund um das Objekt gefüllt wird.

2.4.7 Motiv, Himmel und Hintergrund auswählen

Früher war es oft ziemlich zeitintensiv und aufwendig, Motive, Himmel oder Hintergrund auszuwählen. Dank KI können Sie solche Aufgaben jetzt mit einem Klick erledigen und bei Bedarf die Auswahl verfeinern. Diese KI-Funktion finden Sie bei einigen Auswahlwerkzeugen in den Optionen oder über das Menü AUSWAHL mit MOTIV, HIMMEL und HINTERGRUND. Auch viele

Schnellaktionen oder Funktionen im ASSISTENT-Modus machen Gebrauch davon.

2.4.8 Stilübertragung

Über die EFFEKTE-Schaltfläche rechts unten können Sie den künstlerischen Stil von Bildern auf andere übertragen. Diese Stilübertragung wird ebenfalls mithilfe einer KI realisiert.

2.4.9 Bildanalyse

Die KI kann auch Bilder analysieren. So wird die Gesichtserkennung verwendet, damit man die Fotos im Organizer nach Personen sortieren kann. Auch das Haut glätten oder die Anpassung der Gesichtsmerkmale wird erst durch eine solche Analyse möglich. Außerdem wird im Organizer eine semantische Segmentierung verwendet, die über sogenannte SMART-TAGS verwaltet wird. Solche Bildanalysen sind sehr hilfreich bei der Suche nach Bildern.

2.4.10 Generative KI

Mit Photoshop Elements können Sie auch die generative KI verwenden und damit eigenständige, neue Inhalte erzeugen. Dafür stehen Ihnen die beiden Werkzeuge BILD GENERIEREN und OBJEKT EINFÜGEN zur Verfügung. Mit BILD GENERIEREN können Sie ein neues Bild anhand einer textuellen Eingabe nach Ihren Vorstellungen erzeugen. Wenn Sie hingegen nur ein passendes Objekt zum Bild generieren lassen und zu einer Auswahl hinzufügen möchten, können Sie das mit dem Werkzeug OBJEKT EINFÜGEN tun. Beide Funktionen verwenden Adobe Firefly und benötigen eine aktive Internetverbindung.

2.4.11 Fotos wiederherstellen

Wenn Sie viele alte Fotos restaurieren, können Sie mit der Funktion FOTO WIEDERHERSTELLEN im Menü ÜBERARBEITEN Zeit sparen. Die KI-gestützte Funktion korrigiert automatisch Kratzer, Risse, Verblassen oder Unschärfe – je nach Foto mit unterschiedlich überzeugenden Ergebnissen. Feineinstellungen sind per Regler möglich.

Zum Nachlesen

Die einzelnen KI-basierten Funktionen werden in diesem Buch an thematisch passender Stelle genauer erklärt: HAUT GLÄTTEN wird in Abschnitt 31.6, »Gesichtsmerkmale anpassen und Haut glätten«, S/W-Fotos kolorieren in Abschnitt 18.2.6, »Schwarzweißbilder einfärben«, und das Entfernen-Werkzeug in Abschnitt 31.3, »Entfernen-Werkzeug, Reparatur-Pinsel und Bereichsreparatur-Pinsel« beschrieben. Auf das automatische Auswählen gehe ich in Abschnitt 23.2, »Mit einem Klick auswählen«, ein. Die Stilübertragung wird in Abschnitt 2.3.1, »Die Effekte«, und die Bildanalyse in Abschnitt 8.6, »Automatische Smart-Tags und Auto-Kuratierung« erklärt. Die Funktion FOTO WIEDERHERSTELLEN wird im Abschnitt 30.5, »Alte Fotos wiederherstellen«, beschrieben. Der generativen KI ist ein komplettes Kapitel (Kapitel 32, »Generative KI«) gewidmet.

Kapitel 3
Der Assistent

Noch einfacher wird Ihnen die Korrektur mit dem Modus »Assistent« gemacht. Er ist noch eine Spur einfacher gehalten als der Modus »Schnell« und tritt bei der Bearbeitung direkt mit Ihnen in einen Dialog. Dies hat den Vorteil, dass Sie eine genaue Erklärung erhalten, was der »Assistent« mit der jeweils ausgewählten Aktion bewirkt.

3.1 Die Arbeitsoberfläche im Assistent-Modus

Ist der Fotoeditor in einem anderen Modus geöffnet, können Sie dies ändern, indem Sie auf die Schaltfläche Assistent ❶ klicken. Der Assistent-Modus eignet sich sehr gut für Anwender, die noch nie mit einer Bildbearbeitung in Berührung gekommen sind, oder wenn es einfach mal schnell gehen soll.

Hinweis
Im vorliegenden Buch werde ich einzelne Funktionen des Assistent-Modus nur am Rande erwähnen. Die Funktionen des Assistent-Modus sind eigens so konzipiert, dass sich ihre Anwendung von selbst erklärt. Im Grunde sind die Funktionen des Assistent-Modus ohnehin eine Vereinfachung der manuellen Bildbearbeitung. Je nach Erfahrung werden die besten Ergebnisse mit manueller Bildbearbeitung erzielt. Diese Möglichkeiten werden Sie im Laufe dieses Buches im Detail kennenlernen.

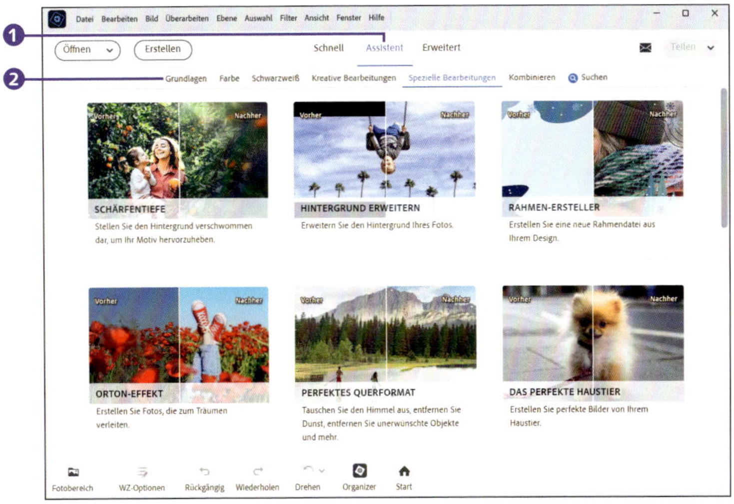

◂ **Abbildung 3.1**
Die Arbeitsoberfläche des Assistent-Modus ist aufgeteilt in verschiedene Kategorien mit verschiedenen darin enthaltenen Funktionen zur Auswahl.

Suche nach einer Assistent-Funktion

Wenn Sie nach einer bestimmten Assistent-Funktion suchen wollen, klicken Sie in der Leiste mit den Kategorien rechts auf Suchen. Geben Sie hier einen Suchbegriff ein (zum Beispiel Farbe, Belichtung, Freistellen etc.) und betätigen Sie mit [↵], werden passend zur Suche Vorschläge aufgelistet, aus denen Sie auswählen können.

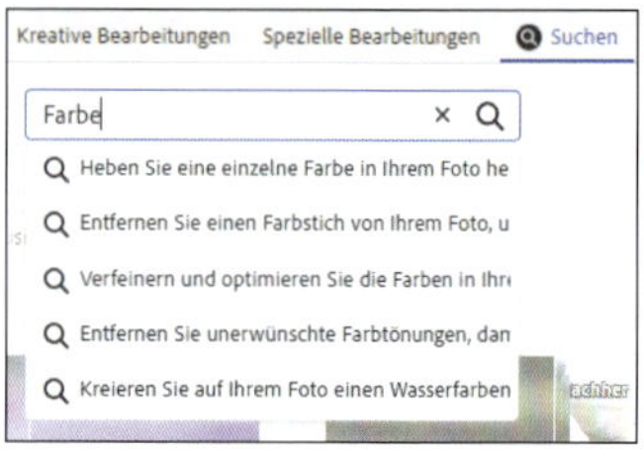

▲ **Abbildung 3.2**
Hier wird nach »Farbe« gesucht. Bereits während der Eingabe werden entsprechende Suchvorschläge aufgelistet.

▲ **Abbildung 3.3**
Jede Assistent-Funktion kann durch Anklicken der entsprechenden Kachel ausgeführt werden.

Sie finden im Assistent-Modus einige Funktionen, die sich im Erweitert-Modus nicht so einfach realisieren lassen. Mittlerweile befinden sich dort aber auch einige kreative Bearbeitungsstile, denn Adobe erweitert den Assistent-Modus mit jeder neuen Elements-Version um weitere Funktionen. Da sich die Kombinieren-Funktionen inklusive der beliebten Panorama-Funktion nur über den Assistent-Modus aufrufen und verwenden lassen, ist dieser Modus auch für versierte Anwender attraktiv.

Sofort sticht hier die Leiste ❷ mit den einzelnen Kategorien ins Auge, die nicht ausgeblendet werden kann und im Assistent-Modus auch der Kernpunkt ist. Aufgeteilt wird dieses Bedienfeld in folgende Kategorien:

- Grundlagen: Hier finden Sie die verschiedensten Schnellkorrekturen vor.
- Farbe: Hier finden Sie Schnellkorrekturen und Effekte vor, die sich auf die Farben des Bildes beziehen bzw. auswirken.
- Schwarzweiss: Hier sind Funktionen enthalten, womit Sie den Bildern die Farben komplett, teilweise oder nur in speziellen Bereichen entziehen können.
- Kreative Bearbeitungen: Der Name der Rubrik spricht schon für sich. Hier finden Sie wirklich tolle und kreative »Spielereien«, die Sie auf Ihre Fotos anwenden können.
- Spezielle Bearbeitungen: Dieser Bereich ist eine Art Sammelsurium für etwas anspruchsvollere Funktionen, die sich trotzdem in Assistent-typischer Manier ganz einfach und ohne spezielle Vorkenntnisse selbsterklärend durchführen lassen.
- Kombinieren: Im Bereich Kombinieren sind Funktionen enthalten, um mehrere Bilder zusammenzufügen oder miteinander zu verschmelzen.

Auswählen können Sie die einzelnen Funktionen, indem Sie auf die Kachelfläche der entsprechenden Funktion klicken. Wenn Sie den Mauszeiger über dem Bild der Kachel nach links oder rechts bewegen, können Sie den gedachten Vorher-Nachher-Effekt der Funktion sehen. Zusätzlich zum Funktionsnamen finden Sie darunter noch eine Beschreibung dazu, was die Funktion bewirkt.

In der Werkzeugpalette stehen Ihnen bei den einzelnen Funktionen im Assistent-Modus jetzt nur noch das Zoom-Werkzeug [Q] und das Hand-Werkzeug [✋] zur Verfügung.

3.2 Assistent-Modus: Grundlagen

Im Bereich GRUNDLAGEN des ASSISTENT-Modus finden Sie verschiedene allgemeine Schnellkorrekturen wieder. Die meisten Funktionen sind durch die Beschreibungen selbsterklärend. Dennoch will ich sie kurz auflisten.

▼ Tabelle 3.1
Die Assistent-Funktionen im Bereich GRUNDLAGEN

Funktion	Beschreibung
TEXT HINZUFÜGEN	Diese geführte Bearbeitung ermöglicht es Ihnen, Ihre Fotos mit stilvoll gestaltetem Text zu versehen.
HELLIGKEIT UND KONTRAST	Damit können Sie die Helligkeit und den Kontrast entweder über eine automatische Korrektur oder gezielt über Schieberegler korrigieren.
KORREKTER HAUTTON	Hiermit können Sie die Hautfarbe einer Person im Foto korrigieren. Allerdings wirkt sich die Funktion nicht nur auf die Hautfarbe, sondern auf das komplette Bild aus.
FOTO ZUSCHNEIDEN	Diese Funktion hilft Ihnen beim Zuschneiden Ihrer Bilder auf die gewünschte Größe.
EBENEN	Mit dieser Funktion führen Sie eine Tonwertkorrektur durch. Damit können Sie flaue, zu dunkel oder zu hell geratene Bilder korrigieren. Die Funktion ruft den Dialog TONWERTKORREKTUR (siehe Abschnitt 10.3, »Die Tonwertkorrektur«) auf.
AUFHELLEN UND VERDUNKELN	Mit dieser Funktion können Sie die Belichtung Ihres Bildes korrigieren. Hierzu können Sie durch eine automatische Korrektur oder mit den Reglern SCHATTEN, LICHT und MITTELTÖNE eingreifen.
OBJEKT VERSCHIEBEN UND SKALIEREN	Damit können Sie im Bild ein Objekt (zum Beispiel eine Person) auswählen und die Position und Größe ändern oder es duplizieren.
ENTFERNEN VON OBJEKTEN	Wählen Sie ein Objekt im Bild und lassen es automatisch entfernen.

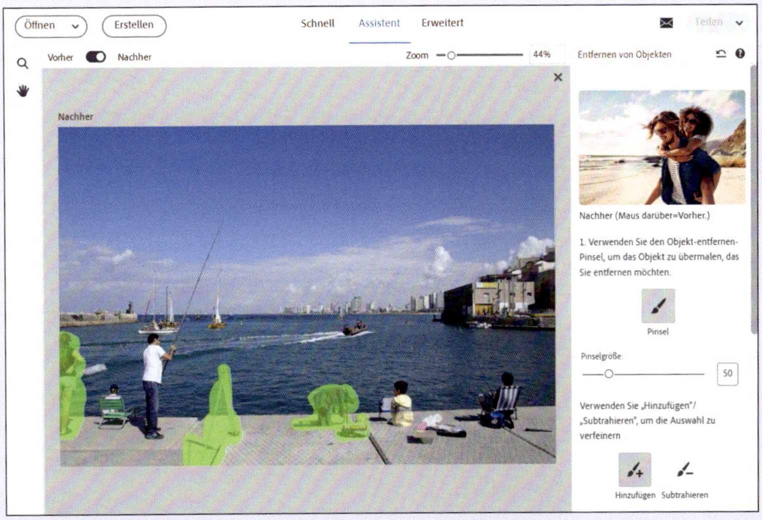

◄ Abbildung 3.4
Mit OBJEKT ENTFERNEN können Sie dank KI größere störende Objekte aus dem Bild entfernen.

Funktion	Beschreibung
Fotogrösse verändern	Damit können Sie die Bildgröße für das Web oder den Druck ändern.
Drehen und Begradigen	Diese Funktion hilft Ihnen dabei, ein Bild horizontal oder vertikal an einer Kante gerade auszurichten. Auch um 90° nach links oder rechts können Sie Ihre Bilder mit dieser Funktion drehen.
Scharfzeichnen	Hiermit können Sie Ihre Bilder entweder mit einer Automatik oder einem Schieberegler nachschärfen.
Vignetteneffekt	Damit können Sie eine schwarze oder weiße Vignette um das Bild legen, um so das Hauptmotiv deutlicher hervorzuheben.

▲ **Tabelle 3.1**
Die Assistent-Funktionen im Bereich Grundlagen (Forts.)

3.3 Assistent-Modus: Farbe

Im Bereich Farbe finden Sie vier Funktionen, die sich auf die Farben des Bildes auswirken.

Tabelle 3.2 ▼
Die Assistent-Funktionen im Bereich Farbe

Funktion	Beschreibung
Farbe verbessern	Mit dieser Funktion können Sie die Farben und den Kontrast im Bild entweder automatisch oder über die Schieberegler Farbton, Sättigung und Helligkeit korrigieren lassen.
Lomo-Kamera-Effekt	Mit dem Lomo-Kamera-Effekt erstellen Sie einen Fotostil wie mit einer alten russischen Schnappschusskamera, der Kompaktkamera *Leningradskoye Optiko Mechanichesckoye Obyedinenie* (kurz LOMO). Bei einem solchen Effekt werden die Bilder meistens unscharf, kontrastreich und die Ränder dunkel (Vignettierung). Mittlerweile hat sich die Lomografie als Kunstform entwickelt.
Farbstich entfernen	Mit dieser Funktion entfernen Sie einen Farbstich im Bild, indem Sie mit einem Pipette-Werkzeug auf einen weißen, grauen oder schwarzen Bereich im Bild klicken.
Gesättigter Diafilm-Effekt	Verändern Sie ein Bild so, dass es aussieht, als wäre es mit einem gesättigten Diafilm aufgenommen worden.

3.4 Assistent-Modus: Schwarzweiß

Im Bereich Schwarzweiss sind Funktionen enthalten, mit denen Sie den Bildern die Farben entziehen können.

Funktion	Beschreibung
SCHWARZWEISS	Mit der Funktion SCHWARZWEISS machen Sie eben genau das, wonach es sich anhört. Sie wählen aus vier verschiedenen Schwarzweißvorgaben aus. Dabei können Sie optional noch ein weicheres Licht hinzufügen oder den Kontrast erhöhen.
FARBEXPLOSION IN SCHWARZWEISS	Mit diesem Effekt wird das Foto analysiert und es wird alles in ein Schwarzweißbild umgewandelt, mit Ausnahme der Farbe, die Sie ausgewählt haben. Dieser Effekt wird auch als *Color Key* bezeichnet.
SCHWARZWEISS-AUSWAHL	Wollen Sie nicht eine bestimmte Farbe erhalten, wie mit Schwarzweiß-Farbpop (bzw. FARBEXPLOSION IN SCHWARZWEISS), sondern ein bestimmtes Objekt oder einen Bereich im Bild, können Sie dies mit SCHWARZWEISS-AUSWAHL machen. Damit malen Sie praktisch den Bereich oder das Objekt aus, das Sie in Schwarzweiß konvertieren wollen.
HOHER FARBWERT (High Key) und NIEDRIGER FARBWERT (Low Key)	High Key bzw. HOHER FARBWERT ist eine Technik der modernen Fotografie, bei der viel mit hellen Farbtönen, weichem Licht und niedrigen Kontrasten gearbeitet wird. Das Gegenstück dazu ist naturgemäß Low Key bzw. NIEDRIGER FARBWERT.
LINIEN ZIEHEN	Mit der Funktion LINIEN ZIEHEN bzw. STRICHZEICHNUNG verändern Sie das Bild, sodass es anschließend aussieht, als wäre es mit einem Bleistift gezeichnet.

▲ Tabelle 3.3
Die Assistent-Funktionen im Bereich SCHWARZWEISS

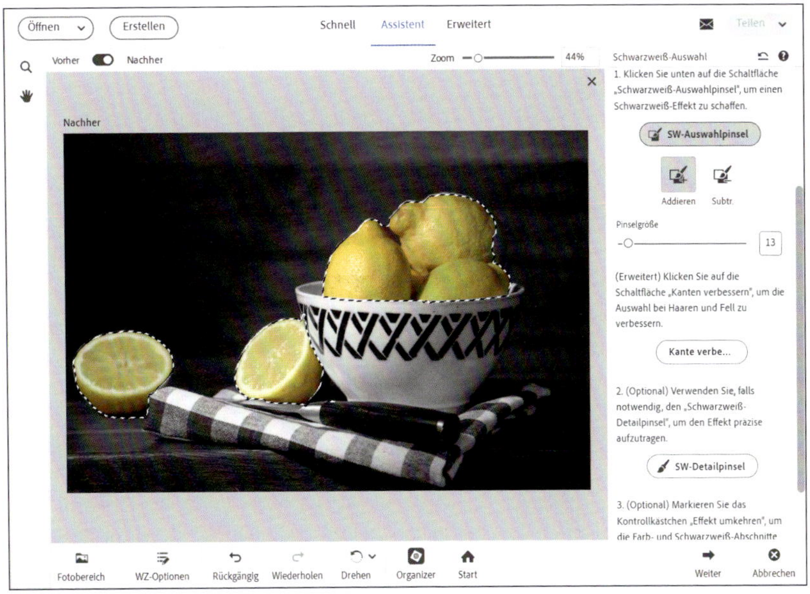

▲ Abbildung 3.5
Hier habe ich den Hintergrund mit SCHWARZWEISS-AUSWAHL in Schwarzweiß konvertiert.

3.5 Assistent-Modus: Kreative Bearbeitungen

Der Name KREATIVE BEARBEITUNGEN spricht für sich. Hier finden Sie wirklich tolle und kreative »Spielereien«, die Sie auf Ihre Fotos anwenden können.

Tabelle 3.4 ▼
Die Assistent-Funktionen im Bereich KREATIVE BEARBEITUNG

Funktion	Beschreibung
PEEK-THROUGH-ÜBERLAGERUNG	Mit der PEEK-THROUGH-ÜBERLAGERUNG können Sie Bildern an den Ecken und Kanten Überlagerungen (Overlays) in Form von Ästen, Pflanzen oder Lichtern hinzufügen, um dem Gesamtbild mehr Tiefe zu verleihen. Verstärken können Sie diesen Tiefeneffekt mithilfe einer Vignette und einer Weichzeichnung der Überlagerung.

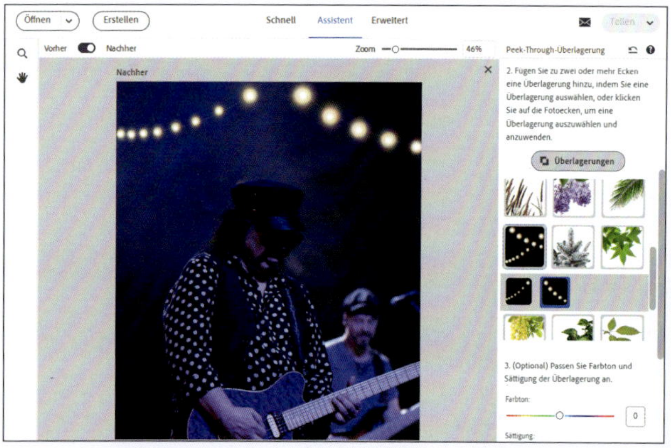

◂ **Abbildung 3.6**
Hier habe ich mein Bild mit zwei Lichterketten überlagert.

DOPPELBELICHTUNG	Einen surrealen oder auch abstrakten Effekt erzielen Sie mit DOPPELBELICHTUNG. Vielleicht kennen Sie den Effekt aus der Analogfotografie, bei der Sie ein Bild auf das vorherige Bild belichten, wodurch mehrere Ebenen in einem Bild festgehalten werden. Kombinieren Sie beispielsweise Menschen und Objekte in einem Bild, um surreale Effekte zu erzielen.
DUPLEXEFFEKT	Mit dem DUPLEXEFFEKT erstellen Sie kreative Bilder mit zwei Farben.
EFFEKTCOLLAGE	Mit EFFEKTCOLLAGE teilen Sie Ihr Bild in unterschiedliche Abschnitte auf und fügen zu jedem Abschnitt einen unterschiedlichen Effekt (bzw. Stil) hinzu. Zur Auswahl stehen verschiedene Collage-Layouts.
MEME-ERSTELLUNG	Die Funktion MEME-ERSTELLUNG beschreibt sich praktisch schon von selbst: Mit ihr erstellen Sie aus einem Bild oder einem Text ein lustiges Meme. Zur Auswahl stehen verschiedene Meme-Vorlagen, zu denen Sie einen Text und Rahmen hinzufügen bzw. auswählen können.
TEXT AUF MEHREREN FOTOS	Diese Funktion macht das Hinzufügen von Text auf mehrere Fotos zum Kinderspiel: Fügen Sie dem Bild einen Text hinzu, passen Sie die Größe des Textes an, und fügen Sie dann für jeden Buchstaben ein eigenes Foto hinzu. Auch den Hintergrund und die Kante des Textes können Sie anpassen.

Funktion	Beschreibung
Altmodisches Foto	Mit Altmodisches Foto lassen Sie ein Bild künstlich altern. Hierbei ist es möglich, neben den Schwarzweißvorgaben die Farbe zu tonen und Bildrauschen hinzuzufügen.
Ausserhalb des Bereichs (Out-of-Bounds)	Einen tollen 3D-Effekt können Sie mit Ausserhalb des Bereichs erzielen. Damit fällt ein Bildobjekt quasi aus dem Bilderrahmen heraus.
Malerisch	Mit Malerisch machen Sie aus dem Bild ein künstlerisches Gemälde.
Partielle Skizze	Mit dieser Assistent-Funktion können Sie einen bestimmten Bereich im Bild auswählen und in eine Skizze umwandeln. Es stehen verschiedene Pinsel zur Verfügung, um den Effekt anzupassen.
Musterpinsel	Mit der Funktion Musterpinsel ist es recht einfach, ein Muster um ein Motiv zu malen oder den Bereich darum herum zu füllen. Wählen Sie aus verschiedenen vordefinierten Mustern. Die Funktion versucht, das Motiv automatisch zu erkennen, und schützt es in der Standardeinstellung vor dem Übermalen.
Fototext	Die Funktion Fototext ist eine sehr komfortable Lösung, wenn Sie einen Text erstellen wollen, bei dem Ihr Foto als Textfüllung verwendet wird.
Bildstapel	Ebenfalls einen netten Effekt erzielen Sie mit der Funktion Bildstapel. Damit »zerlegen« Sie ein Bild in vier, acht oder zwölf Einzelbilder mit einem weißen Rahmen. Der Hintergrund lässt sich dabei auch anpassen.
Pop Art	Die Funktion Pop Art hinterlegt Ihr Bild mit einer Art Warhol-Effekt.
Puzzle-Effekt	Nutzen Sie den Puzzle-Effekt, um ein Bild in Puzzleteile zu zerlegen und die einzelnen Teile zu verschieben.
Spiegelung	Mit Spiegelung erzielen Sie eine Art Boden- oder Wasserspiegelung von einem Bild.
Formüberlagerung Effekt	Mit dem Formüberlagerungsffekt können Sie Formen überlagernd zu einem Bild hinzufügen. Hierbei können Sie den Effekt sowohl innerhalb als auch außerhalb der Form festlegen.
Bewegungseffekt	Mit dem Bewegungseffekt können Sie einzelne Objekte in einem Bild auswählen und den Eindruck entstehen lassen, als würde sich dieses Objekt schnell in eine bestimmte Richtung bewegen.
Geschwindigkeitsbildlauf	Die Funktion Geschwindigkeitsbildlauf simuliert Geschwindigkeit rund um ein Fotomotiv, indem sie eine Bewegungsunschärfe hinzufügt.
Zoom Burst-Effekt	Der Zoom Burst-Effekt wird häufig auch als *Explosionseffekt* bezeichnet und gewöhnlich mit einer Kamera mit Zoomobjektiv auf einem Stativ erzielt. Hierzu stellt man eine längere Belichtungszeit ein, schließt die Blende so weit wie möglich und dreht am Zoom, sobald die Kamera auslöst. Denselben Effekt erreichen Sie aber auch nachträglich mit dem Zoom-Burst-Effekt.

▲ **Tabelle 3.4**
Die Assistent-Funktionen im Bereich Kreative Bearbeitung (Forts.)

3.6 Assistent-Modus: Spezielle Bearbeitungen

Im Bereich SPEZIELLE BEARBEITUNGEN finden Sie etwas anspruchsvollere Funktionen, die sich mit dem Assistenten ohne tiefgreifende Vorkenntnisse realisieren lassen.

Tabelle 3.5 ▼
Die Assistent-Funktionen im Bereich SPEZIELLE BEARBEITUNGEN

Funktion	Beschreibung
SCHÄRFENTIEFE	Mit der Funktion SCHÄRFENTIEFE können Sie bei einem rundum scharf fotografierten Bild eine zentrale Figur oder ein Objekt »scharfstellen«, während alles andere darum herum unscharf wirkt. Einen ähnlichen Effekt erzielen Sie, indem Sie mit einer größeren Blendenöffnung fotografieren.
HINTERGRUND ERWEITERN	Die Funktion HINTERGRUND ERWEITERN erweitert den Hintergrund eines Bildes, indem der erweiterte Bereich automatisch mit dem umliegenden Bereich inhaltssensitiv geklont oder einfach nur gestreckt wird.
RAHMEN-ERSTELLER	Erstellen Sie mit dieser ASSISTENT-Funktion einen eigenen Bilderrahmen aus einem Bild, und fügen Sie ihn zur Rahmenbibliothek hinzu. Mit einem solchen selbst erstellten Rahmen können Sie jederzeit Ihre Fotos einrahmen.
ORTON-EFFEKT	Der ORTON-EFFEKT wird erstellt aus einer Überlagerung eines scharfen überbelichteten und eines unscharfen unterbelichteten Bildes vom gleichen Motiv. Mit diesem Effekt erhält das Bild ein glühendes und verträumtes Aussehen und wirkt unter Umständen interessanter.
PERFEKTES QUERFORMAT	Die Funktion PERFEKTES QUERFORMAT ist etwas unglücklich übersetzt und sollte wohl »Perfekte Landschaftsaufnahme« lauten. Damit verbessern Sie Landschaftsaufnahmen, indem Sie den Himmel austauschen und Dunst oder andere unerwünschte Objekte aus dem Bild entfernen.

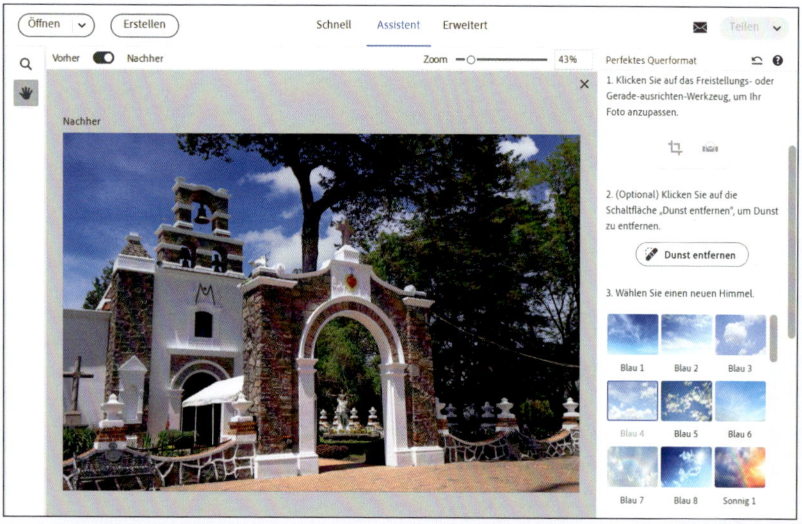

◄ Abbildung 3.7
Den langweiligen Himmel habe ich mit der Funktion PERFEKTES QUERFORMAT aufgepeppt.

Funktion	Beschreibung
Das perfekte Haustier	Die Funktion Das perfekte Haustier spricht für sich: Sie optimiert die Bilder von ihren vierbeinigen Lieblingen und fügt ein paar Effekte hinzu.
Perfektes Porträt	Die Porträtretusche ist eine beliebte Disziplin in der Bildbearbeitung, und daher bietet auch der Assistent mit Perfektes Porträt eine Möglichkeit an, hier ohne weitere Vorkenntnisse zu arbeiten.
Neu zusammenstellen	Die Funktion Neu zusammenstellen entspricht einer vereinfachten Version des Neu-zusammensetzen-Werkzeugs aus dem Erweitert-Modus. Sie können damit die Größe des Bildes ändern, ohne dass bestimmte Informationen im Bild verloren gehen. Mehr zum Neu-zusammensetzen-Werkzeug erfahren Sie später in Abschnitt 14.3, »Hintergründe strecken – das Neu-zusammensetzen-Werkzeug«.
Hintergrund ersetzen	Der Name Hintergrund ersetzen spricht für sich selbst: Wählen Sie zunächst ein Hauptmotiv mit verschiedenen Auswahlwerkzeugen aus, ehe Sie ihm im nächsten Schritt einen neuen Hintergrund zuweisen. Dabei können Sie ein Foto importieren, aus Vorgaben auswählen oder einen einfarbigen bzw. einen transparenten Hintergrund wählen.
Altes Foto wiederherstellen	Altes Foto wiederherstellen befreit alte eingescannte Fotos von Staub und Kratzern und verleiht ihnen wieder ein ordentliches Aussehen.
Kratzer und Makel	Mit der Funktion Kratzer und Makel entfernen Sie kleinere und größere Schönheitsfehler aus dem Bild.
Text- und Rahmenüberlagerung	Mit der Funktion Text- und Rahmenüberlagerung fügen Sie eine Text-Rahmen-Kombination zu einem Bild hinzu. Geben Sie nach der Auswahl eines passenden Rahmens den Text ein, und bestimmen Sie dessen Position.
Tilt-Shift-Effekt	Mit der Funktion Tilt-Shift lassen sich tolle Effekte erzielen. Gerne erstellt werden hiermit Bilder, die den Betrachter an eine Miniaturwelt erinnern oder den Fokus auf einzelne Teile im Bild lenken. Direkt bei der Aufnahme erreichen Sie einen solchen Effekt mit einem sogenannten Tilt-Shift-Objektiv.
Aquarelleffekt	Mit dem Aquarelleffekt erzeugen Sie ein Bild, das aussieht, als wäre es mit Wasserfarben gemalt. Wenn Sie aus einem von drei Effekten ausgewählt haben, wählen Sie das Aquarellpapier und eine Leinwandstruktur. Bei Bedarf fügen Sie noch einen Text hinzu.

▲ **Tabelle 3.5**
Die Assistent-Funktionen im Bereich Spezielle Bearbeitungen (Forts.)

3.7 Assistent-Modus: Kombinieren-Funktionen

Im Bereich Kombinieren (ehemals Photomerge) finden Sie viele nützliche Funktionen, womit Sie mehrere Bilder zusammenfügen können. Hierbei sind viele fortgeschrittene Funktionen enthalten, die sich im Erweitert-Modus auch nicht so einfach realisieren lassen. Alle Funktionen haben gemeinsam, dass mindestens zwei Fotos in den Fotobereich geladen sein müssen, um diese zusammenzufügen oder zu verschmelzen.

Auf die einzelnen Funktionen gehe ich im Verlauf des Buches an passender Stelle nochmals genauer ein. Trotzdem hier ein kurzer Überblick über die einzelnen KOMBINIEREN-Funktionen.

Funktion	Beschreibung
Fotos kombinieren	Mit der Funktion FOTOS KOMBINIEREN können Sie in einer Schritt-für-Schritt-Anleitung ein Objekt auswählen, freistellen und in ein anderes Bild einmontieren.
Photomerge-Belichtung	Mit der Funktion PHOTOMERGE EXPOSURE können Sie mehrere gleiche Bilder mit unterschiedlichen Belichtungszeiten und somit Tonwerten zu einem gut belichteten Bild zusammenfügen.
Photomerge-Gruppenbild	Hat mal eine Person auf einem Bild nicht gelächelt oder waren die Augen geschlossen und Sie haben mehrere Bilder der Gruppenaufnahme gemacht, können Sie mit der Funktion PHOTOMERGE GROUP SHOOT aus mehreren Bildern ein gutes Bild machen.
Photomerge-Panorama	Dies dürfte die wohl beliebteste KOMBINIEREN-Funktion sein. Sie fügt einzelne Bilder zu einem großen Panoramabild zusammen.

▲ **Tabelle 3.6**
Die Assistent-Funktionen im Bereich KOMBINIEREN

Kombinieren-Funktionen im Buch
Die KOMBINIEREN-Funktionen PHOTOMERGE PANORAMA und PHOTOMERGE GROUP SHOT werden in Abschnitt 15.4, »Fotos kombinieren – Panoramen & Co.«, behandelt. FOTOS ZUSAMMENFÜGEN wird in Abschnitt 29.1.1, »Fotos zusammenstellen«, behandelt, und PHOTOMERGE EXPOSURE erläutere ich in Abschnitt 29.3, »Kontrastumfang erweitern mit Photomerge Exposure«.

3.8 Der klassische Assistent-Workflow

Der typische Workflow im ASSISTENT-Modus ist es, zunächst ein Bild zu öffnen, dann die gewünschte ASSISTENT-Funktion auszuwählen und diese schließlich auf das Bild anzuwenden. Sind Sie mit der Bearbeitung fertig, können Sie bei allen ASSISTENT-Funktionen entweder die Schaltfläche WEITER ❶ anklicken oder den Vorgang mit der Schaltfläche ABBRECHEN ❷ beenden, um die Funktion nicht auf das Bild anzuwenden.

Haben Sie auf die Schaltfläche WEITER gedrückt, nimmt Sie der Assistent weiterhin an die Hand und fragt Sie, was Sie mit dem bearbeiteten Bild tun wollen. Hierfür bietet Ihnen der Assistent die Möglichkeit zum Speichern ❸ mit den Schaltflächen SPEICHERN und SPEICHERN UNTER an, woraufhin sich immer der SPEICHERN UNTER-Dialog öffnet, der in Abschnitt 1.4.1, »Der Speichern-Dialog«, bereits beschrieben wurde.

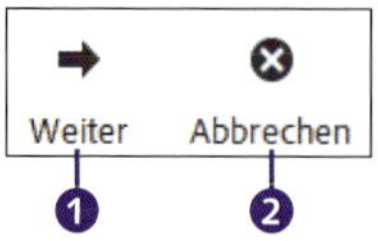

◀ **Abbildung 3.8**
Die Schaltflächen stehen für alle Funktionen im ASSISTENT-Modus zur Verfügung.

Als zweite Möglichkeit wird Ihnen angeboten, die Bearbeitung fortzusetzen ④. Dazu können Sie entweder mit der Schaltfläche IN SCHNELL das Bild im SCHNELL-Modus oder mit der Schaltfläche IN "ERWEITERT" im ERWEITERT-Modus weiterbearbeiten.

Wenn Sie die fertige Bearbeitung Ihres Bildes mit anderen teilen wollen, finden Sie hierzu einen Bereich ⑤ vor, in dem Sie Ihre Bearbeitung direkt auf Flickr oder X (hier Twitter) hochladen und veröffentlichen können.

Wollen Sie hingegen gar nichts tun und im ASSISTENT-Modus bleiben, um noch eine andere Funktion zu verwenden, müssen Sie nur die Schaltfläche FERTIG ⑥ anklicken.

Mit Ausnahme der ASSISTENT-Funktion FOTOGRÖSSE VERÄNDERN aus dem Bereich GRUNDLAGEN bieten alle ASSISTENT-Funktionen dieselben Möglichkeiten an, das bearbeitete Bild entweder zu speichern, weiterzubearbeiten oder zu teilen. Wenn Sie allerdings bei der ASSISTENT-Funktion FOTOGRÖSSE VERÄNDERN die Bildgröße für den Druck geändert haben, finden Sie statt des Teilens der Bilder eine Schaltfläche vor, um das Bild auf dem lokalen Drucker auszugeben.

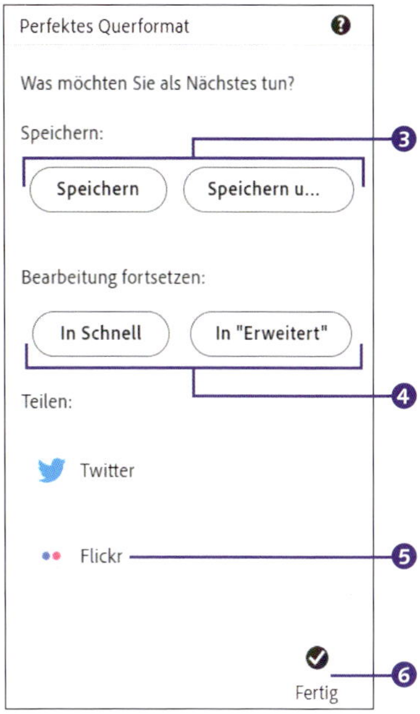

▲ **Abbildung 3.9**
Das bekommen Sie zu sehen, wenn Sie mit der ASSISTENT-Funktion fertig sind und auf WEITER geklickt haben.

Kapitel 4

Der Fotoeditor im Erweitert-Modus

Die Modi »Schnell« und »Assistent« können recht praktisch für schnelle Korrekturen und kreative Arbeiten sein. Würden Sie allerdings nur mit diesen Modi arbeiten, verschenkten Sie das enorme Potenzial, das Adobe Photoshop Elements für Sie bereithält. Erst der Modus »Erweitert« eröffnet Ihnen die wahre Vielfalt an Funktionen des Fotoeditors.

4.1 Die Oberfläche im Schnellüberblick

Öffnen können Sie die Arbeitsoberfläche für den ERWEITERT-Modus, indem Sie (falls ein anderer Modus verwendet wird) die Schaltfläche ERWEITERT ❹ auswählen.

Die Oberfläche des Fotoeditors gliedert sich in folgende grundlegende Gruppen von Bedienelementen:

- die **Menüleiste** ❶ oberhalb des Fensters, die ausklappbare Menüs enthält (beim Mac finden Sie die Menüleiste natürlich Mac-typisch als weiße Leiste, die oben quer über den Bildschirm verläuft)
- die **Werkzeugoptionen** ⓫ oder der **Fotobereich** (je nachdem, was Sie bei den entsprechenden Schaltflächen ❾ ausgewählt haben) unterhalb des Bildbereichs, die/der sich jeweils über die gesamte Breite des Fensters erstrecken/erstreckt
- die **Werkzeugpalette** ⓭ auf der linken Seite
- die **Bedienfelder** ❼ auf der rechten Seite des Programmfensters

Ganz unten im Programmfenster finden Sie eine Leiste mit weiteren Schaltflächen ❿ für einen schnellen Zugriff auf diverse Einstellungen. Die Schaltflächen ❽ auf der rechten Seite beziehen sich nur auf die Bedienfelder darüber ❼. Unterhalb der Menüleiste finden Sie außerdem noch eine weitere Schnellzugriffsleiste ⓮, in der Sie Bilder schneller öffnen, den Modus des Fotoeditors

Schnell – Assistent – Erweitert
Standardmäßig wird Photoshop Elements im SCHNELL-Modus für eine schnelle Bildkorrektur gestartet. Mehr zu diesem SCHNELL-, aber auch zum ASSISTENT-Modus haben Sie bereits in Kapitel 2 und Kapitel 3 erfahren. Für die Beschreibung der Oberfläche des Fotoeditors verwenden wir in den meisten der folgenden Buchkapitel den Modus ERWEITERT ❹.

ändern oder diverse Dinge erstellen können. Über das Briefsymbol ❺ können Sie sich die Neuigkeiten anzeigen lassen, die zum Beispiel ein Update mit sich gebracht hat.

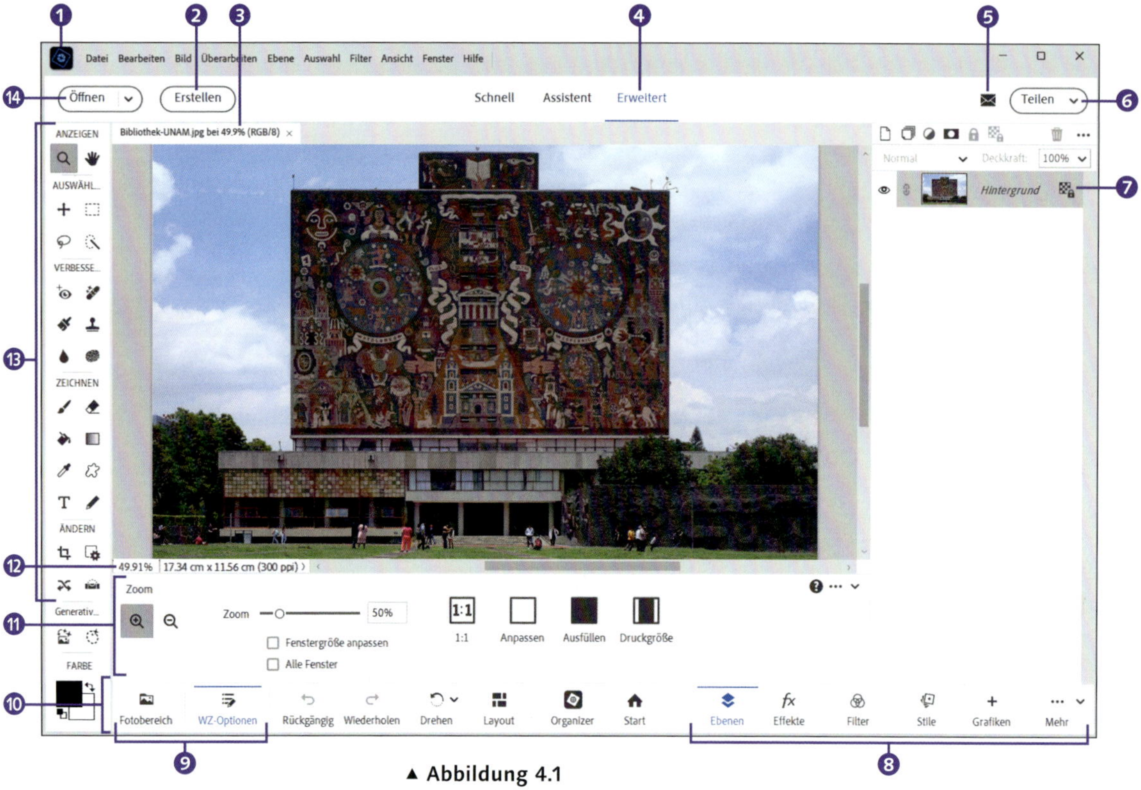

▲ **Abbildung 4.1**
Die Standardansicht des Fotoeditors im Modus ERWEITERT mit den wichtigsten Elementen

Zum Weiterlesen
Die Dropdown-Listen ERSTELLEN ❷ und TEILEN ❻ finden Sie auch im Organizer mit denselben Funktionalitäten wieder. In Abschnitt 7.1.5, »›Erstellen‹ und ›Teilen‹«, finden Sie nochmals eine kurze Beschreibung hierzu. Richtig verwenden werden Sie das Erstellen oder das Teilen (oder besser: das Präsentieren) von Fotos in Teil XIII des Buches.

Funktionen aktivieren
Um ausgegraute Funktionen dennoch auszuprobieren, öffnen Sie einfach ein Bild. Verwenden Sie hierbei am besten ein Bild des Beispielmaterials – so können Sie auch nichts »kaputtmachen«.

Anzeigen am Bild | Neben diesen Standardbedienelementen finden Sie bei einem oder mehreren geöffneten Bildern zusätzlich eine Titelleiste ❸ und eine Statusleiste ⓬ vor.

4.2 Die Menüleiste

Die Menüs in Photoshop Elements sind den Menüs vieler bekannter Programme ähnlich, die Bedienung wird Ihnen daher kaum Schwierigkeiten bereiten. Anwendbare Funktionen sind in weißer Schrift dargestellt; Elemente in grauer Schrift sind nicht anwählbar.

Bei vielen Menüeinträgen finden Sie zudem Tastenkürzel, mit denen Sie die Funktion über die Tastatur aufrufen. Anstatt sich zum Öffnen einer Datei also durch das DATEI-Menü zu hangeln, können Sie auch schnell die Tastenkombination Strg/cmd+O nutzen. Bei macOS ist die Menüleiste wie üblich nicht im Programmfenster, sondern wie gewohnt als fixe Leiste oben auf dem Bildschirm zu finden.

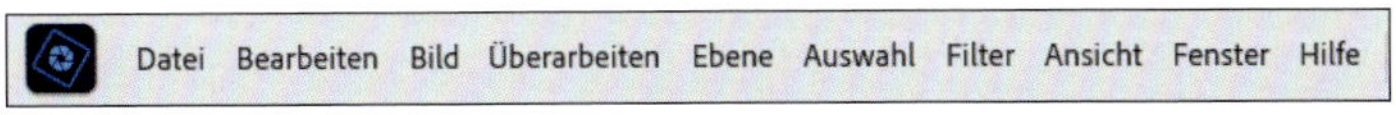

◂ **Abbildung 4.2**
Die Menüleiste von Photoshop Elements

Das Menü »Datei« | Auch im Menü Datei wird Ihnen vieles von anderen Programmen her bekannt vorkommen, zum Beispiel das Öffnen, Speichern und Drucken von Dateien. In diesem Menü finden Sie alle Befehle für die Verwaltung und Steuerung von Dateien. Auch den Import und Export von Dateien rufen Sie über das Menü Datei auf.

Weitere Befehle
Im Menü Datei finden Sie auch Automatisierungsbefehle und Befehle für den Wechsel zu anderen Programmelementen, zum Beispiel zum Organizer, mit dem Sie Fotos verwalten können.

Das Menü »Bearbeiten« | Im Menü Bearbeiten finden Sie neben den üblichen Standardfunktionen wie dem Rückgängigmachen und Wiederholen von Arbeitsschritten, dem Ausschneiden, Kopieren, Einfügen und Löschen von Auswahlen oder Ebenen auch verschiedene Arbeitshilfen. Hierzu gehören etwa das Füllen einer Auswahl oder Kontur, das Leeren des Rückgängig-Protokolls oder der Zwischenablage sowie das Hinzufügen von Seiten. Außerdem enthält dieses Menü Befehle zu Werkzeugkomponenten, zur Definition eigener Pinsel und Muster sowie verschiedene Grundeinstellungen zum Programm.

Sammelmenü »Bearbeiten«
Das Menü Bearbeiten war neben den üblichen Standardfunktionen schon immer so etwas wie ein buntes Sammelsurium für Funktionen, die in kein anderes Menü so recht hineinpassen wollen. Dies gilt nicht nur für Photoshop Elements, sondern auch für viele andere Programme.

Das Menü »Bild« | Das Menü Bild enthält Funktionen, um ein Bild nach festen oder beliebigen Werten zu drehen, zu spiegeln, seine Form oder Größe zu ändern. Neben dem Freistellungswerkzeug finden Sie hier eine Funktion zur Aufteilung eingescannter Bilder. Darüber hinaus können Sie über dieses Menü den Bildmodus und die Farbprofilkonvertierung ändern.

Das Menü »Überarbeiten« | Die Funktionen im Menü Überarbeiten setzen Sie in der digitalen Bildbearbeitung häufig zum Korrigieren eines Bildes ein. Neben den vielen automatischen Korrekturfunktionen finden Sie hier Funktionen zum manuellen Anpassen von Beleuchtung und Farbe. Auch das Nachschärfen und die Schwarzweißkonvertierung rufen Sie über dieses Menü auf.

Automatische Korrektur
Beachten Sie, dass die automatischen Funktionen sofort und ohne Rückfrage über eine Dialogbox ausgeführt werden.

Das Menü »Ebene« | Ein sehr wichtiges Arbeitsmittel für die Gestaltung von Fotomontagen mit Photoshop Elements sind die Ebenen. Entsprechend umfangreich ist auch das Menü Ebene mit Funktionen ausgestattet. Auch die Funktionen zur Ebenenmaske sind in diesem Menü enthalten.

Zum Weiterlesen
Auf die Ebenen gehen wir ausführlich in Teil X des Buches ein.

Das Menü »Auswahl« | Die Funktionen im Menü AUSWAHL sind ebenso wichtig wie die im Menü EBENE. Im AUSWAHL-Menü finden Sie viele Ergänzungen zu den Auswahlwerkzeugen der Werkzeugpalette. Darüber hinaus können Sie Auswahlen ändern und speichern.

Im Menü AUSWAHL finden Sie auch einige Auswahlbefehle für Ebenen. Die beiden Menüs EBENE und AUSWAHL werden Sie daher oft in Kombination anwenden.

Das Menü »Filter« | Das Menü FILTER enthält zahlreiche Filter zur Durchführung von Korrekturen; auch Filter für Stileffekte und kreative Zwecke finden Sie hier. In der Regel erreichen Sie hier auch die Plug-ins, mit denen Sie Photoshop Elements jederzeit erweitern können.

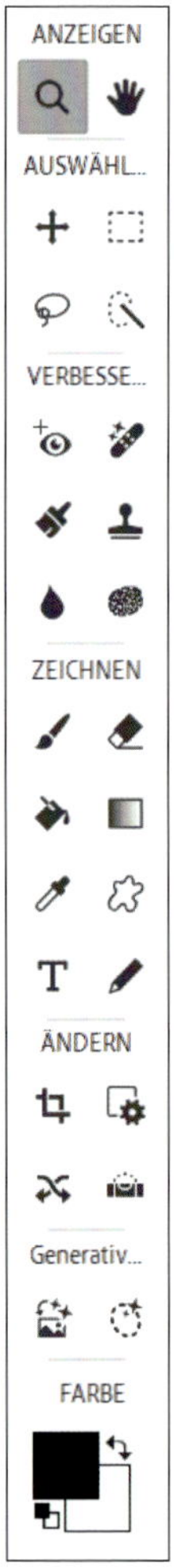

▲ **Abbildung 4.3**
Die Werkzeugpalette

Das Menü »Ansicht« | Im Menü ANSICHT finden Sie vorwiegend Funktionen, die sich auf die Darstellung des aktuellen Bildes beziehen. Auch verschiedene Helfer wie LINEALE, HILFSLINIEN oder RASTER sind hier versammelt.

Das Menü »Fenster« | Das Menü FENSTER bietet Befehle, mit denen Sie das Aussehen des Fotoeditors festlegen können (etwa welche Bedienfelder eingeblendet werden sollen).

Das Menü »Hilfe« | Sollten Sie einmal nicht mehr weiterwissen, können Sie im letzten Menüpunkt die Photoshop-Elements-Hilfe aufrufen. Schneller geht dies mit der Taste F1 (Windows) bzw. mit cmd+? (Mac). Auch Updates und Support erreichen Sie über dieses Menü.

4.3 Die Werkzeugpalette im Überblick

In der Werkzeugpalette des Fotoeditors (häufig auch *Toolbox* oder *Werkzeugleiste* genannt) stehen Ihnen verschiedene Werkzeuge zur Bearbeitung Ihrer Bilder zur Verfügung. Angezeigt wird die Werkzeugpalette auf der linken Seite des Programmfensters.

Die Werkzeugpalette ausblenden | Wollen Sie die Werkzeugpalette ausblenden, um mehr Platz auf dem Bildschirm zu haben, können Sie dies jederzeit über das Menü FENSTER • WERKZEUGE tun. Umgekehrt können Sie sie jederzeit mit demselben Menübefehl auch wieder einblenden lassen.

Werkzeugtipps | Adobe bietet Orientierungshilfen für die vielfältigen Werkzeuge und Funktionen: die QuickInfos. Dabei haben Sie die Wahl zwischen einfachen Textinformationen und animierten sogenannten *Rich-Text-QuickInfos*. Verweilen Sie kurz mit der Maus auf einem Button, wird der einfache oder der animierte Werkzeugtipp eingeblendet. In den Voreinstellungen (DATEI • VOREINSTELLUNGEN oder Strg/cmd+K) unter ALLGEMEIN können Sie festlegen, welche Form der QuickInfos gezeigt werden soll, oder diese Anzeige ganz ausschalten.

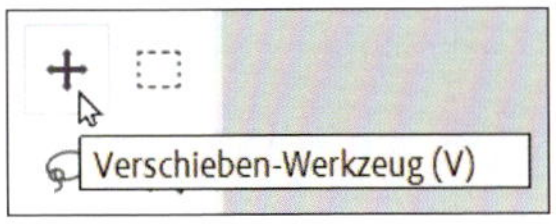

◂ **Abbildung 4.4**
QuickInfo in Textform. Ganz nebenbei lernen Sie so die Tastenkürzel.

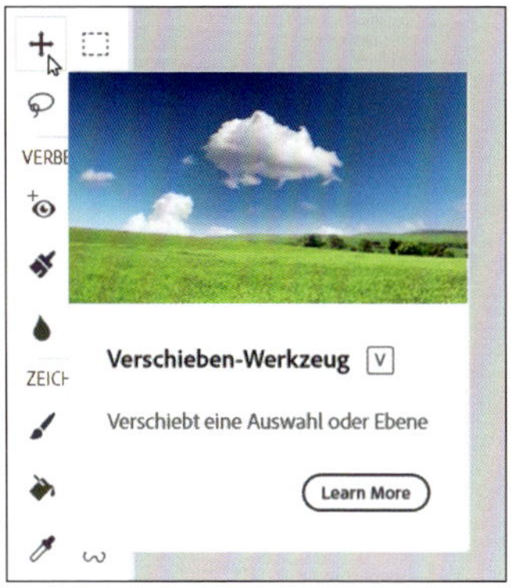

▴ **Abbildung 4.5**
QuickInfo als animierter Tipp

Statusleiste | Die Statusleiste an der unteren Bildschirmkante können Sie ähnlich wie die QuickInfo verwenden, um Informationen zu einem Werkzeug zu erhalten. Klicken Sie hierzu den schwarzen Pfeil an (siehe Abbildung 4.6), und aktivieren Sie die Einstellung AKTUELLES WERKZEUG.

Zum Weiterlesen
Mehr zur Statusleiste finden Sie in Abschnitt 5.5.2, »Die Statusleiste«.

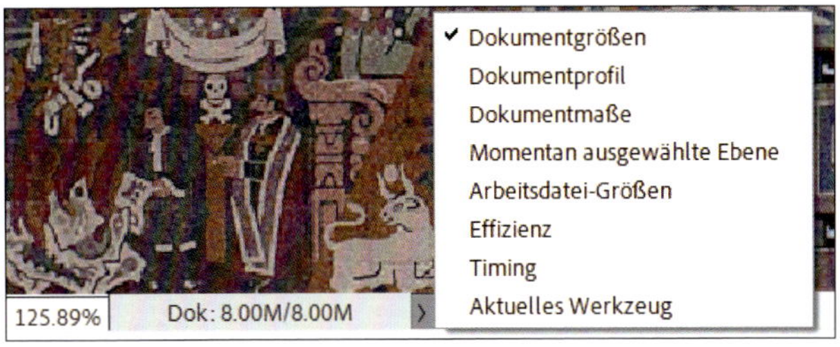

◂ **Abbildung 4.6**
Auch die Statusleiste gibt Auskunft über das aktuell verwendete Werkzeug, wenn die Option AKTUELLES WERKZEUG aktiv ist.

Werkzeug verwenden | Um ein Werkzeug zu verwenden, müssen Sie es in der Werkzeugpalette mit einem Klick auf die entsprechende Schaltfläche auswählen. Das ausgewählte Werkzeug ist dann in der Werkzeugpalette markiert. Übrigens ist immer irgendein Werkzeug aktiv! Es gibt also nicht die Möglichkeit, das Werkzeug einmal »beiseite zu legen«.

Ausgeblendetes Werkzeug verwenden | Einige Werkzeuge in der Werkzeugpalette haben untergeordnete Werkzeuge, die nicht unmittelbar angezeigt werden. Wenn Sie mit dem Mauscursor über ein Werkzeug fahren, zeigt ein kleines Dreieck ❶ rechts oben an der Schaltfläche des Werkzeugs an, dass es über mindestens ein weiteres Werkzeug verfügt. Sobald Sie ein entsprechendes Werkzeug, das über weitere untergeordnete Werkzeuge verfügt, anklicken, finden Sie links unten bei den Werkzeugoptionen die restlichen Werkzeuge zur Auswahl vor.

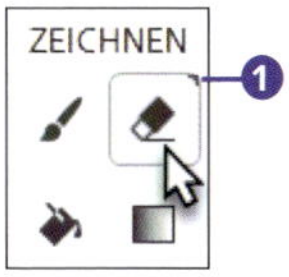

▴ **Abbildung 4.7**
Das kleine Dreieck rechts oben zeigt an, dass dem Werkzeug noch weitere Werkzeuge untergeordnet sind.

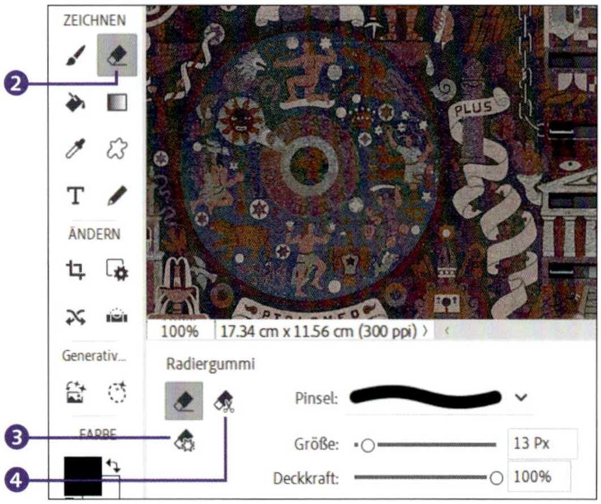

▲ **Abbildung 4.8**
Hinter dem Radiergummi ❷ verbergen sich in den Werkzeugoptionen noch Hintergrund-Radiergummi ❹ und Magischer Radiergummi ❸.

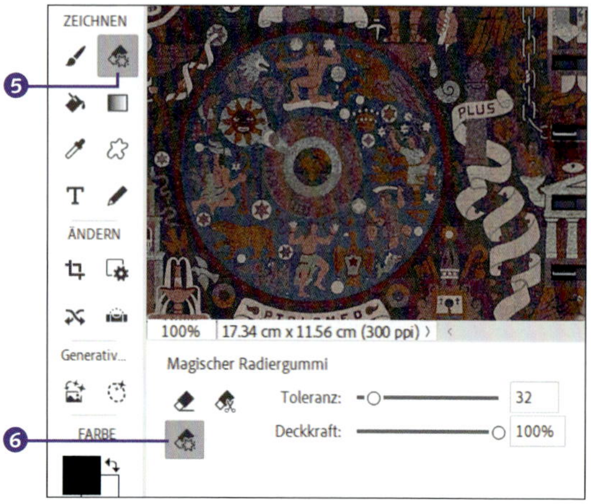

▲ **Abbildung 4.9**
Natürlich ändert sich in der Werkzeugpalette auch das Icon ❺ entsprechend, wenn Sie ein anderes untergeordnetes Werkzeug ❻ ausgewählt haben.

Werkzeuge per Tastenkürzel verwenden | Die Werkzeuge in der Werkzeugleiste lassen sich auch per Tastenkürzel verwenden. Welches Tastenkürzel für welches Werkzeug steht, erfahren Sie über die QuickInfo. Drücken Sie zum Beispiel die Taste [Z], wird das Zoom-Werkzeug zur Verwendung ausgewählt.

Werkzeuge, die ausgeblendete Werkzeuge enthalten, wählen Sie durch erneutes Drücken des Tastenkürzels aus. Drücken Sie zum Beispiel einmal die Taste [E], haben Sie den Radiergummi ausgewählt. Drücken Sie die Taste [E] zweimal, ist der Hintergrund-Radiergummi aktiviert, bei dreimaligem Drücken der Magische Radiergummi. Drücken sie noch ein viertes Mal, geht es dann wieder von vorn mit dem Radiergummi los.

Tastenkürzel
Eine Übersicht über die einzelnen Tastenkürzel und deren zugehöriges Werkzeug finden Sie in Tabelle 4.1.

4.4 Die einzelnen Werkzeuge und ihre Funktion

Die einzelnen Werkzeuge in der Werkzeugleiste werden in fünf Gruppen aufgeteilt. Diese stelle ich Ihnen im Folgenden kurz vor.

4.4.1 Anzeigen

▲ **Abbildung 4.10**
Unverzichtbare Helfer im Alltag

Die erste Gruppe mit zwei Werkzeugen bietet nützliche Helfer für genaues Arbeiten auf der Arbeitsoberfläche. Es handelt sich um Werkzeuge zur Änderung der Bildansicht.

❼ **Zoom-Werkzeug**: Mithilfe dieses Werkzeugs vergrößern oder verkleinern Sie die Ansicht des Bildes. Dabei wird die Ansicht auf den angeklickten Punkt zentriert. Dieses Werkzeug wirkt sich nur auf die Ansicht des Bildes aus.

❽ **Hand-Werkzeug**: Mit der Hand verschieben Sie die Bildansicht im Dokumentfenster. Auf diese Weise behalten Sie auch bei sehr großen Bildern die Übersicht. Wie beim Zoom-Werkzeug wirkt sich das Verschieben mit dem Hand-Werkzeug nur auf die Ansicht des Bildes aus, nicht auf das Bild selbst.

Hand funktioniert nicht?
Die Hand funktioniert erst, wenn Sie zuvor mindestens einmal mit der Lupe in das Bild geklickt haben und ein vergrößerter Ausschnitt des Bildes angezeigt wird.

4.4.2 Auswählen

Die Auswahl von Bildbereichen ist bei der Bearbeitung von zentraler Bedeutung, daher gibt es für diesen Zweck einen eigenen Menüpunkt. Zur Gruppe der Auswahlwerkzeuge gehören das Auswahlrechteck und die Auswahlellipse sowie das Lasso, der Zauberstab und verschiedene Schnellauswahl-Werkzeuge. Mit diesen Werkzeugen können Sie Bildbereiche auswählen und diese Bereiche anschließend unabhängig vom übrigen Bild bearbeiten. Als Hilfsmittel für Auswahlen finden Sie hier auch noch das Verschieben-Werkzeug.

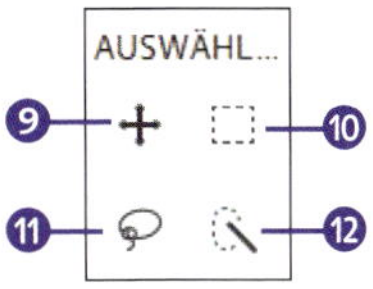

▲ **Abbildung 4.11**
Die Auswahlwerkzeuge zählen zu den wichtigsten Arbeitswerkzeugen.

❾ **Verschieben-Werkzeug**: Mit diesem Werkzeug verschieben Sie eine Auswahl im Bild oder eine ganze Ebene.

❿ **Auswahlrechteck** und **Auswahlellipse**: Das Auswahlrechteck dient der Auswahl rechteckiger Bildbereiche. Analog dazu erstellt die Auswahlellipse Auswahlen elliptischer Bildbereiche. Wählen Sie die beiden Werkzeuge entweder über die Werkzeugoptionen aus oder per Tastatur, indem Sie M so oft drücken, bis das gewünschte Werkzeug aktiviert ist.

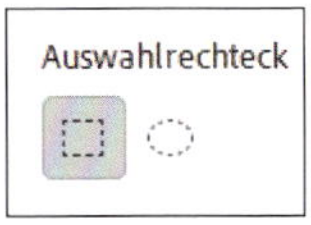

⓫ **Lasso-Werkzeuge**: In dieser Untergruppe stehen Ihnen drei Varianten zur Verfügung: das einfache Lasso, das Magnetische Lasso und das Polygon-Lasso.

⓬ **Schnellauswahl-Werkzeug**, **Auswahlpinsel**, **Zauberstab**, **Auswahl verbessern-Pinselwerkzeug** und das **Automatische Auswahl-Werkzeug**: Das Schnellauswahl-Werkzeug erleichtert Ihnen das gezielte Auswählen einzelner Bildbereiche. Auch der Auswahlpinsel ermöglicht ein schnelles Auswählen und Freistellen von Bildbereichen. Mit dem Zauberstab wählen Sie einen Farbbereich im Bild aus. Das Auswahl verbessern-Pinselwerkzeug hingegen hilft Ihnen beim Hinzufügen und Entfernen einer (vorhandenen) Auswahl mithilfe einer automatischen und klugen Kantenerkennung. Mit dem Automatische Auswahl-Werkzeug erstellen Sie zunächst eine grobe Auswahl vom gewünschten Motiv, und die Software versucht, den Rest für Sie automatisch zu übernehmen.

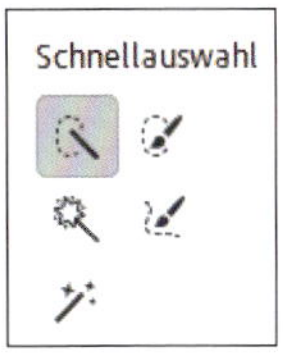

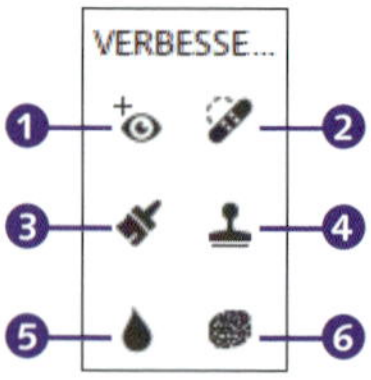

▲ **Abbildung 4.12**
Viele Werkzeuge zum Reparieren und Retuschieren von Bildern finden Sie unter VERBESSERN.

4.4.3 Verbessern

Unter VERBESSERN finden Sie viele Retuschewerkzeuge vor, die sowohl zum Reparieren als auch zum Retuschieren von Bildern bzw. Bildbereichen verwendet werden können.

❶ **Augen-Werkzeug**: Dieses Werkzeug ist eher ein automatisches Retuschewerkzeug und dient der Entfernung des Rote-Augen-Effekts. Ebenso vorhanden ist hier die Option TIERAUGE, mit der auch verblitzte Tieraugen verbessert werden können. Neu hinzugekommen ist die Option GESCHLOSSENE AUGEN ÖFFNEN, mit der Sie Bilder retten können, auf denen Personen die Augen geschlossen haben.

❷ **Entfernen-Werkzeug**, **Bereichsreparatur-Pinsel** und **Reparatur-Pinsel**: Ebenso wie das Rote-Augen-entfernen-Werkzeug sind auch diese beiden Werkzeuge eher automatisch-intelligente Retuschewerkzeuge. Mit ihrer Hilfe können Sie die unterschiedlichsten Schönheitsfehler (zum Beispiel Verfärbungen oder Verschmutzungen) reparieren oder unerwünschte Objekte entfernen.

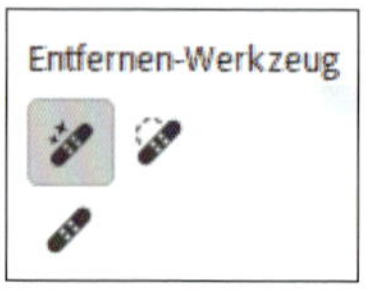

❸ **Smartpinsel-Werkzeug** und **Detail-Smartpinsel-Werkzeug**: Mit den Smartpinseln können Sie Tonwerteffekte und Farbkorrekturen auf bestimmte Bildbereiche in einem Foto anwenden.

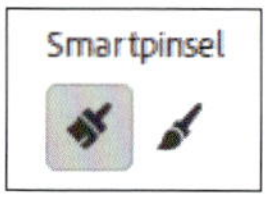

❹ **Kopierstempel** und **Musterstempel**: Der Kopierstempel wird häufig für Bildreparaturen oder Verfremdungseffekte eingesetzt. Der Musterstempel hingegen kommt in der Retuschepraxis eher selten zum Einsatz.

❺ **Weichzeichnen**, **Scharfzeichnen**, **Wischfinger**: Mit diesen Werkzeugen verändern Sie gezielt den Schärfegrad ausgewählter Bildbereiche.

❻ **Schwamm**, **Abwedler**, **Nachbelichter**: Diese Werkzeuge werden hauptsächlich verwendet, um die Helligkeit und Sättigung von Bildbereichen anzupassen. Aber auch bei der Retusche und bei Fotomontagen kommen sie häufig zum Einsatz.

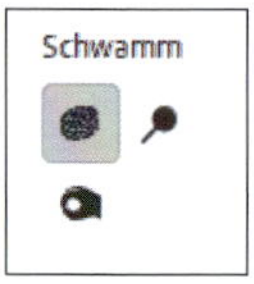

4.4.4 Zeichnen

Mit Ausnahme des Farbwähler-Werkzeugs haben alle Werkzeuge in dieser Gruppe gemeinsam, dass Sie durch ihren Einsatz quasi den alten Inhalt des Bildes mit neuen Pixeln übermalen oder entfernen können.

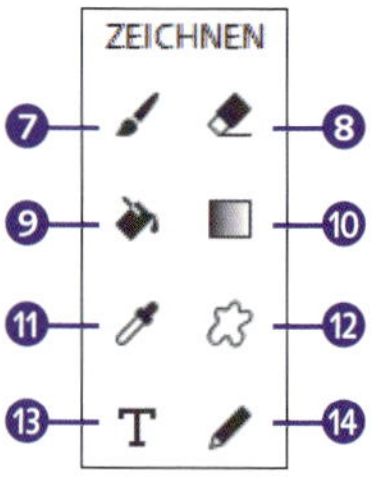

▲ **Abbildung 4.13**
Verschiedene Werkzeuge zum Zeichnen bzw. Entfernen von Pixeln

❼ Mit dem **Pinsel** zeichnen Sie auf der Arbeitsfläche bzw. auf dem Bild. Er lässt sich auch zum Zeichnen mit einem Grafiktablett verwenden. Die anderen beiden Malwerkzeuge, der **Impressionisten-Pinsel** und das **Farbe-ersetzen-Werkzeug**, werden eher zur Retusche oder für kreative Zwecke eingesetzt.

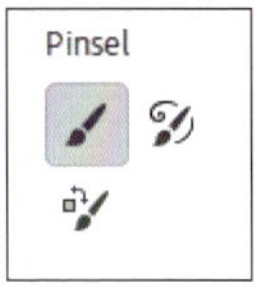

❽ **Radiergummi**: Wie mit einem echten Radiergummi löschen Sie mit dem Radiergummi-Werkzeug Bildbereiche. Als Varianten stehen Ihnen der **Hintergrund-Radiergummi** zur Verfügung sowie der **Magische Radiergummi**.

❾ **Füllwerkzeug**: Um große Flächen einzufärben, verwenden Sie am besten das Füllwerkzeug (für einfarbige Flächen).

❿ **Verlaufswerkzeug**: Mit diesem Werkzeug lassen sich ebenfalls Flächen füllen, hier allerdings mit einem Farbverlauf.

Pixel und Vektoren

Die Unterschiede zwischen Pixel- und Vektorobjekten erläutert Abschnitt B.1, »Eigenschaften digitaler Bilder«, in Anhang B.

⓫ **Farbwähler-Werkzeug** (Pipette): Mit diesem Werkzeug ermitteln Sie einen oder mehrere Farbtöne aus dem Bild und legen ihn als Vordergrund- oder Hintergrundfarbe fest, der ideale Helfer für die Malwerkzeuge eben.

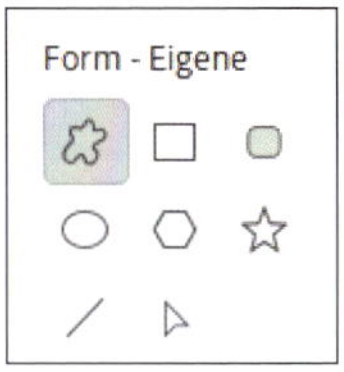

⓬ **Formwerkzeuge**: Es stehen sieben Formwerkzeuge zur Verfügung, mit denen Sie vordefinierte oder eigene Vektorformen erstellen und anwenden. Der Vorteil dieser Vektorformen ist, dass sie sowohl ein Vergrößern als auch ein Verkleinern der Bilder ohne Qualitätsverlust ermöglichen. Möglich ist dies, weil Vektorformen nicht über Pixel definiert werden.

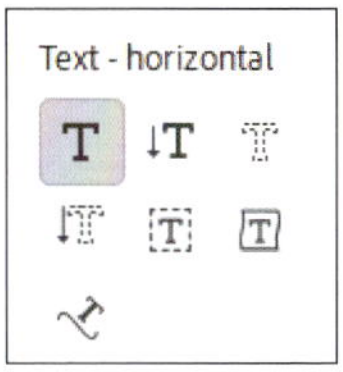

⓭ **Textwerkzeuge**: Das Textwerkzeug mit den ausgeblendeten Unterwerkzeugen bietet vielfältige Möglichkeiten sowohl zur horizontalen als auch zur vertikalen Eingabe von Text ins Bild. Zusätzlich finden Sie hier Textwerkzeuge, mit denen Sie einen Text auf eine Auswahl, Form oder einen Pfad schreiben.

⓮ **Buntstift**: Der Buntstift ist im Grunde wie der Pinsel, nur dass Sie hiermit keine weichen Kanten zeichnen können.

4.4.5 Ändern

Diese Gruppe umfasst vier Werkzeuge. Neben dem klassischen Freistellungswerkzeug gibt es das Neu-zusammensetzen-Werkzeug, ein Werkzeug für inhaltssensitives Verschieben sowie ein Werkzeug zum Geraderichten.

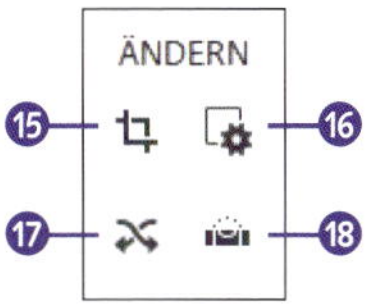

▲ **Abbildung 4.14**
Die Gruppe der Freistellungswerkzeuge finden Sie unter ÄNDERN zusammengefasst.

⓯ **Freistellungswerkzeug**, **Ausstecher** und **Perspektivisches Freistellungswerkzeug**: Mit dem Freistellungswerkzeug schneiden Sie die Ränder eines ausgewählten rechteckigen Bildbereichs ab. Auch mit dem Ausstecher schneiden Sie ausgewählte Bildbereiche weg. Anstelle eines rechteckigen Bereichs wird hierbei eine vordefinierte Form (wie Herz, Schmetterling usw.) ausgeschnitten. Mithilfe des perspektivischen Freistellungswerkzeugs können Sie die Perspektive (beispielsweise stürzende Linien) im Bild korrigieren und gleichzeitig das Bild zuschneiden.

⓰ Mit dem **Neu-zusammensetzen-Werkzeug** können Sie die Größe eines Bildes ändern, ohne die eigentlichen Motive zu verlieren.

Zur Erinnerung
Auf die Werkzeuge mit untergeordneten Zusatzwerkzeugen greifen Sie durch mehrfaches Drücken des entsprechenden Buchstabens zu oder wählen sie bei den Werkzeugoptionen aus.

⑰ **Inhaltssensitives Verschieben-Werkzeug**: Mit diesem Werkzeug können Sie eine Auswahl in einen anderen Bereich des Bildes verschieben oder diese erweitern. Die Software versucht, die so verschobene oder erweiterte Auswahl möglichst nahtlos in das Bild zu integrieren, indem der Bereich darum herum analysiert und entsprechend repariert wird.

⑱ **Gerade-ausrichten-Werkzeug**: Mit diesem Werkzeug richten Sie ein Bild gerade aus, wenn die Perspektive nicht stimmt.

4.4.6 Generative KI

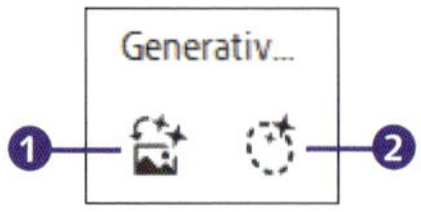

▲ **Abbildung 4.15**
Die (noch) kleine Gruppe mit generativen KI-Werkzeugen

Zu dieser Gruppe gehören die beiden Werkzeuge BILD GENERIEREN und OBJEKT EINFÜGEN. Damit können Sie neue Inhalte mit Hilfe von künstlicher Intelligenz erzeugen. Beide Werkzeuge benötigen eine Internetverbindung.

❶ BILD GENERIEREN: Geben Sie in die Eingabeaufforderung eine Beschreibung des Bildes ein, das Sie erstellen möchten (zum Beispiel »Sandstrand mit Palmen«). Sie können auch angeben, ob Sie ein realistisches oder ein eher künstlerisches Bild erzeugen möchten. Das Werkzeug setzt voraus, dass Sie bereits eine leere Bilddatei erstellt haben.

❷ OBJEKT EINFÜGEN: Mit diesem Werkzeug können Sie mit einem Pinsel einen Bereich markieren, in dem Sie ein Objekt erzeugen und einfügen möchten. Das Objekt, das Sie einfügen möchten, beschreiben Sie in einer Eingabeaufforderung. Beim Einfügen wird die Umgebung analysiert und berücksichtigt, sodass das neue Objekt nahtlos eingefügt wird.

4.4.7 Vordergrund- und Hintergrundfarbe

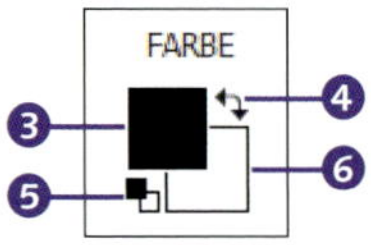

▲ **Abbildung 4.16**
Vorder- und Hintergrundfarbe einstellen

Ebenfalls in der Werkzeugleiste finden Sie die Farbauswahlfelder, mit denen Sie die aktuellen Arbeitsfarben sowie die Vordergrund- und Hintergrundfarbe einstellen. Beispielsweise verwenden die Pinsel-Werkzeuge oder das Füllwerkzeug stets die aktuelle Vordergrundfarbe zum Malen. Das Verlaufswerkzeug hingegen benutzt sowohl die Vordergrund- ❸ als auch die Hintergrundfarbe ❻. Tauschen können Sie Vordergrund- und Hintergrundfarbe über das kleine Pfeilsymbol ❹. Wollen Sie die Standardfarben Schwarz und Weiß wiederherstellen, klicken Sie einfach auf das kleine Schwarzweißsymbol ❺ links unten.

Schneller gelingen das Wiederherstellen und das Tauschen übrigens über die Tastenkürzel [D] und [X]: Mit [D] stellen Sie die Standardfarben Schwarz und Weiß ein, [X] tauscht Vorder- und Hintergrundfarbe aus. Welche Tastenkürzel Photoshop Elements Ihnen außerdem für die Werkzeuge zur Verfügung stellt, können Sie Tabelle 4.1 entnehmen.

Werkzeug	Symbol	Tastenkürzel
Zoom-Werkzeug		Z
Hand-Werkzeug		H
Verschieben-Werkzeug		V
Auswahlrechteck		M
Auswahlellipse		M
Lasso		L
Magnetisches Lasso		L
Polygon-Lasso		L
Zauberstab		A
Schnellauswahl-Werkzeug		A
Auswahlpinsel		A
Auswahl verbessern-Pinselwerkzeug		A
Automatische-Auswahl-Werkzeug		A
Augen-Werkzeug		Y
Entfernen-Werkzeug		J
Bereichsreparatur-Pinsel		J
Reparatur-Pinsel		J
Smartpinsel-Werkzeug		F
Detail-Smartpinsel-Werkzeug		F
Kopierstempel		S
Musterstempel		S

Werkzeug	Symbol	Tastenkürzel
Weichzeichnen		R
Radiergummi		E
Hintergrund-Radiergummi		E
Magischer Radiergummi		E
Füllwerkzeug		K
Verlaufswerkzeug		G
Farbwähler		I
Eigene-Form-Werkzeug		U
Rechteck-Werkzeug		U
Abgerundetes-Rechteck-Werkzeug		U
Farbe-ersetzen-Werkzeug		B
Ellipse-Werkzeug		U
Polygon-Werkzeug		U
Stern-Werkzeug		U
Linie-Werkzeug		U
Formauswahl-Werkzeug		U
Horizontales Textwerkzeug		T
Vertikales Textwerkzeug		T
Horizontales Textmaskierungswerkzeug		T
Vertikales Textmaskierungswerkzeug		T
Text-auf-Auswahl-Werkzeug		T

▲ **Tabelle 4.1**
Werkzeuge und ihre Tastenkürzel

Werkzeug	Symbol	Tastenkürzel
Text-auf-eigenem-Pfad-Werkzeug		T
Buntstift		N
Scharfzeichnen		R
Wischfinger		R
Schwamm		O
Abwedler		O
Nachbelichter		O
Pinsel		B
Impressionisten-Pinsel		B

Werkzeug	Symbol	Tastenkürzel
Text-auf-Form-Werkzeug		T
Freistellungswerkzeug		C
Perspektivisches Freistellen		C
Neu-zusammensetzen-Werkzeug		W
Ausstecher		C
Gerade-ausrichten-Werkzeug		P
Inhaltssensitives-Verschieben-Werkzeug		Q
Bild generieren		–
Objekt einfügen		–

▲ **Tabelle 4.1**
Werkzeuge und ihre Tastenkürzel (Forts.)

Fotobereich oder Werkzeugoptionen
Die Werkzeugoptionen und der FOTOBEREICH (siehe Abschnitt 4.6, »Der Fotobereich«) teilen sich denselben Arbeitsbereich unterhalb des Bildfensters. Trotzdem harmonieren beide Bereiche sehr gut miteinander. Sobald Sie ein Werkzeug aus der Werkzeugpalette oder mit einem Tastenkurzbefehl auswählen, wird automatisch die Werkzeugoption angezeigt.

4.5 Werkzeugoptionen

In den Werkzeugoptionen (auf der Oberfläche auch als *WZ-Optionen* bezeichnet) werden alle vorhandenen Optionen eines ausgewählten Werkzeugs der Werkzeugpalette angezeigt. Hier können Sie die Verwendung und Wirkung des Werkzeugs anpassen. Die Werkzeugoptionen befinden sich unter dem Bildfenster.

Werkzeugoptionen minimieren | Benötigen Sie mehr Platz auf dem Bildschirm, können Sie die Werkzeugoptionen jederzeit über das kleine Pfeil-nach-unten-Symbol ❷ auf der rechten Seite der Werkzeugoptionen minimieren. Ebenso können Sie die Werkzeugoption minimieren und über die Schaltfläche WZ-OPTIONEN ❶ links unten im Fenster des Fotoeditors wiederherstellen.

▲ **Abbildung 4.17**
Die Werkzeugoptionen lassen sich über entsprechende Schaltflächen (❶ und ❷) auch minimieren.

Hilfe: Werkzeugoptionen bleiben minimiert | Falls Sie die Werkzeugoptionen minimiert haben und ein Werkzeug auswählen, sollten die Optionen gewöhnlich wieder eingeblendet werden. Ist dies nicht der Fall, haben Sie wahrscheinlich in den Einstellungen ❸ die entsprechende Option ❺ deaktiviert (= wenn kein Häkchen davor gesetzt ist). Sie können diese Option jederzeit durch Anklicken wieder (de-)aktivieren.

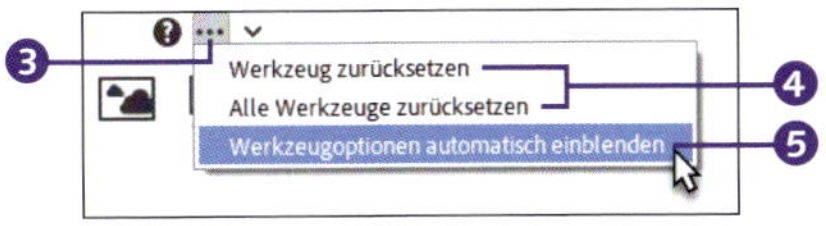

▲ **Abbildung 4.18**
Befindet sich wie hier kein Häkchen vor Werkzeugoptionen automatisch einblenden, werden im Falle minimierter Werkzeugoptionen diese nicht mehr automatisch eingeblendet.

4.6 Der Fotobereich

Einen Überblick über alle geöffneten Dateien finden Sie unterhalb des Bildfensters im Fotobereich, in dem Miniaturen der geöffneten Bilder angezeigt werden. Werden stattdessen gerade die Werkzeugoptionen dort eingeblendet, brauchen Sie nur die gleichnamige Schaltfläche links unten anzuklicken, um den Fotobereich ❼ einzublenden.

Das Bild, das gerade aktiv ist, also bearbeitet wird, ist mit einem kräftigen blauen Rahmen ❸ versehen. Zusätzlich finden Sie ein Dropdown-Menü ❶. Darüber entscheiden Sie, ob hier die aktuell geöffneten Bilder des Fotoeditors oder ausgewählte Bilder vom Organizer angezeigt werden sollen.

Bilder, bei denen rechts oben ein kleines Stiftsymbol ❷ zu sehen ist, enthalten Änderungen, die noch nicht gespeichert wurden.

Ganz rechts über das Bedienfeldmenü ❺ erreichen Sie diverse Aktionen wie das Drucken mehrerer Dateien oder Speichern markierter Dateien in einem Album (des Organizers). Um mehrere Bilder mit einer Aktion zu verwenden, halten Sie beim Auswählen im Fotobereich einfach die [Strg]/[cmd]- oder die [⇧]-Taste gedrückt. Die ausgewählten Bilder werden dann mit einem etwas dünneren blauen Rahmen ❹ angezeigt.

Wie auch schon bei den Werkzeugoptionen können Sie den Fotobereich über den kleinen nach unten weisenden Pfeil ❻ ganz rechts minimieren und über die Schaltfläche Fotobereich ❼ jederzeit wieder einblenden.

Werte verstellt
Sobald Sie Optionen für ein Werkzeug eingestellt haben, bleiben diese wirksam, bis Sie die Werte erneut verändern. Alternativ setzen Sie das Werkzeug oder die Werkzeuge bei Bedarf zurück ❹.

Tipp: Alles ein-/ausblenden
Sie können alles schnell aus- und wieder einblenden, indem Sie die [⇆]-Taste drücken.

Sobald Sie ein Werkzeug wechseln, ändert sich auch die Gestalt der Werkzeugoptionen. Die darin angebotenen Optionen (bzw. Steuerelemente) sind immer abhängig von dem jeweils ausgewählten Werkzeug.

Weitere Befehle
Mit einem rechten Mausklick auf eines der Bilder im Fotobereich öffnen Sie ein weiteres Kontextmenü, in dem Sie für das aktive oder ausgewählte Bild beispielsweise Dateiinformationen aufrufen, ein Bild duplizieren oder drehen, den Dateinamen einblenden oder ein bzw. mehrere Bilder schließen oder minimieren können.

▲ **Abbildung 4.19**
Der Fotobereich

4.7 Die Bedienfelder

Die Bedienfelder in Photoshop Elements sind ein sehr nützliches Kontroll- und Steuerelement. Anstatt unzählige Funktionen in vielen kleinen Unterfenstern anzuzeigen, wurden viele Funktionen in einem Bedienfeldbereich angeordnet.

4.7.1 Grundlegender Arbeitsbereich

Standardmäßig werden die Bedienfelder im Grundlegenden Arbeitsbereich angezeigt. Dieser Arbeitsbereich zeichnet sich dadurch aus, dass die Bedienfelder Ebenen, Effekte, Grafiken und Favoriten einen festen Platz im **Bedienfeldbereich** ❹ auf der rechten Seite des Fensters haben und dass in diesem Bereich immer nur *eines* dieser Bedienfelder angezeigt werden kann. Welches Bedienfeld das ist, bestimmen Sie mit den folgenden fünf Schaltflächen ❶ (von links nach rechts):

- Ebenen: Wenn Sie diese Schaltfläche niederdrücken, wird das Ebenen-Bedienfeld im Bedienfeldbereich angezeigt. Klicken Sie diese Schaltfläche erneut an, wird das Bedienfeld wieder geschlossen.
- Effekte: Hierbei öffnet sich das Bedienfeld Effekte, in dem Sie mehrere Effekte in Kategorien geordnet vorfinden und auf das aktive Bild anwenden können.
- Filter: Hinter dieser Schaltfläche verbergen sich die verschiedenen Filter in Kategorien geordnet, die Sie auf ein Bild anwenden können.
- Stile: Beim Klick auf die Schaltfläche Stile können Sie Stile wie Schlagschatten, Konturen, Abgeflachte Kanten und noch viele mehr auf das aktive Bild anwenden. Viele dieser Stile setzen transparente Flächen oder eine Ebene voraus.
- Grafiken: Hinter diesem Bedienfeld versteckt sich eine Menge herunterladbarer Grafiken, wie etwa Hintergründe, Rahmen, Formen oder besondere Texte, die Sie für kreative Zwecke verwenden können.

Toggle Buttons
Alle Schaltflächen sind sogenannte Toggle Buttons. Wenn Sie diese niederdrücken, bleiben sie gedrückt, und das entsprechende Bedienfeld wird angezeigt. Klicken Sie erneut auf diese Schaltfläche, wird sie wieder deaktiviert und das Bedienfeld ausgeblendet. Sie können das aktuelle Bedienfeld auch deaktivieren, indem Sie eine andere Schaltfläche niederdrücken und so das zur Schaltfläche gehörende Bedienfeld aktivieren, da immer nur ein Toggle Button (Bedienfeld) aktiv sein kann (abgesehen von der Schaltfläche Mehr).

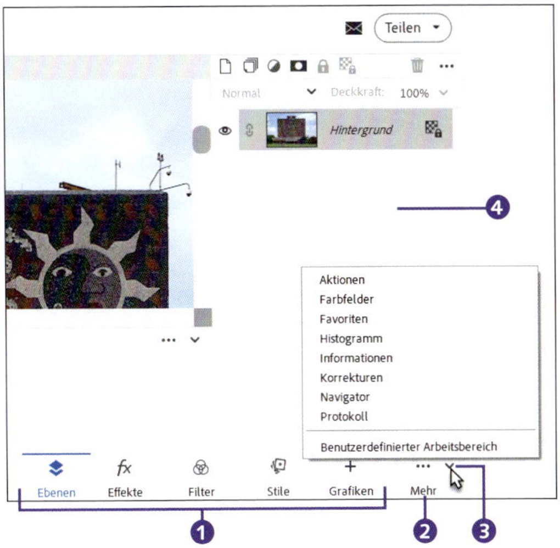

◂ **Abbildung 4.20**
Grundlegender Arbeitsbereich mit den Bedienfeldern, hier mit eingeblendetem Ebenen-Bedienfeld

▴ **Abbildung 4.21**
Die Gruppe von Bedienfeldern lässt sich über die Schaltfläche Mehr ❷ öffnen.

Mit der letzten Schaltfläche Mehr ❷ blenden Sie eine ganze Gruppe von Bedienfeldern ein, die allerdings in einem extra Fenster geöffnet werden und daher auch gleichzeitig mit einem der fünf Bedienfelder davor verwendet werden können. Mit einem Klick auf das kleine Dreieck ❸ neben der Schaltfläche Mehr können Sie über das sich öffnende Dropdown-Menü gezielt ein bestimmtes Bedienfeld öffnen.

4.7.2 Benutzerdefinierter Arbeitsbereich

Wollen Sie den Arbeitsbereich an Ihre eigenen Bedürfnisse anpassen, können Sie dies machen, indem Sie rechts unten auf das kleine Dreieck klicken ❶ (Abbildung 4.23) und dort den Befehl Benutzerdefinierter Arbeitsbereich auswählen.

Was als Erstes auffällt, wenn Sie Benutzerdefinierter Arbeitsbereich aktiviert haben, ist, dass die fünf Schaltflächen Ebenen, Effekte, Filter, Stile und Grafiken rechts unten verschwunden und stattdessen jetzt oben im Bedienfeld als Register ❷ sichtbar sind. Nach wie vor enthalten ist hingegen wie gehabt die Schaltfläche Mehr rechts unten mit denselben Funktionen.

Bedienfelder anordnen

Die Bedienfelder, die Sie über die Schaltfläche Mehr ❷ öffnen können, können Sie jederzeit mit gedrückt gehaltener Maustaste aus der Registerkartengruppe herausziehen und als alleiniges Fenster auf dem Bildschirm fallen lassen. Mit diesen frei schwebenden Bedienfeldern lässt sich all das machen, was Sie auch im gleich folgenden Benutzerdefinierten Arbeitsbereich sehen werden, nur können Sie hier eben nicht den rechten Arbeitsbereich zum An- bzw. Abdocken verwenden.

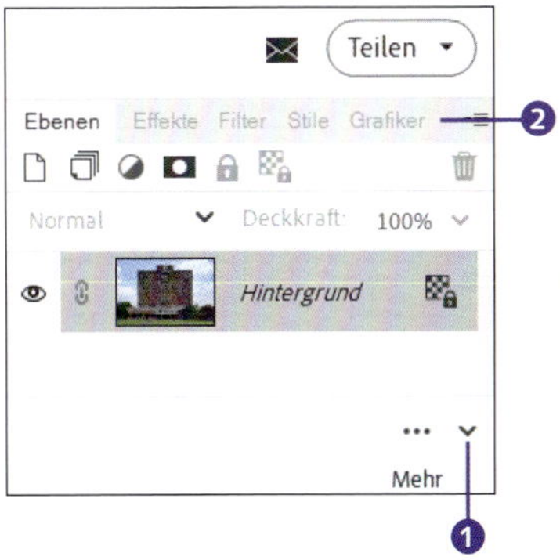

◂◂ **Abbildung 4.22**
Einen persönlichen Arbeitsbereich anlegen

◂ **Abbildung 4.23**
Benutzerdefinierter Arbeitsbereich

Bedienfeld aus der Gruppe lösen | Dass die ehemaligen Schaltflächen jetzt auch als Register dargestellt werden, hat den Grund, dass Sie diese Bedienfelder nun aus der Gruppe lösen können.

Um ein Bedienfeld aus dem Bedienfeldbereich zu lösen und in ein eigenständiges Fenster umzuwandeln, müssen Sie lediglich das Register ❸ mit gedrückter Maustaste ziehen und an einer freien Arbeitsfläche des Fotoeditors fallen lassen.

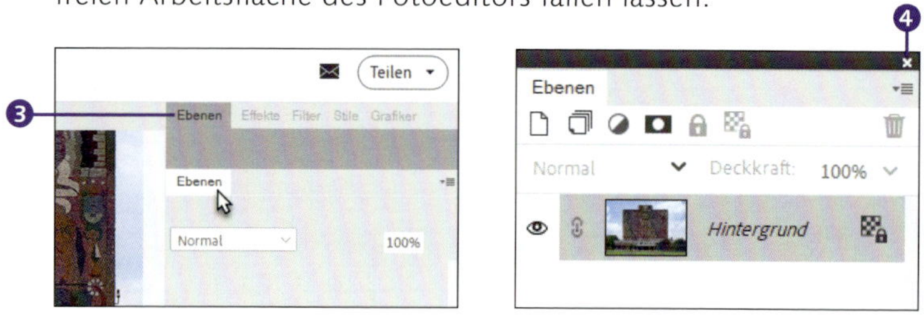

Abbildung 4.24 ▸
Hier wird das Bedienfeld Ebenen aus dem Bedienfeldbereich mit gedrückter linker Maustaste auf die Arbeitsfläche des Fotoeditors gezogen und fallen gelassen.

Bedienfeldbereich ausblenden
Um gelöste Bedienfelder, den Bedienfeldbereich, den Fotobereich, die Werkzeugpalette und die Werkzeugoptionen auszublenden, drücken Sie einfach die [⇆]-Taste. Erneutes Drücken der [⇆]-Taste blendet alles wieder ein.

Losgelöste Bedienfelder oder auch ganze Gruppen können über das kleine × ❹ in der rechten oberen Ecke des Bedienfeldfensters geschlossen werden. Allerdings sind sie dann komplett von der Arbeitsoberfläche verschwunden und lassen sich nur über das kleine Dropdown-Menü rechts unten neben der Schaltfläche Mehr oder über das Menü Fenster wieder einblenden.

Bedienfeld wieder andocken | Ähnlich einfach wie das Loslösen funktioniert auch das Wiederandocken eines Bedienfeldes innerhalb eines anderen Bedienfeldes oder einer Gruppe. Fassen Sie hierzu das Bedienfeld am Register, und lassen Sie es anschließend im Bedienfeldbereich fallen. Wo und ob das Bedienfeld im Bedienfeldbereich eingefügt wird, wenn Sie die linke Maustaste wieder loslassen, erkennen Sie anhand einer blauen Linie oder eines blauen Rahmens ❺. Das neue Bedienfeld wird innerhalb einer Gruppe dann immer als Register am Ende hinzugefügt.

Abbildung 4.25 ▸
Das losgelöste Bedienfeld wird per Drag & Drop zurück in den Bedienfeldbereich gezogen und wieder in der Gruppe von Registern eingefügt.

Sie können auch die einzelnen Bedienfelder innerhalb der Registergruppe anordnen, indem Sie ein Register mit gedrückt gehaltener Maustaste verschieben und hinter oder vor dem Register an der gewünschten Stelle fallen lassen.

Bedienfelder flexibel anordnen | Im Benutzerdefinierten Arbeitsbereich lassen sich aber jetzt die Bedienfelder nicht nur innerhalb von Register und Registerkarten gruppieren. Sie können diese auch sehr flexibel rechts, links, ober- oder unterhalb anderer Bedienfelder anordnen. Dies gilt sowohl für frei schwebende Bedienfelder als auch für den etwas fixeren Bedienfeldbereich auf der rechten Seite.

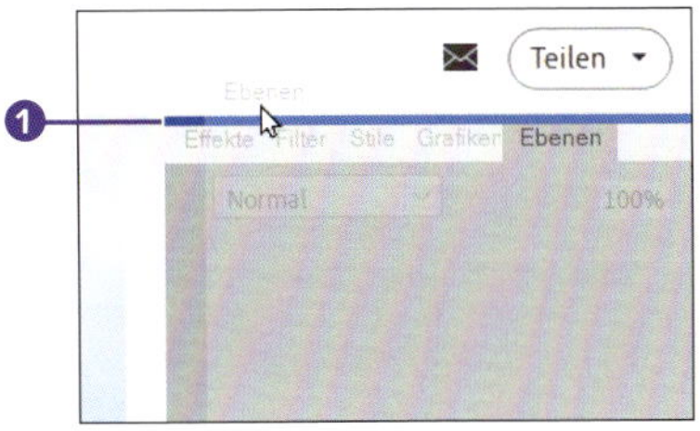

▲ **Abbildung 4.26**
Hier wird das Ebenen-Bedienfeld direkt über die Registerkartengruppe gezogen. An der blauen Linie ❶ erkennen Sie, wo das Bedienfeld andockt.

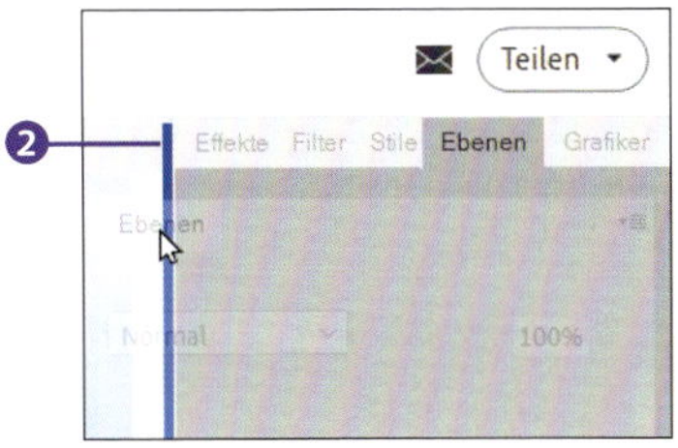

▲ **Abbildung 4.27**
Sie können das Bedienfeld nicht nur nach oben oder unten ziehen, sondern auch nach rechts oder, wie hier an der blauen Linie ❷ zu sehen, nach links.

Bedienfelder minimieren | Vielleicht legen Sie gerne möglichst viele Bedienfelder in den Bedienfeldbereich, um alles gleich griffbereit zu haben. Allerdings entsteht so nach kurzer Zeit ein ziemlicher Platzmangel. Für diesen Fall bietet jedes Bedienfeld im Bedienfeldbereich eine Funktion zum Minimieren an. Doppelklicken Sie hierzu einfach mit der Maus auf den Schriftzug des Registers ❸ mit der Bezeichnung des Bedienfeldes. Dadurch wird das Bedienfeld minimiert bzw. nach erneutem Anklicken wieder maximiert.

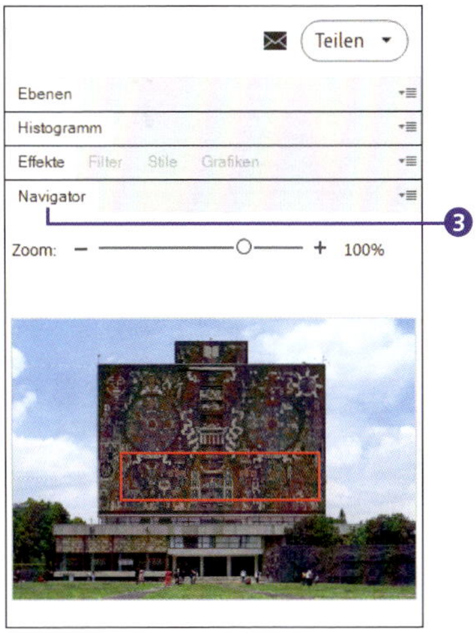

▲ **Abbildung 4.28**
Minimierte und maximierte Bedienfelder im Bedienfeldbereich

Bedienfelder zurücksetzen | Sie sehen schon, die Möglichkeiten, wie Sie die Bedienfelder im Benutzerdefinierten Arbeitsbereich verschieben und anordnen können, sind sehr vielfältig. Sollten Sie aber irgendwann wieder alles auf den Ursprungszustand zurücksetzen wollen, können Sie dies mithilfe von Fenster • Bedienfelder zurücksetzen vornehmen.

Zurück zum Grundlegenden Arbeitsbereich | Wie schon beim Wechsel zum Benutzerdefinierten Arbeitsbereich können Sie über das kleine Dropdown-Menü neben der Schaltfläche Mehr

▲ **Abbildung 4.29**
Wechsel zurück zu Grundlegender Arbeitsbereich

über den Befehl Grundlegender Arbeitsbereich ❶ zum entsprechenden Arbeitsbereich wechseln.

4.7.3 Allgemeine Funktionen von Bedienfeldern

Nachdem Sie nun die Besonderheiten des Benutzerdefinierten Arbeitsbereichs und des Grundlegenden Arbeitsbereichs kennen, können Sie sich noch mit den allgemeinen Dingen der Bedienfelder vertraut machen, die für beide Arbeitsbereiche gelten.

Bedienfelder skalieren | Wollen Sie den Bedienfeldbereich verbreitern oder schmaler machen, ziehen Sie einfach links am schmalen Steg ❷, an dem Sie den Bereich mit gedrückter linker Maustaste verschieben können. Hierbei verändert sich der Mauscursor in einen horizontalen Doppelpfeil.

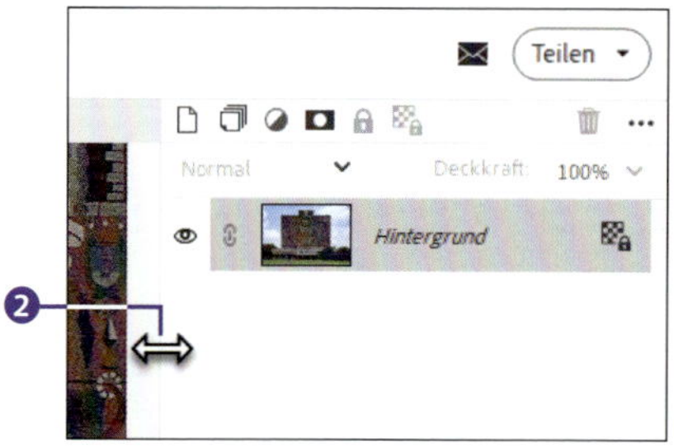

▲ **Abbildung 4.30**
Der Bedienfeldbereich lässt sich bis zu einem gewissen Grad verbreitern.

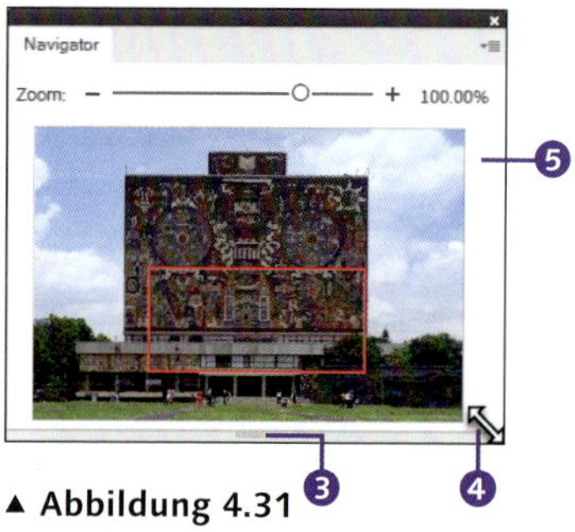

▲ **Abbildung 4.31**
Frei schwebende Bedienfelder lassen sich in alle Richtungen skalieren.

Einige Bedienfelder lassen sich sowohl horizontal als auch vertikal skalieren. Hierfür brauchen Sie nur mit dem Mauscursor über den unteren Steg ❸ für eine horizontale Änderung, über die rechte oder linke Seite ❺ für eine vertikale Änderung oder rechts bzw. links unten ❹ für eine gleichzeitige horizontale und vertikale Änderung zu gehen, und schon ändert sich dieser in das entsprechende Doppelpfeilsymbol.

Und natürlich lassen sich im Benutzerdefinierten Arbeitsbereich auch horizontal angeordnete Bedienfelder zwischen den horizontalen Bereichen über einen ganz schmalen dunklen Bereich ❻ mit gedrückt gehaltener linker Maustaste verschieben. Auch hierbei wird der Mauszeiger zu einem Doppelpfeil.

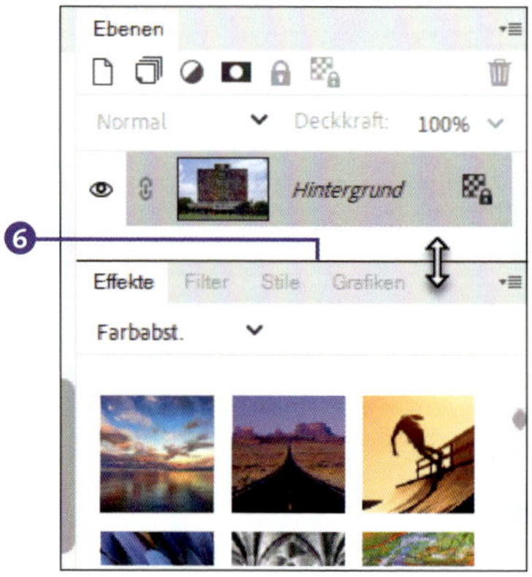

▲ **Abbildung 4.32**
Im Benutzerdefinierten Arbeitsbereich lassen sich die Bedienfelder auch vertikal verschieben.

Bedienfeldbereich ein-/ausblenden | Benötigen Sie etwas mehr Platz auf dem Bildschirm, können Sie den Bedienfeldbereich mit allen Bedienfeldern über das Menü Fenster • Bedienfeldbereich jederzeit aus- und wieder einblenden.

Erweitertes Menü für Bedienfelder | Jedes Bedienfeld besitzt ein erweitertes Menü, das Sie über das kleine Symbol rechts oben im Registerbereich ❼ aufrufen. Je nach Bedienfeld unterscheiden sich Inhalt und Umfang des erweiterten Menüs ein wenig.

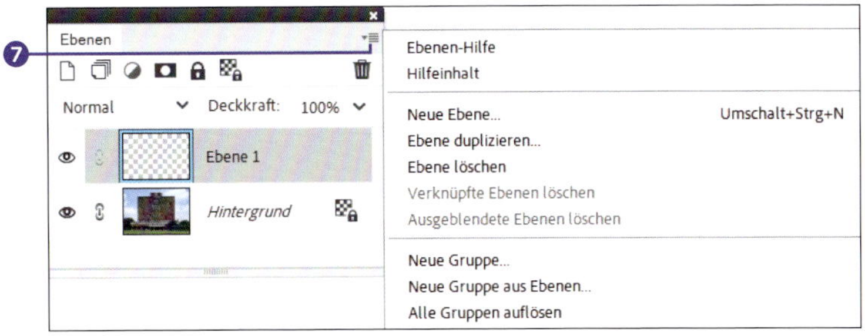

▲ **Abbildung 4.33**
Jedes Bedienfeld besitzt ein erweitertes Menü; hier sehen Sie das des Ebenen-Bedienfeldes.

Bedienfeld über das Menü »Fenster« aufrufen | Über das Menü Fenster können Sie alle verfügbaren Bedienfelder ein- und wieder ausblenden. Einträge, die dort mit einem Häkchen versehen sind, stehen Ihnen aktuell als Bedienfeld oder im Bedienfeldbereich zur Verfügung.

Der zweite Eintrag im Menü Fenster lautet Werkzeuge. Mit diesem Menüpunkt blenden Sie die Werkzeugpalette ein oder aus.

Beim Beenden merkt sich Photoshop Elements die Position der einzelnen Bedienfelder automatisch, sodass beim erneuten Starten des Fotoeditors alles wieder so vorliegt wie beim letzten Beenden der Software. Was es mit dem ersten Menüeintrag, Fenster • Bilder, auf sich hat, erfahren Sie in Abschnitt 5.5, »Das Dokumentfenster«.

4.7.4 Übersicht über die einzelnen Bedienfelder

Nachdem Sie jetzt so gut wie alles über den Bedienfeldbereich wissen und darüber, wie Sie diesen steuern können, will ich Ihnen hier noch einen kurzen Überblick über die einzelnen Bedienfelder und deren Bedeutung liefern, die Sie über das Menü Fenster oder über die Schaltfläche Mehr bzw. das kleine Dropdown-Menü daneben aufrufen können. Die genauere Bedeutung und Verwendung der einzelnen Bedienfelder erfahren Sie selbstverständlich im weiteren Verlauf des Buches in den entsprechenden Kapiteln.

▲ **Abbildung 4.34**
Ganz unten im Menü Fenster sehen Sie auch die Namen der geöffneten Bilddokumente (hier »Anabel.jpg«, »Breakdance.jpg« und das aktuell aktive Bild »Luis.jpg«).

Bedienfeld	Beschreibung
Aktionen	Im Bedienfeld Aktionen können Sie eine Aktion aus verschiedenen vordefinierten Arbeitsabläufen auswählen und auf eine Datei anwenden.
Ebenen	Mit dem Bedienfeld Ebenen verwalten Sie die Ebenen in einem Bild. Das Bedienfeld können Sie auch jederzeit mit [F11] (nur Windows) ein- bzw. ausblenden.
Effekte	Über das Bedienfeld Effekte können Sie mehrere Effekte anwenden. Dieses Bedienfeld lässt sich auch mit [F2] ein- und wieder ausblenden.
Farbfelder	Das Bedienfeld Farbfelder bietet eine schnelle Farbauswahl von mehreren vordefinierten Farbtafeln. Die so ausgewählte Farbe wird dann als Vordergrundfarbe gesetzt.
Favoriten	Im Bedienfeld Favoriten können Sie bevorzugte und häufig verwendete Effekte oder Grafiken hinzufügen, um schneller darauf zugreifen zu können. Favoriten können Sie beispielsweise aus den Bedienfeldern Effekte oder Grafiken mit der rechten Maustaste anklicken und mit entsprechendem Befehl hinzufügen.
Filter	Über das Bedienfeld Filter können Sie mehrere Filter auf die Bilder mit verschiedenen Einstellungsoptionen anwenden. Dieses Bedienfeld lässt sich auch mit [F3] ein- und wieder ausblenden.
Grafiken	Im Bedienfeld Grafiken finden Sie verschiedene Hintergründe, Rahmen, Grafiken, Formen, besondere Texte und Themen, die Sie zur kreativen Gestaltung Ihrer Bilder verwenden können. Das Bedienfeld können Sie jederzeit mit [F7] (de-)aktivieren. Sie müssen die Grafiken bei ihrer ersten Verwendung zunächst (einmalig) aus dem Internet herunterladen. Herunterladbare Grafiken können Sie an der blauen Ecke erkennen.
Histogramm	Das Bedienfeld Histogramm zeigt wichtige Informationen zur Helligkeitsverteilung (Tonwertkurve) der Farbwerte eines Bildes an. Das Histogramm können Sie auch ganz einfach mit [F9] (nur Windows) ein- bzw. ausblenden.
Informationen	Das Bedienfeld Informationen enthält die aktuelle X/Y-Position des Mauszeigers und die RGB-Werte der entsprechenden Position – einmal als dezimaler und einmal als hexadezimaler Wert. Haben Sie eine Auswahl getroffen, werden Breite (B) und Höhe (H) dieser Auswahl angezeigt. Mit [F8] können Sie dieses Bedienfeld auch schnell ein- bzw. ausblenden.
Korrekturen	Über das Bedienfeld Korrekturen können Sie die vorhandenen Einstellungsebenen komfortabel verändern oder dem Bild neue Korrekturen (in Form von Einstellungsebenen) hinzufügen. Was es mit den Einstellungsebenen auf sich hat, erfahren Sie in Abschnitt 9.1.5, »Flexibel arbeiten mit Einstellungsebenen«.
Navigator	Der Navigator zeigt das aktuell geöffnete Bild an und markiert mit einem roten Rahmen den ausgewählten Bildausschnitt. Die Anwendung des Navigator-Bedienfeldes für das Zoomen ist weitaus komfortabler als das Standard-Zoom-Werkzeug selbst. Ziehen Sie einfach den roten Rahmen an die gewünschte Position, und zoomen Sie mit dem Schieberegler hinein oder heraus. Ein-/ausblenden lässt sich dieses Bedienfeld auch mit [F12] (nur Windows).
Protokoll	Im Bedienfeld Protokoll werden in einer Liste die Arbeitsschritte protokolliert. Anhand der Liste können Sie jeden Ihrer Arbeitsschritte durch Anklicken wieder rückgängig machen. Das Bedienfeld ist auch durch [F10] (nur Windows) ein- und ausblendbar.

▲ **Tabelle 4.2**
Kurze Beschreibung der einzelnen Bedienfelder

Bedienfeld	Beschreibung
Stile	Um das Bedienfeld Stile möglichst sinnvoll einzusetzen, sollte eine Ebene neben deckenden auch transparente Pixel enthalten. Eine Hintergrundebene wird dabei vorher in eine Ebene umgewandelt. Beliebte, häufig verwendete Stile für Text (aber nicht nur dafür), die hierbei enthalten sind, sind Schlagschatten, Abgeflachte Kanten, Konturen, aber auch verschiedene andere Dinge wie Bildeffekte oder Fotografische Effekte. Das Bedienfeld können Sie mit F6 ein- und wieder ausblenden.

▲ **Tabelle 4.2**
Kurze Beschreibung der einzelnen Bedienfelder (Forts.)

4.8 Werte eingeben

Wenn Sie sich ein wenig mit dem Fotoeditor vertraut gemacht haben, werden Ihnen sicherlich die vielen Steuerelemente von Photoshop Elements aufgefallen sein, mit denen Sie die Werte auf verschiedene Weise einstellen und verändern können. Die Funktion und Bedienung der meisten Steuerelemente erklären sich zwar von selbst, dennoch möchte ich Ihnen im Folgenden einen kurzen Überblick über die vorhandenen Steuerelemente verschaffen und ihre grundlegende Bedienung beschreiben.

Buttons (Schaltflächen) | Die einfachsten Steuerelemente von Photoshop Elements sind die Buttons (Schaltflächen) zum Anklicken. Sie sind fast überall in Photoshop Elements anzutreffen. Beim Anklicken der meisten Buttons sehen Sie sofort eine Reaktion: Ein Dialogfenster öffnet sich, die Anzeige wird geändert usw.

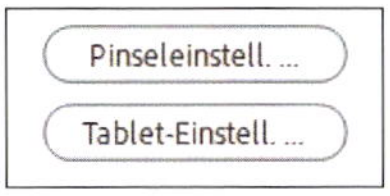

▲ **Abbildung 4.35**
Solche einfachen Buttons treffen Sie fast überall in Photoshop Elements an.

Es gibt aber auch eine andere Sorte von Buttons, die Sie anklicken und die dann niedergedrückt bleiben, bis Sie sie erneut anklicken. Solche Buttons werden auch als *Toggle Buttons* bezeichnet. Das bekannteste Beispiel für Toggle Buttons sind sicher die Schaltflächen in Word oder anderen Texteditoren, mit denen Sie festlegen, ob ein Text fett, kursiv oder unterstrichen gesetzt wird.

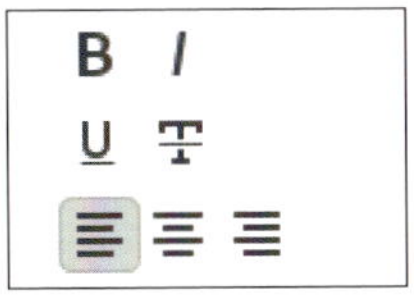

◄ **Abbildung 4.36**
Toggle Buttons funktionieren wie Checkboxen – in diesem Beispiel beim Textwerkzeug.

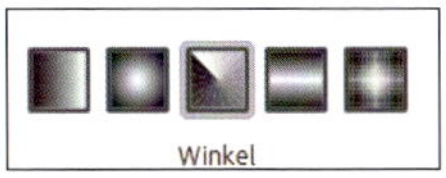

▲ **Abbildung 4.37**
Weitere Toggle Buttons mit kleinen Icons. In einem Text darunter oder darüber werden Sie informiert, welche Funktion damit aktiviert wurde.

Solche Buttons treffen Sie auch in Photoshop Elements beim Textwerkzeug T an.

Radiobutton | Ein Radiobutton (auch Radioschaltfläche genannt) ist eine Gruppe von mehreren, jedoch mindestens zwei Schaltflächen, von denen gewöhnlich nur eine aktiviert werden kann.

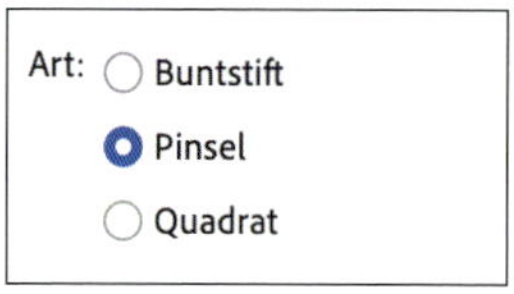

◂ **Abbildung 4.38**
Bei Radiobuttons können Sie immer nur eine Option einer Gruppe auswählen.

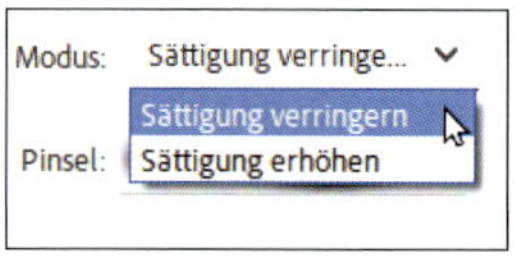

▴ **Abbildung 4.39**
Eine einfache Dropdown-Liste

Dropdown-Listen | Dropdown-Listen gibt es in verschiedenen Formen: kurz, lang oder mit kleinen Icons als Vorschaubildern. Um ein Element aus der Liste auszuwählen, wählen Sie in der Regel die Liste aus und klicken den entsprechenden Listeneintrag darin an.

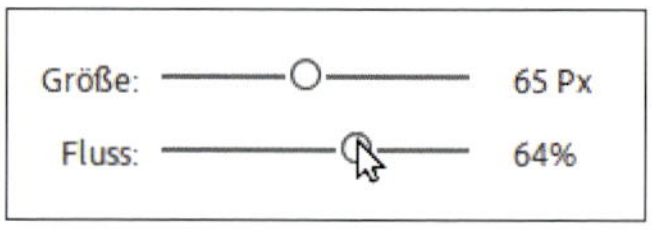

▴ **Abbildung 4.40**
Ein weiteres gängiges Steuerelement in Photoshop Elements: der Schieberegler

Schieberegler | Wie Schieberegler funktionieren, erklärt sich sicher von selbst: Sie können sie mit gedrückter linker Maustaste verschieben. In der Regel wird direkt neben einem solchen Schieberegler der aktuelle Wert des jeweils veränderten Parameters angezeigt. Per Klick in dieses Textfeld erscheint der Eingabe-Cursor für die manuelle Eingabe.

Doppelpfeil | Eine Alternative zum Schieberegler ist der Doppelpfeil mit Zeigefinger. Diesen verwenden Sie, indem Sie mit dem Cursor über den Titel eines Schiebereglers fahren und die Maustaste gedrückt halten. Um den Wert zu verändern, bewegen Sie den Mauszeiger nun nach links oder rechts.

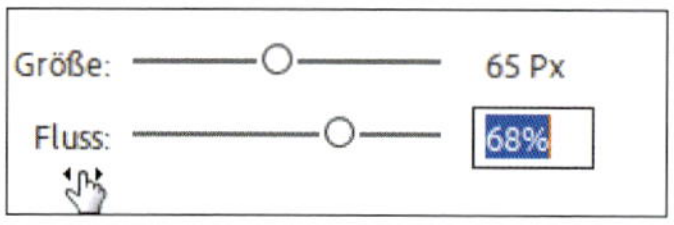

◂ **Abbildung 4.41**
Der Doppelpfeil mit Zeigefinger steht bei vielen Schiebereglern alternativ zur Verfügung.

Werte per Tastatur ändern
Wenn die Zahlen markiert sind, können Sie den Wert auch alternativ mit den Tasten [↑] erhöhen oder mit [↓] verringern. Dies ist besonders hilfreich, wenn sich ein geänderter Parameter live in einer Vorschau auswirkt und Sie den Blick auf das Bild gerichtet halten wollen, um den Effekt genau zu beobachten.

Checkboxen | Häufig sind auch Checkboxen vorhanden, die Sie mit einem einfachen Mausklick aktivieren oder deaktivieren.

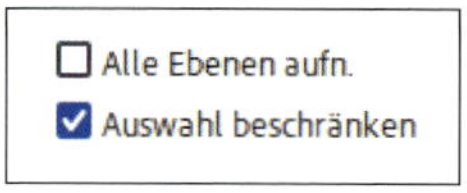

◂ **Abbildung 4.42**
Checkboxen, mit denen Sie verschiedene Optionen aktivieren oder deaktivieren

Kapitel 5
Exaktes Arbeiten auf der Arbeitsoberfläche

In diesem Kapitel zeige ich Ihnen, wie Ihnen viele kleine, aber unverzichtbare Helfer die Bildbearbeitung erleichtern.

5.1 Abbildungsgröße und Bildausschnitt

In welcher Abbildungsgröße (Zoomstufe) das Bild angezeigt wird, können Sie der Titel- bzw. Statusleiste entnehmen. Eine Zoomstufe von 30 % bedeutet hierbei nicht, dass das Bild in seiner tatsächlichen Abmessung verkleinert wurde, sondern bezieht sich lediglich auf die Darstellung des Bildes auf dem Bildschirm. Diese Angabe ist also unabhängig von der Pixelgröße, in der das Bild tatsächlich vorliegt.

Pixelgrundlagen
Mehr zum Thema Pixel und Monitordarstellung finden Sie in Anhang B, »Grundlagen zu digitalen Bildern«.

▲ **Abbildung 5.1**
Die Zoomstufe wurde auf 39,1 % gesetzt, damit das komplette Bild auf dem Bildschirm angezeigt werden kann.

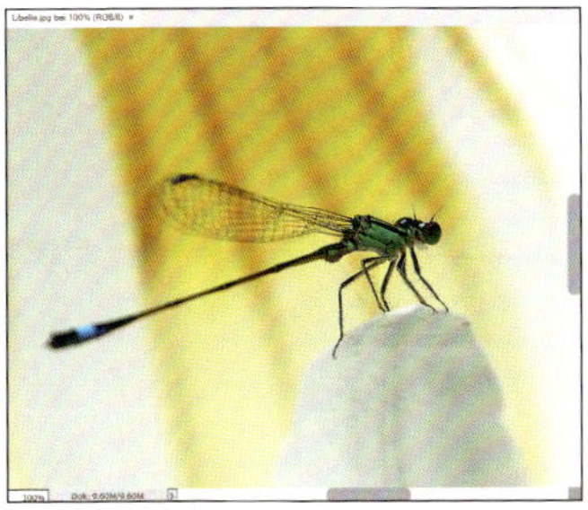

▲ **Abbildung 5.2**
Die 1:1-Ansicht (100 %)

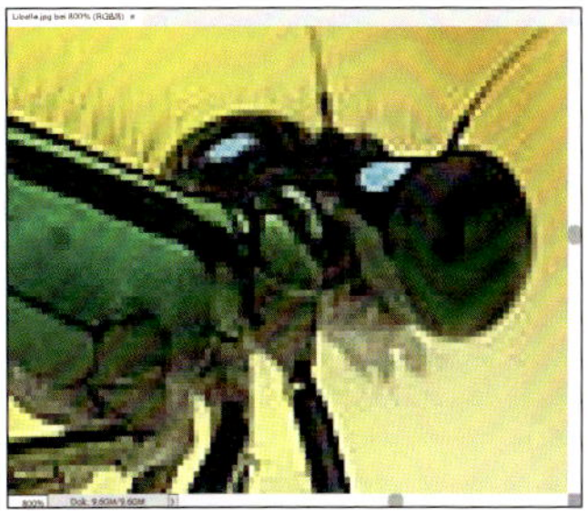

▲ **Abbildung 5.3**
Die Ansicht auf 800 % vergrößert. Im Bild werden die einzelnen Pixel sichtbar.

Pixel umgerechnet
Bei einem Abbildungsmaßstab von 100 % wird genau ein Pixel auf einem Monitorpixel angezeigt. Ist der Abbildungsmaßstab größer oder kleiner als 100 %, müssen die Originalpixel für die Darstellung auf dem Monitor umgerechnet werden. Auf einem Monitorpixel werden dann zum Beispiel 0,8 oder 1,3 Pixel dargestellt.

Das Prinzip des Zoomens ist leicht zu erklären: Bilder werden auf dem Monitor in Pixeln (Bildpunkten) dargestellt. Die Bilder selbst sind ebenfalls aus Pixeln aufgebaut. Ein Monitor, der auf eine Auflösung von 1 280 × 720 Pixeln eingestellt ist, kann somit 1 280 Pixel in der Breite und 720 Pixel in der Höhe darstellen. Bilder, die mit einer 10,2-Megapixel-Kamera gemacht wurden, haben eine Abmessung von 3 872 × 2 592 Pixeln. Folglich kann ein solches Bild auf einem Monitor mit 1 280 × 720 Pixeln nicht im Originalzustand angezeigt werden.

5.2 Zoom – die Bildansicht verändern

Erscheinen Ihnen das Vergrößern und das Verkleinern der Bildansicht wenig spektakulär, wird doch das Zoom-Werkzeug Ihr wichtigstes und am häufigsten eingesetztes Werkzeug sein. Denn oft müssen Sie bei der Bildbearbeitung einen Teil des Bildes stark vergrößern, oder Sie brauchen wieder eine Vollbildansicht von 100 %.

5.2.1 Das Zoom-Werkzeug

Maximaler Zoom
Maximal können Sie ein Bild bis auf 3 200 % zoomen. In der Praxis benötigen Sie allerdings selten eine solche Bildansicht. Dies dürfte höchstens hilfreich sein, wenn Sie etwas Pixel für Pixel bearbeiten wollen.

Das Standardwerkzeug für das Vergrößern und Verkleinern einer Bildansicht ist das Zoom-Werkzeug 🔍 (Tastenkürzel [Z]) aus der Werkzeugpalette. Wenn Sie mit dem Zoom-Werkzeug über das Bild fahren, erscheint der Cursor als Lupe mit einem Plus- oder einem Minussymbol – je nachdem, welche Option Sie ausgewählt haben. Bei maximaler Vergrößerung (3 200 %) wird in der Lupe kein Zeichen mehr angezeigt.

Optionen des Zoom-Werkzeugs | Hinein- und herauszoomen können Sie mit einem einfachen Mausklick innerhalb des Bildes. Durch mehrfaches Klicken ändern Sie die Zoomstufe schrittweise. Ob herein- oder herausgezoomt wird, stellen Sie in der Optionsleiste des Zoom-Werkzeugs über das Plus- bzw. das Minussymbol ❶ ein. Alternativ und ohne den Umweg über die Werkzeugoptionen wechseln Sie zwischen dem Hinein- und Herauszoomen mit dem Zoom-Werkzeug, indem Sie beim Klicken ins Bild zusätzlich [Alt] gedrückt halten.

Auf der linken Seite bei den Optionen des Zoom-Werkzeugs finden Sie einen Regler, über den Sie den Zoom stufenlos einstellen können. Wenn Sie möchten, können Sie auch das Texteingabefeld ❸ daneben nutzen, in dem Sie die Prozenteingabe von Hand oder, wenn Sie das Eingabefeld aktiviert haben, mit den Tasten [↑] und [↓] ändern können.

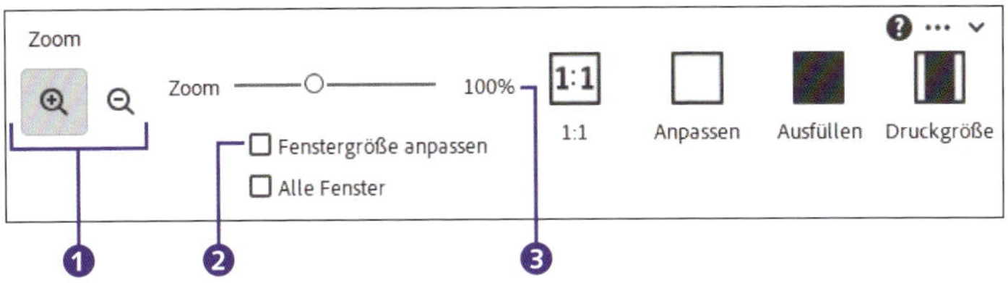

◂ **Abbildung 5.4**
Die Optionen des Zoom-Werkzeugs

Aktivieren Sie FENSTERGRÖSSE ANPASSEN ❷, wächst oder schrumpft das Bildfenster mit, wenn Sie in das Bild hinein- bzw. aus dem Bild herauszoomen. Mit ALLE FENSTER werden beim Zoomen alle geöffneten Bilder vergrößert bzw. verkleinert.

In den Werkzeugoptionen finden Sie auch einige häufig benötigte Zoomstufen für den Schnellzugriff in Form von Buttons:

- Mit dem Button 1:1 stellen Sie die Originalgröße der Bilder auf Vollansicht (100 %-Ansicht) ein.
- Mit dem Button ANPASSEN wird die maximal mögliche Ansicht des Bildes verwendet, sodass es nicht kleiner als nötig ist und Sie es komplett auf dem Bildschirm sehen können. Die Zoomstufe hängt hierbei von der Bild- und der Monitorgröße ab.
- Mit dem Button AUSFÜLLEN füllt das Bild mit der größtmöglichen Zoomstufe auf dem vorhandenen Platz den Bildschirm in der Breite aus. Es kann also sein, dass Sie das Bild in der Höhe nicht komplett sehen. Die Zoomstufe hängt ebenfalls von der Bild- und der Monitorgröße wie auch vom vorhandenen Bedienfeldbereich und von den Werkzeugoptionen bzw. vom Fotobereich (eingeblendet oder nicht) ab.
- Mit dem letzten Button, DRUCKGRÖSSE, wird das Fenster auf die Druckgröße gezoomt.

Tipp: Doppelklick auf Werkzeugsymbol
Mit einem Doppelklick auf das Zoom-Werkzeug  in der Werkzeugpalette können Sie das Bild ebenfalls auf 1:1 (100 %-Ansicht) zoomen.

Bilder im Blick behalten | Gerade beim Hineinzoomen in ein Bild verliert man leicht den Überblick. Um dies zu vermeiden, haben Sie vier Möglichkeiten:

- Klicken Sie direkt auf den Bildbereich, den Sie vergrößern wollen. Wollen Sie zum Beispiel ein Objekt vergrößern, klicken Sie gezielt mittig darauf. Bei der vergrößerten Ansicht erscheint dieses Objekt dann ebenfalls mittig. Damit ersparen Sie sich unnötiges Scrollen.
- Ziehen Sie bei aktivem Zoom-Werkzeug mit gedrückter linker Maustaste einen Rahmen genau um den Bereich auf, den Sie vergrößern wollen. Anschließend erscheint dieser Bereich in gewünschter Zoomgröße auf dem Bildschirm.
- Klicken Sie bei aktivem Zoom-Werkzeug mit der rechten Maustaste ins Bild, und die meisten Optionen aus der Optionsleiste erscheinen als Kontextmenü.

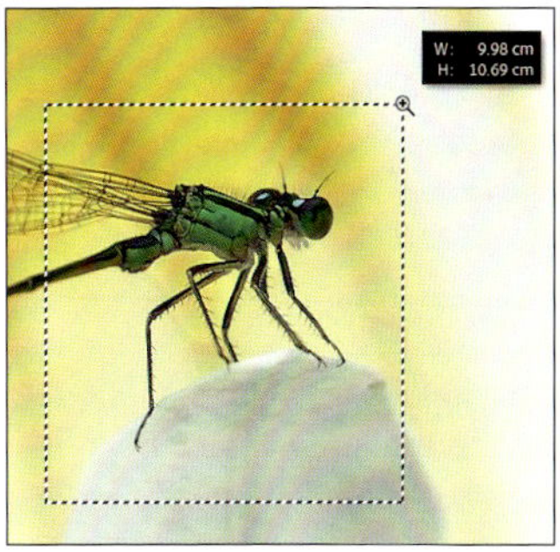

▴ **Abbildung 5.5**
Sobald Sie die Maustaste loslassen, wird der Bereich innerhalb der gestrichelten Linie vergrößert.

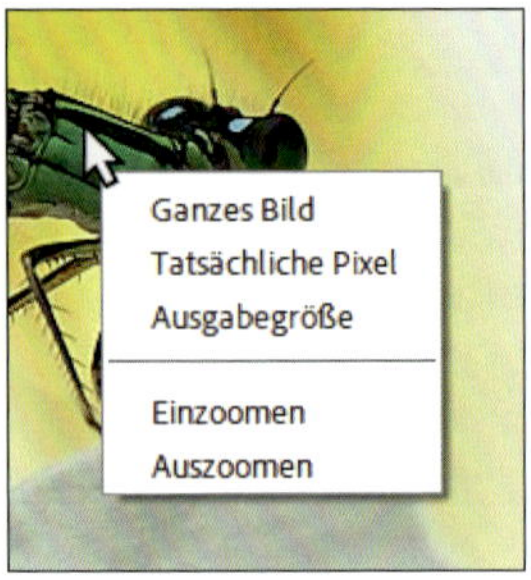

▲ **Abbildung 5.6**
Die meisten der Funktionen aus der Optionsleiste lassen sich auch über ein Kontextmenü per rechtem Mausklick im Bild anwählen.

- Mein persönlicher Favorit ist das Hinein- und Herauszoomen mit dem Mausrad aus jedem Werkzeug heraus. Vorausgesetzt, Ihre Maus hat ein solches Rad, können Sie diese Option über das Menü BEARBEITEN/PHOTOSHOP ELEMENTS EDITOR • VOREINSTELLUNGEN • ALLGEMEIN aktivieren, wenn Sie ein Häkchen vor MIT BILDLAUFRAD ZOOMEN setzen. Das Zoomen mit dem Mausrad funktioniert auch, ohne dass Sie diese Option setzen, indem Sie während des Drehens am Mausrad die Alt-Taste gedrückt halten.

Tastenkürzel | Sie können die Bildansicht mit der Maus recht komfortabel ändern, dennoch verwende ich persönlich lieber die Tastenkürzel Strg/cmd++ zum stufenweisen Vergrößern und Strg/cmd+- zum stufenweisen Verkleinern. Der Vorteil dieser Methode ist, dass Sie nicht eigens das Zoom-Werkzeug aktivieren müssen und die Tastenkürzel jederzeit verwenden können.

Auch mit dem Tastenkürzel Strg/cmd+Leertaste können Sie jederzeit die Vergrößerungslupe und mit Strg/cmd+Alt+Leertaste die Verkleinerungslupe aufrufen. Im Gegensatz zu den zuvor beschriebenen Tastenkürzeln Strg/cmd++ und Strg/cmd+- müssen Sie hierbei allerdings zusätzlich in das Bild klicken, um das Hinein- bzw. Herauszoomen auszulösen.

Mit Strg/cmd+0 (Null) stellen Sie dagegen eine Bildschirmgröße ein, mit der Sie das gesamte Bild überblicken, ohne dass das Bild unnötig verkleinert wird.

In Tabelle 5.1 liste ich abschließend noch einmal alle wichtigen Tastenkürzel für das Zoomen auf.

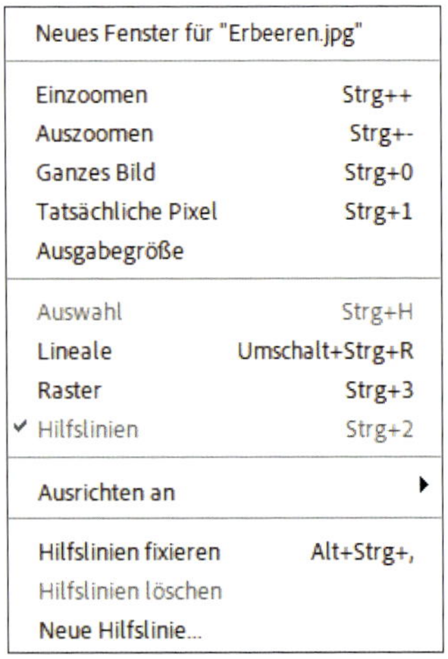

▲ **Abbildung 5.7**
Das Menü ANSICHT ist weniger für das Zoomen im alltäglichen Gebrauch geeignet, aber sehr hilfreich zum Nachschlagen der Tastenkürzel.

Beschreibung	Windows	Mac
Zoom-Werkzeug aufrufen	Z	Z
wenn das Zoom-Werkzeug aktiv ist, die gegenteilige Zoomaktion verwenden	Alt	alt
Bildansicht vergrößern	Strg++	cmd++
Bildansicht verkleinern	Strg+-	cmd+-
maximale auf dem Monitor darstellbare Bildgröße	Strg+0 (Null)	cmd+0 (Null)
Bildansicht auf 100%	Strg+Alt+0 oder Strg+1	cmd+alt+0 oder cmd+1

▲ **Tabelle 5.1**
Tastenkürzel für Zoombefehle

Beschreibung	Windows	Mac
Zoom-Werkzeug zum Vergrößern kurzfristig aus anderen Werkzeugen aufrufen	Strg + Leertaste	cmd + Leertaste
Zoom-Werkzeug zum Verkleinern kurzfristig aus anderen Werkzeugen aufrufen	Strg + Alt + Leertaste	cmd + alt + Leertaste

▲ **Tabelle 5.1**
Tastenkürzel für Zoombefehle (Forts.)

Schnell auf 100 %
Auch die Originalbildgröße mit der Ansicht 100 % (1:1) können Sie schnell mit Strg/cmd+1 oder Strg/cmd+Alt+0 (Null) einstellen.

5.3 Das Hand-Werkzeug

Wenn Sie das Zoom-Werkzeug verwenden, werden Sie meistens auch auf das Hand-Werkzeug (Tastenkürzel H) als Hilfsmittel zurückgreifen, denn beim Festlegen der Größe eines Bildausschnitts haben Sie nicht immer den gewünschten Bildausschnitt exakt vor sich. Das Hand-Werkzeug kommt immer dann zum Einsatz, wenn das Bild größer als das Dokumentfenster ist. Alternativ können Sie natürlich auch die Bildlaufleisten verwenden, was aber weniger komfortabel ist.

Ohne Werkzeugwechsel
Das Hand-Werkzeug können Sie auch ohne einen Werkzeugwechsel verwenden. Halten Sie zum Aufrufen einfach die Leertaste gedrückt. Dies funktioniert jederzeit und bei jedem aktiven Werkzeug, außer wenn Sie gerade einen Text tippen.

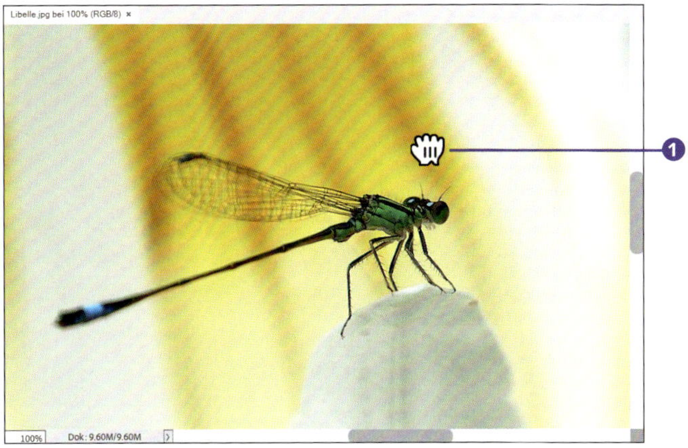

◂ **Abbildung 5.8**
Das Hand-Werkzeug ist leicht zu bedienen: Halten Sie im Bild die linke Maustaste gedrückt, und drücken und ziehen Sie den Bildausschnitt ❶ in die gewünschte Richtung.

Optionen des Hand-Werkzeugs | Die Optionen des Hand-Werkzeugs entsprechen im Wesentlichen denen des Zoom-Werkzeugs; hinzu kommt die Option Bildlauf in allen Fenstern durchführen ❸. Wenn Sie diese Checkbox aktivieren, wird bei mehreren geöffneten Bildern der Bildlauf des aktuellen Bildes auch bei allen anderen Bildern durchgeführt. Dies ist nützlich, wenn Sie zwei sehr ähnliche Bilder geöffnet haben und zwei Stellen in diesen Bildern miteinander vergleichen wollen.

Tipp: Doppelklick auf Werkzeugsymbol
Mit einem Doppelklick auf das Hand-Werkzeug in der Werkzeugpalette zoomen Sie die Bildansicht auf Einpassen, um das komplette Bild anzuzeigen.

Die Buttons ❷ haben dieselbe Funktion wie beim Zoom-Werkzeug. Bitte schlagen Sie in Abschnitt 5.2, »Zoom – die Bildansicht verändern«, nach, welche Funktionen sich im Einzelnen dahinter verbergen.

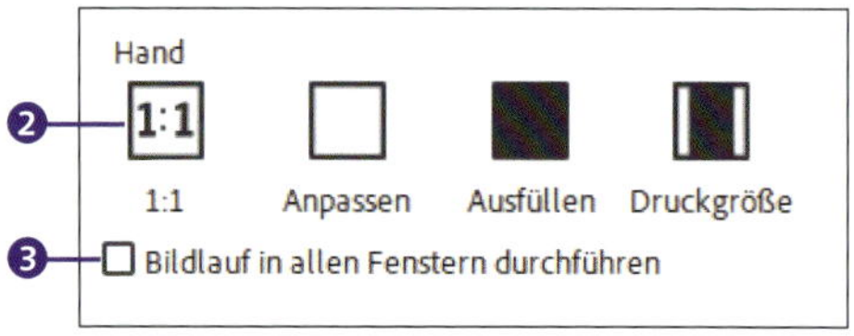

▲ **Abbildung 5.9**
Die Optionen des Hand-Werkzeugs

Viele Bilder geöffnet
Wenn Sie mehrere Bilder gleichzeitig geöffnet haben und hierbei die Zoomstufe und Bildposition gleichzeitig anpassen wollen, finden Sie zu diesem Zweck unter Fenster • Bilder verschiedene Befehle. Diese Befehle können Sie in Abschnitt 5.5, »Das Dokumentfenster«, nachschlagen.

Tastenkürzel | Es gibt eine Reihe von Tastenkürzeln, mit denen Sie die Bildansicht nach Belieben verschieben können. Die Bedeutung aller Tastenkürzel zum Bildlauf erläutert Tabelle 5.2.

Tabelle 5.2 ▶
Tastenkürzel zum Bildlauf und ihre Bedeutung

Bedeutung	Windows	Mac
Hand-Werkzeug aufrufen	H	H
Hand-Werkzeug kurzfristig aus anderen Werkzeugen aufrufen	Leertaste	Leertaste
Bildausschnitt hochschieben	Bild↑	↥
Bildausschnitt nach unten schieben	Bild↓	↧
Bildausschnitt langsam nach oben schieben	⇧+Bild↑	⇧+↥
Bildausschnitt schnell nach unten schieben	⇧+Bild↓	⇧+↧
Bildausschnitt nach links verschieben	Strg+Bild↑	cmd+↥
Bildausschnitt nach rechts verschieben	Strg+Bild↓	cmd+↧
Bildausschnitt langsam nach links verschieben	Strg+⇧+Bild↑	cmd+⇧+↥
Bildausschnitt langsam nach rechts verschieben	Strg+⇧+Bild↓	cmd+⇧+↧

Auf Tastaturen ohne erweiterten Nummernblock müssen Sie entsprechende Tasten mit der fn-Taste und der ↑- bzw. ↓-Taste simulieren. Lautet der Befehl beispielsweise ⇧+Bild↑, müssen Sie bei einer solchen Tastatur fn+⇧+↑ betätigen.

5.4 Das Navigator-Bedienfeld

Das Navigator-Bedienfeld finden Sie im Menü FENSTER • NAVIGATOR. Es bietet eine hervorragende Alternative oder Ergänzung zum Zoom- und zum Hand-Werkzeug. Welches Werkzeug Sie lieber verwenden, ist letztlich natürlich Geschmackssache.

Im Navigator-Bedienfeld erkennen Sie gleich an dem markierten Bereich im roten Balken, welcher Bildausschnitt aktuell im Dokumentfenster angezeigt wird. Dies ist besonders bei stark hineingezoomten Bildausschnitten hilfreich.

Navigator-Bedienfeld
Wie Sie das Navigator-Bedienfeld zum Bedienfeldbereich hinzufügen, haben Sie in Abschnitt 4.7.2, »Benutzerdefinierter Arbeitsbereich«, unter »Bedienfeld zurück in den Bedienfeldbereich« erfahren.

▲ **Abbildung 5.10**
Das Navigator-Bedienfeld zeigt, welchen Bildausschnitt Sie im Dokumentfenster sehen.

Anwendung des Navigator-Bedienfeldes | Das Navigator-Bedienfeld eignet sich also sehr gut, um die Zoomstufe und den Bildausschnitt festzulegen. Den Bildmaßstab können Sie über den Schieberegler ❶ mit gedrückter linker Maustaste stufenlos verstellen. Alternativ klicken Sie auf das Plus- oder das Minussymbol, um den Bildausschnitt stufenweise zu vergrößern bzw. zu verkleinern. Klicken Sie in das Navigationsfenster und halten Sie dabei gleichzeitig [Strg]/[cmd] gedrückt, wird der angeklickte Bereich auf die maximale Zoomstufe (3200%) vergrößert.

Alternativ tippen Sie den Wert der Zoomstufe im Editierfeld rechts oben ❷ ein oder verändern ihn mit [↑] oder [↓]. Zuletzt müssen Sie den Vorgang noch mit [↵] bestätigen.

Den roten Navigationsrahmen ❸ verschieben Sie, indem Sie die Maustaste innerhalb dieses Bereichs gedrückt halten. Gleichzeitig verschieben Sie damit natürlich auch den Bildausschnitt im

Roter Rahmen
Die Farbe des Rahmens können Sie im erweiterten Bedienfeldmenü ❹ über den Befehl BEDIENFELDOPTIONEN ❺ ändern.

Dokumentfenster. Wenn Sie beim Verschieben [⇧] gedrückt halten, können Sie den Bildausschnitt genau senkrecht oder waagerecht verschieben. Klicken Sie auf eine beliebige Stelle im Navigationsfenster, wird der Rahmen mit dem Bildausschnitt dorthin versetzt.

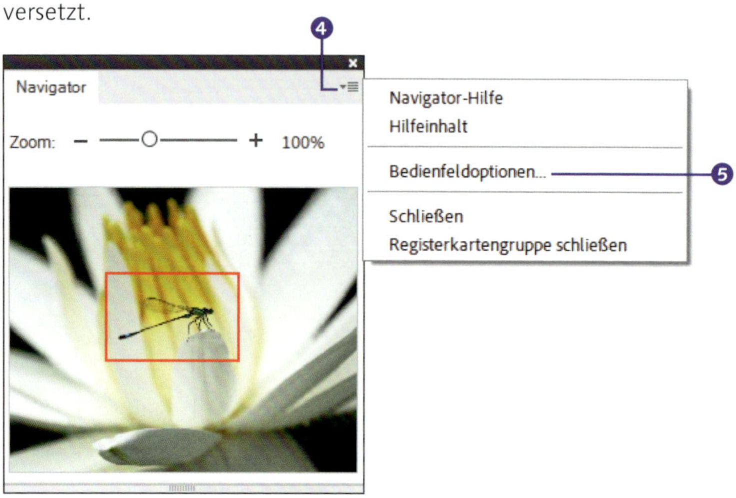

Abbildung 5.11 ▸
Sie haben viele Möglichkeiten, den Bildausschnitt im Dokumentfenster schnell und komfortabel zu verändern.

5.5 Das Dokumentfenster

Wenn Sie ein Bild in den Fotoeditor laden, ist das Dokumentfenster standardmäßig fest in einer Registerkarte (auch als *Tabulator* bekannt) angebracht. In dieser Registerkarte, der sogenannten Titelleiste, sind auf engstem Raum viele Informationen untergebracht.

5.5.1 Informationen zum Bild – Titelleiste

Die Titelleiste wird angezeigt, wenn Sie ein Bild im Fotoeditor geöffnet haben. Zunächst finden Sie hier den Dateinamen ❶ (im Beispiel »BMX«). Hinter dem Dateinamen sehen Sie, in welchem Dateiformat ❷ das Bild vorliegt (hier JPEG). Der nächste Eintrag ist die Zoomstufe ❸ (hier 45,6%). Links unten im Bild sehen Sie diese Information noch einmal.

Sofern das Bild mehr als nur eine Ebene hat, sehen Sie als ersten Wert in der Klammer den Namen der Bildebene ❹. Dieser Name ist bei mehreren vorhandenen Ebenen sehr wichtig, damit Sie nicht versehentlich die falsche Ebene bearbeiten. Ebenfalls zwischen den Klammern steht der Modus ❺ (hier RGB), der den Farbraum von Bilddateien beschreibt. Ganz am Ende sehen Sie noch, wie viele Bit pro Farbkanal ❻ verwendet werden (hier 8), um die Bildinformationen zu speichern. Mit einem 8-Bit-RGB

Speicherort
Um den Speicherort der Datei zu ermitteln, fahren Sie einfach mit dem Mauszeiger über die Titelleiste. Neben dem Speicherort werden hierbei auch sämtliche andere Informationen einer Titelleiste angezeigt. Nützlich ist dies zum Beispiel bei kleinen Bildern, bei denen aufgrund der Fenstergröße nicht alle Informationen der Titelleiste angezeigt werden.

können über 16 Millionen Farben gespeichert werden. Befindet sich am Ende dieser Angaben ein Sternchen ❼, bedeutet dies, dass es bei diesem Bild noch ungespeicherte Änderungen gibt.

▲ **Abbildung 5.12**
Die Titelleiste zeigt viele wichtige Daten auf einen Blick. (Model: Iram de la Rosa)

5.5.2 Die Statusleiste

Auch in der Statusleiste am unteren Fensterrand des Bildschirms erhalten Sie viele nützliche Informationen. Was in der Statusleiste angezeigt werden soll, können Sie durch das Anklicken des kleinen schwarzen Dreiecks ❽ und durch Auswählen der in der Liste enthaltenen Informationen einstellen.

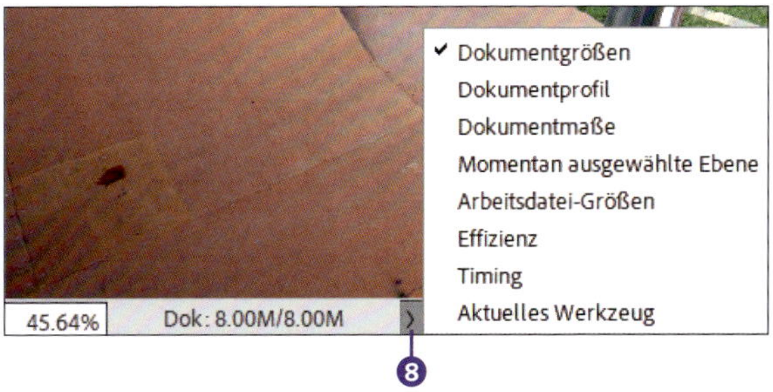

◀ **Abbildung 5.13**
Durch Anklicken des kleinen schwarzen Dreiecks entscheiden Sie, was in der Statusleiste angezeigt werden soll.

Tabelle 5.3 ▼
Informationen, die in der Statusleiste angezeigt werden können

In Tabelle 5.3 finden Sie die möglichen Informationen, die Sie zur Anzeige in der Statusleiste auswählen können, und deren Bedeutung.

Information	Bedeutung
DOKUMENTGRÖSSEN	Die Dokumentgröße zeigt an, wie groß (in KB bzw. MB) die Datenmenge des Bildes ist. Der Wert links neben dem Schrägstrich steht für die Bildgröße der aktuellen Ebene, und der Wert rechts enthält die Bildgröße mit allen vorhandenen Ebenen.
DOKUMENTPROFIL	Zeigt an, welches Farbprofil in das Bild eingebettet ist.
DOKUMENTMASSE	Zeigt die Bildgröße (Höhe und Breite) und die Bildauflösung (ppi) an.
MOMENTAN AUSGEWÄHLTE EBENE	Zeigt den Namen der gerade aktiven Ebene an.
ARBEITSDATEI-GRÖSSEN	Dieser Wert zeigt, wie stark Photoshop Elements den Arbeitsspeicher (RAM) Ihres Rechners auslastet. Auf der linken Seite des Schrägstrichs wird angezeigt, wie viel Arbeitsspeicher alle geöffneten Bilder verwenden. Auf der rechten Seite wird der gesamte Arbeitsspeicher angezeigt, der für das Arbeiten mit Bildern zur Verfügung steht.
EFFIZIENZ	Dieser Wert sollte in der Regel auf 100 % stehen. Er bezieht sich auf die tatsächliche Rechenleistung, die Photoshop Elements für das Ausführen eines Vorgangs verwendet. Wenn der Wert bei Ihnen dauerhaft unter 100 % ist, kann es sein, dass Sie zu wenig Arbeitsspeicher zur Verfügung haben. Dies wirkt sich auf die Performance aus: Photoshop Elements wird merklich langsamer.
TIMING	Zeigt an, wie lange Photoshop Elements zum Ausführen des letzten Befehls gebraucht hat.
AKTUELLES WERKZEUG	Zeigt immer das aktive Werkzeug aus der Werkzeugleiste an.

5.5.3 Mehrere Bilder im Fotoeditor

Haben Sie mehrere Bilder gleichzeitig geöffnet, werden alle Dateien als Registerkarten gruppiert. Um bei mehreren geöffneten Dateien ein gewünschtes Bild zu aktivieren, brauchen Sie nur das entsprechende Register ❶ anzuklicken. Das aktive Bild erkennen Sie an der helleren Hinterlegung in der entsprechenden Registerkarte. Über das kleine × ❷ im Register schließen Sie die Datei. Befinden sich noch nicht gespeicherte Informationen im Bild, erscheint eine Nachfrage, ob Sie diese Änderungen vor dem Schließen noch speichern wollen.

Abbildung 5.14 ▼
Standardmäßig gruppiert Photoshop Elements die einzelnen Bilder in Registerkarten.

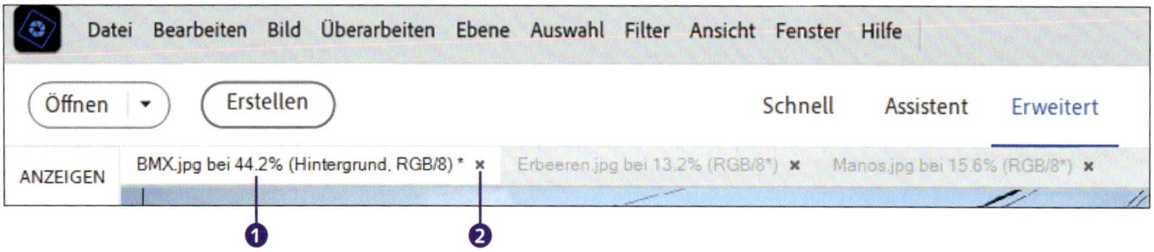

5.5.4 Schwebende Fenster im Fotoeditor verwenden

Wenn Sie mit der Art der Fensterverwaltung von Photoshop Elements zufrieden sind, bei der die Dokumente über Registerkarten verwaltet werden, können Sie diesen Abschnitt überspringen. Falls Sie lieber ein schwebendes Dokumentfenster (auch *fliegendes Fenster* genannt) im Fotoeditor verwenden, beschreibe ich hier, wie Sie dies realisieren und wie Sie die Fenster hierbei verwalten.

Zwar sind über die Registerkarten die Dokumentfenster immer ordentlich aufgeräumt, sodass Sie nie den Überblick verlieren, sollten Sie einmal viele Bilder gleichzeitig geöffnet haben. Allerdings hat die Methode mit den schwebenden Fenstern durchaus auch ihre Vorteile. So ist es beispielsweise nur mit einem schwebenden Dokumentfenster möglich, ein Bild über den kompletten Bildschirm anzeigen zu lassen. Auch das Drag & Drop von Auswahlen oder Ebenen von einem Dokument zum anderen lässt sich mit frei schwebenden Fenstern erheblich komfortabler durchführen.

Schwebende Fenster aktivieren
Um überhaupt schwebende Dokumentfenster verwenden zu können, müssen Sie diese Option über Bearbeiten/Photoshop Elements Editor • Voreinstellungen • Allgemein (oder Strg/cmd+K) aktivieren, indem Sie ein Häkchen vor Floating-Dokumente im Modus "Erweitert" zulassen setzen.

Registerkarte herauslösen
Das aktive Fenster in der Registerkartengruppe können Sie auch schnell über das Menü Fenster • Bilder • Schwebendes Fenster herauslösen.

Aus Registerkarten ein »fliegendes Fenster« machen | Um aus Registerkarten nun ein *fliegendes Fenster* zu machen, stehen Ihnen mehrere Möglichkeiten zur Verfügung. Der manuelle Weg funktioniert ähnlich wie schon beim Abdocken von Bedienfeldern: Sie ziehen einfach das Register, das Sie aus der Gruppe entfernen wollen, mit gedrückt gehaltener linker Maustaste aus der Titelleiste heraus und lassen es irgendwo außerhalb der Registerkarten fallen, und schon haben Sie ein schwebendes Dokumentfenster.

▼ Abbildung 5.15
Registerkarte aus der Gruppe herauslösen

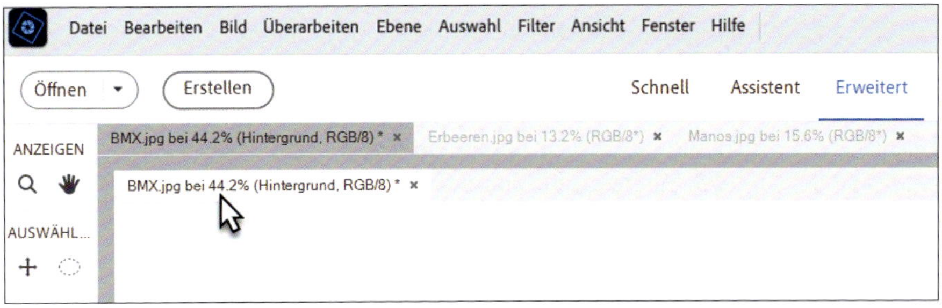

Wollen Sie hingegen alle Bilder einer Registerkartengruppe herauslösen und als schwebendes Dokumentfenster anzeigen lassen, verwenden Sie den Menüeintrag Fenster • Bilder • Nur schwebende Fenster.

Bei der Mac-Version hat das Dokumentfenster selbstverständlich die Mac-üblichen Buttons zum Minimieren, Maximieren und Schließen auf der linken oberen Seite.

Das schwebende Dokumentfenster mit dem Bild entspricht einem typischen Fenster, wie Sie es von anderen Programmen her bereits kennen dürften.

Abbildung 5.16 ▸
Das schwebende Dokumentfenster nach dem Abdocken aus den Registern (hier im dunklen Modus)

Rechts oben im Dokumentfenster finden Sie die üblichen Schaltflächen zum Minimieren, Maximieren und Schließen des Fensters.

▴ Abbildung 5.17
Minimierte Bilder werden im Fotobereich abgelegt, wo sie auch wiederhergestellt werden können. Gegebenenfalls müssen Sie den Fotobereich über die gleichnamige Schaltfläche ❹ einblenden.

Dokumentfenster minimieren | Wenn Sie beim Dokumentfenster auf die Schaltfläche Minimieren ❶ klicken, verschwindet das Fenster unten in den Fotobereich. Doppelklicken Sie ein minimiertes Bild im Fotobereich, wird das Bild wieder im Zustand vor dem Minimieren angezeigt. Bei der Mac-Version hingegen verschwindet das Dokumentfenster rechts vom Trennstrich des Docks, wo es allerdings gleich in einer Miniaturvorschau ins Auge sticht. Klicken Sie auf das Icon im Dock, wird das Dokumentfenster wieder im Fotoeditor angezeigt. Aber auch hier funktioniert das Wiederherstellen des Bildes über einen Doppelklick auf das minimierte Bild im Fotobereich.

Dokumentfenster maximieren | Eine Alternative zum normalen oder minimierten Bildmodus ist der maximierte Bildmodus, den Sie über den kleinen Button rechts oben ❷ im Dokumentfenster einstellen. Das maximierte Bild ist hierbei in der Tat maximiert und füllt den kompletten Bildschirm aus. Das Dokumentfenster legt sich damit quasi auch über die Anwendung. Hierbei steht Ihnen somit die komplette Größe des Bildschirms für die Bearbeitung zur Verfügung.

Wiederherstellen können Sie das Dokumentfenster, wenn Sie erneut auf die Schaltfläche klicken. Alternativ maximieren Sie das Dokumentfenster oder stellen es wieder her, indem Sie auf seiner Titelleiste doppelklicken. Wollen Sie die Größe des Dokumentfensters hingegen manuell verändern, ziehen Sie entweder an den Seitenrändern oder verwenden das kleine Dreieck rechts unten horizontal oder vertikal. Der Cursor wird hierbei zu einem Doppelpfeil in der entsprechenden Richtung.

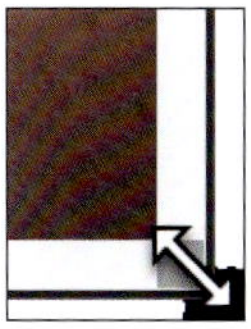

▲ **Abbildung 5.18**
Größe des Dokumentfensters manuell ändern

Dokumentfenster schließen | Um ein Fenster zu schließen, klicken Sie einfach auf das kleine × rechts oben ❸. Im Falle nicht gespeicherter Änderungen erhalten Sie einen Hinweis mit der Frage, ob Sie die Datei nicht vor dem Schließen noch speichern wollen: Wählen Sie Ja, um Änderungen zu speichern, und Nein, wenn Sie die Änderungen nicht behalten wollen. Wählen Sie Abbrechen, um die Datei weder zu schließen noch zu speichern, sondern um zur Bearbeitung in Photoshop Elements zurückzukehren.

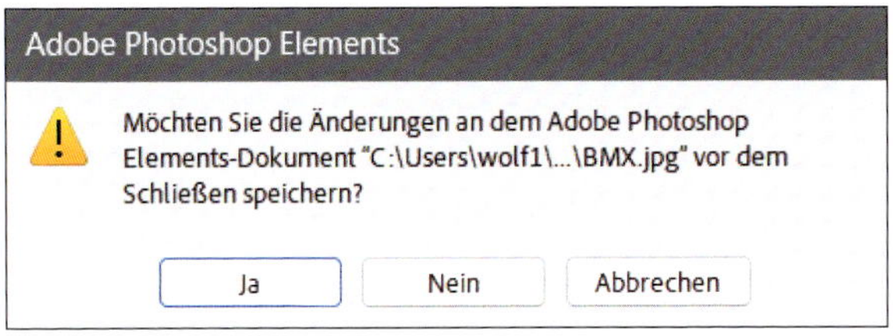

◄ **Abbildung 5.19**
Beim Schließen der Bilddatei wurden nicht gespeicherte Änderungen gefunden.

Dokumentfenster in Registerkarten zusammenlegen | Selbst wenn Sie die Einstellung mit dem schwebenden Dokumentfenster aktiviert haben, können Sie jederzeit die einzelnen Fenster wieder in Registerkarten gruppieren. Das Gruppieren und Wiederandocken von schwebenden Fenstern funktioniert im Grunde wie schon bei den Bedienfeldern.

Manuell gehen Sie hierbei wie folgt vor: Ziehen Sie das Dokumentfenster mit auf der Titelleiste ❺ gedrückt gehaltener linker Maustaste an den oberen Rand unterhalb der Optionsleiste, und lassen Sie das Fenster fallen. An dem blauen Rahmen ❻ erkennen Sie den Bereich, an dem das Dokumentfenster als Registerkarte gruppiert wird.

Weitere Fenster können Sie jetzt ebenfalls zur Registerkarte hinzufügen, indem Sie das entsprechende Dokumentfenster mit auf der Titelleiste gedrückt gehaltener linker Maustaste auf die Registerkartenleiste ❼ ziehen und dort fallen lassen.

▲ **Abbildung 5.20**
Das Dokumentfenster wird zu einer Registerkarte.

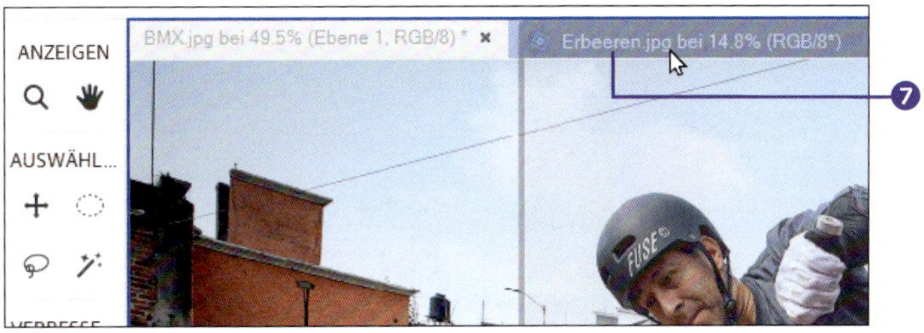

◄ **Abbildung 5.21**
Mehrere Dokumentfenster wurden hier zu einer Registerkartengruppe zusammengelegt.

Wesentlich schneller als das manuelle Gruppieren von Registerkarten aus Dokumentfenstern geht es mit der Funktion im Menü FENSTER • BILDER • ALLE IN REGISTERKARTEN ZUSAMMENLEGEN.

Zusammenlegen in Registerkarten unterbinden | Sollte sich das Dokumentfenster nicht mehr in die Registerkarten einfügen lassen, dürfte dies wohl daran liegen, dass die Einstellung ANDOCKEN SCHWEBENDER DOKUMENTFENSTER AKTIVIEREN in BEARBEITEN/PHOTOSHOP ELEMENTS EDITOR • VOREINSTELLUNGEN • ALLGEMEIN (oder Strg/cmd+K) deaktiviert wurde. Hier müssen Sie einfach ein Häkchen davor setzen, und dann klappt es auch wieder mit dem Zusammenlegen frei schwebender Fenster.

5.5.5 Geöffnete Dokumentfenster anordnen

Wenn Sie mehrere Bilder gleichzeitig geöffnet haben und die Darstellung der Bilder im Fenster steuern wollen, finden Sie im Menü FENSTER • BILDER einige Kommandos, deren Bedeutung in Tabelle 5.4 erläutert wird.

Tabelle 5.4 ▼
Funktionen unter FENSTER • BILDER und ihre Bedeutung

Bezeichnung	Bedeutung
NEBENEINANDER	Sind mehrere Bilder geöffnet, werden sie neben- und untereinander angezeigt.
ÜBERLAPPEND	Wenn mehrere Bilder geöffnet sind, werden sie versetzt übereinandergestapelt angezeigt. Diese Funktion steht nicht zur Verfügung, wenn die Fenster in Registerkarten zusammengelegt sind.
SCHWEBENDES FENSTER	Ist das aktive Fenster in einer Gruppe von Registerkarten, wird es daraus herausgelöst (abgedockt) und steht als gewöhnliches frei schwebendes Fenster zur Verfügung.
NUR SCHWEBENDE FENSTER	Alle Fenster, die in einer Registerkartengruppe versammelt wurden, werden aufgelöst und stehen als gewöhnliche frei schwebende Fenster zur Verfügung.
ALLE IN REGISTERKARTEN ZUSAMMENLEGEN	Alle frei schwebenden Dokumentfenster (auch minimierte) werden in eine Gruppe von Registerkarten gruppiert.
NEUES FENSTER	Damit öffnen Sie dasselbe Bild nochmals in einem neuen Fenster. Beachten Sie, dass es sich dabei nicht um eine Kopie handelt. Jede Arbeit in einem der Fenster wirkt sich auch auf das andere aus. Sinnvoll ist diese Funktion, um die Arbeiten an einem Bild auf unterschiedlichen Zoomstufen zu überwachen.
GLEICHE ZOOMSTUFE	Alle geöffneten Bilder werden auf die gleiche Ansichtsgröße (Zoomstufe) gebracht.
GLEICHE POSITION	Alle Bilder mit gleicher Ansichtsgröße (nach Pixeln) werden mittig zentriert dargestellt.

Ganz unten im Bildfenster sehen Sie außerdem noch die Schaltfläche LAYOUT ❶, über die Sie einige interessante vorgefertigte Layouts für die Anordnung geöffneter Dokumentfenster finden.

▲ **Abbildung 5.22**
Vorgefertigte Layouts

5.5.6 Die Farbe der Arbeitsoberfläche ändern

Wenn Sie mit maximiertem Dokumentfenster arbeiten oder das Dokumentfenster größer als die eingestellte Ansicht des Bildes ist, ist die Arbeitsflächenfarbe standardmäßig grau. Nicht immer aber eignet sich diese Hintergrundfarbe, um die Bilder beurteilen zu können. Bewährte Farben sind neben Grau auch Schwarz und Weiß. Bunte Farben eignen sich, wenn ein Bild mit einer bestimmten Hintergrundfarbe getestet werden soll.

Über einen rechten Mausklick auf der Farbe der Arbeitsfläche öffnet sich ein Kontextmenü, in dem Sie die Arbeitsflächenfarbe festlegen können. Neben verschiedenen Grautönen und Schwarz können Sie auch die Einstellung BENUTZERDEFINIERT auswählen. BENUTZERDEFINIERT ist hierbei immer die Farbe, die Sie zuletzt mit EIGENE FARBE AUSWÄHLEN über einen Farbwähler festgelegt haben.

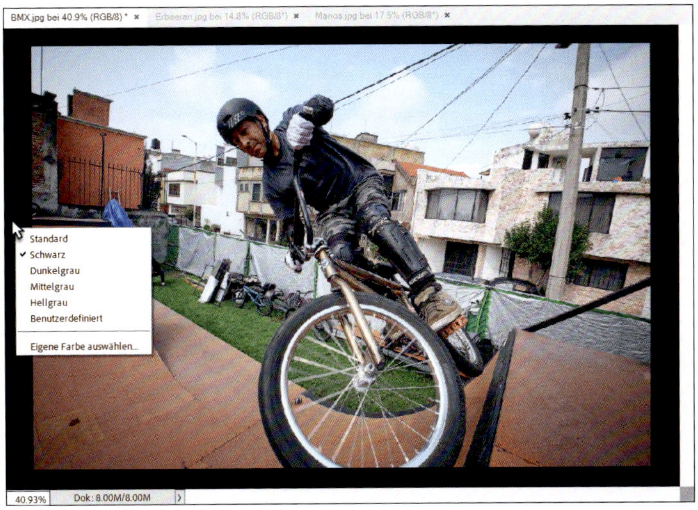

▲ **Abbildung 5.23**
Über das Kontextmenü der Arbeitsfläche legen Sie die Arbeitsflächenfarbe fest.

Zum Weiterlesen
Mehr zum Farbwähler, der auch zum Festlegen von Vordergrund- und Hintergrundfarbe verwendet wird, erfahren Sie in Abschnitt 20.1.2.

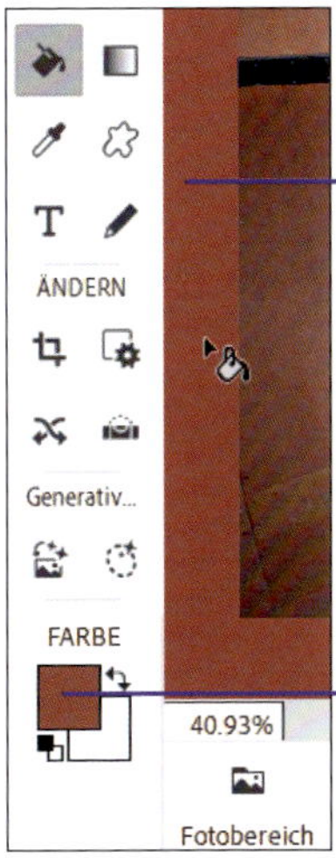

▲ **Abbildung 5.24**
Die Arbeitsflächenfarbe wurde mithilfe des Füllwerkzeugs eingefärbt.

Das Gleiche funktioniert übrigens auch mit dem Füllwerkzeug und dem Farbfeld VORDERGRUNDFARBE EINSTELLEN ❸ in der Werkzeugpalette. Klicken Sie hierbei mit dem Füllwerkzeug und gehaltener ⇧-Taste irgendwo auf die Arbeitsfläche ❷, und die Arbeitsfläche hat dieselbe Farbe wie die eingestellte Vordergrundfarbe.

5.6 Bilder vergleichen

Beim Bearbeiten von Bildern benötigt man häufig zwei verschiedene Ansichten eines Bildes. Möglich ist dies über das Menü Ansicht • Neues Fenster für [Dokumentname]. Dieselbe Funktion erreichen Sie auch über das Menü Fenster • Bilder • Neues Fenster. Beachten Sie aber, dass es sich hierbei nicht um zwei verschiedene Bilder handelt, sondern nur um zwei Ansichten desselben Bildes. Änderungen, die Sie in einem Fenster durchführen, werden somit auch im anderen Fenster angezeigt und durchgeführt.

Abbildung 5.25 ▸
Dasselbe Bild in zwei verschiedenen Dokumentfenstern für einen besseren Überblick

Ideale Ansicht
Um dasselbe Fenster in zwei verschiedenen Dokumentfenstern zu betrachten, wählen Sie im Menü Fenster • Bilder den Befehl Nebeneinander aus. Gleiches erreichen Sie auch über Layout mit Ganze Spalte ❶.

Möchten Sie statt mit einem zweiten Dokumentfenster desselben Bildes lieber mit einer unabhängigen Kopie arbeiten, können Sie ein Bild über das Menü Datei • Duplizieren kopieren. Photoshop Elements fragt Sie dann zunächst nach einem Namen für das Duplikat und erzeugt anschließend ein neues Dokumentfenster mit einer exakten Kopie des aktuellen Zustands.

5.7 Informationen zum Bild – das Informationen-Bedienfeld

Das Informationen-Bedienfeld können Sie über das Menü Fenster • Informationen oder mit der Taste [F8] ein- und ausblenden. Wie der Name schon vermuten lässt, zeigt das Bedienfeld eine Menge interessanter Informationen zur aktuellen Bilddatei an. Neben Koordinaten, Farbwerten und der Größe von Auswahlen lassen sich weitere Statusinformationen einblenden.

Über das erweiterte Menü ❷ erreichen Sie die Bedienfeldoptionen ❸ des Informationen-Bedienfeldes. Hier können Sie die verschiedenen Farbmodelle und Maßeinheiten festlegen, die angezeigt werden sollen.

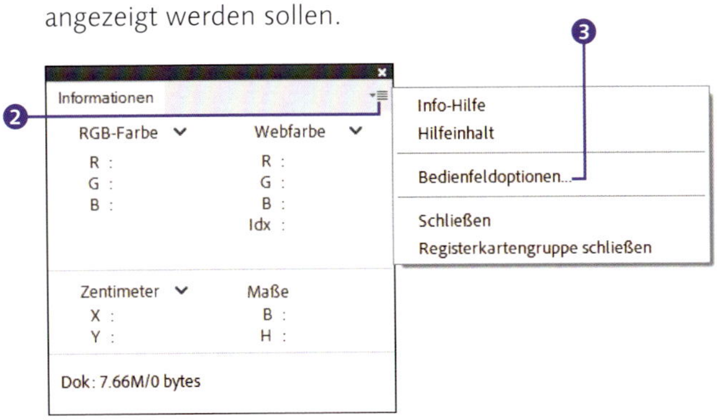

◂ **Abbildung 5.26**
Was auf dem Informationen-Bedienfeld angezeigt wird, hängt ab vom jeweils aktiven Werkzeug, von der Position des Mauszeigers und von den anderen eingestellten Bedienfeldoptionen.

Bedienfeld anpassen | Für die Farbwertanzeige des aktuellen Farbsystems bietet das Informationen-Bedienfeld die beiden Anzeigen ERSTE FARBWERTEANZEIGE ❹ und ZWEITE FARBWERTEANZEIGE ❺. Hierbei werden jeweils das Farbsystem bzw. die Bildmodi GRAUSTUFEN, RGB-FARBE, WEBFARBE und HSB-FARBE angeboten. Das Farbsystem CMYK gibt es bei Photoshop Elements nicht; dieses Farbsystem bleibt dem großen Photoshop vorbehalten.

Farbsystem
Weitere Informationen zum Farbsystem sowie zu den Bildmodi und ihrer jeweiligen Bedeutung in der Bildbearbeitung erfahren Sie in Anhang B, »Grundlagen zu digitalen Bildern«.

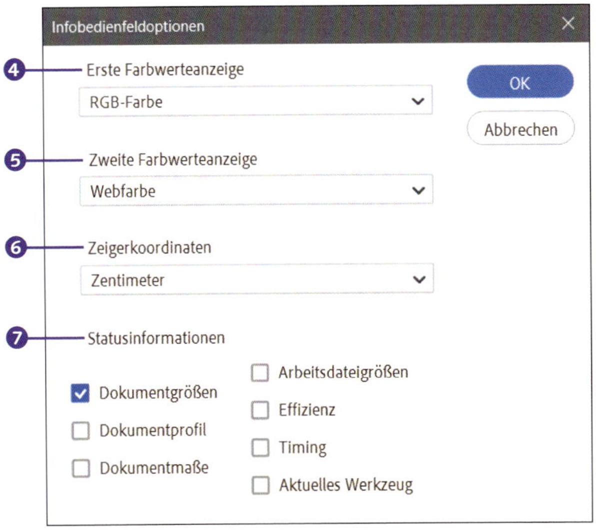

◂ **Abbildung 5.27**
Die Bedienfeldoptionen des Informationen-Bedienfeldes

Des Weiteren können Sie bei den Bedienfeldoptionen unter ZEIGERKOORDINATEN ❻ die Maßeinheit angeben, in der die Werte für eine Auswahl oder für den Koordinatenpunkt angezeigt wer-

▲ **Abbildung 5.28**
Mit einem Klick auf das kleine Dreiecksymbol lassen sich die Optionen ebenfalls ändern.

den sollen. Zur Verfügung stehen: PIXEL, ZOLL, ZENTIMETER, MILLIMETER, PUNKT, PICA und PROZENT.

Was darüber hinaus im unteren Teil des Informationen-Bedienfeldes angezeigt werden soll, bestimmen Sie bei den STATUSINFORMATIONEN ❼. Es können dieselben Statusinformationen angezeigt werden wie in der Statusleiste von Bildern (siehe Abschnitt 5.5.2).

Einen schnelleren Zugriff auf einige Optionen des Informationen-Bedienfeldes erhalten Sie auf direktem Weg über die kleinen Dreieck-Schaltflächen auf dem Bedienfeld.

5.8 Hilfsmittel zum Ausrichten und Messen

Gerade beim Ausrichten von Bildern, Ebenen und Text können Sie sich nicht allein auf Ihr Gefühl und Augenmaß verlassen. Für genaueres Ausrichten und Messen stehen Ihnen einige Hilfsmittel zur Verfügung, die ich Ihnen im Folgenden kurz vorstellen möchte.

Welche Maßeinheiten wofür?
Gewöhnlich verwendet man zur Bearbeitung von Bildern am Monitor (für Internet, Präsentationen, DVD-ROMs usw.) die Maßeinheit Pixel. Zentimeter und Millimeter werden eher für die Druckvorstufe benutzt. Punkt und Pica sind die bevorzugten Maßeinheiten für Schriftgrößen in der Typografie.

5.8.1 Lineal

Das Lineal eignet sich hervorragend, um beim Platzieren von Elementen (wie beispielsweise Ebenen) auf dem Bild und bei den verschiedenen Zoomstufen den Überblick zu behalten. Um das Lineal am linken und oberen Bildrand anzuzeigen, nutzen Sie das Tastenkürzel [Strg]/[cmd]+[⇧]+[R] oder den Menüpunkt ANSICHT • LINEALE.

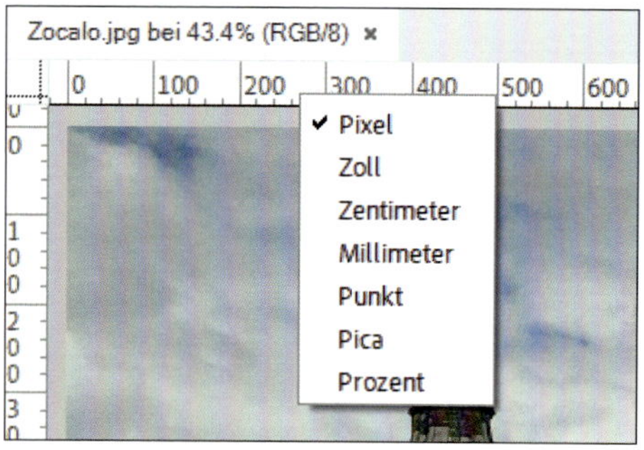

Abbildung 5.29 ▸
Horizontales und vertikales Lineal

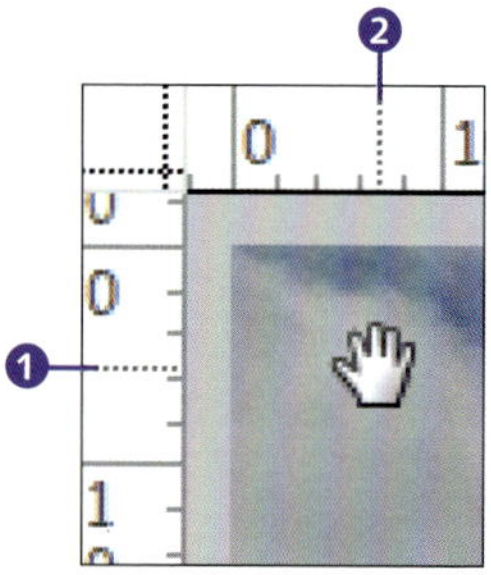

▲ **Abbildung 5.30**
Die Mausposition wird angezeigt.

Wenn Sie nun mit dem Cursor über das Bild fahren, zeigen Ihnen die kleinen Linien ❶ und ❷ in den Linealen die aktuelle Position des Mauszeigers an.

Die Maßeinheit des Lineals können Sie jederzeit schnell und einfach über einen rechten Mausklick im Lineal ändern. Alternativ passen Sie die Maßeinheiten durch einen Doppelklick auf das Lineal oder über das Menü BEARBEITEN/PHOTOSHOP ELEMENTS EDITOR • VOREINSTELLUNGEN • EINHEITEN & LINEALE an.

Ursprungspunkt des Lineals ändern | Der Ursprungspunkt (auch *Nullpunkt* genannt) des Lineals befindet sich oben links. Sie verändern diesen Punkt, indem Sie ihn aus der linken oberen Ecke mit gedrückter linker Maustaste aus dem Schnittpunkt ❸ der Lineale herausziehen ❹.

Wozu Ursprungspunkt ändern?
Den Ursprungspunkt des Lineals zu verändern ist sinnvoll, wenn Sie ein Bild möglichst exakt freistellen wollen.

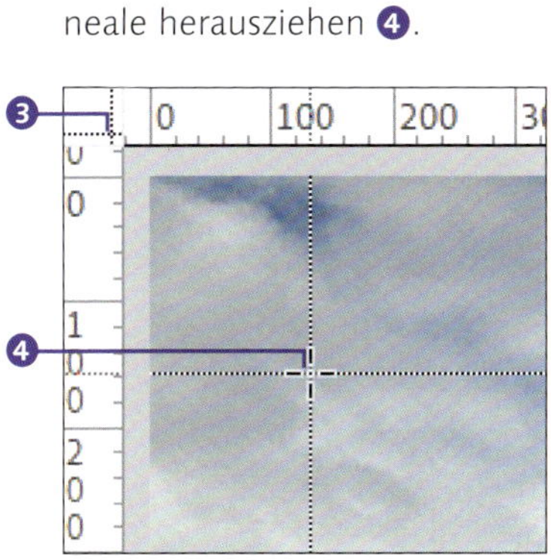

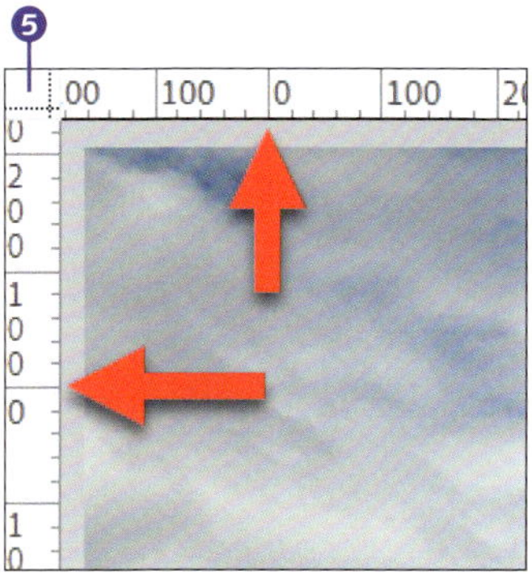

◂◂ **Abbildung 5.31**
Der Ursprungspunkt (Nullpunkt) wird verändert.

◂ **Abbildung 5.32**
Die neuen Ursprungspunkte (Nullpunkte) wurden gesetzt.

Um den Ursprungspunkt wieder zurückzusetzen, genügt ein Doppelklick auf den linken oberen Lineal-Schnittpunkt ❺.

5.8.2 Raster verwenden und einstellen

Das Rastergitter aktivieren und deaktivieren Sie über ANSICHT • RASTER oder mit der Tastenkombination [Strg]/[cmd]+[3].

Das Raster brauchen Sie in der Regel nur dann, wenn Sie bei der Bildbearbeitung eine Waagerechte und/oder Senkrechte im Bild benötigen und keine Hilfslinien erstellen wollen.

Kapitel_05: Zocalo.jpg

◂ **Abbildung 5.33**
Das eingeblendete Raster hilft Ihnen bei Bildern, bei deren Bearbeitung Sie eine Senkrechte und/oder Waagerechte benötigen.

Bei der Speicherung oder Ausgabe auf einem Drucker sind diese Raster selbstverständlich nicht zu sehen.

Maschenweite, Linienart und Farbe des Rastergitters passen Sie über BEARBEITEN/PHOTOSHOP ELEMENTS EDITOR • VOREINSTELLUNGEN • HILFSLINIEN & RASTER an.

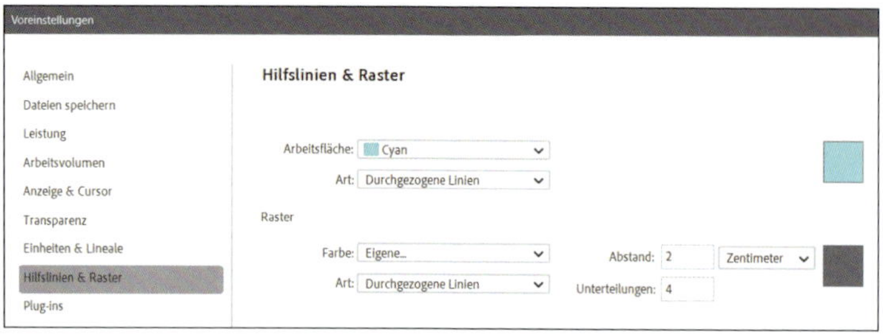

Abbildung 5.34 ▸
Hier stellen Sie FARBE und ART der Linien sowie den ABSTAND des Rastergitters ein.

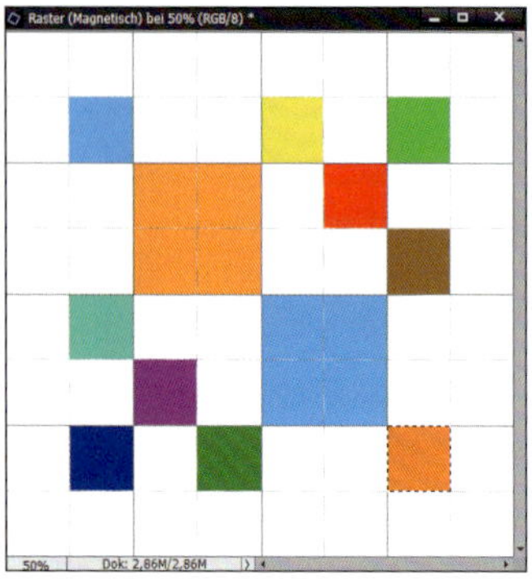

▴ Abbildung 5.35
Dank des »magnetischen« Rasters ist es ein Kinderspiel, solch exakte Auswahlen oder Muster zu erstellen.

Ausrichten an Raster (de-)aktivieren | Wenn im Menü ANSICHT • AUSRICHTEN AN ein Häkchen vor RASTER steht, sind die Rasterlinien leicht magnetisch. Das bedeutet, dass Bild- oder Textelemente, Auswahlen und Ebenenkanten am Rastergitter »kleben bleiben«. Sie (de-)aktivieren dies über das Menü ANSICHT • AUSRICHTEN AN • RASTER. Alternativ halten Sie bei aktivem Ausrichten am Raster die Strg/cmd-Taste vorübergehend gedrückt, während Sie ein Bild- oder Textelement verschieben; dann ist der »magnetische« Effekt ebenfalls vorübergehend abgeschaltet.

5.8.3 Exaktes Ausrichten mit Hilfslinien

Kapitel_05: Hilfslinien.psd

Hilfslinien können Sie selbst beliebig im Bild positionieren. Sie eignen sich hervorragend als Ausrichtungshilfe für Bild- und Textelemente. Bei der Ausgabe des Bildes, wie beispielsweise beim Drucken oder Abspeichern, bleiben diese Linien unsichtbar.

Abbildung 5.36 ▸
Der Text – oder hier die Textebene – wurde mithilfe von magnetischen Hilfslinien im Bild positioniert.

Hilfslinien manuell erstellen | Am einfachsten und schnellsten erstellen Sie eine Hilfslinie über das Lineal. Voraussetzung ist dafür, dass Sie die Lineale über Ansicht • Lineale oder Strg/cmd+⇧+R eingeschaltet haben. Jetzt ziehen Sie mit gedrückt gehaltener linker Maustaste direkt auf dem horizontalen oder vertikalen Lineal eine Hilfslinie auf das Bild und lassen diese an der gewünschten Position fallen.

Sie können auch aus dem horizontalen Lineal eine vertikale und aus dem vertikalen Lineal eine horizontale Hilfslinie herausziehen, indem Sie Alt gedrückt halten, während Sie eine Hilfslinie erstellen.

Farbe der Hilfslinien ändern
Standardmäßig ist Cyan als Farbe für die Hilfslinien eingestellt. Ändern können Sie diese Farbe über Bearbeiten/Photoshop Elements Editor • Voreinstellungen • Hilfslinien & Raster. Dasselbe erreichen Sie auch, wenn Sie eine Hilfslinie doppelt anklicken.

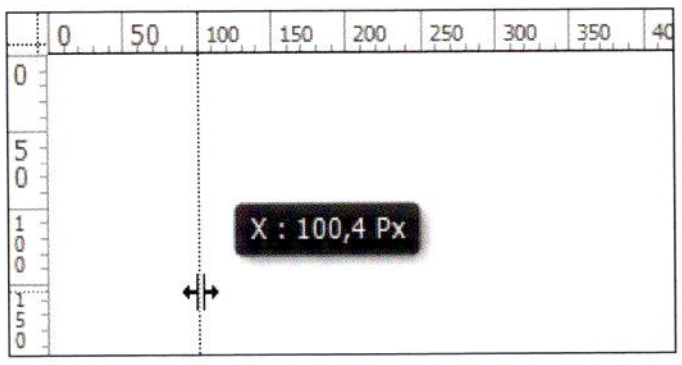

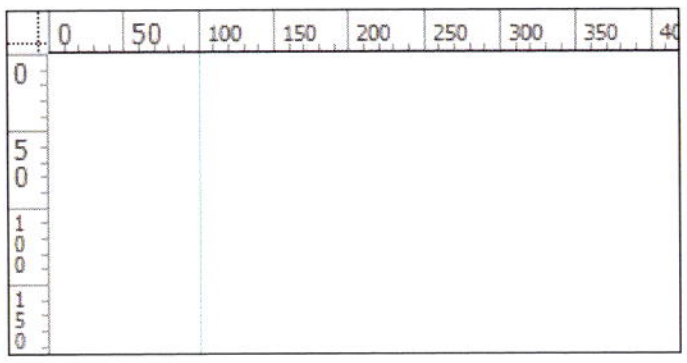

◂◂ **Abbildung 5.37**
Hier wird gerade eine vertikale Hilfslinie erstellt.

◂ **Abbildung 5.38**
Die fertige vertikale Hilfslinie

Hilfslinien exakt einrasten | Standardmäßig bleiben Hilfslinien exakt an der Position stehen, an der Sie sie »fallen gelassen« haben. Beim Ausrichten von Elementen ist dies nicht immer optimal. Alternativ können Sie daher die Hilfslinien an den Linealaufteilungen einrasten lassen, indem Sie während des Ziehens der Hilfslinien die ⇧-Taste gedrückt halten.

Hilfslinien exakt positionieren | Um eine Hilfslinie exakt pixelgenau zu positionieren, können Sie, solange Sie die Maustaste gedrückt halten, immer die vertikale bzw. horizontale Position der Hilfslinie an den Werten X bzw. Y neben der Hilfslinie ablesen. Als Einheit wird dabei stets die eingestellte Einheit des Lineals verwendet.

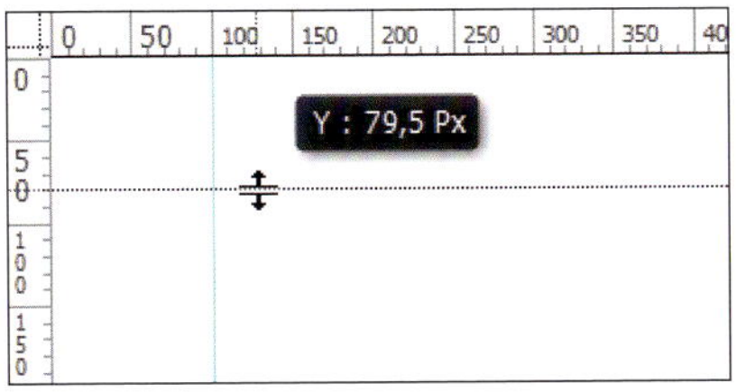

◂ **Abbildung 5.39**
Hier wird eine horizontale Hilfslinie erstellt.

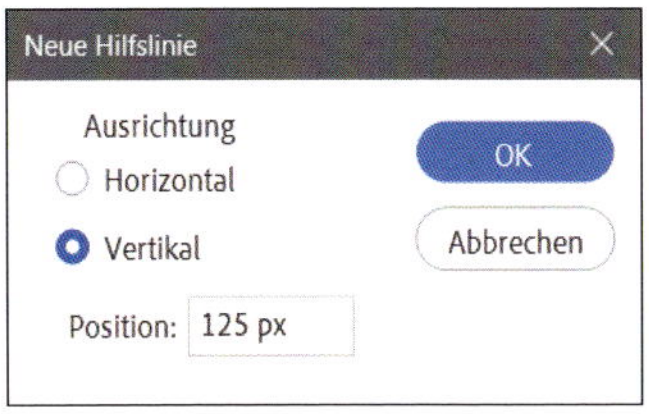

▴ **Abbildung 5.40**
Ebenfalls sehr gut für eine exakte Ausrichtung der Hilfslinien geeignet: der Dialog Neue Hilfslinie

Eine weitere Möglichkeit, Hilfslinien exakt zu positionieren, ist der Dialog Neue Hilfslinie, den Sie über Ansicht • Neue Hilfslinie aufrufen und in dem Sie die Ausrichtung und Position pixelgenau eingeben können.

Hilfslinien ein- und ausblenden | Ein- und ausblenden können Sie die Hilfslinien jederzeit über das Menü ANSICHT • HILFSLINIEN oder mit der Tastenkombination [Strg]/[cmd]+[2].

Hilfslinien verschieben | Einmal erstellte Hilfslinien können Sie jederzeit nachträglich verschieben. Fassen Sie mit dem Verschieben-Werkzeug ✥ (Tastenkürzel [V]) eine Hilfslinie an, und bewegen Sie sie mit gedrückt gehaltener linker Maustaste.

Ist das Verschieben-Werkzeug hingegen nicht aktiv, müssen Sie nicht extra zu diesem Werkzeug wechseln. Es reicht völlig aus, wenn Sie die [Strg]/[cmd]-Taste gedrückt halten. Dadurch wird das Verschieben-Werkzeug kurzzeitig aktiv, und Sie können die Hilfslinien wie gewohnt mit gedrückt gehaltener Maustaste verschieben.

Ausrichtung umkehren

Wollen Sie die Ausrichtung einer bereits vorhandenen Hilfslinie ändern, müssen Sie nur während des Verschiebens die [Alt]-Taste drücken und die Maustaste loslassen. Aus einer vertikalen wird auf diese Weise eine horizontale Hilfslinie und umgekehrt.

Hilfslinien fixieren | Um ein unbeabsichtigtes Verschieben von Hilfslinien zu vermeiden, können Sie diese über das Menü ANSICHT • HILFSLINIEN FIXIEREN (oder die Tastenkombination [Strg]/[cmd]+[Alt]+[,]) fixieren und wieder freigeben.

Hilfslinien im Bild speichern

Zwar können Sie die Hilfslinien selbst nie im Bild abspeichern, aber wenn Sie die Position der Hilfslinien sichern wollen, um beispielsweise zu einem anderen Zeitpunkt an dem Bild weiterzuarbeiten, sollten Sie das Bild im Adobe-eigenen PSD-Format speichern.

Hilfslinien löschen | Einzelne Hilfslinien löschen Sie, indem Sie sie einfach aus dem Dokumentfenster herausziehen. Alle Hilfslinien in einem Dokumentfenster hingegen entfernen Sie über das Menü ANSICHT • HILFSLINIEN LÖSCHEN.

Tipp: Voreinstellungen schnell öffnen

Wollen Sie die VOREINSTELLUNGEN für HILFSLINIEN & RASTER schnell öffnen, um beispielsweise die Farbe der Hilfslinie zu verändern, klicken Sie einfach mit dem Verschieben-Werkzeug ✥ doppelt auf eine vorhandene Hilfslinie.

Ausrichten an Hilfslinien (de-)aktivieren | Wie Raster können auch Hilfslinien magnetisch sein, wodurch beispielsweise Bild- oder Textelemente, Auswahlen und Ebenenkanten an den Hilfslinien »kleben bleiben«. Sie (de-)aktivieren das Ausrichten über das Menü ANSICHT • AUSRICHTEN AN • HILFSLINIEN. Halten Sie bei aktivem Ausrichten an den Hilfslinien die [Strg]/[cmd]-Taste vorübergehend gedrückt, während Sie ein Bild- oder Textelement verschieben, ist der »magnetische« Effekt vorübergehend abgeschaltet.

TEIL II

Der Organizer

Kapitel 6

Fotos in den Organizer importieren

Urlaube, Geburtstage, Hochzeiten, Feste, Naturaufnahmen, Porträts – wer leidenschaftlich gerne fotografiert, hat schnell einige Tausend Bilder zusammen. Um hier die Übersicht zu bewahren, müssen Sie Ihre Bilder entweder sehr sorgfältig und mühsam von Hand sortieren, oder aber Sie verwenden den Organizer. Mit ihm können Sie Ihre Fotos (und andere Mediendateien) organisieren, suchen und weitergeben.

6.1 Den Organizer starten

Wenn Sie den Organizer zum ersten Mal aufgerufen haben, dürfte der erste Schritt wohl sein, Ihre Fotos zu importieren. Daher liegt es auf der Hand, dass wir uns auch gleich im ersten Kapitel des zweiten Buchteils damit befassen, wie Sie Ihre Bilder von der Festplatte, einer Kamera, einem Kartenleser oder dem Scanner in den Organizer importieren können. Die eigentliche Arbeitsoberfläche behandele ich daher zweckmäßig erst im nächsten Kapitel, wenn Sie selbst bereits Bilder in den Organizer importiert haben.

Wenn Sie Photoshop Elements starten, erscheint der Startbildschirm. Um von hier aus den Organizer zu starten, wählen Sie die gleichnamige Schaltfläche ORGANIZER ❶ aus.

Vorhandene Bilder

Wenn Sie den Organizer gestartet haben, finden Sie vielleicht bereits Bilder im Medienbrowser. Es dürfte sich um Bilder handeln, die Sie in Teil I bearbeitet und auf dem Rechner gespeichert haben. Vielleicht haben Sie auch schon Fotos von der Kamera mit dem Foto-Downloader auf den PC kopiert.

◂ **Abbildung 6.1**
Über ORGANIZER starten Sie den Organizer.

▴ **Abbildung 6.2**
Den Organizer über den Fotoeditor aufrufen

Alternativ rufen Sie den Organizer aus dem Fotoeditor über die gleichnamige Schaltfläche ORGANIZER ❷ ganz unten auf. Hierbei öffnet sich der Organizer als neues Fenster, und Sie können den Fotoeditor und den Organizer als eigenständige Anwendungen abwechselnd benutzen.

Was Sie unbedingt vorher noch wissen müssen | Organisiert und verwaltet werden die Bilder vom Organizer über einen sogenannten Katalog. Sobald Sie den Organizer starten, wird ein Katalog angezeigt. Standardmäßig ist dies häufig der Katalog »Mein Katalog« (oder »My Catalog«). Welcher Katalog im Augenblick bei Ihnen geöffnet ist, erkennen Sie in der Statusleiste rechts unten (siehe Abschnitt 5.5.2, »Die Statusleiste«). Importierte und geladene Bilder werden somit immer dem aktuell geöffneten Katalog zugewiesen. Sie können selbstverständlich mehrere Kataloge anlegen, wenn zum Beispiel mehrere Anwender an dem Rechner arbeiten. Auf das Thema Kataloge gehe ich allerdings noch explizit in Abschnitt 8.1, »Der Katalog«, ein.

Bilder nicht löschen!
Sie werden jetzt erfahren, wie Sie Bilder in den Organizer importieren können. Da der Organizer diese importierten Bilder in einem Katalog verwaltet, was letztendlich nichts anderes als eine einfache Datenbank ist, bedeutet dies auch, dass Sie die Bilder nach dem Import in den Organizer nicht von der Festplatte löschen dürfen. Es ist wichtig, zu verstehen, dass der Organizer Ihre Bilder, die auf Ihrer Festplatte liegen, nur verwaltet und sie **nicht** von der Festplatte in den Organizer kopiert!

6.2 Das Farbschema auswählen

Unabhängig vom gewählten Farbschema des Fotoeditors können Sie den Organizer auch in einem hellen oder dunklen Farbmodus betreiben. Welches Schema Sie verwenden, entscheiden Sie nach Ihren Vorlieben. Die Einstellung finden Sie im Organizer über das Menü Bearbeiten • Voreinstellungen • Allgemein bzw. mit Strg/cmd+K. Bei den Anzeigeoptionen können Sie in der Dropdown-Liste Modus der Benutzeroberfläche die Einstellung Dunkel oder Hell wählen. Änderungen werden nach einem Neustart wirksam.

Farbschema im Buch
Wie schon beim Fotoeditor wird für das Buch meist das helle Farbschema verwendet, da hier die Bildschirmfotos besser zu erkennen sind.

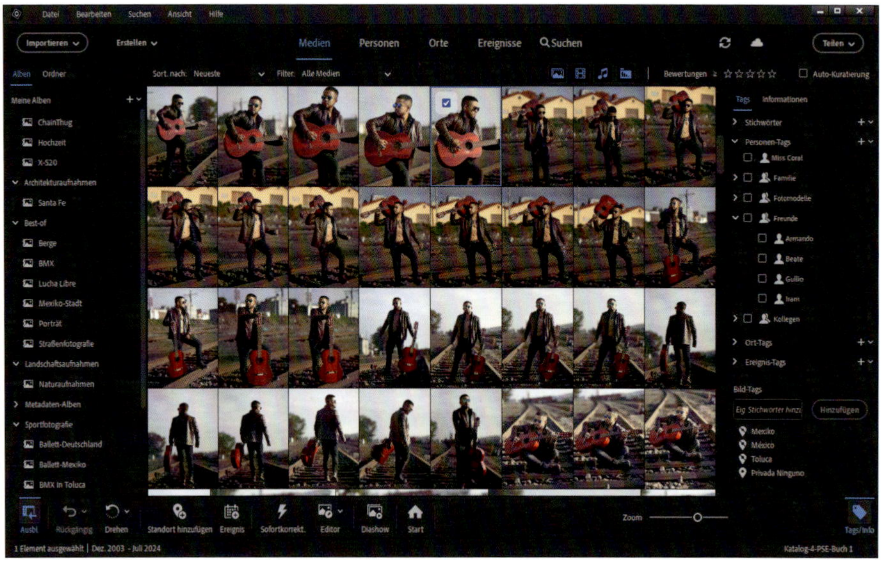

▲ **Abbildung 6.3**
Hier wurde das dunkle Farbschema für den Organizer ausgewählt.

6.3 Fotos aus einer Vorgängerversion importieren

Sollten Sie eine Vorgängerversion von Photoshop Elements auf dem Rechner installiert haben, bietet Ihnen der Organizer beim ersten Start auch an, den bestehenden Katalog zu importieren.

Je nach Umfang kann diese Konvertierung etwas Zeit in Anspruch nehmen. Ein Fortschrittsbalken informiert Sie darüber, wie weit die Konvertierung bereits fortgeschritten ist.

Der Organizer ist sehr vorsichtig bei der Konvertierung und benennt den ursprünglichen Katalog der Vorgängerversion um. Damit können Sie theoretisch diesen umbenannten Katalog in der Vorgängerversion weiterhin verwenden, ohne dass es mit dem Katalog zu Konflikten in der neuen Version von Photoshop Elements kommt.

Auch dieses Importieren und Konvertieren können Sie nachträglich über DATEI • KATALOGE VERWALTEN oder [Strg]/[cmd]+[⇧]+[C] durchführen. Das kann hilfreich sein, wenn Sie weitere vorhandene Kataloge aus einer Vorgängerversion importieren wollen.

Katalogmanager
Sie können jederzeit nachträglich weitere Kataloge manuell über den Katalogmanager konvertieren. Mehr hierzu können Sie in Abschnitt 8.1 nachlesen.

6.4 Dateien und Ordner importieren

Sicherlich tummeln sich Hunderte oder gar Tausende von Bildern auf Ihrer Festplatte bzw. auf einer oder mehrerer Ihrer externen Festplatten. Um diese Dateien mit dem Organizer zu erfassen und dem Katalog hinzuzufügen, wählen Sie DATEI • FOTOS UND VIDEOS LADEN • AUS DATEIEN UND ORDNERN.

Keine eigenen Bilder?
Sollten sich noch keine Bilder auf Ihrem Computer befinden, nutzen Sie am besten die Beispielbilder zum Buch, die Sie auf *www.rheinwerk-verlag.de/6213* herunterladen können.

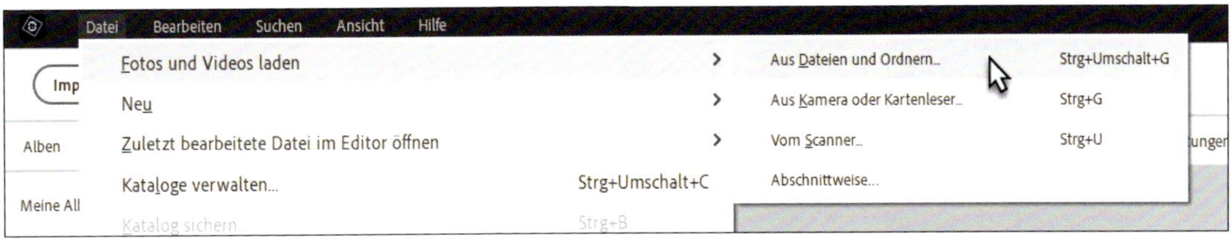

▲ **Abbildung 6.4**
Dateien und Ordner laden, die sich auf dem Rechner befinden

Komfortabel und schnell ist auch die Möglichkeit, über das Dropdown-Menü IMPORTIEREN links oben im Organizer auf den gleichnamigen Befehl AUS DATEIEN UND ORDNERN zuzugreifen. Noch schneller lässt sich der Import-Dialog mit der Tastenkombination [Strg]/[cmd]+[⇧]+[G] aufrufen.

Abbildung 6.5 ▸
Das Dropdown-Menü Importieren liefert ebenfalls alle Importfunktionen.

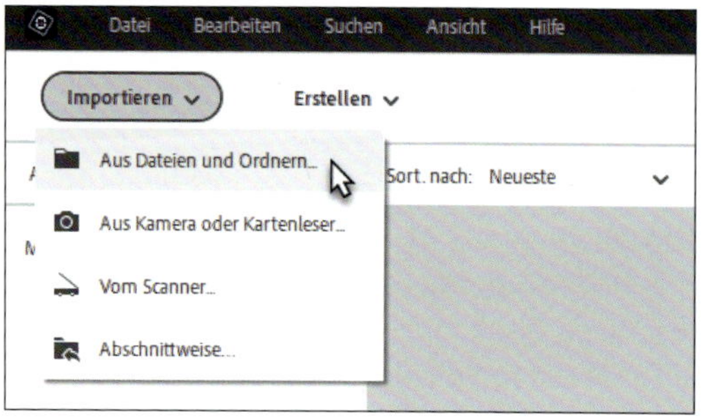

Tipp: Alles markieren
Mit der Tastenkombination [Strg]/[cmd]+[A] markieren Sie schnell alle Dateien oder Verzeichnisse auf einmal.

In dem sich nun öffnenden Dateidialog wählen Sie den oder die Ordner mit den Fotos aus, die Sie in die Bilderdatenbank des Organizers importieren wollen. Natürlich können Sie auch nur ein einzelnes Bild importieren. Markieren Sie das Bild im entsprechenden Verzeichnis, und importieren Sie es per Doppelklick oder mit der Schaltfläche Medien laden ❹.

Mehrere Bilder in demselben Verzeichnis markieren Sie mit gehaltener [Strg]/[cmd]-Taste. Liegen die Bilder alle nebeneinander, markieren Sie das erste, halten [⇧] gedrückt und wählen anschließend das letzte Bild aus. Klicken Sie dann auf Medien laden. Der Import von ganzen Ordnern funktioniert analog.

Die Checkboxen Dateien beim Import kopieren ❼ und Vorschaubilder erstellen ❻ sind ausgegraut, wenn es sich bei dem ausgewählten Speichermedium um eine interne bzw. externe Festplatte handelt.

Abbildung 6.6 ▾
Der Dateidialog zum Importieren von Dateien und Ordnern

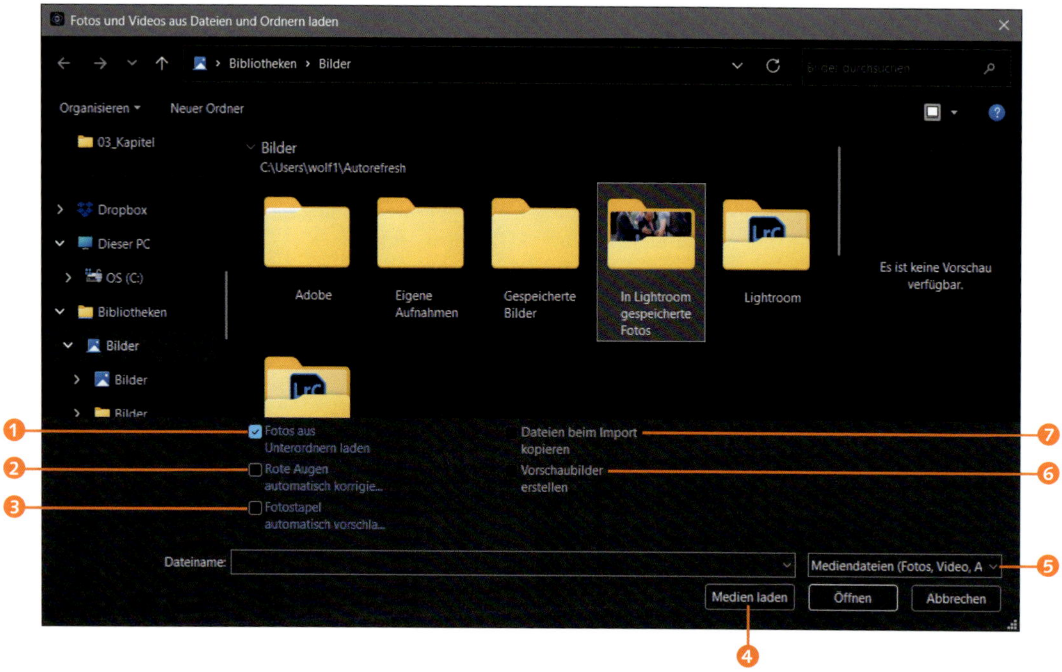

Bei externen Medien wie CD/DVD/Blu-ray oder einer SD-Speicherkarte hingegen haben Sie die Option, die Dateien beim Import auf die Festplatte zu kopieren ❽. Setzen Sie dafür ein Häkchen vor der entsprechenden Option. Das ist bei solchen Medien durchaus sinnvoll, weil Sie das Medium nicht eingelegt oder eingesteckt haben müssen, um mit den Fotos zu arbeiten. Für externe Festplatten gilt diese Option allerdings nicht, da diese im Organizer wie die interne Festplatte behandelt und verwaltet werden.

Die Checkbox Vorschaubilder erstellen ❾ steht nur zur Verfügung, wenn Sie die Dateien beim Import nicht kopieren wollen. Sie können so zumindest Kopien mit niedriger Auflösung als Vorschaubilder für den Organizer erstellen. Zusätzlich finden Sie ein kleines Eingabefeld ❿, in dem ein Name eines Ordners eingegeben werden kann, in den die Bilder vom externen Speichermedium kopiert werden sollen.

Für das Kopieren von Bildern von der Kamera oder einem Kartenleser empfiehlt es sich allerdings, den Foto-Downloader zu verwenden, der im folgenden Abschnitt 6.5, »Import von Kamera oder Kartenleser«, beschrieben wird.

Häufig enthalten Ordner noch Unterordner mit weiteren Bildern. Um auch Bilder in Unterordnern mitzuladen, lassen Sie die Checkbox Fotos aus Unterordnern laden ❶ (Abbildung 6.6) aktiviert. Auch eine automatische Rote-Augen-Korrektur beim Import von Bildern finden Sie als Checkbox ❷ vor. Ob Sie diese Automatik anwenden wollen, müssen Sie selbst entscheiden.

Über das kleine Dropdown-Menü ❺ rechts unten über den Schaltflächen Öffnen und Abbrechen können Sie die Mediendateien einschränken, die Sie importieren wollen. Gewöhnlich werden die gängigen Foto-, Video- und Audioformate importiert.

Nachdem Sie auf die Schaltfläche Medien laden geklickt haben, sehen Sie während des Importvorgangs einen Fortschrittsbalken, den Sie mit der Stopp-Schaltfläche ⓫ anhalten können. Die Dauer des Imports hängt natürlich von der Anzahl der vorhandenen Elemente ab.

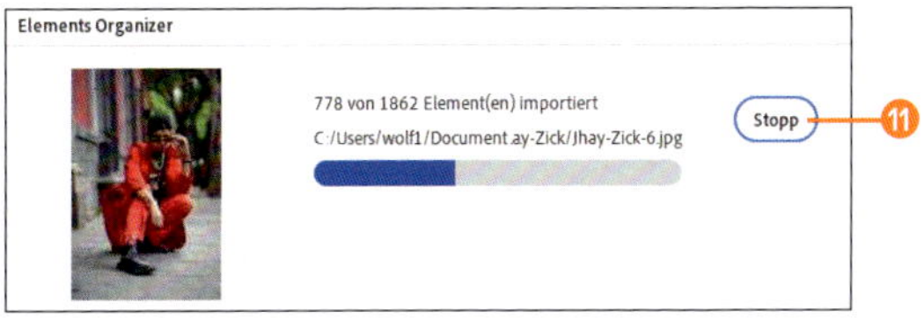

▲ **Abbildung 6.9**
Der Fortschrittsbalken während des Importierens von Medien in den Katalog des Organizers

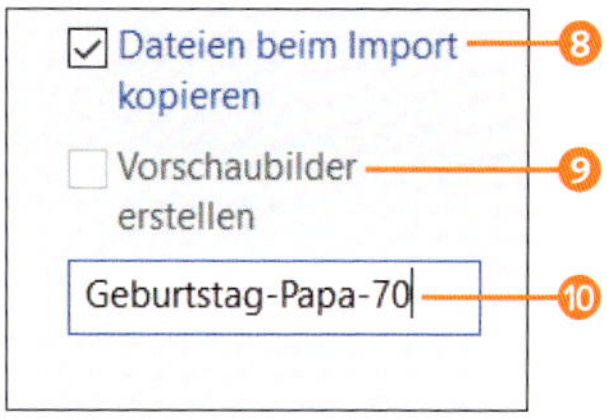

▲ **Abbildung 6.7**
Diese Option ❽ steht nur beim Import von externen Medien wie CD/DVD/Blu-ray und auch SD-Karten zur Verfügung.

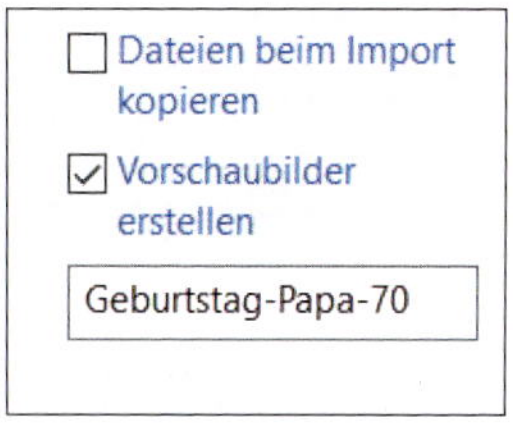

▲ **Abbildung 6.8**
Wenn Sie Dateien von einem externen Medium nicht kopieren möchten, deaktivieren Sie die Option. Optional können Sie Vorschaubilder erstellen aktivieren, um zumindest gute Vorschaubilder im Organizer zu haben. Zur Bearbeitung dieser Bilder muss der externe Datenträger dann aber im Laufwerk sein.

Fotostapel
Wenn Sie Fotostapel automatisch vorschlagen ❸ aktivieren (nur unter Windows), sucht Photoshop Elements selbstständig nach Gemeinsamkeiten von Bildern und schlägt die Verwendung einer Stapelung vor. Mehr dazu erfahren Sie in Abschnitt 8.12, »Versionssätze und Fotostapel«.

Wenn Fotos Stichwort-Tags angehängt sind (darauf gehe ich in Abschnitt 8.4, »Stichwort-Tags«, näher ein), erscheint ein Dialog, über den Sie diese Stichwörter mit importieren können. Sie können die Stichwort-Tags einzeln über die Checkboxen (12) selektieren oder über die Schaltfläche ALLE (13) komplett übernehmen. Mit KEINE (14) übernehmen Sie keines der vorhandenen Stichwort-Tags.

Abbildung 6.10 ►
Eventuell in den Medien enthaltene Stichwort-Tags können ebenfalls importiert werden.

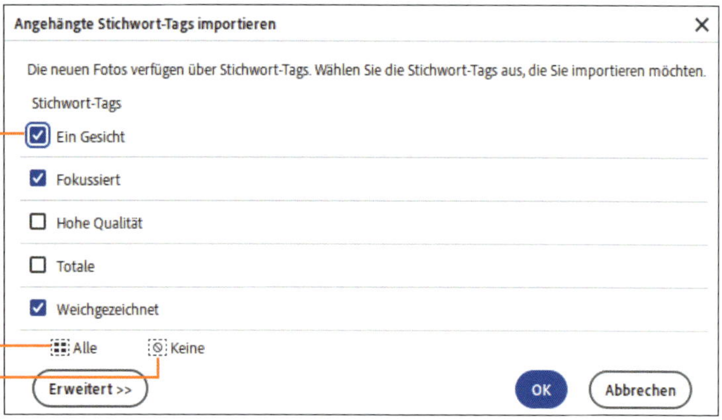

> **Wieso Medien und nicht Fotos?**
> Oftmals ist hier die Rede von Medien, obwohl der Organizer vorwiegend zur Bildverwaltung verwendet wird. Allerdings können daneben auch noch verschiedene andere Medien wie gängige Videoformate, PDF-Dateien oder diverse Audiodateien (beispielsweise MP3 und WAV) verwaltet werden.

Sollten beim Import Probleme mit den geladenen Medien aufgetreten sein, wird dies in einer weiteren Dialogbox angezeigt. In der Regel handelt es sich um die Meldung, dass sich eine Datei bereits im Katalog befindet.

Abbildung 6.11 ►
Der Organizer zeigt an, warum einzelne Medien nicht in die Datenbank importiert werden konnten.

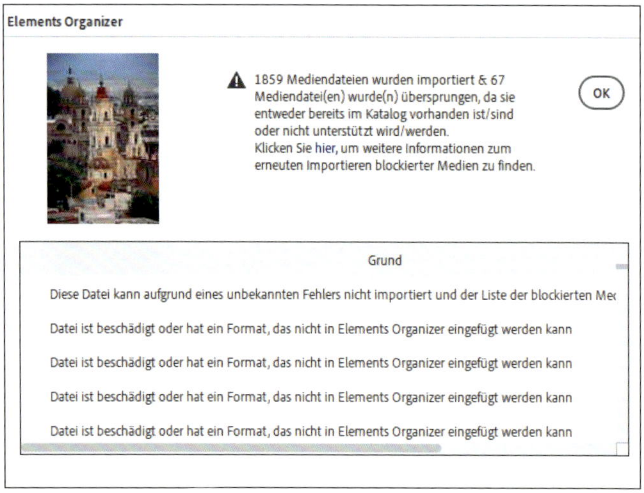

Ist der Import Ihrer Medien abgeschlossen, werden zunächst immer *nur die neu hinzugekommenen Bilder* im Medienbrowser angezeigt. Um *alle* Bilder im Organizer zu sehen, klicken Sie im Medienbrowser auf die Schaltfläche ZURÜCK (1).

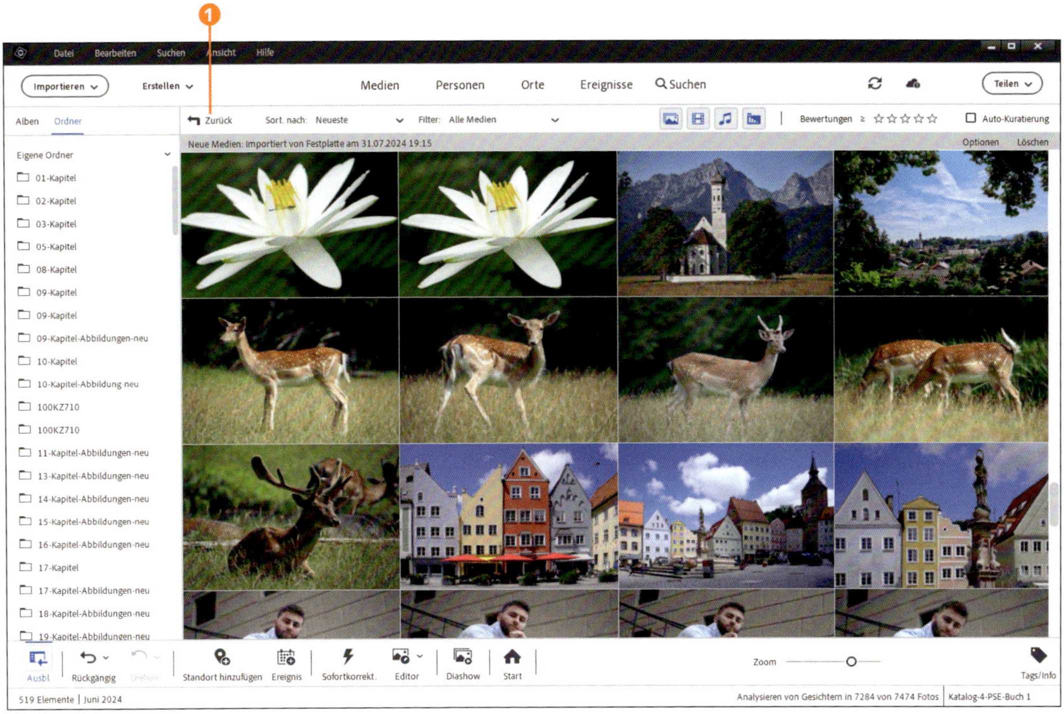

▲ **Abbildung 6.12**
Nach dem Import werden alle neu importierten Medien im Medienbrowser angezeigt.

Sobald die Medien importiert wurden, erstellt der Organizer gewöhnlich Miniaturvorschauen dafür, sofern das Dateiformat unterstützt wird. Wenn Sie also bei der Miniaturvorschau zunächst nur ein Bild in Form einer Sanduhr 2 sehen, bedeutet dies, dass der Organizer im Hintergrund noch arbeitet.

Rechner ausgelastet
Wenn Sie einen sehr umfangreichen Bildbestand importiert haben, kann es anfangs sein, dass die Erstellung der Miniaturen bzw. der Analyse der Medien etwas länger dauert.

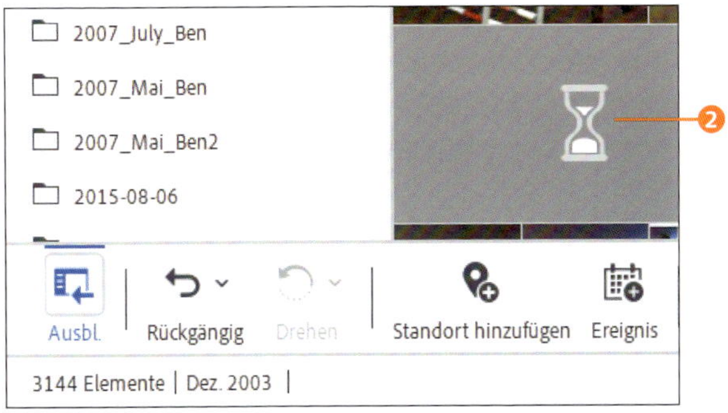

◀ **Abbildung 6.13**
Hier werden gerade die Miniaturen erstellt. Abhängig von der Anzahl der Elemente kann dies durchaus einige Zeit in Anspruch nehmen.

Import von externer Festplatte | Ein Thema, das hier unbedingt erwähnt werden muss, ist das Importieren von Bildern von einer externen Festplatte. Wer regelmäßig fotografiert, dürfte recht

Schnelle Festplatten
Je schneller die Festplatte, auf der Sie Ihre Medien speichern, umso besser, denn umso schneller kann auch Elements auf die Dateien zugreifen. Ein schnelles internes S-ATA-Laufwerk mit 7200 Umdrehungen in der Minute oder besser noch eine SSD-Platte sind gute Möglichkeiten für eine Verbesserung der Leistung. Wenn Sie hingegen die Bilder über eine externe Festplatte verwalten wollen, sollte eine schnelle Verbindung wie USB 3.1, FireWire oder eSATA vorhanden sein.

schnell an die Kapazitätsgrenzen der internen Festplatte des Rechners stoßen. Auch neuere Rechner mit schnellen SSD-Festplatten haben aufgrund des noch teuren Preises dieser Laufwerke häufig nur eine SSD-Platte mit 250 oder 500 Gigabytes verbaut. Füllt man diese mit Bildern und Videos, ist diese recht schnell voll.

Wenn Sie darüber nachdenken, ob Sie eine interne oder externe Festplatte verwenden sollen, dann kann ich Ihnen diese Entscheidung hier auch nicht abnehmen. Aber egal, wofür Sie sich entscheiden, die Verwaltung der Bilder funktioniert in beiden Fällen gleich. Der Organizer macht keinen Unterschied zwischen einer internen und externen Festplatte. Ich persönlich verwalte den Großteil meiner Bilder über mehrere externe Festplatten, und nur ein Teil befindet sich bei mir auf der internen Festplatte des Rechners. Zwar wird für jedes Bild ein Vorschaubild erstellt, aber das Originalbild befindet sich nach wie vor auf der externen Festplatte. Wenn Sie also mit dem Originalbild arbeiten wollen, dann setzt dies voraus, dass die externe Festplatte auch angeschlossen ist.

Abbildung 6.14 ▸
Wenn Sie Bilder von einer externen Festplatte importiert haben, diese aber nicht angeschlossen ist, wird ein Fragezeichen in der Miniaturvorschau eingeblendet.

6.5 Import von Kamera oder Kartenleser

Foto-Downloader einstellen
Wie der Foto-Downloader gestartet werden soll, stellen Sie mit BEARBEITEN/ELEMENTS ORGANIZER • VOREINSTELLUNGEN • KAMERA ODER KARTENLESER ein. Hier können Sie auch einstellen, dass die Medien automatisch geladen werden, wenn Sie ein Gerät angeschlossen haben.

Um die Bilder von der Digitalkamera, einem Smartphone oder einem Kartenleser auf den Rechner in den Katalog des Organizers zu importieren, müssen Sie lediglich den Rechner mit der Kamera, dem Smartphone oder dem Kartenleser verbinden. Die Digitalkamera muss dem PC bzw. Mac allerdings auch bekannt sein. Gewöhnlich installiert sich der Treiber selbstständig, nachdem Sie die Kamera zum ersten Mal am USB-Port des Rechners angeschlossen haben.

Schritt für Schritt
Fotos von der Kamera oder vom Kartenleser laden

1 Foto-Downloader starten

Starten Sie den Foto-Downloader, indem Sie entweder über das Dropdown-Menü Importieren ❶ den Befehl Aus Kamera oder Kartenleser auswählen oder über das Menü Datei • Fotos und Videos laden • Aus Kamera und Kartenleser wählen oder die Tastenkombination Strg/cmd+G verwenden.

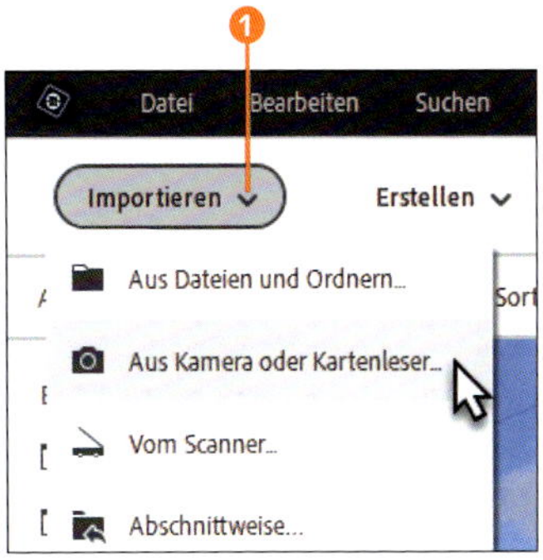

▲ **Abbildung 6.15**
Den Import aus Kamera oder Kartenleser starten

2 Ansicht anpassen

Wenn Sie die Kamera oder den Kartenleser angeschlossen haben, wird das Standard-Dialogfeld des Foto-Downloaders angezeigt. Sie müssen zunächst entscheiden, ob Ihnen diese Ansicht ausreicht oder ob Sie weitere Optionen benötigen. Für zusätzliche Optionen klicken Sie auf die Schaltfläche Erweitertes Dialogfeld ❸. Dauerhafte Einstellungen nehmen Sie über den Menüeintrag Bearbeiten/Elements Organizer • Voreinstellungen • Kamera oder Kartenleser vor. Falls das entsprechende Gerät nicht gefunden wurde, wählen Sie es über die Dropdown-Liste Fotos laden aus ❷ aus.

Standarddialog abbrechen
Abhängig von der Konfiguration des Rechners öffnet sich möglicherweise auch der Standarddialog von Windows oder macOS zum Übertragen von Dateien. Diesen Dialog können Sie mit Abbrechen beenden.

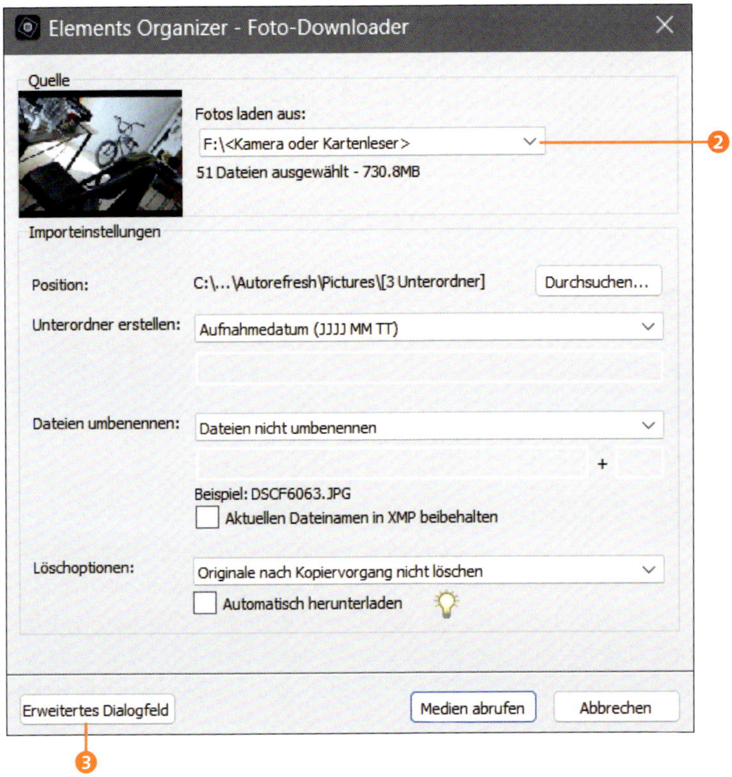

◄ **Abbildung 6.16**
Standardansicht des Foto-Downloaders

3 Bilder auswählen

Standardmäßig werden alle Bilder von der Speicherkarte importiert. Um nur einzelne Bilder zu importieren, klicken Sie im Fenster auf die Schaltfläche ALLE DEAKTIVIEREN ⑯ (Abbildung 6.17) und kreuzen dann die Checkboxen ⑰ unter den Bildern an, die Sie importieren wollen.

Alternativ können Sie es natürlich auch bei ALLE AKTIVIEREN ⑮ (Standardeinstellung) belassen und dann die Bilder, die Sie nicht importieren möchten, durch Deaktivieren der entsprechenden Checkboxen abwählen. Über ANZEIGEN ④ können Sie gegebenenfalls Video- und Audiodateien aus der Anzeige herausfiltern.

4 Speicheroptionen festlegen

Legen Sie als Nächstes unter den SPEICHEROPTIONEN ⑤ Speicherort und Namen der Dateien fest, was auch eine externe Festplatte sein darf. Es ist sinnvoll, sich bezüglich des Ordnernamens gründlich Gedanken zu machen. Da der Organizer auch Ordner in der Medienverwaltung unterstützt, können Sie sich mit einem aussagekräftigen Ordnernamen von Anfang an viel Übersicht verschaffen und Zeit ersparen, die Sie später benötigen, um Bilder für Alben, Personen, Orte usw. zu suchen. Bestimmen Sie zunächst, in welchem Verzeichnis Sie die Bilder speichern wollen ⑥. Vergeben Sie dann den Namen des Unterordners ⑦, in den die Dateien kopiert werden. Hierbei können Sie auch einen eigenen Namen verwenden oder gar kein Unterverzeichnis anlegen. Mit einer Einstellung wie AUFNAHMEDATUM (JJJJ MM TT) können Sie Ihr Ordnerverzeichnis leicht chronologisch nach Jahr, Monat und Tag sortieren. Passen Sie gegebenenfalls noch die Namen der einzelnen Dateien an ⑧.

5 Erweiterte Optionen festlegen

Unter ERWEITERTE OPTIONEN ⑨ können Sie den Rote-Augen-Effekt beim Import automatisch korrigieren lassen. Mit FOTOSTAPEL AUTOMATISCH VORSCHLAGEN ⑩ werden ähnliche Fotos zu einem Fotostapel kombiniert (siehe Abschnitt 8.12, »Versionssätze und Fotostapel«). Sehr hilfreich ist auch die Option RAW- UND JPEG-DATEIEN STAPELN ⑪, wenn Sie Ihre Fotos im Raw- und JPEG-Format aufnehmen und vermeiden wollen, dass zweimal dieselben Dateien nebeneinander angezeigt werden. Wichtig ist auch die Dropdown-Liste ⑫, über die Sie entscheiden, was mit den Dateien auf der Speicherkarte nach dem Import geschehen soll: Sie können die Daten entweder auf der Speicherkarte belassen oder dort nach dem Import löschen.

Weitere Optionen für Fortgeschrittene

Wenn Sie bei UNTERORDNER ERSTELLEN ⑦ die Option EIGENE GRUPPEN (ERWEITERT) verwenden und die Gruppennamen entsprechend vergeben, können Sie auch gleich Stichwort-Tags setzen. Ebenso können Sie die markierten Bilder auch gleich über IN ALBUM IMPORTIEREN in einem Album verwalten (siehe Abschnitt 8.2, »Alben erstellen und verwalten«). Über die Schaltfläche EINSTELLUNGEN wählen Sie das Album aus oder erstellen ein neues.

6 Metadaten anwenden

Mit Metadaten anwenden ⓭ stellen Sie ein, ob Sie beim Import die allgemeinen Metadaten verwenden wollen oder nicht. Optional fügen Sie noch den Autor und die Copyright-Informationen hinzu. Was es mit den Metadaten auf sich hat, erfahren Sie in Abschnitt 8.13, »Bildinformationen«.

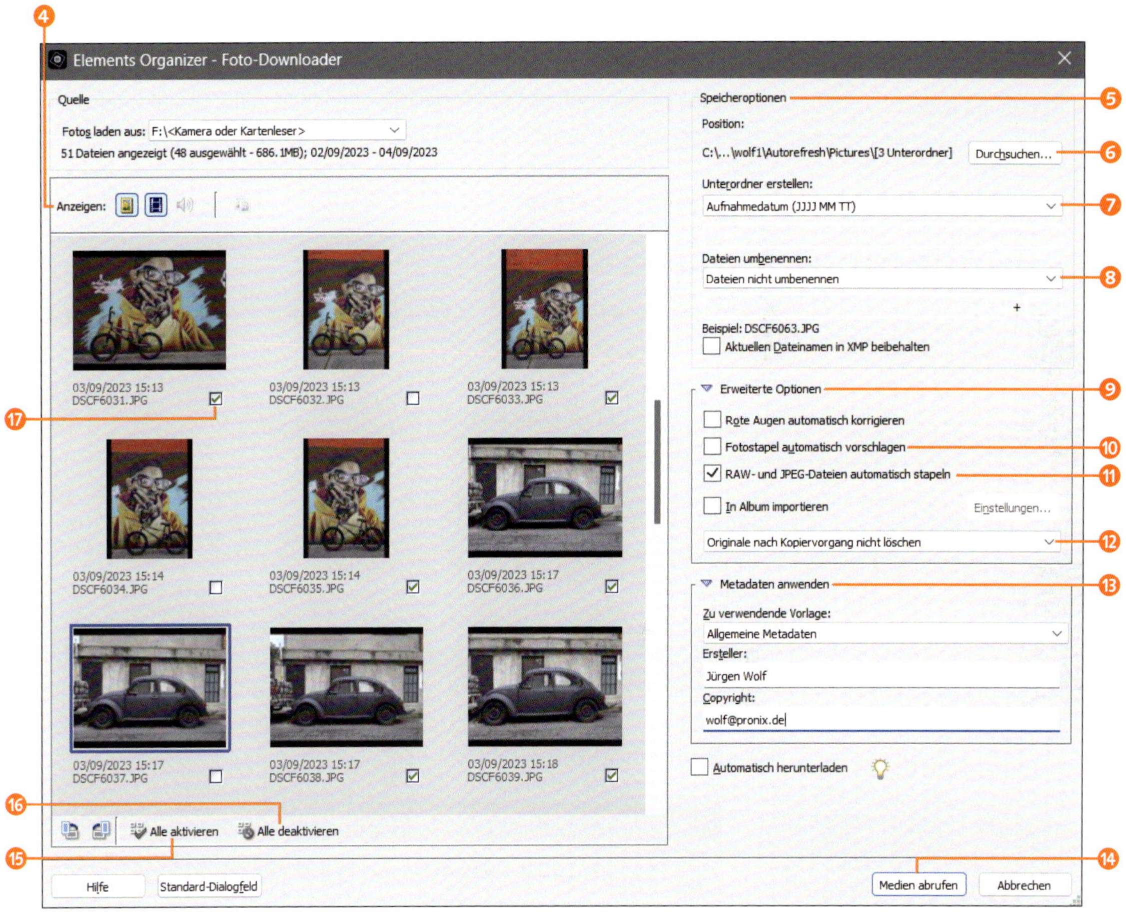

▲ **Abbildung 6.17**
Die vielfältigen Importoptionen des Foto-Downloaders

7 Fotos laden

Haben Sie alle Einstellungen für den Import vorgenommen, klicken Sie zuletzt auf die Schaltfläche Medien abrufen ⓮. Nach dem Kopieren von der Kamera oder dem Kartenleser zum angegebenen Speicherort werden die Medien noch in den Katalog importiert und dann im Medienbrowser des Organizers angezeigt.

▲ **Abbildung 6.18**
Befehl zum Einscannen von Bildern über einen Scanner

6.6 Import vom Scanner

Um im Organizer ein Bild vom Scanner zu importieren, können Sie auch hier über die Schaltfläche IMPORTIEREN den entsprechenden Befehl VOM SCANNER verwenden. Alternativ wählen Sie DATEI • FOTOS UND VIDEOS LADEN • VOM SCANNER aus oder betätigen die Tastenkombination [Strg]/[cmd]+[U].

Es erscheint ein Dialog, in dem Sie den SCANNER ❶, den Speicherort ❷, das Dateiformat ❸ (zur Auswahl stehen JPEG, TIFF und PNG) und die QUALITÄT ❹ einstellen. Die Qualitätseinstellung steht allerdings nur im JPEG-Format zur Verfügung.

Scannen im Fotoeditor
Alternativ können Sie ein Bild auch aus dem Fotoeditor über DATEI • IMPORTIEREN • [SCANNERNAME] importieren. Hierbei wird allerdings sofort das Scan-Programm aufgerufen.

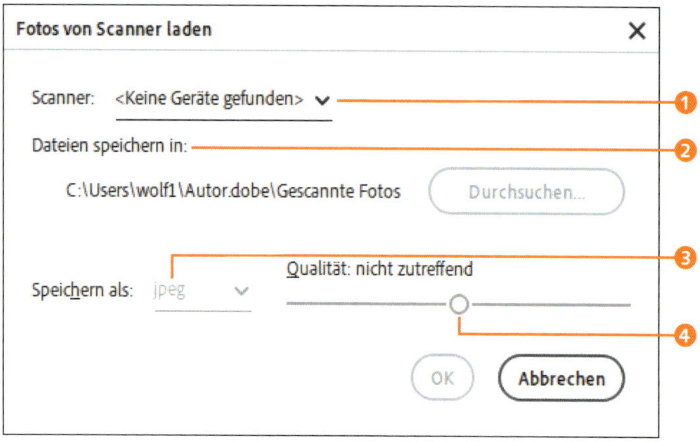

Abbildung 6.19 ▶
Eine Verbindung zum Scanner herstellen

Erst wenn Sie den Dialog mit OK bestätigt haben, erscheint das eigentliche Scan-Programm. Hier können Sie unter anderem die Auflösung einstellen. Nach dem Scannen wird das Bild dem Katalog hinzugefügt und im Medienbrowser angezeigt.

Qualität und Auflösung
Die Qualität hat hier nichts mit der Auflösung (dpi) zu tun, die Sie für den Scan wählen können. Die Qualität bezieht sich nur auf die Komprimierung des Dateiformats, in dem die JPEG-Datei gespeichert werden soll.

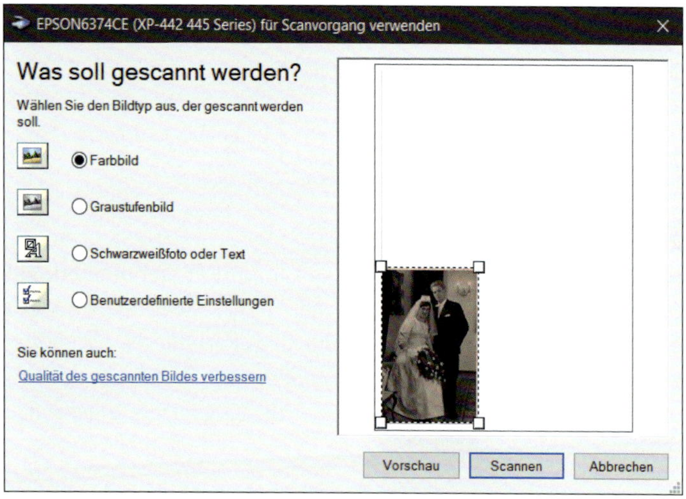

Abbildung 6.20 ▶
Fenster des Scan-Programms (hier mit der Standardoberfläche WIA unter Windows)

Scannerunterstützung für den Mac | Mittlerweile ist die Einbindung der Scannerunterstützung auch auf dem Mac kein Problem mehr. Voraussetzung ist allerdings, dass Sie den Treiber vom Hersteller Ihres Scanners installiert haben bzw. installieren. Über den Fotoeditor können Sie dann Ihren Scanner aus einer Liste von Geräten über DATEI • IMPORTIEREN • BILDER VON GERÄT auswählen und verwenden.

6.7 Abschnittsweise importieren

Die Funktion ABSCHNITTSWEISE, die Sie unter der Dropdown-Schaltfläche IMPORTIEREN bzw. über das Menü DATEI • FOTOS UND VIDEOS LADEN aufrufen können, ist dafür gedacht, möglichst viele Medien aus einem bestimmten Verzeichnis mitsamt den Unterverzeichnissen zu importieren. Dabei werden auch Ordner von Datenwolken (Clouds) wie Dropbox, OneDrive oder Google Fotos erkannt. Sie können mithilfe eines Dateibrowsers entscheiden, aus welchem Verzeichnis Sie Medien importieren möchten. Diese Funktion unterstützt aber nur den Import ganzer Verzeichnisse. Einzelne Bilder können Sie damit nicht aus- bzw. abwählen.

Auf der linken Seite werden die Verzeichnisse für den Import aufgelistet. Standardmäßig finden Sie hier das Bilderverzeichnis Ihres Computers. Über die Schaltfläche ORDNER HINZUFÜGEN 5 können Sie weitere Verzeichnisse hinzufügen, in die Sie Medien importieren wollen, und mit der Schaltfläche ENTFERNEN 4 können Sie einen ausgewählten Ordner aus der Liste wieder entfernen. Über das Häkchen 6 können Sie dann auswählen, aus welchen Verzeichnissen Sie Medien importieren möchten.

Entsprechend den gesetzten Häkchen werden dann auf der rechten Seite im Medienbrowser die einzelnen Verzeichnisse mit einer Vorschau einiger darin enthaltener Bilder aufgelistet. Wollen Sie alle Bilder, die sich im Verzeichnis befinden, betrachten, müssen Sie auf die Anzahl der noch vorhandenen Bilder 2 klicken. Oberhalb finden Sie eine Auflistung der Anzahl von Unterordnern vor, aus denen Bilder importiert werden, wenn Sie die Schaltfläche IMPORTIEREN 3 betätigen.

Wollen Sie einen Unterordner nicht importieren, müssen Sie die blaue Checkbox neben dem Ordnernamen anklicken, sodass der entsprechende Ordner nicht mehr zum Import ausgewählt ist.

Ordner überwachen

Über das Symbol mit dem Fernglas auf der linken Seite 7 (Abbildung 6.22) können Sie Ordner zur Überwachung (de-)aktivieren. Wenn Sie in einen solchen überwachten Ordner künftig Bilder kopieren, teilt der Organizer Ihnen mit, dass neue Bilder gefunden wurden, und bietet Ihnen an, diese zu importieren. Mehr zur Überwachung von Ordnern finden Sie in Abschnitt 8.3.3, »Ordner überwachen«.

▲ **Abbildung 6.21**
Ein graues Ordnersymbol 1 zeigt an, dass dieser Unterordner nicht importiert werden soll.

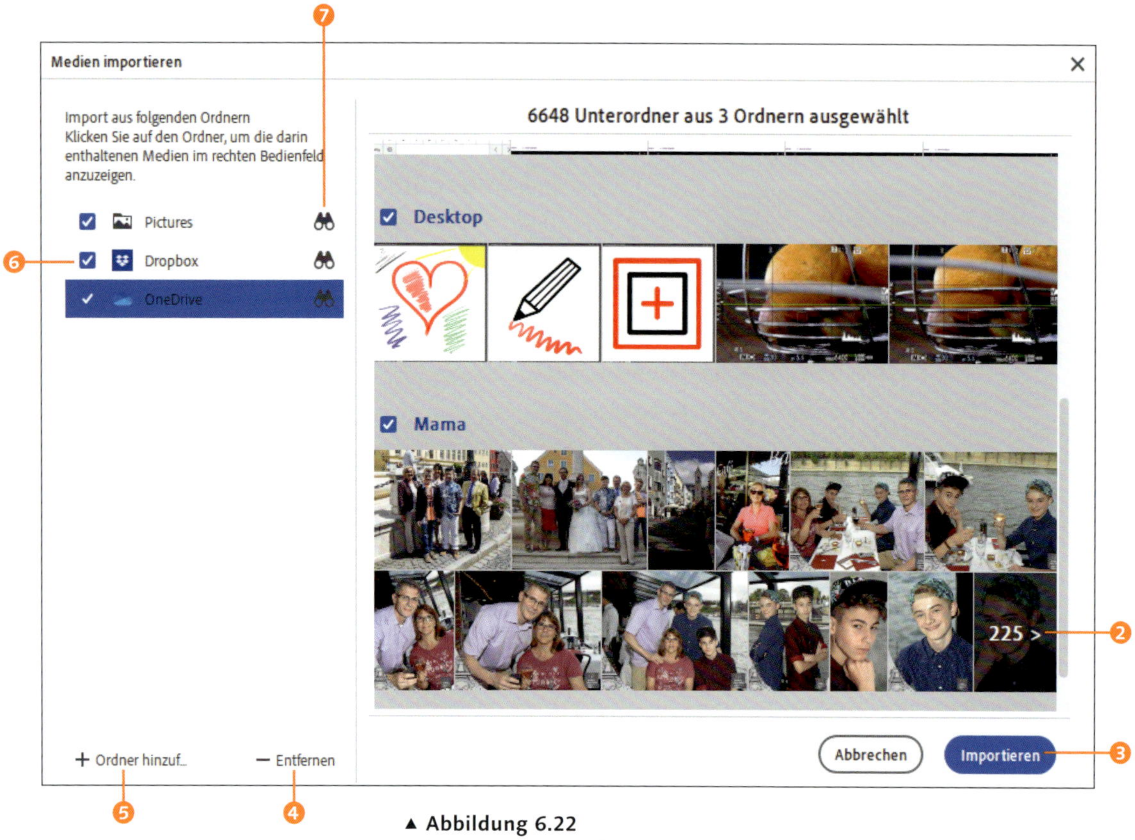

▲ **Abbildung 6.22**
Inhalt ganzer Verzeichnisse importieren

Kapitel 7
Die Arbeitsoberfläche des Organizers

Nachdem Sie eigene Bilder in den Organizer importiert haben, möchte ich Ihnen dessen Arbeitsoberfläche etwas genauer beschreiben. Die Oberfläche des Organizers ist ähnlich aufgebaut wie die des Fotoeditors. Das ist recht praktisch, denn es verkürzt die Einarbeitungszeit erheblich. Die eigentliche Verwaltung der Bilder lernen Sie dann im nächsten Kapitel kennen.

7.1 Die Oberfläche des Organizers im Schnellüberblick

Oberhalb des Fensters finden Sie eine typische Menüleiste ❹ mit ausklappbaren Menüs und den darin enthaltenen Funktionen. Darunter befindet sich eine wichtige Leiste mit verschiedenen Funktionen. Darin enthalten sind die Dropdown-Menüs Importieren ❸ und Erstellen ❺. Mit den nächsten vier Schaltflächen ❻ (Medien, Personen, Orte und Ereignisse) können Sie den Organizer in verschiedene Verwaltungsmodi umschalten. Rechts daneben finden Sie eine Suchen-Funktion ❼ nach Bildern. Auf der rechten Seite der Leiste finden Sie zwei Schaltflächen zur Synchronisation von Bildern mit der Cloud ❽. Außerdem gibt es hier das Dropdown-Menü Teilen ❾.

Links sehen Sie eine Bedienfeldleiste ❷, in der Sie Alben und Ordner verwalten können. Daneben sehen Sie die Bilder im Medienbrowser ❶ in der Miniaturvorschau. Auf der rechten Seite ist ein weiteres Bedienfeld ❿ mit Funktionen für Stichwort-Tags/Bildinformationen. Unterhalb des Organizers finden Sie eine weitere Leiste ⓬ mit vielen Schaltflächen, die nützliche Funktionen zur Steuerung der Oberfläche, aber auch für die Verwaltung von Bildern enthalten. Ganz unten im Bildfenster finden Sie außerdem noch die Statusleiste ⓫.

Zum Weiterlesen

Die Import-Funktionen sind ausführlich in Kapitel 6, »Fotos in den Organizer importieren«, beschrieben. Auf alle einzelnen Funktionen zur Verwaltung Ihrer Fotos wird ausführlich in Kapitel 8, »Fotos organisieren und verwalten«, eingegangen.

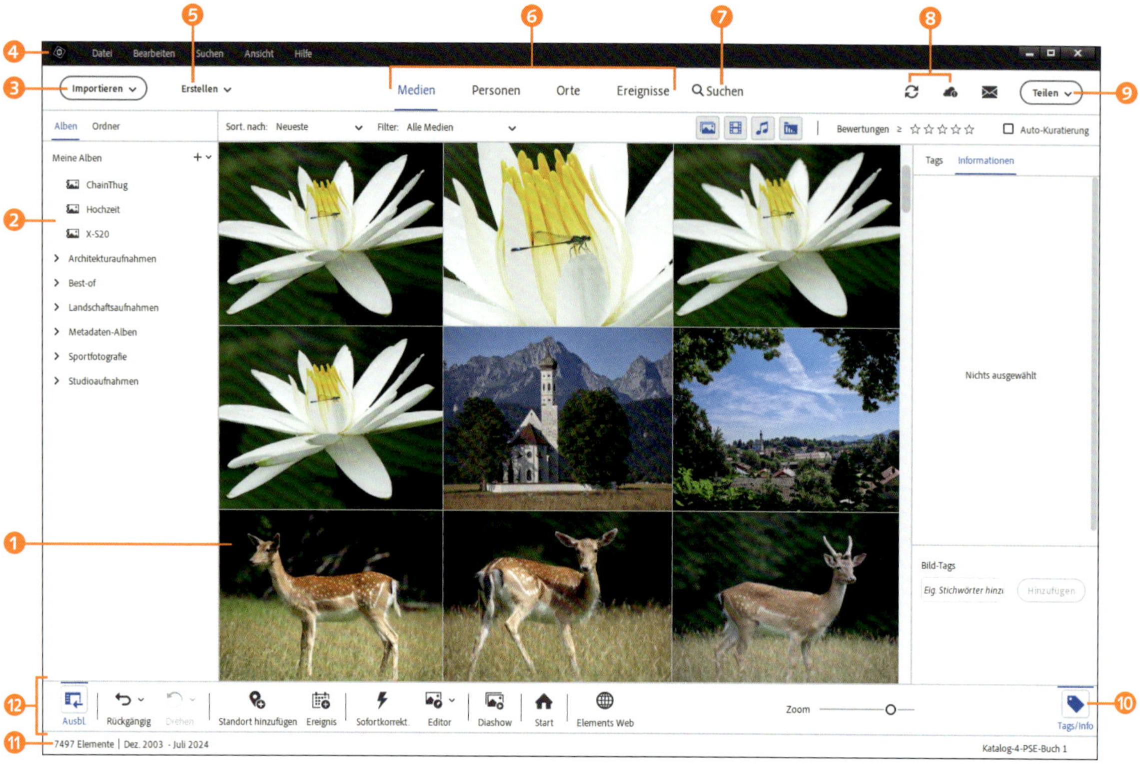

▲ **Abbildung 7.1**
Die Organizer-Oberfläche für die Verwaltung von Fotos

Funktionen aktivieren

Viele ausgegraute Funktionen werden erst aktiviert, wenn Sie ein Foto im Medienbrowser markiert haben. Dies gilt besonders für viele der Funktionen im Menü BEARBEITEN.

Abbildung 7.2 ▶
Die Menüleiste des Organizers

7.1.1 Die Menüleiste

Die Bedienung der Menüs wird Ihnen vom Fotoeditor (und auch von anderen Programmen) her bekannt sein. Menüfunktionen, die Sie verwenden können, erscheinen in weißer Schrift; deaktivierte Funktionen sind ausgegraut und lassen sich nicht anwählen. Viele Funktionen können Sie über Tastenkürzel ausführen. So laden Sie mit der Tastenkombination Strg/cmd+G schnell Fotos von der Kamera, anstatt sich durch das Menü DATEI • FOTOS UND VIDEOS LADEN • AUS KAMERA ODER KARTENLESER zu hangeln.

Menü »Datei« | Im Menü DATEI finden Sie alle Befehle zur Verwaltung und Steuerung von Dateien. Hierbei handelt es sich um Befehle zum Importieren und Laden von Fotos. Auch der Katalogmanager lässt sich hier aufrufen sowie ein Katalog sichern und wiederherstellen. Zudem führen Sie über dieses Menü auch Speicherfunktionen wie das Schreiben von Dateien auf eine CD/DVD oder einen Wechseldatenträger aus. Auch die üblichen Dateiverwaltungsfunktionen wie Duplizieren, Umbenennen, Exportieren oder Verschieben finden Sie hier wieder. Den Bilderdruck können Sie ebenfalls über dieses Menü starten.

Menü »Bearbeiten« | Auch im Organizer bietet das Menü BEARBEITEN ein umfangreiches und vielfältiges Repertoire an Funktionen. Neben Standardfunktionen finden Sie hier einfache Korrekturfunktionen und Funktionen für die Verwaltung und Kennzeichnung einzelner Bilder. Verschiedene Grundeinstellungen zum Programm lassen sich ebenfalls aufrufen und ändern.

Kontaktliste

Vielleicht wundern Sie sich ein wenig über den Menüeintrag KONTAKTLISTE im Menü BEARBEITEN. Hier können Sie Adressen verwalten, um Bilder schnell und bequem aus dem Organizer heraus per E-Mail zu versenden.

Menü »Suchen« | Sehr nützlich und mächtig sind die Funktionen im Menü SUCHEN. Die vielen möglichen Suchkriterien sind bei der Bildverwaltung äußerst hilfreich. Auch ein Bearbeitungsverlauf ist in diesem Menü enthalten. Anhand dieses Verlaufs können Sie beispielsweise ermitteln, wann Sie welche Bilder von welchem Medium importiert haben.

Menü »Ansicht« | Im Menü ANSICHT legen Sie fest, welche Bilder und Medientypen wie im Medienbrowser angezeigt werden.

Menü »Hilfe« | Wenn Sie einmal nicht mehr weiterwissen, können Sie im letzten Menüpunkt die Hilfe aufrufen. Schneller geht dies mit der Taste F1. Die Hilfe wird dann im Standardwebbrowser angezeigt. Auch Aktualisierungen und Supports erreichen Sie über dieses Menü.

7.1.2 Bilderansicht im Medienbrowser anpassen

In der Leiste ganz unten mit den vielen Schaltflächen finden Sie einen Schieberegler ZOOM, mit dem Sie die Miniaturgröße der Bilder im Medienbrowser anpassen können. Wenn Sie den Regler ganz nach links schieben, werden die Bilder in minimaler Größe dargestellt.

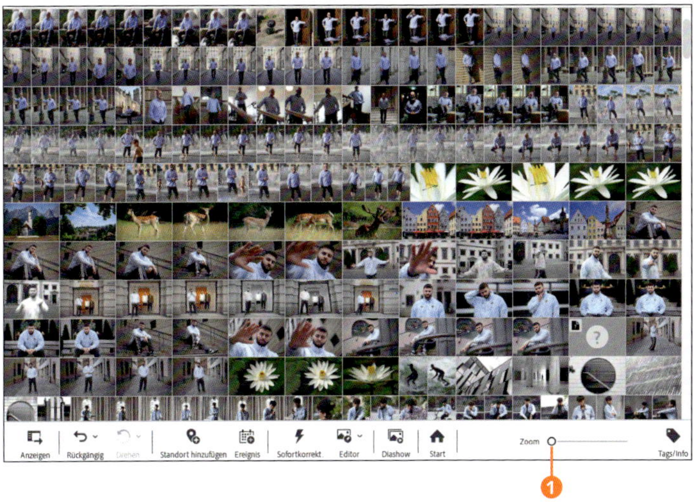

◂ **Abbildung 7.3**
Die minimale Miniaturansicht im Medienbrowser: Der Schieberegler **1** wurde ganz nach links gezogen.

Schneller maximieren

Anstatt den Schieberegler oder die Schaltflächen rechts und links zum Minimieren und Maximieren zu verwenden, können Sie auch einen Doppelklick auf dem entsprechenden Bild im Medienbrowser ausführen.

Je weiter Sie den Schieberegler nach rechts bewegen, desto größer wird das Bild angezeigt. Steht der Schieberegler ganz rechts, zeigt der Browser ein einziges Bild in voller Größe.

▲ **Abbildung 7.4**
Die maximale Miniaturansicht im Medienbrowser: Der Schieberegler ❷ wurde ganz nach rechts gezogen.

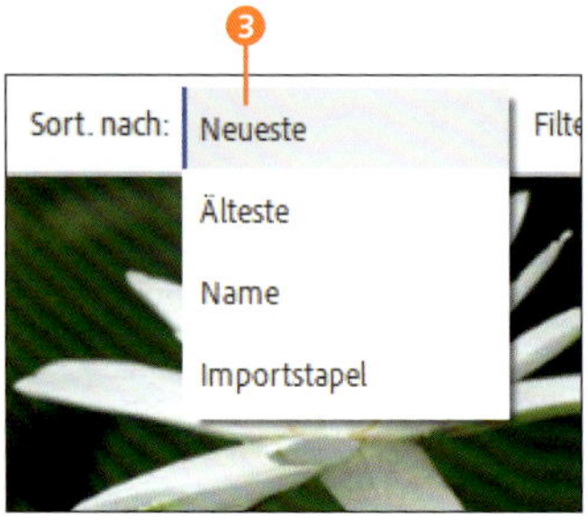

▲ **Abbildung 7.5**
Bilder nach bestimmten Kriterien sortiert im Medienbrowser auflisten

Ob die Bilder im Medienbrowser nach Datum aufsteigend (ÄLTESTE) oder absteigend (NEUESTE) sortiert angezeigt werden sollen, stellen Sie im Dropdown-Feld SORT. NACH ❸ über dem Medienbrowser ein. Hier können Sie auch noch nach IMPORTSTAPEL sortieren. Das ist quasi das Datum, an dem die Medien importiert wurden. Diese Befehle erreichen Sie auch über das Menü ANSICHT • SORTIEREN NACH.

Lokaler Filter

Neben SORT. nach können Sie über FILTER gezielt nach lokalen Medien und synchronisierten Medien in der Cloud filtern. Standardmäßig werden alle Medien aufgelistet. Mehr über die Verwendung der Cloud erfahren Sie in Abschnitt 8.17, »Die Cloud von Photoshop Elements verwenden«.

▲ **Abbildung 7.6**
Hier können Sie nach lokalen und synchronisierten Medien filtern.

Flexibles Raster oder Detailansicht | Das adaptive und flexible Raster ist wirklich ein tolles Feature, weil dabei sehr viele Bilder nahtlos und ohne Zwischenräume angezeigt werden. Das Raster wird dabei auch entsprechend dem Bildverhältnis angepasst, sodass niemals unschöne Zwischenräume entstehen.

Zum Betrachten der Bilder und für die schnellere Übersicht ist das flexible Raster auf jeden Fall eine tolle Sache, aber wenn Sie Ihre Bilder verwalten wollen, benötigen Sie häufig mehr Informationen zu den Bildern. In diesem Fall können Sie von der adaptiven Ansicht zur Detailansicht über ANSICHT • DETAILS bzw. die Tastenkombination [Strg]/[cmd]+[D] hin- und zurückwechseln.

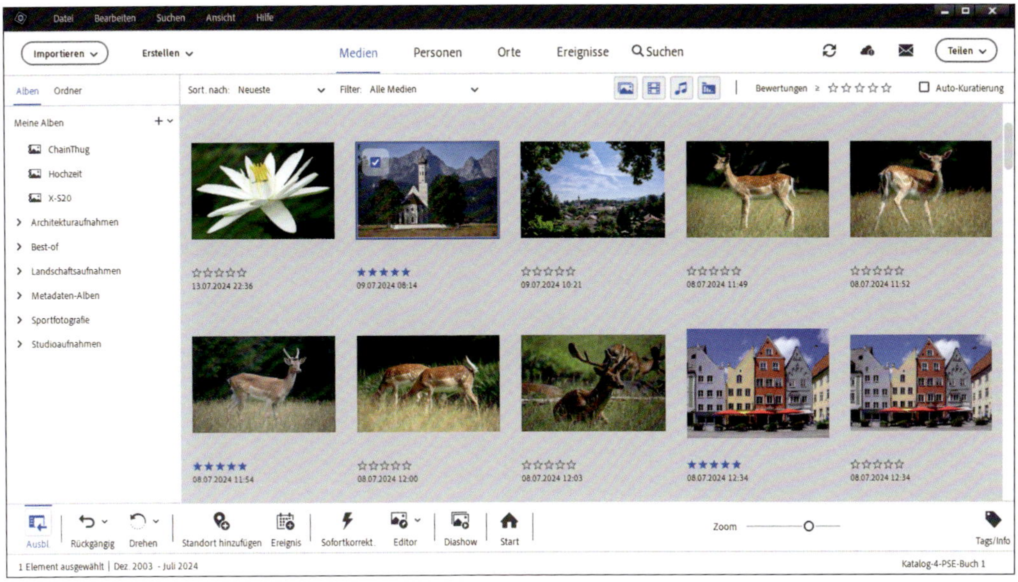

▲ **Abbildung 7.7**
Für mehr Informationen über die einzelnen Bilder können Sie in die Detailansicht umschalten.

In der Detailansicht werden die einzelnen Details zur Datei wie Tags, Datum, Sterne-Bewertung oder die Albumzugehörigkeit angezeigt. Auch der Dateiname **4** lässt sich in der Detailansicht über das Menü Ansicht • Dateinamen ein- bzw. ausblenden. Zusätzlich können Sie hierbei auch noch über das Menü Ansicht • Raster ein Raster **5** ein- bzw. ausblenden, womit die einzelnen Bilder durch Linien (wie in einer Tabelle) sauber voneinander getrennt werden.

◂ **Abbildung 7.8**
Der Dateiname und ein Raster lassen sich in der Detailansicht ebenfalls jederzeit ein- und ausblenden.

Die beiden Befehle Ansicht • Dateinamen und Ansicht • Raster stehen allerdings nur in der Detailansicht zur Verfügung und sind in der adaptiven Ansicht ausgegraut. Trotzdem können Sie auch in der adaptiven Ansicht sämtliche Informationen (sogar mitsamt Metadaten) zu einem Bild anzeigen lassen. Wählen Sie dazu ein Bild aus ①, blenden Sie die Informationen im rechten Bedienfeld Tags/Info ein und aktivieren Sie dort den Reiter Informationen ②.

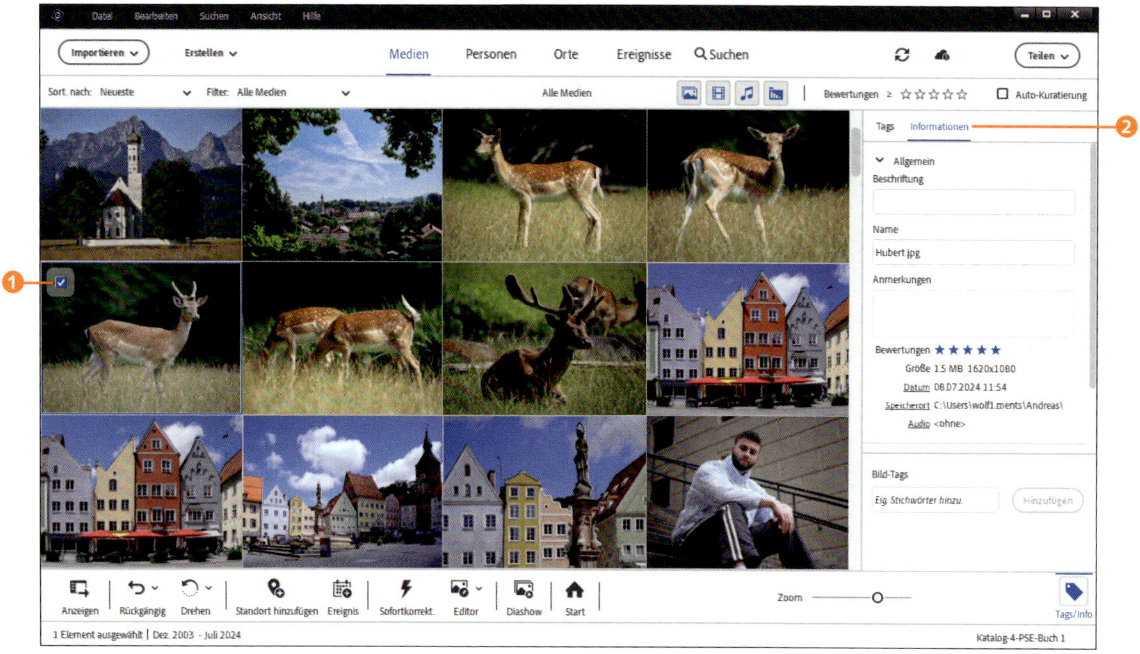

▲ **Abbildung 7.9**
Auch in der adaptiven und flexiblen Ansicht lassen sich Informationen zu einem ausgewählten Bild über das rechte Bedienfeld anzeigen.

▲ **Abbildung 7.10**
Wenn Sie diese Schaltfläche ③ sehen, werden nicht alle Medien im Medienbrowser angezeigt.

Alle Medien anzeigen | Wenn Sie neue Bilder importiert haben, wissen Sie ja bereits, dass im Medienbrowser immer nur die zuletzt importierten Bilder angezeigt werden. Genauso verhält es sich, wenn Sie beispielsweise ein Album oder einen Ordner in der Ordneransicht auswählen, nach Stichwort-Tags filtern oder diverse Suchvorgänge durchführen. Dass nicht alle Medien im Medienbrowser angezeigt werden, können Sie immer daran erkennen, dass links über dem Medienbrowser die Schaltfläche Alle Medien ③ zu sehen ist. Nach einem Import finden Sie hier hingegen die Schaltfläche Zurück vor. Klicken Sie auf die Schaltfläche, werden wieder alle Medien im Medienbrowser angezeigt.

Bilder auswählen | In den folgenden Abschnitten werden Sie des Öfteren ein oder mehrere Bilder im Medienbrowser auswählen, um dieses bzw. diese beispielsweise im Fotoeditor zur Bearbeitung zu öffnen, einem Album hinzuzufügen, mit Tags zu versehen und noch einige Dinge mehr.

Ein Bild auswählen können Sie mit einem einfachen Mausklick. Das Bild, das Sie gerade ausgewählt haben, wird mit einem blauen Rahmen ❹ und einem blauen Häkchen ❺ versehen.

▲ **Abbildung 7.11**
Links ein ausgewähltes Bild im adaptiven Raster und rechts in der Detailansicht

Zum Weiterlesen
Auf die Verwaltung von Alben wird in Abschnitt 8.2, »Alben erstellen und verwalten«, eingegangen. Die Verwaltung der Bilder über die Ordnerhierarchie wird in Abschnitt 8.3, »Ordneransicht«, beschrieben.

Mehrere Bilder gleichzeitig können Sie mit gehaltener [Strg]/[cmd]-Taste auswählen, wobei dann die ausgewählten Bilder ebenfalls mit einem blauen Rahmen und dem blauen Häkchen deutlich sichtbar markiert sind.

Mehrere Bilder in einer Reihenfolge können Sie auswählen, indem Sie zunächst das erste Bild der Reihe auswählen, die [⇧]-Taste gedrückt halten und dann das letzte Bild in der Reihenfolge anklicken. Dadurch werden alle anderen Bilder zwischen dem ersten und letzten ausgewählten Bild ebenfalls mit ausgewählt.

Natürlich funktioniert auch die klassische Auswahl mit der Maus, indem Sie mit gedrückt gehaltener Maustaste einen Rahmen um die Bilder aufziehen ❻, die Sie auswählen wollen.

Alle Bilder, die im Augenblick im Medienbrowser zu sehen sind, können Sie mit [Strg]/[cmd]+[A] oder dem Befehl Bearbeiten • Alles auswählen selektieren. Eine Auswahl aufheben hingegen können Sie mit [Strg]/[cmd]+[⇧]+[A] bzw. Bearbeiten • Auswahl aufheben.

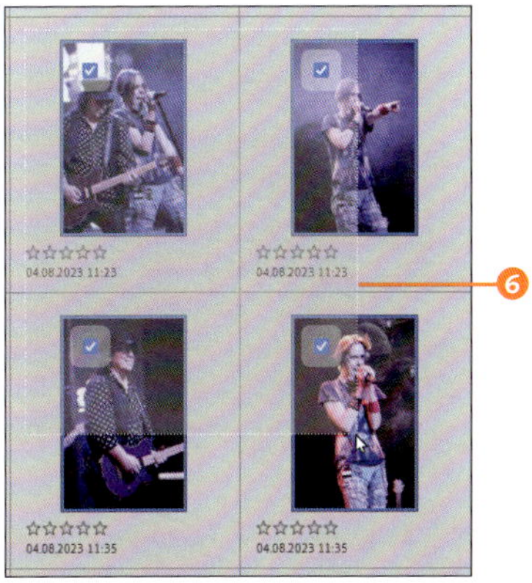

▲ **Abbildung 7.12**
Mehrere Bilder mit der Maus selektieren

7.1.3 Die Bedienfelder

Der Organizer hat zwei Bedienfelder, jeweils ein Bedienfeld auf der rechten Seite des Medienbrowsers und eines auf der linken Seite.

Linkes Bedienfeld | Die Verwaltung von Bildern in Alben im Reiter ALBEN ① und bereits importierten Ordnern (Ordnerliste) ③ im Reiter ORDNER ② finden Sie im linken Bedienfeld. Über das kleine Dropdown-Menü ④ neben EIGENE ORDNER können Sie außerdem die Ordnerhierarchie im linken Bedienfeld anzeigen lassen.

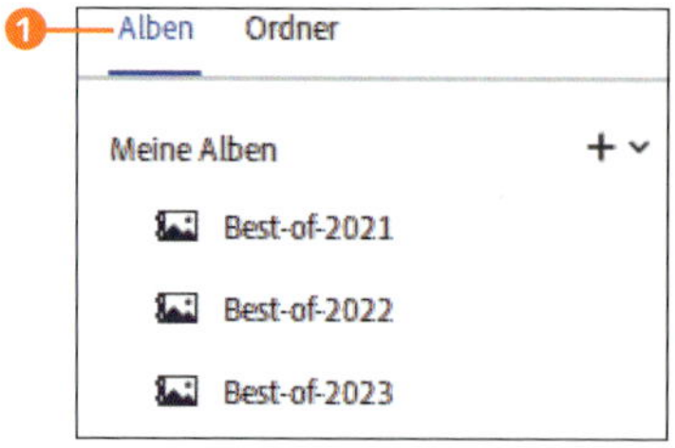

Abbildung 7.13 ▸
Im linken Bedienfeld finden Sie Alben und Ordnerlisten. Hier ist der Reiter ALBEN ① aktiv.

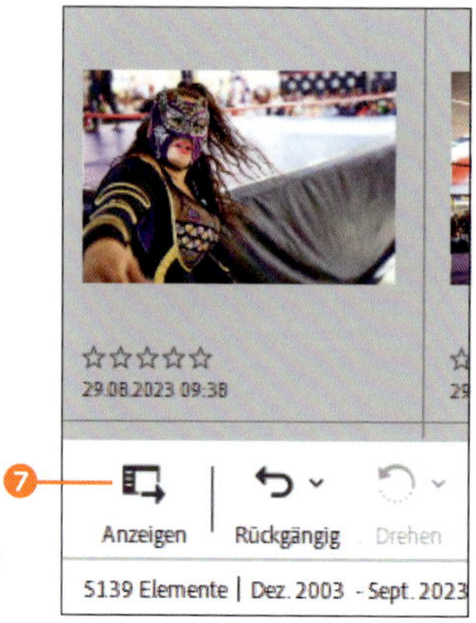

Abbildung 7.15 ▸
Haben Sie das linke Bedienfeld ausgeblendet, können Sie dieses über die Schaltfläche ANZEIGEN ⑦ wieder einblenden.

Abbildung 7.14 ▾
Mit einem Klick auf ORDNER ② wird eine flache Ordneransicht aller importierten Ordner angezeigt (links). Wählen Sie über das Dropdown-Menü ④ ALS BAUMSTRUKTUR ANZEIGEN aus, wird eine klassische Ordnerhierarchie (rechts) angezeigt.

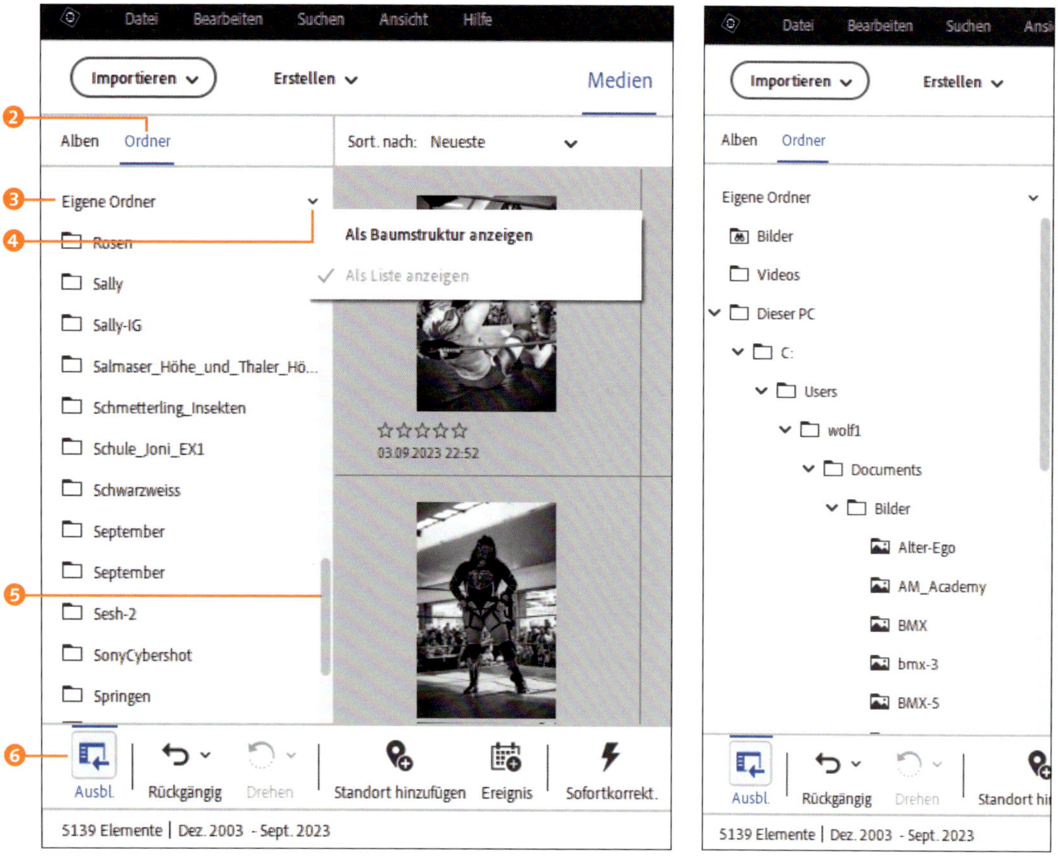

Am dünnen Steg ❺ zwischen dem Bedienfeld und dem Medienbrowser können Sie das Bedienfeld (wenn auch beschränkt) horizontal in der Größe anpassen. Über die Schaltfläche Ausbl. (Ausblenden) ❻ links unten lässt sich das Bedienfeld komplett ausblenden. Der Titel der Schaltfläche lautet dann Anzeigen ❼, durch erneutes Anklicken dieser Schaltfläche können Sie das Bedienfeld wieder einblenden lassen.

Zum Weiterlesen

Die Fotokorrekturoptionen werden in Abschnitt 7.3, »Schnelle Sofortkorrektur im Organizer«, kurz erläutert. Die Stichwort-Tags werden in Abschnitt 8.4, »Stichwort-Tags«, und die Bildinformationen in Abschnitt 8.13, »Bildinformationen«, beschrieben.

Rechtes Bedienfeld | Im Bedienfeld rechts neben dem Medienbrowser finden Sie die Stichwort-Tags und Bildinformationen, wenn Sie die Schaltfläche Tags/Info ❽ aktiviert haben. Komplett ausblenden können Sie das rechte Bedienfeld, indem Sie die **aktive** Schaltfläche anklicken und somit deaktivieren.

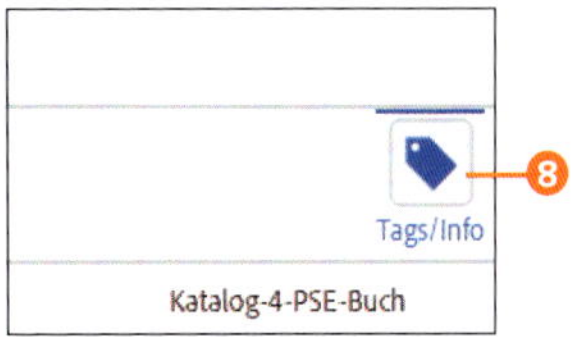

▲ **Abbildung 7.16**
Im rechten Bedienfeld können Sie Tags und Informationen einblenden.

7.1.4 Die verschiedenen Medienverwaltungsmodi

Unterhalb des Menüs finden Sie verschiedene Medienverwaltungsmodi, über die Sie Ihre Bilder auch ganz speziell verwalten können. Die Standardeinstellung Medien wird für die allgemeine Anzeige von Bildern im Organizer zu verschiedenen Zwecken verwendet. Etwas spezieller sind dann schon die Modi Personen, Orte und Ereignisse. Mit Personen können Sie Bilder nach Personen, mit Orte nach Orten und mit Ereignisse nach Ereignissen verwalten (siehe Abschnitt 8.8 bis Abschnitt 8.10).

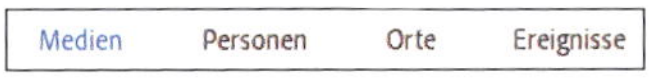

▲ **Abbildung 7.17**
Verschiedene Medienverwaltungsmodi

7.1.5 »Erstellen« und »Teilen«

Wie schon im Fotoeditor finden Sie auch im Organizer das Dropdown-Menü Erstellen. Zusätzlich finden Sie hier mit Teilen ein weiteres Dropdown-Menü.

Zum Weiterlesen

Auf das Präsentieren und Teilen Ihrer Fotos werde ich in Teil XIII dieses Buches eingehen.

Erstellen | Im Dropdown-Menü Erstellen (oben links) wählen Sie beispielsweise aus, ob Sie eine Fotorolle (Photo Reel), eine Fotocollage oder eine Diashow erstellen möchten. Viele der Schaltflächen dieser Gruppe finden Sie im Fotoeditor in demselben Aufgabenbedienfeld wieder.

Teilen | Ähnlich wie Erstellen bietet die zweite Dropdown-Liste Teilen (oben rechts) weitere Funktionen zur Weitergabe von Bildern. Zu diesen Funktionen zählen zum Beispiel E-Mail, Flickr, Vimeo, YouTube sowie PDF-Diashow.

▲ **Abbildung 7.18**
Die Funktionen unter dem Dropdown-Menü Erstellen (oben) und Teilen (unten)

Die Statusleiste | Die Statusleiste zeigt die Anzahl der ausgewählten und der vorhandenen Elemente im Medienbrowser ❶ (Abbildung 7.19) an. Daneben wird ein Zeitbereich ❷ der Medien mit dem Datumsbereich der Erstellung des ersten und letzten Bildes im Medienbrowser angezeigt. Rechts finden Sie den Namen des Katalogs ❸.

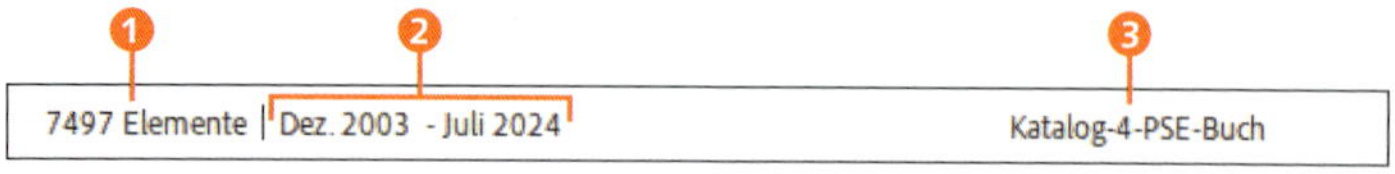

Abbildung 7.19 ▸
Die Statusleiste

Die Zeitleiste | Ein weiteres Feature zum Auflisten der Bilder im Medienbrowser ist die Zeitleiste, die Sie über Ansicht • Zeitleiste oder [Strg]/[cmd]+[L] ein- und wieder ausblenden können. Die Zeitleiste wird über der Miniaturvorschau des Medienbrowsers angezeigt. Sie können damit quasi direkt zum Erstellungsdatum einzelner Bilder springen, indem Sie entweder auf die entsprechende Zeit klicken oder den kleinen Rahmen ❼ an die gewünschte Zeit ziehen. Je höher hier der Monatsbalken ❿ ist, desto mehr Bilder befinden sich an dieser Zeitposition. Klicken Sie eine bestimmte Zeit an, wird im Medienbrowser das erste Bild dieser Zeit ausgewählt und kurz auch mit einem grünen Rahmen ❹ angezeigt, während das Datum (nur bei der Detailansicht) blinkt.

Abbildung 7.20 ▾
Bilder aus einem bestimmten Zeitraum auswählen

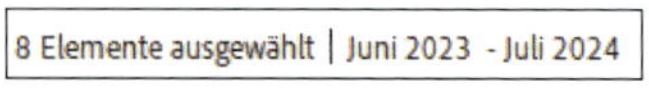

▴ **Abbildung 7.21**
Entsprechend wird diese Information in der Statusleiste ausgegeben.

An den beiden kleinen Pfeilen ganz links ❺ oder rechts ❾ können Sie die Zeitachse verschieben. Mit den kleinen Balken links ❻ und rechts ❽ können Sie hingegen den Zeitbereich, der im Medienbrowser angezeigt werden soll, einschränken. Wie viele Elemente das betrifft und innerhalb welchen Zeitraums jetzt Bilder angezeigt werden, können Sie dann auch der Statusleiste entnehmen (Abbildung 7.21).

▴ **Abbildung 7.22**
Auch der Zeitbereich kann eingeschränkt werden.

7.2 Die Vollbildansicht – Diashow und Vergleichsansicht

Häufig reicht eine Betrachtung der Bilder in der Miniaturvorschau nicht aus, um die Qualität des Bildes zu beurteilen. Daher bietet der Organizer eine Vollbildansicht an. Um zur Vollbildansicht zu wechseln, klicken Sie im Menü ANSICHT und wählen VOLLBILDSCHIRM aus (alternativ drücken Sie `F11` oder beim Mac `cmd`+`F11`).

Diashow abspielen | Aus der Vollbildansicht können Sie ganz bequem in eine Diashow wechseln, indem Sie den Mauszeiger an den unteren Rand des Bildschirms bewegen und auf die PLAY-Schaltfläche klicken.

7.2.1 Steuerung der Vollbildansicht

Sobald Sie in der Vollbildansicht den Mauszeiger bewegen, erscheint unterhalb der Ansicht eine Steuerleiste, sodass Sie die Vollbildansicht komfortabel mit der Maus steuern können. Für fast alle diese Steuerelemente existieren Tastenkürzel. Die wichtigsten finden Sie in Abschnitt 7.2.5, »Tastenkürzel für die Vollbildansicht«.

Bearbeiten | Links oben befindet sich ein Bereich mit dem Namen BEARBEITEN ❶ (Abbildung 7.23), der horizontal ausfährt, wenn Sie mit dem Mauszeiger darüberfahren. Hier sehen Sie alle Fotokorrekturoptionen, die auch im Bedienfeld des Organizers vorhanden sind. Auch die Bewertungen der Bilder mit den Sternen (mehr dazu siehe Abschnitt 8.7) können Sie hier vornehmen.

Organisieren | Links unten finden Sie den Bereich ORGANISIEREN ❷, der ebenfalls horizontal ausfährt, wenn Sie mit der Maus darüberfahren. Hiermit könnten Sie die Bilder gleich beim Betrachten in Alben (siehe Abschnitt 8.2) und mit Stichwort-Tags (siehe Abschnitt 8.4) organisieren.

Die Bedienung der Steuerleiste ist ebenfalls schnell erklärt. Mit den ersten drei Schaltflächen ❹ können Sie das vorherige Medium (was meistens Fotos sein dürften) betrachten, eine Diashow abspielen oder das nächste Medium ansehen. Mit der Schaltfläche THEMA ❺ können Sie die Übergänge für die Diashow einstellen. Mit der Schaltfläche FILMSTREIFEN ❻ blenden Sie einen Filmstreifen (❸ in Abbildung 7.23) unter dem Bild ein und wieder aus. Daneben finden Sie zwei Schaltflächen ❼ für die Vergleichsansicht, die wir in Abschnitt 7.2.3 näher betrachten werden.

▲ **Abbildung 7.23**
Die Oberfläche der Vollbildansicht mit der Steuerelementleiste, dem Bereich ORGANISIEREN und dem Bereich BEARBEITEN (Models: Adán Nieva und Iván Rivera)

Die Einstellungen für die Vollbildansicht und Diashow erreichen Sie über die folgende Schaltfläche EINSTELLUNGEN ❽ (siehe Abschnitt 7.2.2, »Vollbildansicht-Optionen«). Die nächsten beiden Schaltflächen, KORREKTUR und ORGANISIEREN ❾, blenden beide Bedienfeldleisten ❶ und ❷ auf der linken Seite komplett aus und wieder ein.

Abbildung 7.24 ▸
Die Steuerelemente der Vollbildansicht

Die Informationen für das Bild zeigen Sie mit der vorletzten Schaltfläche INFO ❿ in einem transparenten Fenster an. Über die letzte Schaltfläche beenden Sie die Vollbildansicht wieder und wechseln zurück zum Organizer. Alternativ können Sie die Vollbildansicht auch mit [Esc] beenden. Mit dem kleinen Dreieck ⓫ am Ende können Sie die Schaltflächen KORREKTUR, ORGANISIEREN und INFO aus- bzw. einblenden.

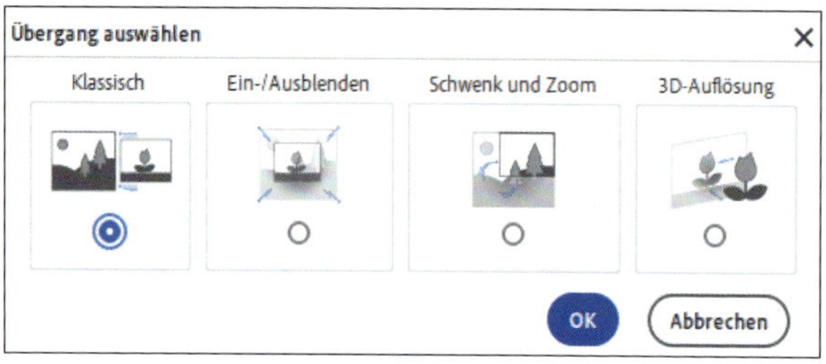

Abbildung 7.25 ▸
Klicken Sie auf die Schaltfläche THEMA ❺, um aus vier Übergängen für Ihre Diashow auszuwählen.

Zoomen in der Vollbildansicht | Selbstverständlich können Sie in der Vollbildansicht auch in das Bild hineinzoomen. Mit einem einfachen linken Mausklick auf das Bild zoomen Sie auf 100%, und durch erneutes Klicken zoomen Sie wieder auf Bildschirmgröße zurück, damit das Bild komplett angezeigt wird. Genauer hinein- und herauszoomen können Sie, indem Sie das Mausrad scrollen (von 6% bis 1600%).

Um bei einer übergroßen Ansicht den Bildausschnitt anzupassen, brauchen Sie nur die linke Maustaste gedrückt zu halten, und der Mauszeiger wird zu einem Handsymbol. Jetzt können Sie die Ansicht mit gedrückt gehaltener Maustaste verschieben.

7.2.2 Vollbildansicht-Optionen

In der Vollbildansicht zeigen Sie über die Schaltfläche Einstellungen den Dialog Vollbildansicht-Optionen an. Hier können Sie verschiedene Einstellungen für die Darstellung in der Vollbildansicht vornehmen.

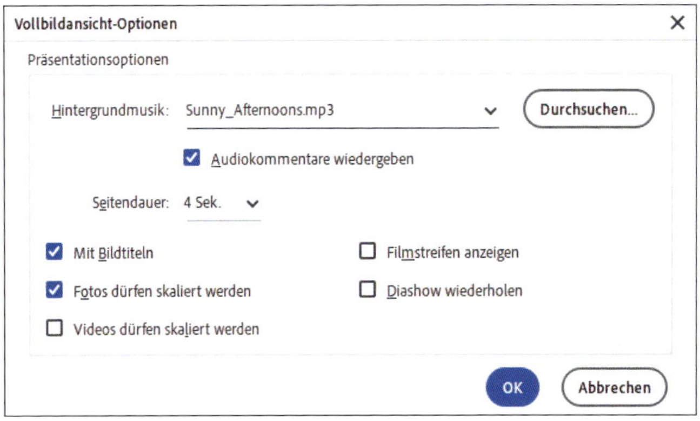

◂ **Abbildung 7.26**
Hier legen Sie die Optionen für die Vollbildansicht fest.

Allgemeine Einstellungen | Über Hintergrundmusik können Sie eine Audiodatei während einer Diashow laufen lassen. Entweder wählen Sie eines der vordefinierten Musikstücke in der Dropdown-Liste aus, oder Sie suchen mit Durchsuchen nach anderer Musik. Falls Sie für Bilder Audiokommentare hinterlegt haben, können Sie diese durch Aktivieren der Checkbox Audiokommentare wiedergeben abspielen lassen.

Wie lange (in Sekunden) ein Bild bei der Diashow angezeigt werden soll, geben Sie mit Seitendauer an. Haben Sie ein Bild mit einem Bildtitel versehen, können Sie diese Titel mit der Option Mit Bildtiteln anzeigen lassen. Bei kleinen, niedrig aufgelösten Bildern (Bildern, die kleiner als die Anzeigegröße des Bildschirms sind) sollten Sie die Option Fotos dürfen skaliert werden deaktivieren, damit diese Bilder nicht durch das Hoch-

Audiokommentare

Audiokommentare können Sie über die allgemeinen Eigenschaften eines Bildes aufnehmen (siehe Abschnitt 8.13, »Bildinformationen«).

Bildtitel

Auch den Bildtitel können Sie über die allgemeinen Eigenschaften eines Bildes eingeben (siehe Abschnitt 8.13, »Bildinformationen«).

skalieren als tetrisartige Klötzchen dargestellt werden. Dasselbe können Sie für Videos mit der Option VIDEOS DÜRFEN SKALIERT WERDEN einstellen. Wenn Sie unter dem Bild die Bilder nacheinander wie bei einem Filmstreifen sehen wollen, aktivieren Sie die Option FILMSTREIFEN ANZEIGEN.

Einstellungen für die Diashow | Die letzte Option bezieht sich nur auf die Diashow. Wenn Sie die Option DIASHOW WIEDERHOLEN aktivieren, beginnt die Diashow nach dem Abspielen aller Bilder wieder von vorn. Aktivieren Sie diese Option nicht, endet die Diashow, wenn alle Bilder angezeigt wurden.

7.2.3 Die Vergleichsansicht

Die Vergleichsansicht öffnen Sie entweder in der Vollbildansicht über die Schaltfläche ANSICHT (1) in der Steuerelementleiste oder mit [F12] (beim Mac [cmd]+[F12]) aus der Vollbildansicht oder direkt aus dem Organizer.

Um zwei Bilder miteinander zu vergleichen, sollten Sie sie im Medienbrowser markieren und dann [F12] bzw. [cmd]+[F12] drücken. Drücken Sie einfach nur das Tastenkürzel, wird das gerade aktive Bild (oder das erste Bild im Album, falls kein Bild aktiv ist) mit dem nächsten Bild verglichen.

Abbildung 7.27 ▼
Vergleichsansicht zweier Bilder in vertikaler Position (Model: Luis Meza)

Die Vergleichsansicht entspricht in Anzeige und Funktionalität weitgehend der Vollbildansicht – mit dem Unterschied, dass hier zwei Bilder nebeneinander oder untereinander (je nach Einstellung) gezeigt werden. Das aktive Bild ist immer durch einen blauen Rahmen gekennzeichnet. Dieses Bild können Sie über die verschiedenen Steuerbedienelemente bearbeiten, die Sie in der Vollbildansicht kennengelernt haben.

Um mehrere Bilder aus einem Album oder dem Medienbrowser miteinander zu vergleichen, markieren Sie im Medienbrowser nur ein einziges Bild und rufen dann die Vergleichsansicht auf. Sie öffnet sich zunächst mit dem markierten Bild sowie dem folgenden Bild. Jetzt können Sie gegebenenfalls mithilfe von Strg/cmd+F den Filmstreifen anzeigen lassen und die Bilder, die Sie miteinander vergleichen wollen, per Mausklick aus dem Filmstreifen auswählen. Ein blauer Rahmen markiert dabei sowohl in der Vergleichsansicht als auch im Filmstreifen, welches Bild Sie austauschen können.

Über das kleine Dreieck ❸ können Sie die Ansicht zwischen Vergleichsansicht nebeneinander, Vergleichsansicht übereinander und Vollbildansicht eines einzelnen Bildes (Einzelansicht) wechseln. Mit dem kleinen Schlosssymbol daneben ❷ wird das Zoomen und Ändern der Bildansicht bei der Vergleichsansicht synchronisiert. Zoomen Sie in das eine Bild der Vergleichsansicht, wird automatisch auch in das andere Bild gezoomt.

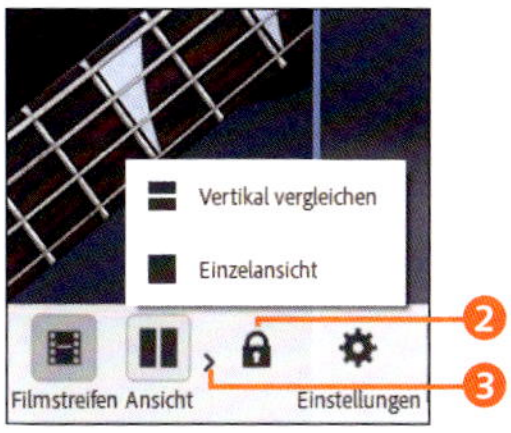

▲ **Abbildung 7.28**
Vollbildansicht einstellen

7.2.4 Aktionsmenü

Im Aktionsmenü können Sie diverse Aktionen durchführen. Rufen Sie das Menü per Rechtsklick in der Vollbildansicht auf. Sie könnten nun beispielsweise das gerade angezeigte Bild mit Stichwort-Tags versehen oder es in ein bestimmtes Album aufnehmen.

▲ **Abbildung 7.29**
Das Aktionsmenü für die Vollbildansicht

7.2.5 Tastenkürzel für die Vollbildansicht

In der folgenden Tabelle 7.1 finden Sie eine Übersicht über die Tastenkürzel, die Sie in der Vollbildansicht für bestimmte Funktionen nutzen können.

Vorhaben	Windows	Mac
vorheriges Foto	←	◄
Diashow abspielen	Leertaste	Leertaste
nächstes Foto	→	►
Vollbildansicht beenden	Esc	esc
um 90° nach links drehen	Strg+←	cmd+◄
um 90° nach rechts drehen	Strg+→	cmd+►

◄ **Tabelle 7.1**
Steuerung der Vollbildansicht

Vorhaben	Windows	Mac
löschen	Entf	←
Aktionsmenü aufrufen	rechte Maustaste	rechte Maustaste
Vollbildansicht	F11	cmd + F11
Vergleichsansicht (auswählbar sind nebeneinander und untereinander)	F12	cmd + F12
Fenstergröße	Strg + 0	cmd + 0
tatsächliche Pixel	Strg + Alt + 0	cmd + alt + 0
auszoomen	Strg + -	cmd + -
einzoomen	Strg + +	cmd + +
Bewertung für das Bild vergeben	1, 2, 3, 4 oder 5	1, 2, 3, 4 oder 5
Filmstreifen anzeigen	Strg + F	cmd + F
vorheriges Bild im Filmstreifen	Bild ↑	↥
nächstes Bild im Filmstreifen	Bild ↓	↧

Tabelle 7.1 ▶
Steuerung der Vollbildansicht (Forts.)

7.3 Schnelle Sofortkorrektur im Organizer

▲ **Abbildung 7.30**
Kleinere Bearbeitungen sind über die Schaltfläche SOFORTKORREKTUR 1 möglich.

Wollen Sie einzelne oder mehrere ausgewählte Fotos innerhalb des Organizers anpassen oder einen Effekt hinzufügen, müssen Sie nicht unbedingt in den Editor wechseln. Auch der Organizer bietet hierfür über die Schaltfläche SOFORTKORREKTUR 1 einige Möglichkeiten an. Trotzdem bleibt der Editor für die Bildbearbeitung natürlich nach wie vor das Nonplusultra.

Die Verwendung ist einfach: Markieren Sie das Bild oder die Bilder, die Sie in der Sofortkorrektur bearbeiten wollen, und klicken Sie auf die Schaltfläche 1.

Die ausgewählten Bilder werden jetzt in einer Schnellkorrektur-Übersicht angezeigt. Über die Anzeige-Schaltfläche 2 stellen Sie ein, ob nur eines oder alle ausgewählten Bilder angezeigt werden sollen. Haben Sie bei mehreren ausgewählten Bildern die Anzeige auf EIN FOTO ANZEIGEN gestellt, wirkt sich der in den folgenden Schritten ausgewählte Effekt oder die Korrektur auch nur auf dieses eine Bild aus. Haben Sie ALLE FOTOS ANZEIGEN aus-

Rückgängig machen
Einzelne Schritte machen Sie wie gewohnt mit Strg/cmd+Z rückgängig oder wiederholen sie mit Strg/cmd+Y. In den Ursprungszustand zurück setzen Sie das Bild oder die ausgewählten Bilder wieder mit der Schaltfläche ZURÜCKSETZEN 13.

gewählt, werden alle Bilder mit dem ausgewählten Effekt bzw. der verwendeten Korrektur geändert.

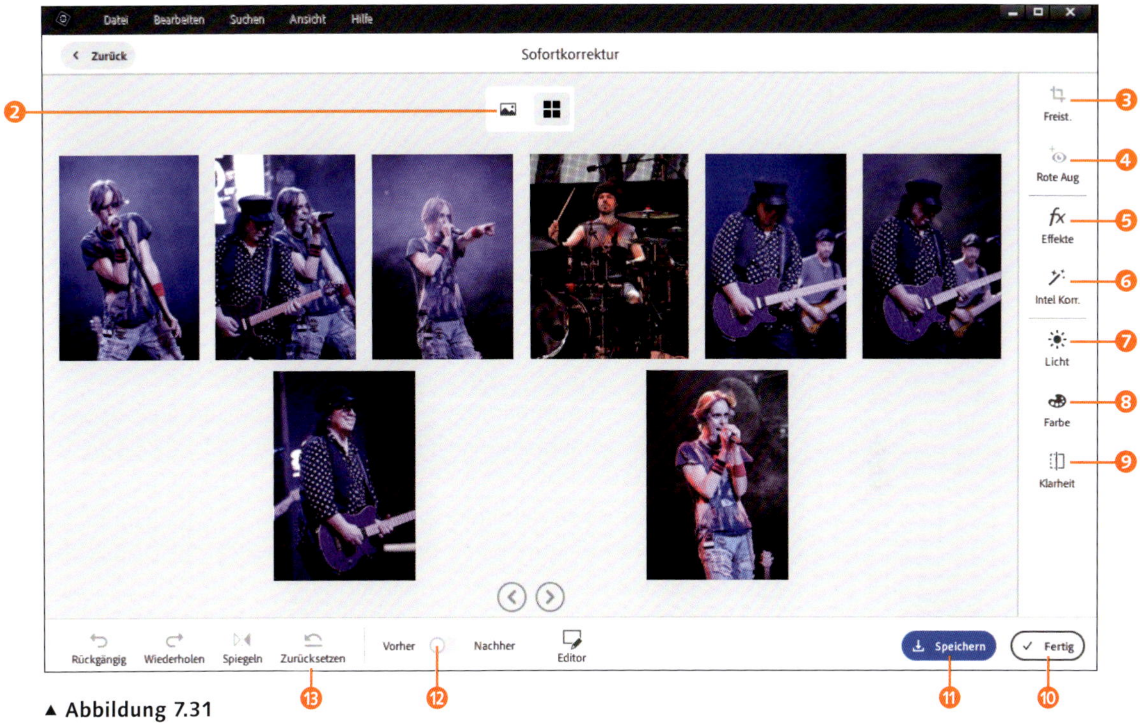

▲ **Abbildung 7.31**
Mehrere Bilder gleichzeitig im Organizer zur Sofortkorrektur geöffnet

Auf der rechten Seite finden Sie jetzt die verschiedenen Funktionen für die Schnellkorrektur, die in Tabelle 7.2 aufgelistet sind.

Vorher-Nachher-Ansicht
Eine VORHER-NACHHER-Ansicht zeigen Sie hierbei wieder über den entsprechenden Schalter 12 an.

Funktion	Beschreibung
FREISTELLEN 3	Hier finden Sie verschiedene vordefinierte Formate, die Sie für das Zuschneiden der Bilder nutzen können. Den Rahmen können Sie nachträglich noch anpassen und verschieben. Das Werkzeug kann nur verwendet werden, wenn die Anzeige auf Einzelbild 2 gestellt ist.
ROTE AUGEN 4	Hiermit wird nach dem Rote-Augen-Effekt im Bild gesucht, der, so er gefunden wird, automatisch behoben wird. Wie bei FREISTELLEN können Sie das Werkzeug allerdings nur dann verwenden, wenn Sie die Anzeige auf Einzelbild 2 gestellt haben.
EFFEKTE 5	Hier finden Sie verschiedene coole Effekte, die Sie den Bildern per Mausklick zuweisen können, um ihnen so einen einheitlichen Look zu verpassen.
INTELLIGENTE KORREKTUR 6	Damit versucht der Organizer, eine vollautomatische Korrektur durchzuführen.

▲ **Tabelle 7.2**
Die einzelnen Funktionen der Sofortkorrektur

Funktion	Beschreibung
Licht (7)	Mit Licht passen Sie die Belichtung an. Hier finden Sie einen Regler mit Miniaturvorschauen vor. Ziehen Sie diesen Regler in die jeweilige Richtung, um das Bild entsprechend anzupassen.
Farbe (8)	Ähnliches nehmen Sie auch mit dem Regler für Farbe vor, mit dem Sie das Bild kühler oder wärmer gestalten.
Klarheit (9)	Interessant ist auch Klarheit, eine Funktion, mit der Sie den Kontrast im Bild verbessern können (und die man im Editor vermisst). Aber im Gegensatz zum Kontrast-Regler wirkt sich der Regler Klarheit mehr in den Mitteltönen aus und schiebt die Tiefen und Lichter nicht so weit auseinander wie der Kontrast-Regler. Damit lassen Sie die Kanten im Bild härter oder auch softer wirken, je nachdem, in welche Richtung Sie diesen Regler ziehen.

▲ **Tabelle 7.2**
Die einzelnen Funktionen der Sofortkorrektur (Forts.)

Wollen Sie die Änderungen übernehmen, klicken Sie auf Speichern (11). Der Organizer legt hierfür einen Versionssatz (siehe Abschnitt 8.12) an und lässt das Original somit unberührt. Klicken Sie auf Fertig (10), wird die Sofortkorrektur beendet. Beenden Sie die Sofortkorrektur ohne Speichern, öffnet sich ein Dialog, der zur Sicherheit nachfragt, ob Sie die ungesicherten Änderungen nicht doch speichern möchten.

7.3.1 Fotos drehen

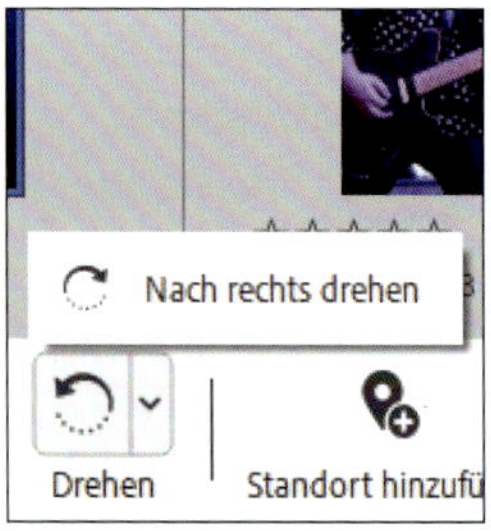

▲ **Abbildung 7.32**
Bilder drehen

Wollen Sie Bilder nach links oder rechts drehen, können Sie die entsprechende Schaltfläche in der Leiste unter dem Medienbrowser verwenden. Entsprechend dem Symbol werden hierbei markierte Bilder um 90° nach links oder nach rechts gedreht. Alternativ führen Sie diese Drehung mit der Tastenkombination Strg/cmd+← oder Strg/cmd+→ aus. Beim Drehen von JPEG-Dateien sollten Sie allerdings beachten, dass die Dateien neu komprimiert werden müssen, was einen Qualitätsverlust bedeutet. Photoshop Elements weist Sie auf diesen Verlust hin und bietet an, eine Kopie zu erstellen und nur diese Kopie zu drehen, sodass das Original unangetastet bleibt. Bei Bildern im TIFF-, PSD- und Raw-Format werden diese Drehungen ohne Qualitätsverluste durchgeführt.

7.4 Vom Organizer zum Fotoeditor

Ihr zentraler Arbeitsablauf sollte künftig so aussehen, dass Sie Ihre Bilder im Organizer verwalten und betrachten und sie bei Bedarf von dort zur Korrektur in den Fotoeditor laden. Am schnellsten laden Sie ein Bild in den Fotoeditor, indem Sie es markieren und die Tastenkombination [Strg]/[cmd]+[I] betätigen. Alternativ finden Sie hierzu auch unterhalb des Medienbrowsers die Schaltfläche EDITOR ④, um den Fotoeditor zu starten. Natürlich können Sie auch mehrere Bilder markieren und diese gleichzeitig im Fotoeditor öffnen. Über das kleine Dreieck ③ können Sie außerdem markierte Medien im VIDEOEDITOR ② laden (hierfür wird Adobe Premiere Elements benötigt) oder das Bild zur Bearbeitung in einem anderen Editor (EXTERNER EDITOR ①) öffnen.

Den externen Editor können Sie über den Dialog BEARBEITEN/ELEMENTS ORGANIZER • VOREINSTELLUNGEN • BEARBEITEN unter ZUSÄTZLICHE BEARBEITUNGSANWENDUNG VERWENDEN via DURCHSUCHEN auswählen. Der Dialog wird gewöhnlich auch angezeigt, wenn Sie die Schaltfläche EXTERNER EDITOR angeklickt haben.

Wenn Sie ein Bild vom Organizer in den Fotoeditor zur Bearbeitung geladen haben, steht das Bild im Organizer nicht mehr zur Verfügung. Angezeigt wird dies im Organizer durch ein Schlosssymbol und durch den Hinweis IN BEARBEITUNG ⑤.

▲ **Abbildung 7.34**
Das Bild wird gerade im Fotoeditor bearbeitet.

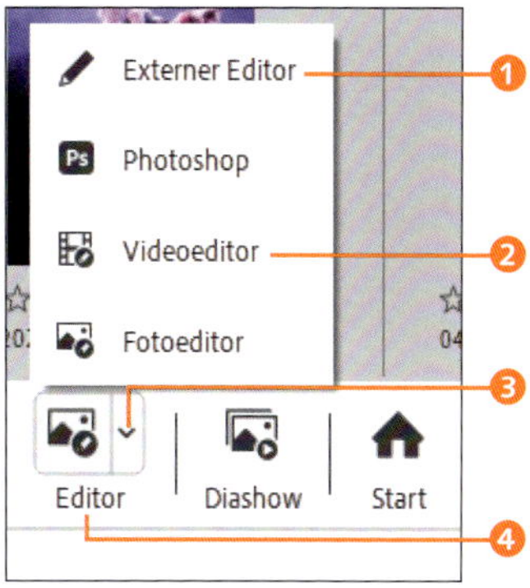

▲ **Abbildung 7.33**
Vom Organizer zum gewünschten Editor

Organizer im Hintergrund
Wenn Sie vom Organizer zum Fotoeditor wechseln, wird der Organizer nicht beendet. Sollte also der Fotoeditor bei der Arbeit sehr langsam reagieren, beanspruchen möglicherweise Organizer und Fotoeditor zu viel Hauptspeicher.

Weitere Möglichkeiten ...
Auch mit einem rechten Mausklick auf ein Foto im Medienbrowser finden Sie im Kontextmenü mit MIT PHOTOSHOP ELEMENTS EDITOR BEARBEITEN einen Befehl vor, um Bilder im Fotoeditor zu bearbeiten.

Kapitel 8

Fotos organisieren und verwalten

Haben Sie einige Bilder in den Organizer importiert, so stehen Sie jetzt vor der Qual der Wahl, wie Sie mit der Verwaltung Ihrer Bilder beginnen. Sie können zunächst einzelne Alben anlegen oder erst einmal die Personen, Orte oder Ereignisse in Angriff nehmen. Der eine oder andere wird vielleicht auch seine Bilder im Raw-Format von den Bildern im JPEG-Format trennen wollen – die Möglichkeiten sind enorm vielfältig.

8.1 Der Katalog

Der Organizer verwendet einen Katalog, um Bilder und andere Medien zu verwalten. Den Namen des aktuell verwendeten Katalogs sehen Sie links unten in der Statusleiste. Genau genommen handelt es sich bei diesem Katalog im Organizer um eine echte Datenbank. Somit ist der Katalog vom Organizer nichts anderes als eine Textdatei mit allen nötigen Informationen zu den Bildern, die Sie importiert haben und jetzt mit dem Organizer verwalten. Der Organizer selbst stellt nur eine Verknüpfung zwischen einem Bild und dem Datensatz des Bildes im Katalog her. Sie müssen sich hierbei nicht um die Datenbank kümmern und kommen auch nicht damit in Berührung. Das übernimmt der Organizer für Sie.

Zusätzlich legt der Organizer direkt nach dem Import für jedes Bild eine Vorschaudatei an. Das hat den Vorteil, dass beim Durchscrollen Tausender Bilder nicht jedes Mal ein Vorschaubild generiert werden muss, was die Performance erheblich einbremsen würde. Auch für die Erkennung von Personen legt der Organizer einen eigenen Zwischenspeicher für die Gesichter an.

Dass der Organizer (und auch viele andere Bildverwaltungsprogramme) seine Bilder auf diese Art mithilfe einer Datenbank und Vorschaubildern verwaltet, hat für Sie folgende Vorteile:

Katalog = Datenbank
Im Organizer von Photoshop Elements ist der Katalog selbst nichts anderes als eine Datenbank, in der nur textuelle Informationen zum Bild, aber nicht das visuelle Bild selbst enthalten sind. Der Organizer ist kein klassischer Dateimanager wie der Windows Explorer oder der Finder vom Mac, in dem Sie sich durch das Dateisystem hangeln können. Wäre dies so, dann wäre auch gar kein Import nötig.

Aber der Foto-Downloader kopiert ...

Zwar kopieren Sie mit dem Foto-Downloader die Bilder von einer Kamera oder einem Kartenleser in ein anderes Zielverzeichnis, aber Sie sollten diesen Vorgang nur als extra Service des Organizers ansehen. Erst nachdem die Bilder damit vom Quell- ins Zielverzeichnis kopiert wurden, werden diese Bilder vom Organizer aus dem Zielverzeichnis importiert. Genau genommen handelt es sich hierbei um zwei Schritte, und der Katalog kommt erst beim zweiten Schritt ins Spiel. Der Foto-Downloader wurde in Abschnitt 6.5, »Import von Kamera oder Kartenleser«, behandelt.

- Das Suchen nach Bildern in einer Datenbank ist erheblich schneller, als ganze Verzeichnisse mit großen Bildbeständen zu durchsuchen. Eine Suche mit der Datenbank liefert quasi sofort ein Ergebnis zurück. Dasselbe gilt auch für das Sortieren oder das Zusammenfassen von Bildern zu Alben, Personen, Orten oder Ereignissen.
- Sie sind beim Verwalten und Bearbeiten der Bilder äußerst flexibel, weil sich diese an beliebigen Speicherorten wie auf demselben Rechner und/oder externen Festplatten sowie einer Cloud befinden können und Sie nicht erst zu einem bestimmten Verzeichnis wechseln oder eine externe Festplatte anschließen müssen.

Alben	**Ordner**	**Personen**	**Orte**	**Ereignisse**
Stichwort-Tags	**Smart-Tags**	**Fotostapel**	**Versionssätze**	**Bewerten**

Abbildung 8.1 ▸
Ein erster Überblick über die vielen Möglichkeiten, die Ihnen mit dem Organizer zur Verfügung stehen, um Ihre Fotos zu verwalten

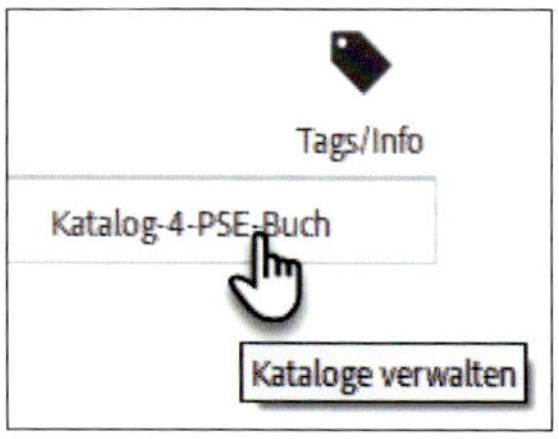

▴ **Abbildung 8.2**
Den Katalogmanager durch Anklicken des Katalognamens aufrufen

Katalogmanager aufrufen | Es ist durchaus möglich, mehrere Kataloge anzulegen. Die Verwaltung können Sie mit dem Katalogmanager über das Menü Datei • Kataloge verwalten oder mit der Tastenkombination [Strg]/[cmd]+[⇧]+[C] erledigen. Alternativ können Sie den Katalogmanager auch aufrufen, indem Sie auf den Namen des Katalogs in der Statusleiste klicken.

Mehrere Kataloge? | Sollten Sie mehrere Kataloge verwenden wollen, müssen Sie sich dies sehr gut überlegen. Der Organizer selbst liefert keine Möglichkeit, zwei Kataloge zusammenzuführen. Sicherlich ist es auch Geschmackssache, aber ich persönlich habe immer gerne alles »unter einem Dach«.

Kataloge verwalten | Einen neuen Katalog richten Sie über die Schaltfläche Neu ❺ ein. Im anschließenden Dialog können Sie den Namen dafür vergeben. Haben Sie eine Vorgängerversion von Photoshop Elements und auch hier schon einen Katalog erstellt, können Sie diesen mit der Schaltfläche Konvertieren ❻ in der neuen Version verwenden.

Einen anderen Namen für den Katalog vergeben Sie über die Schaltfläche Umbenennen ❼. Mit Verschieben ❽ ändern Sie den Speicherort für den Katalog. Hier wählen Sie entweder einen Pfad, der für alle Benutzer zugänglich ist (Standardeinstellung), einen Pfad, der nur für den aktuellen Benutzer erreichbar ist, oder eben einen benutzerdefinierten Pfad.

Da es sich beim Katalog des Organizers um eine echte Datenbank handelt, können hier auch datenbanktypische Inkonsistenzen auftreten, wenn beispielsweise Dateien umbenannt, gelöscht oder verschoben wurden. Hierbei können immer Reste der alten Daten in der Datenbank erhalten bleiben. Solche »toten« Verknüpfungen können über längere Zeit den Betrieb des Organizers erheblich verlangsamen. Für solche Zwecke steht die Schaltfläche Reparieren (11) zur Verfügung, mit der Sie solche Probleme überprüfen und bei Bedarf reparieren können. Ähnliches bewirkt die Schaltfläche Optimieren (10), mit der Sie den Katalog und den Miniatur-Cache neu sortieren und somit optimieren. Dies können Sie sich ähnlich wie beim Defragmentieren der Festplatte vorstellen.

Der aktuell aktive Katalog wird in der Liste der Kataloge mit dem Text [Aktuell] (3) versehen. Wollen Sie den Katalog wechseln, brauchen Sie nur den entsprechenden Katalog in der Liste (4) auszuwählen und auf die Schaltfläche Öffnen (12) zu klicken.

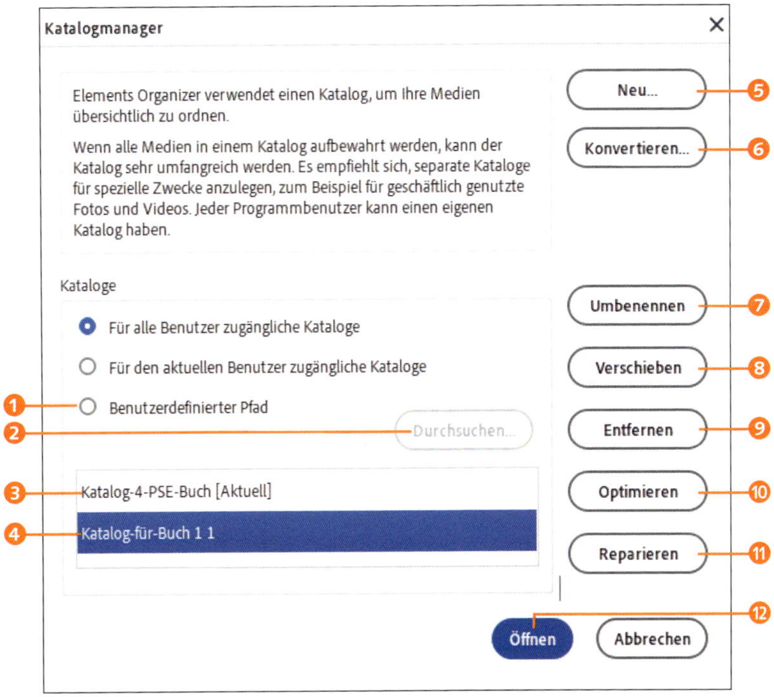

▲ **Abbildung 8.3**
Der Katalogmanager zum Verwalten von Katalogen

Katalog manuell suchen
Wird Ihr Katalog nicht in der Liste aufgeführt, suchen Sie gegebenenfalls manuell danach, indem Sie die Radioschaltfläche Benutzerdefinierter Pfad (1) auswählen und den Pfad mit der Schaltfläche Durchsuchen (2) vorgeben. Die Dateiendung für die Katalogdateien der Version 2026 von Photoshop Elements lautet übrigens »*.pse26db«. Natürlich können Sie hierfür auch die Suche Ihres Betriebssystems verwenden.

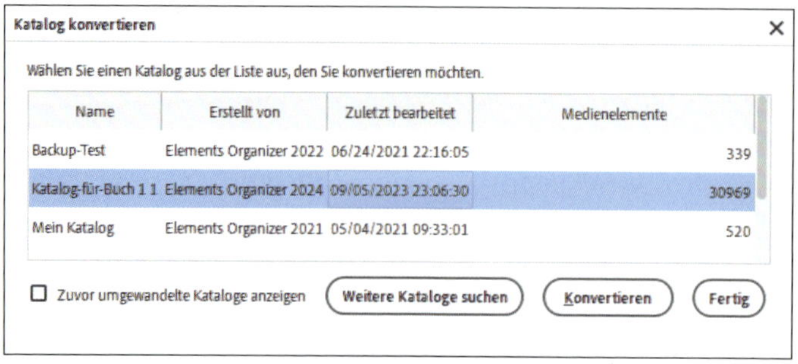

Abbildung 8.4 ▸
Der Dialog wird geöffnet, wenn Sie die Schaltfläche KONVERTIEREN im KATALOGMANAGER ausgewählt haben.

Mehrere Elemente markieren
Mehrere zusammenliegende Elemente können Sie mit gehaltener [⇧]-Taste markieren; nicht zusammenliegende Elemente markieren Sie mit [Strg]/[cmd].

Katalog löschen | Einen Katalog können Sie jederzeit über DATEI • KATALOGE VERWALTEN entfernen, indem Sie ihn im Katalogmanager auswählen und auf die Schaltfläche ENTFERNEN 9 klicken. Und keine Sorge, hierbei werden keine Bilder von der Festplatte gelöscht, sondern nur die Verweise auf die Bilder mitsamt den Alben, Stichwort-Tags, Bewertungen usw. Die einzige Bedingung beim Löschen eines Katalogs ist, dass dieser **nicht** geöffnet sein darf (zu erkennen an dem Schriftzug [AKTUELL], der beim Löschen **nicht** dort stehen sollte).

Versehentlich gelöscht?
Haben Sie Elemente versehentlich von der Festplatte gelöscht? Keine Panik! Sie können den Vorgang jederzeit mit [Strg]/[cmd]+[Z] oder BEARBEITEN • RÜCKGÄNGIG: LÖSCHEN wieder rückgängig machen. Auch wenn Sie den Organizer bereits beendet haben, finden Sie die gelöschten Elemente nach wie vor im Papierkorb Ihres Systems wieder, aus dem Sie sie ebenfalls wiederherstellen können.

Bilder löschen | Bilder, die Sie aus dem Katalog löschen wollen, brauchen Sie im Grunde nur zu markieren und dann über BEARBEITEN • MEDIEN LÖSCHEN bzw. [Entf]/[cmd]+[←] zu entfernen. Denselben Befehl finden Sie auch im Kontextmenü, wenn Sie das oder die Bild(er) markiert haben und die rechte Maustaste betätigen.

Für gewöhnlich werden ausgewählte Elemente nur aus dem Katalog und nicht von der Festplatte gelöscht. Wollen Sie das ausgewählte Element von der Festplatte löschen, müssen Sie die Option AUSGEWÄHLTE ELEMENTE AUCH VON DER FESTPLATTE LÖSCHEN 1 im sich öffnenden Dialog aktivieren.

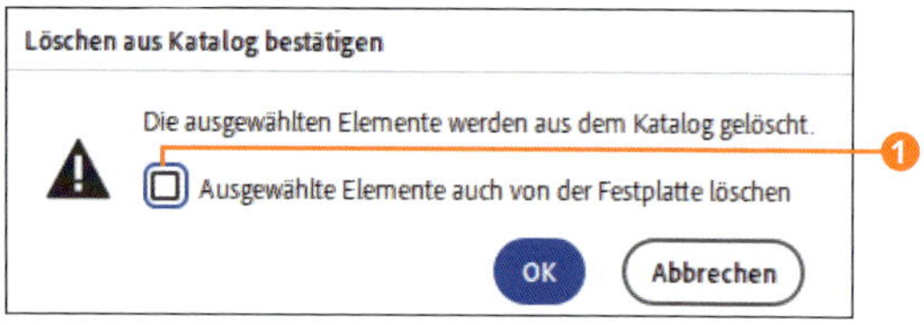

Abbildung 8.5 ▸
Ausgewählte Elemente aus dem Katalog (oder auch von der Festplatte) löschen

Fehlende Dateien | Im Laufe der Zeit wird Ihre Fotosammlung immer umfangreicher werden – da kann es vorkommen, dass Sie ein Bild in den Ordnern Ihres Betriebssystems unabhängig vom Organizer verschieben oder löschen. Solche verschobenen oder gelöschten Bilder werden dann im Medienbrowser mit einem Fragezeichen 2 angezeigt. Das Fragezeichen wird übrigens auch angezeigt, wenn sich das Bild auf einer externen Festplatte befindet und dieses Laufwerk nicht angeschlossen ist oder Sie die Datei umbenannt haben.

Wenn es nicht daran liegt, dass ein externes Speichermedium, auf dem sich das Bild befindet, nicht angeschlossen ist, können Sie versuchen, durch einen Doppelklick auf das Bild die fehlende Datei von Photoshop Elements suchen zu lassen. Die Suche wird automatisch gestartet und beginnt zunächst in den Verzeichnissen, in denen Bilder üblicherweise abgelegt sind. Danach erst wird die Suche auf die gesamte Festplatte ausgeweitet.

▲ **Abbildung 8.6**
Zum (Vorschau-)Bild gibt es keine passende Verknüpfung mehr.

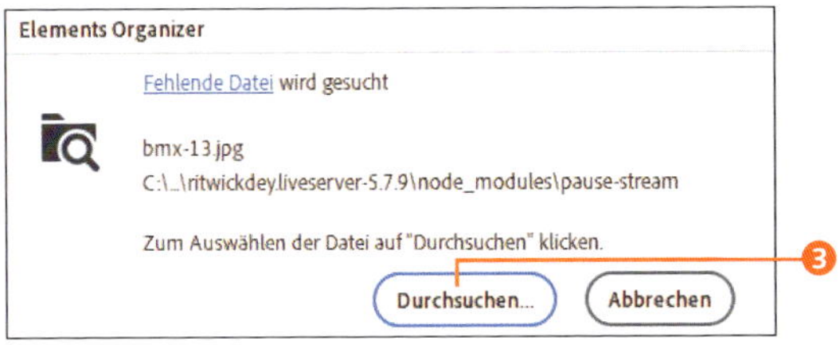

◂ **Abbildung 8.7**
Suche nach einer fehlenden Datei

Sollte die automatische Suche fehlschlagen, werden Sie aufgefordert, die Datei manuell zu suchen. Falls Sie die Datei nicht mehr finden, können Sie den Eintrag hier ❹ komplett aus dem Katalog löschen. Wenn Sie auf der rechten Seite ❺ den Ordner mit der fehlenden Datei gefunden haben und unten beide Miniaturen identisch sind, können Sie auf die Schaltfläche Erneut verbinden ❻ klicken.

Manuell suchen

Falls Sie wissen, wo sich die fehlende Datei befindet, können Sie beim Dialog zur Suche auf Durchsuchen ❸ klicken und den Pfad der verschobenen Datei manuell angeben. Dasselbe erreichen Sie übrigens auch über den Katalogmanager (Datei • Kataloge verwalten) mit der Schaltfläche Reparieren für den gesamten Katalog.

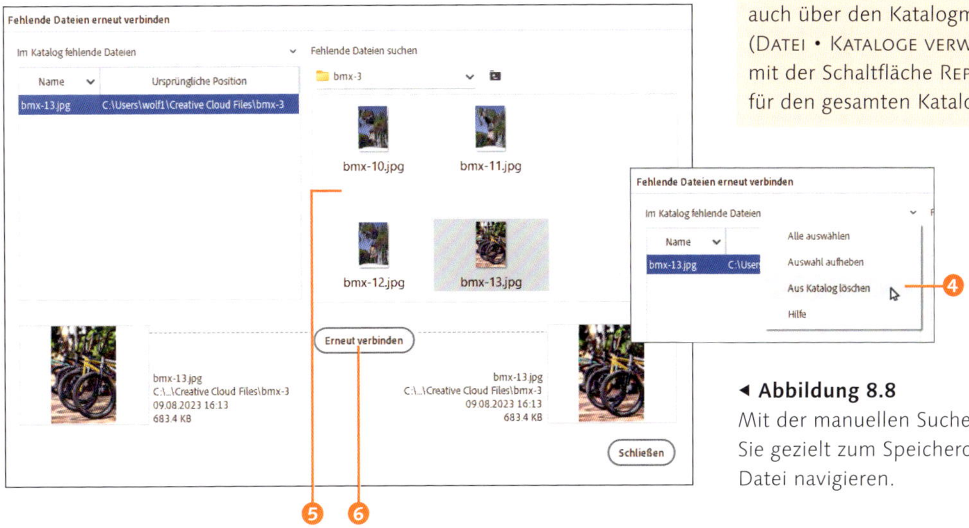

◂ **Abbildung 8.8**
Mit der manuellen Suche können Sie gezielt zum Speicherort der Datei navigieren.

Falls Sie gezielt nach allen fehlenden Dateien im Medienbrowser suchen wollen, finden Sie im Menü Suchen • Alle fehlenden Dateien eine passende Funktion dazu, die alle fehlenden Dateien im Medienbrowser auflistet.

8.2 Alben erstellen und verwalten

Fast nach jedem Import in den Organizer verwende ich die Alben, weil sich diese ideal dazu eignen, Bilder für unterschiedliche Anlässe zusammenzustellen. Die Alben sind für mich vom Prinzip her wie eine Playlist meiner Lieblingssongs – nur in diesem Fall eben eine Playlist mit meinen Lieblingsfotos. Wie Sie die Alben verwenden, bleibt Ihnen selbst überlassen. Sie können zum Beispiel eigene Kategorien für Landschaftsaufnahmen, Porträts, Hochzeiten, Studioaufnahmen, Reisen, Reportagen, Sportfotos usw. erstellen.

Alben auf der Festplatte?
Beachten Sie dabei, dass das Einsortieren der Bilder in Alben nichts mit dem Ablageort in Verzeichnissen zu tun hat. Die Albumstruktur, die Sie im Organizer erstellen, ist also völlig unabhängig von der Ordnerstruktur auf Ihrer Festplatte. Es handelt sich hierbei lediglich wieder um einen Eintrag in den Katalog des Organizers. Sind Sie eher an der Verzeichnisstruktur Ihres Systems interessiert, sollten Sie sich Abschnitt 8.3, »Ordneransicht«, näher ansehen.

Schritt für Schritt
Ein neues Album erstellen

1 Albumkategorie erstellen
Wenn Sie Alben einrichten, empfehle ich Ihnen, entsprechend zum Thema eine Albumkategorie zu erstellen. So behalten Sie die Übersicht, wenn sich die Anzahl der Alben erhöht. Eine solche Albumkategorie ist im Grunde nichts anderes als ein übergeordneter Knoten, über den Sie später einzelne Alben hinzufügen können. Aktivieren Sie, falls nicht schon geschehen, den Reiter ALBEN (1), und klicken Sie auf das Plussymbol (2). Wählen Sie hierbei zunächst NEUE ALBUMKATEGORIE (3) aus. Geben Sie im folgenden Dialog für die Albumkategorie einen beliebigen Namen (4) ein (hier »Sportfotografie«), und bestätigen Sie die Eingabe mit OK. Eine weitere ÜBERGEORDNETE ALBUMKATEGORIE wurde noch nicht angelegt.

Albumkategorie optional
Das Erstellen einer Albumkategorie ist nicht unbedingt nötig, wenn Sie ein Album erstellen wollen. Sie können auch Alben ohne eine Kategorie erstellen.

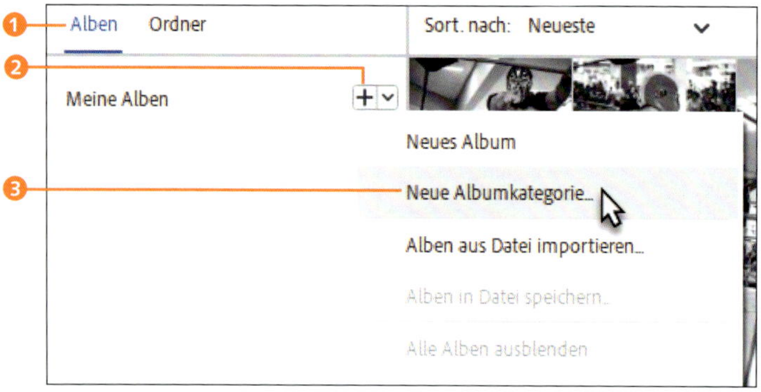

▲ **Abbildung 8.9**
Eine NEUE ALBUMKATEGORIE anlegen

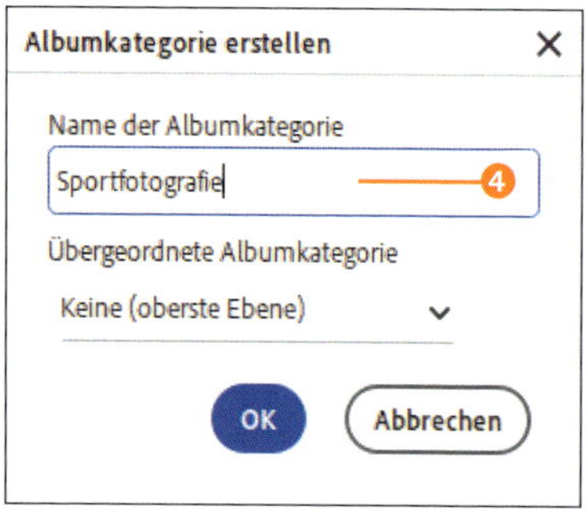

▲ **Abbildung 8.10**
Vergeben Sie einen aussagekräftigen Namen.

2 Neues Album erstellen
Klicken Sie wieder im Bereich ALBEN auf das Plussymbol, und wählen Sie aus der Liste den Eintrag NEUES ALBUM aus. Auf der

rechten Seite des Organizers wird nun ein entsprechendes Bedienfeld angezeigt. Das Album wird als Untergruppe (bzw. als Unterordner) für die soeben erstellte Albumkategorie (im Beispiel SPORTFOTOGRAFIE) verwendet. Wählen Sie daher im Dialog in der Liste KATEGORIE ❻ die entsprechende übergeordnete Kategorie aus (hier SPORTFOTOGRAFIE). Vergeben Sie noch einen Namen ❺ für das Album (hier zum Beispiel »BMX in Toluca«).

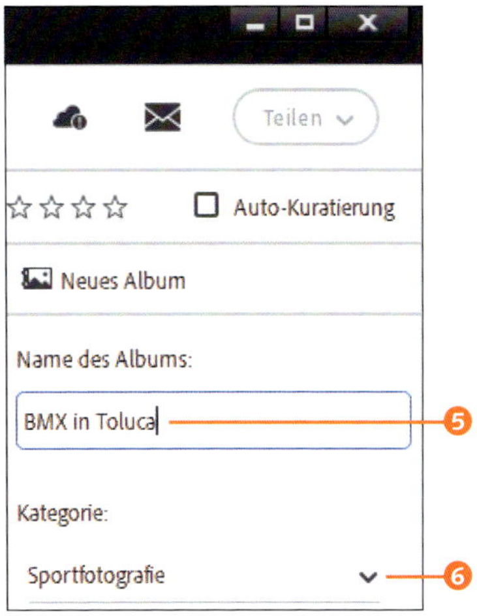

▲ **Abbildung 8.11**
In der Albumkategorie legen Sie nun ein neues Album an.

3 Bilder zuordnen

Integrieren Sie nun alle passenden Bilder in das neue lokale Album (BMX IN TOLUCA). Markieren Sie zu diesem Zweck im Medienbrowser die Bilder (beispielsweise mit gehaltener [Strg]/[cmd]-Taste), die Sie dem Album hinzufügen wollen, sodass sie mit einem blauen Rahmen und einem blauen Häkchen versehen sind. Ich füge auf diese Weise meine Lieblingsbilder zum Album hinzu. Über die Schaltfläche ALLE ❼ können Sie alle gerade sichtbaren Medien im Medienbrowser markieren. Alle ausgewählten Bilder abwählen können Sie hingegen mit der Schaltfläche KEINE ❽. Haben Sie die Bilder ausgewählt, ziehen Sie diese entweder mit gedrückter linker Maustaste in das Feld INHALT ❿ (per Drag & Drop) oder klicken auf die Schaltfläche DEM MEDIENBEREICH HINZUFÜGEN ❾.

▼ **Abbildung 8.12**
Ziehen Sie passende Bilder per Drag & Drop vom Medienbrowser in das Album.

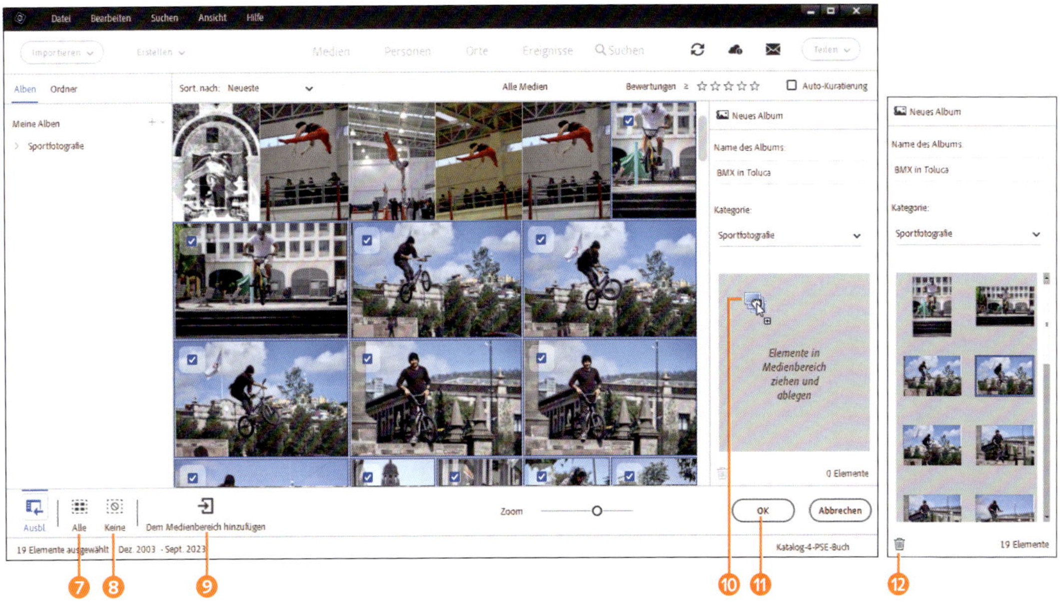

Bilder, die Sie versehentlich dorthin gezogen haben, können Sie markieren und mit dem Mülleimersymbol ⓬ wieder aus dem Feld INHALT entfernen.

Versionssätze und Fotostapel
Wenn Sie einem Album Versionssätze und/oder Fotostapel hinzufügen, wird dem Album automatisch der komplette Stapel hinzugefügt, egal, ob Sie nur ein Bild hinzufügen wollten oder nicht.

Diesen Vorgang können Sie immer wiederholen, wenn Sie weitere zum Album passende Bilder finden. Klicken Sie auf die Schaltfläche OK ⓫, wenn Sie dem Album alle Bilder hinzugefügt haben.

4 Auf das Album zugreifen

Künftig zeigt nun ein kleines Symbol rechts unten beim Bild an, dass sich dieses Bild in einem Album befindet. Fahren Sie mit dem Mauszeiger über das Symbol ❷, wird auch angezeigt, in welchem Album das Bild liegt.

Unter ALBEN finden Sie jetzt auch das neu erstellte Album BMX IN TOLUCA ❶. Mit einem Klick auf dieses Album werden alle darin enthaltenen Bilder im Medienbrowser angezeigt.

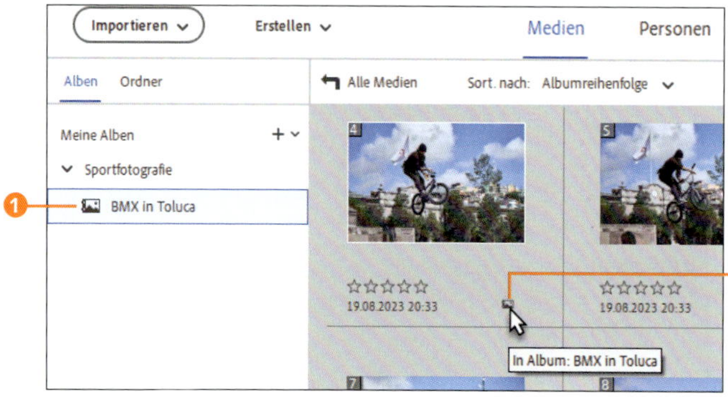

Abbildung 8.13 ▸
Das Symbol ❷ zeigt an, dass sich das Bild in einem Album befindet und wie das Album heißt. Wird das Icon nicht angezeigt, ist eventuell die Zoomgröße zu klein. Vergrößern Sie dann die Miniaturvorschau mit dem Regler ZOOM.

Durch Albumkategorien navigieren | Um ein Album innerhalb einer Albumkategorie auszuwählen, müssen Sie zunächst die Albumkategorie expandieren, damit die einzelnen Alben darin angezeigt werden. Ein Klick auf das kleine Dreieck der Albumkategorie ❺ links genügt hierzu. Mit einem erneuten Klick klappen Sie das Album wieder in der Gruppe zusammen – genau wie bei der Ordnerhierarchie im Dateisystem. Das gerade aktive Album wird mit blauem Hintergrund ❻ hervorgehoben.

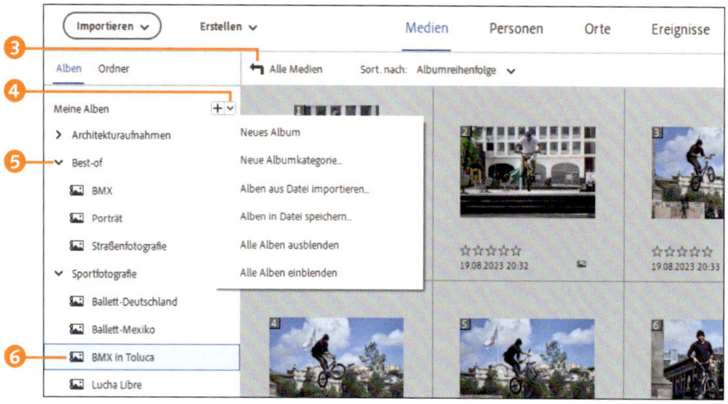

Abbildung 8.14 ▸
So sortieren Sie Ihre Bilder übersichtlich.

Alternativ können Sie auch durch einen Klick auf das kleine Dreieck neben der Plus-Schaltfläche ④ über die Befehle Alle Alben einblenden und Alle Alben ausblenden alle Albumkategorien mit einem Klick öffnen und schließen. Mit der Schaltfläche Alle Medien ③ werden wieder alle Bilder im Medienbrowser angezeigt. Die Anzahl der Elemente, die sich im Album befinden, das gerade ausgewählt ist, wird in der Statusleiste angezeigt. Auch den Zeitpunkt oder Zeitraum, wann die Bilder fotografiert wurden, finden Sie hier.

▲ **Abbildung 8.15**
Anzahl der Elemente im Album – hier 19 Elemente

Dem Album weitere Bilder hinzufügen | Es ist ohne großen Aufwand möglich, einem Album weitere Medien hinzuzufügen. Hierzu brauchen Sie nur die gewünschten Bilder (mehrere beispielsweise mit gehaltener `Strg`/`cmd`-Taste) im Medienbrowser zu markieren, sodass diese mit einem blauen Rahmen und Häkchen ⑧ hinterlegt sind. Jetzt müssen Sie nur noch diese ausgewählten Bilder mit gedrückt gehaltener linker Maustaste auf das Album ziehen ⑦ und dort fallen lassen. Andersherum funktioniert dies übrigens genauso, indem Sie ein Album auf die Medien ziehen und dort fallen lassen.

Alternativ können Sie auch das Album (bzw. den Albumnamen) mit der rechten Maustaste anklicken und im Kontextmenü Bearbeiten auswählen. Hierbei wird im rechten Bedienfeld dann die bereits bekannte Albumverwaltung angezeigt, in der Sie weitere Bilder hinzufügen oder entfernen können.

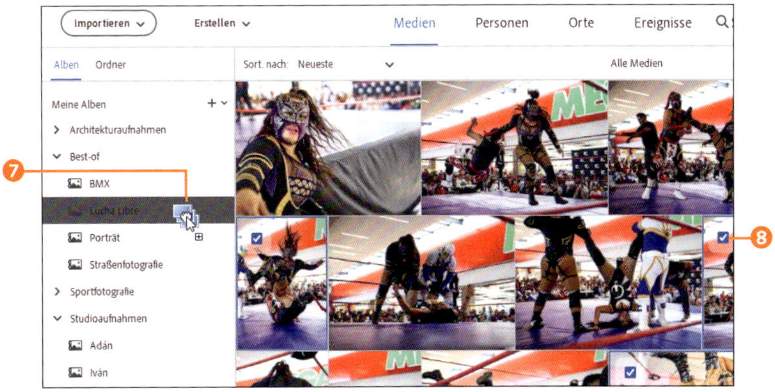

◂ **Abbildung 8.16**
Weitere Bilder lassen sich ganz bequem per Drag & Drop einem Album hinzufügen.

Bilder aus Alben entfernen | Schnell passiert es, dass man bei einer umfangreichen Markierungsaktion ein Bild versehentlich in das falsche Album schiebt. Da sich Fotos aber in zwei oder mehr Alben gleichzeitig befinden dürfen, ist dies kein Problem. Markieren Sie das Bild einfach noch einmal, und ziehen Sie es mit gedrückter linker Maustaste in das gewünschte Album.

Ein Bild in mehreren Alben
Ein Bild kann durchaus in mehreren Alben vorkommen. So möchte man manchmal ein Album in verschiedene Themen gliedern, um die Bilder noch schneller zu finden.

Das Bild ist nun in beiden Alben vorhanden. Um es aus dem falschen Album wieder zu entfernen, klicken Sie mit rechts auf das kleine Albumsymbol ❶ in der Miniaturvorschau des Bildes im Medienbrowser. Im Kontextmenü werden dann alle Alben angezeigt, in die das Foto einsortiert ist. Hier können Sie das Bild aus dem falschen Album löschen.

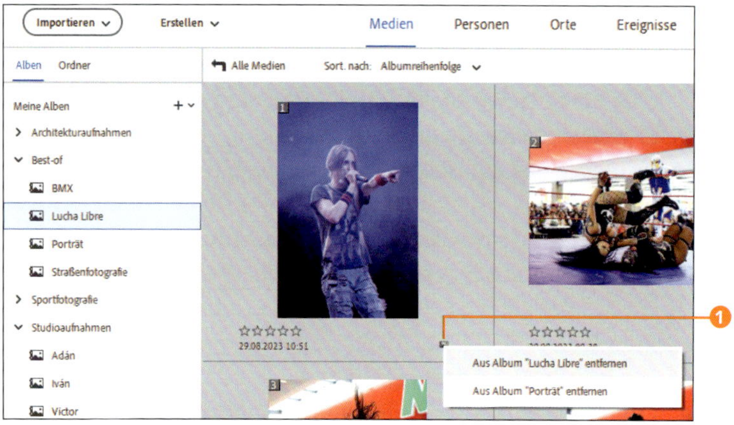

Abbildung 8.17 ▸ Die Aufnahme PORTRÄT passt einfach nicht in das Album LUCHA LIBRE.

Alben und Albumkategorien umbenennen
Auch das Umbenennen von Alben bzw. Albumkategorien erreichen Sie über einen rechten Mausklick auf das Album oder die Albumkategorie und den Befehl UMBENENNEN ❸ im Kontextmenü.

Alben und Albumkategorien löschen, umbenennen oder bearbeiten | Genauso einfach, wie Sie Albumkategorien und Alben erstellen, können Sie diese auch wieder entfernen. Hierzu klicken Sie das Album oder die Albumkategorie mit der rechten Maustaste an und wählen im Kontextmenü den Befehl LÖSCHEN ❹ aus.

Wie das Löschen funktioniert auch das nachträgliche Bearbeiten von Alben oder Albumkategorien: Führen Sie einen Rechtsklick auf dem gewünschten Album (oder der Albumkategorie) aus, und wählen Sie im Kontextmenü BEARBEITEN ❷ aus.

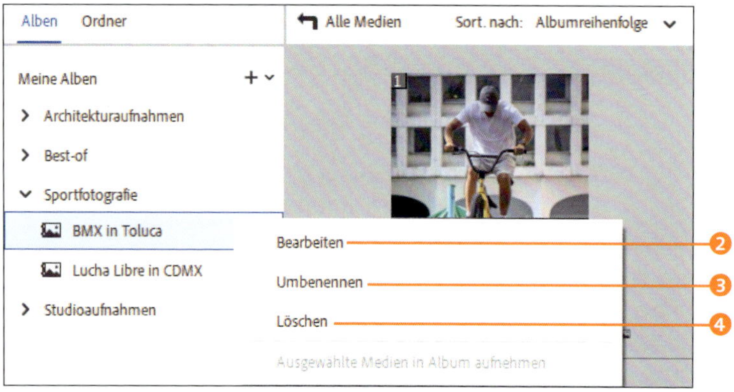

Abbildung 8.18 ▸ Alben und Albumkategorien lassen sich ganz einfach über einen rechten Mausklick mit den Befehlen des Kontextmenüs nachträglich bearbeiten, löschen oder umbenennen.

Albumkategorien importieren und exportieren | Vielleicht besitzen Sie eine Vorgängerversion von Photoshop Elements und möchten bereits angelegte Albumkategorien in einer neuen Version oder auf einem anderen Rechner verwenden? In diesem Fall können Sie ganze Albumkategorien in eine XML-Datei exportieren. Klicken Sie einfach auf das kleine Dreieck neben der Plus-Schaltfläche, und wählen Sie Alben in Datei speichern 6 aus. Sie können auch bereits exportierte Albumkategorien wieder importieren. Klicken Sie hierzu die Plus-Schaltfläche, wählen Sie Alben aus Datei importieren 5 aus, und selektieren Sie dann die exportierte XML-Datei mit den Daten zu den Albumkategorien. Damit Sie das nicht falsch verstehen: Hiermit werden nicht die Inhalte (wie Bilder) dieser Alben importiert bzw. exportiert! Dafür nutzen Sie die Funktion Datei • Katalog sichern (siehe Abschnitt 8.15.1).

XML

XML ist die Abkürzung für **Ex**tensible **M**arkup **L**anguage (englisch für *erweiterbare Auszeichnungssprache*). Es handelt sich dabei um eine Auszeichnungssprache zur Darstellung hierarchisch strukturierter Daten in Form von Textdateien. XML wird zum Beispiel für den Austausch von Daten zwischen verschiedenen Computersystemen und -programmen eingesetzt, speziell auch über das Internet. Ein solches XML-Dokument besteht in der Regel aus reinen ASCII-Textzeichen. Es enthält keine Binärdaten und ist somit für jedermann mit einem Texteditor les- und editierbar.

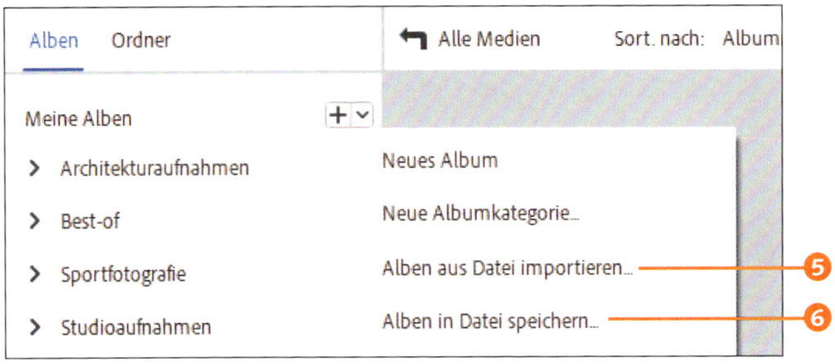

◂ **Abbildung 8.19**
Auch das Importieren und Exportieren von Albumkategorien als XML-Datei ist möglich.

Alben anhand bestimmter Metadaten erstellen | Mit dem Organizer ist es auch möglich, Alben mit allen Arten von Metadaten (Dateityp, Kameramarke, ISO-Empfindlichkeit, Megapixel, Bildgröße, Verschlusszeit usw.) zu erstellen, die in den Bildern enthalten sind. Da sich die Optionen mit UND oder ODER verknüpfen lassen, sind die Möglichkeiten schier unendlich.

Was sind Metadaten?

Metadaten sind an sich nichts Komplexes und enthalten die Informationen zum Inhalt des Bildes. Zwar sagt ein Bild oft mehr als tausend Worte, aber trotzdem gibt es Informationen, die nur mit Worten beschrieben werden können. Das können einfache Dinge sein wie: Wann wurde das Bild gemacht und wo? Welche Kamera wurde mit welchen Einstellungen verwendet? Oder wer sind diese Leute auf den Bildern? Und wer hat das Bild überhaupt gemacht, und kann ich es einfach verwenden? Für solche und noch unzählige viele weitere Informationen gibt es Metadaten.

Schritt für Schritt
Album nach Metadaten erzeugen

Im Beispiel möchte ich nach Bildern suchen, die ich mit einer bestimmten Brennweite und Kameramarke aufgenommen habe, um daraus dann ein Album zu erstellen.

1 Suchen-Dialog öffnen

Um ein neues Album nach Metadaten zu erzeugen, müssen Sie den Dialog über Suchen • Details (Metadaten) aufrufen.

2 Suchkriterien festlegen (1)

Nun legen Sie Ihre Suchkriterien fest. Über die Radiobuttons entscheiden Sie zunächst, ob Sie eine UND-Suche oder eine ODER-

Suche durchführen wollen. Mit der Option Beliebiges der folgenden Suchkriterien [ODER] ❷ geben Sie an, dass nur eines der folgenden Suchkriterien zutreffen muss. Bei der anderen Option, Alle der folgenden Suchkriterien [UND] ❸, müssen sämtliche aufgeführte Kriterien zutreffen. Wenn Sie nur ein einziges Suchkriterium anlegen, sollten Sie die erste Option auswählen.

3 Suchkriterien festlegen (2)

In der ersten Dropdown-Liste ❶ bestimmen Sie, wonach Sie genau suchen möchten. Die Liste bietet eine Vielzahl von Suchkriterien. Ich habe hier zunächst Brennweite ausgewählt, da ich nach Bildern suchen möchte, die ich mit meinem 24-mm-Objektiv gemacht habe. Mit der Dropdown-Liste in der Mitte können Sie festlegen, ob die Brennweite genau (ist), größer oder kleiner als 24 mm sein soll. Alternativ finden Sie hier mit liegt zwischen auch eine Option, mit der Sie nach Brennweiten zwischen zwei Werten suchen können. Rechts daneben ❺ geben Sie die Brennweite ein. Im Beispiel habe ich hierfür 24 mm verwendet.

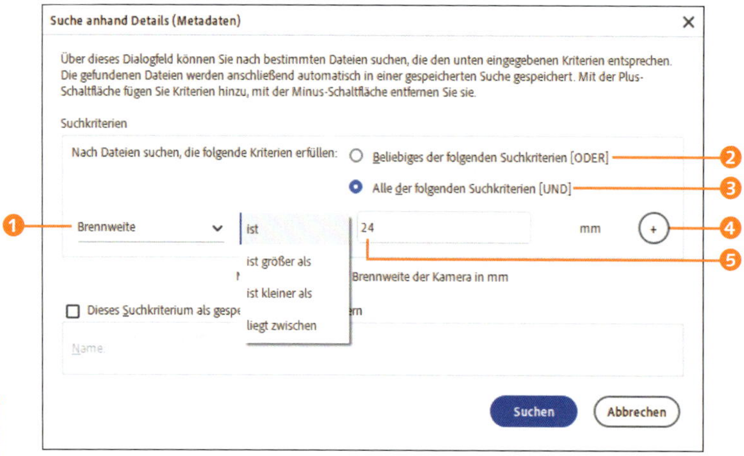

Abbildung 8.20 ▸
Das erste Suchkriterium steht fest.

Fehlerquelle
Eine typische Fehlerquelle ist das Ignorieren oder die Verwechslung der Kriterien UND/ODER. Sobald Sie mehr als ein Suchkriterium verwenden, macht es einen gewichtigen Unterschied, ob Ihre Bilder »dieses UND jenes Kriterium« erfüllen oder »dieses ODER jenes Kriterium«. Sollten unerwartet viele oder wenige Bilder im Medienbrowser aufgelistet werden, stellen Sie sicher, dass Ihnen hier kein Fehler unterlaufen ist.

4 Weitere Suchkriterien festlegen

Über die kleine Plus-Schaltfläche ❹ hinter dem zuletzt festgelegten Suchkriterium könnten Sie ein weiteres Suchkriterium hinzufügen. Im Beispiel habe ich zusätzlich die Kameramarke ❻ gewählt, die den Namen Canon enthalten muss (daher die Option enthält).

Stellen Sie diese Suche nun als UND-Suche ❼ ein, damit nach allen Dateien gesucht wird, deren Brennweite 24 mm ist **und** die mit einer Canon-Kamera erstellt wurden. Bei einer ODER-Suche würden alle Dateien mit 24 mm Brennweite gefunden sowie alle Bilder, die mit einer Canon-Kamera gemacht wurden. Gehen Sie daher umsichtig bei der Definition der Suchkriterien vor.

Sie können auch mehrere Suchkriterien verbinden und über die Plus-Schaltfläche weitere Suchkriterien hinzufügen oder Kriterien über die Minus-Schaltfläche 8 wieder entfernen. Wenn Sie fertig sind, bestätigen Sie mit SUCHEN 9.

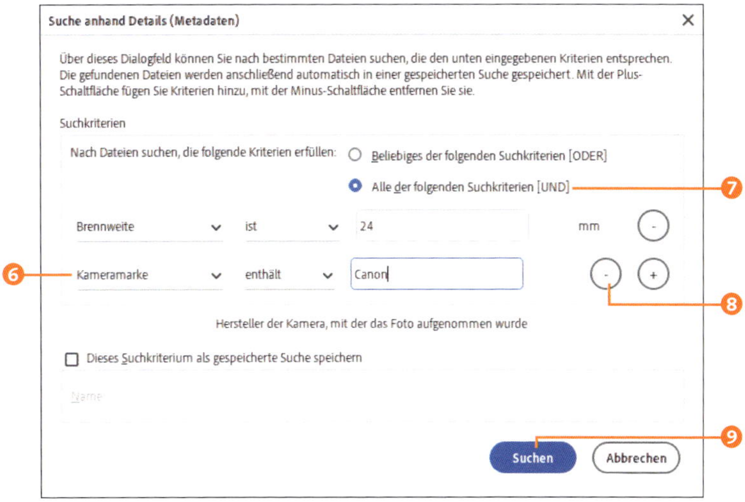

◂ **Abbildung 8.21**
Das zweite Suchkriterium schränkt die Suche weiter ein.

5 Ergebnis überprüfen

Jetzt sollten alle gewünschten Medien gemäß dem Suchkriterium im Medienbrowser aufgelistet werden. Fahren Sie einfach mit dem Mauscursor über eine Miniaturvorschau 10, um mehr zu erfahren. Hier werden jetzt die Brennweite (24 mm) und der Kamerahersteller (Canon) aufgelistet. In der Statusleiste 11 wird außerdem die Anzahl der gefundenen Elemente zu dem Suchkriterium angezeigt.

▾ **Abbildung 8.22**
Alle Dateien, die mit einer Brennweite von 24 mm mit einer Kamera des entsprechenden Herstellers aufgenommen wurden, werden im Medienbrowser angezeigt.

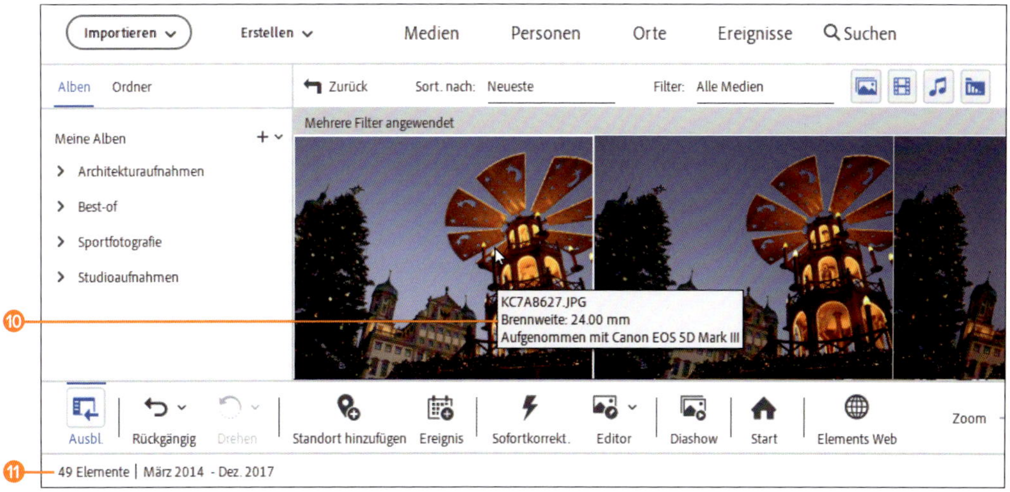

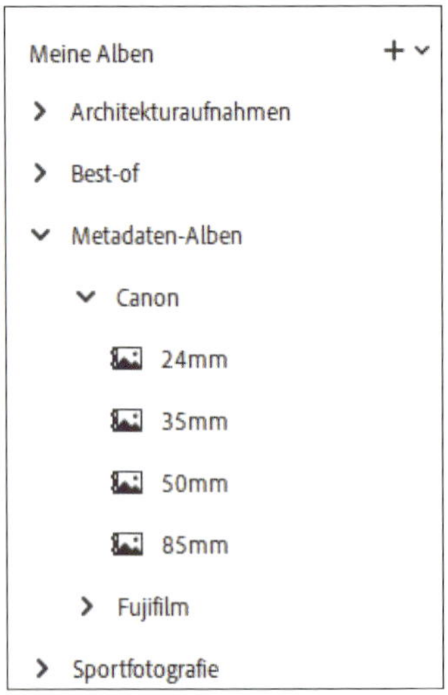

▲ **Abbildung 8.23**
Endlich herrscht auch Ordnung bezüglich der verschiedenen Medien im Medienbrowser – schneller Zugriff auf Bilder mit verschiedenen Brennweiten bestimmter Kamerahersteller.

6 Neues Album anlegen

Markieren Sie jetzt alle Bilder bspw. mit Strg/cmd+A, und legen Sie, wie in Abschnitt 8.2, »Alben erstellen und verwalten«, beschrieben, ein neues Album für die Dateien mit einer bestimmten Brennweite und von einem bestimmten Hersteller an. Dies ist eines von unzähligen Beispielen, wie Sie mithilfe der Metadatensuche Alben jeglicher Art erstellen können.

8.3 Ordneransicht

Viele Leser pflegen eine hierarchische Verwaltung ihrer Fotos in einzelnen Ordnern auf dem System (Explorer, Finder) und bevorzugen Ordner statt Alben. Für solche und weitere Zwecke bietet der Organizer die Ordneransicht – genauer zwei verschiedene – an. Um zwischen der Alben- und der Ordneransicht zu wechseln, müssen Sie nur die entsprechenden Reiter mit ALBEN ❶ oder ORDNER ❷ anklicken.

▲ **Abbildung 8.24**
Zwischen Alben- und Ordneransicht wechseln

8.3.1 Flache Ordneransicht – Listenansicht

Der Ordner der Medien, die Sie in den Organizer importiert haben (siehe Kapitel 6), wird sofort in der Liste EIGENE ORDNER innerhalb des Reiters ORDNER angezeigt. Dieser Ordnername entspricht exakt dem Namen, unter dem sich Ihre Bilder auf dem System befinden. Klicken Sie einen Ordner an, wird der Inhalt im Medienbrowser angezeigt.

Bleiben Sie mit dem Mauscursor über dem Ordnernamen stehen, wird der Pfad ❹ zu diesem Ordner auf Ihrem System eingeblendet. Um wieder alle Medien im Medienbrowser anzuzeigen, müssen Sie lediglich wieder auf ALLE MEDIEN ❸ klicken.

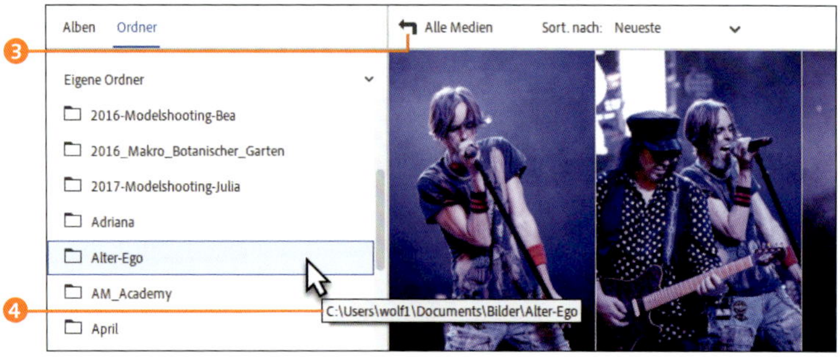

Abbildung 8.25 ▸
Flache Listenansicht importierter Ordner

8.3.2 Volle Ordneransicht – Baumstruktur

Wollen Sie in die volle Ordneransicht wechseln, um sich wie auf Ihrem System gewohnt von Ordner zu Ordner zu hangeln, brauchen Sie nur das kleine Dropdown-Menü 5 neben dem Label Eigene Ordner anzuklicken und den Befehl Als Baumstruktur anzeigen auszuwählen. In der vollen Ordneransicht finden Sie auf der linken Seite einen hierarchischen Ordnerbrowser, über den Sie sich durch die Verzeichnisse (und Laufwerke) des Betriebssystems hangeln können.

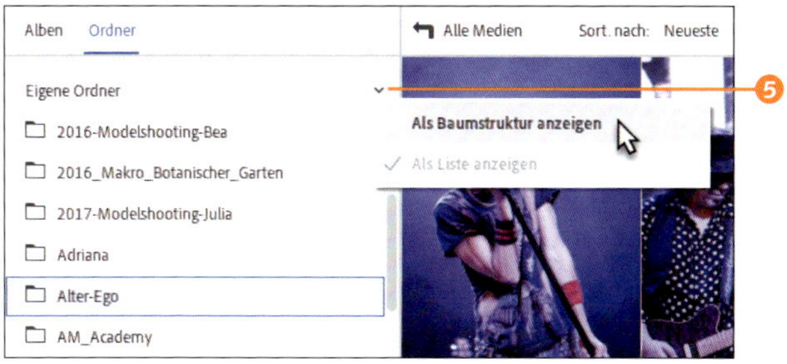

▲ **Abbildung 8.26**
Wechseln Sie in die volle Ordneransicht.

Einzelne Ordner importieren | Wurden in einem Ordner bereits Bilder in den Katalog importiert, erkennen Sie dies daran, dass sich beim Ordnersymbol ein kleines Bildchen 6 befindet. Der Übersicht zuliebe werden in der vollen Ordneransicht als Baumstruktur zunächst nur die Ordner aufgelistet, die bereits importierte Medien enthalten.

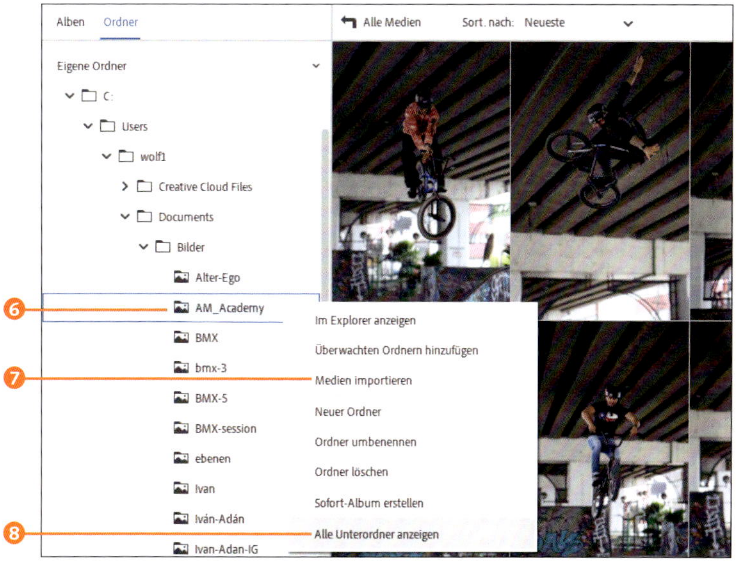

▲ **Abbildung 8.27**
In der vollen Ordneransicht werden zunächst nur Ordner mit importierten Bildern angezeigt.

Zurück zur flachen Ordneransicht
Zurückschalten zur flachen Ordneransicht können Sie, indem Sie wieder auf das kleine Dropdown-Menü 5 rechts neben dem Textlabel Eigene Ordner klicken und dort den Befehl Als Liste anzeigen auswählen.

Keine Bildervorschau
Zwar haben und werden Sie dieses Mantra immer wieder hören, aber manchmal ist es nötig, sich vor Augen zu halten, dass der Organizer die Bilder lediglich in einer Datenbank verwaltet. Sonst wäre gar kein Import nötig, wenn Sie sich einfach so durch das Dateisystem hangeln könnten. Aus diesem Grund gibt es auch keine Vorschau der Bilder der nicht importierten Ordner. Wenn Sie einen Dateimanager benötigen, können Sie über das Kontextmenü den Ordner im Explorer bzw. Finder des Betriebssystems öffnen.

Wollen Sie, dass alle enthaltenen Ordner angezeigt werden, müssen Sie nur den entsprechenden Ordner mit der rechten Maustaste anklicken und im Kontextmenü ALLE UNTERORDNER ANZEIGEN 8 wählen. Wollen Sie hierbei jetzt einen bestimmten Ordner in den Organizer importieren, klicken Sie ihn einfach mit der rechten Maustaste an und wählen im Kontextmenü MEDIEN IMPORTIEREN 7 aus.

8.3.3 Ordner überwachen

Um künftig nicht bei jedem neuen Bild einen Import zu starten, können Sie einzelne Ordner überwachen und so den Bildbestand im Organizer ständig aktuell halten. Standardmäßig wird hierbei der Bilderordner des Betriebssystems überwacht. Diese Einstellung können Sie über das Menü DATEI • ORDNER ÜBERWACHEN modifizieren.

Sobald Sie ein Bild in einen der überwachten und aufgelisteten Ordner 3 kopieren, teilt der Organizer mit, dass neue Dateien gefunden wurden, und fragt Sie, ob Sie diese Datei(en) dem Medienbrowser hinzufügen wollen. Möchten Sie nicht bei jedem Foto benachrichtigt werden, wählen Sie statt der Radioschaltfläche BENACHRICHTIGEN 2 die Radioschaltfläche DATEIEN AUTOMATISCH ZU ELEMENTS ORGANIZER HINZUFÜGEN 1 aus.

Über HINZUFÜGEN 4 können Sie weitere Ordner bestimmen, die Sie vom Organizer überwachen lassen wollen. Um einen Ordner aus der Liste zu löschen, markieren Sie ihn; die zuvor ausgegraute Schaltfläche ENTFERNEN 5 lässt sich sodann wieder anklicken.

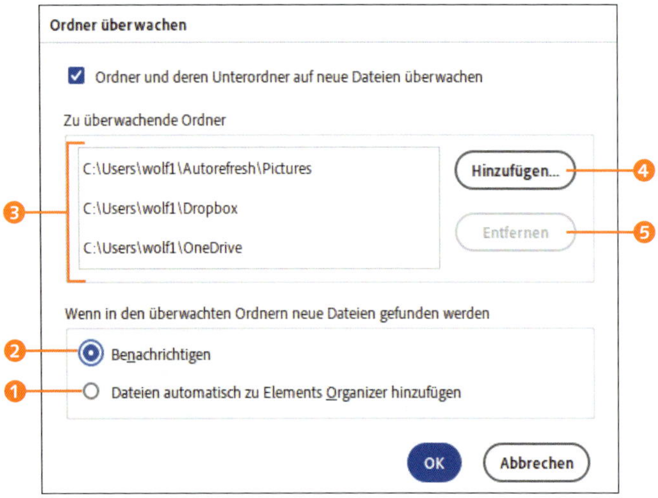

▲ **Abbildung 8.28**
Dialog zum Überwachen von Ordnern

Alternativ können Sie einen Ordner auch über die Ordneransicht der Überwachung hinzufügen. Hierzu müssen Sie lediglich den Ordner mit der rechten Maustaste anklicken und im Kontextmenü den Befehl ÜBERWACHTEN ORDNERN HINZUFÜGEN auswählen. Ebenso können Sie natürlich einen bereits überwachten Ordner wieder entfernen, nur dass dann der Befehl bei einem rechten Mausklick AUS ÜBERWACHTEN ORDNERN ENTFERNEN lautet.

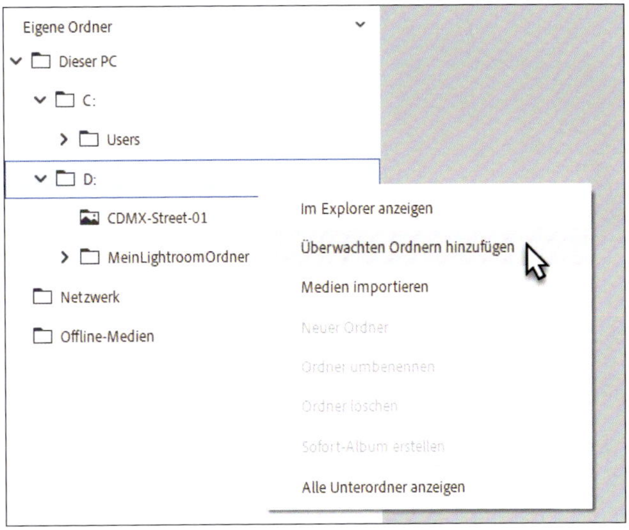

◀ **Abbildung 8.29**
Auch über die Ordneransicht können Sie der Überwachung Ordner hinzufügen.

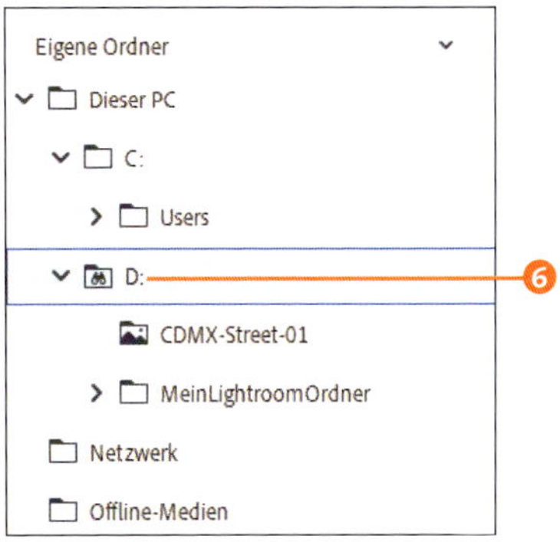

▲ **Abbildung 8.30**
Ein überwachter Ordner in der vollen Ordneransicht

In der vollen Ordneransicht erkennen Sie einen überwachten Ordner an einem zusätzlichen kleinen Fernglas 6 in der Miniatur des Ordners.

8.3.4 Befehle für die Ordneransicht

Jetzt komme ich noch zu den einzelnen Befehlen, die Sie in der Ordneransicht verwenden können, wenn Sie mit der rechten Maustaste auf einen Ordner klicken. Die möglichen Befehle sind in beiden Ansichten fast identisch:

- Mit IM EXPLORER ANZEIGEN (bzw. IM FINDER ANZEIGEN) können Sie sich den Inhalt des Ordners im Explorer bzw. Finder anzeigen lassen.
- Die Option ÜBERWACHTEN ORDNERN HINZUFÜGEN wird eingeblendet, wenn der Ordner nicht überwacht wird. Bei überwachten Ordnern steht hier stattdessen AUS ÜBERWACHTEN ORDNERN ENTFERNEN. Beide Optionen sind nur unter Windows vorhanden.
- Die Option zum Importieren der Medien und Erstellen von neuen Ordnern steht nur in der Ordneransicht mit Pfaden zur Verfügung.

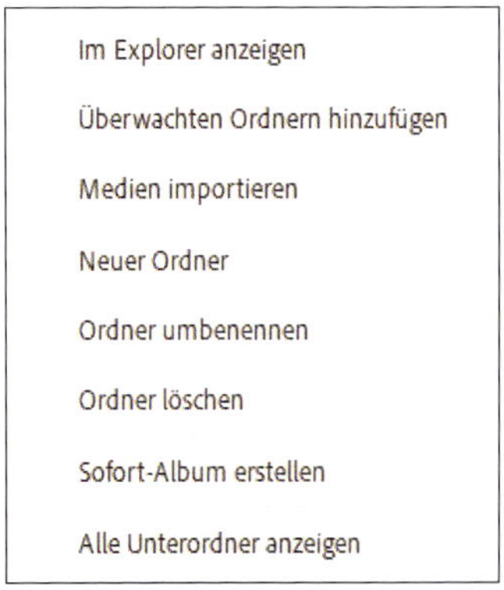

▲ **Abbildung 8.31**
Kontextmenü in der Ordneransicht mit Pfaden

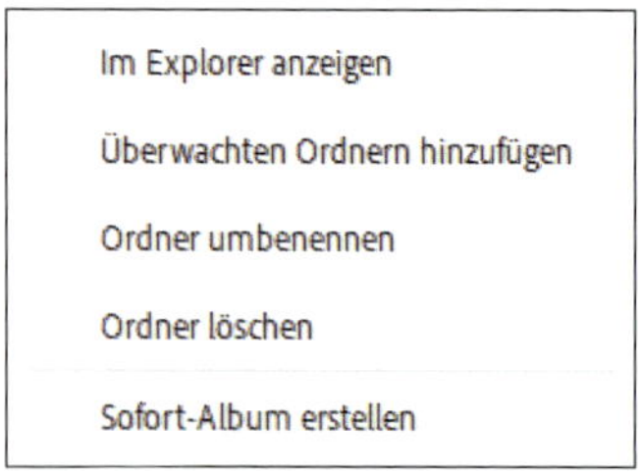

▲ **Abbildung 8.32**
Kontextmenü in der flachen Ordneransicht

- Ordner umbenennen und Ordner löschen sprechen für sich. Hierbei wird dann tatsächlich der Name des Ordners geändert oder mitsamt dem Inhalt vom System gelöscht. Vor allem der erste Befehl ist recht praktisch, wenn Sie weniger aussagekräftigere Ordnernamen verwendet haben und endlich mal Ordnung auf Ihrem System schaffen wollen.
- Mit Sofort-Album erstellen wird mit einem Klick ein Album mit dem Ordnernamen und den enthaltenen Medien erstellt.
- Die Option Alle Unterordner anzeigen steht nur in der Ordneransicht mit Pfaden zur Verfügung.

8.4 Stichwort-Tags

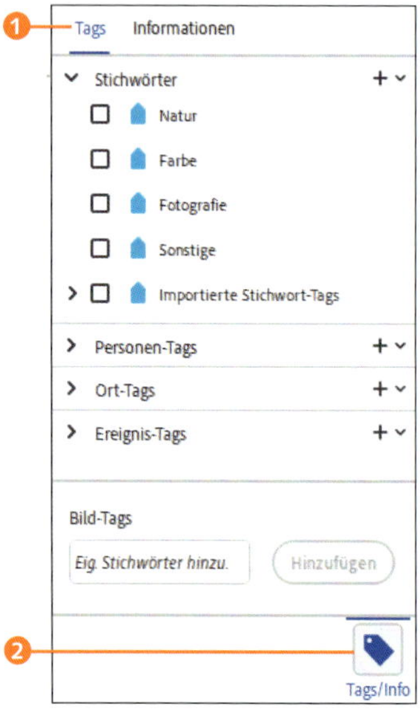

▲ **Abbildung 8.33**
Der Organizer bietet bereits vordefinierte Tags an.

Wie Sie Bilder in Alben einteilen, wissen Sie bereits. Der Organizer bietet Ihnen aber eine weitere Möglichkeit zum Sortieren Ihrer Bilder: die sogenannten Stichwort-Tags, die Ihnen im Bedienfeld auf der rechten Seite zur Verfügung stehen, wenn Sie die Schaltfläche Tags/Info ❷ aktivieren und dort das Register Tags ❶ auswählen.

Stichwörter sind gewöhnliche Metadaten, also Textinformationen, die den Inhalt eines Bildes beschreiben sollten, damit Sie diese Bilder später bei Bedarf wieder auffinden können. Ansonsten sind Stichwörter recht unspektakulär, und Sie müssen für sich selbst entscheiden, ob Sie diese verwenden wollen oder nicht. Ich persönlich verwende in der Regel immer eine sinnvolle Verschlagwortung meiner importierten Bilder, weil es mir später bei der Suche oder der Sortierung meiner Bilder enorm hilft. Allerdings erfordert dies auch ein wenig an Selbstdisziplin, und Sie sollten nicht den Fehler machen und die Bilder auf Teufel komm raus mit Stichwörtern versehen, sodass die Liste mit Stichwörtern immer länger und unübersichtlicher wird. Finden Sie eine Systematik der Verschlagwortung, die Ihnen persönlich zusagt und vor allem auch hilfreich ist.

Mehrere Tags auf einmal zuweisen
Sie können den Bildern auch mehrere Stichwort-Tags auf einmal zuweisen. Sie brauchen nur mit gehaltener Strg/cmd-Taste mehrere Stichwort-Tags zu markieren, auf die Bilder zu ziehen und fallen zu lassen.

Stichwort-Tags verwenden und Unterkategorien erstellen | Ein *Tag* ist einfach ein kleines virtuelles Schildchen mit Schlagwörtern bzw. Stichwörtern, das Sie an jedem Bild anbringen können. Sinn und Zweck, die Bilder zu »taggen«, ist es natürlich, in umfangreichen Sammlungen von Bildern das passende Bild über solche Schlag- bzw. Stichwörter zu finden. Sie können (besser: sollten) einem Bild auch mehrere solcher Tags (aber bitte sinnvolle) zuordnen.

Schritt für Schritt
Stichwort-Tags und neue Unterkategorien verwenden

Wählen Sie zunächst das Album, den Ordner oder gar den ganzen Katalog mit den Bildern aus, denen Sie Stichwort-Tags hinzufügen wollen.

1 Bilder aussuchen und »taggen«

Markieren Sie im Medienbrowser die Bilder, denen Sie zum Beispiel das Tag NATUR anhängen wollen.

Gehen Sie auf das Schildchen des Tags NATUR, und halten Sie die linke Maustaste gedrückt. Ziehen Sie nun das Schildchen auf eines der markierten Bilder, und lassen Sie die Maustaste los. Wenn Sie einzelne Bilder mit einem Tag versehen wollen, können Sie auf das vorherige Markieren verzichten. Sie finden nun im Medienbrowser unter dem Bild ein Schildchen **1**, das das Stichwort-Tag zum Bild anzeigt, wenn Sie mit dem Mauszeiger darauf verweilen.

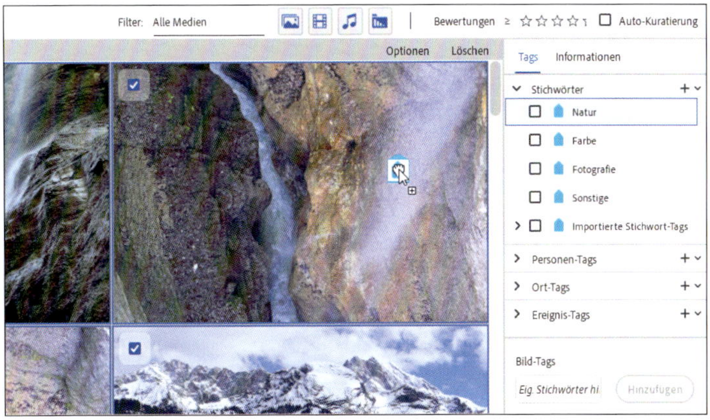

▲ **Abbildung 8.34**
Per Drag & Drop wird den markierten Bildern das Tag NATUR zugewiesen.

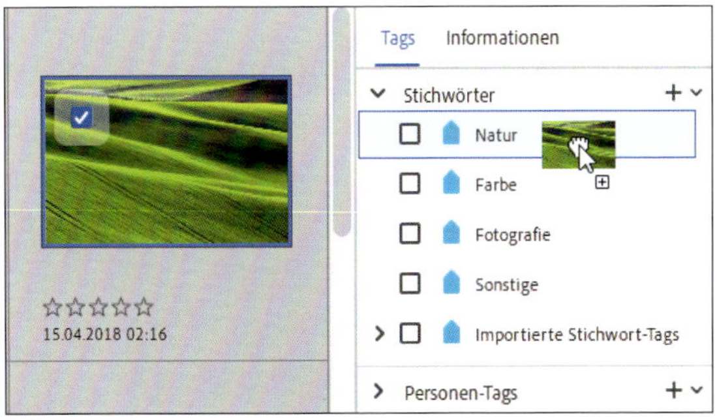

Stichwort-Tag, Unterkategorie, Kategorie

Es mag vielleicht zunächst verwirrend sein, dass der Organizer hier drei verschiedene Begriffe verwendet. Vom Prinzip her sind alle drei Begriffe waschechte Stichwort-Tags, die Sie den Bilder zuweisen können. Die KATEGORIE ist ein Oberbegriff für weitere Stichwörter die Sie darin in Form von UNTERKATEGORIEN oder STICHWORT-TAGS gruppieren können. Eine UNTERKATEGORIE hingegen können Sie nur innerhalb einer KATEGORIE anlegen. Diese kann weitere UNTERKATEGORIEN oder STICHWORT-TAGS enthalten. Ein STICHWORT-TAG ist Teil einer KATEGORIE oder UNTERKATEGORIE. Es kann nicht mehr gruppiert werden und steht für sich alleine.

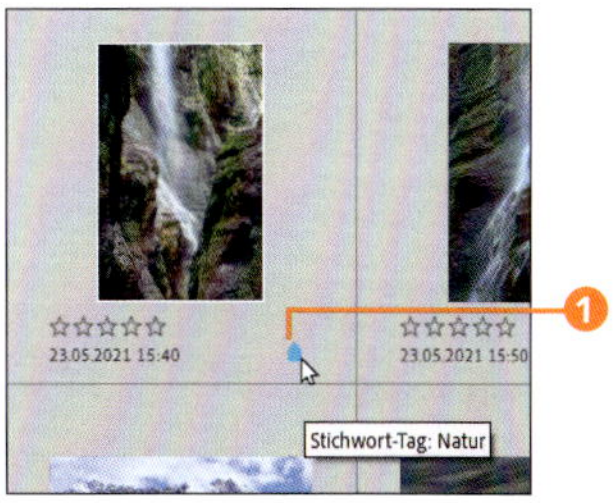

▲ **Abbildung 8.35**
Das Schildchen **1** weist darauf hin, dass dem Bild das Tag NATUR zugewiesen wurde.

◀ **Abbildung 8.36**
Es funktioniert auch umgekehrt, indem Sie markierte Fotos vom Medienbrowser auf das entsprechende Stichwort-Tag ziehen und dort fallen lassen.

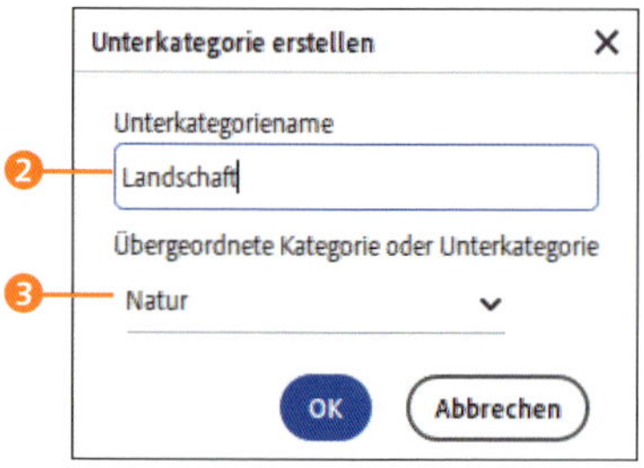

▲ **Abbildung 8.37**
Die Unterkategorie wird erstellt.

2 Neue Unterkategorie erstellen

Das Stichwort-Tag oder besser die Kategorie NATUR ist bei einem großen Fundus an Bildern vielleicht etwas spärlich und schränkt die Suche nicht genug ein. Wir legen daher eine neue Unterkategorie zu NATUR an. Klicken Sie hierzu in den Stichwort-Tags mit der rechten Maustaste auf NATUR, und wählen Sie im Kontextmenü NEUE UNTERKATEGORIE ERSTELLEN aus. Das Gleiche erreichen Sie mithilfe des Plussymbols über NEUE UNTERKATEGORIE.

Geben Sie im folgenden Dialog den Namen ❷ der Unterkategorie ein (hier zum Beispiel »Landschaft«), und stellen Sie sicher, dass als ÜBERGEORDNETE KATEGORIE in der Dropdown-Liste die Kategorie NATUR ❸ ausgewählt ist. Bestätigen Sie mit OK.

Wie genau soll es sein?
Überlegen Sie, welche Stichwörter Sie verwenden wollen, um die Bilder im Katalog wiederzufinden. Bezogen auf das Beispiel »Wasser« würde wohl jemand, der sich mit Hydrologie, Limnologie oder Hydrogeologie gut auskennt, eher den Oberbegriff »Gewässer« verwenden und diesen wiederum in »Binnengewässer« (Fließgewässer, Stillgewässer) und »Meere« (Nebenmeere, Ozeane) einteilen.

3 Unterkategorie zuweisen

Wiederholen Sie nun Arbeitsschritt 1, wobei Sie diesmal die neu erstellte Unterkategorie LANDSCHAFT auf die entsprechenden und passenden Bilder im Medienbrowser ziehen.

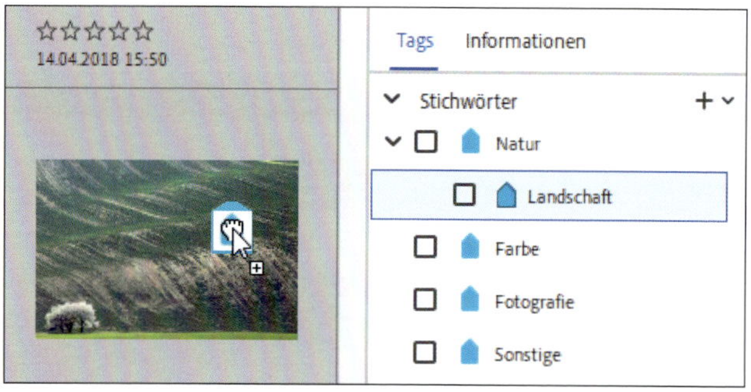

Abbildung 8.38 ▶
Zur Kategorie NATUR wurde eine weitere Unterkategorie LANDSCHAFT hinzugefügt.

4 Neues Stichwort-Tag erstellen

Der eine oder andere wird es neben der Kategorie NATUR und der Unterkategorie LANDSCHAFT noch genauer haben wollen. In diesem Fall bietet es sich an, innerhalb der Unterkategorie die Stichwort-Tags zu erstellen. Wohlgemerkt, die Kategorie und die Unterkategorie sind ebenfalls schon Stichwort-Tags, die Sie Ihren Bildern zuordnen können. Die einfachen Stichwort-Tags sind dann das letzte Glied der Kette.

Klicken Sie auf das Plussymbol oder betätigen Strg/cmd+N. Es öffnet sich ein Dialog für das Erstellen eines Stichwort-Tags. Im Gegensatz zur Unterkategorie können Sie hier noch eine eigene Miniaturvorschau über die Schaltfläche SYMBOL BEARBEITEN ❹ hinzufügen. Als Miniaturvorschau dient eines der Fotos, denen das Stichwort-Tag zugewiesen wurde. Wer möchte, kann hier sogar noch eine ANMERKUNG ❺ ergänzen.

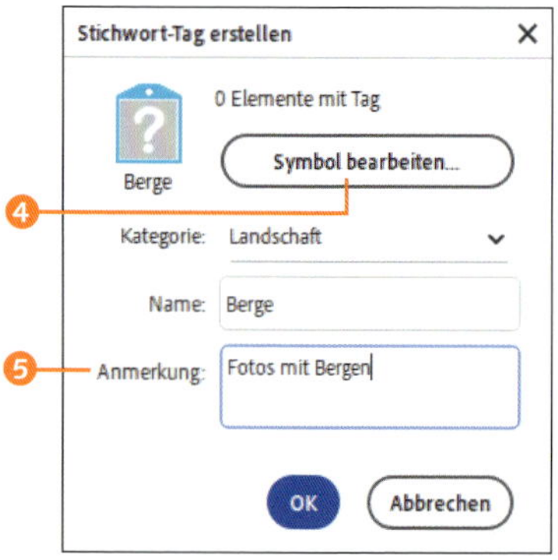

▲ **Abbildung 8.39**
Ein neues Stichwort-Tag erstellen

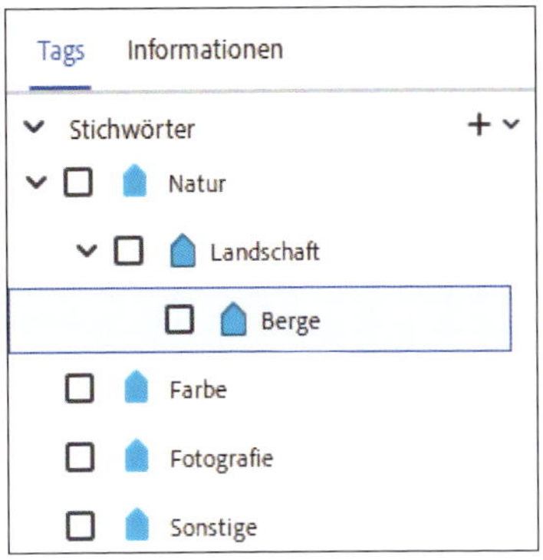

▲ **Abbildung 8.40**
Stichwort-Tags (hier: BERGE) unterscheiden sich optisch nicht von der Kategorie bzw. Unterkategorie.

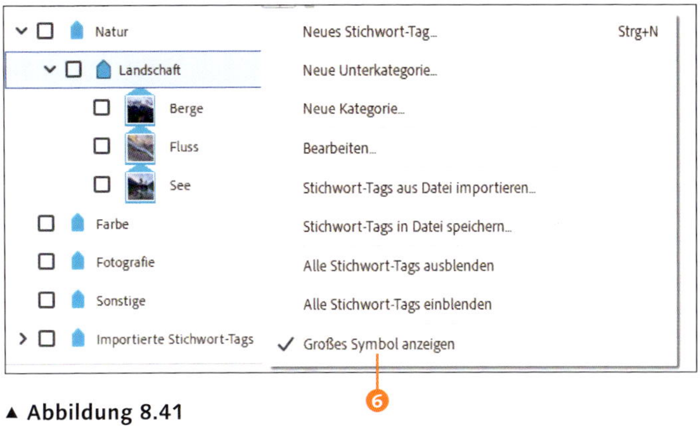

▲ **Abbildung 8.41**
Wollen Sie eine Miniaturvorschau bei den erstellten Stichwort-Tags, müssen Sie GROSSES SYMBOL ANZEIGEN **6** aktivieren.

5 Weitere Stichwort-Tags hinzufügen

Auf diese Weise können Sie zur Unterkategorie LANDSCHAFT weitere passende Stichwort-Tags hinzufügen. Im Beispiel habe ich die Stichwort-Tags FLUSS und SEE ergänzt. Wenn Sie nun im Medienbrowser mit dem Mauszeiger auf dem Schildchen unter dem Bild verweilen, werden sämtliche zu diesem Bild erstellten Tags angezeigt.

Große Symbole

Damit die Miniaturvorschau angezeigt wird, müssen Sie sicherstellen, dass über das Plussymbol vor dem Befehl GROSSES SYMBOL ANZEIGEN **6** ein Häkchen gesetzt ist.

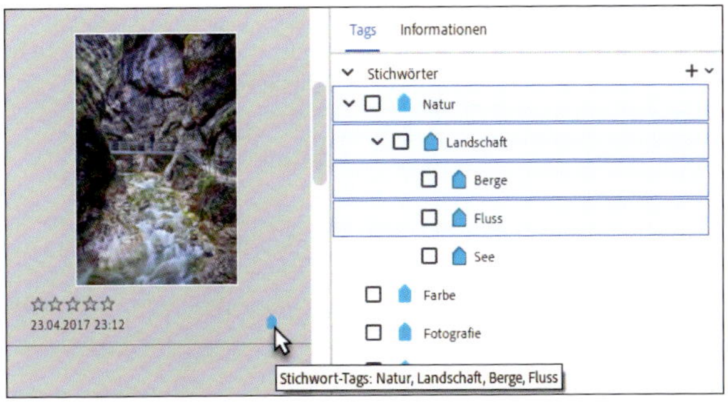

◀ **Abbildung 8.42**
Die neuen Stichwort-Tags wurden hier gerade verwendet.

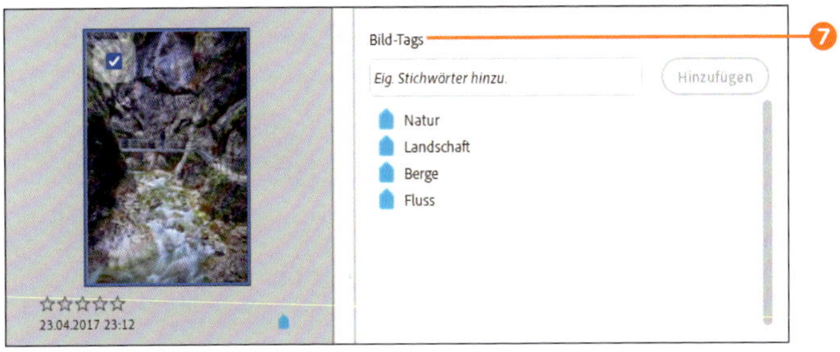

◀ **Abbildung 8.43**
Alle Stichwort-Tags (und andere Dinge wie Orte, Personen, Ereignisse) eines markierten Bildes werden rechts unter BILD-TAGS **7** aufgelistet.

Selbstverständlich können Sie einem Bild jederzeit weitere Stichwort-Tags hinzufügen.

▲ **Abbildung 8.44**
Der Platz für die Anzeige von mehreren Symbolen (hier dem Album- und dem Stichwort-Tag-Symbol) reicht nicht mehr aus.

Mehr als ein Symbol vorhanden | Sobald ein Bild mit Stichwort-Tags und in einem Album verwaltet wird, kann es passieren, dass bei einer verkleinerten Miniaturvorschau der einzelnen Bilder der Platz nicht mehr ausreicht, um alle Symbole anzuzeigen. In diesem Fall wird aus dem Schildchen oder Albumsymbol ein allgemeines Schildchen 8.

Wollen Sie wissen, was sich alles hinter diesem Schildchen verbirgt, brauchen Sie nur mit dem Mauszeiger darüber zu verweilen oder das Bild in einer vergrößerten Miniaturvorschau zu betrachten.

Stichwort-Kategorien erstellen | Reichen Ihnen die vorhandenen Kategorien nicht aus, können Sie selbstverständlich auch neue Kategorien anlegen.

Schritt für Schritt
Neue Stichwort-Kategorie erstellen

Adobe liefert bereits einige sinnvolle Stichwort-Kategorien mit. In der Regel werden diese aber nicht reichen. Lesen Sie daher in diesem Workshop, wie Sie eigene Kategorien erstellen.

1 Neue Kategorie erstellen

Um eine neue Kategorie zu erstellen, klicken Sie auf das Plussymbol 1, und wählen Sie NEUE KATEGORIE 2 aus.

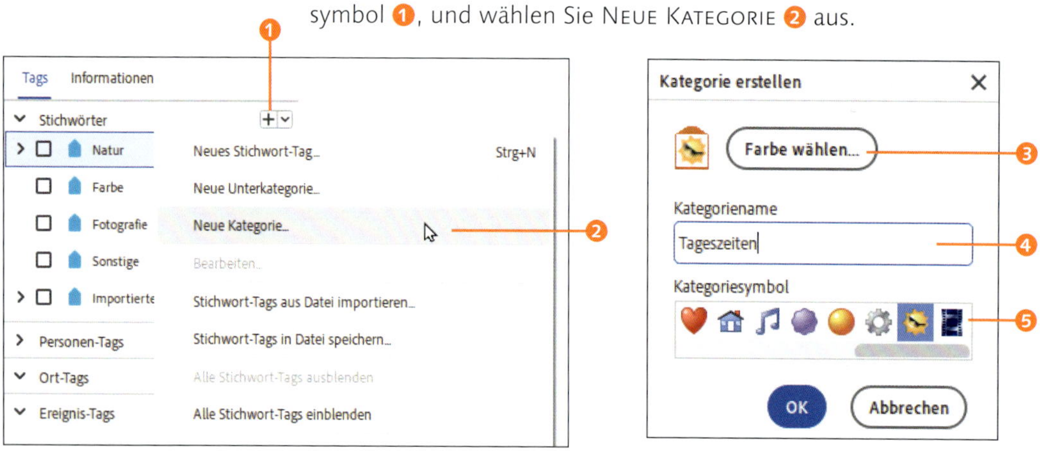

▲ **Abbildung 8.45**
Legen Sie eine neue Stichwort-Kategorie an. Sie können Name, Symbol und Farbe der neuen Stichwort-Kategorie bestimmen und optional weitere Unterkategorien erstellen.

Geben Sie im folgenden Dialog den gewünschten Kategorienamen ins Textfeld ein 4 (hier »Tageszeiten«). Darunter können Sie ein Symbol ❺ für die Kategorie aussuchen. Alternativ weisen Sie dem Schildchen eine Farbe ❸ zu. Bestätigen Sie den Dialog mit OK.

Nun legen Sie über das Plussymbol entweder weitere Unterkategorien oder neue Stichwort-Tags an, die zur Kategorie Tageszeiten passen. Ich habe hier im Beispiel mit [Strg]/[cmd]+[N] noch weitere Stichwort-Tags wie Nacht, Sonnenaufgang und Sonnenuntergang erstellt.

▲ **Abbildung 8.46**
Die neue Kategorie Tageszeiten mit weiteren neuen Unterkategorien

2 Bilder mit neuem Stichwort-Tag etikettieren

Das Etikettieren der Fotos können Sie nun analog zur Schritt-für-Schritt-Anleitung »Stichwort-Tags und neue Unterkategorien verwenden« vornehmen: Markieren Sie einfach Bilder, und weisen Sie diesen Bildern per Drag & Drop die Tags zu – oder auch umgekehrt, ziehen Sie einfach die Bilder auf das Stichwort-Tag, mit dem Sie diese versehen wollen.

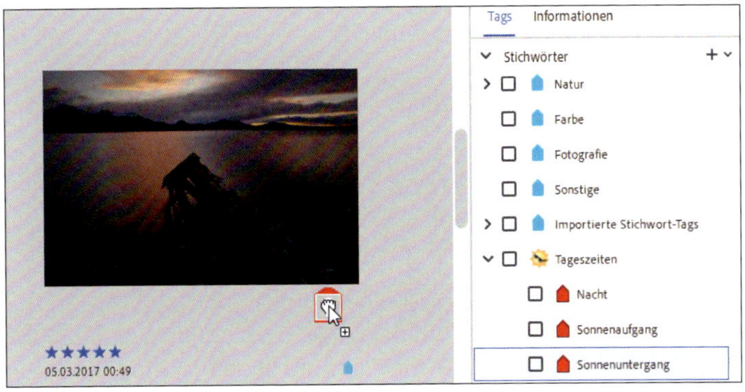

◄ **Abbildung 8.47**
Das neue Stichwort-Tag Sonnenuntergang wird hier für die markierten Fotos vergeben.

Unterkategorie und Stichwort-Tags umwandeln | Vorhandene Unterkategorien können Sie jederzeit in Stichwort-Tags umwandeln und umgekehrt. Klicken Sie hierzu einfach die Unterkategorie oder das Stichwort-Tag mit der rechten Maustaste an, und wählen Sie in dem sich öffnenden Kontextmenü den Menüpunkt In ein Stichwort-Tag ändern bzw. In eine Unterkategorie ändern aus. Unterkategorien können allerdings nur dann in Stichwort-Tags umgewandelt werden, wenn sie keine weiteren Unterkategorien oder Stichwort-Tags enthalten.

Schnell eigene Stichwörter hinzufügen | Wollen Sie mal schnell ein Stichwort-Tag einem oder mehreren Bild(ern) hinzufügen oder ein neues Stichwort-Tag erstellen, können Sie auch das kleine Textfeld ❸ (Abbildung 8.48) unterhalb von Bild-Tags verwenden. Das Textfeld erscheint, wenn Sie die Schaltfläche Tags/Infos aktiviert haben. Haben Sie ein Bild markiert und geben hier ein

Wort ein, brauchen Sie nur noch [↵] oder die Schaltfläche HINZUFÜGEN ❷ zu betätigen, und das Stichwort-Tag wird dem Bild hinzugefügt. Um mehrere Stichwort-Tags auf einmal zuzuweisen, tragen Sie sie durch ein Komma getrennt ein.

Bereits »getaggte« Stichwörter für das Bild werden in der Liste darunter ❹ angezeigt. Neu eingegebene Stichwörter, die noch nicht verwendet wurden, werden den TAGS unter SONSTIGE ❶ hinzugefügt (siehe hier mit BMX).

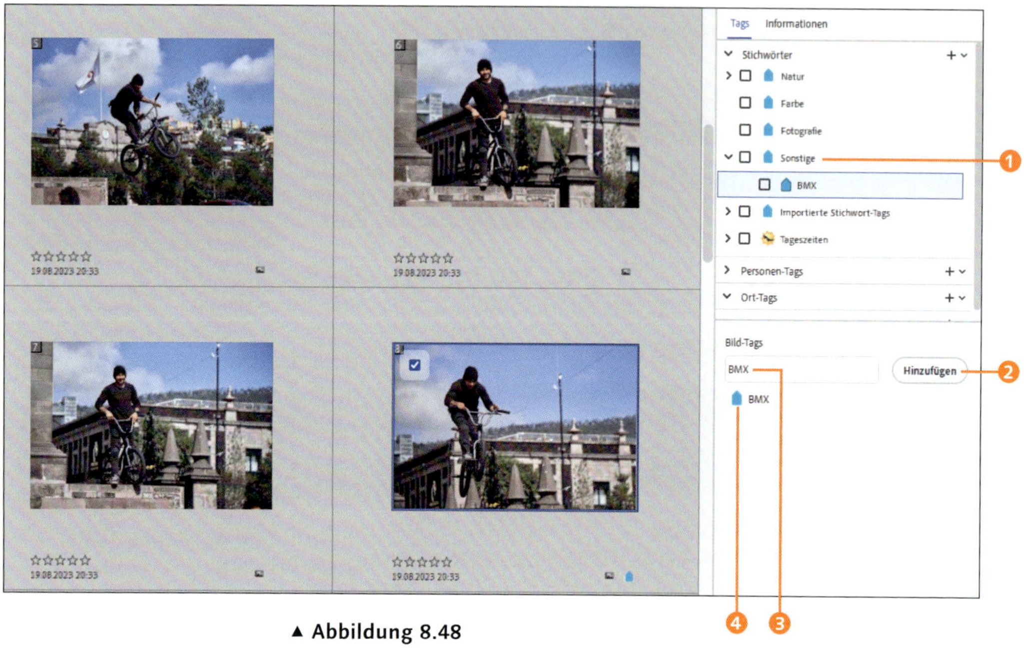

▲ **Abbildung 8.48**
Stichwörter lassen sich über BILD-TAGS besonders schnell dem Bild hinzufügen.

8.4.1 Nach Stichwort-Tags suchen

Die Möglichkeiten zur Vergabe von Stichwort-Tags sind beinahe unbegrenzt. Ihre Bildsuche wird umso erfolgreicher sein, je überlegter Sie bei der Vergabe von Tags vorgehen. Wenn Sie ähnlich überlegt später auch bei den Personen-Tags, Ort-Tags und Ereignis-Tags vorgehen, werden Sie auch bei einem sehr umfangreichen Katalog immer das Bild finden, nach dem Sie suchen.

Um nach Bildern mit einem bestimmten Tag zu suchen, klicken Sie einfach auf die entsprechende Checkbox eines Tags ❻. Bei der Suche aktiver Stichwort-Tags enthält das Kästchen ein Häkchen ❺. Enthält das Stichwort-Tag, wie in diesem Beispiel mit LANDSCHAFT zu sehen ist, weitere Stichwörter (hier BERGE, FLUSS und SEE), werden automatisch auch diese Unter-Tags markiert.

Auflistung der Suche
Bei einer umfangreicheren und erweiterten Suche können enorm viele Stichwort-Tags (Personen, Orte, Ereignisse) zusammenkommen. Damit Sie nicht den Überblick verlieren, wird zwischen dem Medienbrowser und der erweiterten Suche eine Übersicht ❼ aufgelistet.

▲ **Abbildung 8.49**
Alle Bilder mit dem Stichwort-Tag LANDSCHAFT und den darunter angeordneten Tags werden im Medienbrowser angezeigt.

Wollen Sie die Suche noch weiter einschränken und haben Sie Ihre Stichwort-Tags intelligent vergeben, können Sie die Suche noch weiter verfeinern. Im Beispiel in Abbildung 8.50 möchte ich alle Landschaftsbilder auswählen, die mit dem Tag KIRCHE versehen sind. Aber Achtung: Wenn Sie ein Stichwort-Tag markieren, das Unter-Tags enthält, werden automatisch alle Unter-Tags markiert. In unserem Beispiel wurden daher beim Markieren des Tags LANDSCHAFT alle Bilder mit Kirchen herausgefiltert, die auch mit den Tags BERGE, FLUSS und SEE versehen sind.

▼ **Abbildung 8.50**
Wir wollen noch detaillierter nach bestimmten Bildern suchen, hier nach Kirchen in der Landschaft.

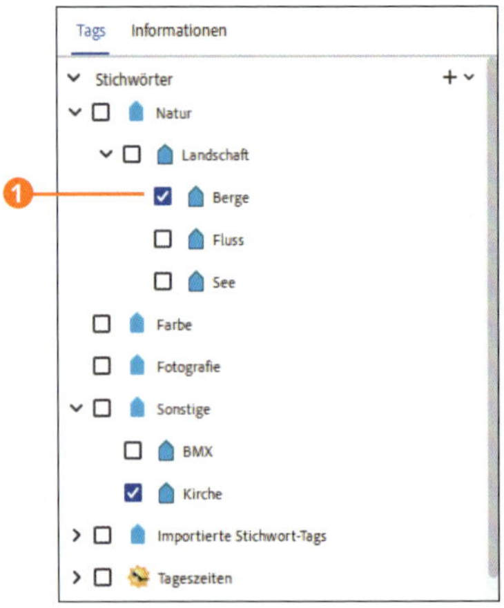

▲ **Abbildung 8.51**
Jetzt werden nur noch Kirchenbilder mit Bergen angezeigt.

Sofern Sie eine spezifischere Suche starten wollen, müssen Sie eben gezielt nach dem Stichwort-Tag suchen. Möchten Sie also Kirchen in den Bergen sehen, müssen Sie den Tag Landschaft deaktivieren (Häkchen entfernen) und nur das Tag Berge **1** markieren. Jetzt werden im Medienbrowser nur noch die Medien mit dem Stichwort-Tag Berge und Kirche angezeigt.

Sie haben noch eine weitere Möglichkeit, mithilfe der gezielten Suche über die Checkboxen Einfluss auf die Filterung zu nehmen. Wenn Sie beispielsweise das Stichwort-Tag Landschaft ausgewählt haben, werden automatisch auch die Unterkategorien Berg, Fluss und See markiert. Wollen Sie jetzt allerdings nach allen Landschaft-Aufnahmen suchen, aber nicht nach Bildern mit Berge, klicken Sie mit der rechten Maustaste auf Berge und wählen im Kontextmenü Aus Suche ausschliessen **2**. Ein solches bei der Suche ausgeschlossenes Stichwort-Tag erkennen Sie am entsprechenden Stoppsymbol **3** über der Checkbox.

Wieder zur Suche hinzufügen können Sie ein Stichwort-Tag, indem Sie auf das Stoppsymbol klicken oder das Stichwort-Tag erneut mit der rechten Maustaste anklicken und im Kontextmenü den Befehl In Suche aufnehmen auswählen.

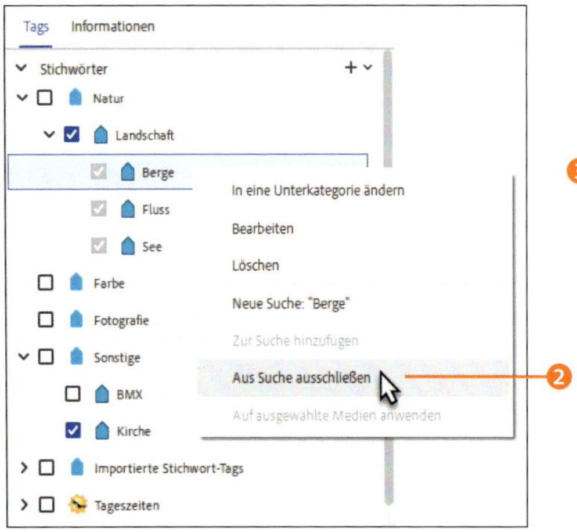

▲ **Abbildung 8.52**
Einzelne Stichwort-Tags bei der Suche ausschließen

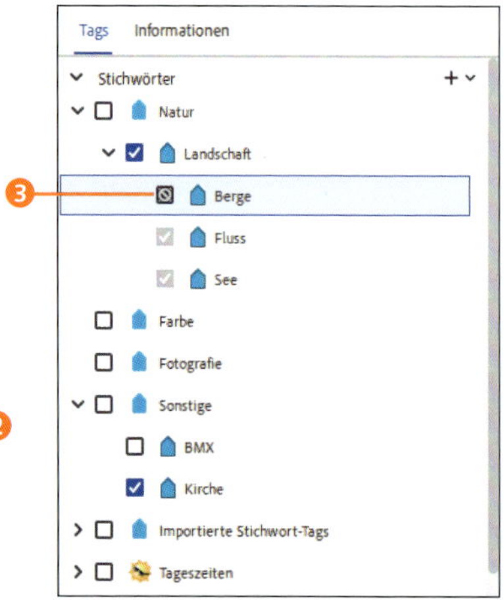

▲ **Abbildung 8.53**
Ein bei der Suche ausgeschlossenes Stichwort-Tag (hier Berge)

Import rückgängig machen
Das Importieren können Sie gegebenenfalls mit Strg/cmd + Z bzw. Bearbeiten • Rückgängig: Stichwort-Tags aus Datei importieren widerrufen.

8.4.2 Stichwort-Tags importieren und exportieren

Wie schon bei den Albumkategorien können Sie auch die Stichwort-Tags importieren und exportieren. So habe ich beispielsweise Stichwort-Tags, die ich in einer älteren Version von Photoshop Elements exportiert hatte, erfolgreich mit dem aktuellen Photoshop Elements auf einem anderen Rechner importiert.

Auch hierbei werden der Import und Export von einer XML-Datei übernommen.

Um Stichwort-Tags zu importieren oder zu exportieren, klicken Sie auf den kleinen Pfeil neben der Plus-Schaltfläche unter Tags • Stichwörter und wählen im Kontextmenü den Punkt Stichwort-Tags aus Datei importieren für den Import oder Stichwort-Tags in Datei speichern für den Export der Tags.

Sie können allerdings auch einzelne Stichwort-Tags oder eine Gruppe von Stichwort-Tags exportieren, um diese in einem anderen Katalog wieder zu importieren. Dies ist beispielsweise dann sinnvoll, wenn Sie Stichwort-Tags exportieren und in einen Katalog importieren wollen, in dem bereits teilweise dieselben Tags existieren – anderenfalls wären diese Tags doppelt vorhanden.

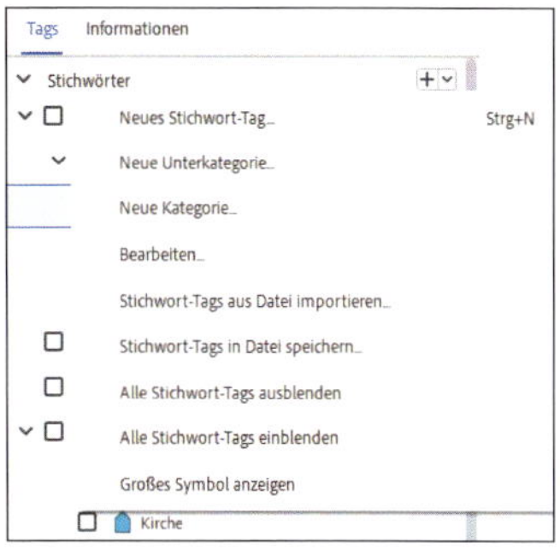

▲ **Abbildung 8.54**
Auch Tags können Sie importieren und exportieren.

8.4.3 Stichwort-Tags löschen

Ein Stichwort-Tag können Sie jederzeit wieder löschen, indem Sie mit der rechten Maustaste im Bedienfeld auf das entsprechende Stichwort-Tag klicken und im sich öffnenden Kontextmenü den Befehl Löschen auswählen. Beachten Sie allerdings: Wenn ein Stichwort-Tag weitere Unterkategorien enthält, werden auch diese gelöscht! Des Weiteren wird das Stichwort-Tag auch von den Bildern entfernt, denen Sie es vorher zugewiesen hatten.

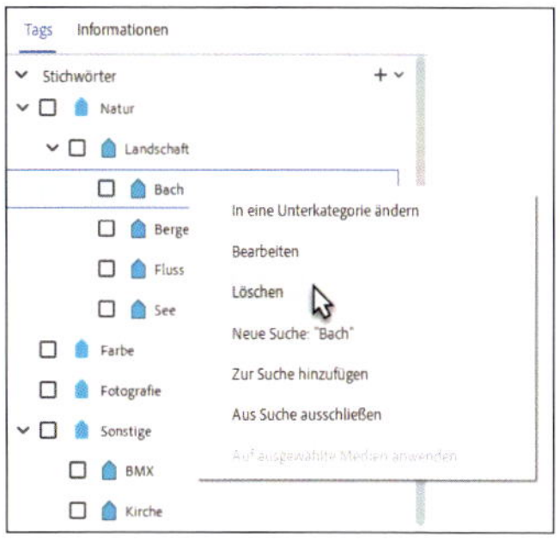

▲ **Abbildung 8.55**
Stichwort-Tags löschen

Stichwort-Tag von einem Bild entfernen | Wollen Sie ein Stichwort-Tag von einem Bild entfernen, brauchen Sie nur das kleine Tag-Schildchen ④ mit der rechten Maustaste anzuklicken und das entsprechende Stichwort-Tag zu entfernen. Gleiches können Sie auch über Bild-Tags ⑤ erreichen, wenn Sie ein Bild ausgewählt haben. Auch damit können Sie über einen rechten Mausklick ein Stichwort-Tag entfernen.

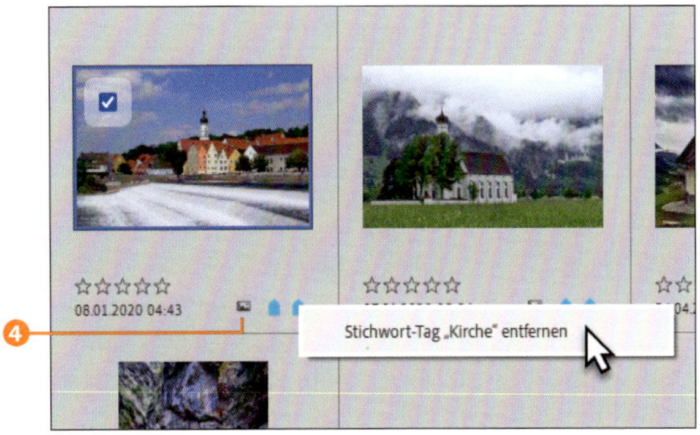

▲ **Abbildung 8.56**
Stichwort-Tag mit einem rechten Mausklick über dem Schildchen ④ entfernen oder …

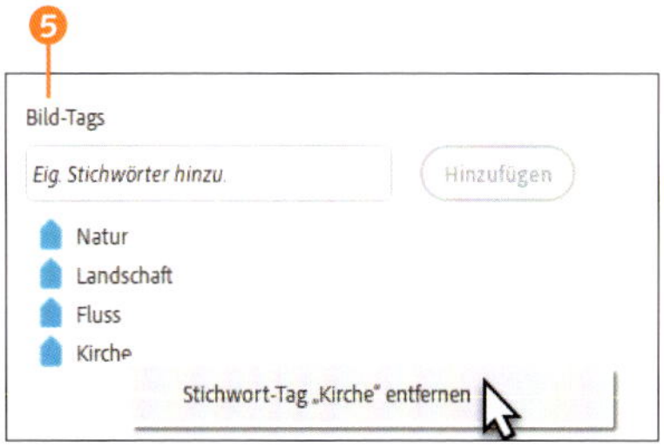

▲ **Abbildung 8.57**
… über die Bild-Tags, die eingeblendet sind, wenn die Schaltfläche Tags/Info aktiviert wurde

8.5 Alben, Kategorien und Stichwort-Tags sortieren

Sie können die Reihenfolge, in der Ihre Alben, Kategorien und Stichwort-Tags angezeigt werden, beeinflussen. Die entsprechenden Optionen dazu finden Sie über das Menü BEARBEITEN/ELEMENTS ORGANIZER • VOREINSTELLUNGEN • STICHWORT-TAGS UND ALBEN.

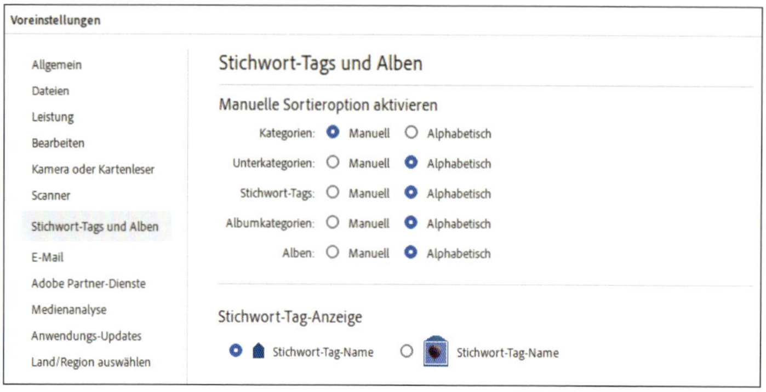

Abbildung 8.58 ▸
Hier legen Sie fest, wie sich Alben, Kategorien oder Stichwort-Tags sortieren lassen.

Standardmäßig werden alle Elemente ALPHABETISCH sortiert. Wenn Sie hier auf MANUELL umstellen, können Sie in die Sortierung eingreifen.

Alben manuell sortieren | Das manuelle Sortieren von Alben funktioniert im Grunde recht einfach. Alben innerhalb einer Albenkategorie können Sie einfach per Drag & Drop sortieren. In Abbildung 8.59 wurde beispielsweise das Album STRASSENFOTOGRAFIE hinter das Album BMX gezogen. Wo das Album einsortiert wird, wenn Sie es fallen lassen, erkennen Sie anhand der Linie (1) hinter einem Album.

Abbildung 8.59 ▸
Manuelles Einsortieren von Alben innerhalb einer Kategorie

Wollen Sie hingegen ein Album einer bestimmten Albenkategorie in eine andere Albenkategorie einsortieren, müssen Sie das Album zuerst auf die entsprechende Kategorie ziehen und fallen lassen, ehe Sie es wiederum innerhalb der Albumkategorie sortieren können. In Abbildung 8.60 wurde beispielsweise das

Album BERGE aus der Albumkategorie LANDSCHAFTSAUFNAHMEN in die Albumkategorie BEST-OF gezogen. Die Kategorie wird dabei grau ❷ hervorgehoben. Erst anschließend könnten Sie das Album BERGE innerhalb der Kategorie BEST-OF sortieren.

Stichwort-Tags manuell sortieren | Das manuelle Sortieren von Stichwort-Tags funktioniert genauso, wie ich es eben bei den Alben beschrieben habe. Beim Umsortieren innerhalb einer Kategorie zeigt auch hier eine blaue Linie an, wo das Stichwort-Tag eingefügt wird, wenn Sie es fallen lassen. Ebenso können Sie ein Stichwort-Tag aus einer (Unter-)Kategorie in eine übergeordnete bzw. eine Unterkategorie einsortieren. Hierzu ziehen Sie einfach das Stichwort-Tag auf die gewünschte (Unter-)Kategorie. Auch dabei wird die entsprechende Kategorie wieder grau hervorgehoben.

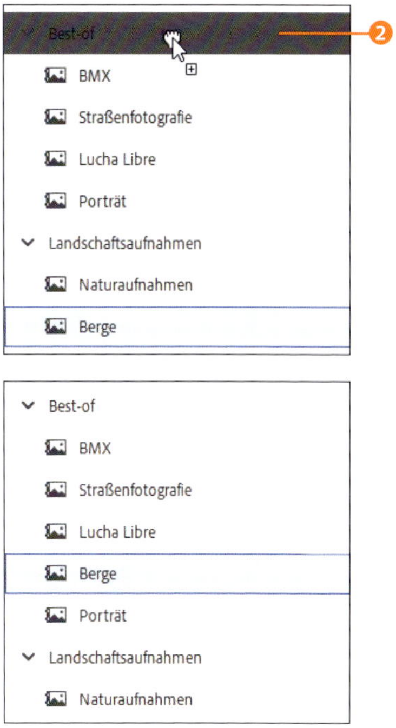

▲ **Abbildung 8.60**
Manuelles Sortieren von Alben außerhalb einer Kategorie

8.6 Automatische Smart-Tags und Auto-Kuratierung

Neben den Stichwort-Tags, die Sie als Benutzer selbst zu Ihrem Bild hinzufügen können, gibt es noch die Möglichkeit der Smart-Tags, mit deren Hilfe der Organizer Ihre Bilder analysiert und automatisch mit Schlagworten versieht. Diese automatische Verschlagwortung funktioniert erstaunlich gut. Sie können es ja mal probieren und bei Nichtgefallen diese Option immer noch deaktivieren. Es kann dabei nichts kaputtgehen. Diese Funktion ist hilfreich bei der Verschlagwortung und anschließenden Suche nach Bildern.

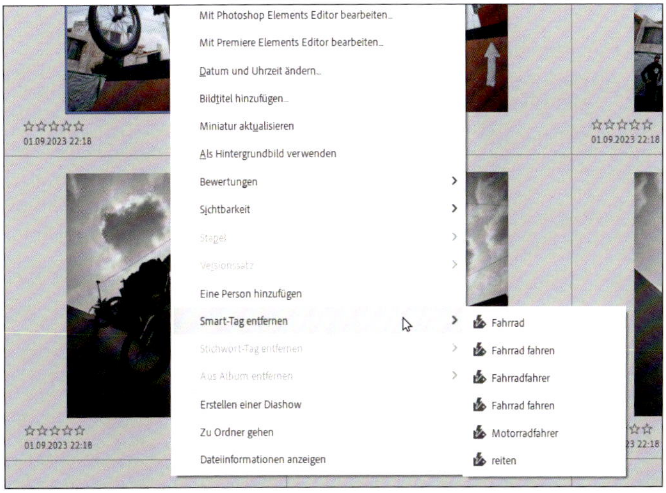

◀ **Abbildung 8.61**
Ziemlich beeindruckend erkennt der Algorithmus der Smart-Tags einzelne Dinge und Lebewesen auf dem Foto.

▲ **Abbildung 8.62**
Über die Schaltfläche ❶ rufen Sie die Such-Oberfläche auf.

8.6.1 Suche nach Smart-Tags

Die Suche nach den Smart-Tags funktioniert ausschließlich über die Such-Oberfläche, die Sie über die SUCHEN-Schaltfläche ❶ aufrufen können. Hier finden Sie auf der linken Seite im ersten Eintrag ❷ die Smart-Tags, mit deren Hilfe Sie durch Auswählen einzelner Tags die Bilder ausfiltern können. Natürlich können Sie auch nach einem entsprechenden Begriff bzw. Tag per Texteingabe suchen. Auf diese mächtige Such-Oberfläche wird noch gesondert in Abschnitt 8.14.10, »Komfortable Suche mit Filter«, eingegangen. Wenn Sie die Smart-Tags bei den Voreinstellungen deaktiviert haben, wird ❷ bei der Such-Oberfläche nicht angezeigt.

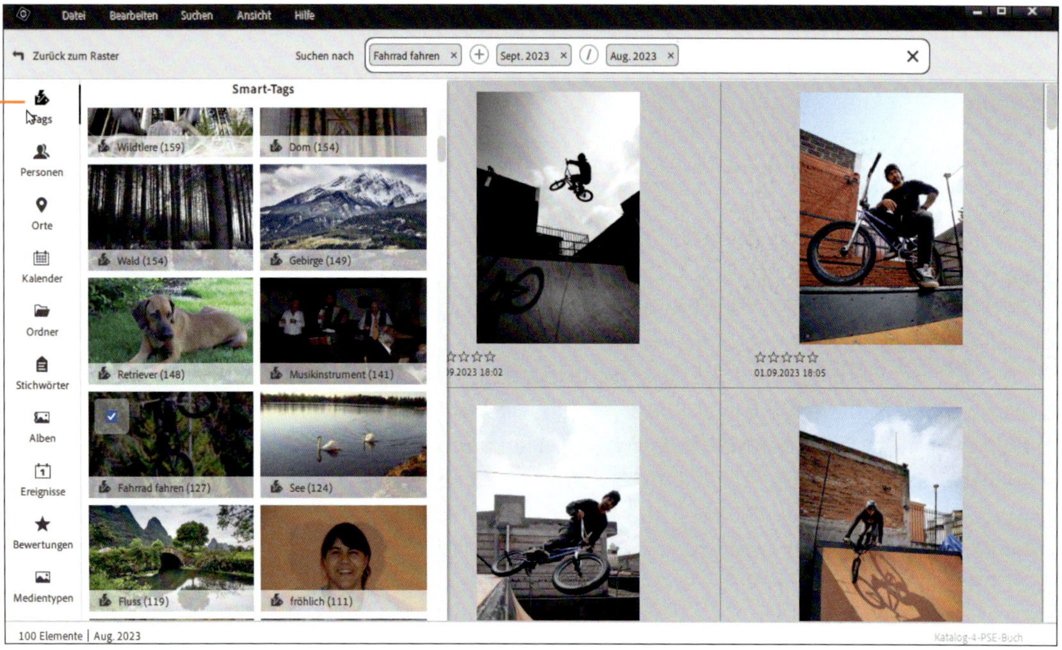

▲ **Abbildung 8.63**
Sind die Smart-Tags aktiviert, finden Sie in der Such-Oberfläche einen extra Reiter ❷ dafür.

8.6.2 Smart-Tags löschen

Nicht immer passen die automatischen Smart-Tags zum Bild. Einzelne Smart-Tags können Sie entfernen, wenn Sie mit der rechten Maustaste im Kontextmenübefehl SMART-TAG ENTFERNEN einen entsprechenden Eintrag auswählen, der nicht zum Bild passt. Das entsprechende Smart-Tag wird dann ohne Rückfrage vom Bild entfernt.

8.6.3 Die Auto-Kuratierung

Als eine Art Erweiterung zu den automatischen Smart-Tags finden Sie die AUTO-KURATIERUNG vor. Bei der Auto-Kuratierung wird ebenfalls der gesamte Katalog analysiert, und ein intelligenter Algorithmus beurteilt die Qualität der Bilder anhand von (benannten) Personen, Smart-Tags, Ereignissen und anderen Metadaten. Auf diese Weise werden aus einer Kombination aus persönlichen Tags (beispielsweise benannten Fotos von Familienmitgliedern) den Smart-Tags, Ereignissen und anderen Unterkategorien von Metainformationen nach der Analyse des Katalogs die besten Bilder im Medienbrowser angezeigt. Alle anderen Bilder, die entsprechend dem Algorithmus nicht so hochwertig bzw. wichtig sind, werden bei aktiver Auto-Kuratierung dann ausgeblendet. Die Auto-Kuratierung aktivieren Sie, indem Sie ein Häkchen rechts oben vor AUTO-KURATIERUNG ❸ setzen.

Wenn Sie die Auto-Kuratierung aktiviert haben, können Sie die Anzahl der automatisch angezeigten besten Bilder über den Schieberegler ❺ oder das Textfeld ❹ reduzieren bzw. erhöhen.

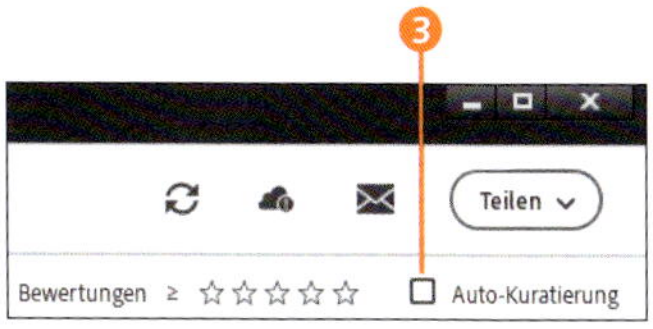

▲ **Abbildung 8.64**
AUTO-KURATIERUNG aktivieren

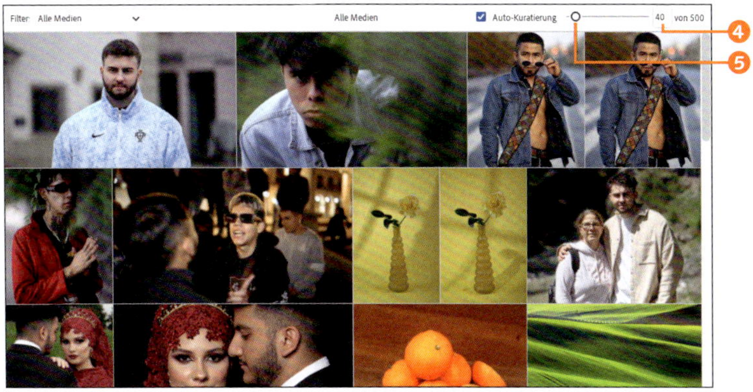

◄ **Abbildung 8.65**
Reduzieren oder erweitern Sie die Anzahl der automatisch angezeigten besten Fotos.

Die Auto-Kuratierung kann auf maximal 20 000 Fotos angewendet werden. Es ist allerdings wenig sinnvoll, sie bei so vielen Bildern anzuwenden. Idealerweise wählen Sie zunächst ein Album, einen Personen-Stapel, einen Ort, Stichwort-Tags oder ein Ereignis aus und aktivieren dann die Auto-Kuratierung, um die besten Bilder dieser Selektion zu erhalten.

Ich möchte noch anmerken, dass ein Computer-Algorithmus niemals exakt berechnen kann, was ein perfektes Bild ist oder nicht. Ebenso kommt noch der Faktor des persönlichen Geschmacks hinzu. Daher sollten Sie die Auto-Kuratierung auch nur als eine weitere Hilfe sehen, um aus einer umfangreichen Sammlung von Bildern möglichst die besten Bilder zu sichten.

Smart-Tags- und Gesichteranalyse
Die besten Ergebnisse erzielen Sie mit der Auto-Kuratierung, wenn die Analyse von den Smart-Tags und Gesichtern komplett abgeschlossen wurde.

8.6.4 Smart-Tags und Auto-Kuratierung (de-)aktivieren

Die Option für die Smart-Tags und die Auto-Kuratierung können Sie über BEARBEITEN/ELEMENTS ORGANIZER • VOREINSTEL-

Auch für Videos
Die Auto-Kuratierung wird standardmäßig neben Fotos auch auf Videos angewendet. Bei den Voreinstellungen der MEDIENANALYSE können Sie diese Option (VIDEOS) deaktivieren.

LUNGEN • MEDIENANALYSE unter ANALYSE-OPTIONEN einstellen. Hier finden Sie die Option SMART-TAGS UND AUTO-KURATIERUNG ANZEIGEN, mit der Sie die Smart-Tags und die Auto-Kuratierung (de-)aktivieren. Wenn Sie also die Smart-Tags und die Auto-Kuratierung verwendet haben und hinterher feststellen, dass Ihnen die Funktion doch nicht zusagt, deaktivieren Sie sie einfach, und weg sind die Smart-Tags und die Auto-Kuratierung. In Abhängigkeit vom Umfang Ihrer Foto- und Videosammlung kann die im Hintergrund laufende Analyse von Smart-Tags und der Auto-Kuratierung bei der ersten Analyse etwas länger dauern.

8.7 Bilder bewerten

Bewertung per Tastatur
Sie können die Bilder auch mit der Tastatur bewerten. Markieren Sie hierzu ein Bild im Medienbrowser, und vergeben Sie mit den Tasten [1], [2], [3], [4] oder [5] die Anzahl der Sterne. Dies funktioniert natürlich auch in der Vollbildansicht des Organizers.

Der Bewertungssterne-Filter hilft Ihnen beim schnellen Wiederfinden besonders gelungener Fotos, Videoclips oder Audioclips. Damit Sie die Bilder nach Bewertungssternen filtern können, müssen Sie diese Bewertungen natürlich zunächst zuweisen. Vergeben Sie einfach beim Betrachten Ihrer Bilder im Medienbrowser die gewünschte Anzahl an Sternen (1–5 Sterne).

Um die Bewertungssterne im Medienbrowser anzuzeigen und zu vergeben, müssen Sie die Option ANSICHT • DETAILS im Menü (alternativ per [Strg]/[cmd]+[D]) aktivieren.

▲ **Abbildung 8.66**
Mithilfe der Bewertungssterne finden Sie besonders schöne Bilder schnell wieder.

Um nun die Bilder nach Ihren Einstufungen zu filtern, müssen Sie nur im Medienbrowser rechts oben ❸ die Anzahl der Sterne bestimmen, nach der gefiltert werden soll. Über das Einstufungsmenü daneben ❷ können Sie außerdem systematisch Bilder ausfiltern, deren Bewertung größer, kleiner oder gleich dem angegebenen Filter ist.

Das Bewertungssystem hat mir zum Beispiel sehr gut geholfen, Bilder für das Buch auszuwählen. Anstatt Bild für Bild zu durchsuchen, bewerte ich die Bilder sofort und spare so viel Zeit beim Auswählen guter Fotos.

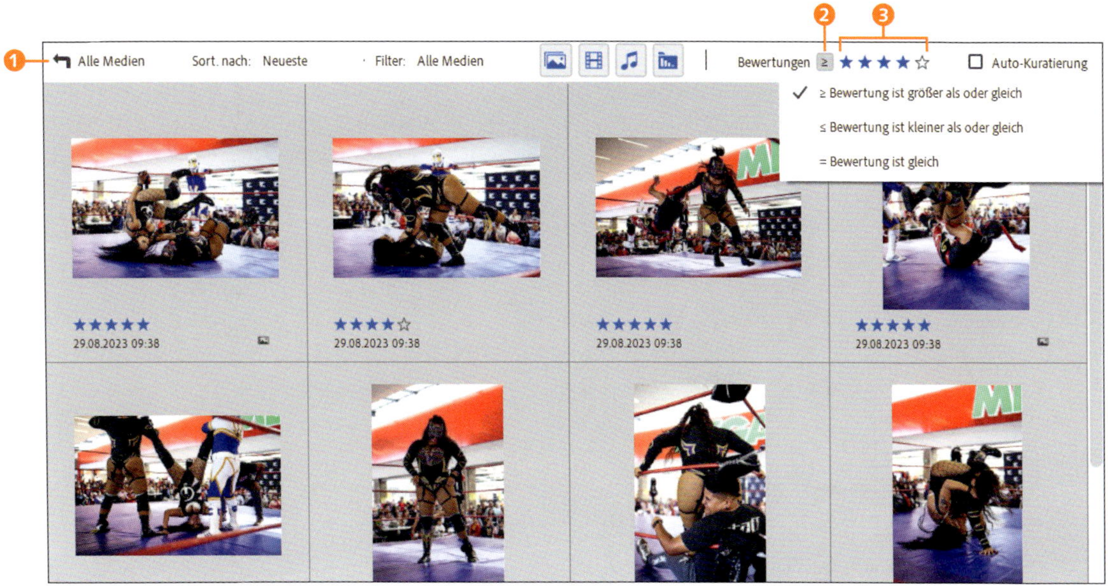

▲ **Abbildung 8.67**
Der Bewertungssterne-Filter im Einsatz

Das Bewertungssystem ist natürlich auch mit den Modi MEDIEN, PERSONEN, ORTE und EREIGNISSE kombinierbar. Wenn Sie beispielsweise ein Album oder einen importierten Ordner ausgewählt haben, werden nur die Bewertungen der Bilder aus diesem Album oder Ordner bei der Suche ausgefiltert. Wollen Sie alle Fotos des Katalogs ausfiltern, müssen Sie auf die Schaltfläche ALLE MEDIEN 1 klicken.

Bewertung löschen | Die Bewertung können Sie jederzeit löschen, indem Sie den Stern mit der Wertung einfach erneut anklicken 4. Wenn Sie einem Bild eine 5-Sterne-Wertung gegeben haben, müssen Sie auf den fünften Stern klicken. Würden Sie auf einen anderen Stern klicken, würden Sie die Wertung ändern.

▲ **Abbildung 8.68**
Bildbewertung wieder löschen

8.8 Personenfotos verwalten

Bereits nach dem Import Ihrer Fotos beginnt Elements Organizer mit der Personenerkennung der einzelnen Bilder. Wie weit die Analyse fortgeschritten ist, können Sie jederzeit links unten 5 in der Statusleiste sehen.

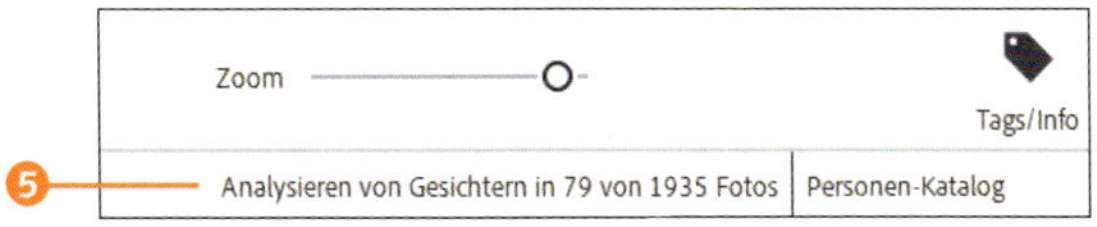

◀ **Abbildung 8.69**
Fortschritt der Erkennung von Gesichtern

Wenn Sie gerade erst einen Katalog erstellt haben und in den Personen-Modus 6 wechseln, wird Ihnen angezeigt, dass die Gesichter in Ihrem Katalog analysiert werden. Sobald erste Gesichter gefunden wurden, werden diese eingeblendet.

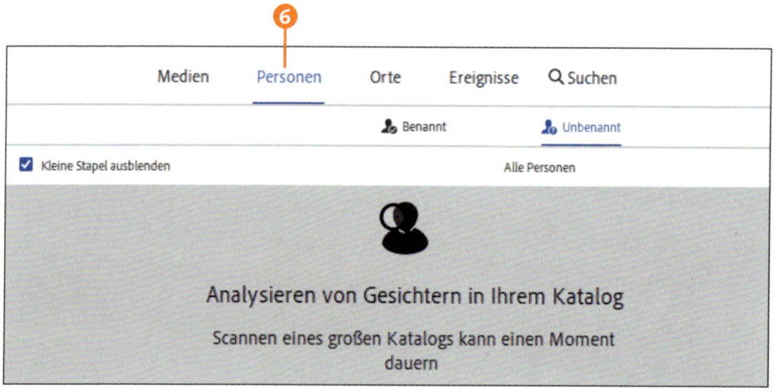

Abbildung 8.70 ▸
Die Analyse von Gesichtern ist im Gange.

Arbeit für den Rechner
Abhängig vom Umfang der Bilder, die Sie importiert haben, kann Ihr Rechner eine gewisse Zeit mit der Analyse von Gesichtern beschäftigt sein. Da der Vorgang allerdings im Hintergrund ausgeführt wird, können Sie weiterhin mit Elements Organizer arbeiten.

Standardmäßig ist diese automatische Personenerkennung im Elements Organizer für Fotos und Videos aktiviert. Wollen Sie die Personenerkennung nicht verwenden und deaktivieren, können Sie dies über das Menü Bearbeiten/ Elements Organizer • Voreinstellungen • Medienanalyse mit der Option Gesichtserkennung automatisch durchführen 7 machen. Dort können Sie auch ganz gezielt die Gesichtserkennung für Fotos und/ oder Videos (de-)aktivieren. Das ist auch während einer laufenden Analyse möglich. Wenn Sie die Option wieder aktivieren, fängt die Analyse wieder von vorn an, Ihren Katalog zu scannen. Wollen Sie hingegen alle gefundenen Personen und Personenstapel des Katalogs löschen, können Sie dies über die Schaltfläche Gesichteranalyse zurücksetzen 8 vornehmen.

Abbildung 8.71 ▸
Die automatische Personenerkennung kann jederzeit (de-)aktiviert oder zurückgesetzt werden.

Wenn Sie Bilder nach der Analyse in maximaler Zoomstufe im Medienbrowser betrachtet haben, ist Ihnen sicherlich bei einigen Bildern der weiße runde Rahmen Name… 9 aufgefallen, wenn Sie mit dem Mauscursor über das vorhandene Gesicht in der Vorschau gehen. Sie könnten die einzelnen Personen auf den Bildern in dieser Ansicht im Medienbrowser benennen, aber das ist bei einem umfangreichen Katalog mit vielen Bildern ein recht mühsames Unterfangen. In der Praxis empfiehlt es sich daher, Elements Organizer die Analyse der Gesichter in Ihrem Katalog abschließen zu lassen und die Personen dann im PERSONEN-Modus zu benennen.

Personen im Medienbrowser benennen
Wie Sie Bilder direkt im Medienbrowser benennen können, erfahren Sie in Abschnitt 8.8.2, »Personen einzeln über den Medienbrowser benennen«.

◂ **Abbildung 8.72**
Die automatische Gesichtserkennung funktioniert sehr gut. (Model: Sally Avena)

Name... wird nicht angezeigt
Wird NAME... ⑨ bei Ihnen nicht im Medienbrowser in der maximalen Zoomstufe angezeigt, haben Sie vermutlich diese Anzeige deaktiviert. Sie können sie jederzeit über das Menü ANSICHT • PERSONENERKENNUNG (de-)aktivieren.

8.8.1 Mehrere Personen komfortabel benennen

Wie bereits in der Einführung der Personenerkennung erwähnt, analysiert Elements Organizer nach jedem Import die Bilder und sucht nach Gesichtern. Im folgenden Workshop erfahren Sie, wie Sie die bereits gefundenen Personen ganz komfortabel benennen und verwalten können.

Schritt für Schritt
Gefundene Personen benennen und verwalten

Bei diesem Workshop gehe ich davon aus, dass Sie bereits Bilder in den Katalog importiert haben und die automatische Analyse von Gesichtern komplett abgeschlossen ist. Aber auch wenn die Analyse von Gesichtern noch im Gange sein sollte, können Sie bereits mit der Benennung von Personen beginnen.

▴ **Abbildung 8.73**
Solange Sie diese Anzeige links unten in der Statuszeile sehen, ist die Analyse von Gesichtern noch im Gange.

1 Wechseln Sie in den Personen-Modus

Wechseln Sie zunächst vom Medienbrowser in den PERSONEN-Modus über die gleichnamige Schaltfläche ②. Im Register UNBENANNT ③ werden jetzt die einzelnen Stapel ④ mit den Personen aufgelistet, die bei der letzten Analyse von Gesichtern gefunden wurden und noch nicht benannt sind. Elements Organizer packt alle Fotos in einen Stapel, bei denen es sich sicher ist, dass dieselbe Person darauf abgebildet ist. In Klammern ❺ können Sie sehen, wie viele Bilder sich in diesem Stapel befinden. Links unten in der Statuszeile ❻ steht, wie viele unbenannte Personen hier aufgelistet sind.

Kleine Stapel ausblenden
Das Häkchen vor Kleine Stapel ausblenden ❶ ist standardmäßig gesetzt und blendet die Stapel aus, in denen nur ein Bild gefunden wurde oder in denen sich Elements Organizer nicht sicher ist. Wenn Sie sehen wollen, um welche Stapel es sich handelt, deaktivieren Sie das Häkchen und scrollen ganz nach unten.

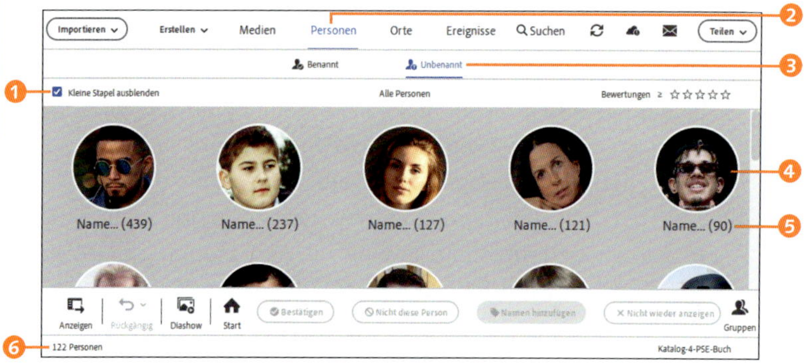

Abbildung 8.74 ▸
Stapel mit unbenannten Personen

2 Stapel aufklappen und betrachten

Zwar könnten Sie den Fotostapel jetzt bereits mit dem Namen der darauf abgebildeten Person benennen, allerdings sollten Sie zunächst den Inhalt der Stapel überprüfen, auch wenn die neue Version von Elements Organizer erstaunlich gut arbeitet. Klicken Sie auf den Stapel, den Sie überprüfen wollen, woraufhin die einzelnen Gesichter ❾ im Stapel angezeigt werden.

Fotos zum Stapel betrachten
Wollen Sie das komplette Foto zum Gesicht betrachten, müssen Sie nur mit dem Mauscursor über dem Gesicht stehen bleiben, und es wird eine Miniaturvorschau angezeigt. Möchten Sie gleich anstelle der Gesichter das entsprechende Foto in einer Miniaturansicht sehen, müssen Sie das Register Medien ❼ auswählen. Zurück zur Gesichteransicht kommen Sie, wenn Sie das Register Gesichter ❽ auswählen.

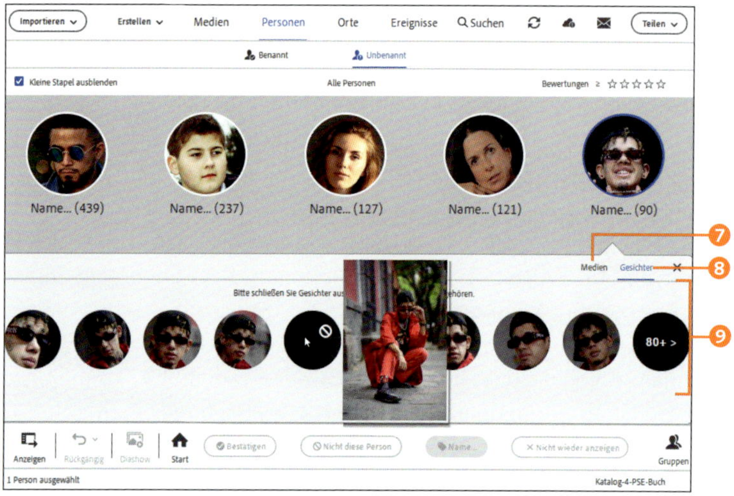

Abbildung 8.75 ▸
Betrachten eines Fotostapels

Elements Organizer zeigt nur so viele Gesichter an, wie ohne Scrollvorgang angezeigt werden können. Falls nicht Platz für alle

Gesichter im Stapel vorhanden war, finden Sie einen abgedunkelten Kreis mit der Anzahl der noch vorhandenen Gesichter rechts unten, den Sie nur anzuklicken brauchen, damit alle Gesichter angezeigt werden.

3 Personen im aufgeklappten Stapel entfernen

Ist im Gesichterstapel ein Gesicht vorhanden, das hier nicht hingehört, müssen Sie das Gesicht auswählen und dann das Stoppsymbol ⑩ anklicken. Dasselbe können Sie auch mit mehreren Gesichtern machen, indem Sie diese mit gehaltener [Strg]/[cmd]-Taste auswählen und unten die Schaltfläche NICHT DIESE PERSON ⑪ anklicken.

▲ **Abbildung 8.76**
Sämtliche Befehle erreichen Sie auch über das Kontextmenü, das sich mit einem rechten Mausklick auf ein Gesicht öffnet.

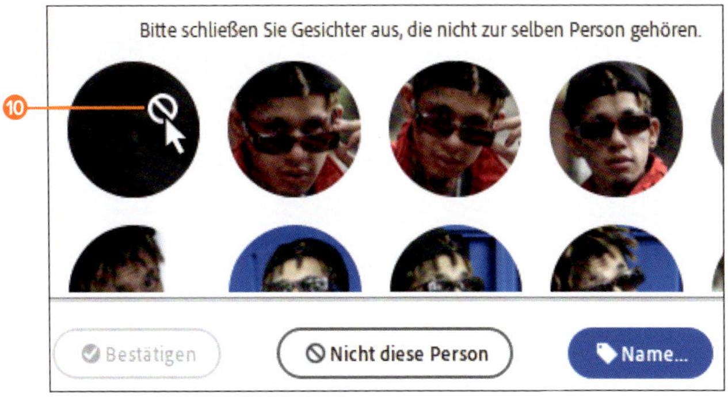

◀ **Abbildung 8.77**
Personen, die nicht zum Stapel gehören, entfernen

4 Person benennen

Klappen Sie zunächst den ausgeklappten Fotostapel zusammen, indem Sie ihn erneut anklicken (bzw. [Esc] drücken), und klicken Sie jetzt direkt unter das Bild auf NAME... Geben Sie den Namen der Person ein. Wenn eine gleichnamige Person bereits existiert, erscheint eine Dialogbox, mit der Sie entweder diese Person mit OK ⑫ zur existierenden Person hinzufügen oder mit ABBRECHEN ⑬ eine neue Person mit dem gleichen Namen erzeugen, wenn dies sinnvoll ist.

▲ **Abbildung 8.78**
Person über das Textfeld benennen: Bei der Eingabe hilft eine Autovervollständigung mit bereits benannten Personen.

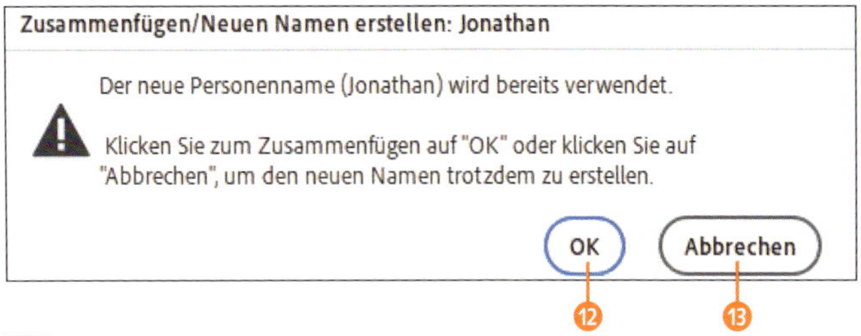

◀ **Abbildung 8.79**
Weitere Bilder zu einer bereits vorhandenen gleichnamigen Person hinzufügen oder eine neue gleichnamige Person erzeugen

5 Personen zusammenfügen

Da von einer Person mehrere Stapel angelegt werden könnten, können Sie diese zusammenführen, indem Sie die entsprechenden Stapel mit gehaltener Strg/cmd-Taste auswählen und dann auf die Schaltfläche PERSONEN ZUSAMMENFÜGEN ③ klicken. Im sich öffnenden Dialog können Sie im Textfeld den Namen eingeben, der für die ausgewählten Stapel verwendet werden soll ①. Sollten Sie einmal versehentlich die gleiche Person mehrmals benannt haben, können Sie dies jederzeit auf die gleiche Weise im Register BENANNT beheben und einen Stapel daraus machen.

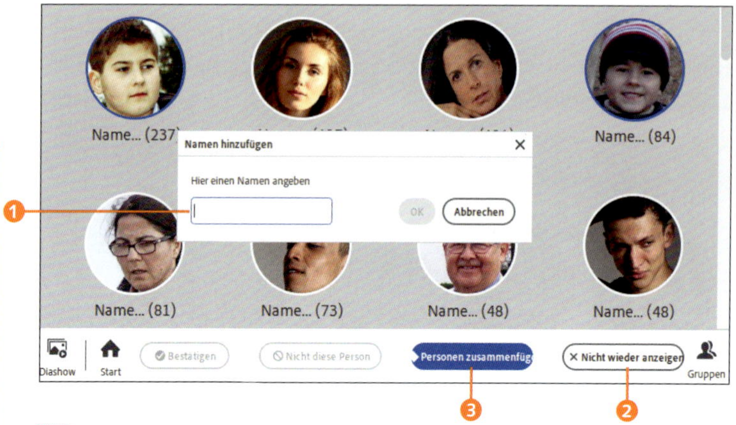

Abbildung 8.80 ▸
Mehrere Stapel mit derselben Person zusammenfügen und benennen

> **Unbekannte Personen ignorieren**
> Wer viel fotografiert, hat zwangsläufig auch unzählige Personen auf seinen Fotos, die irgendwo im Hintergrund stehen oder durch das Bild gelaufen sind. Elements Organizer kann nicht wissen, welche Personen Sie kennen oder nicht, und findet daher zwangsläufig auch fremde Personen. Damit diese Personen nicht mehr im PERSONEN-Modus auftauchen, können Sie diese Stapel einzeln bzw. mit gehaltener Strg/cmd-Taste auswählen und dann die Schaltfläche NICHT WIEDER ANZEIGEN ② anklicken.

6 Benannte Personen bestätigen

Wenn Sie mit der Zeit immer neue Bilder in den Katalog importieren, erkennt Elements Organizer die bereits benannten Personen und ordnet sie direkt den bestehenden Stapeln zu. Im Register BENANNT ④ können Sie am Symbol mit dem Ausrufezeichen erkennen, welche Personen Elements ORGANIZER selbstständig den bereits benannten Personen hinzugefügt hat ⑧. Klappen Sie den Stapel mit den neuen Bildern auf, indem Sie ein Gesicht anklicken.

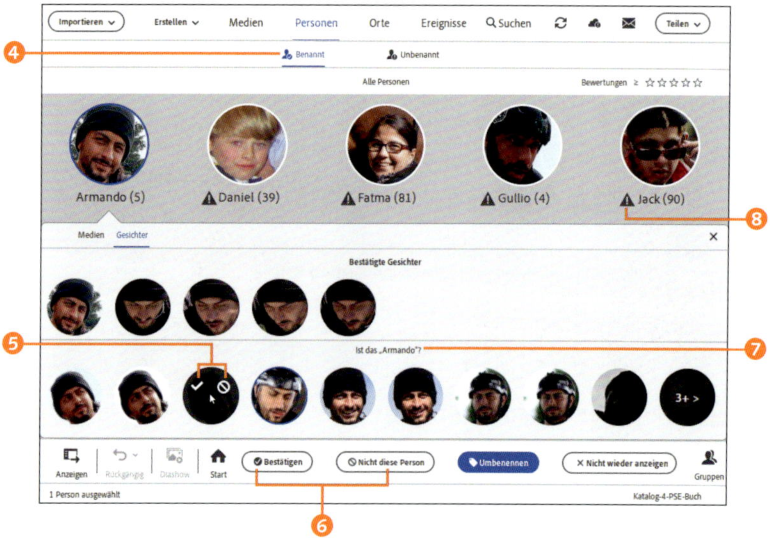

Abbildung 8.81 ▸
Mit der Zeit und nach weiteren Imports erkennt Elements Organizer die Personen von selbst und ordnet diese entsprechend den benannten Personen zu. Trotzdem müssen Sie diese Zuordnung noch bestätigen.

Neben den bestätigten Gesichtern finden Sie hier jetzt auch die neu hinzugefügten Bilder mit Gesichtern im Bereich IST DAS „NAME"? 7. Bestätigen Sie dies mit dem Häkchen oder lehnen es mit dem rechten Symbol ab (siehe 5). Schneller geht es, wenn Sie die entsprechenden Gesichter mit gehaltener [Strg]/[cmd]-Taste markieren und dann die entsprechende Schaltfläche 6 BESTÄTIGEN oder NICHT DIESE PERSON anklicken. Die bestätigten Gesichter werden dann zum entsprechenden Bereich hinzugefügt.

8.8.2 Personen einzeln über den Medienbrowser benennen

Wenn Sie ein einzelnes Bild im Medienbrowser in der maximalen Zoomstufe betrachten und die automatische Personenanalyse einzelne Personen auf dem Bild erkannt hat, können Sie diese Person durch das Anklicken von NAME... 9 benennen. Sie können den Namen der Person einfach eintippen und mit einem Druck auf [↵] bestätigen.

Über das kleine × 10 können Sie unbekannte (oder keine) Personen ignorieren. Bilder, die Personen zeigen, die bereits benannt wurden, erhalten ein kleines blaues Personensymbol 1 (Abbildung 8.83). Wenn außerdem das Bild ausgewählt wurde, werden alle benannten Personen im Bild im Bedienfeld BILD-TAGS aufgelistet. Zusätzlich wird unter den TAGS auch gleich ein Personen-Tag 11 für die Personen angelegt.

Echte Stichwort-Tags

Bei den Personen-Tags handelt es sich im Grunde um echte Stichwort-Tags, die Sie in den Metadaten der Datei speichern und somit ex- und importieren können. Diese automatische Tag-Generierung ist komfortabel, da man das »Taggen« von Personen zuvor noch manuell vornehmen musste.

▼ Abbildung 8.82
Personen im Medienbrowser benennen

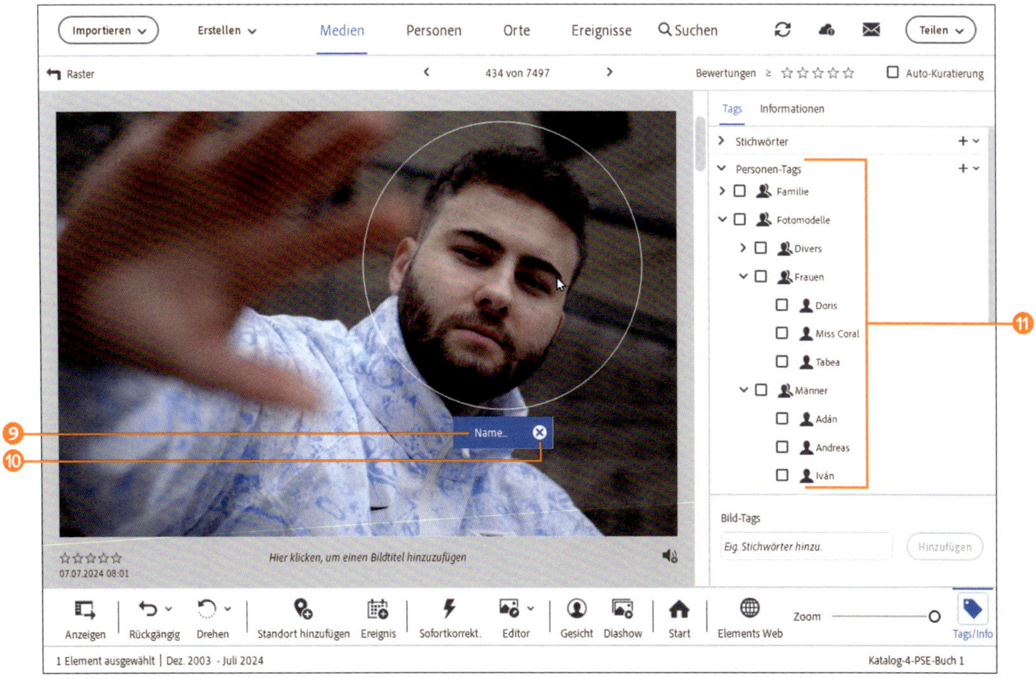

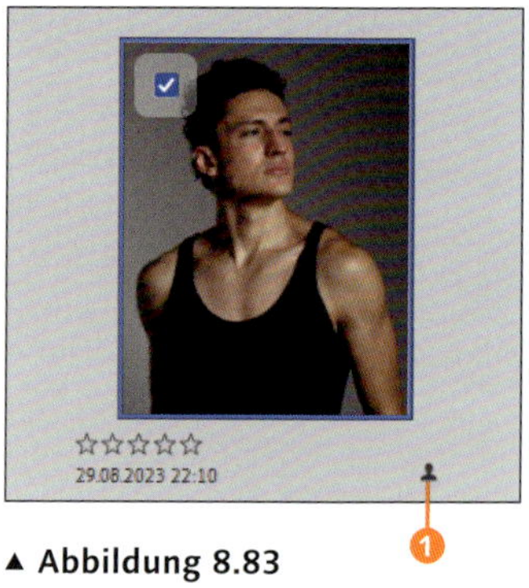

▲ **Abbildung 8.83**
Hier wurden Personen benannt.

Der Organizer ist sehr lernfähig und kann sich Gesichter auch nach und nach besser merken. Sie brauchen sich also nicht zu wundern, wenn Sie bei Bildern mit IST DAS ...? gefragt werden, ob es sich um eine bereits benannte Person handelt. Dies können Sie entweder mit dem Häkchen bestätigen oder mit dem × ignorieren.

Abbildung 8.84 ▶
Bereits bekannte Personen werden gewöhnlich wiedererkannt.

8.8.3 Personen manuell hinzufügen

Natürlich ist es nicht immer garantiert, dass in einem Bild eine Person oder genauer ein Gesicht erkannt wird. Gerade bei Aufnahmen, bei denen Personen von der Seite oder aus einer ungünstigen Perspektive heraus aufgenommen wurden, müssen Sie eventuell selbst Hand anlegen. In solch einem Fall finden Sie in der maximalen Zoomstufe des Bildes eine weitere Schaltfläche GESICHT ❷. Wenn Sie diese Schaltfläche anklicken, erscheint der quadratische weiße Rahmen NAME..., den Sie dann per Drag & Drop an die entsprechende Position verschieben und auch in der Größe skalieren (und das Wichtigste, der Person einen Namen zuweisen) können.

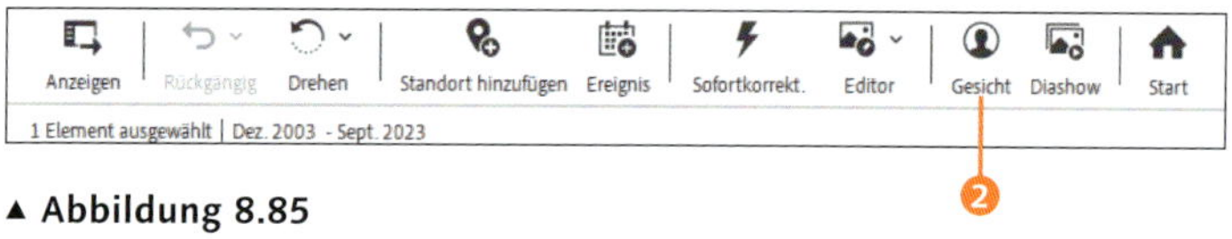

▲ **Abbildung 8.85**
Findet die Automatik keine Person im Bild, können Sie über die Schaltfläche GESICHT selbstständig eine Person hinzufügen.

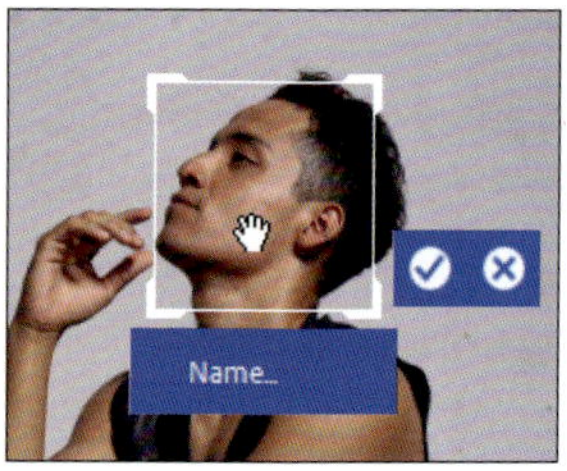

▲ **Abbildung 8.86**
Daraufhin erhalten Sie den bekannten Rahmen NAME..., den Sie verschieben und skalieren können.

Ebenfalls manuell können Sie eine Person hinzufügen (allerdings ohne den weißen Rahmen), indem Sie auf eine Datei im Medienbrowser mit der rechten Maustaste klicken und im Kontextmenü EINE PERSON HINZUFÜGEN auswählen. In der sich öffnenden Dialogbox tragen Sie jetzt einen Namen ein und mit HINZUFÜGEN ordnen Sie sie dem Bild zu.

Personen in Videos | Diese Dialogbox können Sie übrigens auch bei Videodateien per rechtem Mausklick aufrufen und verwenden. Alternativ finden Sie aber auch eine Schaltfläche dafür, wenn Sie ein Video aus dem Medienbrowser abspielen. Hierzu müssen Sie gegebenenfalls zunächst das Etikettensymbol ❸ aktivieren. Dann finden Sie neben den Stichwort-Tags, die Sie zuweisen können, rechts unten eine Schaltfläche Eine Person hinzufügen ❹.

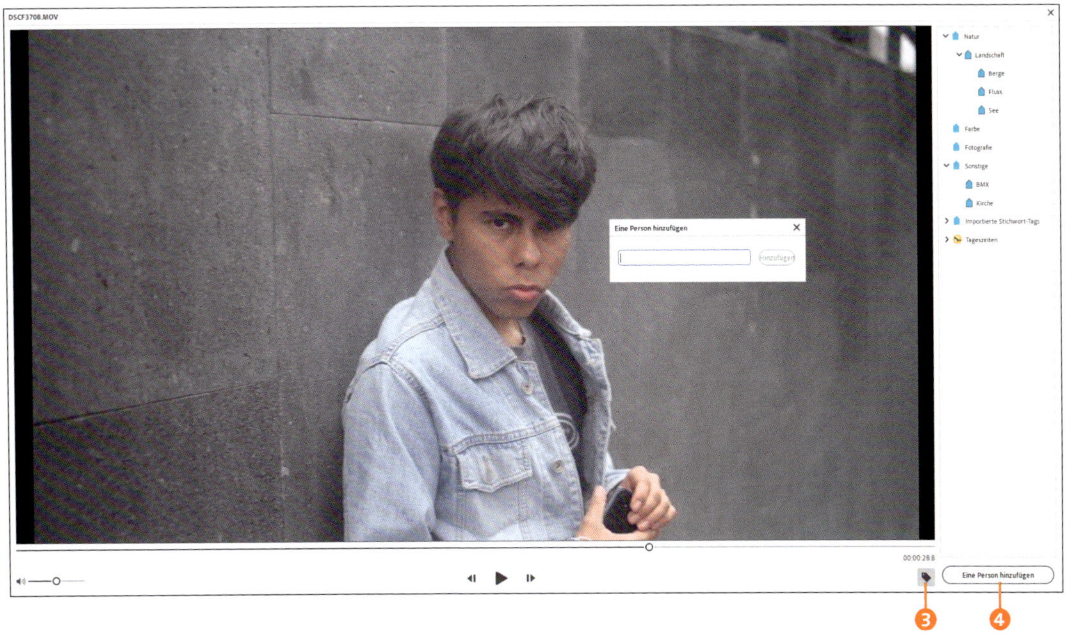

▼ **Abbildung 8.87**
Auch in Videodateien lassen sich Personen benennen.

8.8.4 Verwaltung der benannten Personen im Personen-Modus

Da Sie nun vermutlich schon einige Personen benannt haben, können wir uns den Personen-Modus ❷ genauer ansehen, in dem Sie die benannten und unbenannten Personen organisieren und verwalten können. Unser Hauptaugenmerk ist hierbei auf die Verwaltung der bereits benannten Personen im Bereich Benannt ❶ gerichtet, obgleich sich vieles hier Beschriebene auch im Bereich Unbenannt ❸ verwenden lässt.

Unbenannte Personen
Auf den Umgang mit den nicht benannten Personen im Bereich Unbenannt ❸ bin ich bereits ausführlich in Abschnitt 8.8.1, »Mehrere Personen komfortabel benennen«, eingegangen.

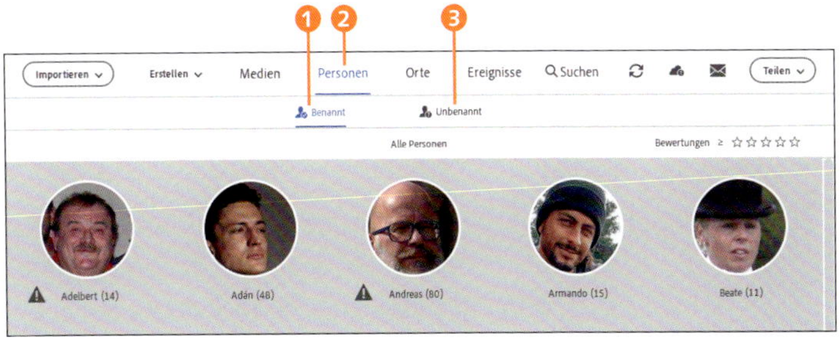

◀ **Abbildung 8.88**
Benannte Personen des gesamten Katalogs liegen als Stapel vor.

Die Arbeitsoberfläche des Personen-Modus | Wenn Sie die Schaltfläche PERSONEN anklicken und kein Album oder keinen Ordner ausgewählt haben, werden alle benannten Personen des Katalogs im PERSONEN-Browser aufgestapelt. Die Anzahl der benannten Personen wird links unten in der Statusleiste angezeigt. Im Modus PERSONEN steht Ihnen neben dem linken (ausblendbaren) Bedienfeld 1 mit Alben und Ordnern auf der rechten Seite das (ausblendbare) Bedienfeld GRUPPEN 3 zur Verfügung, in dem Sie die Personenstapel in einzelne Gruppen sortieren können.

Haben Sie hingegen im linken Bedienfeld ein Album oder einen Ordner ausgewählt, werden im Modus PERSONEN nur die im Album oder Ordner enthaltenen Personen aufgestapelt und angezeigt. Dies gilt sowohl für die benannten als auch unbenannten Stapel. Wollen Sie wieder alle Personen im Katalog anzeigen, klicken Sie einfach auf die Schaltfläche mit dem Pfeil nach links, ALLE PERSONEN 4.

Diashow starten

Mit der Schaltfläche DIASHOW 2 wird eine Diashow mit dem ausgewählten Personenstapel oder den aufgelisteten Fotos gestartet.

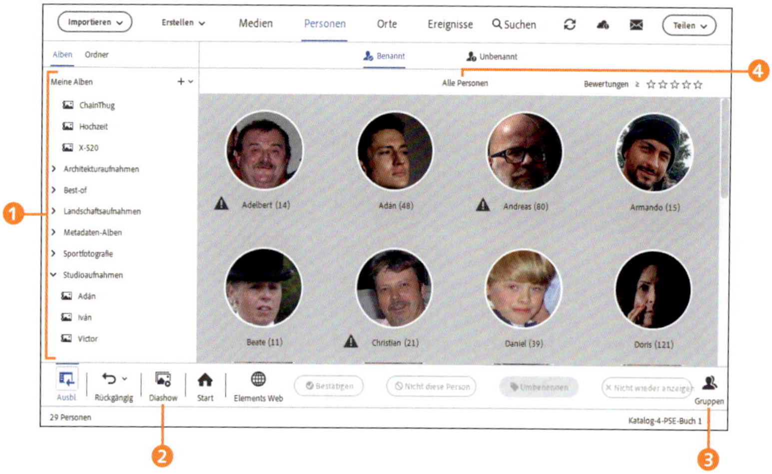

Abbildung 8.89 ▸
Jetzt werden nur noch Personen des ausgewählten Ordners als Stapel angezeigt.

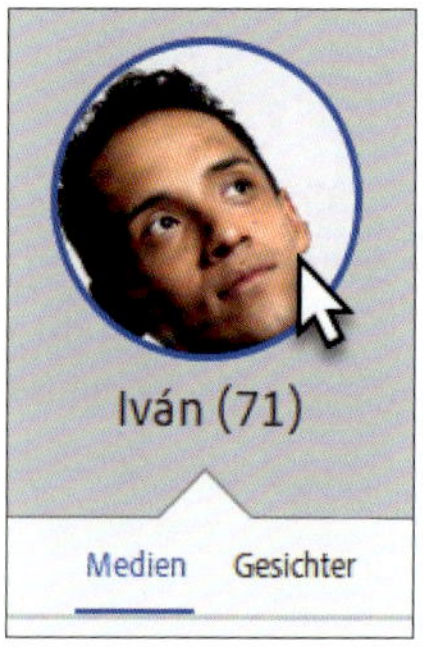

▲ Abbildung 8.90
Ein Doppelklick auf einen Personenstapel zeigt die Bilder mit dieser Person an.

Bilder einer bestimmten Person betrachten | Hierzu brauchen Sie lediglich einen Doppelklick auf dem Personenstapel auszuführen. Wie viele Bilder dann von dieser Person in einer Rasteransicht angezeigt werden, hängt auch davon ab, ob aktuell alle Bilder der Person des Katalogs aufgelistet werden oder ob Sie einen Ordner oder ein Album ausgewählt haben. Die Navigation in der Miniaturvorschau der einzelnen Person entspricht dann im Grunde derselben, wie Sie diese schon vom MEDIEN-Modus her kennen.

Oberhalb der Rasteransicht finden Sie an den beiden Enden des Namens jeweils einen Pfeil nach rechts bzw. links 5, mit dessen Hilfe Sie zur vorherigen oder nächsten Person wechseln können.

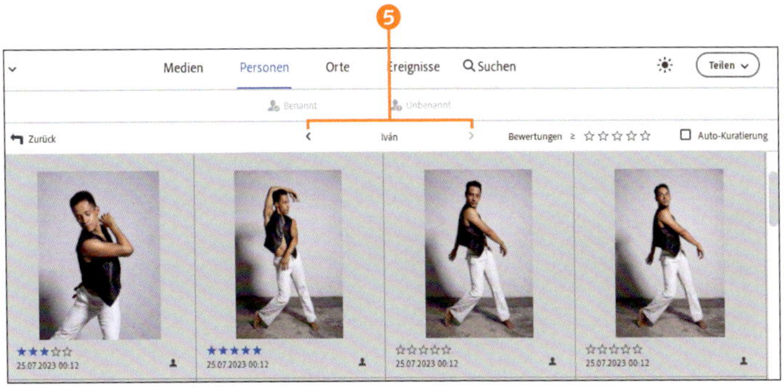

◂ **Abbildung 8.91**
Alle Fotos dieser Person werden angezeigt, in diesem Fall über den gesamten Katalog hinweg. Doppelklicken Sie eines dieser Bilder in der Rasteransicht, können Sie das Bild vergrößert betrachten.

Sollten Sie Bilder vermissen, prüfen Sie Ihre Auswahl. Ist die Schaltfläche Alle Personen ❻ über dem Personen-Browser zu sehen, sehen Sie nur die Bilder von einem beispielsweise ausgewählten Album oder Ordner. Ein Klick auf Alle Personen erweitert dann die Suche auf den vollständigen Katalog.

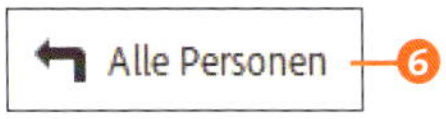

▴ **Abbildung 8.92**
Ist diese Schaltfläche im Personen-Browser zu sehen, werden nur die Bilder eines ausgewählten Albums oder Ordners angezeigt.

Personen umbenennen oder entfernen | Wollen Sie eine Person umbenennen oder entfernen, brauchen Sie nur den Namen unterhalb des Stapels auszuwählen (zu erkennen an einem blauen Rahmen um den Stapel). Jetzt finden Sie unterhalb der Personen-Vorschau eine Schaltfläche ❽, um diese Person umzubenennen. Daneben finden Sie auch gleich eine Schaltfläche Nicht diese Person ❼, um diese Person zu entfernen und zu den unbenannten Stapeln zurückzusenden, oder die Schaltfläche Nicht wieder anzeigen ❾, womit diese Person überhaupt nicht mehr im Personen-Modus erscheint. Dieselben Befehle erreichen Sie auch mit einem rechten Mausklick auf die Person über ein Kontextmenü.

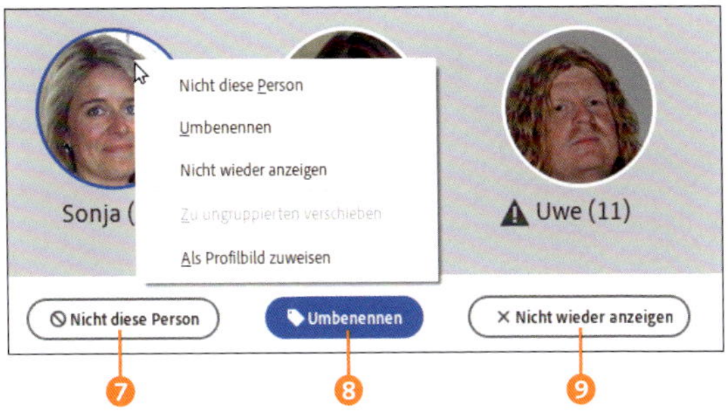

◂ **Abbildung 8.93**
Eine Person umbenennen oder entfernen

Kein Gesicht sichtbar
Wenn bei der Miniaturansicht von Gesichtern nur ein Personensymbol angezeigt wird, haben Sie dem Bild vermutlich ein entsprechendes Tag aus den Personen-Tags per Drag & Drop zugewiesen. Hier brauchen Sie nur die entsprechende Miniaturvorschau doppelt anzuklicken und dem Bild seinen Name…-Rahmen über die Schaltfläche Gesicht manuell hinzuzufügen.

Personen in Gruppen aufteilen | Mit der Zeit kommen immer mehr Personenstapel dazu, und das kann schnell unübersichtlich werden. Um die Übersicht zu behalten, können Sie die Personen in Gruppen zusammenfassen. Das Bedienfeld Gruppen kann über die gleichnamige Schaltfläche ganz rechts unten ❸ (Abbildung 8.94) jederzeit aus- und eingeblendet werden.

Einer Person ein Profilbild zuweisen

Wollen Sie einer Person ein neues Profilbild auf dem Stapel zuweisen, fahren Sie mit dem Mauscursor über den Stapel der Person. Sie werden feststellen, dass sich das Profilbild bei Bewegung des Mauscursors ändert. Haben Sie ein Bild gefunden, das jetzt als neues Profilbild ganz oben auf den Stapel gelegt werden soll, halten Sie den Mauscursor ruhig, und drücken Sie die rechte Maustaste. Im sich öffnenden Kontextmenü wählen Sie jetzt ALS PROFILBILD ZUWEISEN aus.

Standardmäßig wird hier zwischen ALLE PERSONEN, FAMILIE, FREUNDE und KOLLEGEN unterschieden ❷. Es lassen sich aber über das Plussymbol ❶ noch weitere Gruppen hinzufügen.

◂ **Abbildung 8.94**
Zur besseren Übersicht lassen sich auch die einzelnen Personenstapel in Gruppen aufteilen.

Die Verwaltung der Gruppen entspricht im Grunde bereits der Albenverwaltung. Um einzelne Personenstapel einer bestimmten Gruppe hinzuzufügen, brauchen Sie diesen Stapel nur zu markieren (Personenstapel wird mit blauem Rahmen markiert) und mit gedrückt gehaltener linker Maustaste auf die gewünschte Gruppe zu ziehen und dort fallen zu lassen. Mehrere Stapel können Sie mit gehaltener Strg/cmd-Taste markieren.

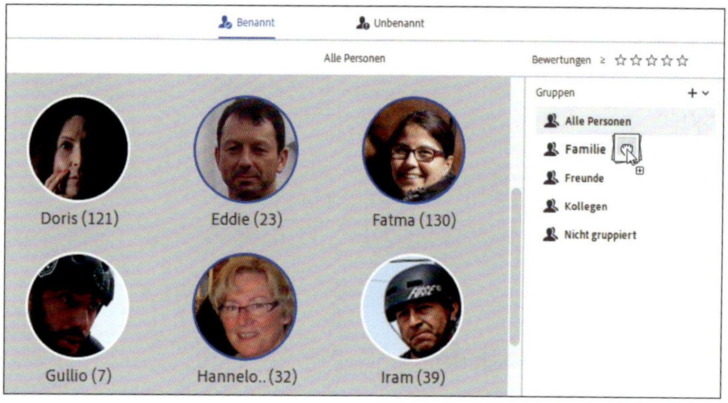

Abbildung 8.95 ▸
Hier wurden drei Personenstapel markiert und per Drag & Drop auf die Gruppe FAMILIE gezogen.

Natürlich funktioniert dies auch umgekehrt, indem Sie das Textlabel FAMILIE, FREUNDE oder KOLLEGEN mit gedrückt gehaltener linker Maustaste auf eine Person ziehen und dort fallen lassen.

Die einzelnen Gruppen können jetzt auch durch Anklicken der Gruppe direkt angesprungen werden. Alle Personen können Sie wieder über die gleichnamige Schaltfläche im Bedienfeld GRUP-

PEN oder links oben über die ebenfalls gleichnamige Schaltfläche anzeigen lassen. Personen, die Sie nicht gruppiert haben, können Sie anzeigen lassen, indem Sie auf NICHT GRUPPIERT 4 im Bedienfeld GRUPPEN klicken.

▲ **Abbildung 8.96**
Die Personen lassen sich in die Standardgruppen FAMILIE, FREUNDE und KOLLEGEN aufteilen.

Neue Personen-Gruppe erstellen | Über das Plussymbol rechts oben können Sie jederzeit neue Gruppen oder Untergruppen hinzufügen oder vorhandene Gruppen umbenennen oder löschen. Im Beispiel habe ich die Gruppe FOTOMODELLE erstellt und die Untergruppen MÄNNER und FRAUEN hinzugefügt.

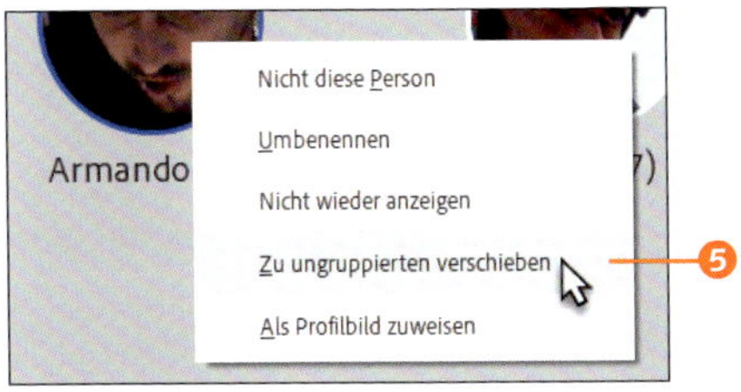

▲ **Abbildung 8.97**
Um einen Personenstapel aus der Gruppe zu entfernen, brauchen Sie lediglich mit der rechten Maustaste zu klicken und im Kontextmenü den Befehl ZU UNGRUPPIERTEN VERSCHIEBEN 5 auszuwählen.

▲ **Abbildung 8.98**
Der Dialog, um eine neue (Unter-)Gruppe zu erstellen: Der NAME ist der Name der Gruppe. Falls es eine Untergruppe sein soll, wählen Sie eine vorhandene unter GRUPPE aus.

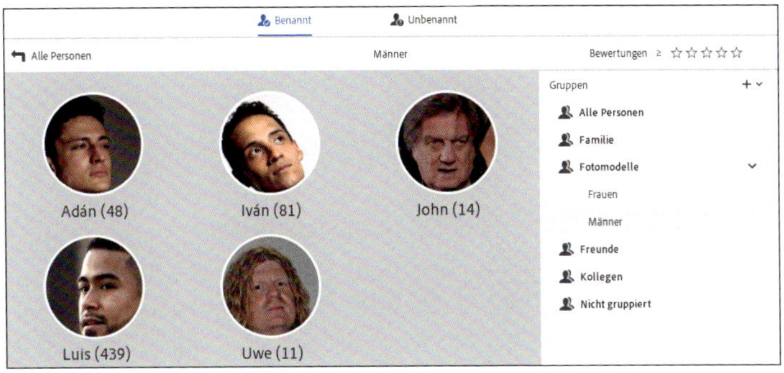

▲ **Abbildung 8.99**
Die MÄNNER wurden als Untergruppe von FOTOMODELLE erstellt.

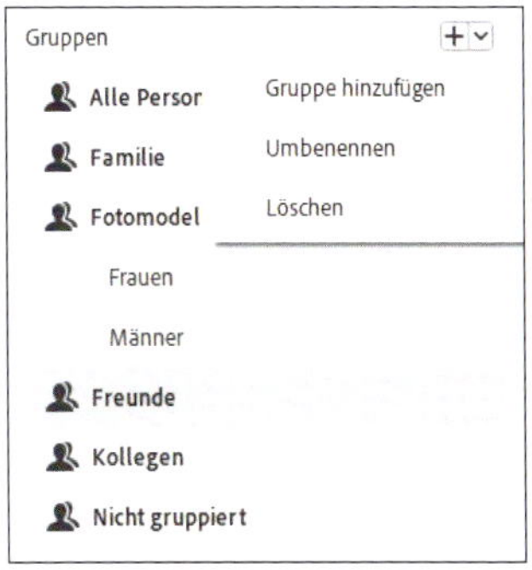

▲ **Abbildung 8.100**
Über das kleine Dreieck neben dem Plussymbol können Sie neue Gruppen erstellen oder vorhandene Gruppen umbenennen oder löschen.

8.8.5 Personen-Tags

Die Personen-Tags sind vom Prinzip her nichts anderes als Stichwort-Tags und können somit ebenfalls im Bild gespeichert und ex- bzw. wieder importiert werden. Das Importieren funktioniert allerdings bei Personen dann nur als »normales« Stichwort-Tag.

Das Tolle an den Personen-Tags ist auch, dass diese automatisch hinzugefügt werden, wenn Sie Personen zum Beispiel wie in Abschnitt 8.8.2, »Personen einzeln über den Medienbrowser benennen«, hinzugefügt haben.

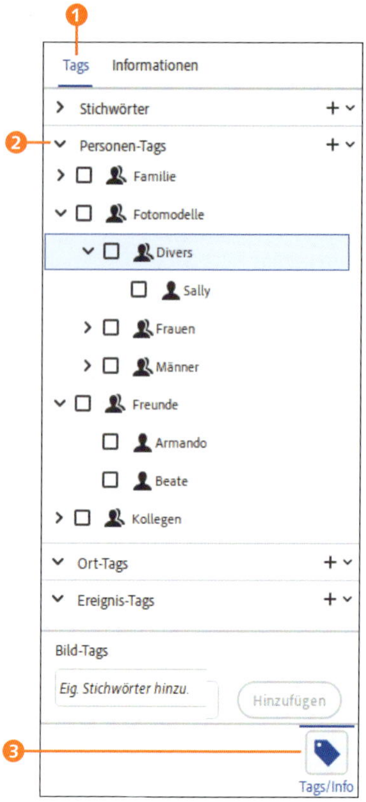

▲ **Abbildung 8.101**
Personen-Tags sind im Grunde wie Stichwort-Tags und werden automatisch hinzugefügt, wenn einzelne oder mehrere Personen im Medienbrowser oder im PERSONEN-Modus benannt wurden.

Personen-Tag und Gesichtserkennung
Wenn Sie einer Person ein Tag manuell zuweisen, indem Sie ein Personen-Tag per Drag & Drop auf das Bild fallen lassen, haben Sie das Bild nur mit der Person gekennzeichnet. Für die Suche (was ja auch der Hauptsinn von Tags ist) reicht das aus. Es wird aber nicht die Gesichtserkennung (mit dem weißen Rahmen) hinzugefügt. Sollten Sie diese benötigen, können Sie dies nachträglich machen, wie in Abschnitt 8.8.2 beschrieben.

Personen-Tags verwenden | Für die Personen-Tags muss die Schaltfläche TAGS/INFO ❸ aktiviert sein. Unter TAGS ❶ können Sie dann die Leiste PERSONEN-TAGS ❷ durch Anklicken aus- und wieder einklappen.

Personen-Tags können Sie wie Stichwort-Tags verwenden. Dabei können Sie jederzeit ein Personen-Tag auf ein Bild (oder mehrere Bilder, wenn markiert) ziehen, wenn die entsprechende Person dort zu sehen ist. Oder aber Sie können auch ein oder mehrere Bilder auf ein bestimmtes Personen-Tag ziehen. Auch die Suche funktioniert ähnlich komfortabel, wie in Abschnitt 8.4.1, »Nach Stichwort-Tags suchen«, beschrieben wurde. Daher können wir uns eine Wiederholung hier sparen.

Personen-Tags bzw. Gruppen nachträglich bearbeiten | Über PERSONEN-TAGS im Reiter TAGS können Sie auch jederzeit eine neue Person oder Gruppe anlegen, indem Sie auf das kleine Dropdown-Menü ❹ neben dem Plussymbol klicken. Die Befehle BEARBEITEN und LÖSCHEN beziehen sich dann auf die Person bzw. Gruppe, die blau markiert ist. Klicken Sie direkt auf das Plussymbol, wird ein Dialog geöffnet, mit dem Sie eine neue Person anlegen können.

Sie können aber auch mit der rechten Maustaste auf eine Person oder Gruppe klicken ❺, woraufhin Sie im Kontextmenü PERSONEN BEARBEITEN die Person bzw. Gruppe in einem sich öffnenden Dialog bearbeiten (oder ohne Dialog löschen) können.

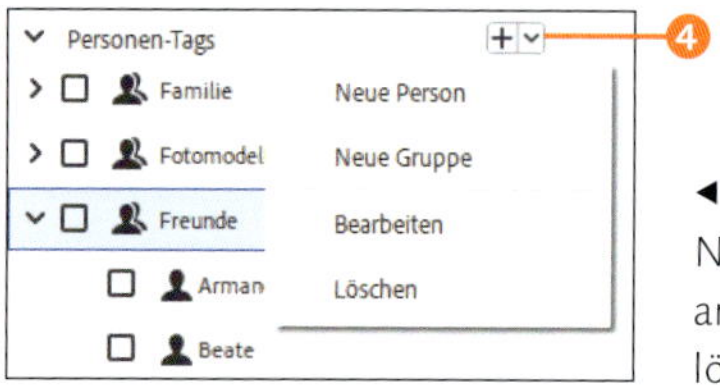

◂ **Abbildung 8.102**
Neue Personen bzw. Gruppen anlegen, bearbeiten oder löschen

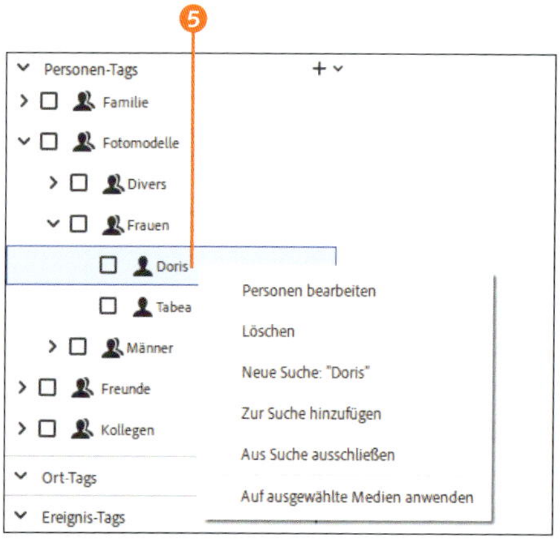

◂ **Abbildung 8.103**
Einzelne Personen oder Gruppen bearbeiten bzw. löschen

8.9 Orte erstellen und verwalten

Wie es sich für eine moderne Bildverwaltung gehört, kann der Organizer auch Orte anhand von GPS-Daten verwalten. Wenn Ihre Kamera mit einem GPS-Modul ausgestattet ist, werden diese GPS-Daten in den Metadaten des Bildes gespeichert, und der Organizer zeigt Ihnen dann auf der Landkarte an, wo Sie das Bild aufgenommen haben. Aber auch wenn Ihre Kamera kein GPS hat, ist dies nicht weiter schlimm, denn Sie können Ihren Medien ohne großen Aufwand neue Ortsinformationen hinzufügen.

GPS
GPS (kurz für ***G****lobal* ***P****osition* ***S****ystem*) ist ein globales Navigationssystem zur Standortbestimmung und Zeitmessung, was ursprünglich zu Militärzwecken gedacht war. Neuere Kameras im höheren Preissegment haben häufig schon eine GPS-Funktion integriert. Aber auch bei älteren Kameras lässt sich hierfür ein Foto-GPS nachrüsten (wird meistens auf den Blitzschuh gesetzt).

Online-Verbindung nötig | An dieser Stelle muss noch angemerkt werden, dass Sie für die Verwaltung der Orte gerade für die Kartenansicht eine Internetverbindung benötigen, weil die Software auf Karten von OpenStreetMap im Internet zugreifen muss.

8.9.1 Der Orte-Modus

Wenn Sie in den Modus Orte (2) wechseln, stehen mit Fixiert (1) und Anheftung aufgehoben (3) zwei Register zur Verfügung. Wechseln Sie zum ersten Mal in den Modus Orte, hängt das, was Sie im Register Fixiert sehen, davon ab, ob Sie eine Kamera mit GPS-Funktion haben und diese GPS-Daten mit Ihren Bildern gesichert wurden oder nicht. Sind bereits Bilder mit GPS-Daten vorhanden, werden entsprechende Bilder auf der Karte als Schildchen (4) (von Adobe auch *Pins* genannt) mit einer Miniaturvorschau angezeigt, wo diese Bilder aufgenommen wurden.

▼ Abbildung 8.104
Bilder mit gespeicherten GPS-Daten bzw. zugewiesenen Orten im Modus Orte (2) werden unter dem Register Fixiert (1) angezeigt.

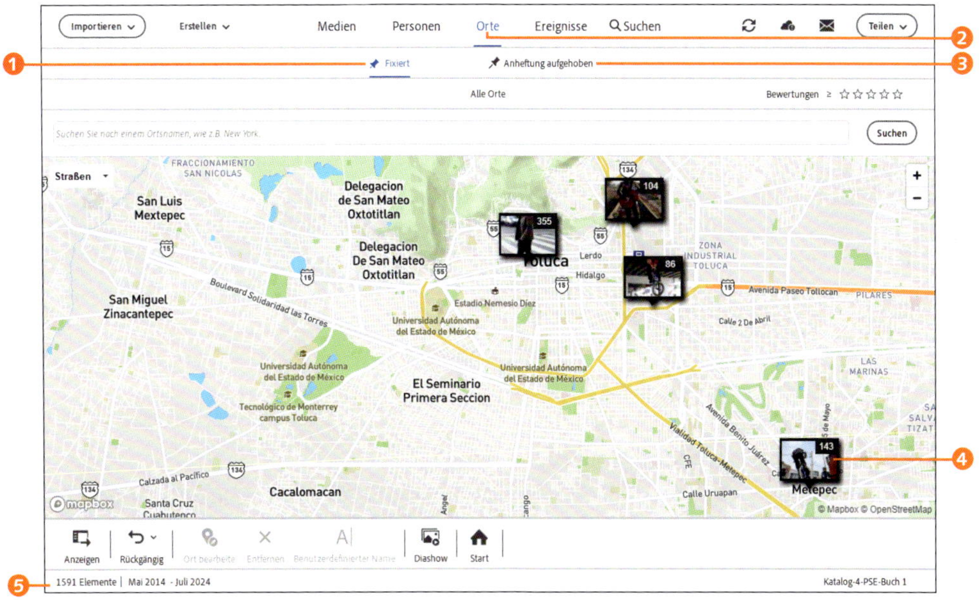

Smartphone mit GPS
Vielleicht sind Sie überrascht, dass Sie Medien mit GPS-Daten dort finden, obwohl Sie eigentlich gar keine Kamera mit GPS-Modul haben. Vermutlich handelt es sich dabei um Bilder, die Sie von Ihrem Smartphone importiert haben. Viele Smartphones bieten nämlich eine Option an, aufgenommene Bilder mit GPS-Daten zu sichern.

Die Nummer auf der rechten oberen Seite eines jeden Schildchens gibt an, wie viele Bilder an diesem Ort gemacht wurden. Die Anzahl der Elemente mit GPS-Daten und der Datumsbereich der Aufnahmen wird links unten in der Statusleiste 5 angezeigt. Sind hingegen noch keine Medien auf der Karte platziert, sind auf der Landkarte im Register FIXIERT auch keine Pins zu sehen.

Medien ohne GPS-Daten | Wenn Sie im ORTE-Modus auf das Register ANHEFTUNG AUFGEHOBEN 9 klicken, finden Sie dort die Medien ohne eine Ortszuweisung vor. In diesem Register können Sie Ihren Bildern auf unterschiedlichen Wegen Ortsinformationen hinzufügen. Auf der linken Seite 7 finden Sie dabei die Bilder ohne Ortsinformationen, die Sie über die Option NACH ZEIT GRUPPIEREN 8 nach Datum sortieren können. Wie fein die Sortierung nach Zeit dabei gruppiert werden soll, können Sie über den Regler ANZAHL DER GRUPPEN 10 einstellen. Auf der rechten Seite hingegen wird die leere Landkarte angezeigt. Die Anzahl der Elemente ohne GPS-Daten und der Datumsbereich der Aufnahmen werden auch hier links unten in der Statusleiste 6 angezeigt.

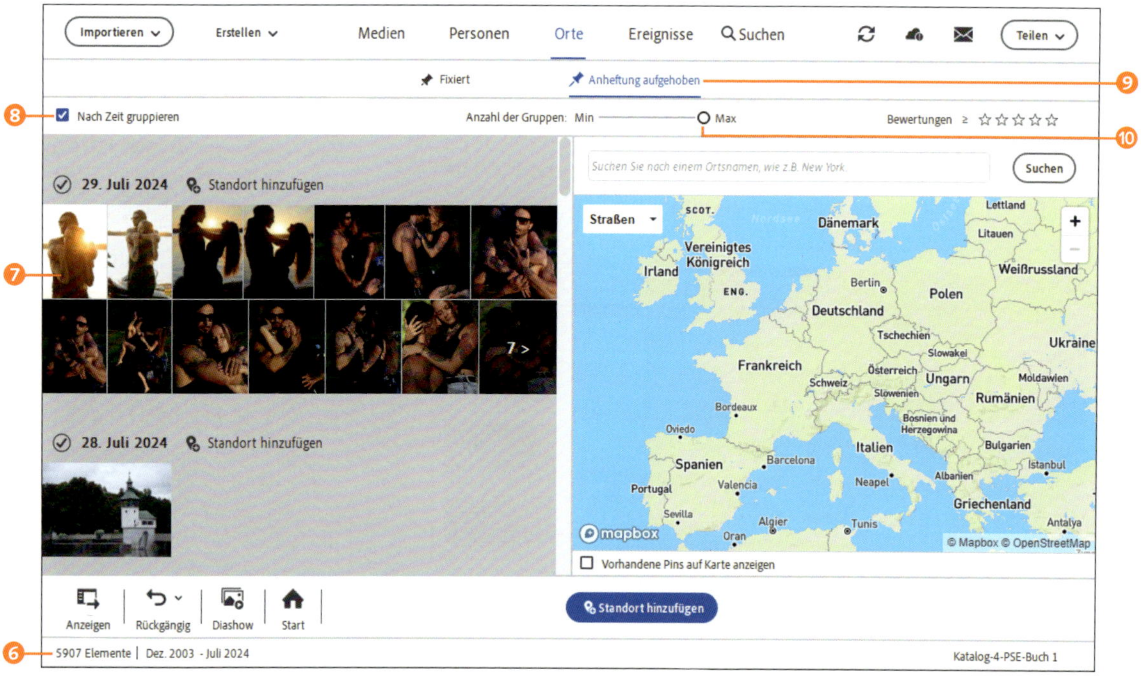

▲ **Abbildung 8.105**
Im Register ANHEFTUNG AUFGEHOBEN 9 des ORTE-Modus finden Sie die Medien vor, die (noch) keine Ortsinformationen enthalten. In diesem Register können Sie die Ortsinformationen zu den Bildern hinzufügen.

8.9.2 Steuerung der Landkarte

Bevor Sie erfahren, wie Sie Ihre Bilder mit dem Modus ORTE verwalten können, möchte ich Ihnen kurz erklären, wie Sie die Landkarte verwenden können. Wer im Umgang mit OpenStreetMap bereits vertraut ist, der kann diesen Abschnitt überspringen.

Die Position der Landkarte können Sie verschieben, indem Sie auf der Landkarte die Maustaste gedrückt halten und per Ziehen die Landkarte verschieben.

Näher hineinzoomen in die Landkarte können Sie entweder mit einem Doppelklick an der entsprechenden Position auf der Landkarte, durch das Scrollen mit dem Mausrad, oder Sie verwenden auch hier das Plus-/Minussymbol ① auf der rechten unteren Seite. Mit einem Klick auf das Minussymbol wird eine Einheit heraus- und mit einem Klick auf das Plussymbol eine Einheit in das Bild hineingezoomt.

▲ **Abbildung 8.106**
Navigieren auf der Landkarte von OpenStreetMap

Natürlich können Sie auch eine Adresse genauer auswählen. Geben Sie hierzu im Textfeld ② die gewünschte Adresse ein, und Ihnen werden einer oder mehrere Vorschläge unterbreitet, aus denen Sie auswählen können. Wählen Sie die Adresse aus, wird relativ nah an den Standort herangezoomt.

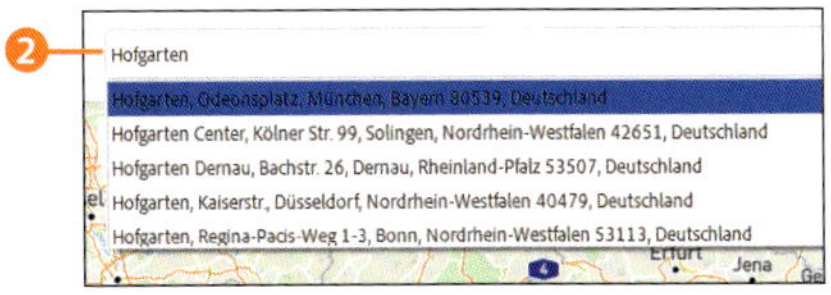

◀ **Abbildung 8.107**
Genauer geht es mit Adresseingabe …

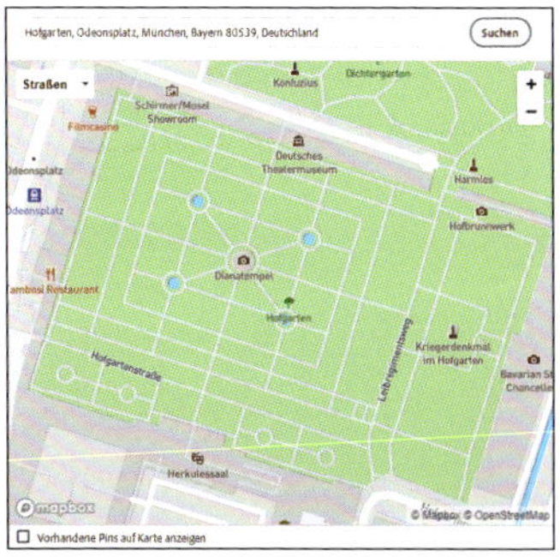

▲ **Abbildung 8.108**
… die dann auch unmittelbar auf der Landkarte angezeigt wird.

Links oben über die Dropdown-Liste 3 können Sie die Ansicht der KARTE ändern. Sie finden dort auch eine Satellitenansicht. Daneben finden Sie noch die Optionen LEUCHTEND, HELL und DUNKEL in der Ansicht. Die Standardansicht ist STRASSEN.

Abbildung 8.109 ▸
Die Satelliten-Ansicht

8.9.3 Neue Orte hinzufügen

Auch wenn Sie eine neuere Kamera haben, die bereits GPS-Daten in den Bildern speichert, haben Sie sicherlich noch unzählige Bilder auf Ihrer Festplatte, die noch ohne GPS-Daten abgelegt sind.

Genauer Standort
Natürlich kann es sein, dass Sie sich nicht immer an die Adresse oder den Namen der Sehenswürdigkeit erinnern. Wie genau Sie den Ort angeben wollen, bestimmen Sie ganz allein. Der eine mag mit der Ortschaft schon zufrieden sein, der andere hingegen hätte es da schon gerne auf die Hausnummer genau.

Schritt für Schritt
Einem Bild Ortsinformationen hinzufügen

In dieser Schritt-für-Schritt-Anleitung möchte ich Ihnen zeigen, wie Sie Ihren Bildern Ortsinformationen hinzufügen können.

1 Medien auswählen

Wechseln Sie in den Modus ORTE 1, und wählen Sie dann das Register ANHEFTUNG AUFGEHOBEN 2 aus. Zunächst sollten Sie die Medien auswählen, die Sie mit Ortsinformationen ausstatten wollen. Hierbei müssen Sie zunächst entscheiden, ob Sie den kompletten Katalog verwenden wollen oder lieber weniger Bilder aus ALBEN 8 oder ORDNER 7 nutzen wollen. Es kann außerdem sehr hilfreich sein, den Schieberegler ANZAHL DER GRUPPEN 3 zu verwenden, um die Aufteilung des Zeitbereichs etwas feiner in mehreren Gruppen aufzuteilen.

Tipp
Statt eines kompletten Albums, Ordners oder gar aller Medien können Sie auch nur einzelne Bilder mit gehaltener Strg/cmd-Taste auswählen, die Sie mit Ortsinformationen versehen wollen. Anschließend klicken Sie auch hier auf STANDORT HINZUFÜGEN 4.

In diesem Beispiel möchte ich den Bildern vom 1. SEPTEMBER 2023 einen Ort zuweisen. In der Vorschau werden zwei Reihen mit den an diesem Tag aufgenommenen Bildern angezeigt. Der Wert 132 > am Ende der letzten Reihe ⑤ zeigt an, dass noch 132 weitere Bilder in diesem Zeitraum aufgenommen wurden. Sind Sie sich sicher, dass alle darin enthaltenen Bilder am selben Ort gemacht wurden, können Sie einfach auf das Häkchen ⑥ vor dem Datum klicken, und es sind automatisch alle Bilder an diesem Tag markiert.

▼ **Abbildung 8.110**
Die Medien auswählen, die mit Ortsinformationen versehen werden sollen

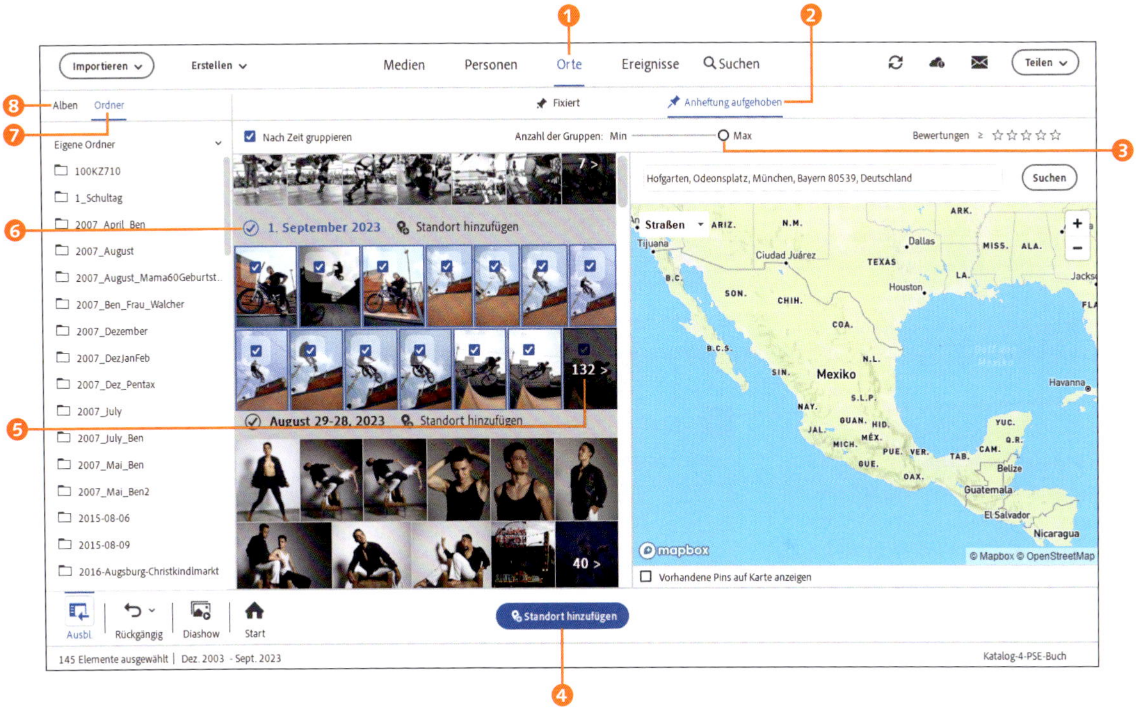

Wollen Sie sichergehen, können Sie auch einfach auf ⑤ klicken, und es erfolgt eine Übersicht aller Bilder, die zu dieser Zeit aufgenommen wurden. Standardmäßig werden jetzt alle sichtbaren Medien berücksichtigt. Wollen Sie nicht alle sichtbaren Medien einem Ort zuweisen, müssen Sie mit gehaltener Strg/cmd-Taste die entsprechenden Medien auswählen.

2 Orte hinzufügen

Geben Sie im Suchfeld ① (Abbildung 8.113) die gewünschte Adresse ein, die Sie allen bzw. einzeln markierten Medien zuweisen wollen (hier die Stadt »Metepec« im Bundesstaat »México« in »Mexiko«).

Wurde der passende Ort gefunden, erscheint auf der Landkarte eine Abfrage ②, ob die Medien hier platziert werden sollen, was Sie mit einem Häkchen bestätigen oder mit dem ×-Symbol

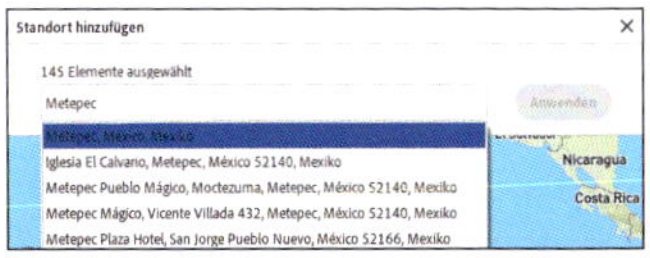

▲ **Abbildung 8.111**
Dieser Dialog erscheint, wenn Sie auf die Schaltfläche STANDORT HINZUFÜGEN geklickt haben.

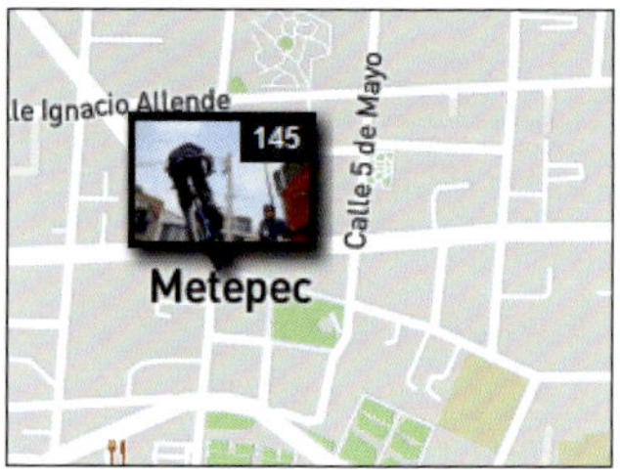

▲ **Abbildung 8.112**
Medien wurden hinzugefügt.

ablehnen können. Die so dem Ort hinzugefügten Medien werden jetzt mit einem Schildchen und der Anzahl der Bilder angezeigt.

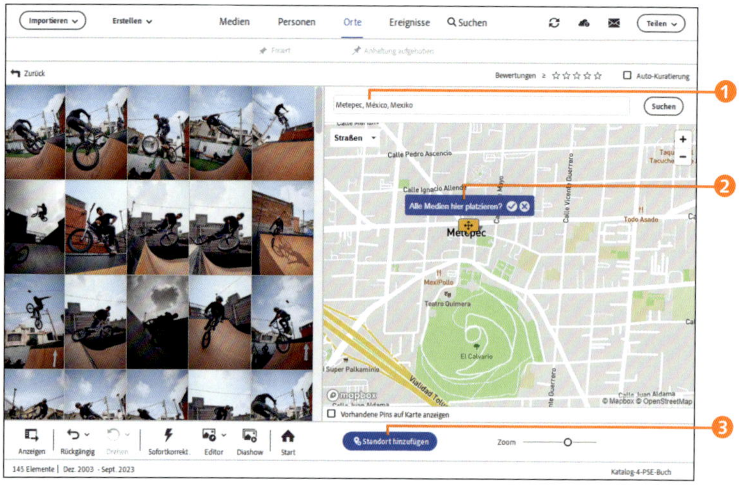

▲ **Abbildung 8.113**
Nach der Adresse für die Fotos suchen

Schaltfläche Standort hinzufügen
Sie können auch über die Schaltfläche STANDORT HINZUFÜGEN (mit dem Stecknadelsymbol) 3 einen Ort in einer Dialogbox eingeben und hinzufügen. Allerdings erfolgt diese Ortszuweisung ohne weitere Nachfrage.

3 Ort per Drag & Drop zuweisen

Sie können Orte auch per Drag & Drop zuweisen. Hierzu müssen Sie die Medien markieren, mit gedrückt gehaltener linker Maustaste auf den gewünschten Ort ziehen 4 und dort fallen lassen – natürlich unter der idealen Voraussetzung, dass Sie den Ort zuvor gesucht und gefunden haben und dass dieser auch in der Landkarte angezeigt wird. Ich verwende diese Option bspw., wenn ein Ort über die Suche nicht genau lokalisiert werden kann.

Zum Weiterlesen
Die Arbeit im Modus ORTE wird noch etwas ausführlicher in Abschnitt 8.9.7, »Bilder schnell finden über den Orte-Modus«, beschrieben.

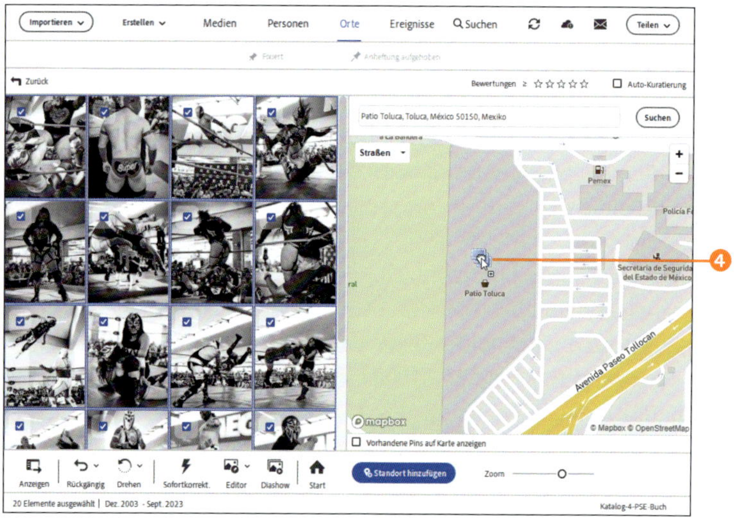

Abbildung 8.114 ▶
Ausgewählte Medien lassen sich per Drag & Drop auf einen Ort ziehen und können dort fallen gelassen werden.

Bilder bereits vorhandenen Orten hinzufügen | Haben Sie noch weitere Medien für einen bereits vorhandenen Ort gefunden, können Sie diese ganz bequem hinzufügen. Damit Sie bereits vorhandene Orte im Register Anheftung aufgehoben ❺ sehen können, müssen Sie die Checkbox Vorhandene Pins auf Karte anzeigen ❼ aktivieren. Navigieren Sie jetzt zum gewünschten vorhandenen Ort, ziehen Sie mit gedrückt gehaltener linker Maustaste das Bild oder die Bilder aus der Miniaturvorschau auf das bereits vorhandene Schildchen ❻, und lassen Sie die Bilder dort fallen, woraufhin die neuen Bilder dem vorhandenen Ort hinzugefügt werden.

Alle Bilder markieren

Wollen Sie alle Bilder in der Miniaturvorschau markieren, können Sie das Kürzel Strg/cmd+A nutzen. Mehrere Bilder können Sie wie gehabt mit gehaltener Strg/cmd-Taste auswählen.

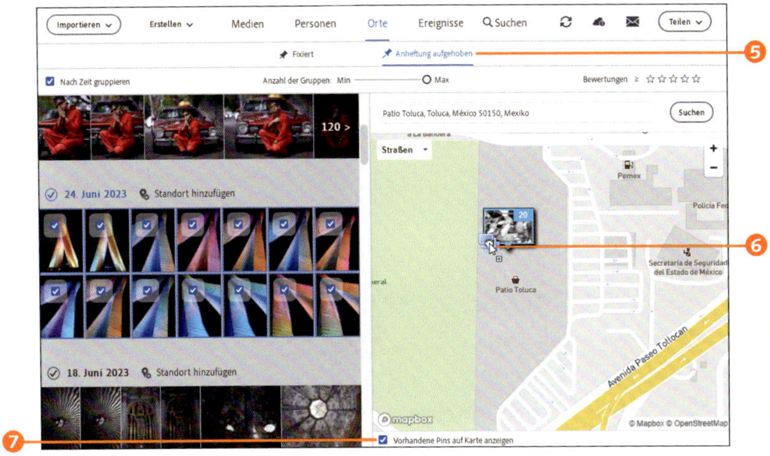

◂ **Abbildung 8.115**
Bilder können durch Setzen des entsprechenden Häkchens ❼ einem bereits vorhandenen Ort per Drag & Drop hinzugefügt werden.

8.9.4 Orte nachträglich bearbeiten

Nicht immer stimmt die Ortsinformation, die die Kamera im Bild speichert, hundertprozentig, und nicht immer hat man die Zeit, Hunderten von Bildern einen genauen Ort zuzuweisen. Viele werden wohl unzählige Bilder auf dem Rechner haben und vielleicht die Bilder vom Urlaub in Rom einfach komplett nur auf Rom in der Landkarte gelegt haben. Das ist auch meine Vorgehensweise bei vielen älteren Bildern, bei denen ich zunächst keine Lust habe, für jedes Bild den korrekten Standort anzugeben. In dem folgenden Workshop soll Ihnen gezeigt werden, wie einfach es ist, nachträglich die Ortsinformationen der Bilder zu bearbeiten.

Schritt für Schritt
Ortsinformationen nachträglich bearbeiten

In diesem Beispiel wurden schnell einmal 19 Bilder von einer Reise zum Zentrum von Mexiko-Stadt (Plaza de la Constitución) mit den Ortsdaten dieser Sehenswürdigkeit versehen. Gehe ich im Medienbrowser mit dem Mauszeiger auf die Stecknadel unter

▲ **Abbildung 8.116**
Die Stecknadel ① unter dem Bild zeigt Ihnen die Ortsinformationen an, wenn Sie mit dem Mauszeiger darübergehen.

der Miniatur, erhalte ich die genauen Ortsinformationen, die das Bild enthält. Nun wurden am besagten Tag aber auch der Stadtteil Santa Fe besucht, sodass nicht alle Bilder zum Zentrum Mexiko-Stadt gehören. Die Ortszuweisung dieser Aufnahmen wollen wir nun ändern.

1 Ort auswählen

Wechseln Sie in den Modus Orte ③, und wählen Sie Fixiert ② aus. Navigieren Sie nun auf der Landkarte zu dem Ort, den Sie ändern wollen (hier Plaza de la Constitución). Gehen Sie mit dem Mauszeiger auf das Schildchen, und wählen Sie das Stiftsymbol ④ aus. Alternativ können Sie auch das Schildchen auswählen und die Schaltfläche Ort bearbeiten ⑤ anklicken.

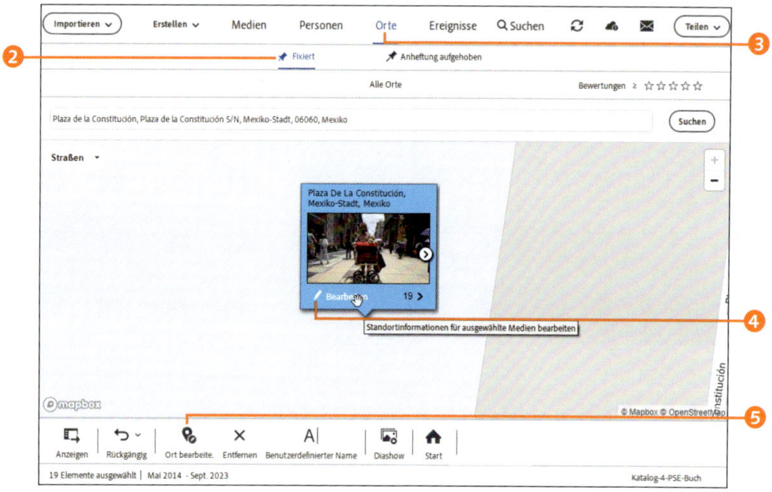

Abbildung 8.117 ▶
Ort für die Änderung der Ortsinformationen auswählen

2 Bilder auswählen

Wählen Sie nun im sich öffnenden Dialog Ort bearbeiten auf der linken Seite die Bilder aus, bei denen Sie die Ortsinformationen ändern wollen. Mehrere Bilder wählen Sie mit gehaltener Strg/cmd-Taste aus. Möchten Sie mehrere Bilder hintereinander auswählen, klicken Sie das erste Bild an, halten die ⇧-Taste gedrückt und klicken dann das letzte Bild an. Hiermit werden alle Bilder dazwischen ebenfalls ausgewählt.

3 Neuen Ort auswählen und zuweisen

Links oben ⑥ wird die Anzahl der ausgewählten Bilder eingeblendet. Geben Sie nun auf der rechten Seite im Textfeld ⑦ die gewünschte Adresse für die ausgewählten Bilder ein. In der Regel hilft Ihnen Elements Organizer hier mit der genaueren Adresse. Im Beispiel habe ich nur »Santander Centro« eingegeben.

Wurde der passende Ort der Suche gefunden, finden Sie auf der Landkarte eine Abfrage vor **8**, ob die Medien hier platziert werden sollen, was Sie mit einem Häkchen bestätigen oder mit dem x-Symbol ablehnen können.

Unterschiedliche Orte zuweisen

Natürlich können Sie, wenn Sie mehrere Bilder unterschiedlicher Orte ausgewählt haben, diesen Schritt mehrfach mit immer wieder anders selektierten Bildern durchführen. Erst mit der Schaltfläche FERTIG **9** beenden Sie den Dialog zum Anpassen der Ortsinformationen.

◂ **Abbildung 8.118**
Fertig ist die neue Ortszuweisung der Bilder.

8.9.5 Ortsinformationen entfernen

Wollen Sie Ortsinformationen entfernen, wählen Sie im Register FIXIERT **1** das Schildchen aus (dadurch wird es blau markiert) und betätigen unten die Schaltfläche ENTFERNEN **3**. Alternativ können Sie das Schildchen mit der rechten Maustaste anklicken und im Kontextmenü PIN ENTFERNEN **2** auswählen.

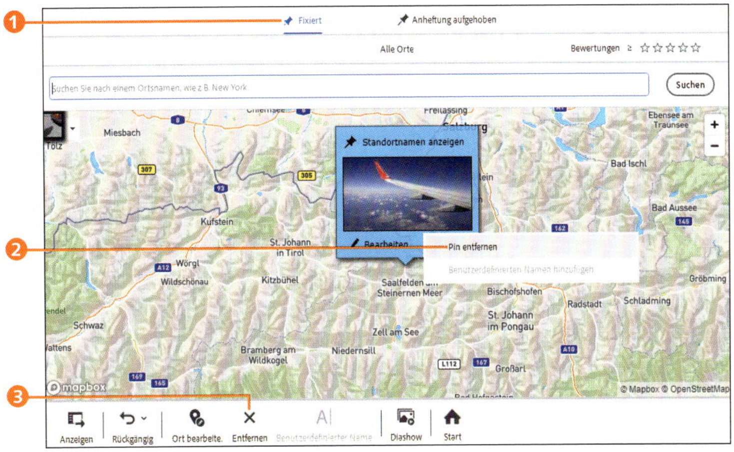

◂ **Abbildung 8.119**
Ortsinformationen verwerfen

Alternativ lassen sich Ortsinformationen löschen, indem Sie mit der rechten Maustaste auf das Stecknadelsymbol klicken und die entsprechende(n) Information(en) entfernen. Dasselbe funktioniert auch über BILD-TAGS, wenn Sie eine Stecknadel mit der rechten Maustaste anklicken 4. Diese Option steht Ihnen sowohl im Modus MEDIEN als auch im Modus ORTE in der Rasteransicht zur Verfügung. Im Modus ORTE können Sie die Ortsinformationen des ausgewählten Bildes (oder mehrerer ausgewählter Bilder) mit der Schaltfläche ENTFERNEN 5 löschen.

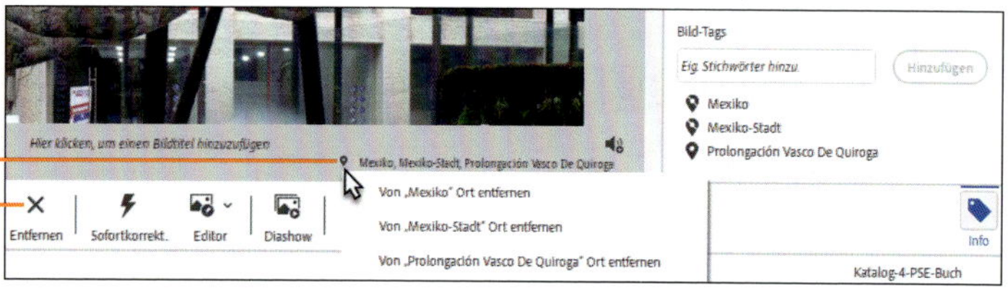

Abbildung 8.120 ▸
Löschen einzelner Ortsinformationen, hier im Modus ORTE

8.9.6 Benutzerdefinierten Ortsnamen hinzufügen

Nicht immer ist die Vergabe und Verwendung der angebotenen Ortsnamen sehr hilfreich. Gelegentlich wünscht man sich, benutzerdefinierte Ortsnamen nutzen zu können, nach denen man im Medienbrowser auch im Klartext suchen kann.

In Abbildung 8.122 wurden zwar die exakten GPS-Informationen für den Desierto de los Leones in Mexiko angegeben, in der Praxis wird man aber wohl auch bei der Suche gerne »Desierto de los Leones« eingeben, wenn man danach sucht, und nicht, wie im Beispiel, nach »Carretera La Venta«.

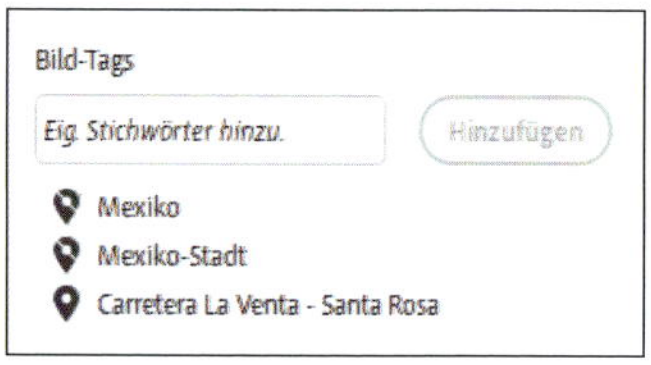

▲ Abbildung 8.121
Diese Ortsinformation wurde für Desierto de los Leones in Mexiko verwendet.

Um einem Ort einen benutzerdefinierten Namen zuzuweisen, müssen Sie das Schildchen auswählen und die Schaltfläche BENUTZERDEFINIERTER NAME 7 anklicken oder das Schildchen mit der rechten Maustaste anklicken und im Kontextmenü BENUTZERDEFINIERTEN NAMEN HINZUFÜGEN 6 auswählen.

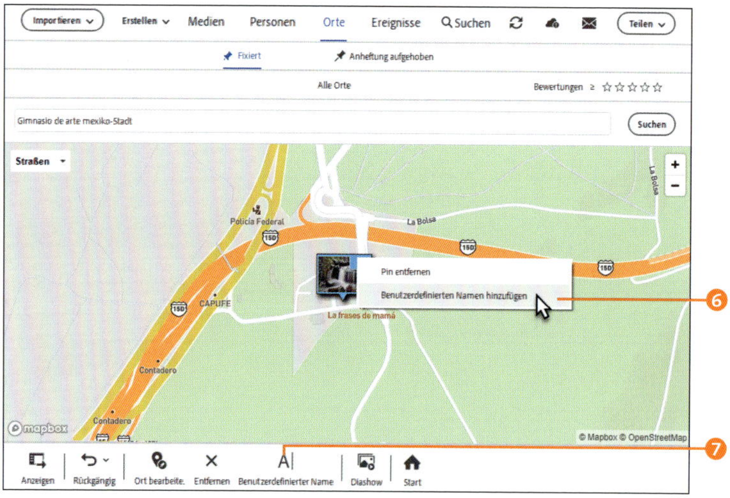

Abbildung 8.122 ▸
Benutzerdefinierten Namen für Orte vergeben

Im sich öffnenden Dialog können Sie jetzt im Textfeld einen benutzerdefinierten Namen für den Ort eingeben, der dann auch von Elements Organizer verwendet wird, wie Sie im Schildchen oder in den Bild-Tags erkennen können. Der Vorteil hierbei ist, dass Sie nach diesem Namen auch suchen können.

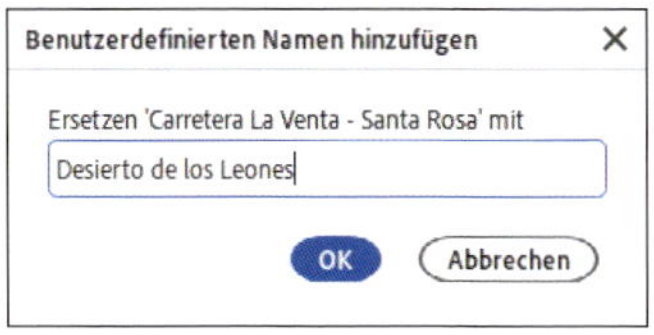

▲ **Abbildung 8.123**
Einen benutzerdefinierten Namen für den Ort eingeben

◀ **Abbildung 8.124**
Der benutzerdefinierte Name wird auch gleich übernommen. Die Position für das Schildchen bzw. die GPS-Daten bleiben hiervon unberührt.

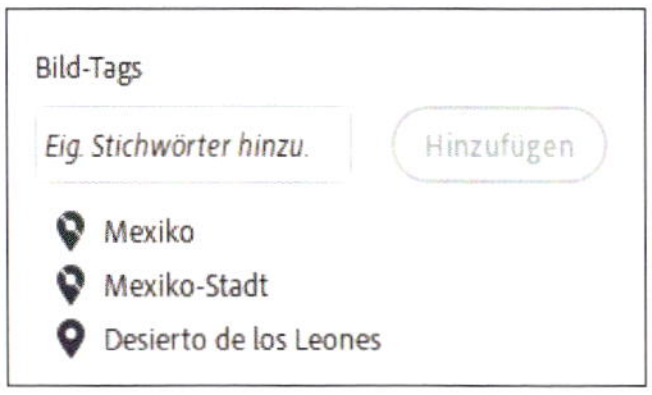

▲ **Abbildung 8.125**
Auch in den Bild-Tags finden Sie den benutzerdefinierten Ortsnamen vor.

8.9.7 Bilder schnell finden über den Orte-Modus

Wenn Sie erst einmal fleißig die einzelnen Ortsangaben verteilt haben (oder Ihre Kamera bereits alle GPS-Daten hinterlegt hat), können Sie sich auf die Reise machen und die Orte visuell besuchen.

Sofern kein Album oder keine Ordner ausgewählt wurden und Sie zum ORTE-Modus wechseln, sollten Sie im Register FIXIERT die Landkarte mit den entsprechenden Schildchen der einzelnen Orte und der Anzahl der Bilder vorfinden.

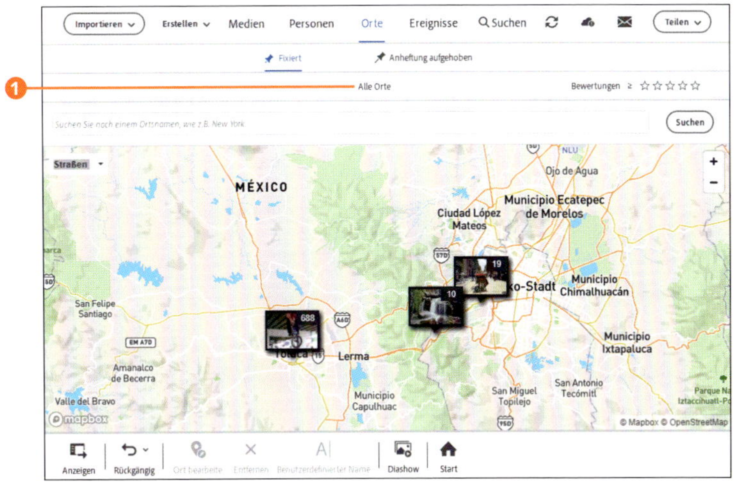

▲ **Abbildung 8.126**
Eine visuelle Reise der besuchten Orte ist dank der Ortsangaben mit dem Elements Organizer komfortabel möglich.

Alle vorhandenen Orte
Dass alle Orte eingeblendet werden, können Sie daran erkennen, dass über der Landkarte ALLE ORTE 1 steht.

Detailliertere Landkarte
Viele Orte werden häufig erst angezeigt, wenn Sie tiefer in die Landkarte hineinzoomen.

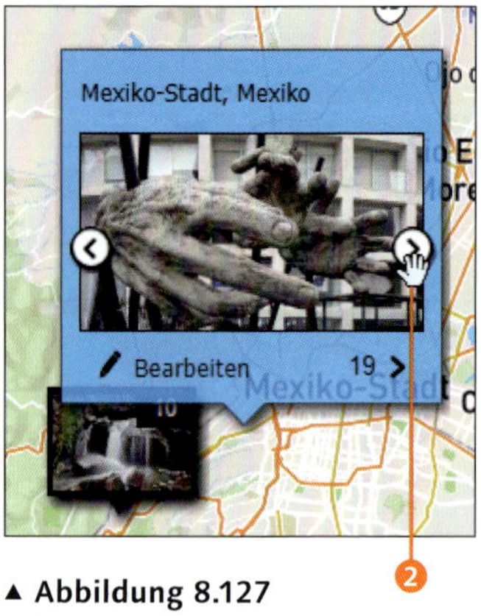

▲ **Abbildung 8.127**
Bilder eines bestimmten Ortes in einer Miniaturansicht durchlaufen

Einen ersten Überblick, was sich hinter den einzelnen Schildchen an den entsprechenden Orten befindet, können Sie sich verschaffen, indem Sie mit dem Mauszeiger über dem Schildchen stehen bleiben. Dadurch vergrößert sich das Schildchen, und Sie finden Pfeilsymbole ❷ vor, mit denen Sie die einzelnen Bilder in einer Miniaturvorschau der Reihe nach durchsehen können.

Wollen Sie alle Medien des Ortes in einer Rasteransicht sehen, müssen Sie nur auf die Anzahl der Bilder ❸ klicken oder das Schildchen doppelt anklicken. Die Bedienung in dieser Rasteransicht des Modus ORTE entspricht der im Modus MEDIEN, nur dass Sie hier die Ortsinformationen einzelner (oder aller) Bilder nachträglich bearbeiten oder entfernen können. Logischerweise stehen Ihnen in diesem Modus die Tags für Stichwörter, Personen und Ereignisse nicht zur Verfügung. Zurück zur Landkarte kommen Sie mit der Schaltfläche ZURÜCK.

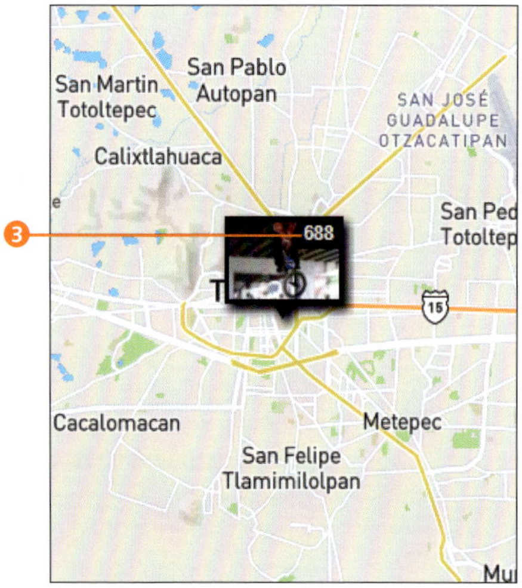

▲ **Abbildung 8.128**
Je tiefer Sie in die Landkarte hineinzoomen …

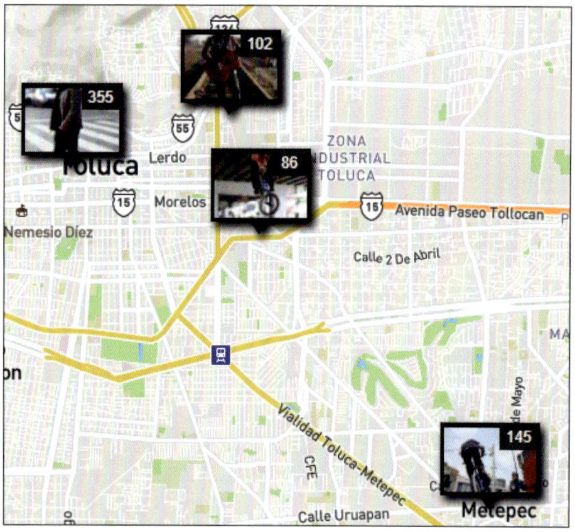

▲ **Abbildung 8.129**
… desto detaillierter werden die Ortsangaben.

Haben Sie hingegen ein Album oder einen Ordner ausgewählt, wird der Name des Albums oder Ordners links oben ❺ eingeblendet, oder falls Sie die linke Bedienfeldleiste eingeblendet haben, ist das ausgewählte Album oder der ausgewählte Ordner dort markiert. Entsprechend werden dann in der Miniaturvorschau nur die Bilder angezeigt, die im Album oder Ordner enthalten sind. Ebenso sieht es mit der Landkarte aus, in der nur der Bereich mit Stecknadeln angezeigt wird, auf den sich die Ortsinformationen des ausgewählten Albums oder Ordners beziehen.

Zurück zu »Alle Orte«
Wollen Sie wieder zur Landkarte mit allen Ortsinformationen des Katalogs zurückwechseln, brauchen Sie nur auf die Schaltfläche ALLE ORTE ❹ zu klicken.

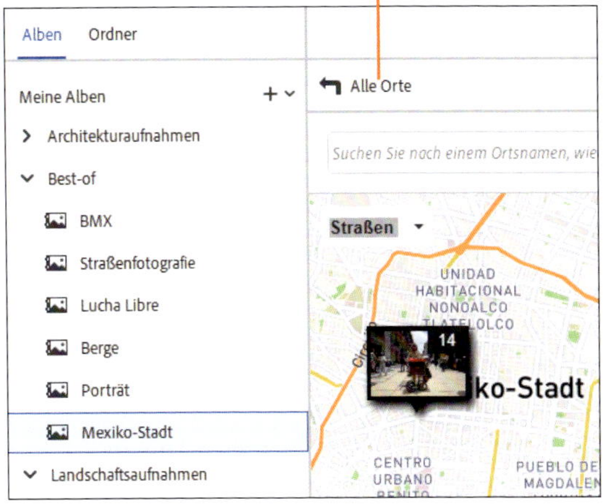

▲ **Abbildung 8.130**
Das Album MEXIKO-STADT ist ausgewählt.

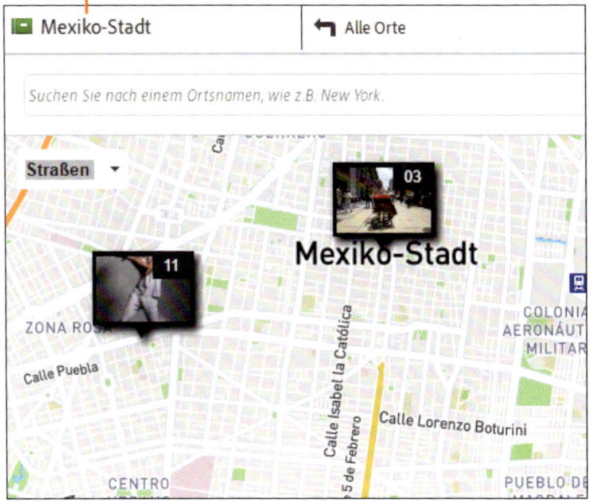

▲ **Abbildung 8.131**
Nur Bilder aus dem ausgewählten Album MEXIKO-STADT werden jetzt als Miniatur angezeigt. Dasselbe gilt natürlich auch für die Landkarte.

8.9.8 Ort-Tags

Wenn Sie Ihre Bilder fleißig mit Ortsinformationen versehen haben, finden Sie all diese Informationen bei den TAGS unter ORT-TAGS ❻ wieder vor, meistens in einer typischen Form wie Land, Bundesstaat, Stadt, Straße/Gebäude. Bei diesen Ort-Tags handelt es sich im Grunde auch um Stichwort-Tags, die Sie jederzeit in die Metadaten über DATEI • ALLE METADATEN IN DATEI SPEICHERN sichern können. Solche Metadaten können von anderen Bildverwaltungsprogrammen beim Importieren der Medien wieder gelesen und verwendet werden.

Wenn Sie die Metadaten über den Befehl DATEI • METADATEN IN DATEI SPEICHERN sichern, werden die Ort-Tags als gewöhnliche Stichwort-Tags in der Datei gespeichert. Keine Sorge, Ihr aktuell verwendeter Katalog bleibt nach wie vor im vorhandenen Zustand. Nur im Fall eines Imports der Medien würden somit die Ortsnamen als Stichwort-Tags importiert. Allerdings, wenn die Ortsinformationen korrekt waren, werden gegebenenfalls auch die zugewiesenen GPS-Daten gesichert und können zumindest vom Organizer bei einem Import in einen anderen Katalog für das Auffinden auf der Landkarte wiederverwendet werden.

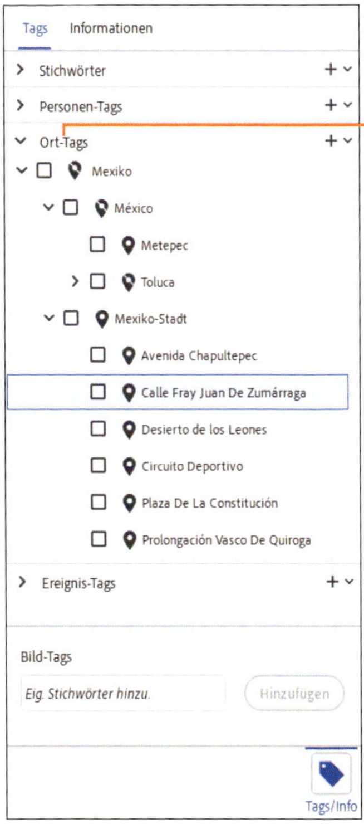

▲ **Abbildung 8.132**
Zuvor erstellte Orte finden Sie automatisch bei den ORT-TAGS ❻ wieder.

Ort-Tags verwenden | Für die Ort-Tags muss die Schaltfläche TAGS ❷ (Abbildung 8.133) aktiviert sein. Unter TAGS können Sie dann die Leiste ORT-TAGS ❶ durch Anklicken aus- und wieder einklappen.

Ort-Tags können Sie wie Stichwort-Tags verwenden. Dabei können Sie jederzeit ein Ort-Tag auf ein Bild (oder mehrere Bil-

▲ **Abbildung 8.133**
Neuen Ort hinzufügen

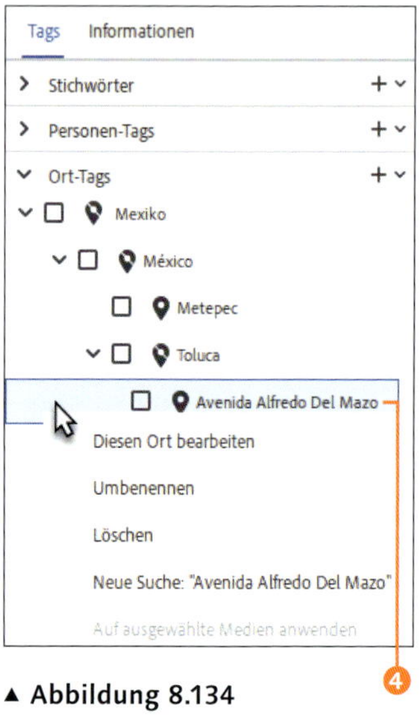

▲ **Abbildung 8.134**
Orte nachträglich bearbeiten, umbenennen oder löschen

der, wenn markiert) ziehen. Oder aber Sie können auch ein oder mehrere Bilder auf ein bestimmtes Ort-Tag ziehen. Auch die Suche funktioniert ähnlich komfortabel, wie in Abschnitt 8.4.1, »Nach Stichwort-Tags suchen«, beschrieben, im Grunde ähnlich, wie Sie es schon in Abschnitt 8.4, »Stichwort-Tags«, gelesen haben.

Ort-Tags nachträglich bearbeiten | Über Ort-Tags im Reiter Tags können Sie auch jederzeit einen neuen Ort anlegen, indem Sie auf das kleine Dropdown-Menü 3 neben dem Plussymbol klicken. Die Befehle Umbenennen und Löschen beziehen sich dann auf den Ort, der blau markiert ist. Klicken Sie direkt auf das Plussymbol, wird ein Dialog mit Landkarte geöffnet, mit dem Sie einen neuen Ort anlegen können.

Sie können aber auch direkt auf einen Ort mit der rechten Maustaste klicken 4, wodurch Sie im Kontextmenü den Ort nachträglich bearbeiten, umbenennen oder löschen können.

8.9.9 Standortinformationen anwenden

Vielleicht vermissen Sie bei den Ort-Tags den einen oder anderen Ort, obwohl doch davon ein Schildchen auf der Landkarte zu sehen ist und entsprechende Standortinformationen vorhanden sind. Wenn Sie mit der Maus über ein solches Schildchen gehen, finden Sie dort Standortnamen anzeigen anstelle des eigentlichen Standortnamens vor. Dies ist gewöhnlich der Fall, wenn Sie Bilder importiert haben, bei denen bereits Standortinformationen enthalten sind. Um diese Standardinformationen anzuwenden, müssen Sie lediglich auf 5 klicken, und die Standardortinformationen werden angewendet und in den Katalog mit integriert.

▲ **Abbildung 8.135**
Obwohl Standortinformationen vorhanden sind, werden diese Namen nicht angezeigt. Ein Klick auf 5 reicht …

▲ **Abbildung 8.136**
… und diese Standortinformationen werden angewendet und in den Katalog integriert.

8.10 Ereignisse erstellen und verwalten

Neben der Verwaltung nach Personen und Orten fehlt natürlich noch die Möglichkeit, die Bilder nach bestimmten Ereignissen wie Geburtstagen, Hochzeiten, Feiern, Sportereignissen usw. zu ordnen. Dank des Modus EREIGNISSE ist dies problemlos möglich. Wie auch schon im PERSONEN- und ORTE-Modus ist der EREIGNISSE-Modus ❸ in zwei Teile aufgeteilt. Dies wäre der Bereich mit dem Register BENANNT ❶, in dem alle bereits benannten Ereignisse aufgelistet werden und in das Sie manuell neue Ereignisse hinzufügen können. Dann wäre da noch der Bereich mit dem Register VORGESCHLAGEN ❷, in dem Sie die Ereignisse auf Basis eines bestimmten Datums erstellen können.

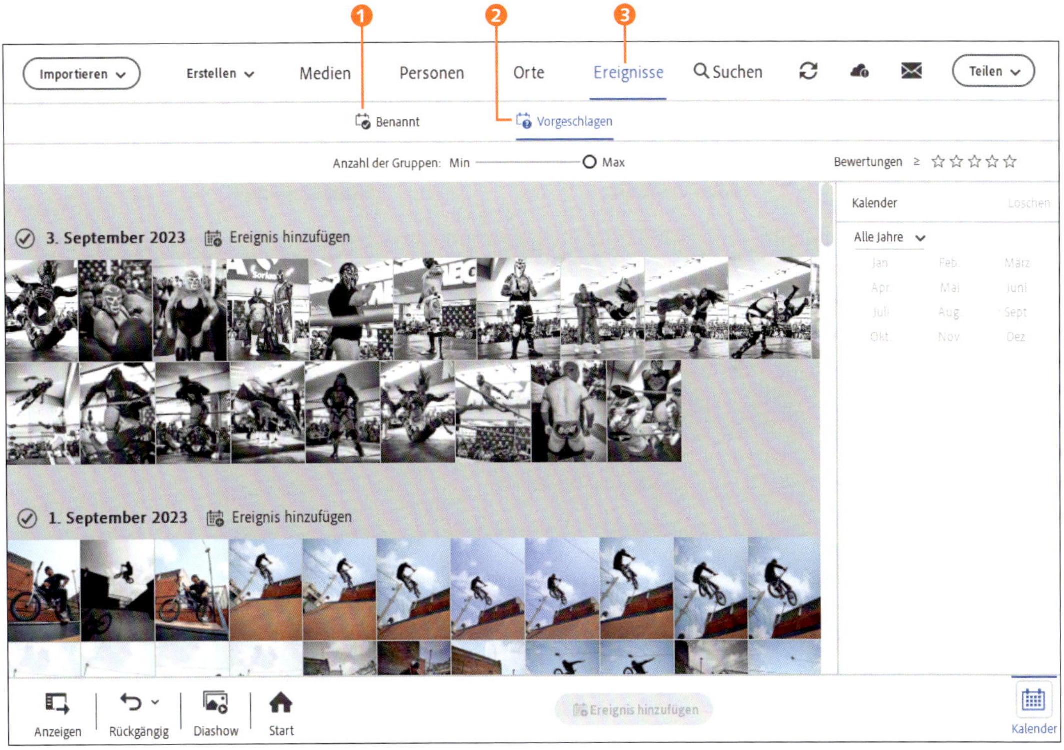

▼ **Abbildung 8.137**
Auch nach Ereignissen lassen sich die Bilder im entsprechenden Modus einteilen.

Schritt für Schritt
Ein Ereignis im Register »Vorgeschlagen« erstellen

Zu einem gut sortierten Fotobestand zählt auch die Kategorisierung Ihrer Bilder nach Ereignissen. Dieser Workshop zeigt Ihnen, wie Sie mit dem EREIGNISSE-Modus des Organizers umgehen und Ereignisse anlegen.

Ereignis hinzufügen

Wenn Sie wollen und sich sicher sind, dass alle Bilder von einer bestimmten Gruppe dem gewünschten Ereignis entsprechen, können Sie das Ereignis gleich erstellen, indem Sie auf EREIGNIS HINZUFÜGEN 8 neben dem Datum klicken. Damit werden automatisch gleich alle zur Gruppe gehörenden Medien markiert, und es öffnet sich ein Dialog, in dem Sie den Namen, nochmals das Datum (falls Sie es ändern wollen), eine Gruppe und eine Beschreibung hinzufügen können.

1 Zeitraum auswählen und gegebenenfalls Ereignis hinzufügen

Wechseln Sie in den Modus EREIGNISSE 4, und klicken Sie dann auf das Register VORGESCHLAGEN 3. Dort finden Sie Bilder gruppiert nach Datum aufgelistet. Die Anzahl der Gruppen können Sie mit ANZAHL DER GRUPPEN 5 verfeinern, je weiter Sie diesen Schieberegler nach rechts ziehen. Ist Ihnen das noch nicht genau genug oder wollen Sie es noch etwas spezifischer aussortieren, können Sie hier auch bestimmte ALBEN 1 oder ORDNER 2 auswählen, woraufhin dann nur die Medien angezeigt werden, die sich in dem entsprechenden Album bzw. Ordner befinden.

Im Beispiel bin ich an einem Ereignis am 29. August 2023 interessiert. Eingeblendet wird der Bereich vom 28. bis 29. August 2023. Da ich mir sicher bin, dass das gewünschte Ereignis, ein Lucha Libre in Mexiko, am 29. August 2023 stattfand, will ich diese Gruppe nochmals filtern und klicke daher auf KALENDER 7 rechts unten.

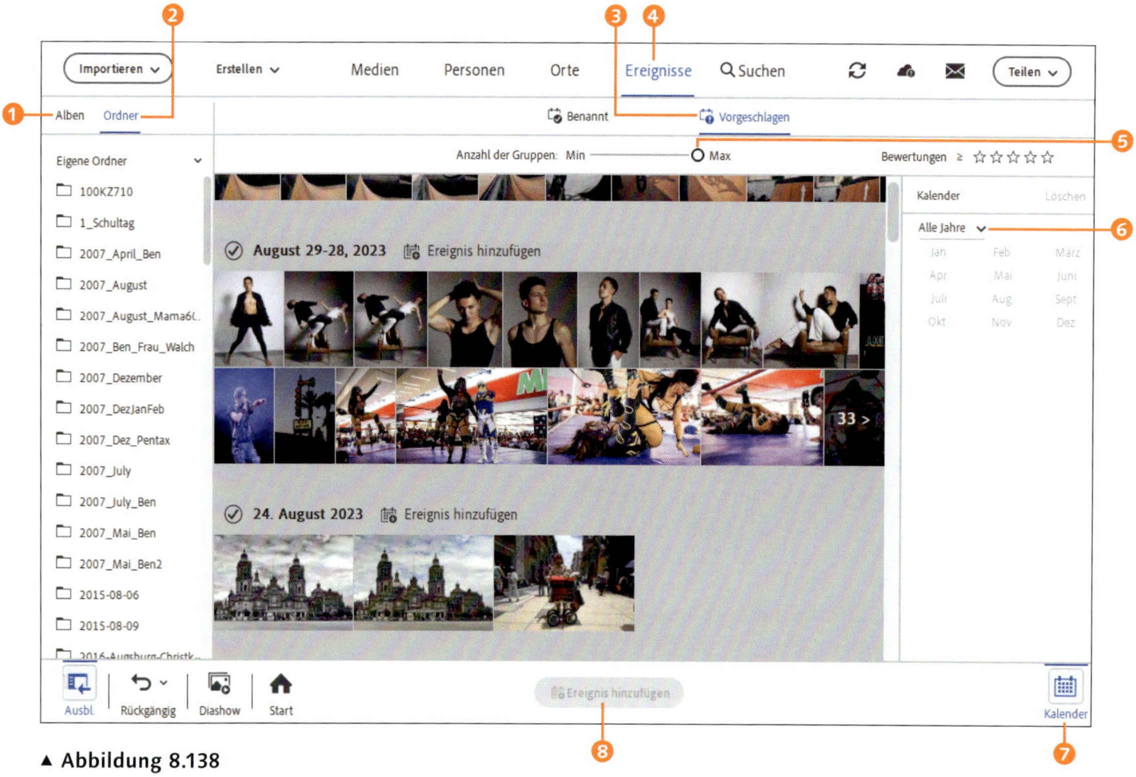

▲ **Abbildung 8.138**
Bilder für ein Ereignis auswählen

2 Zeitraum verfeinern und Ereignis hinzufügen

Über die Dropdown-Liste ALLE JAHRE 6 können Sie den Zeitraum der Rastervorschau auf das Jahr eingrenzen. Im Beispiel habe ich das Jahr 2023 ausgewählt. Reicht Ihnen das nicht, können Sie den

Zeitraum auch innerhalb eines Monats eingrenzen. Im Beispiel wurde noch der Monat August ⓫ ausgewählt. Sie können den Zeitraum auch bis auf den Tag genau eingrenzen.

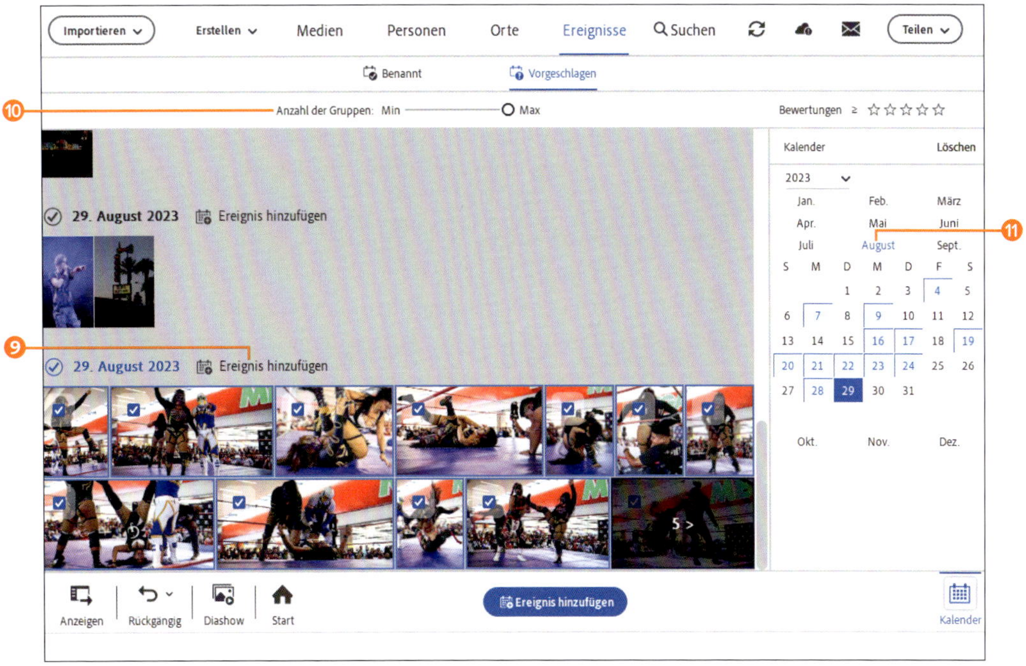

▲ **Abbildung 8.139**
Den Zeitraum für eine bessere Auswahl des Ereignisses verfeinern

Zusätzlich zu jeder Auswahl von Jahr, Monat oder Tag können Sie außerdem mit dem Schieberegler Anzahl der Gruppen ⓾ die Auswahl weiter verfeinern, indem Sie diesen nach rechts ziehen. Wenn Sie den genauen Tag kennen, können Sie den Tag in einzelne Stunden zerlegen. Im Beispiel habe ich den 29. August ausgewählt. Entscheiden Sie nun, welche Bilder Sie hinzufügen möchten, und klicken Sie dann auf Ereignis hinzufügen ❾.

Im Dialog Name für Ereignis eingeben geben Sie jetzt den Namen für das Ereignis ein. Auch das Von- und Bis-Datum für das Ereignis können Sie anpassen. Mit Ok fügen Sie das Ereignis mit den ausgewählten Bildern hinzu.

Bilder auswählen

Das Auswählen der Bilder für Ereignisse funktioniert genauso, wie ich es in Abschnitt 8.9.3, »Neue Orte hinzufügen«, im Workshop »Einem Bild Ortsinformationen hinzufügen« im Arbeitsschritt 1 beschrieben habe.

◄ **Abbildung 8.140**
Ereignis beschreiben

3 Ergebnis betrachten

Wenn Sie das Ereignis erstellt haben, können Sie es künftig betrachten, sobald Sie den Modus auf EREIGNISSE im Register BENANNT umschalten. Dort finden Sie dann den oder die sogenannten Ereignisstapel ⓬.

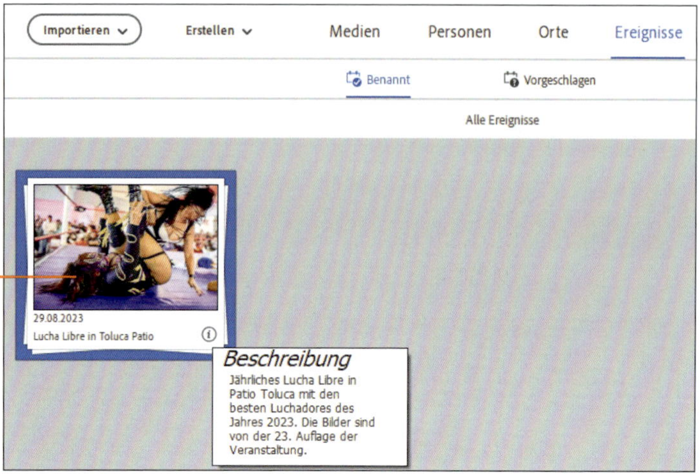

Abbildung 8.141 ▸
Das hinzugefügte Ereignis im EREIGNISSE-Modus als Ereignisstapel

Schritt für Schritt
Ein Ereignis manuell erstellen

Wenn Sie mit dem Register VORGESCHLAGEN kein zusammenhängendes Ereignis erstellen konnten, können Sie dies jederzeit auch von Hand erledigen. Diese Methode können Sie sowohl im Modus MEDIEN als auch im Modus EREIGNISSE im Register BENANNT verwenden. Dieser Workshop soll Ihnen zeigen, wie das geht.

1 Medien auswählen

Zunächst müssen Sie entscheiden, welche Medien dem Ereignis hinzugefügt werden sollen. Sie können beispielsweise Medien eines bestimmten Albums oder Ordners verwenden, oder aber Sie picken sich die Bilder aus allen Medien heraus. Dazu müssen Sie nicht in den EREIGNISSE-Modus wechseln, sondern können im MEDIEN-Modus bleiben.

Im Beispiel habe ich die Auswahl auf ein Album ❶ beschränkt, weil ich darin mehrere Bilder von verschiedenen Kameras gesammelt habe. Die Aufnahmedaten wurden von einigen der Kameras nicht korrekt eingestellt. Klicken Sie auf die Schaltfläche EREIGNIS ❷. Alternativ finden Sie dieselbe Schaltfläche auch im EREIGNISSE-Modus über dem Register BENANNT.

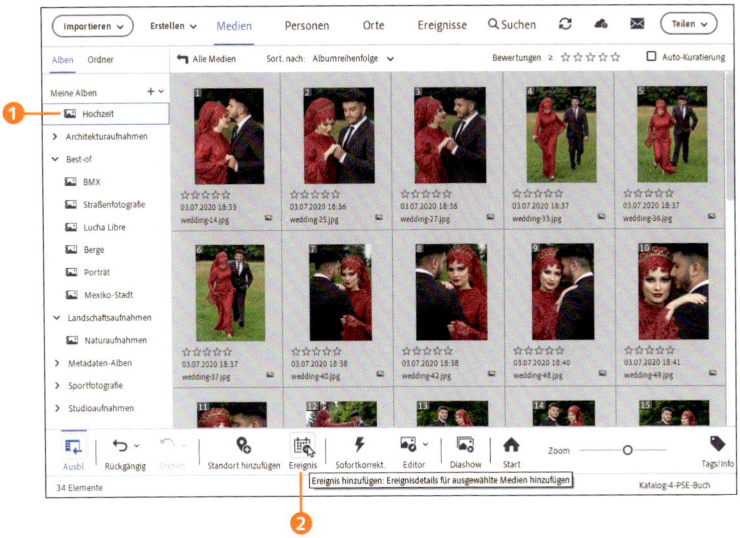

◂ **Abbildung 8.142**
Bilder für ein Ereignis auswählen

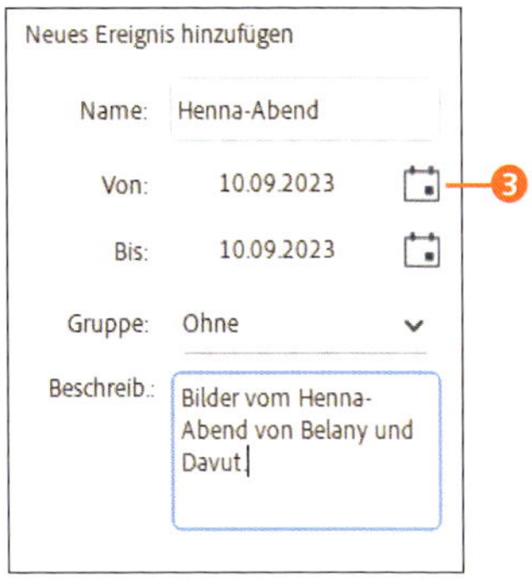

▴ **Abbildung 8.143**
Ereignis beschreiben

2 Ereignisbeschreibung

Auf der rechten Seite öffnet sich das Bedienfeld NEUES EREIGNIS HINZUFÜGEN, in dem Sie NAME und VON- und BIS-Datum für das Ereignis eingeben können. Das Datum können Sie entsprechend anpassen, wenn Sie jeweils auf das kleine Kalendersymbol ❸ klicken. Am Ende können Sie dem Ereignis noch eine kurze BESCHREIBUNG hinzufügen.

3 Medien hinzufügen

Wählen Sie jetzt einzelne (oder alle mit Strg/cmd+A bzw. mit der Schaltfläche ALLE ❹ Medien aus der Bildervorschau aus, und ziehen Sie diese mit gedrückt gehaltener linker Maustaste in den grauen Bereich ❻, auf dem Sie sie fallen lassen.

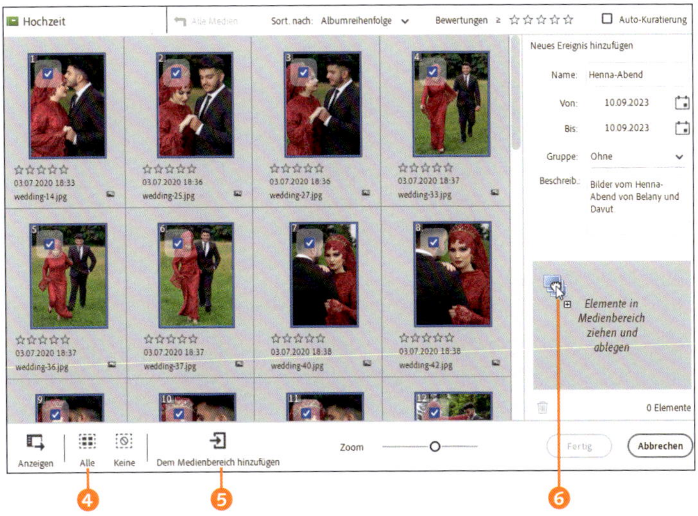

◂ **Abbildung 8.144**
Dem Ereignis Bilder hinzufügen

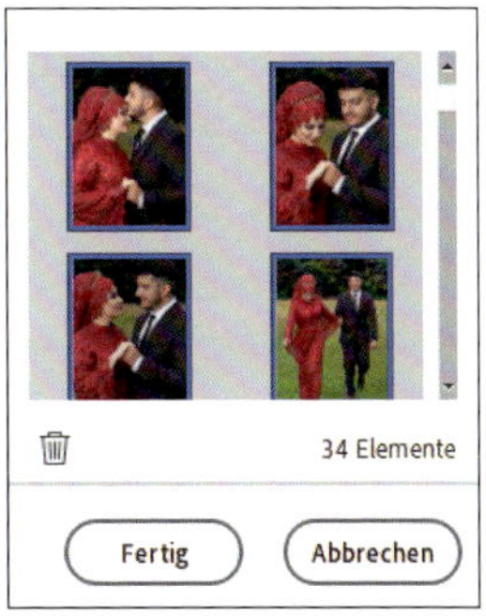

▴ **Abbildung 8.145**
Das Ereignis füllt sich.

Alternativ können Sie auch einzelne Medien (mit gehaltener [Strg]/[cmd]-Taste) auswählen und mit der Schaltfläche DEM MEDIENBEREICH HINZUFÜGEN ❺ entsprechende Bilder hinzufügen.

4 Ereignis betrachten

Wenn Sie das Ereignis erstellt haben, können Sie es wieder betrachten, sobald Sie den Modus auf EREIGNISSE ❽ im Register BENANNT ❼ umschalten. Dort finden Sie den Ereignisstapel vor.

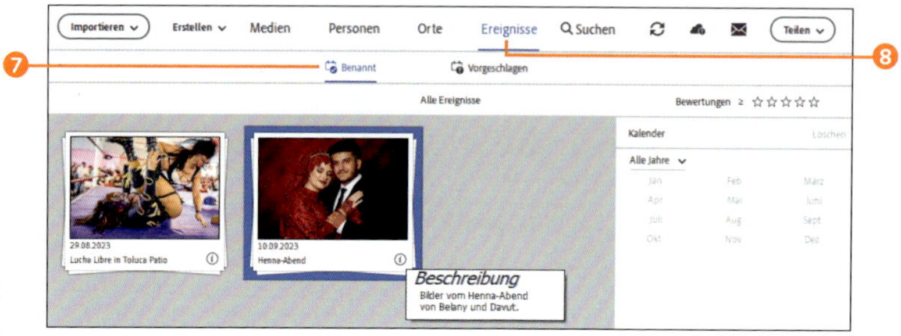

Abbildung 8.146 ▸
Das hinzugefügte Ereignis im EREIGNISSE-Modus im Register BENANNT ❼ als Ereignisstapel

Keine Ereignisse zu sehen

Finden Sie hier keine Vorschau, obwohl Sie alle Ereignisse hinzugefügt haben, haben Sie wohl einen Ordner oder ein Album ausgewählt, der oder das kein Ereignis enthält. Gewöhnlich finden Sie dann die Schaltfläche ALLE EREIGNISSE über der Miniaturvorschau. Sobald Sie diese anklicken, sollten wieder alle vorhandenen Ereignisse angezeigt werden.

▲ Abbildung 8.147
Sind Ordner oder Alben ausgewählt, können Sie über diese Schaltfläche zu allen Ereignissen wechseln.

8.10.1 Ereignisse bearbeiten

Wenn Sie in den Modus EREIGNISSE in das Register BENANNT wechseln, sollten Sie eine Vorschau mit allen Ereignissen bekommen, die Sie bisher erstellt haben.

Nachträglich bearbeiten können Sie einzelne Ereignisse, indem Sie diese markieren und entweder im Kontextmenü den Befehl BEARBEITEN ❼ (Abbildung 8.148) auswählen oder die Schaltfläche BEARBEITEN ❷ anklicken. Bearbeiten können Sie nachträglich den Namen, das VON- und BIS-Datum und die Beschreibung des Ereignisses. Die Beschreibung des Ereignisses wird in der Vorschau mit einem kleinen i-Symbol ❶ angezeigt und kann durch Anklicken des Symbols ausgewählt werden.

Ereignis entfernen | Entfernen können Sie ein Ereignis ebenfalls, indem Sie es mit der rechten Maustaste anklicken und per rechten Mausklick im Kontextmenü den entsprechenden Befehl auswählen oder die Schaltfläche ENTFERNEN ❸ verwenden.

Den Befehl ALS DECKBLATT VERWENDEN ❻ im Kontextmenü können Sie verwenden, um ein Bild als Titelbild für das Ereignis zu verwenden. Hierbei müssen Sie lediglich den Mauscursor auf dem Ereignisstapel bewegen, um unterschiedliche Bilder auswählen zu können. Am Ende des Kontextmenüs und über die gleichnamige Schaltfläche ❹ im Bildfenster haben Sie wieder die Möglichkeit, das ausgewählte Ereignis als DIASHOW zu betrachten. Mit der Schaltfläche KALENDER ❺ rechts unten können Sie den Kalender ❽ in der Bedienleiste ein- und ausblenden.

Ereignisse hinzufügen

Wollen Sie weitere Ereignisse hinzufügen, brauchen Sie nur die Schaltfläche EREIGNIS HINZUFÜGEN anzuklicken. Was für Medien hinzugefügt werden können, hängt natürlich davon ab, ob im Augenblick ein Album, ein Ordner oder der komplette Katalog aktiv ist.

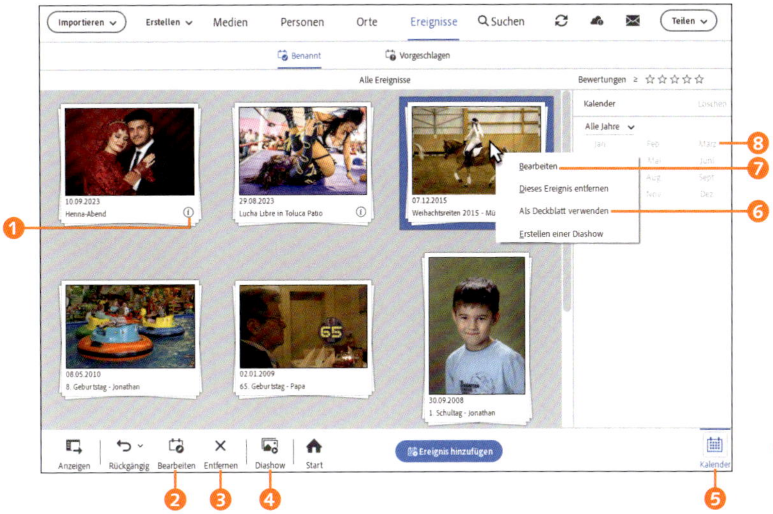

◀ Abbildung 8.148
Der Ereignisse-Modus mit den Ereignisstapeln

Ereignisse betrachten | Um den Inhalt eines Ereignisses zu betrachten, reicht ein Doppelklick auf dem Ereignisstapel aus. Den Titel 12 des Ereignisses finden Sie immer über der Bildervorschau. Mit den beiden Pfeilen 11 und 13 können Sie zu den Bildern vom vorherigen bzw. nächsten Ereignis wechseln. Mit Medien hinzufügen 14 können Sie dem Ereignis weitere Medien über einen sich öffnenden Dialog hinzufügen. Mit der Schaltfläche Zurück 10 werden wieder alle Ereignisse angezeigt.

Bild aus Ereignis entfernen

In der Detailansicht eines Ereignisses werden die Bilder mit einem kleinen Kalendersymbol 9 versehen. Wenn Sie mit dem Mauscursor darüber gehen, erfahren Sie, welchem Ereignis das Bild zugewiesen wurde. Mit einem rechten Mausklick auf 9 können Sie das Bild aus diesem Ereignis entfernen.

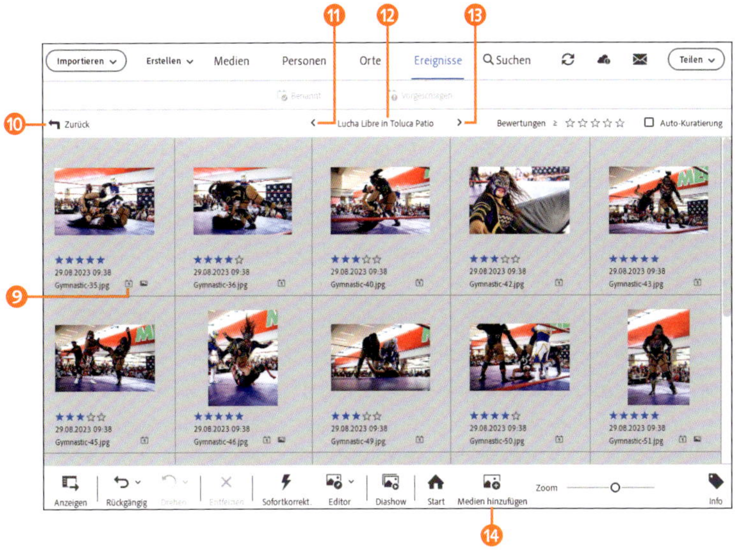

◀ Abbildung 8.149
Der Inhalt des Ereignisses »Lucha Libre in Toluca Patio«

Ereignisse nach Kalender auswählen | Vorhandene Ereignisse können Sie auch mit dem Kalender im Bedienfeldmenü auf der rechten Seite auswählen. Hierzu brauchen Sie lediglich das Jahr auszuwählen. Dann wird der Monatskalender angezeigt, in dem

▲ Abbildung 8.150
Ereignisse lassen sich auch nach Jahren …

▲ **Abbildung 8.151**
... Monaten und Tagen auswählen.

die blau (und in Fettschrift) hinterlegten Monate Ereignisse enthalten. Die einzelnen Tage mit Ereignissen haben dann einen blauen Rahmen. Klicken Sie einen Tag an, werden alle Bilder von diesem Tag in der Miniaturvorschau angezeigt. Mit der Schaltfläche LÖSCHEN ❶ setzen Sie den Kalender wieder zurück (!). Sie löschen hiermit keine Ereignisse.

8.10.2 Ereignis-Tags

Wenn Sie Ihre Medien im EREIGNISSE-Modus nach Ereignissen sortiert haben, finden Sie alle diese Ereignisse automatisch bei den TAGS ❷ unter EREIGNIS-TAGS ❸ wieder. Bei diesen Ereignis-Tags handelt es im Grunde um gewöhnliche Stichwort-Tags, die Sie ebenfalls jederzeit in den Metadaten mit DATEI • ALLE METADATEN IN DATEI SPEICHERN sichern können.

Solche Metadaten können von anderen Bildverwaltungsprogrammen beim Importieren der Medien wieder gelesen und verwendet werden. Das Importieren funktioniert allerdings bei Ereignissen dann nur als gewöhnliche Stichwort-Tags, weil es keine Ereignisse als Metadaten bei den Grafikformaten gibt und die Ereignisse nur ein spezieller Modus des Organizers sind.

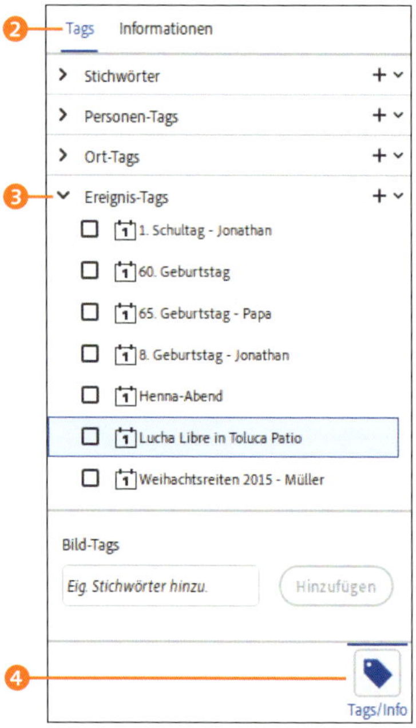

▲ **Abbildung 8.152**
Alle erstellten Ereignisse werden automatisch gleich bei EREIGNIS-TAGS hinzugefügt.

Ereignis-Tags verwenden | Für die Ereignis-Tags muss die Schaltfläche TAGS/INFO ❹ aktiviert sein. Unter TAGS ❷ können Sie dann die Leiste EREIGNIS-TAGS ❸ durch Anklicken aus- und wieder einklappen. Auch die Ereignis-Tags können Sie dann wie Stichwort-Tags verwenden. Dabei können Sie jederzeit ein Ereignis-Tag auf ein Bild (oder mehrere Bilder, wenn markiert) ziehen, umgekehrt können Sie aber auch ein oder mehrere Bilder auf ein bestimmtes Ereignis-Tag ziehen.

Auch die Suche funktioniert ähnlich komfortabel, wie in Abschnitt 8.4.1, »Nach Stichwort-Tags suchen«, beschrieben wurde. Im Grunde ist dies ähnlich, wie Sie es schon in Abschnitt 8.4, »Stichwort-Tags«, gelesen haben.

Ereignis-Tags nachträglich bearbeiten | Über EREIGNIS-TAGS im Reiter TAGS können Sie auch jederzeit ein neues Ereignis anlegen, indem Sie auf das kleine Dropdown-Menü ❺ neben dem Plussymbol klicken. Die Befehle BEARBEITEN und LÖSCHEN beziehen sich dann auf das Ereignis, das blau (hier Weihnachten Reiten) markiert ist. Klicken Sie direkt auf das Plussymbol, wird über einen Dialog ein neues Ereignis angelegt.

Sie können aber auch direkt auf ein Ereignis mit der rechten Maustaste klicken, wodurch Sie im Kontextmenü Ereignisse nachträglich BEARBEITEN oder LÖSCHEN können.

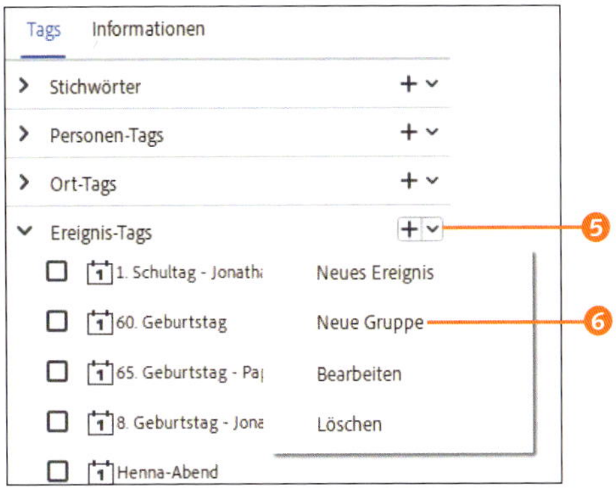

▲ **Abbildung 8.153**
Einzelne Ereignisse nachträglich bearbeiten oder löschen

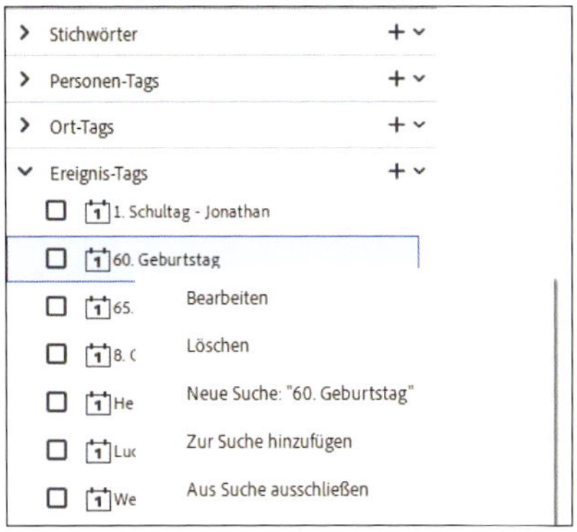

▲ **Abbildung 8.154**
Ein neues Ereignis anlegen oder vorhandene Ereignisse bearbeiten bzw. löschen

Ereignisse gruppieren | Etwas versteckt und nur über das kleine Dropdown-Menü ❺ zu erreichen ist das Erstellen von Gruppen ❻. Dies ist beispielsweise recht sinnvoll, um Ereignisse wie Geburtstage oder Feiertage usw. besser einordnen zu können. Die neue Gruppe können Sie im sich öffnenden Dialog benennen und dann die Ereignisse bei den Ereignis-Tags per Drag & Drop in die gewünschte Gruppe ziehen.

8.11 Automatische Kreationen

Wenn Sie eine ausreichend große Anzahl Bilder importiert oder einen älteren Katalog konvertiert haben und vielleicht auch fleißig mit verschiedenen Tags wie Stichwörtern, Ereignissen oder Personen gearbeitet haben, erstellt der Organizer für Sie im Hintergrund im Laufe der Zeit *automatische Kreationen*. Die Option dafür finden Sie über BEARBEITEN/ELEMENTS ORGANIZER • VOREINSTELLUNGEN • MEDIENANALYSE. Dort muss das Häkchen vor GENERIEREN AUTOMATISCHER KREATIONEN gesetzt sein.

Wenn erste Kreationen erstellt wurden, finden Sie diese im linken unteren Bereich des Startbildschirms ❶ wieder. Haben Sie den Startbildschirm nach dem Start geschlossen, können Sie ihn vom Organizer bzw. vom Fotoeditor über die entsprechende Schaltfläche aufrufen. Hier werden nach und nach, bei jedem erneuten Import von Bildern und deren Verwaltung, neue Kreationen hinzugefügt. Der Startbildschirm zeigt nur die kürzlich generierten Kreationen, die durch einen Klick auf die Ziffern 1 bis 5 unter der Vorschau ❷ ausgewählt werden können. Wollen Sie eine der automatisch erstellten Kreationen weiterverarbeiten, müssen Sie auf die Schaltfläche Öffnen ③ klicken. Bei einigen Kreationen können Sie eine Fotocollage gestalten, mit anderen lassen sich Fotos in einer Diashow sammeln. Wollen Sie sich einen Überblick über alle bisher erstellten Kreationen verschaffen, klicken Sie auf Anzeigen ④.

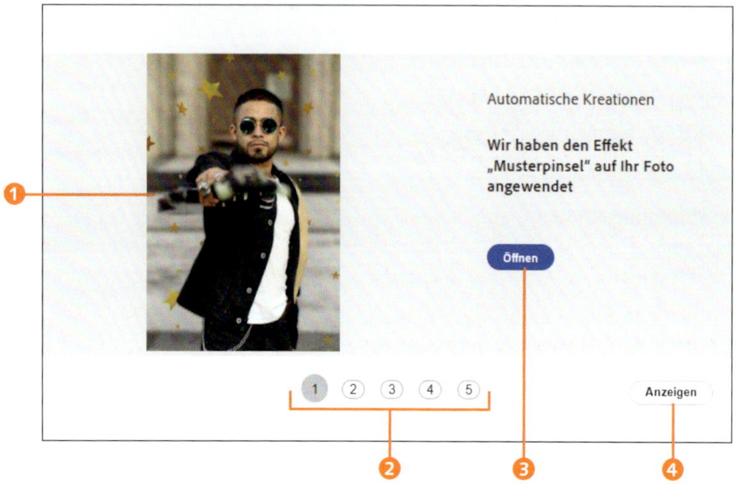

Abbildung 8.155 ▸ Automatische Kreationen werden im Startbildschirm angezeigt.

8.11.1 Automatische Kreationen verwalten

Auf dem Startbildschirm können Sie über die angezeigten Nummern zwischen den fünf zuletzt hinzugefügten automatischen Kreationen wechseln. Wollen Sie alle erstellten Kreationen betrachten bzw. verwalten, klicken Sie auf Anzeigen.

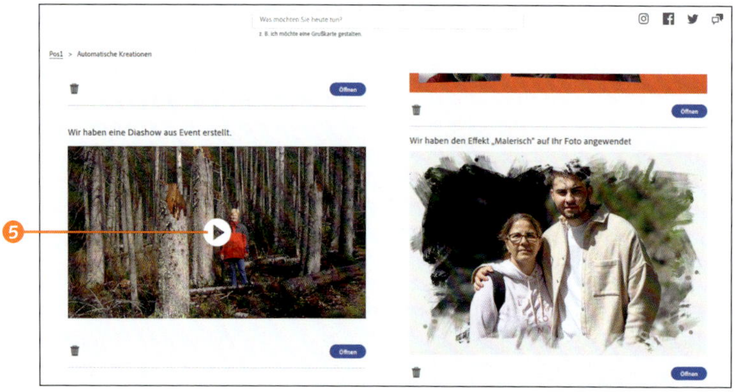

Abbildung 8.156 ▸ Eine automatisch erstellte Diashow abspielen

Sie erhalten daraufhin einen Überblick über alle erstellten Fotocollagen und Diashows. Letztere können Sie durch Anklicken des Playsymbols ⑤ in einer Vorschau abspielen lassen. Möchten Sie eine automatisch erstellte Kreation entfernen, müssen Sie nur auf das Mülleimersymbol ⑦ klicken. Zurück zum Startbildschirm gelangen Sie, wenn Sie links oben auf Pos1 ⑥ klicken.

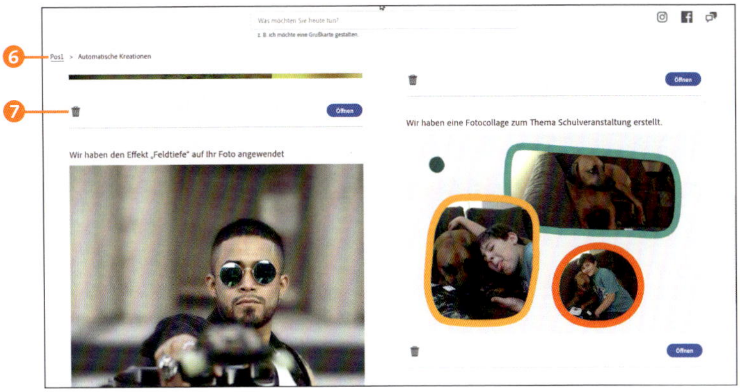

◂ **Abbildung 8.157**
Die automatisch erstellten Kreationen löschen

8.11.2 Fotocollagen oder Diashows erstellen und Effekte anwenden

Der Hauptsinn und Zweck von automatischen Kreationen ist es, Ihnen bei der Erstellung von Fotocollagen und Diashows zu helfen. Auch Effekte wie »Malerisch«, »Feldtiefe«, »Musterpinsel« oder »Schwarz-Weiß-Auswahl« aus dem ASSISTENT-Modus werden Ihnen hier mit einer Vorschau angeboten. Wenn Sie auf dem Startbildschirm oder bei der Kreationen-Übersicht auf die Schaltfläche ÖFFNEN klicken, können Sie, je nach Art der Kreation, eine Fotocollage im Fotoeditor oder eine Diashow im Organizer erstellen bzw. einen der Effekte auf das Bild anwenden. Dabei sind Sie nicht gezwungen, die durch die Kreation vorgeschlagenen Bilder oder deren Reihenfolge zu verwenden. Sie können die Fotocollage oder Diashow gemäß Ihren Wünschen anpassen und ändern.

▴ **Abbildung 8.158**
Klicken Sie auf ÖFFNEN, um eine Fotocollage oder eine Diashow zu erstellen bzw. zu bearbeiten oder einen Effekt auf Ihr Bild anzuwenden.

Zum Weiterlesen
Speziell auf das Erstellen einer Fotocollage gehe ich in Abschnitt 38.2, »Fotocollagen« ein. Das Erstellen einer Diashow thematisiere ich hingegen in Abschnitt 38.1, »Eine Diashow erstellen«.

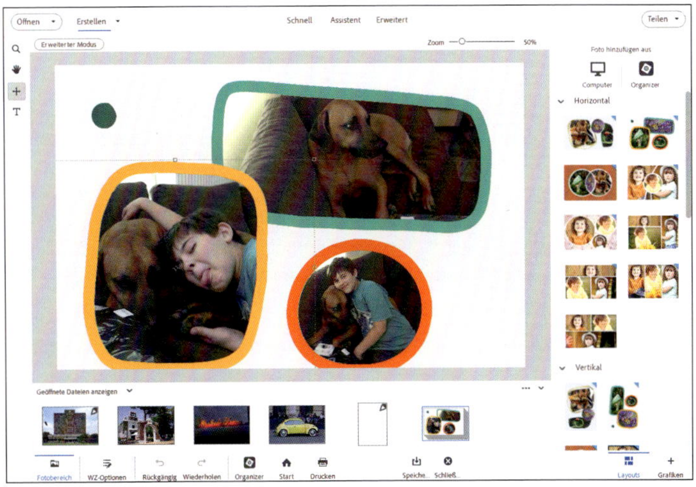

◂ **Abbildung 8.159**
Eine automatisch generierte Kreation wurde im Fotoeditor mit der Funktion FOTOCOLLAGE geöffnet und kann dort angepasst werden.

Da Sie auch unabhängig von den automatischen Kreationen Fotocollagen und Diashows erstellen können, wird darauf im Buch noch gesondert eingegangen, wenn es um das Präsentieren und Teilen Ihrer Bilder geht (Teil XIII). Gleiches gilt auch für die Effekte, die Sie im ASSISTENT-Modus auf jedes beliebige Bild anwenden können. Der ASSISTENT-Modus wird in Kapitel 3 behandelt.

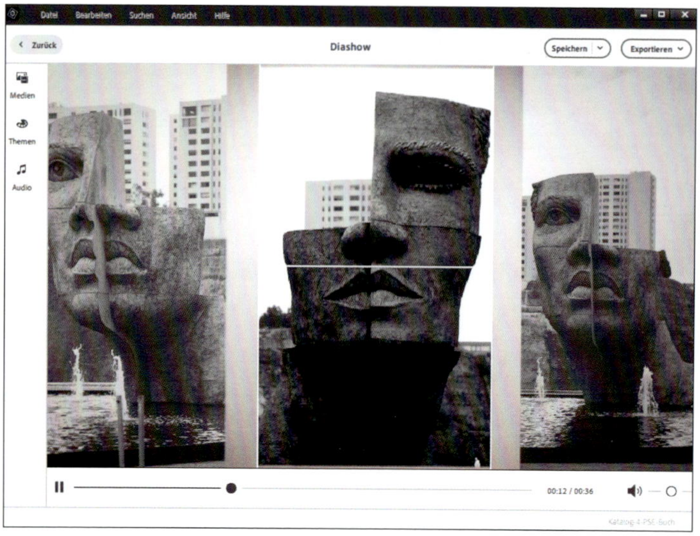

Abbildung 8.160 ▸
Hier habe ich eine generierte Kreation im Organizer mit der Funktion DIASHOW geöffnet, mit der Sie diese übernehmen oder anpassen können.

8.12 Versionssätze und Fotostapel

Finger weg vom Original
Auch hier gilt: Das Original sollten Sie beim Überarbeiten stets unangetastet lassen. Nur so ergibt der Versionssatz auch Sinn. Sie behalten immer ein Ursprungsbild, aus dem Sie neue Versionen generieren können.

Häufig erstellt man aus dem Originalbild oder der Rohdatei mehrere nachbearbeitete Versionen eines Bildes. Selbst wenn Sie die Kopie eines Bildes nur um 90° in eine Richtung drehen, erzeugen Sie eine weitere Version des Bildes. Um diese verschiedenen Versionsstände zu handhaben und übersichtlich im Organizer anzuzeigen, bietet Photoshop Elements zwei Möglichkeiten an: Versionen eines Bildes können in einem Versionssatz gespeichert werden, oder Sie setzen die verschiedenen Versionen manuell zu einem Fotostapel zusammen.

Versionssätze | Versionssätze können nur bei der Speicherung von Bildern über den Fotoeditor und die entsprechende Option oder über die Schnellkorrektur im Organizer angelegt werden. Wie der Name schon beschreibt, erstellen Sie hier mehrere unterschiedliche Versionen von ein und demselben Bild.

Fotostapel | Fotostapel hingegen werden dafür verwendet, mehrere (auch unterschiedliche) Fotos zu sortieren und zusammenzufassen. So könnten Sie beispielsweise ähnliche Bilder oder eine ganze Aufnahmeserie des gleichen Motivs zu einem Stapel zusammenfassen. Im Gegensatz zu Versionssätzen können Sie Fotostapel im Organizer jederzeit manuell über den Medienbrowser erstellen.

Zwischen einem Versionssatz und einem Stapel besteht übrigens im Medienbrowser kaum ein Unterschied. Beide unterscheiden sich im Prinzip nur in der Art ihrer Erzeugung.

Stellen Sie sich den Stapel und den Versionssatz wie ein Kartenspiel vor, in dem eine Karte über der anderen liegt – nur dass hier bei einem Versionssatz mehrere zu einem Originalbild gehörende Versionen geschichtet werden und bei einem Fotostapel eben beliebige Bilder übereinandergelegt werden. Der Vorteil dieser Sortierung: Bei einer umfangreichen Bildersammlung bleibt zusammen, was zusammengehört.

Fotostapel und Versionssatz in der »Details«-Ansicht

Zwar können Sie anhand der Symbole rechts oben auch in der flexiblen und adaptiven Rasteransicht erkennen, ob es sich hierbei um einen Fotostapel oder einen Versionssatz handelt, aber Sie können den Fotostapel bzw. Versionssatz nicht öffnen. Hierzu müssen Sie die Details der Rasteransicht mit ANSICHT • DETAILS bzw. [Strg]/[cmd]+[D] aktivieren.

▲ **Abbildung 8.161**
Zwar wird in der flexiblen Rasteransicht auch das Fotostapelsymbol ❶ …

▲ **Abbildung 8.162**
… bzw. Versionssatzsymbol ❷ angezeigt, aber öffnen können Sie die zusammengehörenden Bilder nur in der DETAILS-Ansicht.

Fotostapel im Medienbrowser | Sie erkennen einen solchen Stapel im Medienbrowser an dem Stapelsymbol ❸ auf der rechten oberen Seite. Um die einzelnen Bilder des Stapels anzuzeigen, finden Sie auf der rechten Seite eine kleine Schaltfläche ❹, mit der Sie den Stapel öffnen und wieder schließen können. Alternativ klicken Sie einen Stapel mit der rechten Maustaste an und wählen im Kontextmenü STAPEL • FOTOS IM STAPEL ANZEIGEN bzw. STAPEL • FOTOS IM STAPEL MINIMIEREN aus (denselben Pfad finden Sie auch im Menü BEARBEITEN). Noch schneller öffnen Sie einen Stapel mit der Tastenkombination [Strg]/[cmd]+[Alt]+[R] und schließen ihn mit [Strg]/[cmd]+[Alt]+[⇧]+[R] wieder (zuvor müssen Sie den gewünschten Stapel markieren).

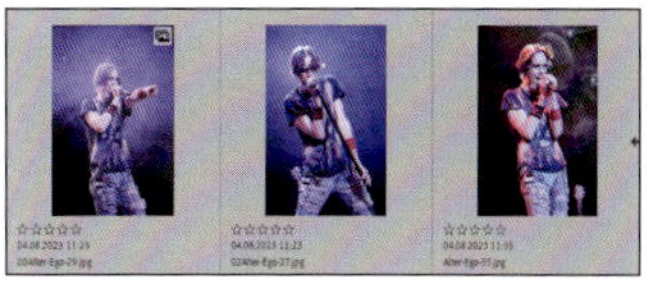

▲ **Abbildung 8.163**
Ein geöffneter Stapel mit mehreren zusammengehörenden Bildern

Abbildung 8.164 ▸
Ein geschlossener Stapel mit einer Serie von zusammenhängenden Bildern

Abbildung 8.165 ▸▸
Ein geschlossener Versionssatz mit mehreren Versionen eines Bildes

Versionssatz im Medienbrowser | Ähnlich ist dies mit einem Versionssatz im Medienbrowser, nur dass hier das Stapelsymbol 5 etwas anders aussieht und einen kleinen Pinsel enthält. Ansonsten finden Sie auch hier auf der rechten Seite eine kleine Schaltfläche 6, um den Stapel des Versionssatzes zu öffnen und wieder zu schließen. Alternativ können Sie auch hier den Versionssatz mit einem rechten Mausklick über das Kontextmenü mit VERSIONSSATZ • ELEMENTE IM VERSIONSSATZ ANZEIGEN und VERSIONSSATZ • ELEMENTE IM VERSIONSSATZ SCHLIESSEN öffnen und wieder schließen. Dasselbe erreichen Sie auch über das Menü BEARBEITEN oder mit den Tastenkombinationen Strg/cmd+Alt+E zum Öffnen und Strg/cmd+⇧+Alt+E zum Schließen eines Versionssatzes.

Abbildung 8.166 ▸
Ein geöffneter Versionssatz mit allen Versionen des Bildes im Überblick

8.12.1 Stapel erzeugen

Um mehrere Bilder zu einem Stapel zusammenzufassen, markieren Sie sie einfach im Medienbrowser. Wählen Sie hierbei das erste und das letzte Bild mit gehaltener ⇧-Taste, wenn die Bilder nebeneinanderliegen, und nutzen Sie Strg/cmd zum Markieren einzelner Bilder. Klicken Sie nun mit der rechten Maustaste auf eines der markierten Bilder, und wählen Sie im Kontextmenü STAPEL • AUSGEWÄHLTE FOTOS STAPELN aus. Dasselbe erreichen Sie über den Menüeintrag BEARBEITEN • STAPEL • AUSGEWÄHLTE

Unterschiedliche Bilder
Theoretisch könnten Sie natürlich auch mehrere unterschiedliche Bilderreihen aufeinanderstapeln – auch wenn dies nicht im Sinne des Erfinders ist.

Fotos stapeln. Schneller noch geht es mit der Tastenkombination Strg/cmd+Alt+S.

Fotostapel automatisch vorschlagen | Neben diesem Befehl finden Sie noch den Befehl Stapel • Fotostapel automatisch vorschlagen, den Sie ebenfalls im Menü Bearbeiten oder mit der Tastenkombination Strg/cmd+Alt+K ausführen können. Bei diesem Befehl sucht der Organizer nach strukturellen Gemeinsamkeiten in den Bildern und packt Stapel auf der Grundlage dieser Ähnlichkeiten. Im folgenden Dialog entscheiden Sie dann, ob Sie der vom Organizer vorgeschlagenen Stapelzusammenstellung zustimmen oder noch einige Änderungen vornehmen möchten. Ich verwende diese Funktion etwa sehr gerne dazu, um Fotos, die ich im Raw- und JPEG-Format aufgenommen habe, zu einem Stapel zusammenzufassen. Dies gilt natürlich nur, sofern ich das nicht bereits beim Importieren mit dem Foto-Downloader veranlasst habe.

Alle Versionssätze und Stapel anzeigen

Um alle vorhandenen Versionssätze und Stapel im Medienbrowser anzeigen zu lassen, wählen Sie im Menü Suchen • Alle Versionssätze bzw. Suchen • Alle Stapel. Oder Sie nutzen die Tastenkombinationen Strg/cmd+Alt+V (für Versionssätze) bzw. Strg/cmd+Alt+⇧+S (für Stapel).

8.12.2 Versionssatz erzeugen

Alternativ können Sie Bilder über den Fotoeditor beim Abspeichern einem Versionssatz hinzufügen. Wenn Sie beim Speichern ein Bild nachbearbeitet haben, wählen Sie im Speichern-Dialog die Option Mit Original im Versionssatz speichern ①. Das überarbeitete Bild wird dann zusammen mit dem Originalbild in einen Stapel (oder genauer Versionssatz) gepackt. Diese Option ist standardmäßig aktiviert. Auf diese Weise können Sie sicher sein, niemals versehentlich das Original zu überschreiben.

»Speichern«-Dialog

Der Dialog zum Speichern wurde bereits in Abschnitt 1.4, »Dateien speichern«, beschrieben.

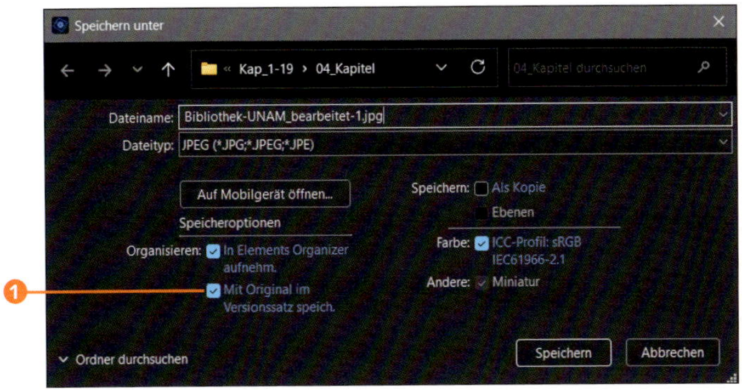

◂ **Abbildung 8.167**
Beim Speichern-Dialog von Bildern im Fotoeditor können Sie einen Versionssatz anlegen.

Wenn Sie außerdem die Funktionen der Sofortkorrektur im Organizer verwenden, werden die (meist automatischen) Korrekturen niemals auf dem Original ausgeführt, sondern immer auf einer Kopie des Bildes, das dem Versionssatz dann als neues Bild hinzugefügt wird.

8.12.3 Stapel und Versionssatz sortieren, aufheben und entfernen

Achtung!
Im Kontextmenü oder im Menü BEARBEITEN • STAPEL und BEARBEITEN • VERSIONSSATZ gibt es außerdem den Befehl STAPEL REDUZIEREN bzw. ZURÜCK ZU ORIGINAL. Mit diesem Befehl werden alle Fotos im Versionssatz bzw. Stapel mit Ausnahme des obersten Fotos bzw. des Originalfotos gelöscht (gegebenenfalls auch von der Festplatte, wenn die entsprechende Checkbox im Dialog aktiviert wurde).

Möchten Sie ein ganz bestimmtes, besonders repräsentatives Bild oben auf den Stapel legen, öffnen Sie den Stapel, markieren das gewünschte Bild und klicken es mit der rechten Maustaste an. Wählen Sie dann im Kontextmenü (oder im Menü BEARBEITEN) den Punkt STAPEL • ALS ERSTES FOTO FESTLEGEN. Denselben Befehl gibt es für Versionssätze über einen rechten Mausklick (oder das Menü BEARBEITEN) mit VERSIONSSATZ • ALS ERSTES ELEMENT FESTLEGEN. Analog können Sie auch einzelne Bilder über das Kontextmenü (oder das Menü BEARBEITEN) unter STAPEL • FOTO AUS STAPEL ENTFERNEN aus dem Stapel oder bei einem Versionssatz über VERSIONSSATZ • ELEMENT(E) AUS EINEM VERSIONSSATZ ENTFERNEN löschen. Das Bild wird natürlich nicht gelöscht im eigentlichen Sinne, sondern nur aus dem Fotostapel bzw. Versionssatz entfernt und wieder als separates Bild im Katalog angezeigt.

Um einen Stapel aufzuheben und wieder in Einzelbilder zu zerlegen, markieren Sie entweder eines der Bilder im Stapel oder den kompletten Stapel mit der rechten Maustaste und wählen im Kontextmenü (oder im Menü BEARBEITEN) den Punkt STAPEL • FOTOSTAPEL AUFHEBEN aus. Dasselbe gibt es auch bei den Versionssätzen, bei denen Sie mit der rechten Maustaste im Kontextmenü (oder im Menü BEARBEITEN) VERSIONSSATZ • VERSIONSSATZ IN EINZELNE ELEMENTE KONVERTIEREN auswählen.

▲ **Abbildung 8.168**
Ein geschlossener Fotostapel, der mindestens einen Versionssatz enthält

8.12.4 Fotostapel und Versionssatz kombinieren

Sie können auch mehrere Versionssätze in einem Fotostapel zusammenzufassen. Im Grunde brauchen Sie nur die Versionssätze und Fotostapel zu markieren und einen Fotostapel zu erzeugen. Solche Fotostapel mit Versionssätzen erkennen Sie daran, dass in der Miniaturvorschau beide Symbole ❶ (für einen Fotostapel und Versionssatz) rechts oben zu sehen sind. Die einzelnen Versionen werden dann wie gewöhnlich dargestellt, nur wird ein Versionssatz zusätzlich zwischen gestrichelten Linien ❷ eingeschlossen. Beachten Sie, dass beim Mischen von Fotostapeln und Versionssätzen schnell die Übersicht verloren geht.

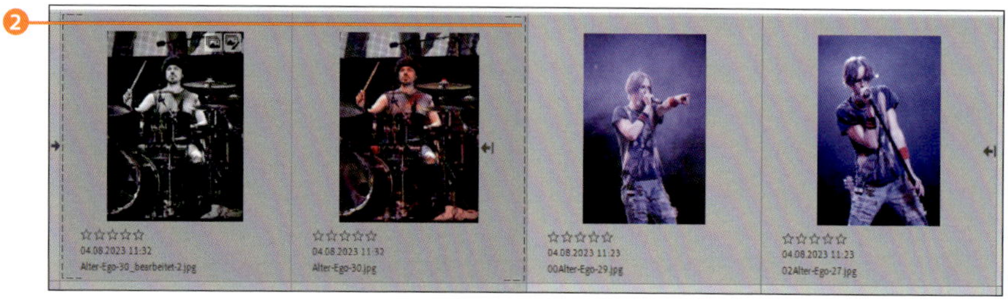

Abbildung 8.169 ▶
Ein geöffneter Fotostapel, der einen Versionssatz enthält

8.13 Bildinformationen

Um mehr Informationen zu einem Bild zu erhalten, markieren Sie einfach das gewünschte Bild im Medienbrowser und aktivieren das entsprechende Bedienfeld auf der rechten Seite über die Schaltfläche Tags/Info ❽. Alternativ nutzen Sie die Tastenkombination [Alt]+[↵]. Wählen Sie hier das Register Informationen ❸ aus. Hier finden Sie jetzt mit Allgemein ❹, Metadaten ❻ und Verlauf ❼ drei Bereiche von Informationen.

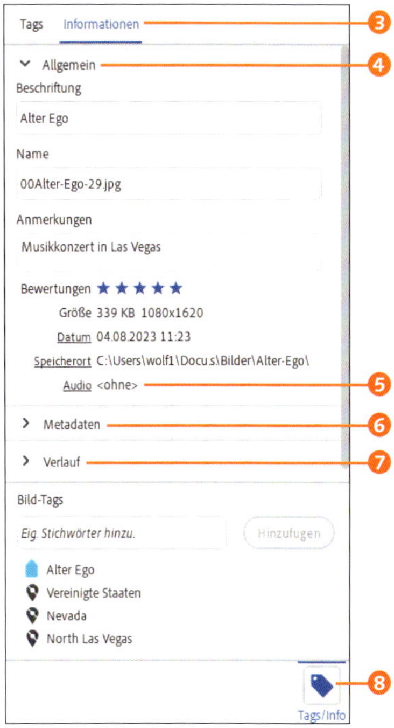

▲ **Abbildung 8.170**
Bildinformationen

Allgemein | Am Anfang finden Sie einen Bildtitel, den Sie für die Datei vergeben können. Sinnvoll kann ein solcher Titel für die interne Suche nach Bildern im Organizer oder beim Betrachten einer Diashow sein. Im nächsten Textfeld finden Sie den Namen der Datei, den Sie hier auch gleich ändern können.

In Bewertungen sehen Sie die aktuelle Sterne-Bewertung des Bildes. Wenn Sie das Bild noch nicht bewertet haben, können Sie dies hier nachholen. Nach der Bewertung gibt Photoshop Elements neben Grösse die Dateigröße in Kilobyte (KB) oder Megabyte (MB) sowie die Abmessung des Bildes in Pixeln (Höhe × Breite) an.

Wollen Sie das Datum und die Uhrzeit ändern, klicken Sie auf Datum. Dies ist sinnvoll, wenn Sie Bilder eingescannt haben, sich aber noch an das Aufnahmedatum der gescannten Bilder erinnern können (oder wenn bei der Kamera ein falsches Datum eingestellt war). Darunter wird der Dateipfad des Bildes angezeigt. Um das Verzeichnis direkt zu öffnen, klicken Sie auf Pfad. Schließlich können Sie über Audio ❺ noch einen Audiokommentar zum Bild aufsprechen und abspeichern (sofern Sie ein Mikrofon besitzen).

Dateiendung
Beim Umbenennen der Bilddatei brauchen Sie nicht auf die Dateiendung zu achten. Diese wird am Schluss automatisch vom Organizer wieder angefügt.

Metadaten | Für eine Ansicht der vielen Metadaten (und allgemeinen Dateieigenschaften) zu einem Bild klicken Sie einfach auf Metadaten ❾. Wie viele und welche Daten sich hier befinden, hängt zunächst vom Modell der Kamera ab.

Um sich nur die Exif-Kameradaten anzeigen zu lassen, klicken Sie auf die Schaltfläche Zusammenfassung ⓫ rechts neben dem Textlabel Metadaten. Über die Schaltfläche Vollständig ⓬ daneben werden hingegen alle Daten wie IPTC, EXIF, GPS oder Camera-Raw-Einstellungen (bei Raw-Dateien) aufgelistet.

Metadaten
Metadaten sind allgemeine Daten, die Informationen über andere Daten enthalten. Metadaten zu Fotos geben etwa Informationen über den Ort der Aufnahme (GPS), die Kameradaten und -einstellungen während der Aufnahme (Exif), zu den Rohdateien (Camera-Raw-Einstellungen) und gegebenenfalls zum Bearbeitungsverlauf.

Verlauf | Mit dem letzten Bereich Verlauf ❿ erhalten Sie Informationen zur Historie des Bildes, etwa über den Zeitpunkt des Imports oder die letzte Änderung.

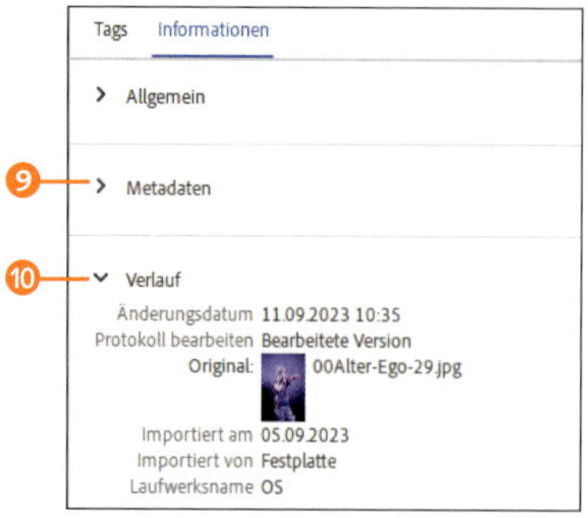

Abbildung 8.171 ▶
Informationen zur Historie des Bildes

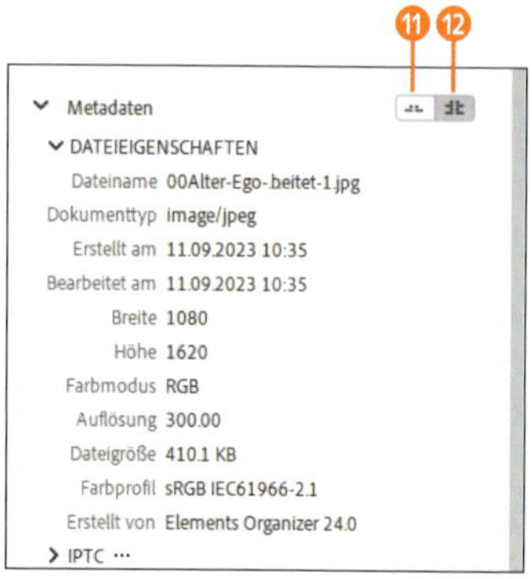

Abbildung 8.172 ▶▶
Die Metadaten liefern vielfältige Informationen zu einem Foto.

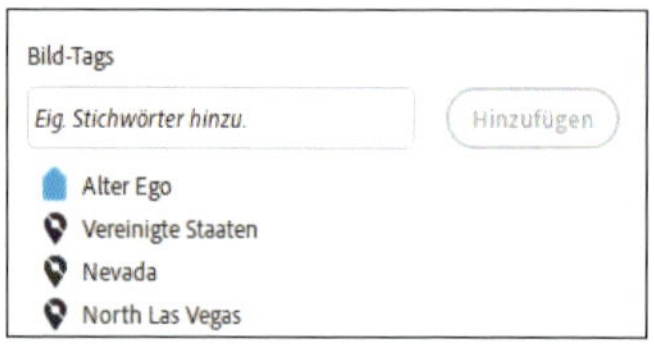

▲ Abbildung 8.173
Übersicht über die Stichwörter für ein Bild

Bild-Tags | Mit welchen Stichwörtern ein markiertes Bild versehen wurde, wird unten in der rechten Bedienfeldleiste unterhalb von Bild-Tags angezeigt. Aufgelistet werden dort, falls vorhanden, Stichwort-Tags, Smart-Tags, Personen, Orte und Ereignisse. Hierbei könnten Sie gegebenenfalls einzelne Tags mit einem rechten Mausklick auswählen und entfernen.

Alle Metadaten in Datei speichern | Wenn Sie Ihre Medien mit Stichwort-Tags, Personen-Tags, Ort-Tags und Ereignis-Tags versehen haben, können Sie diese Daten über Datei • Alle Metadaten in Datei speichern in den Medien sichern. Dies ist mit den Dateiformaten JPEG, TIFF, PSD und Camera-Raw-Einstellungen möglich. Viele Bildverwaltungsprogramme können diese Metadaten lesen. Auch wenn Sie Bilder in den Organizer Ihres Katalogs importieren, werden diese Tags berücksichtigt, und Sie werden in einem Dialog abgefragt, ob und welche Tags Sie importieren wollen.

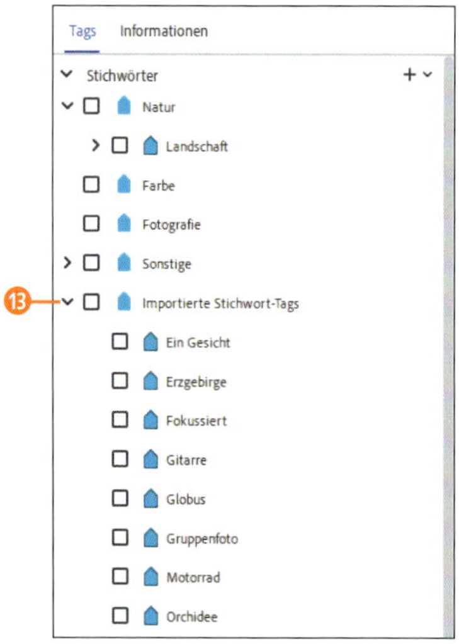

▲ Abbildung 8.174
Neben Stichwort-Tags werden auch Personen-Tags, Ort-Tags oder Ereignis-Tags importiert, wenn diese in den Metadaten der Bilder gespeichert wurden. Allerdings werden diese Tags dann zu gewöhnlichen Stichwort-Tags und werden bei den Stichwörtern aufgelistet.

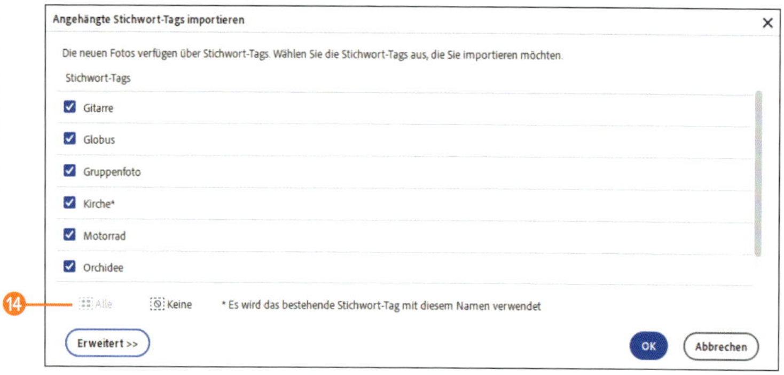

▲ Abbildung 8.175
Es wurden neue Medien importiert, die bereits Stichwort-Tags enthalten haben. Hier können Sie auswählen, welche Tags Sie mit importieren wollen. Klicken Sie auf Alle (14), und es werden alle Stichwort-Tags in den Katalog übernommen. Bereits bestehende Stichwort-Tags werden einfach übernommen.

Alle so importierten Tags stehen dann bei STICHWÖRTER unter IMPORTIERTE STICHWORT-TAGS ⓭ zur Verfügung. Das umfasst auch die zuvor erstellten Personen-, Ort- und Ereignis-Tags. Diese werden bei einem Import zu »normalen« Stichwort-Tags, weil es in Metadaten von Bildern nun mal keine solchen Informationen gibt. Allerdings können in Metadaten auch die GPS-Daten gesichert werden, sodass Sie im ORTE-Modus den Ort der Aufnahme wiederfinden sollten.

8.14 Nach Bildern suchen

Je größer Ihr Fotoarchiv wird, desto mehr werden Sie die vielen verschiedenen Suchfunktionen im Organizer schätzen lernen. Für die Suche nach Fotos bietet der Organizer über das Menü SUCHEN sehr viele Möglichkeiten.

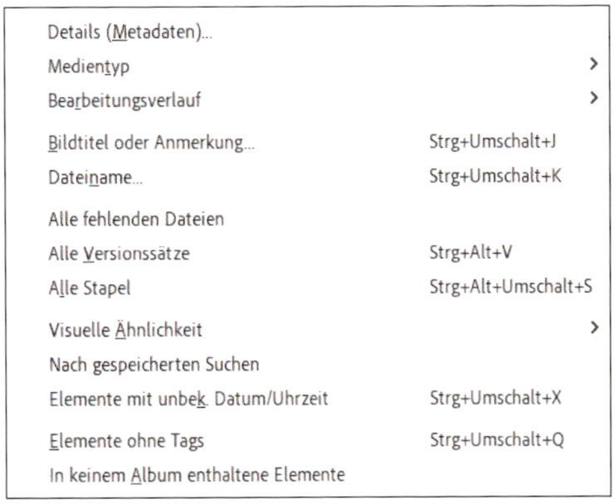

▲ **Abbildung 8.176**
Das Menü SUCHEN bietet vielfältige Suchmöglichkeiten.

8.14.1 Suche nach speziellen Tags

Wer fleißig seine Medien mit Stichwörtern, Personen-Tags, Ort-Tags und Ereignis-Tags verwaltet hat, der darf sich über eine mächtige Suche freuen, die über den Reiter TAGS ❶ aufgerufen werden kann.

Mithilfe dieser Suche können Sie mit STICHWÖRTER ❷, PERSONEN-TAGS ❸, ORT-TAGS ❹ und den EREIGNIS-TAGS ❺ gezielt einzeln oder kombiniert suchen. Gezielt auf die Anwendung einer solchen Suche nach Tags wurde bereits in Abschnitt 8.4.1, »Nach Stichwort-Tags suchen«, mit Bezug auf die Stichwörter eingegangen. Dasselbe Prinzip funktioniert ebenso, wenn Sie zusätzlich noch die PERSONEN-TAGS, ORT-TAGS und/oder EREIGNIS-TAGS aufklappen und die Suche damit kombinieren.

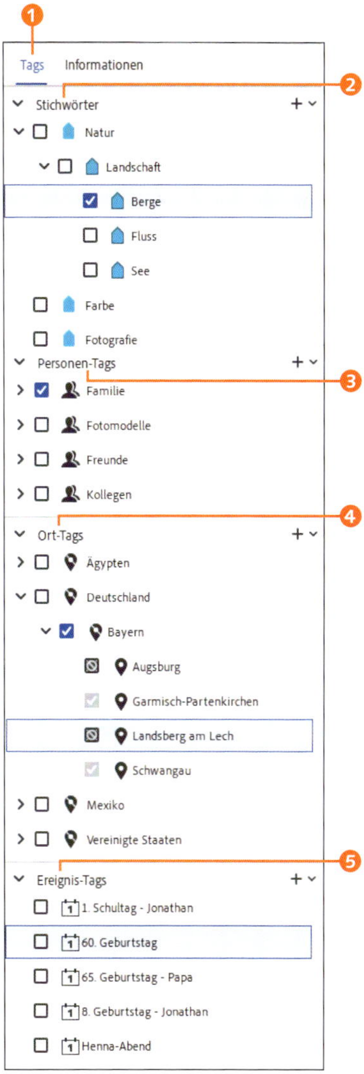

▲ **Abbildung 8.177**
Mit der Suche nach verschiedenen Tags kann sehr detailliert gesucht werden, wenn Sie die Bilder mit STICHWÖRTER, PERSONEN-TAGS, ORT-TAGS und EREIGNIS-TAGS versehen haben.

Praxisbeispiel | In Abbildung 8.178 sehen Sie ein solches Suchbeispiel, bei dem nach Medien mit dem Stichwort Berge gesucht wurde. Außerdem habe ich die Ergebnisse nach Bildern mit Personen gefiltert, die bei den Personen-Tags in der Gruppe Familie enthalten sind. Als Ort der Bilder wurde bei den Ort-Tags Bayern ausgewählt, während Augsburg und Landsberg am Lech ausgeschlossen wurden.

Suchkriterium löschen
Über die Schaltfläche Löschen ❸ heben Sie die vorhandenen Suchkriterien (die gesetzten Häkchen) wieder auf.

Die Medien, die exakt mit Ihren Suchkriterien der ausgewählten und ausgeschlossenen Tags übereinstimmen, werden erwartungsgemäß im Medienbrowser angezeigt ❹. Eine Übersicht ❶ über die ausgewählten und ausgeschlossenen Tags Ihrer Suche finden Sie im Medienbrowser über den Medien aufgelistet.

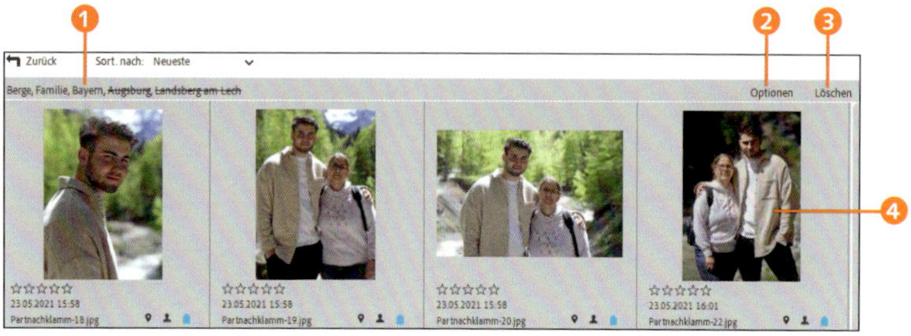

▲ **Abbildung 8.178**
Auflistung nach speziellen Tags gesuchter Bilder im Medienbrowser

Teiltreffer | Wollen Sie sich sogenannte *Teiltreffer* anzeigen lassen, die, bezogen auf das Suchkriterium des Beispiels in Abbildung 8.178, das Stichwort Berge oder eine Person aus der Kategorie Familie oder den Ort in Bayern enthalten, müssen Sie über Optionen ❷ den Eintrag Teiltreffer einblenden auswählen.

Das Suchkriterium können Sie auch speichern ❺, um später bei Bedarf erneut darauf zurückzugreifen.

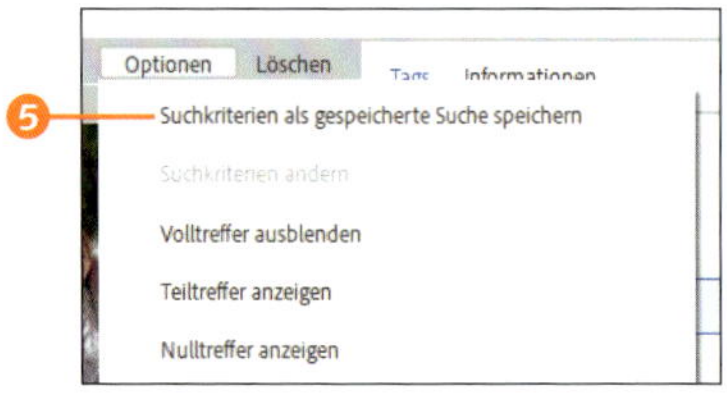

▲ **Abbildung 8.179**
Über Optionen können Sie zwischen Teil- und Volltreffer umschalten.

(Voll-/Teil-/Null-)Treffer
Ein Volltreffer entspricht exakt dem Suchkriterium, ein Teiltreffer entspricht mindestens einem der Kriterien, und ein Nulltreffer enthält keines der Suchkriterien.

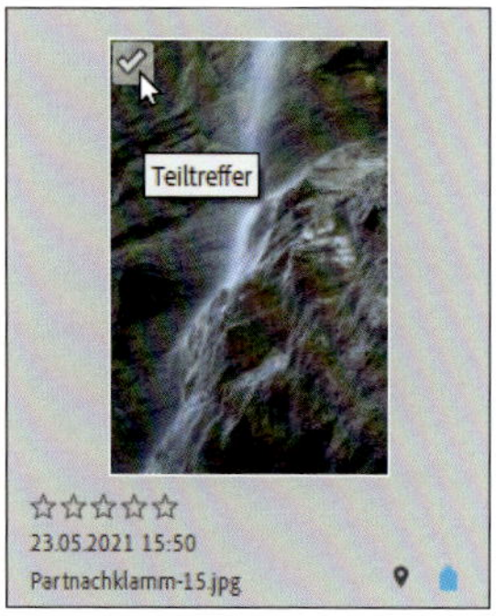

▲ **Abbildung 8.180**
Teiltreffer erkennen Sie an einem Häkchen im Bild.

▲ **Abbildung 8.181**
Nulltreffer hingegen zeigen in der Miniaturvorschau oben links ein Stoppsymbol.

8.14.2 Details (Metadaten)

Neben der eben beschriebenen Suche nach Tags dürfte die Suche nach Details wohl die zweite eierlegende Wollmilchsau unter den Suchfunktionen sein. Wo die erweiterte Suche noch nach Kriterien sucht, die Sie im Organizer selbst den Medien zugewiesen haben, forschen Sie mit SUCHEN • DETAILS (METADATEN) in den eingebetteten Metadaten der Medien *und* in den von Ihnen vergebenen Stichwort-Tags, Alben, Personen, Ereignissen usw.

Setzen Sie ein Häkchen vor DIESES SUCHKRITERIUM ALS GESPEICHERTE SUCHE SPEICHERN 6, und vergeben Sie einen NAME 7 dafür, können Sie diese Suche unter einem Namen speichern, um später bei Bedarf erneut darauf zurückzugreifen.

Zum Nachlesen
Eine Schritt-für-Schritt-Anleitung unter Verwendung dieser Suche finden Sie in Abschnitt 8.2, »Alben erstellen und verwalten«, im Workshop »Album nach Metadaten erzeugen«. Dort wird auch diese Suche umfassend beschrieben.

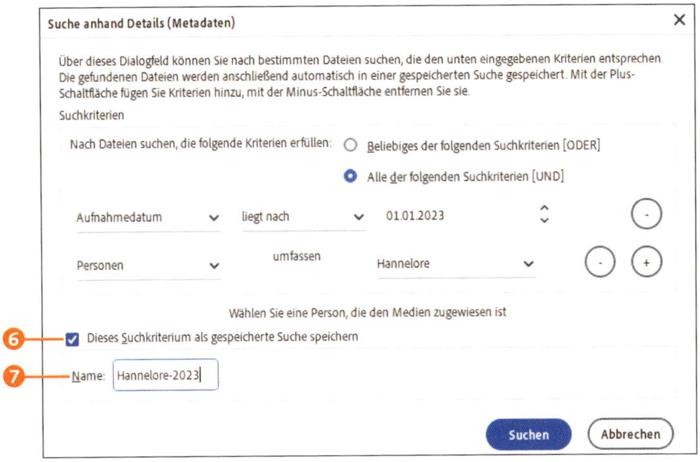

◂ **Abbildung 8.182**
Die Suche nach Details (Metadaten) dürfte wohl die umfassendste Suchfunktion des Organizers sein. Hier kann beinahe jeder Aspekt in der Suche berücksichtigt werden, den der Organizer unterstützt.

8.14.3 Medientyp

Mit SUCHEN • MEDIENTYP (oder Alt+1 bis Alt+6) begeben Sie sich gezielt auf die Suche nach verschiedenen Medientypen (Fotos, Videos, Audiodateien, Projekten, PDF-Dateien und Elementen mit Audiokommentaren). Das Filtern nach Medientypen lässt sich auch über die Icons oberhalb der Medienvorschau durchführen.

▴ **Abbildung 8.183**
Filtern nach einem bestimmten Medientyp

8.14.4 Bearbeitungsverlauf

Interessant ist auch die Suche mit SUCHEN • BEARBEITUNGSVERLAUF. Dabei handelt es sich um eine Suche in einem gespeicherten Verlauf. Mehrere solcher Verläufe stehen Ihnen zur Verfügung. Sie könnten zum Beispiel nach Bildern suchen, die an einem bestimmten Tag importiert, exportiert oder per E-Mail versendet wurden.

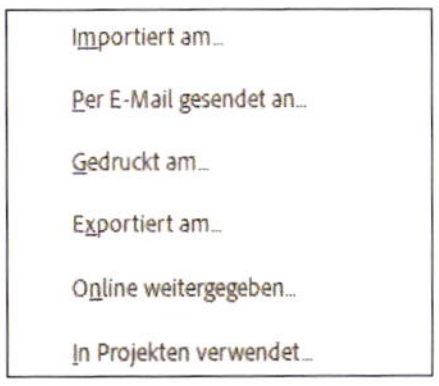

▴ **Abbildung 8.184**
Suche nach einem bestimmten Bearbeitungsverlauf

Bildtitel oder Anmerkung | Wenn Sie für Ihre Bilder Bildtitel oder Anmerkungen vergeben haben, können Sie mit SUCHEN • BILD-

Titel oder Anmerkung (oder Strg/cmd+⇧+J) nach diesen Bildern suchen. Dabei entscheiden Sie, ob nur am Anfang von Bildtiteln und Anmerkungen nach einem entsprechenden Wort gesucht werden soll oder ob sich die Suche auf den kompletten Bildtitel und den Text der Anmerkungen beziehen soll.

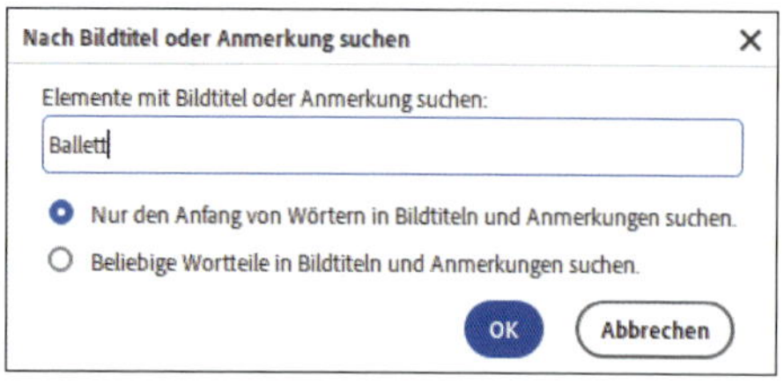

Abbildung 8.185 ▸
Suche nach Bildtiteln und/oder Anmerkungen

8.14.5 Dateiname

Wollen Sie hingegen nur eine einfache Suche nach einem Dateinamen durchführen, rufen Sie Suchen • Dateiname (oder Strg/cmd+⇧+K) auf. Für die Suche können Sie natürlich auch Teile eines Wortes, wie zum Beispiel »aus«, verwenden – es würden dann Dateinamen wie »Maus«, »Haus«, »Brause« usw. gefunden.

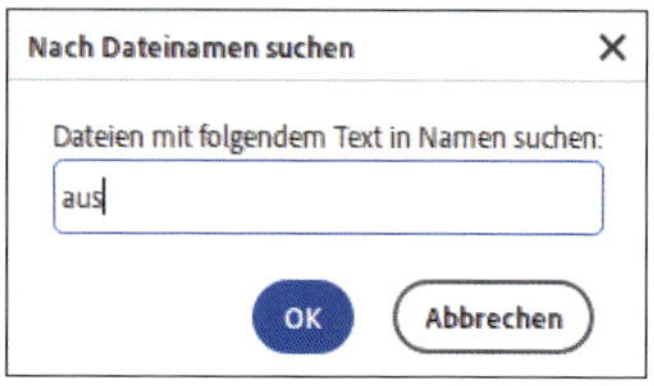

▲ Abbildung 8.186
Die einfache Suche nach Dateinamen

8.14.6 Alle fehlenden Dateien

Mit Suchen • Alle fehlenden Dateien können Sie alle Medien auflisten, für die zwar im Organizer eine Miniaturvorschau existiert, aber deren Verknüpfung zum Originalbild auf der Festplatte nicht mehr hergestellt werden kann, weil diese Datei entweder verschoben wurde oder sich gar nicht mehr auf der Festplatte befindet. Fehlende Dateien erkennen Sie in der Medienvorschau am kleinen Fragezeichen ❶ links oben in der Miniaturvorschau.

Fehlende Dateien wiederfinden
Wie Sie die Verknüpfung von fehlenden Dateien wiederherstellen können, wurde bereits in Abschnitt 8.1, »Der Katalog«, unter »Fehlende Dateien« umfassender beschrieben.

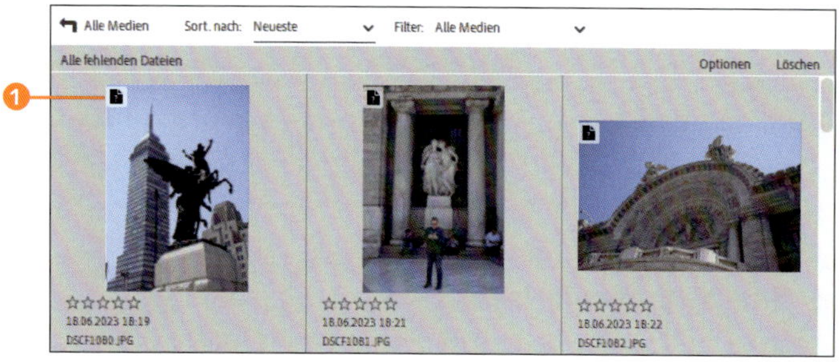

Abbildung 8.187 ▸
Suche nach fehlenden Dateien

8.14.7 Versionssätze oder Fotostapel

Die nächsten beiden Suchmöglichkeiten, Suchen • Alle Versionssätze (oder Strg/cmd+Alt+V) und Suchen • Alle Stapel (oder Strg/cmd+Alt+⇧+S), werden ohne einen weiteren Dialog gestartet und zeigen alle vorhandenen Versionssätze bzw. Stapel im Medienbrowser an.

Versionssätze und Stapel
Mehr zu Versionssätzen und Stapeln erfahren Sie in Abschnitt 8.12.

8.14.8 Suche nach visueller Ähnlichkeit

Die beiden Funktionen Visuell ähnliche Fotos und Videos und Objekte, die in Fotos erscheinen aus dem Untermenü Suchen • Visuelle Ähnlichkeit sind sich recht ähnlich. Der Unterschied liegt eigentlich nur darin, dass Sie mit Visuell ähnliche Fotos und Videos das komplette Bild für die Suche verwenden. Mit der Funktion Objekte, die in Fotos erscheinen hingegen können Sie in einem Bild ein Objekt auswählen, nach dem Sie in allen anderen Bildern suchen wollen.

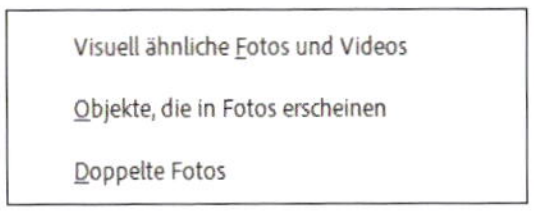

▲ **Abbildung 8.188**
Visuelle Suchfunktionen aus dem Menü Suchen • Visuelle Ähnlichkeit

Farbe oder Form | Beide Funktionen sind so implementiert, dass Sie hiermit verstärkt nach visuellen Ähnlichkeiten entweder in puncto Farbe oder Form suchen können. Hierzu wird Ihnen ein Schieberegler angeboten. Schieben Sie diesen Regler in Richtung Farbe, wird bei der visuellen Suche mehr die Farbe berücksichtigt. Schieben Sie den Regler in Richtung Form, werden eher ähnliche Formen berücksichtigt. So ist es zum Beispiel eher sinnvoll, den Schieberegler in Richtung Form zu ziehen, wenn Sie nach visuellen Ähnlichkeiten in Bildern mit viel Architektur wie Gebäuden suchen. Auf der Suche nach visuell ähnlichen Landschaftsaufnahmen sollten Sie den Regler eher in Richtung Farbe ziehen, um ein besseres Ergebnis zu erhalten. Hier empfehle ich Ihnen einfach, ein wenig zu experimentieren, um ein Gefühl dafür zu bekommen.

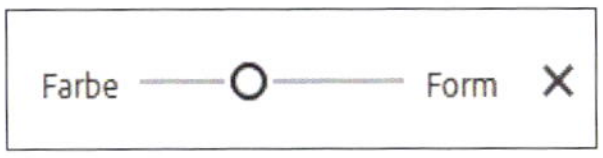

▲ **Abbildung 8.189**
Mithilfe des Schiebereglers konzentrieren Sie die Suche nach visuell ähnlichen Bildern auf Form und/oder Farbe.

Schritt für Schritt
Nach visuell ähnlichen Bildern suchen

Wählen Sie zunächst das Bild im Medienbrowser aus, das als Grundlage für die Suche nach visueller Ähnlichkeit dienen soll.

1 Suche nach Objekten einrichten

Rufen Sie Suchen • Visuelle Ähnlichkeit • Objekte, die in Fotos erscheinen auf. Im Bild sehen Sie einen weißen Rahmen ❷, den Sie jetzt auf dem Objekt platzieren, das Sie suchen wollen. Über die je vier Eck- und Seitenpunkte können Sie den Rahmen um das (Such-)Objekt passend skalieren. Mit einem Klick auf die Schaltfläche Objekt suchen ❸ starten Sie die visuelle Suche. Mit Abbrechen können Sie den Vorgang vorzeitig beenden.

Wenn die Bilder noch nicht indiziert wurden, bietet Ihnen der Organizer über einen Dialog die Möglichkeit an, die Mediendateien für ein besseres Suchergebnis zu indizieren.

▲ **Abbildung 8.190**
Grenzen Sie das Objekt ein, nach dem Sie suchen wollen.

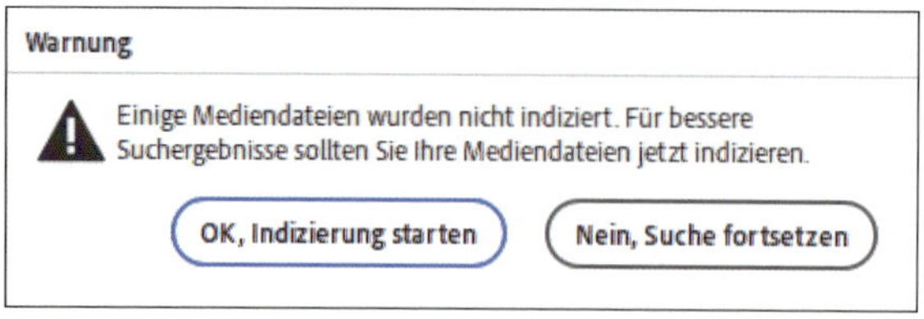

Abbildung 8.191 ▸
Für eine bessere Suche sollten Sie die Mediendateien vorher noch indizieren.

2 Suchoption anpassen

Jetzt listet Ihnen der Organizer die Bilder mit einem Prozentwert auf, der die visuelle Übereinstimmung der gefundenen Bilder mit dem markierten Bild angibt. Über den Schieberegler ❷ können Sie das Suchergebnis nach FARBE oder FORM verfeinern. Probieren Sie es ruhig aus. Gegebenenfalls fügen Sie dem aktuellen visuellen Suchmuster über das Plussymbol ❶ per Drag & Drop weitere Bilder hinzu.

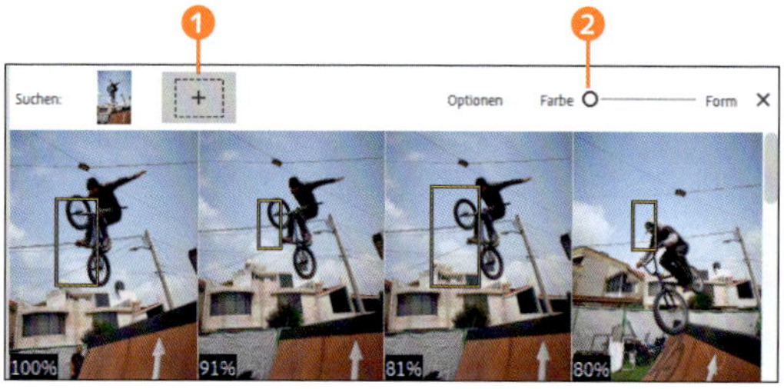

▲ **Abbildung 8.192**
Hier wurde der Regler komplett in Richtung FARBE geschoben, weshalb hier natürlich viele Bilder mit ähnlicher Farbe wie die des ausgewählten Objekts aufgelistet werden.

▲ **Abbildung 8.193**
Bei dieser Suche hingegen wurde der Regler komplett in Richtung FORM geschoben.

Die Suchfunktion VISUELL ÄHNLICHE FOTOS UND VIDEOS funktioniert im Grunde ähnlich, nur dass Sie in Arbeitsschritt 1 keinen Rahmen für einen bestimmten Bereich im Bild vorgeben können. Bei dieser Funktion wird das komplette ausgewählte Bild für die Suche nach visuellen Ähnlichkeiten verwendet.

Nach doppelten Fotos suchen | Die Funktion SUCHEN • VISUELLE ÄHNLICHKEIT • DOPPELTE FOTOS ist sehr hilfreich, wenn Sie mehrere Bilder stapeln (zu einem Fotostapel, siehe Abschnitt 8.12, »Versionssätze und Fotostapel«) oder doppelte bzw. visuell ähnliche Bilder löschen wollen.

Die Verwendung ist denkbar einfach: Wählen Sie ein Album aus, in dem Sie nach doppelten Fotos suchen möchten, und rufen Sie diese Funktion auf. Natürlich können Sie auch den kompletten Katalog verwenden. Die Suche kann jetzt abhängig vom Umfang der Bilder etwas dauern. Ein Fortschrittsbalken informiert Sie über den Fortschritt.

Anschließend erscheint ein Dialogfenster, in dem Sie über die Schaltfläche STAPELN ❻ einen neuen Fotostapel aus den Bildern erstellen können (über STAPEL AUFHEBEN ❼ können Sie diesen Fotostapel auch wieder auflösen).

▲ **Abbildung 8.194**
Mit DOPPELTE FOTOS können Sie ganz bequem Fotos stapeln oder doppelte Bilder löschen.

Alternativ können Sie doppelte oder ähnliche Bilder hier löschen. Dazu brauchen Sie sie lediglich zu markieren und über die Schaltfläche AUS KATALOG ENTFERNEN ❸ zu löschen. Standardmäßig werden diese Bilder nur aus dem Katalog und nicht von der Festplatte entfernt. Wollen Sie diese Bilder komplett vom Rechner entfernen, müssen Sie im sich öffnenden Dialog ein Häkchen vor AUSGEWÄHLTE ELEMENTE AUCH VON DER FESTPLATTE LÖSCHEN ❿ setzen.

Über den Schieberegler ZOOM ❺ können Sie die Größe der Miniaturvorschau anpassen. Mit FERTIG ❽ bestätigen Sie den Dialog, und mit ABBRECHEN ❾ beenden Sie den Vorgang ohne Änderungen.

Einzigartige Fotos
Unter EINZIGARTIGE FOTOS ❹ werden die Fotos aufgelistet, zu denen keine visuell ähnlichen oder doppelten Gegenstücke gefunden wurden. Trotzdem können Sie diese einzelnen Bilder jederzeit per Drag & Drop nach oben zu den visuell ähnlichen Fotos ziehen und fallen lassen, um sie dann einem Fotostapel hinzuzufügen.

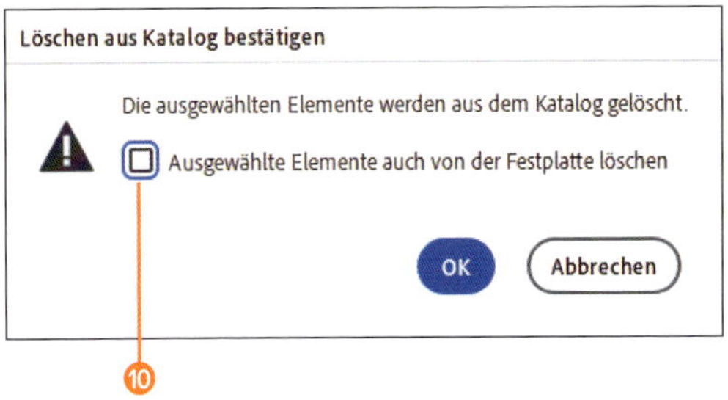

◀ **Abbildung 8.195**
Hier geben Sie an, ob Sie das Foto nur aus dem Katalog oder gleich von der Festplatte löschen (genauer in den Papierkorb schieben) wollen.

8.14.9 Weitere Suchfunktionen

Wenn Ihr Archiv Bilder ohne bekanntes Datum enthält, können Sie diese mit der dialoglosen Suche finden. Wählen Sie hierzu den Menüpunkt Suchen • Elemente mit unbek. Datum/Uhrzeit oder alternativ die Tastenkombination Strg/cmd+⇧+X.

Mit Suchen • Elemente ohne Tags (oder Strg/cmd+⇧+Q) lassen Sie im Medienbrowser alle Bilder auflisten, die Sie noch nicht mit einem Stichwort-Tag versehen haben.

Ähnlich funktioniert auch die Suchfunktion Suchen • In keinem Album enthaltene Elemente. Hierbei werden alle Bilder aufgelistet, die keinem Album zugeordnet wurden.

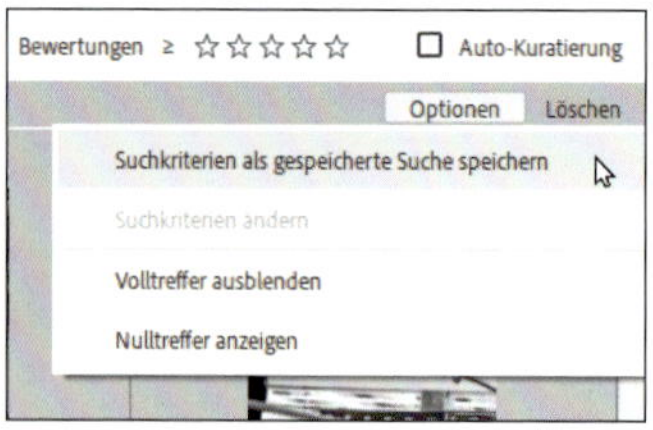

▲ **Abbildung 8.196**
Suchkriterien lassen sich auch speichern …

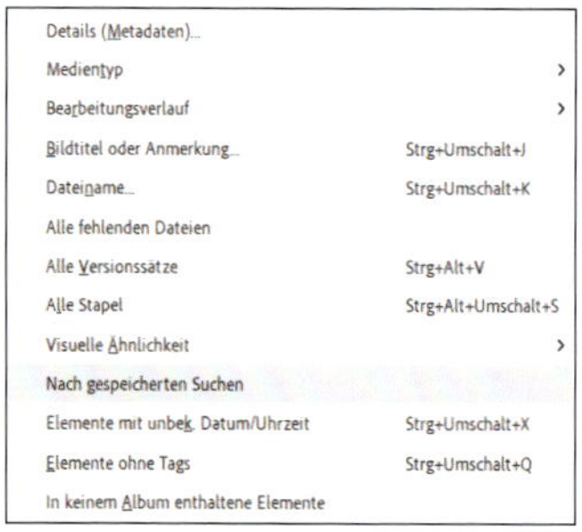

▲ **Abbildung 8.197**
… und über das Suchen-Menü …

Suchkriterium speichern und wiederverwenden | Hier sollte natürlich noch angemerkt werden, dass sämtliche Suchvorgänge auch gespeichert werden können. Bei vielen Suchfunktionen finden Sie die Dropdown-Liste Optionen, in der Sie über Suchkriterien als gespeicherte Suche speichern die Suchkriterien sichern können. In einem sich öffnenden Dialog geben Sie dann den Namen für die Suche ein. Die so gespeicherte Suche können Sie jederzeit über Suchen • Nach gespeicherten Suchen im sich öffnenden Dialog erneut verwenden.

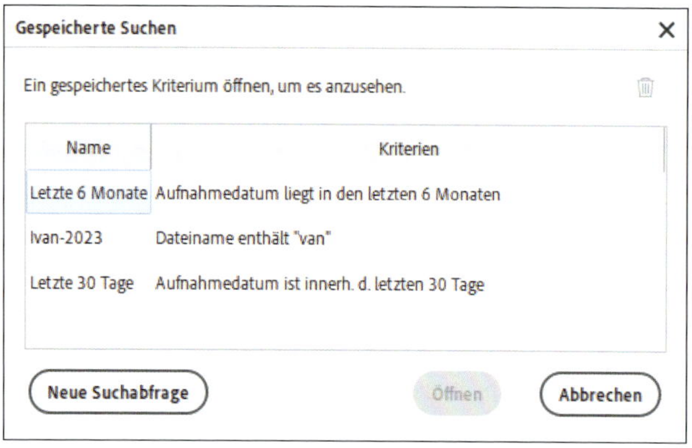

Abbildung 8.198 ▶
… jederzeit wiederverwenden.

8.14.10 Komfortable Suche mit Filter

Eine besonders komfortable und mächtige Suche nach Bildern finden Sie mit einer speziellen Such-Oberfläche des Organizer, die Sie erreichen, wenn Sie rechts oben auf die Suchen-Schaltfläche (1) klicken. Voraussetzung, um diesen Filter optimal zu verwenden, ist natürlich, dass Sie Ihre Bilder fleißig mit Stichwörtern, Orte-, Personen- und Ereignis-Tags versehen haben. Auch wenn Sie die automatischen Smart-Tags (siehe Abschnitt 8.6, »Automatische Smart-Tags und Auto-Kuration«) aktiviert haben, können Sie spätestens jetzt Kapital daraus schlagen.

Der Aufbau der Filtermaske ist relativ einfach gehalten. Über ein Suchfeld ② können Sie gezielt nach Suchbegriffen mit der Tastatur suchen. Auf der linken Seite ③ stehen mehrere Icons zur Verfügung. Wenn Sie mit der Maustaste darüber stehen bleiben, fährt die Leiste mit Inhalten für den Suchfilter aus. Zur Auswahl stehen (von oben nach unten) Smart-Tags (wenn aktiviert), Personen-Tags, Orte-Tags, Datum, Ordner, Stichwörter, Alben, Ereignis-Tags, Sterne-Bewertung und Medientypen.

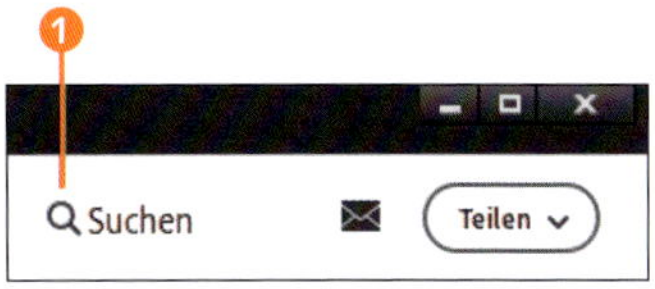

▲ **Abbildung 8.199**
Den Suchfilter rufen Sie über die blaue SUCHEN-Schaltfläche ① auf.

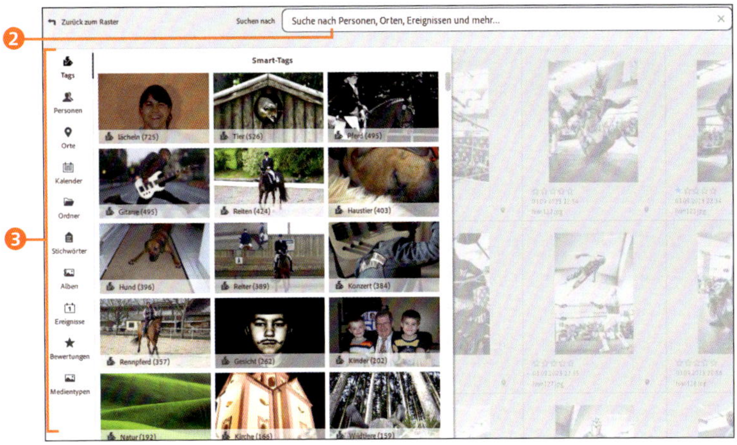

◀ **Abbildung 8.200**
Der Suchfilter im Überblick

Schritt für Schritt
Suchen mit dem Suchfilter

1 Suchfilter aufrufen

In diesem Workshop soll der Suchfilter ein wenig in der Praxis demonstriert werden, um ein Gefühl für dessen Vielseitigkeit zu vermitteln. Die Suchparameter können natürlich wesentlich komplexer sein, als im Beispiel gezeigt wird.

Rufen Sie den Suchfilter über die blaue SUCHEN-Schaltfläche rechts oben im Organizer auf.

2 Suchfilter formulieren

Jetzt finden Sie auf der linken Seite des Fensters mehrere Icons für die Suchausdrücke. Wenn Sie mit der Maustaste über einem der Icons stehen bleiben, wird das Panel aufgeklappt, dessen Inhalt, wenn Sie es anklicken, als Suchausdruck verwendet wird. Ich suche hier zunächst nach Bildern, auf denen die Personen »Jonathan« oder »Fatma« zu sehen sind. Neben der Möglichkeit, die entsprechenden Icons im Panel auszuwählen, können Sie den Suchausdruck auch direkt im Textfeld ① (Abbildung 8.201) eintippen.

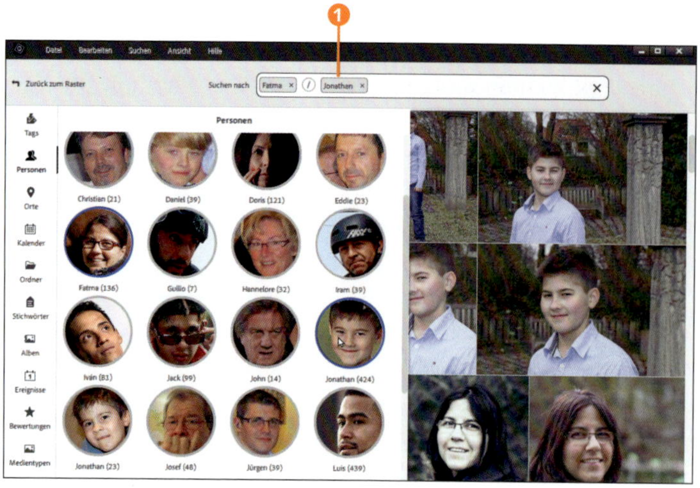

Abbildung 8.201 ▸
Ersten Suchfilter formulieren

Suchkriterium löschen

Einzelne Suchkriterien können Sie über das kleine ×-Symbol ❸ entfernen. Den kompletten Suchausdruck hingegen können Sie über das ×-Symbol ganz rechts im Textfeld ❹ löschen.

3 Suchkriterium verfeinern

Über die Symbole zwischen den Suchausdrücken können Sie die Kriterien verfeinern. Hierbei stehen Ihnen drei Möglichkeiten zur Verfügung. Das Plussymbol steht für UND, womit beide miteinander verbundenen Suchausdrücke zutreffen müssen. Der Schrägstrich steht für eine ODER-Verknüpfung, bei der nur einer der beiden Ausdrücke übereinstimmen muss. Alternativ haben Sie noch eine Option mit dem Minussymbol, mit der Sie Suchkriterien ausschließen können. So wie der Ausdruck in Abbildung 8.201 formuliert wurde, werden alle Bilder ausgefiltert, bei denen »Jonathan« oder »Fatma« zutrifft. Da ich hier alle Fotos mit »Jonathan« und »Fatma« in einem Bild haben will, muss ich das Suchkriterium vor »Fatma« auf ein logisches UND ❷ (Plussymbol) ändern.

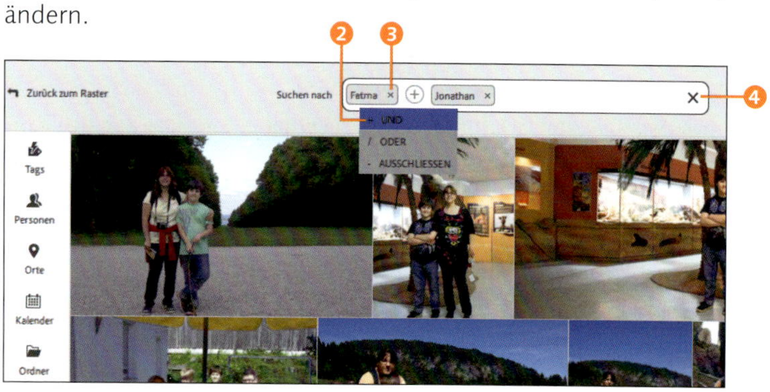

▴ **Abbildung 8.202**
Suchkriterium verfeinern

Jetzt möchte ich nur die Bilder von »Jonathan« oder »Fatma« haben, die nicht auf dem »60. Geburtstag« gemacht wurden, wohl aber in Garmisch-Partenkirchen entstanden sind. Im Beispiel kann ich das Problem lösen, indem ich das Ereignis »60. Geburtstag« über das Minussymbol 6 vom Suchfilter ausschließe und den Standardort Garmisch-Partenkirchen mit einer UND-Verknüpfung hinzufüge. Klicken Sie auf ZURÜCK ZUM RASTER 5, wenn Sie mit der Suche fertig sind.

▼ **Abbildung 8.203**
Ziel erreicht

8.15 Bilder sichern und exportieren

Wie es sich für ein gutes Verwaltungsprogramm gehört, bietet Ihnen der Organizer natürlich auch wichtige Funktionen an, um eine Sicherung des kompletten Katalogbestands zu besorgen. Ebenso ist es möglich, alle oder selektierte Medien zu verschieben bzw. zu kopieren (auch auf einen Wechseldatenträger). Neben dem Kopieren und Verschieben ist natürlich auch ein Export von Dateien möglich.

8.15.1 Katalog mitsamt Bildern sichern und wiederherstellen

Hat sich Ihr Organizer-Bestand gefüllt, empfiehlt es sich, den kompletten Katalogbestand des Organizers zu sichern. Wenn nämlich Ihre Festplatte einmal kaputtgeht, Sie sich einen anderen Rechner zulegen oder Sie aus Versehen ganze Verzeichnisse löschen, sind ohne Sicherungskopie all Ihre Bilder, die Sie jahrelang gesammelt haben, verloren.

Sie rufen das Sichern des Katalogs mitsamt den Bildern über den Menüpunkt DATEI • KATALOG SICHERN oder mit der Tastenkombination Strg/cmd+B auf. Hierbei überprüft der Organizer zunächst, ob der Katalog noch auf dem neuesten Stand ist. Fehlen Dateien, können Sie vor dem Backup noch danach suchen. Klicken Sie im folgenden Dialog auf ERNEUT VERBINDEN, um nach den fehlenden Dateien zu suchen; mit WEITER überspringen Sie diese Suche.

Regelmäßiges Backup
Wie oft Sie Backups durchführen, entscheiden Sie letztlich selbst. Wenn Sie aber viel fotografieren, sollten Sie auf jeden Fall regelmäßige Sicherungen erstellen, zum Beispiel einmal pro Woche oder pro Monat, gegebenenfalls auch deutlich öfter.

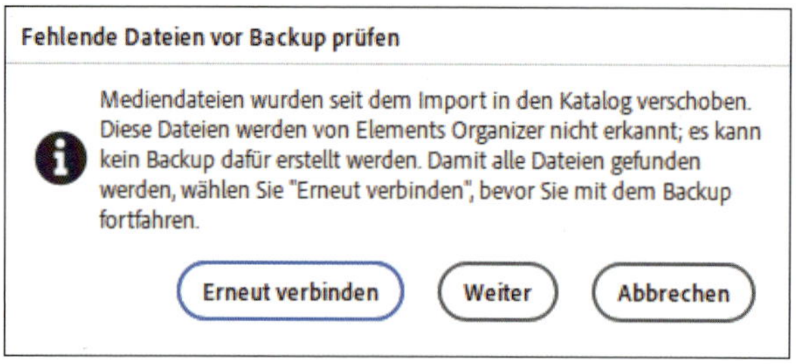

Abbildung 8.204 ▸
Ist der Katalog vollständig, können Sie die fehlenden Bilder vor dem Backup erneut verknüpfen.

Anschließend folgt der eigentliche Dialog, den Sie aufgerufen haben. Hier haben Sie die Wahl zwischen Komplettes Backup ❶ und Inkrementelles Backup ❷. Beim ersten Sichern Ihrer Dateien führen Sie ein komplettes Backup durch. Künftig können Sie dann mit dem inkrementellen Backup nur die neuen und geänderten Dateien sichern. Ein inkrementelles Backup lässt sich nur durchführen, wenn bereits ein komplettes Backup erstellt wurde.

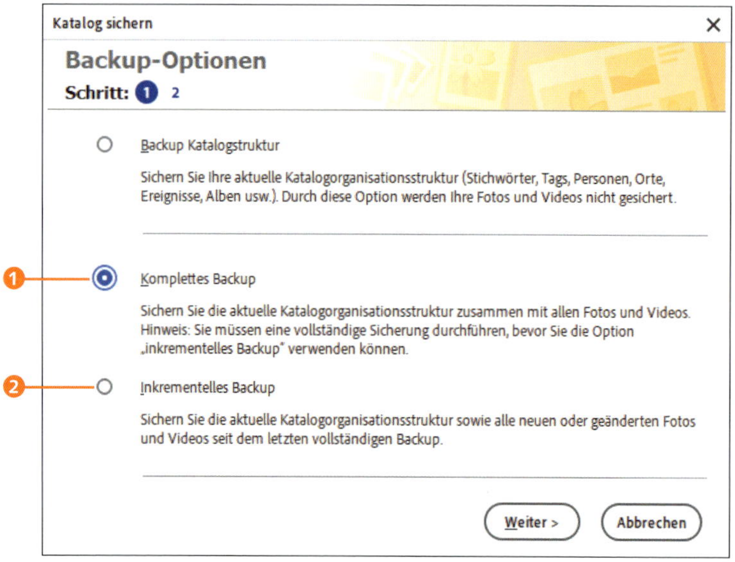

Abbildung 8.205 ▸
Der Katalog kann komplett oder inkrementell gesichert werden.

Anschließend wird die Gesamtgröße der Medien berechnet, ehe Sie im nächsten Dialog das Ziellaufwerk ❺ wählen, auf dem Sie das Backup sichern wollen. Beachten Sie hierbei aber Folgendes: Wenn Sie nur das Ziellaufwerk beim Backup-Pfad ❹ angeben (zum Beispiel bei einer externen Festplatte), werden alle Bilder in das Wurzelverzeichnis des Speichermediums gesichert. Deshalb empfiehlt es sich, ein Verzeichnis über die Schaltfläche Durchsuchen ❻ auszuwählen oder neu anzulegen.

Beim inkrementellen Backup müssen Sie in Vorherige Backup-Datei ❸ den Pfad zur Datei »Backup.tly« über die Schaltfläche

Durchsuchen 7 daneben auswählen. Diese Datei befindet sich in demselben Verzeichnis, in dem Sie das komplette Backup durchgeführt haben; sie wird für den Vergleich mit dem aktuellen Katalog benötigt.

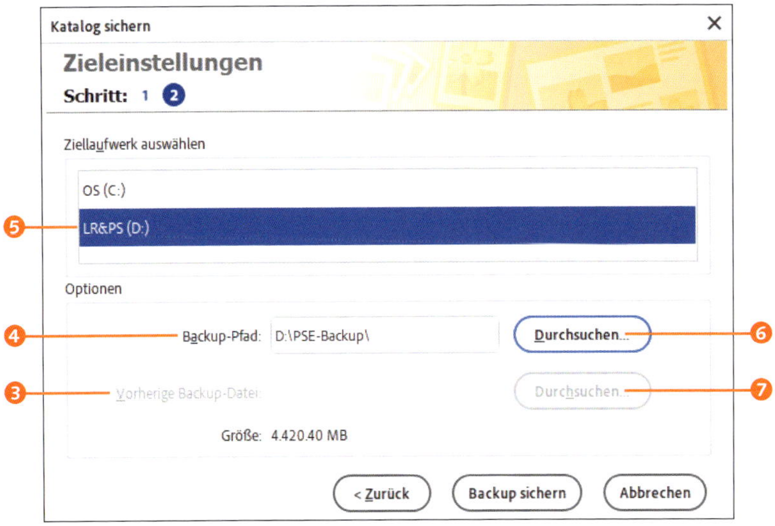

◂ **Abbildung 8.206**
Zielangaben für das Backup

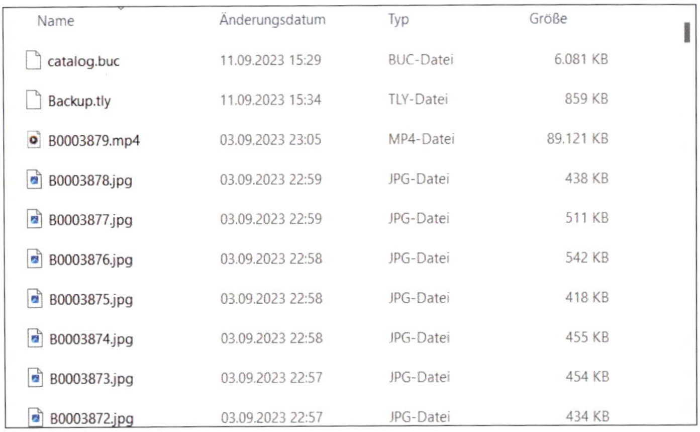

Name	Änderungsdatum	Typ	Größe
catalog.buc	11.09.2023 15:29	BUC-Datei	6.081 KB
Backup.tly	11.09.2023 15:34	TLY-Datei	859 KB
B0003879.mp4	03.09.2023 23:05	MP4-Datei	89.121 KB
B0003878.jpg	03.09.2023 22:59	JPG-Datei	438 KB
B0003877.jpg	03.09.2023 22:59	JPG-Datei	511 KB
B0003876.jpg	03.09.2023 22:58	JPG-Datei	542 KB
B0003875.jpg	03.09.2023 22:58	JPG-Datei	418 KB
B0003874.jpg	03.09.2023 22:58	JPG-Datei	455 KB
B0003873.jpg	03.09.2023 22:57	JPG-Datei	454 KB
B0003872.jpg	03.09.2023 22:57	JPG-Datei	434 KB

◂ **Abbildung 8.207**
Hier der Ordner mit den gesicherten Daten, wie er gewöhnlich aussieht. Gesichert werden alle Bilder und andere Mediendateien. Besonders wichtig für die spätere Wiederherstellung sind die Dateien »Backup.tly« und »catalog.buc«, die alle Informationen zu den Alben, Stichwort-Tags usw. enthalten.

Gesicherten Katalog wiederherstellen | Einen gesicherten Katalog können Sie über Datei • Katalog wiederherstellen wieder laden. Zunächst müssen Sie im Bereich Wiederherstellen von 1 (Abbildung 8.208) auswählen, ob Sie den Katalog von einer CD/DVD oder Festplatte wiederherstellen wollen. Bei Letzterem müssen Sie noch den Pfad zur ».tly«-Datei angeben. Mithilfe dieser Datei findet der Organizer die anderen Dateien von selbst.

Im zweiten Bereich, wiederherstellen in 2, stellen Sie ein, wo Sie die Dateien und den Katalog wiederherstellen wollen und ob Sie die ursprüngliche Ordnerstruktur wiederherstellen wollen.

Windows- und Mac-kompatibel

Das Wiederherstellen mithilfe der ».tly«-Datei funktioniert auch über die Systemgrenzen von Mac und Windows hinweg. So können Sie ohne Probleme Ihren unter Windows gesicherten Katalog mit allen Bildern, Alben, Tags usw. auf einem Mac-Rechner wiederherstellen (in diesem Fall ja eher erstellen). Andersherum funktioniert dies genauso.

Mit einem Klick auf WIEDERHERSTELLEN ❸ wird der Katalog mit allen Alben, Stichwort-Tags und natürlich Bewertungen wiederhergestellt.

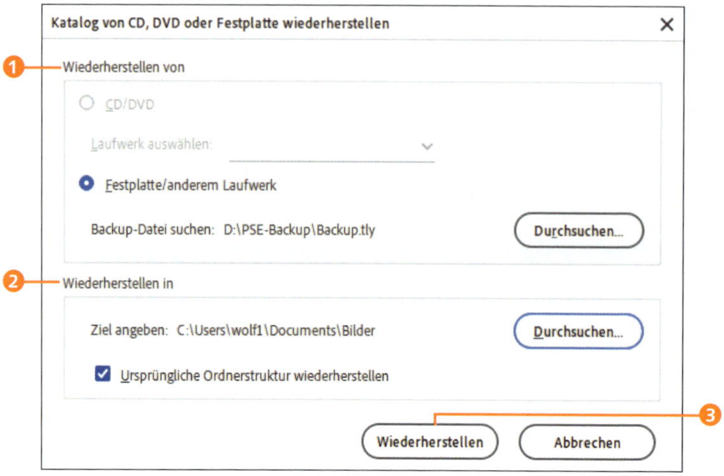

Abbildung 8.208 ▸
Der Dialog, um einen gesicherten Katalog wiederherzustellen

8.15.2 Backup der Katalogstruktur ohne Bilder

Häufigkeit einstellen
In der Standardeinstellung erscheint der Dialog zum Backup der Katalogstruktur nach dem Beenden des Organizers. Dies können Sie aber über PHOTOSHOP ELEMENTS/BEARBEITEN • ALLGEMEIN bei OPTIONEN FÜR DAS AUTOMATISCHE BACKUP DES KATALOGS mit BACKUP-KATALOGSTRUKTUR einstellen.

Es ist natürlich nicht immer sinnvoll, jedes Mal ein komplettes Backup des Katalogs mitsamt den Bildern zu machen. Häufig reicht auch einfach ein Backup der Katalogstruktur (ohne Bilder) aus, also Dinge wie Alben, Stichwörter, Personen oder Orte. Standardmäßig erscheint daher ein Hinweis, wenn der Organizer beendet wird, ob Sie ein Backup der Katalogstruktur machen wollen. Sie können den Vorgang mit DIESMAL ÜBERSPRINGEN auslassen oder mit BACKUP STARTEN durchführen.

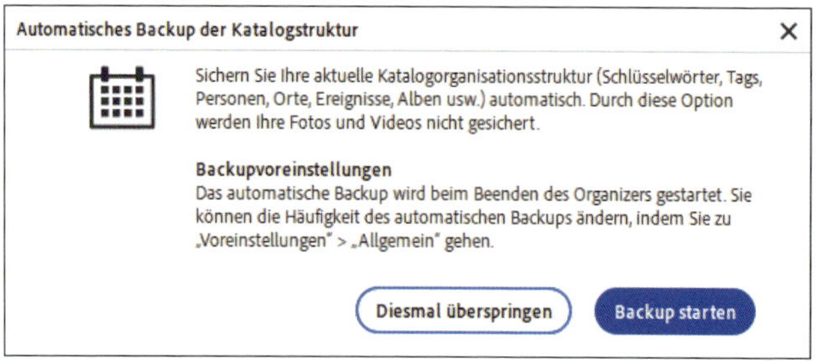

Abbildung 8.209 ▸
In der Standardeinstellung erscheint beim Beenden des Organizers ein Dialog, der anbietet, ein Backup der Katalogstruktur zu machen.

Wenn nun aus welchen Gründen auch immer ein Fehler in der Datenbank des Katalogs aufgetreten ist, wird automatisch ein Dialog angezeigt, über den Sie die Katalogstruktur mithilfe des Backups wiederherstellen können.

Wollen Sie hingegen die Katalogstruktur manuell und gezielt sichern, machen Sie dies über den Menüpunkt DATEI • KATALOG

SICHERN oder mit der Tastenkombination Strg/cmd+B. In Abbildung 8.205 wählen Sie hierbei die Option BACKUP KATALOGSTRUKTUR aus. Und wie schon in Abbildung 8.206 bestimmen Sie dann das Zielverzeichnis für das Backup der Katalogstruktur. Wenn Sie die Schaltfläche BACKUP SICHERN anklicken, wird die Datei »Backup.tly« im entsprechenden Verzeichnis gesichert, von wo aus Sie das Backup bei Bedarf wiederherstellen können.

8.15.3 Medien auf Wechseldatenträger verschieben/kopieren

Perfekt für die Weitergabe bestimmter Medien sollte der Befehl DATEI • AUF WECHSELDATENTRÄGER KOPIEREN/VERSCHIEBEN bzw. Strg/cmd+⇧+O sein, mit dem Sie die Medien entweder komplett verschieben oder kopieren können.

Wählen Sie ein Album aus, wird genau dieses Album kopiert/verschoben. Dieses Feature macht diese Funktion zum perfekten Befehl, wenn Sie auf die Schnelle Bilder für jemanden auf einen Wechseldatenträger kopieren wollen, weil Sie hierbei auch die mächtigen Suchfunktionen des Organizers verwenden können.

In Abbildung 8.210 wollte ich zum Beispiel jemandem alle Bilder mit einer 5-Sterne-Bewertung **4** von MISS CORAL **5**, die in TOLUCA **6** beim Ereignis »Lucha Libre in Toluca Patio« (nicht im Bild zu sehen) gemacht wurden, zukommen lassen. Zu diesem Zweck habe ich einfach auf die Suche nach PERSONEN-TAGS, ORT-TAGS und EREIGNIS-TAGS kombiniert zurückgegriffen.

Was wird kopiert/verschoben?
Kopiert oder verschoben werden hierbei immer die Medien, die im Medienbrowser aktuell angezeigt werden oder ausgewählt wurden. Das gilt natürlich auch für Personen- und Ereignisstapel oder ausgewählte Orte (in den Modi Personen, Orte und Ereignisse). Aber Vorsicht, wenn Sie bei Personen- oder Ereignisstapeln nichts ausgewählt (mit einem blauen Rahmen versehen) haben, werden alle Fotostapel verschoben/kopiert.

▼ Abbildung 8.210
Nur die Bilder, die im Medienbrowser angezeigt werden, werden verschoben/kopiert.

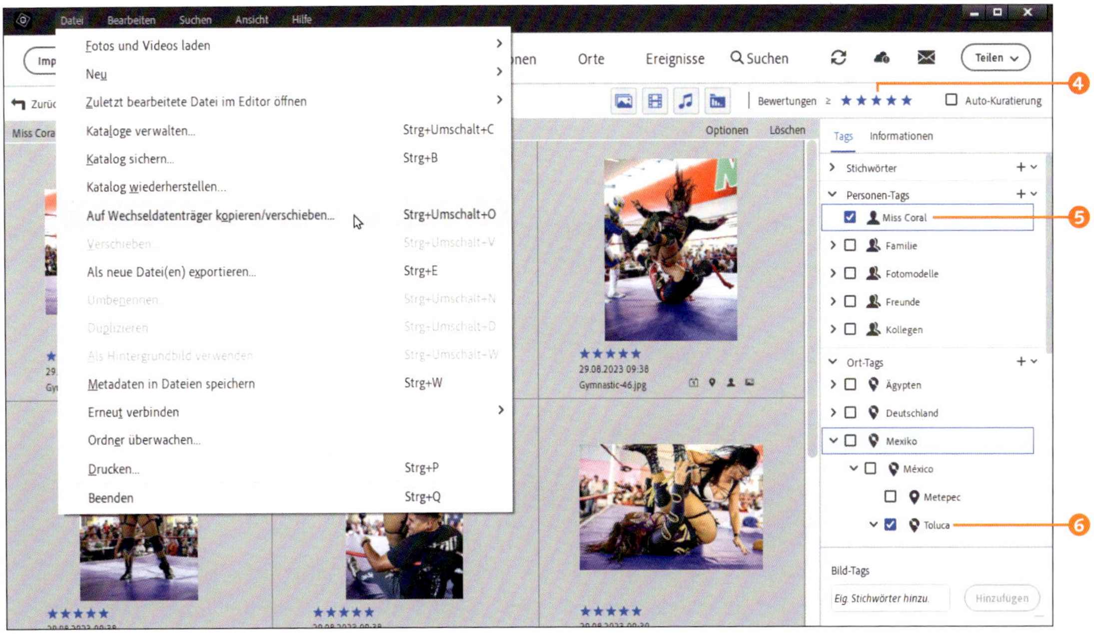

Verschieben auf externes Medium

Wenn Sie die Dateien verschieben, bleiben die Voreinstellungen (Alben, Stichwörter, Personen usw.) erhalten. Sollten Sie allerdings die Medien auf ein externes Medium verschieben und wollen Sie später auf diese Medien zurückgreifen, müssen Sie logischerweise das externe Medium wieder an Ihren Rechner anschließen. Ansonsten finden Sie diese Medien unter FEHLENDE DATEIEN mit einem kleinen Fragezeichen links oben in der Miniaturvorschau vor.

Standardmäßig ist mit dem sich öffnenden Dialog zunächst einmal die Option DATEIEN KOPIEREN 1 ausgewählt. Wollen Sie hingegen die Dateien verschieben, müssen Sie die Option DATEI VERSCHIEBEN aktivieren. Allerdings sollten Sie sich dann bewusst sein, dass die Medien verschoben und am ursprünglichen Ort **gelöscht** werden. Keine Sorge, am Ende, bevor die Bilder tatsächlich gelöscht werden, erfolgt noch eine Sicherheitsabfrage, ob Sie das wirklich tun wollen. Das kann natürlich nützlich sein, wenn der Speicherplatz auf dem Datenträger knapp wird oder Sie einfach die Medien auf einer anderen Partition oder einem externen Datenträger verwalten wollen. Sind bei den Medien auch Fotostapel und Versionssätze enthalten, finden Sie darunter weitere Checkboxen 2, über die Sie entscheiden können, ob hier auch alle Dateien kopiert/verschoben werden sollen.

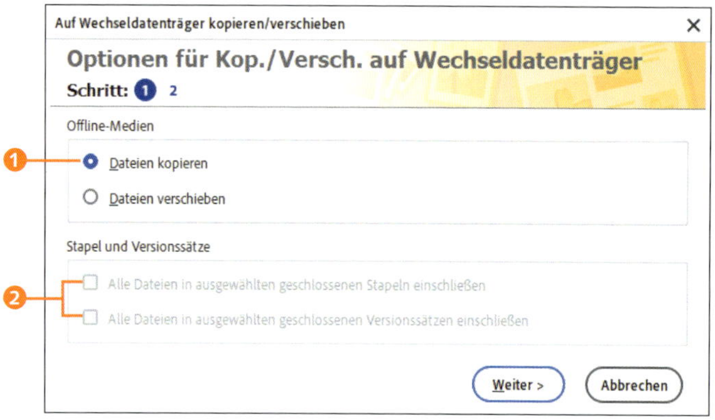

Abbildung 8.211 ▸
Hier entscheiden Sie, ob Sie die Medien kopieren oder verschieben wollen.

Anschließend wird die Gesamtgröße der Medien berechnet, ehe Sie im nächsten Dialog das Ziellaufwerk 3 wählen, in das Sie die Medien verschieben/kopieren wollen.

Abbildung 8.212 ▸
Gewünschtes Laufwerk und Zielpfad zum Kopieren/Verschieben der Medien auswählen

Beachten Sie hierbei aber Folgendes: Wenn Sie nur das Ziellaufwerk beim Zielpfad ④ angeben (zum Beispiel bei einer externen Festplatte), werden alle Bilder in das Wurzelverzeichnis des Speichermediums gesichert. Deshalb empfiehlt es sich, ein Verzeichnis über die Schaltfläche DURCHSUCHEN ⑤ auszuwählen oder neu anzulegen. Klicken Sie auf OK, und die Medien werden kopiert/verschoben. Haben Sie die Option zum Verschieben anfangs ausgewählt, werden Sie nochmals gefragt, ob Sie sich sicher sind, dass die Dateien an der ursprünglichen Position gelöscht werden sollen.

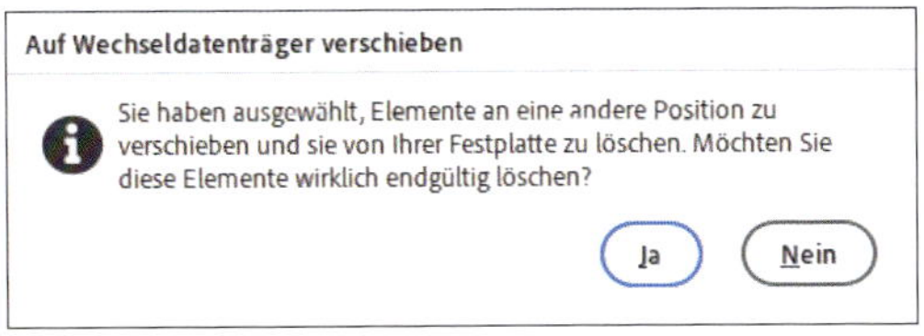

◀ **Abbildung 8.213**
Klicken Sie hier auf NEIN, haben Sie im Endeffekt nur die Medien kopiert, und auch die alten Pfadverknüpfungen bleiben erhalten.

8.15.4 Ausgewählte Medien verschieben

Mit dem Befehl DATEI • VERSCHIEBEN bzw. [Strg]/[cmd]+[⇧]+[V] können Sie ausgewählte Bilder in ein anderes Verzeichnis verschieben. Um die Funktion zu verwenden, brauchen Sie lediglich Bilder zu markieren und den Befehl aufzurufen. Im sich öffnenden Dialog können Sie jetzt über das Plussymbol ⑥ weitere Elemente hinzufügen und über das Minussymbol ⑦ markierte Elemente entfernen. Den neuen Pfad geben Sie unter ORDNER an, dort wählen Sie mit der Schaltfläche DURCHSUCHEN ⑨ einen entsprechenden Ordner aus (oder legen einen neuen an). Mit OK ⑧ starten Sie den Vorgang.

Neue Pfadangaben

Im Katalog des Organizers werden die so verschobenen Medien dann unter der neuen Pfadangabe verwaltet.

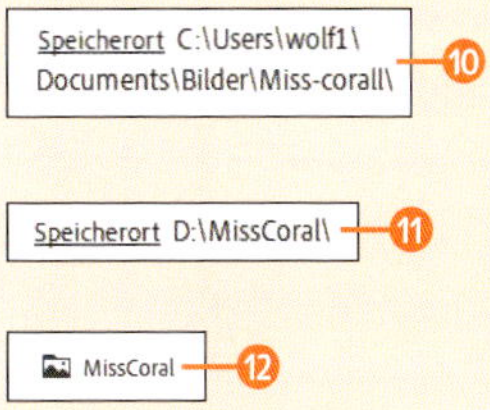

▲ **Abbildung 8.214**
Es ist wichtig zu wissen, dass bei dieser Funktion alle Bilder vom ursprünglichen Pfad ⑩ in den neuen Pfad ⑪ kopiert werden. Wenn Sie dabei alle Bilder aus einem Verzeichnis verschieben, kennt der Organizer dann nur noch den neuen Pfad und weiß nichts mehr vom ursprünglichen Pfad. Zusätzlich finden Sie den neuen Ordner mit Namen ⑫ unter EIGENE ORDNER als importierten Ordner aufgelistet.

◀ **Abbildung 8.215**
Mehrere Elemente in ein anderes Verzeichnis verschieben

8.15.5 Medien als neue Datei(en) exportieren

Was wird exportiert?

Exportiert werden auch hierbei immer die Medien, die im Medienbrowser aktuell angezeigt werden oder ausgewählt wurden.

Auch ideal für die Weitergabe von Bildern ist der Befehl DATEI • ALS NEUE DATEI(EN) EXPORTIEREN bzw. Strg/cmd+E. Damit können Sie im Organizer vorhandene Medien unabhängig als neue Datei(en) exportieren.

Über das Plussymbol 1 können Sie dem Exportiervorgang weitere Bilder hinzufügen, und über das Minussymbol 2 lassen sich markierte Elemente entfernen. Über DATEITYP 7 können Sie das Format der zu exportierenden Dateien festlegen. Die Größe (in Pixel) und gegebenenfalls die Qualität (nur bei JPEG) können Sie unter GRÖSSE UND QUALITÄT 6 einstellen. Wohin die Dateien exportiert werden sollen, geben Sie unter SPEICHERORT 5 mit der Schaltfläche DURCHSUCHEN an. Den DATEINAMEN 4 können Sie entweder belassen oder einen gemeinsamen Stammnamen verwenden (»Ivan-Adan-01.jpg«, »Ivan-Adan-02.jpg« usw.). Mit der Schaltfläche EXPORTIEREN 3 starten Sie den Export.

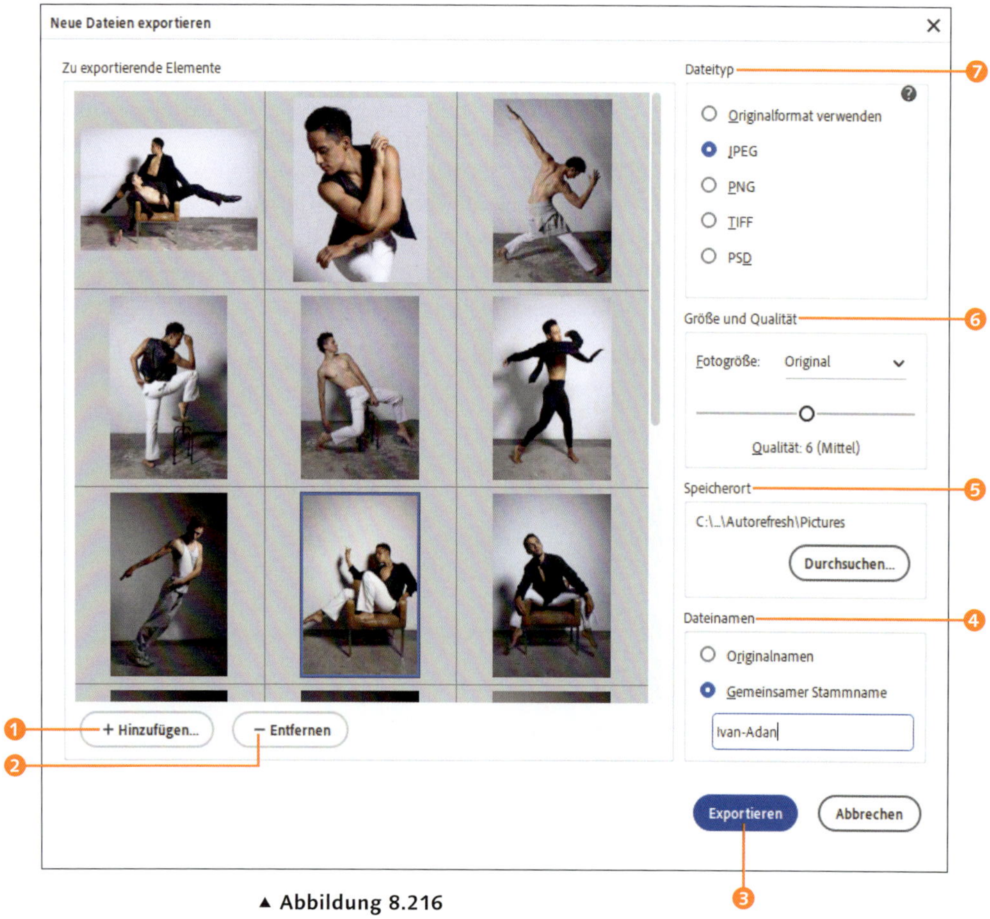

▲ **Abbildung 8.216**
Ausgewählte Elemente exportieren

8.16 Workflow für die Medienverwaltung

In diesem Teil haben Sie jetzt die enorme Fülle an Funktionen des Organizers kennengelernt. Auf den ersten Blick mag Sie die immense Vielseitigkeit zunächst fast erschlagen, aber Adobe hat es dieses Mal geschafft, dem User durch eine extrem benutzerfreundliche Anwenderoberfläche den Überblick zu erhalten. Und für diejenigen, die noch etwas unentschlossen sind, wie sie ihre Bilder jetzt am besten verwalten sollen, möchte ich nun noch einen Workflow zeigen, wie ich ihn persönlich gerne verwende. Vielleicht finden Sie hier die eine oder andere Anregung.

Nur eine Anregung
An dieser Stelle muss ich natürlich nochmals anmerken, dass dies nur einen von vielen möglichen Workflows darstellt, wie Sie Ihre Bilder verwalten können.

1. **Importieren**: Der erste Schritt dürfte immer der Import der Bilder in den Organizer sein. Dieser Punkt wurde in Kapitel 6, »Fotos in den Organizer importieren«, beschrieben.
2. Ordnung auf dem System mit **Ordneransicht**. Hier ist es zweckmäßig, schon beim Import darauf zu achten, dass Sie Ordner sinnvoll benennen, um sich die Sache bei der flachen Ordneransicht einfacher zu machen. Wer allerdings kein Fan der Ordneransicht ist, kann anschließend seine Bilder natürlich auch mit Alben allein ordnen. Hier empfehle ich Ihnen, auch direkt die »schlechten« Bilder aus dem Katalog zu entfernen bzw. komplett von der Festplatte zu löschen. Die Ordner werden in Abschnitt 8.3, »Ordneransicht«, umfassend beschrieben.
3. Jetzt können Sie die Bilder im **Fotoeditor** oder, bei Raw-Bildern, mit **Camera Raw** und dann im Fotoeditor bearbeiten. Wie Sie Bilder vom Organizer aus im Fotoeditor öffnen können, wurde in Abschnitt 7.4, »Vom Organizer zum Fotoeditor«, beschrieben. Wie Sie die Bilder bearbeiten können, wird im weiteren Verlauf des Buches noch beschrieben. Hier würde es sich auch direkt empfehlen, die Bilder in **Versionssätzen** und/oder **Fotostapeln** zu organisieren, wie dies in Abschnitt 8.12, »Versionssätze und Fotostapel«, beschrieben wurde.
4. Nachdem die Bilder jetzt fertig bearbeitet wurden, wird es Zeit für die eigentliche Verwaltung in **Alben** sowie mit **Stichwort-Tags**. Alben eignen sich prima, um ausgewählte Fotos zu verwalten, die sich nicht alle in einem »flachen« Ordner befinden, oder wenn Sie eben überhaupt kein Fan der Ordnerverwaltung sind. Alben werden in Abschnitt 8.2, »Alben erstellen und verwalten«, umfassend behandelt. Für eine bessere Suche nach Bildern empfehle ich Ihnen, Stichwort-Tags zu verwenden, und um die Qualität beurteilen zu können, eignen sich Smart-Tags. Beides wird in Abschnitt 8.4, »Stichwort-Tags«, beschrieben. Hier wäre auch ein guter Zeitpunkt, die Bilder zu bewerten (siehe Abschnitt 8.7, »Bilder bewerten«).

5. Da die Bilder jetzt schon etwas geordneter in Alben bzw. in einem Ordner vorliegen und nicht der komplette Katalog vor Ihnen liegt, ist nun ein guter Zeitpunkt, um Ihre Medien nach **Personen** (siehe Abschnitt 8.8, »Personenfotos verwalten«), Orten (siehe Abschnitt 8.9, »Orte erstellen und verwalten«) und **Ereignissen** (siehe Abschnitt 8.10, »Ereignisse erstellen und verwalten«) zu verwalten.
6. Es gibt zwar keinen pauschal geeigneten Zeitpunkt, aber ich möchte Sie nochmals daran erinnern, dass Sie regelmäßig eine **Sicherung** des Katalogs durchführen sollten, wie dies in Abschnitt 8.15.1, »Katalog mitsamt Bildern sichern und wiederherstellen«, beschrieben wurde.
7. Nachdem die Bilder jetzt gut organisiert sind, sind Sie gerüstet für alle Fälle, in denen Sie **Medien weitergeben**, wie ich dies in Abschnitt 8.15.2, »Backup der Katalogstruktur ohne Bilder« (nur kopieren), oder in Abschnitt 8.15.4, »Ausgewählte Medien verschieben«, beschrieben habe. Natürlich können Sie jetzt auch eine Diashow, ein Online-Album oder Ähnliches daraus erstellen. Darauf wird allerdings etwas später im Buch eingegangen (siehe Teil XIII, »Präsentieren und Teilen«).

8.17 Die Cloud von Photoshop Elements verwenden

Adobe Photoshop Elements bietet auch einen Cloud-Speicher an, über den Sie Bilder zwischen dem Organizer, einen Webbrowser oder der Companion-App für Mobilgeräte synchronisieren können. So haben Sie immer und überall Zugriff auf einzelne Bilder. Es stehen Ihnen bis zu 2 GB kostenloser Speicher zur Verfügung, den Sie upgraden können, wenn Sie mehr benötigen. Als Bildformate können Sie JPEG, PNG, GIF und HEIC mit der Cloud verwenden. Bei den Videodateiformaten sind es alle gängigen Formate wie MPEG-1, MPEG-2, HEIF, QuickTime, H.264, AVCHD. Bedenken Sie allerdings, dass beim Synchronisieren von Videos schnell das kostenlose Kontingent aufgebraucht ist.

Beta-Status
Zum Zeitpunkt der Drucklegung waren die Cloud-Funktionen im Beta-Status. Es kann daher sein, dass sich die Funktionen noch etwas geändert haben oder die eine oder andere Funktion gestrichen oder hinzugefügt wurde.

8.17.1 Die Cloud mit dem Organizer verwenden

Wenn Sie einen alten Katalog aus dem Organizer in die neue Version konvertieren, können Sie mit einem Häkchen auswählen, ob die lokalen Dateien mit der Cloud synchronisiert werden sollen oder nicht. Standardmäßig ist hier ein Häkchen vor MEDIEN NICHT MIT DER ADOBE CLOUD SYNCHRONISIEREN ❶ gesetzt. Dadurch wird sichergestellt, dass die Medien nicht sofort in die Cloud geladen werden. Wenn Sie das jedoch wünschen, müssen Sie diese Option deaktivieren.

◂ **Abbildung 8.217**
Wenn Sie einen neuen Katalog anlegen oder einen alten konvertieren, können Sie festlegen, ob Sie die Medien mit der Adobe Cloud synchronisieren wollen oder nicht.

Wenn Sie die automatische Synchronisierung verwenden, werden die gewählten Medien ❷ (Fotos, Videos) entsprechend der Einstellung unter Bearbeiten • Voreinstellungen • Automatische Synchronisierung in die Cloud geladen. Hier können Sie auch Laden Sie automatisch Cloud-Medien in voller Auflösung herunter ❸ aktivieren, wenn Sie Medien in der Cloud haben, die sich noch nicht im Organizer befinden.

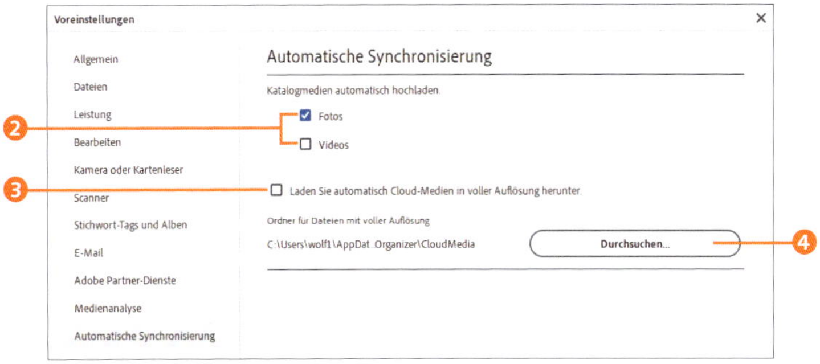

◂ **Abbildung 8.218**
In den Voreinstellungen stellen Sie die automatische Synchronisation ein.

Ansonsten wird nur ein verkleinertes Vorschaubild erzeugt. Mit der Schaltfläche Durchsuchen ❹ können Sie ändern, wohin die Medien aus der Cloud heruntergeladen werden sollen. Der Status der Synchronisation kann im Organizer oben rechts über das Wolkensymbol ❷ überprüft werden. Sie können mit dem Pfeilsymbol ❶ bei Bedarf auch manuell eine Synchronisation auslösen. Um im Organizer selbst zwischen lokalen und synchronisierten Medien zu unterscheiden, können Sie in der Dropdown-Liste Filter ❸ die entsprechende Option auswählen. Standardmäßig

Was ist ein Cloud-Speicher?
Ein Cloud-Speicher ist ein Online-Dienst, der es Ihnen ermöglicht, Daten über das Internet zu speichern, zu verwalten und darauf zuzugreifen. Anstatt Dateien auf einer lokalen Festplatte oder einem physischen Speichermedium zu speichern, werden sie in einem entfernten Rechenzentrum gespeichert, das von einem Cloud-Anbieter betrieben wird. Dies hat den Vorteil, dass auf die Daten von jedem Gerät mit Internetanschluss aus zugegriffen werden kann.

werden mit Alle Medien sowohl lokale als auch synchronisierte Medien angezeigt.

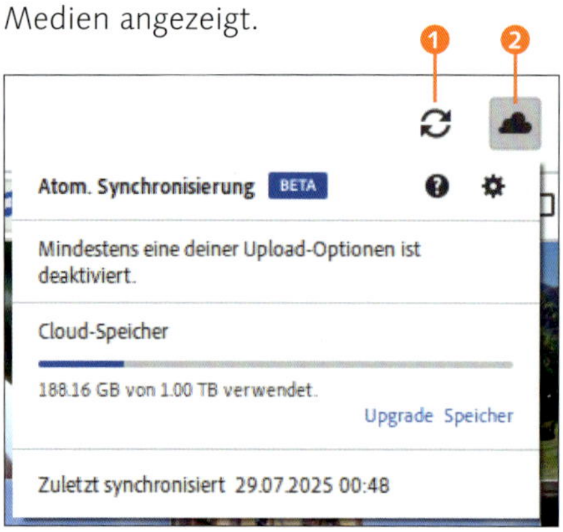

◂ **Abbildung 8.219**
Hier können Sie den Status der automatischen Synchronisation einsehen und diese bei Bedarf auch selbst anstoßen.

▴ **Abbildung 8.220**
Hier können Sie bei Bedarf nach lokalen oder synchronisierten Medien filtern.

Wolkensymbol und Häkchen
Wenn sich ein Bild nur in der Cloud befindet, sieht man in der Miniaturvorschau rechts oben ein Wolkensymbol. Wenn ein grünes Häkchen angezeigt wird, ist das Bild in der Cloud und auf dem lokalen Rechner. Wenn hingegen gar kein Symbol angezeigt wird, ist das Bild nur auf dem lokalen Rechner vorhanden.

Ausgewählte Medien synchronisieren | Ich persönlich lade nur bestimmte Dateien in die Cloud, um sie dann bei Bedarf mit der Web-App im Browser oder mit der mobilen App nutzen zu können. Klicken Sie dazu im Organizer mit der rechten Maustaste auf die Mediendatei und wählen Sie Ausgewählte Medien synchronisieren. Je nachdem, ob die Datei lokal gespeichert ist oder sich in der Cloud befindet, wird folgende Aktion ausgeführt:

- Handelt es sich um eine lokal gespeicherte Datei, wird diese mit der Cloud synchronisiert.
- Handelt es sich bei der Datei um eine Miniaturvorschau der Cloud, wird diese in voller Auflösung aus der Cloud auf den Rechner heruntergeladen.

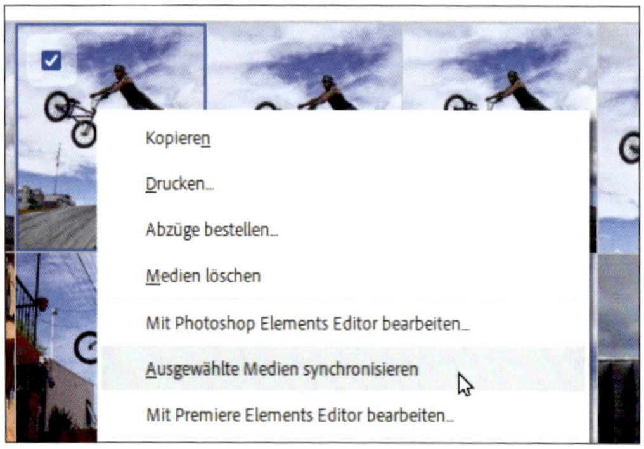

Abbildung 8.221 ▸
Per Rechtsklick können Sie einzelne Medien synchronisieren.

Medien aus der Cloud herunterladen
Medien, die sich in der Cloud befinden, werden in voller Auflösung heruntergeladen, wenn Sie darauf doppelklicken oder eine Bearbeitung wie Sofortkorrektur, Diashow oder Laden in den Fotoeditor durchführen.

Medien in der Cloud löschen | Um Medien aus der Cloud über den Organizer zu löschen, klicken Sie mit der rechten Maustaste auf die lokalen Medien und wählen Sie Medien löschen. Im folgenden Dialogfenster müssen Sie das Löschen aus der Cloud noch einmal explizit bestätigen. Hier finden Sie auch die Option Eine lokale Kopie im Elements Organizer-Katalog belassen.

TEIL III

Bildkorrektur

Kapitel 9
Grundlegendes zur Bildkorrektur

Bis zu einem gewissen Grad ist die Korrektur eines Bildes sicherlich Erfahrungssache, dennoch lässt sich eine gute Bildkorrektur nicht einfach nach Gefühl durchführen. Man muss schon einige Regeln einhalten. Um Ihnen einen kleinen Leitfaden an die Hand zu geben, stelle ich Ihnen in diesem Kapitel einige Grundlagen der Bildkorrektur vor.

9.1 Vorgehensweise für eine gute Korrektur

Sicher haben auch Sie schon Ihre Erfahrungen mit verschiedenen Korrekturexperimenten gemacht – mit teilweise eher schlechten als rechten Ergebnissen. Manchmal ist ein gutes Ergebnis auch ein Produkt des Zufalls. Gerade Einsteiger sind schnell frustriert, wenn sich die hohen Erwartungen an die Bildkorrektur nicht erfüllen. Die manuelle Bildkorrektur erfordert einiges Hintergrundwissen – aber deshalb haben Sie sich ja schließlich für dieses Buch entschieden.

Es gibt zwar keinen Königsweg für eine gute Korrektur, weil diese in der Regel vom vorliegenden Bildmaterial abhängt. Allerdings fahren Sie immer gut, wenn Sie Farbkorrekturen noch vor dem Anpassen von Helligkeit und/oder Kontrast vornehmen: Bei farblich ausbalancierten Bildern ist es einfacher, Helligkeit und Kontrast zu regeln. An dieser Stelle werden Sie sich sicherlich auch noch fragen, wie das dann mit dem Nachschärfen ist. Zwar wird das Thema erst in einem späteren Teil des Buches (siehe Kapitel 16, »Bilder schärfen«) behandelt, aber hier kann ich generell empfehlen, diesen Schritt immer als letzten durchzuführen, weil man meist erst am Schluss sicher beurteilen kann, ob ein Bild noch eine gewisse Schärfe verträgt oder nicht.

Korrekturmodus

Wenngleich Photoshop Elements über verschiedene Korrekturmodi verfügt, widmet sich dieses Kapitel ausschließlich der manuellen Korrektur im ERWEITERT-Modus des Fotoeditors. Er ist für Bildkorrekturen stets die beste Lösung und liefert optimale Ergebnisse. Die Schnellkorrekturlösungen wurden bereits in Kapitel 2, »Schnelle Bildkorrekturen im Fotoeditor«, behandelt.

9.1.1 Kann man alles reparieren, was kaputt ist?

Die Überschrift soll darauf aufmerksam machen, dass auch die Möglichkeiten der digitalen Bildbearbeitung nicht grenzenlos sind. Ist ein Foto wirklich gänzlich misslungen, sollten Sie eine Korrektur überdenken. Details wie Helligkeit, Farbstiche oder schwache Kontraste lassen sich gewöhnlich korrigieren. Sind aber bestimmte Informationen nicht mehr im Bild enthalten, kann man diese nicht einfach wieder »hineinzaubern«. Ein überstrahlter Himmel, der komplett Weiß ist, wird genauso wenig zu retten sein, wie ein ins Schwarz abgesoffener Schatten; besonders dann nicht mehr, wenn das Bild im JPEG-Format vorliegt. Bei Bildern im Raw-Format hingegen besteht noch Hoffnung, einzelne Details aus den Lichtern oder Schatten retten zu können.

Tipp: das Raw-Format
Wenn Sie Bilder mit einer digitalen Kamera im Raw-Format aufnehmen, können Sie fast jedes Bild noch nachträglich korrigieren. Mehr dazu finden Sie in Teil IV, »Adobe Camera Raw«.

9.1.2 Die Korrektur planen

Versuchen Sie, bereits beim Betrachten des Bildes ein wenig zu planen, wie Sie das Bild verbessern könnten. Ist die Aufnahme zu dunkel? Fehlt es an Kontrast? Ist der Bildausschnitt nicht optimal? Mangelt es an Farbe? Meistens sind es nur ein oder zwei Dinge, die korrigiert werden müssen. Wohlgemerkt: Die Rede ist von einer Retusche und nicht von einer Bildmanipulation.

Gerade Einsteiger sind häufig der Meinung, dass jedes Bild korrigiert werden muss. Dem ist aber nicht so. Es gibt durchaus Aufnahmen, die keiner Korrektur bedürfen und die Sie mit einer Korrektur nur verschlechtern würden. Fragen Sie sich bei jedem Bild, ob Sie es unbedingt einer Korrektur unterziehen müssen.

Keine Experimente
Vermeiden Sie auf jeden Fall wildes Herumprobieren. Bedenken Sie, dass sich jeder Vorgang auf die einzelnen Pixel im Bild auswirkt. Machen Sie daher vor allem nicht den Fehler, nach einer missratenen Korrektur eine weitere Korrektur durchzuführen, um die vorherige zu verbessern.

9.1.3 Der richtige Bildmodus

Die Bildkorrekturen sollten Sie standardmäßig im RGB-Bildmodus durchführen. Zum einen kommen die Bilder von der Digitalkamera und auch vom Scanner meist im RGB-Modus, und zum anderen stehen Ihnen nur in diesem Modus alle Funktionen von Photoshop Elements zur Verfügung. Außerdem ersparen Sie sich in diesem Modus eine lästige und mit potenziellen Qualitätseinbußen verbundene Umwandlung.

9.1.4 Verwenden Sie Techniken für die nicht-destruktive Bearbeitung

Das Ziel bei einer nicht-destruktiven Bildbearbeitung ist es, Änderungen an einem Bild vorzunehmen, ohne die ursprünglichen Bilddaten zu ändern. Hierbei werden die einzelnen Pixel im Bild nicht angetastet und im Originalzustand belassen. Die Änderungen werden zwar auf das Foto angewendet und hineingerechnet, aber auf einer separaten Ebene abgelegt. Durch diese nicht-destruktive Bearbeitung wird die Bildqualität niemals verschlechtert, und Sie können jederzeit die Werte im Bild anpassen oder Ebenen optimieren. An dieser Stelle ist es noch nicht wirklich von Bedeutung, ob Sie sich mit Ebenen und der Bearbeitung von Bildern auskennen. Hier sollen Sie lediglich einen ersten Überblick erhalten, welche Techniken Ihnen mit Photoshop Elements für die nicht-destruktive Bildbearbeitung zur Verfügung stehen:

- Arbeiten mit Einstellungsebenen: An den Einstellungsebenen können Sie Änderungen an einem Bild wie Farb- und Tonwertkorrekturen vornehmen, ohne die Pixelwerte des Originalbildes zu verändern. Einen Überblick darüber erhalten Sie gleich im nächsten Abschnitt 9.1.5, »Flexibel arbeiten mit Einstellungsebenen«.
- Retuschieren in einer separaten Ebene: Auch mit den verschiedenen Werkzeugen für die Retusche, wie dem Kopierstempel, Reparatur-Pinsel und Bereichsreparatur-Pinsel, können Sie nicht-destruktiv arbeiten, indem Sie die Retusche auf einer separaten Ebene durchführen und die Option ALLE EBENEN AUFNEHMEN aktivieren. Auf die Retuschewerkzeuge wird noch gesondert in Kapitel 31, »Retuschewerkzeuge«, eingegangen.
- Bearbeitung mit dem Camera-Raw-Plug-in: Bei Korrekturen von Roh-, JPEG- oder TIFF-Bildern mit dem Camera-Raw-Plug-in bleiben die Bilder geschützt, und die Korrektureinstellungen werden getrennt von der ursprünglichen Bilddatei gespeichert. Auf das Camera-Raw-Plug-in wird in Kapitel 12, »Das Raw-Format«, eingegangen.
- Maskieren mit Ebenenmasken: Ebenenmasken sind ebenfalls nicht-destruktiv, weil Sie die Masken jederzeit nachbearbeiten können, ohne dass hierbei ausgeblendete Pixel verloren gehen. Die Ebenenmasken werden in Kapitel 28, »Ebenenmasken«, ausführlich beschrieben.

Bilder mit Ebenen speichern

Voraussetzung dafür, ein nicht-destruktiv bearbeitetes Bild nach einer längeren Zeit wieder zu editieren oder zu optimieren, ist, dass Sie auch diese nicht-destruktiven Bearbeitungsinformationen im Bild mitspeichern. In der Praxis bedeutet dies, dass Sie das Bild mitsamt den Ebenen in einem Format wie PSD oder TIFF speichern müssen. Wenn Sie das Bild als JPEG speichern oder die Ebenen auf eine Ebene reduzieren, werden die Bearbeitungen auf das Bild angewendet, und diese nicht-destruktiven Informationen werden verworfen.

9.1.5 Flexibel arbeiten mit Einstellungsebenen

Zwar werden die Ebenen erst in Teil X des Buches beschrieben, dennoch gehören die Einstellungsebenen in das vorliegende Kapitel der Bildkorrektur. Mit den Einstellungsebenen können Sie Korrekturen an einem Bild ausführen, ohne die Pixel des eigentlichen Bildes zu verändern, oder, wie Sie es im Abschnitt zuvor erfahren haben, eine nicht-destruktive Bearbeitung durchführen.

Der wesentliche Vorteil von Einstellungsebenen liegt darin, dass das Originalbild nicht verändert wird. Sie können jederzeit eine Einstellungsebene ausblenden, löschen oder erneut aufrufen und verändern, wenn die Korrektur nicht den gewünschten Effekt erbringt.

Einstellungsebene versus Ebene

Beachten Sie, dass Einstellungsebenen nicht wie normale Ebenen funktionieren. Einstellungsebenen enthalten nur Werkzeugeinstellungen und keine Pixel.

Schritt für Schritt
Einstellungsebenen zur Bildkorrektur verwenden

Kapitel_9:
Tattoos.jpg, Tattoos.psd

Am Beispiel des Bildes »Tattoos.jpg« möchte ich Ihnen den Umgang mit den Einstellungsebenen genauer erläutern. Öffnen Sie das Bild im Fotoeditor. Die Korrektur ist hier zunächst noch Nebensache.

Abbildung 9.1 ▸
Das Ausgangsbild für die Korrektur

1 Ebenen-Bedienfeld aufrufen

Für die Einstellungsebenen benötigen Sie das Bedienfeld EBENEN. Sollte dieses Bedienfeld nicht angezeigt werden, rufen Sie es über das Menü FENSTER • EBENEN auf. Die Einstellungsebenen finden Sie im Ebenen-Bedienfeld über das dritte Icon ❶ von links. Wenn Sie dieses Icon anklicken, öffnet sich ein Untermenü.

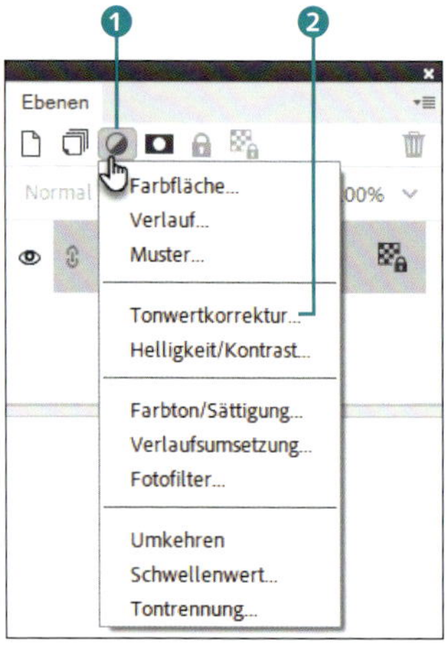

▲ Abbildung 9.2
Verschiedene Einstellungsebenen

2 Einstellungsebene für die Korrektur auswählen

Wählen Sie in diesem Untermenü die benötigte Korrektur in Form einer Einstellungsebene aus. In diesem Beispiel habe ich TONWERTKORREKTUR ❷ ausgewählt.

3 Einstellungsebene anlegen

Wenn Sie die Einstellungsebene TONWERTKORREKTUR ausgewählt haben, finden Sie im Ebenen-Bedienfeld eine neue Einstellungsebene (hier mit dem Namen »Tonwertkorrektur 1«) vor. Standardmäßig wird bei dem Ebenentitel der Name des entsprechenden Korrekturwerkzeugs angezeigt. Zusätzlich wird ein Korrekturen-Bedienfeld geöffnet, das die entsprechenden Einstellungsmöglichkeiten präsentiert und jeweils den Namen der jeweiligen Korrektur, hier also TONWERTKORREKTUR, trägt.

Ebenenmaske
Was es mit der Maske in der Ebene auf sich hat und was Sie damit machen können, erfahren Sie in Kapitel 28, »Ebenenmasken«.

In der neuen Einstellungsebene finden Sie zwei Miniaturen vor: ein Symbol ❸ für das jeweils ausgewählte Korrekturwerkzeug und eine leere Maske ❹, die Einstellungsebenen übrigens standardmäßig immer besitzen.

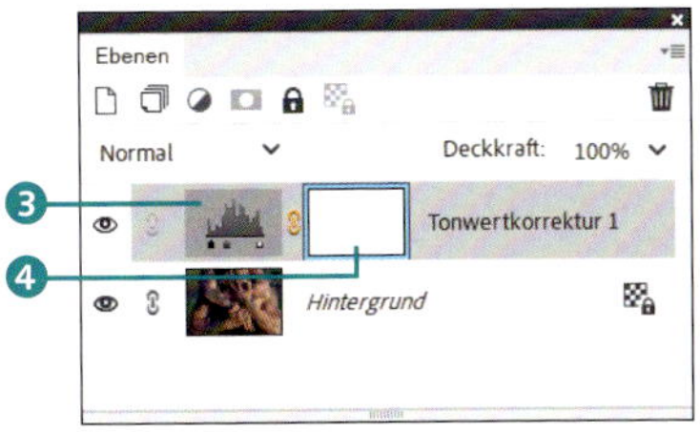

▲ **Abbildung 9.3**
Photoshop Elements legt eine Einstellungsebene »Tonwertkorrektur 1« an ...

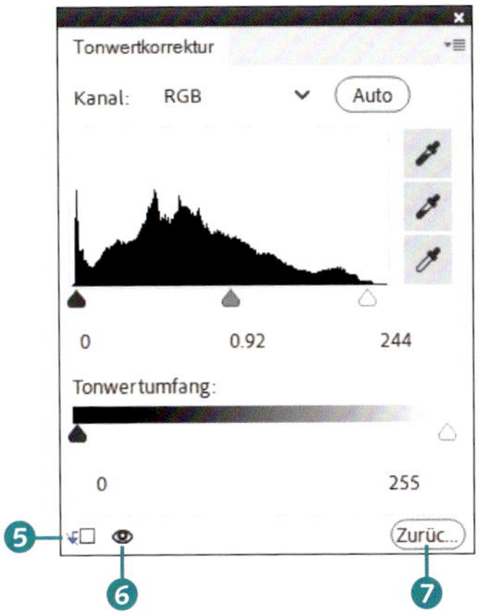

◄ **Abbildung 9.4**
... und öffnet zugleich das entsprechende Dialogfenster für die Korrekturen im gleichnamigen Bedienfeld.

4 Korrektur durchführen

Über das zur Einstellungsebene gehörende Bedienfeld Korrekturen können Sie nun die Bildkorrektur – in diesem Fall eine Tonwertkorrektur – durchführen. Im vorliegenden Beispiel habe ich den weißen Anfasser nach links auf den Wert »244« und den mittleren grauen Anfasser auf den Wert »0.92« gezogen. Auf die Tonwertkorrektur wird noch gesondert in Abschnitt 10.3, »Die Tonwertkorrektur« umfassend eingegangen.

Im Bedienfeld Tonwertkorrektur finden Sie zu jeder Einstellungsebene zudem kleine Schaltflächen. Aktivieren Sie die erste Schaltfläche ❺, wirkt sich die Korrektur der Einstellungsebene nur auf die unmittelbar darunterliegende Ebene im Stapel aus. Standardmäßig wirkt sich die Einstellungsebene im deaktivierten Zustand auf alle darunterliegenden Ebenen aus. Mit dem Augensymbol ❻ daneben blenden Sie die im Bild sichtbaren Korrekturen ein und aus. Mit der Schaltfläche Zurücksetzen ❼ daneben setzen Sie die Korrekturen wieder auf den Standardwert zurück.

Symbole im Ebenen-Bedienfeld

Sollten die Ebenennamen bei Ihnen abgeschnitten werden, brauchen Sie nur den Dialog oder das Bedienfeld etwas größer zu skalieren, oder Sie können die Größe der Miniaturvorschau der Icons über die Bedienfeldoptionen ändern (siehe Abschnitt 25.4.5, »Miniaturansicht ändern«).

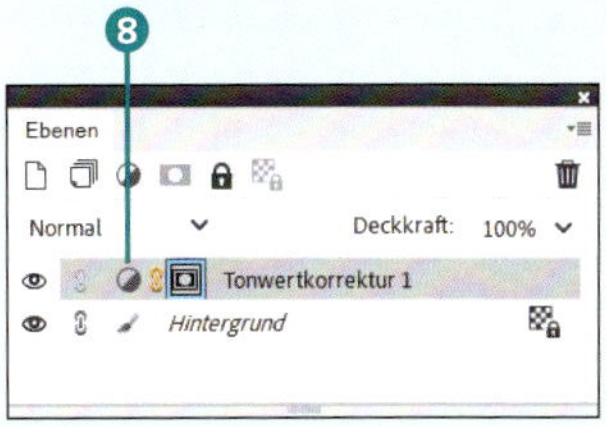

▲ **Abbildung 9.5**
Hier sehen Sie ein alternatives Symbol für die Einstellungsebene ❽.

5 Der Vorher-Nachher-Vergleich

Einen direkten Vorher-Nachher-Vergleich können Sie jederzeit über das Augensymbol ❻ im Korrekturen-Bedienfeld ein- und ausblenden. Die gleiche Wirkung erzielen Sie auch im Ebenen-Bedienfeld, indem Sie auch hier auf das Augensymbol ⓫ (Abbildung 9.6) in der entsprechenden Einstellungsebene klicken. Ist das Augensymbol durchgestrichen ⓬, wurde die Einstellungsebene ausgeblendet und lässt sich mit einem Klick auf dieser Position wieder einblenden.

Bei der Verwendung mehrerer Einstellungsebenen können Sie durch abwechselndes Ein- und Ausblenden die Korrekturen miteinander vergleichen. Sie können hierbei mehrere gleiche Einstellungsebenen mit denselben oder verschiedenen Werkzeugen testen.

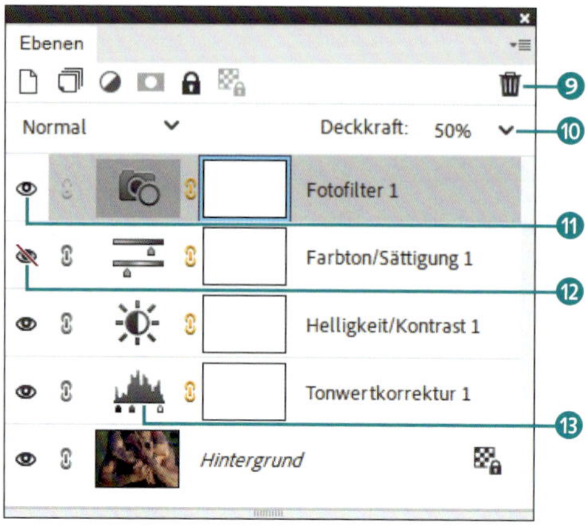

Abbildung 9.6 ▸
Mehrere Einstellungsebenen im Einsatz. Sehr schön ist es auch, dass jede Einstellungsebene eine für die verwendete Korrektur passende Ebenenminiatur besitzt.

Deckkraft
Über die Deckkraft ⑩ ändern Sie die Ebenen-Deckkraft des Werkzeugs. Standardmäßig wird mit 100 % immer die maximale Deckkraft verwendet. Sie können aber über den entsprechenden Schieberegler dieses Werkzeug auch ein wenig abschwächen. Vorwiegend wird die Deckkraft bei den verschiedenen Füllmethoden benutzt. Mehr zu den verschiedenen Füllmethoden und zur Deckkraft erfahren Sie in Abschnitt 27.2 und in Abschnitt 24.2.

6 Einstellungsebene nachkorrigieren

Das Besondere an den Einstellungsebenen ist, dass Sie die Werte jederzeit nachjustieren können. Hierzu müssen Sie nur auf das entsprechende Werkzeugkorrektursymbol ⑬ im Ebenen-Bedienfeld doppelklicken, und die entsprechenden Einstellungsmöglichkeiten werden im dazugehörigen Korrekturen-Bedienfeld mit den bisher getroffenen Einstellungen erneut angezeigt.

Wird das Korrekturen-Bedienfeld bereits angezeigt, reicht es aus, wenn Sie nur die entsprechende Einstellungsebene auswählen. Das Korrekturen-Bedienfeld lässt sich auch über Fenster • Korrekturen aufrufen.

7 Einstellungsebene löschen

Wollen Sie eine Einstellungsebene löschen, klicken Sie diese Ebene, noch besser das Miniatursymbol der Ebene (nicht die Maske), mit der rechten Maustaste an und wählen im Kontextmenü Ebene löschen aus. Alternativ entfernen Sie eine im Ebenen-Bedienfeld ausgewählte Einstellungsebene, indem Sie diese mit gedrückt gehaltener linker Maustaste auf das Mülleimersymbol ⑨ ziehen und dort fallen lassen.

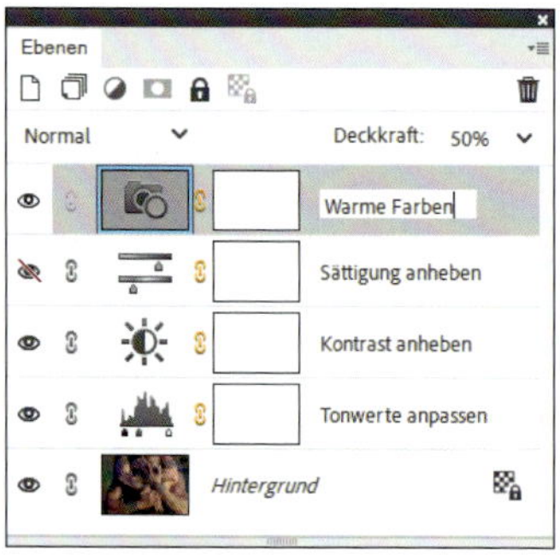

▲ **Abbildung 9.7**
Einstellungsebenen mit aussagekräftigen Namen versehen

8 Namen der Einstellungsebenen ändern

Häufig testet man mehrere Einstellungsebenen mit demselben Werkzeug, aber mit unterschiedlichen Werten. Um hier nicht den Überblick zu verlieren, sollten Sie die Namen der Einstellungsebenen per Doppelklick ändern (oder mit einem rechten Mausklick im Kontextmenü über EBENE UMBENENNEN).

9 Bild speichern

Am Ende können Sie das Bild mitsamt den Einstellungsebenen speichern. Abhängig vom Format werden die einzelnen Ebenen im Bild mitgespeichert oder nicht. Sofern Sie die nicht-destruktive Bearbeitung sichern wollen, um später weiter an dem Bild zu arbeiten, sollten Sie das Bild mitsamt Ebenen im PSD- oder TIFF-Format sichern.

Wollen Sie stattdessen das Bild mit den Einstellungsebenen auf eine Ebene reduzieren (natürlich zusammen mit den durchgeführten Änderungen), klicken Sie mit der rechten Maustaste auf eine der Ebenen und wählen im Kontextmenü SICHTBARE AUF EINE EBENE REDUZIEREN (alternativ über die Tastenkombination Strg/cmd+⇧+E) oder gleich AUF HINTERGRUNDEBENE REDUZIEREN. Den gleichen Punkt finden Sie auch im Menü EBENE.

Speichern von Ebenen

Um bei der Arbeit mit mehreren Ebenen die einzelnen Teilbilder beim Speichern zu erhalten, müssen Sie ein Dateiformat verwenden, das Ebenen unterstützt. Bei Photoshop Elements sind dies die Formate PSD und TIFF. Speichern Sie ein Dokument mit mehreren Ebenen zum Beispiel im JPEG-Format, werden die Ebenen automatisch auf eine (Hintergrund-)Ebene reduziert.

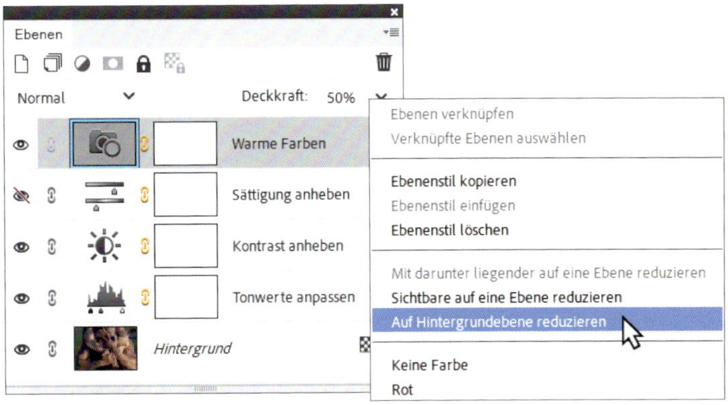

◂ **Abbildung 9.8**
Reduzieren Sie für das fertige Bild alle Ebenen auf eine.

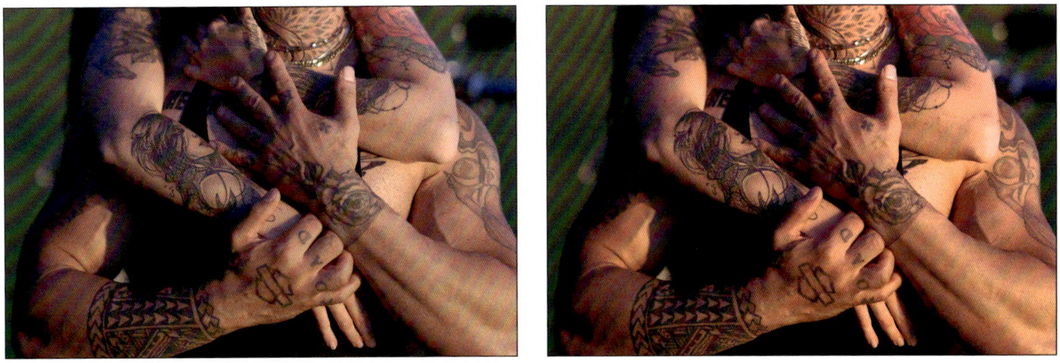

▴ **Abbildung 9.9**
Das Bild hat nach der Korrektur mehr Kontrast und auch kräftigere Farben, ohne übersättigt zu wirken. Der eigentliche Korrekturvorgang wurde Ihnen bei diesem Beispiel noch vorenthalten – er soll auf den nächsten Seiten dargestellt werden.

9.2 Arbeitsschritte rückgängig machen

Was ist ein »Arbeitsschritt«?
Wenn Sie ein Kommando ausführen oder ein Werkzeug verwenden, gilt jeder dieser Vorgänge als Arbeitsschritt. Malen Sie zum Beispiel mit dem Pinsel eine Linie auf das Bild, ist dies ein Arbeitsschritt. Beachten Sie, dass ein Absetzen während des Zeichnens den Arbeitsschritt beendet. Wenn Sie nach dem Absetzen erneut den Pinsel zum Zeichnen verwenden, ist dies schon ein zweiter Arbeitsschritt. Um also beide Pinselstriche wieder zu entfernen, müssen Sie den Arbeitsschritt zweimal rückgängig machen. Wollen Sie mehr als einen Arbeitsschritt widerrufen, sollten Sie das Rückgängig-Protokoll benutzen (siehe Abschnitt 9.2.2, »Das Rückgängig-Protokoll verwenden«).

Sie glauben, Fotografen und Photoshop-Profis (oder ich) öffnen »schnell mal« ein Bild in Photoshop Elements, korrigieren und bearbeiten es und sind dann gleich fertig?

Eher nicht. In der digitalen Bildbearbeitung gibt es keine Patentrezepte zur perfekten Nachbearbeitung eines Bildes; folglich wird sehr viel experimentiert und ausprobiert. Nicht immer sehen die Ergebnisse auf Anhieb gut aus, weshalb das Rückgängigmachen von Arbeitsschritten wohl das am häufigsten eingesetzte Kommando ist.

9.2.1 Rückgängig per Tastatur und Menü

In den meisten Fällen werden Sie zum schnellen Rückgängigmachen von Arbeitsschritten mit den Tastatur- und Menübefehlen auskommen. Um den zuletzt durchgeführten Arbeitsschritt zu annullieren, nutzen Sie entweder die Tastenkombination [Strg]/[cmd]+[Z] oder den Menüpunkt BEARBEITEN • RÜCKGÄNGIG.

▲ **Abbildung 9.10**
Wenn Sie einen Schritt rückgängig gemacht oder wiederholt haben, wird dieser Arbeitsschritt im Bildfenster eingeblendet.

Beachten Sie allerdings, dass nach dem Schließen eines Bildes keine Möglichkeit mehr besteht, zuvor vorgenommene Arbeitsschritte rückgängig zu machen. Anders verhält es sich, wenn Sie eine Bilddatei gespeichert haben, ohne sie zu schließen. Hier steht das Rückgängigmachen nach wie vor zur Verfügung.

Schritte wiederherstellen | Möchten Sie den zuletzt rückgängig gemachten Schritt wiederherstellen oder wiederholen, verwenden Sie die Tastenkombination [Strg]/[cmd]+[Y] oder das Menü BEARBEITEN • WIEDERHOLEN.

Abbildung 9.11 ▼
Die Befehle zum Rückgängigmachen und Wiederholen von Arbeitsschritten finden Sie auch am unteren Rand des Fotoeditorfensters als Schaltflächen RÜCKGÄNGIG ❶ und WIEDERHOLEN ❷ zum Anklicken vor.

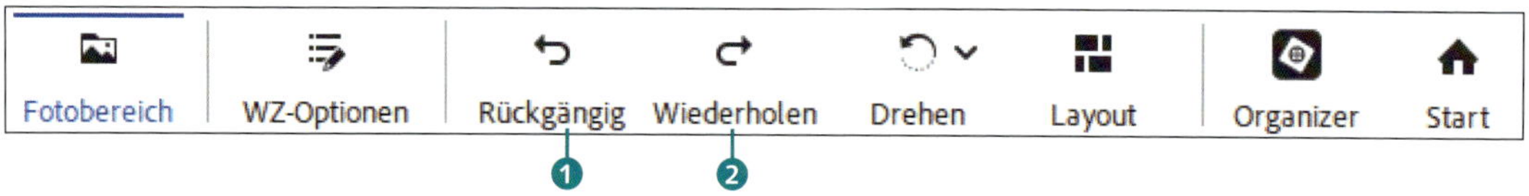

Zuletzt gespeicherte Version | Um zur zuletzt gespeicherten Version eines Bildes zurückzukehren, wählen Sie den Menüpunkt BEARBEITEN • ZURÜCK ZUR LETZTEN VERSION oder benutzen die Tastenkombination [Strg]/[cmd]+[⇧]+[A]. Dieser Arbeitsschritt wird ebenfalls dem Rückgängig-Protokoll hinzugefügt, sodass Sie auch diesen Befehl jederzeit wieder rückgängig machen können.

Maximale Anzahl | Die Anzahl der Arbeitsschritte, die Sie bei Photoshop Elements rückgängig machen können, passen Sie über das Menü Bearbeiten/Photoshop Elements Editor • Voreinstellungen • Leistung über die Protokollobjekte 3 an. Standardmäßig sind hier 50 Schritte vorgegeben; Arbeitsschritte, die weiter zurückliegen, werden aus dem Speicher gelöscht und können nicht mehr rückgängig gemacht werden. Dieser Wert lässt sich aber auch auf bis zu 1000 Schritte erhöhen. Änderungen des Wertes sind allerdings erst nach einem Neustart von Photoshop Elements gültig. Beachten Sie jedoch, dass ein sehr hoher Wert zulasten des Arbeitsspeichers geht.

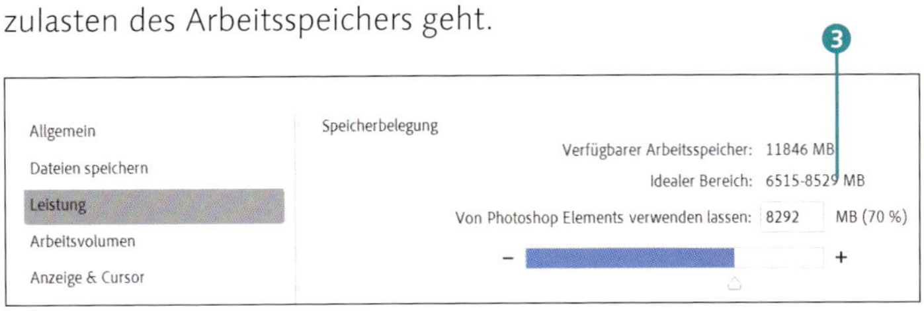

◂ **Abbildung 9.12**
Mit Protokollobjekte 3 stellen Sie ein, wie viele Schritte Sie rückgängig machen können.

9.2.2 Das Rückgängig-Protokoll verwenden

Eine etwas übersichtlichere Aufzeichnung der durchgeführten Arbeitsschritte finden Sie mit dem Bedienfeld Rückgängig-Protokoll. Sie rufen es mit dem Befehl Fenster • Rückgängig-Protokoll auf. Der Vorteil gegenüber den Menü- und Tastaturbefehlen liegt ganz klar im besseren Bedienkomfort. Sie können hiermit nämlich zu einem gewünschten Arbeitsschritt zurückgehen und dabei andere Arbeitsschritte einfach überspringen.

Kapitel_9: Architektur.jpg

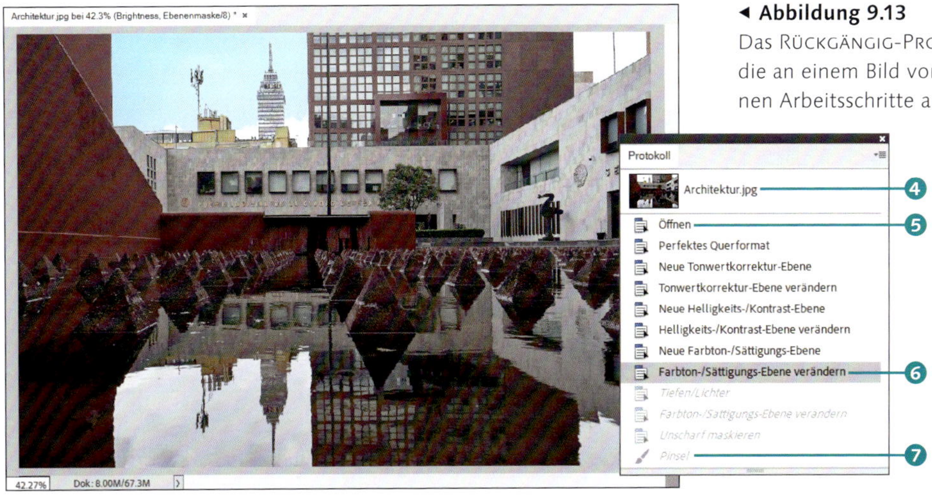

◂ **Abbildung 9.13**
Das Rückgängig-Protokoll listet die an einem Bild vorgenommenen Arbeitsschritte auf.

Ganz oben im Rückgängig-Protokoll-Bedienfeld sehen Sie in Abbildung 9.13 das Bild und den Namen der Datei ❹ (hier »Architektur.jpg«), auf die sich das Protokoll bezieht. Der zuletzt ausgeführte Arbeitsschritt steht immer ganz unten ❼ und der früheste Arbeitsschritt an erster Stelle ❺.

Zu einem früheren Bildzustand zurückkehren | Um zu einem früheren Bildstatus zurückzukehren, klicken Sie einfach auf dessen Namen. Der aktuelle Bildzustand wird mit einer grauen Hintergrundfarbe belegt ❻.

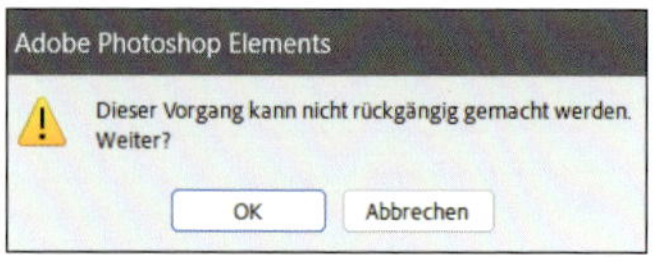

▲ **Abbildung 9.14**
Das Löschen des Rückgängig-Protokolls können Sie nicht mehr rückgängig machen.

Das Rückgängig-Protokoll leeren | Wenn der Arbeitsspeicher knapp wird und die Befehle immer länger für die Ausführung benötigen, können Sie das Rückgängig-Protokoll auch leeren. Hierzu steht Ihnen der Befehl BEARBEITEN • ENTLEEREN • PROTOKOLL LÖSCHEN zur Verfügung. Dasselbe erreichen Sie über das erweiterte Menü im Rückgängig-Protokoll mit dem Befehl PROTOKOLL DER RÜCKGÄNGIG GEMACHTEN AKTIONEN LÖSCHEN oder mit einem Rechtsklick auf einen Arbeitsschritt.

Wollen Sie hingegen nur alle Arbeitsschritte ab einem bestimmten Schritt entfernen, wählen Sie zuerst den entsprechenden Arbeitsschritt und führen dann über das Bedienfeldmenü oder einen Rechtsklick auf den Schritt im Protokoll den Befehl LÖSCHEN aus. Der aktuelle Arbeitsschritt und alle folgenden werden dann gelöscht.

Rückgängig in Dialogboxen
Auch bei den Einstellungen in Dialogboxen, die Sie in diesem Buch noch häufig verwenden werden, können Sie meistens mit Strg/cmd+Z den letzten Schritt zurücknehmen. Allerdings gilt dies nur, solange die Dialogbox noch geöffnet ist, und betrifft auch nur die letzte Änderung.

Dialogboxen zurücksetzen | Wenn Sie hingegen in einem Dialog die Alt-Taste drücken, wird die Schaltfläche ABBRECHEN ❶ zur Beendigung des Dialogs in eine ZURÜCK-Schaltfläche verwandelt. Klicken Sie nun bei gedrückter Alt-Taste auf die Schaltfläche ZURÜCK ❷, werden alle Einstellungen des Dialogs wieder in den Urzustand versetzt.

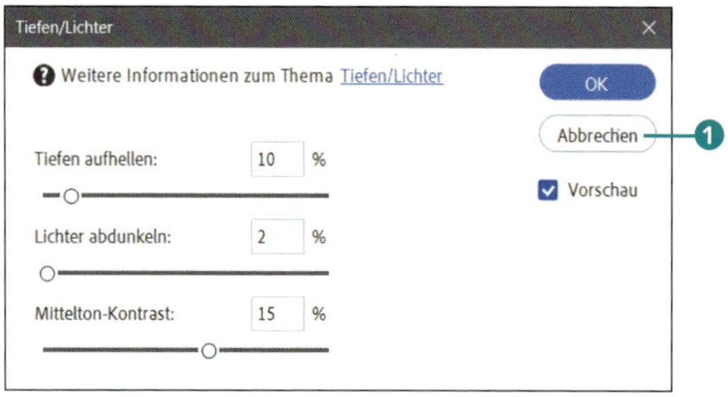

▲ **Abbildung 9.15**
Einen Dialog verlassen Sie in der Regel mit dem Button ABBRECHEN.

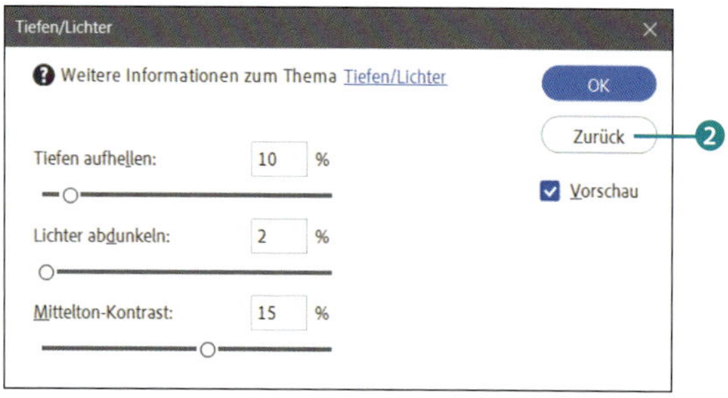

▲ **Abbildung 9.16**
Durch Drücken der Alt-Taste wird aus der Schaltfläche ABBRECHEN ein ZURÜCK(SETZEN)-Button.

Kapitel 10

Belichtung korrigieren

Eine häufige Korrekturarbeit ist es, ein Bild ins rechte Licht rücken oder den Kontrast anpassen zu wollen. Hierfür sind Kenntnisse in der Tonwertverteilung und im Lesen des Histogramms hilfreich. Sie erfahren daher in diesem Kapitel, wie Sie gezielt die hellen, mittleren oder dunklen Bildbereiche bzw. Pixel im Bild anpassen.

10.1 Das Histogramm – die Tonwertverteilung im Bild

Die *Lichter* sind die hellsten Bereiche oder Pixel im Bild, als *Tiefen* bezeichnet man die dunkelsten. *Mitteltöne* heißen die Pixel im mittleren Tonwertbereich des Bildes, also zwischen den Lichtern und Tiefen.

Korrektur der Tonwerte | Als *Tonwert* bezeichnet man den Helligkeitswert eines Pixels im Farbkanal. Bei einem RGB-Bild mit 8 Bit Farbtiefe reicht der Wert von 0 (nicht vorhanden) bis 255 (volle Intensität). Die gilt bei einem RGB-Bild für jeden der Farbkanäle Rot, Grün und Blau. Wenn ein Pixel im blauen Farbkanal einen Wert von 255 hat und die anderen beiden Kanäle einen Wert von 0 aufweisen, dann leuchtet das Pixel mit voller Intensität blau. Bei einer *Tonwertkorrektur* werden die Tonwerte der Pixel verändert. Das betrifft sowohl die hellsten Lichter und dunkelsten Tiefen als auch die Mitteltöne. Ziel einer Tonwertkorrektur ist es in der Regel, die Helligkeit, den Kontrast oder die Farben im Bild zu verbessern. Häufig ist die Tonwertkorrektur die einzige tatsächlich notwendige Korrektur.

Tonwert spreizen
Bei einer Tonwertkorrektur werden keine neuen Tonwerte hinzugefügt, sondern die bestehenden Tonwerte nur verschoben oder gestreckt. Man spricht hier auch von der *Tonwertspreizung*.

Tonwertverteilung überprüfen | Um die Tonwertverteilung eines Bildes zu prüfen, wird ein sogenanntes Histogramm verwendet.

Histogramm in der Kamera
Das Histogramm ist nicht nur ein Teil von Photoshop Elements. Viele andere Bildbearbeitungsprogramme bieten für die Überprüfung der Tonwertverteilung ebenfalls das Histogramm an. Selbst in den digitalen Kameras können Sie sich das Histogramm eines Bildes anzeigen lassen und dabei auch gleich überprüfen.

Ein Histogramm lassen Sie bei Photoshop Elements über das Bedienfeld FENSTER • HISTOGRAMM anzeigen.

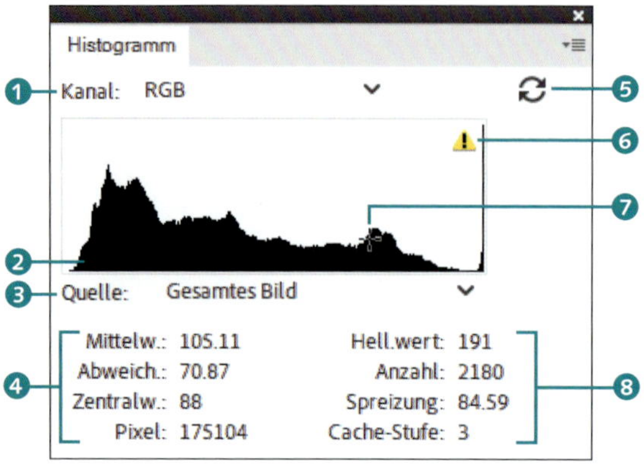

Abbildung 10.1 ▸
Das Histogramm-Bedienfeld

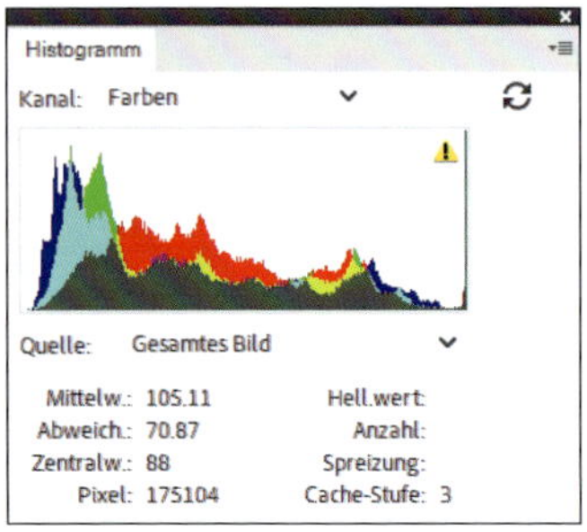

▴ **Abbildung 10.2**
Dasselbe Histogramm nochmals, nur wurde hier FARBEN beim KANAL eingestellt.

Die Balken im Histogramm | Die Balken ❷ im Histogramm bilden die Tonwerte aller im Bild vorhandenen Pixel ab. Ganz links finden Sie die schwarzen Pixel mit dem Tonwert 0 (im RGB-Modus). Dazwischen liegen die Mitteltöne, die von links nach rechts von den dunklen zu den hellen Tönen hin verlaufen. Auf der rechten Seite des Balkens sehen Sie die hellsten Töne, die weißen Pixel mit dem Tonwert 255 (im RGB-Kanal ❶).

Die Höhe des Balkens zeigt an, wie häufig der Tonwert im Bild vorhanden ist. Je häufiger ein Tonwert im Bild vorkommt, desto höher ist der Balken. Umgekehrt gilt: Je niedriger der Balken ist, desto geringer ist der Tonwert im Bild vorhanden. Die Tonwertverteilung gilt normalerweise für das gesamte Bild. Einzelne Farbkanäle können Sie sich über die Dropdown-Liste neben KANAL ❶ anzeigen lassen. Häufig ist hier statt des Kanals RGB der Kanal FARBEN eingestellt. Ich empfehle, hier immer den RGB-Kanal (Rot, Grün und Blau) anzeigen zu lassen, weil die Übersicht hiermit besser ist.

Aktualisierung | Ein kleines Dreieck mit Ausrufezeichen ❻, das rechts oben im Balken-Histogramm erscheint, zeigt an, dass das Bild verändert wurde und das Histogramm noch die unveränderte Version des Bildes anzeigt. Um die Änderung auch im Histogramm anzuzeigen, klicken Sie einfach dieses kleine Dreieck mit dem Ausrufezeichen oder die kleine Refresh-Schaltfläche ❺ darüber an.

Quelle | Enthält das Bild mehrere Ebenen, können Sie über die Dropdown-Liste QUELLE ❸ eine Ebene oder auch das komplette Bild auswählen, dessen Tonwerte Sie betrachten wollen.

Statistik zum Histogramm | Unterhalb der Quelle finden Sie auf der linken Seite einige Statistiken ❹ zum Histogramm. Mit dem Mittelwert wird die durchschnittliche Helligkeit des Bildes (zwischen 0 und 255) angegeben. Liegt der Wert unter 128, erscheint das Bild dunkler; liegt er darüber, erscheint es heller. Der Wert in Abweichung gibt an, wie stark die Helligkeitswerte variieren. Wie hell oder wie dunkel der mittlere Farbwert eines Bildes ist, stellt der Zentralwert dar. Unter Pixel wird die Gesamtzahl der Pixel angezeigt, die das Histogramm bilden.

Helligkeitswert (Tonwertangaben) | Fahren Sie mit dem Mauszeiger auf eine Stelle des Histogramm-Balkens, bekommen Sie einige Angaben ❽ zu dieser Stelle ❼ angezeigt. Hierbei erfahren Sie den genauen Helligkeitswert (Tonwert), die Angabe, wie viele Pixel (Anzahl) es mit diesem Wert gibt, und die Anzahl noch dunklerer Tonwerte (Spreizung). Den Wert Cache-Stufe können Sie ignorieren, da er sich nicht auf das Bild selbst bezieht.

Helligkeitswert
Anstelle des Begriffs *Helligkeitswert* hätte man beim Histogramm-Bedienfeld besser den verständlicheren Ausdruck *Tonwertangaben* wie bei Photoshop verwenden sollen.

Live-Histogramm | Wenn Sie die Tonwerte zum Beispiel mit Überarbeiten • Beleuchtung anpassen • Tonwertkorrektur ändern, können Sie im Histogramm-Bedienfeld (Fenster • Histogramm) die Änderung live im Histogramm verfolgen. Die hellgrauen Balken zeigen den aktuellen Wert an und die schwarzen Balken die tatsächliche Auswirkung der durchgeführten Tonwertänderung.

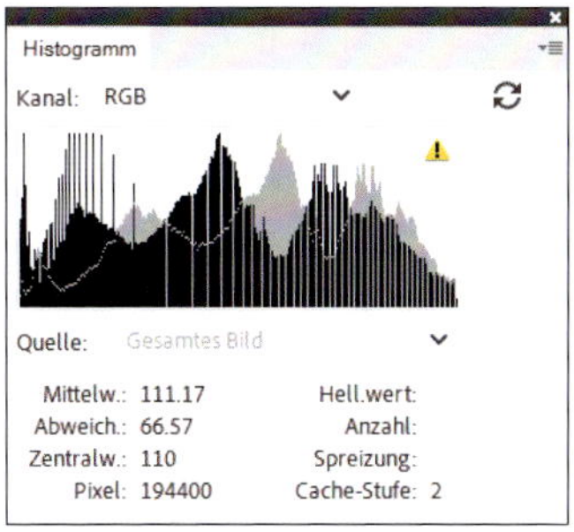

▲ **Abbildung 10.3**
Die Änderungen der Tonwerte können Sie im Histogramm-Bedienfeld live verfolgen.

10.2 Histogramme richtig analysieren

Sie wissen nun, dass ein Tonwert der Helligkeitswert eines Pixels in einem Farbkanal ist. Im Normalfall, das bedeutet bei einem RGB-Bild mit 8 Bit Farbtiefe, liegt dieser Wert zwischen 0 (keine Helligkeit vorhanden; Schwarz) und 255 (maximale Helligkeit; Weiß).

Zur Demonstration betrachten wir eine einfache Grafik – ein Rechteck mit schwarzen, weißen und grauen Tonwerten – und das zugehörige Histogramm. Das Histogramm in Abbildung 10.5 zeigt vier Balken. Der erste Balken ❺ links mit dem Helligkeitswert 0 repräsentiert die schwarzen ❶ und dunkelsten Pixel im Bild, die Tiefen. Der zweite Balken ❻ in der Mitte links mit dem Helligkeitswert 85 steht für die dunkelgrauen ❷ Pixel (dunkle Mitteltöne). Der dritte Balken ❼ in der Mitte rechts mit dem Helligkeitswert 170 steht für hellgraue ❸ Pixel, (helle Mitteltöne)

Kapitel_10: Schwarz-Grau-Weiss.tif

und der vierte Balken rechts ❽ mit dem Helligkeitswert 255 zeigt die hellsten und weißen Pixel ❹ an (die Lichter).

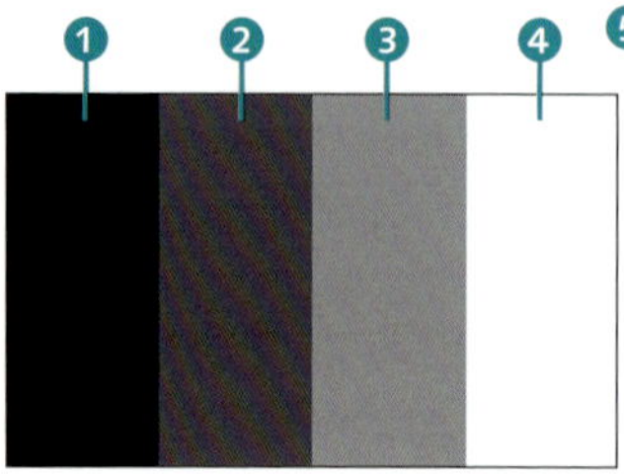

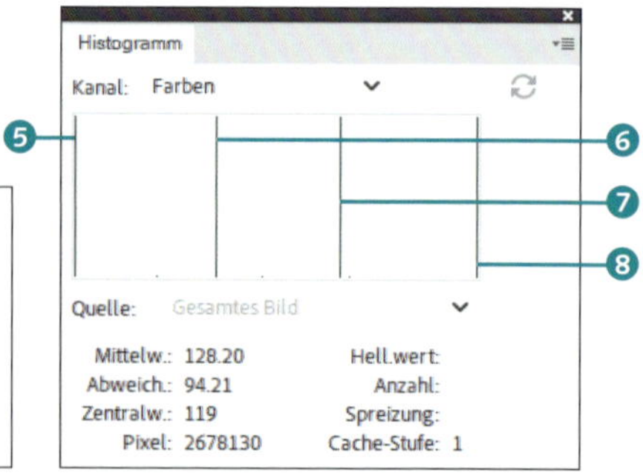

Abbildung 10.4 ▸
Diese Grafik …

Abbildung 10.5 ▸▸
… hat nur vier Tonwerte.

Zugegeben, die Grafik in Abbildung 10.4 hat wenig mit der digitalen Fotografie zu tun. Sie verdeutlicht aber recht anschaulich, wie sich die Werte im Histogramm zusammensetzen.

10.2.1 Histogramm dunkler Bilder

Kapitel_10: Angkor-Wat.jpg

Die Balken im Histogramm zu dem Foto »Angkor-Wat.jpg« türmen sich sehr stark am linken Rand der dunklen Tonwerte. Der hohe Berg auf der linken Seite kommt von den dunklen Bereichen im Bild. Wollen Sie solch dunkle Bereiche aufhellen, riskieren Sie dabei, das Bild stark zu verrauschen.

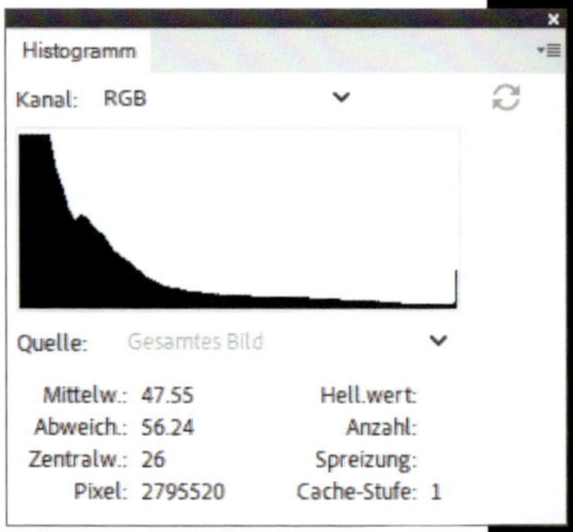

Abbildung 10.6 ▴▸
Ein typisches Histogramm von einem dunklen Bild

10.2.2 Histogramm heller Bilder

Kapitel_10: Brunnen.jpg

Ein Beispiel für das andere Extrem eines Bildes mit zu hellen Tonwerten zeigt »Brunnen.jpg«. Hier türmen sich die hellen Tonwerte im Histogramm weit über den rechten Rand hinaus. Die hohen Balken im rechten Bereich ergeben sich aus dem weißen und ausgebrannten Himmel. Daher müssen Sie mit **Zeichnungsverlusten** im Lichterbereich rechnen. Eine Reparatur der zu hellen Bereiche ist kaum noch möglich, da die nötigen Bildinformationen (genauer die Tonwertabstufungen) fehlen.

◂▴ Abbildung 10.7
Leider weist das Bild starke Zeichnungsverluste im hellen Bereich auf.

10.2.3 Histogramm kontrastarmer Bilder

Kapitel_10: Frauenkirche.jpg

Ist das Histogramm eher zu schmal bzw. befinden sich die hellsten Lichter und dunkelsten Tiefen vorwiegend in der Mitte des Histogramms, hat das Bild häufig nur wenige Kontraste. Meistens entsteht hierbei der Eindruck eines Grauschleiers, der über dem Bild liegt. Kontrastarme Bilder, wie das aus Abbildung 10.8, lassen sich häufig mit ein oder zwei Arbeitsschritten korrigieren. Wie Sie das anstellen, erfahren Sie in Abschnitt 10.4.1, »Flaue Bilder korrigieren«.

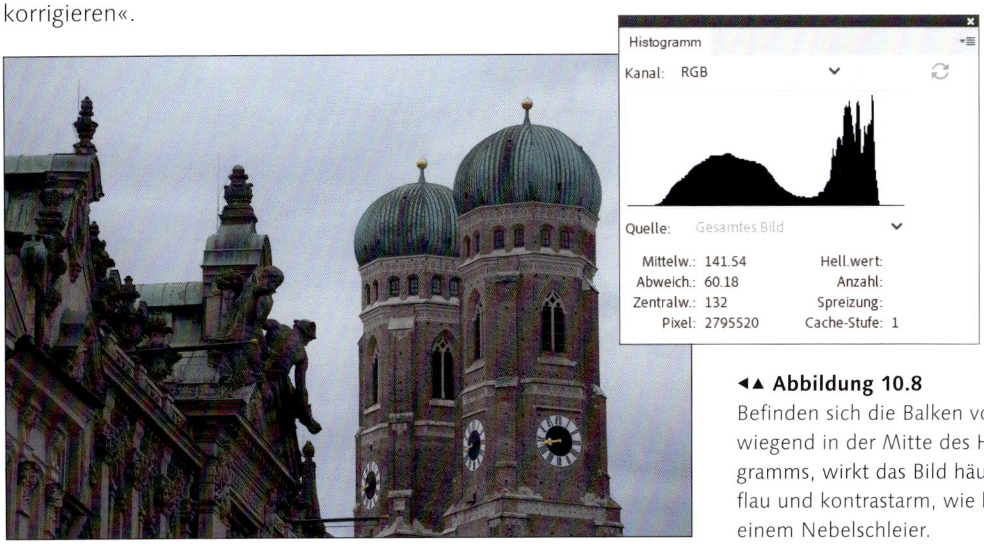

◂▴ Abbildung 10.8
Befinden sich die Balken vorwiegend in der Mitte des Histogramms, wirkt das Bild häufig flau und kontrastarm, wie hinter einem Nebelschleier.

10.3 Die Tonwertkorrektur

Mit Photoshop Elements können Sie Tonwerte selbstverständlich nicht nur überprüfen, sondern auch selbst anpassen. Hierzu rufen Sie das entsprechende Werkzeug über ÜBERARBEITEN • BELEUCHTUNG ANPASSEN • TONWERTKORREKTUR oder mit der Tastenkombination [Strg]/[cmd]+[L] auf. Im Idealfall leistet eine Tonwertkorrektur folgende Dinge:

- Sie verbessert die Helligkeit.
- Sie entfernt Farbstiche.
- Sie macht die Farben kräftiger.
- Sie verbessert den Kontrast.

Einstellungsebene
Besser ist es, Sie verwenden für die Tonwertkorrektur eine Einstellungsebene wie in Abschnitt 9.1.5, »Flexibel arbeiten mit Einstellungsebenen«, beschrieben. Zwar wird die Tonwertkorrektur bei den Einstellungsebenen im Korrekturen-Bedienfeld ausgeführt, das sich von dem Dialog TONWERTKORREKTUR optisch leicht unterscheidet, aber das Prinzip und die Anwendung bleiben gleich.

Im Mittelpunkt des Dialogs zur Tonwertkorrektur steht ebenfalls das Histogramm. Rund um das Histogramm finden Sie die verschiedenen Bedienelemente. Mithilfe dieser Bedienelemente können Sie festlegen, welcher Wertebereich für die Tonwerte auf dem angezeigten Histogramm verwendet werden soll. Nutzt ein Bild zum Beispiel nicht den gesamten Tonwertumfang, können Sie dies mit der Tonwertkorrektur ausdehnen. Wie immer hängt es vom Bildmotiv ab, wie genau diese Korrekturen vorgenommen werden.

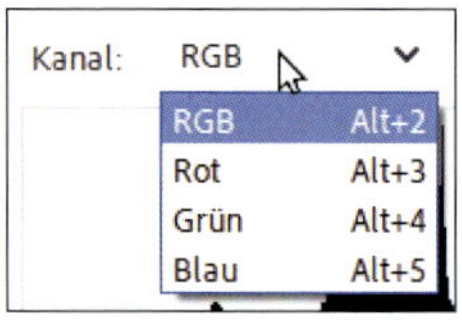

▲ **Abbildung 10.9**
Wählen Sie den Farbkanal aus, der korrigiert werden soll.

Kanal auswählen | Mit der Dropdown-Liste KANAL ❶ geben Sie an, ob Sie die Tonwertkorrektur für alle drei (RGB-)Kanäle oder für jeden Kanal einzeln durchführen wollen. Am einfachsten ist es zwar, mit RGB (oder mit [Alt]+[2]) alle Tonwerte im gesamten Bild auf einmal zu korrigieren, aber bei speziellen Fällen wie beispielsweise einem Farbstich sollten Sie die Korrektur über die einzelnen Kanälen ROT (oder [Alt]+[3]), GRÜN (oder [Alt]+[4]) oder BLAU (oder [Alt]+[5]) vornehmen.

Tonwertumfang und Kontrast über den Schwarzpunkt- und Weißpunktregler verbessern | Mit dem dunklen Regler ❷ auf der linken Seite unter dem Histogramm legen Sie den dunkelsten Wert des Bildes fest. Häufig wird hier auch vom *Schwarzpunktregler* gesprochen, da mit ihm alle Tonwerte, die sich links neben dem Regler befinden, in Richtung Schwarz korrigiert werden. Nehmen Sie dies aber nicht zu bildlich, denn es gibt auch Bilder ohne reines Schwarz. Das Gegenstück dazu ist der helle *Weißpunktregler* auf der rechten Seite ❾, der den Weißpunkt des Bildes festlegt. Alle Tonwerte rechts davon werden in Richtung Weiß korrigiert. Auch hier gibt es Bilder ohne reines Weiß. Merken Sie sich aber, dass Sie mit ❷ die dunkelsten und mit ❾ die hellsten Stellen im Bild anpassen können.

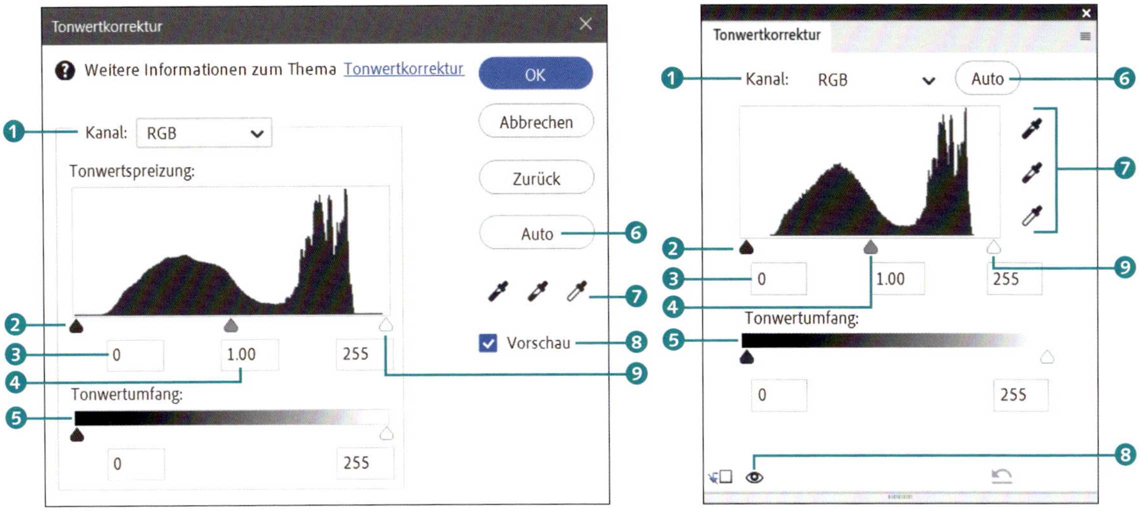

▲ **Abbildung 10.10**
Eines der am häufigsten verwendeten Werkzeuge ist die Tonwertkorrektur, links als Dialog und rechts als Einstellungsebene im Korrekturen-Bedienfeld Tonwertkorrektur.

Anpassung der Bildhelligkeit über den Gammaregler | Mit dem mittleren grauen Regler ❹ unterhalb des Histogramms legen Sie den Gammawert fest, weshalb dieser auch häufig als *Gammaregler* bezeichnet wird. Sie bestimmen damit den Helligkeitsanstieg von reinem Schwarz bis reinem Weiß – oder vereinfacht ausgedrückt: Sie steuern damit die Helligkeit Ihres Bildes. Ein Wert unter 1 bedeutet, das Bild wird heller; ein Wert über 1 bedeutet, es wird dunkler.

Unterhalb der drei Regler finden Sie Eingabefelder ❸, in denen die Werte der Regler stehen. Wenn Sie einen der Regler verschieben, ändert sich entsprechend auch der Zahlenwert darunter. Sie können die Werte auch manuell in das Feld eingeben, woraufhin sich die Regler automatisch verschieben.

Tonwertumfang | Neben der Anpassung der Tonwerte können Sie mit der Tonwertkorrektur gewöhnlich auch den Tonwertumfang ❺ über den Schwarzpunkt- und den Weißpunktregler reduzieren. Sie legen so fest, dass im Bild kein reines Schwarz oder Weiß vorkommen soll. Die Bildbereiche erhalten dann einen zu dem neu definierten Tonwert passenden Grauwert. Als Ergebnis erhalten Sie ein Bild mit einem matten Look.

Auto(-Tonwertkorrektur) | Die Schaltfläche Auto ❻ entspricht dem Menübefehl Überarbeiten • Auto-Tonwertkorrektur

Nebeneffekt
Durch die Anpassung der mittleren Helligkeit bei der Gammakorrektur verteilen sich die Tonwerte zwischen dem Schwarz- und Weißpunkt neu.

Vorschau
Damit Sie die durchgeführten Veränderungen auch immer gleich im Bild sehen, sollten Sie die Checkbox Vorschau ❽ (oder das Augensymbol ❽ bei der Einstellungsebene) stets aktiviert lassen. Änderungen an den Tonwerten im Dialogfenster wirken sich erst auf das Bild aus, wenn Sie den Dialog mit OK bestätigen. Die Regler zurücksetzen können Sie mit der Schaltfläche Zurück. Wenn Sie den Dialog beenden möchten, ohne irgendwelche Auswirkungen auf das Bild herbeizuführen, betätigen Sie die Schaltfläche Abbrechen. Mehr dazu habe ich bereits in Abschnitt 9.1.5, »Flexibel arbeiten mit Einstellungsebenen«, beschrieben.

(oder der Tastenkombination [⇧]+[Strg]/[cmd]+[L]). Mit diesem Kommando lassen Sie die Tonwertkorrektur automatisch von Photoshop Elements durchführen.

Pipetten | Mit den Pipetten 7 im Dialog können Sie den Schwarzpunkt, den Gammawert und den Weißpunkt selbst bestimmen, indem Sie ihn direkt im Bild anklicken. Damit definieren Sie selbst die dunkelste oder hellste Stelle im Bild.

10.4 Die Tonwertkorrektur in der Praxis

Schnelle Dunstentfernung
Anstatt ein flaues und kontrastarmes Bild manuell mit der Tonwertkorrektur zu korrigieren, können Sie auch die Funktion Dunstentfernung verwenden, die Sie im Menü Überarbeiten vorfinden. Diese Funktion wird noch gesondert in Abschnitt 10.5, »Dunstentfernung«, vorgestellt.

Nach so viel Theorie möchte ich Ihnen den sinnvollen Einsatz der Tonwertkorrektur an einigen typischen Beispielen vorführen.

10.4.1 Flaue Bilder korrigieren

Erscheint ein Bild flau und kontrastarm, hat es entweder nur wenige verschiedene Tonwerte, oder reines Schwarz und Weiß fehlen. Im Histogramm erkennen Sie diesen Mangel meistens an einem Hügel, dessen Ausläufer links und/oder rechts nur dünn oder gar nicht belegt sind.

Schritt für Schritt
Kontrast verbessern

Kapitel_10: Reh.jpg

Sie können den Kontrast bei solchen Bildern verstärken, indem Sie den linken Schwarzpunktregler nach rechts und den rechten Weißpunktregler nach links jeweils bis zum Anfang eines Histogramm-Hügels ziehen.

Abbildung 10.11 ▸
Ein flaues und kontrastarmes Bild

1 Einstellungsebene anlegen oder Werkzeug aufrufen

Laden Sie das Beispielfoto »Reh.jpg« in den Fotoeditor. Legen Sie zunächst wieder eine Einstellungsebene an (siehe Abschnitt 9.1.5, »Flexibel arbeiten mit Einstellungsebenen«). Alternativ können Sie auch direkt das Werkzeug zur Tonwertkorrektur verwenden (über [Strg]/[cmd]+[L]), allerdings müssen Sie dann auf den Komfort der Einstellungsebenen verzichten.

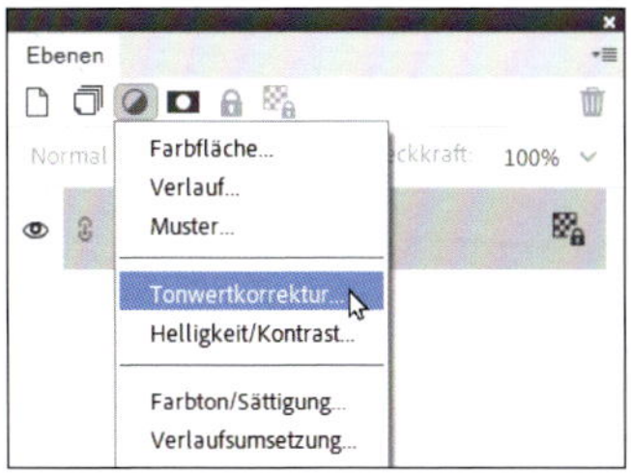

▲ **Abbildung 10.12**
Erstellen Sie eine Einstellungsebene TONWERTKORREKTUR.

2 Schwarzpunkt und Weißpunkt setzen

Wie im Histogramm deutlich zu erkennen ist, fehlen im Bild sowohl schwarze als auch weiße Tonwerte, denn es befinden sich links und rechts keine Balken. Dieser Mangel lässt das Bild flau erscheinen. Dies ändern Sie, indem Sie schwarze und weiße Tonwerte hinzufügen. Ziehen Sie hierzu den Schwarzpunktregler ❶ nach rechts bis zum Anfang des steilen Berges. Im Beispiel entspricht dies ungefähr dem Wert 13.

Ziehen Sie als Nächstes den Weißpunktregler ❷ nach links bis zum Anfang des steilen Berges (entspricht im Beispiel dem Wert 204).

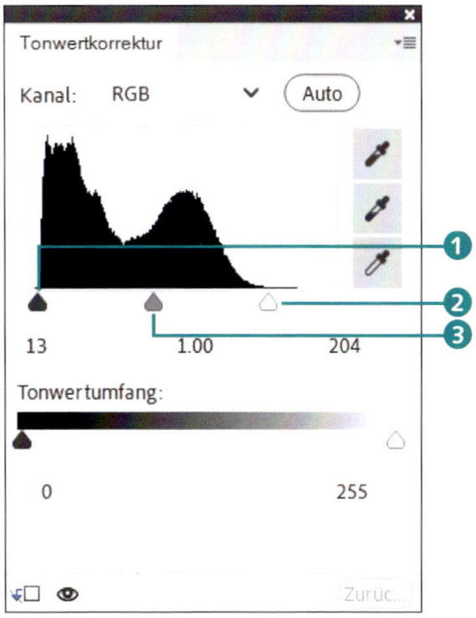

▲ **Abbildung 10.13**
Mit den beiden Reglern bestimmen Sie den neuen Schwarz- und den neuen Weißpunkt im Bild.

3 Bild auf Hintergrundebene reduzieren

Wollen Sie mit der Bearbeitung später weitermachen, sollten Sie das Bild mitsamt der Einstellungsebene im PSD- oder TIFF-Format speichern. Zum Schluss brauchen Sie nur noch eine der beiden Ebenen im Ebenen-Bedienfeld mit der rechten Maustaste anzuklicken und im Kontextmenü AUF HINTERGRUNDEBENE REDUZIEREN auszuwählen. Jetzt können Sie das verbesserte Bild beispielsweise im JPEG-Format abspeichern. Fertig.

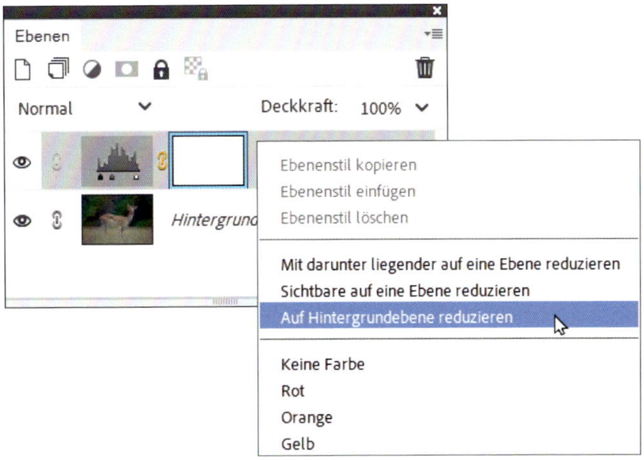

▲ **Abbildung 10.14**
Einstellungsebene und Hintergrundebene auf eine Ebene reduzieren

Tipp: Feintuning
Wenn Sie die Helligkeitsverteilung noch ein wenig mehr anpassen wollen, können Sie zusätzlich den Mittelpunktregler ❸ nach links (aufhellen) oder nach rechts (abdunkeln) ziehen.

4 Nach der Korrektur

Das korrigierte Bild hat nun deutlich mehr Kontraste und ist nicht mehr so flau.

▲ **Abbildung 10.15**
Nach der Korrektur sieht das Bild erheblich kontrastreicher und nicht mehr so flau aus. Auch die Farben sind etwas satter geworden.

Durchlöchertes Histogramm | Sicherlich fallen Ihnen während der Überarbeitung mit der Tonwertkorrektur im Histogramm-Bedienfeld die Lücken auf. Sie haben bei der Überarbeitung den Tonwertumfang des Bildes erweitert oder genauer: Sie haben die Tonwerte auseinandergezogen, um den größtmöglichen Farbbereich der im Bild zur Verfügung stehenden Informationen zu nutzen.

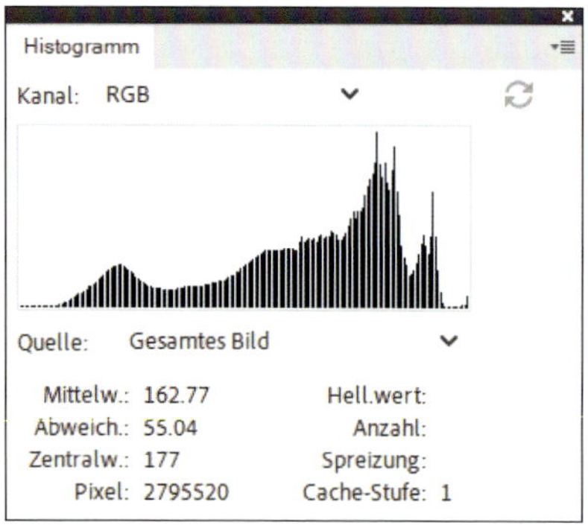

Abbildung 10.16 ▶
Das Histogramm zeigt nach der Tonwertkorrektur eine sogenannte Tonwertspreizung.

10.4.2 Zu dunkle und zu helle Bilder

Auch zum Aufhellen oder Abdunkeln von Bildern ist die Tonwertkorrektur hervorragend geeignet. Hierfür verwenden Sie bei der Tonwertkorrektur den sogenannten Gammaregler, also den mittleren, grauen Regler. Wenn Sie diesen Regler nach links ziehen, wird das Bild aufgehellt, ziehen Sie ihn nach rechts, wird das Bild abgedunkelt.

Schritt für Schritt
Bild aufhellen

Das folgende Beispiel »Dunkel.jpg« soll die Arbeit mit dem Gammaregler anhand eines etwas zu dunkel geratenen Gesamtbildes demonstrieren. Laden Sie daher das Bild in den Fotoeditor.

Kapitel_10:
Dunkel.jpg

◀ **Abbildung 10.17**
Die Boote im Vordergrund sind etwas zu dunkel geraten und lassen kaum noch Details erkennen.

1 Einstellungsebene anlegen oder Werkzeug aufrufen

Legen Sie zunächst wieder eine Einstellungsebene an, oder verwenden Sie das Werkzeug zur Tonwertkorrektur (mit Strg/cmd+L).

2 Bild aufhellen

Um das Bild aufzuhellen, ziehen Sie den mittleren Schieberegler 1 mit gedrückter linker Maustaste nach links, bis der Wert etwa bei 1,5 liegt. Bestätigen Sie den Dialog mit OK.

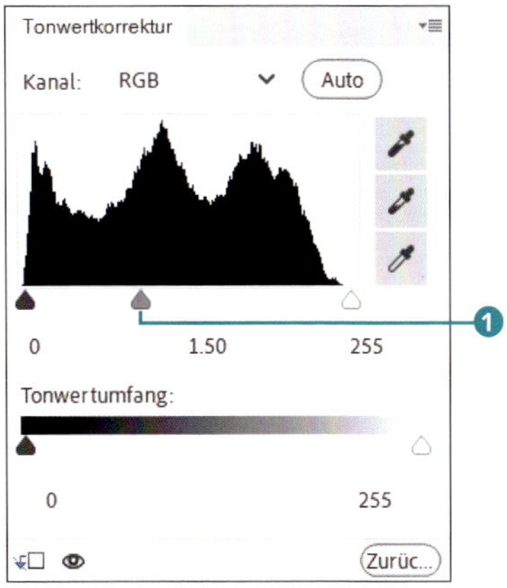

▲ **Abbildung 10.18**
Der mittlere Regler verschiebt die Mitteltöne des Bildes.

3 Nach der Korrektur

Das Aufhellen und Abdunkeln erledigen Sie im Grunde mit einem Handgriff. Berücksichtigen Sie aber, dass für beide Korrekturen genügend Informationen, das heißt Pixel, im Bild zur Verfügung stehen müssen, sonst bewirkt Ihre Korrektur höchstens ein verstärktes Bildrauschen.

▲ **Abbildung 10.19**
Mehr als ein Handgriff war für das Aufhellen nicht nötig, um das Bild ins richtige Licht zu rücken.

Farbstich vs. Farbstimmung

Nicht immer wirkt ein Farbstich (via falschem Weißabgleich) störend. Gerade wenn ein Bild mehr Blau- oder Gelbanteile enthält, kann die Bildstimmung kühler oder wärmer wirken. Es ist also nicht immer erforderlich, unbedingt einen Grauwert im Bild zu erzwingen. So können Sie den folgenden Workshop auch benutzen, um einem neutralen Bild eine gewisse Farbstimmung zu verleihen, indem Sie zum Beispiel die Blau- oder Gelbanteile erhöhen.

10.4.3 Farbstich entfernen

Mit der Tonwertkorrektur haben Sie auch ein hervorragendes Mittel zur Hand, um Farbstiche zu korrigieren. Den Farbstich können Sie entweder manuell mit den einzelnen RGB-Kanälen beheben oder auch mit nur einem Klick. Da Sie in diesem Kapitel mit den essenziellen Funktionen der Tonwertkorrektur vertraut gemacht werden sollen, finden Sie hier zunächst noch die Lösung, einen Farbstich mit den einzelnen RGB-Kanälen zu beheben.

Schritt für Schritt
Farbstich entfernen

Kapitel_10: Blaustich.jpg

Das Bild aus Abbildung 10.20 enthält einen Blaustich, der durch einen falschen Weißabgleich der Digitalkamera und eine künstliche Beleuchtung entstanden ist.

Abbildung 10.20 ▸
Eine Aufnahme mit einem Blaustich

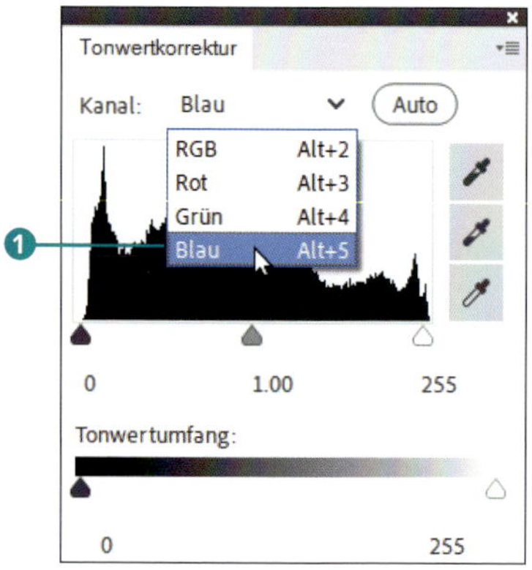

▲ Abbildung 10.21
Bearbeiten Sie den blauen Tonwertkanal.

1 Einstellungsebene anlegen oder Werkzeug aufrufen

Laden Sie das Bild »Blaustich.jpg« in den Fotoeditor. Legen Sie zunächst wieder eine Einstellungsebene an, oder verwenden Sie das Werkzeug zur Tonwertkorrektur (Tastenkürzel Strg/cmd+L).

2 Kanal zur Korrektur aufrufen

Wählen Sie nun den Bildkanal im Dialog aus. Das Beispielbild weist einen Blaustich auf; rufen Sie also zunächst den Kanal Blau (1) auf (alternativ mit Alt+5).

3 Farbstich per Messung ermitteln

Nicht immer ist es so eindeutig wie hier festzustellen, was für einen Farbstich das Bild hat. Um also herauszufinden, wie es um die Farbverteilung in Ihrem Bild bestellt ist, können Sie das

Farbwähler-Werkzeug [I] sowie das Informationen-Bedienfeld (FENSTER • INFORMATIONEN) nutzen. Suchen Sie im Bild eine Stelle, die eigentlich grau sein müsste, und führen Sie die Pipette (ohne zu klicken) über diese Stelle.

Im Informationen-Bedienfeld lesen Sie nun in den RGB-Farbinformationen die Farbverteilung ab. Im Beispiel ist an diesen Stellen stets der blaue Farbkanal ❷ dominierend. Ein neutrales Grau würde sich dagegen aus R = 127, G = 127 und B = 127 zusammensetzen. Die Schwierigkeit ist eigentlich nur, den idealen Graupunkt zu finden. In der Praxis werden Sie hierbei selten ein exaktes Grau vorfinden, bei dem alle drei Kanäle (Rot, Grün und Blau) den Wert 127 besitzen. In der Regel sind allerdings solch genaue Werte selten nötig.

Farbwerte messen
Es bedarf schon einer gewissen Erfahrung, gepaart mit Fingerspitzengefühl, um den Farbwert zu messen und zu verstehen. Genau genommen messen Sie mit dieser Methode die Graubalance im Bild. Detailliertere Ausführungen hierzu finden Sie in Abschnitt 11.1, »Farbstich ermitteln«, unter »Farbwerte messen«. Ich empfehle Ihnen auf jeden Fall, sich intensiver damit zu befassen. Es gibt übrigens auch Möglichkeiten, den Farbstich mit einem Klick zu entfernen (siehe Abschnitt 11.2), aber genauer wird es immer, wenn Sie dies manuell vornehmen. Außerdem lernen Sie mit diesem Weg den unverzichtbaren Umgang mit den Tonwerten und dem Histogramm besser kennen.

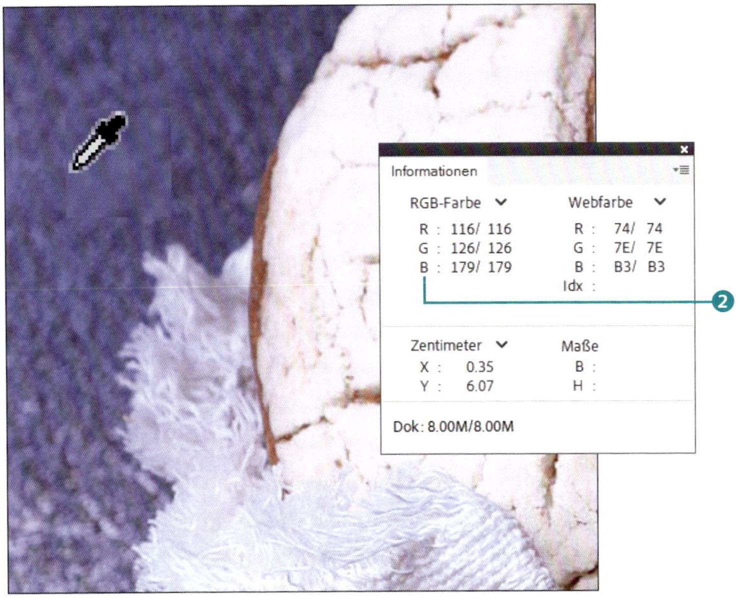

◂ **Abbildung 10.22**
Die RGB-Farbwerte im Informationen-Bedienfeld geben genaue Auskunft über den Farbstich im Bild.

4 Blauen Farbstich entfernen

Ziehen Sie den mittleren, grauen Regler ❸ nach rechts auf den Wert 0,65, um die Intensität des Blaukanals zu reduzieren.

Mit dem Pipette-Werkzeug und dem Informationen-Bedienfeld können Sie nun einen Vorher-Nachher-Vergleich ❹ der RGB-Farbkanäle betrachten. Der Wert vor dem Strich entspricht dabei dem Wert vor der Tonwertkorrektur, der Wert hinter dem Schrägstrich zeigt das Ergebnis, wie es aussähe, sollten Sie die Tonwertkorrektur mit der Schaltfläche OK abschließen. Die Intensität des Blaus wurde erheblich reduziert. Allerdings fällt im Informationen-Bedienfeld auch auf, dass in diesem Beispiel der Rotkanal ❺ immer noch deutlich schwächer ist.

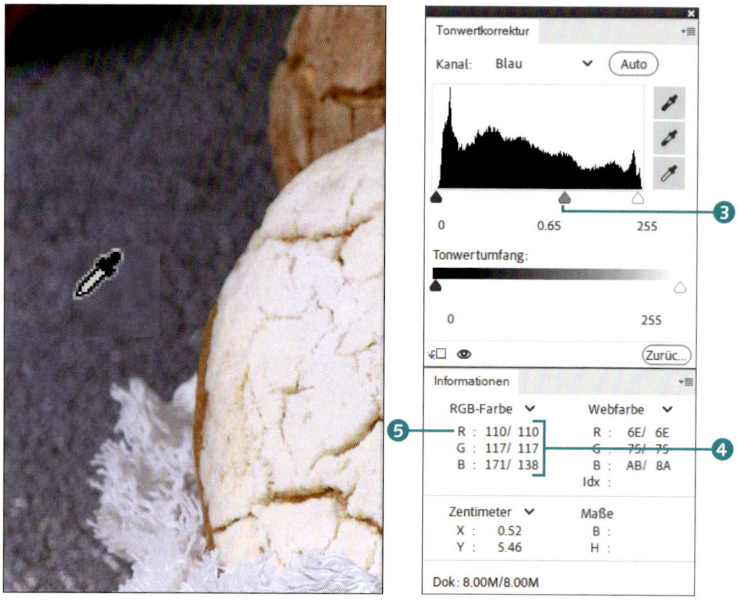

Abbildung 10.23 ▸
Die blauen Farbwerte im Bild wurden reduziert, wie der blaue Farbwert (B) im Informationen-Bedienfeld im Vorher-Nachher-Vergleich anzeigt.

Raw vs. JPEG
Ein korrekter Weißabgleich schon während der Aufnahme sorgt oft dafür, dass Sie einen Farbstich nicht nachträglich korrigieren müssen. Natürlich hängt dies auch von den Lichtverhältnissen ab. Wenn Sie im Raw-Format fotografieren, müssen Sie sich nicht so viele Gedanken machen, da Sie den Weißabgleich nachträglich mit dem Raw-Konverter anpassen können. Wenn Sie jedoch ausschließlich im JPEG-Format fotografieren wollen, müssen Sie sich eingehender mit dem Weißabgleich befassen, da eine nachträgliche Anpassung nicht mehr in der Qualität möglich ist, wie es bei einer Raw-Datei der Fall ist.

5 Intensität des Rotkanals stärken

Wählen Sie den Kanal Rot 6 in der Dropdown-Liste (oder betätigen Sie [Alt]+[5]), und ziehen Sie hierbei den mittleren, grauen Regler 7 nach links auf den Wert 1,09. Reduzieren Sie jetzt die Einstellungsebene auf eine Hintergrundebene, oder, wenn Sie den Dialog Tonwertkorrektur verwendet haben, bestätigen Sie diesen mit der Schaltfläche OK.

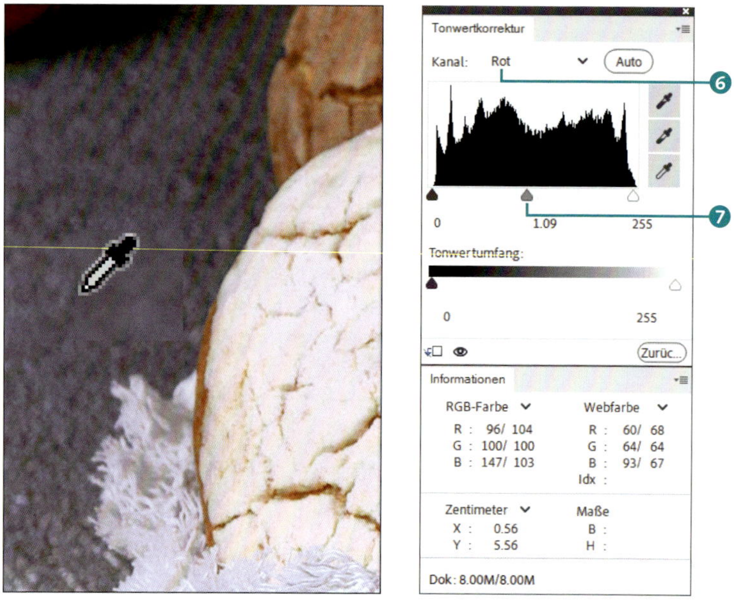

Abbildung 10.24 ▸
Erst die Verstärkung der Rottöne im Bild entfernt den Farbstich vollständig.

6 Bild auf Hintergrundebene reduzieren

Wenn Sie eine Einstellungsebene für die Korrektur verwendet haben, brauchen Sie zum Schluss nur noch die Einstellungsebene(n) im Ebenen-Bedienfeld mit der rechten Maustaste anzuklicken und im Kontextmenü Auf Hintergrundebene reduzieren auszuwählen. Jetzt können Sie das verbesserte Bild abspeichern.

Die Ein-Klick-Lösung

Anstatt wie in diesem Workshop jeden Kanal einzeln anzupassen, könnten Sie im Arbeitsschritt 2 das graue Pipette-Werkzeug in der Tonwertkorrektur auswählen und im Bild mithilfe des Informationen-Bedienfeldes einen möglichst exakten Grauwert ermitteln. Haben Sie einen guten Grauwert gefunden, brauchen Sie nur noch mit dem Pipette-Werkzeug im entsprechenden Bereich im Bild zu klicken, und weg ist der Farbstich.

7 Vergleich nach der Korrektur

Der Farbstich wurde mit der Korrektur erfolgreich behoben, und der blaue Schleier ist aus dem Bild verschwunden. Zugegeben, den Farbstich mit den einzelnen RGB-Kanälen zu entfernen ist etwas komplexer, aber Sie haben hierbei sehr essenzielle Kenntnisse im Umgang mit der Tonwertkorrektur erfahren. In der Praxis dürften Sie häufig eine Mischung aus der Ein-Klick-Lösung und dann eventuell dem Feintuning mit den einzelnen RGB-Kanälen verwenden. Allerdings hängt dies wie immer vom verwendeten Bildmaterial und dem Farbstich ab.

▲ **Abbildung 10.25**
Das Bild im Vorher-Nachher-Vergleich

10.4.4 Unter- oder überbelichtete Bilder retten

Zwei Problemfälle, die in keinem Bildbearbeitungsbuch fehlen dürfen, sind unterbelichtete und überbelichtete Fotos. Diese kommen leider häufiger vor, als einem lieb ist. Im Folgenden zeige ich Ihnen für beide Fälle einen Lösungsweg auf.

Schritt für Schritt
Überbelichtung ausgleichen

Kapitel_10: Venedig.jpg

Die Belichtungsautomatik einer Kamera strebt immer dieselbe Zielhelligkeit bei Bildern an. Dies ist grundsätzlich sinnvoll, aber nicht bei jedem Bild erwünscht. Das folgende Bild »Venedig.jpg« wurde eigentlich während des Sonnenaufgangs aufgenommen.

Strukturen erhalten
Wenn Sie in einem Bild die dunklen Töne (in diesem Fall Schwarz) hervorheben wollen, achten Sie darauf, dass die Strukturen des Bildes an den dunklen Stellen nicht »absaufen«, also nicht ganz im Dunklen verschwinden.

Durch die aufgehende Sonne erscheint das Bild allerdings fast wie am Tag fotografiert und ist viel zu hell geraten. Die Sonnenaufgangsstimmung ist hier ein wenig dahin, aber trotzdem sind noch genügend Informationen vorhanden, um ein wenig mehr Dramatik aus diesem Bild herauszuholen. Laden Sie das Bild in den Fotoeditor.

▲ **Abbildung 10.26**
Falsche Lichtstimmung durch Belichtungsautomatik – dieses Bild wurde etwas überbelichtet.

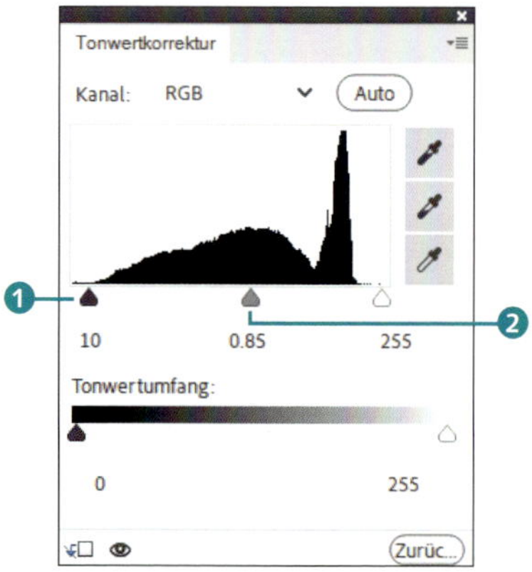

▲ **Abbildung 10.27**
TONWERTUMFANG reduzieren (hier als Einstellungsebene mit eigenem Bedienfeld)

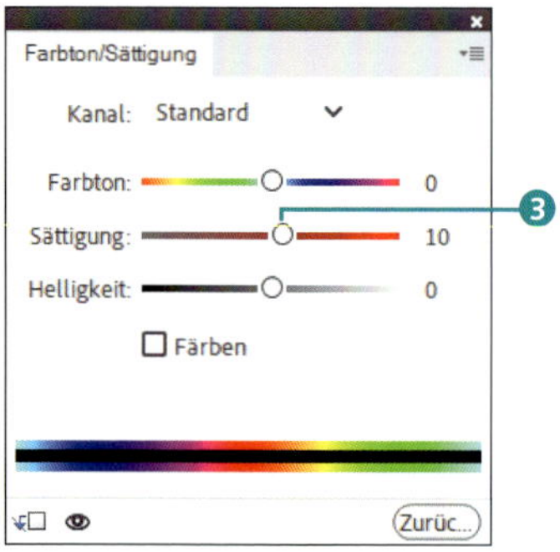

▲ **Abbildung 10.28**
Über den Regler SÄTTIGUNG intensivieren Sie die Farben im Bild (hier habe ich die Einstellungsebene statt des Dialogs verwendet).

1 Tonwertkorrektur aufrufen

Legen Sie zunächst wieder eine Einstellungsebene für eine TONWERTKORREKTUR an. Wie immer können Sie auch hier direkt das Werkzeug zur Tonwertkorrektur (Tastenkürzel [Strg]/[cmd]+[L]) verwenden.

2 Mitteltöne abdunkeln und Lichter begrenzen

Ziehen Sie den schwarzen Schieberegler ❶ etwa auf den Wert 10 des Histogramms, damit die dunklen Werte im Bild auch wirklich schwarz werden. Schieben Sie anschließend den grauen Regler ❷ nach rechts, bis auch die mittleren Tonwerte zur Dämmerung passen. Im Beispiel habe ich den Regler auf den Wert 0,85 gezogen.

3 Sättigung erhöhen

Damit die Stimmung auf dem Bild nicht so farblos und düster wirkt, sollten Sie die Farbsättigung ein wenig erhöhen. Verwenden Sie hierzu eine weitere Einstellungsebene FARBTON/SÄTTIGUNG oder den entsprechenden Dialog über ÜBERARBEITEN • FARBE ANPASSEN • FARBTON/SÄTTIGUNG ANPASSEN (erreichbar über [Strg]/[cmd]+[U]). Stellen Sie den Schieberegler zur SÄTTIGUNG ❸ auf den Wert +10.

4 Bild auf Hintergrundebene reduzieren

Wollen Sie mit der Bearbeitung später weitermachen, sollten Sie das Bild mitsamt der Einstellungsebene im PSD- oder TIFF-Format speichern – sofern Sie Einstellungsebenen für die Korrektur verwendet haben, versteht sich. Im Beispiel habe ich außerdem noch eine Einstellungsebene mit einem FOTOFILTER mit WARMFILTER ❹ hinzugefügt, damit die Sonnenuntergangsstimmung noch besser zur Geltung kommt. Dies ist allerdings eher Geschmackssache.

Zum Schluss brauchen Sie nur noch eine Ebene im Ebenen-Bedienfeld mit der rechten Maustaste anzuklicken und im Kontextmenü AUF HINTERGRUNDEBENE REDUZIEREN auszuwählen. Jetzt können Sie das verbesserte Bild beispielsweise im JPEG-Format abspeichern. Fertig.

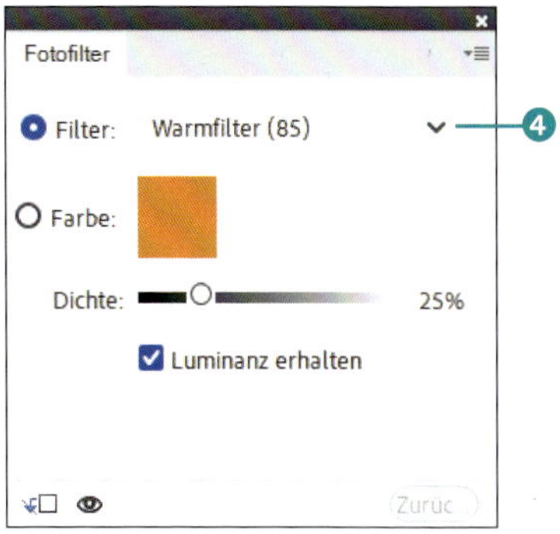

▲ **Abbildung 10.29**
Ein warmer Fotofilter als Einstellungsebene wurde hinzugefügt.

5 Nach der Korrektur

Nach der Korrektur vermittelt das Bild die richtige Stimmung bzw. Tageszeit. Auch die Kontraste wurden durch die Bearbeitung wesentlich verbessert. Das Bild wirkt nicht mehr so trist und flau.

▲ **Abbildung 10.30**
Nach dem Ausgleichen der leichten Überbelichtung wirkt das Bild lebhaft und wie zu der entsprechenden Tageszeit aufgenommen.

Schritt für Schritt
Unterbelichtung aufhellen

Kapitel_10: Graffiti.jpg

Auch die Unterbelichtung ist ein häufiges Problem beim Fotografieren. Fotografieren Sie zum Beispiel gegen die Sonne, kann Ihnen die Belichtungsautomatik auch hier einen Strich durch die Rechnung machen und das Bild zu dunkel aufnehmen, weil die Sonne so hell war. Dasselbe gilt auch für eine zu kurze Belichtungszeit, etwa in einer dunkleren Umgebung, weil dadurch nicht genügend lange Licht auf den Sensor gekommen ist. In diesem Beispiel ist das Bild relativ dunkel geraten, weil eine extrem kurze

▲ **Abbildung 10.31**
Die kurze Belichtungszeit lässt die Umgebung fast in der Dunkelheit verschwinden.

Belichtungszeit verwendet wurde. Laden Sie das Beispielfoto »Graffiti.jpg« in den Fotoeditor.

1 Tonwertkorrektur aufrufen

Legen Sie zunächst wieder eine Einstellungsebene für eine TONWERTKORREKTUR an, oder nutzen Sie das Werkzeug zur Tonwertkorrektur (zum Beispiel mit Strg/cmd+L).

2 Mitteltöne aufhellen

Ziehen Sie den mittleren, grauen Schieberegler ❶ so weit nach links, bis Ihnen die Gesamthelligkeit des Bildes gefällt. Im Beispiel habe ich den Wert auf 1,50 gesetzt – aber seien Sie vorsichtig: Bei zu starkem Aufhellen besteht die Gefahr von Bildrauschen. Um eine hundertprozentige Kontrolle über das Bildrauschen zu haben, sollten Sie die Bildansicht auf 100% (bzw. 1:1) setzen.

3 Sättigung erhöhen

Damit das Bild farbiger wirkt und die tolle Stimmung auch vermittelt, sollten Sie die Farbsättigung leicht erhöhen. Verwenden Sie hierzu eine weitere Einstellungsebene FARBTON/SÄTTIGUNG, oder wählen Sie den entsprechenden Dialog über ÜBERARBEITEN • FARBE ANPASSEN • FARBTON/SÄTTIGUNG ANPASSEN (Strg/cmd+U). Stellen Sie den Schieberegler der SÄTTIGUNG ❷ auf den Wert +20.

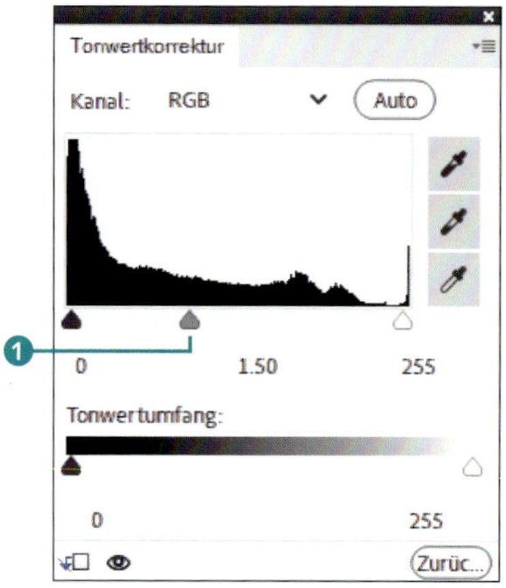

Abbildung 10.32 ▶
Über den mittleren, grauen Regler ❶ erhöhen Sie die Gesamthelligkeit des Bildes.

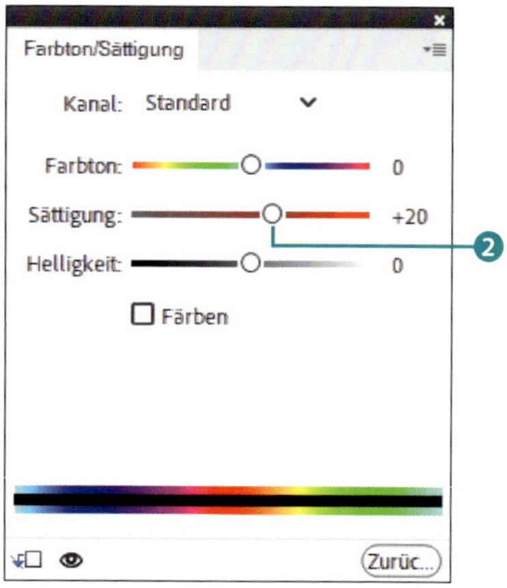

Abbildung 10.33 ▶▶
Auch in diesem Bild müssen Sie nach der Tonwertkorrektur die Sättigung erhöhen.

4 Bild auf Hintergrundebene reduzieren

Falls Sie Einstellungsebenen für die Korrektur verwendet haben, brauchen Sie zum Schluss nur noch die Einstellungsebene(n) im Ebenen-Bedienfeld mit der rechten Maustaste anzuklicken und im Kontextmenü AUF HINTERGRUNDEBENE REDUZIEREN auszuwählen. Jetzt können Sie das verbesserte Bild abspeichern.

5 Nach der Korrektur

Nach der Korrektur hat das Bild mehr Farbe und wirkt deutlich stimmiger. Durch die Aufhellung sind auch noch einige Details besser sichtbar geworden.

◄ **Abbildung 10.34**
Die Belichtung wurde korrigiert.

10.5 Dunstentfernung

Kapitel_10: Suedmaehren.jpg

In Abschnitt 10.4.1, »Flaue Bilder korrigieren«, haben Sie in einem Workshop erfahren, wie Sie flaue und kontrastarme Bilder mithilfe einer Tonwertkorrektur vom Nebelschleier befreien können. Dasselbe können Sie auch mit der Funktion DUNSTENTFERNUNG machen, die Sie über ÜBERARBEITEN • DUNSTENTFERNUNG aufrufen.

◄ **Abbildung 10.35**
Die Funktion zur Dunstentfernung im Einsatz

Über den Schieberegler DUNSTREDUZIERUNG ❶ legen Sie fest, wie stark Sie den Dunst bzw. Nebelschleier des Bildes entfernen

Automatische Dunstentfernung
Wenn es mal schnell gehen soll, können Sie die Dunstreduzierung mit der Automatik über das Menü ÜBERARBEITEN • AUTOMATISCHE DUNSTENTFERNUNG ausprobieren.

wollen. Je weiter Sie den Regler nach rechts ziehen, umso intensiver wird der Dunst reduziert. Der Regler Empfindlichkeit ❷ hingegen legt einen Schwellenwert für die Dunsterkennung fest. Ziehen Sie den Regler ganz nach links, wird überhaupt kein Dunst erkannt, und die Einstellung von Dunstreduzierung hat keinen Effekt. Wenn Sie hingegen den Regler nach rechts ziehen, erhöhen Sie auch die Erkennung von Dunst. Über Vorher-Nachher ❸ können zwischen einer Vorher- und einer Nachher-Ansicht der Vorschau wechseln. Mit Ok ❹ wird die Dunstentfernung auf das Bild angewendet.

Kapitel_10: Reisfelder.jpg

Die Funktion für die Dunstentfernung ist sehr hilfreich für schwierigere Fälle von Dunst und Nebel im Bild. Wenn Sie das linke Bild »Reisfelder.jpg« und das dazu dazugehörige Histogramm daneben betrachten und auch selbst probieren, den Dunst zu entfernen, werden Sie feststellen, dass Sie hier mit dem Workshop aus Abschnitt 10.4.1, »Flaue Bilder korrigieren«, nicht mehr weiterkommen, um den Nebel zu entfernen bzw. zu reduzieren. Das Bild in der rechten Seite wurde mit der Funktion Dunstentfernung bearbeitet. Das Endergebnis kann sich sehen lassen.

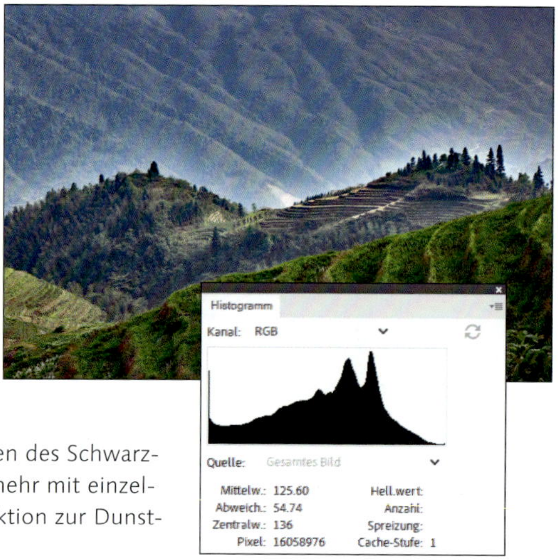

▲ **Abbildung 10.36**
Hier kommen Sie mit der Tonwertkorrektur und dem Setzen des Schwarzpunktes und Weißpunktes nicht mehr weiter, auch nicht mehr mit einzelnen RGB-Kanälen. Rechts sehen Sie das Bild nach der Funktion zur Dunstentfernung.

10.6 Auto-Tonwertkorrektur

Die Auto-Tonwertkorrektur lässt sich ausführen über Überarbeiten • Auto-Tonwertkorrektur (oder mit der Tastenkombination ⇧+Strg/cmd+L). Die Ausführung der Automatik funktioniert im Prinzip wie bei einer Tonwertkorrektur von Hand, bei der die Schieberegler, Kanal für Kanal, an den Anfang der

Histogramm-Hügel gezogen werden. Der Nachteil dieser Automatik ist, dass sie auch spezifische Bildeigenschaften neutralisiert und korrigiert, die man vielleicht lieber erhalten würde. Unter Umständen können Sie diese Automatik aber verwenden, wenn das Bild bereits über einen gleichmäßigen Tonwertumfang verfügt.

Automatik versus manuell
Das Resultat der automatischen Tonwertkorrektur ist relativ unvorhersehbar und selten befriedigend. Verwenden Sie die Auto-Tonwertkorrektur daher – wie alle Automatikfunktionen – nur ausnahmsweise.

10.7 Automatische intelligente Farbtonbearbeitung

Eine etwas bessere Alternative zur Auto-Tonwertkorrektur finden Sie in der Automatischen intelligenten Farbtonbearbeitung über das Menü Überarbeiten (oder mit der Tastenkombination `Strg`/`cmd`+`Alt`+`T`). Diese Funktion nutzt einen intelligenten Algorithmus auf die Tonwerte des geöffneten Bildes.

Die Verwendung der Funktion ist sehr einfach. In der Mitte finden Sie einen Regler ❶ (eine Art Joystick), den Sie zur Feinabstimmung der Farbtonverarbeitung mit gedrückt gehaltener Maustaste in eine der vier Ecken ziehen sollten.

Kapitel_10:
Englischer-Garten.jpg

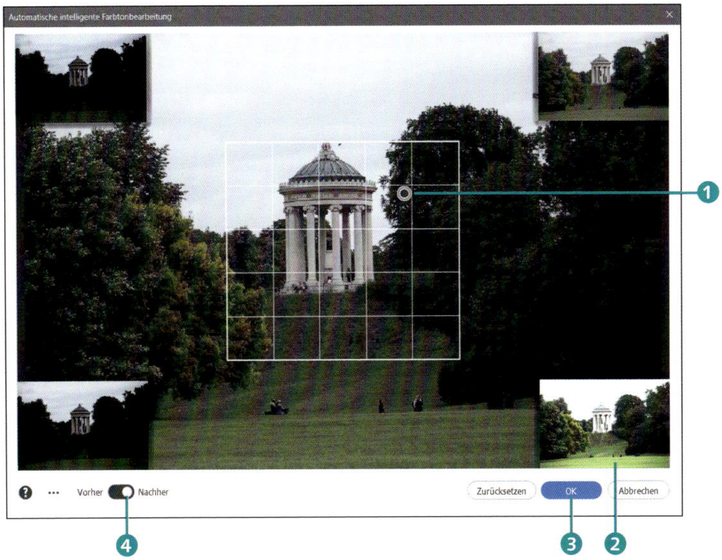

◂ **Abbildung 10.37**
Über den Dialog Automatische intelligente Farbtonverarbeitung können Sie eine visuelle Farbtonverarbeitung mit einem Regler ❶ durchführen.

Anhand der Miniaturen ❷ an den Ecken können Sie nachverfolgen, welchen Effekt Sie erwarten können, je weiter Sie den Regler in die entsprechende Richtung der Ecke ziehen. Standardmäßig wird die Korrektur live angezeigt. Mit dem entsprechenden Schalter ❹ können Sie zwischen der Vorher- und Nachher-Ansicht umschalten. Die Einstellung wird erst auf das Bild ausgeführt, wenn Sie die Schaltfläche OK ❸ bestätigt haben.

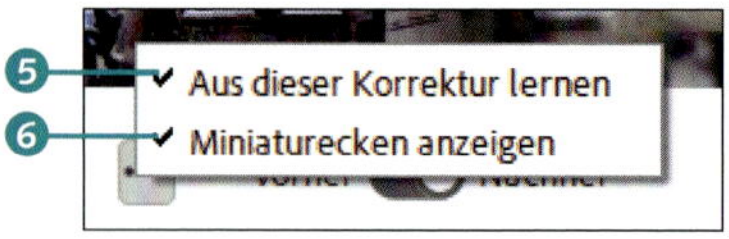

▲ **Abbildung 10.38**
Die Funktion lernt mit.

Aus der Korrektur lernen | Wenn Sie diese Funktion verwenden, können Sie im Menü des Dialogs die Option AUS DIESER KORREKTUR LERNEN ❺ aktivieren (ist standardmäßig aktiviert). Mithilfe dieser Option lernt die Software von Ihren Aktionen und verwendet diese Einstellung als Ausgangseinstellung für das nächste Bild ebenfalls wieder. Je mehr Bilder Sie mit dieser Funktion korrigieren, desto intelligenter wird sie. Diese Einstellung kann sehr hilfreich sein, wenn Sie viele ähnliche Bilder mit ähnlichen Korrekturen bearbeiten müssen. Ebenfalls über das Menü können Sie die Miniaturecken ❻ (de-)aktivieren.

Das Lernen der Funktion können Sie über BEARBEITEN/PHOTOSHOP ELEMENTS EDITOR • VOREINSTELLUNGEN • ALLGEMEIN über die Schaltfläche LERNEN DER AUTOMATISCHEN INTELLIGENTEN FARBTONVERARBEITUNG ZURÜCKSETZEN wieder zurücksetzen.

10.8 Farbkurven anpassen

Alternative: Tonwertkorrektur
Anstatt die Tiefen, Mitteltöne und Lichter mit dem FARBKURVEN-Dialog zu verbessern, sollten Sie auch zu diesem Zweck auf die klassische Tonwertkorrektur zurückgreifen. Hierbei sehen Sie sofort, wie sich eine Korrektur auswirkt, und können anhand des Histogramms wesentlich genauer arbeiten. Selbst mit der Schnellkorrektur unter BELEUCHTUNG haben Sie mehr Kontrolle über die Korrektur als mit dem FARBKURVEN-Dialog.

Im Menü unter ÜBERARBEITEN • FARBE ANPASSEN • FARBKURVEN ANPASSEN finden Sie einen weiteren Dialog, der sich für die schnelle Korrektur von Tiefen, Mitteltönen und Lichtern eignet. Rätselhaft bleibt, warum dieser Dialog bei den Farben abgelegt wurde, da sich hiermit eigentlich keinerlei Farbveränderungen durchführen lassen.

Wenn Sie ein Bild mit dem Dialog anpassen wollen, klicken Sie zunächst auf STIL AUSWÄHLEN ❶. Ist das Bild zum Beispiel zu dunkel, wählen Sie einfach TIEFEN AUFHELLEN aus. Häufig sind hierbei allerdings die Ergebnisse eher unbefriedigend und nur als Vorauswahl zu gebrauchen, die Sie mit den Schiebereglern ❷ noch von Hand nachjustieren müssen. Schieben Sie zum Beispiel den Regler TIEFEN ANPASSEN nach rechts, werden die Tiefen im Bild und dunkle Bildbereiche weiter aufgehellt. Diese Änderung wirkt sich auch auf das Diagramm ❸ daneben aus. Der Tiefenpunkt wandert hier nach oben.

Im Beispiel in Abbildung 10.39 wurde durch diese Maßnahmen die Gesamthelligkeit des Bildes verbessert, indem die Tiefen aufgehellt und zusätzlich noch ein paar Regler betätigt wurden.

Praktisch ist hierbei auch die VORHER-NACHHER-Ansicht im Dialog. Leider lässt sich diese Ansicht nicht näher heranzoomen – was in der Praxis fast immer erforderlich ist. So ist kaum zu erkennen, ob das Bild zu stark aufgehellt oder abgedunkelt wurde. Dies offenbart sich erst, nachdem Sie die Änderung schon mit OK bestätigt haben. Oft werden dann unerwünschte Details im Bild sichtbar, etwa das Bildrauschen in unserem Beispiel.

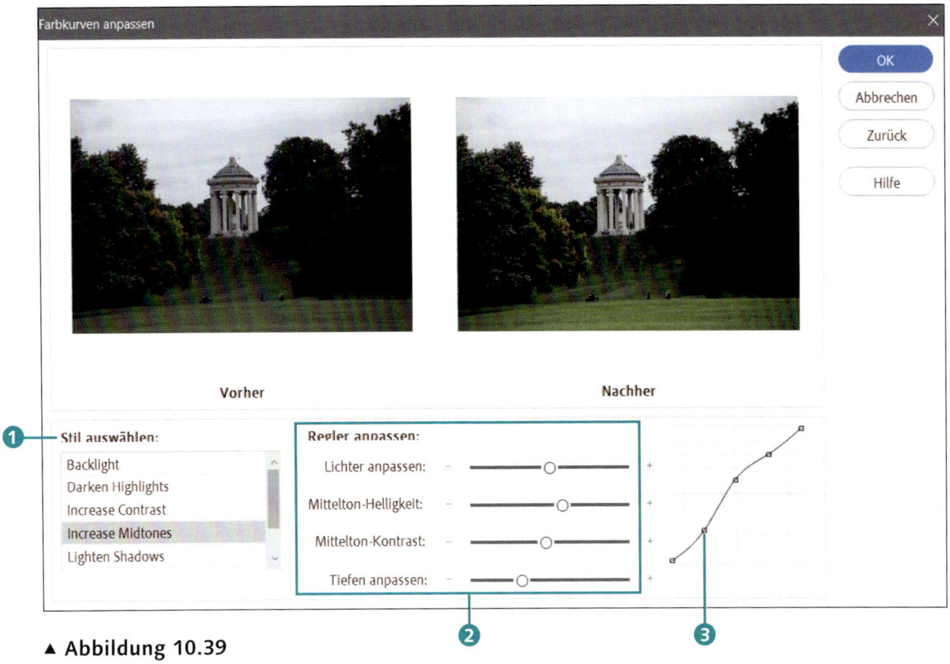

▲ **Abbildung 10.39**
Auch über den Dialog Farbkurven anpassen können Sie die Belichtung im Bild korrigieren.

10.9 Detailarbeit: Werkzeuge zum Nachbelichten und Abwedeln

Um einzelne Bildteile aufzuhellen oder abzudunkeln, finden Sie in den Werkzeugoptionen den Abwedler und den Nachbelichter (Brennen) sowie das Schwamm-Werkzeug, mit dem Sie die Farbsättigung einzelner Bildpartien ändern. Alle Werkzeuge erreichen Sie auch mit dem Tastenkürzel O (der Buchstabe O, nicht Null).

Abwedler und Nachbelichter (Brennen) lassen sich nicht immer eindeutig anhand des Namens identifizieren: Der Nachbelichter (Brennen) hellt nämlich das Bild nicht auf, wie man annehmen könnte, sondern er **verdunkelt** es. Zur Aufhellung von Bildbereichen verwenden Sie den Abwedler. Es gilt also:

- Nachbelichter (Brennen) – Bildbereiche abdunkeln
- Abwedler – Bildbereiche aufhellen
- Schwamm-Werkzeug – Sättigung von Bildbereichen verändern

Optionen für Nachbelichter und Abwedler | Die Werkzeugoptionen sind identisch und schnell erklärt.

Tipp
Da sich die einzelnen Funktionen visuell sofort auf das Bild auswirken, können Sie das Dokumentfenster als 1:1-Vorschaufenster verwenden. Allerdings setzt dies auch voraus, dass der Dialog Farbkurven anpassen das Dokumentfenster nicht überdeckt.

Achtung: Retusche!
Diese Werkzeuge müssen Sie mit Bedacht einsetzen, weil sie, wie ein Pinsel, direkt auf der Bildebene eingreifen – es werden also die Pixel des Bildes geändert. Einmal auf diese Weise geänderte Pixel lassen sich kaum wiederherstellen. Verwenden Sie diese Werkzeuge daher nur für kleine Detailanpassungen oder Retuschen.

Auf der linken Seite in der Dropdown-Liste ❷ stellen Sie die Form der Werkzeugspitze ein. Über den Schieberegler Grösse ❹ regulieren Sie die Größe der Werkzeugspitze. Die Wirkung des Werkzeugs bestimmen Sie über die Dropdown-Liste Bereich ❶. Hierbei legen Sie fest, ob Sie die hellsten (Lichter), die dunkelsten (Tiefen) oder die mittleren (Mitteltöne) Helligkeitswerte des Bildes verändern wollen. Mit dem Schieberegler Belichtung ❸ hingegen stellen Sie ein, wie stark das Werkzeug wirken soll. Häufig wirken hierbei schon Werte von 10 bis 20% recht gut. Bei höheren Werten wirken die Übergänge schnell zu hart.

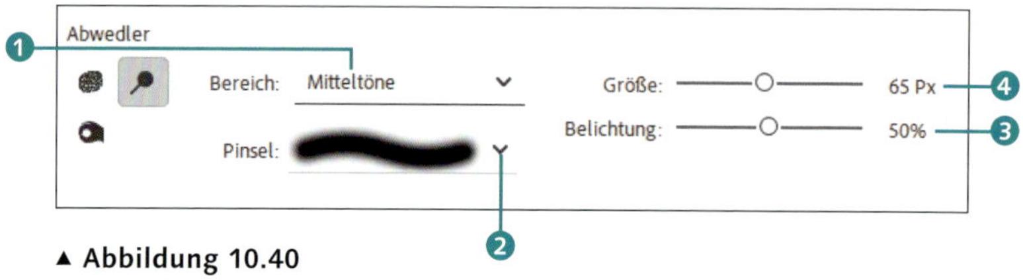

▲ **Abbildung 10.40**
Die Werkzeugoptionen für den Abwedler und den Nachbelichter sind identisch.

Schritt für Schritt
Einzelne Bildpartien aufhellen

Kapitel_10: Alter-Tempel.jpg

▲ **Abbildung 10.41**
Die Kanten sollen verstärkt werden.

Im folgenden Bild möchte ich die Kanten und Schatten des alten Tempels ein wenig verbessern. Das Bild wirkt recht flach und es fehlt an Tiefe. Eine reine Kontrastanhebung könnte auch hier helfen, entspricht aber nicht meinen Vorstellungen. In diesem Fall ist eine partielle Korrektur besser geeignet.

1 Nachbelichter (Brennen) einstellen

Laden Sie das Bild »Alter-Tempel.jpg« in den Fotoeditor. Wählen Sie den Nachbelichter (Brennen) aus. Belassen Sie die Form der Pinselspitze wie in der Voreinstellung, und stellen Sie eine Grösse von 75 Px ein. Wählen Sie für den Bereich die Mitteltöne aus. Die Belichtung können Sie in diesem Beispiel auf 20% setzen. Verwenden Sie auf jeden Fall auch einen weichen Pinsel.

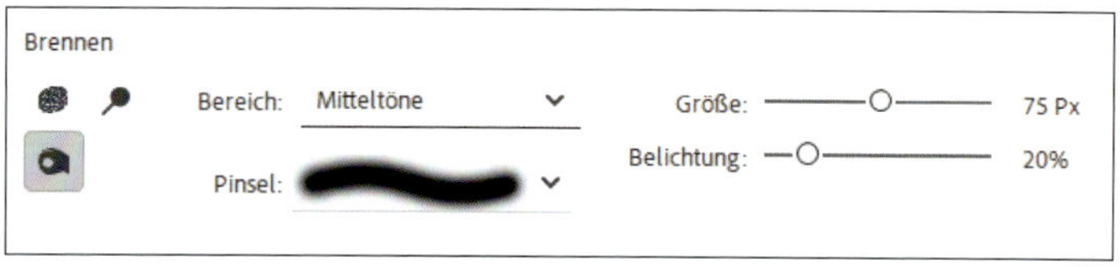

▲ **Abbildung 10.42**
Nachbelichter- bzw. »Brennen«-Optionen einstellen

2 Bereiche abdunkeln

Zoomen Sie (zum Beispiel mit Strg/cmd+[+]) nun etwas weiter in das Bild hinein. Umfahren Sie mit gedrückter linker Maustaste die Ecken und Kanten (1) mit dem Werkzeug. Diese Bereiche sollten nun dunkler werden.

▲ **Abbildung 10.43**
Malen Sie zum Abdunkeln über die Ecken und Kanten.

Wollen Sie einzelne Bereiche weiter abdunkeln, sollten Sie die Pinselgröße etwas reduzieren und vielleicht auch die BELICHTUNG verringern, damit der Übergang nicht zu hart wird. Je öfter Sie abdunkeln, desto feiner und genauer müssen Sie arbeiten.

3 Nach der Korrektur

Eine Korrektur mit dem Nachbelichter (Brennen) ist in der Regel weniger problematisch wie mit dem Abwedler. Während beim Nachbelichter (Brennen) einfach die Details nach und nach dunkler werden, kommen bei zu starker Anwendung des Abwedlers häufig einige Details wie Bildrauschen oder Artefakte zum Vorschein, die man in einem Bild nicht sehen will.

Was hier für den Nachbelichter (Brennen) zum Abdunkeln von zu hellen Bildbereichen gilt, lässt sich analog mit dem Abwedler zum Aufhellen von dunklen Bereichen durchführen. Im Beispiel habe ich mit dem Abwedler die flachen Stellen zwischen den Kanten leicht aufgehellt.

Nicht-destruktive Lösung
Der Nachteil dieser Lösung liegt darin, dass Sie mit diesen Werkzeugen direkt auf den Originalpixeln des Bildes destruktiv operieren und sie damit ändern. Eine nicht-destruktive Lösung könnten Sie mit den Ebenenmasken erzielen, indem Sie eine Einstellungsebene für eine Tonwertkorrektur hinzufügen, die Person im Bild entsprechend beispielsweise mithilfe des Gammareglers aufhellen und dann mithilfe der Ebenenmaske der Tonwertkorrektur entsprechende Bereiche (de-)maskieren.

▲ **Abbildung 10.44**
Links das Bild vor der Bearbeitung, rechts danach. Der Durchgang zum Tempel wirkt nun wesentlich plastischer.

Mehrmaliges Anwenden
Denken Sie daran: Wenn Sie mit gedrückter linker Maustaste mehrmals über dieselbe Stelle im Bild fahren, bearbeiten Sie die Pixel an dieser Stelle gleich mehrfach mit dem Schwamm-Werkzeug. Für den Nachbelichter und den Abwedler gilt dasselbe.

Optionen für das Schwamm-Werkzeug | Das Schwamm-Werkzeug bietet etwas andere Optionen als der Nachbelichter und der Abwedler. Neben den bekannten Einstellungen wie FORM und GRÖSSE des Pinsels finden Sie hier auch die Einstellung MODUS ❷. Damit legen Sie fest, ob Sie bei Teilen im Bild die Farbsättigung erhöhen oder reduzieren wollen. Mit der Option FLUSS ❸ geben Sie an, wie schnell die Pixel aufgetragen werden sollen. Je kleiner dieser Wert ist, desto schwächer ist die Wirkung.

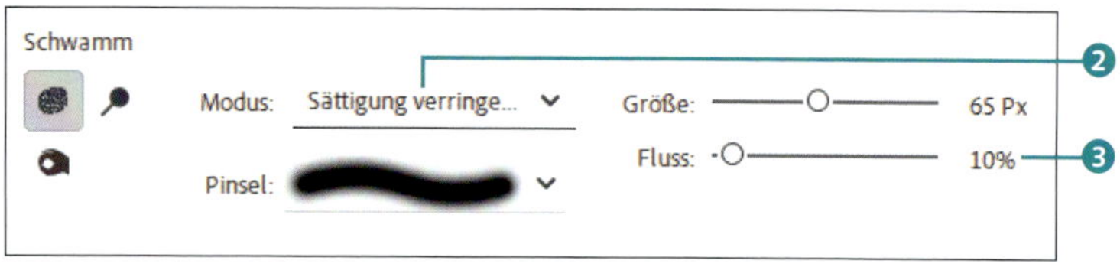

Abbildung 10.45 ▶
Die Werkzeugoptionen des Schwamm-Werkzeugs

10.10 Der Dialog »Helligkeit/Kontrast«

Schnell und einfach korrigieren Sie Helligkeit und Kontrast mit dem gleichnamigen Dialog, den Sie über den Menüeintrag ÜBERARBEITEN • BELEUCHTUNG ANPASSEN • HELLIGKEIT/KONTRAST aufrufen.

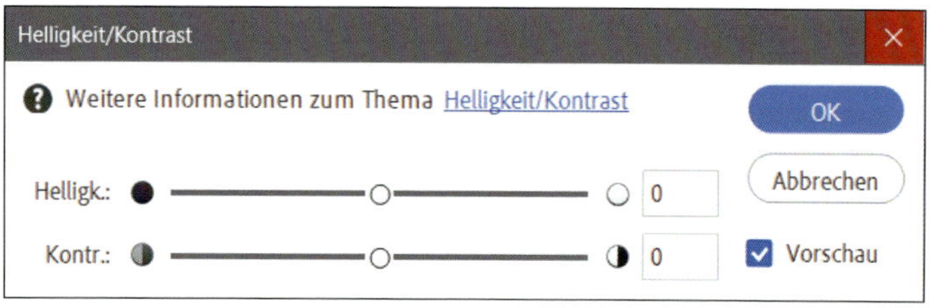

Abbildung 10.46 ▶
Die einfachste Möglichkeit, Helligkeit und Kontraste eines Bildes zu korrigieren, hier mit dem Dialogfenster ...

Helligkeit | Mit dem Regler HELLIGKEIT beeinflussen Sie die Helligkeit des Bildes. Sie erhöhen sie, indem Sie den Regler nach rechts schieben, und reduzieren sie, indem Sie ihn nach links schieben. Im Detail, also im Histogramm, werden beim Verschieben des Reglers nach rechts die hellen Bereiche im Bild zusammengeschoben ❷ und die restlichen Tonwerte gespreizt ❶.

Umgekehrt werden beim Abdunkeln des Bildes die tiefen Bereiche zusammengeschoben ❸ und die hellen Bereiche gespreizt ❹.

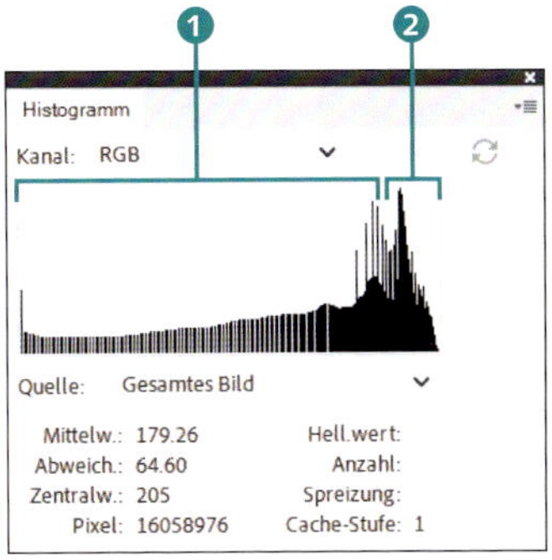

▲ **Abbildung 10.48**
Auswirkung der Aufhellung im Histogramm

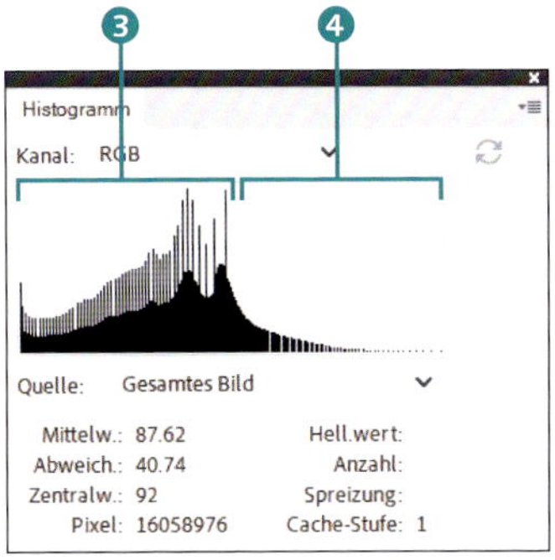

▲ **Abbildung 10.49**
Auswirkung der Abdunklung im Histogramm

Kontrast | Schieben Sie den Regler KONTRAST nach rechts, erhöhen Sie den Kontrast. Im Histogramm findet hier eine Tonwertspreizung, ausgehend von den Mitteltönen ❻, statt. Die Tiefen ❺ und Lichter ❼ werden hierbei zusammengeschoben.

Schieben Sie hingegen den Regler nach links, wird der Kontrast reduziert, und die Tonwertspreizung spielt sich vorwiegend in den Tiefen ❽ und Lichtern ❿ des Histogramms ab. Hierbei werden die Mitteltöne zusammengeschoben ❾.

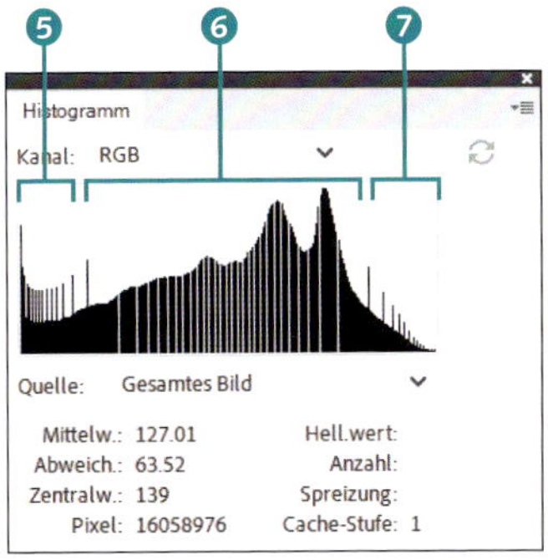

▲ **Abbildung 10.50**
Auswirkung der Kontrasterhöhung im Histogramm

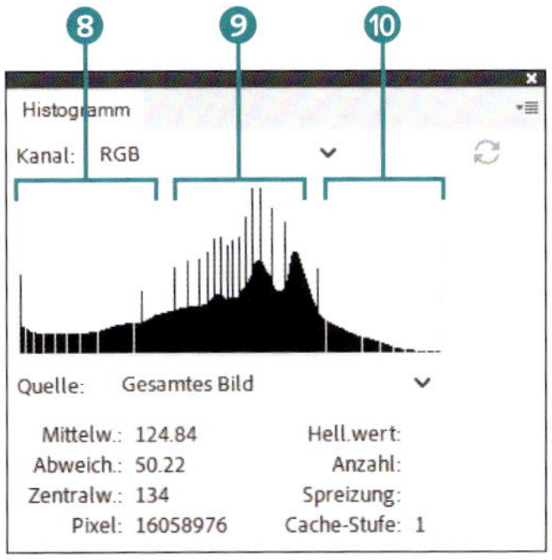

▲ **Abbildung 10.51**
Auswirkung der Kontrastverringerung im Histogramm

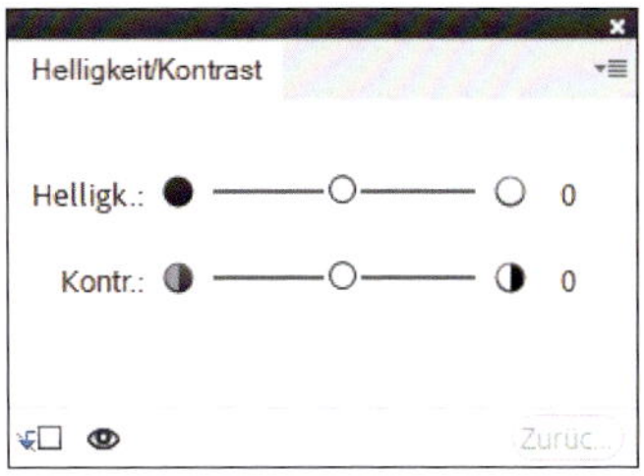

▲ **Abbildung 10.47**
... oder hier als Einstellungsebene mit eigenem Bedienfeld.

Einstellungsebene
Alternativ zu diesem Dialog können Sie für diese Korrektur auch eine Einstellungsebene verwenden (siehe Abschnitt 9.1.5, »Flexibel arbeiten mit Einstellungsebenen«). Die Regler im Korrekturen-Bedienfeld HELLIGKEIT/KONTRAST unterscheiden sich zwar optisch etwas vom Dialog, aber das Prinzip und die Anwendung bleiben gleich.

Hilfsmittel
Um zu vermeiden, dass durch das Ändern von HELLIGKEIT/KONTRAST einige Details im Bild verloren gehen, sollten Sie den kritischen Bildbereich regelmäßig mit der Pipette [I] und dem Informationen-Bedienfeld messen, ehe Sie den Dialog mit OK bestätigen (siehe hierzu auch Abschnitt 11.1, »Farbstich ermitteln«). Zusätzlich empfiehlt es sich, das Histogramm im Auge zu behalten, um Zeichnungsverluste zu vermeiden.

10.10.1 Nachteile

Der Nachteil dieser schnellen Anpassung von Helligkeit und Kontrast liegt darin, dass Pixel für Pixel eines Bildes bearbeitet und keine Rücksicht auf den Tonwertverlauf des Bildes genommen wird. Erhöhen Sie zum Beispiel bei einem Bild die HELLIGKEIT um den Wert +30, werden alle RGB-Farbwerte um diesen Wert erhöht. Besonders problematisch ist dies bei sehr hellen Grauwerten wie 225 (R = 225, G = 225, B = 225). Hierbei würden alle Grauwerte auf den Wert 255 erhöht und somit in reines Weiß verändert.

Kapitel_10: Harte-Schatten.jpg

In der Praxis sollten Sie daher nur auf den Dialog HELLIGKEIT/KONTRAST zurückgreifen, wenn Sie die Tonwertkorrektur des Bildes bereits durchgeführt haben oder der Tonwert optimal ist und Sie das Bild lediglich noch leicht aufhellen oder die Kontraste verbessern wollen.

Abbildung 10.52 ▸
Ein extremes Negativbeispiel dafür, was passiert, wenn man die Helligkeit unüberlegt erhöht. Die Wolken und das Gebäude wurden im rechten, bearbeiteten Bild zu Weiß verändert, sodass Bildteile regelrecht überstrahlt sind bzw. »ausfressen«.

10.10.2 Auto-Kontrast

Die Funktion AUTO-KONTRAST versucht, den Kontrast des Bildes wie bei einer Tonwertkorrektur im RGB-Kanal automatisch zu optimieren. Dadurch bleibt auf jeden Fall die Farbstimmung des Bildes erhalten. Allerdings hat dies auch den Nachteil, dass Farbstiche nicht korrigiert werden. Die Automatik erreichen Sie über ÜBERARBEITEN • AUTO-KONTRAST (oder mit dem Tastenkürzel Alt+⇧+Strg/cmd+L).

Automatik versus manuell
Wie alle Automatikfunktionen sollten Sie auch den AUTO-KONTRAST nur in Ausnahmefällen verwenden, weil sich hiermit die Korrektur nur eingeschränkt steuern lässt.

10.10.3 Helligkeit und Kontrast mit der Tonwertkorrektur

Die beste Möglichkeit zur Korrektur von Helligkeit und Kontrast bietet in Photoshop Elements nach wie vor die Tonwertkorrektur (ÜBERARBEITUNGEN • BELEUCHTUNG ANPASSEN • TONWERTKOR-

Rektur, Strg/cmd+L oder als Einstellungsebene). Noch eine Spur feiner ließe sich die Tonwertkorrektur mit einer Gradationskurve einstellen – leider ist eine solche in Photoshop Elements nicht von Haus aus integriert.

Zum Weiterlesen
Die Tonwertkorrektur habe ich ausführlich in Abschnitt 10.3 behandelt. Dort habe ich auch erläutert, wie Sie mit der Tonwertkorrektur Helligkeit und Kontrast im Bild anpassen.

10.10.4 Farbvariationen und Farbkurven

Auch über die Farbkurven (Überarbeiten • Farbe anpassen • Farbkurven anpassen) können Sie Korrekturen an der Helligkeit und/oder am Kontrast durchführen. Den Dialog habe ich in Abschnitt 10.8, »Farbkurven anpassen«, beschrieben.

10.11 Der Dialog »Tiefen/Lichter«

Ein äußerst effektiver Korrekturdialog in Photoshop Elements ist Tiefen/Lichter. Mit seiner Hilfe korrigieren Sie in kürzester Zeit Bilder mit über- oder unterbelichteten Partien. Auch zu dunkle Bildpartien lassen sich mit diesem Dialog sehr gut reparieren.

Schritt für Schritt
Beleuchtung korrigieren

Bei dem folgenden Bild sind die Tiefen bei den Schatten relativ dunkel. Um die ausgewogene Belichtung des Models beizubehalten, sollten Sie vorwiegend die Tiefen im Bild anpassen.

Kapitel_10:
Andreas.jpg

1 Dunkle Bildbereiche aufhellen

Nachdem Sie das Bild »Andreas.jpg« in den Fotoeditor geladen haben, öffnen Sie zuerst den Dialog über das Menü Überarbeiten • Beleuchtung anpassen • Tiefen/Lichter. Standardmäßig befindet sich gleich nach dem Aufrufen des Dialogs der Wert des Schiebereglers Tiefen aufhellen 1 auf 35%, weshalb Sie auch sofort eine Veränderung des Vorschaubildes sehen. In den meisten Fällen (so auch in diesem) ist dieser Wert bereits zu hoch, weshalb Sie ihn reduzieren müssen.

▲ **Abbildung 10.53**
Die Tiefen sind im Bild zu dunkel geraten. Trotzdem sind im Bild noch genügend notwendige Informationen vorhanden.

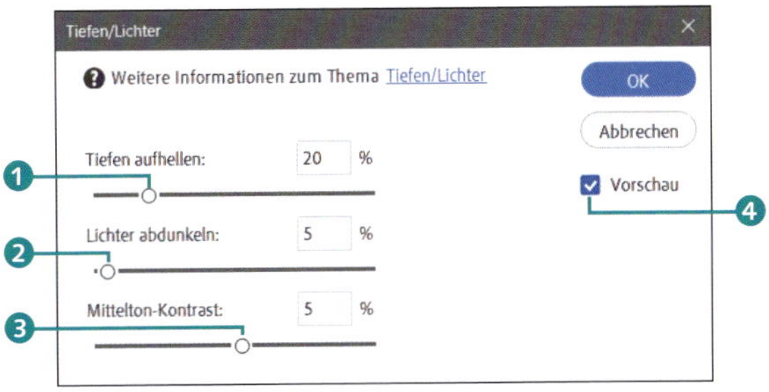

◂ **Abbildung 10.54**
Tiefen aufhellen

Im Beispiel habe ich diesen Wert auf 20% gesetzt. Um einen Vergleich zwischen Vorher- und Nachher-Bild zu haben, können Sie das Häkchen vor VORSCHAU ❹ deaktivieren und wieder aktivieren.

Mittelton-Kontrast

Mit dem Schieberegler MITTELTON-KONTRAST ❸ verändern Sie einzelne Pixel, die weder richtig dunkel noch richtig hell sind. Den Regler sollten Sie allerdings nur dann einsetzen, wenn das Bild durch die TIEFEN/LICHTER-Veränderung zu flau geworden ist.

2 Helle Bildbereiche abdunkeln

Sofern im Bild auch zu helle Bereiche vorhanden sind, können Sie auch diese ein wenig abdunkeln. Im Beispiel ist fand ich die Felsen im Hintergrund noch eine Spur zu hell und ziehe daher den Schieberegler von LICHTER ABDUNKELN ❷ auf den Wert 5%. Nach der Korrektur mit TIEFEN/LICHTER hebe ich außerdem die Farbsättigung leicht an.

3 Nach der Korrektur

Nach der Korrektur sind wesentlich mehr Details in den Schatten zu erkennen, wobei die Lichter erhalten geblieben sind.

▲ **Abbildung 10.55**
Links vor und rechts nach der Korrektur mit dem TIEFEN/LICHTER-Dialog (Model: Andreas R. Schwarzenberg)

10.12 Die Mitteltöne mit Klarheit aufpeppen

▲ **Abbildung 10.56**
Aufrufen der SOFORTKORREKTUR ❶ im Organizer

Eine bessere Alternative zum KONTRAST-Regler ist der Regler KLARHEIT. Leider ist diese Funktion nur über die Sofortkorrektur des Organizers zu finden. Trotzdem ist dieser Umweg es oftmals wert, wenn Sie Ihren Bildern einen härteren Look geben wollen. Wählen Sie hierzu ein oder mehrere Bilder im Organizer aus, auf die Sie den Regler KLARHEIT anwenden wollen, und klicken Sie auf die Schaltfläche SOFORTKORREKTUR ❶.

Den KLARHEIT-Regler klappen Sie auf, indem Sie auf das letzte Icon auf der rechten Seite ❸ klicken; dort können Sie eine Schiebeleiste ❷ nach oben oder unten ziehen.

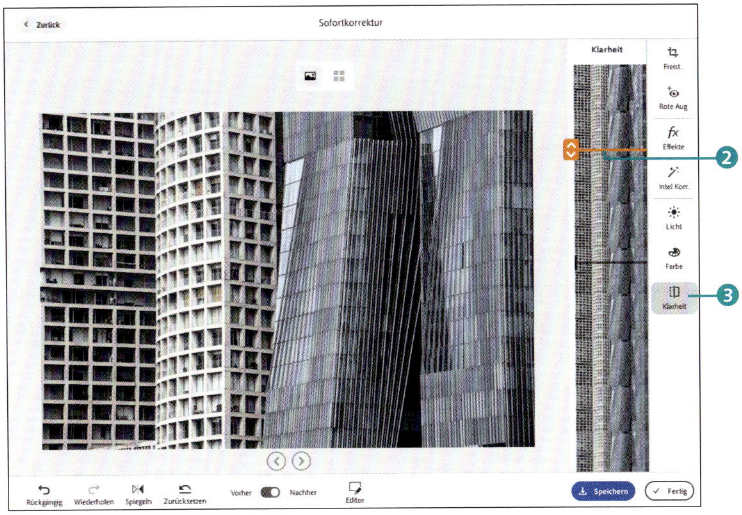

◂ **Abbildung 10.57**
Den KLARHEIT-Regler klappen Sie auf der rechten Seite über das letzte Icon auf.

Kapitel_10: Hochhaus.jpg

Wie schon mit dem KONTRAST-Regler können Sie mit KLARHEIT den Kontrast des Bildes verbessern. Im Gegensatz zum Regler KONTRAST arbeitet der Regler KLARHEIT mehr in den Mitteltönen und schiebt die Tiefen- und Lichterbereiche im Histogramm nicht so weit nach außen. Der Regler KONTRAST hingegen wirkt stärker auf das gesamte Histogramm und führt bei extremer Nutzung eher zu Tonwertbeschneidungen als der Regler KLARHEIT. Der Regler KLARHEIT sorgt bei einem Bild dafür, dass es wesentlich schärfer und knackiger wirkt.

Der Regler KLARHEIT ist in der Tat beeindruckend und liefert oftmals tolle Ergebnisse. Aber Sie sollten beim Erhöhen des Reglers das Bild in der 1:1-Ansicht betrachten.

▾ **Abbildung 10.58**
Links sehen Sie das Originalbild. Im mittleren Bild habe ich den KONTRAST auf den maximalen Wert hochgezogen, und rechts habe ich die KLARHEIT auf den maximalen Wert gestellt. Die extremen Werte dienen hier allein der Demonstration, dass Sie mit dem Regler KLARHEIT weniger »kaputtmachen« können als mit dem Regler KONTRAST.

Gerade an scharfen Kanten oder Wolken kommen leicht unschöne Effekte (wie etwa ein »Heiligenschein« um das Objekt, auch *Halo* genannt) zum Vorschein. Auch sehen diese harten Kanten nicht bei jedem Bild gut aus. Allerdings ist dies hier wieder eine Frage des subjektiven Eindrucks und des persönlichen Geschmacks und Stils. Trotzdem sollten Sie aufpassen, den Regler Klarheit nicht zu hoch einzustellen. Gerade bei Porträtfotos werden damit hässliche Details wie Falten und unreine Haut deutlich sichtbarer. Umgekehrt könnten Sie den Regler gerade bei Porträts auch nach unten ziehen, um bestimmte Bildpartien etwas softer wirken zu lassen.

Bei Bildern mit vielen Strukturen und Details, wie beispielsweise Architekturaufnahmen, Makroaufnahmen oder Landschaften, bringt eine moderate Erhöhung der Klarheit allerdings oft mehr Dramatik in das Bild und lässt es wesentlich knackiger wirken. Auch eventuell soft abgebildete Wolken einer Landschaftsaufnahme wirken auf einmal wesentlich intensiver.

Kapitel 11
Farbkorrektur

Neben der Korrektur der Beleuchtung gehört die Farbkorrektur zu den grundlegenden Schritten der Bildbearbeitung. Unerwünschte Farbstiche sind dabei die häufigste Fehlerquelle bei den Farben. Ein solcher Farbstich kann zum Beispiel bei Aufnahmen unter Kunstlicht entstehen. Aber auch Digitalkameras oder Scanner produzieren manchmal Bilder mit einer Farbabweichung.

11.1 Farbstich ermitteln

Im letzten Kapitel haben Sie bereits gelernt, wie Sie mit der Tonwertkorrektur einen solchen Farbstich beheben (siehe Abschnitt 10.4.3). Meistens reicht dieses Vorgehen auch aus. Für die schwierigeren Fälle zeige ich Ihnen im Folgenden einige weitere Möglichkeiten, Probleme mit ungenauen Farbmischungen zu beheben.

Einen Farbstich in einem vielfarbigen Bild zu erkennen, fällt selbst geübten Betrachtern oft schwer. Ein zusätzliches Problem ist, dass ein Bild auf jedem Monitor und auf jedem Rechner anders aussieht, wenn der Monitor nicht kalibriert wurde.

Farbkorrektur
Der Begriff *Farbkorrektur* bezeichnet normalerweise die Behebung von Farbstichen und nicht, wie oft irrtümlich angenommen, die Änderung der Farbsättigung eines Bildes.

Woher kommt der Farbstich? | Es gibt viele Situationen, in denen Farben des Bildes nicht korrekt dargestellt werden. Da es viele verschiedene Lichtquellen gibt und damit die Kamera auch auf diese Lichtquellen reagieren kann, muss die Farbtemperatur des entsprechenden Lichtes in Ihrer Kamera eingestellt werden. Dies erreichen Sie, indem Sie den richtigen Weißabgleich in der Kamera vor der Aufnahme des Fotos setzen. Da viele Fotografen diesen Wert gerne auf AWB (Automatischer Weißabgleich) stehen lassen, kann es zu falschen Farbwerten kommen, weil die Automatik nicht immer perfekt eine Farbanpassung durchführt – obgleich die modernen Kameras hier schon sehr naturgetreue Farben wiedergeben können.

Bild- und Pixelmanipulationen
Photoshop Elements stellt Ihnen für die Farbkorrektur zahlreiche Werkzeuge zur Verfügung. Viele dieser Werkzeuge, die ich in diesem Abschnitt behandele, haben allerdings weniger mit der Farbkorrektur zu tun als mit der Kategorie der Bild- und Pixelmanipulationen bzw. -verfremdungen.

In der Praxis treten daher Farbstiche häufiger bei schwierigeren Lichtbedingungen wie dem Morgenrot oder Abendhimmel (Orange-/Magenta-/Gelb- und/oder Rotstich) oder künstlichen Lichtquellen wie Leuchtstofflampen (Grünstich) auf. Besonders schwierig sind hierbei auch Innenaufnahmen, Nachtaufnahmen oder Aufnahmen mit Schnee im Winter.

▲ **Abbildung 11.1**
Während man bei den Grautönen schnell sieht, wo zu viel Blau oder Rot vorhanden ist, lässt sich dies bei anderen Farben, wie bei den grünen, roten oder blauen Flächen, nicht mehr so einfach erkennen.

Farbwerte messen | Ein guter Indikator für die richtige Farbmischung eines Bildes sind die Grautöne. Gerade im RGB-Modus eines Bildes entsteht ein neutrales Grau, wenn die drei Farbkanäle Rot, Grün und Blau ungefähr gleich sind. Wenn in einem Bild die Graubalance stimmt, sollten auch die anderen Farben keinen Farbstich aufweisen. Vielleicht fragen Sie sich nun, ob Sie diese Graubalance nicht auch auf andere Farben anwenden können. Betrachten Sie in diesem Fall einmal die grünen Farben in Abbildung 11.1, und versuchen Sie zu entscheiden, welcher Grünton zu viel Blau und welcher zu viel Rot enthält. Die Beurteilung wird noch schwieriger, wenn weitere Farben hinzukommen, und ist zuletzt nur noch Geschmackssache.

Schritt für Schritt
Farbmischung bestimmen

Kapitel_11:
Blaustich.jpg

Vor der Korrektur eines Farbstichs müssen Sie herausfinden, welche Farbe für die verfälschte Farbwiedergabe verantwortlich ist.

1 Pipette einstellen

Laden Sie das Bild »Blaustich.jpg« in den Fotoeditor. Verwenden Sie das Farbwähler-Werkzeug aus der Werkzeugpalette. Schneller geht es mit dem Tastenkürzel I. In den Werkzeugoptionen können Sie bestimmen, wie groß der Bereich sein soll, aus dem Sie die Farbe auswählen wollen. Die Standardeinstellung, hier 1 Pixel (wird als leeres Quadrat angezeigt) ❶, ist für unsere Zwecke nicht geeignet, da es zwischen den einzelnen Pixeln immer noch zu Farbabweichungen kommen kann. Wählen Sie daher einen höheren Aufnahmebereich (3 × 3 oder 5 × 5) aus. Da Photoshop Elements leider nur drei verschiedene Aufnahmebereiche bietet, entscheiden Sie sich für den größten Bereich, Durchschnitt (5 × 5) ❷.

▲ **Abbildung 11.2**
Die Farbwiedergabe des Bildes benötigt eine Anpassung.

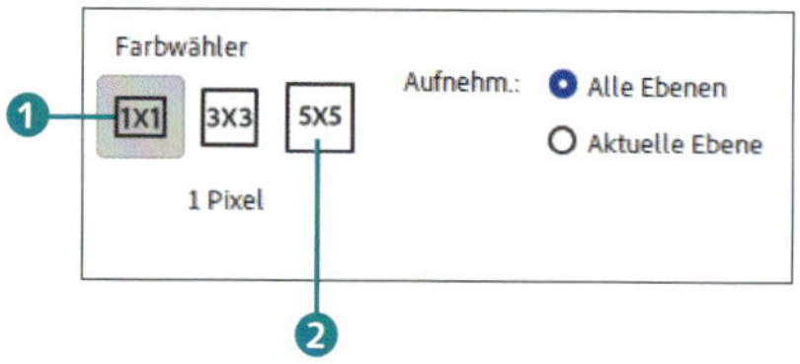

Abbildung 11.3 ►
Die Werkzeugoptionen der Pipette

2 Informationen-Bedienfeld aufrufen

Um den durchschnittlichen Wert, der mit der Pipette aufgenommen wird, ordentlich ablesen zu können, rufen Sie das Informationen-Bedienfeld über FENSTER • INFORMATIONEN (oder [F8]) auf.

3 Grauton messen

Das Bild in Abbildung 11.2 hat keine wirklich naturgetreue Farbwiedergabe. Dies lässt sich bereits mit bloßem Auge erkennen. Da einige Teile der Brücke hier grau sind, haben Sie einen neutralen Grauton für die Messung der Graubalance gefunden.

Bewegen Sie den Mauszeiger mit dem Farbwähler (in Form einer Pipette) auf einen bestimmten Bereich im Bild, dessen Grauton Sie messen wollen. Im Informationen-Bedienfeld werden jeweils die Werte für das Pixel angezeigt, auf das der Cursor weist.

Der gemessene Grauwert im Informationen-Bedienfeld zeigt eindeutig, dass der Grauwert nicht ausgeglichen ist. Immer ist hier der Blauwert (9) der höchste, was oft typisch für Nachtaufnahmen oder Aufnahmen zur »Blauen Stunde« ist.

Das Bild hat also einen Blaustich, daher müssen Sie dem Bild Blau entziehen. Das geht zum Beispiel über die RGB-Kanäle mit der Tonwertkorrektur, wie ich es in Abschnitt 10.4.3, »Farbstich entfernen«, beschreibe. Im hier vorliegenden Beispiel müssten Sie den mittleren Schieberegler des blauen Kanals etwas reduzieren (nach rechts ziehen). Auf den folgenden Seiten zeige ich Ihnen aber auch noch andere Wege auf.

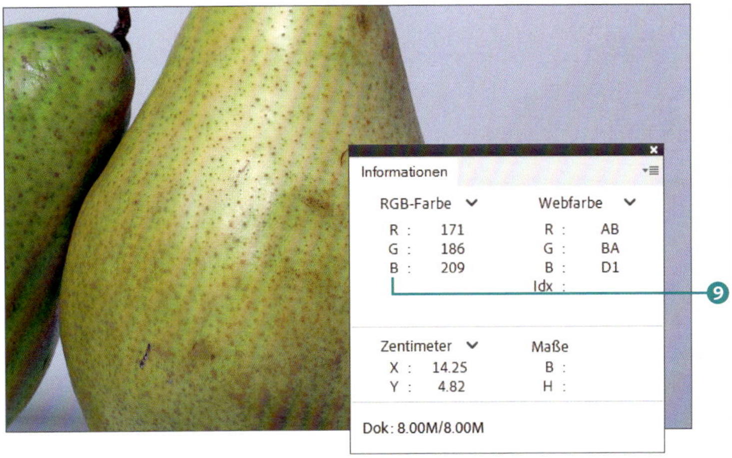

◄ **Abbildung 11.5**
Grautonwerte im Informationen-Bedienfeld auslesen

Gegenfarben

Um einen Farbstich zu beheben, müssen Sie die Komplementärfarben von Rot, Grün und Blau kennen. Einen Farbstich können Sie immer beheben, indem Sie die Gegenfarbe erhöhen oder die Farbe des Farbstichs reduzieren. Gegenfarben werden auch als *Komplementärfarben* bezeichnet. Die Komplementärfarbe von Rot (3) ist Cyan (4), die von Grün (5) ist Magenta (6) und jene von Blau (7) ist Gelb (8). Bezogen auf das Beispielbild »Blaustich.jpg« ist der Blauanteil zu hoch, und somit bedeutet dies automatisch, dass die Gegenfarbe Gelb zu niedrig ist. Daher leuchtet es ein, den Blauanteil des blauen Kanals zu reduzieren, sodass sich der Gelbanteil erhöht. Es ist daher sehr hilfreich, sich mit den Komplementärfarben auszukennen.

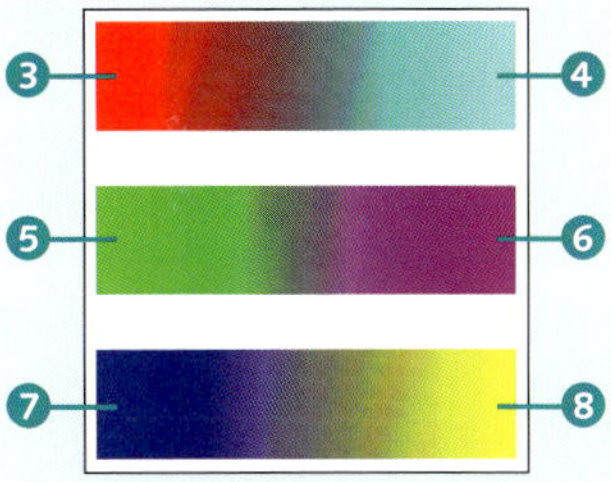

▲ **Abbildung 11.4**
Die Kanäle Rot, Grün und Blau mit ihren Gegenfarben Cyan, Magenta und Gelb

Graubalance bei Bildern ohne neutralen Punkt | Leider ist es nicht immer ganz einfach, in einem Bild einen neutralen Grauton für die Graubalance zu finden. Wenn es keinen neutralen Grauton gibt, sind viel Fingerspitzengefühl und auch Erfahrung gefordert, um den richtigen Messpunkt im Bild zu finden. Häufig können Sie aber schon mit dem bloßen Auge den Farbstich erkennen. Nicht immer gelingt dies direkt auf Anhieb. Auf jeden Fall sollten Sie jedoch die Graubalance in einem Bild überprüfen.

11.2 Farbstich mit einem Mausklick entfernen

Kapitel_11: Grünstich.jpg

Photoshop Elements wäre nicht so erfolgreich und für seine Einfachheit bekannt, wenn es nicht auch eine Ein-Klick-Lösung zum Entfernen eines Farbstichs gäbe. Rufen Sie hierzu einfach den entsprechenden Dialog über ÜBERARBEITEN • FARBE ANPASSEN • FARBSTICH ENTFERNEN auf. Das Prinzip ist relativ einfach: Nachdem Sie den Dialog aufgerufen haben, klicken Sie mit der Pipette einen Teil im Bild an, der grau, weiß oder schwarz sein sollte. Bei vielen Bildern ist dies nicht so einfach zu ermitteln, weshalb Sie vielleicht mehrere Versuche benötigen.

▲ **Abbildung 11.6**
Farbstich mit einem Mausklick korrigieren

Die Korrektur des Farbstichs können Sie jederzeit mit der Schaltfläche ZURÜCK wieder aufheben.

Abbildung 11.7 ▼
Das Bild links hat einen Grünstich. Im mittleren Bild habe ich diesen mit der Ein-Klick-Lösung auf eine Fläche des weißen Kleides behoben. Zum Vergleich finden Sie im rechten Bild die Lösung, in der ich den Farbstich mit der Tonwertkorrektur behoben habe. (Model: Aliya Mayrambek)

11.3 Farbton und Sättigung anpassen

Der Dialog Farbton/Sättigung, den Sie über Überarbeiten • Farbe anpassen • Farbton/Sättigung anpassen oder mit der Tastenkombination Strg/cmd+U aufrufen, ermöglicht Ihnen ein Verschieben der Farbtöne innerhalb eines Farbspektrums sowie Anpassungen der Sättigung und der Helligkeit.

Das Verschieben der Farbtöne über den Schieberegler Farbton basiert auf den drei Grundlagen Farbton (***H****ue*), Sättigung (***S****aturation*) und Helligkeit (***B****rightness*), kurz dem **HSB**-Farbkreis. Das Verschieben der Farben im Spektrum wird dabei unten im Dialog angezeigt. Der obere Farbumfang ❷ ist der Standardspektralbereich. Der untere Farbumfang ❸ wird verschoben, sobald Sie den Schieberegler Farbton nach links oder rechts bewegen. Schwarze und weiße Pixel bleiben von einer Farbverschiebung mit dem Regler Farbton unberührt.

Einstellungsebene »Farbton/Sättigung«

Farbton/Sättigung steht auch als Einstellungsebene zur Verfügung (siehe Abschnitt 9.1.5, »Flexibel arbeiten mit Einstellungsebenen«). Das Korrekturen-Bedienfeld Farbton/Sättigung unterscheidet sich dann zwar optisch leicht vom gleichnamigen Dialog, aber das Prinzip und die Anwendung bleiben gleich.

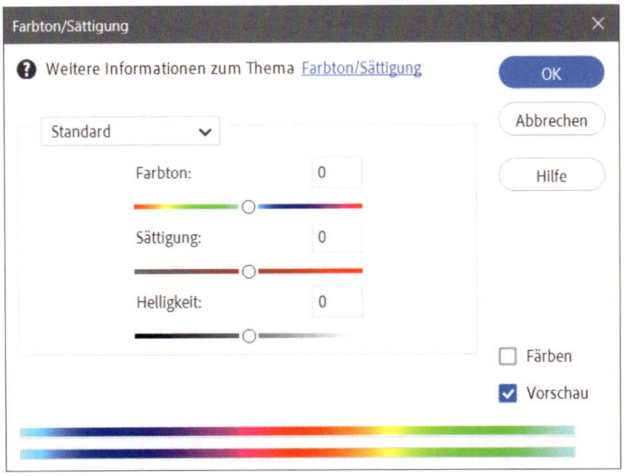

▲ **Abbildung 11.8**
Der destruktiv arbeitende Dialog Farbton/Sättigung ist ein interessantes Werkzeug, um die Farben im Bild zu verändern.

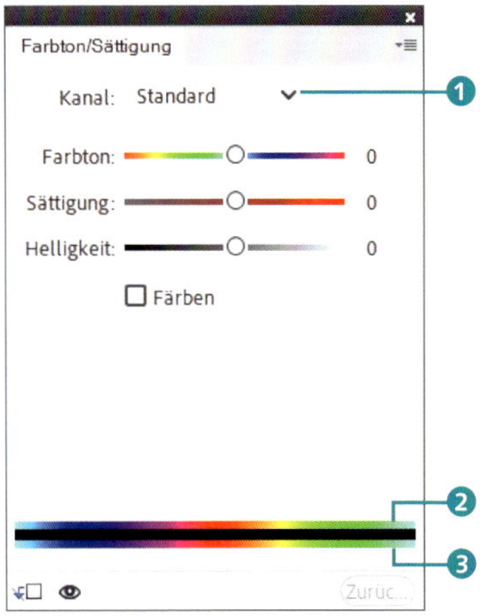

▲ **Abbildung 11.9**
Das Gleiche gibt es natürlich auch als nicht-destruktiv arbeitende Einstellungsebene mit eigenem Bedienfeld.

Mit dem Schieberegler Sättigung verstärken oder reduzieren Sie die Farbkraft. Mit dem Regler Helligkeit fügen Sie einem Bild mehr Weiß oder mehr Schwarz hinzu – je nach Richtung der Verschiebung.

Über die Dropdown-Liste ❶ können Sie neben dem gesamten Bild (Standard) auch einzelne Bild- oder Farbbereiche verändern. Wählen Sie zum Beispiel in der Liste Gelbtöne aus, wirken sich anschließend alle Veränderungen mit dem Dialog nur auf diesen Farbbereich aus. Natürlich lässt es sich hierbei nicht

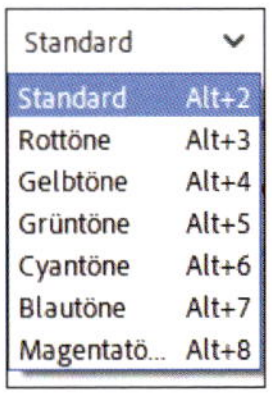

▲ **Abbildung 11.10**
Einschränken der Bearbeitung auf bestimmte Farbtöne

ganz vermeiden, dass auch andere Farbbereiche mit verändert werden. Grüntöne haben zum Beispiel auch einen Anteil Gelb und werden somit ebenfalls geändert.

Zum Weiterlesen
In diesem Abschnitt wird nur die Korrektur bzw. Verbesserung von Farben in einem Bild erklärt. Es ist aber auch möglich, mithilfe dieser Dialoge unter anderem eine Farbverfremdung durchzuführen. Darauf wird in Abschnitt 19.5, »Farbton verschieben«, eingegangen. Auch tonen lassen sich die Bilder, wie Sie in Abschnitt 19.1.1, »Bilder färben mit ›Farbton/Sättigung‹«, nachlesen können.

Was sind Farbton und Sättigung? | Der Farbton ist schlicht und einfach die Farbe im Bild. Die Farbsättigung zeichnet die Reinheit und Intensität einer Farbe aus. Bei der Korrektur oder Änderung von Farbe (mit dem Regler FARBTON) bzw. der Farbsättigung (mit dem Regler SÄTTIGUNG) müssen Sie vorsichtig sein. Nichts kann ein Bild mehr zerstören als eine übertriebene Farbsättigung. Versuchen Sie daher, immer eine möglichst ausgeglichene Farbbalance zu erzielen.

Im Gegensatz zu einer Tonwertkorrektur gibt es bei der Farbkorrektur kein zuverlässiges Hilfsmittel wie ein Histogramm, um die Qualität der Farbe zu messen. Der richtige Farbton und die richtige Sättigung sind somit eher eine Sache des persönlichen Geschmacks.

Zum Weiterlesen
Mit dem Regler FARBTON verschieben Sie das Farbspektrum und verfremden damit die einzelnen Pixel. Über KANAL können Sie dies auch mit einzelnen Farbtönen erreichen. Der Regler wird daher eher selten zur Bildkorrektur verwendet und wird in Abschnitt 19.5, »Farbton verschieben«, umfassender beschrieben.

Farbsättigung anpassen | In der Abbildung »Chocolate.jpg« wurde die Farbsättigung über den Regler SÄTTIGUNG ❹ stufenweise um jeweils +15 erhöht. Abhängig vom subjektiven Geschmacksempfinden des Betrachters ist eine Erhöhung ab +30 meistens schon zu viel des Guten.

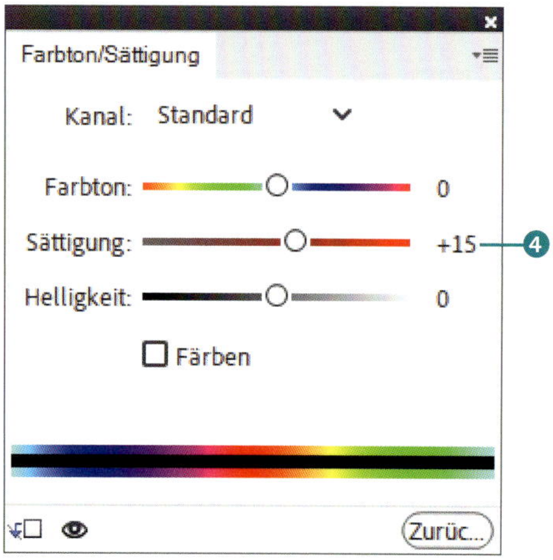

▲ **Abbildung 11.11**
Die Intensität und die Reinheit der Farben werden über den Regler SÄTTIGUNG ❹ reguliert.

Kapitel_11: Chocolate.jpg

Alternativ können Sie die Sättigung der Farben natürlich auch reduzieren, wenn diese zu intensiv sind oder Sie zu kreativen Zwecken das Bild etwas entsättigen wollen.

▲ **Abbildung 11.12**
Hier können Sie sehr schön unterschiedliche Farbsättigungen sehen. Das Bild links wurde nicht behandelt. Im zweiten Bild wurde die SÄTTIGUNG auf +15 erhöht. Im dritten Bild wurde die SÄTTIGUNG auf +30 und im vierten gar auf +45 erhöht, wodurch die Farbbalance schon sehr unnatürlich wirkt.

Wollen Sie die Sättigung einzelner Farbkanäle anpassen, brauchen Sie lediglich einen KANAL ⑤ auszuwählen und die Sättigung nur für diesen Kanal anzupassen. Ein beliebtes Beispiel ist es, die Sättigung für einen blauen Himmel über die CYANTÖNE und BLAUTÖNE zu verbessern oder die Sättigung von zu knalligen Farbkanälen im Bild zu reduzieren.

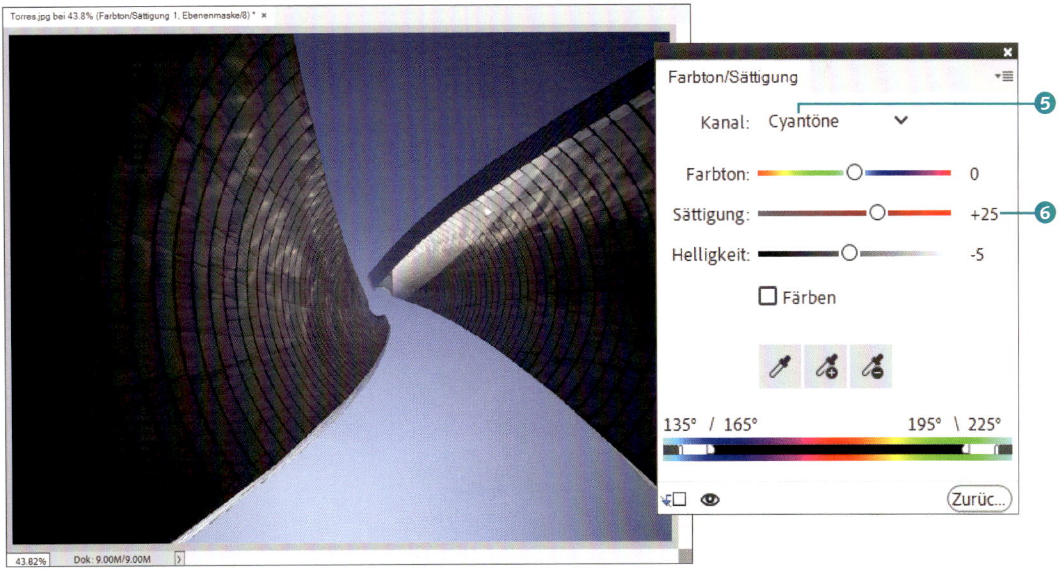

▲ **Abbildung 11.13**
Einzelne Farbtöne können Sie über KANAL ⑤ auswählen und anpassen. Im Beispiel wurde die SÄTTIGUNG ⑥ von Cyantönen und Blautönen erhöht, um so den flauen Himmel etwas strahlender zu machen.

11.4 Farbton, Farbsättigung und Farbbalance mit dem Schnell-Modus

Zum Nachlesen

Der SCHNELL-Modus wird in Kapitel 2, »Schnelle Bildkorrekturen im Fotoeditor«, behandelt.

An dieser Stelle muss ich noch die Farbfunktionen bei den Korrekturen im SCHNELL-Modus hervorheben, da dieser einige Features bietet, die der ERWEITERT-Modus nicht hat. Da wäre zum Beispiel der Regler DYNAMIK ❶ innerhalb der Korrektur FARBE. Diese Option ist ähnlich wie die Sättigung, nur wirkt sie nicht auf alle Farben im Bild gleich, sondern nur auf Farben mit einer geringeren Sättigung. Damit wird das Bild nicht so schnell übersättigt, wie dies mit dem Regler von SÄTTIGUNG passieren kann.

Unter der Korrektur BALANCE hingegen finden Sie mit TEMPERATUR ❷ und FARBTONUNG ❸ zwei weitere Regler. Mit TEMPERATUR geben Sie an, welche Lichtart im Bild neutral dargestellt werden soll. Das Bild wird wärmer bzw. rötlicher, je weiter Sie den Regler erhöhen, und kühler bzw. bläulicher, je weiter Sie diesen reduzieren. Mit dem Regler FARBTONUNG können Sie diese Einstellungen noch etwas nachjustieren, um einen grünen oder magentafarbenen Farbstich auszugleichen.

Weißabgleich

Wenn man es genau nimmt, stellen Sie mit den Reglern TEMPERATUR ❷ und FARBTONUNG ❸ den Weißabgleich für das Bild ein. Mehr zum Thema Weißabgleich finden Sie im Kapitel zu Adobe Camera Raw mit Abschnitt 13.3.4, »Weißabgleich«, wieder.

▲ **Abbildung 11.14**
Im SCHNELL-Modus verstecken sich interessante Farbfunktionen, die man im ERWEITERT-Modus vergeblich sucht.

11.5 Hauttöne anpassen

Bedingt praxistauglich

Diese Funktion ist eher gröberer Natur, da sie nicht punktuell die Hautfarbe, sondern das gesamte Bild verändert, einschließlich des Hintergrunds. Auch bei fast weißer Haut richten Sie mit dieser Funktion kaum etwas aus – etwa wenn Sie bei einer Aufnahme den Blitz direkt auf die Person gerichtet haben. Für eine detailliertere Anpassung speziell der Hauttöne müssen Sie daher auf Ebenen zurückgreifen.

Hauttöne werden auf Fotografien häufig nicht ganz natürlich wiedergegeben. Zwar werden die Kameras diesbezüglich immer »schlauer« und korrigieren solche Fehler zunehmend schon beim Ablichten, trotzdem kommt es bei Aufnahmen bei Kunstlicht oder mit Blitzlicht noch häufig vor, dass die Hautfarbe nicht richtig dargestellt wird. Hierzu bietet Ihnen Photoshop Elements eine entsprechende Funktion an, die Sie über ÜBERARBEITEN • FARBE ANPASSEN • FARBE FÜR HAUTTON ANPASSEN aufrufen.

Klicken Sie nach dem Aufruf der Funktion im Bild mit der zum Dialog gehörenden Pipette ❷ auf den Hautbereich, den Sie verändern wollen. Hierbei sollte sich der Teint bereits ein wenig verändern. Außerdem erscheinen bei den Farbbalken im Dialog die Schieberegler für BRÄUNUNG, RÖTUNG und TEMPERATUR ❶, mit denen Sie gezielt die Hautrötung oder Bräuning steuern. Auch die Farbtemperatur des Umgebungslichtes können Sie hier kühler oder wärmer machen.

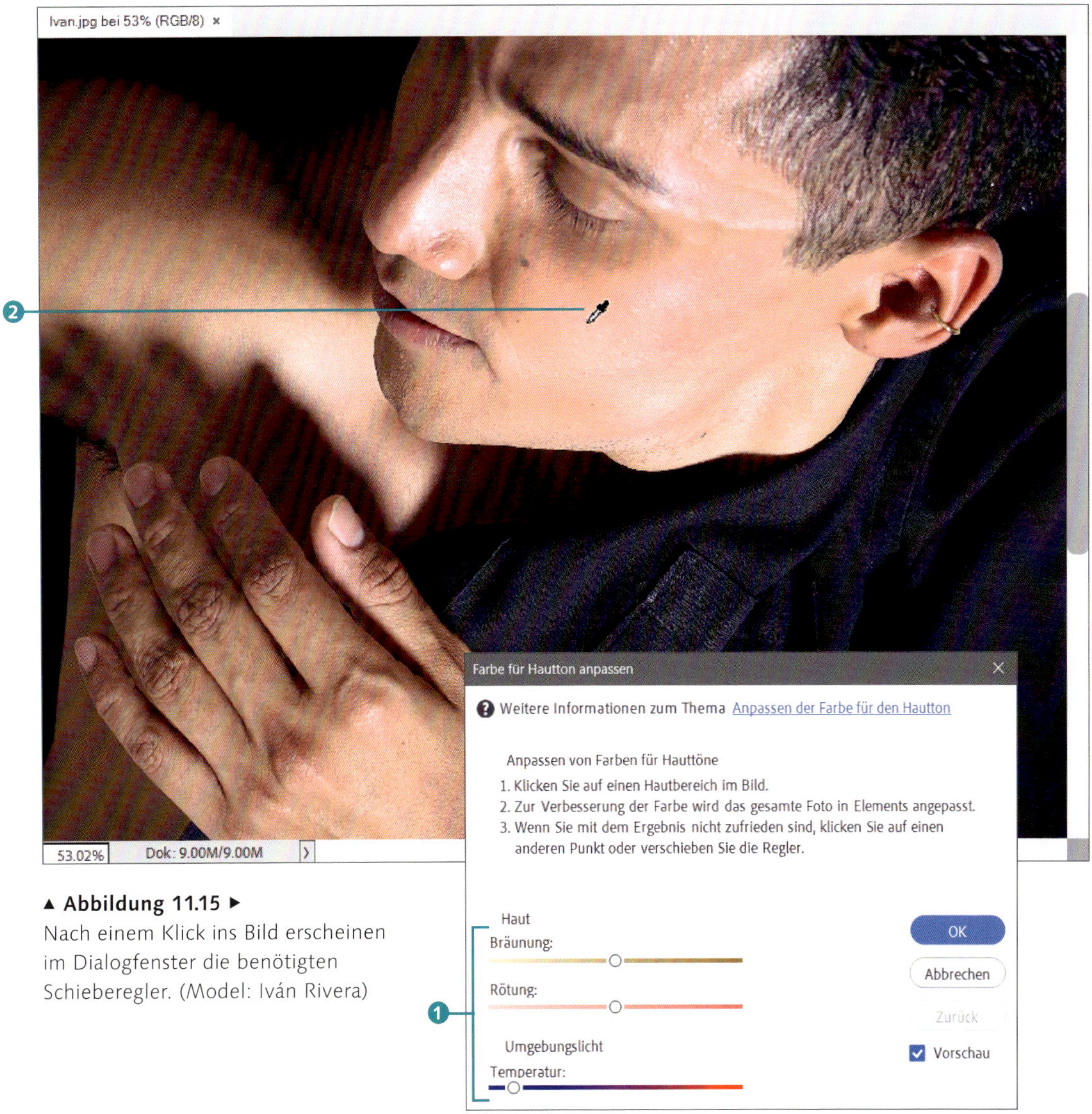

▲ **Abbildung 11.15** ▶
Nach einem Klick ins Bild erscheinen im Dialogfenster die benötigten Schieberegler. (Model: Iván Rivera)

TEIL IV

Adobe Camera Raw

Kapitel 12

Das Raw-Format

Wenn Sie Ihre Fotos lieber im Raw- statt im JPEG-Format speichern und verwenden möchten, dann liefert Ihnen Adobe mit Camera Raw ein kostenloses Plug-in, das Ihnen im Umgang mit Fotos weitere Optionen und Möglichkeiten bietet. Bevor ich das Plug-in beschreibe, möchte ich Ihnen jedoch erklären, wozu das Raw-Format überhaupt gut ist, und was es damit auf sich hat. Sollten Sie nicht im Raw-Format fotografieren, können Sie diesen Teil auch nur überfliegen.

12.1 Das Raw-Format

Wenn vom Raw-Format und von Raw-Bildern die Rede ist, ist damit für gewöhnlich das Rohdatenformat einer Bilddatei gemeint. Dieses Format ist jedoch nicht mit der Dateiendung »*.raw« gleichzusetzen, wie dies beispielsweise beim JPEG-Format mit der Dateiendung »*.jpeg« (bzw. »*.jpg«) der Fall ist. Das Raw-Format ist ein *herstellerabhängiges* Dateiformat.

Bei nahezu jedem Kamerahersteller werden andere Informationen in den Raw-Dateien auf die Speicherkarte der Kameras geschrieben. Nicht jeder Hersteller gibt gerne preis, um welche Daten es sich dabei im Einzelnen handelt. Zu allem Übel bedeutet dies, dass jeder Kamerahersteller neben einem eigenen proprietären Dateiformat zusätzlich noch eine eigene Dateiendung verwendet. In Tabelle 12.1 finden Sie einen kurzen Überblick über Dateiendungen, die von verschiedenen gängigen Kameraherstellern verwendet werden. Eine Auflistung aller Formate würde hier zu weit gehen, weil es mittlerweile mehr als 100 verschiedene Raw-Formate gibt.

Ein im Raw-Format gespeichertes Bild kann nicht ohne Weiteres weitergegeben und auf jedem Rechner betrachtet werden. Zunächst muss es in der Regel noch mit einem Raw-Konverter bearbeitet werden, wie beispielsweise dem mit Photoshop Elements bereitgestellten Plug-in *Adobe Camera Raw*. Natürlich

Hersteller	Dateiendung
Canon	.crw, .crw2
Fujifilm	.raf
Hasselblad	.3fr, .fff
Leica	.raw, .rwl, .dng
Minolta	.mrw, .mdc
Nikon	.nef, .nrw
Olympus	.orf
Panasonic	.raw, .rw2
Pentax	.pef, .dng
Samsung	.srw, .dng
Sigma	.x3f
Sony	.srf, .sr2, .arw

▲ Tabelle 12.1
Gängige Dateierweiterungen, die von verschiedenen Herstellern für Raw-Dateien verwendet werden

Unterstützte Raw-Formate
Eine Übersicht aller von Camera Raw unterstützten Formate und Kameramodelle finden Sie auf folgender Webseite: *https://helpx.adobe.com/de/creative-suite/kb/camera-raw-plug-supported-cameras.html*.

gibt es dafür auch reine Raw-Spezialisten wie Adobe Lightroom oder Capture One Pro, die gegenüber Camera Raw weitaus mehr Funktionen und auch eine Verwaltung der Bilder bieten.

Wenn Sie sich jetzt fragen, ob Adobe Camera Raw mit dem Raw-Format Ihres Herstellers umgehen kann, kann ich Ihnen zusichern, dass dies so gut wie immer der Fall ist. Selbst wenn Sie gerade das neueste Kameramodell gekauft haben, das ein ganz neues Raw-Format verwendet, sind die Hersteller der Kameras immer daran interessiert, dass ihre Anwender mit dem Dateiformat auch etwas anfangen können. Für Adobe ist es entscheidend, dass die Bilder entwickelt werden können. Mit den meisten Updates des Plug-ins stellt Adobe daher auch die Unterstützung für weitere Dateiformate und Kamerahersteller bereit. Und wenn Camera Raw doch einmal nicht mit einem speziellen Raw-Format umgehen kann, bleibt immer noch der Ausweg, die Datei verlustfrei in DNG umzuwandeln, was ich auch gleich im nächsten Abschnitt näher erläutern werde.

12.2 Ein Standard für alle Raw-Formate mit dem DNG-Format

DNG oder nicht?
Für Sie bedeutet dies nicht, dass Sie von nun an alle Ihre Raw-Dateien in das DNG-Format konvertieren sollten. Vielmehr kennen Sie mit DNG jetzt ein Raw-Format, das Sie bei Problemen verwenden können und mit dem alle wichtigen Raw-Konverter umgehen können.

Da jeder Hersteller sein eigenes Süppchen oder eben Raw-Format kocht und kein Raw-Konverter alle Formate verarbeiten kann, hat Adobe 2004 mit dem DNG-Format (für *Digital Negative Format*) den Versuch unternommen, ein Standardformat zu schaffen. Einige Kamerahersteller, wie Pentax, Samsung, Ricoh oder Hasselblad, bieten dem Anwender neben dem hauseigenen Raw-Format bereits an, die Raw-Dateien gleich im DNG-Format auf der Speicherkarte zu sichern.

Sollte Ihre Kamera DNG noch nicht unterstützen, ist es dennoch mittlerweile möglich, verschiedene Raw-Formate verlustfrei mit dem DNG-Konverter in das DNG-Format umzuwandeln. Dieser Konverter ist bereits in Photoshop Elements integriert. Mehr Informationen dazu finden Sie im Web unter *www.adobe.com/de/products/dng*.

12.3 Die Vorentwicklung in der Kamera

Doch wie entsteht denn nun ein Raw-Bild in der Kamera? In Abbildung 12.1 können Sie einen vereinfachten schematischen Ablauf sehen, wie ein Raw-Foto – beginnend beim Betätigen des Auslösers – auf der Speicherkarte gesichert wird. Zunächst werden die Lichtstrahlen vom Bildsensor der Kamera pixelweise in analoge elektrische Signale umgewandelt. Ein Analog-Digital-Wandler digitalisiert daraufhin diese Informationen. Der Bildbearbeitungsprozessor der Kamera schließlich erstellt aus den digitalen Daten ein Raw-Bild im herstellereigenen Format, das auf die Speicherkarte der Kamera geschrieben wird.

Raw-Bilder speichern
Damit Ihre Fotos im kameraeigenen Raw-Format auf der Memory-Card gespeichert werden, müssen Sie dieses Format bei den Einstellungen Ihrer Kamera auswählen. Als Standard ist meistens das JPEG-Format eingestellt. Viele Kamerahersteller bieten die Möglichkeit an, das Bild in beiden Formaten gleichzeitig zu sichern – jeweils einmal im Raw-Format und einmal im JPEG-Format.

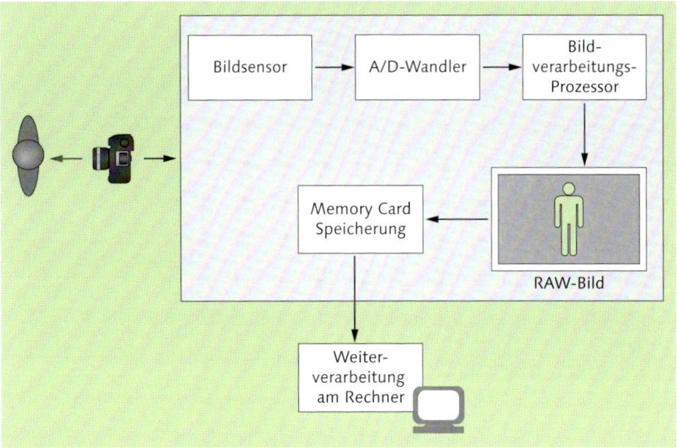

◂ **Abbildung 12.1**
Ein (stark) vereinfachter schematischer Ablauf vom Betätigen des Auslösers bis zum fertigen Raw-Bild in der Kamera

12.4 Der Aufbau einer Raw-Datei

Im Gegensatz zu einem herkömmlichen Fotoformat wie JPEG wird eine kamerainterne Raw-Datei im wahrsten Sinne des Wortes »roh« und unbehandelt auf die Speicherkarte geschrieben. Die Kamera verzichtet dabei auf eine Vorentwicklung des Bildes, wie den Weißabgleich, eine Farbkorrektur, die Schärfung oder die Kontrastanpassung. Auch wird eine Raw-Datei nicht wie eine JPEG-Datei komprimiert. So liegt bei einem Raw-Bild der größtmögliche Umfang an Bildinformationen vor. Dies gibt Ihnen weitaus mehr Möglichkeiten bei der nachträglichen Anpassung und Korrektur Ihrer Bilder am Computer, als es bei einem herkömmlichen Dateiformat wie JPEG der Fall ist. Das bedeutet allerdings auch, dass Sie verstärkt die Kontrolle übernehmen und das Bild am Computer nachbearbeiten müssen.

Ein weiterer Vorteil des Raw-Formats ist es, dass Sie 10, 12 oder 14 Bit pro Farbkanal an Helligkeitsinformationen speichern können. Im JPEG-Format beschränkt sich der Umfang auf 8 Bit pro Farbkanal. In Zahlen bedeutet dies, dass ein JPEG-Bild maximal 256 Helligkeitsstufen pro Farbkanal darstellen kann, während es beim Raw-Format 1024 bis 16384 Helligkeitsstufen sein können. Was das konkret bedeutet, sehen Sie, wenn Sie Abbildung 12.3 mit Abbildung 12.4 vergleichen.

Metadaten
Hier werden die Kameraeinstellungen wie Blendenöffnung, Belichtungszeit usw. mitgespeichert. Ebenso sind in den Metadaten kamerainterne Informationen enthalten, die nicht relevant für die Bilddarstellung sind, wie beispielsweise das Kameramodell, der Urheber, das verwendete Objektiv usw.

Genauer betrachtet besteht eine Raw-Datei aus drei Teilen: Neben den Bilddaten des Sensors enthält sie ein JPEG-Vorschaubild und die kameraeigenen Metadaten.

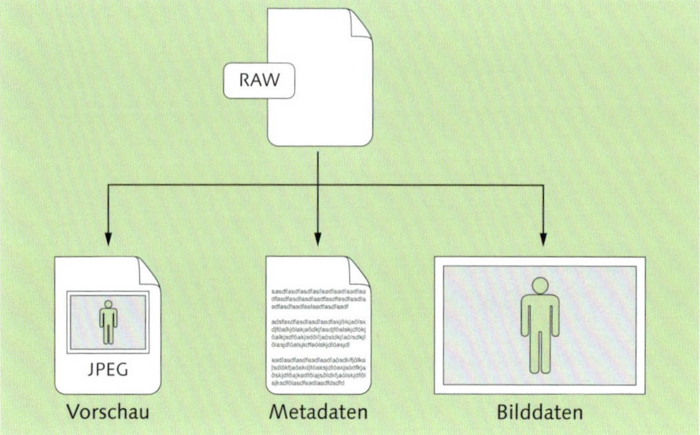

Abbildung 12.2 ▸
Eine Raw-Datei besteht neben den Bilddaten noch aus einem JPEG-Vorschaubild und den kameraeigenen Metadaten.

Über- und unterbelichtete Bilder retten

Dank der umfangreichen Helligkeitsinformationen der Raw-Datei können Sie bei einer unbeabsichtigten Über- oder Unterbelichtung aufgrund fehlerhafter Einstellungen noch Details aus sehr dunklen und schattigen oder sehr hellen Bereichen in Ihrem Foto herausholen. Bei einem JPEG-Bild wären diese Details nicht mehr vorhanden. Das ist nicht nur für Profis von Vorteil, sondern auch für Anfänger, weil Sie damit ein Foto beispielsweise mit überstrahltem Himmel oder zu dunklen Schatten noch retten können.

▴ Abbildung 12.3
In der JPEG-Version lassen sich die Details in den zu hellen und zu dunklen Bereichen des Bildes nicht mehr wiederherstellen. Der überstrahlte Himmel ist fast weiß, und würden Sie die Dächer im Vordergrund noch mehr aufhellen, würde dies nur hässliches Bildrauschen hervorbringen.

▴ Abbildung 12.4
Bei der Raw-Version des Bildes hingegen haben Sie dank der umfassenderen Helligkeitsinformationen etwas mehr Spielraum. In diesem Beispiel konnten aus dem überstrahlten Himmel noch Details wie Wolken und Farben herausgeholt werden. Auch in den Schatten sind noch einige Details sichtbar geworden.

Kapitel 13
Bilder im Raw-Format bearbeiten

In Photoshop Elements ist eine abgespeckte Version des Plug-ins Camera Raw aus der großen Schwester Photoshop enthalten. Dennoch stellt diese Version alle nötigen Funktionen bereit, um Basiskorrekturen am Raw-Bild durchzuführen und ist für den Hausgebrauch häufig mehr als ausreichend. Für weitere Arbeiten am Bild steht Ihnen dann der Fotoeditor zur Verfügung.

13.1 Raw-Dateien importieren

Auch bei den Raw-Dateien funktioniert das Importieren mit oder ohne den Organizer, wie ich dies in Abschnitt 6.5, »Import von Kamera oder Kartenleser«, mit dem Foto-Downloader bereits näher beschrieben habe. Importierte Raw-Dateien werden in der Bilderdatenbank des Organizers in einer Vorschau angezeigt.

Sollte der Import der Raw-Dateien nicht gelingen, kann es sein, dass Photoshop Elements – oder genauer das Camera-Raw-Plug-in – den Raw-Typ Ihrer Kamera nicht unterstützt. Da Adobe die Unterstützung von Raw-Formaten verschiedener Hersteller stetig ausbaut, können Sie über HILFE • AKTUALISIERUNGEN nachsehen, ob es nicht schon ein aktuelleres Plug-in gibt. Die Versionsnummer von Camera Raw fragen Sie über HILFE/PHOTOSHOP ELEMENTS EDITOR • ÜBER ZUSATZMODUL • CAMERA RAW ab.

Camera Raw installieren
Das Plug-in Camera Raw wird nicht mehr automatisch installiert. Sobald Sie allerdings über das Menü DATEI • IN CAMERA RAW ÖFFNEN aufrufen, wird das Plug-in bei Bedarf heruntergeladen. Dasselbe erreichen Sie auch über das Menü HILFE • CAMERA RAW INSTALLIEREN.

13.2 Die Basisfunktionen des Camera-Raw-Plug-ins

Beim ersten Start des Camera-Raw-Plug-ins könnte der Eindruck entstehen, es handele sich eher schon um eine eigenständige Anwendung.

Im rechten Bereich ❺ finden Sie die eigentlichen Funktionen zur Bearbeitung der Raw-Datei (Anpassung von Weissabgleich, Belichtung, Kontrast usw.). Die vertikale Leiste ❷ auf der rechten Seite zeigt neben dem Bearbeiten-Werkzeug die Werkzeuge Zuschneiden und drehen und Rote Augen entfernen zur Auswahl an. Unterhalb der Vorschau ❸ sehen Sie Informationen zum Bild ❹ wie die Ansichtsgröße, die Sternebewertung und die Farbtiefe. Oberhalb der Vorschau finden Sie außerdem den Dateinamen und den Namen der Kamera ❶, von der das Bild importiert wurde.

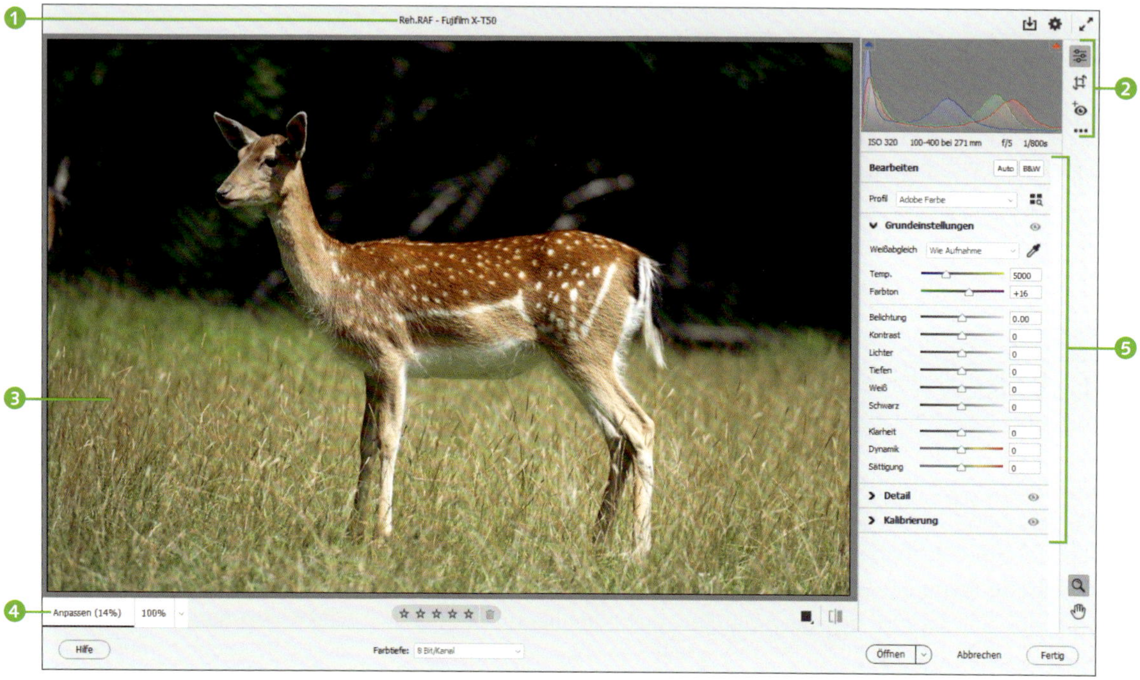

▲ **Abbildung 13.1**
Das Camera-Raw-Dialogfeld

13.2.1 Bilder in Camera Raw öffnen

Um ein Bild im Raw-Format zu öffnen, gibt es mehrere Wege.

Dunkle oder blasse Bilder?
Wundern Sie sich nicht, wenn das Bild im Raw-Dialogfeld manchmal blass oder gar dunkel wirkt. Bedenken Sie immer, dass es sich um ein von der Kamera unbehandeltes Rohformat handelt, bei dem Sie mit Camera Raw die Geschicke selbst in die Hand nehmen.

Raw-Datei öffnen über den Fotoeditor | Wenn Sie den Fotoeditor geöffnet haben, laden Sie die Raw-Datei mit `Strg`/`cmd`+`Alt`+`O` oder Datei • In Camera Raw öffnen. Das Raw-Bild wird dann mit dem Camera-Raw-Plug-in geöffnet.

Noch schneller geht es per Drag & Drop vom Windows Explorer oder Mac-Finder aus. Hierbei lassen Sie einfach die gewünschte Raw-Datei mit gedrückter linker Maustaste aus dem Windows Explorer in den Fotoeditor fallen.

Natürlich ist hierbei auch möglich, jederzeit mehrere Dateien auf einmal in Camera Raw zu öffnen. Beim Camera-Raw-Plug-in wird hierfür ein Filmstreifen eingeblendet.

Raw-Datei öffnen über Organizer | Das Öffnen eines Raw-Bildes vom Organizer aus funktioniert genauso, als ob Sie ein Bild mit dem Fotoeditor bearbeiten wollen. Wählen Sie einfach das entsprechende Raw-Bild aus, drücken Sie die rechte Maustaste, und klicken Sie im Kontextmenü auf MIT PHOTOSHOP ELEMENTS EDITOR BEARBEITEN. Dasselbe erreichen Sie über die kleine Schaltfläche EDITOR ❶ oder mit der Tastenkombination [Strg]/[cmd]+[I].

▲ **Abbildung 13.2**
Das Öffnen von Bildern im Raw-Format aus dem Organizer funktioniert genauso wie das Öffnen gewöhnlicher Bilder.

Raw-Datei öffnen über Explorer und Finder | Natürlich können Sie ein Raw-Bild auch öffnen, ohne zuvor den Fotoeditor oder den Organizer zu starten. Klicken Sie einfach doppelt auf das Icon des Raw-Bildes, und die Datei wird mit dem Camera-Raw-Plug-in geöffnet.

Voraussetzung ist natürlich, dass Photoshop Elements die Standardanwendung zum Öffnen von Raw-Dateien ist. Ist dies noch nicht der Fall, klicken Sie das Icon mit der rechten Maustaste an und wählen im Kontextmenü bei ÖFFNEN MIT den Fotoeditor aus.

Um Raw-Bilder künftig immer mit Photoshop Elements öffnen zu lassen, klicken Sie eine Raw-Datei im entsprechenden Raw-Format mit der rechten Maustaste an und wählen unter Windows im Kontextmenü EIGENSCHAFTEN. Über den folgenden Dialog finden Sie im Reiter ALLGEMEIN bei ÖFFNEN MIT die Schaltfläche ÄNDERN ❷, um Photoshop Elements als Standardanwendung auszuwählen.

Standardanwendung für Raw
Gewöhnlich stellt sich Photoshop Elements selbst als Standardanwendung in den Vordergrund, um Raw-Dateien zu bearbeiten. Wenn Sie allerdings eine Software installieren, mit der sich Raw-Dateien bearbeiten lassen, kann es sein, dass sich dieses Programm als neue Standardsoftware in den Vordergrund drängt.

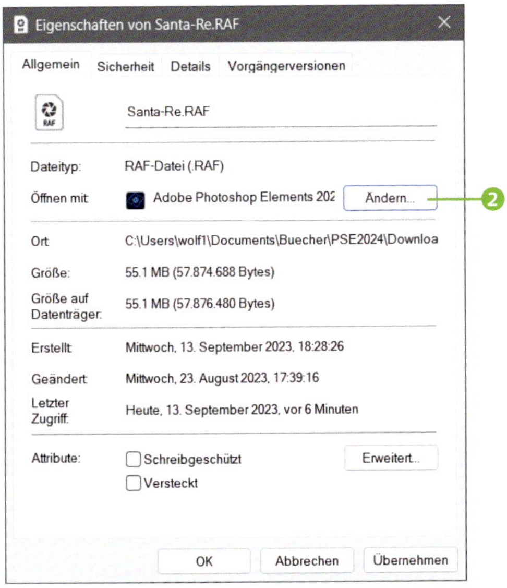

Ähnlich können Sie dieses ÖFFNEN MIT beim Mac einstellen. Auch hier brauchen Sie nur die Datei mit der rechten Maustaste anzuklicken und im Kontextmenü INFORMATIONEN auszuwählen. Dort finden Sie dann die Option ÖFFNEN MIT, die Sie gegebenenfalls anpassen.

◂ **Abbildung 13.3**
Photoshop Elements soll die Standardanwendung für unsere Raw-Bilder sein.

13.2.2 Werkzeuge für die Ansicht

Auf der rechten unteren Seite des Camera-Raw-Plug-ins über dem Bild finden Sie einige Werkzeuge, mit denen Sie die Ansicht der Vorschau Ihren Wünschen entsprechend anpassen.

Mit dem Zoom-Werkzeug [Z] stellen Sie den Zoomfaktor für die Vorschau auf den nächsthöheren Wert, wenn Sie auf das Bild klicken. Um wieder herauszuzoomen, drücken Sie [Alt], während Sie in das Bild klicken. Wollen Sie das Vorschaubild in Originalgröße (100 %) anzeigen, klicken Sie doppelt auf das Icon des Zoom-Werkzeugs. Mit gehaltener [Alt]-Taste und dem Mausrad können Sie außerdem jederzeit hinein- und herauszoomen, auch wenn das Zoom-Werkzeug nicht aktiviert ist.

Wenn der Zoomfaktor zu groß geworden ist und Sie das Vorschaufenster verschieben wollen, steht Ihnen auch hier das Hand-Werkzeug [H] zur Verfügung. Mit gedrückter Leertaste können Sie das Hand-Werkzeug aus jedem Werkzeug heraus verwenden.

Mit dem Icon rechts oben aktivieren Sie den Vollbildmodus; ein erneutes Anklicken schaltet das Fenster wieder in den normalen Bildmodus um. Schneller noch geht dies mit dem Tastenkürzel [F] (für ***F****ullscreen*, englisch für Vollbild).

Die Zoomstufe der Vorschau können Sie auch links unterhalb des Vorschaubildes mit dem kleinen Plus- und Minussymbol oder mit dem kleinen Dreieck anpassen.

Zoomen mit der Tastatur
Schneller hinein- und herauszoomen können Sie mit der Tastatur über [Strg]/[cmd]+[+] bzw. [Strg]/[cmd]+[-].

Kein Zoom- und Hand-Werkzeug
Wenn kein Zoom- und Hand-Werkzeug eingeblendet wird, dann haben Sie die Funktion LIGHTROOM ZUM ZOOMEN UND SCHWENKEN VERWENDEN bei den Camera-Raw-Voreinstellungen aktiviert.

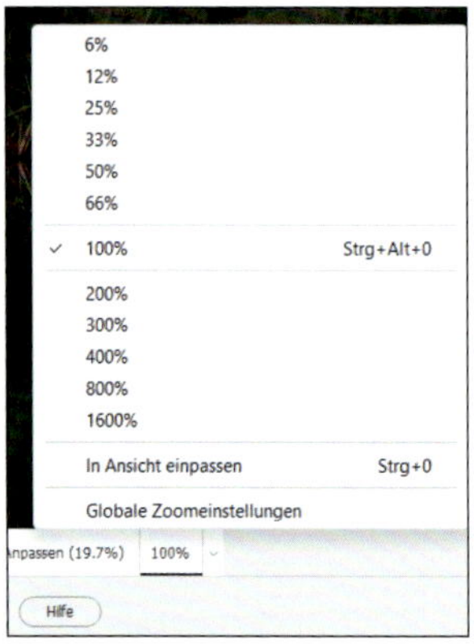

▲ **Abbildung 13.4**
Anpassen der Zoomstufe des Vorschaubildes

13.2.3 Das Histogramm

Um auch bei der Korrektur im Raw-Modus das Bild unter Kontrolle zu haben, gibt es auch im Camera-Raw-Dialog ein Histogramm. Hierbei werden alle drei Farbkanäle (Rot, Grün und Blau) gleichzeitig mit der entsprechenden Farbe angezeigt.

Sehr nützlich sind auch die kleinen Dreiecke ❶ [U] (für ***U****nderexposed*, englisch für Unterbelichtung) und ❷ [O] (für ***O****verexposed*, englisch für Überbelichtung) oberhalb des Histogramms. Wenn Sie sie anklicken, schalten Sie eine Farbumfang-Warnung ein.

Im Vorschaubild werden diese Bereiche dann farbig hervorgehoben, wenn ein Zeichnungsverlust droht. Alle zu dunklen Stellen (Tiefen) im Bild werden mit dem linken kleinen Dreieck aktiviert und im Bild in blauer Farbe hervorgehoben. Die zu hellen Bereiche im Bild werden mit dem rechten kleinen Dreieck aktiviert und im Bild in roter Farbe hervorgehoben.

Wenn Sie das Zoom-Werkzeug [Z], das Hand-Werkzeug [H] oder das Weißabgleich-Werkzeug [I] über das Vorschaubild bewegen, werden außerdem die RGB-Werte innerhalb des Histogramms angezeigt. Darunter finden Sie die Kameraeinstellungen wie die Blende, Belichtung, ISO-Einstellung und Brennweite.

Histogramm
Das Histogramm habe ich in Abschnitt 10.1 näher beschrieben.

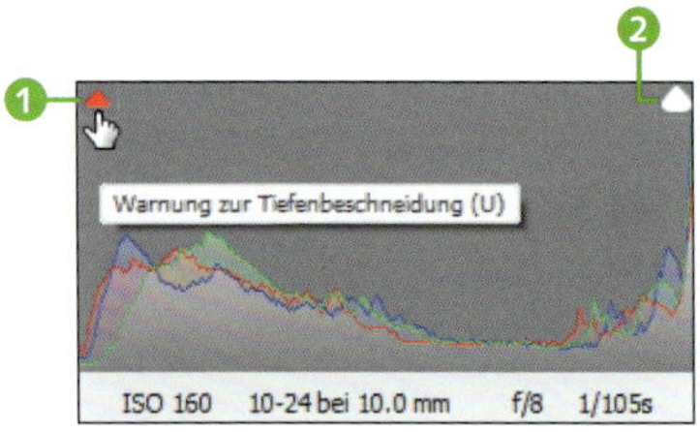

▲ **Abbildung 13.5**
Das Histogramm des Camera-Raw-Dialogs. Leuchtet eines dieser Dreiecke farbig, droht ein Tonwertverlust im entsprechenden Bereich.

▲ **Abbildung 13.6**
Die blauen und roten Stellen sind bei der Korrektur am empfindlichsten hinsichtlich eines Datenverlusts. Im Beispielbild habe ich diese Stellen aber mit Absicht zu Anschauungszwecken provoziert, indem ich die Regler für WEISS und SCHWARZ extrem übersteuert habe.

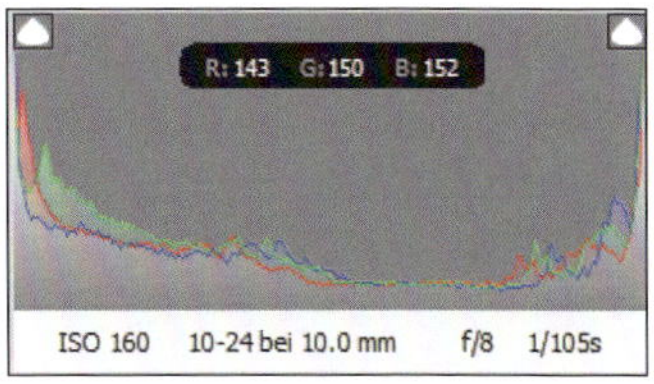

▲ **Abbildung 13.7**
Weitere Daten wie RGB-Werte oder Kameraeinstellungen finden Sie unterhalb des Histogramms.

13.2.4 Dateiausgabe-Option (Farbtiefe)

Unterhalb des Vorschaubildes wird die Farbtiefe des Bildes angezeigt. Genauer gesagt handelt es sich hierbei um die Dateiausgabe-Option, mit der Sie angeben, mit welcher Farbtiefe die Datei in Photoshop Elements geöffnet und bearbeitet werden soll.

Es ist auch möglich, das Bild mit 16 Bit je Kanal an den Fotoeditor weiterzugeben. Allerdings steht Ihnen dann nur noch eine beschränkte Auswahl an Funktionen für die Weiterarbeit im Fotoeditor zur Verfügung.

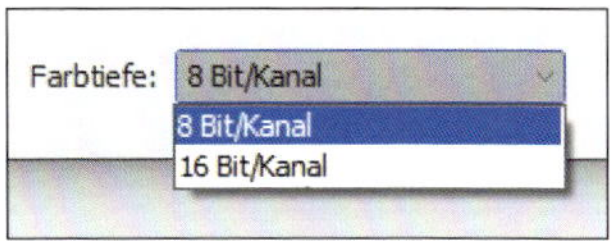

▲ **Abbildung 13.8**
Mit welcher Farbtiefe soll die Datei geöffnet werden?

13.2.5 Rückgängig machen und Zurücksetzen

Die zuletzt gemachte Einstellung können Sie auch hier mit [Strg]/[cmd]+[Z] rückgängig machen. Wenn Sie allerdings die Tastenkombination erneut drücken, wird der letzte Schritt wiederholt. So können Sie beim zuletzt gemachten Schritt immer zwischen einen Vorher-Nachher-Vergleich mit [Strg]/[cmd]+[Z] wechseln. Das eigentliche Schritt-für-Schritt-Rückgängig-Machen ist dann mit [Strg]/[cmd]+[Alt]+[Z] erreichbar.

Wenn Ihnen dies nicht gefällt und Sie lieber das herkömmliche [Strg]/[cmd]+[Z] zum Rückgängigmachen verwenden wollen, ändern Sie dieses Verhalten mit [Strg]/[cmd]+[K] oder über den Button VOREINSTELLUNGEN ⚙, indem Sie dort die Option HERKÖMMLICHE TASTATURBEFEHLE FÜR „RÜCKGÄNGIG MACHEN" VERWENDEN deaktivieren. Aus [Strg]/[cmd]+[Alt]+[Z] wird dann der Befehl WIEDERHOLEN.

▲ **Abbildung 13.9**
Halten Sie die [Alt]-Taste gedrückt, werden die Zurücksetzen-Funktionen eingeblendet.

Wollen Sie hingegen alle Einstellungen komplett zurücksetzen, halten Sie einfach die [Alt]-Taste gedrückt. Dann wird die Schaltfläche ABBRECHEN zur Schaltfläche ZURÜCKSETZEN, und auch bei den einzelnen Bereichen in BEARBEITEN erscheint ein Label ZURÜCKSETZEN vor PROFIL, GRUNDEINSTELLUNGEN, DETAIL und KALIBRIERUNG, mit dem Sie gezielt einzelne Bereiche oder alles durch einen Klick auf das Label zurücksetzen können.

13.2.6 Filmstreifen

Im Filmstreifen unter der Bildvorschau (kann auch mit [⇧]+[Strg]/[cmd]+[F] vertikal gestellt werden) finden Sie alle Bilder, die Sie zuvor zum Öffnen in Camera Raw ausgewählt haben. Sie können nun mehrere Bilder auf einmal bearbeiten, indem Sie sie nacheinander mit gehaltener [Strg]/[cmd]-Taste anklicken, oder alle Bilder, indem Sie [Strg]/[cmd]+[A] drücken. Der Filmstreifen wird nur angezeigt, wenn mehrere Bilder auf einmal in Camera Raw geöffnet wurden.

Filmstreifen ein-/ausblenden
Sie können den Filmstreifen jederzeit mit [⇧]+[7] ein- und ausblenden.

Bilder zum Löschen vormerken | Durch einen Klick auf das Papierkorbsymbol ❶ neben der Sternebewertung merken Sie Bilder für das Löschen vor oder – durch erneutes Klicken auf das Icon – entfernen die Löschmarkierung. Zum Löschen gekennzeichnete Dateien werden nicht sofort gelöscht. Erst beim Schließen des Camera-Raw-Dialogs werden sie in den Papierkorb verschoben. Diese Funktion ist besonders nützlich, wenn Sie Camera Raw zum Sichten neuer Fotos verwenden.

Filmstreifenmenü | Weitere hilfreiche Befehle zur Auswahl, Filterung und Bearbeitung der Bilder finden Sie, wenn Sie im Filmstreifen Bilder mit der rechten Maustaste anklicken oder direkt auf die Filmstreifen-Schaltfläche ❷ klicken.

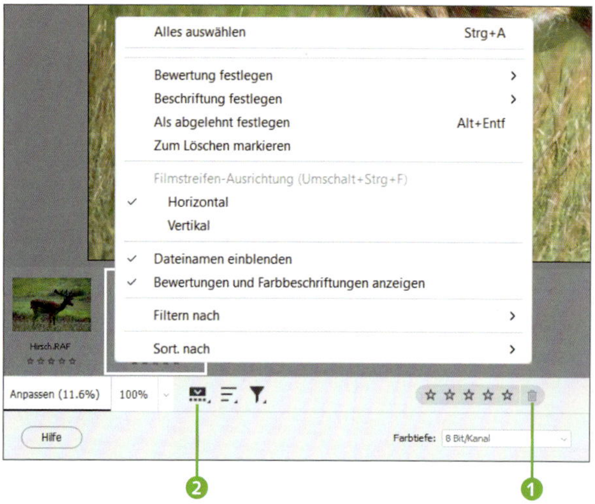

Abbildung 13.10 ▶
Über das Filmstreifenmenü haben Sie viele wichtige Befehle im Überblick.

13.2.7 Vorher-Nachher-Ansicht

Am unteren Rand des Raw-Dialogs finden Sie außerdem einige Schaltflächen, die Ihnen den Vergleich der bearbeiteten Version mit dem Original oder einer früheren Bearbeitungsversion erleichtern:

- Mehrfaches Anklicken des Buttons 3 oder Drücken der Taste Q durchläuft die verschiedenen Ansichtsversionen für den Vorher-Nachher-Bildvergleich. Halten Sie diese Taste etwas länger gedrückt, um die Vorschauoptionen anzeigen zu lassen.
- Sie können die Bildansichten vertauschen 4.
- Den dritten Button 5 können Sie anwenden, wenn Sie mit Ihren bisherigen Änderungen zufrieden sind. Er sorgt dafür, dass der aktuelle Zustand des Bildes als Vorher angezeigt wird. Sie können von dort aus weiterarbeiten – alle weiteren Änderungen gelten dann als Nachher.
- Der Button ganz rechts 6 wechselt zwischen den von Ihnen vorgenommenen individuellen Einstellungen und etwaigen Standardeinstellungen.

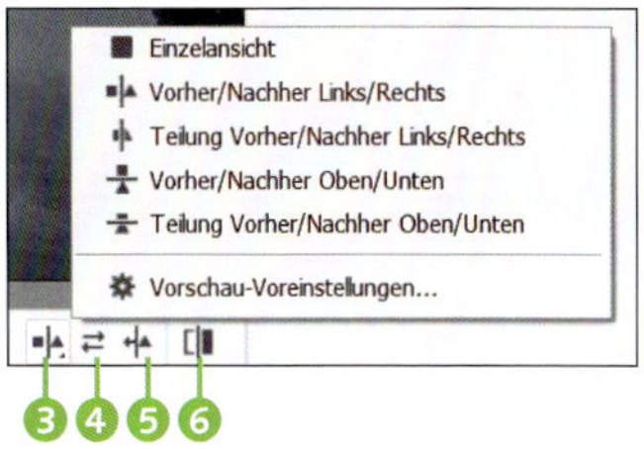

▲ **Abbildung 13.11**
Bildversionen vergleichen

◀ **Abbildung 13.12**
Je nach Motiv können Sie die Vorher-Nachher-Ansicht vertikal oder horizontal splitten.

13.2.8 Camera-Raw-Voreinstellungen

Wenn Sie eine Raw-Datei bearbeiten, werden die Änderungen niemals auf das Original angewendet. Die Raw-Datei wird niemals überschrieben, es wird immer mit einer Kopie gearbeitet. Wenn Sie zum Beispiel eine Raw-Datei bearbeitet haben und diese Datei erneut öffnen, bleiben die ursprünglichen Einstellungen erhalten, die Sie an der Raw-Datei vorgenommen haben. Diese Voreinstellungen werden in einem gesonderten Dokument gesichert.

Über den Dialog Camera Raw-Voreinstellungen geben Sie den Ort und die Art der Speicherung an. Diesen Dialog können Sie auch mit dem Icon ⚙ oder mit Strg/cmd+K öffnen.

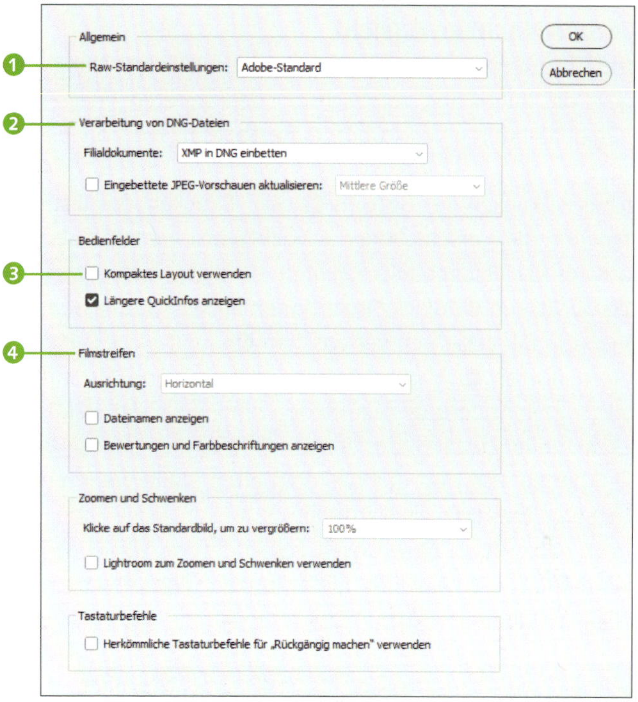

Abbildung 13.13 ▸
Hier legen Sie fest, wo und wie die durchgeführten Änderungen der Rohdaten gespeichert werden.

Filialdokument
Beim DNG-Format werden die Änderungsinformationen, genauer das Filialdokument, direkt in der Datei eingebettet, weshalb Sie hier auch die Option FILIALDOKUMENTE „.XMP" IGNORIEREN auswählen könnten. Wenn Sie aber kein DNG-Format verwenden und die Raw-Datei mitsamt den gemachten Einstellungen im Adobe Camera-Raw-Plug-in weitergeben wollen, sollten Sie die XMP-Datei anstelle der Camera-Raw-Datenbank verwenden.

Mit RAW-STANDARDEINSTELLUNG ❶ können Sie vorgeben, ob als Profil der Standard von Adobe oder Ihrer Kamera verwendet werden soll. Im Bereich VERARBEITUNG VON DNG-DATEIEN ❷ wählen Sie, ob Ihre Einstellungen in einer eigenen Datenbank abgelegt werden sollen oder in Filialdokumenten. Die Filialdokumente tragen die Endung ».xmp« und werden im gleichen Ordner abgelegt wie die eigentliche Raw-Datei. Diese Option ist vorzuziehen, wenn Sie häufig Dateien austauschen oder in Mehrbenutzer-Umgebungen arbeiten. Mit KOMPAKTES LAYOUT VERWENDEN ❸ werden die Schieberegler und das Layout etwas kompakter angezeigt. Im Bereich FILMSTREIFEN ❹ stellen Sie die Ausrichtung ein und ob der Dateiname und die Bewertung mit angezeigt werden sollen. Die anderen Optionen habe ich bereits an passender Stelle beschrieben.

13.3 Grundlegende Bildkorrekturen mit Camera Raw

Nachdem Sie sich ein wenig mit der Benutzeroberfläche und den Steuerelementen von Camera Raw vertraut gemacht haben, können Sie nun damit beginnen, ein Raw-Bild Ihren Vorstellungen entsprechend anzupassen.

Für die grundlegende Bearbeitung von Raw-Bildern finden Sie in Bearbeiten (E) die wichtigsten Bedienfelder zusammengefasst. Die einzelnen Bedienfelder Grundeinstellungen, Detail und Kalibrierung sind auf- und zuklappbar angeordnet.

Bei allen Bedienfelder finden Sie zudem ein Augensymbol. Wenn Sie die die linke Maustaste darauf gedrückt halten, werden die Einstellungen dieses Bedienfelds vorübergehend deaktiviert, womit Sie eine Vorher-Nachher-Ansicht im Vorschaubild erhalten. Damit lässt sich die Auswirkung nur für das einzelne Bedienfeld sehr schön erkennen. Wenn Sie die Maustaste wieder loslassen, werden auch die Einstellungen wieder aktiviert. Ist das Augensymbol ausgegraut, haben Sie noch keine Einstellungen in diesem Bedienfeld vorgenommen.

13.3.1 Prozessversion umstellen

Wenn Sie eine Raw-Datei öffnen, die Sie schon einmal in einer Vorgängerversion von Camera Raw geöffnet und bearbeitet haben, werden rechts unten im Bild ein Ausrufezeichen und zudem auch noch die Regler der Vorgängerversion angezeigt. Adobe hat die Berechnungsmethode für die Bilddaten regelmäßig erneuert und stark verbessert. Es gibt derzeit sechs Prozessversionen (Version 1: 2003, Version 2: 2010, Version 3: 2012, Version 4: 2015, Version 5: 2022). Momentan ist Version 6 aktuell.

Um jetzt das Foto auf die aktuelle Prozessversion 6 umzustellen, brauchen Sie lediglich das Ausrufezeichen anzuklicken. Anschließend stehen die neuen Regler auch für dieses Foto zur Verfügung.

Ebenfalls auf die neuste Prozessversion umstellen oder ermitteln, mit welcher Prozessversion das Foto in einer Vorgängerversion bearbeitet wurde (oder gar auf eine alte Prozessversion zurückstellen), können Sie über das Bedienfeld Kalibrierung (1) mit der Dropdown-Liste Prozess (2), indem Sie den entsprechenden Eintrag auswählen.

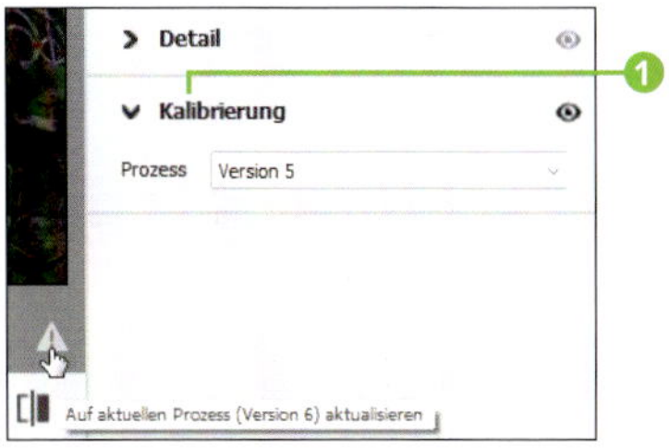

▲ **Abbildung 13.14**
Das Ausrufezeichen am Vorschaubild unten rechts dient gleichzeitig als Schaltfläche und Warnhinweis. Ein Klick darauf stellt das Bild auf die aktuelle Prozessversion um.

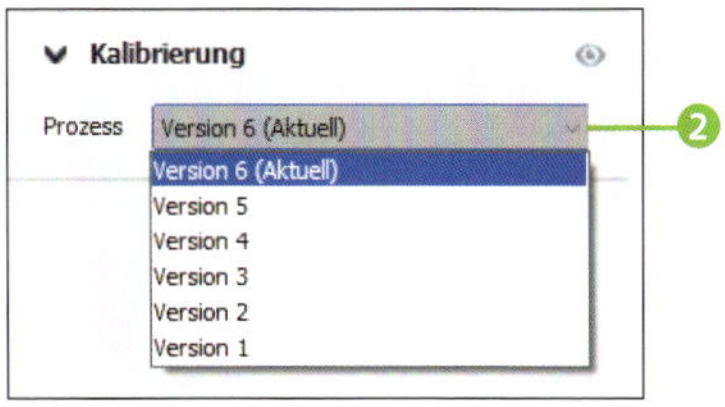

▲ **Abbildung 13.15**
Alternativ können Sie die aktuelle Prozessversion auch über das Dropdown-Menü Prozess ändern.

13.3.2 Automatik und Schwarzweißmodus

Immer eingeblendet und ganz oben finden Sie im Bereich Bearbeiten die Schaltflächen Auto und S/W. Mit Auto übernimmt Camera Raw die Korrektur für Sie. Diese Funktion ist durchaus nützlich, wenn Sie Camera Raw hier die ersten Vorarbeiten überlassen wollen. Mit S/W schalten Sie in den Schwarzweißmodus um und bearbeiten das Bild in Monochrom. Bei der weiteren Bearbeitung als Schwarzweißbild stehen Ihnen die Schieberegler Dynamik und Sättigung nicht mehr zur Verfügung.

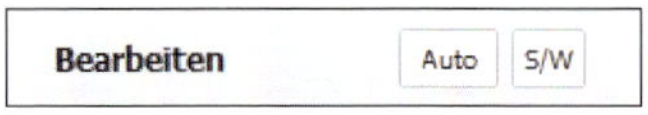

▲ **Abbildung 13.16**
Die Auto- und S/W-Schaltflächen

13.3.3 Das Profil für ein Bild festlegen

Mit den Raw-Profilen können Sie einstellen, wie die Tonwerte und Farben der Raw-Daten verarbeitet werden sollen. Die Anwendung solcher Profile kann mit der Wahl spezifischer Filme in der Analogfotografie verglichen werden: Der Film bestimmt maßgeblich die Tonwerte und Farben im entwickelten Bild. Im Gegensatz zur Entwicklung eines Films ist die Auswahl eines Profils in *Adobe Camera Raw* allerdings nicht-destruktiv und kann jederzeit geändert werden. Beachten Sie zudem, dass das Auswählen eines Profils keinen Einfluss auf die Schieberegler der Basiseinstellungen hat.

Ein erster Schritt bei der Entwicklung eines Bildes kann es somit sein, das Look & Feel für die weitere Raw-Bearbeitung festzulegen. Hierzu bietet Ihnen Camera Raw einen Fundus verschiedener Profile an. Diese Auswahl treffen Sie über die Optionen bei BEARBEITEN oder in der Dropdown-Liste von PROFIL (Abbildung 13.17).

Der Name der hier angebotenen Adobe Raw- und Kameraprofile steht stellvertretend für den Anwendungszweck. Ich empfehle Ihnen die neuen Adobe Raw-Profile einfach mal zu testen. Sollten Sie das Profil nicht ändern wollen, starten Sie mit ADOBE FARBE. Hier ein Überblick über die Adobe-Raw-Profile:

- ADOBE FARBE: Dieses Standardprofil erhöht den Kontrast der Fotos leicht und verbessert die Darstellung der warmen Farbtöne, sowie die Übergänge zwischen bestimmten Farbbereichen.
- ADOBE KRÄFTIG: Das Profil liefert noch mehr Kontrast als ADOBE FARBE und erhöht die Sättigung der Farben deutlich.
- ADOBE LANDSCHAFT: Dieses Profil legt den Fokus für Landschaftsaufnahmen auf die spezifischen Tonwerte und Farben, die man üblicherweise in entsprechenden Aufnahmen vorfindet.
- ADOBE NEUTRAL: Bei diesem Farbprofil starten Sie mit wenig Kontrast. Das ist zum Beispiel nützlich, wenn Sie mehr Kontrolle bei der Bearbeitung komplexer und variabler Tonbereiche haben wollen.
- ADOBE PORTRÄT: Das Profil ist spezialisiert auf Hautfarben und soll dabei helfen, die Natürlichkeit der Farben und Tonwerte bei Porträtaufnehmen zu bewahren. Kontrast und Sättigung werden leicht reduziert.
- ADOBE MONOCHROM: Dieses Profil sollten Sie nutzen, wenn Sie ein Schwarzweißbild erstellen wollen.

Neben diesen Standardprofilen bietet Camera Raw noch viele weitere kreative Profile an, um einen bestimmten Stil oder Effekt zu erzielen. Wohlgemerkt: Durch die Auswahl eines Profils werden keine Werte oder Schieberegler der Basiseinstellungen verändert. Sie können die Profile als Startpunkt für die noch folgende Raw-Bearbeitung verwenden oder auch nachträglich ein (anderes) Profil zuweisen. In der Praxis wird das Zuweisen eines Profils allerdings gerne als Startpunkt für die weitere Raw-Bildbearbeitung genutzt. Die weiteren Profile finden Sie, wenn Sie in der Dropdown-Liste von Profil ❶ auf Durchsuchen oder rechts neben der Dropdown-Liste auf die Schaltfläche mit den drei kleinen Rechtecken und einer Lupe ❷ klicken.

Jetzt haben Sie den Profilbrowser geöffnet. Hier stellen Sie zunächst über die Dropdown-Liste ein, ob alle Profile zur Auswahl angezeigt werden sollen, oder nur die Farb- oder Schwarzweißprofile. In der Dropdown-Liste daneben können Sie auswählen, ob die aufgelisteten Profile in einer Raster- oder Listenansicht angezeigt werden sollen. Durch das Aufklappen der Bereiche Favoriten, Adobe Raw, Kamera-Anpassung, Ältere Version, Künstlerisch, Modern, Nostalgisch und S/W können Sie die einzelnen Profile auflisten und durch Anklicken eines Profils direkt auf das Bild anwenden. Um den Effekt des Stils zu verstärken oder abzuschwächen, müssen Sie den Regler Stärke ❺ anpassen. Ziehen Sie den Regler nach links, wird der Effekt abgeschwächt. Ziehen Sie diesen hingegen nach rechts, wird er verstärkt. Der Standardwert ist 100.

Wenn Sie bestimmte Profile häufiger verwenden, können Sie sie im Profilbrowser zu den Favoriten hinzufügen, indem Sie auf das kleine Sternsymbol ❹ in der Miniaturvorschau der Rasteransicht klicken. Zu den Favoriten hinzugefügte Profile können Sie jetzt ganz komfortabel über die Dropdown-Liste von Profil in den Grundeinstellungen auswählen.

Klicken Sie auf die Schaltfläche Zurück ❸, wird das gewählte Profil dem Bild zugewiesen, und die Grundeinstellungen werden wiederhergestellt.

Auch wenn Sie ein anderes Profil als die Adobe-Standardprofile auf das Bild angewendet haben, finden Sie den Regler Stärke bei den Grundeinstellungen, mit dem Sie den Effekt des Stiles nachträglich anpassen können. Über die Dropdown-Liste von Profil können Sie außerdem jederzeit wieder ein Adobe-Standardprofil wählen.

13.3.4 Weißabgleich

Mit dem Weißabgleich stellen Sie die Farbtemperatur des Bildes ein. Ein falsch eingestellter Weißabgleich der Kamera kann zu einem Farbstich im Bild führen. Camera Raw bietet Ihnen drei

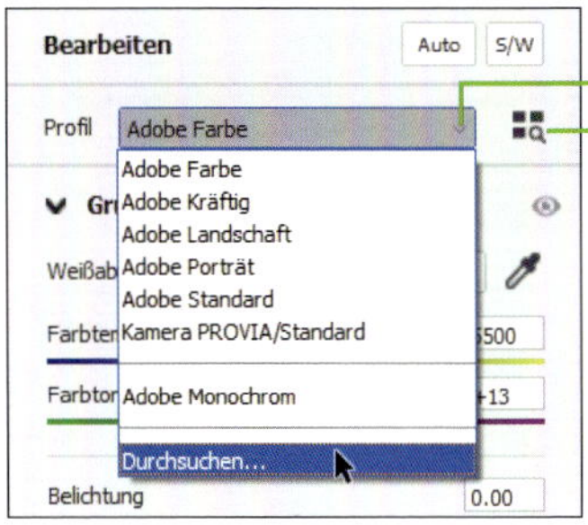

▲ **Abbildung 13.17**
Weitere Profile aufrufen.

▲ **Abbildung 13.18**
Der Profilebrowser von Camera Raw

Kameraprofile
Viele Kamerahersteller speichern auch eigene Profile in der Raw-Datei, welche Sie im Bereich Kamera-Anpassungen vorfinden und auswählen können. Welche Profile das sind, hängt von der Kamera ab. So dürfen sich gerade Besitzer neuerer Fujifilm-Kameras darüber freuen, dass sie dort auch die beliebten Fujifilm-Filmsimulationen wiederfinden.

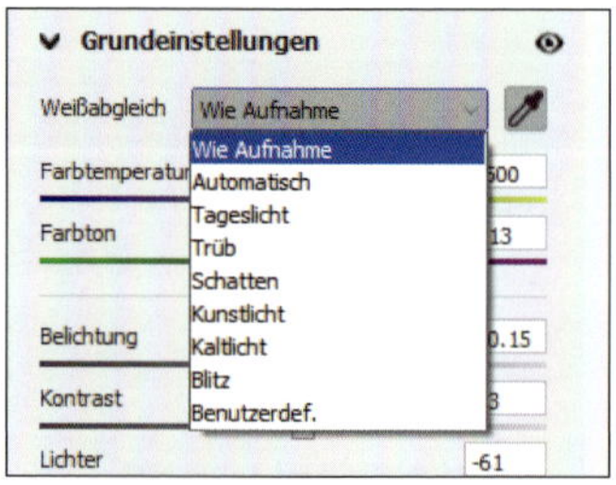

▲ **Abbildung 13.19**
Über die Dropdown-Liste WEISSABGLEICH lassen sich vordefinierte Optionen verwenden.

Steuerelemente, um einen Farbstich zu korrigieren oder die Stimmung des Bildes zu verändern.

In der Dropdown-Liste WEISSABGLEICH stellen Sie in den GRUNDEINSTELLUNGEN die Farbbalance des Bildes bei den Lichtverhältnissen ein, unter denen das Bild aufgenommen wurde. In manchen Fällen lässt sich über die Dropdown-Liste mit den vordefinierten Weißabgleichoptionen ein besseres Ergebnis erzielen. Meistens ist es allerdings für einen detaillierteren Weißabgleich empfehlenswerter, den Vorgang mit den Schiebereglern FARBTEMPERATUR und FARBTON manuell durchzuführen.

Mit dem Schieberegler FARBTEMPERATUR passen Sie den Weißabgleich anhand einer eigenen Farbtemperatur an. Die Farbtemperatur wird hierbei in Grad Kelvin (K) gemessen. Je höher der Wert ist, desto blauer wird die Lichtfarbe; je geringer er ist, desto rötlicher wird das Licht.

Um hier keine Missverständnisse aufkommen zu lassen: Der Schieberegler FARBTEMPERATUR ❶ (Abbildung 13.21) regelt nicht direkt die Lichttemperatur, sondern gibt an, welche Lichtart in einem Bild als neutral dargestellt werden soll. Daher wird hier das Bild umso rötlicher bzw. wärmer, je weiter Sie den Wert erhöhen, und umso blauer bzw. kälter, je weiter Sie den Wert reduzieren.

Wer hier eigene Farbtemperaturen festlegen will, der sollte sich zumindest ein wenig mit Temperaturen verschiedener Lichtquellen und Beleuchtungssituationen auskennen. In Tabelle 13.1 finden Sie eine Liste mit den Farbtemperaturen gängiger Lichtquellen.

Weißabgleich der Kamera

Camera Raw kann die Weißabgleicheinstellung der Kamera lesen. Daher finden Sie die entsprechende Weißabgleicheinstellung unter der Option WIE AUFNAHME wieder. Wenn die Weißabgleicheinstellung der Kamera nicht gelesen werden kann, hat die Option WIE AUFNAHME denselben Effekt wie AUTOMATISCH.

Weißabgleich-Werkzeug

Um den Weißabgleich schnell zu korrigieren, können Sie auch das Weißabgleich-Werkzeug [I] aus der Werkzeugleiste von Camera Raw verwenden. Klicken Sie mit dem Werkzeug im Vorschaubild einen Bereich an, der neutral grau oder weiß sein sollte. Dadurch werden die Regler FARBTEMPERATUR und FARBTON automatisch angepasst.

Temperatur	**Lichtquelle**
1500 K–1950 K	Kerzenlicht
2600 K	Glühlampe (40 W)
2800 K	Glühlampe (100 W)
3000 K	Leuchtstoffröhre (warmweiß)
3200 K	Halogenstrahler
3400 K	Sonne vor dem Untergang
4000 K	Leuchtstoffröhre (kaltweiß)
5500 K	Blitzlicht
5600 K	Tageslicht
7000 K	bedeckter Himmel
8000 K–11000 K	blauer Himmel

Tabelle 13.1 ▶
Temperaturen für gängige Lichtquellen. Alle Angaben sind ungefähre Richtwerte.

In Abbildung 13.20 sehen Sie dreimal dasselbe Bild mit jeweils unterschiedlichen Farbtemperaturen. Im ersten Bild wurden 3900 K verwendet. Dieses Bild wirkt recht kühl. Beim nächsten Bild habe ich die Farbtemperatur auf 5300 K erhöht, und dieses Bild hat eine eher neutrale, aber trotzdem warme Farbstimmung, wie sie auch im Augenblick der Aufnahme gewesen war. Im letzten Bild habe ich 6800 K verwendet, was dem Bild eine noch wärmere und gemütlichere Stimmung mit einem analogen gelbstichigen Look verleiht.

▲ **Abbildung 13.20**
Diese Bilder zeigen, dass der Weißabgleich stark zur Stimmung des Bildes beiträgt.

Mit dem zweiten Schieberegler, FARBTON ❷, können Sie den Weißabgleich noch ein wenig optimieren, um einen grünen oder magentafarbenen Farbstich gegebenenfalls auszugleichen. Schieben Sie den Regler nach links, erhöhen Sie den Grünanteil und reduzieren gleichzeitig den Magentaanteil. Verschieben Sie den Regler nach rechts, wird der Magentaanteil erhöht und der Grünanteil reduziert.

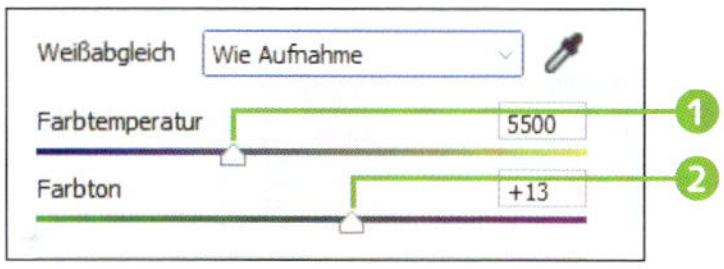

▲ **Abbildung 13.21**
Schieberegler zur Anpassung des Weißabgleichs

13.3.5 Tonwertanpassung

Mit den nächsten sechs Schiebereglern passen Sie die Tonwerte des Bildes an.

- BELICHTUNG: Mit diesem Regler ändern Sie die Mitteltöne bzw. Mittelwerte des Bildes. Damit legen Sie fest, wie hell oder wie dunkel die Lichter und Tiefen des Bildes sind, Sie passen also die Helligkeit oder Dunkelheit des Bildes an. Schieben Sie den Regler nach links, um das Bild abzudunkeln, und nach rechts, um es aufzuhellen. Eine interessante Option beim Ziehen des Reglers ist das Einblenden aktuell veränderter Bereiche, in denen die Lichter beschnitten werden. Halten Sie für diese Anzeige [Alt] gedrückt, während Sie am Regler ziehen. Ebenso kann es sinnvoll sein, eine mögliche Lichter- bzw. Tiefenbeschneidung mit [O] bzw. [U] optisch anzeigen zu lassen.

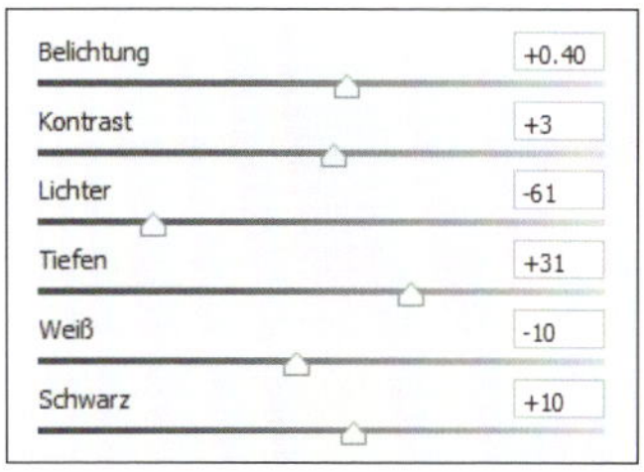

▲ **Abbildung 13.22**
Schieberegler zur Anpassung der Tonwerte

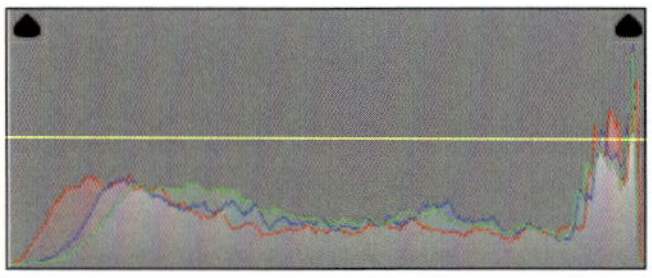

▲ **Abbildung 13.23**
Wer das Histogramm versteht, tut sich erheblich leichter mit der Tonwertanpassung.

- KONTRAST: Mit diesem Regler erhöhen Sie den Kontrast des Bildes. Damit werden die dunklen Bildbereiche im Bild noch dunkler und die hellen Bildbereiche heller.
- LICHTER: Mit diesem Regler beeinflussen Sie die hellen Bildbereiche, die Lichter, im Bild. Sie werden heller, wenn Sie den Regler nach rechts ziehen. Ziehen Sie hingegen den Regler nach links, werden die Lichter dunkler. Betroffen sind hierbei also die Bereiche im rechten Drittel des Histogramms. Die Hauptaufgabe dieses Reglers ist es normalerweise, aus überstrahlten und grellen Lichtern wieder Details herauszuholen (= Regler nach links ziehen). Die dunklen Bildbereiche (bzw. Schatten) bleiben mit diesem Regler unangetastet.
- TIEFEN: Dieser Regler ist das Gegenstück von LICHTER und beeinflusst nur die dunklen Bildbereiche (Schatten) im Bild. Ziehen Sie den Regler nach links, werden die Tiefen noch dunkler, ziehen Sie ihn nach rechts, werden die Tiefen aufgehellt. Hier sind also die Bereiche im linken Drittel des Histogramms betroffen. Dieser Regler wird vorwiegend eingesetzt, wenn Sie unterbelichtete Bereiche im Bild haben, um hier die Details aus den Tiefen (bzw. Schatten) wiederherzustellen. Die hellen Bildbereiche lässt dieser Regler unangetastet.
- WEISS: Damit werden die Weißtöne im Bild mit dem Ziel behandelt, einen (neuen) Weißpunkt zu setzen. Ziehen Sie den Regler nach rechts, wird das Bild heller, ziehen Sie den Regler hingegen nach links, wird es dunkler und blasser. Um hierbei optisch zu überprüfen, wann die Pixel zu reinem Weiß beschnitten werden (wenn beispielsweise der Regler zu weit nach rechts verschoben wird), sollten Sie die Warnung zur Lichterbeschneidung mit [O] (bzw. über das rechte obere Dreieck im Histogramm) einschalten. Diese Pixel werden im Bild mit roter Farbe angezeigt.
- SCHWARZ: Hiermit werden die Schwarztöne im Bild geändert, womit wir unseren (neuen) Schwarzpunkt setzen. Ziehen Sie diesen Regler nach links, wird das Schwarz kräftiger und dunkler (das Bild insgesamt kontrastreicher), ziehen Sie den Regler nach rechts, wird das Bild heller. Auch hier empfiehlt es sich, die Warnung zur Tiefenbeschneidung mit [U] (bzw. über das linke obere Dreieck im Histogramm) zu aktivieren. Ziehen Sie den Regler zu weit nach links, wird die Tiefenbeschneidung im Bild mit blauer Farbe dargestellt.

Weiß/Schwarz
Primäres Ziel der Regler WEISS und SCHWARZ soll es natürlich sein, die Tonwerte des Histogramms in vollem Umfang auszunutzen. Auch hier haben Sie beim Ziehen der beiden Regler die Option, mit gehaltener [Alt]-Taste die veränderten Bildbereiche einzublenden.

Schwarz-/Weißpunktregler
Das Anpassen der Optionen WEISS bzw. SCHWARZ entspricht dem Weiß- bzw. Schwarzpunktregler bei der Tonwertkorrektur im Fotoeditor.

13.3.6 Klarheit, Dynamik und Farbsättigung

Beim Fotoeditor sind Sie beim Anpassen der Farbsättigung auf die Sättigung beschränkt. Im Rohformat stehen Ihnen drei Regler zur Verfügung, um die Farben zu verbessern.

- Klarheit: Mit dieser Option verbessern Sie die Klarheit der Bildkonturen und stellen so die Bildschärfe wieder her, die bei der Tonwertanpassung teilweise verloren geht. Genau genommen erhöhen Sie hiermit den Kontrast in den Mitteltönen. Um die Bildschärfe auch gut beurteilen zu können, sollten Sie die Ansicht des Vorschaubildes unbedingt auf 100% einstellen. Über die Jahre wurde dieser Regler stark verbessert, und selbst ein zu hoher Wert verursacht keinen Lichtkranz (auch *Halo* genannt) mehr an den Kanten.
- Dynamik: Diese Option wirkt sich ähnlich wie Sättigung aus, allerdings nicht auf alle Bildfarben gleich, sondern nur auf Farben mit einer etwas geringeren Sättigung. Damit vermeiden Sie zum Beispiel bei Porträts die Übersättigung der Hautfarbe. Auch alte und ausgeblichene Farben lassen sich mit dieser Option simulieren.
- Sättigung: Mit dieser Option erhöhen (nach rechts ziehen) oder reduzieren (nach links ziehen) Sie die allgemeine Farbsättigung. Ziehen Sie den Regler komplett nach links, erhalten Sie ein Schwarzweißbild.

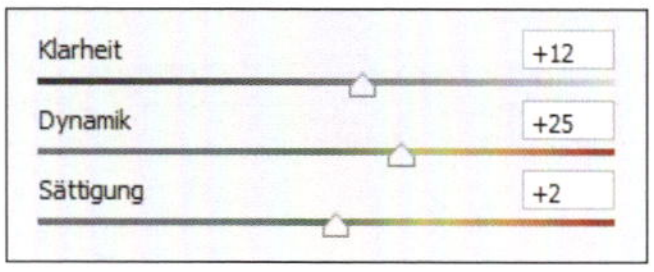

▲ **Abbildung 13.24**
Schieberegler, die sich auf die Sättigung der Farben auswirken

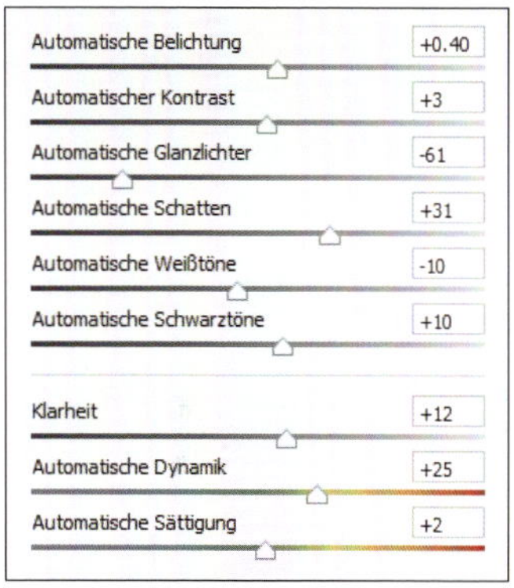

▲ **Abbildung 13.25**
Mit gehaltener [⇧]-Taste können Sie auch die Automatikfunktionen einzelner Schieberegler verwenden.

13.3.7 Automatische Korrekturen

Neben der Möglichkeit, mithilfe der Schaltfläche Autom. alle Einstellungen von Camera Raw korrigieren zu lassen, können Sie mit gedrückter [⇧]-Taste auch die Automatikfunktionen einzelner Schieberegler aktivieren. Bei den Reglern erscheint zusätzlich ein Textlabel Automatische oder Automatischer gefolgt vom Namen des Schiebreglers. Klicken Sie auf dieses Textlabel, wird diese eine Einstellung automatisch korrigiert. Zurücksetzen können Sie einzelne Werte der Schiebregler auch wieder, indem Sie die [Alt]-Taste gedrückt halten und direkt auf das Textlabel des Schiebreglers gehen. Dann erscheint der Text Zurücksetzen, den Sie ebenfalls anklicken können.

13.3.8 Schärfen und Rauschreduzierung

Im Bedienfeld Detail finden Sie Regler zum Schärfen des Bildes und zur Rauschreduzierung. Es ist sinnvoll, diese zwei Funktionen zusammenzufassen: Schärfen lässt das Rauschen stärker hervortreten, RR (für Rauschreduzierung) macht Bilder unschärfer. Hier können Sie beides gegeneinander austarieren.

Zunächst werden im Bedienfeld Detail nur die Regler Schärfen, RR (für Rauschreduzierung) und Farb-RR (für Rauschreduzierung Farbe) eingeblendet, die häufig auch ausreichen. Alle drei Regler bietet aber noch weitere Regler, die Sie über das kleine Dreieck auf- und zuklappen können.

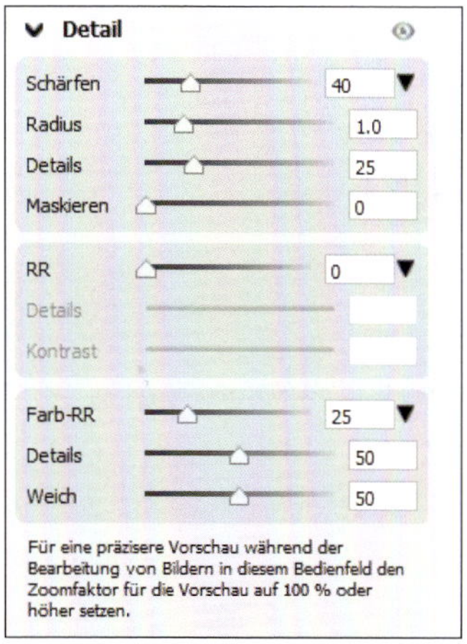

▲ **Abbildung 13.26**
Die Werte für das Schärfen und die Rauschreduzierung können Sie hier einfach aufeinander abstimmen.

Schärfe und Entrauschen in der 100 %-Ansicht
Korrekturen, die in die Bildschärfe eingreifen (dazu gehört auch das Entrauschen), sollten Sie in der 100 %-Ansicht durchführen.

Scharfzeichnen | Das Camera-Raw-Schärfen bietet mit der Schärfenmaskierung eine sehr interessante Funktion an, die es zu einer besseren Alternative zum USM-Schärfen des Fotoeditors in Photoshop Elements macht. Und da Sie hiermit auch JPEG-Bilder problemlos bearbeiten können, ist es ein echter Tipp, dieses Werkzeug zum Schärfen verwenden.

Was geschieht beim digitalen Schärfen? Zunächst werden benachbarte Pixel miteinander verglichen. Dort, wo unterschiedlich helle Pixel aneinandergrenzen – also an den Konturen innerhalb des Bildes–, setzt die Schärfungsfunktion an und erhöht den Kontrast. Dadurch entsteht der optische Eindruck größerer Schärfe.

- Mit SCHÄRFEN steuern Sie, wie stark der Kontrast benachbarter Pixel erhöht wird. Sie bestimmen so, wie kräftig scharfgezeichnet wird.
- Der RADIUS legt fest, wie groß der Konturbereich ist, in dem die Kontrasterhöhung greift.

SCHÄRFEN und RADIUS ähneln den Reglern STÄRKE und RADIUS in Photoshop Elements Schärfungsklassiker UNSCHARF MASKIEREN (Abkürzung: USM). Doch in Camera Raw wirken beide Regler viel intensiver als ihre Pendants in Photoshop Elements USM und sollten vorsichtig gehandhabt werden. Ein hoher Wert bei SCHÄRFEN um die 150 ruiniert ein Bild fast immer, wenn Sie nicht mit DETAILS und MASKIEREN gegensteuern.

In Photoshop Elements nicht vorhanden ist der Regler DETAILS. Damit stellen Sie ein, ob die Schärfung Motivkanten betont (niedrige Werte) oder ob auch Texturen und Strukturen im Bild hervorgehoben werden (höhere Werte). Wenn Sie diesen Regler einige Male ausprobiert haben, werden Sie seinen Nutzen schnell erkennen! Eine zu kräftige Schärfung kann man damit ganz leicht justieren, ohne dass Sie minutenlang im Wechsel SCHÄRFEN und RADIUS verschieben müssen, bis Sie die optimale Konstellation gefunden haben. Außerdem unterdrückt diese Einstellung unerwünschte Halo-Effekte an den Konturen.

Schärfen macht Fotos nicht nur kontrastreicher und knackiger; es betont auch unerwünschte Bildstörungen. Ein wirksamer Schutz vor solchen Nebenwirkungen der Schärfung ist die Funktion MASKIEREN. Mit diesem Regler erzeugen Sie eine Konturenmaske, die die Schärfungswirkung auf mehr oder weniger deutliche Motivkonturen einschränkt – also auf die Bildbereiche, auf die es beim Schärfen ankommt. Flächen werden geschützt. Ist die Maske deaktiviert (Wert 0), werden alle Bildteile in gleichem Maß geschärft. Je weiter Sie den MASKIEREN-Regler nach rechts schieben, desto stärker wirkt die Scharfzeichnung ausschließlich auf die Konturen im Bild.

Außerdem bietet Camera Raw ein geniales Kürzel, das Ihnen wirklich gute Kontrolle über Ihre Scharfzeichnung gibt: Wenn Sie [Alt] drücken und dabei einen der Regler bewegen, wechselt die Vorschauansicht und wird zu einer Maske. Das funktioniert für alle Schärfungsregler, ist jedoch vor allem bei MASKIEREN von Nutzen. So können Sie jede Einstellung exakt anpassen.

▲ **Abbildung 13.27**
Bildausschnitt in der Normalansicht (bereits geschärft) …

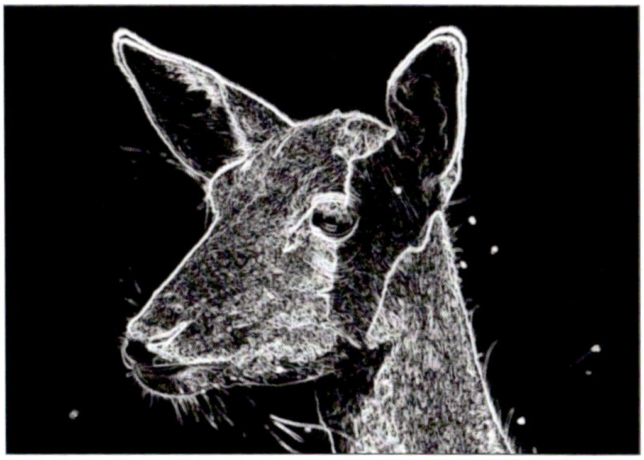

▲ **Abbildung 13.28**
… und mit Vorschau der Konturenmaske. Extrem hilfreich!

Rauschreduzierung | Das Bildrauschen ist eine leidige Begleiterscheinung gerade bei kompakten Digicams (abhängig von der Größe der eingesetzten Sensoren). Es kann nach dem Schärfen stärker werden, tritt aber auch solo auf. Beim Entrauschen mit Camera Raw stehen Ihnen verschiedene Regler zur Verfügung.

- Verschieben des RR-Reglers geht gegen Helligkeitsrauschen (Graustufenrauschen) vor.
- Farbrauschen können Sie mit dem Regler FARB-RR bekämpfen.

Die folgenden Regler dienen der **Feinabstimmung**:

- DETAILS bei RR verändert den Schwellenwert für die Luminanzentrauschung. Sie legen hier also fest, welche Tonwerte Camera Raw als Störung interpretiert. Hohe Werte retten mehr Details im Bild, können jedoch auch Störungen verstärken. Geringe Werte sorgen für saubere Bilder, bei denen jedoch Details schnell unscharf geraten können.
- KONTRAST ist für Bilder mit stärkeren Störungen gedacht. Hohe Werte sorgen dafür, dass mehr Kontraste beibehalten werden, können jedoch auch Sprenkel und andere Störungen verursachen.

Zum Weiterlesen
Wie das Beschneiden und Ausrichten in Photoshop Elements funktioniert, lesen Sie in Kapitel 14, »Zuschneiden, ausstechen und neue zusammensetzen«.

- DETAILS bei FARB-RR steuert den Schwellenwert für Farbstörungen. Hohe Werte schützen dünne, helle Farbkanten, können jedoch zu Farbflecken führen. Bei niedrigen Werten werden Farbflecke getilgt, es können jedoch verlaufsartige Strukturen entstehen.
- WEICH hilft dabei, stark unterbelichtete Bilder etwas stärker aufzuhellen, wodurch in dunklen Bereichen gerne mal größere Farbkleckse entstehen. Dem lässt sich mit dem Regler WEICH beikommen.

13.4 Weitere Werkzeuge

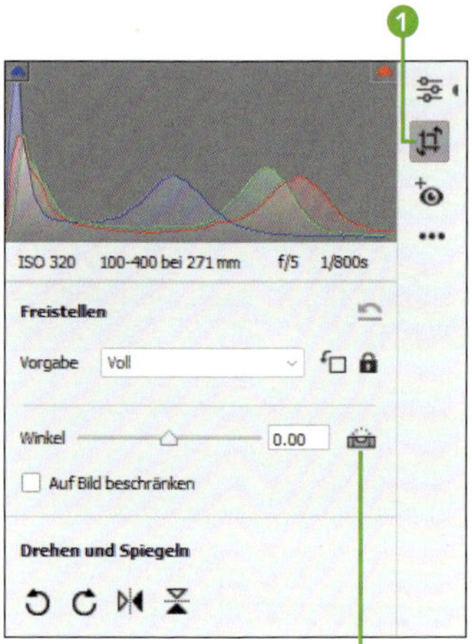

▲ **Abbildung 13.29**
Freistellen, Gerade-Ausrichten und das Drehen und Spiegeln sind in Camera Raw auch möglich.

Direkt per Raw-Dialog können Sie auch Bilder beschneiden und geraderichten. Das schon aus Photoshop Elements bekannte Freistellungswerkzeug (Kürzel: [C]) ❶ und ein Ausrichten-Tool (Kürzel: [A]) ❷ finden Sie auf der rechten Seite, wenn Sie das Freistellungsicon anklicken. Der Gebrauch sollte Sie vor keine größeren Schwierigkeiten stellen. Diese Arbeitsschritte schon im Camera-Raw-Dialog vorzunehmen, bietet nicht so viele Vorteile gegenüber der Bearbeitung in Photoshop Elements wie bei den sonstigen Rohbild-Korrekturen. Sie können das Geraderichten also auch in Photoshop Elements durchführen.

Des Weiteren finden unterhalb des FREISTELLEN-Bedienfeldes noch den Bereich DREHEN UND SPIEGELN, wo Sie das Bild über die kleinen Icons um 90° nach links oder rechts drehen sowie vertikal oder horizontal spiegeln können. Um 90° nach links oder rechts drehen können Sie auch mit [L] und [R].

Wenn Sie möchten, retuschieren Sie rote Blitzlicht-Augen gleich in Camera Raw. Das Rote-Augen-Werkzeug ❸ (Kürzel: [⇧]+[E]) funktioniert ebenso wie das Photoshop-Elements-Pendant. Wenn Sie höhere Ansprüche an die Korrektur haben, sollten Sie besser manuell korrigieren.

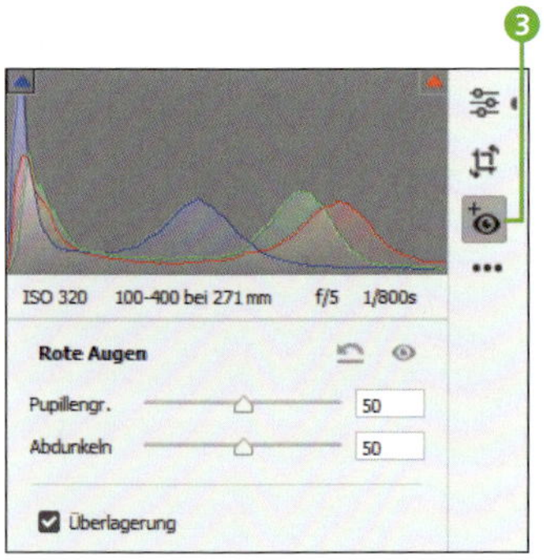

▲ **Abbildung 13.30**
Ein etwas anderes Layout, aber dieselben Optionen wie bei Photoshops Rote-Augen-Werkzeug

13.5 Arbeit sichern oder im Fotoeditor öffnen

Wenn Sie mit den Korrekturen der Raw-Datei mit Camera Raw fertig sind, stehen Ihnen mehrere Möglichkeiten zur Verfügung, Ihre Arbeiten abzuschließen.

»Bild speichern« als DNG-Datei | Über die Schaltfläche BILD SPEICHERN oder mit der Tastenkombination [Strg]/[cmd]+[S] rufen Sie einen SPEICHERN-Dialog auf, in dem Sie die Raw-Datei nach dem Entwickeln mit einem neuen Dateinamen und gegebenenfalls auch in einem anderen Verzeichnis im Adobe-eigenen Raw-Dateiformat DNG mit allen gemachten Einstellungen im Adobe Camera-Raw-Plug-in speichern können.

Wo Sie die Raw-Datei speichern, geben Sie mit den Optionen im Bereich ZIEL 4 an; den Namen der Datei legen Sie im Rahmen DATEIBENENNUNG 5 fest. Als DATEIERWEITERUNG können Sie nur die Groß- oder Kleinschreibung von »DNG« auswählen (die Angaben zum Ziel und Dateinamen werden vermutlich niemandem mehr Kopfzerbrechen bereiten).

Speichern ohne Dialog
Wenn Sie Alt gedrückt halten, wird ohne einen weiteren Dialog sofort gespeichert. Gespeichert werden dann die zuletzt gesetzten Werte und Optionen des jeweiligen Dialogs. Keine Sorge – eine Original-Raw-Datei wird niemals überschrieben. Wenn nicht anders vorgegeben, wird einfach beim Dateinamen eine Nummer hinzugefügt und gegebenenfalls hochgezählt.

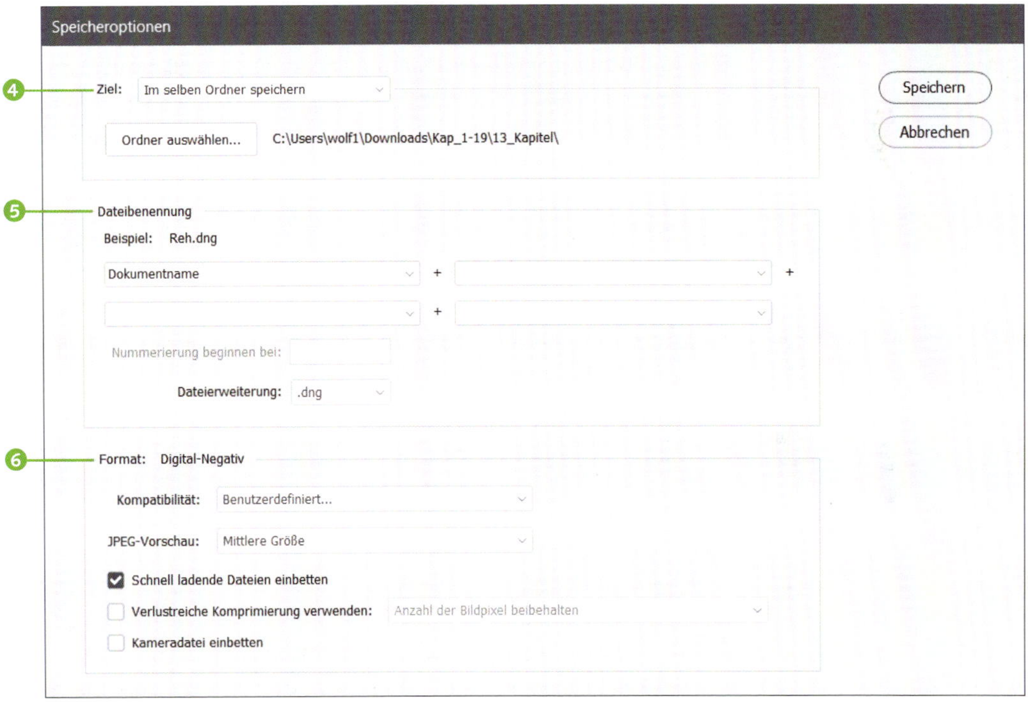

▲ **Abbildung 13.31**
SPEICHEROPTIONEN für das Sichern einer Raw-Datei im Adobe-eigenen DNG-Format

Innerhalb des Rahmens FORMAT: DIGITAL-NEGATIV 6 können Sie die KOMPATIBILITÄT der DNG-Datei einstellen, falls Sie wollen, dass dieselben Einstellungen auch mit einer älteren Camera-Raw-Version gelten. Hierbei haben Sie mit BENUTZERDEFINIERT auch eine Möglichkeit, bei der Kompatibilität selbst Hand anzulegen. Wenn Sie BENUTZERDEFINIERT auswählen, erscheint ein weiterer Dialog, in dem Sie über eine Dropdown-Liste die DNG-Version manuell einstellen können.

Original überschreiben
Sie müssen sich keine Sorgen machen, dass Sie aus Versehen eine Original-Raw-Datei überschreiben könnten. Dies ist mit Camera Raw nicht möglich.

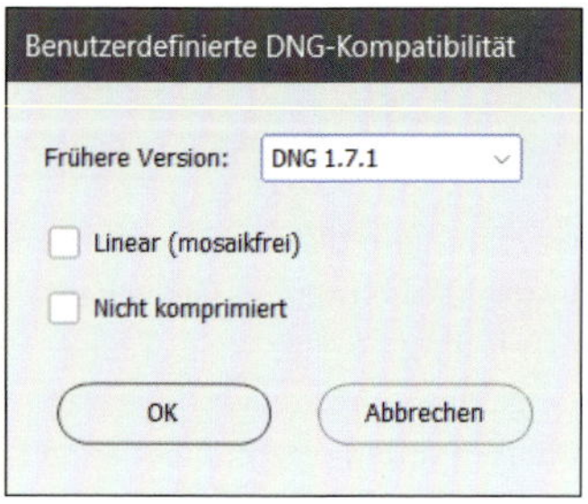

▲ **Abbildung 13.32**
Benutzerdefinierte DNG-Kompatibilität

Die Option Linear (mosaikfrei) speichert das Bild in einem interpolierten (mosaikfreien) Format. Das Bild kann dann auch in anderen Programmen geöffnet werden, die nicht über ein Profil der Digitalkamera verfügen, mit der das Bild aufgenommen wurde. In der Regel können Sie diese Option deaktiviert lassen.

Mit der Option Kameradatei einbetten wird die Original-Raw-Datei in die DNG-Datei eingebettet. Damit steigt zwar der Dateiumfang, aber so können Sie später jederzeit die Originaldatei wiederherstellen. Wollen Sie für andere Anwendungen ein Vorschaubild generieren, um auch in diesen Anwendungen sehen zu können, um welches Bild es sich handelt, integrieren Sie eine solche Vorschau mit der Option JPEG-Vorschau.

Kopie öffnen
Wenn Sie [Alt] gedrückt halten, wird aus der Schaltfläche Öffnen die Schaltfläche Kopie öffnen. Wenn Sie diese Schaltfläche verwenden, wird das Bild geöffnet, ohne dass die Metadaten aktualisiert werden. Mit Öffnen werden dagegen die Metadaten des Raw-Bildes gespeichert, sodass Sie beim nächsten Öffnen des Raw-Bildes mit Camera Raw dieselben Einstellungen vorfinden, mit denen Sie das Bild zuletzt bearbeitet haben. Mit Kopie öffnen wird das Bild beim erneuten Öffnen mit den Standardeinstellungen des Camera-Raw-Standards geöffnet.

Bild im Fotoeditor öffnen | Der häufigste Vorgang, wenn Sie mit den Einstellungen in Camera Raw fertig sind, dürfte das Öffnen des Bildes im Fotoeditor sein. Hierzu klicken Sie einfach auf die entsprechende Schaltfläche Öffnen. Der Camera-Raw-Dialog wird dann geschlossen und das Bild im Fotoeditor geöffnet.

Bild speichern | Um ein Bild letztendlich tatsächlich in ein gängiges Format wie JPEG oder TIFF zur Weitergabe zu speichern, müssen Sie es über die Schaltfläche Öffnen im Fotoeditor öffnen. Aus Camera Raw heraus ist es nicht möglich, Bilder in ein typisches Format zur Weitergabe zu speichern. Wurde die Raw-Datei im Fotoeditor geöffnet, handelt es sich immer noch um eine Raw-Datei. Diese können Sie jetzt mit dem üblichen Befehl Datei • Speichern unter oder [Strg]/[cmd]+[⇧]+[S] in ein gängiges Format wie beispielsweise JPEG oder TIFF speichern. Wie Sie Bilder speichern, habe ich bereits in Abschnitt 1.4 beschrieben, und auf die Dateiformate gehe ich in Anhang B in Abschnitt B.4 ein.

Bit-Tiefe beachten | Dabei entscheidet die Bit-Tiefe, die Sie in Camera Raw eingestellt haben, mit welchen Funktionen Sie im Fotoeditor weiterarbeiten oder in welchem Format Sie das Bild nach der Bearbeitung speichern können.

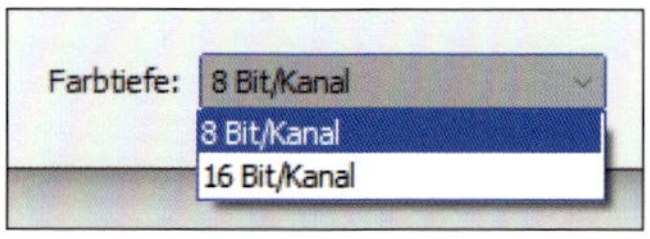

▲ **Abbildung 13.33**
Sie können Bilder mit 8 bzw. 16 Bit Farbtiefe im Fotoeditor öffnen. Sie müssen aber wissen, dass mit 16 Bit Farbtiefe kaum Funktionen im Fotoeditor verwendet werden können.

Wenn Sie hier 8 Bit Farbtiefe pro Kanal verwenden, können Sie wie gewohnt mit dem Bild weiterarbeiten. Sollten Sie aber 16 Bit Farbtiefe pro Kanal benutzt haben, stehen Ihnen nicht mehr alle Funktionen von Photoshop Elements zur Verfügung, denn viele dieser Funktionen unterstützen keine 16 Bit pro Kanal. Auch wenn Sie ein Bild mit 16 Bit pro Kanal abspeichern wollen, stehen Ihnen nicht alle Dateiformate zur Verfügung, sondern nur die, die eben 16 Bit unterstützen. Hier böten sich zum Beispiel hochwertige Formate wie TIFF, PNG oder JPEG 2000 an.

◂ **Abbildung 13.34**
Falls Sie unsicher sind, ob Sie das Bild mit 8 Bit oder mit 16 Bit pro Farbkanal geöffnet haben, hilft ein schneller Blick in die Titelleiste ❶ (hier RGB/16) oder unterhalb des Dokumentfensters über DOKUMENTPROFIL ❷.

»Fertig« und »Abbrechen« | Mit der Schaltfläche FERTIG schließen Sie den Camera-Raw-Dialog und speichern die vorgenommenen Einstellungen – ohne den Fotoeditor zu öffnen. Beim nächsten Öffnen des Raw-Bildes stehen Ihnen diese Einstellungen gleich wieder zur Verfügung. Die vorgenommenen Einstellungen werden entweder in einer XMP-Datei gespeichert, wenn Sie ein beliebiges proprietäres Camera-Raw-Format verwenden, oder in der Datei eingebettet, wenn Sie das DNG-Format verwenden.

Diese XMP-Datei hat denselben Namen wie die Bilddatei und wird im selben Verzeichnis wie die Camera-Raw-Datei mit der Endung »*.xmp« gespeichert. Wenn Sie beispielsweise eine Camera-Raw-Datei mit dem Namen »Reh.raf« bearbeitet und mit der Schaltfläche FERTIG das Camera-Raw-Plug-in beendet haben, finden Sie im selben Verzeichnis eine Datei mit dem Namen »Reh.xmp« vor. Dank dieser separaten XMP-Datei ist es auch möglich, dass andere Raw-Konverter wie beispielsweise Lightroom die gemachten Entwicklungseinstellungen lesen und übernehmen können.

Die Schaltfläche ABBRECHEN hingegen beendet den Camera-Raw-Dialog, ohne dass irgendwelche Einstellungen gespeichert werden.

13.6 Ein einfacher Workflow mit Camera Raw

Zugegeben, das Kapitel war bisher ein wenig theoretisch angelegt. Dies war allerdings unerlässlich, wenn Sie wirklich die ein-

Persönlicher Geschmack
Beachten Sie dabei, dass bei der Verarbeitung von Raw-Dateien auch ein wenig der persönliche Geschmack mitwirkt. Der eine liebt es heller, der andere dunkler, und der eine mag vielleicht mehr Farbe und der andere eher den Kontrast. In diesen Fragen können Sie Ihrer Kreativität (fast) freien Lauf lassen.

zelnen Optionen von Camera Raw verstehen und den vollen Umfang des Raw-Formats verwenden wollen.

Der folgende Workshop beschreibt nun den üblichen Vorgang, ein Raw-Bild zu bearbeiten und im Fotoeditor zur Weiterarbeit zu öffnen. Natürlich gilt auch hier, dass es dafür kein allgemeines Rezept gibt. Neben dem Motiv, dem gegebenen Licht und den somit noch vorhandenen Informationen ist auch eine gewisse Erfahrung (vor allem im Umgang mit dem Histogramm) nötig, um mit Camera Raw bessere Ergebnisse zu erzielen als ohne das Raw-Format. Daher gilt auch hier: Übung macht den Meister.

Schritt für Schritt
Bildbearbeitung mit Camera Raw durchführen

Kapitel_13: Gans.raf

Mit den folgenden Schritten will ich Ihnen demonstrieren, wie die typischen Bearbeitungsvorgänge bei einer Raw-Datei mit Camera Raw ablaufen könnten.

Abbildung 13.35 ▸
Raw-Bilder wirken oft dunkel oder gar trübe. Bedenken Sie immer, dass diese Bilder nicht von der Kamera »schöngerechnet« wurden. Der Vorteil von dunklen Bildern ist allerdings, dass sich hier im Raw-Modus noch vieles herausholen lässt. Bei überbelichteten Bildern, auch im Raw-Modus, sieht dies schon schlechter aus.

1 Belichtung anpassen

Öffnen Sie das Bild »Gans.raf« mit Camera Raw. Normalerweise würden Sie jetzt als ersten Schritt die Farbtemperatur einstellen. Aber in diesem Beispiel ist das Bild zunächst noch etwas zu dunkel, um einen Farbabgleich beurteilen zu können. Schalten Sie am besten gleich von Anfang an die optische Überprüfung der Tiefenbeschneidung über das linke obere Dreieck ❶ im Histogramm (bzw. mit U) und die Lichtbeschneidung über das rechte obere Dreieck ❷ (bzw. mit O) ein.

Ziehen Sie jetzt den Regler Belichtung ❸ nach rechts, um das Bild insgesamt aufzuhellen. Im Beispiel wurde die Belichtung

Histogramm im Auge behalten
Wenn Sie nicht so genau wissen, worauf Sie bei der Tonwertkorrektur schauen sollen, sollten Sie sich Abschnitt 10.2, »Histogramme richtig analysieren«, ansehen. Im Beispiel habe ich versucht, ein möglichst glockenförmiges Histogramm zu erzielen.

auf +1,00 erhöht. Behalten Sie hierbei stets die Lichtbeschneidungen in der Vorschau im Auge, die in roter Farbe angezeigt werden und die Sie, wie die Tiefenbeschneidung in blauer Farbe, immer möglichst gering halten bzw. vermeiden sollten. Beides können Sie allerdings anschließend noch anpassen.

▲ **Abbildung 13.36**
Durch ein Aufhellen der Belichtung 3 kann man das Bild jetzt besser für die Farbtemperatur beurteilen.

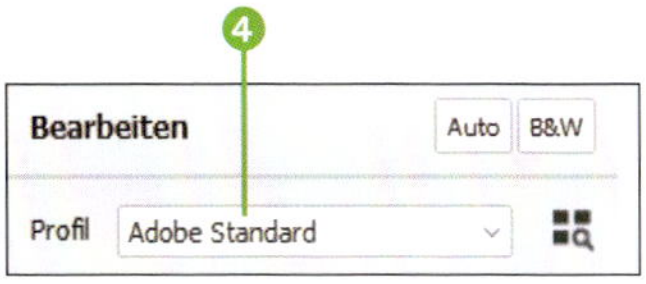

▲ **Abbildung 13.37**
Passend zum Bild wähle ich Adobe Standard als Profil aus.

2 Profil auswählen

Im nächsten Schritt können Sie ein Profil auswählen, auf dessen Basis die Grundeinstellungen vorgenommen werden sollen. Ich verwende in diesem Beispiel Adobe Standard 4. Sie können aber auch über Durchsuchen ein Kameraprofil oder ein ausgefalleneres Profil wählen und als Basis für die Bearbeitung nutzen. Natürlich lässt sich das Profil jederzeit wieder wechseln oder als letzter Schritt auf das Bild anwenden, um diesem einen eigenen Stil zu verpassen. Sollten Sie ein Schwarzweißbild erstellen wollen, empfiehlt es sich, gleich hier die Schaltfläche S/W zu wählen oder ein spezielles Schwarzweißprofil auszuwählen.

3 Farbtemperatur anpassen

Beim Betrachten der Farbtemperatur wirkt das Bild mit der Voreinstellung von 6100 für meinen Geschmack ganz ordentlich. Hier müssen Sie jetzt selbst entscheiden, ob Sie das Bild gerne etwas »kälter« oder »wärmer« in Szene setzen wollen. Ich habe Wildlife gerne etwas »wärmer« und habe daher den Wert der

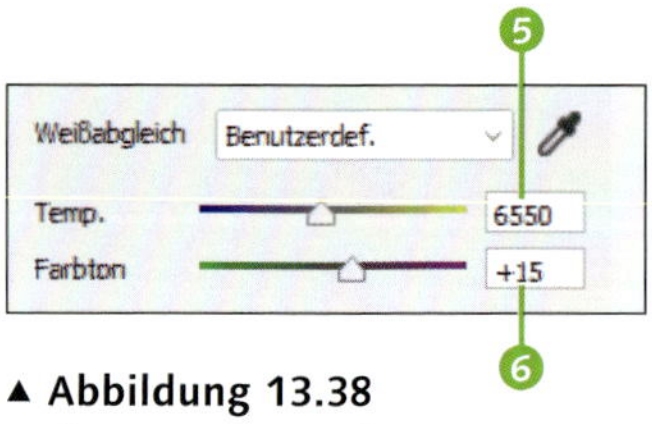

▲ **Abbildung 13.38**
Farbtemperatur reduzieren

Farbtemperatur ❺ über den Schieberegler auf 6550 Kelvin erhöht. Den Wert von Farbton ❻ habe ich leicht auf +15 reduziert. Jetzt wirkt die Umgebung etwas wärmer und die Farbe wird verstärkt. Allerdings ist natürlich auch dies eine Frage des persönlichen Geschmacks.

4 Weiß- und Schwarzpunkt einstellen

Den Regler Weiss ❼ habe ich auf +20 erhöht, um den Weißpunkt zu setzen. Jetzt sind die Lichter zwar etwas mehr ausgebrannt, aber es war mein Ziel die hellen Bildbereiche stärker strahlen zu lassen. Den Regler für Schwarz ❽ habe ich auf +15 erhöht, weil mir die Gans noch zu dunkel gewesen ist. Diesen Regler hätten Sie allerdings auch bei 0 belassen können, da es ja auch durchaus gewollt sein kann, dass reines Weiß oder reines Schwarz im Bild verwendet wird. Bei beiden Einstellungen sollten Sie natürlich immer das Bild im Blick behalten.

Nur alle Kanäle
In manchen Fällen würde man sich eine Tonwertkorrektur für die einzelnen Kanäle Rot, Grün und Blau wünschen, wie das bei Camera Raw mit dem großen Photoshop möglich ist.

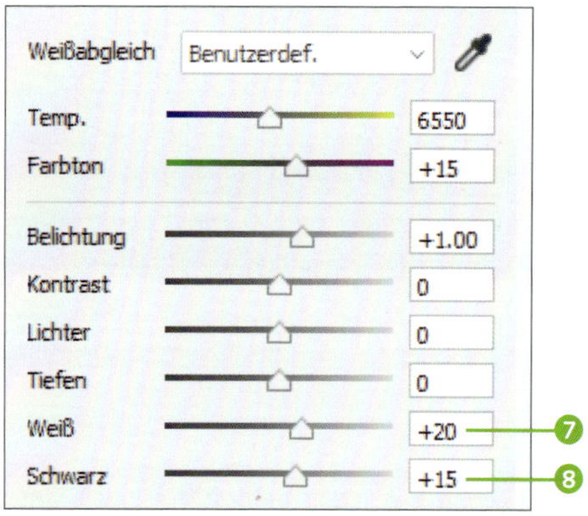

Abbildung 13.39 ▶
Jetzt haben wir den Weiß- bzw. Schwarzpunkt gesetzt, also das hellste Weiß und das dunkelste Schwarz definiert.

Achten Sie darauf, dass nach wie vor die optische Überprüfung für die Tiefen- und Lichtbeschneidung aktiviert ist, womit Sie unter Umständen vermeiden können, dass sich Bildinformationen im Schwarz oder Weiß verlieren. Ein Blick auf das Histogramm zeigt außerdem, dass wir unser Bild ordentlich über das komplette Spektrum ausgebreitet haben (obgleich auch dies natürlich nichts über die Qualität des Endergebnisses aussagt).

5 Lichter und Tiefen anpassen

Wenn Sie jetzt ein Bild haben, in dem die hellen Bereiche etwas überstrahlt sind oder die dunklen Bereich noch zu dunkel, können Sie dies mit den Reglern Lichter ❾ und Tiefen ❿ anpassen. Die Tiefen sind in diesem Bild schon relativ gut, und Änderungen daran dürften nur noch eine Frage des persönlichen Geschmacks sein. Ich habe den Regler TIEFEN auf +5 erhöht. Einige Bereiche waren mir dann doch zu hell, weshalb ich den Wert von LICHTER auf –20 reduziert habe.

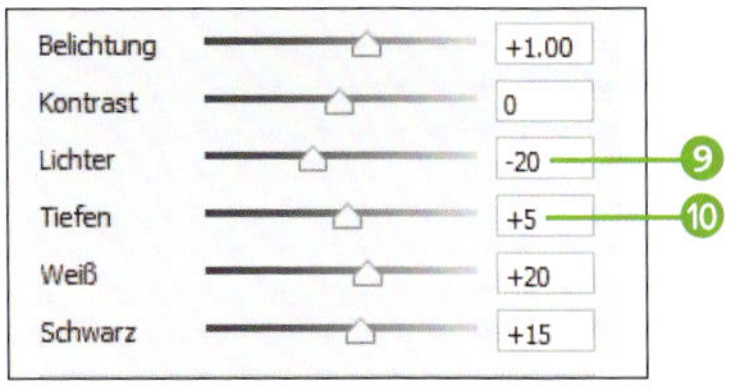

▲ **Abbildung 13.40**
Lichter und Schatten anpassen

6 Kontrast einstellen

Wenn im Histogramm die Tiefen auf der linken und die Lichter auf der rechten Seite nicht schön abfallen, können Sie dies verbessern, indem Sie den Regler KONTRAST ⑪ erhöhen. In diesem Beispiel habe ich mit dem Profil ADOBE STANDARD ein kontrastarmes Profil gewählt, weshalb jetzt genügend Raum für eine Kontrastanhebung ist. Ich habe den Wert auf +15 gesetzt. Des Weiteren können Sie den Kontrast in den Mitteltönen mit dem Regler KLARHEIT verstärken, indem Sie diesen ebenfalls nach rechts ziehen. Im Beispiel habe ich den Regler KLARHEIT ⑫ auf +25 gezogen, womit das Bild jetzt auch insgesamt schärfer wirkt.

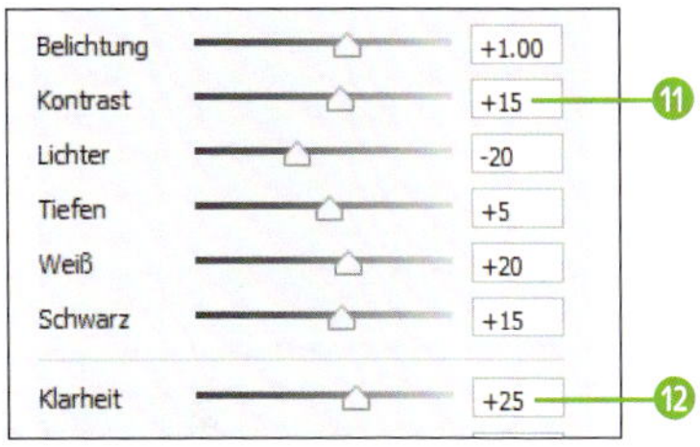

▲ **Abbildung 13.41**
Damit das Bild knackiger und kontrastreicher wird, wurden hier noch die Werte KONTRAST ⑪ und KLARHEIT ⑫ angehoben.

7 Sättigung anpassen

Jetzt kommen wir zur farblichen Umsetzung des Raw-Bildes. Im Beispiel sind die Farben im Bild insgesamt recht flau, weil das Bild mit wenig Licht gemacht wurde. Es ist natürlich auch Geschmackssache, aber meiner Meinung nach ist die Farbgebung des Bildes zu schwach. Ich habe mich daher dazu entschlossen, die Farbsättigung mit dem Regler DYNAMIK auf +25 und mit dem Regler SÄTTIGUNG auf +5 zu erhöhen.

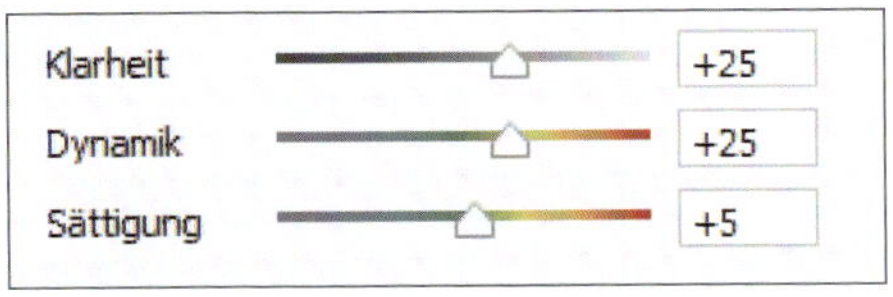

◀ **Abbildung 13.42**
Die Farbgebung des Bildes soll etwas mehr Dynamik und Sättigung erhalten..

8 Bild schärfen

Wechseln Sie auf den Reiter DETAIL. Stellen Sie die Ansicht auf 100%, um das Bild gegebenenfalls zu schärfen. Im Beispiel habe ich den Regler von SCHÄRFEN ⑬ auf +75 erhöht und so den Schärfeeindruck etwas verbessert. Hierbei sollten Sie das Bild immer in der 100%-Ansicht betrachten. Damit auch gezielt die Kanten geschärft werden, habe ich den Regler MASKIEREN ⑭ mit gedrückter [Alt]-Taste auf +80 gezogen. Damit können Sie sehr schön die Kanten kontrollieren, die geschärft werden sollen – sie werden in weißer Farbe angezeigt.

9 Rauschen reduzieren

Gerade in sehr dunklen Bereichen, die aufgehellt wurden, kann verstärktes Luminanzrauschen auftreten. Um ein vorhandenes Rauschen zu beheben, sollten Sie die Bildgröße auf 100% oder mehr einstellen und die entsprechenden Bereiche im Bild überprüfen. Wenn es zu stark rauscht, können Sie den Wert des Reglers RR ⑮ mit Blick auf das Bild langsam erhöhen, bis das Rauschen vermindert oder sogar ganz verschwunden ist.

▲ **Abbildung 13.43**
Bei DETAIL können Sie schärfen und Bildrauschen reduzieren.

10 Freistellen und Ausrichten

Zum Schluss können Sie das Bild mit dem Freistellungswerkzeug [C] bei Bedarf noch freistellen und gegebenenfalls ausrichten. Allerdings können Sie solche Arbeiten auch jederzeit im Fotoeditor erledigen.

11 Bild im Fotoeditor öffnen

Wenn Sie mit der Camera-Raw-Bearbeitung fertig sind, öffnen Sie das Bild zur weiteren Bearbeitung im Fotoeditor. Klicken Sie hierzu auf die Schaltfläche ÖFFNEN im Camera-Raw-Dialog.

12 Bild speichern

Auch wenn es vielleicht klar sein sollte: Das Bild, das Sie im Fotoeditor geöffnet haben, ist immer noch im DNG-Format und muss noch in ein gängiges Bildformat gespeichert werden. Hierbei hängt es natürlich davon ab, was Sie mit dem Bild vorhaben. In der Praxis dürfte meistens eine Speicherung im JPEG-Format infrage kommen. Die Beschreibung der wichtigsten Dateiformate folgt in Abschnitt B.4, »Dateiformate«, in Anhang B.

▲ **Abbildung 13.44**
Das Bild links ist die unbearbeitete Raw-Fassung. Das Bild rechts ist die Version nach der Raw-Behandlung mit Camera Raw. Das Bild ist jetzt bereit für die weitere Bearbeitung im Fotoeditor von Photoshop Elements.

13.7 JPEG-Bilder mit Camera Raw bearbeiten

Für viele Anwender sind der Workflow und die Korrektur der Bilder mit dem Camera-Raw-Plug-in sehr angenehm und effektiv, sodass man sich wünschen würde, auch herkömmliche Bilder im JPEG-Format (oder auch in anderen Formaten wie TIFF und PSD) mit Camera Raw bearbeiten zu können. Die gute Nachricht ist, dass dies ebenfalls ohne Einschränkungen möglich ist.

Mit dem tollen Algorithmus von Camera Raw, bei dem man nicht mehr so leicht etwas kaputt machen kann, ist die Möglichkeit, JPEG-Bilder mit Camera Raw nachzubearbeiten, ein kleiner Geheimtipp. Hierzu müssen Sie lediglich im Dialog, den Sie mit Strg/cmd+Alt+O oder Datei • In Camera Raw öffnen aufrufen, JPEG-Bilder statt Raw-Bilder öffnen.

Behandelte Pixel
An dieser Stelle folgt noch der Hinweis, dass Sie natürlich wissen müssen, dass es sich bei JPEG- bzw. TIFF-Bildern um Pixel handelt, die bereits von der Kamera bearbeitet wurden. Daten im Rohformat sind stets von der Kamera unbehandelte Pixel.

TEIL V
Zuschneiden und Ausrichten

Kapitel 14

Zuschneiden, ausstechen und neu zusammensetzen

Haben Sie mal wieder einen schlechten Aufnahmewinkel oder eine zu kurze Brennweite gewählt? Oder ist schon wieder jemand am Rand in Ihr Bild hineingelaufen? Diese und weitere Dinge lassen sich in Photoshop Elements jederzeit durch einen Zuschnitt mit dem Freistellungswerkzeug anpassen. Wie Sie dabei vorgehen und wie Sie außerdem den Ausstecher und das Neuzusammensetzen-Werkzeug verwenden, erfahren Sie in diesem Kapitel.

14.1 Bilder zuschneiden

Mit dem Zuschneiden von Bildern können Sie zunächst die Bildgröße ändern. Darüber hinaus können Sie das Beschneiden für gestalterische Eingriffe nutzen, etwa um störende Hintergrundelemente zu entfernen oder mehr Nähe zu erzeugen. Häufig genügen ein kleiner Zuschnitt oder ein geringfügiges Ausrichten eines Bildes, um aus einem guten ein perfektes Motiv zu machen.

Der Bildausschnitt ist also entscheidend daran beteiligt, wie ein Bild wirkt, wie das abgebildete Motiv in den Mittelpunkt gestellt oder aus diesem herausgenommen wird. Auf diese Weise steuern Sie mithilfe des Ausschnitts den Blick des Betrachters. Häufig können Sie mit dem richtigen Beschneiden auch Bilder mit vielen störenden Nebenmotiven noch retten.

14.1.1 Das Freistellungswerkzeug

Das Freistellungswerkzeug [C] ⌗ aus der Werkzeugpalette wird verwendet, um einen rechteckigen Bildbereich auszuwählen und aus der Auswahl ein neues Bild zu erzeugen. Die Bildbereiche außerhalb der Kanten werden dabei entfernt.

Den Bildausschnitt können Sie über zwei Wege festlegen. Zum einen können Sie die Werkzeugoptionen verwenden, um die Zahlenwerte für Breite (B), Höhe (H) und Auflösung (AUFLÖS.)

Zum Weiterlesen

Mehr zum Thema Auflösung finden Sie in Anhang B in Abschnitt B.1, »Eigenschaften digitaler Bilder«, und in Abschnitt 26.1.1, »Der Bildgröße-Dialog«.

des gewünschten Ausschnitts einzugeben. Schneller geht das Aufziehen eines Rahmens mit gedrückter linker Maustaste.

▲ **Abbildung 14.1**
Über die Werkzeugoptionen des Freistellungswerkzeugs wird die Bildgröße von Hand vorgegeben.

Auflösung neu berechnen
Beachten Sie allerdings: Wenn Sie über Zahlenwerte in den Werkzeugoptionen die Bildgröße und die Auflösung verändern, wird das Bild auch neu berechnet. Hierbei müssen Sie mit Schärfeverlusten rechnen.

14.1.2 Bildausschnitt mit Zahlenwerten definieren

Sollten Sie die Werte für das Seitenverhältnis von Hand eingeben wollen, wird für die Werte von Breite (B) und Höhe (H) die Maßeinheit Zentimeter (CM) verwendet, sofern Sie nichts anderes eingeben. Für Maßeinheiten wie Pixel müssen Sie der Zahl ein »px« folgen lassen, für Millimeter die Angabe »mm«.

Wenn Sie zwischen Breite und Höhe auf das Symbol zum Vertauschen ❶ klicken, werden die eingegebenen Werte vertauscht. Neben der Bildgröße können Sie auch die Auflösung ändern. Geben Sie hier bei AUFLÖS. keinen Wert ein, bleibt die Auflösung unverändert. Wenn Sie die Werte manuell eingeben, wird in der Dropdown-Liste ❷ der Werkzeugoptionen der Eintrag BENUTZERDEFINIERT angezeigt.

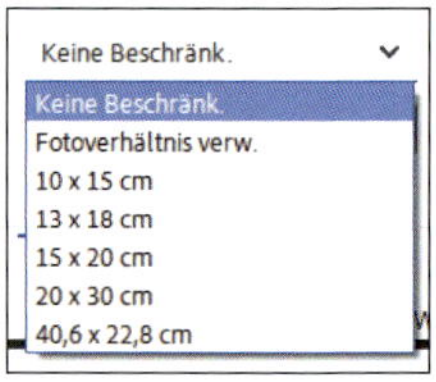

▲ **Abbildung 14.2**
Seitenverhältnis einstellen

14.1.3 Bildausschnitte mit der Maus definieren

Die gängigere Methode zum Beschneiden eines Bildes ist die Maus. Stellen Sie den Mauszeiger über das Bild, und ziehen Sie mit gedrückter Maustaste ein Rechteck auf. Größe und Position des Rechtecks können Sie jederzeit nachträglich anpassen.

Über die Dropdown-Liste ❷ geben Sie an, wie beim Zuschneiden das Verhältnis der Höhe und Breite eingehalten werden soll. Folgende Optionen stehen Ihnen hierbei zur Verfügung:

- KEINE BESCHRÄNK.: Das Bild kann beliebig in jeder Größe zugeschnitten werden.
- FOTOVERHÄLTNIS VERW.: Beim Zuschneiden wird das ursprüngliche Seitenverhältnis des Bildes eingehalten. Wenn Sie hierbei zum Beispiel die Höhe verändern, ändert sich auch automatisch die Breite im entsprechenden Verhältnis.
- Voreingestellte Formate: Hier können Sie das Bild in einem vordefiniertem (Foto-)Format, wie zum Beispiel 10 × 15 cm, 13 × 18 cm, 15 × 20 cm oder 20 × 30 cm zuschneiden. Entsprechend dem Format wird auch die Auflösung berechnet.

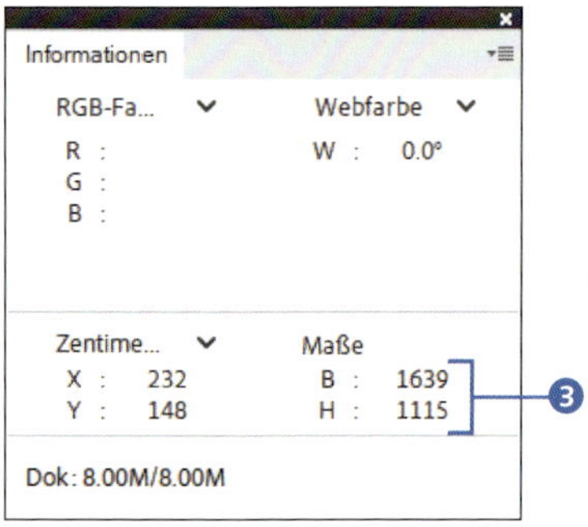

▲ **Abbildung 14.3**
Helfer beim Zuschneiden mit dem Freistellungswerkzeug

Sehr nützlich beim Zuschneiden eines Bildes ist auch das Informationen-Bedienfeld (FENSTER • INFORMATIONEN), das verschiedene Bildmaße sowie die Größe des Beschnittrechtecks ❸ anzeigt.

Diese Informationen über die Größe des Beschnittrechtecks werden außerdem auch gleich beim Aufziehen des Rahmens ❹ angezeigt.

Um den ausgewählten Bildbereich endgültig zuzuschneiden, klicken Sie entweder auf die Schaltfläche FERTIG der kontextbezogenen Taskleiste, oder Sie klicken doppelt mit der Maus in die Auswahl (oder Sie bestätigen mit [↵]). Abbrechen können Sie den Zuschnitt mit dem ×-Symbol oder mit [Esc].

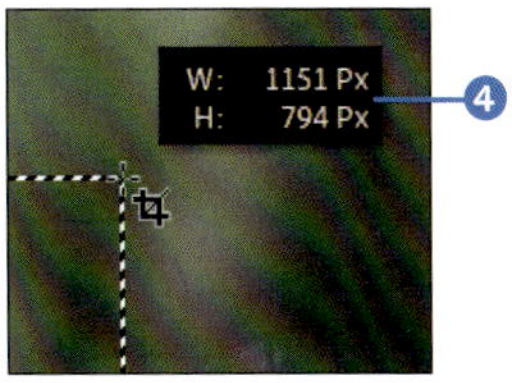

▲ **Abbildung 14.4**
Die Größe des Beschnittrechtecks

Um wie hier in den Abbildung 14.3 und Abbildung 14.4 die Maßeinheit in Pixel zu erhalten, müssen Sie diese Einheit über BEARBEITEN/PHOTOSHOP ELEMENTS • VOREINSTELLUNGEN • EINHEITEN & LINEALE bei der Option LINEALE anpassen. Die Standardeinstellung dort lautet nämlich Zentimeter.

14.1.4 Bildausschnitt vorschlagen lassen

▲ **Abbildung 14.5**
Wenn Sie die kontextbezogene Taskleiste aktiviert haben, können Sie hier den Zuschnitt bestätigen oder abbrechen.

Es ist gerade für Einsteiger nicht immer einfach, einen guten Bildausschnitt mit der Maus zu definieren. So haben das auch die Entwickler von Photoshop Elements gesehen und daher unter FREISTELLUNGSEMPFEHLUNGEN ❻ einige Vorschläge hinzugefügt, wie das Bild zugeschnitten werden könnte. Dazu wird das Foto anhand verschiedener Dinge analysiert, und ein kluger Algorithmus bietet Ihnen dann vier Vorschläge an Zuschnitten an, aus denen Sie wählen können. Bei den Vorschlägen wird auch das Verhältnis der Höhe und Breite berücksichtigt, das Sie in der Dropdown-Liste ❺ ausgewählt haben.

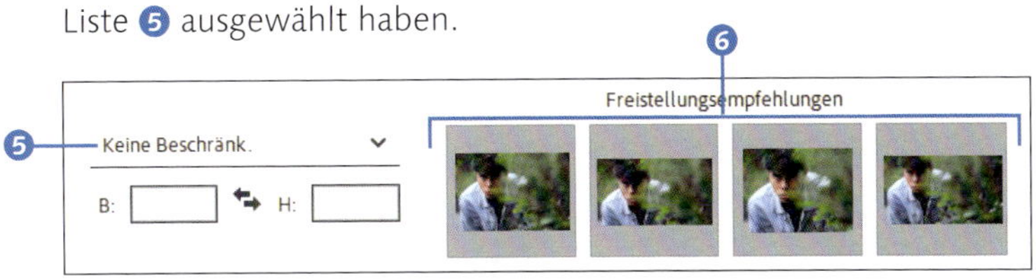

▲ **Abbildung 14.6**
Werkzeugoptionen des Freistellungswerkzeugs

Die Verwendung von FREISTELLUNGSEMPFEHLUNGEN ❻ ist sehr einfach. Sie gehen lediglich mit dem Mauszeiger über einen der vier Vorschläge und können dadurch im Foto den entsprechenden Bildausschnitt sehen, der Ihnen als Zuschnitt entsprechend dem ausgewählten Verhältnis von Höhe und Breite angeboten wird. Gefällt Ihnen einer dieser Vorschläge, brauchen Sie diesen nur anzuklicken und mit dem Häkchen bzw. per [↵] darauf zuschneiden lassen. Natürlich können Sie nachträglich auch den vorgeschlagenen Zuschnitt im Bild über die Ecken nach Ihren Bedürfnissen anpassen bzw. mit gedrückt gehaltener Maustaste in der Position verschieben, bevor Sie den Zuschnitt übernehmen.

14.1.5 Raster anzeigen

Besonders wenn Sie ein Bild möglichst optimal zuschneiden möchten, bietet das Freistellungswerkzeug mit den drei Schaltflächen für das Raster einige sehr hilfreiche Optionen an.

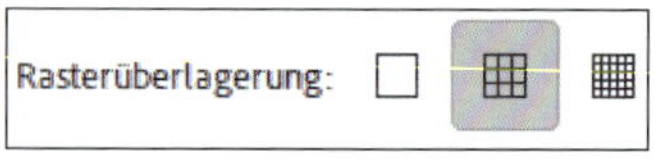

▲ **Abbildung 14.7**
Mit diesen Schaltflächen finden Sie Hilfsmittel zum Zuschneiden der Bilder.

Einsatzzweck | Sicherlich fragen Sie sich jetzt, wozu solche Raster wie DRITTEL-REGEL überhaupt gut sein sollen. Möglicherweise benötigen Sie bei vielen Ihrer Fotos gar keine solche Hilfe beim Zuschneiden, weil Sie bereits intuitiv nach diesen Regeln fotografieren. Sollten Sie allerdings häufig zentrierte Motive fotografieren, ist Ihnen mit dem Raster gut gedient. Hauptmotive, die in der Mitte eines Bildes liegen, sind für den Betrachter oft langweilig (obgleich dies natürlich von der Art der Aufnahme abhängt). Ich will Ihnen jetzt gar nicht den mathematischen Aspekt des Goldenen Schnitts näher erläutern. Entscheidend ist nur, dass Sie wissen, dass Sie mithilfe der Raster unter Umständen attraktivere und harmonischere Fotos erstellen können. Sehen Sie sich einmal einen Film oder eine Fernsehsendung an, und beachten Sie die Kameraführung. Fast nie wird das Hauptmotiv zentriert gezeigt. Hierzu nun eine Übersicht über die unterschiedlichen Raster:

Kapitel_14:
Chris.jpg
Augsburg.jpg
Stilleben.jpg

- DRITTEL-REGEL : Bei der DRITTEL-REGEL wird der Zuschnittrahmen in je zwei horizontale und zwei vertikale Linien und somit neun gleiche Teile aufgegliedert. Das Hauptmotiv sollten Sie hierbei an den Schnittpunkten der Linien platzieren und dann zuschneiden.

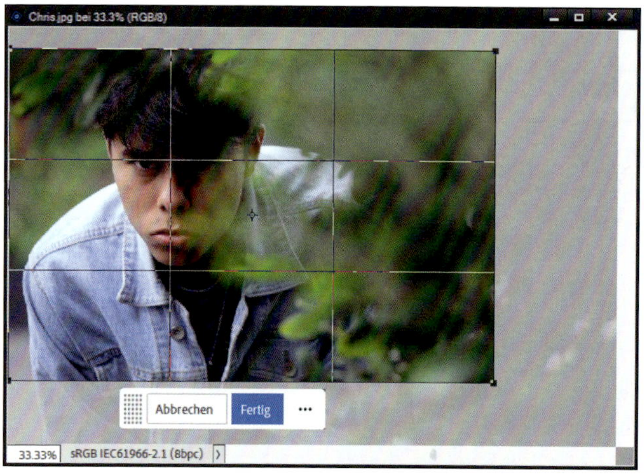

Abbildung 14.8 ▸
Mit der DRITTEL-REGEL kann man Motive auf ansprechende Weise außerhalb der Mitte des Fotos platzieren. Hierbei ist das Raster in je drei gleiche horizontale und vertikale Bereiche aufgeteilt. (Model: Chris Mulhia)

- RASTER : Verwendet ein einfaches Raster aus Quadraten für die Überlagerung des Zuschnittrahmens. Das kann recht hilfreich sein, wenn das Bild zusätzlich über die Eckpunkte ❶ gedreht oder gerade ausgerichtet werden soll. Die vielen Lin-

Gerade ausrichten
Natürlich bietet Photoshop Elements ein spezielles Werkzeug an, um ein Bild auszurichten, und zwar das Gerade-ausrichten-Werkzeug [P] .

ien des Rasters eignen sich prima, um ein Bild an eventuell vorhandenen Kanten auszurichten.

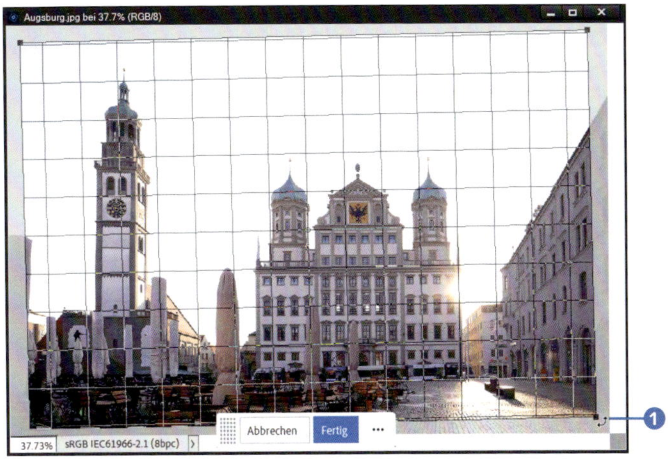

◂ **Abbildung 14.9**
Das RASTER eignet sich zum Beispiel prima zum Drehen und Ausrichten des Zuschnitts.

- OHNE ☐: Damit ziehen Sie einen leeren Zuschnittrahmen auf.

◂ **Abbildung 14.10**
Mit der Option OHNE wird ein leerer Zuschnittrahmen aufgezogen.

Schritt für Schritt
Bild optimal zuschneiden

Bei dem folgenden Bild ist der junge Mann doch etwas arg weit auf der linken Seite positioniert. Dies soll nun mit einem Zuschnitt optimiert werden.

Kapitel_14: Chris.jpg

1 Freistellungswerkzeug wählen

Öffnen Sie das Bild »Chris.jpg« im Fotoeditor. Aktivieren Sie in der Werkzeugpalette das Freistellungswerkzeug C ⌗. Wählen Sie beim SEITENVERHÄLTNIS die gewünschte Option 1 aus, und setzen Sie bei Bedarf die Felder für Breite (B), Höhe (H) und Auflösung (AUFLÖS.). Im Beispiel habe ich mich für KEINE BESCHRÄNKUNG entschieden und mich nicht um die Breite, Höhe und Auflösung gekümmert. Als Raster ❹ würde sich hier die DRITTEL-REGEL eignen.

2 Vorschläge für Bildausschnitte betrachten

Dieser Arbeitsschritt ist optional. Gehen Sie mit dem Mauscursor über eine der vier Miniaturvorschauen bei den FREISTELLUNGS-EMPFEHLUNGEN ❸, und betrachten Sie die Vorschläge, die Ihnen angeboten werden. Gerade als Einsteiger sind diese eine enorme Hilfe. Aus vielen Tests mit dieser Option habe ich die Erfahrung gewonnen, dass die Vorschläge häufig sehr gut sind und fast immer mindestens ein sehr guter Vorschlag darunter ist. Im Beispiel habe ich mich für den ersten Vorschlag ❷ entschieden und ihn angeklickt. Die Freistellungsempfehlungen können nachträglich jederzeit mit dem Freistellungswerkzeug angepasst werden.

Abbildung 14.11 ▼
Hier wurde die erste Empfehlung ausgewählt.

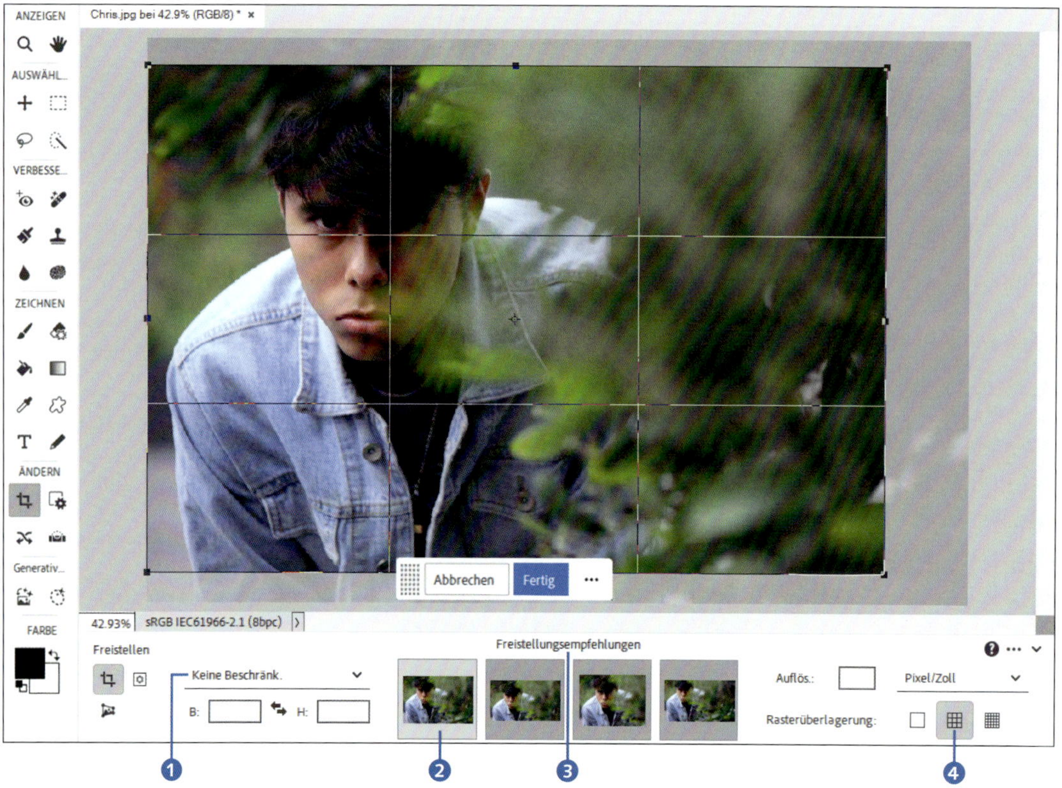

3 Zuschnittrahmen ziehen oder anpassen

Wenn Ihnen keine der Freistellungsempfehlungen vom Arbeitsschritt zuvor zugesagt hat, können Sie mit gedrückter linker

Maustaste um den Ausschnitt einen groben Rahmen von einer Ecke zur anderen aufziehen. Hier habe ich diesen Rahmen mit gedrückter linker Maustaste von der rechten unteren Zuschnittsecke ⑦ zur linken oberen Ecke ⑤ gezogen und die Maustaste wieder losgelassen.

Verschieben mit der Tastatur
Wenn Sie die [Alt]-Taste gedrückt halten, können Sie die Auswahl mit den Pfeiltasten verschieben.

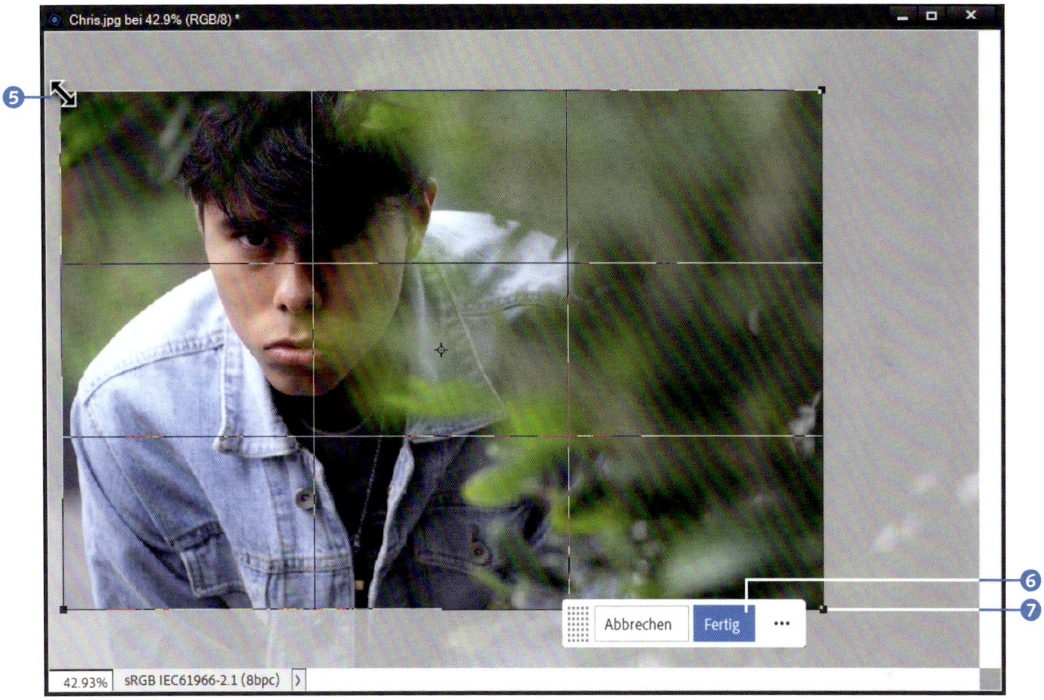

▲ **Abbildung 14.12**
An den Griffpunkten lässt sich der Zuschnittrahmen nachträglich anpassen.

Nach dem Auswählen einer Freistellungsempfehlung oder dem Loslassen eines mit der Maus erstellten Zuschnittrahmens wird ein Auswahlrechteck als Begrenzungsrahmen mit Griffpunkten an den Ecken und Kanten angezeigt. An den Griffpunkten können Sie nun noch die Auswahl mit gedrückt gehaltener linker Maustaste anpassen. Ebenfalls können Sie den Zuschnittbereich mit gedrückter Maustaste innerhalb der Auswahl verschieben. Um das Auswahlrechteck zu drehen, ziehen Sie es außerhalb des Begrenzungsrahmens (der Zeiger wird hier zum gebogenen Pfeil) mit gedrückt gehaltener linker Maustaste in die entsprechende Richtung. Auch das Seitenverhältnis können Sie noch nachträglich einstellen.

Griffpunkte an den Kanten
Die vier Griffpunkte an den flachen Kanten sind natürlich nur dann vorhanden, wenn Sie kein festes Seitenverhältnis (also Keine Beschränkung) ausgewählt haben. Bei einem festen Seitenverhältnis wie beispielsweise Fotoverhältnis verwenden stehen Ihnen nur die Griffpunkte an den vier Ecken zur Verfügung.

4 Zuschnitt durchführen

Wenn Sie mit der Auswahl zufrieden sind, führen Sie den Zuschnitt mit [↵] oder durch einen Klick auf die Schaltfläche Fertig ⑥ unterhalb der Auswahl durch.

Durch den neuen Ausschnitt rückt der junge Mann deutlich mehr in den Fokus und wirkt auch näher. Der Zuschnitt macht das Bild insgesamt ausdrucksstärker.

▲ **Abbildung 14.13**
Links das Bild in der Originalfassung, rechts das Bild nach dem Zuschneiden mit dem Freistellungswerkzeug

Farbe ändern | Nicht immer ist die schwarze transparente Hintergrundfarbe für das Freistellungswerkzeug ideal zum Freistellen von Bildern geeignet. Glücklicherweise können Sie diese Einstellung über Bearbeiten/Photoshop Elements Editor • Voreinstellungen • Anzeige & Cursor ändern. Unter Freistellungswerkzeug können Sie hier über das Häkchen Abdeckung verwenden diesen transparenten Hintergrund komplett (de-)aktivieren. Mit Abdeckfarbe können Sie eine andere Farbe auswählen, und die Transparenz stellen Sie mit Deckkraft ein.

14.1.6 Freistellen nach einer Auswahl

Zwar sind die Auswahlen bisher noch nicht behandelt worden, aber ich möchte hier erwähnen, dass Sie eine getätigte Auswahl über den Befehl Bild • Freistellen freistellen können. Haben Sie zum Beispiel eine Auswahl mit dem Auswahlrechteck erstellt und wählen den Befehl Bild • Freistellen, wird das Bild anhand der Auswahlbegrenzung zugeschnitten.

Freistellen von Auswahlen

Den Befehl Bild • Freistellen können Sie auch mit allen anderen Auswahlwerkzeugen, wie bspw. dem Lasso, verwenden. Wenn die Auswahlbegrenzung eine unregelmäßige Form hat, erfolgt die Freistellung trotzdem anhand eines rechteckigen Begrenzungsrahmens. Rufen Sie den Befehl Bild • Freistellen ohne eine Auswahlbegrenzung auf, wird das Freistellungswerkzeug aktiviert.

14.1.7 Scans aufteilen

Sollten Sie vorhaben, Ihren Bildbestand zu digitalisieren, brauchen Sie nicht Bild für Bild einzuscannen. Schneller geht es, wenn Sie mehrere Bilder auf den Scanner legen und sie anschließend zuschneiden (lassen). Häufig haben Sie gar keine andere Wahl, als mehrere Bilder gleichzeitig zu scannen – etwa wenn Bilder fest in einem Album kleben. Photoshop Elements bietet für solche Fälle eine Automatik an, die recht zuverlässig arbeitet.

Kapitel_14:
MoreScans.tif

◂ **Abbildung 14.14**
Einige alte Fotos wurden hier aus einem Familienalbum eingescannt.

Scans aufteilen | Drehen Sie den Scan gegebenenfalls zunächst in die richtige Position. Anschließend genügt ein Aufruf von Bild • Gescannte Fotos teilen, und Photoshop zerlegt die Fotos selbstständig in neue Dateien.

◂ **Abbildung 14.15**
Der Scan wurde in zwei einzelne Fotos geteilt.

Freistellen und speichern | Im Beispiel wurden die zwei Bilder ordentlich zugeschnitten. Haben Sie ein älteres Bild mit einem ausgefransten Rahmen, wie sie früher verwendet wurden, können Sie diese nachträglich mit dem Freistellungswerkzeug C zuschneiden. Speichern Sie die Bilder anschließend ab.

14.2 Das Ausstecher-Werkzeug

Mit dem Ausstecher-Werkzeug C stechen Sie ein Bild mit einer von Ihnen gewählten Form aus. Hierzu müssen Sie lediglich die Form auf das Foto aufziehen und gegebenenfalls nachträglich verschieben oder skalieren, bis Sie den gewünschten Bereich ausgewählt haben.

Über die Dropdown-Liste Ausschnittform ❸ wählen Sie die gewünschte Form zum Ausstechen aus den Miniaturen aus. Aufgelistet werden zunächst nur die Standardformen. Über Formen ❶ können Sie allerdings auch andere Formen auflisten lassen. Mit der kleinen Schaltfläche ❷ rechts oben können Sie die Ansicht der Miniaturvorschau verändern.

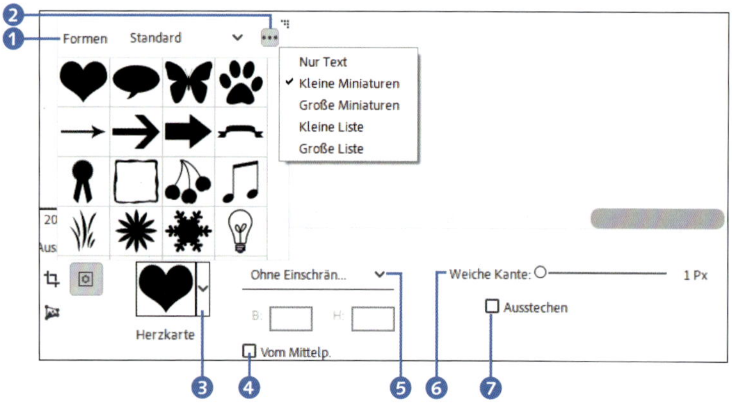

Abbildung 14.16 ▸
Die Optionen des Ausstecher-Werkzeugs

Über die Dropdown-Liste Geometrie-Optionen ❺ stellen Sie die folgenden Optionen für das Aufziehen der Form ein:

- Ohne Einschränkungen: Sie können die Form in beliebiger Größe und Proportion aufziehen.
- Festgelegte Proportionen: Hiermit können Sie die Form zwar in beliebiger Größe, aber mit einer festen Proportion (Höhe und Breite) aufziehen.
- Definierte Grösse: Die Form wird mit der von Photoshop Elements vorgegebenen fixen Größe aufzogen.
- Feste Grösse: Hier geben Sie über die Textfelder Breite (B) und Höhe (H) die feste Größe ein, die die fertige Form haben soll.

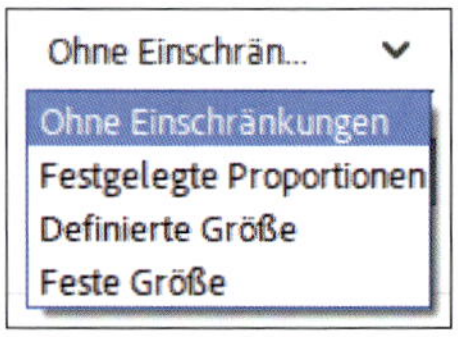

▲ Abbildung 14.17
Diverse Geometrie-Optionen helfen beim Aufziehen der Form mit der Maus.

Vom Mittelp. ❹: Setzen Sie ein Häkchen vor diese Option, wird die Form vom Mittelpunkt aus aufgezogen. Im Schieberegler Weiche Kante ❻ können Sie die Kanten des zugeschnittenen Bereichs weichzeichnen. Hierbei ist ein Wert von 0 bis 250 Pixel möglich. Je höher der Wert, desto stärker werden die Kanten des Zuschnitts weichgezeichnet. Wenn Sie die Checkbox Ausstechen ❼ aktivieren, wird das Bild nach der Bestätigung über das Häkchen gleich auf die Größe der aufgezogenen Form zugeschnitten.

Kapitel_14: Gewürze.jpg

▲ **Abbildung 14.18**
Hier wurde das Ausstecher-Werkzeug mit deaktivierter Option Ausstechen verwendet …

▲ **Abbildung 14.19**
… und hier mit aktivierter Option Ausstechen, wodurch das Bild gleich auf die Größe der Form zugeschnitten wurde.

Das Ergebnis mit dem Ausstecher-Werkzeug ist ein freigestellter Bildausschnitt. Das Schachbrettmuster außerhalb der Form zeigt den transparenten Bereich dieser Ebene an. Die Ebenen werde ich noch gesondert in Teil X des Buches behandeln.

14.3 Hintergründe strecken – das Neu-zusammensetzen-Werkzeug

Das Neu-zusammensetzen-Werkzeug [W] aus der Werkzeugpalette kann dazu verwendet werden, die Größe eines Bildes zu ändern, ohne dass ausgewählte Informationen des Motivs verloren gehen. Zunächst hat es den Anschein, als sei dies nur ein Werkzeug zum Skalieren von Bildern. Aber dieses Werkzeug kann weitaus mehr, als es auf den ersten Blick erkennen lässt.

Skalieren ohne Verzerrung | Anders als beim gewöhnlichen Skalieren, bei dem alles im Bild verzerrt wird, wenn Sie die Größe ändern, können Sie mit dem Neu-zusammensetzen-Werkzeug bestimmte Bereiche im Bild markieren, um diese ausgewählten Bereiche beim Ändern der Größe zu erhalten. Außerdem haben Sie mit dem Werkzeug die Möglichkeit, bestimmte Bereiche im Bild zu entfernen. Anhand dieser Beschreibung dürfte Ihnen jetzt auch klar sein, warum man bei diesem Werkzeug von »Neu zusammensetzen« spricht.

Schutzbereiche markieren | Mit dem Pinsel mit Plussymbol ❶ markieren Sie im Bild den Bereich, den Sie beim anschließenden Verändern der Bildgröße schützen wollen. Photoshop Elements versucht dann, diesen Bereich im Bild nicht zu verzerren. Im Bild wird dieser markierte Bereich mit einer transparenten grünen Farbe aufgepinselt. Wollen Sie wieder etwas vom aufgepinselten geschützten Bereich im Bild entfernen, verwenden Sie den Radiergummi mit dem Plussymbol ❹ daneben.

Bildbereiche, die Sie beim Verändern der Bildgröße komplett entfernen wollen, markieren Sie mit dem Pinsel mit dem Minussymbol ❷. Diese Bildbereiche werden im Bild mit einer transparenten roten Farbe angezeigt. Auch hier finden Sie daneben einen Radiergummi mit einem Minussymbol ❸, mit dem Sie zu viel aufgepinselte Bereiche wieder wegradieren können, damit sie im Bild erhalten bleiben.

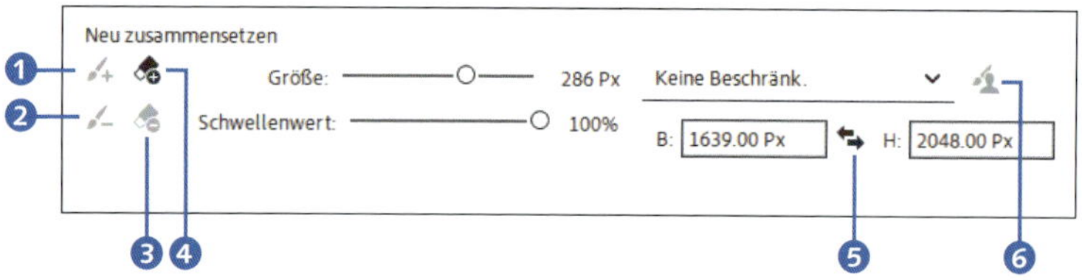

Abbildung 14.20 ▸
Optionen des Neu-zusammensetzen-Werkzeugs

Sie können jederzeit einen aufgepinselten oder wegradierten Bereich mit [Strg]/[cmd]+[Z] rückgängig machen.

Werkzeugspitze einstellen | Mit GRÖSSE stellen Sie die Größe der Werkzeugspitze der eben erwähnten Pinsel und des Radiergummis ein. Mit dem Schieberegler SCHWELLENWERT stellen Sie den Schwellenwert für die Neuzusammensetzung zur Verzerrungsminimierung ein. Standardmäßig ist hier ein Wert von 100% vorgegeben. Ein Wert von 0% entspräche einer gewöhnlichen Skalierung über BILD • SKALIEREN • SKALIEREN.

Wie schon beim normalen Freistellungswerkzeug können Sie hier ebenfalls über eine Dropdown-Liste das Seitenverhältnis einstellen. Standardmäßig ist auch hier KEINE BESCHRÄNKUNG vorgegeben. Alternativ können Sie auch hier noch das Fotoverhältnis des Bildes beibehalten oder aus den voreingestellten Formaten auswählen. Natürlich können Sie die Werte für Breite und Höhe genauso manuell als Zahlenwert (Maßeinheit Pixel) eingeben. Klicken Sie auf das Doppelpfeilsymbol ❺ zwischen Breite und Höhe, werden die beiden angegebenen Werte miteinander vertauscht.

Personen automatisch schützen | Für Fotos, auf denen Personen abgebildet sind, ist der Pinsel HAUTTÖNE HERVORHEBEN ❻ interessant. Photoshop Elements versucht hierbei, automatisch im Bild alle möglichen Hautfarben zu schützen (grün einzufärben), die es findet. Diese Automatik funktioniert allerdings nur dann zuverlässig, wenn sich im Bild sonst kaum hauttonartige Farben befinden.

Schritt für Schritt
Bild neu zusammensetzen

Bei dem folgenden Bild wollen wir die Breite des Bildes rechts und links von der Person erweitern, ohne dass die Person im Bild verzerrt wird.

Kapitel_14:
Gegenlicht.jpg

1 Arbeitsfläche erweitern

Doppelklicken Sie auf die Ebene ❶ im Ebenen-Dialog, wodurch aus der Hintergrundebene eine Ebene mit Transparenz wird. Rufen Sie dann die Funktion BILD • SKALIEREN • ARBEITSFLÄCHE auf. Tippen Sie bei BREITE denselben Wert wie bei der HÖHE ein, sodass beide Werte (im Beispiel) 2048 Pixel lauten. Bestätigen Sie mit OK, dann haben Sie eine transparente Arbeitsfläche rechts und links vom Bild hinzugefügt.

▲ **Abbildung 14.21**
Arbeitsfläche erweitern

2 Neu-zusammensetzen-Werkzeug wählen

Laden Sie das Bild »Gegenlicht.jpg« in den Fotoeditor. Wählen Sie in der Werkzeugpalette das Neu-zusammensetzen-Werkzeug [W] aus. Stellen Sie beim Seitenverhältnis die Option Keine Beschränkung ein. Wählen Sie eine passende Größe für den Pinsel. Im Beispiel habe ich hier 250 Pixel eingestellt.

3 Bereich zum Erhalten auswählen

Wählen Sie den Pinsel mit dem Plussymbol ❷, um einen bestimmten Bereich im Bild zu schützen. Malen Sie mit dem Pinsel im Bild die Dame im Bild aus, sodass sie mit einer transparenten grünen Farbe eingefärbt ist. Zu viel Eingefärbtes können Sie jederzeit wieder mit dem Radiergummi mit dem Plussymbol entfernen.

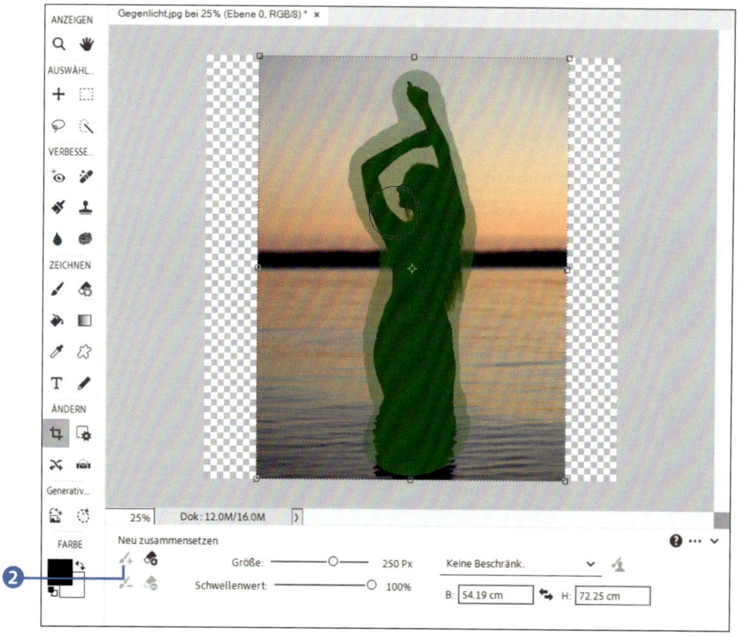

Abbildung 14.22 ▸
Die Person ist in diesem Bild als »geschützt« markiert.

4 Bild neu zusammensetzen

Jetzt können Sie an den Griffen der vier Ecken und Seiten die Größe des Bildes verändern und es neu zusammensetzen. Im Beispiel habe ich den Griff auf der rechten Seite ❸ ganz nach rechts und den auf der linken Seite ganz nach links gezogen. Hierbei erkennen Sie jetzt schon sehr gut, dass sich der geschützte Bereich im Bild nicht ändert.

Sind Sie mit dem Ergebnis zufrieden, brauchen Sie nur noch mit der Schaltfläche Fertig ❹ oder [↵] zu betätigen, oder Sie brechen mit der Abbrechen-Schaltfläche ❺ oder [Esc] ab.

◂ **Abbildung 14.23**
Das Bild wird in der Größe erweitert und neu zusammengesetzt.

5 Auf Hintergrundebene reduzieren

Zum Schluss müssen Sie nur noch die Ebene mit der rechten Maustaste anklicken und im Kontextmenü Auf Hintergrundebene reduzieren auswählen. Unschöne Artefakte, die durch die Größenveränderung entstanden sind, entfernen Sie beispielsweise mit dem Kopierstempel [S] und dem Bereichsreparatur-Pinsel [J]. Mehr zu diesen Werkzeugen erfahren Sie in Abschnitt 31.1 und Abschnitt 31.3.

▾ **Abbildung 14.24**
Links sehen Sie das Originalbild. Das rechte Bild wurde mit dem Neu-zusammensetzen-Werkzeug auf ein quadratisches Format erweitert.

Das Beispiel war relativer einfacher Natur und sehr erfolgversprechend, weil hier ein recht gleichmäßiger Hintergrund erweitert werden musste. Schwieriger ist es häufig, wenn sich mehr Details in den Bildern wiederfinden. Auch wenn Sie dann Elemente zum Schützen oder auch zum Entfernen auswählen können, kommt das Werkzeug schnell an seine Grenzen. Eine Nachbearbeitung des neu zusammengesetzten Bildes lässt sich dabei oft nicht vermeiden.

Neu zusammensetzen mit dem Assistent-Modus | Da die Arbeit mit dem Neu-zusammensetzen-Werkzeug recht komplex ist, finden Sie diesen Vorgang auch im Assistent-Modus über das Aufgabenbedienfeld unter der Kategorie Spezielle Bearbeitungen mit Neu zusammensetzen wieder.

Hintergrund erweitern mit dem Assistent-Modus | Rein auf die Erweiterung des Hintergrundes spezialisiert ist hingegen die Assistent-Funktion Hintergrund erweitern in der Kategorie Spezielle Bearbeitung. Im Prinzip macht diese Funktion fast dasselbe wie in dem Workshop, wo Sie den Hintergrund mit dem Neu-zusammensetzen-Werkzeug erweitert haben – nur erheblich einfacher. Hierbei geben Sie die Leinwandgröße aus einer Auswahl an (wie beispielsweise Quadratisch, Instagram-Story oder Twitter-Beitrag), dann wählen Sie die Seite, die erweitert werden soll, und überlassen dann alles der Automatik oder greifen selbst ein.

Abbildung 14.25 ▼
Die Assistent-Funktion Hintergrund erweitern dürfte besonders für Beiträge in sozialen Medien wie Instagram, Facebook oder Twitter interessant sein.

Kapitel 15

Bilder ausrichten

Natürlich bietet Photoshop Elements auch Funktionen an, um Bilder neu auszurichten, die Perspektive zu korrigieren oder Bilder zu kombinieren. Denn nicht immer kann man die Kamera im richtigen Moment auslösen oder einen geeigneten Aufnahmestandpunkt wählen.

15.1 Bilder gerade ausrichten

Kapitel_15: Schief.jpg

Mit dem Gerade-ausrichten-Werkzeug [P] können Sie Bilder vertikal oder horizontal begradigen oder neu ausrichten. Das Werkzeug lässt sich relativ einfach verwenden: Suchen Sie im Bild eine Linie aus, die gerade sein soll. Klicken Sie nun auf den Anfang ❶ der Linie, und ziehen Sie den Cursor mit gedrückter linker Maustaste zum Ende der Linie ❷. Die beiden Punkte sind nun auf der Anzeige mit einem grauen Strich verbunden. Wenn Sie die Maustaste loslassen, wird das Bild entlang dieser Linie gedreht, also gerade ausgerichtet.

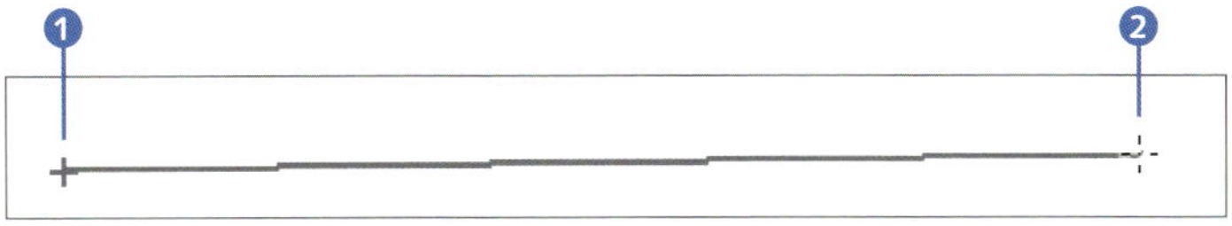

▲ **Abbildung 15.1**
Die beiden Punkte ❶ und ❷ bestimmen die neue Horizontlinie.

▲ **Abbildung 15.2**
Das Bild wurde schief fotografiert.

Werkzeugoptionen | Das Gerade-ausrichten-Werkzeug bietet nur zwei Optionen: Über ALLE EBENEN DREHEN ❸ wählen Sie zuerst aus, ob Sie im Fall mehrerer Ebenen beim Ausrichten alle mitdrehen wollen. Nur wenn diese Option aktiviert ist (was standardmäßig auch der Fall ist), stehen Ihnen die drei Schaltflächen ❹ zur Verfügung, über die Sie einstellen, wie die Arbeitsfläche beim

Begradigen angepasst werden soll. Mit der Option KANTEN AUTOMATISCH FÜLLEN ⑤ werden die Kanten und Flächen des Bildes, die bei den Einstellungen von GRÖSSE ANPASSEN oder ORIGINALGRÖSSE entstehen, durch sinnvolle Daten vom Bild statt mit der Hintergrundfarbe aufgefüllt. Nach der Ausführung des Werkzeugs sollten die so aufgefüllten Kanten nicht mehr auffallen. **Tipp:** Dieses inhaltssensitive Auffüllen der Flächen und Kanten funktioniert häufig recht gut. Wenn es beim ersten Mal nicht gleich perfekt klappt, sollten Sie den Vorgang nochmals rückgängig machen und erneut ausführen.

Folgende Optionen können Sie für die Arbeitsfläche über die drei Schaltflächen auswählen:

- GRÖSSE ANPASSEN: Die Bildfläche wird so geändert, dass das gedrehte Bild immer vollständig sichtbar ist. Da Ecken beim Drehen gewöhnlich über den Bildbereich reichen, wird das begradigte Bild auch vergrößert. Ohne die Option KANTEN AUTOMATISCH FÜLLEN wird der vergrößerte Bereich mit der eingestellten Hintergrundfarbe gefüllt, wenn das Bild ein normales Hintergrundbild ist. Handelt es sich um eine Ebene, wird der vergrößerte Bereich transparent. Mit dieser Option werden keine Pixel beschnitten. Verwenden Sie hingegen die Option KANTEN AUTOMATISCH FÜLLEN, werden diese Flächen und Kanten mit relevanten Daten des Bildes aufgefüllt, sodass dieses Auffüllen im Idealfall nicht auffällt.

Senkrecht ausrichten

Um ein Bild in der Senkrechten auszurichten, drehen Sie es zuerst um 90° nach links oder rechts (BILD • DREHEN). Wenden Sie dann das Gerade-ausrichten-Werkzeug auf die Senkrechte (die jetzt vorübergehend eine Waagerechte ist) an. Anschließend drehen Sie das Bild wieder um 90° nach rechts oder links zurück.

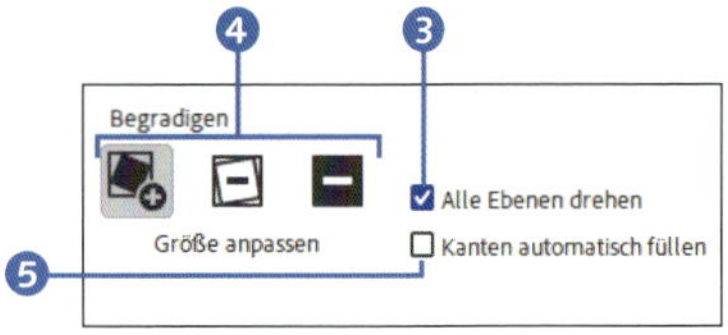

▲ **Abbildung 15.3**
Optionen des Gerade-ausrichten-Werkzeugs

▲ **Abbildung 15.4**
GRÖSSE ANPASSEN mit deaktivierter Option KANTEN AUTOMATISCH FÜLLEN

▲ **Abbildung 15.5**
GRÖSSE ANPASSEN mit aktivierter Option KANTEN AUTOMATISCH FÜLLEN

- HINTERGRUND ENTFERNEN: Mit dieser Option wird das Bild passend zugeschnitten, und alle leeren Hintergrundbereiche, die nach dem Ausrichten entstehen, werden entfernt. Dabei werden einige Pixel im Bild beschnitten.

◄ **Abbildung 15.6**
Bild gerade ausgerichtet mit der Option Hintergrund entfernen

- Originalgrösse: Mit der letzten Option behält die Arbeitsfläche die gleiche Größe wie das Originalbild. Einige Bereiche des begradigten Bildes werden hier beschnitten. Ist die Option Kanten automatisch füllen deaktiviert, werden die frei gewordenen Bereiche bei einem gewöhnlichen Hintergrundbild mit der eingestellten Hintergrundfarbe gefüllt und bei Ebenen transparent dargestellt. Mit der Option Kanten automatisch füllen hingegen werden diese Flächen und Kanten wieder mit relevanten Daten des Bildes aufgefüllt.

▲ **Abbildung 15.7**
Originalgrösse ausgerichtet mit deaktivierter Option Kanten automatisch füllen

▲ **Abbildung 15.8**
Originalgrösse ausgerichtet mit der Option Kanten automatisch füllen

Bilder vertikal ausrichten | Es ist auch möglich, Bilder mit dem Gerade-ausrichten-Werkzeug vertikal auszurichten. Wollen Sie ein Bild vertikal ausrichten, müssen Sie nur eine vertikale Linie mit gedrückt gehaltener Maustaste an der Stelle ziehen, die vertikal ausgerichtet werden soll. Wenn Sie die Maustaste loslassen, wird das Bild vertikal ausgerichtet.

15.1.1 Automatisch gerade ausrichten

Neben der Möglichkeit, Bilder mit dem Werkzeug gerade auszurichten, bietet Photoshop Elements zwei automatische Funktionen zu diesem Zweck. Soll das Bild gedreht werden, während die umgebenden Arbeitsflächen erhalten bleiben, wählen Sie den Menüpunkt Bild • Drehen • Bild gerade ausrichten aus.

Soll das Bild automatisch begradigt und passend zugeschnitten werden, entscheiden Sie sich stattdessen für Bild • Drehen • Bild gerade ausrichten und freistellen.

Automatik versus manuell
In der Praxis werden Sie wohl meistens selbst entscheiden wollen, anhand welcher Linie Sie das Bild gerade ausrichten. Die Automatik versagt zudem bei Bildern, deren Hintergrund nicht automatisch zu ermitteln ist. Dennoch ist es interessant, auszutesten, wie Photoshop Elements die Korrektur automatisch vornimmt.

15.1.2 Weitere Möglichkeiten zum geraden Ausrichten

Auch mit dem Freistellungswerkzeug [C] können Sie ein Bild gerade ausrichten. Ziehen Sie zunächst wieder den Rahmen auf. Anschließend gehen Sie mit dem Mauszeiger in den abgedunkelten Bereich außerhalb der Auswahl. In der Nähe einer Ecke verwandelt sich der Mauszeiger in einen gebogenen Doppelpfeil ❶. Nun können Sie mit gedrückter linker Maustaste den Rahmen drehen.

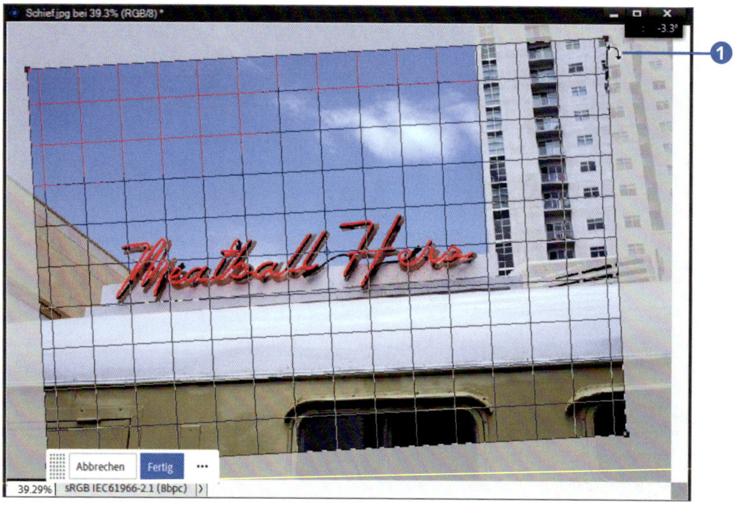

Abbildung 15.9 ▸
Bild ausrichten mit dem Freistellungswerkzeug

15.2 Perspektive korrigieren

Früher musste man bei analogen Kameras mit teuren Spezialausrüstungen die Perspektive steuern. Im digitalen Zeitalter ist dies nicht mehr nötig. Selbst Profis bearbeiten ihre Bilder am PC nach und nutzen Werkzeuge, wie Sie sie auch in Photoshop Elements wiederfinden.

Unter FILTER • KAMERAVERZERRUNG KORRIGIEREN erreichen Sie einen Dialog für die Korrektur typischer Verzerrungsprobleme. Mit diesem Dialog beheben Sie typische Bildfehler wie kissen- und tonnenförmige Verzerrungen, Vignettierungen oder perspektivische Verzerrungen.

▼ **Abbildung 15.10**
Der Dialog KAMERAVERZERRUNG KORRIGIEREN

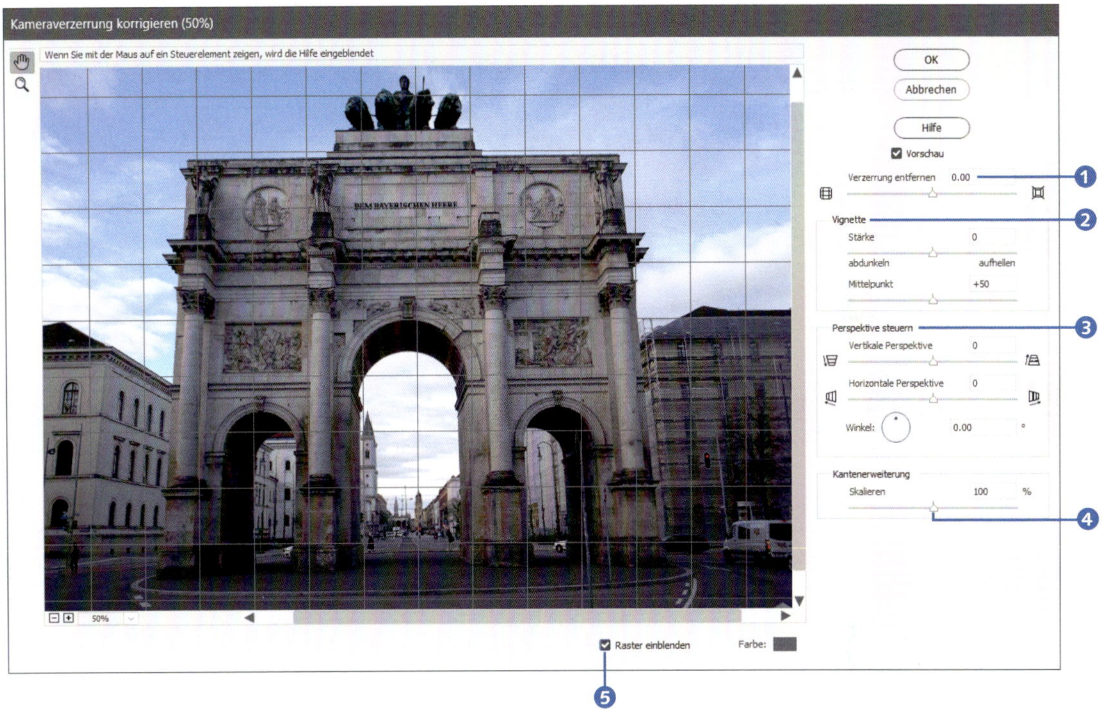

Kissen- und tonnenförmige Verzerrungen entfernen | Über den Schieberegler oder das Zahleneingabefeld VERZERRUNG ENTFERNEN ❶ korrigieren Sie waagerechte und senkrechte Linien, die zur Bildmitte hin oder von der Bildmitte weg gekrümmt sind. Solche kissen- oder tonnenförmigen Verzerrungen treten besonders bei Zoomobjektiven auf. Häufig fallen solche Verzerrungen gar nicht auf, weil Bildmotive wie Tier- oder Naturaufnahmen selten gerade Linien enthalten. Bei Aufnahmen von Gebäuden stören solche Ausbeulungen allerdings sehr.

Vignettierung entfernen/hinzufügen | Über VIGNETTE ❷ korrigieren Sie Bilder mit abgedunkelten Rändern. Solche Ränder entstehen durch Objektivfehler und falsche Blendeneinstellungen. Allerdings bilden selbst die besten Objektive das Motiv nach außen etwas dunkler ab. Manchmal wählt man auch absichtlich eine »falsche« Blende, etwa um einen unschärferen Hintergrund zu erzielen. Gerade bei Porträtaufnahmen wird man auf solche Stilmittel nicht verzichten wollen.

Mit dem Schieberegler oder Zahleneingabefeld STÄRKE stellen Sie den Grad der Aufhellung oder Abdunklung an den Rändern ein. Mit MITTELPUNKT legen Sie die Breite des Bereichs fest, ab dem sich der Regler STÄRKE auswirkt. Je höher der Wert ist, desto mehr beschränkt er sich auf die Ränder.

Perspektive steuern | Unter PERSPEKTIVE STEUERN ❸ berichtigen Sie fehlerhafte Bildperspektiven. Mit dem Schieberegler VERTIKALE PERSPEKTIVE korrigieren Sie Fehler, die durch eine aufwärts oder abwärts geneigte Kamera entstanden sind. Nach der Korrektur sollten die vertikalen Linien im Bild wieder parallel zum Bildrand ausgerichtet sein. Mit HORIZONTALE PERSPEKTIVE richten Sie entsprechend die horizontalen Linien aus. Mit dem Regler WINKEL können Sie das Bild drehen, um weitere Anpassungen der Perspektive vorzunehmen oder um die Kameraneigung auszugleichen.

Kantenerweiterung | Über den Schieberegler SKALIEREN ❹ lässt sich das Bild vergrößern oder verkleinern, ohne dass die Pixelmaße verändert werden. Diese Form der Skalierung entfernt leere Bildbereiche, die zum Beispiel durch die Korrektur einer Kissen- oder Tonnenverzerrung oder eine perspektivische Korrektur entstanden sind. Bei einer Vergrößerung wird das Bild beschnitten und auf die ursprünglichen Pixelmaße interpoliert.

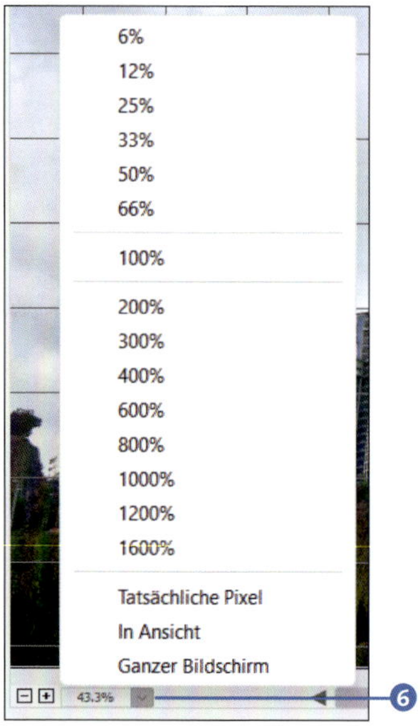

▲ **Abbildung 15.11**
Verwenden von verschiedenen Zoomstufen für die Bildansicht

Raster einblenden | Aktivieren Sie die Checkbox RASTER EINBLENDEN ❺ unterhalb des Bildes, wird ein Raster angezeigt. Die Farbe des Rasters bestimmen Sie mit der Option FARBE über einen Farbwähler. Das Raster ist enorm hilfreich, um beim Korrigieren der Perspektive das Bild an die waagerechten und senkrechten Linien anzugleichen.

Bildansicht steuern | Ebenfalls unterhalb des Bildes können Sie über das Plus- und das Minussymbol in das Bild hinein- oder aus ihm herauszoomen. Alternativ wählen Sie über das kleine Dreieck ❻ vorgegebene Zoomstufen aus oder passen die Bildansicht an die Fenstergröße an.

Werkzeuge | In diesem Dialog finden Sie nur Werkzeuge, die für die Bildansicht benötigt werden. Hierzu zählen das Hand-Werkzeug [H] zum Verschieben eines vergrößerten Bildausschnitts und das Zoom-Werkzeug [Z]. Um aus dem Bild herauszuzoomen, halten Sie [Alt] gedrückt.

Tastenkombinationen
Alternativ nutzen Sie zum Zoomen die Tastenkombinationen [Strg]/[cmd]+[+] und [Strg]/[cmd]+[-] und für das Hand-Werkzeug die gehaltene Leertaste.

Kapitel_15: Siegestor.jpg

Schritt für Schritt
Perspektive korrigieren

Gerade bei Architekturaufnahmen von hohen Gebäuden oder Türmen wirken Verzeichnungen oder stürzende Linien störend. Bei Bildern, die keine markanten Linien aufweisen, fallen Verzeichnungen kaum ins Gewicht. Im Beispiel wurde von unten nach oben fotografiert, wodurch die Linien der Gebäude deutlich nach innen verlaufen. Ähnlich ist das, wenn Sie ein hohes Gebäude von oben fotografieren, nur dass die stürzenden Linien dann nach außen verlaufen.

▲ **Abbildung 15.12**
Wegen der tiefen Aufnahmeposition wirkt es, als würde das Gebäude nach hinten fallen.

1 Perspektive ausgleichen

Öffnen Sie das Bild »Siegestor.jpg« im Fotoeditor. Starten Sie Filter • Kameraverzerrung korrigieren, und gleichen Sie zuerst die stürzenden Linien über den Regler Vertikale Perspektive ❶ aus. Setzen Sie den Wert auf –35. Den Regler Horizontale Perspektive ❷ habe ich auf +10 gestellt. Ändern Sie gegebenenfalls die Rasterfarbe ❸, falls Ihnen die Linien nicht deutlich genug erscheinen.

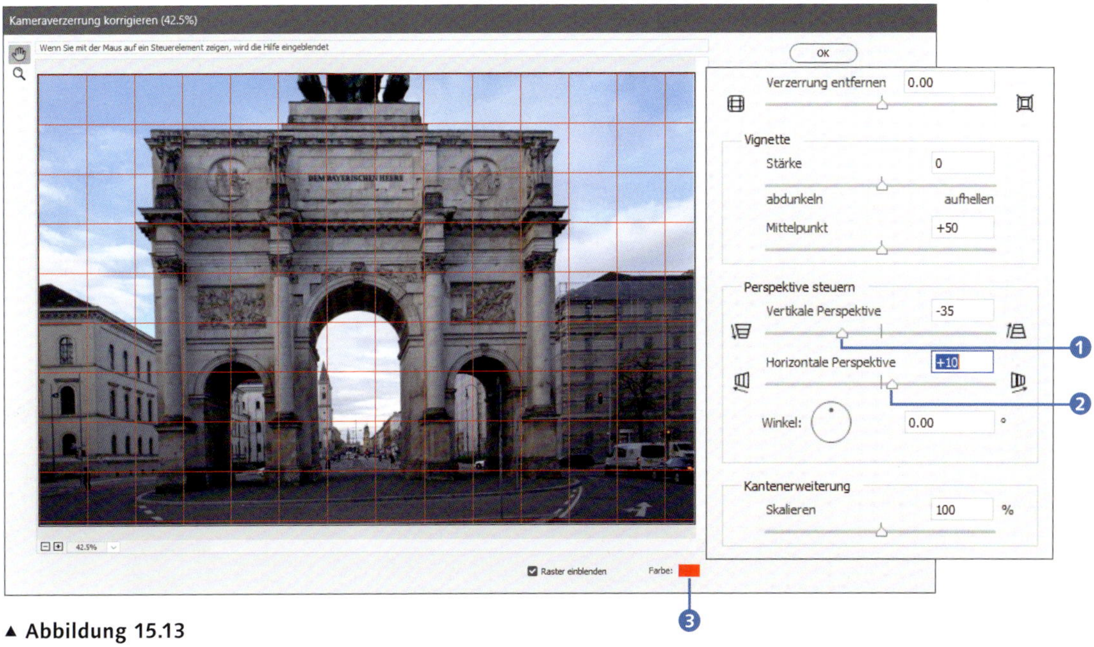

▲ **Abbildung 15.13**
Das Raster hilft bei der Korrektur der senkrechten Linien im Bild.

2 Bild skalieren

Wenn Sie die Perspektive ein wenig ausgeglichen haben, wird das Bild unten etwas beschnitten. Um diesen Beschnitt wieder rückgängig zu machen, müssen Sie das Bild skalieren. Verschieben Sie daher den Regler SKALIEREN ❹ auf 82 %, und bestätigen Sie den Dialog mit OK.

Abbildung 15.14 ▼
Über die Skalierung holen Sie Bildbereiche zurück, die Photoshop Elements abgeschnitten hat.

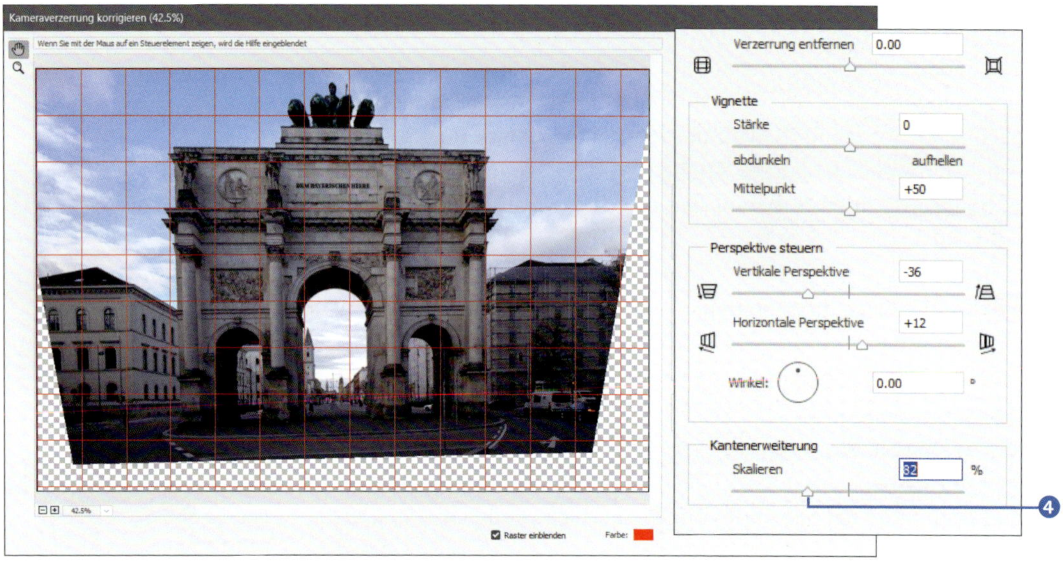

3 Bild zuschneiden

Wählen Sie aus der Werkzeugpalette das Freistellungswerkzeug [C] [⌗], und ziehen Sie ein Rechteck um den größtmöglichen rechtwinkligen Ausschnitt ohne transparente Flächen. Bestätigen Sie den Zuschnitt mit [↵] oder mit dem Häkchen.

Abbildung 15.15 ▸
Schneiden Sie die überflüssigen Bereiche des Bildes einfach weg.

4 Bild schärfen
Da das Bild skaliert wurde, sollten Sie es zuletzt nochmals leicht nachschärfen, um gegebenenfalls verschwundene Bildkanten zurückzuholen. Rufen Sie hierzu ÜBERARBEITEN • UNSCHARF MASKIEREN auf. Wählen Sie einen RADIUS von 1 und eine STÄRKE von 100. Klicken Sie dann auf OK.

▲ **Abbildung 15.16**
Im Vorher-Nachher-Vergleich fällt auf, wie deutlich die Verzerrung des Bildes war.

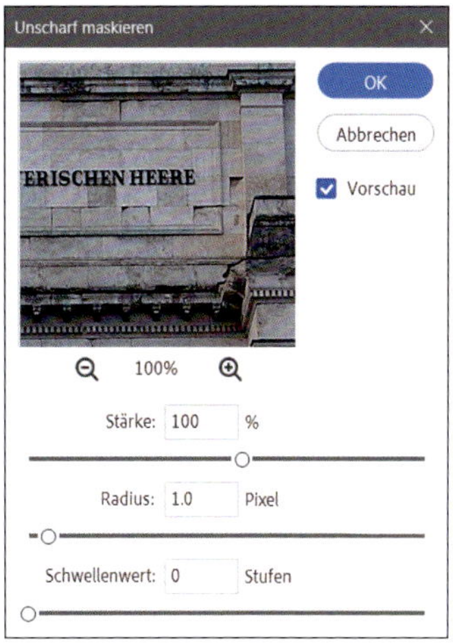

▲ **Abbildung 15.17**
Der letzte Feinschliff mit UNSCHARF MASKIEREN

15.3 Perspektivisches Freistellungswerkzeug

Mit dem perspektivischen Freistellungswerkzeug [C] können Sie die Perspektive im Bild korrigieren und gleichzeitig das Bild zuschneiden. Das Werkzeug eignet sich zum Beispiel sehr gut, um die stürzenden Linien zu korrigieren, was beispielsweise der Fall ist, wenn Sie hohe Gebäude von unten nach oben oder umgekehrt fotografiert haben.

Schritt für Schritt
Perspektive anpassen und Bild zuschneiden

Kapitel_15: Augsburg-Rathaus.jpg

Diesen Workshop könnten Sie auch mit dem Dialog KAMERAVERZERRUNG KORRIGIEREN und dann mit dem Freistellungswerkzeug durchführen, aber mit dem perspektivischen Freistellungswerkzeug können Sie hierbei gleich zwei Fliegen mit einer Klappe schlagen. In der folgenden Abbildung »Augsburg-Rathaus.jpg« wurden die Gebäude von unten nach oben und zusätzlich noch mit einem Weitwinkelobjektiv fotografiert, weshalb die stürzenden Linien bei den äußeren beiden Gebäuden schon recht stark ausgeprägt sind.

▲ **Abbildung 15.18**
Ein Beispiel von stürzenden Linien

1 Freistellungsrahmen aufziehen
Laden Sie das Bild in den Fotoeditor, und aktivieren Sie das perspektivische Freistellungswerkzeug [C]. Zeichnen Sie jetzt mit

gedrückt gehaltener Maustaste einen Rahmen um das Objekt mit den stürzenden Linien (hier dem Gebäude). Alternativ können Sie auch die einzelnen Punkte durch Klicken an den vier Ecken hinzufügen. Über RASTER EINBLENDEN ❸ können Sie Rasterlinien zur Hilfe einblenden lassen. Optional können Sie hierbei auch die Breite (B) und Höhe (H) ❶ und die AUFLÖSUNG ❷ vorgeben.

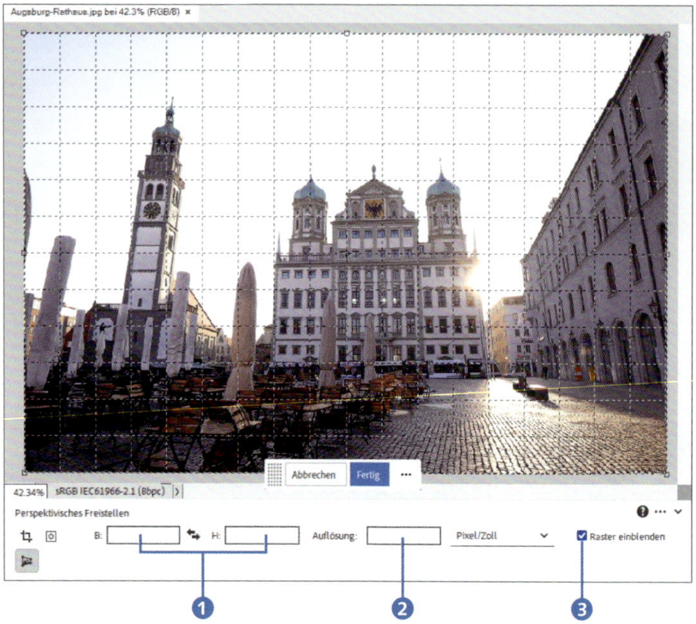

Abbildung 15.19 ▸
Einen Rahmen mit dem perspektivischen Freistellungswerkzeug aufziehen

2 Freistellungsrahmen an Perspektive anpassen

Passen Sie jetzt die Eckpunkte des Freistellungsrahmens durch Verschieben an, damit die Seiten des Freistellungsrahmens mit den Seiten der stürzenden Linien des Objekts (hier dem Gebäude) parallel verlaufen.

Genauer Arbeiten

Wenn Sie genauer arbeiten wollen, müssen Sie tiefer in das Bild hineinzoomen, damit Sie noch genauer arbeiten können. Es erfordert zunächst ein wenig Übung, um mit dem perspektivischen Freistellungswerkzeug gute Ergebnisse zu erzielen.

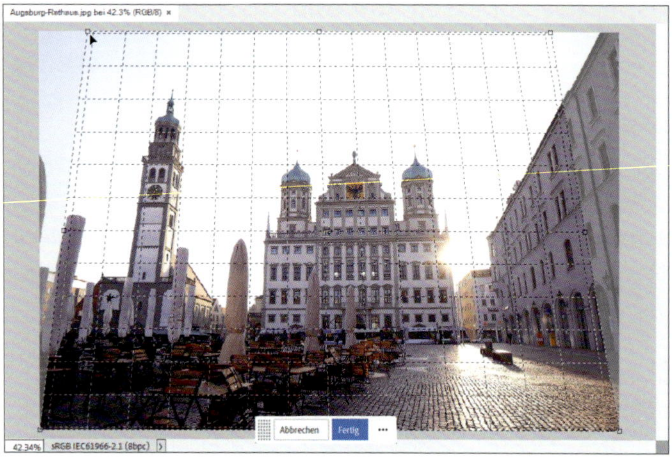

Abbildung 15.20 ▸
Freistellungsrahmen an die Perspektive anpassen

3 Perspektive korrigieren und Bild freistellen

Mit ↵ oder dem Häkchen führen Sie den perspektivischen Zuschnitt durch. Da bei einer perspektivischen Verzerrung einzelne Bildbereiche gestreckt oder gestaucht werden, geht dies nicht ganz ohne einen Schärfeverlust einher. Diesem Schärfeverlust können Sie mit ÜBERARBEITEN • UNSCHARF MASKIEREN etwas gegensteuern.

▲ **Abbildung 15.21**
Mit UNSCHARF MASKIEREN können Sie den Schärfeverlust etwas ausgleichen.

▲ **Abbildung 15.22**
Nach dem Freistellen mit dem perspektivischen Freistellungswerkzeug

15.4 Fotos kombinieren – Panoramen & Co.

Mit der Funktion KOMBINIEREN (ehemals PHOTOMERGE) fügen Sie mehrere Dateien zu einer zusammen. War die Funktion früher nur auf Panoramabilder spezialisiert, bietet es inzwischen weitere interessante Möglichkeiten, etwa die Erstellung eines »perfekten« Gruppenbildes aus mehreren »teilperfekten« Aufnahmen.

15.4.1 Panoramabilder erstellen

Die wohl beliebteste KOMBINIEREN-Funktion dürfte das Erstellen von Panoramabildern sein. Wenn das Fotomaterial für ein Panorama gut ist, ist auch das Endergebnis überraschend gut.

Genau genommen wird dabei eines der Bilder als Quellbild verwendet und die anderen Ebenen sauber angeschlossen. An den überlappenden Stellen fügt Photoshop Elements eine Ebenenmaske hinzu, um einen optimalen Übergang zwischen den Ebenen zu erzeugen.

Nachträgliche Bearbeitung
Da Elements auch Ebenenmasken kennt, könnten Sie die verschiedenen Bereiche des Panoramas theoretisch auch noch nach der KOMBINIEREN-Funktion bearbeiten (was in der Praxis allerdings selten der Fall ist).

Kapitel_15:
Ordner »Panorama«

Funktion aus Organizer aufrufen

Alternativ können Sie die entsprechenden Fotos für das Panorama auch im Organizer mit gehaltener [Strg]/[cmd]-Taste auswählen und mit Bearbeiten • Kombinieren • Photomerge Panorama an den Fotoeditor übergeben.

Schritt für Schritt
Ein Panorama erstellen

Die Montage mehrerer Bilder zu einem Panorama ist mit Kombinieren denkbar einfach, wie es der folgende Workshop zeigen soll.

1 Assistent aufrufen

Wechseln Sie in den Assistent-Modus ❶. Die Funktion finden Sie im Bereich Kombinieren ❷ mit Photomerge Panorama ❸ wieder. Wenn Sie die Bilder des Panoramas bereits geöffnet haben, finden Sie diese unten im Fotobereich ❹ vor. Sollten Sie die Bilder noch nicht geladen haben, so können Sie dies wie üblich über Datei • Öffnen machen.

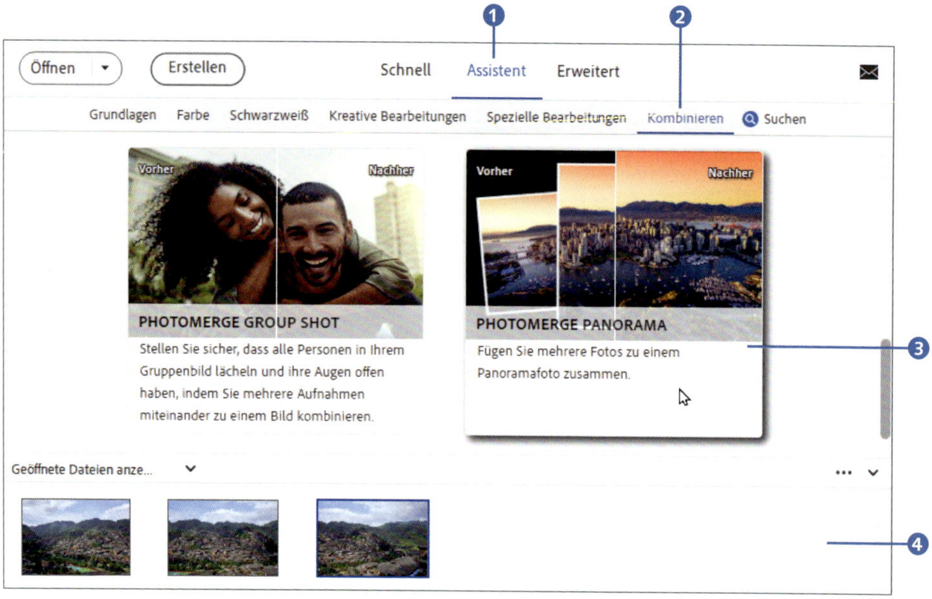

▲ **Abbildung 15.23**
Die Panorama-Funktion finden Sie im Assistent-Modus vor. Hier wurden bereits die Bilder für das Panorama geladen.

2 Layout und Einstellungen festlegen

Im Fotobereich wählen Sie jetzt mit gehaltener [Strg]/[cmd]-Taste die Fotos aus, die Sie für das Panorama verwenden wollen. Im Beispiel sind es alle Bilder. Wird der Fotobereich nicht angezeigt, können Sie diese über die entsprechende Schaltfläche ❺ anzeigen lassen. Markierte Bilder haben eine weiße Umrandung.

Wie die Bilder montiert werden, legen Sie in dem Menü fest, das sich öffnet, wenn Sie das kleine Dreieck ❽ anklicken. In diesem Beispiel reicht die oberste Option AUTOMATISCHES PANORAMA aus. Unterhalb der Layout-Auswahl finden Sie weitere Einstellungen, mit denen Sie neben der Standardeinstellung BILDER ZUSAMMEN ÜBERBLENDEN ❼ auch automatische Korrekturen zu den einzelnen Bildern vornehmen lassen können, wie etwa das Beheben von Vignettierungen oder geometrischer Verzerrungen.

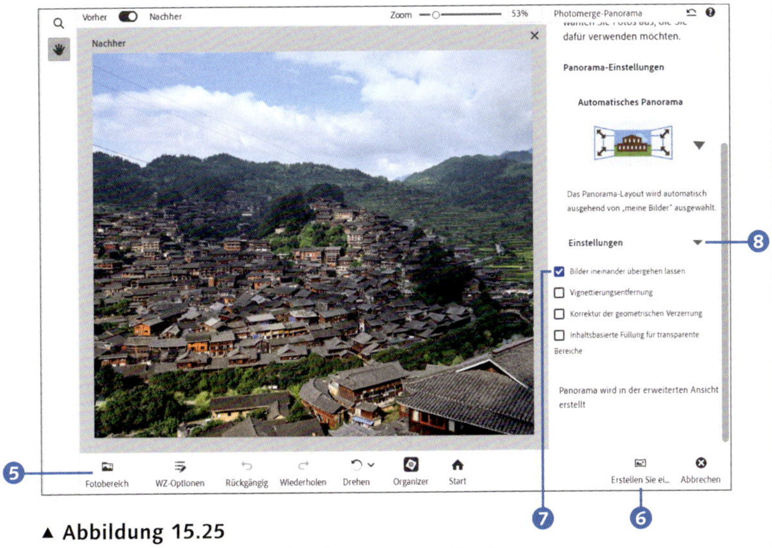

▲ **Abbildung 15.25**
Layout und Einstellungen für das Panorama festlegen

▲ **Abbildung 15.24**
Verschiedene Layouts zur Erstellung eines Panoramas

3 Panorama erstellen

Klicken Sie nun auf die kleine Schaltfläche ERSTELLEN SIE EIN PANORAMA ❻, und es wird eine ziemlich aufwendige Rechenoperation gestartet, die je nach Rechenleistung ein wenig Zeit in Anspruch nimmt. Die Zusammensetzung selbst wird wiederum im ERWEITERT-Modus durchgeführt. Hierbei erscheint noch ein Dialog, wo Sie entscheiden können, ob die entstehenden Bildkanten des Panoramas automatisch mit bildrelevanten Daten ausgefüllt werden sollen.

4 Panorama speichern und/oder weiterbearbeiten

Am Ende wird das zusammengesetzte Panorama wieder im ASSISTENT-Modus geöffnet, in dem Sie jetzt entweder das Ergebnis speichern oder weiterbearbeiten können. Im Beispiel muss das Bild noch passend zugeschnitten werden, was Sie sowohl im SCHNELL- also auch im ERWEITERT-Modus mit dem Freistellungswerkzeug C durchführen können.

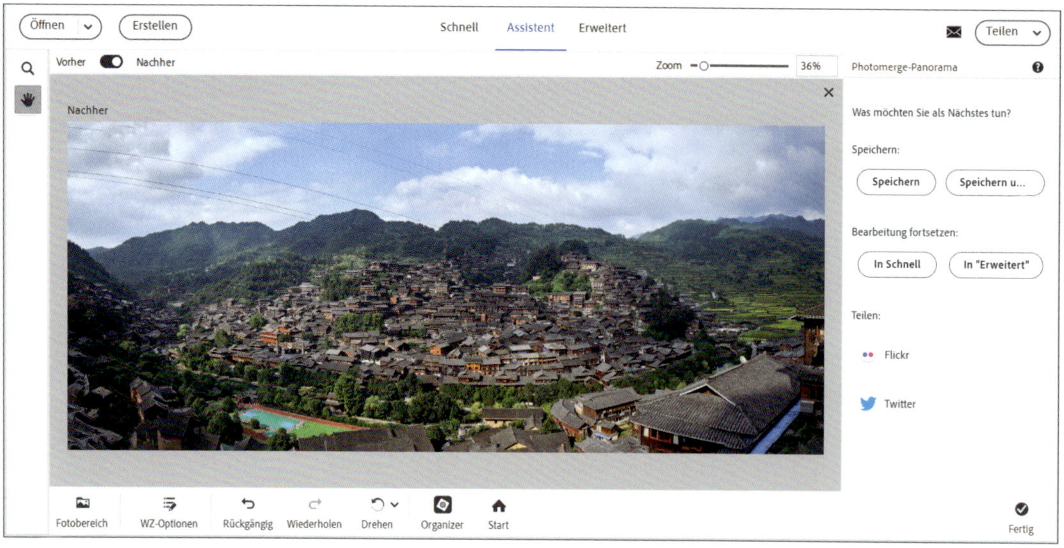

▲ **Abbildung 15.26**
Das fertige zusammengesetzte Panorama im Assistent-Modus, in dem Sie das Ergebnis nun speichern oder weiterbearbeiten können

Layouts | Meistens klappt die Panoramaerstellung mit der Option Automatisches Panorama recht gut. Dennoch sollten Sie auch die anderen Optionen kennen, falls Sie mit Automatisch einmal nicht ans Ziel kommen. Bei allen Beispielen wurde auf den automatischen Zuschnitt der Kanten verzichtet, damit Sie die einzelnen Optionen hier deutlicher erkennen können:

- Perspektivisch: Hierbei wird versucht, ein möglichst einheitliches Panorama zu erstellen, indem eines der Bilder (gewöhnlich das mittlere) als Referenzbild verwendet wird. Die übrigen Bilder werden anhand dieses Bildes positioniert, gedreht oder gedehnt, sodass bei der fertigen Komposition der überlappende Inhalt über mehrere Ebenen übereinstimmt.
- Zylindrisch: Dieses Layout arbeitet weniger mit Verzerrungen, sodass hier tendenziell weniger Verzeichnungen auftreten als beim perspektivischen Layout. Auch hier wird ein Referenzbild (gewöhnlich das mittlere) verwendet, an dem die anderen Bilder wie an einem auseinandergeklappten Zylinder angeordnet werden. Das Layout ist besonders für die Erstellung von breiten Panoramabildern geeignet.
- Kugelförmig: Hiermit werden die einzelnen Bilder so ausgerichtet, dass man mit diesem Panorama quasi die Innenseite einer Kugel auskleiden könnte. Diese Option ist bspw. gut für ein 360-Grad-Panorama geeignet.
- Collage: Die Ebenen werden aneinander ausgerichtet. Überlappende Inhalte werden zueinander transformiert (gedreht oder skaliert) und anhand einer Quellebene angeordnet.

- Repositionieren: Mit diesem Layout werden nur die überlappenden Bereiche angepasst, ohne Änderung der Perspektive (genauer Quellebene).

Wenn Photomerge Panorama fertig ist, werden die einzelnen Bilder in einer Datei mit mehreren Ebenen und Ebenenmasken (siehe Teil X) angelegt.

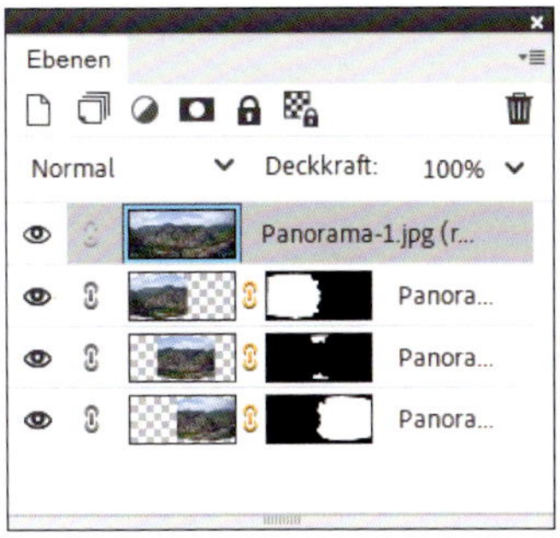

▲ **Abbildung 15.27**
Die Funktion arbeitet mit mehreren Ebenen und Masken, um die überlappenden Bildbereiche zu montieren.

15.4.2 Weitere Kombinieren-Funktionen

In der Kategorie Kombinieren des Assistenten finden Sie weitere Funktionen, deren Prinzip immer recht ähnlich aufgebaut und, wie es für Assistent-Funktionen üblich ist, dank der Schritt-für-Schritt-Erklärungen selbsterklärend ist. Im Prinzip werden immer Bildbereiche von einem Bild auf ein anderes Bild übertragen, um eine bestimmte Korrektur bzw. Verbesserung zu erzielen. Das klappt mal besser, mal schlechter. Für solche Zwecke eignet sich der Erweitert-Modus von Photoshop Elements oftmals besser, besonders wenn das Ergebnis etwas höherwertiger sein soll. Trotzdem sollen die einzelnen Funktionen hier kurz vorgestellt werden.

Photomerge-Gruppenbild | Mit dieser Funktion erstellen Sie aus mehreren vom Motiv her nicht ganz optimalen Gruppenfotos ein perfektes Bild. Häufig kommt es vor, dass einzelne Personen auf einem Gruppenfoto die Augen geschlossen haben, gerade nicht lächeln oder sonst irgendetwas machen, was man auf dem Bild nicht sehen will. Wenn Sie hier eine ganze Serie von Fotos gemacht haben, können Sie aus mehreren Fotos das jeweils beste von jeder Person für eine Montage verwenden.

Kapitel_15:
Ordner »Gruppe«

Schritt für Schritt
Gruppenbilder optimieren

Im ersten der folgenden beiden Bilder ist einmal die rechte Person mit angewinkelten Beinen in der Luft, und im zweiten Bild ist es die linke Person. Mit Photomerge Group Shot ist dieser Mangel leicht zu beheben, damit beide Personen gleichzeitig mit angewinkelten Beinen in der Luft sind.

▲ **Abbildung 15.28**
Einmal springt die eine Person mit angewinkelten Beinen in die Luft und ein anderes Mal die andere Person.

1 Photomerge-Gruppenbild aufrufen

Wechseln Sie in den Assistent-Modus, und öffnen Sie die Bilder »Gruppe-1.jpg« und »Gruppe-2.jpg«. Rufen Sie dann die Funktion Photomerge Group Shot im Bereich Kombinieren auf.

2 Endergebnis auswählen

Wählen Sie aus dem Fotobereich ❷ das beste Gruppenfoto aus, und ziehen Sie es in das Fenster ENDERGEBNIS ❸. Das Foto für das Fenster QUELLE ❶ legen Sie durch einfaches Anklicken des entsprechenden Bildes im Fotobereich fest. Damit Sie die Bilder zwischen QUELLE und ENDERGEBNIS aus dem Fotobereich nicht verwechseln, sind sie mit einem farbigen Rahmen codiert.

Abbildung 15.29 ▸
Wählen Sie als ENDERGEBNIS immer das beste Bild.

3 »Gute« Bereiche markieren

Wählen Sie nun den Buntstift ❺ aus, und malen Sie im Bereich QUELLE ❹ den Bereich aus, den Sie gerne im Bereich ENDERGEBNIS sehen würden. Über den Regler GRÖSSE können Sie die Pinselgröße einstellen.

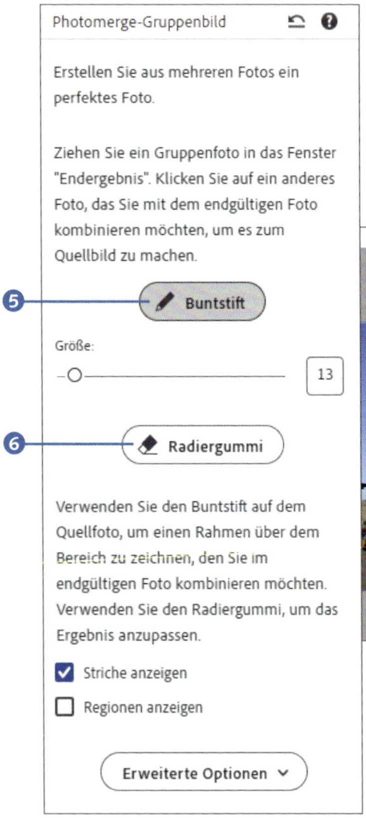

▲ Abbildung 15.30
Markieren Sie die Bereiche in der QUELLE, die Sie ins ENDERGEBNIS übertragen möchten.

4 Gegebenenfalls weitere Fotos auswählen

Sobald Sie die Maustaste loslassen, erscheint der markierte Bereich von QUELLE im Bereich ENDERGEBNIS. Haben Sie in der QUELLE zu viel ausgewählt, können Sie jederzeit Inhalte mit dem Radiergummi 6 entfernen.

Um dem Endergebnis weitere Personen aus anderen Bildern hinzuzufügen, klicken Sie einfach im Fotobereich das entsprechende Bild an, sodass es im Bereich QUELLE erscheint. Gehen Sie dann analog zu Schritt 3 vor. Klicken Sie auf die Schaltfläche WEITER, wenn Sie mit dem Gruppenbild im ENDERGEBNIS zufrieden sind, um das Gruppenbild abzuspeichern oder weiterzubearbeiten.

▼ **Abbildung 15.31**
Aus zwei nicht ganz perfekten Bildern wurde ein perfektes: Im Endbild sind beide Personen mit angezogenen Beinen in der Luft.

Striche und Regionen anzeigen | PHOTOMERGE GROUP SHOT bietet einige weitere Optionen: Mit der Checkbox STRICHE ANZEIGEN lassen Sie die Striche, die Sie mit dem Buntstift gemalt haben, im Quellbild anzeigen. Wenn Sie die Checkbox REGIONEN ANZEIGEN aktivieren, werden die ausgewählten Regionen im ENDERGEBNIS dargestellt.

Unter ERWEITERTE OPTIONEN finden Sie das Ausrichtungswerkzeug wieder, das wir bereits im vorherigen Abschnitt in Verbindung mit der Funktion PHOTOMERGE GROUP SHOT verwendet haben. Mit seiner Hilfe richten Sie das Bild anhand von drei Markierungen im Quell- und Endbild aus (unter ERWEITERTE OPTIONEN finden Sie noch den Punkt PIXEL ÜBERBLENDEN für denselben Zweck).

Automatische Ausrichtung
PHOTOMERGE GROUP SHOT verwendet eine automatische Ausrichtung, die in der Regel recht zuverlässig funktioniert. Daher sollten Sie eine manuelle Ausrichtung nur durchführen, wenn das Ergebnis mit der Automatik nicht gelungen ist.

Photomerge Exposure | Die Funktion PHOTOMERGE EXPOSURE behandele ich in Abschnitt 29.3, weil ich dort auch die damit verbundene Technik beschreibe.

Fotos kombinieren | Mit dieser Funktion können Sie Teile aus einem Bild in ein anderes montieren und dabei auch Belichtung und Farben ausgleichen. Die Funktion werde ich in Abschnitt 29.1.1, »Fotos zusammenstellen«, kurz beschreiben.

TEIL VI

Schärfen und Weichzeichnen

Kapitel 16

Bilder schärfen

Durch Nachschärfen geben Sie vielen Bildern den letzten Schliff. Darüber hinaus können Sie das Nachschärfen auch bei Bildern einsetzen, die skaliert wurden, oder bei Unschärfen, die beim Einscannen entstanden sind.

16.1 Allgemeines zum Thema Schärfen

Bevor wir auf die konkreten Einstellungen zur Schärfeverbesserung in Photoshop Elements eingehen, sollten wir kurz zu definieren versuchen, worin eigentlich genau die Ursachen für Unschärfen liegen.

16.1.1 Was ist Schärfe, und wie entsteht sie?

Kameraseitig ist die Schärfe eines Bildes abhängig vom Objektiv, vom Bildsensor und vom Prozessor. Je leistungsfähiger diese Komponenten sind und je besser sie harmonieren, desto bessere Ergebnisse werden Sie erzielen. In der Kamera selbst wird die Schärfe vom Prozessor vor dem Abspeichern des Bildes durch eine Kantenkorrektur und Kontrastanhebung durchgeführt. Zwar kann dieses Nachschärfen bei teureren Digitalkameras abgeschaltet werden, aber bedenken Sie immer, dass ein Nachschärfen am PC nicht dasselbe ist wie das Schärfen der Kamera!

Der Schärfeeindruck beim Betrachten eines Bildes hängt im hohen Maße vom Kontrast ab. Je höher die Helligkeitsunterschiede bei feinen Details und Strukturen sind, desto schärfer wirkt das Bild für das Auge. Daher können Sie mit einer einfachen Kontrastanhebung mehr Details ans Licht bringen, die zuvor nicht wahrnehmbar waren.

16.1.2 ... und wie macht Photoshop Elements das?

Ein häufiges Missverständnis ist die Vorstellung, dass mit dem Nachschärfen von Bildern Motivdetails hinzugefügt werden. Dies ist nicht der Fall, denn nicht im Bild vorhandene Informationen lassen sich auch durch das Scharfzeichnen nicht herbeizaubern. Insofern ist das nachträgliche Scharfzeichnen am PC nicht mit dem Scharfstellen eines Kameraobjektivs zu vergleichen.

Das Scharfzeichnen von digitalen Fotos ist eine reine Rechenoperation des PCs, bei der benachbarte Pixel miteinander verglichen werden. Wo Pixel mit unterschiedlicher Helligkeit zusammenliegen, erhöht der Schärfefilter den Kontrast zwischen den Pixeln – darin liegt sein Geheimnis.

16.2 Fehler beim Schärfen

Kapitel_16: Blume.jpg

Wenn Sie es mit dem Schärfen übertreiben, kann sich die Qualität des Bildes allerdings auch verschlechtern. Bei überschärften Bildern werden schnell unerwünschte Artefakte mit auffälligem Bildrauschen sichtbar oder ein weißer Saum um die Kontrastgrenzen (*Halo-Effekt*). Dies führt möglicherweise sogar zu einer falschen Darstellung von Farben, wie auch in den Fotos in Abbildung 16.1 zu sehen ist: Das Bild links oben ist ungeschärft; das Bild rechts oben wurde normal geschärft; das Bild links unten ist überschärft, wodurch unerwünschte Artefakte sichtbar werden; das Bild rechts unten wurde extrem überschärft, was den unerwünschten weißen Saum (Halo) und falsche Farben hervorruft.

Abbildung 16.1 ▸
Verschiedene Schärfestufen im Vergleich

Beim Vergleich dieser Bilder erkennen Sie, dass das nachträgliche Schärfen eine ziemlich anspruchsvolle Arbeit ist. Häufig wird ein Bild überschärft, ohne dass dies gleich auffällt: Die Schärfe lässt sich nämlich erst deutlich beurteilen, wenn die Ansicht des Bildes auf 100%, 1:1 oder TATSÄCHLICHE PIXEL eingestellt wurde. Stellen Sie daher beim Nachschärfen die Ansicht auf 1:1 oder auf TATSÄCHLICHE PIXEL ein. Glücklicherweise bieten viele Schärfefilter eine 100%-Vorschau ❶ an.

Wann soll ich überhaupt nachschärfen? | Natürlich gibt es hier keinen ultimativen Königsweg, aber generell kann empfohlen werden, das Schärfen als letzten Arbeitsschritt (Ausnahme: die Grundschärfe von Raw-Dateien) durchzuführen, weil viele andere Nachbearbeitungen direkt oder indirekt die einzelnen Pixel des Bildes verändern und dadurch die Kanten abgesoftet (weichgezeichnet) werden könnten. Außerdem ergibt es auch wenig Sinn, das Bild erst zu schärfen, um dann beispielsweise die durch das Schärfen verstärkten Bildstörungen wie Rauschen oder Staub aus einem Bild zu entfernen. Außerdem können Sie am Ende am besten beurteilen, ob das Bild noch eine gewisse Schärfe verträgt.

Generell sollten Sie das Bild zunächst betrachten, ob es überhaupt eine Schärfung nötig hat. Manchmal reicht es einfach nur aus, den Kontrast etwas zu erhöhen, womit dunkle Pixel noch dunkler und helle Pixel noch heller werden und somit ein deutlich besserer Schärfeeindruck entsteht.

Schärfe und Autofokus | Die Rede ist hier vom Nachschärfen von Bildern, womit im Foto mehr Details hervorgehoben werden. Eine solche Schärfe entsteht vereinfacht durch eine Kontrastanhebung von bereits kontrastreichen Bildbereichen. Daher hängt der Grad der Schärfung immer von jeder einzelnen Aufnahme ab. Generell ist es wichtig, dass die Fotos in der Kamera bereits scharf aufgenommen wurden. Ein stark verwackeltes oder unscharfes Bild kann keine Software der Welt mehr retten. Daher sollte bereits bei der Aufnahme der Fokus auf das Objekt scharf gestellt gewesen sein.

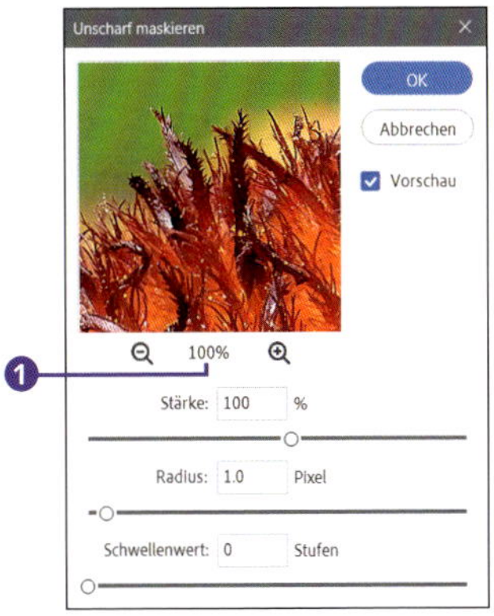

◂ **Abbildung 16.2**
Um die Schärfe am Bildschirm beurteilen zu können, sollten Sie bei der Ansicht der Schärfefilter immer mindestens 100% verwenden.

Vorher-Nachher-Vergleich im Buch
Wie bereits erwähnt, sollten Sie ein Nachschärfen immer in der 100%-Ansicht durchführen. Deshalb kann es auch sein, dass die Vorher-Nachher-Vergleiche bei den Abbildungen im Buch nicht so drastisch zu erkennen sind. Ich empfehle Ihnen daher unbedingt, die einzelnen Workshops selbst in der Praxis zu testen.

Ausnahme: Raw-Dateien
Wenn Sie in JPEG fotografieren, werden Ihre Fotos bereits in der Kamera ein wenig geschärft. Verwenden Sie ein Raw-Format zum Fotografieren, werden die Bilder nicht in der Kamera geschärft, und Sie müssen auf jeden Fall eine Grundschärfung daran durchführen, was das Camera-Raw-Plug-in von Photoshop Elements von Haus aus bereits für Sie macht. Auf das Schärfen mit dem Camera-Raw-Plug-in wird noch in Abschnitt 13.3.8, »Schärfen und Rauschreduzierung«, eingegangen.

Alternative: Kontrastanhebung
Es muss allerdings nicht immer nachgeschärft werden. Oft reicht auch »nur« eine Kontrastanhebung aus, wodurch ebenfalls ein verbesserter Schärfeeindruck entsteht. Definitiv nachschärfen sollten Sie allerdings fast immer, wenn Sie ein Bild verkleinern, weil hierbei doch ein gewisser Schärfeverlust entsteht.

16.3 Unscharf maskieren

Der Filter UNSCHARF MASKIEREN (auch häufig *USM* genannt) ist immer noch die klassische und beliebteste Methode, ein Bild nachzuschärfen. Der Name stammt noch aus analogen Zeiten, als man ein unscharfes Negativ über das Original legte, um den Kontrast zu erhöhen.

Sie rufen den Schärfefilter über das Menü ÜBERARBEITEN • UNSCHARF MASKIEREN auf. Es öffnet sich der Dialog mit drei Faktoren und einem Vorschaubild.

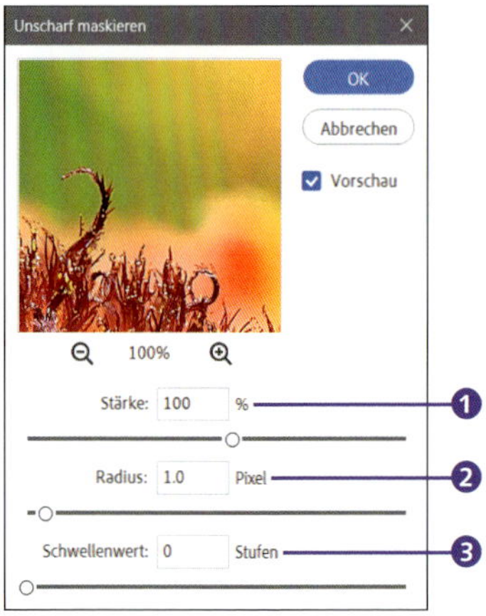

▲ **Abbildung 16.3**
Der Dialog UNSCHARF MASKIEREN und seine Einstellungsmöglichkeiten

Mit dem ersten Parameter, STÄRKE ❶ (1–500 %), regeln Sie, wie stark der Kontrast zu den benachbarten Pixeln erhöht, also wie stark nachgeschärft werden soll. In der Praxis dürften Sie mit Werten zwischen 80 und 200 % akzeptable Ergebnisse erzielen. Wenn Sie höhere Werte verwenden, müssen Sie den RADIUS ❷ auf einen Wert unter 1 absenken.

Mit dem RADIUS stellen Sie ein, wie viele Pixel (0,1–1 000) im Umfeld des zu schärfenden Bereichs bei der Kontrasterhöhung berücksichtigt werden sollen. In der Praxis genügt hier ein Wert von 1 bis 5 Pixeln, höhere Werte machen häufig das Bild kaputt. Mit dem letzten Wert, SCHWELLENWERT ❸ (0–255), geben Sie an, wie viel Helligkeitsunterschied zwischen den Pixeln bestehen muss, damit der Kontrast erhöht wird. Aber Achtung: Je niedriger dieser Wert ist, desto stärker wird geschärft. Erhöhen Sie den Wert, nimmt der Grad der Schärfung ab. Somit werden Bildfehler wie Bildrauschen und Körnungen verringert, die bei zu starkem Schärfen verstärkt werden.

Welche Schärfe wofür? | Die jeweils beste Schärfeeinstellung hängt von verschiedenen Faktoren ab: von der Art des Motivs (Landschaftsaufnahme oder Porträt) ebenso wie vom Zustand des Bildes (Sind Körnungen oder Bildrauschen vorhanden, Staub vom Scanner usw.?). Auch die Bildauflösung spielt eine entscheidende Rolle: Je niedriger das Bild aufgelöst ist, desto geringer sollten Sie auch den RADIUS einstellen.

Was kann ich alles beim Schärfen kaputt machen? | Wenn Sie alle Bilder im selben Maße und mit derselben Technik schärfen, kann dies zu einer wahrnehmbaren Verschlechterung der Bildqualität führen. Die üblichen Verschlechterungen, die bei einer unbedachten Nachschärfung im Allgemeinen auftreten können, sind:

- **Bildrauschen**: Vorhandenes Bildrauschen wird mit dem Nachschärfen gewöhnlich noch mehr verstärkt und deutlicher betont, weil die Kanten der verrauschten Pixel stärker hervorgehoben werden. Etwas unterdrücken können Sie dies, wenn Sie einen Schärfefilter mit einem Schwellenwert verwenden. Mit dem SCHWELLENWERT können Sie ein wenig Einfluss darauf nehmen.

- **Farbverschiebung**: An den Kanten kann es beim Schärfen zu deutlichen Farbverschiebungen kommen. Gewöhnlich werden die einzelnen Farbkanäle Rot, Grün und Blau jeweils einzeln geschärft. Hier kann es mit einem bestimmten SCHWELLENWERT passieren, dass eben nur der Rot-Kanal geschärft wird und nicht auch der Blau- und der Grün-Kanal.
- **Lichtsaum** (Halo): Das Problem tritt gerne auf, wenn man es mit der Schärfe übertreibt. Dabei entstehen deutliche Lichtsäume an den Bildkanten, die dem Betrachter gewöhnlich sofort auffallen. Das Problem lässt sich einfach umgehen, indem man es mit der Schärfe nicht übertreibt und das Bild beim Schärfen immer in der 100%-Ansicht betrachtet.

Schwellenwert erhöhen
Es ist häufig nicht sinnvoll, den SCHWELLENWERT zu stark zu erhöhen, weil Sie dann nur wieder die STÄRKE erhöhen müssen, um überhaupt einen Schärfeeffekt zu erkennen. Ein überhöhter Schwellenwert würde nur die zu starken Einstellungen von STÄRKE und RADIUS wieder »ausbügeln«.

Nachschärfen für den Druck | Auch das Ausgabemedium ist ein weiteres wichtiges Kriterium für den richtigen Schärfegrad. In der Praxis wird empfohlen, beim gedruckten Bild ruhig noch etwas stärker nachzuschärfen. Allerdings hängt auch hier wiederum der Schärfegrad vom vorhandenen Bild ab.

16.4 Schärfe einstellen

Einen weiteren Dialog zum Schärfen von Bildern finden Sie in demselben Menü, ÜBERARBEITEN, unter SCHÄRFE EINSTELLEN. Neben den bereits aus Abschnitt 16.3, »Unscharf maskieren«, bekannten Werten wie STÄRKE und RADIUS sehen Sie hier drei weitere Werte, die Sie zum Schärfen verwenden können. Auf den Schwellenwert müssen Sie in diesem Dialog verzichten. Zusätzlich lassen sich allerdings mit diesem Dialog auch die Tiefen und Lichter getrennt schärfen.

Vorgaben laden/speichern
Über VORGABE ❶ (Abbildung 16.4) können Sie einzelne Vorgaben speichern und bei Bedarf auch wieder laden.

Mit dem nächsten Wert, ENTFERNEN ❷, legen Sie über die Dropdown-Liste den Algorithmus für das Schärfen fest (die interne Berechnung, mit der das Bild bearbeitet werden soll). Zur Auswahl stehen:

- GAUSSSCHER WEICHZEICHNER
- VERWACKELN
- BEWEGUNGSUNSCHÄRFE

Der GAUSSSCHE WEICHZEICHNER ist dieselbe Methode, die bei UNSCHARF MASKIEREN zum Einsatz kommt. Mit VERWACKELN wird die Struktur mit Kanten und Details etwas feiner nachgeschärft, und mit BEWEGUNGSUNSCHÄRFE reduzieren Sie Unschärfen, die etwa durch Bewegungen der Kamera oder des Motivs während der Aufnahme entstanden sind.

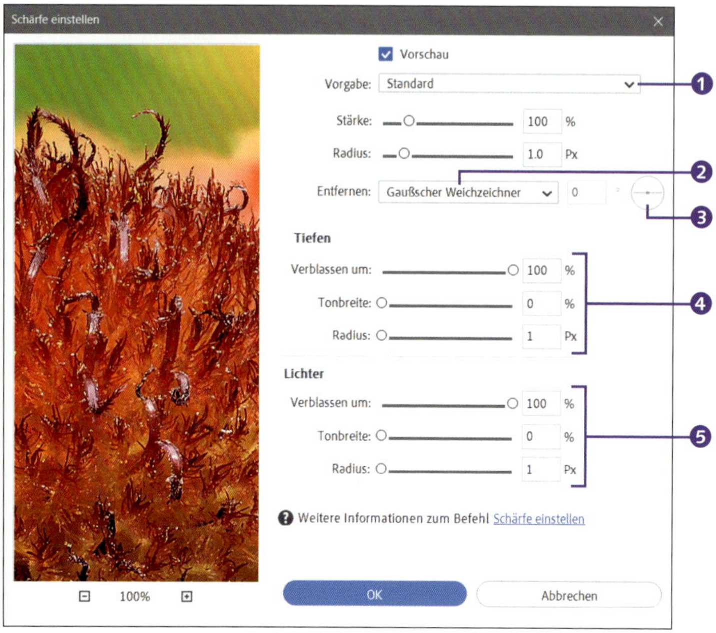

Abbildung 16.4 ▸
Der Dialog SCHÄRFE EINSTELLEN liefert noch mehr Einstellungsmöglichkeiten als UNSCHARF MASKIEREN. Zwar müssen Sie auf einen Schwellenwert verzichten, aber dafür können Sie die Tiefen und Lichter gezielt schärfen.

Das Steuerelement WINKEL ❸ wird erst aktiv, wenn Sie bei ENTFERNEN die Methode BEWEGUNGSUNSCHÄRFE ausgewählt haben. Hier legen Sie dann fest, in welcher Richtung Sie die Bewegung der Kamera oder des Motivs ausgleichen wollen. Den gewünschten Wert geben Sie entweder von Hand im Zahlenfeld ein oder indem Sie mit der Maus an den schwarzen Linien des Rädchens drehen.

Unterhalb von TIEFEN ❹ und LICHTER ❺ können Sie zusätzlich noch gezielt das Schärfen von dunklen und hellen Bereichen anpassen. Beide Bereiche haben jeweils folgende drei Regler zum Justieren der jeweiligen Tonbereiche:

- VERBLASSEN UM: Passt den Umfang des Schärfens in den Tiefen bzw. Lichtern an. Der voreingestellte Wert von maximal 100% hat dieselbe Bedeutung, als wenn keine Schärfung speziell in diesem Tonbereich hinzugefügt worden wäre.
- TONBREITE: Mit diesem Regler stellen Sie ein, wie breit der Tonbereich der Tiefen bzw. Lichter verändert werden soll. Hierbei gilt, je kleiner der Wert ist, desto mehr werden die Schärfungen auf die dunkleren (bei Tiefen) bzw. helleren (bei Lichtern) Bereiche beschränkt.

- Radius: Damit legen Sie einen Bereich um die einzelnen Pixel fest, egal, ob sich diese in den Tiefen oder in den Lichtern befinden. Wenn Sie den Regler nach rechts verschieben, wird ein größerer Bereich definiert. Das Gegenteil passiert, wenn Sie den Regler nach links verschieben.

Richtig eingesetzt, können Sie mit den jeweils drei Reglern unter Tiefen und Lichter limitieren, wo genau eine Schärfung hinzugefügt wird und wo nicht.

Die Optionen zu Tiefen und Lichter lassen sich auf- und zuklappen. Sollten diese bei Ihnen nicht angezeigt werden, können Sie diese Optionen durch das Anklicken der Schaltfläche Tiefen/Lichter aufklappen.

▲ **Abbildung 16.5**
Die Optionen zu Tiefen/Lichter lassen sich auf- und zuklappen.

16.5 Schärfe-Tricks für Profis

Die folgenden Tricks setzen schon einige Kenntnisse beim Umgang mit Ebenen voraus und richten sich daher eher an fortgeschrittene Anwender. Wer sich also lieber zuerst in die Ebenentechnik einarbeiten möchte, schlägt an dieser Stelle in Teil X des Buches nach. Sie können die folgenden Schritt-für-Schritt-Anleitungen aber auch einfach einmal nachvollziehen: Klicken Sie einfach mit, und lernen Sie am Beispiel, wie die Ebenen Ihnen für das Schärfen von Bildern nützlich sein können.

16.5.1 Schärfen mit Hochpass

Zum Schärfen besonders plastischer Bilder mit vielen Kanten bietet sich der Hochpass-Filter an. Dieser Filter ist relativ beliebt beim Nachschärfen von Porträt- und Makroaufnahmen, lässt sich aber auch bei vielen anderen Gelegenheiten ebenfalls verwenden. Der Vorteil dieser Methode ist, dass durch das Schärfen weniger unerwünschte Artefakte erzeugt werden.

Schritt für Schritt
Schärfen mit Hochpass

Eine sehr sanfte und doch effektive Schärfungsmethode bietet der Hochpass-Filter, der in diesem kurzen Workshop vorgestellt werden soll. Laden Sie dafür das Beispielbild »Hotel.jpg« in den Fotoeditor. Das Bild wurde durch ein Glasscheibe fotografiert und ist nicht wirklich scharf, wenn Sie es in einer 100%-Ansicht betrachten.

Kapitel_16:
Hotel.jpg

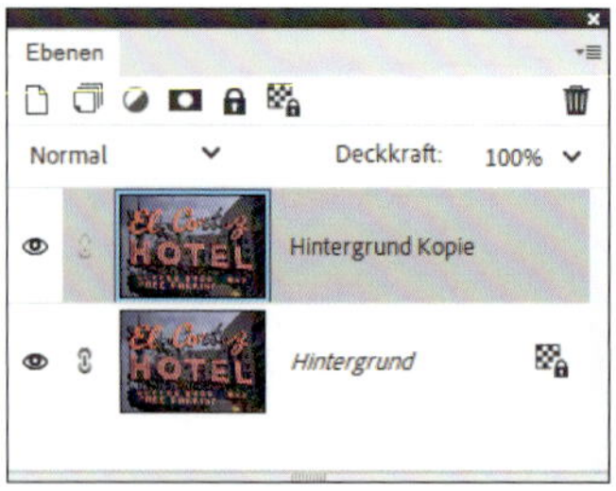

▲ **Abbildung 16.6**
Die Hintergrundebene wurde dupliziert.

Extreme Werte ausprobieren
Wenn Sie trotzdem einmal extreme Werte für den Hochpass-Filter verwenden wollen und es werden Farben auf der grauen Fläche sichtbar, können Sie die Farben dieser ausgewählten Ebene einfach mit dem Befehl ÜBERARBEITEN • FARBE ANPASSEN • FARBE ENTFERNEN oder [⇧]+[Strg]/[cmd]+[U] entfernen.

1 Ebene duplizieren

Klicken Sie das Bild im Ebenen-Bedienfeld (über FENSTER • EBENEN, falls nicht sichtbar) mit der rechten Maustaste an, und wählen Sie im Kontextmenü EBENE DUPLIZIEREN aus. Daraufhin öffnet sich eine Dialogbox, in der Sie den Namen der neuen Ebene eingeben können. Bestätigen Sie die voreingestellten Angaben mit OK. Schneller geht es mit [Strg]/[cmd]+[J]. Nun sollten Sie im Ebenen-Bedienfeld eine zweite Ebene als Kopie der Original-Hintergrundebene sehen.

2 Hochpass-Filter ausführen

Wählen Sie im Ebenen-Bedienfeld die gerade kopierte Ebene ❷ mit einem Mausklick an, um sie zu markieren. Rufen Sie als Nächstes den Hochpass-Filter über das Menü FILTER • SONSTIGE FILTER • HOCHPASS auf. Ziehen Sie den Regler auf einen Wert, damit Sie die Strukturen der zu schärfenden Kanten erkennen können. Es sollten allerdings keine deutlichen Farben auf der grauen Fläche sichtbar werden. In dem Fall haben Sie die Schärfung zu stark eingestellt. Im Beispiel wurde der RADIUS ❶ des Filters auf »3« gezogen und mit der Schaltfläche OK bestätigt.

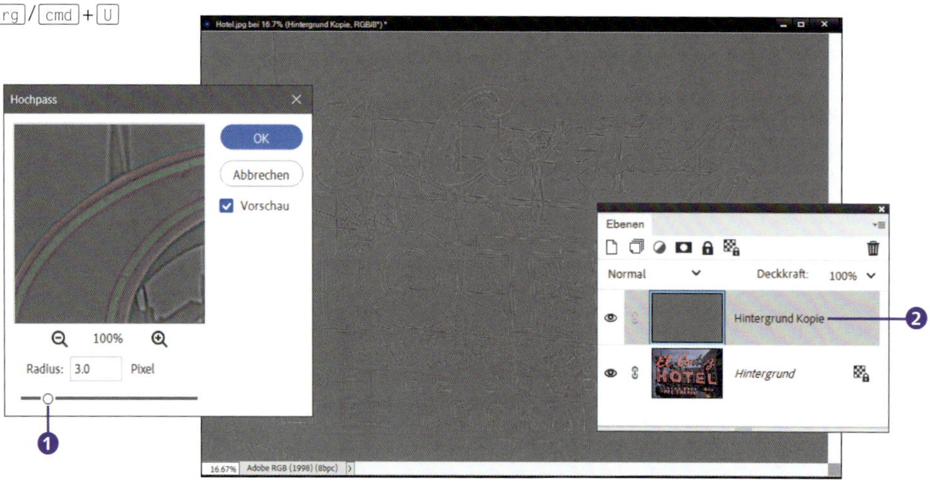

▲ **Abbildung 16.7**
Der Hochpass-Filter erhält die Kantendetails im angegebenen RADIUS, in dem eindeutige Farbübergänge vorhanden sind, und unterdrückt den Rest des Bildes.

3 Füllmethode der Ebene ändern

Ändern Sie die Füllmethode ❸ der Ebene entweder auf HARTES LICHT oder WEICHES LICHT. Auch die Füllmethode INEINANDERKOPIEREN ist dafür geeignet. Um den Effekt nun besser zu erkennen, sollten Sie das Bild in die 100%-Ansicht bringen und das Augensymbol ❹ im Ebenen-Bedienfeld im Wechsel aktivieren und deaktivieren. Wollen Sie außerdem die Wirkung der Konturstärke steuern, können Sie die DECKKRAFT ❺ der Ebene reduzieren.

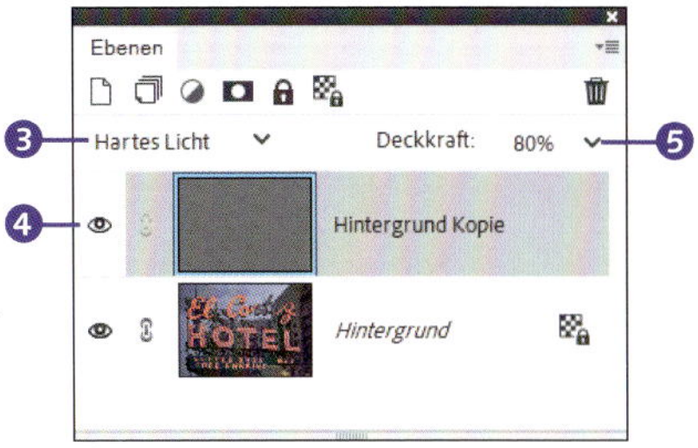

▲ **Abbildung 16.8**
Blenden Sie die obere Ebene ein und wieder aus, um den Effekt der Füllmethode beurteilen zu können.

4 Ebenen vereinen
Klicken Sie eine der Ebenen im Ebenen-Bedienfeld wieder mit der rechten Maustaste an, und wählen Sie im Kontextmenü AUF HINTERGRUNDEBENE REDUZIEREN. Fertig ist das Hochpass-Schärfen.

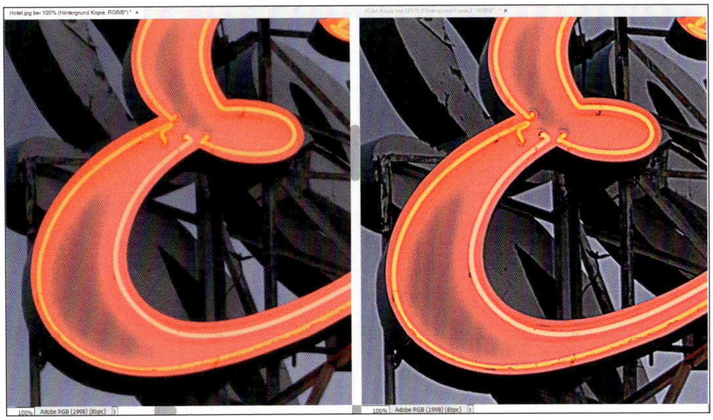

◄ **Abbildung 16.9**
Links sehen Sie die Originalfassung des Bildes und rechts die Version, die mit dem Hochpass-Verfahren geschärft wurde.

16.5.2 Partielle Schärfung

Für Bilder, die nur in Teilen geschärft werden müssen, bietet Photoshop Elements den Scharfzeichner an. Leider ist das Werkzeug nicht immer ideal für diesen Zweck, weil es beim Schärfen verstärkt Artefakte erzeugt. Außerdem arbeitet das Werkzeug mit destruktiver Wirkung auf die einzelnen Pixel, was ein späteres Nacharbeiten fast unmöglich macht. Daher sind auch für die partielle Schärfung Ebenen die erste Wahl – in diesem Fall Ebenenmasken. Den Effekt der partiellen Schärfung könnten Sie noch verstärken, indem Sie eine weichgezeichnete und eine scharfgezeichnete Ebene mit einer Ebenenmaske dazwischen verwenden.

Ebenenmasken
Mehr zu den Ebenenmasken in Photoshop Elements erfahren Sie in Kapitel 28.

Eine partielle Schärfung eignet sich bei Bildern, bei denen ein weiteres Schärfen zu unschönen Artefakten oder Bildrauschen führen würde. So lassen sich zumindest einzelne Objekte nachschärfen, ohne das komplette Bild zu verschlechtern.

Schritt für Schritt
Einzelne Bildbereiche schärfen

Im Bild »Makro.jpg« soll nur die Libelle auf der Seerose nachgeschärft werden.

Kapitel_16:
Makro.jpg

1 Ebene duplizieren

Nachdem Sie das Bild in den Fotoeditor geladen haben, klicken Sie es im Ebenen-Bedienfeld (falls nicht sichtbar, über FENSTER • EBENEN) mit der rechten Maustaste an und wählen im Kontextmenü EBENE DUPLIZIEREN aus. Daraufhin öffnet sich eine Dialogbox, in der Sie den Namen der neuen Ebene eingeben können. Belassen Sie die vorgegebenen Angaben, und bestätigen Sie den Dialog mit OK.

Jetzt sollten Sie im Ebenen-Bedienfeld eine zweite Ebene als Kopie der Original-Hintergrundebene sehen.

2 Ebene scharfzeichnen

Achten Sie darauf, dass die kopierte Ebene ❶ im Ebenen-Dialog ausgewählt ist, und rufen Sie ÜBERARBEITEN • UNSCHARF MASKIEREN auf. Schärfen Sie die Ebene mit einer STÄRKE von 100 und einem RADIUS von 2. Bestätigen Sie den Dialog mit OK. Die geschärfte Ebene liegt nun über der Hintergrundebene.

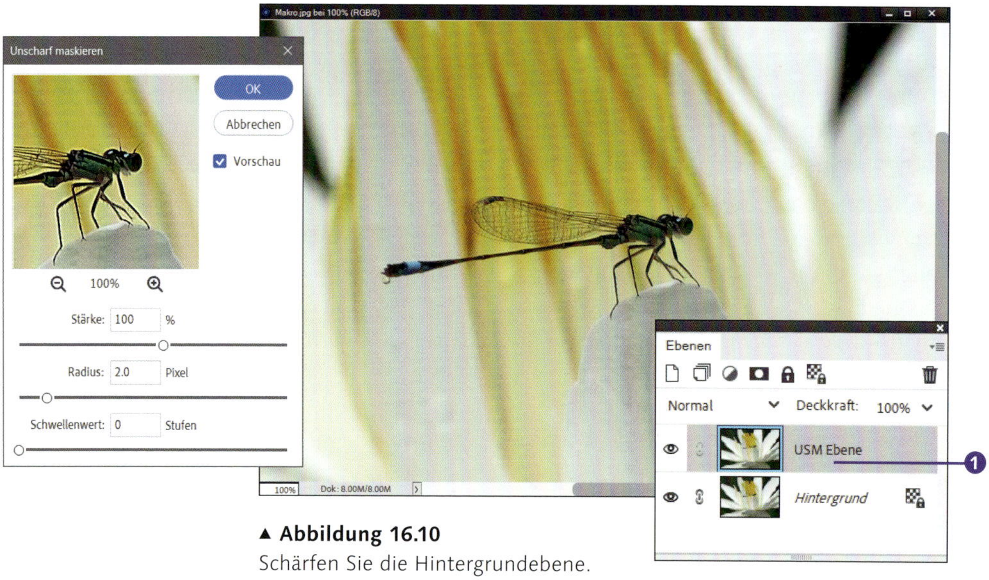

▲ **Abbildung 16.10**
Schärfen Sie die Hintergrundebene.

3 Ebenenmaske anlegen

Wählen Sie erneut die obere (geschärfte) Ebene ❸ aus, und legen Sie eine leere Ebenenmaske an, indem Sie auf das kleine Rechteck mit dem Kreis in der Mitte ❷ mit gehaltener Alt-Taste klicken. Jetzt finden Sie im Ebenen-Bedienfeld eine schwarze Fläche ❹ neben dem Bild vor – die Ebenenmaske. Durch die leere (schwarze) Ebenenmaske wird wieder nur die ungeschärfte Hintergrundebene angezeigt; die geschärfte Ebene ist maskiert.

4 Schärfe aufpinseln

Wählen Sie die Ebenenmaske (also das schwarze Feld 4) im Ebenen-Bedienfeld mit einem Mausklick aus. Stellen Sie Weiß 5 als Vordergrundfarbe ein, und wählen Sie das Pinsel-Werkzeug [B] mit einer weichen und ausreichend großen Werkzeugspitze. Ich verwende hier auch eine reduzierte Deckkraft des Pinsel-Werkzeugs.

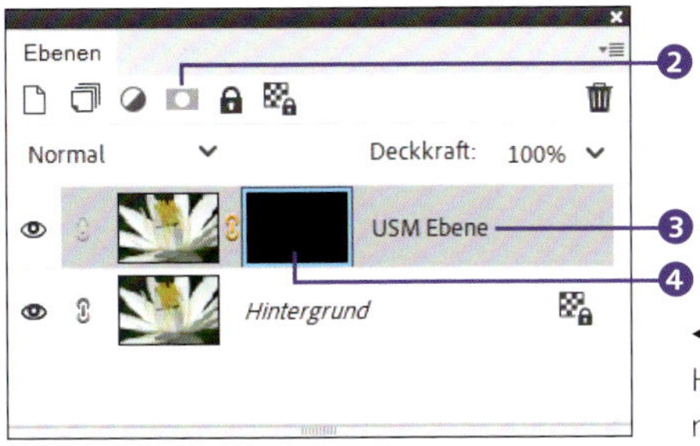

◂ **Abbildung 16.11**
Hier wurde eine Ebenenmaske angelegt.

Malen Sie mit dem Pinsel-Werkzeug überall dort auf das Bild, wo Sie Bereiche schärfen wollen. Durch die Ebenenmaske und unsere weiße Vordergrundfarbe wird nun die obere Ebene an diesen Stellen sichtbar und lässt die Ebene darunter – in unserem Fall also die ungeschärfte Hintergrundebene – verschwinden. Schritt für Schritt werden diese Stellen dadurch scharfgezeichnet, denn die geschärfte Ebene darüber kommt zum Vorschein.

Für detailreichere Bereiche passen Sie die Werkzeugspitze nach Bedarf an und zoomen in das Bild hinein. Im Beispiel habe ich auf diese Weise die Libelle auf der Seerose partiell nachgeschärft. Zu viel Nachgeschärftes können Sie auf der Ebenenmaske mit schwarzer Farbe jederzeit wieder entfernen.

Maskieren und Demaskieren

Zwar werden die Ebenenmasken noch gesondert behandelt, aber den Vorgang, den Sie hier mit schwarzer Farbe auf die Ebenenmaske 4 aufgetragen haben, wird als *Maskieren* bezeichnet. Mit schwarzer Farbe verdecken Sie praktisch diesen Bereich im Bild, ohne direkt auf die Pixel des Bildes selbst zuzugreifen, also: nicht-destruktiv. Das Gegenstück zum Maskieren ist das Demaskieren, und dies können Sie mit einer weißen Pinselfarbe vornehmen. Wenn Sie beispielsweise im Arbeitsschritt zu viel maskiert haben, können Sie diesen Bereich auf der Ebenenmaske mit weißer Farbe wieder demaskieren und somit sichtbar machen.

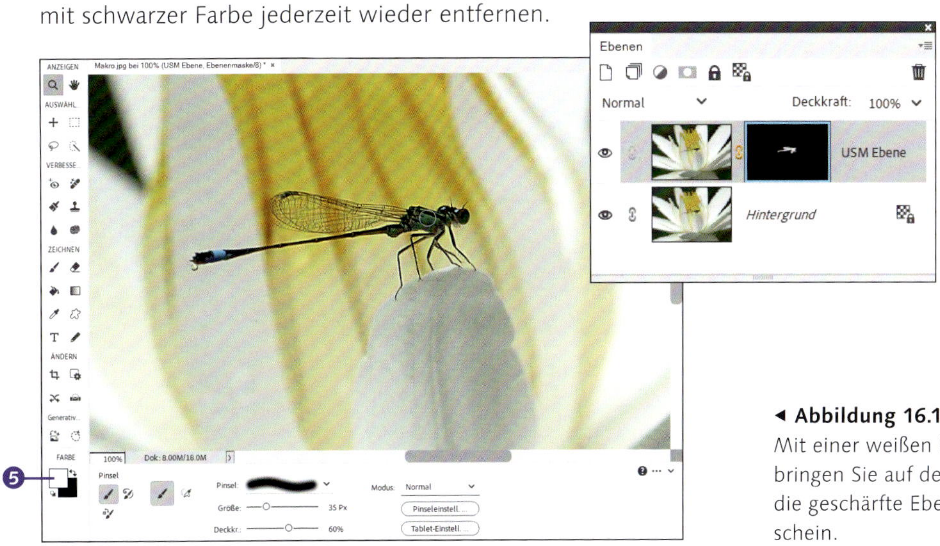

◂ **Abbildung 16.12**
Mit einer weißen Pinselspitze bringen Sie auf der Ebenenmaske die geschärfte Ebene zum Vorschein.

5 Ebenen vereinen

Klicken Sie eine der Ebenen im Ebenen-Bedienfeld mit der rechten Maustaste an, und wählen Sie im Kontextmenü AUF HINTERGRUNDEBENE REDUZIEREN. Fertig ist die partielle Schärfung.

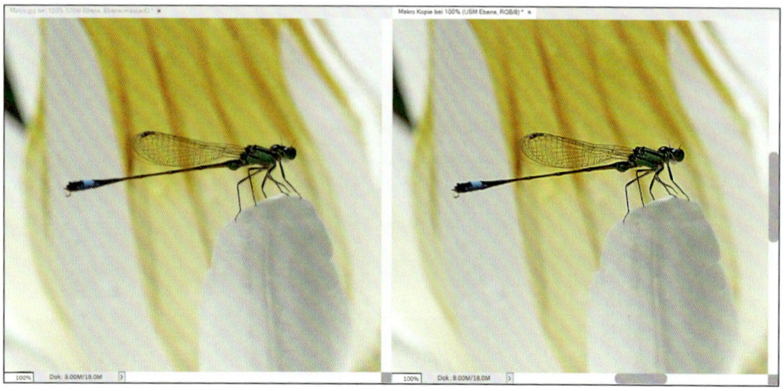

Abbildung 16.13 ▸
Im rechten Bildausschnitt der Aufnahme habe ich die Libelle auf der Seerose partiell geschärft. Eine Schärfung des gesamten Bildes hätte auch den unscharfen Hintergrund geschärft, wodurch dieser eher unruhiger geworden wäre.

16.5.3 Tonwertkorrektur

Die einfachste und oftmals übersehene Methode zur Schärfung von Bildern ist die einfache Tonwertkorrektur. Beim folgenden Bild wurde eine einfache Tonwertkorrektur auf den einzelnen Kanälen durchgeführt. Hierbei wurden lediglich die Tiefen und Lichter der Kanäle Rot, Grün und Blau an den Anfang der Histogramm-Berge verschoben. Den Kontrast weiter verstärken können Sie mit den Mitteltönen (mittlerer Schieberegler) oder dem Dialog HELLIGKEIT/KONTRAST.

Schärfen ohne Nachschärfen

Mit der Tonwertkorrektur heben Sie den Kontrast und somit auch den subjektiven Schärfeeindruck an. Der Vorteil dabei ist, dass keine negativen Effekte auftreten können (wie Artefakte, verstärktes Bildrauschen usw.).

▲ Abbildung 16.14
Das linke Bild ist die Originalfassung. Rechts wurde nur eine einfache Tonwertkorrektur durchgeführt. Die Details und die Farben treten viel deutlicher und klarer hervor.

Kapitel_16:
Kontrastarm.jpg

16.6 Der Scharfzeichner

Der Scharfzeichner R dient hauptsächlich dem gezielten Nachschärfen einzelner Bildbereiche. Mit dem Werkzeug können Sie auf den Bildebenen arbeiten, so wie Sie es schon vom Pinsel-Werkzeug her kennen. Sie müssen nur mit gedrückter linker Maustaste die Werkzeugspitze über die Partien des Bildes ziehen, die scharfgezeichnet werden sollen.

Werkzeug nur bedingt brauchbar
In der Praxis ist vom Einsatz des Scharfzeichners im großen Umfang abzuraten. Die Gefahr der Überschärfung und Überzeichnung mit diesem Werkzeug ist relativ groß. Verwenden Sie für partielle Schärfungen besser Ebenenmasken (siehe Abschnitt 16.5.2, »Partielle Schärfung«).

Werkzeugoptionen | Die Optionen des Werkzeugs ähneln denen des Pinsel-Werkzeugs. Öffnen Sie das Pinselmenü, indem Sie das Dropdown-Menü von Pinsel anklicken, und wählen Sie die Werkzeugspitze aus. Mit Grösse stellen Sie die Größe der Werkzeugspitze ein. Unter Modus legen Sie fest, wie die aufgetragene Schärfe mit den vorhandenen Pixeln gemischt werden soll. Wie stark geschärft werden soll, bestimmen Sie mit der Option Stärke. Je höher dieser Wert, desto stärker wird geschärft. Der Standardwert von 50% ist allerdings in den meisten Fällen schon zu stark. Wenn Sie das Häkchen vor Alle Ebenen aufnehmen setzen, wird das Scharfzeichnen auf alle sichtbaren Ebenen angewendet. Anderenfalls wird nur die aktive Ebene scharfgezeichnet. Um möglichst die Details im Bild beizubehalten, können Sie ein Häkchen vor Details beibehalten setzen, um eine zu starke Pixelung zu minimieren. Natürlich funktioniert das auch nur bis zu einem gewissen Grad.

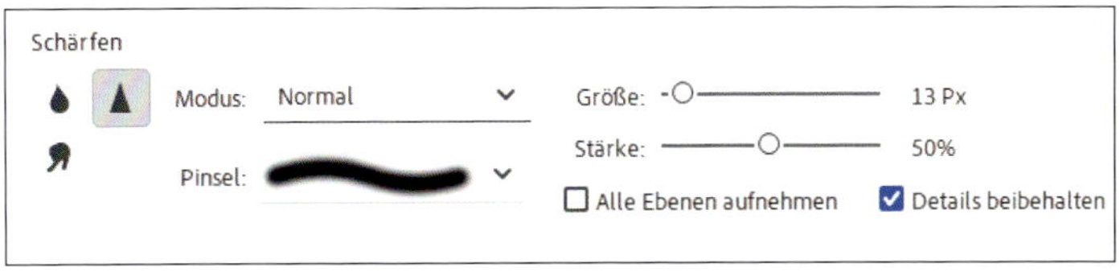

◂ **Abbildung 16.15**
Die Optionen des Scharfzeichners

16.7 Verwacklungen reduzieren

Mit Überarbeiten • Verwacklung reduzieren finden Sie eine intelligente Funktion, die Ihnen dabei hilft, Verwacklungen Ihre Bildes zu reduzieren, die auftreten, wenn Sie Ihre Kamera während der Aufnahme bewegt haben. Dies kann schnell passieren, wenn wenig Licht vorhanden ist und Sie mit einer niedrigeren Belichtungszeit frei Hand ohne Stativ fotografieren. Zwar besteht hierbei die Möglichkeit, die ISO zu erhöhen, aber eine höhere ISO erhöht, abhängig vom Sensor der Kamera, gerne mal das Bildrauschen. Oft denkt man aber einfach gar nicht daran, die richtigen Einstellungen an der Kamera zu machen. Die besten Motive warten gewöhnlich nicht, bis man die Kamera eingestellt hat. Aber erwarten Sie von dieser Methode auch keine Wunder – ein gänzlich verwackeltes Bild können Sie damit auch nicht mehr retten. Trotzdem sind die Ergebnisse mit dieser Funktion durchaus beeindruckend.

Schritt für Schritt Verwacklung reduzieren

Kapitel_16: Verwackelt.jpg

Im folgenden Bild »Verwackelt.jpg« habe ich die Kamera während der Aufnahme leicht bewegt. Für die richtigen Einstellungen war hier keine Zeit mehr, sonst hätte ich diese Momentaufnahme nicht machen können. Die Verwacklung soll im folgenden Workshop mit der Funktion Verwacklung reduzieren behandelt werden.

1 Bild öffnen

Öffnen Sie das Bild »Verwackelt.jpg« im Fotoeditor. Wenn Sie wollen, können Sie Überarbeiten • Verwacklung automatisch reduzieren aufrufen, um Photoshop Elements die Verwacklung automatisch reduzieren zu lassen. Wenn Sie die manuelle Methode bevorzugen, fahren Sie mit dem Arbeitsschritt 2 fort.

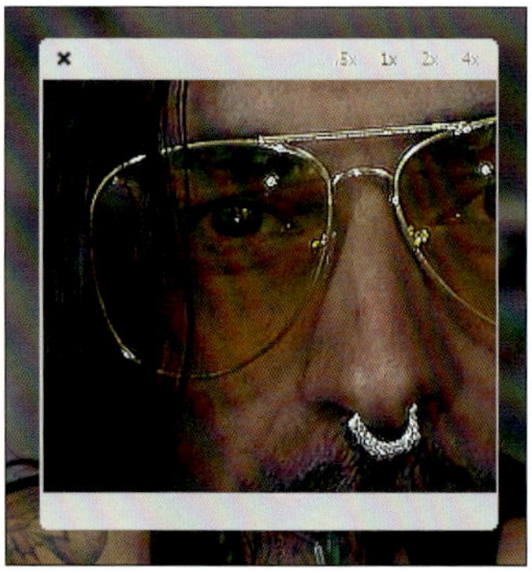

▲ **Abbildung 16.16**
Das Vergrößerungsfenster ist hilfreich, um die Reduzierung der Verwacklung zu kontrollieren.

Vergrößerungsfenster
Über das Lupensymbol ❹ oder mit [Q] können Sie ein Vergrößerungsfenster ein- bzw. ausblenden lassen. Das Fenster lässt sich überall auf dem Dialog verschieben und mit unterschiedliche Faktoren (0.5x; 1x; 2x und 4x) zoomen.

2 Verwacklung-reduzieren-Dialog aufrufen

Wählen Sie Überarbeiten • Verwacklung reduzieren. Im sich öffnenden Dialog finden Sie jetzt einen rechteckigen Verwacklungsbereich ❶ vor.

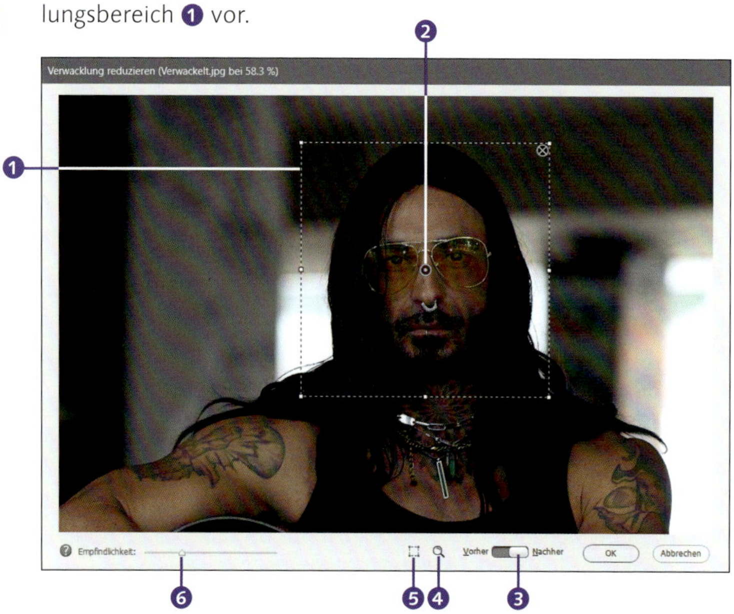

Abbildung 16.17 ▶
Der Verwacklung reduzieren-Dialog

Der Algorithmus des VERWACKLUNG REDUZIEREN-Dialogs analysiert nun diesen Bereich, um die Verwacklung zu reduzieren. Diesen rechteckigen Bereich können Sie über den Punkt in der Mitte ❷ jederzeit verschieben. Über die Ecken- und Seitenanfasser können Sie die Größe des Verwacklungsbereichs anpassen.

Mit dem Regler EMPFINDLICHKEIT ❻ stellen Sie ein, wie stark die Funktion zur Reduzierung von Verwacklungen angewendet werden soll. Je kräftiger die Verwacklung im Bild gewesen ist, umso stärker sollten Sie diesen Regler nach rechts ziehen. Über VORHER-NACHHER ❸ haben Sie die Kontrolle über das Ergebnis. Sind Sie mit dem Ergebnis zufrieden, können Sie den Dialog mit OK bestätigen.

Schlechter Verwacklungsbereich
Wenn Sie eine schlechte Position oder eine schlechte Größe des Verwacklungsbereichs ausgewählt haben, wird innerhalb des rechteckigen Verwacklungsbereichs ein dreieckiges Schild mit einem Ausrufezeichen angezeigt. In dem Fall sollten Sie die Größe oder Position des Verwacklungsbereichs ändern.

3 Weitere Verwacklungsbereiche hinzufügen

Es ist auch möglich, mehrere Verwacklungsbereiche hinzuzufügen. Hierfür müssen Sie das Icon VERWACKLUNGSBEREICH HINZUFÜGEN ❺ anklicken, und es wird ein weiterer Bereich hinzugefügt. Alternativ können Sie auch mit gedrückter Maustaste einen solchen Bereich aufziehen. Sinnvollerweise sollte es sich hierbei auch um einen Bereich mit einer sichtbaren Verwacklung handeln.

Wie gehabt können Sie diese Verwacklungsbereiche mit gedrückt gehaltener Maustaste auf dem Punkt in der Mitte verschieben und über die Anfasser an den Seiten und Ecken in der Größe anpassen. Sie können einen Verwacklungsbereich über den Punkt in der Mitte auch deaktivieren und wieder aktivieren, was gerade bei mehreren Bereichen sinnvoll ist, um so vielleicht einen besseren Bereich zu finden. Über das kleine × rechts oben ❼ können Sie einen Verwacklungsbereich entfernen.

◂ **Abbildung 16.18**
Hier wurden mehrere Verwacklungsbereiche hinzugefügt.

4 Ergebnis betrachten

Im vorliegenden Beispiel ist das Endergebnis, nachdem die Funktion VERWACKLUNG REDUZIEREN auf das Bild angewendet wurde, recht beachtlich.

▲ **Abbildung 16.19**
Links das Bild vor und rechts nach dem Anwenden der Funktion VERWACKLUNG REDUZIEREN (Model: Luca Vette)

Kapitel 17

Bilder weichzeichnen

Beim Weichzeichnen wird das Bild durch Reduktion der Bildschärfe verändert. Neben den Schärfefiltern gehören die Weichzeichner zu den meistverwendeten Filterarten – und auch hier gibt es mehrere Varianten.

17.1 Anwendungsgebiete für das Weichzeichnen

Zwar hat das Weichzeichnen nicht denselben hohen Stellenwert in der digitalen Bildbearbeitung wie das Scharfzeichnen, aber da es sich für viele Anwendungszwecke und spezielle Effekte sehr gut eignet und verwenden lässt, sollten Sie mit den verschiedenen Weichzeichnern vertraut sein.

Eine klassische Anwendung für das Weichzeichnen ist beispielsweise die Reduzierung von Bildrauschen. Auch bei der Schönheitsretusche wie dem Glätten der Haut oder Entfernen von Hautunreinheiten können die Weichzeichner behilflich sein. Neben Effekten wie glamourösen oder verträumten Stimmungen im Bild lässt sich mit Weichzeichnern unter anderem auch der Schärfentiefe-Effekt nachträglich hinzufügen.

In der Praxis werden solche Weichzeichner eher selten auf das komplette Bild angewendet. Gewöhnlich zeichnen Sie nur bestimmte ausgewählte Bildbereiche weich. Meistens werden Sie für solche Weichzeichnungen mit Ebenenmasken arbeiten.

Automatischer Weichzeichner
Im Menü FILTER • WEICHZEICHNUNGSFILTER finden Sie mit DURCHSCHNITT, WEICHZEICHNEN und STARK WEICHZEICHNEN drei Filter, die ganz ohne Dialog und Optionen auskommen. Klicken Sie den gewünschten Filter einfach an, um ihn auf das Bild anzuwenden.

17.2 Gaußscher Weichzeichner

Fotografieren mit Schärfentiefe

Um beim Fotografieren die Schärfentiefe zu steuern, müssen Sie wissen, wie weit die Blende geöffnet sein muss, damit das Hauptmotiv scharf gestellt wird und der Hintergrund allmählich verschwimmt. Nicht immer hat man genügend Zeit, die Kamera entsprechend einzustellen, und so ist die nachträgliche Bearbeitung mit Photoshop Elements eine gute Alternative.

Der wohl populärste Weichzeichner ist der Filter GAUSSSCHER WEICHZEICHNER, den Sie ebenfalls im Menü FILTER • WEICHZEICHNUNGSFILTER finden. Der Name des Filters geht zurück auf Johann Carl Friedrich Gauß und auf die von ihm entdeckte Gaußsche Normalverteilung (eine komplizierte mathematische Berechnung). Der Gaußsche Filter wird gerne verwendet, um bei Bildern eine geringere Schärfentiefe (oder auch *Tiefenschärfe* genannt) zu erzeugen, also weniger Bildteile scharf zu zeigen. Auf diese Weise können Sie den Blick des Betrachters noch stärker auf das Hauptobjekt im Bild lenken.

Schärfentiefe verringern | In der folgenden Anleitung lernen Sie, wie Sie nachträglich bei einem Foto künstlich die Schärfentiefe verringern. Für den Fall, dass Sie dieses Buch chronologisch durcharbeiten, weise ich darauf hin, dass in diesem Beispiel mit Ebenen und Ebenenmasken gearbeitet wird, obwohl ich diese Themen erst an späterer Stelle behandeln werde (siehe Teil X).

Schritt für Schritt
Schärfentiefe reduzieren

Kapitel_17: Fashion.jpg

Fototechnisch ist die Schärfentiefe eine Mischung aus den Einstellungen von Brennweite, Blende und dem Abstand zwischen der Kamera und dem Aufnahmemotiv. Allerdings sind dies Themen für andere Bücher. Hier soll nur gezeigt werden, wie Sie die gewünschte Unschärfe mit Photoshop Elements erzeugen bzw. eine vorhandene Unschärfe verstärken können.

1 Ebene duplizieren

Laden Sie das Bild »Fashion.jpg« in den Fotoeditor. Klicken Sie das Bild im Ebenen-Bedienfeld mit der rechten Maustaste an (über FENSTER • EBENEN), und wählen Sie EBENE DUPLIZIEREN aus. Daraufhin öffnet sich eine Dialogbox, in der Sie den Namen der neuen Ebene eingeben können. Bestätigen Sie den Dialog mit den vorgegebenen Angaben mit OK. Sie finden nun im Ebenen-Bedienfeld eine zweite Ebene als Kopie der Original-Hintergrundebene.

2 Ebene weichzeichnen

Wählen Sie die neu kopierte Ebene aus ❶, und öffnen Sie anschließend den Dialog GAUSSSCHER WEICHZEICHNER über FILTER • WEICHZEICHNUNGSFILTER. Stellen Sie den RADIUS ❷ zum Weichzeichnen über den Schieberegler oder über das Zahleneingabefeld auf den Wert 8, und bestätigen Sie mit OK.

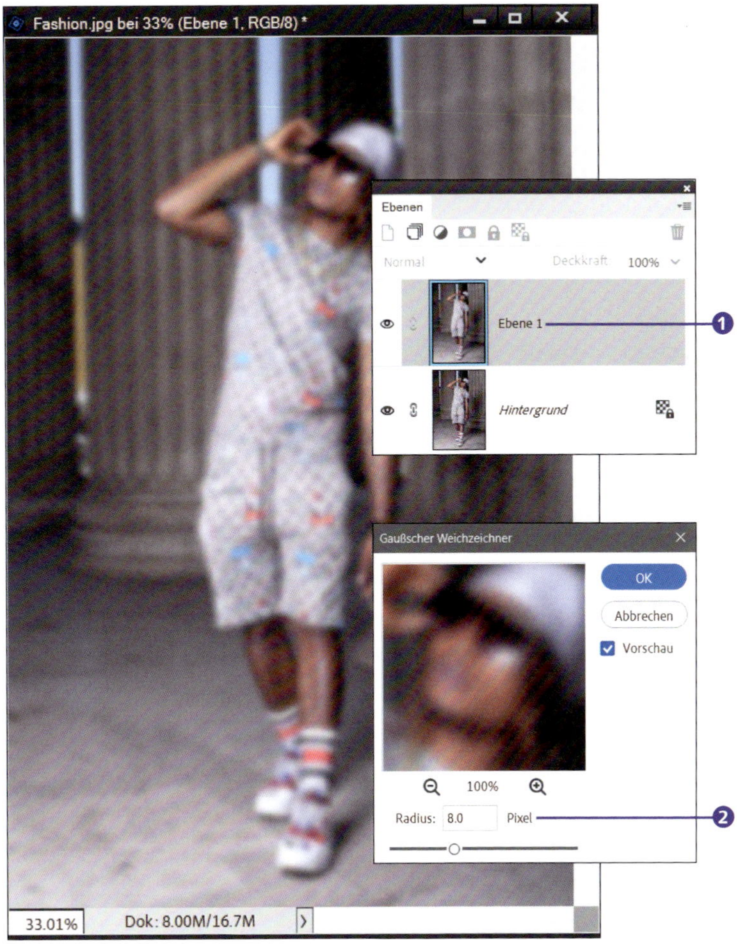

◂ **Abbildung 17.1**
Die kopierte Ebene wird recht stark weichgezeichnet.

3 Ebenenmaske anlegen

Stellen Sie sicher, dass die obere (weichgezeichnete) Ebene noch aktiviert ist, und legen Sie eine Ebenenmaske an, indem Sie auf das kleine Rechteck mit dem Kreis in der Mitte ❸ klicken. Jetzt finden Sie im Ebenen-Bedienfeld eine weiße Fläche ❹ neben dem Bild vor – die Ebenenmaske.

4 Ebene maskieren

Wählen Sie die Ebenenmaske ❹ mit einem Mausklick aus. Stellen Sie mit der Taste D Schwarz und Weiß als Vorder- und Hintergrundfarbe ein. Wählen Sie nun das Pinsel-Werkzeug B mit einer weichen und ausreichend großen Werkzeugspitze (im Beispiel wurde eine Grösse von 53 Px verwendet). Die exakte Größe

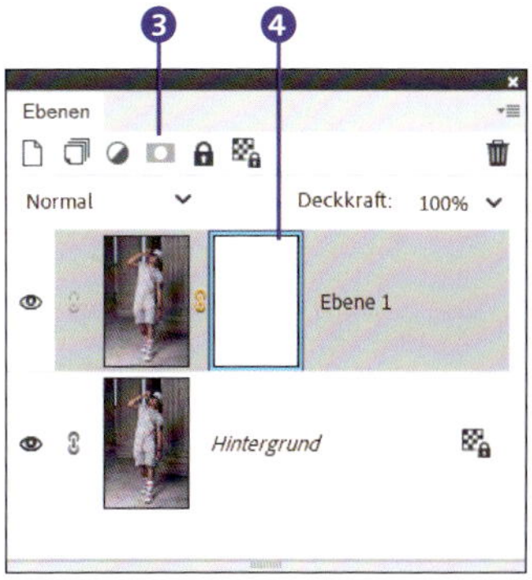

▴ **Abbildung 17.2**
Eine Ebenenmaske wurde angelegt.

hängt natürlich von Ihrem Motiv und von der Bildgröße ab. Fahren Sie mit dem Pinsel um das Model im Vordergrund herum, und das Original-Hintergrundbild darunter kommt zum Vorschein.

Zeichnen Sie am besten zuerst die Ränder des Objekts mit einer weichen Pinselspitze nach. Verwenden Sie dann für den Rest eine größere Pinselspitze. Wenn Sie mit dem Pinsel zu weit über den Rand gemalt haben, bessern Sie dies aus, indem Sie Weiß als Vordergrundfarbe wählen (zum Beispiel mit [X]). Wenn Sie erneut [X] drücken, können Sie mit der schwarzen Farbe fortfahren, bis Sie das komplette Model in der Ebenenmaske maskiert haben und der Teil des Bildes scharf dargestellt wird.

▲ **Abbildung 17.3**
Über die Ebenenmaske erzeugen Sie eine künstlich reduzierte Schärfentiefe im hinteren Bereich des Bildes.

5 Ebenen vereinen

Klicken Sie zuletzt eine der Ebenen im Ebenen-Bedienfeld mit der rechten Maustaste an, und wählen Sie im Kontextmenü AUF HINTERGRUNDEBENE REDUZIEREN. Fertig ist die künstlich verringerte Schärfentiefe.

◂ **Abbildung 17.4**
Links das Bild in der Originalfassung, rechts das Bild mit einer künstlich verringerten Schärfentiefe. (Model: Eddy Galant)

Schärfentiefe per »Feldtiefe« | Einfacher geht es aber mit der Funktion SCHÄRFENTIEFE im ASSISTENT-Modus von Photoshop Elements, der unter SPEZIELLE BEARBEITUNGEN untergebracht ist. Hierfür müssen Sie lediglich mit dem Schnellauswahl-Werkzeug das Objekt markieren, das im Fokus bleiben soll, und können anschließend den WEICHZEICHNER HINZUFÜGEN bzw. den Effekt über den Schieberegler verstärken. Die Geschichte mit der Ebenenmaske übernimmt hierbei der Assistent für Sie.

17.3 Tiefenunschärfe mit KI

Kapitel_17: John.jpg

Der KI-basierte Filter TIEFENUNSCHÄRFE wurde entwickelt, um dem Bild eine realistische Schärfentiefe zu verleihen. Dabei wird eine *Tiefenmap* erstellt und die Hintergrundunschärfe bzw. der Tiefeneffekt simuliert, den man normalerweise durch eine weit geöffnete Blende (kleine Blendenzahl) des Objektivs erhält. In der Fotografie wird dies auch als *Bokeh*-Effekt bezeichnet. Vereinfacht ausgedrückt ist eine solche Tiefenmap (englisch *Depth Map*) ein Bild, das zeigt, wie weit die Motive in einer Szene von der Kamera entfernt sind. In der Bildverarbeitung und Computergrafik wird sie verwendet, um die Tiefe (das heißt die Entfernung von der Kamera) für jeden Punkt in einem Bild darzustellen.

▴ **Abbildung 17.5**
Bei diesem Bild soll die KI eine Tiefenunschärfe hinzufügen. (Model: Jonathan Wolf)

Rufen Sie die KI-Bearbeitung über FILTER • WEICHZEICHNUNGSFILTER • TIEFENUNSCHÄRFE auf. In der Miniaturvorschau ❶ können Sie den gewünschten Fokuspunkt setzen oder mit der Schaltfläche MOTIV FOKUSSIEREN ❷ automatisch setzen lassen. Mit dem Schieberegler BRENNWEITENBEREICH ❸ kann eine bestimmte

Brennweite simuliert werden und mit WEICHZEICHNERSTÄRKE ❹ bestimmen Sie, wie stark die Unschärfe sein soll bzw. wie weit die simulierte Blende geöffnet werden soll.

▲ **Abbildung 17.6**
Die KI für die Tiefenunschärfe bei der Ausführung. Das Ergebnis ist durchaus beeindruckend.

Kapitel_17: Alexander.jpg

17.4 Selektiver Weichzeichner

Den SELEKTIVEN WEICHZEICHNER finden Sie im Menü FILTER • WEICHZEICHNUNGSFILTER. Der SELEKTIVE WEICHZEICHNER zeichnet nur flächige Strukturen weich. Die Kanten hingegen bleiben möglichst erhalten. Dieser Filter eignet sich vor allem für kreative und künstlerische Bildbearbeitungen. Aber auch bei einem Gesicht könnten Sie mit diesem Filter die Hautunreinheiten weichzeichnen, während kontrastreiche Bereiche wie die Konturen des Gesichtes oder Haare nicht berührt werden.

Mit RADIUS ❶ legen Sie die Größe des Bereichs um jedes Pixel fest, das beim Weichzeichnen berücksichtigt werden soll. Der SCHWELLENWERT ❷ bestimmt, wie stark die Farbtonwerte benachbarter Pixel abweichen müssen, damit diese weichgezeichnet werden. Befindet sich die Farbe benachbarter Pixel unter dem angegebenen Schwellenwert, werden diese nicht mit

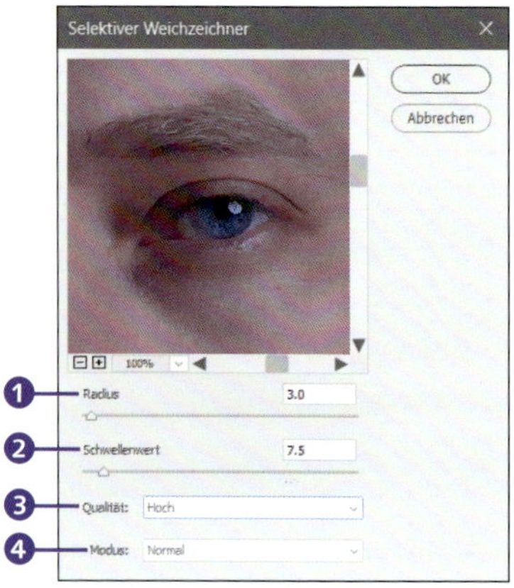

▲ **Abbildung 17.7**
Der SELEKTIVE WEICHZEICHNER

weichgezeichnet. Es gilt also: Je geringer der Schwellenwert, desto stärker wird weichgezeichnet.

Wie hoch die QUALITÄT der Weichzeichnung werden soll, legen Sie in der gleichnamigen ❸ Dropdown-Liste fest. Hier haben Sie die Wahl zwischen drei Qualitätsstufen. Je höher die QUALITÄT, desto mehr Rechenzeit wird für die Weichzeichnung verbraucht. Entscheidend für das Resultat des SELEKTIVEN WEICHZEICHNERS ist der verwendete MODUS ❹: Mit NORMAL erzielen Sie eine normale Weichzeichnung gemäß den eingestellten Werten. NUR KANTEN wandelt ein Bild in eine Schwarzweißgrafik um. INEINANDERKOPIEREN ist eine Kombination der Modi NORMAL und NUR KANTEN.

Im linken Bild von Abbildung 17.8 sehen Sie die Originalfassung, und im rechten Bild wurde der SELEKTIVE WEICHZEICHNER im Modus NORMAL verwendet, um die Hautunreinheiten zu entfernen. Der Filter wirkt hier relativ stark, und das Ergebnis ist fast schon etwas zu plastisch, ähnlich wie bei einem Comic. In der Praxis wird dieser Filter eher selten auf das komplette Bild angewendet, sondern eher auf bestimmte ausgewählte Teilbereiche. Allerdings hängt dies wie immer vom Bildmotiv ab.

▼ Abbildung 17.8
Im linken Bild sehen Sie die Originalfassung, und im rechten Bild wurde der SELEKTIVE WEICHZEICHNER im Modus NORMAL verwendet.

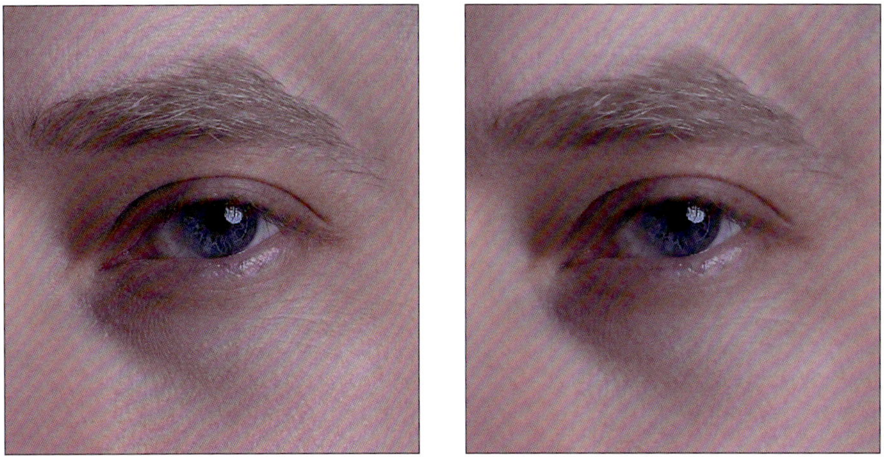

In Abbildung 17.9 sehen Sie auf der linken Seite den Modus NUR KANTE und im rechten Bild den Modus INEINANDERKOPIEREN im Einsatz, der die Kanten vom Modus NUR KANTE in das weichgezeichnete Bild vom Modus NORMAL kopiert. Die beiden Modi sind eher als Hilfe für den Modus NORMAL zu verstehen, weil Sie hiermit recht gut erkennen und vor allem steuern können, was der Filter als Kanten verwendet und was weichgezeichnet wird. Eine Art Maskierung, wenn Sie so wollen. Die Kanten, die nicht weichgezeichnet werden, sind in weißer Farbe zu sehen, und alles, was schwarz ist, wird weichgezeichnet.

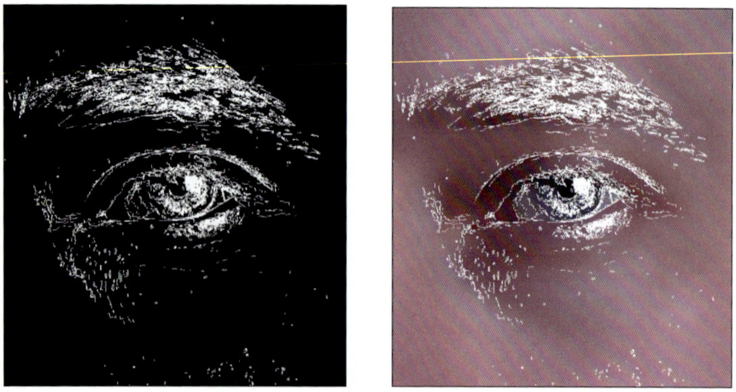

Abbildung 17.9 ▸
Im linken Bild wurde der Modus Nur Kanten und im rechten Bild der Modus Ineinanderkopieren verwendet.

17.5 Bewegungsunschärfe

Kapitel_17:
Bunny-Hop.jpg,
Bunny-Hop.psd

Ebenfalls im Menü Filter • Weichzeichnungsfilter finden Sie Bewegungsunschärfe. Der Filter eignet sich nicht nur, um Bewegungsunschärfe aus einem Bild zu nehmen, sondern auch, um diese dem Bild bewusst hinzuzufügen.

▲ Abbildung 17.10
Das linke Bild ist die Originalfassung. Rechts wurde der Filter Bewegungsunschärfe hinzugefügt, wodurch das Bild erheblich mehr Dynamik erhält.

Durch das Verwischen des Hintergrunds entsteht mehr Dynamik in einem Bild. Allerdings muss dieser Effekt immer auch zum Bildmotiv passen.

Die Bewegungsschärfe in diesem Bild wurde genauso eingearbeitet wie die geringere Schärfentiefe im Workshop »Schärfentiefe reduzieren« (siehe Abschnitt 17.2, »Gaußscher Weichzeichner«); während dort im zweiten Schritt der GAUSSSCHE WEICHZEICHNER auf die Ebene angewendet wurde, kam hier der Filter BEWEGUNGSUNSCHÄRFE zum Einsatz.

Als WINKEL ❶ zum Mitziehen wurde 14° verwendet. Hier sollten Sie immer einen Winkel wählen, der etwa der Flug- oder Bewegungsrichtung des Hauptmotivs entspricht. Mit dem Wert DISTANZ ❷ verwischen Sie den Hintergrund. Je höher dieser Wert ist, desto stärker wird der Hintergrund um den angegebenen Winkel verwischt. Im Beispiel führen 20 PIXEL zu einem guten Ergebnis.

Mitziehen
In der Fotografie entsteht diese Bewegungsunschärfe des Hintergrunds, indem bei einem sich bewegenden Motiv die Kamera mitgezogen wird. Der Verwischeffekt resultiert als Folge einer etwas längeren Belichtungszeit in der Kamera. Das Motiv bleibt dadurch scharf, und der Hintergrund erscheint verwischt.

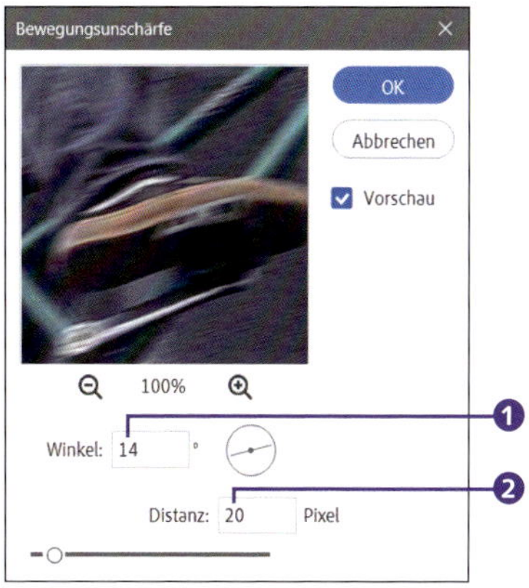

▲ **Abbildung 17.11**
Einstellungen für die Bewegungsunschärfe aus Abbildung 17.10

Geschwindigkeitsbildlauf mit dem Assistenten | Anstatt den Filter BEWEGUNGSUNSCHÄRFE können Sie auch die ASSISTENT-Funktion GESCHWINDIGKEITSBILDLAUF verwenden, um einem Motiv auf dem Foto etwas mehr Geschwindigkeit zu verleihen. Hierbei müssen Sie nur das Motiv auswählen und dann zum Hintergrund eine Bewegungsunschärfe hinzufügen. Dies funktioniert hiermit wieder Assistent-typisch einfach.

Bewegungseffekt mit dem Assistenten | Eine weitere Möglichkeit, eine schnellere Bewegung zu einem Objekt im Bild hinzuzufügen, finden Sie mit der Funktion BEWEGUNGSEFFEKT im ASSISTENT-Modus von Elements, der unter KREATIVE BEARBEITUNGEN untergebracht ist.

17.6 Radialer Weichzeichner

Kapitel_17: Ballett.jpg

Der Filter RADIALER WEICHZEICHNER ist auch nur bedingt dazu geeignet, die Schärfe aus dem Bild zu nehmen. Der Filter wird allerdings sehr gerne verwendet, um einem Bild mehr Dynamik und Schwung zu verleihen. Genau genommen lassen sich hiermit verschiedene Kameratechniken künstlich erstellen. Sie rufen diesen Filter ebenfalls über das Menü FILTER • WEICHZEICHNUNGSFILTER • RADIALER WEICHZEICHNER auf.

Wie stark der Filter weichzeichnen soll, geben Sie mit der Option STÄRKE an. Je höher der Wert ist, desto stärker ist der Effekt der ausgewählten METHODE. Hierfür steht Ihnen die Option

▲ **Abbildung 17.12**
Der Filter Radialer Weichzeichner

Kreisförmig zur Verfügung, die eine kreisförmige Bewegungsunschärfe eines sich drehenden Objekts simuliert. Die andere Option, Strahlenförmig, erzeugt hingegen den Eindruck, als wäre während der Aufnahme an ein Motiv heran- oder aus einem Motiv herausgezoomt worden. Diesen Effekt könnten Sie selbst beim Fotografieren erzeugen, indem Sie etwas länger belichten und beim Fotografieren (mit einer entsprechenden digitalen Spiegelreflexkamera) den Zoom verstellen.

Über den Mittelpunkt ❸ geben Sie an, wo die Mitte der ausgewählten Methode ist. Von diesem Punkt aus wird dann der gewählte Effekt ausgeführt. Leider gibt es hierbei keine Vorschaufunktion, sodass Sie ein wenig herumprobieren müssen. Zu guter Letzt können Sie noch die Qualität des auszuführenden Filters einstellen.

▲ **Abbildung 17.13**
Das linke Bild ist die Originalfassung. Im rechten Bild wurde die Methode Kreisförmig mit einer Stärke von 10 verwendet.

Wollen Sie nicht, dass das Hauptmotiv mit Radialer Weichzeichner verwischt wird, können Sie hierbei selbstverständlich auch auf den Trick mit der Ebenenmaske zurückgreifen, wie Sie dies bereits im Workshop »Schärfentiefe reduzieren« in Abschnitt 17.2, »Gaußscher Weichzeichner«, getan haben. Während Sie dort im zweiten Arbeitsschritt die Ebene mit dem GAUSSSCHEN WEICHZEICHNER bearbeitet haben, verwenden Sie hier dagegen den RADIALEN WEICHZEICHNER.

Ebenfalls sehr komfortabel ist der ZOOM-BURST-EFFEKT, den Sie im ASSISTENT-Modus unter KREATIVE BEARBEITUNGEN finden.

17.7 Matter machen

Ebenfalls im Menü FILTER • WEICHZEICHNUNGSFILTER finden Sie einen Eintrag mit dem Filter MATTER MACHEN. Dieser Filter versucht, die Kanten im Bild zu erhalten, und eignet sich daher auch sehr gut, um Bildstörungen wie Rauschen und Körnigkeit zu entfernen. Neben der Behebung von Bildstörungen dient dieser Filter in der Praxis aber auch der Hautbearbeitung für Beauty-Retusche, um die Haut zu glätten. Und natürlich kann der Filter auch als das verwendet werden, was Sie aus dem Namen herauslesen können: um eine glänzende Stelle im Bild matter zu machen.

Mit dem RADIUS geben Sie an, wie groß der Bereich sein soll, in dem das Weichzeichnen ausgeführt werden soll. Mit dem SCHWELLENWERT stellen Sie ein, wie viel die benachbarten Pixel abweichen müssen, damit sie ebenfalls weichgezeichnet werden. Ein höherer SCHWELLENWERT bedeutet allerdings auch, dass die Kanten im Bild unter Umständen verloren gehen.

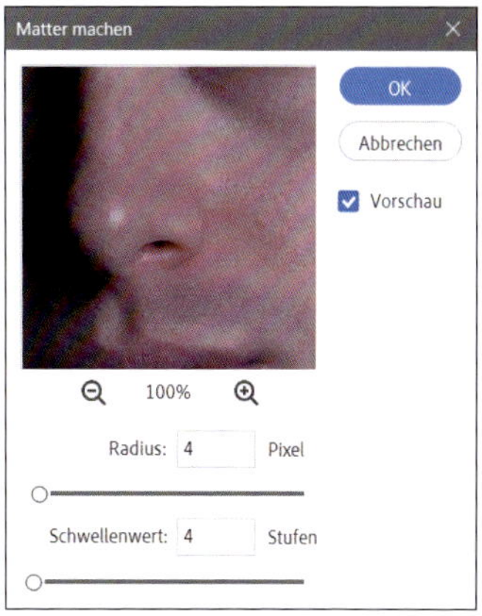

▲ **Abbildung 17.14**
Der Filter MATTER MACHEN

17.8 Der Weichzeichner und der Wischfinger

Unterhalb des Scharfzeichners [R] finden Sie auch den Weichzeichner [R] und den Wischfinger [R]. Wie den Scharfzeichner sollten Sie auch diese Werkzeuge nur notfalls bei kleinen Reparaturen verwenden. Bei stark geschärften Bildern werden Sie mit diesen Werkzeugen höchstens einen hässlichen Farbenbrei erzeugen.

Mit dem Werkzeug können Sie auf den Bildebenen arbeiten, so wie Sie es vom Pinsel-Werkzeug her kennen. Ziehen Sie einfach die Werkzeugspitze mit gedrückter linker Maustaste über die Partien des Bildes, die weichgezeichnet werden sollen.

Die vorhandenen Optionen sind dieselben wie schon beim Scharfzeichner – mit dem Unterschied, dass sie sich auf das Weichzeichnen bzw. Verschmieren beziehen. Der Wischfinger hat eine zusätzliche Checkbox FINGERFARBE. Wenn Sie diese aktivieren, verwenden Sie die eingestellte Vordergrundfarbe im

Farbwahlbereich zum Verschmieren. Dabei sollten Sie allerdings die STÄRKE reduzieren, da es sonst wie mit dem Pinsel-Werkzeug gemalt wirkt.

Um partielle Bildbereiche weichzuzeichnen, gehen Sie am besten ebenso vor wie im Workshop »Schärfentiefe reduzieren« in Abschnitt 17.2, »Gaußscher Weichzeichner«.

TEIL VII

Schwarzweiß und Farbveränderungen

Kapitel 18

Schwarzweißbilder

Schwarzweißbilder liegen im Trend – selbstverständlich lernen Sie in diesem Buch alles, was Sie wissen müssen, um schöne Schwarzweißfotos zu erstellen.

18.1 Was bedeutet eigentlich »Schwarzweiß«?

Der Begriff *Schwarzweißbilder* ist eigentlich nicht ganz zutreffend. Da die so bezeichneten Bilder nicht nur schwarz und weiß sind, wäre die Bezeichnung *Graustufenbilder* korrekter – aber im allgemeinen Sprachgebrauch hat sich nun einmal die Bezeichnung *Schwarzweißfotografie* durchgesetzt.

◂ **Abbildung 18.1**
Schwarzweißbilder sind nicht nur schwarz und weiß – sie enthalten in der Regel auch mehrere Grautöne.

18.2 Schwarzweißbilder erstellen

Photoshop Elements bietet einige Möglichkeiten an, Bilder in Graustufen umzuwandeln. Einige eignen sich besser, andere schlechter. Warum dies so ist und wie Sie die Methoden einsetzen, erfahren Sie jetzt.

Gleichwertiges Gegenstück
Denselben Effekt wie mit der Funktion FARBE ENTFERNEN erzielen Sie, wenn Sie im Dialogfeld FARBTON/SÄTTIGUNG die Option SÄTTIGUNG auf 100 setzen.

Bilder entfärben | Die einfachste und schnellste Methode, ein Farbbild in ein Schwarzweißbild zu konvertieren, bietet der Befehl ÜBERARBEITEN • FARBE ANPASSEN • FARBE ENTFERNEN (Tastenkürzel [⇧]+[Strg]/[cmd]+[U]). Bei dieser Funktion bleibt auch die Gesamthelligkeit des Bildes weitgehend konstant. Die Funktion FARBE ENTFERNEN können Sie auch nur auf einen ausgewählten Bildbereich anwenden.

Diese Methode der Bildentfärbung bietet jedoch keine weiteren Einstellungsmöglichkeiten. Gegenüber dem Graustufenmodus hat sie allerdings den Vorteil, dass die Aufnahme weiterhin im RGB-Modus vorliegt.

Farbmodi und Farbtiefe
Weitere Informationen finden Sie in Anhang B in Abschnitt B.2, »Farbmodi«, und in Abschnitt B.3, »Farbtiefe«.

Bild in Graustufenmodus konvertieren | Eine weitere Möglichkeit zur Schwarzweißkonvertierung ist die Umwandlung des RGB-Modus in Graustufen (BILD • MODUS • GRAUSTUFEN). Danach besteht keine Möglichkeit mehr, dem Bild Farbe hinzufügen, weil hiermit alle nötigen Farbinformationen verworfen werden. Auch viele Funktionen lassen sich in diesem Modus nicht mehr verwenden (und sind demnach ausgegraut). Das einzige Argument für die Umwandlung eines Bildes in den Graustufenmodus ist der Speicherplatz. Ein Bild im Graustufenmodus benötigt erheblich weniger Speicherplatz als ein herkömmliches RGB-Bild.

18.2.1 Farben teilweise entfernen – Color Key

Mit dem Dialog oder der Einstellungsebene FARBTON/SÄTTIGUNG können Sie die Farbsättigung eines Bildes teilweise entfernen, indem Sie den Schieberegler SÄTTIGUNG nach links ziehen. Zwar arbeitet der Dialog im Prinzip wie die Funktion FARBE ENTFERNEN, aber Sie haben hierbei zusätzlich die Option, gezielt die Sättigung einzelner Farben zu reduzieren und so einen Color-Key-Effekt im Bild zu erzeugen.

Schritt für Schritt
Ausgewählte Farben erhalten

Kapitel_18:
Rotes-T-Shirt.jpg

An dem Bild »Rotes-T-Shirt.jpg« will ich Ihnen demonstrieren, wie Sie einzelne Farben in einem Bild in Schwarzweiß umwandeln und gleichzeitig andere erhalten. Laden Sie dazu das Bild »Rotes-T-Shirt.jpg« in den Fotoeditor.

▲ **Abbildung 18.2**
In diesem Bild sollen nur die roten Farben erhalten bleiben.

1 Einstellungsebene anlegen oder den Dialog aufrufen

Legen Sie zunächst eine Einstellungsebene für Farbton/Sättigung an (siehe Abschnitt 9.1.5, »Flexibel arbeiten mit Einstellungsebenen«), oder verwenden Sie den entsprechenden Dialog (zum Beispiel über Strg/cmd+U).

2 Sättigung selektiver Farben entfernen

Wählen Sie im Dialog Farbton/Sättigung über die Dropdown-Liste ❶ die Gelbtöne aus, und ziehen Sie den Schieberegler für die Sättigung ❷ ganz nach links auf den Wert 100. Wiederholen Sie diesen Schritt bei Grüntöne, Cyantöne, Blautöne und Magentatöne. Nur die Rottöne fassen Sie nicht an.

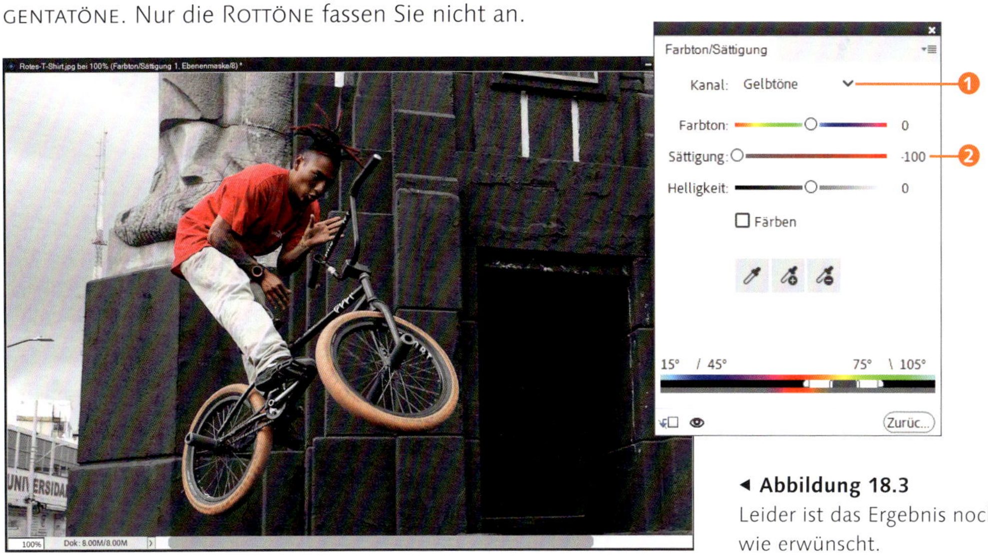

◂ **Abbildung 18.3**
Leider ist das Ergebnis noch nicht wie erwünscht.

3 Feintuning

Vermutlich werden beim Auswählen eines bestimmten Farbtons nicht gleich alle gewünschten Bereiche entsättigt. Im Beispiel sind es die gelben Farbtöne. Hier greifen Sie gleich manuell ein, indem Sie den Gelbtonbereich erweitern. Wählen Sie hierzu im Dialog bzw. in der Einstellungsebene zunächst in der Dropdown-Liste die Gelbtöne ❸ aus. Verwenden Sie jetzt die Pipette mit dem Plussymbol ❹, und klicken Sie damit im Bild auf den gelben Bereich ❺, der noch entsättigt werden soll. Da Sie den Regler Sättigung bei Gelbtöne auf –100 gestellt haben, wird der entsprechende Farbbereich sofort entsättigt. Wiederholen Sie den Schritt gegebenenfalls so oft, bis Sie mit dem Ergebnis zufrieden sind.

Abbildung 18.4 ▲▶
Wenn der Bereich der GELBTÖNE erweitert wird, sieht das Ergebnis schon etwas besser aus

4 Nach dem Entfernen von Farbe

Nach dem Entfernen aller Farbtöne außer den roten sollte das Bild mit Ausnahme der roten Bereiche in Schwarzweiß angezeigt werden. Natürlich funktioniert das Entfernen einzelner Farben nicht immer so harmonisch wie in diesem Beispiel, in dem die farblichen Unterschiede der einzelnen Objekte so deutlich sind. Verfahren Sie deshalb bei Bedarf analog mit den anderen Farbtönen in der Dropdown-Liste. Wenn Sie eine Einstellungsebene verwendet haben, reduzieren Sie anschließend die beiden Ebenen wieder auf eine Hintergrundebene (siehe Abschnitt 9.1.5, »Flexibel arbeiten mit Einstellungsebenen«).

Abbildung 18.5 ▶
Durch ein selektives Entfernen einzelner Farben können Sie den Fokus des Bildes auf einzelne Objekte noch mehr betonen.

Color Key mit dem Smartpinsel-Werkzeug | Wenn Ihnen die zuvor aufgeführte Methode zu umständlich ist oder einige Farbbereiche sich damit nicht erfassen und in Schwarzweiß umwandeln lassen, können Sie einzelne, weniger komplexe Bereiche eines Bildes auch einfach mit dem Smartpinsel-Werkzeug [F] oder dem Detail-Smartpinsel-Werkzeug [F] schwarzweiß »anmalen«. Hierzu brauchen Sie nur bei den Einstellungen unter VORGABEN den Eintrag UMKEHREFFEKTE ① zu wählen und dort die Option UMKEHREN – SCHWARZWEISS einzustellen. Dann malen Sie den Color-Key-Effekt einfach ins Bild.

◀ **Abbildung 18.6**
Mit UMKEHREN • SCHWARZWEISS lässt sich ein Color-Key-Effekt einfach ins Bild malen.

Die Werkzeuge bieten aber auch noch weitere SCHWARZWEISS-Funktionen ② an, die Sie einfach nur noch auf das Bild aufpinseln. Die Verwendung der beiden Werkzeuge habe ich in Abschnitt 20.2.8, »Das Smartpinsel-Werkzeug«, beschrieben. Besonders zu erwähnen wäre hierbei auch, dass sich darunter auch professionellere Filter wie Rotfilter, Grünfilter, Gelbfilter und Blaufilter befinden, mit denen Sie Bilder komplett einfärben können.

Das Smartpinsel-Werkzeug ist allerdings eher für Bildbereiche geeignet, bei denen sich das schwarzweiß »einzufärbende« Objekt farblich deutlich hervorhebt. Für komplexere Situationen sollten Sie eher auf FARBTON/SÄTTIGUNG oder eine Mischung aus beiden Möglichkeiten zugreifen.

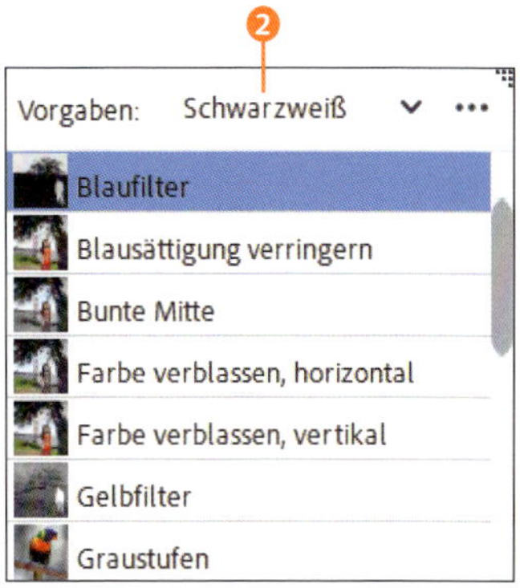

▲ **Abbildung 18.7**
Weitere SCHWARZWEISS-Funktionen des Smartpinsel-Werkzeugs

Schwarzweiß-Auswahl mit dem Assistenten | Gerade der eben mit dem Smartpinsel-Werkzeug vorgestellte Color-Key-Effekt UMKEHREN – SCHWARZWEISS ist eigentlich relativ beliebt – ging aber irgendwie immer in der Menge der Funktionenauswahlen des Werkzeugs unter. So haben das auch die Entwickler von Photoshop Elements gesehen und diesen Smartpinsel mit der Funktion Umkehren – Schwarzweiss in den Assistent-Modus unter Schwarzweiss-Auswahl gepackt, mit dem ein Schwarzweißeffekt aufgemalt werden kann. Da sich die Assistent-Funktion quasi von selbst Schritt für Schritt erklärt, gehe ich hier nicht mehr näher darauf ein.

Schwarzweiß-Farbpop mit dem Assistenten | Mit Schwarzweiss-Farbpop finden Sie im Assistent-Modus eine Funktion, mit der Sie eine bestimmte Farbe in einem Bild erhalten können. Hierbei können Sie neben den vorgegebenen Farben Rot, Gelb, Blau und Grün auch eine eigene Farbe mit der Farbpipette im Bild auswählen und die Toleranz der Auswahl regeln bzw. den Effekt verfeinern, indem zu viel oder zu wenig Ausgewähltes entfernt oder (wieder) hinzugemalt wird. Auch hier erklärt sich die Funktion Assistent-typisch von selbst, weshalb ich auf eine weitere Beschreibung guten Gewissens verzichten kann.

18.2.2 In Schwarzweiß konvertieren

Die sicher optimale Möglichkeit, ein Bild mit Photoshop Elements in ein Schwarzweißbild zu konvertieren, dürfte der Befehl In Schwarzweiss konvertieren sein. Den Dialog dazu rufen Sie über das Menü Überarbeiten • In Schwarzweiss konvertieren oder mit dem Tastenkürzel Strg/cmd+Alt+B auf.

Schritt für Schritt
Bilder in Schwarzweiß konvertieren

Kapitel_18: Abstrakt.jpg

Laden Sie zuerst das Bild »Abstrakt.jpg« in den Fotoeditor, und öffnen Sie anschließend den Dialog Überarbeiten • In Schwarzweiss konvertieren (oder Strg/cmd+Alt+B).

1 Stil auswählen

Wählen Sie bei den Stilen (1) eine Option aus, die etwa dem Inhalt Ihres Bildes entspricht. Finden Sie keinen passenden Eintrag, können Sie die Stile auch durchprobieren und mithilfe der Vorher-Nachher-Ansicht entscheiden, welcher Ihnen am besten gefällt. Hier habe ich Grossstadt/Schnappschuss ausgewählt.

2 Kanäle bearbeiten

Verändern Sie bei Bedarf die Schieberegler von Rot, Grün und Blau, um die Intensität anzupassen. Auf diese Weise färben Sie nicht die Bilder ein, sondern fügen nur dem Schwarzweißbild mehr oder weniger Daten aus dem ursprünglichen Kanal hinzu.

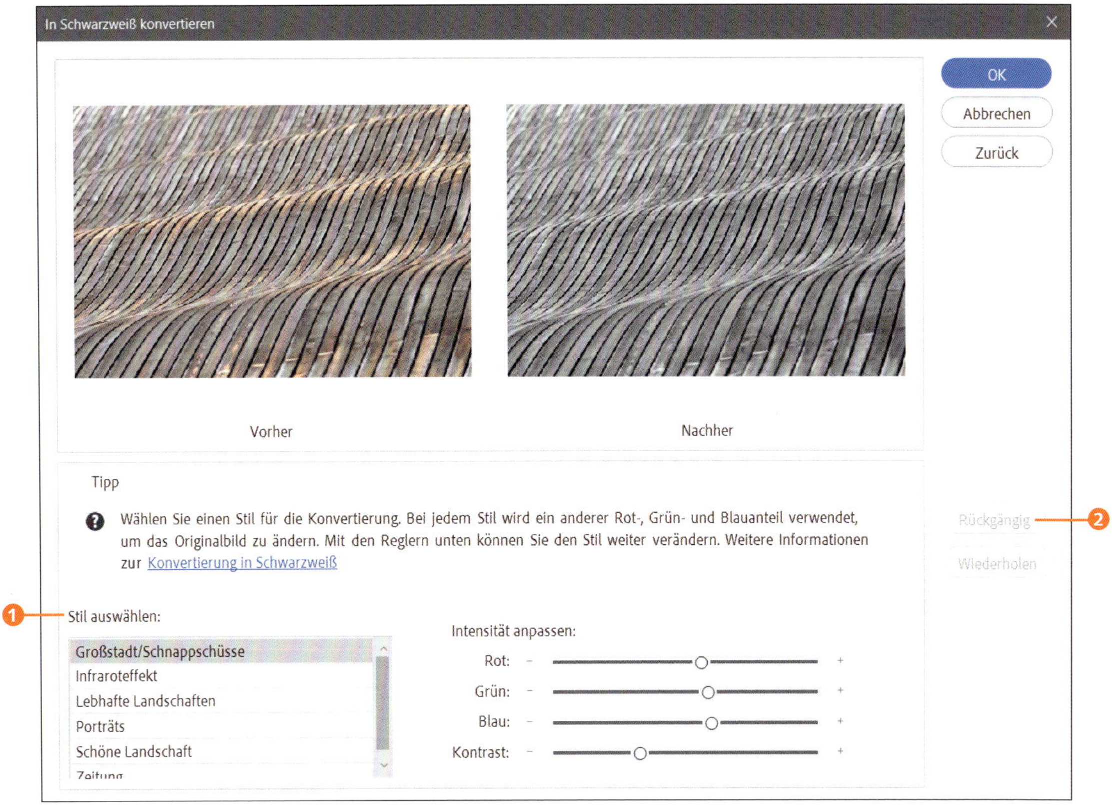

▲ **Abbildung 18.8**
Entscheiden Sie sich zunächst für einen geeigneten Stil.

- Bei Porträts hat es sich bewährt, den Rot-Kanal anzuheben (nach rechts ziehen, um das Gesicht zu betonen).
- In Landschaften können Sie immer mehr Grün hinzufügen, um Bildbereiche aufzuhellen. Geben Sie aber acht, dass das Bild dabei nicht zu hell wird.

Wenn eine Einstellung nicht das gewünschte Ergebnis bringt, können Sie die Schaltfläche Rückgängig ❷ anklicken. Im Beispiel habe ich keine Änderungen mehr vorgenommen.

3 Kontrast anpassen

Zum Schluss passen Sie bei Bedarf noch den Kontrast über den gleichnamigen Schieberegler an. Im Beispiel habe ich den Kontrast nur geringfügig erhöht, weil das Bild schon recht kontrastreich war. Klicken Sie auf OK, um das Bild zu konvertieren.

Abbildung 18.9 ▸
Die Schwarzweißumwandlung nach dem Dialog IN SCHWARZWEISS KONVERTIEREN

18.2.3 Helligkeitsstufen gezielter anpassen

Reicht Ihnen die Anpassung der drei Helligkeitsstufen von Rot, Grün und Blau nicht aus, die Ihnen die Funktion IN SCHWARZWEISS KONVERTIEREN anbietet, dann können Sie mithilfe der Einstellungsebene FARBTON/SÄTTIGUNG eine noch feinere Abstimmung mit Rot, Gelb, Grün, Cyan, Blau und Magenta erzielen.

Schritt für Schritt
Schwarzweiß mit Farbton/Sättigung

▲ Abbildung 18.10
Das Beispielbild »Luis.jpg« (Model: Luis Manza)

Die Funktion, die Helligkeitsstufen von Rot, Gelb, Grün, Cyan, Blau und Magenta anzupassen, ist eigentlich nichts Revolutionäres und wird von anderen Anwendungen häufig mit allen sechs Reglern sehr übersichtlich angeboten. Aber auch mit Photoshop Elements können Sie die verschiedenen Helligkeitsstufen feiner anpassen (wenn auch etwas umständlicher).

1 Bild laden

Öffnen Sie das Bild »Luis.jpg« im Fotoeditor, und legen Sie eine Einstellungsebene für FARBTON/SÄTTIGUNG an (siehe Abschnitt 9.1.5, »Flexibel arbeiten mit Einstellungsebenen«).

2 Alle Farben entsättigen

Wählen Sie nun jeden der einzelnen Kanäle Rot, Gelb, Grün, Cyan, Blau und Magenta, und ziehen Sie den SÄTTIGUNG-Regler ganz nach links auf –100. Nun sollten Sie ein Schwarzweißbild vor sich haben.

3 Farbkanäle mit dem Helligkeitsregler feintunen

Jetzt können Sie ganz gezielt jeweils die Helligkeitsstufen der einzelnen Kanäle Rot, Gelb, Grün, Cyan, Blau und Magenta mit dem Helligkeit-Regler 1 anpassen und feintunen.

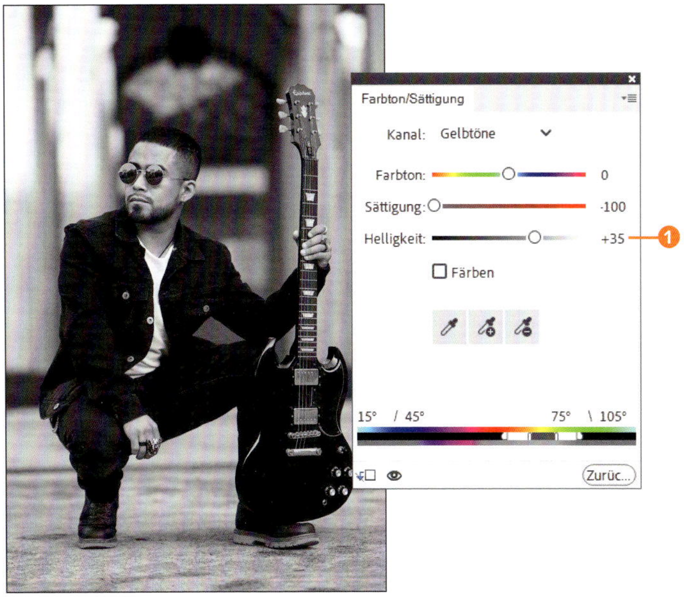

◂ **Abbildung 18.11**
Über den Helligkeit-Regler können Sie die Helligkeitsstufen der einzelnen Kanäle feintunen.

18.2.4 »Schwarzweiß« im Assistent-Modus

Mit der Funktion Schwarzweiss im Assistent-Modus finden Sie ebenfalls eine weitere Möglichkeit, aus vier verschiedenen Schwarzweißvorgaben auswählen und den Effekt mit weichem Licht aufpinseln und verschönern zu können. Die Funktion im Assistent-Modus ist erneut selbsterklärend, weshalb ich auch hier nicht mehr näher darauf eingehen werde.

18.2.5 Camera Raw

Photoshop Elements bietet Ihnen über das Plug-in Adobe Camera Raw die Möglichkeit, direkt aus dem Rohbild oder einer JPEG-Datei ein Schwarzweißbild zu erstellen. Da Camera Raw spezielle Schwarzweißprofile enthält, ist diese Option eine sehr gute Wahl; und da auch JPEG-Bilder über Datei • In Camera Raw öffnen mit Camera Raw geöffnet und bearbeitet werden können, bevorzuge ich derzeit diese Option, um ein Schwarzweißbild mit Camera Raw und dessen Profilen zu erstellen. Ihnen stehen dann sämtliche Schieberegler der Grundeinstellung von Camera Raw für die weitere Bearbeitung des Schwarzweißbildes zur Verfügung. Mehr zum Rohformat (Raw) und zu Camera Raw finden Sie in Teil IV.

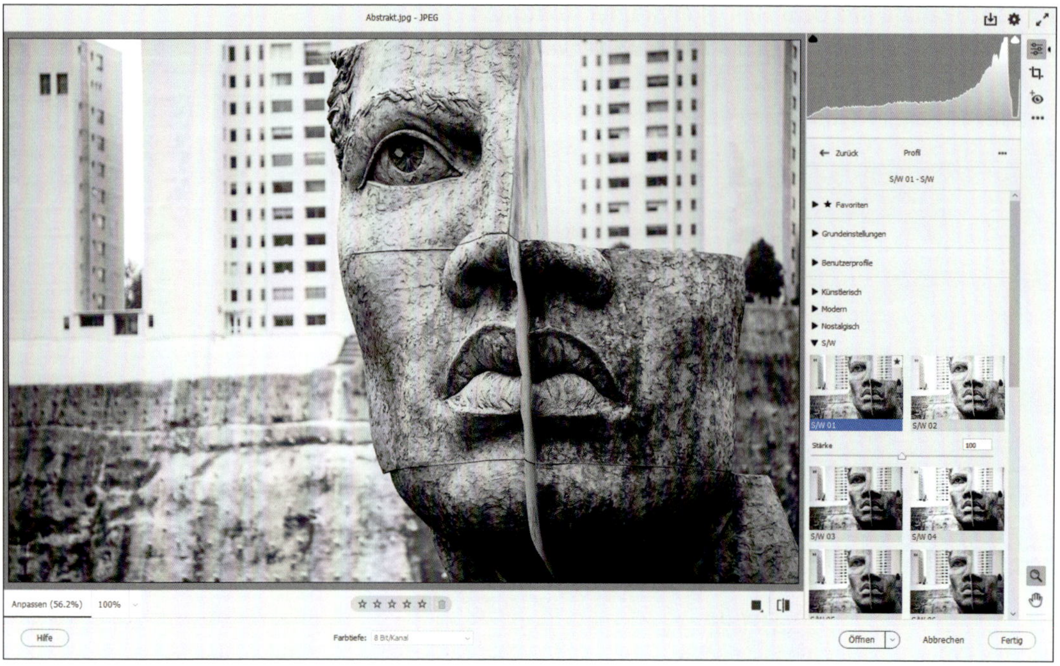

▲ **Abbildung 18.12**
Camera Raw bietet eine Reihe von Schwarzweißprofilen und ist daher eine sehr gute Wahl für die Erstellung von Schwarzweißbildern.

18.2.6 Schwarzweißbilder einfärben

Wenn Sie Schwarzweißbilder einfärben wollen, können Sie dies entweder recht aufwendig mit den klassischen Malwerkzeugen manuell vornehmen, oder aber Sie verwenden die Funktion ÜBERARBEITEN • FOTO EINFÄRBEN, die Sie auch mit der Tastenkombination Strg/cmd+Alt+R aufrufen können. Wichtig dafür ist, dass das Bild im RGB-Modus vorliegt.

Kapitel_18: Hannelore.jpg

»Foto einfärben« herunterladen
Wenn Sie die Funktion FOTO EINFÄRBEN zum ersten Mal verwenden, werden Sie aufgefordert, diese Funktion herunterzuladen. Nach dem Download und der Installation ist diese Funktion sofort verfügbar.

Schritt für Schritt
Ein Schwarzweißbild nachkolorieren

Hier zeige ich Ihnen ein einfaches Beispiel, wie Sie mit der Funktion FOTO EINFÄRBEN ein Graustufenbild kolorieren können.

1 Koloration auswählen
Öffnen Sie das Bild »Hannelore.jpg« im Fotoeditor, und wählen Sie ÜBERARBEITEN • FOTO EINFÄRBEN. Auf der rechten Seite 2 werden vorgefertigte Kolorierungen eingeblendet, die Sie mit der linken Maustaste auswählen und auf Ihr Bild anwenden können. Sie können jederzeit zwischen diesen Beispielen wechseln. Das Er-

gebnis hängt immer vom verwendeten Graustufenbild ab. Bei Bildern mit sehr vielen Details bzw. sehr vielen verschiedenen Graustufen funktioniert die automatische Kolorierung weniger gut und Sie müssen nacharbeiten. Im Beispiel unten habe ich mich für die erste Version entschieden, weil mit dieser Option mehr Natürlichkeit aus dem ursprünglichen Bild erhalten geblieben ist.

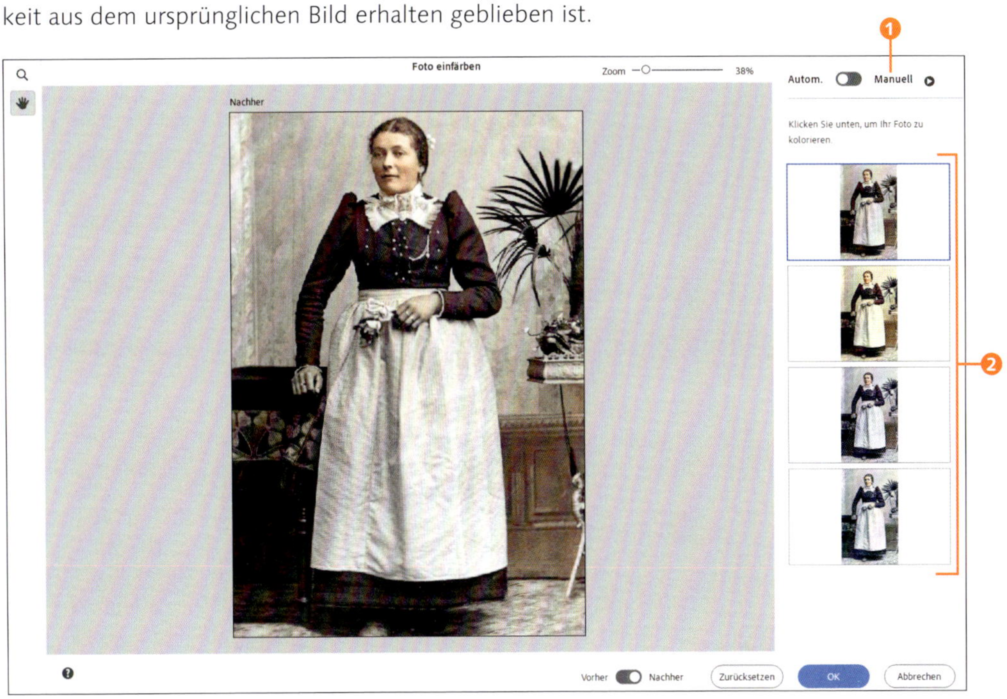

▲ **Abbildung 18.13**
Das Ergebnis der automatischen Kolorierung kann sich bei diesem alten Foto sehen lassen.

2 Manuell nachkolorieren

Bereiche, die nicht korrekt koloriert wurden oder deren Farbe Ihnen nicht gefällt, können Sie jederzeit ändern. Stellen Sie dafür die automatische Kolorierung rechts oben auf MANUELL ❶. Wählen Sie dann den Bereich, den Sie kolorieren möchten, mit dem SCHNELLAUSWAHL-WERKZEUG oder dem ZAUBERSTAB aus. Ich verwende hier das SCHNELLAUSWAHL-WERKZEUG dafür und wähle das Oberteil der Dame aus. Unterhalb des Werkzeugs finden Sie die Optionen NEU, ADDIEREN und SUBTRAHIEREN, um eine neue Auswahl zu erstellen, Bereiche zu einer Auswahl hinzuzufügen oder Bereiche aus einer Auswahl auszuschließen. Fügen Sie ein sogenanntes Droplet zum ausgewählten Bereich hinzu. Klicken Sie auf DROPLET-WERKZEUG ❸ und dann auf den ausgewählten und somit zu kolorierenden Bereich ❹.

Auswahlwerkzeuge

Die Auswahlwerkzeuge beschreibe ich gesondert in Kapitel 22 und Kapitel 23.

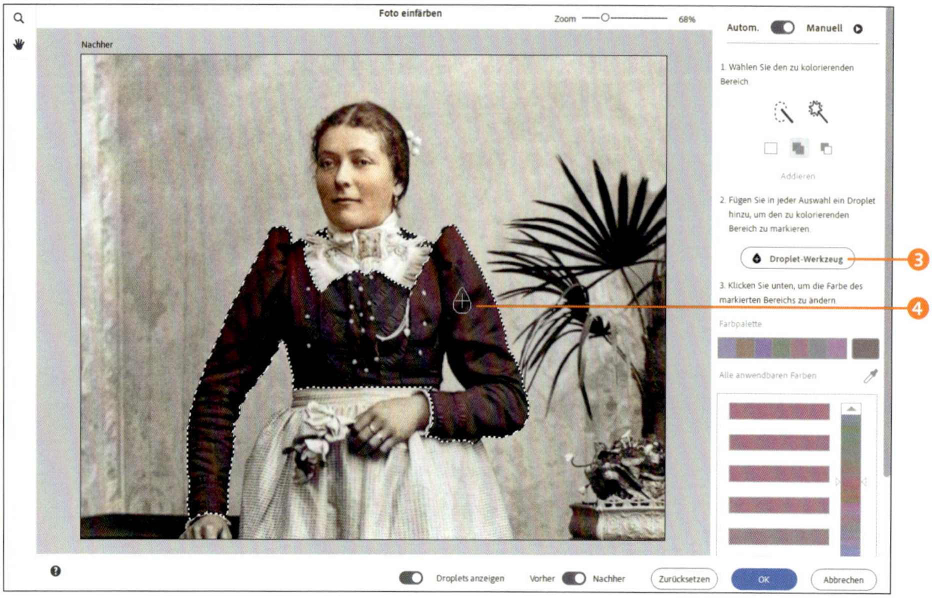

▲ **Abbildung 18.14**
Den zu kolorierenden Bereich markieren und ein Droplet hinzufügen

3 Farbe anpassen

Unabhängig davon, ob der mit dem Droplet ausgewählte Bereich bereits koloriert wurde oder noch in Graustufen vorliegt, können Sie in der FARBPALETTE 5 eine Farbe auswählen. Der ausgewählte Bereich wird dann sofort entsprechend koloriert. Unterhalb der Farbpalette werden Ihnen weitere auswählbare Farben 8 angezeigt, die Sie anklicken und auf das Droplet anwenden können. Ich habe mich für eine blaue Farbe entschieden. Reichen Ihnen die Farben der Farbpalette nicht aus, können Sie sich über den vertikalen Regler 7 weitere Farben anzeigen lassen.

Farbpipette
Über die Farbpipette 6 können Sie eine bestimmte Farbe im Bild auswählen und diese dann für den mit dem Droplet ausgewählten Bereich anwenden.

Abbildung 18.15 ▶
Das Oberteil wurde über die Auswahl und das Droplet blau koloriert.

4 Schritte 2 und 3 wiederholen

Sie können jetzt die Arbeitsschritte 2 und 3 wiederholen, weitere Bereiche auswählen und mit einem Droplet versehen, um so das Graustufenbild nach Belieben zu kolorieren. Ein Droplet können Sie mit einem Klick auf DROPLET-WERKZEUG auch wieder entfernen, indem Sie es anklicken und dann auf das Mülleimersymbol 9 klicken. Auch können Sie die einzelnen Droplets erneut auswählen und die Farbe ändern. Wenn Sie ein Droplet hinzugefügt haben, finden Sie unterhalb des Fensters mit DROPLETS ANZEIGEN 10 eine Möglichkeit, diese aus- und einzublenden. Klicken Sie auf die Schaltfläche OK, wenn Sie mit dem Ergebnis der Kolorierung zufrieden sind.

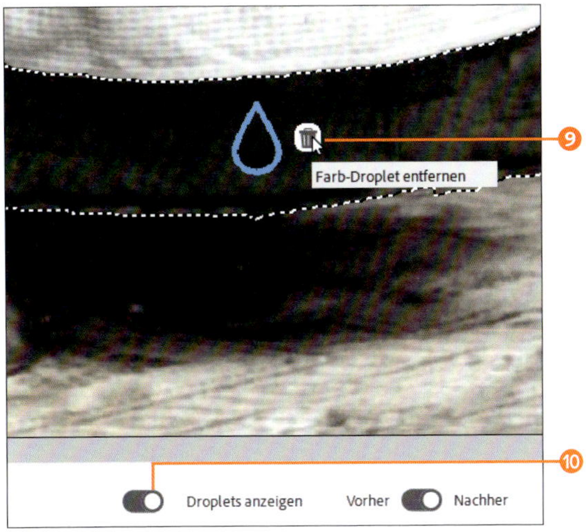

◂ **Abbildung 18.16**
Weitere Auswahlen, die mit Droplets koloriert wurden

◂ **Abbildung 18.17**
Links sehen Sie das Bild vor und rechts nach der mit der Funktion FOTO EINFÄRBEN erfolgten Kolorierung.

18.2.7 Schwellenwert

Der Schwellenwert eignet sich sehr gut für kreative Arbeiten, bei denen Sie ein Farb- oder Graustufenbild in reines Schwarz und Weiß umwandeln. Da sich der Schwellenwert verändern lässt, können Sie selbst festlegen, ab welchem Wert (0 bis 255) ein Pixel zu Weiß oder zu Schwarz konvertiert wird. Aufrufen können Sie den Schwellenwert über das Menü FILTER • ANPASSUNGSFILTER • SCHWELLENWERT. Den sich daraufhin öffnenden Dialog sehen Sie in Abbildung 18.18. Auch als Einstellungsebene ist der Schwellenwert vorhanden. Mit dem Schwellenwert werden alle Pixel im Bild, die heller als dieser Wert sind, in Weiß umgewandelt. Alle Pixel, die dunkler als der Schwellenwert sind, werden zu Schwarz.

Schwarz- und Weißpunkt ermitteln | Mithilfe des Schwellenwertes können Sie auch sehr gut die hellsten und dunkelsten Bildbereiche in einem Bild bestimmen. Schieben Sie hierzu den Schieberegler des Schwellenwertes in Richtung des Bereichs, den Sie ermitteln wollen. Wenn Sie sich diese Stellen merken und den Dialog abbrechen, können Sie mit den Pipetten der Tonwertkorrektur gezielt den Schwarz- und Weißpunkt des Bildes bestimmen.

▲ **Abbildung 18.18**
Den SCHWELLENWERT können Sie für die Bestimmung der hellsten und dunkelsten Bildbereiche verwenden.

Kapitel 19

Farbverfremdung

Farbverfremdung ist ein beliebtes Mittel, einem Bild den letzten Schliff zu geben. Gerne werden Farbverfremdungen bei Schwarzweißbildern benutzt; sie sind aber nicht auf diese Verwendung beschränkt.

19.1 Bilder tonen

Durch Tonen verpassen Sie Bildern einen bestimmten Look. So wirken zum Beispiel Bilder, die mit Sepiabraun getönt wurden, wie Fotografien aus alten Zeiten. Für einen modernen Look bietet sich eher eine Blautonung an.

19.1.1 Bilder färben mit »Farbton/Sättigung«

Die wohl beliebteste Möglichkeit zum Tonen von Bildern ist der bereits bekannte Dialog FARBTON/SÄTTIGUNG. Den Dialog rufen Sie über ÜBERARBEITEN • FARBE ANPASSEN • FARBTON/SÄTTIGUNG ANPASSEN (oder [Strg]/[cmd]+[U]) auf oder legen ihn als Einstellungsebene an.

Um mit dem Dialog FARBTON/SÄTTIGUNG zu arbeiten, aktivieren Sie rechts unten die Option FÄRBEN ❶. Nun stellen Sie mit dem Schieberegler FARBTON die gewünschte Färbung ein.

Die anderen beiden Regler haben auch hier die bereits bekannte Funktionalität. Mit SÄTTIGUNG steigern oder reduzieren Sie die Farbsättigung. Mit HELLIGKEIT färben Sie das Bild heller oder dunkler.

Top-Tipp
Wollen Sie die Farbe zum Tonen für das Bild genauer einstellen, können Sie, bevor Sie den Dialog FARBTON/SÄTTIGUNG aufrufen, eine Vordergrundfarbe im Farbwahlbereich einstellen. Diese wird dann, wenn Sie die Option FÄRBEN ❶ aktivieren, gleich als Farbe zur Tonung verwendet.

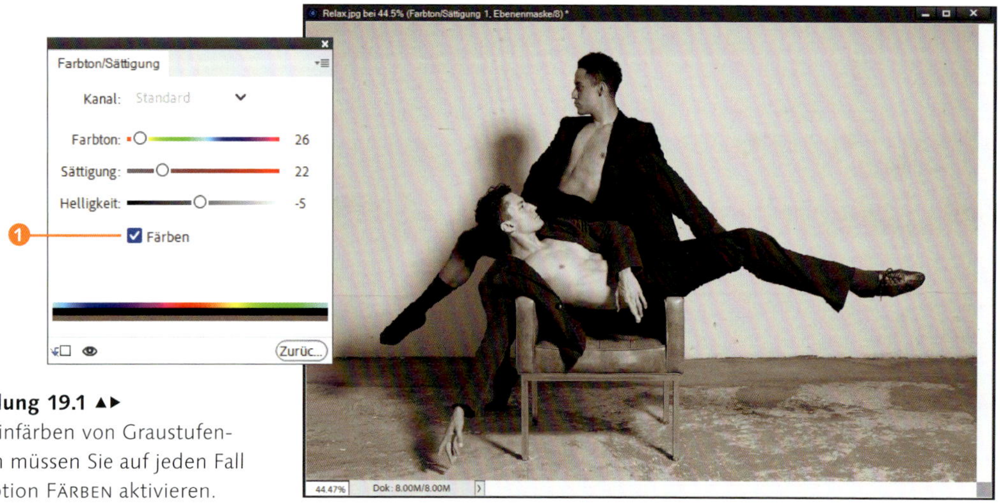

Abbildung 19.1 ▲▶
Zum Einfärben von Graustufenbildern müssen Sie auf jeden Fall die Option Färben aktivieren.

19.1.2 Fotofilter einsetzen

Ebenfalls sehr komfortabel zum Tonen von Bildern ist der Dialog Fotofilter, den Sie entweder über das Menü Filter • Anpassungsfilter • Fotofilter aufrufen oder als Einstellungsebene verwenden.

Auch dieser Dialog ist einfach zu handhaben: Die gewünschte Farbe zum Tonen wählen Sie entweder mit der Option Filter ❷ aus den vordefinierten Farben über die Dropdown-Liste oder manuell mit dem Farbwähler über die Option Farbe ❸. Wie stark die Tonung aufgetragen werden soll, geben Sie mit Dichte ❹ an. Je höher der Wert, desto stärker wird die Farbtonung. Wollen Sie die ursprüngliche Helligkeit erhalten, lassen Sie die Option Luminanz erhalten ❺ aktiviert.

Einstellungsebenen verwenden

Fast alle Farbverfremdungen sind sowohl über das Menü Filter • Anpassungsfilter als auch als Einstellungsebenen einsetzbar. In der Regel würde ich Ihnen zu Einstellungsebenen raten, da Sie mit diesen zusätzlich den Modus (Füllmethode der Ebene) und die Deckkraft einstellen können.

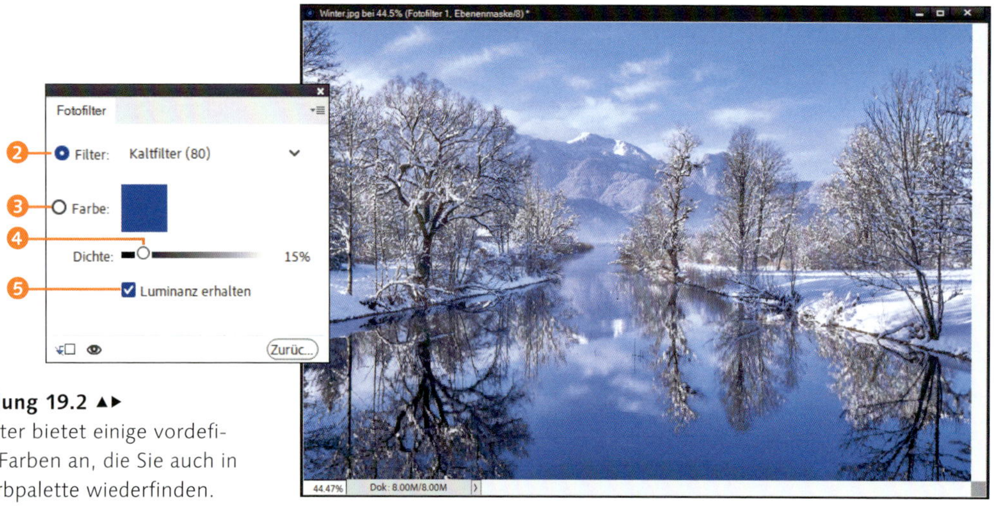

Abbildung 19.2 ▲▶
Der Filter bietet einige vordefinierte Farben an, die Sie auch in der Farbpalette wiederfinden.

Neben dem Tonen von Schwarzweißbildern werden die Fotofilter auch gerne eingesetzt, um die Stimmung, Tageszeit oder Temperatur von Bildern zu verändern. Damit kann ein verregneter Tag plötzlich warm wirken oder ein warmes Bild auf einmal kalt.

19.1.3 Tonen über die Tonwertkorrektur

Eine etwas ungewöhnlichere, aber ebenfalls sehr gute Möglichkeit zum Tonen von Bildern ist die Tonwertkorrektur, die Sie über das Menü ÜBERARBEITEN • BELEUCHTUNG ANPASSEN • TONWERTKORREKTUR aufrufen (oder mit der Tastenkombination Strg/cmd+L). Alternativ können Sie auch eine Einstellungsebene TONWERTKORREKTUR verwenden.

Wählen Sie im Dialog zur Tonwertkorrektur unter KANAL ❶ einen Farbkanal zur Bearbeitung aus (im Beispiel ist es der rote Farbkanal). Nun stellen Sie mit dem mittleren Schieberegler ❷ die gewünschte Farbe ein. Um die Farben zu mischen, wiederholen Sie diesen Vorgang einfach mit einem anderen Farbkanal.

▲ **Abbildung 19.3**
Auch die TONWERTKORREKTUR ist sehr gut zum Tonen von Bildern geeignet, weil sich hiermit alle Bildbereiche gleichmäßig entsprechend ihrer Helligkeit einfärben lassen. Hier wird davon ausgegangen, dass Sie die Bilder vorher in ein Schwarzweißbild umgewandelt haben.

19.2 Bilder mit Verlaufsfarben tonen

Anstelle von einfachen Farben können Sie auch einen Verlauf zum Tonen nutzen. Hierzu bietet Photoshop Elements den Dialog VERLAUFSUMSETZUNG über den Menüpunkt FILTER • ANPASSUNGS-

FILTER • VERLAUFSUMSETZUNG an. Alternativ legen Sie hierfür eine Einstellungsebene über das Ebenen-Bedienfeld an.

Die Farbe, die sich links im Balken der Verlaufsumsetzung befindet, ersetzt die Tonwerte, die auch links im Histogramm angezeigt werden (also die dunkleren Farben). Die Farben rechts werden folglich durch jene Farben ersetzt, die sich rechts im Histogramm befinden (also die helleren Farben). Der Übergang der Verlaufsumsetzung wird somit von links nach rechts durch den Verlauf des Histogramms ersetzt.

Mit einem Klick auf das kleine Dreieck **3** auf der rechten Seite des Balkens öffnen Sie ein Menü, in dem Sie weitere Verläufe auswählen können. Wenn Sie auf den Verlauf klicken, können Sie ihn nachträglich bearbeiten.

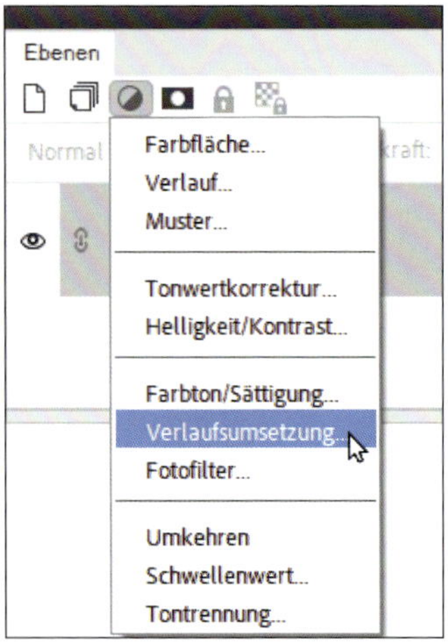

▲ **Abbildung 19.4**
VERLAUFSUMSETZUNG als Einstellungsebene

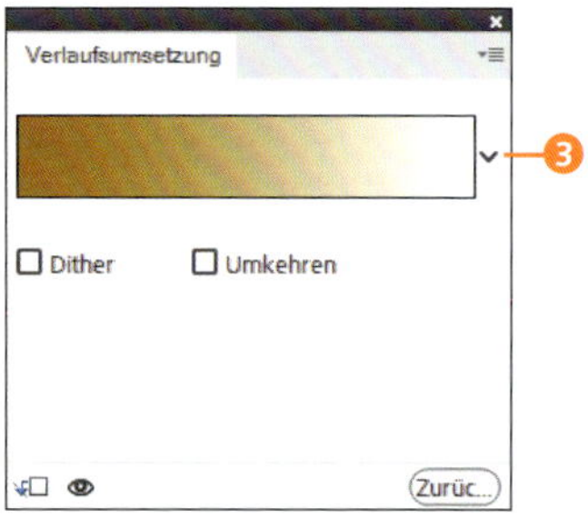

◂ **Abbildung 19.5**
Der Dialog zur VERLAUFSUMSETZUNG

Verläufe bearbeiten
Wie Sie Verläufe bearbeiten und nachträglich ändern, habe ich in Abschnitt 21.3, »Das Verlaufswerkzeug«, im Workshop »Eigene Verläufe erstellen« beschrieben.

Mit der Option DITHER fügen Sie ein Störungsmuster in den Verlauf ein. Mit UMKEHREN kehren Sie den Verlauf um und erzeugen so eine Art »Negativ« vom üblichen Verlauf.

▲ **Abbildung 19.6**
Links das Originalbild, in der Mitte eine normale VERLAUFSUMSETZUNG und rechts der Negativeffekt mit der Option UMKEHREN

Auch der ASSISTENT bietet ein paar interessante Möglichkeiten an, die Farben von Bildern zu verändern. Tolle Effekte erzielen Sie beispielsweise mit GESÄTTIGTER DIAFILMEFFEKT und mit dem LOMO-EFFEKT in der Kategorie FOTOEFFEKTE.

19.3 Tontrennung

Eine andere Art der Tonung zur künstlerischen Gestaltung ist die Tontrennung als Vorstufe zum Hoch- oder Siebdruck. Die TONTRENNUNG rufen Sie über das Menü FILTER • ANPASSUNGSFILTER • TONTRENNUNG auf. Alternativ steht Ihnen hierzu auch eine Einstellungsebene zur Verfügung.

Eine solche Tontrennung wird durchgeführt, indem die Anzahl der Tonwertstufen bzw. Helligkeitswerte in allen Kanälen des Bildes reduziert wird. Die Anzahl der Stufen geben Sie im entsprechenden Dialog an. Die Anzahl der noch vorhandenen Farben ergibt sich dann aus der Anzahl der Stufen multipliziert mit den drei Kanälen (Rot, Grün, Blau). Im Beispiel wurden drei Stufen verwendet. In unserem RGB-Bild ergibt dies nach der Tontrennung insgesamt zwölf Farben (4 × 3).

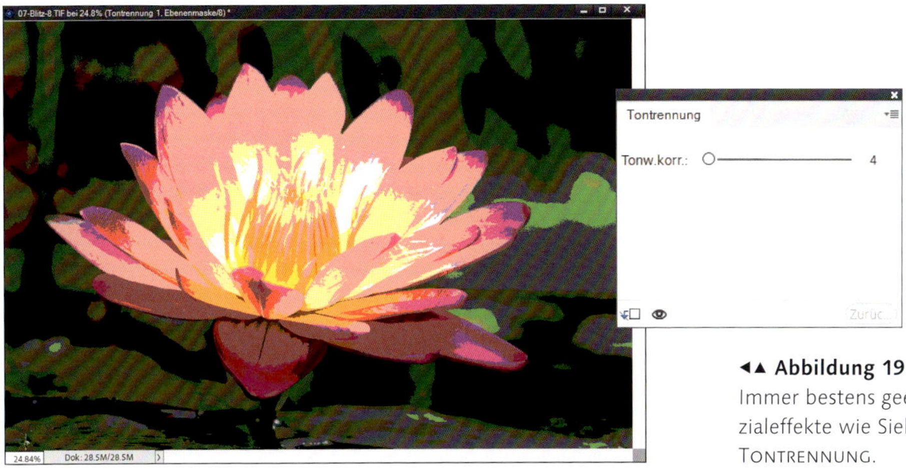

◄▲ Abbildung 19.7
Immer bestens geeignet für Spezialeffekte wie Siebdruck ist die TONTRENNUNG.

19.4 Umkehren

Mit dem Menüpunkt UMKEHREN erzeugen Sie eine invertierte Bildansicht, die an ein Negativ erinnert. Rufen Sie diese Funktion über das Menü FILTER • ANPASSUNGSFILTER • UMKEHREN (oder [Strg]/[cmd]+[I]) auf, oder legen Sie auch hier wieder eine Einstellungsebene an.

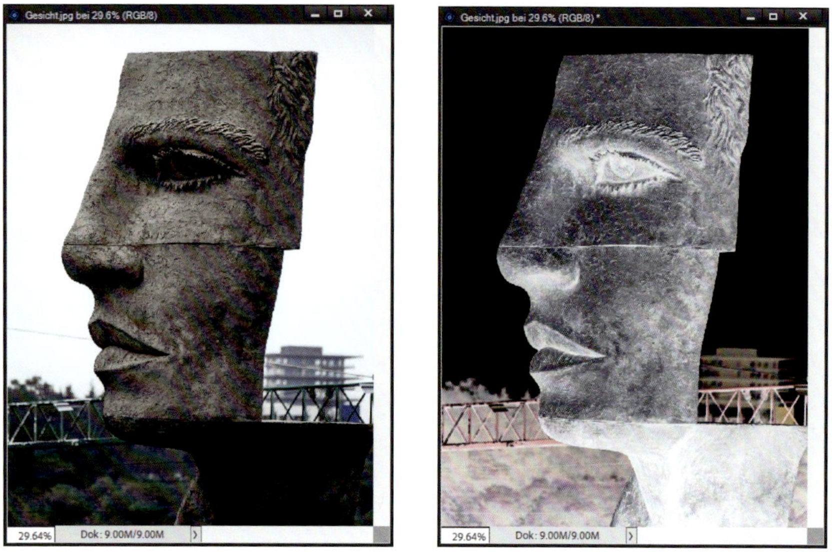

▲ **Abbildung 19.8**
Links das Bild vor und rechts nach dem Invertieren.

19.5 Farbton verschieben

Zum Nachlesen
Der Dialog FARBTON/SÄTTIGUNG bzw. die gleichnamige Einstellungsebene wurde in Abschnitt 11.3, »Farbton und Sättigung anpassen«, beschrieben.

Über den Dialog FARBTON/SÄTTIGUNG bzw. die gleichnamige Einstellungsebene können Sie die einzelnen Farbtöne über den FARBTON-Regler verfremden bzw. manipulieren.

Schritt für Schritt
Farben im Farbumfang verschieben

Kapitel_19: Atlixco.jpg

Im folgenden Bild soll eine Farbverschiebung der cyanfarbigen Seite der Hausmauer erfolgen. Laden Sie das Bild »Atlixco.jpg« in den Fotoeditor.

1 Farbton/Sättigung aufrufen
Legen Sie eine Einstellungsebene an wie in Abschnitt 9.1.5 beschrieben, oder verwenden Sie das Werkzeug für FARBTON/SÄTTIGUNG (Tastenkürzel [Strg]/[cmd]+[U]).

▲ **Abbildung 19.9**
Die Ausgangsdatei

2 Farbton Cyan verschieben
Wählen Sie in der Dropdown-Liste ❶ CYANTÖNE aus. Schieben Sie den Regler FARBTON ❷ nach links auf den Wert –35. Der rechte Teil der Hausmauer sollte nun rot erscheinen. Da die Farbe zu satt ist, ziehen Sie den Regler für die SÄTTIGUNG ❸ auf –10.

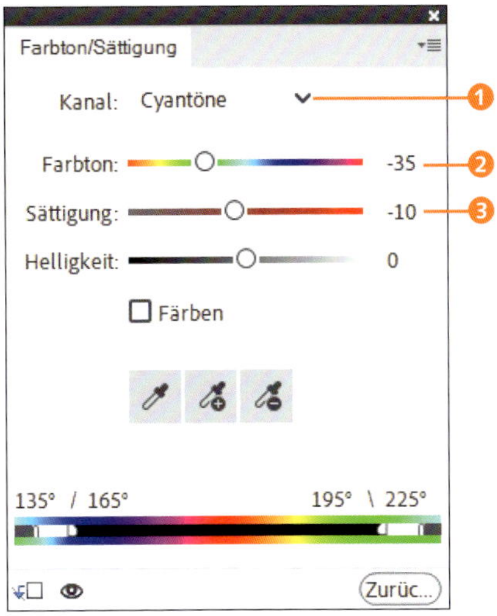

◂ **Abbildung 19.10**
Verschieben Sie den Farbton Cyan.

Wenn Sie hierfür (wie im Beispiel) eine Einstellungsebene verwendet haben, müssen Sie nur noch die Ebenen auf die Hintergrundebene reduzieren, beim Dialog klicken Sie auf die Schaltfläche OK.

Auf diese Weise können Sie viele Bildverfremdungen vornehmen und beispielsweise die Augen- oder Haarfarbe einer Person verändern. Idealerweise wählen Sie die Bereiche für die Farbtonverschiebung mit einem Auswahlwerkzeug aus.

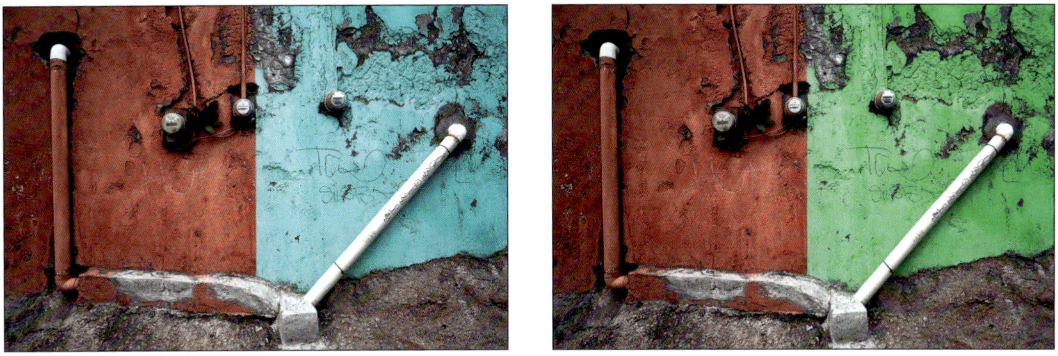

▴ **Abbildung 19.11**
Eine einfache Bildverfremdung einzelner Farben über Farbton/Sättigung

Einstellungsbereich der »Farbton«-/»Sättigung«-Regler ändern | Nicht immer gelingt das Verschieben von Farbtönen so gut wie in unserem Workshop, denn oft werden einfach nicht alle Farbtöne erfasst.

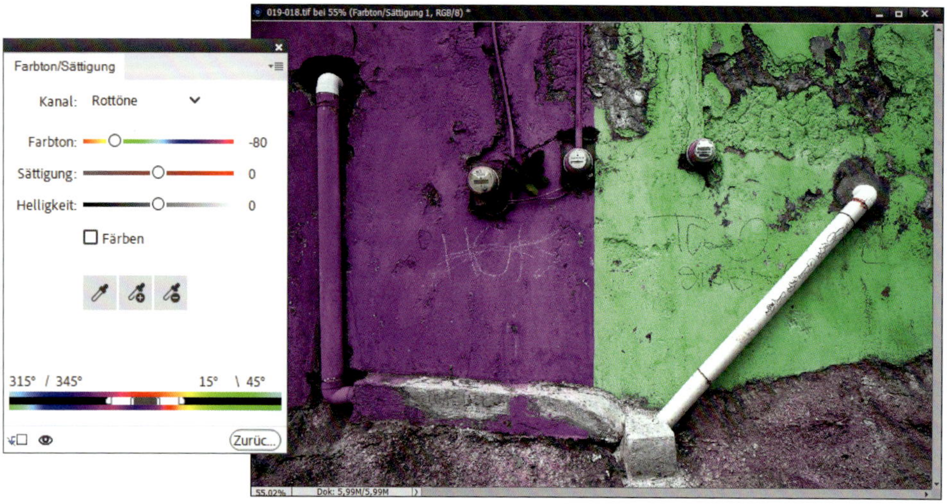

▲ **Abbildung 19.12**
Bei diesem Bild habe ich versucht, alle Rottöne der linken Hausmauer in einen violetten Farbton umzufärben. Allerdings wurden dabei auch Bereiche unterhalb der Mauer erfasst.

Farbleiste verschieben
Um die komplette Farbleiste des Einstellungsreglers zu verschieben, halten Sie die [Strg]/[cmd]-Taste gedrückt. Dies hat keine Auswirkungen auf das Bild, sondern verschafft Ihnen lediglich einen besseren Überblick, falls die Regler an die Seitenränder oder darüber hinaus »rutschen«.

Werden bei einem Bild nicht alle (oder vielleicht auch zu viele) Farbtöne erfasst, müssen Sie manuell nachhelfen. Wählen Sie hierzu den Einstellungsregler der FARBTON-/SÄTTIGUNG-Regler unterhalb des Dialogs FARBTON/SÄTTIGUNG. Wichtig ist, dass Sie zuvor einen der Farbkanäle im Dropdown-Menü ausgewählt haben. Der Einstellungsbereich gliedert sich in vier Teile. Über die beiden weißen Dreiecke ❶ stellen Sie die Farbabnahme ohne Auswirkungen auf den Farbbereich ein. Mit den beiden hellgrauen Mittelteilen ❹ können Sie den gesamten Schieberegler verstellen, um einen anderen Farbbereich auszuwählen – ohne Auswirkungen auf die Farbabnahme.

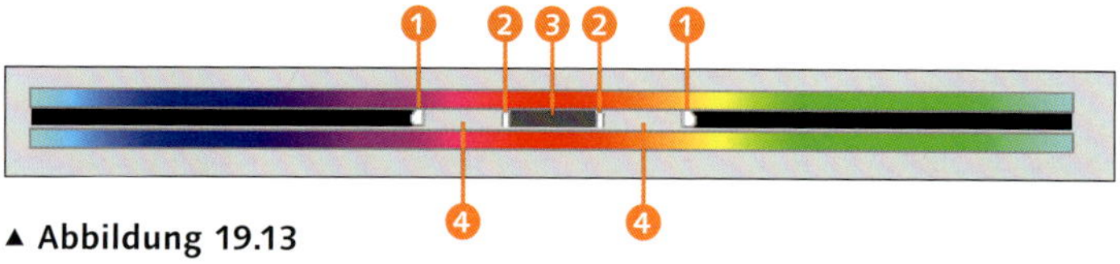

▲ **Abbildung 19.13**
Der Einstellungsregler von FARBTON/SÄTTIGUNG

Mit den vertikalen weißen Leisten ❷ ändern Sie den Bereich der Farbkomponenten. Je größer dieser Bereich ist, desto geringer ist die Farbabnahme. Standardmäßig hat beim Auswählen eines Farbtons der Farbbereich eine Breite von 30° und nimmt auch an beiden Seiten um 30° ab. Diesen Wert können Sie direkt über den Einstellungsreglern ❻ ablesen. Mit dem dunkelgrauen Mittelteil

3 können Sie den ganzen Regler verschieben, um einen anderen Farbbereich auszuwählen. Wenn Sie diese Einstellungsregler so verschieben, dass sie in einen anderen Farbbereich fallen, wird dies mit einem anderen Namen im Dropdown-Menü 5 angezeigt. Fallen zum Beispiel Rottöne beim Verschieben der Regler in den gelben Bereich, ändert sich der Name in Gelbtöne 2. Hiermit können Sie bis zu sechs Varianten eines Farbbereichs konvertieren.

Wem das Verschieben mit den Reglern zu komplex ist, der kann den Farbbereich auch mit der Pipette auswählen, die sich ebenfalls in dem Dialog befindet. Wollen Sie dem Farbbereich zum Beispiel weitere Magentatöne hinzufügen, wählen Sie die Pipette mit dem Plussymbol 8 aus und klicken im Bild auf die verbliebenen Magentatöne, die dem Farbbereich hinzugefügt werden sollen. Sie können jederzeit wieder ins Bild klicken, um verschiedene Magentatöne hinzuzufügen. Dementsprechend ändern sich nun auch die Einstellungsregler. Umgekehrt können Sie natürlich auch bestimmte Farbtöne mit der Pipette und dem Minussymbol 9 entfernen, wenn Sie mehr als nötig aufgenommen haben sollten, was auch im vorliegenden Beispiel der Fall ist.

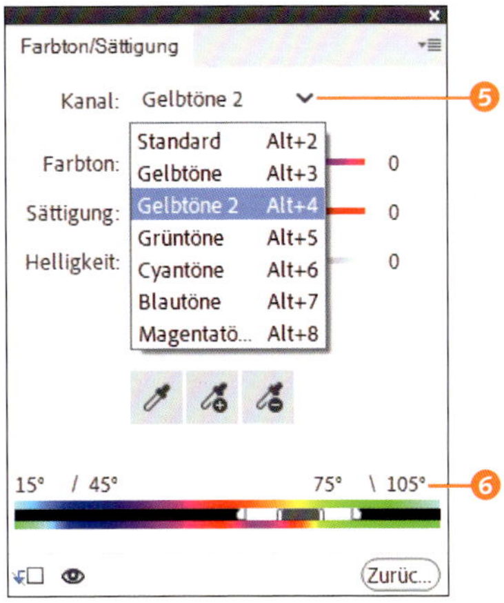

▲ **Abbildung 19.14**
Hier habe ich die Einstellungsregler von Rottöne so verschoben, dass diese in den gelben Farbbereich gefallen sind, wodurch sich der Name in Gelbtöne 2 geändert hat.

Abbildung 19.15 ▲▶
Erst nachdem der Farbbereich mit den Einstellungsreglern (hier mit der Pipette) geändert wurde, wurden auch alle Rottöne umgefärbt. Hierbei mussten im Farbbereich auch einige Rottöne entfernt werden. Dies funktioniert allerdings eher selten so gut wie in diesem Bild. Hier ging es letztendlich nur darum, Ihnen den Einstellungsregler ganz unten von Farbton/Sättigung etwas näher zu erklären.

Schnellzugriff
Um einen Farbbereich zu erweitern, können Sie auch bei ausgewählter Pipette 7 (ohne Plus- oder Minussymbol) ⇧ gedrückt halten. Analog dazu verkleinern Sie einen Bereich mit der Taste Alt.

19.6 Farben ersetzen

Wem der Dialog Farbton/Sättigung zum Verfremden oder Ersetzen von Farben nicht ausreicht, der sollte sich den Dialog Farbe ersetzen ansehen, der unter Überarbeiten • Farbe anpassen • Farbe ersetzen zu finden ist. Die folgende einfache Schritt-für-Schritt-Anleitung bringt Ihnen diesen Dialog etwas näher.

Schritt für Schritt
Farbe auswechseln

Kapitel_19:
VW.jpg

Bei dem folgenden Bild wollen wir den weinroten Volkswagen mit einer anderen Farbe versehen, ohne dass die Manipulation allzu sehr auffällt.

▲ **Abbildung 19.16**
Das Rot des VW-Käfers soll gegen eine andere Farbe ausgetauscht werden.

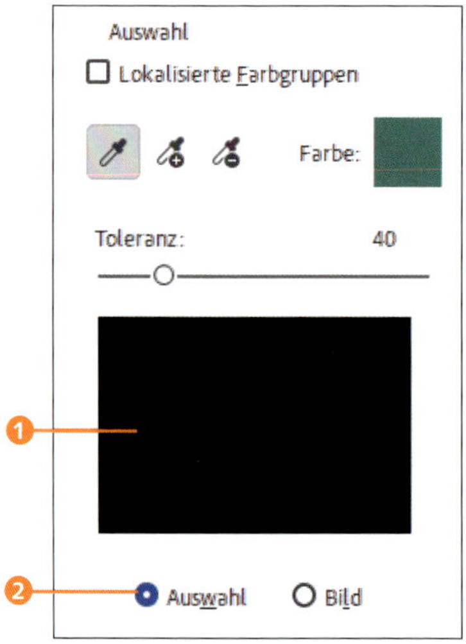

▲ **Abbildung 19.17**
Farbe ersetzen

1 Dialog »Farbe ersetzen« aufrufen
Wenn Sie das Bild »VW.jpg« in den Fotoeditor geladen haben, rufen Sie den Dialog über Überarbeiten • Farbe anpassen • Farbe ersetzen auf. In der Mitte des Dialogs finden Sie eine schwarze Maskenansicht ①. Sollte hier das komplette farbige Bild angezeigt werden, befindet sich die Miniaturvorschau im Modus Bild. Schalten Sie den Modus über die Schaltfläche auf Auswahl ②.

Rückgängig machen
Den letzten Schritt in der Maskenansicht können Sie mit [Strg]/[cmd]+[Z] rückgängig machen. Mit gedrückter [Alt]-Taste verwandeln Sie die Schaltfläche Abbrechen in einen Zurück-Button, mit dem Sie die Maskenansicht komplett zurücksetzen können.

2 Die zu verändernde Farbe auswählen
Aktivieren Sie nun die linke Pipette ③, und wählen Sie damit im Bild ⑤ die Farbe aus, die Sie verändern wollen (hier Weinrot). Es ändert sich sodann die Maskenansicht ④ im Dialog. Die weißen

Stellen in der Maskenansicht stehen für die Pixel, die für eine Farbveränderung ausgewählt sind; die schwarzen Pixel bleiben unangetastet.

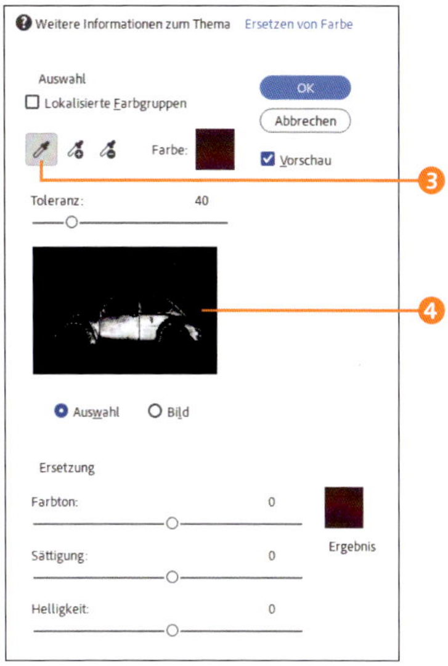

◂▴ Abbildung 19.18
In der Maskenansicht zeigen weiße Bereiche die aufgenommenen Stellen im Bild an.

3 Toleranz einstellen

Über den Schieberegler TOLERANZ ❽ stellen Sie die Toleranz zum Auswählen der Pixel ein. Je höher dieser Toleranzwert ist, desto mehr Pixel werden ausgewählt.

Meist ist es deshalb besser, zum Hinzufügen weiterer Farben die Pipette ❼ zu verwenden. Klicken Sie mit der Pipette in das Bild, um weitere Farbbereiche in die Auswahl aufzunehmen.

Haben Sie versehentlich Farben eingefangen, die Sie gar nicht auswählen wollten, entfernen Sie sie mit der Pipette ganz rechts ❻. Zum Schluss sollten Sie nochmals ein Feintuning mit dem Schieberegler TOLERANZ versuchen.

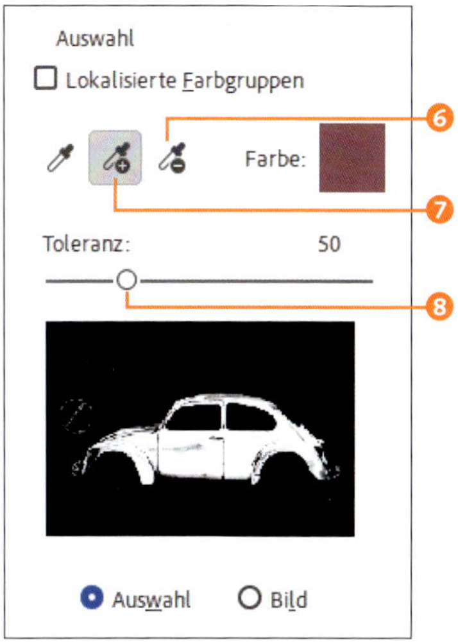

▴ Abbildung 19.19
Verfeinern Sie die Auswahl mithilfe der Pipetten und des Toleranzwertes.

4 Farbe ersetzen

Wenn Sie die Farbe im Bild wie gewünscht aufgenommen haben, können Sie die Farben ersetzen. Im Beispiel habe ich den Schieberegler FARBTON zur Verfremdung auf den Wert –50 gesetzt. Damit die neue Farbe im Bild jetzt nicht zu knallig und somit unecht wirkt, habe ich die SÄTTIGUNG auf –25 reduziert. Zum Schluss habe ich vorsichtig die TOLERANZ nochmals angepasst, damit die Manipulation nicht auffällt. Bestätigen Sie den Dialog mit OK.

Wenn Sie mit dem Ergebnis noch nicht ganz zufrieden sind, können Sie jederzeit erneut den Dialog FARBE ERSETZEN für die Problembereiche verwenden.

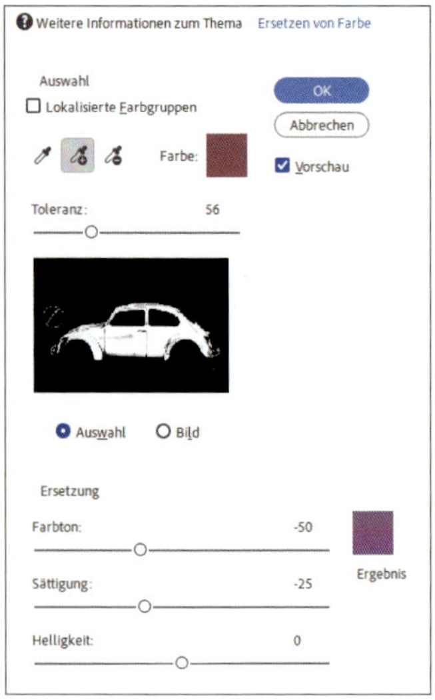

▲ **Abbildung 19.20**
Nach einem Durchgang mit dem Dialog Farbe ersetzen kann sich das Ergebnis schon sehen lassen.

Kapitel_19: Gewürze.jpg

▲ **Abbildung 19.21**
Ein ideales Bild, um die Farben einzelner Objekte (hier: Gewürze) zu ändern.

Zum Weiterlesen
Auf die genaue Verwendung der einzelnen Auswahlwerkzeuge wird gesondert in Kapitel 23, »Komplexe Auswahlen erstellen«, eingegangen.

19.7 Objektfarbe ändern

Mit der Funktion Objektfarbe ändern im Menü Überarbeiten können Sie die Farbe bestimmter Objekte innerhalb eines Bildes ändern, ohne dass sich dies auf andere Motive bzw. Bereiche auswirkt. Dies ist besonders nützlich für Aufgaben wie Produktfotografie, kreative Projekte oder andere Szenarien, in denen Sie die Farbe eines Objekts ändern möchten, um zu sehen, wie es in verschiedenen Schattierungen aussieht.

Wenn Sie die Funktion aufgerufen, treffen Sie zunächst eine Auswahl im Bild. Dazu stehen Ihnen die üblichen Auswahlwerkzeuge oben rechts ❶ zur Verfügung.

Haben Sie ein Objekt ausgewählt, finden Sie rechts ein Farbfeld ❷, in dem Sie die Farbe des Objekts über einen Farbauswähler ändern können.

Über den Füllmodus ❸ kann dann eingestellt werden, wie die neu hinzugefügte Farbe mit der Farbe des darunterliegenden Objektes verrechnet wird. Es handelt sich hierbei um die Ebenenfüllmethoden, die in Abschnitt 27.1, »Füllmethoden im Überblick«, näher beschrieben werden. Bei der Funktion Objektfarbe ändern werden zwar nur die drei Füllmethoden Farbe, Multiplizieren und Bildschirm angeboten, aber wenn Sie die Funktion mit der Schaltfläche OK bestätigen, können Sie bei Bedarf im Erweitert-Modus auf alle anderen Füllmethoden sowie die Deckkraft der Ebenen zugreifen. Mit den Pinseln ❹ Ausblenden und Einblenden können Sie die Auswahl jederzeit verfeinern. Außerdem wird bei jeder erneuten Anwendung eines Auswahlwerkzeugs eine neue Ebenengruppe angelegt.

▲ **Abbildung 19.22**
Die Funktion OBJEKTFARBE ÄNDERN bei der Ausführung. Hier wurde das weiße Gewürz mit dem Schnellauswahl-Werkzeug ausgewählt.

◀▲ **Abbildung 19.23**
Das weiße Gewürz wurde hier zu einem braunen umgefärbt.

19.8 Die Farbabstimmung

Im SCHNELL-Modus finden Sie im EFFEKTE-Bereich die Kategorie FARBABST. (für »Farbabstimmung«), womit Sie die Farbe eines ausgewählten Fotos auf das geöffnete Bild übertragen können. Diese Funktion wurde in Abschnitt 2.3.1, »Die Effekte«, beschrieben.

Auch im ERWEITERT-Modus finden Sie diese Funktion im EFFEKTE-Bereich. Allerdings können Sie hier über den Bereich

Benutzerdefiniert auch eigene Fotos hinzufügen. Wählen Sie dazu bei Foto importieren ❶ ein Bild aus, von dem aus Sie die Farbe auf das im Editor geöffnete Bild übertragen wollen. Das importierte Bild wird in einer kleinen Vorschau ❷ angezeigt. Mit den Schiebereglern Sättigung, Farbton und Helligkeit ❸ können Sie die Farbe noch anpassen.

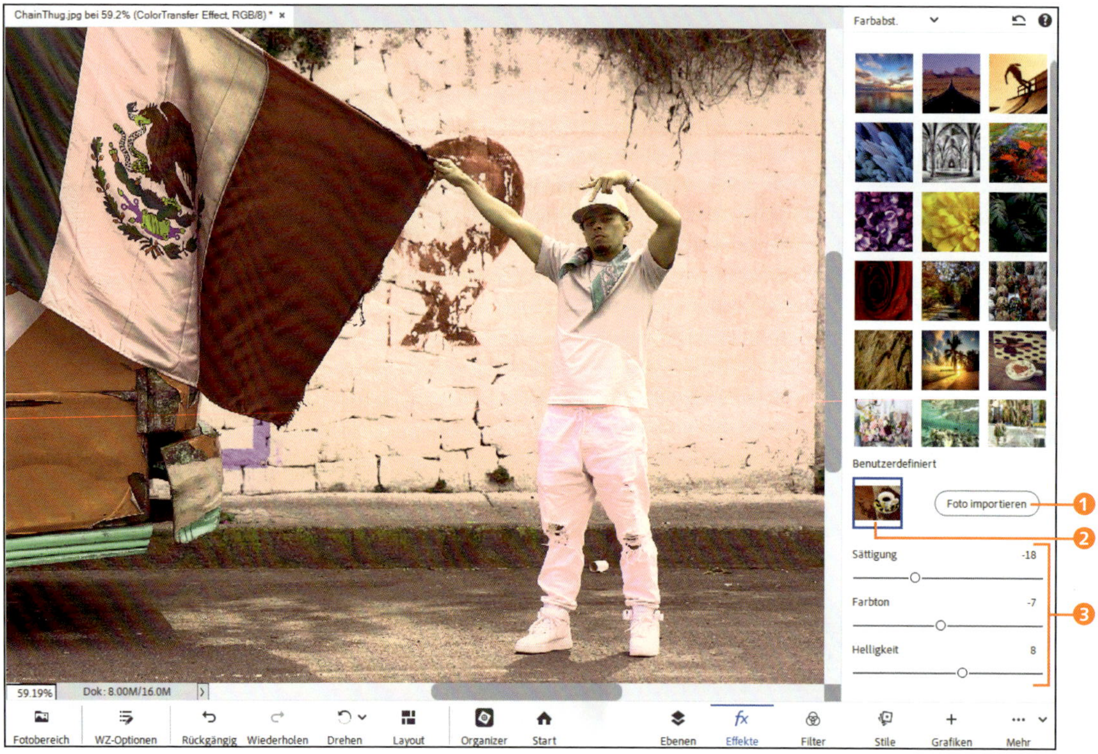

▲ **Abbildung 19.24**
Im Bereich Effekte • Farbabst. können Sie ein Bild mit den Farben eines anderen Bildes einfärben. Neben den vorinstallierten Beispielbildern können Sie auch eigene Bilder importieren und deren Farben auf das jeweils geöffnete Bild übertragen. (Model: ChainThug)

TEIL VIII

Die Mal- und Füllwerkzeuge

Kapitel 20

Mit Farben malen

Dieses Kapitel behandelt die Einstellung, Bearbeitung und Manipulation von Farben bei der Bildbearbeitung, kurz alle Funktionen, mit denen Sie die Farbe der einzelnen Pixel ändern oder löschen. Hierzu zählen die Standardmalwerkzeuge, wie das Pinsel-Werkzeug, der Buntstift, der Radiergummi und ihre jeweiligen Optionen.

20.1 Farben einstellen

Um die benötigten Farben einzustellen, bietet Ihnen Photoshop Elements mehrere Möglichkeiten, die Sie auf den folgenden Seiten näher kennenlernen werden.

20.1.1 Farbwahlbereich: Vorder- und Hintergrundfarbe

Die einfachste und schnellste Möglichkeit, die Farbe für ein Werkzeug festzulegen, bietet der Farbwahlbereich in der Werkzeugpalette.

Standardmäßig ist für die Vordergrundfarbe ❶ Schwarz und für die Hintergrundfarbe ❹ Weiß eingestellt. Sollten Sie diese Farben verändert haben, können Sie sie jederzeit mit der kleinen Schaltfläche ❷ wiederherstellen. Alternativ nutzen Sie dafür das Tastenkürzel [D] (Abkürzung für ***D****efault Colors*, auf Deutsch *Standardfarben*). Mit der anderen kleinen Schaltfläche ❸ tauschen Sie Vorder- und Hintergrundfarbe. Schneller geht dies mit dem Tastenkürzel [X] (für ***Ex****change Colors*, deutsch *Farben austauschen*).

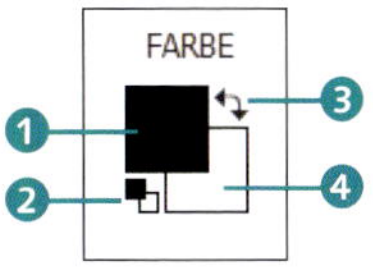

▲ **Abbildung 20.1**
Diesen Farbwahlbereich finden Sie ganz unten in der Werkzeugpalette.

Wirkungsbereich von Vorder- und Hintergrundfarbe | Die Vordergrundfarbe ist meistens die Malfarbe, die mit dem Pinsel-Werkzeug, dem Buntstift und dem Füllwerkzeug verwendet wird. Vorder- und Hintergrundfarbe hingegen werden vom Verlaufswerkzeug berücksichtigt. Beim Radiergummi spielt die Hintergrundfarbe die Hauptrolle. Außerdem benutzen einige Filter und Effekte die eingestellte Vorder- und/oder Hintergrundfarbe.

Tabelle 20.1 ▸
Tastenkürzel für den Farbwahlbereich in der Werkzeugpalette

Vorhaben	Taste
Standardfarben Weiß und Schwarz für Vorder- und Hintergrund einstellen	D
aktuelle Vorder- und Hintergrundfarbe tauschen	X

Falscher Farbwähler
Sollten Sie einen anderen Farbwähler als den abgebildeten sehen, haben Sie den Windows-Farbwähler eingestellt. Es empfiehlt sich, den Farbwähler von Adobe zu verwenden. Führen Sie hierzu die Tastenkombination Strg/cmd+K aus, und wählen Sie im folgenden Dialogfenster in der Dropdown-Liste FARBAUSWAHL statt WINDOWS (bzw. APPLE beim Mac) die Einstellung ADOBE aus.

20.1.2 Der Farbwähler

Um die Vorder- oder Hintergrundfarbe einzustellen, klicken Sie auf den gewünschten Farbwahlbereich in der Werkzeugpalette. Es öffnet sich ein Farbwähler, den Sie auch aus einigen anderen Werkzeugen oder Filtern aufrufen können.

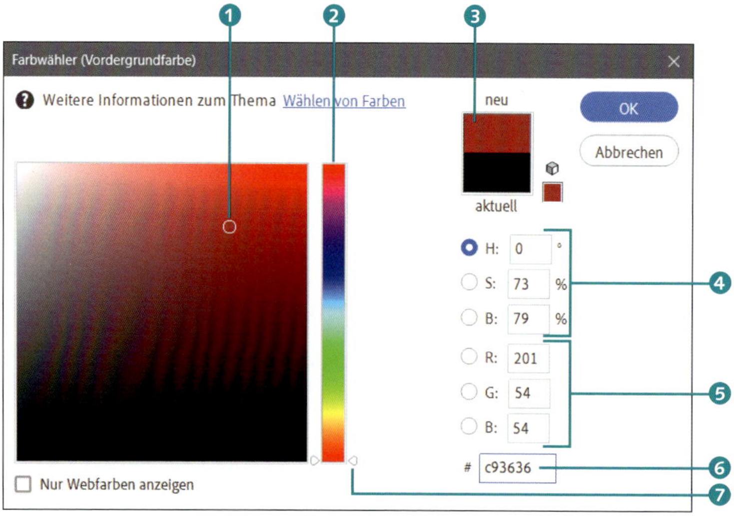

Abbildung 20.2 ▸
Der Farbwähler von Photoshop Elements

Farbe mit dem Farbwähler auswählen | Der Farbwähler von Photoshop Elements bietet Ihnen mit HSB ❹, RGB ❺ und der BinHex-Farbaufzeichnung ❻ drei verschiedene Möglichkeiten zur Einstellung der Farbe.

Äußerst praktisch ist die Auswahl mit dem **HSB**-System. Die Abkürzung steht für ***H**ue* (Farbton), ***S**aturation* (Sättigung) und ***B**rightness* (Helligkeit). Je nachdem, welche der drei Optionen H, S oder B Sie hier auswählen, ändert sich das Aussehen des schmalen Farbbalkens ❷ daneben. Durch das Verstellen des Schiebereglers ❼ im Farbbalken ändern Sie die Farbe. Im Falle des HSB-Farbsystems wird hierbei die Helligkeit, die Sättigung oder der Farbton (je nach zuvor ausgewählter Option) geändert.

Sättigung
Bei der Sättigung wird der Grauanteil einer Farbe erhöht oder reduziert. Erhöhen Sie die Sättigung, sinkt der Grauanteil der Farbe, bei reduzierter Sättigung steigt er.

Im Farbfeld ❶ werden nun die Farben der ausgewählten Option angezeigt und können durch einen Klick geändert werden. Die Anzeige des Farbfeldes variiert ein wenig, je nach gewählter Option:

- Haben Sie die Option H (Farbton) ausgewählt, können Sie über den Farbbalken den Farbton bestimmen und anschließend über das große Farbfeld links Helligkeit und Sättigung des Tons anpassen.
- Haben Sie die Option S (Sättigung) gewählt, können Sie über den Farbbalken die Sättigung einstellen und im Farbfeld aus verschiedenen Varianten Farbton und Helligkeit einstellen.

Werte von Hand eingeben

Wenngleich im Buch meist die Rede von Schiebereglern und Mausklicks ist, können Sie eine manuelle Eingabe der Werte direkt in die Zahlenfelder immer auch über die Tastatur vornehmen.

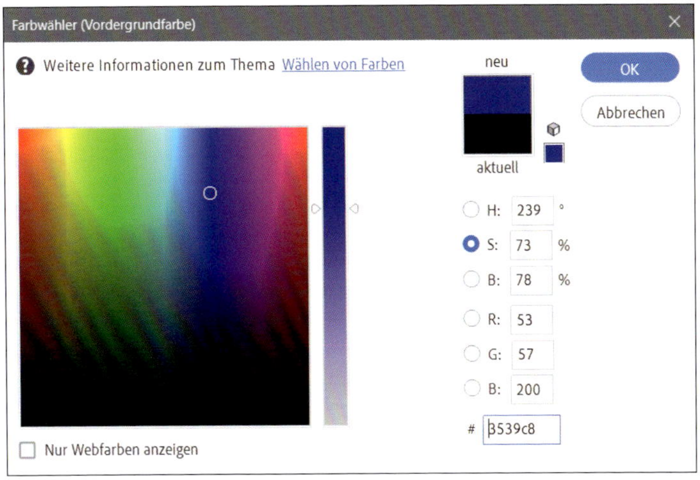

◂ **Abbildung 20.3**
Bei der ausgewählten Option S finden Sie im Farbfeld eine Variation aus Farbton und Helligkeit.

- Haben Sie hingegen die Option B (Helligkeit) gewählt, können Sie im Farbbalken die Farbe heller oder dunkler einstellen und im Farbfeld eine Sättigung sowie einen Farbton festlegen.

In dem kleinen Farbmusterfeld ❸ werden der ursprüngliche Farbton (unten) und die neu gewählte Farbe (oben) übereinander angezeigt. Wenn Sie das untere (ursprüngliche) Farbmuster anklicken, wird die Farbe auf die letzte Einstellung zurückgesetzt. Sind Sie mit der Auswahl Ihrer Farbe fertig, bestätigen Sie mit OK, und die ausgewählte Farbe wird im Farbwahlbereich der Werkzeugpalette als neue Vorder- bzw. Hintergrundfarbe angezeigt.

Alternative RGB | Alternativ zum HSB-Farbsystem können Sie hierbei auch das klassische RGB-Farbsystem mit den Radioschaltflächen R, G und B verwenden. Oder Sie geben die Farbkennzeichnung – wie im Webdesign üblich – in der hexadezimalen Schreibweise ein oder wählen sie über das Farbfeld aus.

BinHex-Werte
Für das Web sind die BinHex-Farbwerte wichtiger, die Sie im Farbwähler unter RGB mit dem Zeichen »#« davor ❷ finden.

Websichere Farben | Sicherlich ist Ihnen im Dialog des Farbwählers auch die Checkbox NUR WEBFARBEN ANZEIGEN ❶ aufgefallen. Wenn Sie diese Checkbox anklicken, wird die Farbauswahl im Farbfeld stark eingeschränkt, da nur noch Farben eingeblendet werden, die als »websicher« gelten. Allerdings gilt diese Farbpalette mittlerweile als überholt und veraltet. Als websicher galten nämlich früher Farben, die auch auf Systemen mit nur 8 Bit Farbtiefe (insgesamt, wohlgemerkt) dargestellt werden konnten. Da heute jeder Billigrechner größere Farbtiefen darstellen kann, ist diese Option nur noch bedingt von Interesse.

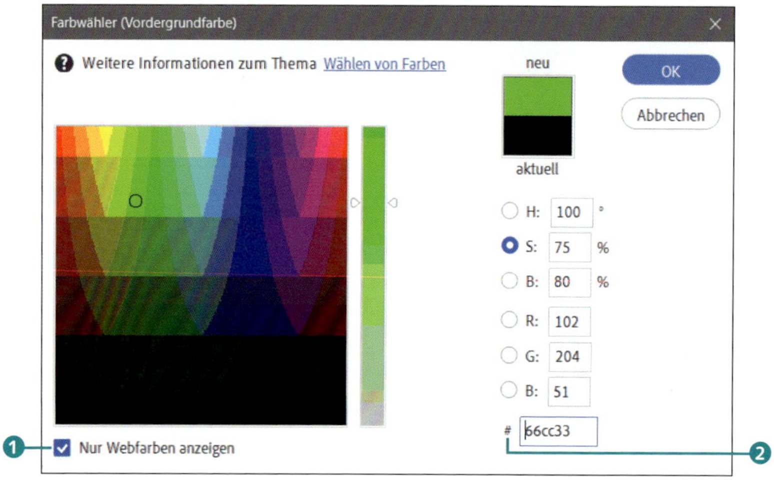

Abbildung 20.4 ▸
Mit NUR WEBFARBEN ANZEIGEN schränken Sie die Farbwahl stark ein.

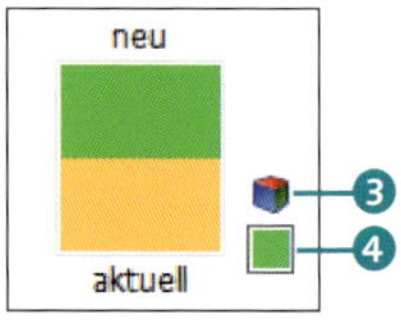

▴ Abbildung 20.5
Unterstützung bei der Wahl websicherer Farben

Auch die kleinen Symbole, die häufig neben dem Farbmusterfeld eingeblendet werden, beziehen sich auf die Websicherheit von Farben. Wird zum Beispiel ein kleiner Würfel ❸ daneben angezeigt, ist dies eine Warnung, dass die aktuell gewählte Farbe nicht websicher ist. Mit dem kleinen farbigen Quadrat ❹ darunter wählen Sie durch Anklicken automatisch eine websichere Farbe aus, die der aktuell gewählten Farbe recht ähnlich ist.

20.1.3 Das Farbfelder-Bedienfeld

Das Farbfelder-Bedienfeld unter FENSTER • FARBFELDER bietet eine weitere Möglichkeit für den Zugriff auf Farben. Zwar können Sie hier keine Farben einstellen wie mit dem Farbwähler, dafür aber Farben abspeichern, die Sie bereits eingestellt haben. Die gespeicherten Farben können Sie dann als Vorder- und Hintergrundfarbe laden. Praktisch ist dieses Bedienfeld auf jeden Fall, da Sie mit ihm eine einmal erstellte Farbe bequem abspeichern und wieder laden können, ohne jedes Mal umständlich mit dem Farbwähler hantieren zu müssen.

Farbe für Vorder- und Hintergrund auswählen | Wollen Sie eine neue Farbe als Vordergrundfarbe mit dem Bedienfeld Farbfelder auswählen, klicken Sie einfach das gewünschte Farbfeld an. Wenn Sie mit dem Cursor kurz auf dem Feld verweilen, wird auch die Farbbezeichnung eingeblendet.

Um die ausgewählte Farbe als Hintergrundfarbe einzustellen, gehen Sie wie bei der Vordergrundfarbe vor, halten jedoch beim Anklicken der gewählten Farbe zusätzlich die Taste Strg/cmd gedrückt.

Neue Farben hinzufügen | Sie können dem aktuellen Farbfeld jederzeit neue Farben hinzufügen. Hierzu müssen Sie nur die Vordergrundfarbe im Farbwahlbereich der Werkzeugpalette einstellen. Fahren Sie anschließend mit dem Cursor über eine freie Fläche auf dem Bedienfeld Farbfelder, wobei sich der Mauszeiger in ein Fülleimersymbol 6 verwandelt, und drücken Sie nun die linke Maustaste. Alternativ können Sie auch über das Bedienfeldmenü mit dem Befehl Neues Farbfeld dem Farbfelder-Bedienfeld die aktuelle Vordergrundfarbe hinzufügen.

Anschließend werden Sie im folgenden Dialog noch aufgefordert, einen Namen für die neue Farbe einzugeben.

Weitere Farbfelder

Über die Dropdown-Liste 5 können Sie neben den Standardfarbfeldern auch aus einer Menge anderer vordefinierter Farbfelder wählen.

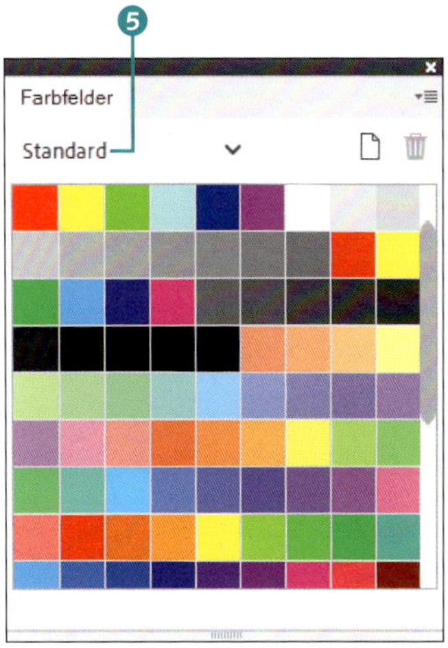

▲ **Abbildung 20.6**
Das Bedienfeld Farbfelder in der Standardansicht

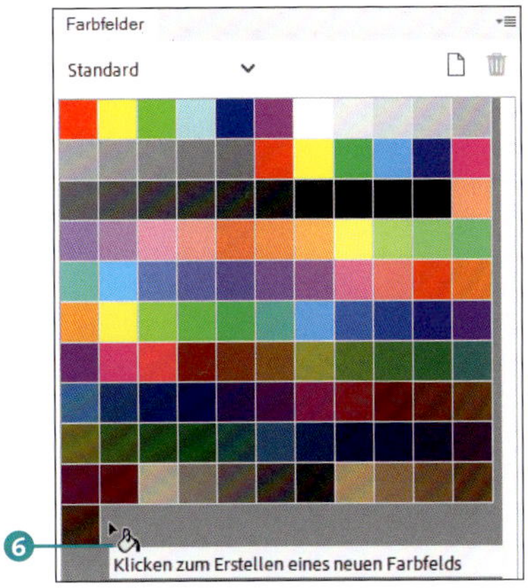

▲ **Abbildung 20.7**
Neue Farbe hinzufügen …

▲ **Abbildung 20.8**
… und einen passenden Namen vergeben

Farben löschen | Zum Löschen einer Farbe aus dem Farbfeld müssen Sie sich mit dem Cursor auf dem entsprechenden Farbfeld befinden und die Taste Alt gedrückt halten, wodurch aus dem Cursor ein Scherensymbol 2 (Abbbildung 20.9) wird. Nun brauchen Sie nur noch die Maustaste zu drücken, und die Farbe wird gelöscht. Alternativ ziehen Sie eine ausgewählte Farbe per Drag & Drop auf das Mülleimersymbol 1.

Farbfelder sortieren
Über den Vorgaben-Manager können Sie Farbfelder auch unkompliziert per Drag & Drop neu sortieren. Ziehen Sie einfach die gewählte Farbe mit gedrückter linker Maustaste an die gewünschte Position.

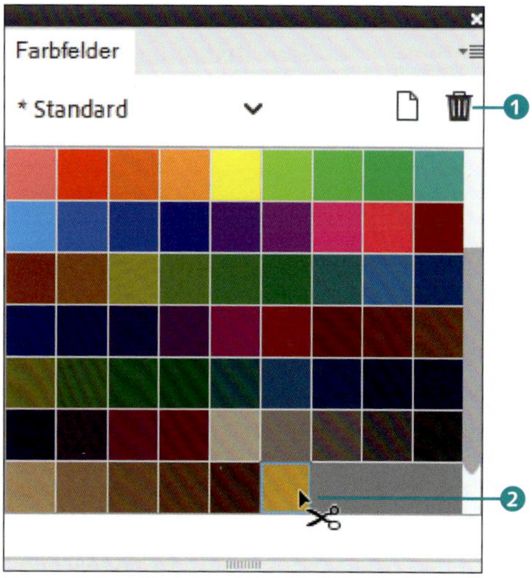

Abbildung 20.9 ▸
Eine Farbe aus dem Farbfeld löschen

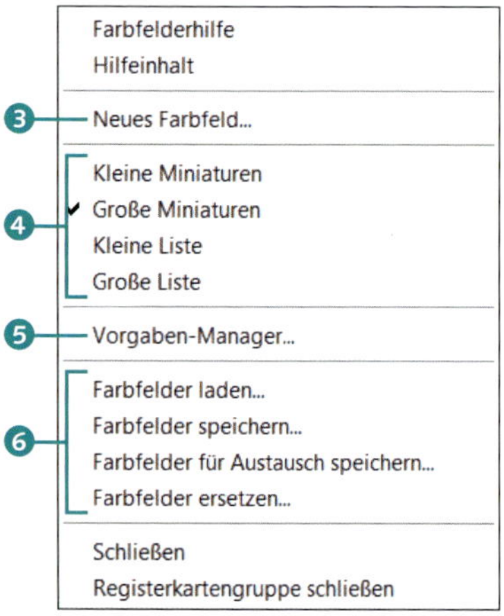

▲ Abbildung 20.10
Das Bedienfeldmenü der FARBFELDER

Bedienfeldmenü des Farbfelder-Bedienfeldes | Die Farbfelder können Sie über das Bedienfeldmenü verwalten. Hier können Sie neue Farbfelder anlegen ❸, die Ansichtsoptionen festlegen ❹ und den VORGABEN-MANAGER aufrufen ❺. Weitere Befehle ❻ stehen mit den darunter befindlichen Einträgen zur Verfügung. Über FARBFELDER LADEN fügen Sie weitere Farbfelder zu den bereits angezeigten hinzu; FARBFELDER SPEICHERN sichert aktuelle Farbfelder. Mit FARBFELDER FÜR AUSTAUSCH SPEICHERN legen Sie Farbfelder im ASE-Format ab. Dies ist recht nützlich, wenn Sie die Farbfelder beispielsweise mit Adobe InDesign oder Adobe Illustrator verwenden wollen. Um aktuelle Farbfelder durch andere zu ersetzen, wählen Sie den Punkt FARBFELDER ERSETZEN aus.

Speichern und Laden von Farbfeldern | Leider ist das Speichern der Farbfelder ein wenig verwirrend und umständlich gestaltet. Verändern Sie zunächst das Standardfarbfeld, indem Sie zum Beispiel eine Farbe hinzufügen oder löschen. Nun finden Sie in der Dropdown-Liste ein Sternchen (*) neben STANDARD. Damit wird angezeigt, dass es in dem Farbfeld Änderungen gibt, die noch nicht gespeichert wurden. Um das Farbfeld bzw. das veränderte Farbbedienfeld zu speichern, gehen Sie auf das Bedienfeldmenü zum Befehl FARBFELDER SPEICHERN. In der folgenden Dialogbox sichern Sie das neue Farbfeld mit der Endung ».aco« in Ihrem Benutzerverzeichnis unter dem gewünschten Namen.

Wollen Sie nun dieses Farbfeld zu einem beliebigen Zeitpunkt wieder in das Farbfelder-Bedienfeld laden, können Sie dies zwar über das Bedienfeldmenü mit dem Befehl FARBFELDER LADEN erledigen, dadurch werden allerdings die geladenen Farbfelder dem aktuellen Farbfeld hinzugefügt. Um nur die von Ihnen erzeugten und abgespeicherten Farben zu laden und anzuzeigen, wählen Sie im Bedienfeldmenü den Punkt Farbfelder ersetzen aus.

Vorhaben	Windows	Mac
neues Farbfeld aus der Vordergrundfarbe erstellen und am Ende des Bedienfeldes hinzufügen	an das Ende (leerer Bereich) des Bedienfeldes klicken	an das Ende (leerer Bereich) des Bedienfeldes klicken
Farbe als Vordergrundfarbe einstellen	Farbfeld anklicken	Farbfeld anklicken
Farbe als Hintergrundfarbe einstellen	Strg + Farbfeld anklicken	cmd + Farbfeld anklicken
Farbe aus dem Farbfeld löschen	Alt + Farbfeld anklicken	alt + Farbfeld anklicken

▲ **Tabelle 20.2**
Tastenbefehle für die Arbeit mit dem Farbfelder-Bedienfeld

Für eine umfangreichere Verwaltung der Farben würde ich Ihnen auch hier wieder empfehlen, den Vorgaben-Manager zu verwenden. Beachten Sie, dass Sie auch im Vorgaben-Manager zuvor Erweitert • Farbfelder ersetzen aufrufen müssen, um exklusiv die von Ihnen erstellten Farbfelder im Vorgaben-Manager anzuzeigen und zu bearbeiten.

20.1.4 Farbe mit dem Farbwähler-Werkzeug auswählen

Das Farbwähler-Werkzeug I wird bevorzugt zur Auswahl von im Bild vorhandenen Farben eingesetzt. Gerade bei Retuschen ist dieses Werkzeug unverzichtbar, um zum Beispiel einen gleichmäßigen Farbton für die Haut zu finden.

Bedienung des Farbwähler-Werkzeugs | Die Anwendung des Farbwähler-Werkzeugs ist denkbar einfach: Sie klicken lediglich eine Stelle im Bild an, und die Farbe an dieser Stelle wird als Vordergrundfarbe im Farbwahlbereich der Werkzeugpalette verwendet.

Wollen Sie die ausgewählte Farbe als Hintergrundfarbe festlegen, halten Sie beim Anklicken der Farbe zusätzlich die Taste Alt gedrückt.

Werkzeugoptionen | Das Farbwähler-Werkzeug hat zwei Werkzeugoptionen. Da wäre zunächst der Aufnahmebereich ❶ für

Speicherorte
Während die mitgelieferten Farbfelder im Programmverzeichnis unter [Laufwerk]:\Programme\Adobe\Photoshop Elements 2026\Presets\Color Swatches (bzw. beim Mac Programme/Photoshop Elements 2026/Support Files/Presets/Color Swatches) liegen, finden Sie Ihre persönlichen Vorgaben in Ihrem Benutzerverzeichnis (zum Beispiel unter Windows [Laufwerk]:\Benutzer\<Ihr Benutzerverzeichnis>\AppData\Roaming\Adobe\Photoshop Elements\26.0\Presets\Color Swatches). Grundsätzlich sollten Sie die Original-Farbfelder nicht überschreiben und neue Farbfelder immer im Benutzerverzeichnis speichern. Beim Mac ist dies /Users/<Ihr Benutzerverzeichnis>/Library/Application Support/Adobe/Adobe Photoshop Elements 2026/Presets/Color Swatches.

Farbfelder von InDesign und Illustrator
Haben Sie ein Farbfeld vor sich, das zum Beispiel mit InDesign oder Illustrator mit der Endung ».ase« erstellt wurde, können Sie auch dieses Farbfeld in Photoshop Elements laden und verwenden.

Zoomen für genauere Messungen
Um die Messung des Farbwähler-Werkzeugs möglichst genau durchzuführen, werden Sie häufig etwas weiter in das Bild hineinzoomen müssen.

den Farbwähler. Standardmäßig ist dieser Wert auf 1 PIXEL eingestellt. Um eine durchschnittliche Farbmessung durchzuführen, können Sie einen höheren Wert verwenden. Wählen Sie zum Beispiel 5×5 PIXEL DURCHSCHNITT aus, wird ein durchschnittlicher Farbwert zurückgegeben, der aus einem 5×5 Pixel großen Bereich der angeklickten Stelle im Bild berechnet wird. Natürlich wird auch der Durchschnittswert bei einem größeren Aufnahmebereich als Vordergrundfarbe bzw. mit gehaltener [Alt]-Taste als Hintergrundfarbe verwendet. Nützlich ist ein größerer Aufnahmebereich beim Messen von Farbwerten, um zum Beispiel die richtige Farbmischung oder die Graubalance zu überprüfen (Abschnitt 11.1, »Farbstich ermitteln«, unter »Farbwerte messen«).

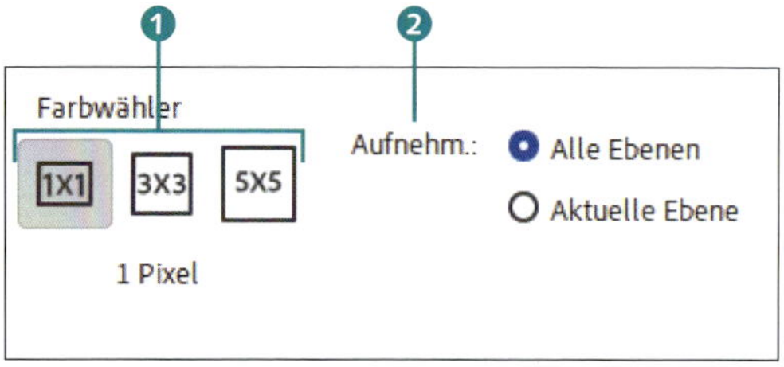

Abbildung 20.11 ▸
Die Werkzeugoptionen des Farbwähler-Werkzeugs

Zum Weiterlesen
Die Ebenen erhalten natürlich ein extra Kapitel im Buch. Mehr darüber erfahren Sie in Teil X, »Ebenen«.

Die zweite Option ist der Aufnahmemodus ❷, bei dem Sie auswählen können, ob die Pixel aus allen vorhandenen Ebenen oder nur aus der aktuellen Ebene ausgewertet werden. Alle Ebenen zu berücksichtigen macht natürlich nur Sinn, wenn mehrere Ebenen in einem anderen Modus als NORMAL übereinanderliegen und/oder die Deckkraft unter 100% liegt.

Fehlerquelle Aufnahmebereich | Die Option des Aufnahmebereichs der Pipette birgt eine versteckte Fehlerquelle: Beachten Sie hier, dass es mehrere Dialoge gibt, die das Farbwähler-Werkzeug zum Abgleich in ihren Dialogfeldern integriert haben (zum Beispiel FARBTON/SÄTTIGUNG, TONWERTKORREKTUR). Alle Dialoge und sonstigen Werkzeuge, die einen Farbwähler verwenden, benutzen den eingestellten Aufnahmebereich des Farbwähler-Werkzeugs. Aufnahmebereiche von 1 PIXEL oder 5×5 PIXEL DURCHSCHNITT liefern hierbei in der Regel unterschiedliche Werte derselben Position, was vielleicht nicht immer beabsichtigt ist.

Um dieser Falle zu entgehen, sollten Sie nach jeder Verwendung des Farbwähler-Werkzeugs den Aufnahmebereich auf 1 PIXEL zurücksetzen – allerdings vergisst man dies gerne. Klicken Sie daher besser bei aktivem Farbwähler mit der rechten Maustaste ins Bild. In dem sich öffnenden Kontextmenü können Sie so aus fast allen Dialogen heraus die Pipette kontrollieren oder ändern.

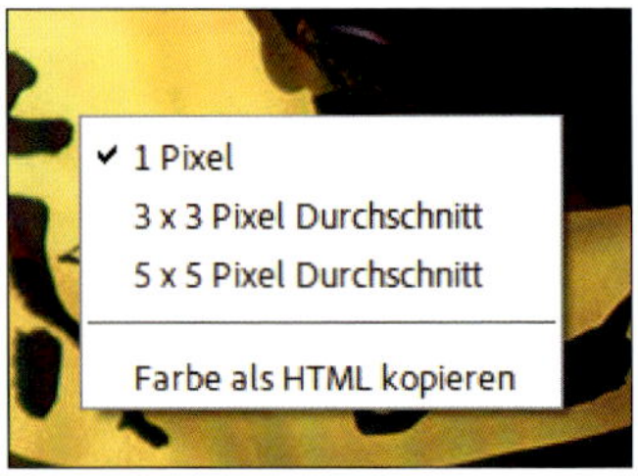

▴ **Abbildung 20.12**
Klicken Sie mit der rechten Maustaste bei einer aktiven Pipette ins Bild, um den Aufnahmebereich zu verändern oder zu überprüfen.

Vorhaben	Taste
Farbwähler-Werkzeug aufrufen	I
Farbe als Vordergrundfarbe setzen	ins Bild klicken
Farbe als Hintergrundfarbe setzen	Alt + ins Bild klicken
schnell vom Malwerkzeug zum Farbwähler-Werkzeug wechseln und die aufgenommene Farbe als Vordergrundfarbe setzen	beliebiges Malwerkzeug + Alt + ins Bild klicken

◂ **Tabelle 20.3**
Tastenbefehle für das Farbwähler-Werkzeug

20.2 Die Malwerkzeuge

Das Pinsel-Werkzeug und der Buntstift sind die Standardmalwerkzeuge schlechthin. Viele andere Werkzeuge, die Sie noch kennenlernen werden, arbeiten nach einem ähnlichen Prinzip und verfügen über ähnliche Einstellungsmöglichkeiten und Werkzeugspitzen wie diese beiden Werkzeuge. Zwar behandelt dieser Abschnitt »nur« Malwerkzeuge, aber gerade weil sich viele andere Werkzeuge recht ähnlich verwenden und bedienen lassen, möchte ich Ihnen unbedingt empfehlen, sich diesen Abschnitt und insbesondere die Verwendung des Pinsel-Werkzeugs etwas genauer durchzulesen und auch damit zu experimentieren. Speziell bei der Retusche von Bildern und Ebenenmasken werden Sie es noch sehr häufig mit diesem Werkzeug zu tun bekommen.

Das Gegenstück zu Pinsel-Werkzeug und Buntstift ist der Radiergummi, mit dem Sie nicht nur die mit Pinsel-Werkzeug und Buntstift aufgetragene Farbe löschen können, sondern auch Bildpixel im Allgemeinen.

Grafiktablett
Wenn sich das Malen mit der Maus etwas holprig anfühlt und Sie gerne detaillierte Illustrationen erstellen wollen, sollten Sie vielleicht über die Anschaffung eines Grafiktabletts nachdenken. Nach kurzer Eingewöhnungszeit lassen sich mit dem Tablett wesentlich präzisere und schnellere Ergebnisse erzielen. Neben dem Grafiktablett habe ich mittlerweile aber auch das Surface von Microsoft lieb gewonnen.

Kein Mal- und Zeichenprogramm | Um Ihre Erwartungen etwas zu dämpfen, möchte ich an dieser Stelle hinzufügen, dass Photoshop Elements kein echtes Mal- und Zeichenprogramm ist, das auf das künstlerische Malen und Zeichnen am Computer spezialisiert ist. Dafür gibt es zum Beispiel das kostenlose Krita oder Corel Painter, um nur zwei von vielen Optionen zu nennen.

20.2.1 Das Pinsel-Werkzeug

Mit dem Pinsel-Werkzeug B zeichnen Sie Striche auf ein Bild oder in ein leeres Dokument. Diese Striche haben wahlweise weiche oder harte Kanten. Als Farbe wird automatisch die im Farbwahlbereich der Werkzeugpalette eingestellte Vordergrundfarbe verwendet.

▲ **Abbildung 20.13**
Eine einfache Freihandzeichnung mit einem Grafiktablett

▲ **Abbildung 20.14**
Um gerade Linien zu zeichnen, wie hier bei dem Stift, und eine Verbindung herzustellen, benötigen Sie [⇧].

▲ **Abbildung 20.15**
Drücken Sie gleichzeitig die Maustaste und [⇧], um horizontale und vertikale Linien zu zeichnen.

Verwendung des Pinsel-Werkzeugs | Der Umgang mit dem Pinsel-Werkzeug ist leicht. Für eine einfache Freihandzeichnung müssen Sie nur mit der Pinselspitze (dem Cursor) über das Bild oder Dokument fahren und die Stelle anklicken, auf der Sie mit dem Zeichnen beginnen wollen. Bewegen Sie nun zum Zeichnen den Cursor mit gedrückter linker Maustaste über das Bild. Sobald Sie die Maustaste loslassen, wird der Zeichenvorgang (oder auch ein Arbeitsschritt) beendet.

Zum Zeichnen von geraden Linien benötigen Sie die [⇧]-Taste. Klicken Sie zunächst auf den gewünschten Anfangspunkt der Linie. Sobald Sie die Maustaste loslassen, sehen Sie den Startpunkt der Linie. Wählen Sie nun die Position des Endpunktes aus, und klicken Sie dort, während Sie gleichzeitig [⇧] gedrückt halten. Jetzt haben Sie eine gerade Linie gezeichnet. Analog dazu erstellen Sie eine Verbindung von dem zuletzt gezeichneten Punkt zu einem weiteren Punkt, indem Sie eine dritte Position anklicken und dabei die [⇧]-Taste gedrückt halten.

Um eine vertikale oder horizontale Linie zu zeichnen, wählen Sie wiederum zunächst einen Startpunkt im Bild aus. Halten Sie nun die [⇧]-Taste und die linke Maustaste gedrückt. Wenn Sie den Pinsel nach oben oder nach unten bewegen, wird eine vertikale Linie gezeichnet (auch wenn Sie mit dem Pinsel etwas »aus der Spur« geraten). Eine horizontale Linie zeichnen Sie, wenn Sie die Maus nach links oder rechts bewegen. Erscheint die horizontale bzw. vertikale Linie wie gewünscht, sollten Sie zuerst die Maustaste loslassen und dann erst die [⇧]-Taste, um ein »Vermalen« aus der Spur zu vermeiden. Probieren Sie es einfach aus, dann wissen Sie, was ich meine.

Werkzeugoptionen | Mit den ersten beiden Schaltflächen ❷ können Sie zwischen dem Pinselmodus (Standardeinstellung) und dem Airbrush-Modus auswählen. Der Pinselmodus bedarf wohl keinerlei Erklärung. Anders hingegen der Airbrush-Modus: Mit dieser Option erzeugen Sie weiche Farbübergänge. Während im Pinselmodus nur dann Farbe aus der Werkzeugspitze kommt, wenn Sie den Cursor bei gedrückter Maustaste bewegen, versprüht das Airbrush-Werkzeug seine Farbe auch beim Stillhalten der Maus. Bei längerem Verweilen auf einem Punkt mit gedrückter linker Maustaste bildet sich so ein immer dickerer »Fleck« – wie aus einer Spraydose.

Die voreingestellte Spitze des Pinsel-Werkzeugs ändern Sie über das Dropdown-Menü ❺ der Werkzeugoptionen. Hier können Sie sich auch die verschiedenen Pinsel ❶ nach Kategorien auflisten lassen. Weiche Werkzeugspitzen sorgen im Unterschied zu harten Spitzen für verblassende Konturen. Über den Regler GRÖSSE ❹ stellen Sie die Stärke der Werkzeugspitze ein.

Mit der Deckkraft (hier DECKKR.) ❸ regulieren Sie die Deckkraft bzw. Transparenz der aufgetragenen Pixel. Mit MODUS ❻ bestimmen Sie, wie die aufgetragenen Pixel mit den darunterliegenden Pixeln verrechnet werden sollen. Die Modi und ihre Bezeichnungen entsprechen denen der Ebenen-Füllmethoden. Eine Beschreibung der Modi finden Sie in Kapitel 27, »Füllmethoden von Ebenen«.

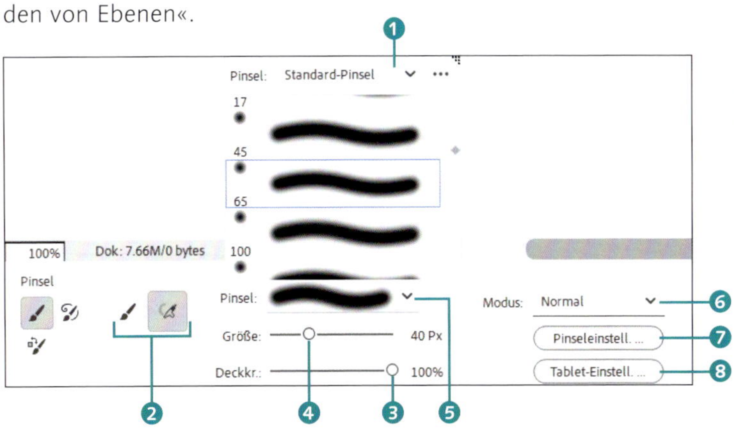

◀ **Abbildung 20.16**
Die Werkzeugoptionen für das Pinsel-Werkzeug

Mit der Schaltfläche PINSELEINSTELLUNGEN ❼ öffnen Sie ein Untermenü mit vielen weiteren Pinseloptionen.

Klicken Sie auf die Schaltfläche TABLET-EINSTELLUNGEN ❽, öffnet sich ein weiteres Untermenü, mit dem Sie weitere Grafiktablett-Optionen einstellen können, zum Beispiel ob der Druck des Zeichenstifts auf das Grafiktablett Auswirkung auf die Größe, Deckkraft, Streuung oder Rundheit des Pinselstrichs haben soll.

Pinseleinstellungen | Für das Beispiel in Abbildung 20.18 wurden alle Pinselstriche mit einem Durchmesser von 80 Pixeln mit unterschiedlichen Optionen gezeichnet.

❶ Die erste Linie wurde mit einem harten Pinsel erstellt.
❷ Die zweite Linie wurde mit einem weichen Pinsel erstellt.
❸ Die nächste Linie wurde wieder mit einem harten Pinsel, aber bei reduzierter DECKKRAFT (50 %) gemalt.
❹ Bei der vierten Linie wurde die Pinseloption VERBLASSEN verwendet, mit der Sie festlegen können, nach wie vielen Arbeitsschritten der Malstrich vollständig verblasst.
❺ Daneben wurde die Pinseloption FARBTON-ZUFALLSWERT verwendet, mit der Sie einstellen, mit welcher Häufigkeit der gemalte Strich zwischen der eingestellten Vorder- und Hintergrundfarbe wechselt.

Werkzeugspitze schneller auswählen
Die Flyout-Menüs der Werkzeugoptionen zum Auswählen einer Werkzeugspitze können Sie sich auch schneller über einen Rechtsklick im Bild bzw. Dokument anzeigen lassen.

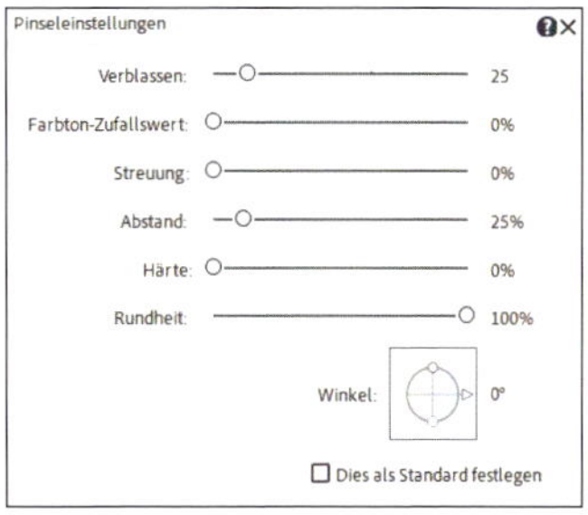

▲ **Abbildung 20.17**
In den PINSELEINSTELLUNGEN verbirgt sich ein wahres Eldorado an Pinseloptionen.

Darstellung der Werkzeugspitze ändern
Die Darstellung der Werkzeugspitzen von Malwerkzeugen können Sie jederzeit über BEARBEITEN/PHOTOSHOP ELEMENTS EDITOR • VOREINSTELLUNGEN • ANZEIGE & CURSOR im Bereich MALWERKZEUGE verändern.

❻ Beim Pinselstrich daneben wurde die Pinseloption Streuung verwendet, mit der Sie definieren, wie beim Zeichnen die einzelnen Punkte in einem Strich verteilt werden.

❼ Der nächste Pinselstrich wurde mit der Option Abstand gezeichnet, mit der Sie festlegen, in welchem Malabstand die einzelnen Punkte gezeichnet werden.

❽ Beim nächsten Pinselstrich wurde die Option Härte geändert, mit der Sie die Kantenschärfe des Strichs bestimmen.

❾ Bei dem folgenden Strich wurde die Rundheit geändert, wodurch Sie das Verhältnis zwischen der kurzen und langen Achse des Pinsels bestimmen.

❿ Bei den Hundepfoten wurde lediglich der Winkel nach jedem erneuten Ansetzen geändert, wodurch die Pinselspitze gedreht wurde.

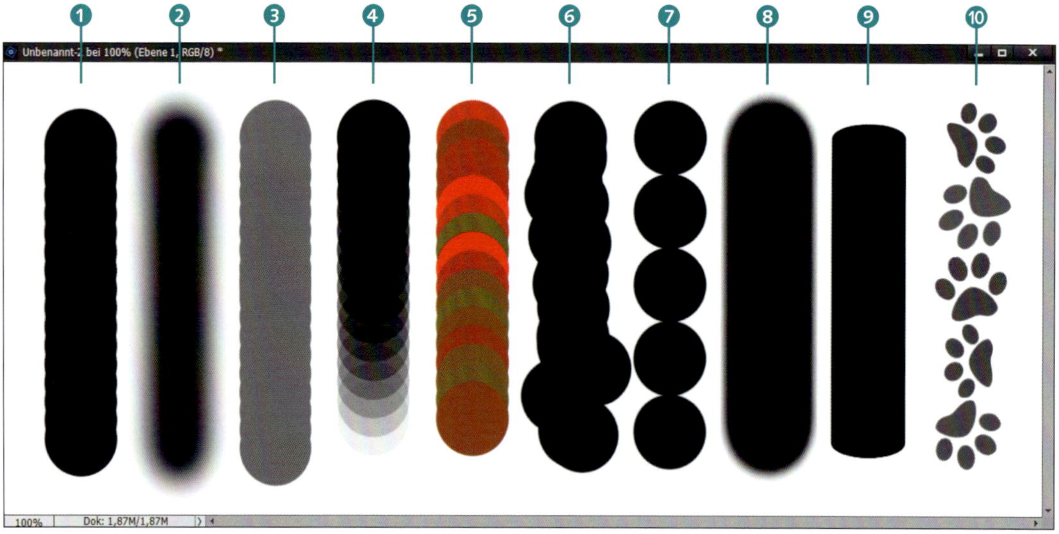

▲ **Abbildung 20.18**
Unterschiedliche Pinseleinstellungen

Tablet-Einstellungen | Die Striche in Abbildung 20.20 wurden mit den Tablet-Einstellungen und einem Grafiktablett gezeichnet. Im Grunde wirken sich die einzelnen Optionen auf das Grafiktablett aus, je nachdem, wie leicht oder fest Sie mit dem Stift aufdrücken.

⓫ Die Linie wurde bei aktivierter Grösse-Option aufgezeichnet.

⓬ Bei dieser Linie wurde die Option Deckkraft aktiviert, mit der die Deckkraft der Linie umso stärker wird, je kräftiger Sie mit dem Stift auf das Tablett drücken.

⓭ Selbiges gilt auch für diese Linie, die mit der Option Farbton-Zufallswert realisiert wurde und die von der eingestellten Vorder- und Hintergrundfarbe abhängt.

Experimentieren Sie!
Interessante Effekte lassen sich durch Experimentieren mit den verschiedenen Stil-, Größen- und Toleranzoptionen erzielen. Hier können Sie verschiedene Kunststile simulieren.

⑭ Bei der nächsten Linie wurde die STREUUNG aktiviert.
⑮ Bei der letzten Linie wurde mit aktivierter RUNDHEIT gezeichnet.

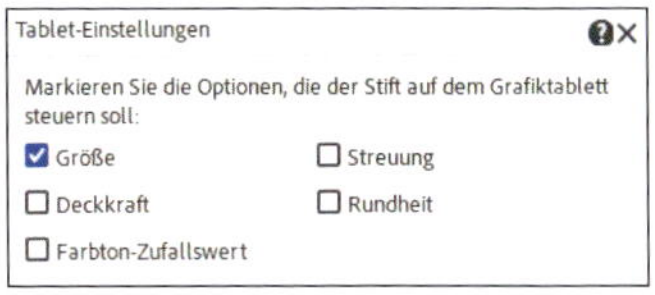

▲ **Abbildung 20.19**
Unterschiedliche Tablet-Einstellungen

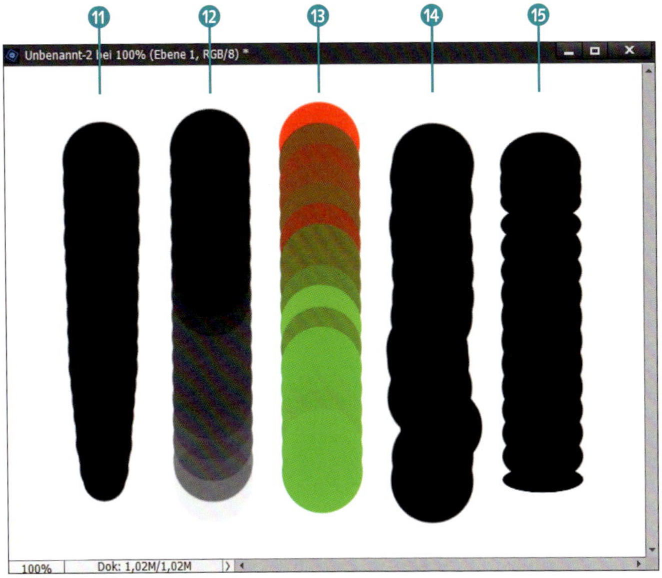

◀ **Abbildung 20.20**
Über die Schaltfläche TABLET-EINSTELLUNGEN lassen sich diverse Optionen für ein Grafiktablett einstellen.

20.2.2 Der Impressionisten-Pinsel

Der Impressionisten-Pinsel [B] ist eher ein Kreativwerkzeug und befindet sich in demselben Fach wie das Pinsel-Werkzeug.

Kapitel_20: Ungarischer-Reiter.jpg, Zitronen.jpg

Dieses Werkzeug arbeitet allerdings etwas anders als das normale Pinsel-Werkzeug, denn es verändert die Farben und Details eines geöffneten Bildes. Fahren Sie mit diesem Werkzeug über das Bild, sieht dieses anschließend aus, als wäre es mit Pinselstrichen oder Pinseltupfern gemalt worden – eben in impressionistischer Manier.

◀ **Abbildung 20.21**
Die Aufnahme wurde mit dem Impressionisten-Pinsel bearbeitet.

20.2.3 Das Farbe-ersetzen-Werkzeug

Auch das Farbe-ersetzen-Werkzeug [B] finden Sie im Fach der Pinsel-Werkzeuge. Dieses Werkzeug ist eine Mischung aus Retusche- und Kreativwerkzeug. Es ersetzt gezielt Farbe aus einem Bild durch die festgelegte Vordergrundfarbe im Farbwahlbereich. Dabei werden auch Kanten im Bild erkannt, sodass andere Bereiche nicht versehentlich umgefärbt werden.

Bedienung | Die Anwendung ist denkbar einfach: Klicken Sie im Bild auf die Farbe, die Sie ersetzen wollen, und ziehen Sie anschließend die Pinselspitze über das Bild, um die Zielfarbe durch die im Farbwahlbereich gesetzte Vordergrundfarbe zu ersetzen.

Werkzeugoptionen | Bei den Werkzeugoptionen des Farbe-ersetzen-Werkzeugs stellen Sie über den Regler Grösse ❷ zunächst die Stärke des Pinsels ein. Mit dem Regler Toleranz ❶ geben Sie an, wie ähnlich sich die Farben sein sollen, die ersetzt werden. Je niedriger der Wert, desto ähnlicher muss die zu ersetzende Farbe sein. Um die Farbe tatsächlich zu ersetzen, stellen Sie unter Modus ❺ Farbe ein. Neben der Möglichkeit, die Farbe zu ersetzen, finden Sie hier auch die Optionen Sättigung, Luminanz und Farbton.

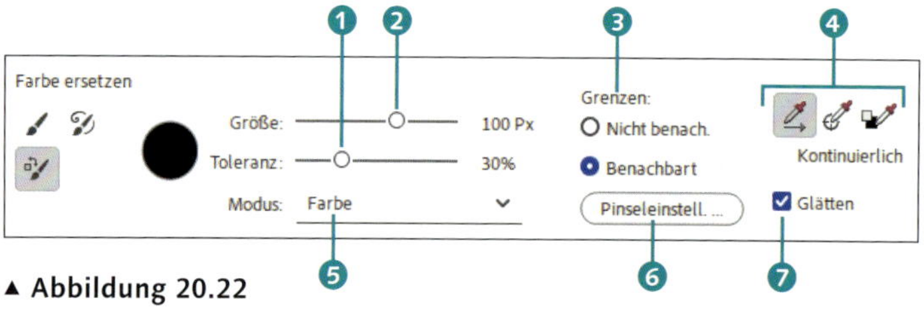

▲ **Abbildung 20.22**
Die Optionen des Farbe-ersetzen-Werkzeugs

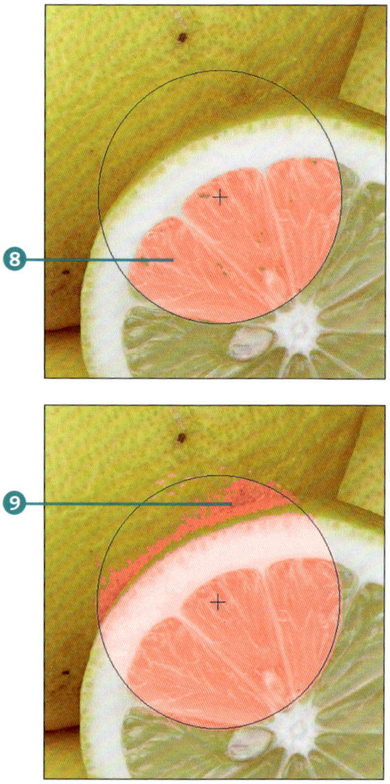

▲ **Abbildung 20.23**
Oben habe ich Benachbart, unten Nicht benachbart gewählt.

Unter dem Punkt Grenzen ❸ wählen Sie zwischen den Optionen Nicht benachbart und Benachbart:

- Mit Nicht benachbart wird die aufgenommene Farbe in allen Bereichen des Bildes ersetzt, über die der Mauszeiger fährt.
- Die Option Benachbart ersetzt nur die Farben, die unmittelbar neben der Farbe unter dem Mauszeiger liegen.

Abbildung 20.23 demonstriert den Unterschied zwischen Benachbart und Nicht benachbart in der Werkzeugoption Grenzen. Beim oberen Bild wurde der Wert Benachbart verwendet, wodurch nur die Farben ersetzt wurden, die neben den Farben unterhalb des Mauszeigers – dem Hotspot – liegen. Der weiße Bereich, im oberen Beispiel rund um das Fruchtfleisch, verhindert, dass auch die gelben Bereiche außerhalb davon mit umgefärbt werden, obwohl sich der Pinsel darüber ❽ befindet. Wollen Sie, dass alle Bereiche einer bestimmten Farbe unterhalb des Pinsels durch eine andere Farbe ersetzt werden, setzen Sie die Option von GRENZEN auf NICHT BENACHBART, wie im unteren Bild ❾ geschehen. Im Beispiel wird hier nun alles Gelb in Rosa umgefärbt, wenn sich der Pinsel darüber befindet.

Über die Schaltfläche PINSELEINSTELLUNGEN ❻ können Sie einzelne Einstellungen des Pinsels wie HÄRTE, MALABSTAND, RUNDUNGEN usw. anpassen.

Mit den drei Schaltflächen ❹ können Sie auswählen, wie die Aufnahme der Farbe beim Ersetzen vor sich gehen soll. Mit der ersten Schaltfläche KONTINUIERLICH (Standardeinstellung) wird dauerhaft beim Zeichnen am Hotspot die Farbe aufgenommen und durch die eingestellte Vordergrundfarbe ersetzt. Verweilen Sie länger auf einer anderen Farbe und bewegen Sie den Mauscursor, wird diese Farbe durch die eingestellte Vordergrundfarbe ersetzt. Bei der Schaltfläche EINMAL wird nur einmalig die zuerst am Hotspot ausgewählte Farbe verwendet und durch die Vordergrundfarbe ersetzt. Beide Optionen (KONTINUIERLICH und EINMAL) gelten wohlgemerkt so lange während eines Malvorgangs, bis Sie die Maustaste wieder loslassen. Die dritte Schaltfläche HINTERGRUNDFARBFELD hingegen ersetzt beim Malen die eingestellte Hintergrundfarbe durch die eingestellte Vordergrundfarbe.

Mit der letzten Option, GLÄTTEN ❼, können Sie dafür sorgen, dass der zu korrigierende Bereich glatte Kanten erhält.

◂ **Abbildung 20.24**
Mithilfe des Farbe-ersetzen-Werkzeugs sind solche Farbmanipulationen ein Kinderspiel.

20.2.4 Der Buntstift

Die Erläuterungen zum Pinsel-Werkzeug gelten größtenteils auch für den Buntstift [N] ✎. Auch bei diesem Werkzeug stehen harte

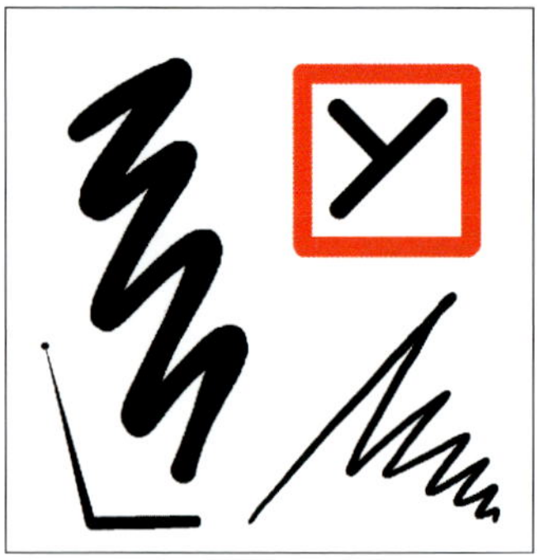

▲ **Abbildung 20.25**
Striche, die mit einem Buntstift gezeichnet wurden

und weiche Werkzeugspitzen zur Verfügung. Im Unterschied zum Pinsel kann der Buntstift aber keine weichen Kanten erzeugen. Wenn Sie also für den Buntstift eine Werkzeugspitze mit weichen Kanten wählen, wird eine Linie mit unsauberen Kanten erzeugt, ähnlich wie auch mit einem realen Buntstift.

Werkzeugoptionen | Auch die Werkzeugoptionen des Buntstifts entsprechen weitgehend denen des Pinsel-Werkzeugs. Eine Ausnahme bildet die Option AUTOMATISCH LÖSCHEN ❶. Ist diese Option aktiviert, können Sie mit der eingestellten Hintergrundfarbe im Farbwahlbereich der Werkzeugpalette die Vordergrundfarbe übermalen.

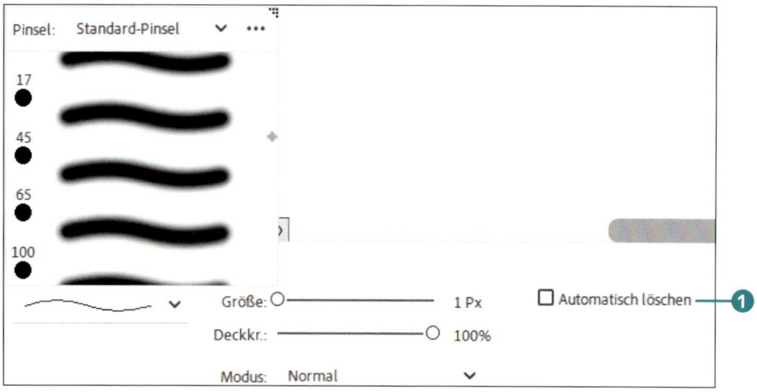

Abbildung 20.26 ▶
Die Werkzeugoptionen des Buntstifts entsprechen größtenteils denen des Pinsels.

Einsatzgebiet | Vorwiegend wird der Buntstift bei Bildern im BITMAP-Modus verwendet, in dem lediglich schwarze und weiße Farbe zum Einsatz kommt. Auch wenn Sie bei einer Arbeit unbedingt scharfe und harte Linien benötigen, sollten Sie den Buntstift dem Pinsel-Werkzeug vorziehen, weil beim Pinsel-Werkzeug auch bei den »harten« Werkzeugspitzen die Kanten ein wenig geglättet werden.

20.2.5 Der Radiergummi

Das Gegenstück zum Pinsel-Werkzeug und Buntstift ist natürlich der Radiergummi [E], mit dem Sie die aufgetragenen Striche und Pixel wieder entfernen können.

Verwendung des Radiergummis | Der Einsatz des Radiergummis erklärt sich eigentlich von selbst: Wählen Sie den Radiergummi aus, stellen Sie die gewünschten Optionen ein, setzen Sie den Cursor auf das Bild, und beginnen Sie mit gedrückter Maustaste zu radieren. Auch beim Radieren können Sie durch Halten der [⇧]-Taste gerade Linien löschen, wie dies bereits beim Zeichnen von Linien mit dem Pinsel-Werkzeug in Abschnitt 20.2.1 beschrieben wurde. Beachten Sie allerdings, dass Sie beim Löschen von Pixeln diese unwiderruflich aus dem Bild entfernen.

Werkzeugoptionen | Auch die Werkzeugoptionen entsprechen zum Teil denen des Pinsel-Werkzeugs und des Buntstifts. Einzig bei Art ❷ finden Sie hier mit Buntstift, Pinsel und Quadrat etwas Neues: Hier stellen Sie ein, ob sich die Werkzeugspitze beim Radieren wie ein Pinsel-Werkzeug oder wie ein Buntstift verhalten soll. Der Buntstift erzeugt, wie erwähnt, härtere Kanten als das Pinsel-Werkzeug. Die Einstellung Quadrat stellt eine quadratische Werkzeugspitze ein. Diese benötigen Sie etwa, wenn Sie in einer hohen Zoomstufe pixelgenau radieren müssen. In diesem Modus werden dann die anderen Werkzeugspitzen nicht mehr zur Auswahl angeboten.

Pixelgenau radieren
Wenn Sie exakt einzelne Pixel mit einer Werkzeuggröße von 1 Pixel radieren wollen, müssen Sie als Art ❷ Buntstift verwenden. Nur so findet keine Kantenglättung statt, die beim Radieren auf die benachbarten Pixel angewandt würde, wie dies mit dem Modus Pinsel der Fall ist.

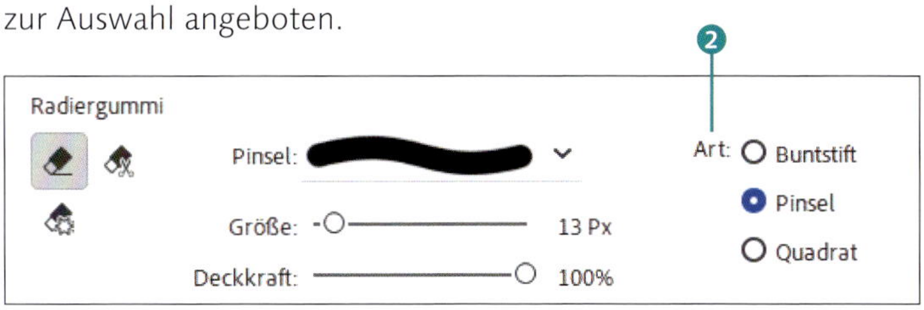

◂ **Abbildung 20.27**
Die Werkzeugoptionen des Radiergummis

20.2.6 Der Hintergrund-Radiergummi

Mit dem Hintergrund-Radiergummi [E] werden gleichfarbige Bereiche gelöscht. Dies funktioniert ähnlich wie beim Farbe-ersetzen-Werkzeug, nur das hier der Bereich unterhalb der Pinselspitze nicht ersetzt, sondern gelöscht wird. Mit diesem Werkzeug können Sie daher recht problemlos störende Objekte und/oder Pixel vom Hintergrund entfernen. Das Fadenkreuz im Kreis der Pinselspitze wird dabei als *Hotspot* bezeichnet. Wenn Sie den Hintergrund-Radiergummi im Bild mit gedrückter Maustaste ziehen, werden alle Pixel innerhalb des Kreises, die einen ähnlichen Farbwert wie das Pixel unter dem Hotspot haben, gelöscht. Bei richtiger Anwendung bleiben auch die Kanten des Vordergrundobjekts erhalten, während Sie die Hintergrundpixel löschen.

Werkzeugoptionen | Die Stärke der Pinselspitze stellen Sie mit dem Regler Grösse ❶ (Abbildung 20.28) ein. Mit dem Regler Toleranz ❷ geben Sie an, wie ähnlich der Farbwert eines Pixels sein sollte, um vom Hintergrund-Radiergummi berücksichtigt zu werden. Je niedriger der Wert, desto ähnlicher muss die Hotspot-Farbe sein, um gelöscht zu werden. Mit der Schaltfläche Pinseleinstellungen ❸ können Sie einzelne Einstellungen des Pinsels wie Härte, Malabstand, Rundungen usw. anpassen.

Unter GRENZEN ❹ wählen Sie BENACH., um nur die benachbarten Bereiche zu löschen, die die Hotspot-Farbe enthalten. Mit NICHT BENACHBART werden alle Pixel innerhalb des Kreises gelöscht, die der Hotspot-Farbe ähnlich sind.

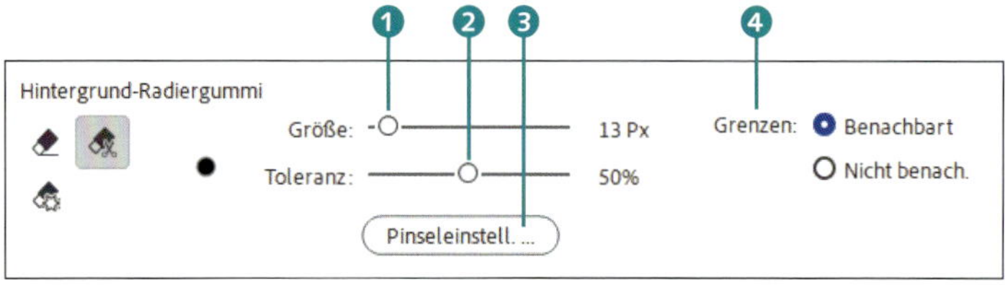

Abbildung 20.28 ▸
Werkzeugoptionen des Hintergrund-Radiergummis

Kapitel_20: Weiss.jpg

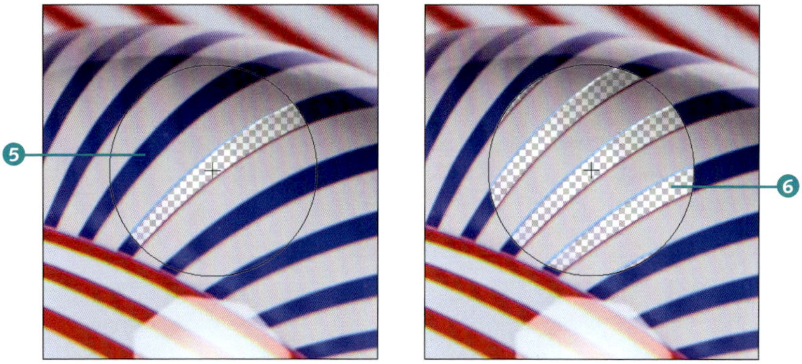

▲ Abbildung 20.29
Die Optionen von GRENZEN ❹ sollen hier nochmals am blauen Streifen einer Glaskugel demonstriert werden. Links wurde die Option BENACHBART ausgewählt, weshalb die blauen Linien rechts und links, über denen sich der Pinsel auch noch befindet ❺, nicht transparent wurden. Im Bild daneben habe ich die Option NICHT BENACHBART verwendet. Daher wurden dort auch die blauen Bereiche der Linien transparent ❻, über denen sich der Pinsel befand. Mit dem Schachbrettmuster wird in Photoshop Elements die Transparenz verdeutlicht.

20.2.7 Der Magische Radiergummi

Für den Magischen Radiergummi stehen Ihnen mehrere Optionen zur Verfügung.

Werkzeugoptionen | Zunächst können Sie mit der TOLERANZ ❶ den zu löschenden Farbbereich festlegen. Es werden jene Bildteile gelöscht, deren Farbwertbereich dem ausgewählten Pixel ähnlich ist. Je niedriger dieser Wert hierbei ist, desto ähnlicher muss der Farbwert des Pixels sein. Mit der DECKKRAFT ❷ legen Sie die Stärke des Radierens fest. Bei 100 % werden beim Radieren der Ebene die Pixel vollkommen entfernt. Wenn Sie die DECKKRAFT reduzieren, tritt dieser Effekt nur teilweise ein.

Wenn Sie die Option ALLE EBENEN AUFNEHMEN ❸ aktivieren, werden alle Farben zum Löschen aus allen sichtbaren Ebenen verwendet. Wenn Sie nur die Farben aus der aktiven Ebene löschen wollen, lassen Sie diese Option deaktiviert.

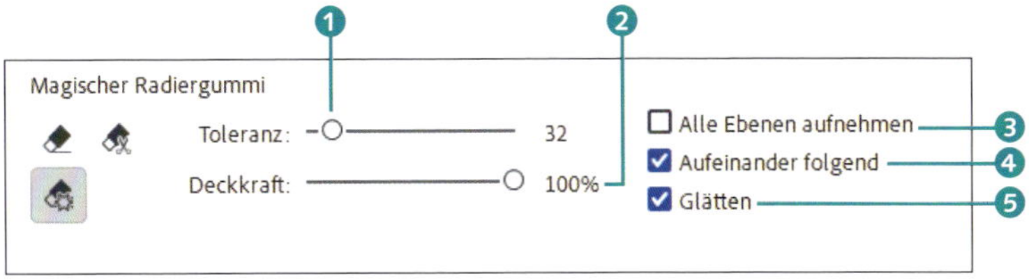

◀ **Abbildung 20.30**
Die Werkzeugoptionen des Magischen Radiergummis

Wenn Sie die Checkbox AUFEINANDER FOLGEND ❹ mit einem Häkchen versehen, werden nur die Pixel gelöscht, die direkt an das ausgewählte Pixel angrenzen, wie Sie es in Abbildung 20.31 auch sehen können. Deaktivieren Sie diese Option, werden alle identischen oder ähnlichen Pixel (abhängig von der TOLERANZ) im Bild entfernt, wie dies in Abbildung 20.32 gemacht wurde. Damit die Kanten des gelöschten Bereichs natürlicher wirken, können Sie die Checkbox GLÄTTEN ❺ aktivieren.

Nacharbeit
Auch wenn der Magische Radiergummi sehr gut arbeitet, werden Sie dennoch um ein wenig Nacharbeit mit dem Hintergrund-Radiergummi oder dem Radiergummi häufig nicht herumkommen.

Verwendung des Magischen Radiergummis | Die Verwendung des Werkzeugs ist ganz einfach: Nachdem Sie die Optionen des Werkzeugs eingestellt und gegebenenfalls die entsprechende Ebene im Ebenen-Bedienfeld ausgewählt haben, markieren Sie im Bildbereich mit der Maus den Teil, den Sie entfernen wollen, und klicken diesen an. Je nach Einstellung der Werkzeugoptionen werden nun Pixel im Bildbereich gelöscht.

▲ **Abbildung 20.31**
Hier wurde der Hintergrund mit dem Magischen Radiergummi und aktiver Option AUFEINANDER FOLGEND entfernt.

▲ **Abbildung 20.32**
Hier wurde der Hintergrund ebenfalls mit dem Magischen Radiergummi, aber nicht mit aktiver Option AUFEINANDER FOLGEND entfernt.

Wann welcher Radiergummi? | Wann Sie den Magischen Radiergummi einsetzen sollten und wann eher den Hintergrund-Radiergummi, hängt vom Motiv ab. Bei einfachen Motiven mit einfarbigen großen Flächen ist der Magische Radiergummi besser geeignet. Für etwas detailliertere Arbeiten bietet sich der Hintergrund-Radiergummi an. Um einzelne Pixel zu bearbeiten, ist der normale Radiergummi die beste Wahl.

20.2.8 Das Smartpinsel-Werkzeug

Eine spezielle Art von Pinsel-Werkzeugen von Photoshop Elements sind die Werkzeuge Smartpinsel-Werkzeug F und Detail-Smartpinsel-Werkzeug F. Bevorzugt lassen sich diese Werkzeuge für Tonwerteffekte und Farbkorrekturen verwenden, aber auch für kreative Arbeiten eignen sie sich.

Vielfältig einsetzbar
Die Smartpinsel-Werkzeuge sind gar nicht so leicht einzuordnen – diese Werkzeuge könnte man ebenso gut in den Kapiteln zur Bildkorrektur (Teil III) besprechen sowie bei den Auswahlen (Teil IX) oder auch Ebenen (Teil X). Daran erkennen Sie auch, wie vielfältig Sie das Werkzeug einsetzen können.

Automatische Auswahl und Korrektur | Die Effekte beider Werkzeuge werden über Einstellungsebenen realisiert, wodurch das Originalbild bzw. die Bildebene unangetastet bleibt. Im Prinzip funktionieren diese Werkzeuge wie eine Kombination aus Schnellauswahl-Werkzeug (Abschnitt 23.4, »Das Schnellauswahl-Werkzeug«) und Einstellungsebenen, bei der Sie aus einer Palette von vordefinierten Korrekturen und Effekten auswählen können.

Gerade für Einsteiger sind diese Werkzeuge ideale Hilfsmittel, da sie schwierigere Dinge wie Auswahlen, Ebenen und Ebenenmasken im Hintergrund von Photoshop Elements automatisch für Sie erstellen.

Werkzeugoptionen | In der Pop-up-Palette ❶ können Sie sich eine Liste der vorhandenen Smartpinsel-Werkzeuge anzeigen lassen. Standardmäßig werden hierbei zunächst nur Korrekturen UNIVERSAL aufgelistet, aber die Dropdown-Liste ❼ zeigt Ihnen nach Themen sortiert auch andere vordefinierte Korrekturen an.

Über GRÖSSE ❸ und die Schaltfläche PINSELEINSTELLUNGEN ❹ stellen Sie den Pinsel ein (Abschnitt 20.3, »Pinsel- und Werkzeugspitzen«).

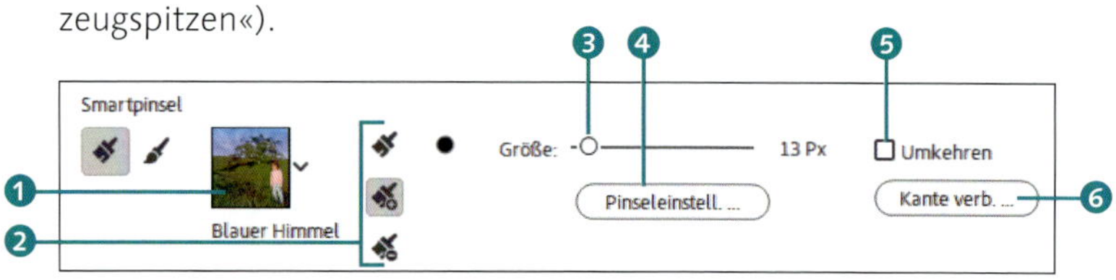

Abbildung 20.33 ▶
Optionen des Smartpinsel-Werkzeugs

Mit der Checkbox UMKEHREN ❺ kehren Sie die Auswahl um: Was nicht ausgewählt war, ist nun ausgewählt, und was zuvor ausgewählt war, ist nun nicht mehr ausgewählt. Dies entspricht dem Kommando AUSWAHL • AUSWAHL UMKEHREN (oder ⇧+Strg/cmd+I). Mit der Schaltfläche KANTE VERBESSERN ❻ können Sie über einen Dialog die Kanten der Auswahl verbessern.

Zum Weiterlesen
Mehr zu den Auswahlbefehlen können Sie in Abschnitt 22.3, »Auswahlbefehle im Menü«, und zum Dialog KANTE VERBESSERN in Abschnitt 22.5.3 nachlesen.

Die drei kleinen Pinsel ❷ sind ebenfalls schnell erklärt. Um eine neue Auswahl für Korrekturen auf dem Bild festzulegen, sollten Sie den Pinsel für NEUE AUSWAHL auswählen. Wollen Sie einer bereits vorhandenen Auswahl weitere Bereiche hinzufügen, aktivieren Sie den Pinsel (DER AUSWAHL HINZUFÜGEN). Sollen hingegen Teile einer bereits vorhandenen Auswahl entfernt werden, verwenden Sie den Pinsel (VON AUSWAHL SUBTRAHIEREN).

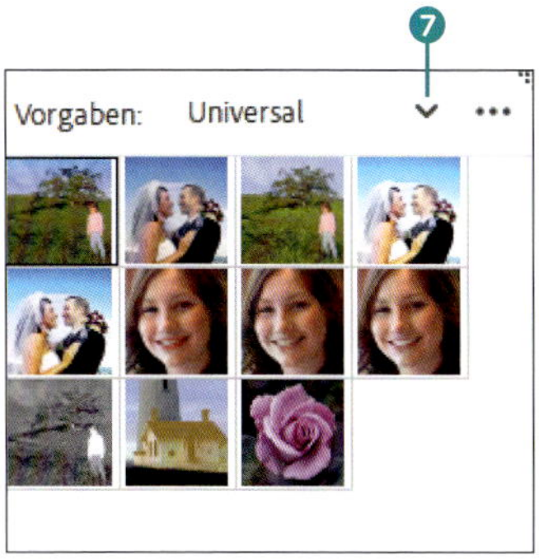

▲ **Abbildung 20.34**
Über das Pop-up-Menü wählen Sie aus den zahlreichen Vorgaben.

Die Smartpinsel im Einsatz | Die Verwendung des Smartpinsel-Werkzeugs ist kinderleicht. Den praktischen Einsatz erläutert der folgende Workshop.

Schritt für Schritt
Bildkorrektur mit dem Smartpinsel-Werkzeug

Mit dem Smartpinsel-Werkzeug lassen sich Korrekturen einfach auf ein Bild bzw. bestimmte Stellen im Bild auftragen. In den Vorgaben findet sich auch ein BLAUER HIMMEL – genau das Richtige für diese etwas fahl geratene Aufnahme des eigentlich strahlend blauen Himmels.

Kapitel_20:
Mineral-del-Montes.jpg,
Mineral-del-Montes.psd

1 Korrektur auswählen

Öffnen Sie das Bild »Mineral-del-Montes.jpg« im Fotoeditor, und wählen Sie das Smartpinsel-Werkzeug [F] aus der Werkzeugpalette aus. Da der Himmel im Bild recht fahl geraten ist, wählen Sie aus der Pop-up-Palette ❾ BLAUER HIMMEL ❽ aus der Vorgabe NATUR, und stellen Sie die GRÖSSE des Pinsels ❿ auf 67 Pixel.

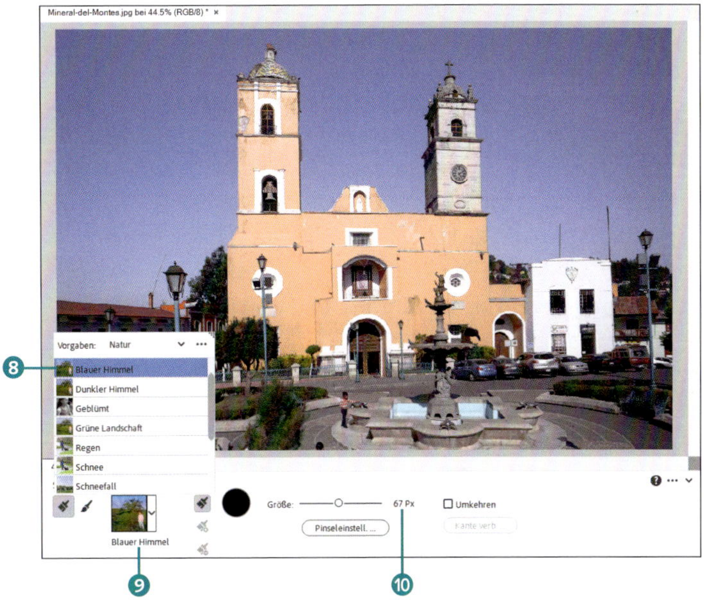

◀ **Abbildung 20.35**
Zunächst soll der Himmel ein leuchtenderes Blau erhalten.

Deckkraft reduzieren
Häufig sind die aufgemalten Korrekturen recht stark und übertrieben und müssen etwas angepasst werden. Meistens reicht es aus, wie auch in diesem Beispiel, einfach die DECKKRAFT 3 der Ebene etwas zu reduzieren. Hier wurde die Deckkraft auf 40 % gestellt. Dies ist allerdings auch Geschmackssache.

2 Korrektur ins Bild malen

Malen Sie die Korrektur mit gedrückt gehaltener linker Maustaste auf den Himmel auf. Die Korrektur wird als eigene Einstellungsebene 4 vorgenommen. Haben Sie zu viel ausgewählt, können Sie dies jederzeit mit dem Pinsel wieder von der Auswahl abziehen; ebenso können Sie weitere Bildbereiche hinzufügen.

Die Pinsel 1 aus den Werkzeugoptionen finden Sie auch im Bild zur Auswahl wieder. Sie sehen nun einen Farbpunkt 2 im Bild. Dieser Farbpunkt dient als Referenz für die Korrektur. Erstellen Sie eine weitere Korrektur, wird ein weiterer Farbpunkt angelegt. Der Himmel sollte jetzt in Blau erstrahlen.

▲ **Abbildung 20.36**
Photoshop Elements erstellt automatisch eine Einstellungsebene, und Sie können sofort losmalen.

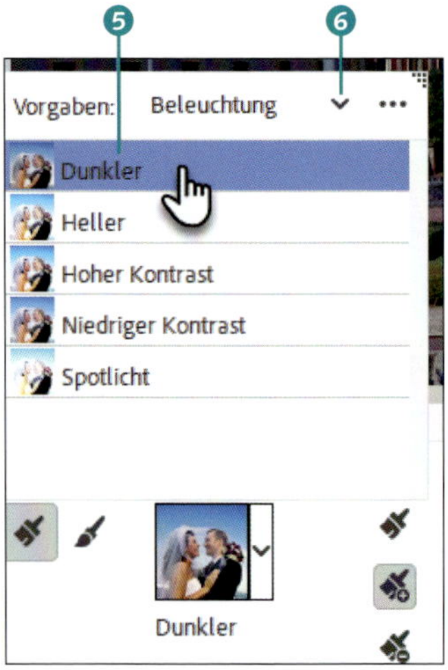

▲ **Abbildung 20.37**
Machen Sie das Bild dunkler.

3 Weitere Korrekturvorgabe für das Bild vorbereiten

Nun soll noch eine zweite Korrekturvorgabe im Bild verwendet werden. Wählen Sie hierzu zunächst in den Werkzeugoptionen den Pinsel für eine neue Auswahl. Verwenden Sie aus der Gruppe BELEUCHTUNG 6 die Korrekturvorgabe DUNKLER 5.

4 Weitere Korrektur ins Bild malen

Malen Sie, wie schon beim Himmel, eine weitere Korrektur auf den Vordergrund mitsamt den Gebäuden im Bild. Auch hier gilt: Haben Sie zu viel gemalt, ziehen Sie diesen Bereich mit wieder von der Auswahl ab. Dasselbe gilt für das Hinzufügen von Bildbereichen mit. Nun sollten Sie im Ebenen-Bedienfeld eine weitere Einstellungsebene 8 vorfinden und im Bild einen zweiten Farbpunkt 7.

▲ **Abbildung 20.38**
Für die beiden Korrekturen SONNENUNTERGANG und DUNKLER wurde je eine Einstellungsebene angelegt.

Farbpunkte nicht sichtbar
Die Farbpunkte sind nur dann sichtbar und anwählbar, wenn Sie eines der Smartpinsel-Werkzeuge aktiviert haben. Von anderen Werkzeugen aus können Sie die Korrektureinstellungen nur über einen Doppelklick auf die Ebenenminiatur ändern.

5 Gegebenenfalls Arbeitsschritt 3 und 4 wiederholen

Natürlich können Sie noch beliebige weitere Korrekturen ins Bild malen und die Arbeitsschritte 3 und 4 bei Bedarf wiederholen.

6 Korrektureinstellungen ändern (1)

Im nächsten Schritt wollen wir nun die Korrektureinstellungen einer Einstellungsebene ändern. Hierzu stehen Ihnen drei Möglichkeiten zur Verfügung:

- Klicken Sie doppelt auf die Ebenenminiatur (nicht Ebenenmaske!) der Einstellungsebene im Ebenen-Bedienfeld.
- Noch einfacher geht es mit einem Doppelklick auf den Farbpunkt oder indem Sie diesen mit der rechten Maustaste anklicken und im Kontextmenü den Punkt KORREKTUREINSTELLUNGEN ÄNDERN auswählen. Hierbei können Sie auch über das Kontextmenü die entsprechende Ebene auswählen, die Sie ändern wollen.
- Ähnlich können Sie auch eine mit dem Smartpinsel-Werkzeug erstellte Korrektur löschen, indem Sie entweder die entsprechende Einstellungsebene im Ebenen-Bedienfeld löschen oder per Rechtsklick auf den Farbpunkt KORREKTUR LÖSCHEN auswählen.

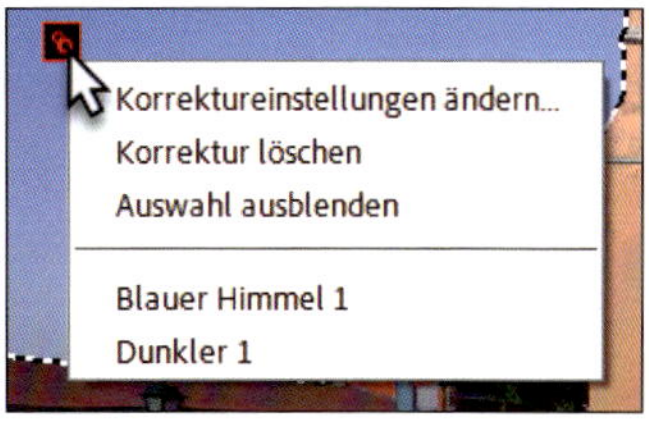

▲ **Abbildung 20.39**
Korrekturen verwerfen oder auswählen

7 Korrektureinstellungen ändern (2)

Je nachdem, welche Korrektureinstellung Sie ausgewählt haben, erscheint nun das zur Einstellungsebene gehörende Bedienfeld.

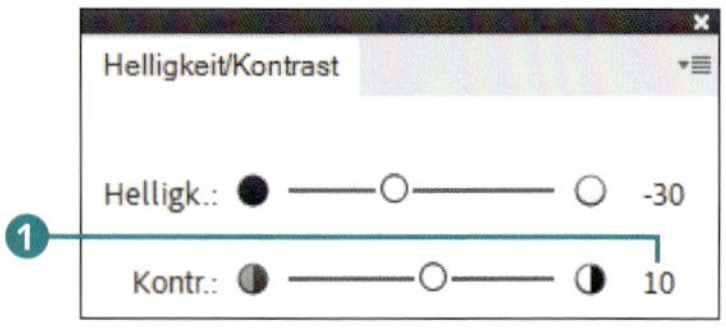

▲ **Abbildung 20.40**
Die Arbeit des Smartpinsel-Werkzeugs können Sie nachträglich justieren.

Im Beispiel habe ich die Abdunklung mit dem Dialog Helligkeit/Kontrast realisiert. Durch die Abdunklung allein wirkt der Vordergrund etwas zu flau. Erhöhen Sie daher im Dialog den Kontrast (1) auf 10.

8 Korrekturvorgaben ändern

Es sollte hier noch erwähnt werden, dass Sie jederzeit eine aufgemalte Korrekturvorgabe nachträglich ändern können. Dazu müssen Sie lediglich die entsprechende Ebene auswählen und die jeweilige Korrekturvorgabe in einer bestimmten Gruppe wählen.

9 Ebenen reduzieren

Speichern Sie die Bearbeitung als PSD- oder TIFF-Format ab, wenn Sie das Beispiel künftig weiterbearbeiten wollen. Wenn Sie mit dem Ergebnis schließlich zufrieden sind, können Sie alle Ebenen auf eine reduzieren. Klicken Sie hierzu eine der Ebenen im Ebenen-Bedienfeld mit der rechten Maustaste an, wählen Sie im Kontextmenü Auf Hintergrundebene reduzieren aus, und speichern Sie das Bild anschließend beispielsweise im JPEG-Format für die Weitergabe ab.

Einstellungen anpassen
Die Bildkorrektur mit dem Smartpinsel-Werkzeug ist ein hilfreiches Werkzeug für schnelle Korrekturen oder Kreatives. Selten passen hier allerdings die aufgemalten Korrekturvorgaben auf Anhieb und müssen dem Bild entsprechend angepasst werden. Wenn Sie sich damit aber auseinandersetzen, die Deckkraft entsprechend anpassen, die Korrektureinstellungen ändern und auch ein Gefühl für Farben haben oder kreativ sind, lässt sich mit diesem Werkzeug viel erreichen.

10 Analyse

Wenn Sie zuletzt die Vorher- und die Nachher-Ansicht miteinander vergleichen, sehen Sie, dass die Resultate mit dem Werkzeug durchaus gelungen sind – gerade in Anbetracht des geringen Aufwands.

▲ **Abbildung 20.41**
Links das Bild im Originalzustand, rechts nach der Überarbeitung mit dem Smartpinsel-Werkzeug

Aufgepinselte Ebene nachträglich anpassen? | Wenn Sie etwas mit dem Smartpinsel-Werkzeug aufmalen, wird dafür eine neue Ebene mithilfe der Ebenenmaske angelegt.

Ebenenmasken
Mehr zu den Ebenenmasken finden Sie in Kapitel 28.

Einige dieser aufgepinselten Korrektureinstellungen können nachträglich angepasst werden. Andere aufgepinselte Ebenen wiederum sind im Grunde nur einfache Effekte. Genau genommen gibt es hierbei drei verschiedene Arten von Ebenen, die mit dem Smartpinsel-Werkzeug aufgemalt werden können:

1. Ebene mit Ebenenmaske: Bei dieser Ebene sehen Sie in der Ebenenminiaturvorschau eine Kopie des Hintergrundbildes mit dem aufgepinselten Effekt und der schwarzweißen Ebenenmaske daneben. Solche Ebenen haben keine weiteren Einstellungen mehr, die nachträglich justiert werden könnten.
2. Einstellungsebene mit Ebenenmaske: Bei dieser Ebene finden Sie das Symbol einer Einstellungsebene neben der schwarzweißen Ebenenmaske vor. Diese Einstellung können Sie durch Doppelklicken des Symbols nachträglich über den sich öffnenden Korrektur-Dialog anpassen.
3. Nicht bearbeitbare Einstellungsebene mit Ebenenmaske: Diese Ebene hat zwar auch eine Einstellungsebene, aber diese ist nicht mehr nachträglich änderbar. Solche Ebenen erkennen Sie am durchgestrichenen Stiftsymbol ❷ rechts außen.

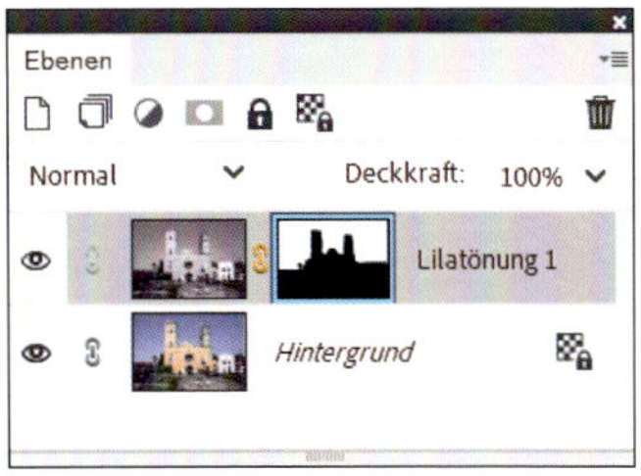

▲ **Abbildung 20.42**
Ebene mit Ebenenmaske

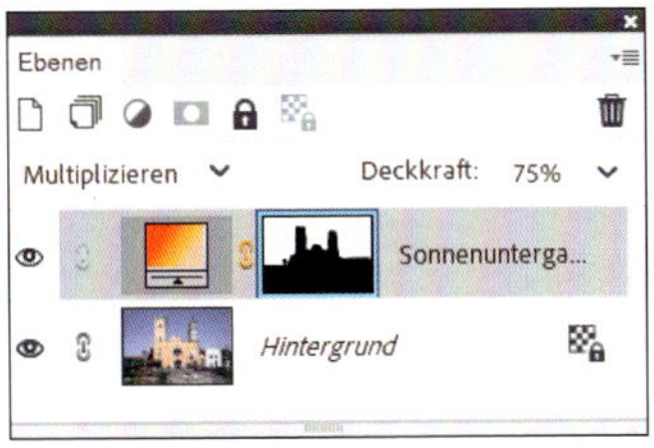

▲ **Abbildung 20.43**
Einstellungsebene mit Ebenenmaske

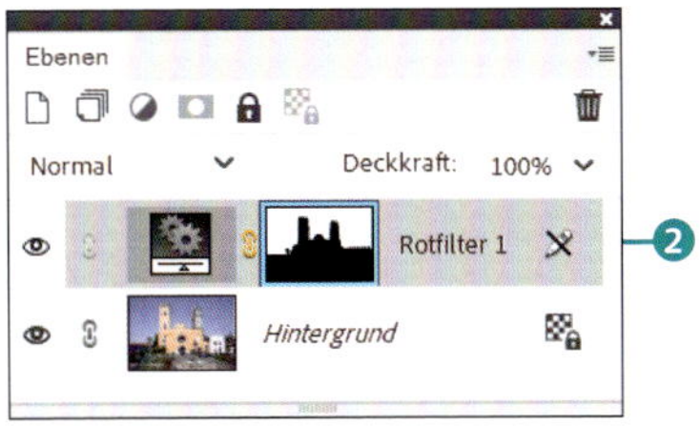

▲ **Abbildung 20.44**
Nicht editierbare Einstellungsebene mit Ebenenmaske

20.2.9 Das Detail-Smartpinsel-Werkzeug

Das Detail-Smartpinsel-Werkzeug [F] unterscheidet sich in den Werkzeugoptionen vom einfachen Smartpinsel-Werkzeug auf den ersten Blick nur dadurch, dass Sie hier unter voreingestellten Pinselspitzen ❸ wählen können. Alle übrigen Werkzeugoptionen sind gleich.

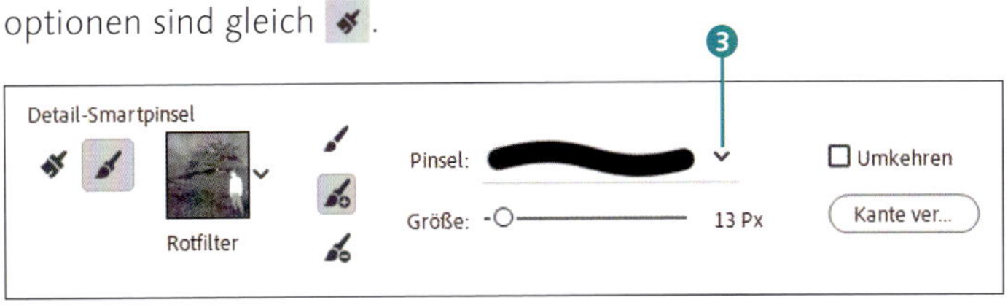

▲ **Abbildung 20.45**
Wählen Sie eine der voreingestellten Pinselspitzen.

Bedienung des Detail-Smartpinsel-Werkzeugs | Erst bei der Verwendung des Detail-Smartpinsel-Werkzeugs wird der Unterschied zum Smartpinsel-Werkzeug deutlich. Während das Smartpinsel-Werkzeug wie das Schnellauswahl-Werkzeug A funktioniert, arbeitet das Detail-Smartpinsel-Werkzeug wie das Pinsel-Werkzeug. Somit ist das Detail-Smartpinsel-Werkzeug eher für Bilder oder Bildbereiche geeignet, die sich zur Korrektur oder Veränderung nicht so einfach wie beim Smartpinsel-Werkzeug mit einer Auswahl erfassen lassen. Auch für detailliertere Nacharbeiten zum Smartpinsel-Werkzeug eignet sich das Werkzeug bestens (daher auch sein Name).

Pinsel-Werkzeug versus Werkzeugspitze »Pinsel«
Vielleicht verwirrt es Sie ein wenig, dass mit Pinsel hier immer wieder die Werkzeugspitze gemeint ist und nicht das gleichnamige Werkzeug. Das Werkzeug zum Malen wird im Buch stets als *Pinsel-Werkzeug* bezeichnet, während sich die einfache Bezeichnung *Pinsel* auf eine Werkzeugspitze bezieht (manchmal auch Pinselspitze), die auch in Verbindung mit anderen Werkzeugen in Photoshop Elements verwendet wird.

20.3 Pinsel- und Werkzeugspitzen

Die Werkzeugspitzen werden neben den typischen Malwerkzeugen wie Pinsel-Werkzeug, Buntstift oder Radiergummi auch bei Werkzeugen für Illustrationen und Retuschen von Photoshop Elements verwendet. Die Anwendung und Wirkung der Werkzeugspitzen ist bei allen Werkzeugen recht ähnlich.

20.3.1 Werkzeugspitzen auswählen und einstellen über die Werkzeugoptionen

Zum schnellen Auswählen und Einstellen der Werkzeugspitze verfügen die entsprechenden Werkzeuge in den Werkzeugoptionen über ein Dropdown-Menü Pinsel ❸, um andere Kategorien bzw. Varianten von Pinseln auflisten zu lassen. Die Pinsel-Varianten können Sie übrigens auch anzeigen, indem Sie mit aktivem Werkzeug mit der rechten Maustaste ins Bild klicken.

Abbildung 20.46 ▼
Die Varianten des Pinsel-Werkzeugs werden als Kleine Miniaturen angezeigt. Andere Ansichten erreichen Sie über das Seitenmenü ❶.

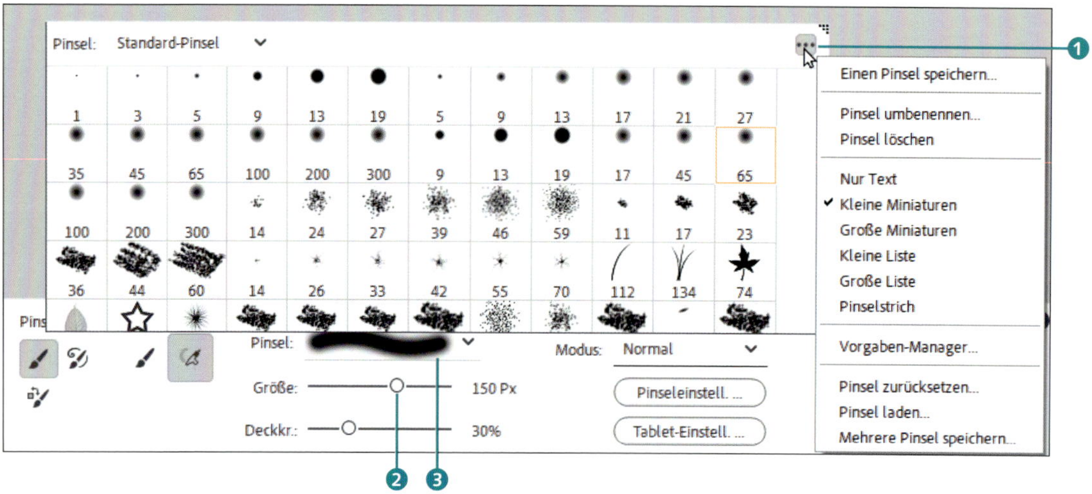

Grundsätzlich finden Sie bei fast allen Werkzeugen, die einen Pinsel als Werkzeugspitze haben, darunter gleich die Option GRÖSSE ❷, um den Durchmesser des Pinsels einzustellen.

Werkzeugspitzen auswählen und einstellen ohne Pinsel-Varianten | Einige Werkzeuge, wie das Schnellauswahl-Werkzeug [A], der Reparatur-Pinsel [J], das Farbe-ersetzen-Werkzeug [B] und der Hintergrund-Radiergummi [E], weichen etwas von den anderen Werkzeugen ab. Sie bieten erweiterte Einstellungsmöglichkeiten für den Pinsel, dafür aber keine Liste mit Pinselspitzen. Hier können Sie neben der HÄRTE (ehemals Kantenschärfe) auch die Form (RUNDUNG), die Neigung (WINKEL) und den Abstand (MALABSTAND) festlegen. Die Dropdown-Liste GRÖSSE ist vor allem für Besitzer von Grafiktabletts interessant – alle anderen können diesen Wert auf AUS setzen.

Malabstand: Gepunktete Linien
Der MALABSTAND legt fest, in welchen Abständen ein Werkzeug Pinselpunkte setzt. Je niedriger dieser Wert ist, desto eher entsteht beim Malen mit der Maus eine durchgezogene Linie. Erhöhen Sie den Wert, können Sie gepunktete Linien zeichnen.

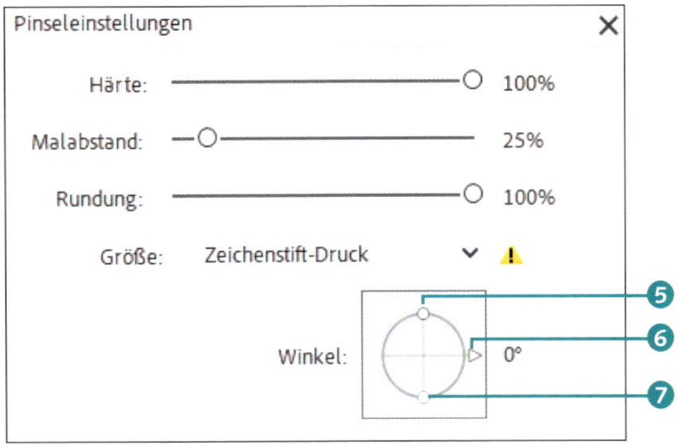

◂ **Abbildung 20.47**
Erweiterte Einstellungen für die Pinselspitze des Schnellauswahl-Werkzeugs

Die Werte geben Sie entweder über die Tastatur ein oder verändern sie durch Bewegen des Schiebereglers. WINKEL und RUNDUNG für die Pinselform lassen sich neben der Zahleneingabe per Maus neigen und verformen. An der Pfeilspitze ❻ können Sie den Winkel drehen und an den beiden Punkten ❺ und ❼ seine Rundung verformen.

20.3.2 Darstellung der Werkzeugspitzen am Bildschirm

In der Regel ist die Darstellung der Werkzeugspitzen optimal eingestellt. Wer hier aber eine andere Werkzeugspitze benutzen möchte, der findet im Bereich MALWERKZEUGE die entsprechenden Optionen unter BEARBEITEN/PHOTOSHOP ELEMENTS EDITOR • VOREINSTELLUNGEN • ANZEIGE & CURSOR (oder [Strg]/[cmd]+[K] und dann ANZEIGE & CURSOR). Gelegentlich verwende ich zum Beispiel gerne das Fadenkreuz, weil ich hiermit die Wirkung des Werkzeugs zum Rand hin genauer erkennen kann.

Fadenkreuz auf die Schnelle
Wenn Sie die Feststelltaste arretieren, wird bei den Malwerkzeugen immer die Ansicht FADENKREUZ angezeigt.

20.3.3 Pinselspitzen verwalten

Photoshop Elements bietet von Haus aus eine ganze Menge an Pinselspitzen an. Sie haben bereits erfahren, dass Sie weitere Pinselspitzen über die Dropdown-Liste PINSEL laden können.

Nicht alle vorhandenen Werkzeugspitzen stehen sofort zur Verwendung in der Liste bereit. Auf diese Weise bleibt die Liste übersichtlich. Sämtliche Werkzeugspitzen werden daher in Bibliotheken organisiert. Die Bibliotheken verwalten Sie über das Seitenmenü oder über den Vorgaben-Manager.

Fremde oder eigene Pinselspitzen laden | Sie können jederzeit weitere Bibliotheken mit Pinselspitzen laden, die nicht offizieller Teil von Photoshop Elements sind. Das Internet bietet kostenlose und kommerzielle Pinsel (englisch *brushes*) in großer Zahl – eine gute Adresse ist zum Beispiel *http://www.brusheezy.com*. Um externe Bibliotheken nachzuladen, finden Sie bei der Auswahl der Pinsel über das erweiterte Menü einen Eintrag PINSEL LADEN ❹.

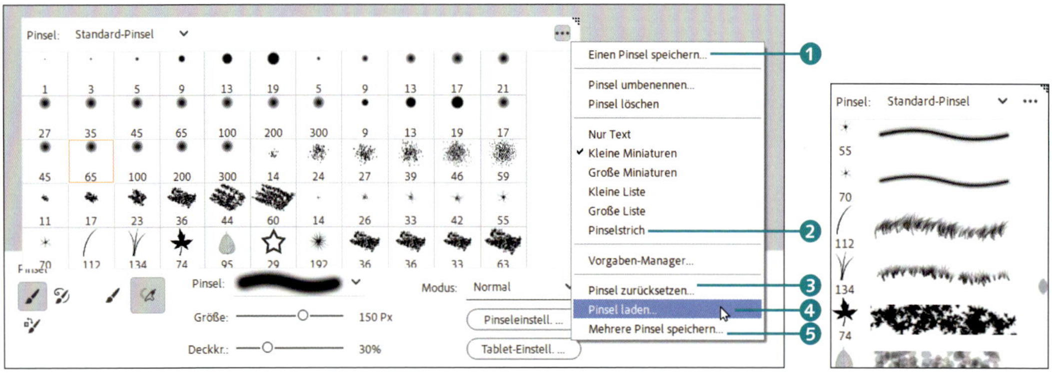

▲ **Abbildung 20.48**
Sie können weitere Werkzeugspitzen nachladen. Rechts wurde die Ansicht auf PINSELSTRICH ❷ geändert.

> **Pinsel zurücksetzen**
> Im erweiterten Menü finden Sie über dem Eintrag PINSEL LADEN noch den Eintrag PINSEL ZURÜCKSETZEN ❸, um die Liste der Pinsel wieder auf den »Werkszustand« zurückzusetzen.

Wenn Sie PINSEL LADEN ausgewählt haben, ruft Photoshop Elements standardmäßig den LADEN-Dialog mit dem Ordner des Anwenders auf, in dem die Werkzeugspitzen-Bibliotheken gespeichert werden. Sie können aber auch mithilfe des Dialogs in einem beliebigen Ordner des Systems eine Pinselbibliothek mit der Endung ».abr« (für *Adobe brushes*) laden.

Standardverzeichnisse für die Pinsel | Wenn neue Werkzeugspitzen-Bibliotheken automatisch beim Programmstart von Photoshop Elements über die Dropdown-Liste bei der Auswahl der

Pinselspitzen aufgelistet werden sollen, speichern Sie diese Bibliotheken im Standardverzeichnis.

- Bei Windows ist das Benutzerverzeichnis zu finden unter: [Laufwerk]:\Users\<Ihr Benutzerverzeichnis>\AppData\Roaming\Adobe\Photoshop Elements 2026\Presets\Brushes
- Beim Mac lautet der Pfad zum Benutzerverzeichnis: /Users/<Ihr Benutzerverzeichnis>/Library/Application Support/Adobe/Adobe Photoshop Elements 2026/Presets/Brushes

Alternativ können Sie die Pinsel auch im Programmverzeichnis ablegen.

- Bei Windows lautet dieses: [Laufwerk]:\Programme\Adobe\Photoshop Elements 2026\Presets\Brushes
- Beim Mac ist der Pfad: Programme/Photoshop Elements 2026/Support Files/Presets/Brushes

▲ **Abbildung 20.49**
Hier wurde eine Bibliothek mit fliegenden Vögeln von der Webseite *www.brusheezy.com* geladen.

Pinsel speichern | Ebenfalls über das erweiterte Menü bei der Auswahl der Werkzeugspitze finden Sie die Befehle Einen Pinsel speichern ❶ und Mehrere Pinsel speichern ❺. Mit dem Kommando Einen Pinsel speichern legen Sie einen Pinsel unter einem neuen Pinselnamen in der Bibliothek ab. Mit Mehrere Pinsel speichern hingegen sichern Sie die aktuelle Liste unter einem neuen Namen. Dies ist dann sinnvoll, wenn Sie die Pinsel der Liste verändert haben und diese Änderungen später wiederverwenden wollen. Speichern Sie diese Änderungen außerdem im Standardverzeichnis für die Pinsel, stehen Ihnen diese Werkzeugspitzen beim nächsten Programmstart über die Dropdown-Liste Pinsel zur Verfügung.

Andere Werkzeugspitzen im Vorgaben-Manager verwalten
Um andere Werkzeugspitzen als die Standardpinsel im Vorgaben-Manager zur Verwaltung aufzulisten, laden Sie die entsprechende Bibliothek (mit der Endung »*.abr«) über Laden oder über Erweitert • Pinsel ersetzen im Laden-Dialog.

Pinsel umbenennen oder löschen | Den Pinselnamen können Sie ebenfalls über das erweiterte Menü mit dem Kommando Pinsel umbenennen ändern. Mit dem Menüpunkt Pinsel löschen entfernen Sie einen Pinsel aus einer Liste.

Schritt für Schritt
Bildschutz mit Wasserzeichen

Besonders nützlich ist ein Pinsel, den Sie als Wasserzeichen zum Bildschutz vor Datenklau aus dem Internet verwenden können. Im folgenden Workshop soll ein solches transparentes Wasserzeichen erstellt werden. Auch wenn es klar sein sollte: Das Wasserzeichen setzen Sie natürlich niemals auf das Originalbild.

Textwerkzeug
Mehr zum Textwerkzeug und zu seiner Verwendung finden Sie in Teil XII, »Mit Text und Formen arbeiten«.

1 Text setzen

Erstellen Sie ein neues Bild mit [Strg]/[cmd]+[N] mit einer Größe von 1200×400 Pixeln und weißem Hintergrund. Wählen Sie das Horizontale Textwerkzeug [T] T aus, und stellen Sie in den Werkzeugoptionen die gewünschte Schrift ein, im Beispiel ROCKWELL BOLD ❶, mit 60 PT ❷.

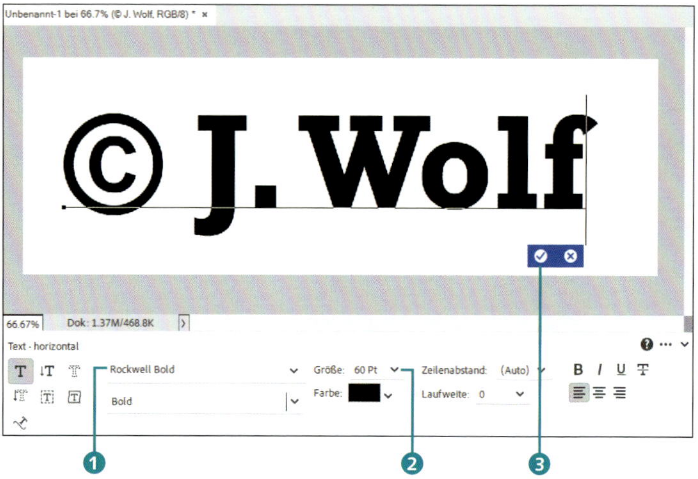

Abbildung 20.50 ▸
Geben Sie einen Text für Ihr Wasserzeichen ein.

Klicken Sie mit der Maus in das leere Bild, und geben Sie den gewünschten Text ein. Wenn Sie einen längeren Text schreiben wollen, markieren Sie einfach mit gedrückter linker Maustaste den Text oder einzelne Buchstaben, und verändern Sie die Größe des Textes. Sind Sie mit dem Text zufrieden, klicken Sie das Häkchen ❸ zur Bestätigung an. Nun verwenden Sie das Verschieben-Werkzeug [V] ✛, um die Position des Textes ein wenig auszurichten.

2 Schrift gestalten

Dieser Schritt ist optional. Wenn Sie wollen, verzieren Sie die Schrift noch mit anderen Stilen oder Effekten.

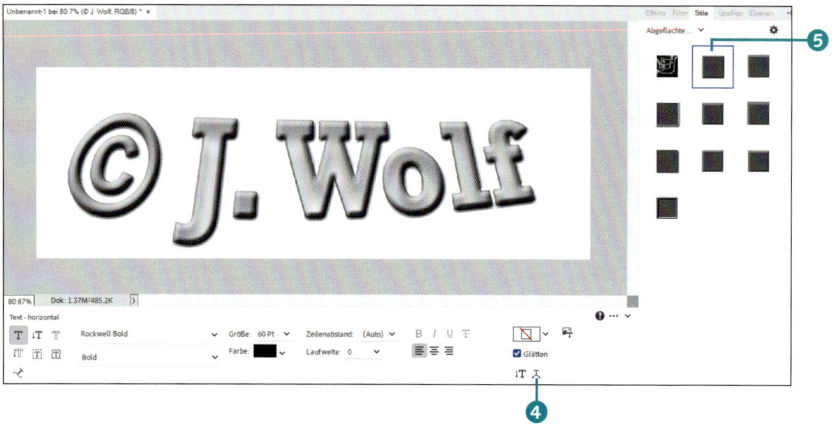

Abbildung 20.51 ▸
Wer es ein wenig ausgefallener mag, der kann seinen Text auch noch etwas gestalten.

Wie genau dies funktioniert, erfahren Sie ausführlich in Teil XII des Buches. Im Beispiel habe ich hier eine Textverkrümmung ❹ und einen Schlagschatten ❺ hinzugefügt.

3 Pinsel definieren

Gehen Sie wieder in das Menü BEARBEITEN • PINSEL DEFINIEREN, und geben Sie für den neuen Pinsel einen Namen ein. Bestätigen Sie Ihre Eingaben mit OK.

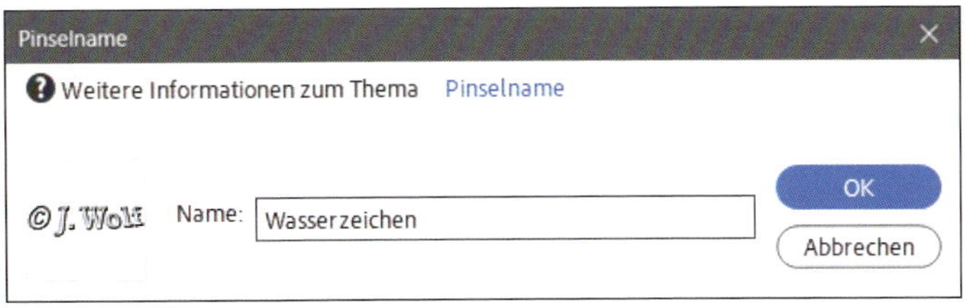

◂ **Abbildung 20.52**
Der Pinsel wird gespeichert.

4 Pinsel verwenden

Laden Sie ein Bild in Photoshop Elements, und verwenden Sie das Pinsel-Werkzeug [B]. Wählen Sie den neuen Pinsel im Dropdown-Menü aus, und stellen Sie die GRÖSSE des Pinsels ein. Reduzieren Sie gegebenenfalls die DECKKRAFT. Mit einem Klick in das Bild bringen Sie nun das neue Wasserzeichen an.

Mehrere Bilder mit Wasserzeichen versehen

Wollen Sie mehrere Dateien schnell mit einem Wasserzeichen versehen, finden Sie über DATEI • MEHRERE DATEIEN VERARBEITEN eine Möglichkeit dazu. Hierbei können Sie den Text, die Position, Schriftart und -größe, die Deckkraft und die Farbe vorgeben. Leider ist es nicht möglich, Ihren selbst erstellten Pinsel dafür zu verwenden.

◂ **Abbildung 20.53**
Rechts unten wurde das Wasserzeichen ❻ mit dem neuen Pinsel eingefügt.

20.3.4 Der Musterpinsel des Assistent-Modus

Interessant dürfte die MUSTERPINSEL-Funktion im Assistent-Modus sein, die Sie bei KREATIVE BEARBEITUNGEN wiederfinden. Die

Funktion versucht, das Motiv im Bild automatisch zu erkennen und zu schützen, damit Sie um das Motiv herum ein Muster mit einem vordefinierten Musterpinsel malen können. Sie können den Bereich um das Motiv auch automatisch füllen lassen. Der Motivschutz lässt sich jederzeit aufheben. Des Weiteren finden Sie einen Radiergummi vor, um den Musterpinsel anzupassen, und einen Weichzeichner, um das Motiv stärker hervorzuheben.

Kapitel 21

Flächen und Konturen füllen

In diesem Kapitel sollen die Werkzeuge zum Füllen von Flächen behandelt werden. Hierzu gehören das Füllwerkzeug und das Verlaufswerkzeug. Auch auf das Nachziehen von Konturen gehe ich hier kurz ein. Am Ende des Kapitels finden Sie noch Informationen zum Vorgaben-Manager, mit dem Sie Pinsel, Farbfelder, Verläufe, Stile und Muster verwalten können.

21.1 Flächen füllen

Um größere Bildflächen mit Farbe zu füllen, stehen Ihnen komfortablere Alternativen zu den Pinsel-Werkzeugen zur Verfügung. Hierbei haben Sie die Wahl, eine Fläche mit einer Farbe, mit Farbverläufen oder mit Mustern zu füllen. Gerade Farbverläufe spielen als Hilfsmittel der Bildgestaltung eine wichtige Rolle.

Solche Flächenfüllungen werden zwar vorwiegend bei Auswahlen und Ebenen eingesetzt, dennoch will ich Ihnen nun schon an dieser Stelle die entsprechenden Werkzeuge vorstellen.

21.1.1 Das Füllwerkzeug

Zum Füllen transparenter oder gefärbter Flächen wie Ebenen oder Auswahlen mit einer neuen Farbe oder einem Muster steht Ihnen das Füllwerkzeug [K] zur Verfügung. Am besten funktioniert das Füllwerkzeug bei einfarbigen Flächen ohne ein bestimmtes Muster. Hat das Bild hingegen verschiedenfarbige Konturen, funktioniert das Füllwerkzeug nur bedingt.

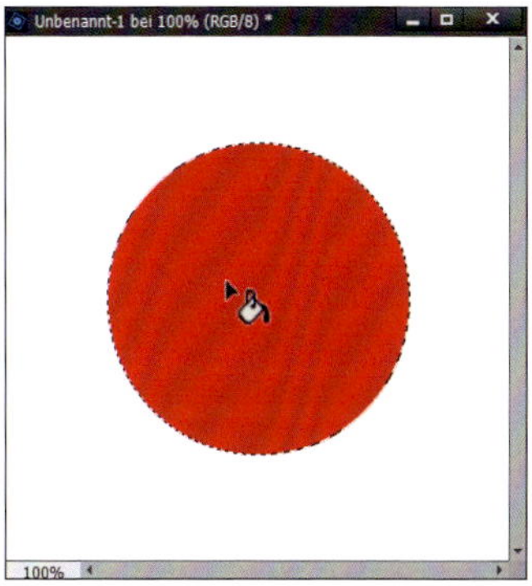

▲ Abbildung 21.1
Das ausgewählte Kreis wurde hier mithilfe des Füllwerkzeugs rot eingefärbt.

Bedienung des Füllwerkzeugs | Die Anwendung ist denkbar einfach: Klicken Sie bei ausgewähltem Füllwerkzeug auf die Bildoberfläche oder in eine ausgewählte Fläche. Der angeklickte Bereich wird sodann standardmäßig mit der aktuellen Vordergrundfarbe des Farbwahlbereichs der Werkzeugpalette gefüllt.

Werkzeugoptionen des Füllwerkzeugs | Wie bereits erwähnt, verwendet das Füllwerkzeug standardmäßig die eingestellte Vordergrundfarbe. Wenn Sie jedoch die Option MUSTER ❶ aktivieren, können Sie die Fläche mit einem Muster füllen, das Sie aus einer Liste im Dropdown-Menü ❷ auswählen können. Dieses Dropdown-Menü wird allerdings nur angezeigt, wenn Sie die Option MUSTER aktiviert haben. Die Auswahl und Verwaltung der Muster funktioniert ebenso wie bei den Pinseln.

Mit der DECKKRAFT regulieren Sie die Transparenz der aufzutragenden Farbe. Die Option TOLERANZ reguliert, dass das Füllwerkzeug nicht einfach nur füllt, sondern auch die Farbwerte von Pixeln berücksichtigt. Der mögliche Wertebereich beträgt 0–255. Je höher Sie diesen Wert setzen, desto mehr Farbwertbereiche werden berücksichtigt und mit der eingestellten Farbe oder dem eingestellten Muster gefüllt. Setzen Sie die TOLERANZ auf den maximalen Wert 255, wird die komplette Ebene bzw. Auswahl gefüllt.

Füllmethoden (Modus)
Die Modi der Füllmethoden (MODUS) entsprechen denen der Ebenen-Füllmethoden und werden auch ebenso bezeichnet. Eine genauere Beschreibung der Modi finden Sie in Kapitel 27, »Füllmethoden von Ebenen«.

Unter MODUS stellen Sie die Füllmethode ein, also wie die aufgetragenen Pixel mit den darunterliegenden Pixeln verrechnet werden sollen.

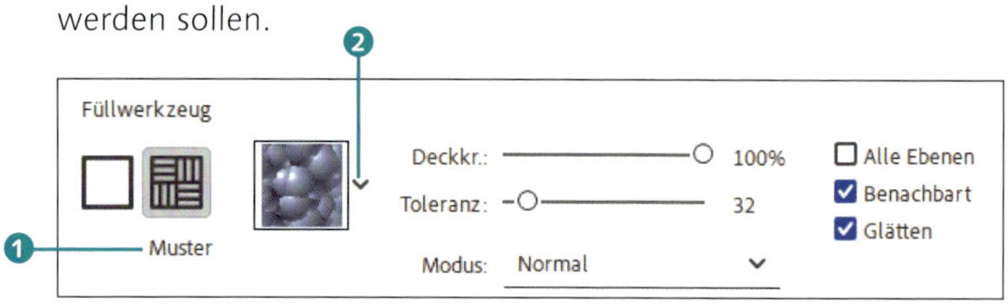

Abbildung 21.2 ▸
Die Werkzeugoptionen des Füllwerkzeugs

Mit der Option ALLE EBENEN entscheiden Sie, ob diese Farbdaten zum Füllen auf alle sichtbaren Ebenen angewendet werden sollen. Die Option BENACHBART legt fest, ob an der angeklickten Stelle nur die im Bild nebeneinanderliegenden Pixel mit ähnlichem Farbbereich (abhängig von der TOLERANZ) eingefärbt werden. Haben Sie die Option GLÄTTEN aktiviert, werden die Kanten der Farbfüllung geglättet, damit sie natürlicher wirken.

21.1.2 Ebene füllen

Für das Füllen von Flächen müssen Sie nicht zwangsläufig zum Füllwerkzeug oder zu einem sonstigen Pinsel-Werkzeug greifen. Sie können auch eine Füllebene nutzen. Das entsprechende Kommando finden Sie im Menü unter BEARBEITEN • EBENE FÜLLEN. Bei der Verwendung einer Füllebene können Sie auch die Eigenschaften der Füllung ändern und die Maske der Füllebene so bearbeiten, dass der Verlauf nur auf einen Teil des Bildes beschränkt wird.

Flächen füllen mit Einstellungsebene
Alternativ zum Füll- und zum Verlaufswerkzeug, mit denen Sie Flächen einfärben, können Sie auch eine Einstellungsebene mit VOLLTONFARBE, VERLAUF oder MUSTER anlegen und verwenden. Mehr zu den Einstellungsebenen erfahren Sie in Abschnitt 9.1.5.

Die Anwendung ist einfach: Legen Sie zuerst im Fotoeditor die Vordergrund- oder Hintergrundfarbe fest, und wählen Sie dann den Bereich oder bei mehreren Ebenen die Ebene aus, den bzw. die Sie füllen wollen. Gehen Sie nun auf Bearbeiten • Ebene füllen, und stellen Sie die gewünschten Optionen ein, ehe Sie den Dialog mit OK bestätigen und das Kommando ausführen.

Mit welchem Inhalt Sie die Fläche füllen, wählen Sie in der Dropdown-Liste Verwenden ❸ aus. Neben den Vordergrund- und Hintergrundfarben können Sie hierbei auch benutzerdefinierte Farben, Schwarz, Weiß, Grau sowie Muster auswählen. Wenn Sie ein Muster verwenden wollen, wählen Sie es darunter über das Flyout-Menü neben Eigenes Muster ❹ aus.

Pipette zur Farbauswahl

Zur Farbauswahl ist bei diesem Dialog auch die Pipette aktiv. Mit ihr können Sie eine Farbe zum Füllen aus einem Bild oder den Farbfeldern auswählen. Auch den Aufnahmebereich der Pipette können Sie in den Werkzeugoptionen einstellen.

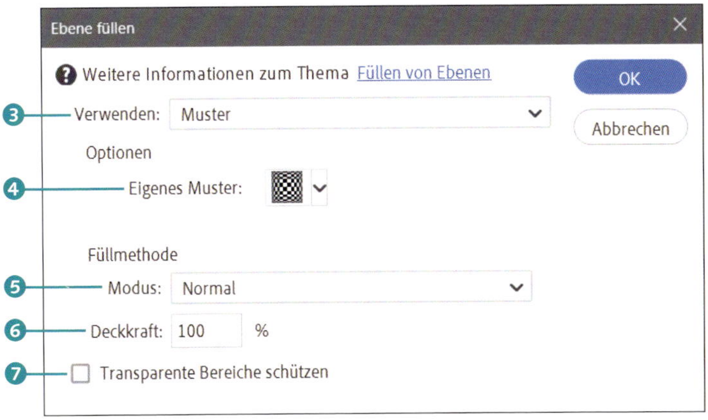

▲ **Abbildung 21.3**
Eine Ebene füllen …

▲ **Abbildung 21.4**
… und was dabei herauskommt

Wenn Sie den Inhalt zum Füllen festgelegt haben, können Sie die Füllmethode einstellen: Mit dem Modus ❺ geben Sie an, wie die Farbpixel, die Sie verwenden wollen, mit den vorhandenen Pixeln im Bild gemischt werden. Bei Deckkraft ❻ legen Sie die Transparenz der zu verwendenden Farbe fest. Wenn Sie die Option Transparente Bereiche schützen ❼ aktivieren, werden nur die deckenden Pixel gefüllt.

21.1.3 Auswahl füllen

Das Füllen einer Auswahl funktioniert analog zum Füllen von Ebenen. Wenn Sie im Bild eine Auswahl vornehmen, finden Sie im Menü nun den Punkt Bearbeiten • Auswahl füllen vor. Es wird sogar derselbe Dialog wie beim Füllen von Ebenen angezeigt (dass dieser Dialog allerdings auch wieder mit Ebene füllen betitelt ist, ist etwas verwirrend).

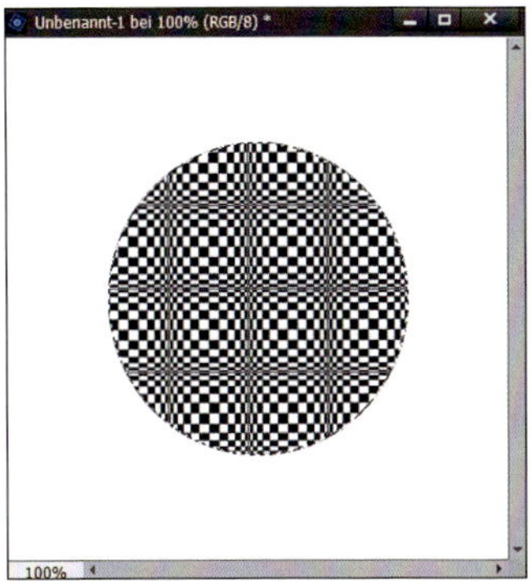

▲ **Abbildung 21.5**
Das Füllen einer Auswahl mit Bearbeiten • Auswahl füllen

Zum Nachlesen
Dem Thema Auswahlen widmet sich Teil IX des Buches.

Im Gegensatz zu EBENE FÜLLEN enthält allerdings der Dialog AUSWAHL FÜLLEN in der Dropdown-Liste VERWENDEN noch die Option INHALTSSENSITIV, mit der die ausgewählte Fläche unauffällig mit den umliegenden Pixeln gefüllt werden kann, um den Eindruck zu erwecken, es habe sich an der ausgewählten Stelle niemals etwas befunden. Mehr zu dieser Option erfahren Sie in Abschnitt 31.3.4, »Inhaltsbasierte Retusche«.

21.1.4 Muster erstellen und verwalten

Muster mit dem Musterstempel
Nicht nur das Füllwerkzeug eignet sich zum Auftragen von Mustern – Sie können Muster auch mit dem Musterstempel [S] auftragen.

Sie wissen bereits, dass Sie mit dem Füllwerkzeug auch Muster auf ein Bild oder eine Auswahl aufbringen können. Auch hierbei ist es möglich, eigene Muster zu erstellen und in einer Bibliothek zu speichern, um sie später wiederzuverwenden.

Zur Verwaltung von Musterbibliotheken können Sie auch hier wieder den Vorgaben-Manager (BEARBEITEN • VORGABEN-MANAGER) oder das Flyout-Menü verwenden. Außerdem finden Sie unzählige fertige Muster im Internet. Selbstverständlich können Sie auch die Muster vom großen Photoshop verwenden. Die Dateiendung von Mustern lautet »*.pat« (für englisch *pattern* = Muster). Eine gute Webseite mit vielen Mustern (und auch Pinseln, Texturen usw.) finden Sie unter *http://alice-grafixx.de*.

Standardverzeichnis für die Muster
Wollen Sie, dass neue Musterbibliotheken automatisch beim Programmstart von Photoshop Elements über die Dropdown-Liste bei der Auswahl der Muster aufgelistet werden, müssen Sie darauf achten, dass Sie diese Bibliothek im Standardverzeichnis ablegen. Der Pfad ist dabei derselbe wie bei den Pinseln, nur der letzte Ordner lautet natürlich nicht BRUSHES, sondern PATTERN. Alternativ legen Sie die Pinsel im Programmverzeichnis ab. Genaueres dazu finden Sie in Anhang A in Abschnitt A.3, »Verzeichnisse für Plug-ins, Pinsel & Co.«.

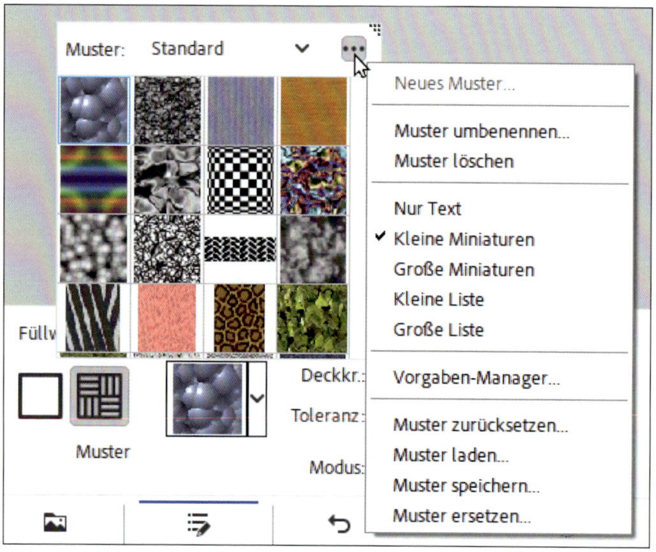

▲ **Abbildung 21.6**
Dropdown-Menü mit einer Liste weiterer Muster

Kacheleffekt
Wenn Sie einen Kacheleffekt erstellen wollen, sehen Sie sich einmal FILTER • STILISIERUNGSFILTER • KACHELEFFEKT an. Allerdings sind die Mittel auch hier ein wenig beschränkt.

Eigenes Muster erstellen | Sie können der Auswahlliste auch eigene Muster hinzufügen. Allerdings sind die Mittel zur Herstellung komplexerer Muster mit Photoshop Elements ein wenig beschränkt. Nur das große Photoshop bietet für diesen Zweck einen zusätzlichen Mustergenerator, der bei Bedarf nachinstalliert werden kann. Mit ihm verläuft das Füllen mit selbst erstellten Mustern nahtlos und ohne Fugen.

Einfachere Muster wie Streifen- oder Schachbrettmuster lassen sich allerdings ohne größeren Aufwand erstellen.

Um ein eigenes Muster zu erstellen, wählen Sie einfach einen geeigneten Bildausschnitt mit dem Auswahlrechteck oder ein komplettes Bild aus (beispielsweise mit Strg/cmd+A). Rufen Sie anschließend im Menü Bearbeiten • Muster aus Auswahl definieren oder Bearbeiten • Muster festlegen auf, je nachdem, was bei Ihnen angezeigt wird. Vergeben Sie zuletzt noch einen Namen für das neue Muster – und fertig.

Muster aus Filter
Um Muster zu erzeugen, eignet sich auch das Menü Filter • Renderfilter.

21.2 Kontur füllen

Wenn Sie im Bild eine Auswahl getroffen haben, finden Sie im Menü auch den Befehl Bearbeiten • Kontur füllen. Mit diesem ziehen Sie eine farbige Kontur bzw. einen Rahmen um eine Auswahl oder den Inhalt einer Ebene.

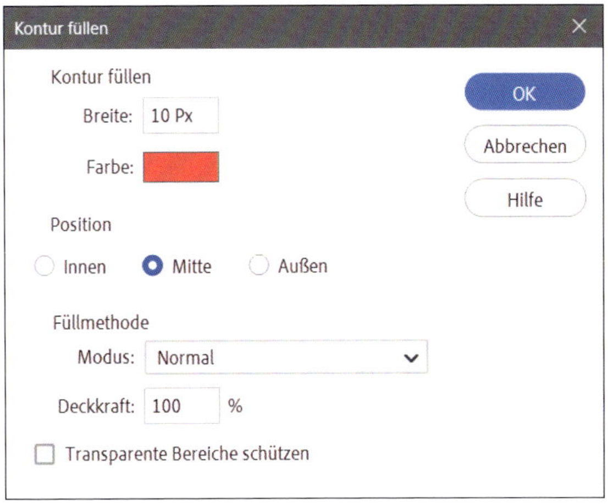

▲ **Abbildung 21.7**
Der Dialog Kontur füllen ...

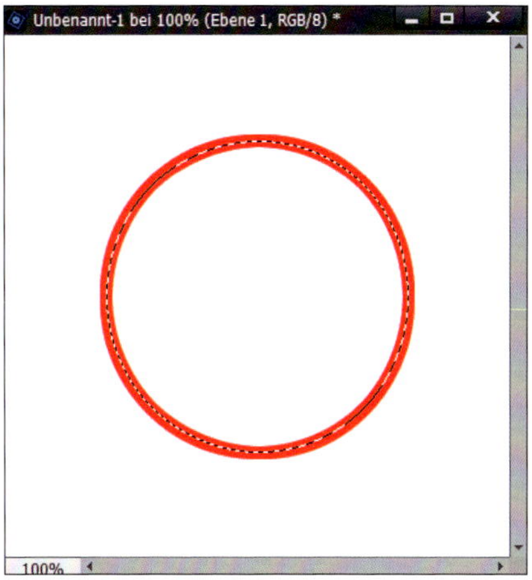

▲ **Abbildung 21.8**
... und was mit einer Auswahl geschieht

Unter Breite geben Sie die Breite der Kontur an, mit Farbe entsprechend deren Farbe. Über Position legen Sie fest, ob die Kontur innerhalb, außerhalb oder mittig zur Auswahl- bzw. Ebenenbegrenzung positioniert werden soll. Wie die Farbe mit den vorhandenen Pixeln vermischt wird, bestimmen Sie mit Modus. Für eine etwas transparente Kontur reduzieren Sie die Deck-

KRAFT; die Checkbox TRANSPARENTE BEREICHE SCHÜTZEN ist nur vorhanden, wenn die Ebene auch solche Bereiche enthält.

21.3 Das Verlaufswerkzeug

Um einen bestimmten Bereich mit einem Verlauf zu füllen, steht Ihnen das Verlaufswerkzeug [G] zur Verfügung. Verläufe werden in der Praxis recht häufig bei fortgeschrittenen Techniken oder kreativen Arbeiten verwendet.

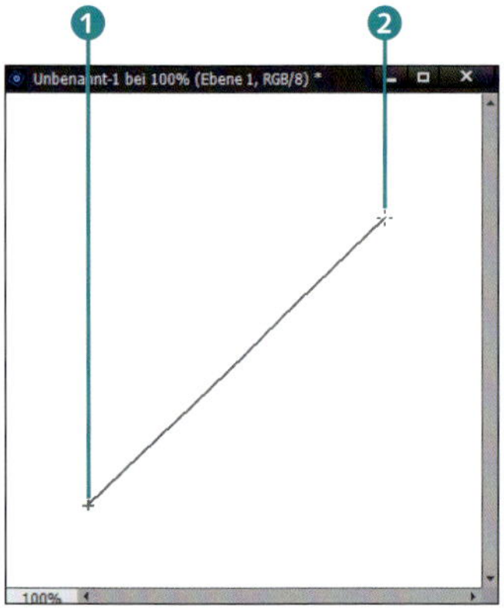

▲ **Abbildung 21.9**
Mit dem Anfangs- und dem Endpunkt legen Sie die Richtung des Verlaufs fest und wie weich dieser gerät.

Bedienung des Verlaufswerkzeugs | Um einen bestimmten Bereich mit einem Verlauf zu füllen, klicken Sie beim Anfangspunkt ❷ ins Bild und ziehen mit gedrückter linker Maustaste eine Linie in die Richtung des gewünschten Verlaufs. Der Verlauf endet an der Position, an der Sie die Maustaste wieder loslassen ❶ (Endpunkt). Die beiden Punkte legen fest, wie der Verlauf aussieht.

Genau genommen entscheiden diese beiden Punkte nur die Richtung des Verlaufs und wie weich dieser gerät. Je länger die gezogene Linie wird, desto weicher wird der Farbverlauf. Der Farbverlauf selbst erstreckt sich immer über die ganze Bildfläche. Um die Ausbreitung des Verlaufs zu beschränken, müssen Sie zuvor eine Auswahl (zum Beispiel mit dem Auswahlrechteck) anlegen.

▲ **Abbildung 21.10**
Ein Verlauf über die gesamte Bildfläche

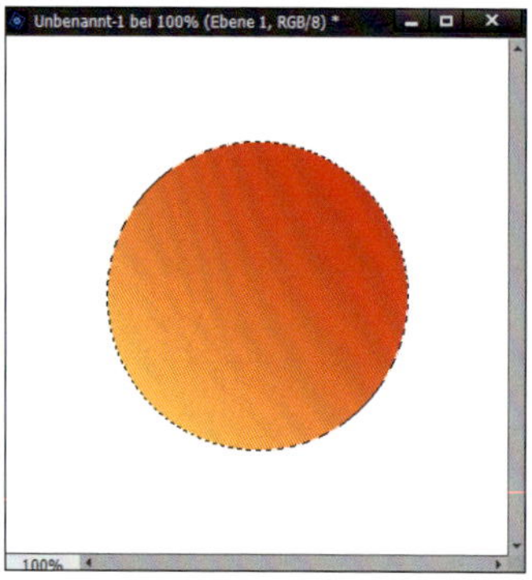

▲ **Abbildung 21.11**
Ein eingeschränkter Verlauf innerhalb einer Auswahl

Horizontaler oder vertikaler Verlauf
Um einen exakten horizontalen oder vertikalen Verlauf zu erstellen, halten Sie die [⇧]-Taste gedrückt und bewegen mit gedrückter linker Maustaste den Cursor nach oben oder unten (für einen vertikalen Verlauf) bzw. nach rechts oder links (für einen horizontalen Verlauf).

Werkzeugoptionen | Zunächst wählen Sie in der Auswahlliste für Verläufe ❹ eine Verlaufsfüllung aus. Standardmäßig wird die von Ihnen eingestellte Vordergrund- und Hintergrundfarbe angezeigt, gefolgt von mehreren fertigen Verläufen. Mit einem Klick auf die kleine Schaltfläche ❸ öffnen Sie das Seitenmenü, in dem

Sie, ähnlich wie bereits bei den Werkzeugspitzen oder Farbpaletten, weitere Verlaufsbibliotheken verwalten können. Sie können in diesem Menü auch eigene Bibliotheken speichern und laden. Verläufe können Sie natürlich auch mithilfe des Vorgaben-Managers (BEARBEITEN • VORGABEN-MANAGER) verwalten. Über die Schaltfläche BEARBEITEN ❽ können Sie Verläufe nachbearbeiten und eigene Verläufe erstellen.

Mit dem MODUS ❺ geben Sie an, wie sich der Verlauf mit den vorhandenen Pixeln im Bild mischen soll. Die DECKKRAFT ❻ legt die Transparenz des Verlaufs fest. Je niedriger dieser Wert ist, desto besser können Sie erkennen, welche Pixel sich unter dem Verlauf befinden. Mit der Option UMK. ❾ vertauschen Sie die Reihenfolge der Verlaufsfarben in der Verlaufsfüllung. Wenn Sie einen Verlauf verwenden wollen, der Transparenz enthält, und dies auch darstellen wollen, müssen Sie die Option TRANSP. ❿ aktivieren. DITHER ⓫ erstellt eine Füllung (auch *Dither-Muster* genannt) mit weicherer Abstufung und weniger deutlichen Streifen. Dies kann zum Beispiel nötig werden, wenn ein Webbrowser Verläufe nicht richtig darstellen kann.

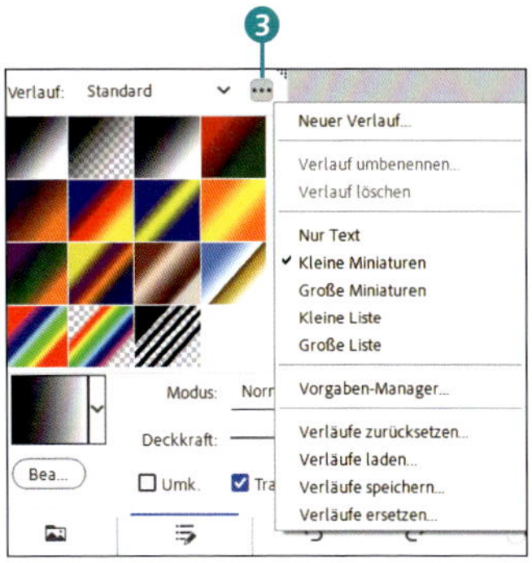

▲ **Abbildung 21.12**
Die Auswahlliste der vorhandenen Verläufe können Sie über ❸ auflisten.

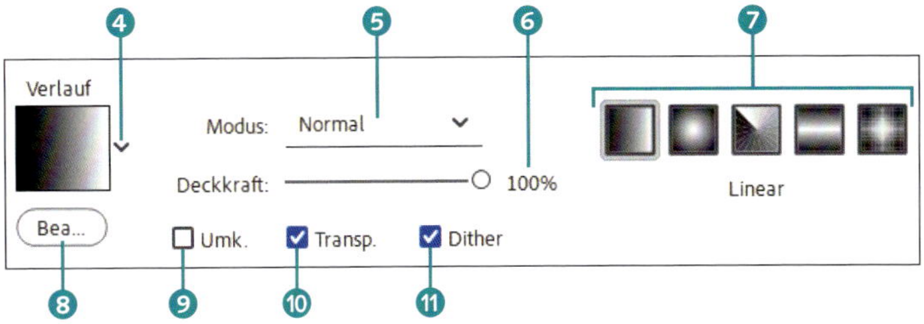

◀ **Abbildung 21.13**
Die Werkzeugoptionen des Verlaufswerkzeugs

Mit den nächsten fünf Schaltflächen ❼ stellen Sie den Verlaufstyp ein. Folgende Verlaufstypen stehen Ihnen hierbei zur Verfügung:

- **Linear**: Die Farbstufung verläuft in einer geraden Linie vom Anfangs- bis zum Endpunkt.
- **Kreisförmig**: Hier verläuft die Farbstufung vom Anfangs- bis zum Endpunkt in einem kreisförmigen Muster.
- **Winkel**: Die Farbabstufung verläuft gegen den Uhrzeigersinn um den Anfangspunkt herum.
- **Reflektiert**: Der Übergang erfolgt als symmetrischer linearer Verlauf auf beiden Seiten des Startpunktes.
- **Raute**: Der Übergang verläuft vom Startpunkt aus in einem Rautenmuster nach außen. Den Endpunkt stellt eine Ecke in der Raute dar.

Füllmethoden (Modus)
Eine ausführliche Beschreibung der Modi finden Sie in Kapitel 27, »Füllmethoden von Ebenen«.

Verläufe laden | Photoshop Elements bietet viele Verläufe an; die diversen Optionen steigern diese Vielfalt noch. Auch aus dem Web (zum Beispiel unter *http://alice-grafixx.de/gradients*) können Sie

Standardverzeichnis für Verläufe
Sollen neue Verläufe automatisch beim Programmstart von Photoshop Elements über das Seitenmenü bei der Auswahl der Verläufe aufgelistet werden, müssen Sie diese Bibliothek im Standardverzeichnis ablegen. Wie die Pinsel liegen auch die Verläufe im Verzeichnis PRESETS und dort im Unterverzeichnis GRADIENTS. Alternativ legen Sie die Verläufe im Programmverzeichnis im Unterordner GRADIENTS ab.

Verläufe herunterladen und in die Bibliothek integrieren – entweder über den Vorgaben-Manager (BEARBEITEN • VORGABEN-MANAGER) oder über das Seitenmenü, in dem Sie den Verlauf auswählen. Auch hier sind wieder die Verläufe, die für das große Photoshop erstellt wurden, mit dem kleinen Photoshop Elements kompatibel. Die Endung für Verläufe lautet ».grd« (*Gradient* = Verlauf).

Eigene Verläufe erstellen | Noch interessanter und reizvoller jedoch ist das Erstellen eigener Verläufe. Im Prinzip stellen Sie keine ganz neuen Verläufe her, sondern verändern nur vorhandene Verläufe und speichern diese unter einem neuen Namen.

Schritt für Schritt
Eigene Verläufe erstellen

Den Dialog zum Bearbeiten von Verläufen starten Sie entweder mit einem Doppelklick auf den Bereich ❶ in den Werkzeugoptionen des Verlaufswerkzeugs, in denen Sie die Verläufe auflisten können, oder über die Schaltfläche BEARBEITEN ❷ daneben.

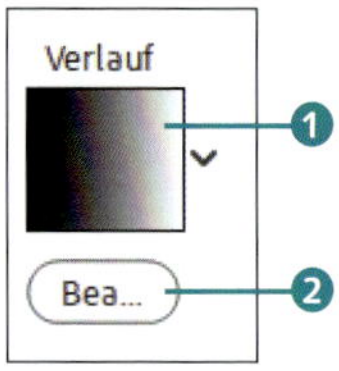

▲ **Abbildung 21.14**
Dialog zum Bearbeiten von Verläufen öffnen

1 Verlauf auswählen

Suchen Sie sich zunächst einen Verlauf aus, den Sie als Grundlage für den neuen Verlauf verwenden wollen. Der Verlauf, den Sie in der Liste angeklickt haben ❺, wird im Balken ❸ angezeigt. Wenn Sie bei den aktuellen Vorgaben nicht fündig werden, können Sie über das Plussymbol ❻ auf dem Rechner vorhandene Verläufe in die Vorgabe laden.

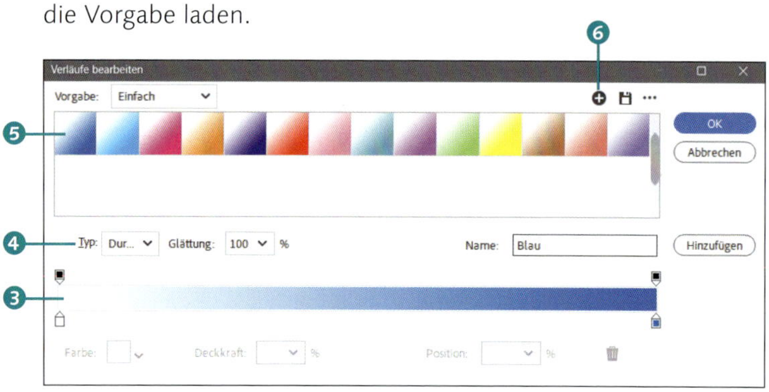

Abbildung 21.15 ▶
Wählen Sie einen vordefinierten Farbverlauf als Basis für Ihren eigenen Verlauf.

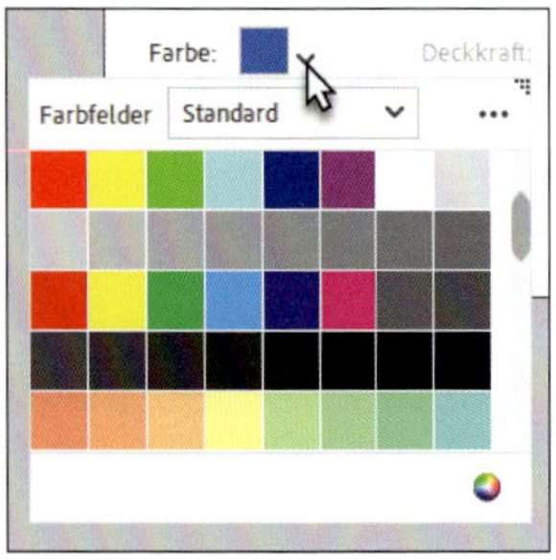

▲ **Abbildung 21.16**
Alternativ können Sie die Farbe auch über die kleine Dropdown-Liste FARBE ändern.

2 Neue Farbe hinzufügen

Als TYP ❹ belassen Sie DURCHGEHEND, und für sanfte Übergänge sollten Sie die GLÄTTUNG auf 100 % belassen.

Um nun eine neue Farbe, genauer eine Farbunterbrechung, hinzuzufügen, klicken Sie im unteren Bereich des Farbbalkens (der Mauszeiger wird hierbei zum Handsymbol ❼). Gegebenenfalls fügen Sie noch mehrere neue Farbunterbrechungen hinzu. Jetzt finden Sie einen neuen Farbunterbrechungsregler ❽ unterhalb des Balkens.

Doppelklicken Sie diesen Farbunterbrechungsregler, und Sie können über den Farbwähler die Farbe neu definieren. Natürlich können Sie so auch die bereits vorhandenen Farben der Farbunterbrechungsregler ändern. Versehentlich hinzugefügte Farbunterbrechungsregler können Sie über das Mülleimersymbol ❾ wieder entfernen.

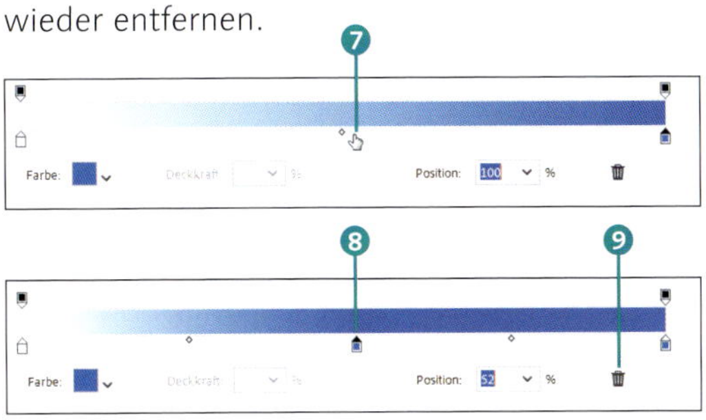

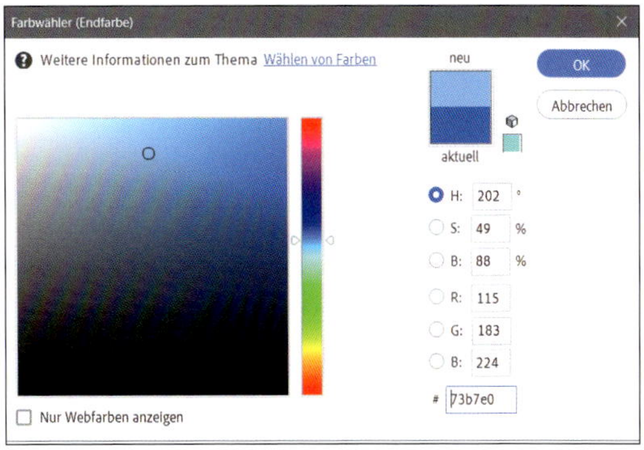

▲ Abbildung 21.17 ▶
Ein Klick auf eine der Farbunterbrechungen öffnet den Farbwähler.

3 Position der Farbe festlegen

Durch das Verstellen des neuen Farbunterbrechungsreglers können Sie außerdem die Position der Farbe ändern. Alternativ geben Sie diesen Wert im Textfeld Position ❿ ein.

◀ Abbildung 21.18
Durch das Ziehen der Farbunterbrechungsregler bestimmen Sie die Position der Farben.

4 Verlaufsübergänge verändern

Mit den Rautensymbolen ⓬ ändern Sie die Verlaufsübergänge zwischen zwei Farbunterbrechungsreglern. Sie legen fest, wo die Mitte zwischen den beiden Übergängen liegen soll. Auch diesen Wert können Sie über das Ziehen des Rautensymbols oder durch manuelle Zahleneingabe im Feld Position ⓫ verändern.

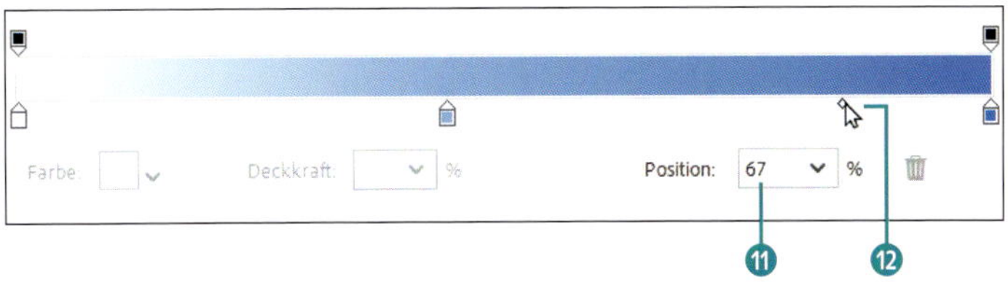

◀ Abbildung 21.19
Verlaufsübergänge zwischen zwei Farbunterbrechungsreglern ändern

5 Transparenz einstellen

Analog erstellen Sie oberhalb des Balkens durch Anklicken des Bereichs ⑬ eine Deckkraftunterbrechung für die Transparenz. Auch hierbei wird ein Regler für die Deckkraftunterbrechung ⑭ angelegt. Über DECKKRAFT ⑮ stellen Sie den Grad der Transparenz ein. Ebenfalls analog zur Farbunterbrechung finden Sie hier die Rautensymbole, mit deren Hilfe Sie den Mittelpunkt zwischen zwei Deckkraftunterbrechungen festlegen.

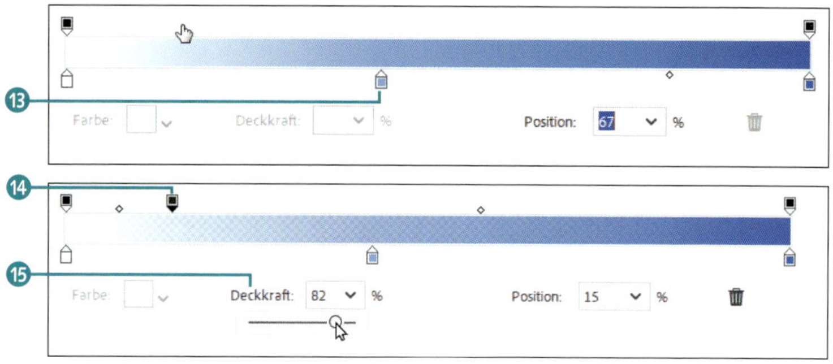

Abbildung 21.20 ▸
Bereiche des Verlaufs können auch transparent sein.

6 Verlauf speichern

Um den Verlauf zu speichern, sollten Sie zuvor noch einen eindeutigen Namen ⑲ vergeben. Bei einem Klick auf die Schaltfläche HINZUFÜGEN ⑱ erscheint der neue Verlauf in der Vorlagenübersicht ⑰. Um die Verläufe dauerhaft zu sichern, empfiehlt es sich, sie über die Schaltfläche mit der Diskette ⑯ in einer eigenen Bibliothek abzulegen.

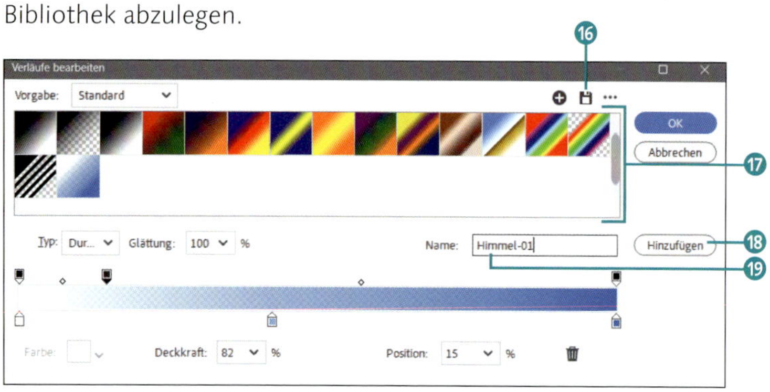

▴ Abbildung 21.21
Der neue Verlauf erscheint in der Vorlagenübersicht.

▴ Abbildung 21.22
Der neue Farbverlauf im Einsatz mit einem linearen Verlaufstyp

Verläufe mit Störungen (Rauschverläufe) | Interessante Ergebnisse erzielen Sie auch mit dem TYP ❶ RAUSCHEN (auch als *Rauschverlauf* bezeichnet). Mit KANTENUNSCHÄRFE ❷ stellen Sie die Striche des Verlaufs ein.

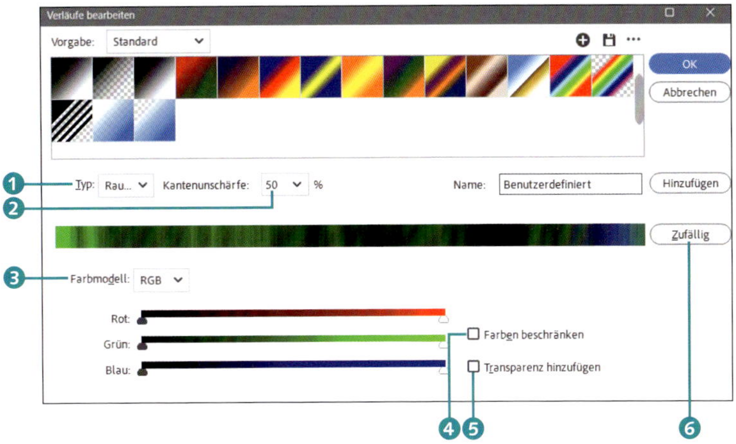

◀ **Abbildung 21.23**
Erstellen von Rauschverläufen

Je niedriger der Wert, desto weicher werden die Verläufe. Als Farbmodell ❸ wählen Sie RGB oder HSB. Mit der Option Farben beschränken ❹ reduzieren Sie die Sättigung von zu kräftigen Farben. Die Option Transparenz hinzufügen ❺ spricht für sich selbst. Mit der Schaltfläche Zufällig ❻ erzeugen Sie einen neuen Verlauf, der aus zufälligen Werten ermittelt wird.

21.4 Der Vorgaben-Manager

Mit dem Vorgaben-Manager können Sie die Bibliotheken verwalten, die Photoshop Elements für Pinsel, Farbfelder, Verläufe, Stile, Muster und Effekte bereitstellt. So lassen sich zum Beispiel häufig verwendete Vorgaben in einer Untergruppe zusammenfassen oder die Standardvorgaben wiederherstellen. Auch können Sie damit heruntergeladene Sammlungen (bspw. Pinsel) in Photoshop Elements laden und verfügbar machen. Aufrufen können Sie den Dialog über Bearbeiten • Vorgaben-Manager.

Jede Bibliothek ist in einer Datei mit einer eigenen Dateierweiterung gespeichert. Für die Pinsel lautet die Erweiterung »*.abr«, bei Farbfeldern ist es »*.aco« und bei Verläufen »*.grd«. Stile enden auf »*.asl«, Muster auf »*.pat« und Effekte auf »*.atn«. Idealerweise befindet sich die zu ladende Bibliothek im (persönlichen) Programmverzeichnis von Photoshop Elements im Unterordner Presets.

Unter Vorgabe wählen Sie die Vorgabe aus, die Sie verwalten wollen. Zur Auswahl stehen Ihnen Pinsel, Farbfelder, Verläufe, Stile, Muster und Effekte. Bei Stile und Effekte können Sie allerdings nur Bibliotheken hinzufügen oder löschen. Die Bibliotheken können Sie dann über das Dropdown-Menü auswählen.

▲ **Abbildung 21.24**
Über das Dropdown-Menü Erweitert können Sie die einzelnen Bibliotheken mit Pinseln, Farbfeldern, Verläufen usw. auswählen.

Hier finden Sie auch Optionen zur Darstellung der Inhalte im Vorgaben-Manager. Des Weiteren finden Sie hier den Zurücksetzen-Befehl, mit dem Sie die Standardbibliothek wiederherstellen können. Weitere Schaltflächen im Dialogfenster sind:

- Anhängen ❶: Wenn Sie hierüber eine Bibliothek laden, wird die aktuell im Vorgaben-Manager ausgewählte Bibliothek um die neue Bibliothek ergänzt. Wird zum Beispiel die Pinselbibliothek Einfache Pinsel angezeigt, wird die neu geladene Bibliothek daran angefügt.
- Hinzufügen ❷: Hiermit fügen Sie die Bibliothek als neuen Eintrag der Liste hinzu. Die geladene Bibliothek wird auch direkt im Vorgaben-Manager angezeigt.
- Speichern ❸: Bei Änderungen an der Bibliothek, wie beispielsweise dem Löschen oder Umbenennen einer Vorgabe, müssen Sie diese speichern, wenn die Anpassungen dauerhaft übernommen werden sollen.
- Umbenennen ❹: Hiermit können Sie die Namen einzelner Pinsel, Farbfelder, Verläufe usw. ändern; wohlgemerkt nicht den der Bibliothek. Zum Umbenennen müssen Sie die Vorgabe auswählen.
- Löschen ❺: Mit dieser Schaltfläche löschen Sie einzelne Vorgaben aus der Bibliothek. Diese müssen Sie vorab auswählen.

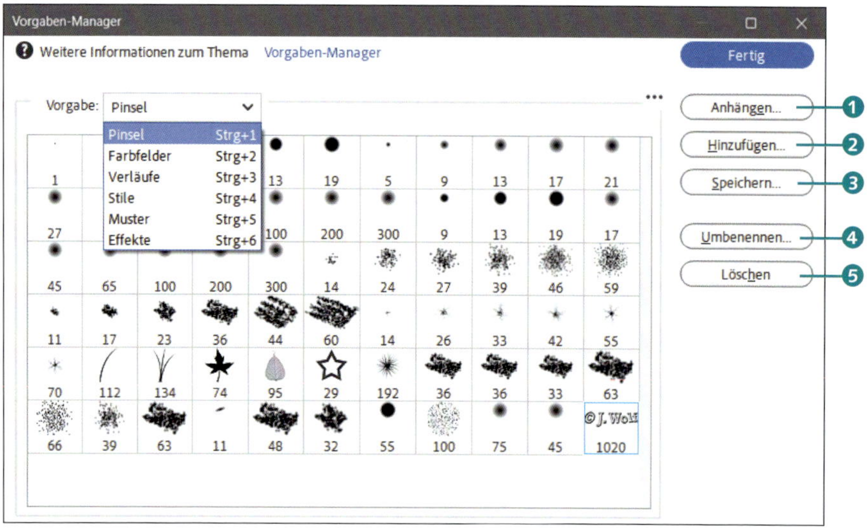

Abbildung 21.25 ▸ Der Dialog des Vorgaben-Managers

Die meisten Funktionen des Vorgaben-Managers können Sie auch direkt in den Werkzeugeinstellungen bzw. den entsprechenden Dialogen über das erweiterte Menü ausführen. Es ist allerdings nur über den Vorgaben-Manager möglich, eine Untergruppe innerhalb einer Bibliothek zu erstellen.

Schritt für Schritt
Eine Untergruppe innerhalb einer Bibliothek erstellen

1 Vorgaben auswählen

Wählen Sie zunächst aus, innerhalb welcher Vorgabengruppe Sie eine Untergruppe erstellen wollen. Im Beispiel habe ich PINSEL ❶ gewählt. In der Dropdown-Liste ERWEITERT ❷ wählen Sie dann die passende Bibliothek aus. Ich habe hier VERSCHIEDENE PINSEL verwendet. Halten Sie nun die Strg/cmd-Taste gedrückt, und wählen Sie die Vorgaben aus, die Sie zu einer Untergruppe zusammenfassen wollen. Klicken Sie anschließend auf die Schaltfläche SPEICHERN ❸.

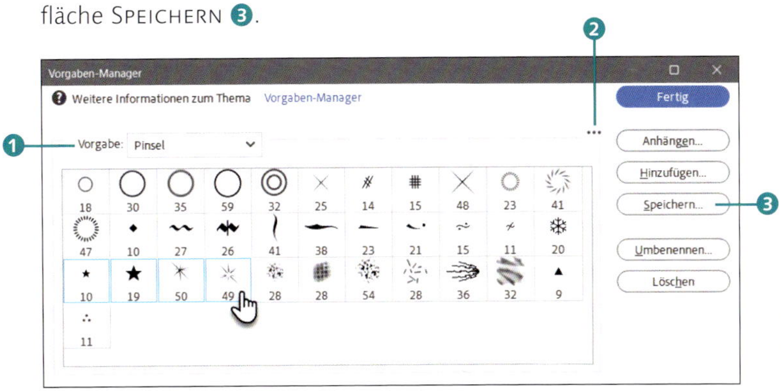

◂ **Abbildung 21.26**
Vorgaben für die Untergruppe auswählen

2 Untergruppe speichern

Speichern Sie die ausgewählten Vorgaben in einer Gruppe als neue Bibliothekdatei in einem Ordner. Ich habe hier den persönlichen Standardordner ausgewählt und als Name »Sterne-Pinsel.abr« eingetragen.

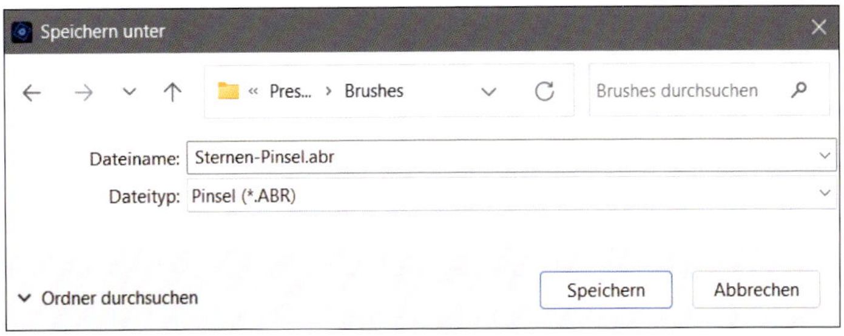

◂ **Abbildung 21.27**
Neue Bibliothekdatei speichern

Diese Untergruppe können Sie jetzt wie eine gewöhnliche Bibliothek verwenden. Mithilfe des Befehls ANHÄNGEN können Sie verwendete Vorgaben zu einer größeren Bibliothekdatei zusammenfassen.

TEIL IX
Auswahlen

Kapitel 22
Einfache Auswahlen erstellen

Auswahlen kommen vorwiegend zum Einsatz, wenn Sie nur einzelne Bildbereiche und nicht das komplette Bild oder ganze Ebenen bearbeiten wollen. Natürlich sind Auswahlen auch bestens zum Freistellen von komplizierten Motiven geeignet.

22.1 Auswahlwerkzeuge im Überblick

Da sich nicht jedes Auswahlwerkzeug für jedes Motiv eignet, bietet Photoshop Elements mehrere solcher Werkzeuge an:

- Auswahlrechteck: Wird für quadratische oder rechteckige Auswahlen verwendet.
- Auswahlellipse: Wird für runde und ovale Auswahlbegrenzungen eingesetzt.
- Lasso: Hiermit erstellen Sie frei gezeichnete Auswahlen.
- Polygon-Lasso: Erstellt Auswahlen, die sich aus mehreren geraden Kanten zusammensetzen.
- Magnetisches Lasso: Wird für Auswahlen benutzt, die sich automatisch an Kanten von Bildbereichen ausrichten.
- Zauberstab: Wählt mit einem einzigen Mausklick bestimmte Pixel im Bild aus, die eine ähnliche Farbe enthalten.
- Schnellauswahl-Werkzeug: Erstellt eine schnelle Auswahl anhand von Farben und Strukturen.
- Auswahlpinsel: Wird zur Kennzeichnung eines Bereichs verwendet, der ausgewählt oder nicht ausgewählt werden soll (Maskenmodus).
- Auswahl-verbessern-Pinselwerkzeug: Dieses Werkzeug ist besonders gut geeignet, um eine bereits erstellte Auswahl ganz komfortabel und einfach nachzuarbeiten und zu verbessern.

Auswahl nicht sichtbar
Wenn die Ameisenlinien bei einer Auswahl nicht sichtbar sind, haben Sie sie vielleicht aus Versehen über ANSICHT • AUSWAHL oder [Strg]/[cmd]+[H] abgeschaltet. Über dieses Menü bzw. diese Tastenkombination aktivieren bzw. deaktivieren Sie die Sichtbarkeit der Auswahlmarkierung.

- Automatische Auswahl : Mit diesem Werkzeug erstellen Sie eine grobe Auswahl um einen Bereich, und die Software versucht, das Motiv innerhalb dieses Bereichs automatisch auszuwählen.

Auswahlen und Ebenen | Auswahlen und Ebenen sind zwar jetzt zwei verschiedene Themen, aber um die Auswahlen effektiv einsetzen zu können, kommen Sie nicht um die Kenntnisse der Ebenen herum. Wenn Sie beispielsweise ein Objekt auswählen, um es dann freizustellen, benötigen Sie Kenntnisse von den Ebenen und allem, was damit zu tun hat. Gerade Bildbearbeitungseinsteiger kommen bei der Einführung in die Auswahlen und die Auswahlwerkzeuge hier häufig ins Straucheln, weil noch die nötigen Kenntnisse von den Ebenen fehlen. Als Autor steht man vor dem Dilemma, entweder das Kapitel mit den Auswahlen vor den Ebenen oder umgekehrt zu setzen. Aber auch das Erklären von Ebenen am Beispiel, ohne dass Sie sich mit Auswahlen auskennen, ist schwierig. Sollten Sie also ein Einsteiger in der Bildbearbeitung sein, lesen Sie sich zunächst das Kapitel mit den Auswahlen durch, und behalten Sie dabei im Hinterkopf, dass die Ebenen gleich im nächsten Kapitel beschrieben werden, in dem sich das eine oder andere Wie und Warum sicher auflösen werden.

Kapitel_22:
Kuh.jpg

Funktionsprinzip von Auswahlen | Das Funktionsprinzip von Auswahlen ist im Grunde immer gleich, egal, welchen Befehl oder welches Werkzeug Sie hierzu verwenden. Wenn Sie im Bild eine Auswahl erstellt haben, können Sie nur noch die Auswahl bearbeiten. Das restliche Bild ist geschützt. Eine Auswahl erkennen Sie an den »Ameisenlinien« 1 rund um den ausgewählten Bereich. In der Regel bezieht sich eine Auswahl immer auf die aktive Bildebene.

1

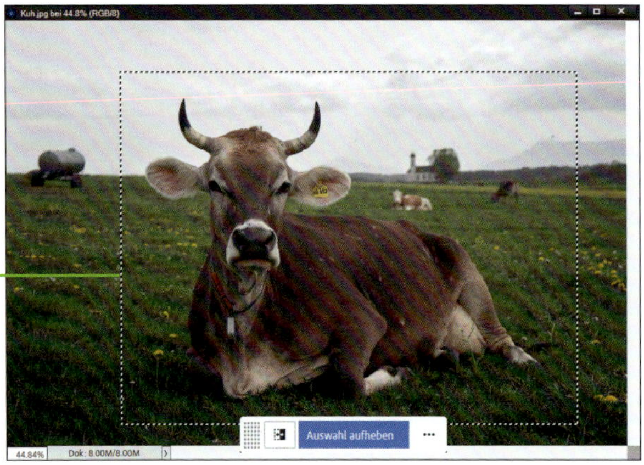

Abbildung 22.1 ▸
Die Kuh wurde mit einer rechteckigen Auswahl vom Hintergrund isoliert.

Eine solche Auswahl können Sie jederzeit gezielt bearbeiten oder korrigieren. Natürlich können Sie eine Auswahl auch in die Zwischenablage kopieren und als neue Datei einfügen, in ein anderes Bild verschieben oder als Montage auf eine eigene Ebene legen.

22.2 Auswahlrechteck und -ellipse

Besonders leicht zu bedienen sind die geometrischen Auswahlwerkzeuge wie das Auswahlrechteck M und die Auswahlellipse M. Wie Sie den Namen der beiden Auswahlwerkzeuge bereits entnehmen können, wählen Sie hiermit quadratische oder rechteckige bzw. runde oder elliptische Bereiche aus.

Es liegt auf der Hand, dass eine geometrische Auswahl eher seltener dazu verwendet wird, ein bestimmtes Bildelement für die Weiterbearbeitung auszuwählen, auch wenn dies in der Praxis natürlich möglich ist. Das Auswahlwerkzeug dient eher als unermüdlicher Helfer für viele andere nützliche Dinge:

- **Rahmen erstellen**: Für kreative Zwecke und für die verschiedensten Bildkompositionen erstellen Sie mit den Werkzeugen runde, ovale und eckige Rahmen.
- **Auswahl mit Text und Farbe füllen**: Auch wird das Werkzeug gerne benutzt, um eine Auswahl mit Farbe zu füllen und/oder um Text darauf zu platzieren.
- **Bilder zuschneiden**: Das Zuschneiden von Bildern ist mit den beiden Auswahlwerkzeugen ebenfalls möglich. Wählen Sie einfach den gewünschten rechteckigen, runden oder ovalen Bereich aus, und schneiden Sie ihn mit BILD • FREISTELLEN zu. Der Vorteil ist dabei, dass das Bild nicht neu berechnet werden muss.

22.2.1 Werkzeugoptionen

Mit den ersten vier Icons 2 legen Sie fest, was mit den Auswahlen passieren soll. Hierbei können Sie die Auswahlbereiche ersetzen, addieren, subtrahieren oder Schnittmengen bilden. Mehr dazu erfahren Sie in Abschnitt 22.4, »Auswahlen kombinieren«.

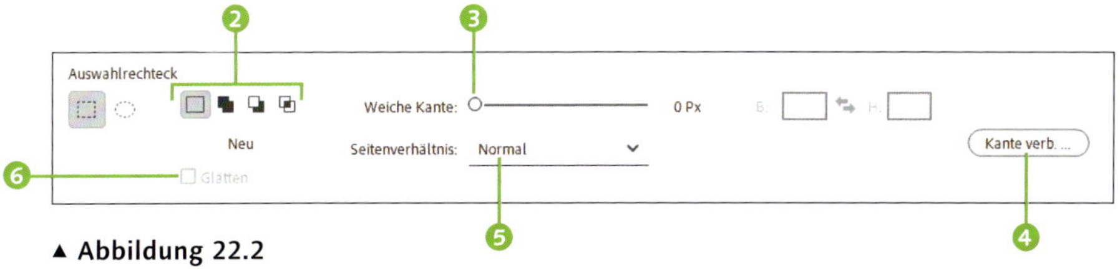

▲ **Abbildung 22.2**
Die Werkzeugoptionen des Auswahlrechtecks und der Auswahlellipse

Wenn Sie GLÄTTEN 6 aktivieren, wird die Auswahlkante geglättet. Diese Option steht nur bei der Auswahlellipse zur Verfügung.

Wollen Sie die Auswahlbegrenzung weichzeichnen, damit sie mit dem Bereich außerhalb der Kante verschmilzt, geben Sie einen Wert beim Schieberegler WEICHE KANTE 3 an. Damit können Sie außerdem beim Auswahlrechteck abgerundete Ecken erzeugen.

Bei SEITENVERHÄLTNIS 5 können Sie aus den folgenden drei Optionen auswählen:

- NORMAL: Mit diesem Modus ziehen Sie die Auswahl frei im Bild auf. Dieser Wert ist die Standardeinstellung.
- FESTES SEITENVERHÄLTNIS: Wollen Sie eine Auswahl mit bestimmten Proportionen aufziehen, verwenden Sie diesen Modus und geben das Seitenverhältnis in den Zahlenfeldern für Breite (B) und Höhe (H) ein. Geben Sie zum Beispiel bei beiden Feldern »1« ein, wird beim Auswahlrechteck ein Quadrat und bei der Auswahlellipse ein runder Kreis aufgezogen.
- FESTE GRÖSSE: Wollen Sie hingegen eine feste Größe in Pixeln (Px) oder Zentimetern (cm) verwenden, legen Sie dies mit diesem Modus fest. Die Angaben dazu geben Sie in den Zahlenfeldern B und H ein.

Tipp

Um die Position der Auswahlbegrenzung zu ändern, *während* Sie mit dem Werkzeug eine Auswahl mit gedrückt gehaltener linker Maustaste aufziehen, brauchen Sie nur die Leertaste gedrückt zu halten und die Auswahl mit der Maus an die gewünschte Position zu ziehen. Lassen Sie dann die Leertaste (aber nicht die Maustaste!) wieder los, können Sie die Auswahl weiter aufziehen. Bitte verwechseln Sie diesen Vorgang nicht mit dem Verschieben einer bereits fertiggestellten Auswahl.

Mit der Schaltfläche KANTE VERB. 4 rufen Sie einen umfangreichen Dialog auf, der Ihnen beim Verbessern und Verfeinern Ihrer Auswahl behilflich ist. Mehr zu diesem Dialog erfahren Sie in Abschnitt 22.5.3, »Kante verbessern«.

22.2.2 Die Werkzeuge im Einsatz

Auch die Bedienung der geometrischen Auswahlwerkzeuge ist schnell erklärt: Aktivieren Sie zunächst das entsprechende Werkzeug. Wollen Sie einen rechteckigen Bereich auswählen, verwenden Sie das Auswahlrechteck [M]. Für eine runde oder ovale Auswahl nehmen Sie die Auswahlellipse [M]. Legen Sie dann die Optionen fest, und bewegen Sie die Maus in das Bild. Ziehen Sie mit gedrückter linker Maustaste über den Bereich, den Sie auswählen wollen. Wenn Sie die Maustaste loslassen, wird die Auswahl mit »Ameisenlinien« angezeigt.

Halten Sie während des Ziehens der Auswahl [⇧] gedrückt, können Sie die Auswahl, abhängig vom gewählten geometrischen Werkzeug, auf ein Quadrat oder einen Kreis einschränken. Eine Auswahl können Sie auch verschieben, indem Sie innerhalb der gezogenen Auswahl die Maustaste gedrückt halten. Die Auswahl können Sie wieder aufheben, indem Sie innerhalb des Dokumentfensters an einer beliebigen Stelle mit der linken Maustaste klicken oder [Esc] (oder [Strg]/[cmd]+[D]) drücken.

Kein Beispiel?

Zu den geometrischen Auswahlen gibt es zunächst kein Beispiel, weil ich Ihnen anhand dieser Werkzeuge die Optionen und Auswahlbefehle in Abschnitt 22.3 näherbringen will.

Symbole am Mauszeiger | Bei der Arbeit mit Auswahlen zeigen Ihnen auch die wechselnden Symbole am Mauszeiger an, was Sie tun können. Das erste Symbol ❶ bedeutet, dass Sie sich innerhalb einer Auswahl befinden. Beim zweiten Symbol ❷ wird die Auswahl mit gedrückt gehaltener linker Maustaste verschoben, und beim letzten Symbol ❸ befindet sich mindestens eine Auswahlkante an der Bildkante. Dabei rastet die Auswahlkante automatisch an der Bildkante ein. Wollen Sie dieses »Einrasten« vermeiden, halten Sie [Strg]/[cmd] gedrückt.

Wollen Sie eine Auswahl exakt von einem Mittelpunkt aus aufziehen, an dem sich aktuell der Cursor befindet, halten Sie [Alt] während des Aufziehens gedrückt. Wollen Sie von diesem Mittelpunkt aus ein Quadrat oder einen Kreis erstellen, drücken Sie die Tasten [Alt]+[⇧].

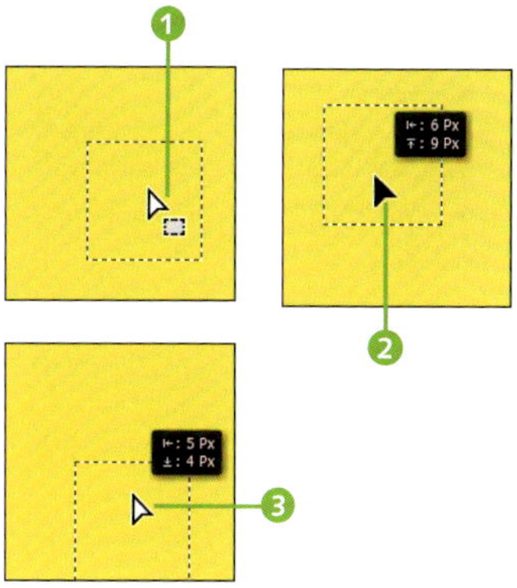

▲ **Abbildung 22.3**
Drei unterschiedliche Symbole am Mauszeiger einer quadratischen Auswahl

Vorhaben	Tasten
Werkzeug aufrufen	[M]
ein Quadrat oder einen Kreis aufziehen	[⇧] beim Ziehen gedrückt halten
eine Auswahl vom aktuellen (Mittel-)Punkt aufziehen	[Alt] beim Ziehen gedrückt halten
ein Quadrat oder einen Kreis vom aktuellen (Mittel-)Punkt aufziehen	[Alt]+[⇧] beim Ziehen gedrückt halten
Auswahl verschieben	linke Maustaste innerhalb der Auswahl gedrückt halten
Auswahl noch während des Aufziehens verschieben	linke Maustaste während des Aufziehens gedrückt halten und die Leertaste drücken
Auswahl aufheben	Mausklick in einen beliebigen Bereich des Dokumentfensters oder Drücken der Taste [Esc], nachdem eine Auswahl aufgezogen wurde
aufgezogene Auswahl in Pfeilrichtung bewegen	Pfeiltasten

◂ **Tabelle 22.1**
Tastenbefehle für Auswahlrechteck und Auswahlellipse

22.3 Auswahlbefehle im Menü

Ganz essenziell für Ihre Arbeit mit den Auswahlwerkzeugen ist auch die genaue Kenntnis der speziellen Optionen und Auswahl-

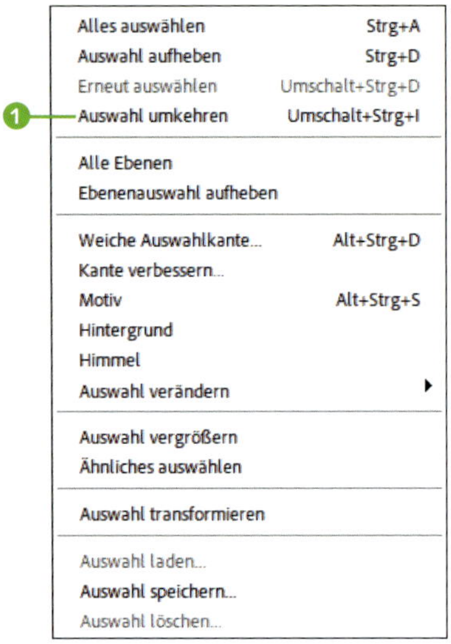

▲ **Abbildung 22.4**
Das Menü Auswahl mit sehr vielen Befehlen zum Steuern von Auswahlen

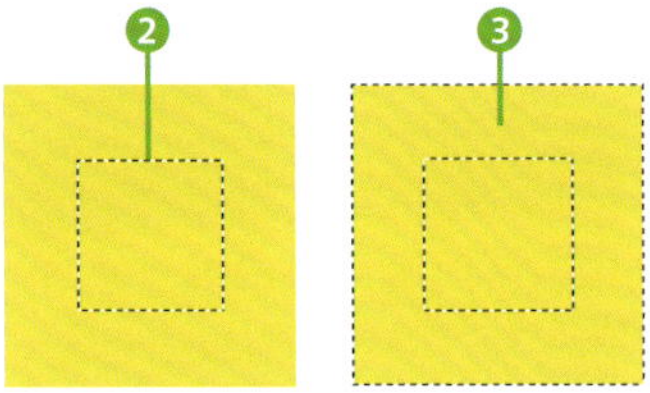

▲ **Abbildung 22.5**
Auswahl umkehren

befehle. Um Ihnen die verschiedenen Optionen und Befehle zu den Auswahlen näherzubringen, greife ich auf die geometrischen Auswahlwerkzeuge Auswahlrechteck und Auswahlellipse zurück. Die Funktionalität dieser Werkzeuge können Sie ohne Weiteres auf die übrigen Auswahlwerkzeuge übertragen.

Eine Übersicht über die allgemeinen Auswahlbefehle finden Sie im Menü Auswahl. Der einzige Auswahlbefehl, der hier vielleicht etwas näher erläutert werden sollte, ist Auswahl • Auswahl umkehren ❶ (⇧+Strg/cmd+I). Damit ist es möglich, eine erstellte Auswahl zu vertauschen (zu *invertieren*). So können Sie zum Beispiel jederzeit ganz einfach das Motiv im Bild auswählen und bearbeiten und anschließend die Auswahl umkehren, um alles andere außerhalb des Motivs zu bearbeiten.

Im linken Bild in Abbildung 22.5 wurde ein einfaches Quadrat ❷ zur Bearbeitung ausgewählt. Beim rechten Bild wurde dieselbe Auswahl mit Bild • Auswahl umkehren umgekehrt. Somit ist hier die eigentliche Auswahl jetzt alles außerhalb ❸ des Quadrats und innerhalb der beiden Ameisenlinien.

Die wichtigsten Auswahlbefehle liegen als Tastenbefehle für den schnelleren Zugriff vor.

Vorhaben	Windows	Mac
das komplette Bild auswählen	Strg+A	cmd+A
bestehende Auswahl aufheben	Strg+D	cmd+D
zuletzt aufgehobene Auswahl wiederherstellen (erneut auswählen)	⇧+Strg+D	⇧+cmd+D
Auswahl umkehren (invertieren)	⇧+Strg+I	⇧+cmd+I
Ausgewählten Bildbereich löschen. Bei einem normalen Hintergrundbild erhält der gelöschte Bereich die eingestellte Hintergrundfarbe. Auch dies ist also eine indirekte Möglichkeit, eine Auswahl mit der Hintergrundfarbe zu füllen. Bei normalen Ebenen ist dieser gelöschte Bereich transparent.	Entf	←
ausgewählten Bildbereich mit Vordergrundfarbe füllen	Alt+Entf	alt+←
weiche Auswahlkante hinzufügen	Strg+Alt+D	cmd+alt+D
Auswahllinie (Ameisenlinien) ein- oder ausblenden	Strg+H	cmd+H

Tabelle 22.2 ▸
Die wichtigsten Tastenbefehle für Auswahlen im Überblick

22.4 Auswahlen kombinieren

Bei vielen Auswahlwerkzeugen können Sie festlegen, wie sich eine weitere Auswahl zu einem vorhandenen Auswahlbereich verhalten soll. Somit können Sie verschiedene Auswahlbereiche und verschiedene Auswahlwerkzeuge miteinander kombinieren.

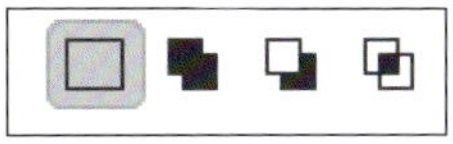

▲ **Abbildung 22.6**
Mit den vier Schaltflächen können Sie Auswahlbereiche unterschiedlich kombinieren.

Neue Auswahl | Die Standardeinstellung ist mit der ersten Schaltfläche immer NEU ❶ (für »Neue Auswahl«). Ist diese Schaltfläche aktiviert, wird, sobald Sie das Auswahlwerkzeug ein zweites Mal ansetzen, die vorher erstellte Auswahl gelöscht und durch die neue ersetzt.

Der Auswahl hinzufügen | Mit der Option HINZUFÜGEN ❷ legen Sie mehrere Auswahlen im Bild an, ohne dass vorhandene Auswahlen verschwinden. Dabei können Sie die Auswahlbereiche getrennt oder auch überlappend aufziehen.

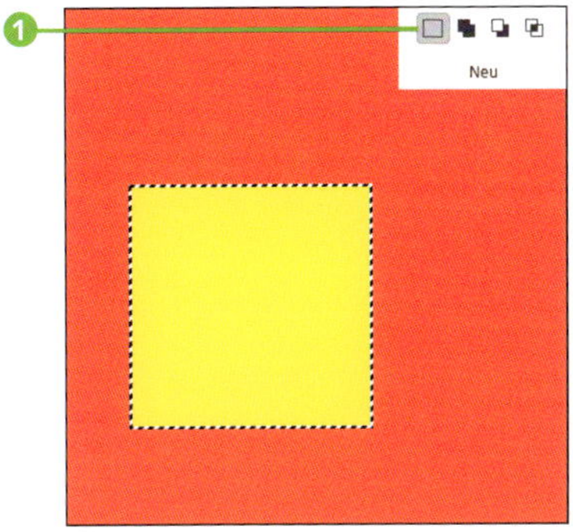

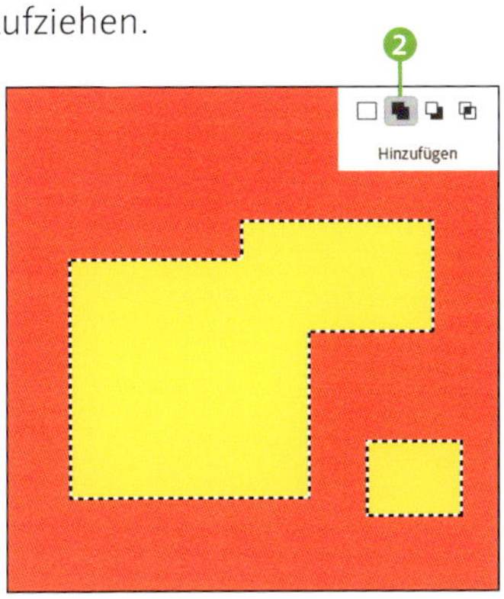

◂◂ **Abbildung 22.7**
Mit NEU wird bei jedem Werkzeugeinsatz eine neue Auswahl erzeugt. Zur besseren Übersicht wurde die Auswahl in den Abbildungen mit dem Füllwerkzeug [K] eingefärbt.

◂ **Abbildung 22.8**
Mit HINZUFÜGEN bilden mehrere Auswahlen eine Einheit.

Von Auswahl subtrahieren | Mit der nächsten Schaltfläche, SUBTRAHIEREN ❸, entfernen Sie bei der zweiten Auswahl einen Bereich der ersten Auswahl. Die neue Auswahl wird hierbei aus der alten Auswahl entfernt.

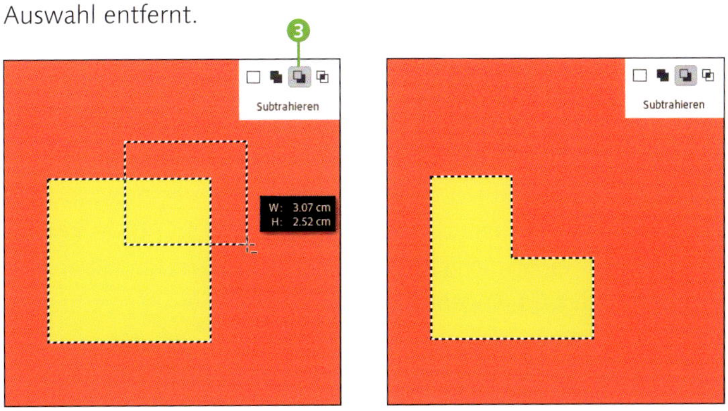

◂ **Abbildung 22.9**
Mit SUBTRAHIEREN wird die neue Auswahl von der vorhandenen Auswahl abgezogen.

Schnittmenge mit Auswahl bilden | Mit der Option SCHNITTMENGE ❹ bilden überlappende Auswahlen eine Schnittmenge.

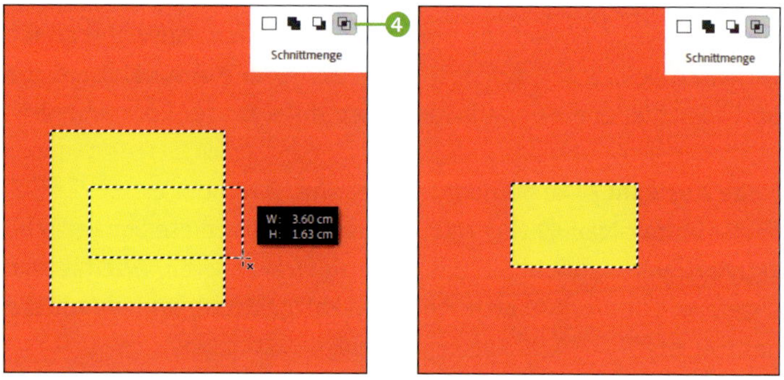

Abbildung 22.10 ▸
Mit der Option SCHNITTMENGE bleiben nur übereinanderliegende Auswahlbereiche erhalten.

Tastenbefehle für Auswahloptionen | Sie können die verschiedenen Auswahlkombinationen nicht nur mit den Schaltflächen aktivieren, sondern alternativ auch mit Tastenbefehlen.

> **Mauszeigersymbole**
> Wenn Sie sich nicht sicher sind, welche Auswahloption gerade aktiv ist, helfen Ihnen die kleinen Symbole am Auswahl-Cursor weiter. Ein kleines Plussymbol verweist auf die Einstellung HINZUFÜGEN, ein Minussymbol steht für SUBTRAHIEREN und ein kleines × für SCHNITTMENGE.

Vorhaben	Tasten
eine neue Auswahl erstellen (und gegebenenfalls eine vorhandene aufheben)	Auswahlwerkzeug normal verwenden
der Auswahl hinzufügen	⇧ und Auswahlwerkzeug
von Auswahl abziehen	Alt und Auswahlwerkzeug
Schnittmenge bilden	⇧+Alt und Auswahlwerkzeug

Tabelle 22.3 ▸
Tastenbefehle zum Verändern der Auswahlkombinationen

22.5 Auswahlen nachbearbeiten

Haben Sie einmal eine Auswahl erstellt, können Sie sie noch weiter nachbearbeiten – zum Beispiel um sie weiter zu verfeinern. Dazu stehen Ihnen, abhängig vom verwendeten Auswahlwerkzeug, unterschiedliche Möglichkeiten zur Verfügung.

22.5.1 Weiche Kante

Standardmäßig verlaufen die Kanten zwischen der Auswahl und dem restlichen Bildbereich hart und scharf. Viele Auswahlwerkzeuge bieten einen Schieberegler WEICHE KANTE an, über den Sie einen Pixelwert eingeben können, um eine weich verlaufende Kante zu erzeugen.

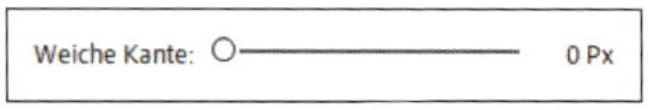

▲ Abbildung 22.11
Option WEICHE KANTE

Kapitel_22: Musikant.jpg

In Abbildung 22.13 sehen Sie ein Beispiel. Dort habe ich eine ellipsenförmige Auswahl mit weicher Kante (hier 100 Pixel) um das Bild gezogen, die Auswahl mit AUSWAHL • AUSWAHL UMKEHREN umgekehrt und mit [←] den Rand gelöscht, der dann automatisch mit der eingestellten Hintergrundfarbe (hier Weiß) gefüllt wird.

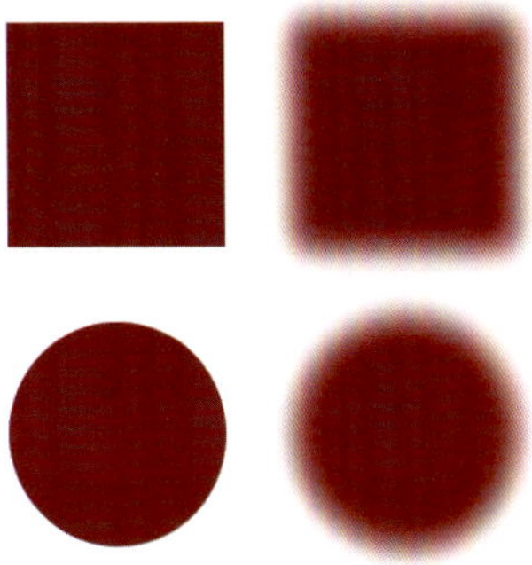

▲ **Abbildung 22.12**
Im Quadrat und Kreis links wurde eine harte Kante mit 0 Pixeln verwendet. Rechts wurde eine WEICHE KANTE von 10 Pixeln vergeben.

◂ **Abbildung 22.13**
So wirkt sich eine weiche Kante auf Bilder aus.

Nachträglich anwenden | Sie können jederzeit nachträglich eine weiche Auswahlkante über AUSWAHL • WEICHE AUSWAHLKANTE oder [Alt]+[Strg]+[D] bzw. [alt]+[cmd]+[F] (beim Mac) anwenden. Es öffnet sich dann ein Dialog, in dem Sie über eine Pixelanzahl angeben, wie weich die Kanten verlaufen sollen. So können Sie weiche Auswahlkanten auch bei Auswahlwerkzeugen anwenden, die keine weichen Kanten über die Werkzeugoptionen unterstützen, zum Beispiel beim Zauberstab [A].

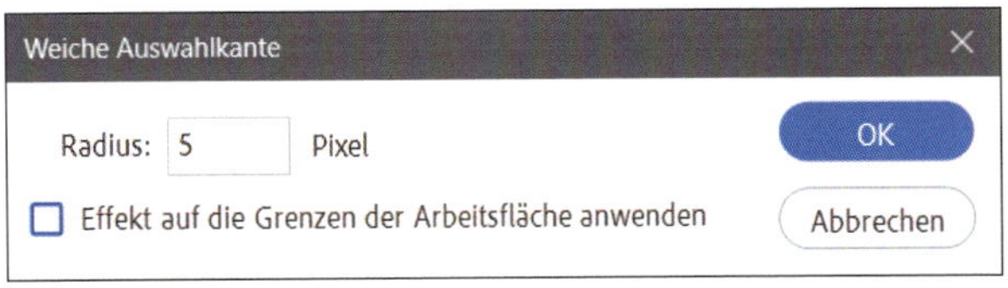

▲ **Abbildung 22.14**
Mit diesem Dialog bekommt eine Auswahl eine weiche Auswahlkante.

Kanten sichtbar machen | Bei einer Auswahllinie erkennt man manchmal nicht gleich, ob die Auswahl eine weiche Kante hat oder nicht. Um den eigentlichen Auswahlbereich mitsamt der ursprünglichen harten und der neu hinzugekommenen weichen Kante anzuzeigen, müssen Sie nur das Verschieben-Werkzeug aufrufen [V] ✛ und zusätzlich die Begrenzungsrahmen in den Werkzeugoptionen aktivieren.

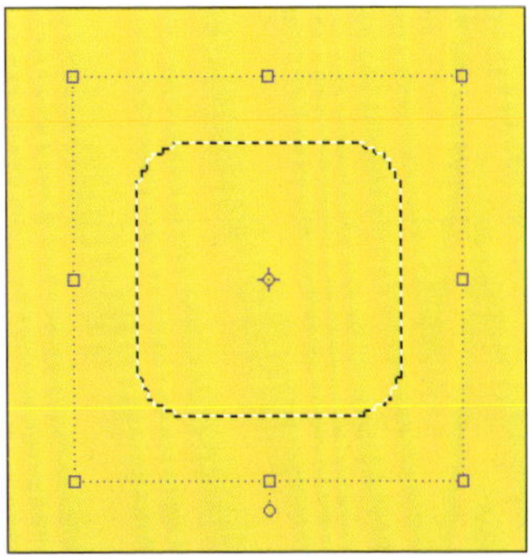

▲ **Abbildung 22.15**
Der harte und der weiche Auswahlbereich werden sichtbar.

▲ **Abbildung 22.16**
Die Option Glätten

22.5.2 Glätten

Viele Auswahlwerkzeuge bieten zudem die Option Glätten an. Wenn Sie eine Auswahl glätten, werden die Farben zwischen den Auswahlkanten und dem Hintergrund miteinander verrechnet. Dadurch ist der Übergang zwischen der Auswahl und dem dahinter befindlichen Bereich nicht so »hart«. In gewisser Hinsicht lässt sich die Option Glätten mit der Option Weiche Kante vergleichen, nur dass Sie eben beim Glätten den Umfang nicht definieren können.

Überall dort, wo unregelmäßige Kanten bei der Auswahl entstanden sind, greift dieses Glätten, indem diese Bereiche mit Rundungen versehen werden. Genauer formuliert: Der Farbübergang zwischen Kantenpixeln und Hintergrundpixeln wird verwischt. Sinnvoll ist diese Option somit bei Auswahlen mit vielen Rundungen.

Glättung für Montagen
Die Glättung wird auch gerne für Fotomontagen verwendet, wenn ein ausgewähltes Objekt freigestellt werden soll. Durch die Glättung fällt das einmontierte Objekt nicht so sehr als Montage auf.

Ein nachträgliches Glätten, wie dies eine Weiche Kante erlaubt, ist bei einer vorhandenen Auswahl nicht möglich.

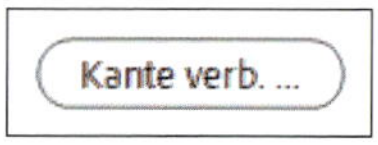

▲ **Abbildung 22.17**
Die Schaltfläche Kante verbessern zum Aufrufen des gleichnamigen Dialogs

22.5.3 Kante verbessern

Einige Auswahlwerkzeuge bieten in den Werkzeugoptionen die Schaltfläche Kante verbessern an. Alternativ steht diese Funktion auch den anderen Auswahlwerkzeugen über das Menü Auswahl • Kante verbessern zur Verfügung. Mit diesem Dialog können Sie eine Auswahl noch feiner nachjustieren.

Ansicht optimieren | Wenn Sie erst einmal eine Auswahl erstellt haben und den Dialog aufgerufen haben, sollten Sie über den Ansichtsmodus zunächst die Anzeige der Auswahl einstellen. Über das Dropdown-Menü Anzeigen ❺ finden Sie eine ganze Liste mit Ansichten für Ihre Auswahl. Mit der Taste [F] können Sie diese Ansichten auch durchlaufen, und mit [X] lässt sich eine Ansicht (de-)aktivieren.

▲ **Abbildung 22.18**
Verschiedene Ansichten für Ihre Auswahl. Jede Ansicht kann auch über ein Tastenkürzel, das direkt danebensteht, erreicht werden (beispielsweise [W] für Auf Weiss).

Sehr hilfreich ist hier auch, dass Sie bei aktivem Dialog auf das Zoom-Werkzeug ❶ [Z] und das Hand-Werkzeug ❷ [H] zurückgreifen können.

Kantenerkennung verfeinern | Über den Bereich Kantenerkennung können Sie die Kanten der Auswahl einblenden lassen und weiter manuell verfeinern.

Hier legt zunächst der Radius ❾ fest, wie breit der Bereich ist, in dem das Werkzeug überhaupt die Kantenverfeinerung durchführt. Diesen Radius können Sie sich über Radius anzeigen ❻ anzeigen lassen. Setzen Sie außerdem ein Häkchen vor Smart-Radius ❽, wird der Bereich der Kantenerkennung automatisch verfeinert. Für einen Vorher-nachher-Vergleich der Auswahl nutzen Sie die Option ORIGINAL ANZEIGEN ⑦. Setzen Sie hier ein Häkchen, wird die ursprüngliche Auswahl angezeigt.

Links daneben finden Sie noch ein Radius-verbessern-Werkzeug ③ und ein Verfeinerung-löschen-Werkzeug ④, mit denen Sie diese Kantenerkennung auch noch nachträglich hinzu- bzw. wegmalen können.

Im Bereich KANTE ANPASSEN stehen Ihnen einige Optionen ⑩ zur Verfügung, um Ihre Auswahl weiter zu verbessern:

- ABRUNDEN: Aus kantigen und gezackten Linien bei der Auswahl entstehen leicht gerundete Linien.
- WEICHE KANTE: Diese Funktion entspricht exakt der zuvor beschriebenen Option von Abschnitt 22.5.1.
- KONTRAST: Hiermit wird der Kontrast der Auswahlkante verstärkt, wodurch automatisch härtere Kanten entstehen, je mehr der Wert erhöht wird.
- KANTE VERSCHIEBEN: Mit dieser Funktion verkleinern oder erweitern Sie die Auswahlkante.

Top-Hilfsmittel für Auswahlen

Der Dialog KANTE VERBESSERN wird leider häufig vernachlässigt. Dabei bieten gerade die darin enthaltenen Werkzeuge mit dem Radius-verbessern-Werkzeug ③ und Verfeinerung-löschen-Werkzeug ④ das berühmte Tüpfelchen auf dem i, womit Sie auch Bilder mit Haaren auswählen und freistellen können. Wie dies genau funktioniert, erfahren Sie in einem separaten Workshop in Abschnitt 23.4, »Das Schnellauswahl-Werkzeug«.

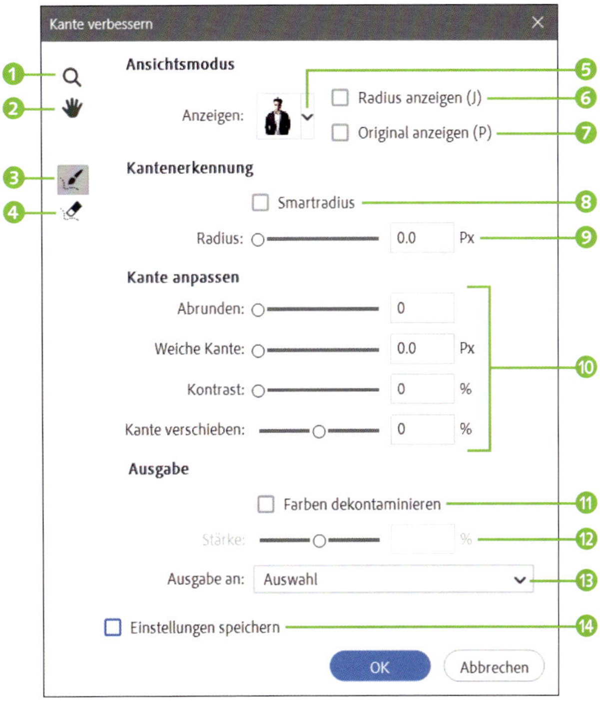

◂ **Abbildung 22.19**
Mit diesem Dialog können Sie die Kanten einer Auswahl verbessern.

Die Einstellung FARBEN DEKONTAMINIEREN ⑪ und der dazugehörende Regler STÄRKE ⑫ können verwendet werden, um die Farbränder bei der Auswahl zu entfernen, indem stattdessen auf Farben im umliegenden Bereich zurückgegriffen wird. Das ist praktisch bei unerwünschten Farbrändern an Objekten, wie sie häufig bei Haaren vorkommen. Allerdings arbeitet diese Funktion manipulativ auf den Pixeln der Ebene, womit die Farbe tatsächlich geändert wird. Aus diesem Grund stehen bei dieser Funktion nicht alle Optionen bei AUSGABE AN (13) zur Verfügung.

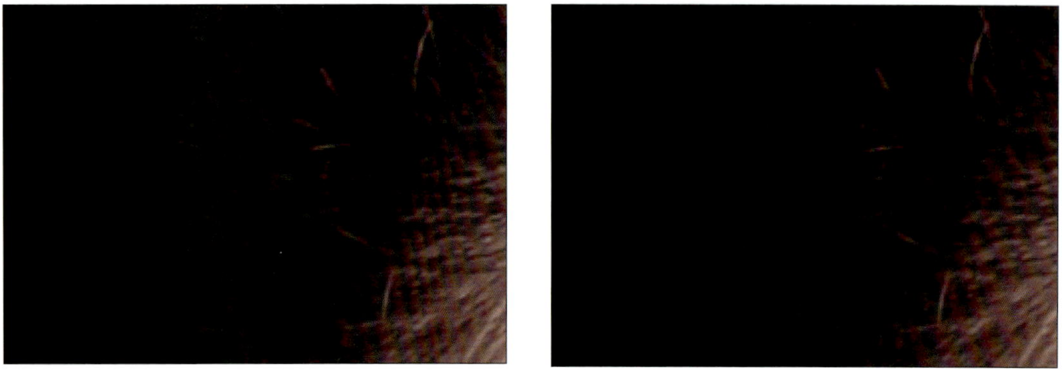

▲ **Abbildung 22.20**
Dem hellen Schein bei dieser Freistellung von Haaren im linken Bild lässt sich mithilfe der Option FARBEN DEKONTAMINIEREN beikommen, die ich rechts mit 100 % STÄRKE angewendet habe. Gepaart mit einer leichten Kontrastanhebung ist das Ergebnis fast perfekt.

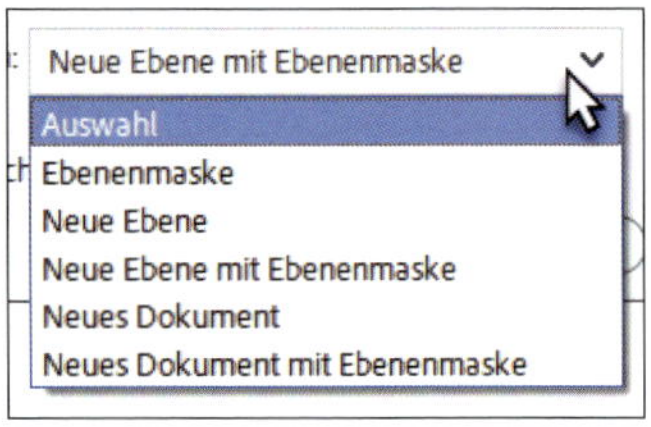

▲ **Abbildung 22.21**
Was wollen Sie mit Ihrer Auswahl machen?

Die Auswahl ans Bild übergeben | Mit AUSGABE AN (13) finden Sie noch verschiedene sehr nützliche Optionen, wie Sie die Auswahl nach der Bestätigung des Dialogs ausgeben können. Hierbei haben Sie die Möglichkeit, die Auswahl mit EBENENMASKE, als NEUE EBENE, NEUE EBENE MIT EBENENMASKE, NEUES DOKUMENT oder NEUES DOKUMENT MIT EBENENMASKE zu öffnen.

Wollen Sie den Dialog KANTEN VERBESSERN künftig immer mit den zuletzt gemachten Einstellungen öffnen, brauchen Sie nur ein Häkchen vor EINSTELLUNGEN SPEICHERN (14) zu setzen.

Abbildung 22.22 ▶
Mein persönlicher Favorit ist, den nicht ausgewählten Bereich mit Schwarz oder Weiß auszublenden.

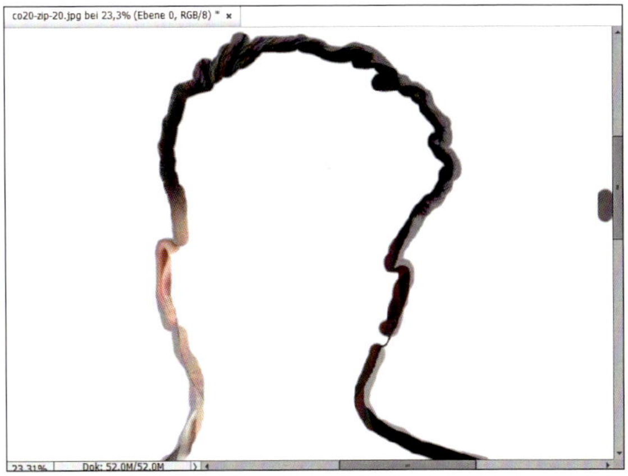

◂ **Abbildung 22.23**
Hier wurde die Option Radius anzeigen aktiviert, wodurch die Kantenerkennung angezeigt wird. Der Radius wurde auf 10 Pixel gesetzt.

22.5.4 Auswahl verändern

Vier weitere Werkzeuge finden Sie über das Menü Auswahl • Auswahl verändern. Mit ihnen können Sie, unabhängig vom verwendeten Auswahlwerkzeug, die Auswahlen nachträglich verändern.

Umrandung | Mit Umrandung erstellen Sie eine weiche und geglättete Auswahlbegrenzung. Wenn Sie die neue Auswahlbegrenzung hinzugefügt haben, sind nur noch die Pixel zwischen den beiden Auswahlbegrenzungen ausgewählt. Sie erstellen damit einen Rahmen mit einer bestimmten Breite.

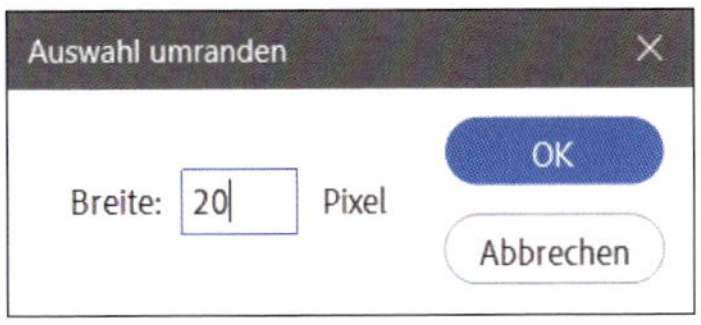

▴ **Abbildung 22.24**
Stärke des Rahmens um die aktuelle Auswahl festlegen

Abrunden | Mit Abrunden wird im Umfeld jedes Pixels nach anderen Pixeln gesucht, die in demselben Farbbereich liegen. Die gefundenen Pixel werden dann der Auswahl hinzugefügt. Natürlich lässt sich hiermit auch eine rechteckige oder quadratische Auswahl mit abgerundeten Ecken versehen. Interessanter erscheint diese Funktion aber in Verbindung mit dem Zauberstab, wenn innerhalb der Auswahl einzelne Pixel immer noch nicht ausgewählt wurden.

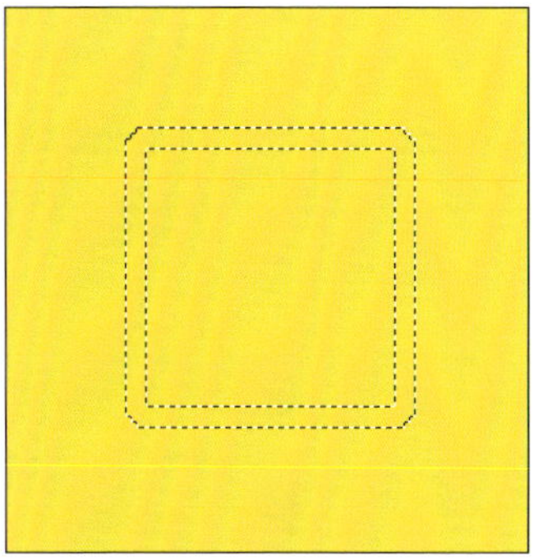

▴ **Abbildung 22.25**
Aus dem ursprünglich ausgewählten quadratischen Bereich wurde eine Umrandung gemacht.

Erweitern und Verkleinern | Mit den Befehlen Erweitern und Verkleinern vergrößern bzw. verkleinern Sie die Größe der Auswahl um einen bestimmten Pixelwert.

22.5.5 »Auswahl vergrößern« und »Ähnliches auswählen«

»Bitmap«-Modus
Die beiden Funktionen AUSWAHL VERGRÖSSERN und ÄHNLICHES AUSWÄHLEN können nicht mit Bildern im BITMAP-Modus verwendet werden.

Der Befehl AUSWAHL VERGRÖSSERN hat nichts mit dem zuvor beschriebenen Befehl ERWEITERN zu tun. Mit AUSWAHL VERGRÖSSERN erweitern Sie eine Auswahl auf ähnliche Farbbereiche. Wenn Sie zum Beispiel mit dem Zauberstab eine Auswahl erstellt haben und jetzt den Befehl AUSWAHL • AUSWAHL VERGRÖSSERN aufrufen, werden alle benachbarten Pixel in die Auswahl aufgenommen, die in der Werkzeugoption TOLERANZ des Zauberstabs angegeben sind. Ähnlich funktioniert auch der Befehl AUSWAHL • ÄHNLICHES AUSWÄHLEN, nur dass hiermit nicht nur die benachbarten Pixel berücksichtigt werden, sondern alle Pixel im Bild, die im TOLERANZ-Bereich liegen. Um die Auswahl Stück für Stück zu erweitern, rufen Sie den Befehl mehrmals auf.

22.5.6 Auswahl transformieren

Um die Größe oder Perspektive einer aktiven Auswahl zu ändern (skalieren, drehen, verzerren), können Sie den Menübefehl AUSWAHL • AUSWAHL TRANSFORMIEREN aufrufen. Hierbei wird die Auswahllinie und nicht der Auswahlinhalt transformiert.

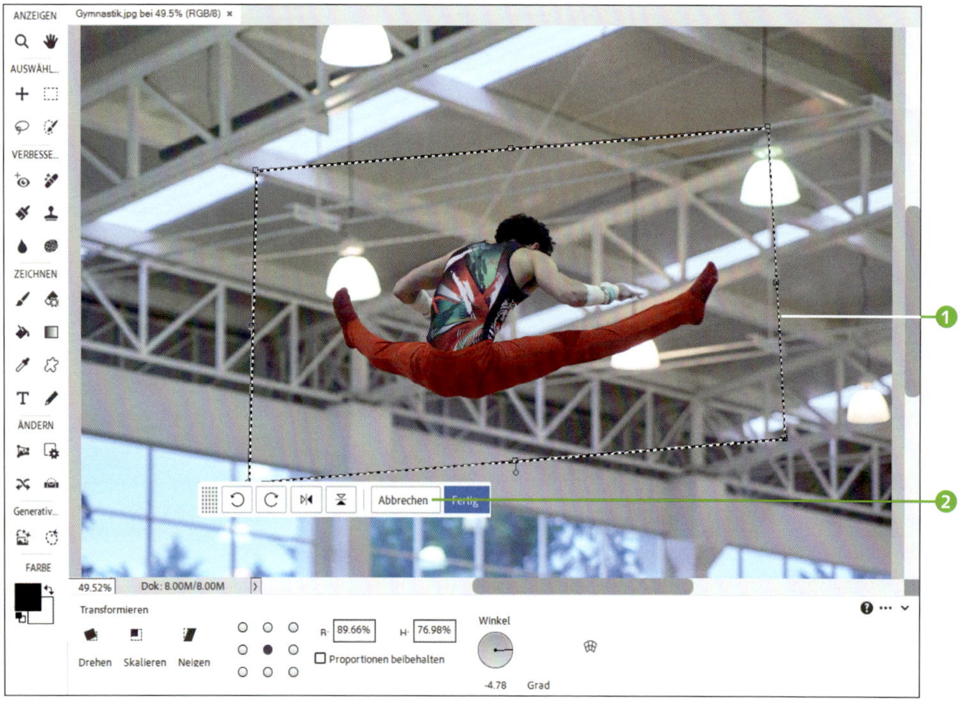

Abbildung 22.26 ▲
Hier wird gerade eine rechteckige Auswahl transformiert.

Wenn Sie dieses Werkzeug aktiviert haben, erscheinen um die Auswahl ein Transformationsrahmen ❶ und unterhalb die passenden Werkzeugoptionen. Die Auswahl können Sie mithilfe des Transformationsrahmens oder über die manuelle Eingabe der Werkzeugoptionen ändern. Die Transformation müssen Sie anschließend mit der Schaltfläche FERTIG (oder [↵]) bestätigen oder ABBRECHEN (oder [Esc]) abbrechen ❷.

22.6 Auswahlen verwalten

Sie haben mühevoll eine Auswahl erstellt und würden nun gerne mit einem anderen Auswahlwerkzeug ausprobieren, ob es noch genauer geht? Vielleicht brauchen Sie diese Auswahl auch später noch einmal? Zum Glück bietet Photoshop die Möglichkeit, eine Auswahl zu speichern und wieder zu laden.

22.6.1 Auswahl speichern

Um eine Auswahl zu speichern, rufen Sie AUSWAHL • AUSWAHL SPEICHERN auf, woraufhin sich ein Dialog öffnet. In der Dropdown-Liste AUSWAHL ❸ wird der Name der gerade benutzten Auswahldatei angezeigt. Mit NEU speichern Sie eine neue Datei. Den Namen der Datei geben Sie im Texteingabefeld NAME ein. Mit OK wird die Auswahl in einem Alphakanal gesichert. Es ist durchaus möglich, mehrere Auswahlen zu speichern.

Datenformat für das Sichern von Auswahlen
Wenn Sie eine Auswahl speichern und zu einem anderen Zeitpunkt wieder laden wollen, sollten Sie die Datei in einem Format speichern, das auch Auswahlen mitspeichern kann. Hierfür kommen das TIFF- und das PSD-Format infrage. Bei gewöhnlichen JPEGs bleibt die Auswahl beim Speichern nur so lange erhalten, bis Sie das Bild schließen.

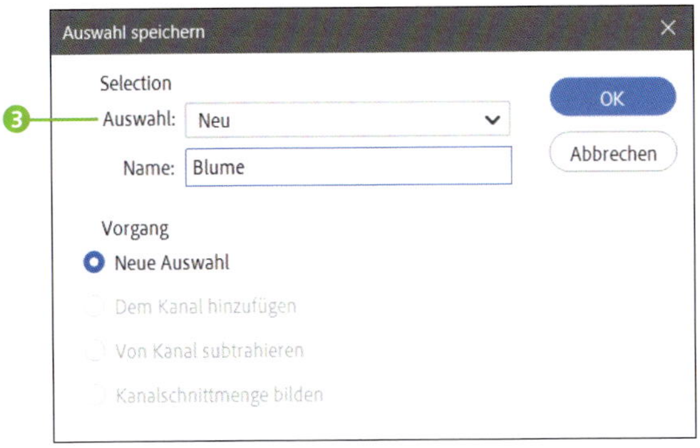

◂ **Abbildung 22.27**
Der Dialog zum Speichern einer Auswahl

22.6.2 Auswahl laden

Laden können Sie Auswahlen jederzeit über das Menü AUSWAHL • AUSWAHL LADEN. In der Dropdown-Liste AUSWAHL klicken Sie den Namen der gespeicherten Auswahl an. Mit der Checkbox UMKEHREN invertieren Sie bei Bedarf die Auswahl gleich beim Laden.

22.6.3 Auswahl löschen

Mit der Option AUSWAHL • AUSWAHL LÖSCHEN entfernen Sie diejenige Auswahl, die Sie über die Dropdown-Liste auswählen.

22.7 Wichtige Arbeitstechniken

Kapitel_22: Gewürze.jpg

Bevor wir uns der Erstellung etwas komplexerer Auswahlen widmen, finden Sie hier noch einige grundlegende und unverzichtbare Arbeitstechniken, die bei allen Arten von Auswahlen nützlich sind.

22.7.1 Auswahllinie verschieben

Wollen Sie nur die Auswahllinie (Ameisenlinie) ohne den Inhalt verschieben, haben Sie die folgenden zwei Möglichkeiten (eine für die Tastatur und eine für die Maus):

- Um die Auswahllinie Pixel für Pixel zu verschieben, eignen sich die Pfeiltasten der Tastatur sehr gut. Jeder Tastendruck verschiebt dabei die Auswahllinien um einen Pixel in die Richtung des jeweils gedrückten Pfeils. Wenn Sie zusätzlich ⇧ gedrückt halten, wird die Auswahl um 10 statt um 1 Pixel verschoben.
- Wenn Sie die Auswahllinie mit der Maus verschieben wollen, verwenden Sie das Auswahlrechteck-Werkzeug und verschieben innerhalb des ausgewählten Bereichs mit gedrückt gehaltener Maustaste die Auswahllinie in einen anderen Bereich.

Auswahl aufheben

Wollen Sie eine Auswahl aufheben, können Sie dies entweder mit Esc, Strg/cmd+D oder Auswahl • Auswahl aufheben durchführen. Haben Sie aus Versehen eine Auswahl aufgehoben, lassen Sie sie mit Strg/cmd+⇧+D wieder anzeigen.

Abbildung 22.28 ▸
Die verschobene Auswahllinie (hier erzeugt per Auswahlrechteck-Werkzeug)

Exakter verschieben

Um das Verschieben mit der Maus auf die Waagerechte, Senkrechte oder auf einen 45°-Winkel einzuschränken, halten Sie während der Bewegung mit dem Mauszeiger die Taste ⇧ gedrückt.

22.7.2 Auswahlinhalt verschieben

Auch zum Verschieben des kompletten Inhalts der Auswahl verwenden Sie entweder die Maus oder die Tastatur:

- Wechseln Sie zum Verschieben-Werkzeug V, und betätigen Sie die Pfeiltasten auf der Tastatur, um den ausgewählten Inhalt in die entsprechende Richtung zu verschieben. Standardmäßig wird pro Tastendruck um je einen Pixel in die entsprechende Richtung verschoben. Mit gehaltener ⇧-Taste erhöhen Sie diesen Wert auf 10 Pixel.

Inhaltssensitives Verschieben

Wollen Sie den Inhalt einer Auswahl verschieben, ohne ein Loch als Hintergrundfarbe oder eine Transparenz zu hinterlassen, können Sie das Inhaltssensitives Verschieben-Werkzeug dafür verwenden. Das Werkzeug versucht, das Loch des verschobenen Bereichs automatisch mit dem umliegenden Bildbereich zu füllen. In Abschnitt 31.4 wird das Werkzeug umfassender beschrieben.

- Bei der Arbeit mit der Maus drücken Sie innerhalb der Auswahl [Strg]/[cmd] und verschieben den Auswahlinhalt mit gedrückt gehaltener linker Maustaste. Alternativ können Sie aber auch hier zum Verschieben-Werkzeug wechseln, um den Auswahlinhalt mit gedrückt gehaltener Maustaste zu verschieben. Auch hier bewegen Sie mit gehaltener [⇧]-Taste den Auswahlinhalt exakt in die Senkrechte, Waagerechte und im 45°-Winkel.

◂ **Abbildung 22.29**
Wenn Sie den Inhalt einer Auswahl verschieben, entsteht ein Loch im Bild. Je nachdem, ob Sie mit einer Ebene oder mit einem Hintergrundbild arbeiten, ist der Hintergrund des Loches entweder transparent oder entspricht (wie hier) der eingestellten Hintergrundfarbe (hier Rot).

22.7.3 Auswahlinhalt löschen

Den ausgewählten Inhalt entfernen Sie schnell mit [Entf], [←] oder mit dem Befehl BEARBEITEN • LÖSCHEN. Wie das entstehende Loch aussieht, hängt davon ab, ob Sie auf einer Ebene oder auf einer Hintergrundebene gearbeitet haben. Wie auch schon beim Verschieben erscheint das Loch transparent, wenn eine Ebene verwendet wurde, oder in der eingestellten Hintergrundfarbe, wenn ein Hintergrundbild verwendet wurde.

▴ **Abbildung 22.30**
Hier wurde die Auswahl einer Hintergrundebene gelöscht. Der gelöschte Bereich wird mit der eingestellten Hintergrundfarbe gefüllt (hier Rot).

▴ **Abbildung 22.31**
In dieser Abbildung wurde die Auswahl einer normalen Ebene gelöscht, wodurch der entfernte Bereich transparent wird.

22.7.4 Auswahl duplizieren

Um den Inhalt einer Auswahl zu duplizieren, halten Sie die [Strg]/[cmd]+[Alt]-Taste darüber gedrückt und verschieben das so erstellte Duplikat mit gehaltener Maustaste. Auch hier funktioniert der Trick mit der gehaltenen [⇧]-Taste, um die Bewegung des Verschiebens auf die Senkrechte, Waagerechte oder den 45°-Winkel zu beschränken.

Abbildung 22.32 ▸
Eine verschobene Kopie der Auswahl, die keine Ebene ist und die Sie jederzeit noch verschieben oder löschen können, solange die schwebende, duplizierte Auswahl nicht aufgehoben wurde

Beachten Sie zudem, dass bei dieser Methode, eine Auswahl zu duplizieren, keine eigene Ebene angelegt wird, wie dies beim gewöhnlichen Copy & Paste der Fall wäre. Solange Sie die schwebende, duplizierte Auswahl nicht aufheben (zum Beispiel mit [Strg]/[cmd]+[D]), können Sie sie jederzeit noch verschieben oder löschen.

22.7.5 Auf neuer Ebene weiterarbeiten

Wenn Sie einen Auswahlinhalt auf eine neue Ebene bringen wollen, um dort mit ihr weiterzuarbeiten, haben Sie zwei Möglichkeiten: Entweder duplizieren Sie die Auswahl, dann liegt der ausgewählte Bereich deckungsgleich auf einer neuen Ebene. Oder Sie schneiden die Auswahl aus und fügen ihren Inhalt auf einer neuen Ebene ein.

Auswahl auf Ebene | Um eine Kopie der aktuellen Auswahl auf einer neuen Ebene einzufügen, haben Sie zwei Möglichkeiten. Beachten Sie, dass sich hierbei in Ihrem Bild zunächst nichts ändert. Die neue Ebene bzw. das Motiv der neuen Ebene liegt deckungsgleich über der Hintergrundebene.

- Verwenden Sie den Befehl Ebene • Neu • Ebene durch Kopie oder die Tastenkombination Strg/cmd+J.
- Kopieren Sie die Auswahl mit Bearbeiten • Kopieren oder Strg/cmd+C, und fügen Sie sie mit Bearbeiten • Einfügen oder Strg/cmd+V in eine neue Ebene ein.

Inhalt einer Auswahl in eine neue Ebene einfügen | Wollen Sie hingegen den Inhalt der Auswahl ausschneiden und in eine neue Ebene einfügen, um so das Motiv und seinen Hintergrund unabhängig voneinander zu bearbeiten, gehen Sie folgendermaßen vor:

- Verwenden Sie den Befehl Ebene • Neu • Ebene durch Ausschneiden oder Strg/cmd+⇧+J.
- Schneiden Sie die Auswahl mit Bearbeiten • Ausschneiden oder Strg/cmd+X aus, und fügen Sie sie mit Bearbeiten • Einfügen oder Strg/cmd+V in eine neue Ebene ein.

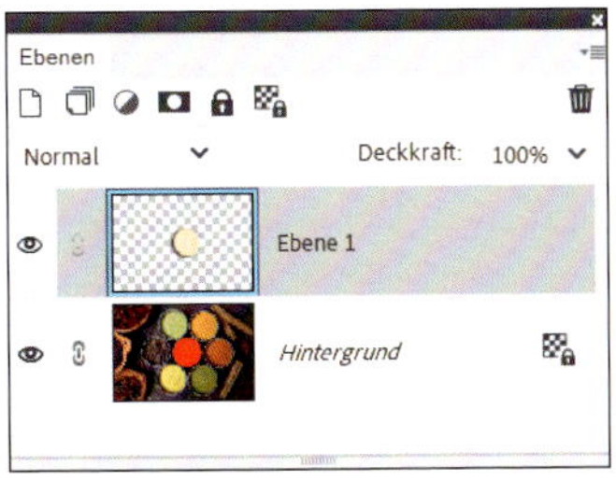

▲ **Abbildung 22.33**
Wenn Sie den Inhalt einer Auswahl ausschneiden und in eine neue Ebene einfügen, entsteht ein Loch im Hintergrundbild.

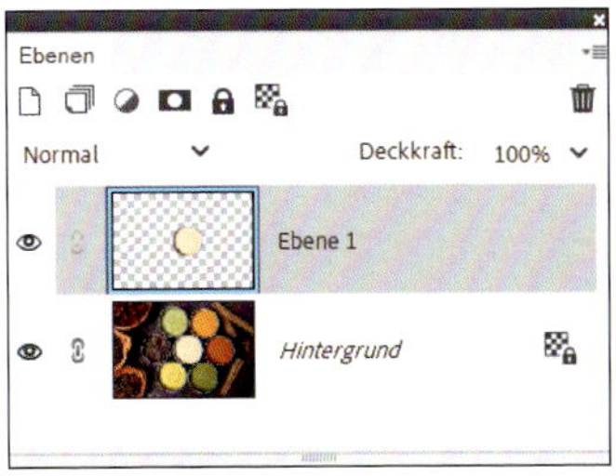

▲ **Abbildung 22.34**
Die Auswahl wurde als neue Ebene eingefügt.

Kapitel 23

Komplexe Auswahlen erstellen

Nachdem Sie sich nun mit den einfachen Auswahlwerkzeugen und den verschiedenen Optionen und Menübefehlen auskennen, wird es Zeit, sich an etwas komplexere Auswahlen heranzuwagen. Komplexe Auswahlen zu erstellen kann ein aufwendiger und langwieriger Prozess sein und erfordert ein gewisses Maß an Sorgfalt und Geduld. In der Praxis werden Sie hierbei häufig mehrere Auswahlfunktionen und Werkzeuge miteinander kombinieren müssen.

23.1 Die Lasso-Werkzeuge

Bei der Arbeit mit den Lasso-Werkzeugen umzeichnen Sie den Bildbereich, den Sie auswählen wollen, mit der Maus. Photoshop Elements bietet Ihnen zu diesem Werkzeug mit dem Lasso, dem Magnetischen Lasso und dem Polygon-Lasso drei Varianten an.

▲ **Abbildung 23.1**
Bei diesem Bild wurde eine grobe Auswahl mit dem Lasso gezogen.

23.1.1 Das einfache Lasso

Das einfache Lasso [L] eignet sich zum Erstellen einer frei gezeichneten Auswahl. Das Werkzeug wird beim Freistellen von Objekten verwendet, um zunächst eine grobe Auswahl anzulegen, die nach und nach verfeinert werden soll. Für präzise Auswahlen eignet sich das Werkzeug eher nicht.

Werkzeugoptionen | Die allgemeinen Werkzeugoptionen des gewöhnlichen Lassos unterscheiden sich nicht von denen der geometrischen Auswahlwerkzeuge (Abschnitt 22.2.1).

◂ **Abbildung 23.2**
Optionen des Lassos

Darstellung des Mauszeigers
Der Mauszeiger als Lasso-Darstellung ist Ihnen vielleicht ein wenig zu ungenau. Ändern Sie in diesem Fall seine Form, indem Sie über BEARBEITEN/PHOTOSHOP ELEMENTS EDITOR • VOREINSTELLUNGEN • ANZEIGE & CURSOR im Rahmen ANDERE WERKZEUGE die Option FADENKREUZ statt STANDARD wählen.

Bedienung | Die Verwendung des Lassos ist recht intuitiv: Stellen Sie zunächst die gewünschten Werkzeugoptionen ein. Wenn Sie mit der Maus auf das Bild gehen, verwandelt sich der Mauszeiger in ein Lassosymbol. Klicken Sie jetzt auf die Position im Bild, an der die Auswahl beginnen soll. Halten Sie die linke Maustaste gedrückt, und umfahren Sie mit dem Mauszeiger das gewünschte Objekt. Hierbei können Sie sich jederzeit an der Auswahllinie (Ameisenlinie) orientieren, die beim Zeichnen angezeigt wird. An der Stelle, an der Sie die Maustaste loslassen, werden Startpunkt und Endpunkt mit einer geraden Linie verbunden.

Haben Sie die Maustaste aus Versehen losgelassen, können Sie die Auswahl auch nachträglich noch erweitern, indem Sie in den Werkzeugoptionen HINZUFÜGEN auswählen. Sie müssen bei der Auswahl mit dem Lasso ein gutes Händchen für die Maus haben, um eine saubere Auswahl zu ziehen. Mit einem Grafiktablett geht dies natürlich wesentlich leichter von der Hand als mit der Maus. Außerdem erleichtert das Hineinzoomen in das Bild die Arbeit mit dem Lasso erheblich.

Auch bei diesem Werkzeug können Sie über die Werkzeugoptionen nachträglich Bereiche der erstellten Auswahl hinzufügen, von ihr abziehen oder eine Schnittmenge bilden. Alternativ und schneller funktionieren hier die folgenden Tasten:

- ⇧, um eine vorhandene Auswahl zu vergrößern
- Alt, um etwas von der Auswahl abzuziehen
- Alt+⇧, um eine Schnittmenge zu bilden

Kapitel_23: Doorknocker.jpg

▲ **Abbildung 23.3**
Ein gutes Bild für das Magnetische Lasso

23.1.2 Das Magnetische Lasso

Das Magnetische Lasso L ist so etwas wie ein erweitertes normales Lasso mit Funktionen des Zauberstabs. Im Gegensatz zum normalen Lasso richtet sich das Magnetische Lasso beim Zeichnen einer Auswahlbegrenzung automatisch an den Kanten der Bildbereiche aus, über die es gezogen wird. Daher eignet sich das Magnetische Lasso besonders für schnelle Auswahlen mit möglichst präzisen Auswahlbegrenzungen von Objekten mit komplexen Kanten, die sich von der Umgebung abheben (dunkle Bereiche auf hellem Hintergrund oder umgekehrt).

Werkzeugoptionen | Im Magnetischen Lasso finden Sie neben den bereits bekannten Optionen, die ich in Abschnitt 23.1.1 beschrieben habe, vier weitere Schieberegler ❶ und eine Option für Grafiktabletts ❷.

- BREITE: Hier legen Sie den Bereich der Kantenerkennung fest. Damit erkennt das Werkzeug beim Ziehen einer Auswahl nur die Kanten, die sich innerhalb der angegebenen Breite des Zeigers befinden. Hierbei können Sie einen Pixelwert zwischen 1 und 256 eingeben. Bei Bildern, in denen sich das auszuwählende Objekt deutlich vom Rest des Bildes abhebt, können Sie einen höheren Wert angeben. Ein höherer Wert hat den Vorteil, dass Sie mit der Maus nicht so knapp am Objekt herumfahren müssen, um die gewünschte Kante auswählbar zu machen.

- KONTRAST: Hiermit legen Sie die Empfindlichkeit des Magnetischen Lassos fest. Bei einem höheren Wert werden nur die Kanten erkannt, die sich deutlich von der Umgebung abheben. Mit einem niedrigeren Wert werden kontrastärmere Kanten erkannt, worunter allerdings auch die Genauigkeit der Auswahl leiden kann. Mögliche Werte reichen hier von 1 bis 100%.
- FREQUENZ: Je höher dieser Wert ist, desto mehr und desto schneller werden Befestigungspunkte (auch als *Ankerpunkte* bezeichnet) gesetzt. Bei geradlinigen Motiven muss die Frequenz nicht so hoch sein wie bei unebenen und kurvigen Motiven. Hierbei können Sie einen Wert zwischen 0 und 100 festlegen.

Kantenerkennung anzeigen
Wollen Sie den Zeiger des Magnetischen Lassos nicht als übliches Lassosymbol anzeigen lassen, brauchen Sie nur die ⇧-Taste zu drücken. Dadurch wird die Werkzeugspitze als Kreis mit der vorgegebenen BREITE (Kantenerkennung) angezeigt, was eine viel bessere Kontrolle ermöglicht.

▼ **Abbildung 23.4**
Dank vieler Optionen ist das Magnetische Lasso sehr flexibel einsetzbar.

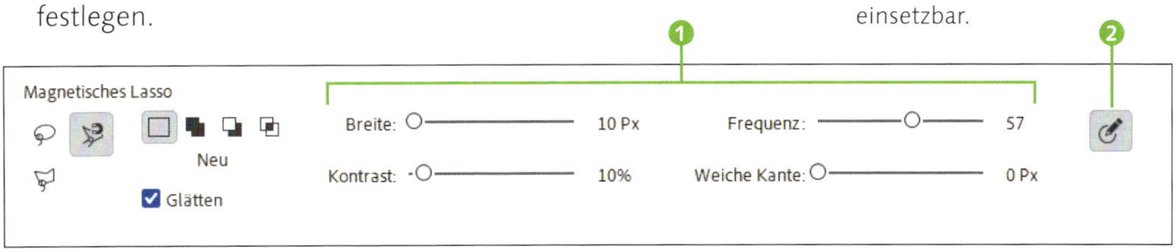

Die Option ZEICHENSTIFTBREITE ② ist nur für Besitzer von Grafiktabletts sinnvoll. Ist diese Option aktiviert und verwenden Sie ein Tablett, wirkt sich ein kräftigerer Druck mit dem Stift auf das Tablett auf die BREITE aus.

Bedienung | Die Handhabung des Magnetischen Lassos ist im Grunde ebenso einfach wie die des gewöhnlichen Lassos. Allerdings sollten Sie beim Magnetischen Lasso immer zuerst einen Blick auf die soeben beschriebenen Werkzeugoptionen werfen.

Um mit dem Magnetischen Lasso eine Auswahl aufzuziehen, gehen Sie zunächst mit dem Mauszeiger zum Startpunkt der Auswahl. Um die Auswahl zu starten, klicken Sie einmal und ziehen dann den Mauszeiger langsam nah (abhängig von der BREITE) an der Kante entlang (ohne die Maustaste gedrückt zu halten), bis Sie wieder am Ausgangspunkt ankommen. Um die Auswahl zu schließen, haben Sie vier Möglichkeiten:

- Klicken Sie mit dem Mauszeiger genau auf den Startpunkt.
- Doppelklicken Sie an einer beliebigen Stelle. Photoshop Elements schließt die Auswahl automatisch und versucht, selbst-

▲ **Abbildung 23.5**
Die Ankerpunkte bei der Verwendung des Magnetischen Lassos. Außerdem wurde die ⇧-Taste arretiert, um anstelle des Lassosymbols die Breite des Erkennungsabstands anzuzeigen.

Wichtige Tastenkürzel
Zwar finden Sie in der folgenden Tabelle einen Überblick über die Tastenkürzel in Verbindung mit dem Magnetischen-Lasso-Werkzeug, aber die häufigsten und wichtigsten Kürzel dürften wohl diese sein: [←] oder [Entf] zum Löschen des jeweils letzten Ankerpunkts, [+] oder [-] zum Hinein- oder Herauszoomen und die Leertaste, um die Bildansicht zu verschieben.

tätig die Kanten auf dem Weg von der letzten Mausposition bis zum Startpunkt zu finden.

- Anstelle eines Doppelklicks genügt auch ein Klick mit gehaltener [Strg]/[cmd]-Taste.
- Als vierte Möglichkeit steht Ihnen ein Druck auf [↵] zur Verfügung.

Nachkorrektur | Die verschiedenen Befestigungspunkte (bzw. Ankerpunkte) werden bei der Auswahllinie als kleine Quadrate angezeigt. Das zuletzt hinzugefügte Quadrat ist dabei immer gefüllt. Wie viele Ankerpunkte sich auf einer Auswahl befinden, hängt zunächst von der eingestellten Frequenz ab und davon, wie und wo Sie selbst geklickt haben. Diese Ankerpunkte sind wichtig, wenn Sie die Auswahl nachkorrigieren oder verbessern müssen.

- Den letzten Ankerpunkt können Sie jeweils durch Drücken von [←] oder [Entf] löschen.
- Verläuft eine Linie in die falsche Richtung und haben Sie noch keinen Ankerpunkt gesetzt, gehen Sie einfach mit dem Mauszeiger zum letzten Ankerpunkt zurück.
- Arbeitet das Werkzeug nicht genau genug, hilft nur noch das Verringern der BREITE und die Erhöhung der FREQUENZ.
- Um noch einmal von vorn zu beginnen und alle Ankerpunkte bzw. Auswahlen zu entfernen, drücken Sie [Esc].

Nützliche Tastenkürzel | Ein weiteres besonderes Feature ist die Möglichkeit, Werkzeugoptionen auch während der Verwendung des Auswahlwerkzeugs zu verändern. Besonders wichtig erscheinen mir hierbei die Zoomfunktion und die Möglichkeit, die Breite des Erkennungsabstands anzuzeigen.

Tabelle 23.1 ▼
Nützliche Tastenbefehle für das Magnetische Lasso

Vorhaben	Windows	Mac
Magnetisches Lasso aufrufen	[L]	[L]
ins Bild hineinzoomen	[+]	[+]
aus dem Bild herauszoomen	[-]	[-]
Bildansicht verschieben mit Hand-Werkzeug	Leertaste gedrückt halten	Leertaste gedrückt halten
BREITE verringern	[#]	–
BREITE erhöhen	[⇧]+[#]	–
FREQUENZ verringern	[Ü]	–

Vorhaben	Windows	Mac
KANTENKONTRAST erhöhen	[?]	–
kurzzeitiger Wechsel vom Magnetischen Lasso zum normalen Lasso	[Alt] und Maustaste gedrückt halten	[Alt] und Maustaste gedrückt halten
kurzzeitiger Wechsel vom Magnetischen Lasso zum Polygon-Lasso	[Alt] gedrückt halten und mit Klicks Liniensegmente anlegen	[Alt] gedrückt halten und mit Klicks Liniensegmente anlegen
BREITE des Erkennungsabstands anzeigen	[⇧]-Taste arretieren	[⇧]-Taste arretieren
Vorgang abbrechen	[Esc]	[Esc]
Auswahl schließen	Doppelklicken oder [Strg] + Klick	Doppelklicken oder [cmd] + Klick

▲ **Tabelle 23.1**
Nützliche Tastenbefehle für das Magnetische Lasso (Forts.)

23.1.3 Das Polygon-Lasso

Das Polygon-Lasso [L] ist das ideale Auswahlwerkzeug, wenn die Auswahl aus mehreren geraden Linien und unterschiedlichen Winkeln besteht.

Werkzeugoptionen | Die Werkzeugoptionen des Polygon-Lassos bieten gegenüber den anderen Lassos nichts Neues. Alle Optionen habe ich bereits in Abschnitt 23.1.1 beschrieben.

▲ **Abbildung 23.6**
Polygon-Lasso-Optionen – die Schaltfläche KANTE VERBESSERN ist erst aktiviert, wenn Sie den Auswahlbereich geschlossen haben.

▲ **Abbildung 23.7**
Ein denkbares Objekt für das Polygon-Lasso

Bedienung | Gehen Sie mit der Maus ins Bild, und klicken Sie auf die gewünschte Anfangsposition des ersten geraden Segments, um den ersten Befestigungspunkt zu erstellen. Klicken Sie jetzt erneut auf das Ende des geraden Segments, wodurch eine Linie vom Anfangspunkt zum Endpunkt gezogen wird. Klicken Sie so weiter, um weitere Segmente zu erstellen. Den jeweils letzten Befestigungspunkt können Sie mit [Entf]/[←] bei Bedarf löschen.

Um den Auswahlbereich zu schließen, reicht es aus, wenn Sie wieder am Startpunkt angekommen sind. Alternativ doppelklicken Sie oder drücken die [Strg]/[cmd]-Taste und klicken, um den Auswahlbereich endgültig zu schließen.

Vorhaben	Windows	Mac
Polygon-Lasso auswählen	L	L
Liniensegmente im 45°-Winkel ziehen	⇧	⇧
letzten Befestigungspunkt löschen	Entf	←
Vorgang abbrechen	Esc	esc
kurzzeitiger Wechsel vom Polygon- zum normalen Lasso	Alt gedrückt halten	alt gedrückt halten
Auswahlbereich schließen	Doppelklick und Strg + Klick	Doppelklick und cmd + Klick

Tabelle 23.2 ▸
Wichtige Tastenbefehle für das Polygon-Lasso

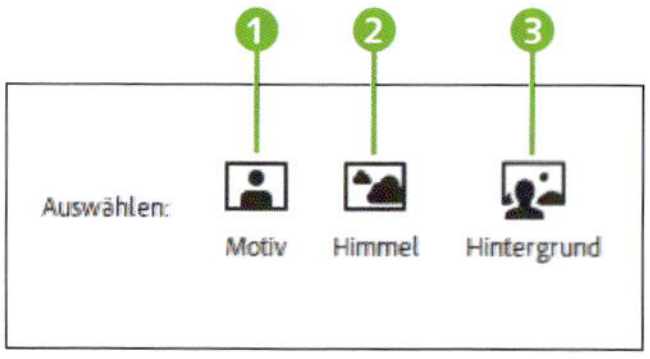

▲ Abbildung 23.8
Die Funktionen Motiv auswählen, Himmel auswählen und Hintergrund auswählen finden Sie bei den komplexeren Auswahlwerkzeugen.

Kontextbezogene Taskleiste
Wenn Sie die kontextbezogene Taskleiste aktiviert haben, erscheint bei jedem geöffneten Bild die Taskleiste mit den Optionen Motiv auswählen und Hintergrund entfernen.

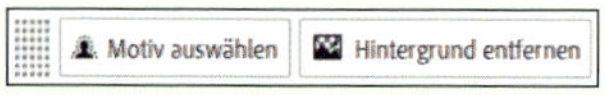

▲ Abbildung 23.9
Die kontextbezogene Taskleiste

23.2 Mit einem Klick auswählen

Bei allen komplexeren Auswahlwerkzeugen wie dem Schnellauswahl-Werkzeug, dem Auswahlpinsel, dem Zauberstab dem Auswahl verbessern-Pinselwerkzeug und dem Automatische Auswahl-Werkzeug finden Sie die Schaltflächen Motiv auswählen ①, Himmel auswählen ② und Hintergrund auswählen ③. Des Weiteren können Sie diese Funktionen über das Menü Auswahl mit Motiv, Hintergrund und Himmel aufrufen. Für Motiv auswählen steht mit Strg/cmd+Alt+S auch ein Tastenkürzel zu Verfügung.

Über die Funktion Motiv auswählen können Sie mit einem Klick das Hauptobjekt eines Bildes auswählen. Wie gut die Automatik arbeitet, hängt davon ab, wie deutlich sich das Hauptobjekt vom Hintergrund abhebt. Bei Aufnahmen von Personen im Studio vor einem einfarbigen Hintergrund arbeitet die Funktion wesentlich präziser, als wenn Ihr Hauptmotiv vor einem unruhigen Hintergrund mit vielen Details steht. Nichtsdestotrotz ist die Leistung von Motiv auswählen beeindruckend. Sie identifiziert verschiedene Objekte wie Menschen, Tiere, Autos, Spielzeuge und anderes. Sie sollten die Schaltfläche aber nicht als Ein-Klick-Lösung für sämtliche Auswahlen verstehen. Vielmehr ist sie eine Hilfe, um das Hauptmotiv mit einem Klick vorauszuwählen und die Feinheiten anschließend nachzuarbeiten.

Das Gegenstück zur Ein-Klick-Lösung Motiv auswählen stellt die Funktion Hintergrund auswählen dar. Damit wird praktisch die Auswahl des Motives invertiert und alles um das Hauptmotiv herum ausgewählt. Das ist praktisch, wenn man den Hintergrund des Hauptmotives anpassen oder ändern will.

▲ **Abbildung 23.10**
Bei solchen Porträtaufnahmen mit einfachen Hintergründen funktioniert MOTIV AUSWÄHLEN fast perfekt. (Model: Andreas R. Schwarzenberg)

▲ **Abbildung 23.11**
Auch bei komplexeren Objekten weiß MOTIV AUSWÄHLEN zu überzeugen. Hier muss nicht mehr viel nachgearbeitet werden.

Mit der Ein-Klick-Funktion HIMMEL AUSWÄHLEN wählt die Software gezielt den Himmel aus. Diese Auswahl können Sie dann nutzen, um den Himmel gezielt mit Einstellungsebenen nachzuarbeiten oder ggf. komplett zu entfernen und auszutauschen.

▼ **Abbildung 23.13**
Mit HINTERGRUND AUSWÄHLEN wurde der Bereich um das Model ausgewählt. (Model: Luis Carlos)

▲ **Abbildung 23.12**
Hier wurde der Himmel mit HIMMEL AUSWÄHLEN fast perfekt erfasst.

Allerdings gilt hier dasselbe wie bei MOTIV AUSWÄHLEN bzw. HINTERGRUND AUSWÄHLEN: Bei der Auswahl handelt es sich häufig nur um eine grobe Auswahl. Die Feinarbeiten sollten Sie hinterher vornehmen. Das Ergebnis hängt bei allen Funktionen auch stark vom Bildmaterial ab. Im Idealfall haben Sie tatsächlich eine Ein-Klick-Lösung.

23.3 Der Zauberstab

Hinweis
Auch der eingestellte Aufnahmebereich bei der Pipette [I] hat einen entscheidenden Einfluss darauf, was alles mit einem Zauberstab-Klick aufgenommen wird. Wechseln Sie daher gegebenenfalls zur Pipette [I], und passen Sie den Aufnahmebereich an. Mehr dazu erfahren Sie in Abschnitt 20.1.4, »Farbe mit dem Farbwähler-Werkzeug auswählen«, unter »Fehlerquelle Aufnahmebereich«.

Der Zauberstab [A] ist der Auswahlspezialist für Bildbereiche mit unregelmäßigen Formen. Er wählt seine Motive anhand ähnlicher Farben aus.

Werkzeugoptionen | Neben den bereits bekannten Werkzeugoptionen aus Abschnitt 23.1.1 finden Sie hier den Schieberegler TOLERANZ ❸, den Sie bereits im Zusammenhang mit dem Füllwerkzeug kennengelernt haben. Dieser Parameter ist immer relevant, wenn Farbe im Spiel ist. Mit der TOLERANZ legen Sie fest, wie sensibel das Werkzeug auf Farbunterschiede reagieren soll. Je niedriger dieser Wert ist, desto weniger unterschiedliche Farben werden berücksichtigt. Je höher der Wert ist, desto mehr Farbabweichungen werden bei der Auswahl berücksichtigt.

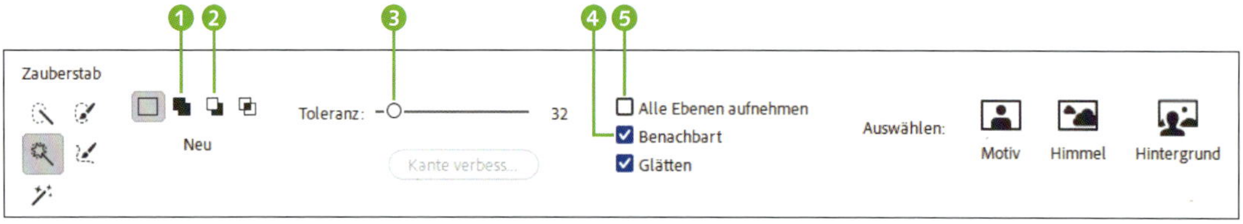

▲ **Abbildung 23.14**
Die Werkzeugoptionen für den Zauberstab

Mit der Option BENACHBART ❹ wird die Auswahl des Zauberstabs gravierend verändert. Diese Option ist standardmäßig aktiviert und bewirkt, dass nur die Farben ausgewählt werden, die im benachbarten Bereich liegen. Deaktivieren Sie diese Option, werden alle Pixel im Bild ausgewählt, die im entsprechenden Farbbereich (abhängig von TOLERANZ) liegen.

Durch Aktivieren der Option ALLE EBENEN AUFNEHMEN ❺ beziehen Sie die Farben aus allen Ebenen mit ein. Ist die Option deaktiviert, werden nur die Farben der aktiven Ebene ausgewählt.

Kapitel_23: Blume.jpg

Die Bedienung des Zauberstabs | Der Zauberstab ist also eher ein Spezialist, um ein Motiv anhand ähnlicher bzw. gleicher Farben auszuwählen. Selten schafft man es allerdings, den Bildbereich mit einem Zauberstab-Klick auszuwählen, weshalb es sich nach dem ersten Klick empfiehlt, weitere Bereiche mit der Option HINZUFÜGEN ① anzufügen oder zu viel Ausgewähltes mit der Option SUBTRAHIEREN ② wieder zu entfernen. Während der Arbeit mit dem Zauberstab ist es auch ratsam, den TOLERANZ-Bereich anzupassen.

▲ **Abbildung 23.15**
Der weiße Hintergrund ist leicht mit dem Zauberstab zu erfassen.

Was ist ausgewählt? | Gerade bei Auswahlen mit vielen kleineren und zerfransten Details, wie sie bei Zauberstab-Auswahlen häufig entstehen ist es schwer, die Übersicht zu behalten, welche Bildbereiche denn nun ausgewählt sind. Hier hilft zum Beispiel ein kurzer Wechsel in das KANTE VERBESSERN-Werkzeug über die entsprechende Schaltfläche ⑦, wo Sie bei ANSICHTSMODUS bei ANZEIGEN ⑥ die entsprechende Option wählen und bei Bedarf das Feintuning machen können.

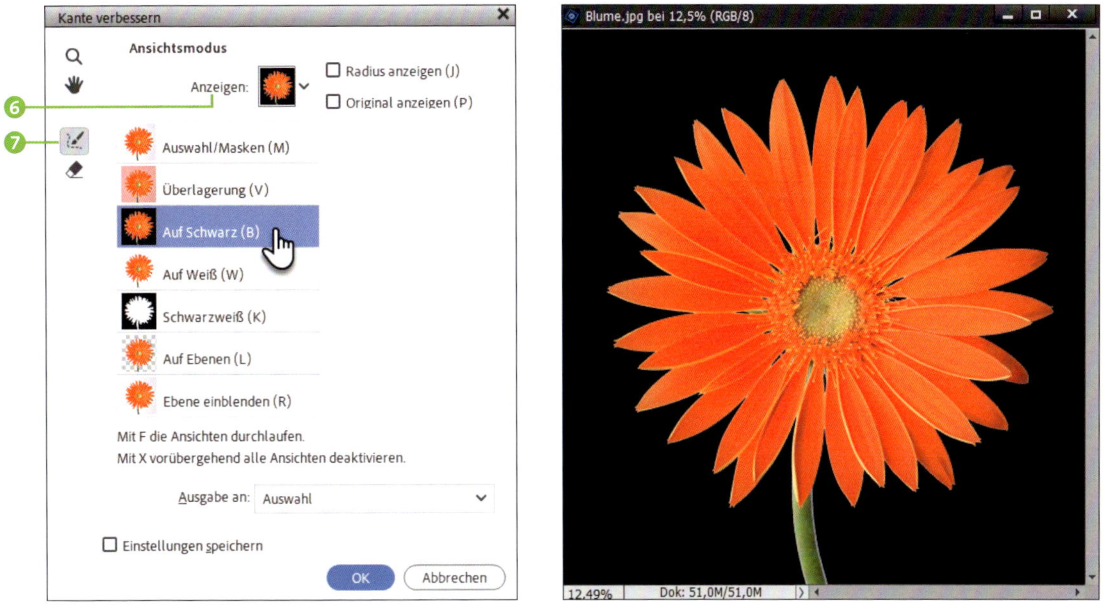

▲ **Abbildung 23.16**
Die ausgewählten Bereiche können Sie sich mit dem Dialog KANTE VERBESSERN anzeigen lassen. Hier habe ich eine schwarze Abdeckung gewählt.

23.4 Das Schnellauswahl-Werkzeug

Das Schnellauswahl-Werkzeug [A] sucht sich seine Auswahl anhand von Farben und Strukturen eines ausgewählten Bildbereichs. Im Gegensatz zum Zauberstab, der mit dem Schnellauswahl-Werkzeug vergleichbar ist, übermalen Sie mit diesem Werkzeug das Motiv zum Auswählen wie mit einem gewöhnlichen Pinsel-Werkzeug. Beim Zauberstab klicken Sie ja, und beim Lasso umzeichnen Sie den Rand. Glücklicherweise müssen Sie beim Übermalen nicht so exakt vorgehen, da das Schnellauswahl-Werkzeug die Begrenzungen automatisch erstellt.

Werkzeugoptionen | Auch hier finden Sie die Ihnen bereits bekannten Schaltflächen NEU, HINZUFÜGEN und SUBTRAHIEREN ❶. Die Option SCHNITTMENGE fehlt hier und macht bei diesem Werkzeug auch keinen Sinn.

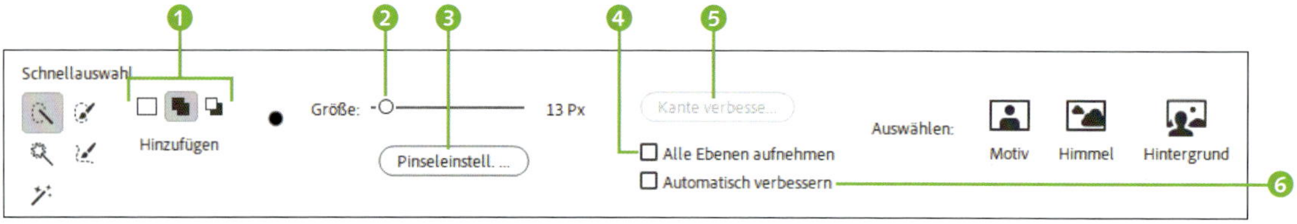

▲ **Abbildung 23.17**
Die Werkzeugoptionen des Schnellauswahl-Werkzeugs

Entscheidend für die Wirkung
Was beim Zauberstab die TOLERANZ ist, ist für das Schnellauswahl-Werkzeug die Einstellung von GRÖSSE und HÄRTE.

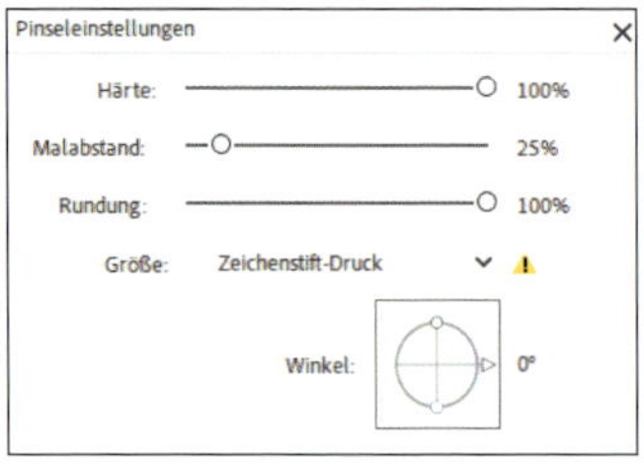

▲ **Abbildung 23.18**
Die PINSELEINSTELLUNGEN für das Schnellauswahl-Werkzeug

Kapitel_23:
Bohnen.jpg

Über GRÖSSE ❷ stellen Sie den Durchmesser ein. Mit der Schaltfläche PINSELEINSTELL. ❸ stellen Sie den Pinsel wie bei einem normalen Malwerkzeug ein (Abschnitt 20.3, »Pinsel- und Werkzeugspitzen«). Wichtig für den Pinsel des Schnellauswahl-Werkzeugs sind allerdings vorwiegend die GRÖSSE und die HÄRTE der Werkzeugspitze. Die anderen Werte wie MALABSTAND, WINKEL und RUNDUNG sind für das Schnellauswahl-Werkzeug im Grunde irrelevant. Den Durchmesser des Pinsels verkleinern oder vergrößern Sie mit [#] bzw. mit [⇧]+[#].

Wenn sich die Auswahl auf alle vorhandenen Ebenen auswirken soll, aktivieren Sie die Option ALLE EBENEN AUFNEHMEN ❹. Mit AUTOMATISCH VERBESSERN ❻ veranlassen Sie eine Weichzeichnung der Auswahl. Noch präziser steuern Sie die Auswahl über die Schaltfläche KANTE VERBESSERN ❺. Den sich daraufhin öffnenden Dialog habe ich bereits in Abschnitt 22.5.3 beschrieben.

Bedienung | Die Bedienung ist ebenfalls relativ einfach: Gehen Sie mit dem Mauszeiger auf das Motiv, das Sie auswählen wollen, und malen Sie es mit gedrückt gehaltener linker Maustaste aus. Sobald Sie zu malen beginnen, springt die Option von NEU auf HINZUFÜGEN um. Selbstverständlich können Sie den Bereich auch jederzeit nur durch Anklicken erweitern oder reduzieren.

▲ **Abbildung 23.19**
Das Schnellauswahl-Werkzeug im Einsatz. Das Werkzeug eignet sich nicht nur für einfache Formen, sondern auch zur Auswahl komplexerer Formen. Dank intuitiver und automatischer Bedienung erzielen Sie hiermit in kürzester Zeit recht gute Ergebnisse. Links sehen Sie die Auswahl mit der üblichen Auswahllinie, und rechts habe ich zur Verdeutlichung eine Überlagerungsfarbe mithilfe des Dialogs KANTE VERBESSERN verwendet.

Schritt für Schritt
Person mit Haaren auswählen und freistellen

Kapitel_23:
Rahim.jpg,
Rahim.psd

Hier erfahren Sie, wie Sie eine Person mitsamt Haaren auswählen und freistellen können. Zwar ist kein Auswahlwerkzeug in der Lage, jede Haarsträhne perfekt freizustellen, aber dennoch lassen sich mithilfe der Auswahlwerkzeuge und dem KANTE VERBESSERN-Dialog beachtliche Ergebnisse erzielen. In diesem Workshop geht es primär darum, dass Sie sich mit dem KANTE VERBESSERN-Dialog intensiver vertraut machen, weil dieser Dialog den Unterschied zwischen einer guten und einer sehr guten Auswahl macht. Der KANTE VERBESSERN-Dialog wurde ja bereits theoretisch in Abschnitt 22.5.3 beschrieben.

▲ **Abbildung 23.20**
Diese Person soll ausgewählt und freigestellt werden. (Model: Rahim Bhl)

1 Auswahl erzeugen

Laden Sie das Bild »Rahim.jpg« in den Editor. Wählen Sie das Schnellauswahl-Werkzeug [A] mit einer passenden Pinselgröße aus. Im Beispiel wurde die GRÖSSE ❸ auf 75 Pixel gestellt. Malen Sie mit dem Werkzeug über das Model. Photoshop Elements versucht, die Konturen zu finden und erstellt eine erste grobe Auswahl. Haben Sie zu viel ausgewählt, wählen Sie VON AUSWAHL SUBTRAHIEREN ❷ in der Werkzeugleiste aus bzw. halten die [Alt]-Taste gedrückt und malen über den Bereich, den Sie von der Auswahl entfernen wollen. Fehlende Bereiche können Sie mit DER AUSWAHL HINZUFÜGEN ❶ dazumalen. Für ein genaueres Arbeiten kommen Sie hier nicht um ein häufigeres Ein- und Auszoomen des Bildes mit [Strg]/[cmd]+[+] bzw. [Strg]/[cmd]+[-] und das Anpassen der Pinselgröße herum.

Motiv auswählen
Alternativ können Sie bei diesem Beispiel aber auch die erste schnelle Auswahl mit der Schaltfläche Motiv auswählen ⑤ machen und dann die Auswahl mit dem Schnellauswahl-Werkzeug mit Auswahl subtrahieren und Auswahl hinzufügen nacharbeiten.

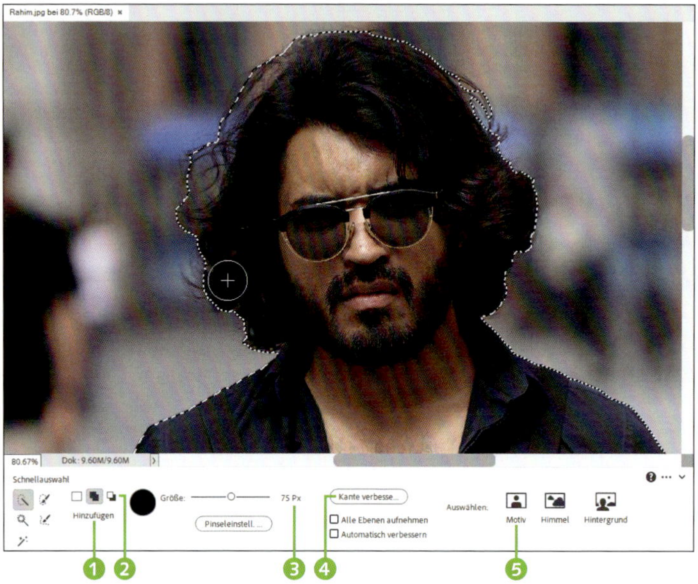

Abbildung 23.21 ▸
Zunächst wird das Fotomodel mit dem Schnellauswahl-Werkzeug grob ausgewählt.

2 Kante verbessern-Dialog aufrufen

An vielen Ecken und Kanten wirkt die Auswahl immer noch grob und hart. Für feinere Details, wie beispielsweise die Haarsträhnen, können Sie Kante verbessern ④ verwenden, was Photoshop Elements in jedem Auswahlwerkzeug als Schaltfläche in den Werkzeugoptionen mit anbietet.

Auswahl verbessern-Pinselwerkzeug
Das Auswahl verbessern-Pinselwerkzeug bietet keine Schaltfläche Kante verbessern an. Allerdings bietet dieses Werkzeug eine spezielle Funktion an, die recht ähnlich arbeitet wie der Kante verbessern-Dialog. Mehr dazu erfahren Sie noch gesondert in Abschnitt 23.6, »Auswahl verbessern-Pinselwerkzeug«.

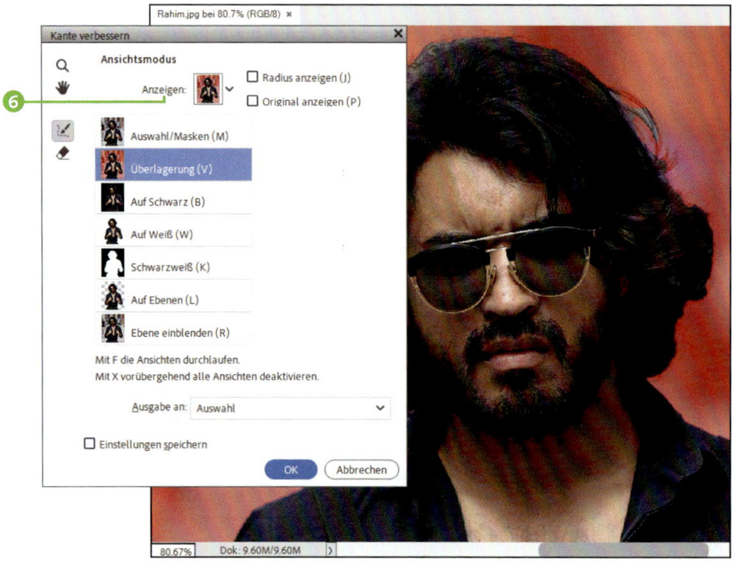

Abbildung 23.22 ▸
Einstellen des geeigneten Ansichtsmodus für die folgende Verbesserung der Auswahl

Alternativ können Sie diesen Dialog über Auswahl • Kante verbessern aufrufen. Damit Sie die Auswahl besser erkennen können, sollten Sie im Dialog bei der Option Anzeigen ❻ eine entsprechende Auswahl treffen. Im Beispiel bietet sich zunächst die Überlagerung dafür an, weil Sie hiermit auch die Bereiche hinter der bereits gemachten Auswahl sehen können. Hier können Sie jederzeit zwischen den Optionen wechseln. Persönlich schalte ich hier des Öfteren zwischen Überlagerung und Auf Weiss bzw. Auf Schwarz um.

3 Auswahl verbessern

Passen Sie die Pinselgröße ❾ des Radius-verbessern-Werkzeugs ❼ des Kante verbessern-Dialogs in der Werkzeugleiste an, und malen Sie im Bild über die Bereiche des Bildes, in denen die Kanten noch recht hart sind oder in denen sich die Haare befinden. Sie können gerne mit dem Werkzeug weit über den Bereich hinausmalen. Wenn Sie die Maustaste loslassen, entfernt Photoshop automatisch die Bereiche, die nicht dazugehören, und wählt ziemlich klug die Bereiche aus, die zum Bild gehören. Auch hier muss noch hinzugefügt werden, dass nicht jedes einzelne Härchen erfasst wird und das Ergebnis vom verwendeten Quellbild abhängt. Je detaillierter ein Hintergrund ist, umso schwieriger wird es, eine perfekte Auswahl zu erstellen. Daher werden Sie auch bei diesem Beispiel einzelne Haare verzichten müssen. Im Beispiel habe ich mit dem Radius-verbessern-Werkzeug um alle Konturen des Models außen herum gemalt, weil damit die harten und ausgefransten Kanten deutlich verbessert werden.

Farbe dekontaminieren und Kontrastanhebung

Den letzten Feinschliff können Sie Ihren Bildern häufig noch verpassen, indem Sie Farbe dekontaminieren aktivieren und den Kontrast ganz leicht anheben. Gerade wenn sich beim freigestellten Objekt helle Bereiche an den Rändern (zum Beispiel von Haaren) auftun, sind diese Optionen ideal.

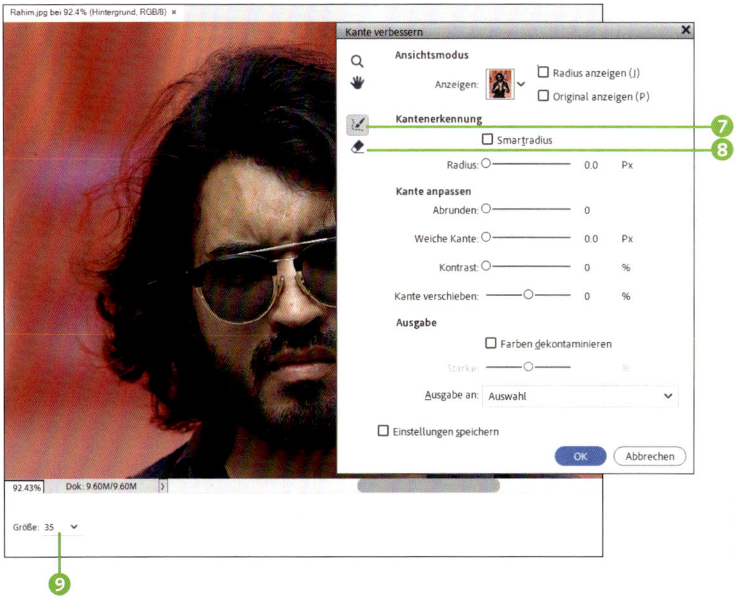

◂ **Abbildung 23.23**
Mit dem Radius-verbessern-Werkzeug ❼ können Sie die Details einer Auswahl ausarbeiten.

Werkzeug wechseln

Sie können jederzeit mit der Taste [E] zwischen dem Radius-verbessern- und Verfeinerung-löschen-Werkzeug wechseln.

Haben Sie an einigen Stellen zu viel ausgewählt, können Sie mit dem Verfeinerung-löschen-Werkzeug ❽ zu viel Ausgewähltes wieder entfernen und die ursprünglichen Kanten wiederherstellen.

Abbildung 23.24 ▸
Auch wenn nicht jedes Haar erfasst wird, ist das Ergebnis dank des Radius-verbessern- und Verfeinerung-löschen-Werkzeugs ziemlich beeindruckend. Als Anzeigemodus wurde hier AUF SCHWARZ verwendet.

4 Auswahl weitergeben

Wenn Sie mit der Auswahl zufrieden sind, betätigen Sie die Schaltfläche OK, und Sie können mit der erstellten Auswahl weiterarbeiten. Alternativ können Sie über AUSGABE AN ❿ die Auswahl gleich als NEUE EBENE, NEUE EBENE MIT EBENENMASKE, NEUES DOKUMENT oder NEUES DOKUMENT MIT EBENENMASKE öffnen. Im Beispiel empfehle ich die Option NEUE EBENE MIT EBENENMASKE, weil Sie mithilfe von Ebenenmasken die Auswahl immer noch nachträglich nicht-destruktiv ändern können.

Ebenen und Ebenenmasken

An dieser Stelle zieht der Workshop mit dem Schwierigkeitsgrad etwas an, sofern Sie noch nie mit Ebenen oder Ebenenmasken zu tun hatten. Die Ebenen lernen Sie ab Kapitel 24 und die Ebenenmasken in Kapitel 28 noch ausführlich kennen.

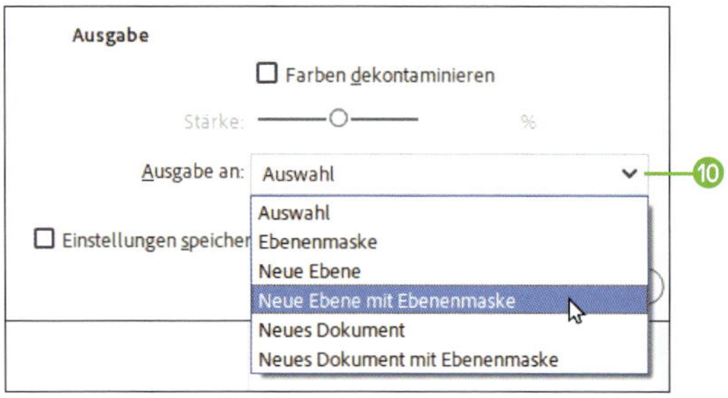

Abbildung 23.25 ▸
Über AUSGABE AN ❿ geben Sie an, wie der ausgewählte Bereich im Fotoeditor weiter behandelt bzw. ausgegeben werden soll.

5 Bearbeitung abspeichern

Im Ebenen-Dialog finden Sie jetzt das Bild mit der schwarzweißen Ebenenmaske vor ⓫. Bevor Sie weiterarbeiten, sollten Sie die Bearbeitung im PSD- oder TIFF-Format zwischenspeichern. Möchten Sie die Ebenenmaske anwenden, klicken Sie die Ebene mit rechts an, und wählen Sie EBENE VEREINFACHEN aus. Die Hintergrundebene können Sie außerdem löschen.

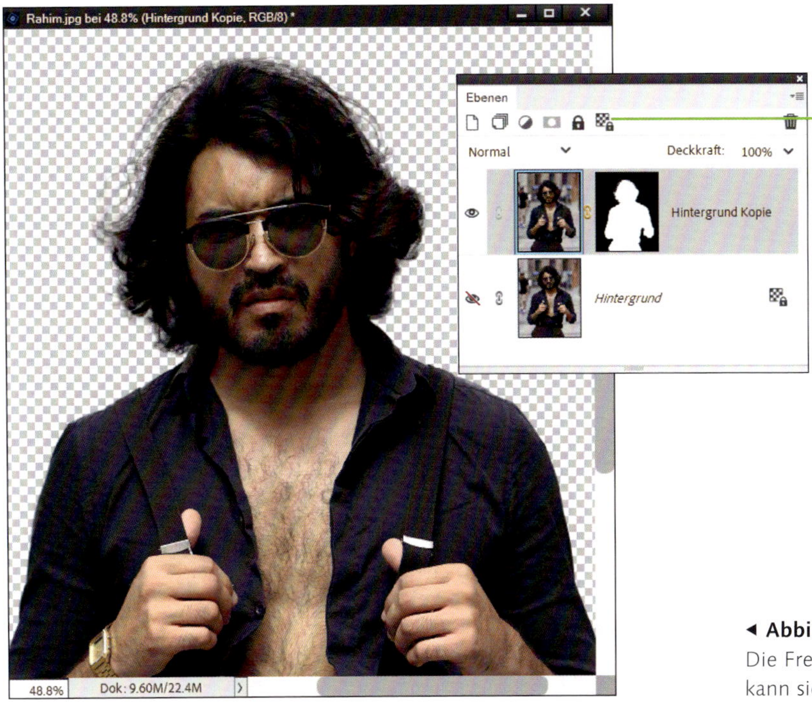

◂ **Abbildung 23.26**
Die Freistellung des Fotomodels kann sich sehen lassen.

6 Freigestellte Person weiterverarbeiten

Jetzt können Sie diese Ebenen beispielsweise mit [Strg]/[cmd]+[C] in die Zwischenablage kopieren und mit [Strg]/[cmd]+[V] in ein anderes geöffnetes Bild einmontieren. In der Regel müssen Sie am einmontierten bzw. freigestellten Bild noch weiterarbeiten, damit die Licht- und Farbstimmungen zusammenpassen.

Das Thema der einfachen Fotomontage mit Ebenen wird noch gesondert in Abschnitt 29.1 behandelt und würde an dieser Stelle auf zu viele Dinge vorgreifen. Sie haben mit diesem Workshop zumindest die Grundlagen kennengelernt, wie Sie komplexere Objekte freistellen können.

23.5 Der Auswahlpinsel

Der Auswahlpinsel [A] befindet sich in demselben »Fach« wie das Schnellauswahl-Werkzeug und arbeitet im Grunde auch wie dieses. Auch hier müssen Sie lediglich Ihre Auswahl »aufpinseln« – mit dem Unterschied, dass beim Auswahlpinsel die Kan-

Kapitel_23: Sprung.jpg

Ideal zum Nacharbeiten
Der Auswahlpinsel macht eine gute Figur bei der Nacharbeit einer Auswahl. Wenn beispielsweise bei einer Auswahl viele ganz kleine Bereiche nicht erfasst wurden, können Sie diese einfach mit diesem Werkzeug durch Aufmalen hinzufügen (oder entfernen). Mit Einführung des Auswahl verbessern-Pinselwerkzeugs finden Sie eine interessante Alternative bzw. Erweiterung zum Auswahlpinsel, um nur die Auswahl nachzuarbeiten bzw. zu verbessern.

ten nicht automatisch aufgespürt werden. Eine mit dem Auswahlpinsel aufgemalte Auswahl entspricht also exakt dem Pinselstrich.

Abbildung 23.27 ▸
Ein klassisches Beispiel für den Auswahlpinsel. Hier wurde zuvor mit der Funktion MOTIV AUSWÄHLEN 8 das Model ausgewählt, aber einige feinere Details wurden dabei nicht sauber erfasst. Hier kann uns der Auswahlpinsel weiterhelfen.

Pinselgröße ändern
Die GRÖSSE der Pinselspitze können Sie hierbei auch mit den Tasten # und ⇧+# verringern bzw. erhöhen.

Die Werkzeugoptionen | Die Standardeinstellung des Werkzeugs ist die Option HINZUFÜGEN 1. Wenn Sie die Auswahl reduzieren wollen, finden Sie daneben die Schaltfläche SUBTRAHIEREN. Im Dropdown-Menü 3 wählen Sie eine der vordefinierten Pinselspitzen aus. Mit GRÖSSE 4 stellen Sie ein, wie groß die Pinselspitze sein soll.

Wie hart die Kanten der Auswahl werden, geben Sie mit KANTENSCHÄRFE 6 an (entspricht in etwa der Option KANTEN GLÄTTEN anderer Auswahlwerkzeuge). Je deutlicher der Wert unter 100% liegt, desto weicher werden die Übergänge zwischen ausgewählten oder maskierten und nicht ausgewählten oder nicht maskierten Bereichen.

Abbildung 23.28 ▾
Die Werkzeugoptionen des Auswahlpinsels

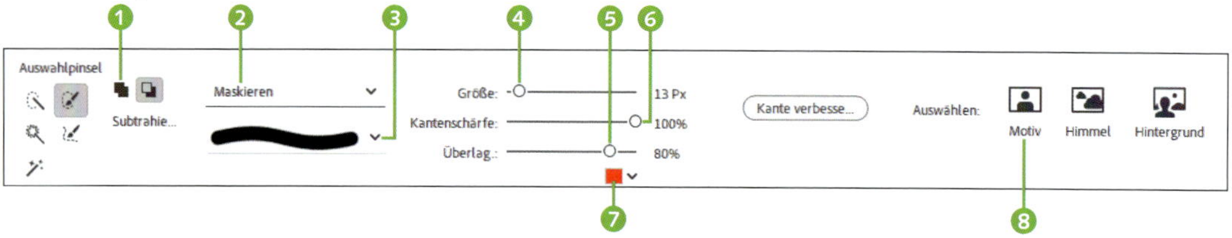

Mit der Dropdown-Liste ❷ stellen Sie den Modus ein und lassen diesen entweder auf AUSWAHL stehen, um wie gewohnt einen Auswahlbereich mit den Ameisenlinien zu erzeugen, oder Sie stellen mit dem anderen Wert MASKIEREN die Auswahl auf einen Maskenbereich um. Der maskierte Bereich wird in einer Überlagerungsfarbe angezeigt, die Sie über eine zusätzliche Werkzeugoption ❼ einstellen können.

Um Sie jetzt nicht zu verwirren: Der maskierte Bereich ist normalerweise der Bereich, der **nicht** ausgewählt werden soll. Sie können diesen Modus jederzeit verwenden, um die Auswahl zu verkleinern, und so zwischen den Modi AUSWAHL und MASKIEREN hin- und herschalten. Wenn Sie den Maskenmodus verwenden, finden Sie auch eine Option ÜBERLAG. ❺, mit der Sie angeben, wie stark die Überlagerungsfarbe sein soll.

Auswahl- und Maskenmodus

In der Praxis wird der Auswahlmodus verwendet, um die Auswahl zu vergrößern, und der Maskenmodus, um die Auswahl zu verkleinern. In beiden Modi können Sie mit gehaltener [Alt]-Taste Bereiche aus der Auswahl oder Maskierung entfernen.

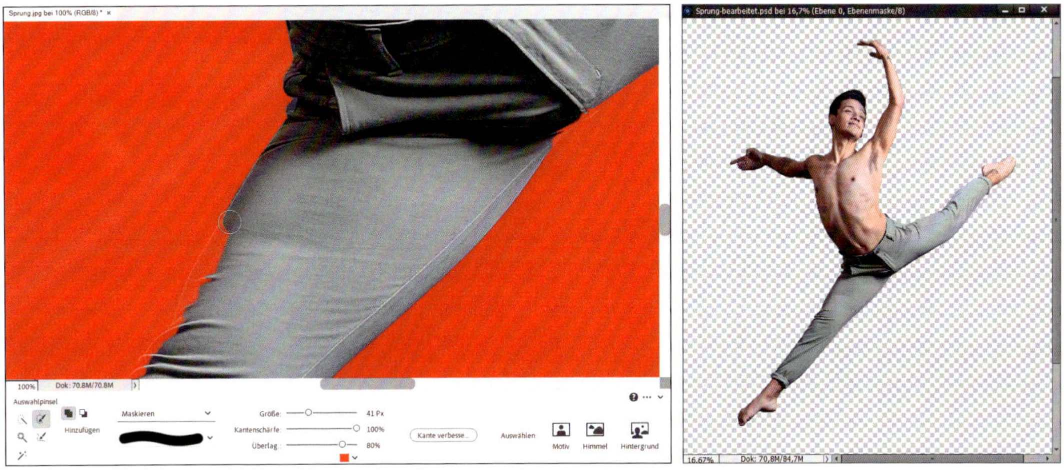

▲ **Abbildung 23.29**
Im Modus MASKIEREN werden die Bereiche, die farbig dargestellt werden, nicht ausgewählt. Hier wurden die Details nachbearbeitet, die zuvor mit dem Schnellauswahl-Werkzeug nicht erfasst wurden, und anschließend freigestellt. Rechts sehen Sie das Ergebnis.

23.6 Auswahl verbessern-Pinselwerkzeug

Ein wirklich interessantes Auswahlwerkzeug ist das Auswahl verbessern-Pinselwerkzeug [A], der bei der Nachbearbeitung einer Auswahl enorm behilflich ist. Er ist dem Auswahlpinsel [A] zunächst recht ähnlich, bietet allerdings darüber hinaus noch bessere und wesentlich komfortablere Optionen, um eine Auswahl zu verfeinern.

Ideal für Touchscreen

Das Auswahl verbessern-Pinselwerkzeug ist auch hervorragend für Bildschirme mit einer Touchscreen-Funktion geeignet.

Kante verbessern
Das Prinzip des Auswahl verbessern-Pinselwerkzeugs entspricht dem Radius-verbessern- und Verfeinerung-löschen-Werkzeug des Kante verbessern-Dialogs. Daher verfügt auch das Auswahl verbessern-Pinselwerkzeug in den Werkzeugoptionen nicht über die Schaltfläche Kante verbessern.

Werkzeugoptionen | Zunächst einmal befinden sich bei den Werkzeugoptionen mit Der Auswahl hinzufügen und Von Auswahl subtrahieren die auswahltypischen Funktionen, die bestimmen, wie die Auswahl eine bereits vorhandene Auswahl verändern soll. Diese Optionen wurden bereits ausführlich in Abschnitt 22.4, »Auswahlen kombinieren«, beschrieben.

Daneben finden Sie zwei weitere Schaltflächen mit Drücken ❶ und Abrunden ❷. Im Hauptfokus des Werkzeugs steht zunächst Drücken (oder auch *Push-Auswahl* genannt), womit Sie eine bereits erstellte Auswahl erweitern und verkleinern können. Ob die Auswahl bei der Verwendung des Auswahl verbessern-Pinselwerkzeugs erweitert oder verringert wird, hängt davon ab, ob Sie das Werkzeug innerhalb oder außerhalb der vorhandenen Auswahl verwenden.

▼ Abbildung 23.30
Die Werkzeugoptionen für das Auswahl verbessern-Pinselwerkzeug

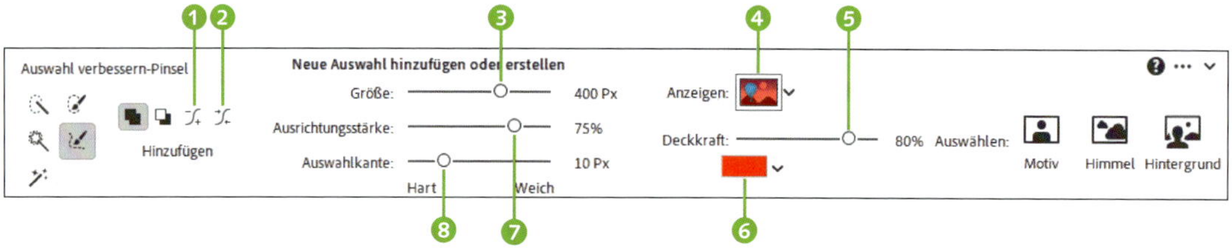

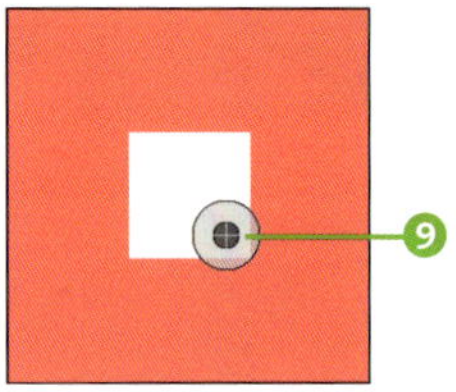

▲ Abbildung 23.31
Das Plussymbol ❾ zeigt an, dass Sie sich innerhalb der Auswahl befinden und diese erweitern können.

Wenn Sie mit der Werkzeugspitze innerhalb einer Auswahl stehen, finden Sie im dunkleren Hotspot der Werkzeugspitze ein Plussymbol ❾. Dies bedeutet, dass, wenn Sie mit dem Werkzeug hier mit gedrückt gehaltener Maustaste zu malen beginnen, die Auswahl erweitert wird. Befindet sich der dunklere Hotspot außerhalb einer Auswahl, wird darin ein Minussymbol ❿ angezeigt, und bei der Verwendung des Werkzeugs wird jetzt die Auswahl verkleinert. Wohlgemerkt, die Auswahl wird hierbei nicht einfach so vergrößert oder verkleinert, sondern das Werkzeug versucht, eine bessere Auswahl an den umliegenden Kanten des dunklen Hotspots zu finden und zu erfassen. Gehen Sie mit dem grauen Bereich der Pinselspitze über eine Auswahlkante, ist dieser Bereich leer, also ohne ein Minus- bzw. Plussymbol. In dem Fall schaltet das Werkzeug in den Auswahlkante bearbeiten-Modus, womit Sie feinere Details, wie beispielsweise Haare, Gras, Tierfelle usw. ausarbeiten können. Der Modus entspricht exakt dem Radius-verbessern- und Verfeinerung-löschen-Werkzeug des Kante verbessern-Dialogs, nur dass Sie hier nicht noch umständlich einen extra Dialog öffnen müssen.

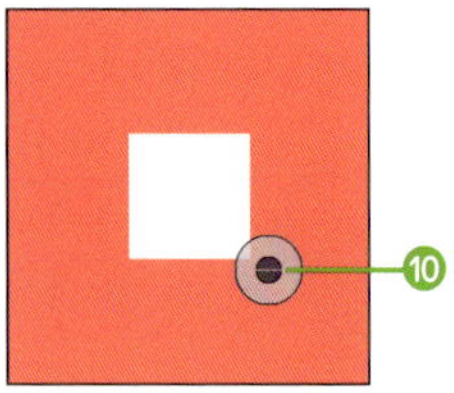

▲ Abbildung 23.32
Das Minussymbol ❿ zeigt an, dass Sie sich außerhalb der Auswahl befinden und diese reduzieren können.

Wie genau diese Kanten dabei erfasst werden sollen, können Sie mit der Option Ausrichtungsstärke ❼ einstellen. Je höher der Wert ist, umso genauer werden die Kanten erfasst. Die Größe der Pinselspitze stellen Sie über die gleichnamige Option

❸ ein. Nachdem Sie die Auswahl erstellt haben, können Sie für Feinarbeiten die Option ABRUNDEN ❷ verwenden, mit der Sie unschöne oder ausgefranste Kanten einer Auswahl verfeinern und weicher machen können.

Mit dem Schieberegler AUSWAHLKANTE ❽ legen Sie fest, wie hart (niedriger Wert) bzw. weich (hoher Wert) Sie die Details der Auswahlkante nachbearbeiten wollen, wenn Sie mit der grauen Pinselspitze direkt über der Auswahlkante entlangfahren. Mit dem Schieberegler legen Sie praktisch die Größe des grauen Bereichs der Pinselspitze fest, wenn Sie das Werkzeug mit dem Modus AUSWAHLKANTE BEARBEITEN verwenden.

Über ANZEIGEN ❹ legen Sie fest, wie der nicht ausgewählte Bereich überlagert werden soll. Hierbei können Sie entweder den Wert ÜBERLAGERUNG verwenden, woraufhin Sie dann darunter über DECKKRAFT ❺ und die Überlagerungsfarbe ❻ eine entsprechende Farbe und eben die Deckkraft der Überlagerungsfarbe festlegen können. Alternativ können Sie hier auch einfach nur AUF SCHWARZ oder AUF WEISS auswählen.

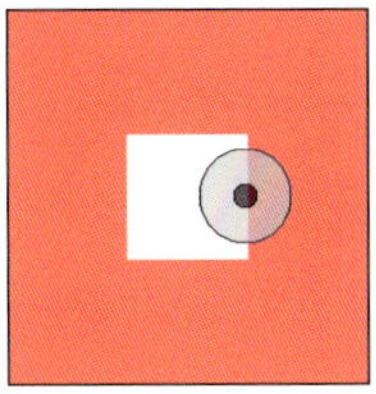

▲ **Abbildung 23.33**
Kein Symbol in der Mitte wird angezeigt, wenn Sie mit dem grauen Bereich des Werkzeugs über einer Auswahlkante stehen, was die Details einer Auswahl ausarbeitbar macht.

▲ **Abbildung 23.34**
Über ANZEIGEN können Sie eine Überlagerungsfarbe oder einfach nur AUF SCHWARZ oder AUF WEISS auswählen.

▲ **Abbildung 23.35**
Die Dame mitsamt dem Wohnwagen, an dem sie sich festhält, soll mit dem Auswahl verbessern-Pinselwerkzeug ausgewählt und freigestellt werden.

Schritt für Schritt
Das Auswahl verbessern-Pinselwerkzeug verwenden

Die Beschreibung zu diesem Werkzeug liest sich zunächst etwas kompliziert. Der folgende Workshop soll Ihnen daher zeigen, dass sich dieses Werkzeug sehr intuitiv und komfortabel verwenden lässt, wenn Sie sich damit eingehender auseinandersetzen und einiges ausprobieren. Wie immer gilt allerdings auch hier, dass Auswahlen bei komplexeren Bildern etwas mehr Fingerspitzengefühl, Erfahrung, Zeit und Geduld erfordern.

1 Bereich auswählen

Laden Sie das Bild »Countrygirl.jpg« in den Fotoeditor. Zunächst sollten Sie eine erste grobe Auswahl rund um das Model um den

Kapitel_25: Countrygirl.jpg, Countrygirl-freigestellt.psd

▲ **Abbildung 23.36**
Eine erste grobe Auswahl wurde erstellt.

Wohnwagen zeichnen. Welches Auswahlwerkzeug Sie hierfür verwenden, bleibt Ihnen überlassen. Sie können diese grobe Auswahl entweder mit dem Lasso-Werkzeug [L] oder mit dem Schnellauswahl-Werkzeug [A] erstellen. Alternativ können Sie auch die Schaltfläche MOTIV AUSWÄHLEN verwenden. Im Beispiel wurde die erste grobe Auswahl mit dem Schnellauswahl-Werkzeug erstellt.

2 Einstellungen für das Auswahl verbessern-Pinselwerkzeug

Wählen Sie als Nächstes das Auswahl verbessern-Pinselwerkzeug [A] mit der Option DRÜCKEN ❶ aus. Anschließend müssen Sie eine passende GRÖSSE ❷ für den Pinsel einstellen. Im Beispiel wurden hier zunächst 100 Pixel verwendet. Die Option AUSRICHTUNGSSTÄRKE ❸ wurde hier auf volle 100 % gestellt. Über ANZEIGEN ❹ wurde die Option ÜBERLAGERN ausgewählt und die DECKKRAFT ❺ der roten Überlagerungsfarbe ❻ auf 80 % gestellt. Sie können sowohl Farbe als auch Überlagerung natürlich jederzeit ändern.

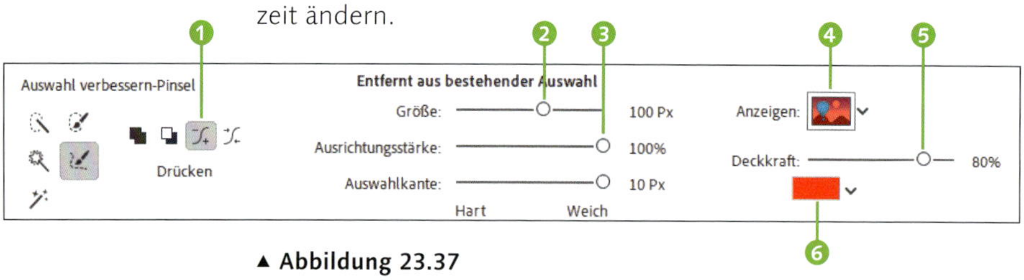

▲ **Abbildung 23.37**
Werkzeugeinstellungen vornehmen

3 Vorhandene Auswahl reduzieren

Als Erstes soll hier demonstriert werden, wie Sie zu viel Ausgewähltes einfach entfernen können. Zoomen Sie in das Bild in einen Bereich hinein, in dem Sie zu viel ausgewählt haben. Setzen Sie die Werkzeugspitze außerhalb der Auswahllinie an, sodass Sie im dunklen Hotspot der Werkzeugspitze ein Minussymbol ❼ erkennen können. Wenn Sie jetzt mithilfe des Hotspots an der Kante der Models malen, wird die Auswahl dort entfernt, und das Werkzeug versucht, die Kanten des Models zu finden. Versuchen Sie nicht, mit dem Hotspot-Bereich das Model zu berühren, weil dies das eigentliche Malwerkzeug ist und Sie somit einen Bereich innerhalb des Models auswählen würden. Der hellere äußere Bereich der Pinselspitze ist der Bereich, in dem das Werkzeug die Kanten des Models sucht. Hierbei kann es von Vorteil sein, wenn Sie langsam mit dem dunklen Hotspot-Bereich außerhalb des Models zeichnen ❽. Je sauberer Sie arbeiten, desto besser wird das Ergebnis der Auswahl.

Plus und Minus
Merken Sie sich einfach, dass ein Minus im dunklen Hotspot bedeutet, dass Sie etwas aus einer vorhandenen Auswahl entfernen, und ein Plus im Hotspot, dass Sie etwas zu einer Auswahl hinzufügen. Der Clou bei diesem Werkzeug ist ja, dass Sie ohne Wechseln des Werkzeugs oder Betätigen irgendeiner Tastenkombination jederzeit etwas zur Auswahl hinzufügen oder aus ihr entfernen können.

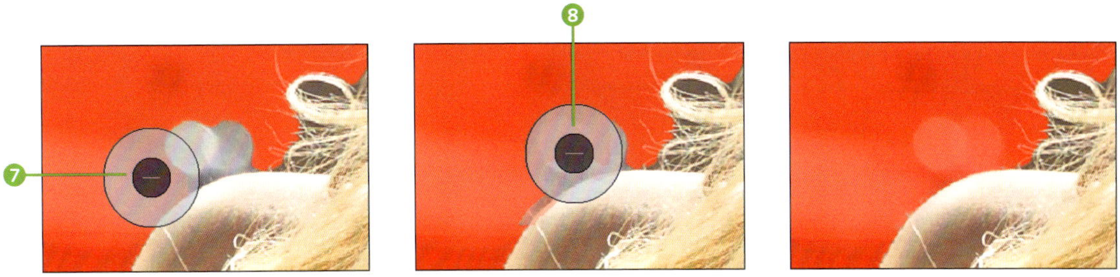

▲ **Abbildung 23.38**
Reduzieren von Auswahlbereichen

4 Hinzufügen von Auswahlbereichen

Ob Sie Auswahlbereiche in einem Schritt reduzieren bzw. hinzufügen oder alles getrennt vornehmen wollen, bleibt Ihnen überlassen. Ich habe in diesem Beispiel zunächst schon einmal die kompletten Bereiche der groben Auswahl rund um das Model entfernt. Natürlich habe ich dabei auch den einen oder anderen Bereich innerhalb des Models erfasst, und diese Bereiche will ich jetzt dem Auswahlbereich wieder hinzufügen.

Zoomen Sie daher auch hier erneut möglichst tief in den Bereich hinein, in dem Sie etwas der Auswahl wieder hinzufügen wollen. Bewegen Sie sich dabei innerhalb der Auswahl, sodass im dunklen Hotspot ein Plussymbol ❶ zu sehen ist. Zeichnen oder schieben Sie jetzt mit gedrückt gehaltener Maustaste diesen Auswahlbereich nach außen ❷, und achten Sie auch hier wieder darauf, dass Sie nicht mit dem dunklen Hotspot-Bereich über die Kanten des Models zeichnen.

Ein- und Auszoomen

Sowohl das Anpassen als auch das Verfeinern durch Hinzufügen und Entfernen von Auswahlbereichen der Auswahl hängen natürlich auch vom verwendeten Motiv ab. Sie werden hierbei öfter hinein- und herauszoomen und die Größe der Pinselspitze entsprechend anpassen müssen.

▼ **Abbildung 23.39**
Bereiche zur Auswahl hinzufügen

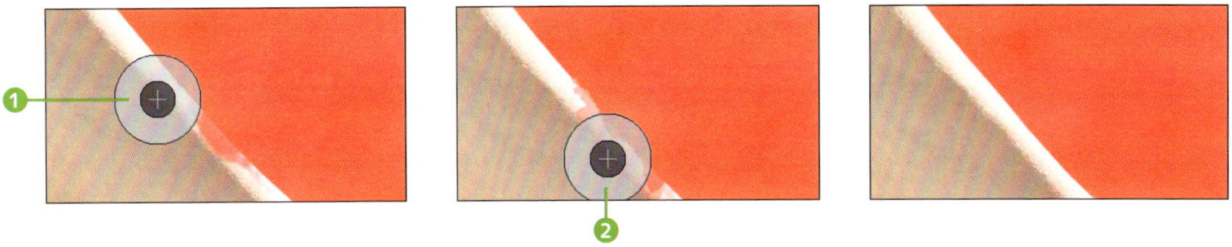

5 Auswahlbereich innerhalb einer Auswahl entfernen

Wenn sich innerhalb einer Auswahl ein Bereich befindet, der hier ebenfalls nicht dazugehört, können Sie diesen Bereich mit der Option Von Auswahl subtrahieren ❹ entfernen.

In unserem Beispiel mit dem Model befindet sich auf der rechten Seite unter den Achseln ein solcher Bereich. Stellen Sie hierzu eine passende Pinselgröße ein, und entfernen Sie diesen Bereich, wie bereits im dritten Arbeitsschritt gezeigt wurde, indem Sie auch hier akribisch darauf achten, nicht mit dem dunklen Hotspot-Bereich in die Bereiche des Models hineinzuzeichnen. Es wird auch hier wieder ein Minussymbol ❸ im dunklen Hotspot-Bereich angezeigt.

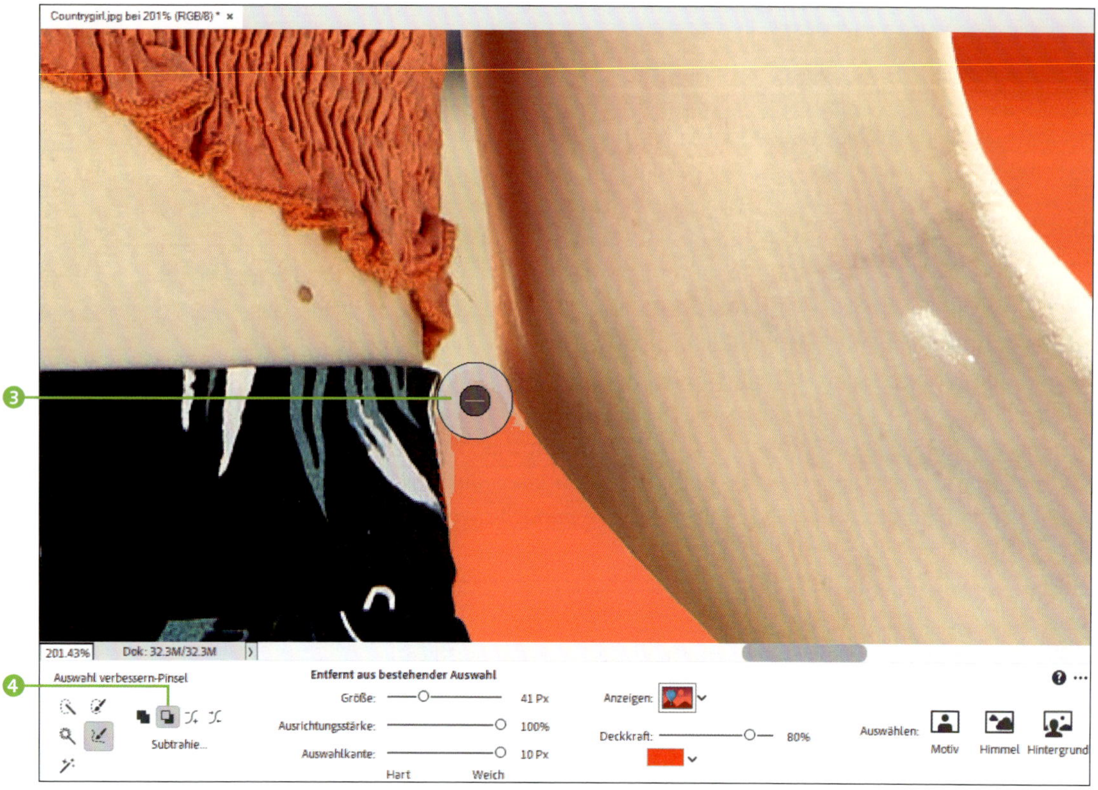

▲ **Abbildung 23.40**
Die extrem nützliche Option Von Auswahl subtrahieren ist ebenfalls vorhanden.

6 Auswahlkante bearbeiten

Zum Auswählen feinerer Details, wie hier der Haare, können Sie entweder den Dialog Auswahl • Kante verbessern aufrufen (den ich bereits in Abschnitt 22.5.3 ausführlich beschrieben habe), oder Sie verwenden den Modus Auswahlkante bearbeiten des Auswahl verbessern-Pinselwerkzeugs, was ich Ihnen in diesem Workshop auch zeige. Über den Regler Auswahlkante 5 legen Sie fest, wie hart oder weich Sie die Details der Auswahlkante nacharbeiten wollen. Der maximale Wert hängt von der Grösse 6 der Pinselspitze ab. Im Beispiel habe ich bei einer Pinselspitze von 200 Pixeln eine weiche Auswahlkante von 15 Pixeln gewählt. Wenn Sie mit der Pinselspitze des grauen Bereichs auf die Auswahlkante gehen, ist im grauen Bereich 7 weder ein Minus- noch ein Plussymbol enthalten, und Sie befinden sich im Auswahlkante bearbeiten-Modus des Werkzeugs. Den Durchmesser des grauen Bereichs im Modus Auswahlkante bearbeiten können Sie jederzeit mit dem Regler Auswahlkante anpassen.

Auswahl speichern

Das Erstellen von komplexeren Auswahlen kann eine ziemlich zeitintensive Arbeit sein. Daher ist es empfehlenswert, die Auswahlen gelegentlich zur Sicherheit mit Auswahl • Auswahl speichern zu sichern.

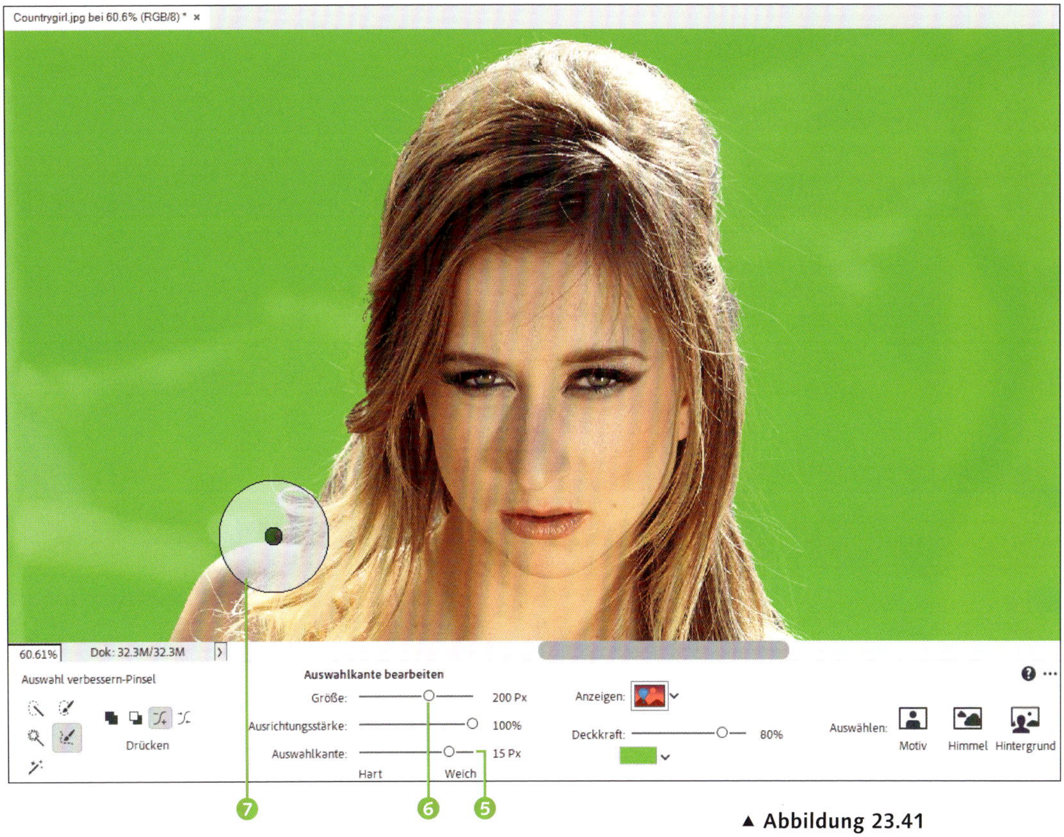

▲ **Abbildung 23.41**
Wenn Sie mit der Pinselspitze über die Auswahlkante gehen, wird der AUSWAHLKANTE BEARBEITEN-Modus des Auswahl verbessern-Pinselwerkzeugs verwendet.

Durch Klicken und Malen im AUSWAHLKANTE VERBESSERN-Modus arbeiten Sie die Details der Bereiche innerhalb der Pinselspitze feiner aus, so wie Sie dies schon vom Radius-verbessern-Werkzeug des KANTE VERBESSERN-Dialogs kennen. Im Beispiel habe ich die Pinselspitze 8 mit gedrückt gehaltener Maustaste um die Haare herumgezogen bzw. geklickt, wodurch die feinen Details immer mehr ausgearbeitet wurden.

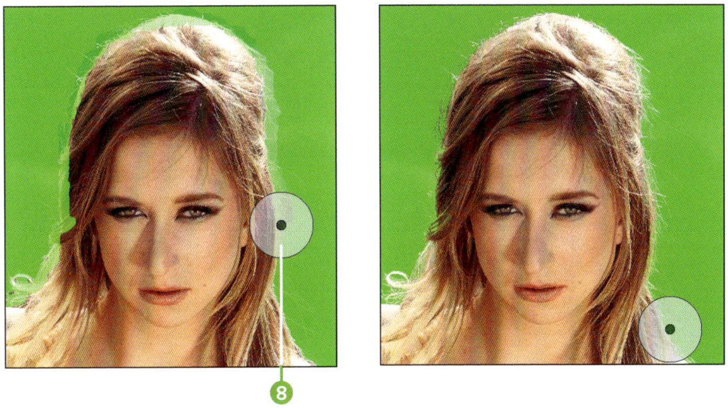

◄ **Abbildung 23.42**
Im linken Bild sehen Sie den AUSWAHLKANTE VERBESSERN-Modus im Einsatz, und die rechte Abbildung zeigt das Ergebnis dieses Modus. Zwischenzeitlich hatte ich die DECKKRAFT der Überlagerung verstärkt, um die Details der Haare besser erkennen zu können.

Rückgängig machen
Im Gegensatz zum Radius-verbessern-Pinsel des KANTE VERBESSERN-Dialogs können Sie den Vorgang im AUSWAHLKANTE VERBESSERN-Modus des Auswahl verbessern-Pinselwerkzeugs mit Strg/cmd+Z wieder rückgängig machen und müssen nicht erst mit dem Verfeinerung-löschen-Werkzeug darübermalen.

Den Vorgang habe ich an sehr kniffligen Stellen mehrmals wiederholt. Sind Sie mit dem Ergebnis nicht zufrieden, können Sie jederzeit mit demselben Werkzeug die Bereiche zur Auswahl wieder hinzufügen oder aus der Auswahl entfernen, indem Sie mit dem Werkzeug wieder außerhalb der Auswahlkante gehen, um dann erneut mit dem AUSWAHLKANTE VERBESSERN-Modus die Details der Auswahl zu verbessern.

7 Ebenenmaske erstellen
Wenn Sie mit der erstellten Auswahl zufrieden sind, empfehle ich Ihnen, eine Ebenenmaske über die entsprechende Schaltfläche 9 im Ebenen-Dialog zu erstellen und als PSD-Datei zu speichern. Auf diese Weise können Sie jederzeit die freigestellte Auswahl nacharbeiten.

Abbildung 23.43 ▸
Das fertig freigestellte Model können Sie nun in anderen Bildern zur Montage verwenden. (Model: Victoria Lee Weiss)

23.7 Das Automatische Auswahl-Werkzeug

Das Automatische Auswahl-Werkzeug A ist genau das, wonach es sich anhört. Sie erstellen hiermit zunächst eine grobe Auswahl um das Motiv herum, und die Software versucht, das

Motiv innerhalb dieser Selektion automatisch auszuwählen. Am besten klappt es mit dem Werkzeug, wenn sich das Motiv etwas deutlicher vom Hintergrund abhebt. Die feinere Auswahl können Sie dann bei Bedarf mit den anderen Auswahlwerkzeugen oder dem KANTE VERBESSERN-Dialog vornehmen.

Werkzeugoptionen | Auch hier finden Sie die Ihnen bereits bekannten Schaltflächen NEU, HINZUFÜGEN und SUBTRAHIEREN ❶. Die Option SCHNITTMENGE fehlt hier und macht auch bei diesem Werkzeug keinen Sinn.

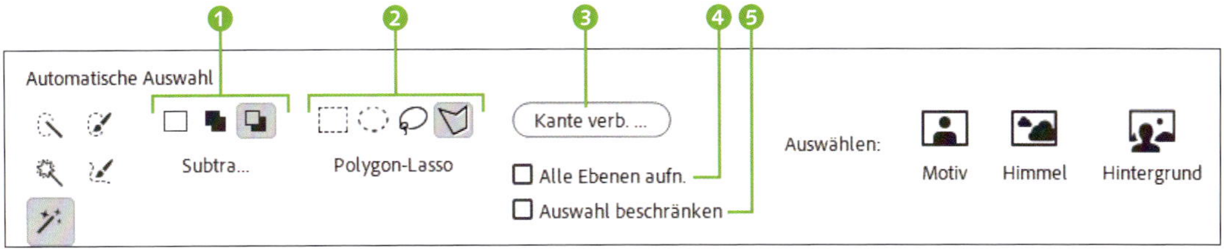

▲ **Abbildung 23.44**
Die Werkzeugoptionen des Automatische Auswahl-Werkzeugs

Für die grobe Auswahl um das Motiv herum stehen Ihnen vier Optionen ❷ mit dem Rechteck, der Ellipse, dem Lasso und dem Polygon-Lasso zur Verfügung. Die Verwendung der einzelnen Optionen entspricht der Ihnen bereits bekannter Werkzeuge und muss an dieser Stelle nicht nochmals erläutert werden. Die Option RECHTECK entspricht dem Auswahlrechteck-Werkzeug, die Ellipse dem Auswahlellipse-Werkzeug, das Lasso dem Lasso-Werkzeug und das Polygon-Lasso dem Polygon-Lasso-Werkzeug. Wenn sich die Auswahl auf alle vorhandenen Ebenen auswirken soll, aktivieren Sie die Option ALLE EBENEN AUFNEHMEN ❹. Mit AUSWAHL BESCHRÄNKEN ❺ beschränken Sie das Ergebnis auf den Inhalt des ausgewählten Bereichs. Noch präziser steuern Sie die Auswahl über die Schaltfläche KANTE VERBESSERN ❸. Den sich daraufhin öffnenden Dialog habe ich bereits in Abschnitt 22.5.3 beschrieben.

Kapitel_23: Breakdancer.jpg

Bedienung | Die Bedienung ist ebenfalls relativ einfach: Wählen Sie eine der vier Optionen RECHTECK, ELLIPSE, LASSO oder POLYGON-LASSO, und erstellen Sie damit einen grobe Auswahl um das Motiv herum. Wenn Sie die Auswahl erstellt haben, versucht die Software, das Motiv innerhalb der Selektion zu erkennen und automatisch auszuwählen. Sobald die automatische Auswahl erstellt wurde, springt die Option von NEU auf HINZUFÜGEN um. Selbstverständlich können Sie den Bereich jederzeit erweitern oder reduzieren und mit anderen Auswahlwerkzeugen anpassen.

▲ **Abbildung 23.45**
Hier habe ich den Tänzer mit dem Polygon-Lasso umrandet. Die automatische Auswahl sucht anschließend nach Kanten des umrandeten Motivs.

▲ **Abbildung 23.46**
Das Ergebnis der automatischen Auswahl. Der linke Fuß ist noch nicht vollständig ausgewählt.

▲ **Abbildung 23.47**
Diesen Bereich habe ich erneut mit dem Polygon-Lasso und der Option HINZUFÜGEN umfahren, womit nun der komplette Tänzer ausgewählt ist.

23.8 Welches Auswahlwerkzeug ist das beste?

In den vorangegangenen Abschnitten haben Sie alle Auswahlwerkzeuge kennengelernt, und vielleicht stellen Sie sich nun die Frage nach dem ultimativen Auswahlwerkzeug. Die Antwort werden Sie vermutlich selbst schon kennen. Keines der Auswahlwerkzeuge ist ein Allzweckmittel, und in der Praxis werden Sie wohl eher selten mit nur einem Auswahlwerkzeug auskommen, sondern eher zwischen mehreren Auswahlwerkzeugen hin- und herschalten. Welches Werkzeug Sie letztendlich wozu verwenden, hängt dann natürlich auch noch von dem Motiv ab, das Sie ausgewählt haben. Somit kann es nur empfehlenswert sein, sich mit allen Auswahlwerkzeugen vertraut zu machen.

TEIL X
Ebenen

Kapitel 24
Ebenen in Photoshop Elements

In vielen Kapiteln habe ich Sie bereits auf diesen Buchteil verwiesen, und Sie können sich daher sicherlich denken, dass das Thema Ebenen sehr wichtig ist. In der Tat sind die Ebenen so etwas wie die Kreuzungen einer stark befahrenen Straße: Erst mit den Ebenen können Sie richtig flexibel und kreativ arbeiten. Ohne Ebenen wäre Ihr Grafik- und Bildbearbeitungsprogramm nur halb so vielseitig.

24.1 Das Ebenen-Prinzip

Kapitel_24: Pyramide.psd

Zunächst einmal hat jedes Bild, das Sie bearbeiten, mindestens eine Ebene. Stellen Sie sich eine Ebene als eine Folie oder Glasscheibe vor, auf der etwas gezeichnet wird. Auf diese Ebene können Sie jederzeit weitere Ebenen legen. Durch die Transparenz der Ebenen (abgesehen von der Hintergrundebene) können Sie die darunterliegenden Ebenen ebenfalls sichtbar machen. Dies ist allerdings abhängig von der Deckkraft und Füllmethode der Ebenen. Auch die Reihenfolge der einzelnen Ebenen lässt sich jederzeit verändern und ist ausschlaggebend für das Gesamtbild.

Speichern mehrerer Ebenen
Um bei der Arbeit mit mehreren Ebenen die einzelnen Teilbilder beim Speichern zu erhalten, müssen Sie ein Dateiformat verwenden, das Ebenen unterstützt. Bei Photoshop Elements sind dies die Formate PSD und TIFF. Speichern Sie ein Dokument mit mehreren Ebenen zum Beispiel im JPEG-Format, werden die sichtbaren Ebenen automatisch auf eine (Hintergrund-)Ebene reduziert.

◂ **Abbildung 24.1**
Eine Ebene liegt über der anderen.

Für die Bearbeitung von Bildern mit Ebenen wird das Ebenen-Bedienfeld verwendet. Wird dieses Bedienfeld nicht angezeigt, können Sie es jederzeit über das Menü FENSTER • EBENEN öffnen.

Das Prinzip und der Aufbau von Ebenen sind immer recht ähnlich. Sie verwenden zunächst ein Hintergrundbild ❸. Auf dieses Hintergrundbild, das im Grunde auch nur eine Ebene ist, legen Sie jetzt weitere Ebenen, wie zum Beispiel freigestellte und transparente Bildmotive (❷ und ❶).

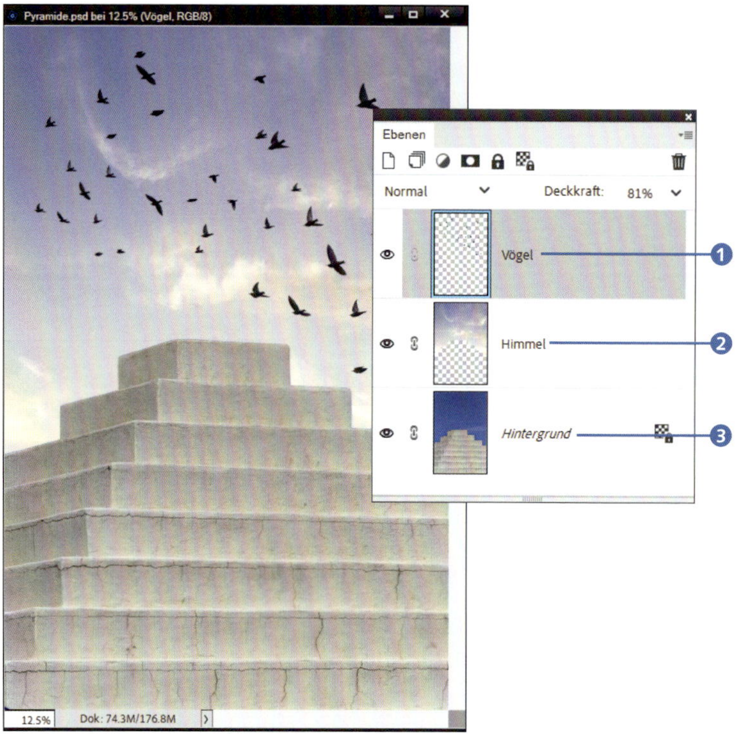

Abbildung 24.2 ▸
Das Bild mit seinen Ebenen im Ebenen-Bedienfeld. Auf der Hintergrundebene ❸ habe ich einen freigestellten Himmel als neue Ebene eingefügt. Über den Himmel ❷ habe ich fliegende Vögel ❶ als dritte Ebene gelegt.

Auch die Reihenfolge, wie Sie die einzelnen Ebenen anordnen, ist von Bedeutung, wenn sich einzelne Ebenen mit Transparenz überlappen. Würden Sie zum Beispiel die Ebene »Himmel« ❷ über die Ebene »Vögel« ❶ legen, dann würde der Himmel die Vögel überdecken, und diese wären nicht mehr sichtbar.

In der Praxis macht es auch keinen Sinn, unbearbeitete Bilder mit voller Deckkraft übereinanderzulegen, weil in diesem Fall immer nur das oberste Bild sichtbar wäre. Daher werden Sie in der Regel ausschließlich freigestellte Motive oder Teile eines Bildes auf einer eigenen Ebene platzieren. Nur das unterste Bild dient gewöhnlich als Hintergrundbild.

Hier noch ein paar wichtige Argumente, warum Sie sich mit den Ebenen befassen sollten:

- Sie können jederzeit Bildbereiche von einzelnen Ebenen nachträglich und unabhängig voneinander bearbeiten.
- Es lassen sich jederzeit einzelne Bildteile einer Komposition nachträglich von mehreren Ebenen verschieben, umordnen, verändern oder löschen.
- Auch die Eigenschaften der einzelnen Ebenen wie die Durchsichtigkeit oder Füllmethode kann jederzeit nachträglich angepasst werden.
- Sie können Ebenen jederzeit ein- bzw. ausblenden, um so verschiedene Bildteile zusammenzustellen und auszuprobieren.

24.2 Transparenz und Deckkraft

Wenn Sie mit Ebenen gestalten, ist eine Eigenschaft besonders wichtig: die Transparenz der Ebene, also ihre Durchsichtigkeit.

24.2.1 Ebenentransparenz

Sicherlich ist Ihnen schon des Öfteren bei Bildern oder im Ebenen-Bedienfeld bei der Miniatur das grau-weiße Schachbrettmuster aufgefallen. Dieses Muster symbolisiert die Ebenentransparenz – oder, einfacher, den durchsichtigen Teil einer Ebene. Befände sich unterhalb der Ebene eine weitere Ebene, würde der Inhalt der unteren Ebene überdeckt von der oberen Ebene angezeigt.

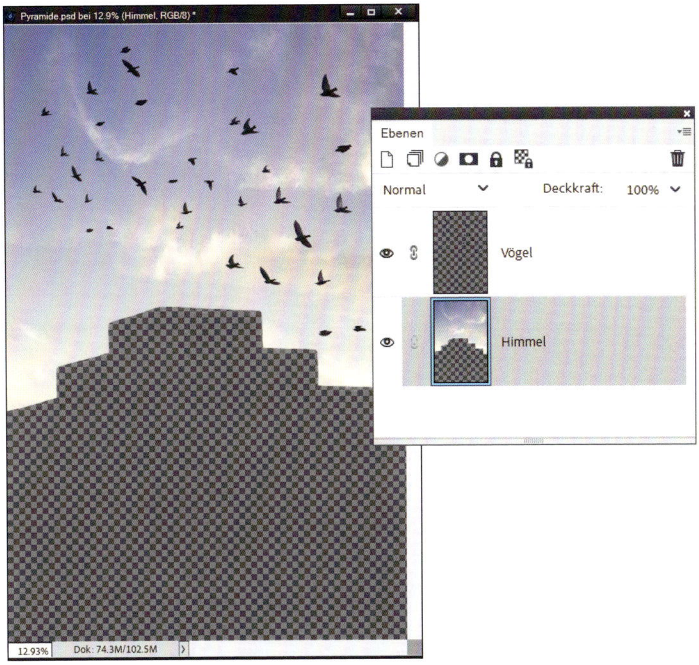

◂ **Abbildung 24.3**
Transparente Flächen des Bildes werden mit einem Schachbrettmuster angezeigt.

Das Schachbrettmuster und seine Farbe können Sie über BEARBEITEN/PHOTOSHOP ELEMENTS EDITOR • VOREINSTELLUNGEN • TRANSPARENZ ändern.

24.2.2 Ebenen-Deckkraft

Auch die DECKKRAFT ① von Ebenen lässt sich über einen Schieberegler reduzieren. Damit lassen Sie zum Beispiel Ebenen unter anderen Ebenen durchscheinen. Bei der untersten Ebene scheint so, sofern es keine Hintergrundebene ist, das grau-weiße Schachbrettmuster durch. Mit der DECKKRAFT steuern Sie die Transparenz der gesamten Ebene.

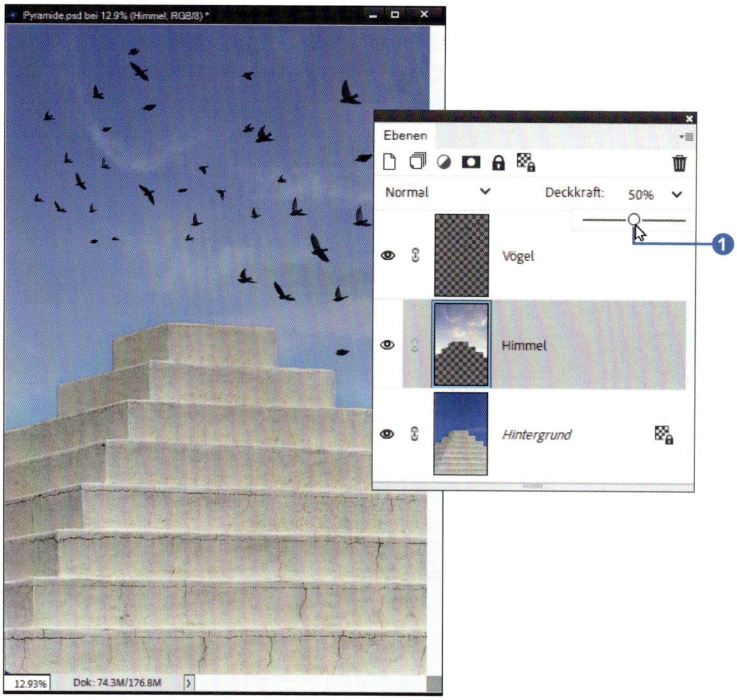

Abbildung 24.4 ▸
Durch die Reduzierung der DECKKRAFT der Ebene mit dem Himmel auf 50 % sind der ursprüngliche Himmel und der Hintergrund darunter sichtbar geworden.

24.3 Typen von Ebenen

Sie wissen bereits, dass alle Bilder in Photoshop Elements aus mindestens einer Ebene bestehen. Dabei wird zwischen verschiedenen Typen von Ebenen unterschieden, die teilweise in ihrer Verwendung und Bearbeitung different sind.

24.3.1 Hintergrundebenen

Kapitel_24: Seerose.jpg

Jedes Foto, das Sie in Photoshop Elements öffnen, und jede leere Datei, die Sie neu anlegen (abgesehen von einem transparenten

Hintergrundinhalt), liegen als Bild in einer Hintergrundebene vor. Dies zeigt auch schon der Name »Hintergrund« ❷ im Ebenen-Bedienfeld an.

Jedes Bild kann dabei nur eine Hintergrundebene haben. Außerdem unterscheidet sich eine Hintergrundebene von anderen Ebenen durch folgende Eigenschaften:

- Hintergrundebenen können im Ebenenstapel nicht verschoben werden und liegen immer ganz unten im Stapel.
- Hintergrundebenen können nicht transparent sein, weil sie keinen Alphakanal besitzen. Wenn Sie eine Hintergrundebene radieren oder Teile davon ausschneiden, erscheint immer die eingestellte Hintergrundfarbe aus dem Farbwahlbereich an diesen Stellen.
- Die DECKKRAFT einer Hintergrundebene kann nicht reduziert werden.

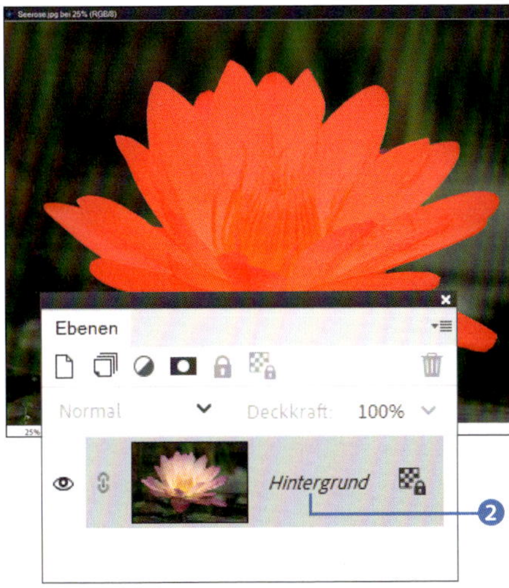

▲ **Abbildung 24.5**
Der Hintergrund wurde ausgewählt …

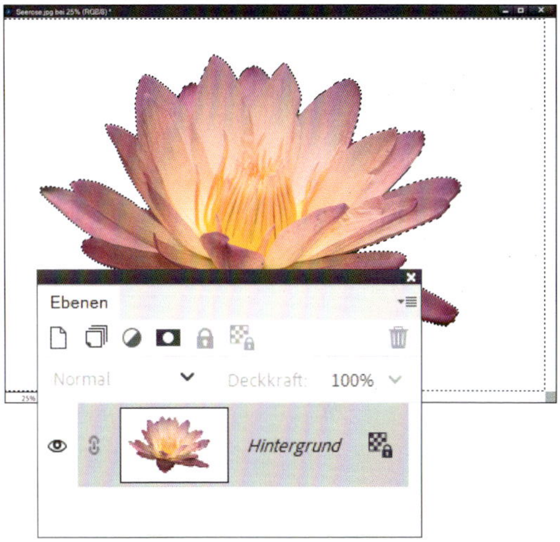

▲ **Abbildung 24.6**
… und mit Entf/← gelöscht. Dadurch wurde der Hintergrund mit der aktuell eingestellten Hintergrundfarbe (hier Weiß) gefüllt.

Hintergrundebene in Bildebene umwandeln | Es ist relativ einfach, aus einer Hintergrundebene eine Bildebene zu machen. Hierzu brauchen Sie nur die Hintergrundebene im Ebenen-Bedienfeld mit der rechten Maustaste anzuklicken und im Kontextmenü EBENE AUS HINTERGRUND auszuwählen. Alternativ finden Sie das Kommando über den Menüpunkt EBENE • NEU • EBENE AUS HINTERGRUND. Daraufhin öffnet sich ein Dialog, in dem Sie NAME, MODUS und DECKKRAFT der neuen Ebene eingeben können.

Schneller umwandeln
Noch einfacher und schneller geht es, wenn Sie die Hintergrundebene im Ebenen-Bedienfeld doppelklicken.

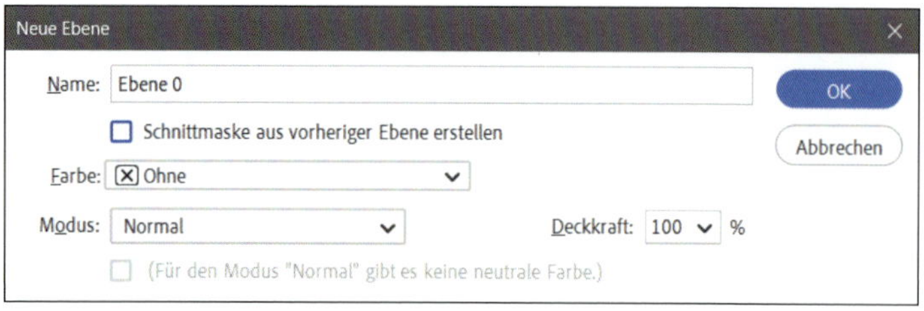

Abbildung 24.7 ▸
Neue Ebene aus Hintergrund erzeugen

Abbildung 24.8 ▸
Wurde aus einer Hintergrundebene eine Bildebene gemacht und der ausgewählte Bereich mit [Entf]/[←] gelöscht, wird dieser Bereich jetzt transparent.

Bildebene in Hintergrundebene umwandeln | Um eine Bildebene wieder in eine Hintergrundebene umzuwandeln, wählen Sie im Menü Ebene • Neu • Hintergrund aus Ebene. Grundsätzlich funktioniert dies auch über das Ebenen-Bedienfeld mit einem Rechtsklick auf die unterste Ebene und die Option Auf Hintergrundebene reduzieren im Kontextmenü – allerdings nur dann, wenn das Bedienfeld nur eine einzige Ebene enthält. Befinden sich mehrere Ebenen im Bedienfeld, werden mit diesem Befehl alle Ebenen zu einer Hintergrundebene zusammengefügt.

24.3.2 Bildebenen

Wenn von Ebenen die Rede ist, sind meistens die »normalen« Bildebenen gemeint, die in der Praxis auch am häufigsten zum Einsatz kommen. Dieser Ebenentyp enthält von Haus aus einen Alphakanal und somit auch Transparenz.

24.3.3 Einstellungsebenen

Mehr als einmal haben Sie bereits Einstellungsebenen in diesem Buch verwendet. Die Einstellungsebenen ❶ sind unverzichtbar für die Bildkorrektur. Mit ihrer Hilfe können Sie verschiedene Korrekturen ausprobieren, ohne das Originalbild zu verändern.

Zum Weiterlesen
Die Einstellungsebenen habe ich bereits in Abschnitt 9.1.5, »Flexibel arbeiten mit Einstellungsebenen«, umfassend beschrieben.

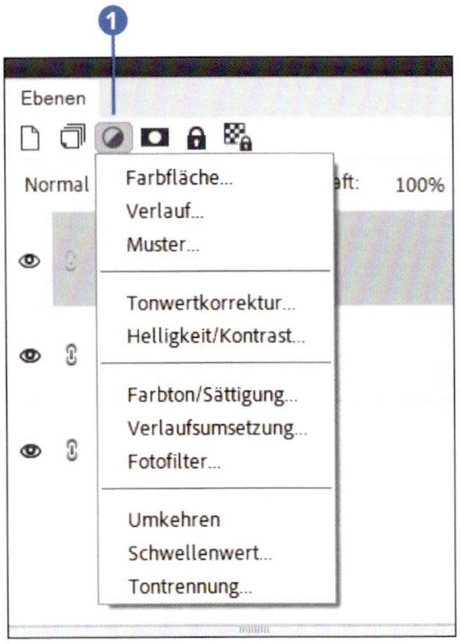

◂ **Abbildung 24.9**
Photoshop Elements bietet eine Vielzahl an Einstellungsebenen an.

24.3.4 Textebenen

Eine Textebene erkennen Sie am großen »T« ② im Ebenen-Bedienfeld. Sobald Sie eines der Textwerkzeuge aus der Werkzeugpalette auswählen und in das Bild klicken, legt Photoshop Elements automatisch eine solche Ebene an. Text besteht bei Photoshop Elements aus Vektoren und nicht aus Pixeln. Der Vorteil liegt auf der Hand: Durch die mathematisch definierte Form des Textes lässt sich die Schrift verlustfrei skalieren. Lassen Sie sich also nicht abschrecken, wenn bei näherem Hereinzoomen der Text etwas »pixeliger« wirkt. Sobald Sie den Text ausdrucken, stimmt die Schärfe wieder.

Vektoren und Pixel

Schlagen Sie in Anhang B in Abschnitt B.1.1, »Rastergrafiken aus Pixeln«, und in Abschnitt B.1.2, »Vektorgrafiken – errechnete Bilder«, nach, um mehr über den Unterschied zwischen Pixeln und Vektoren zu erfahren.

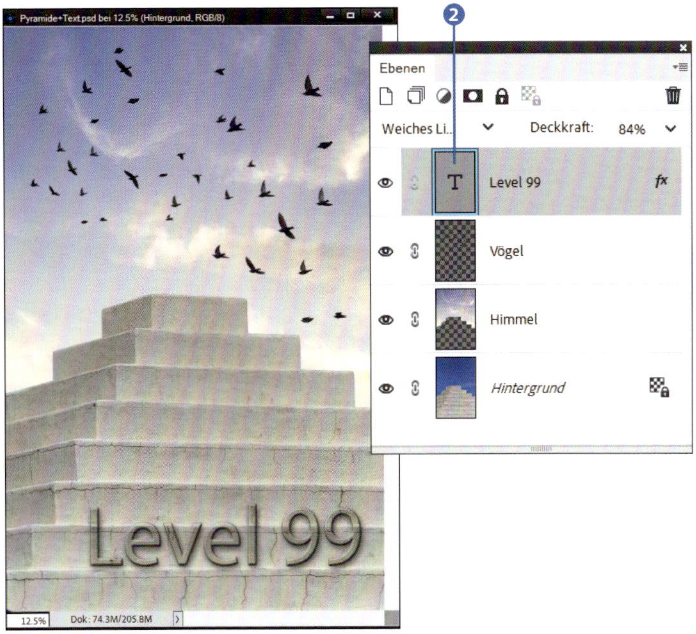

◂ **Abbildung 24.10**
Die Textebene erkennen Sie am großen »T« ② in der Ebenenminiatur.

24.3.5 Formebenen

Zum Weiterlesen

Mehr über die Formwerkzeuge können Sie in Abschnitt 36.1, »Die Formwerkzeuge im Überblick«, nachlesen.

Formebenen legen Sie mit den Formwerkzeugen an: Diese finden Sie im ERWEITERT-Modus der Werkzeugpalette, wenn Sie die Taste U drücken. Folgende Formwerkzeuge werden angeboten:

- Eigene-Form-Werkzeug
- Rechteck-Werkzeug
- Abgerundetes-Rechteck-Werkzeug
- Ellipse-Werkzeug
- Polygon-Werkzeug
- Stern-Werkzeug
- Linienzeichner

Formebenen sind wie die Textebenen Ebenen mit mathematischen Vektorinformationen und somit stufenlos und verlustfrei skalierbar. In der Praxis werden Formebenen für einfache Logos oder für Schaltflächen auf Webseiten verwendet. Formebenen lassen sich mit Farben, Mustern oder Verläufen füllen.

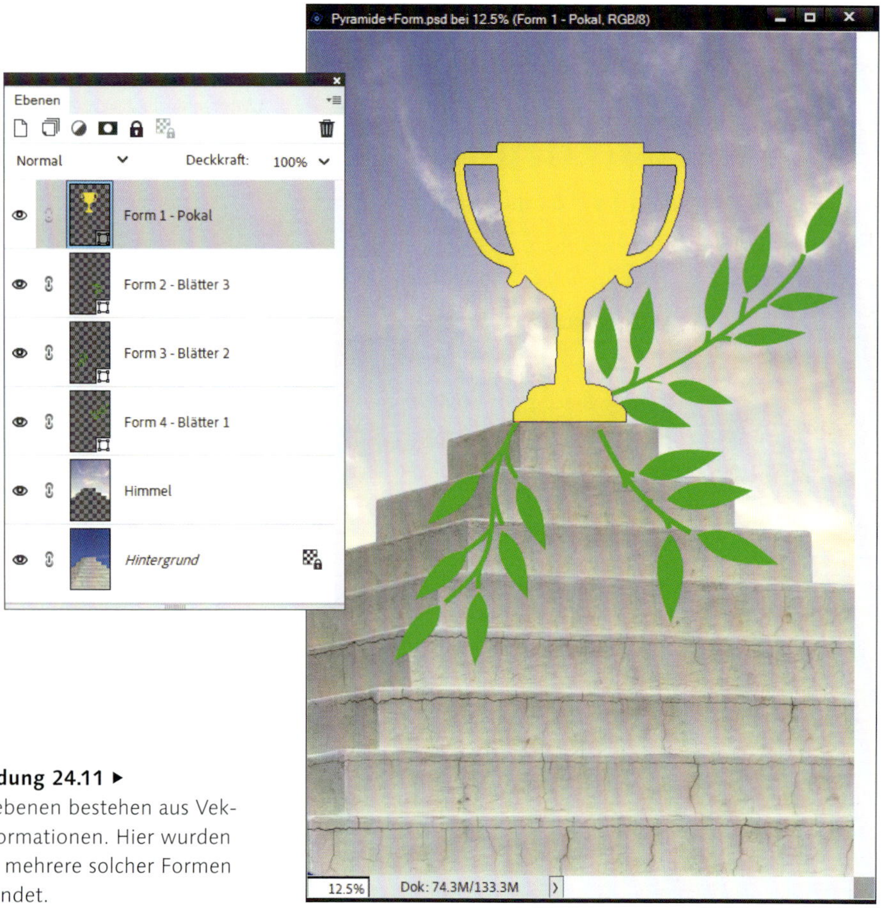

Abbildung 24.11 ▸
Formebenen bestehen aus Vektorinformationen. Hier wurden gleich mehrere solcher Formen verwendet.

Kapitel 25
Das Ebenen-Bedienfeld

Bevor Sie intensiv mit Ebenentechniken arbeiten können, müssen Sie auf jeden Fall die Befehle und Steuerungsmöglichkeiten der Ebenen kennen. Dieses Kapitel ist zwar sehr theoretisch, aber essenziell für einen sicheren Umgang mit Ebenen.

25.1 Überblick über das Ebenen-Bedienfeld

Zwar stehen Ihnen mit dem Menü EBENE sämtliche Befehle zur Verfügung, aber weitaus komfortabler und schneller für das Arbeiten mit der Ebene ist das Ebenen-Bedienfeld – es ist gleichsam die Hauptsteuerzentrale. Sollten Sie das Ebenen-Bedienfeld geschlossen haben, öffnen Sie es über FENSTER • EBENEN, oder klicken Sie unten rechts im Fotoeditor auf den Button EBENEN ❶.

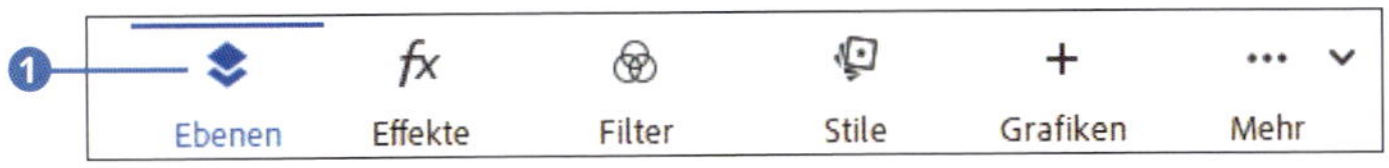

▲ **Abbildung 25.1**
Das Ebenen-Bedienfeld ein- und ausblenden

Jede Ebene wird im Ebenen-Bedienfeld in einer eigenen Zeile mit einer Miniaturvorschau, dem Namen und gegebenenfalls zusätzlichen Ebeneneigenschaften dargestellt. Zu jeder einzelnen Ebene werden auch die DECKKRAFT und die Füllmethode angezeigt.

Auch funktionsmäßig ist das Ebenen-Bedienfeld stark besetzt. Mit einem Rechtsklick auf eine Ebene öffnet sich ein Kontextmenü mit vielen Ebenenbefehlen. Am oberen Rand finden Sie außerdem die wichtigsten Befehle, die Sie auch über das Menü EBENE oder mit einem Rechtsklick erreichen, als Schaltflächen vor.

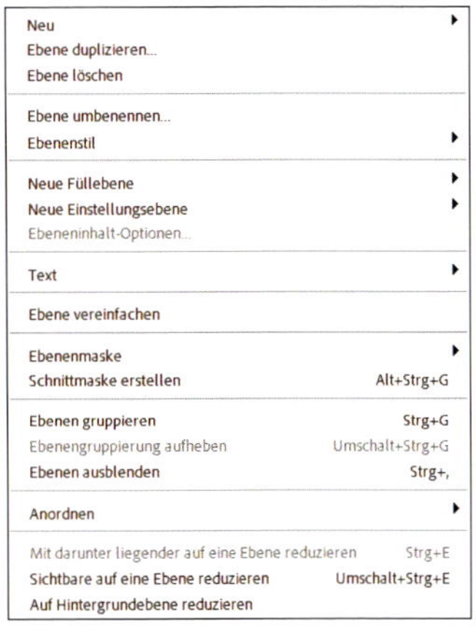

▲ **Abbildung 25.2**
Alle Befehle zu den Ebenen finden Sie im Menü EBENE. Schneller steuern Sie die Ebenen über das Ebenen-Bedienfeld.

Das Ebenen-Bedienfeld im Detail

1. Neue Ebene erstellen
2. Neue Gruppe erstellen
3. Einstellungsebene hinzufügen
4. Ebenenmaske hinzufügen
5. Alles fixieren
6. Transparente Pixel fixieren
7. Bedienfeldmenü aufrufen
8. Ebene löschen
9. Deckkraft der Ebenenpixel
10. Ebenenname
11. Aktive Ebene
12. Ebene mit Ebenenstil
13. Ebene ist komplett fixiert
14. Verknüpfung zwischen Ebenenmaske und Ebene
15. Ebenenmaske
16. Ebene ist teilweise fixiert
17. Hintergrundebene
18. Sichtbarkeit der Ebene
19. Ebene mit Schnittmaske
20. Einstellungsebene
21. Die Ebenen sind verknüpft
22. Ebene mit Farbmarkierung
23. Ebenengruppierung (Zugeklappt)
24. Ebenenminiatur mit transparentem Objekt
25. Ebenengruppierung (Aufgeklappt)
26. Füllmethode der aktiven Ebene

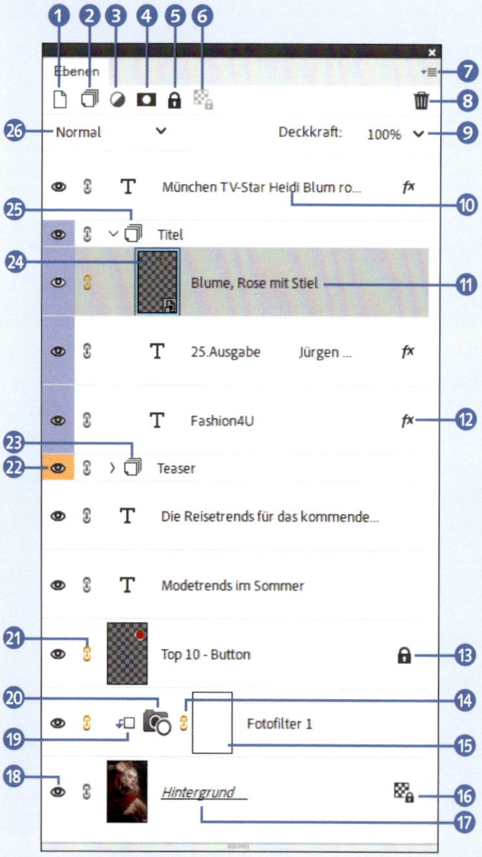

◄▲ **Abbildung 25.3**
Das Ebenen-Bedienfeld mit dazugehörigem Bild (Model: Olga)

Kapitel_25: Cover.psd

Auf den folgenden Seiten finden Sie einen Überblick über das Ebenen-Bedienfeld. Ich empfehle Ihnen, die Datei »Cover.psd« in den Fotoeditor zu laden, um sich selbst mit dem Bedienfeld in der Praxis vertraut zu machen.

25.2 Ebenen auswählen

Sobald Sie mit mehr als einer Ebene arbeiten, ist es wichtig, vor dem Ausführen einer Funktion oder der Arbeit mit einem Werkzeug die gewünschte Ebene auszuwählen.

25.2.1 Aktuell bearbeitete Ebene

Bei Bildern mit vielen Ebenen wird es schnell unübersichtlich; daher müssen Sie immer wissen, welche Ebene im Augenblick aktiv ist. Dies ist besonders wichtig bei der Bearbeitung von Ebenen, weil sich die Arbeiten meistens auf diese aktive Ebene auswirken. Im Ebenen-Bedienfeld erkennen Sie an der blauen Markierung ❷, welche Ebene bearbeitet wird. Auch die Bildtitelleiste ❶ gibt Auskunft, welche Ebene im Augenblick aktiv ist.

▲ **Abbildung 25.4**
Das Ebenen-Bedienfeld und der Bildtitel geben Auskunft darüber, welche Ebene im Augenblick bearbeitet wird.

25.2.2 Ebene auswählen

Um eine Ebene auszuwählen, gibt es mehrere Möglichkeiten:

- Die gängigste Methode dürfte das Auswählen der entsprechenden Ebene im Ebenen-Bedienfeld per Mausklick sein ❷.
- Mit den Tastenkombinationen Alt+[+] und Alt+[-] wechseln Sie eine Ebene höher bzw. tiefer. Mit den Tastenkombinationen Alt+[.] und Alt+[,] springen Sie direkt die oberste bzw. unterste Ebene an.
- Sie können auch eine Ebene mit dem Verschieben-Werkzeug V ✛ direkt im Bild auswählen, wenn die Werkzeugoption Ebene automatisch wählen ❸ aktiviert ist. Wenn hierbei die Werkzeugoption Begrenzungsrahmen einbl. ❹ aktiv ist, wird beim Auswählen (Anklicken mit der Maus) einer Ebene der Begrenzungsrahmen eingeblendet. Und ist die dritte Option Bei Rollover hervorheben ❺ aktiviert, wird ein blauer Rahmen

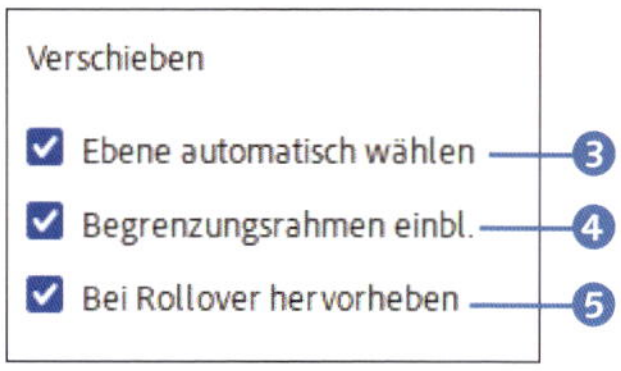

▲ **Abbildung 25.5**
Einige Werkzeugoptionen des Verschieben-Werkzeugs, die Ihnen beim Auswählen von Ebenen helfen

um die Ebene angezeigt, wenn Sie mit dem Mauscursor über der Ebene stehen. Standardmäßig sind alle drei Werkzeugoptionen aktiviert. Beachten Sie allerdings, dass Sie bei gruppierten Ebenen alle Ebenen der Gruppe auswählen. Wollen Sie eine einzelne Ebene einer Gruppe auswählen, müssen Sie dies über das Ebenen-Bedienfeld machen.

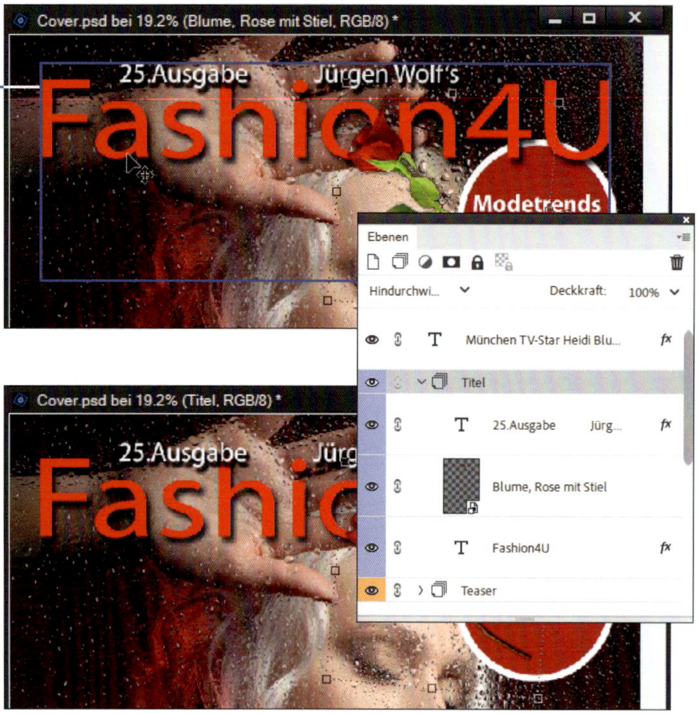

Abbildung 25.6 ▸
Hier wird die Ebene »Fashion4U« mit dem Verschieben-Werkzeug angewählt. Den blauen Rahmen **1** sehen Sie, wenn Sie mit dem Mauszeiger über der Ebene stehen (Option BEI ROLLOVER HERVORHEBEN) ...

Abbildung 25.7 ▸
... und hier wurde die Ebene »Fashion4U« mit dem Verschieben-Werkzeug angeklickt. Da der Text mit zwei weiteren Ebenen innerhalb von TITEL gruppiert ist, wird die komplette Gruppe ausgewählt.

25.2.3 Auswahlen aus Ebenenpixeln erstellen

Manchmal ist es nötig, aus einer Ebene eine Auswahl zu erstellen. Auch hierfür bietet das Ebenen-Bedienfeld eine einfache Möglichkeit: Wenn Sie in einer Ebene alle deckenden Pixel auswählen wollen, klicken Sie einfach mit gehaltener Strg/cmd-Taste auf die Ebenenminiatur des Ebenen-Bedienfeldes. Der Mauszeiger wird hierbei zu einer Hand mit leerem Quadrat **2**. Mit einem einzigen Klick werden jetzt alle deckenden Pixel ausgewählt.

Um weitere Pixel von anderen Ebenen können Sie die Auswahl ausweiten, indem Sie Strg/cmd+⇧ gedrückt halten. Im Quadrat des Mauszeigers finden Sie dann passend dazu ein Plussymbol. Klicken Sie jetzt erneut auf eine weitere transparente Ebenenminiatur, wird die Auswahl damit erweitert.

Analog verkleinern Sie den Auswahlbereich mit der gehaltenen Tastenkombination Strg/cmd+Alt auf einer Ebenenminiatur.

Auch hierbei ändert sich der Inhalt des Quadrats im Mauszeiger in ein Minussymbol.

▲ **Abbildung 25.8**
Einfach und effektiv werden mit einem Klick alle deckenden Pixel (sichtbaren Bildteile) einzelner Ebenen ausgewählt. Im Beispiel wurden die deckenden Pixel der Ebene Top 10 ausgewählt, um eine Kontur um die Ebene zu ziehen.

25.2.4 Mehrere Ebenen auswählen

Manchmal ist es notwendig, mehrere Ebenen auf einmal zu bearbeiten. Damit ist es möglich, verschiedene Arbeitsschritte wie zum Beispiel ein Verschieben, Transformieren, Ausrichten oder diverse Effekte auf mehreren Ebenen gleichzeitig durchzuführen. Hierzu bieten sich folgende Optionen an:

- Über das Menü Auswahl • Alle Ebenen aktivieren Sie alle Ebenen im Ebenen-Bedienfeld auf einmal. Das Gegenstück zum gleichzeitigen Deaktivieren aller Ebenen ist Auswahl • Ebenenauswahl aufheben.
- Mit Auswahl • Ähnliche Ebenen wählen Sie Ebenen eines bestimmten Typs (Abschnitt 24.3) aus. Wollen Sie zum Beispiel alle Textebenen auswählen, markieren Sie mindestens eine Textebene und rufen Auswahl • Ähnliche Ebenen auf.
- Natürlich funktioniert hierbei auch die Auswahl mit der gedrückt gehaltenen [Strg]/[cmd]-Taste im Ebenen-Bedienfeld, wenn Sie beliebige Ebenen auswählen wollen. Um aufeinanderfolgende Ebenen zu aktivieren, können Sie beim Auswäh-

Pixeloperationen
Beachten Sie allerdings, dass sich Pixeloperationen wie Malen, Retusche und Bildkorrekturen immer nur auf eine aktive Ebene anwenden lassen. Versuchen Sie dennoch, mit dem Pinsel zu malen, quittiert Photoshop Elements dies mit einem Warnhinweis und bricht Ihre Aktion ab.

len auch [⇧] gedrückt halten. Klicken Sie zum Beispiel bei gedrückter [⇧]-Taste die erste und die letzte Ebene an, haben Sie automatisch auch sämtliche Ebenen dazwischen ausgewählt.

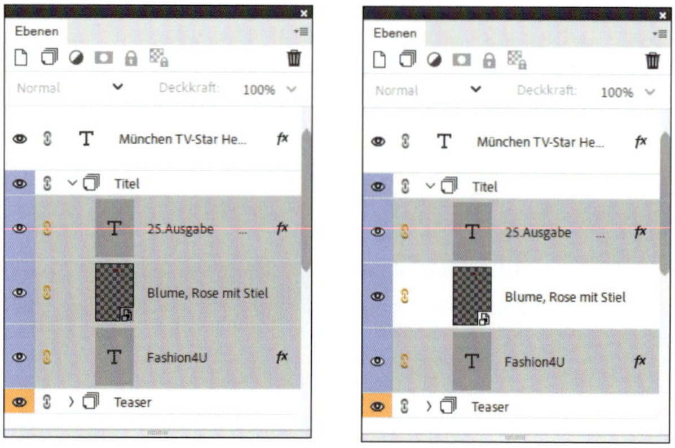

Abbildung 25.9 ▸
Aufeinanderfolgende Ebenen werden mit gehaltener [⇧]-Taste ausgewählt, beliebige Ebenen wählen Sie mit gehaltener [Strg]/[cmd]-Taste aus (rechts).

25.2.5 Sichtbarkeit der Ebenen

Ob eine Ebene sichtbar ist oder nicht, erkennen Sie im Ebenen-Bedienfeld am Augensymbol ganz links in der entsprechenden Ebene. Ist das Symbol durchgestrichen ②, ist die Ebene nicht sichtbar. Durch Anklicken des Augensymbols blenden Sie die Ebene ein und aus. Alternativ können Sie auch die Tastenkombination [Strg]/[cmd]+[,] für das Ein- bzw. Ausblenden der aktiven Ebene verwenden.

Wenn Sie aus der Ebenenkomposition ein Bild in einem bestimmten Dateiformat erstellen wollen, sollten Sie wissen, dass nur die Ebenen verwendet werden, die sichtbar sind. Das Gleiche gilt auch für das Drucken: Ausgeblendete Ebenen werden dabei nicht beachtet.

Mehrere Ebenen ausblenden | Um mehrere Ebenen auf einmal auszublenden, müssen Sie nicht jedes Augensymbol einzeln anklicken, sondern haben noch folgende Möglichkeiten:

- Fahren Sie mit gedrückter linker Maustaste die Reihe der Augensymbole entlang. Dies gilt sowohl für das Ein- als auch für das Ausblenden.
- Klicken Sie mit der rechten Maustaste auf ein Augensymbol, und wählen Sie im Kontextmenü die entsprechende Option aus. Gewöhnlich werden Sie sich hierbei für ALLE ÜBRIGEN EBENEN EIN-/AUSBLENDEN entscheiden, um alle Ebenen bis auf die aktuelle ein- bzw. auszublenden. Schneller geht dies, wenn Sie mit gehaltener [Alt]-Taste das Augensymbol einer Ebene anklicken. Dabei werden ebenfalls alle übrigen Ebenen ein- oder ausgeblendet.

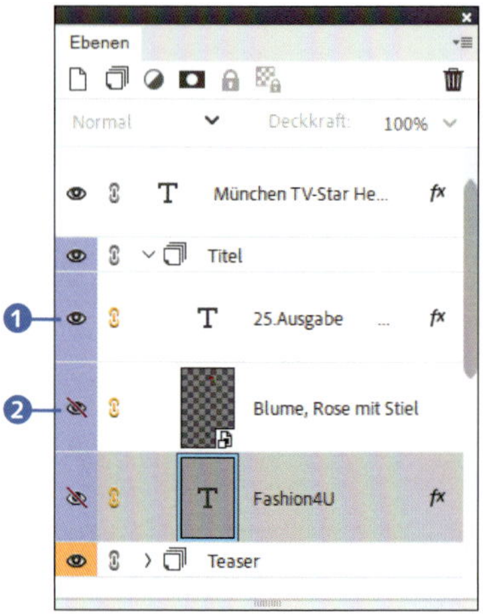

▲ Abbildung 25.10
Mit einem Klick auf das Augensymbol ① blenden Sie Ebenen aus und ein.

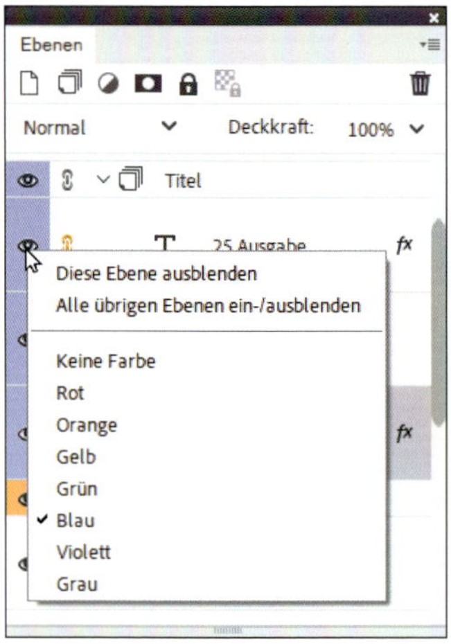

▲ Abbildung 25.11
In einem Arbeitsschritt alle Ebenen bis auf eine aus- oder einblenden

25.3 Ebenen anlegen und löschen

Auch um eine neue Ebene anzulegen, stehen Ihnen mehrere Möglichkeiten zur Verfügung:

- Die einfachste Methode ist, auf das entsprechende Icon im Ebenen-Bedienfeld zu klicken. Die neue Ebene wird hierbei oberhalb der aktiven Ebene erstellt und ist transparent. Halten Sie außerdem beim Anklicken des Icons [Alt] gedrückt, wird noch ein Dialog angezeigt, in dem Sie NAME, MODUS und DECKKRAFT der Ebene eingeben können.
- Dasselbe (inklusive Dialogfenster) erreichen Sie auch mit der Tastenkombination [Strg]/[cmd]+[⇧]+[N] oder über den Menüeintrag EBENE • NEU • EBENE.
- Wollen Sie die neue Ebene unterhalb der aktiven Ebene anlegen, brauchen Sie nur [Strg]/[cmd] gedrückt zu halten, während Sie das Icon im Ebenen-Bedienfeld anklicken. Dies funktioniert natürlich auch mit einem zusätzlichen Dialogfenster, wenn Sie [Strg]/[cmd]+[Alt] gedrückt halten.

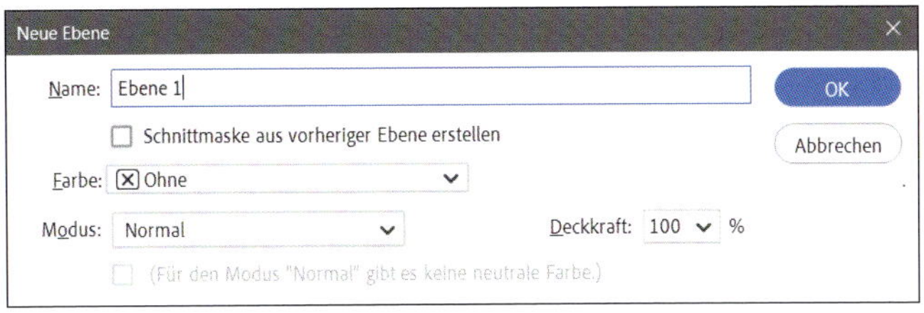

◂ **Abbildung 25.12**
Der Dialog zum Erstellen einer neuen Ebene

25.3.1 Neue Ebene durch Duplizieren

Oft benötigen Sie eine Ebene als Kopie, etwa um mit Filtern oder anderen Effekten zu experimentieren, ohne die Originalebene zu ändern. Um eine Ebene samt Inhalten zu duplizieren, haben Sie folgende Möglichkeiten:

- Ziehen Sie die Ebene, die Sie duplizieren wollen, im Ebenen-Bedienfeld mit gedrückt gehaltener linker Maustaste auf das Icon mit dem Sie normalerweise eine neue Ebene anlegen würden, und lassen Sie die Ebene darauf fallen. Nach dem Loslassen der Maustaste erhalten Sie ein Duplikat der Ausgangsebene mit dem Zusatz »Kopie« im Namen.
- Klicken Sie mit der rechten Maustaste auf die Ebene, und wählen Sie im Kontextmenü den Punkt EBENE DUPLIZIEREN aus. Dieselbe Option finden Sie auch im Menü unter EBENE • EBENE DUPLIZIEREN. Es erscheint ein Dialogfenster, in dem Sie den Namen und die Zieldatei für das Duplikat angeben können. Als Zieldatei können Sie entweder die aktuelle oder eine neue Datei auswählen.

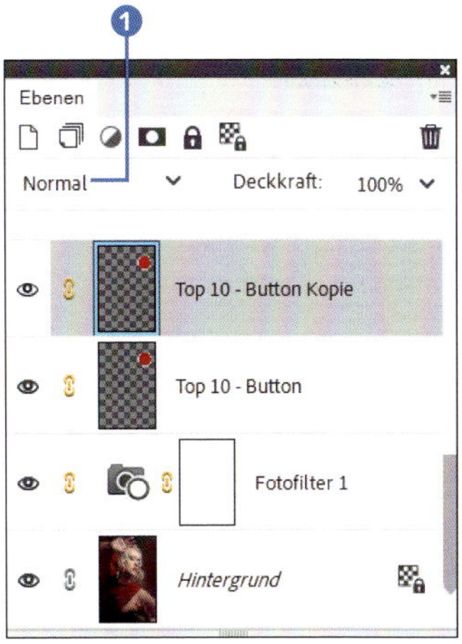

▴ **Abbildung 25.13**
Bei diesem Beispiel wurde von der Ebene TOP 10 – BUTTON ein Ebenenduplikat erstellt, um einen Bildeffekt mit den Ebenen-Füllmethoden (1) zu nutzen.

Bild dupliziert, aber nichts passiert
Abgesehen von der Arbeit mit dem Verschieben-Werkzeug ist es normal, wenn das Duplizieren einer Ebene keine Auswirkung auf das Gesamtbild hat (sofern Sie keine Füllmethode bei der Ausgangsebene verwendet haben). Schließlich wird das Duplikat immer an derselben Stelle eingefügt wie die Ausgangsebene.

- Noch schneller können Sie eine Kopie der im Ebenen-Bedienfeld aktiven Ebene anlegen, indem Sie die Tastenkombination [Strg]/[cmd]+[J] drücken. Diesen Befehl erreichen Sie auch über das Menü unter EBENE • NEU • EBENE DURCH KOPIE.
- Alternativ können Sie auch das Verschieben-Werkzeug [V] + verwenden, um ein Duplikat anzufertigen, indem Sie [Alt] gedrückt halten und die aktive Ebene im Bild mit der Maus oder den Pfeiltasten bewegen.

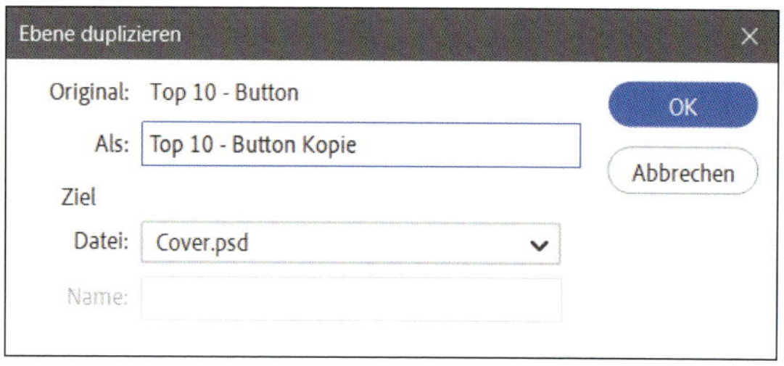

Abbildung 25.14 ▸
Dialogfenster von EBENE DUPLIZIEREN

25.3.2 Neue Ebene durch Einkopieren

Kapitel_25: Haare.psd, Cover-mit-Haare.psd

Eine neue Ebene wird ebenfalls angelegt, wenn Sie eine Ebene per Drag & Drop von einem Bild in ein anderes ziehen oder über [Strg]/[cmd]+[C] kopieren und per [Strg]/[cmd]+[V] einfügen. Hierzu stehen Ihnen zwei Möglichkeiten zur Verfügung:

- **Per Drag & Drop**: Um eine Ebene in ein anderes Bild zu kopieren, müssen Sie zunächst einmal beide Bilder öffnen. Dann ist es am einfachsten, wenn Sie den Mauszeiger im Ebenen-Bedienfeld auf die Ebene bewegen ❸, die Sie in das andere Bild kopieren wollen. Halten Sie nun die linke Maustaste gedrückt, und ziehen Sie die Ebene aus dem Ebenen-Bedienfeld heraus auf das Bild ❷, in das Sie die Ebene kopieren wollen. Lassen Sie die Ebene dort fallen (Maustaste loslassen).

Kopieren mit dem Verschieben-Werkzeug
Neue Inhalte können Sie auch mit dem Verschieben-Werkzeug [V] von einem Dokumentfenster in ein anderes ziehen. Bei komplexen Bildkompositionen erwischt man hierbei allerdings schnell das falsche Objekt.

Abbildung 25.15 ▸
Mit einfachem Drag & Drop lässt sich jederzeit eine Ebene in ein anderes Bild kopieren.

Damit es per Drag&Drop auch klappt, müssen beide Fenster frei schwebend nebeneinander sichtbar sein. Wie Sie schwebende Fenster im Fotoeditor verwenden, können Sie in Abschnitt 5.5.4, »Schwebende Fenster im Fotoeditor verwenden«, nachlesen.

- **Kopieren und Einfügen**: Natürlich funktioniert auch hier das klassische Kopieren einer Ebene in die Zwischenablage mit BEARBEITEN • KOPIEREN oder mit dem Tastenkürzel Strg/cmd+C sowie das Einfügen ins andere Bild über BEARBEITEN • EINFÜGEN oder Strg/cmd+V. Der Vorteil dieser Methode ist auch, dass Sie hierbei nicht von Photoshop Elements abhängig sind und jede beliebige Grafik, die Sie zum Beispiel mit dem Webbrowser oder einer anderen Grafikanwendung in die Zwischenablage kopiert haben, als neue Ebene einfügen können.

▲ **Abbildung 25.16**
Das Ergebnis nach einigen Anpassungen der eingefügten Ebene

25.3.3 Ebenen löschen

Mit der Zeit sammeln sich im Ebenen-Bedienfeld die Ebenen, die Sie für Experimente dupliziert haben. Außerdem blähen zu viele unnötige Ebenen die Dateigröße und natürlich auch die Rechenzeit enorm auf. Schwachbrüstige Rechner haben dann schon so ihre Probleme, wenn zusätzlich umfangreiche Operationen durchgeführt werden sollen. Um nicht mehr benötigte Ebenen aus dem Bedienfeld zu löschen, nutzen Sie eine der folgenden Möglichkeiten:

- Ziehen Sie die Ebene(n) mit gedrückt gehaltener linker Maustaste in den Papierkorb oben im Ebenen-Bedienfeld.
- Markieren Sie die Ebene(n), und klicken Sie auf das Mülleimersymbol oben im Ebenen-Bedienfeld.
- Markieren Sie die Ebene(n), führen Sie einen Rechtsklick auf die entsprechende Ebene im Ebenen-Bedienfeld aus, und wählen Sie im Kontextmenü EBENE LÖSCHEN aus.
- Markieren Sie die Ebene(n), und wählen Sie im Menü EBENE • EBENE LÖSCHEN aus.
- Markieren Sie die Ebene(n), und wählen Sie im erweiterten Bedienfeldmenü EBENE LÖSCHEN aus.

Bilder nebeneinander
Um die Bilder, so wie hier, nebeneinanderstellen zu können, aktivieren Sie in den VOREINSTELLUNGEN des Fotoeditors unter ALLGEMEIN die Option FLOATING-DOKUMENTE IM MODUS "ERWEITERT" ZULASSEN oder stellen die Fenster mit FENSTER • BILDER • NEBENEINANDER nebeneinander.

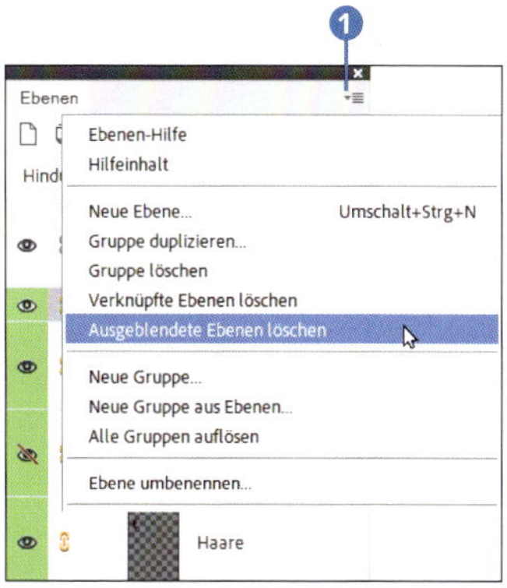

▲ **Abbildung 25.17**
Das Bedienfeldmenü bietet ebenfalls viele Möglichkeiten, überflüssige Ebenen zu entfernen.

Wie Sie sehen, funktioniert das Löschen immer auch für mehrere Ebenen gleichzeitig. Sehr hilfreich ist auch die Möglichkeit, alle ausgeblendeten Ebenen über das Bedienfeldmenü ❶ und den Eintrag AUSGEBLENDETE EBENEN LÖSCHEN zu entfernen.

25.3.4 Ebenen schützen

Um Ebenen vor ungewollten Veränderungen zu schützen, stehen Ihnen zwei Möglichkeiten zur Verfügung:

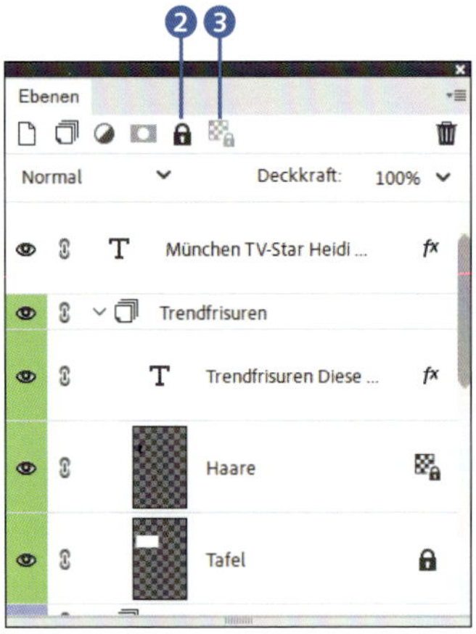

▲ **Abbildung 25.18**
Zwei Möglichkeiten, eine Ebene zu schützen

Automatische Namensvergabe
Wenn Sie nicht direkt beim Anlegen einen Namen vergeben, werden neue Ebenen einfach durchnummeriert (»Ebene 1«, »Ebene 2« usw.). Ähnlich ist dies mit duplizierten Ebenen, nur noch mit dem Zusatz »Kopie« (zum Beispiel »Ebene 3 Kopie«, »Ebene 3 Kopie 2« usw.). Diese automatisch vergebenen Bezeichnungen sind nicht förderlich für ein effektives Arbeiten mit vielen Ebenen, da man schnell den Überblick verliert.

- Alle Pixel fixieren ❷: Das Schlosssymbol schützt eine Ebene vor jeglicher Art von Veränderung.
- Transparente Pixel fixieren ❸: Wenn Sie das Schlosssymbol mit dem Schachbrett bei einer Ebene anklicken, werden alle transparenten Pixel dieser Ebene vor Übermalen oder Befüllen geschützt.

25.4 Ebenen verwalten

Mit den Verwaltungsmöglichkeiten im Ebenen-Bedienfeld behalten Sie auch bei der Arbeit mit mehreren Ebenen immer den Überblick.

25.4.1 Ebenen benennen

Wenn Sie eine neue Ebene über Ebene • Neu • Ebene oder Strg/cmd+⇧+N erstellen oder eine Ebene duplizieren, können Sie beim Anlegen bzw. Kopieren der Ebene einen Namen vergeben. Nutzen Sie auf jeden Fall die Möglichkeit, individuelle Namen zu vergeben, damit Sie nicht irgendwann den Überblick verlieren. Nicht immer hilft Ihnen die Miniaturvorschau, um den Überblick über Ihre Ebenen zu bewahren.

Leider wird das Dialogfeld zur Namensvergabe nicht angezeigt, wenn Sie das Neu-Icon im Ebenen-Bedienfeld anklicken. Wollen Sie trotzdem den Namensvergabe-Dialog über das Neu-Icon sehen, halten Sie während des Anklickens Alt gedrückt.

Nachträglich benennen | Wenn Sie einen Ebenennamen nachträglich verändern wollen, doppelklicken Sie entweder auf den Text des Ebenentitels und ändern den Namen, oder Sie doppelklicken die Ebene insgesamt und geben den neuen Namen in dem sich öffnenden Dialog ein. Alternativ funktioniert dies auch per Rechtsklick auf eine Ebene mit dem Befehl Ebene umbenennen im Kontextmenü.

▲ **Abbildung 25.19**
Direkte Namensänderung im Ebenen-Bedienfeld

25.4.2 Ebenen verknüpfen

Um Ebenen miteinander zu verknüpfen, müssen Sie die Ebene markieren ❷, die Sie verknüpfen wollen, und bei der anderen Ebene, die Sie mit dieser Ebene verknüpfen wollen, auf das Kettensymbol ❶ klicken. Eine Ebene mit einer Verknüpfung erkennen Sie an den gelben Kettensymbolen ❸ und ❹, wenn eine der Ebenen ausgewählt ist. So können Sie natürlich jederzeit weitere Ebenen miteinander verknüpfen.

Mit einer solchen Verknüpfung lassen sich die gleichen Arbeiten (zum Beispiel Transformieren, Drehen, Verschieben) durchführen, die Sie auch mit mehreren gleichzeitig markierten Ebenen ausführen könnten. Die verknüpften Ebenen verhalten sich quasi, als wären sie nur eine Ebene.

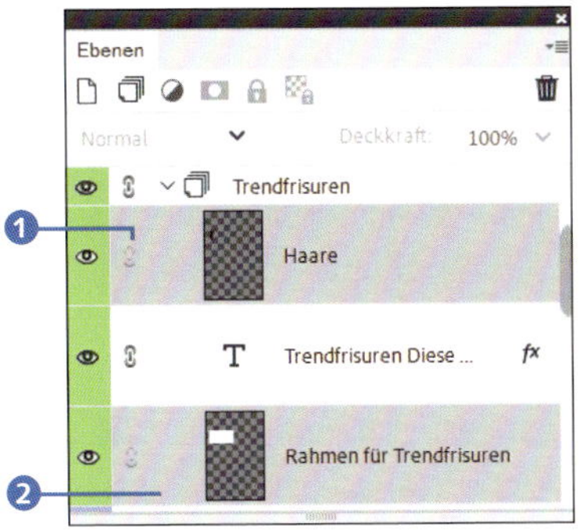

▲ **Abbildung 25.20**
Hier habe ich die Ebene RAHMEN FÜR TRENDFRISUREN markiert ❷. Um sie jetzt mit der Ebene HAARE zu verknüpfen, brauchen Sie nur das Kettensymbol ❶ anzuklicken …

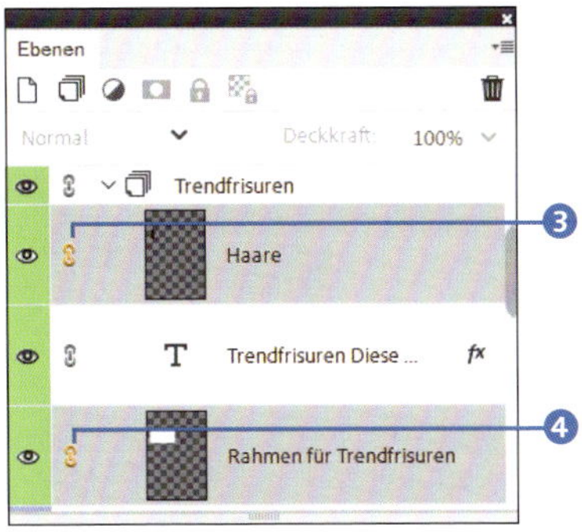

▲ **Abbildung 25.21**
… und die Kettensymbole ❸ und ❹ werden in gelber Farbe angezeigt, wenn eine der verknüpften Ebenen ausgewählt wurde.

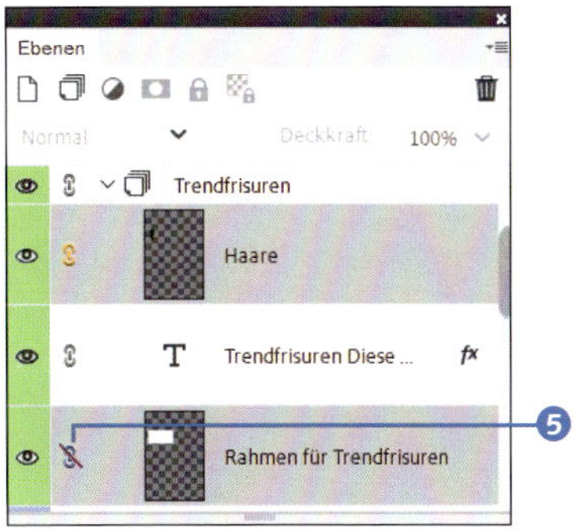

▲ **Abbildung 25.22**
Die Ebene RAHMEN FÜR TRENDFRISUREN wurde vorübergehend gelöst.

Das Loslösen der Verknüpfung erfolgt ähnlich: Hierzu wählen Sie eine der verknüpften Ebenen im Ebenen-Bedienfeld an und klicken wieder auf das (gelbe) Kettensymbol. Wollen Sie den Verbund von Ebenen nur vorübergehend lösen, reicht es auch aus, mit gehaltener [⇧]-Taste auf das Kettensymbol der entsprechenden Ebene im Ebenen-Bedienfeld zu klicken. Das Kettensymbol wird dann durchgestrichen ❺. Rückgängig machen Sie dies durch erneutes Anklicken des Symbols bei gehaltener [⇧]-Taste.

25.4.3 Ebenen anordnen

Besonders wichtig bei der Bearbeitung von Ebenen ist die Reihenfolge im Ebenen-Bedienfeld. Sie entscheidet wesentlich mit, was letztendlich im Gesamtbild angezeigt wird und welche Bildteile von anderen Bildteilen überdeckt werden.

Zum Anordnen der Ebenen nutzen Sie entweder die Maus, das Menü EBENE • ANORDNEN oder die Tastatur:

- **Drag & Drop**: Die wohl einfachste und schnellste Möglichkeit, die Reihenfolge der Ebenen zu verändern, bietet das klassische Drag & Drop. Hierzu fassen Sie einfach eine Ebene mit gedrückt gehaltener linker Maustaste und ziehen sie in die gewünschte

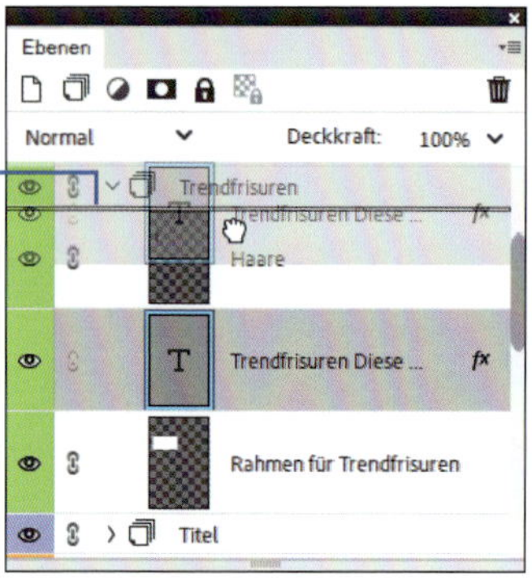

▲ **Abbildung 25.23**
Hier wird beispielsweise die Textebene »Trendfrisuren Diese La…« über die Ebene HAARE gezogen, was Sie an der horizontalen Linie (1) erkennen.

Zeile im Ebenen-Bedienfeld. Dies funktioniert auch mit mehreren markierten Ebenen gleichzeitig.

- **Tastaturbefehle und Menü**: Neben Drag & Drop stehen Ihnen zum Verschieben auch Menü- und Tastaturbefehle zur Verfügung. Um die markierte(n) Ebene(n) im Ebenen-Bedienfeld eine Zeile nach oben oder nach unten zu schieben, verwenden Sie die Befehle EBENE • ANORDNEN • SCHRITTWEISE VORWÄRTS (Strg/cmd+.) und EBENE • ANORDNEN • SCHRITTWEISE RÜCKWÄRTS.
- Mit den Befehlen EBENE • ANORDNEN • NACH VORNE BRINGEN (⇧+Strg/cmd+.) und EBENE • ANORDNEN • NACH HINTEN STELLEN (⇧+Strg/cmd+,) verschieben Sie die Ebene(n) ganz nach oben (als aktive) bzw. ganz nach unten (als unterste) Ebene. Mit EBENE • ANORDNEN • UMKEHREN kehren Sie die Reihenfolge aller aktuell markierten Ebenen um.
- **Anordnen mit dem Verschieben-Werkzeug**: Beim Verschieben-Werkzeug ✛ V finden Sie ebenfalls ein Dropdown-Menü ANORDNEN mit denselben Befehlen wie im Untermenü EBENE • ANORDNEN.

25.4.4 Ebenen gruppieren

Bei einem umfangreichen Projekt mit vielen Ebenen ist es hilfreich, einzelne Ebenen in einer Gruppe zusammenzufassen. Beim Bearbeiten der einzelnen Ebenen können Sie hiermit jeweils die zu bearbeitende Gruppe aufklappen und alle nicht zu bearbeitenden Gruppen zuklappen. Das hilft enorm, die Übersicht zu behalten. Praktischerweise fassen Sie hierfür die einzelnen Ebenen in eine sinnvolle Gruppe zusammen. Um eine neue Gruppe anzulegen, wählen Sie die Ebenen mit gedrückt gehaltener Strg/cmd-Taste im Ebenen-Dialog aus und wählen entweder EBENE • EBENEN GRUPPIEREN oder Strg/cmd+G.

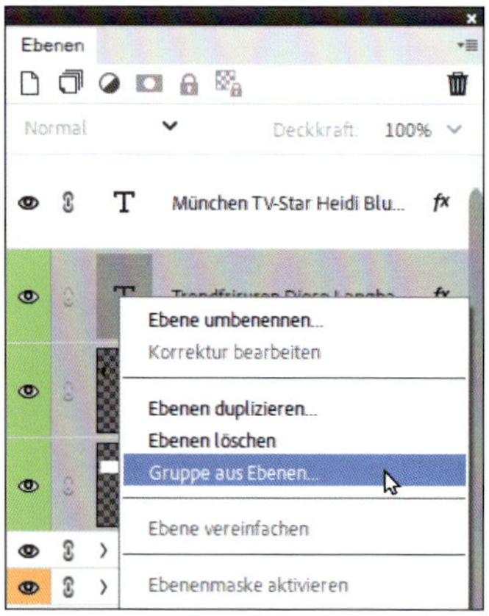

▲ **Abbildung 25.24**
Ebenen zum Gruppieren auswählen, Befehl aufrufen …

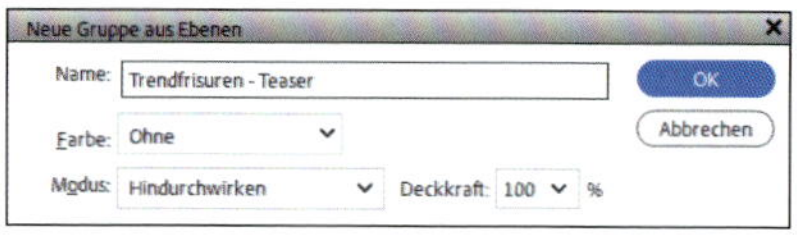

▲ **Abbildung 25.25**
… einen Namen für die Gruppe vergeben …

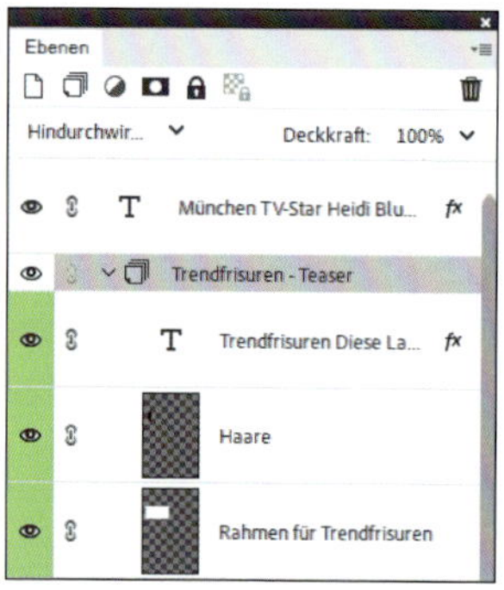

▲ **Abbildung 25.26**
… und schon sind die Ebenen übersichtlich aufgeräumt.

Alternativ können Sie auch über einen rechten Mausklick im Kontextmenü, auf einer Gruppe von ausgewählten Ebenen, den Befehl GRUPPE AUS EBENEN zum Gruppieren anwenden. Es öffnet sich ein Dialog, in dem Sie einen Namen für die Gruppe, eine FARBE und auch bei Bedarf einen MODUS mitsamt DECKKRAFT angeben können. Für die gewöhnliche Gruppierung wählen Sie einfach den Modus HINDURCHWIRKEN.

Gruppierung verwalten | Eine erstellte Gruppe von Ebenen können Sie über das Pfeilsymbol links neben dem Gruppennamen ❶ auf- und zuklappen. Den Gruppennamen können Sie ändern, wenn Sie doppelt darauf ❷ klicken. Mit einem rechten Mausklick auf das Augensymbol ❸ können Sie die Gruppe und alle darin enthaltenen Ebenen mit einer (anderen) Farbe markieren.

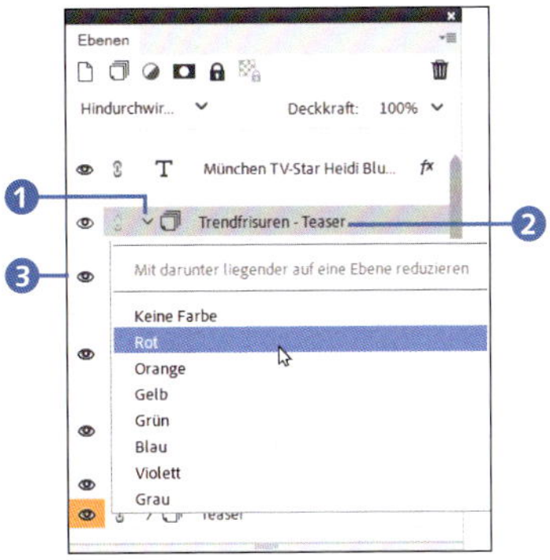

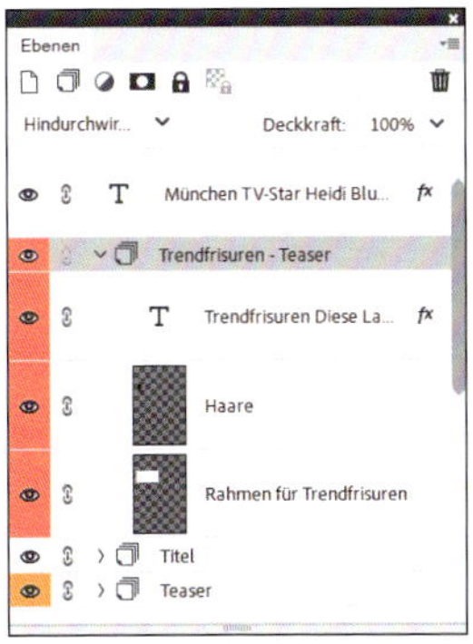

◂◂ Abbildung 25.27
Hier wird mit einem rechten Mausklick auf das Augensymbol ❸ der Gruppe eine Farbe ausgewählt ...

◂ Abbildung 25.28
... wodurch alle in der Gruppe enthaltenen Ebenen ebenfalls mit dieser Farbe markiert werden.

Eine komplette Gruppe mit Ebenen können Sie duplizieren, wenn Sie den Gruppennamen auswählen und EBENE • GRUPPE DUPLIZIEREN anklicken. Auf demselben Weg können Sie auch eine Gruppe mit Ebenen über EBENE • GRUPPE LÖSCHEN entfernen. Allerdings werden damit auch die in der Gruppe enthaltenen Ebenen, mit einer vorherigen Rückfrage, gelöscht. Wollen Sie lediglich die Gruppierung aufheben, können Sie dies über EBENE • EBENENGRUPPIERUNG AUFHEBEN bzw. Shift + Strg + G vornehmen. Fast alle Befehle finden Sie auch über das Kontextmenü, wenn Sie die Gruppe mit Ebenen im Ebenen-Dialog mit der rechten Maustaste anklicken.

Das Umsortieren von Ebenen lässt sich ebenfalls ganz einfach mit gedrückt gehaltener Maustaste einer Ebene im Ebenen-Dialog in oder aus einer Ebenengruppe durch Fallenlassen realisieren.

Gruppen verschachteln
Es sollte auch noch erwähnt werden, dass es durchaus auch möglich ist, Gruppen von Ebenen ebenfalls wieder zu gruppieren und so verschiedene Gruppen zu verschachteln.

Sichtbarkeit der Ebenengruppen | Auch bei einer Gruppe von Ebenen können Sie jederzeit die einzelnen Ebenen mit dem Augensymbol ein- und ausblenden, wie Sie das von nicht gruppierten Ebenen her bereits kennen. Wenn Sie hierbei allerdings auf das Augensymbol ① der Ebenengruppe selbst klicken, werden alle in der Gruppe enthaltenen Ebenen aus- bzw. eingeblendet. Das ist sehr praktisch, weil man so mal schnell eine ganze Gruppe von Ebenen aus- und einblenden kann.

▲ **Abbildung 25.29**
Hier sind noch alle Ebenen eingeblendet.

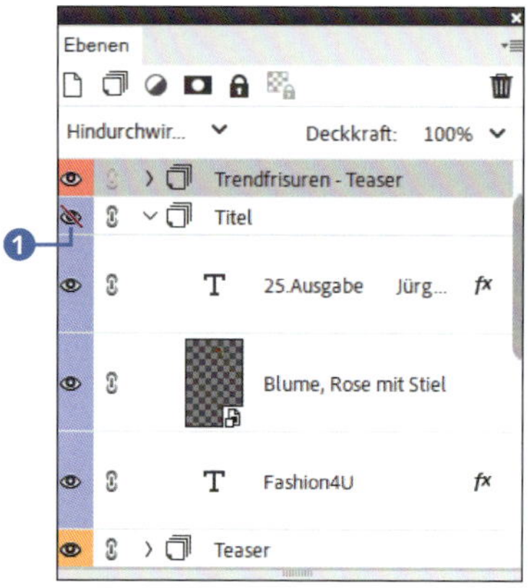

▲ **Abbildung 25.30**
Hier wurde das Augensymbol ① der Ebenengruppe Titel deaktiviert …

▲ **Abbildung 25.31**
… womit gleich alle drei in der Ebenengruppe Titel enthaltenen Ebenen ausgeblendet wurden.

Farbmarkierung für Ebenen | Ebenfalls extrem hilfreich für eine bessere Übersicht bei einem Projekt mit vielen Ebenen ist die Möglichkeit, die einzelnen Ebenen farblich zu markieren. Hierfür müssen Sie nur eine Ebene mit der rechten Maustaste im Ebenen-Dialog anklicken und ihr über das Kontextmenü eine entsprechende Farbe zuweisen. Ist eine Ebene in einer anders farblich markierten Gruppe enthalten, können Sie durchaus auch einzelne Ebenen in einer Gruppe mit einer anderen Farbe markieren.

Die Funktion zur Farbmarkierung einer Ebene finden Sie auch im Dialog zum Anlegen einer neuen Ebene über das Neu-Icon im Ebenen-Bedienfeld mit gehaltener Alt-Taste, Strg/cmd+⇧+N oder Menü Ebene • Neu • Ebene vor wie auch beim Dialog zum Anlegen für eine neue Gruppe von Ebenen.

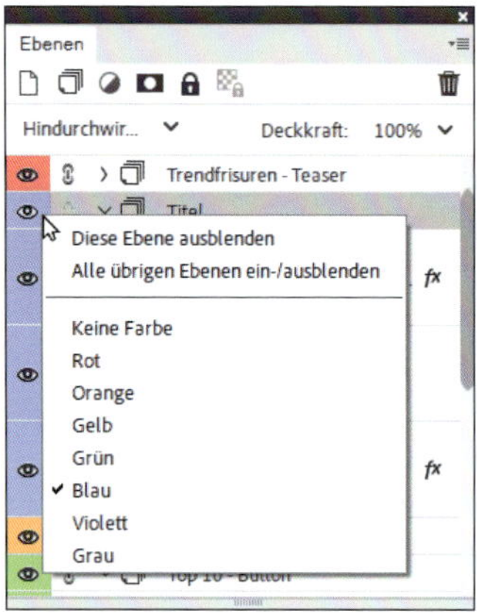

▲ **Abbildung 25.32**
Ebenen lassen sich jederzeit farblich markieren, bzw. die Farbmarkierung kann jederzeit geändert werden.

Hilfsmittel | Richtig eingesetzt, ist die Möglichkeit, die Ebenen zu gruppieren und/oder farblich zu markieren, ein schönes Hilfsmittel, was gerade bei aufwendigen Arbeiten mit sehr vielen Ebenen nützlich ist, weil man hiermit immer schön die Übersicht behält.

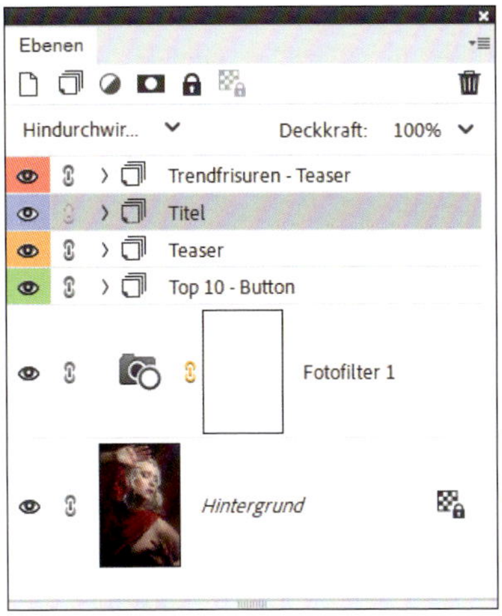

◂ **Abbildung 25.33**
Hier nochmals das Beispiel »Cover-gruppiert.psd« – sauber geordnet in einzelnen Gruppen und mit Farbmarkierungen versehen. Es wirkt sehr übersichtlich und aufgeräumt.

25.4.5 Miniaturansicht ändern

Wollen Sie die Darstellung der Miniaturvorschau im Ebenen-Bedienfeld ändern, wählen Sie im Bedienfeldmenü den Punkt Bedienfeldoptionen. Die dargestellten Icons entsprechen exakt der neuen Miniaturgröße, die Sie mit der Option Ohne auch komplett abschalten können.

Noch schneller können Sie die Miniaturansicht ändern, indem Sie mit der rechten Maustaste in einem freien Bereich des Ebenen-Bedienfeldes klicken ❷. Über das Kontextmenü ändern Sie dann die Größe der Miniaturansicht.

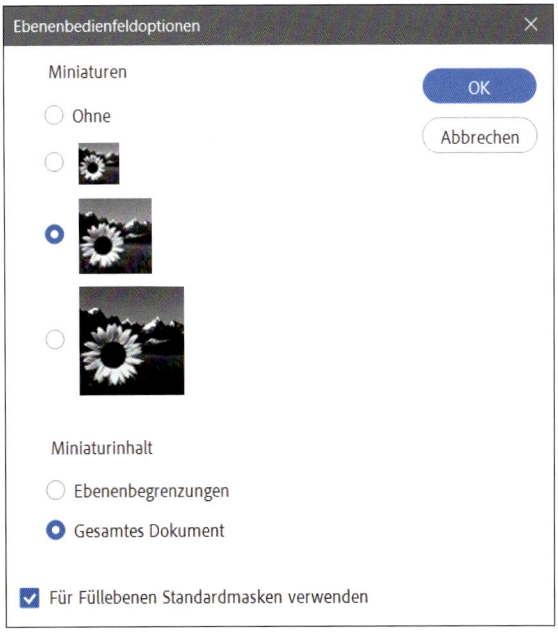

◂ **Abbildung 25.34**
Miniaturgröße über die Ebenenbedienfeldoptionen ändern

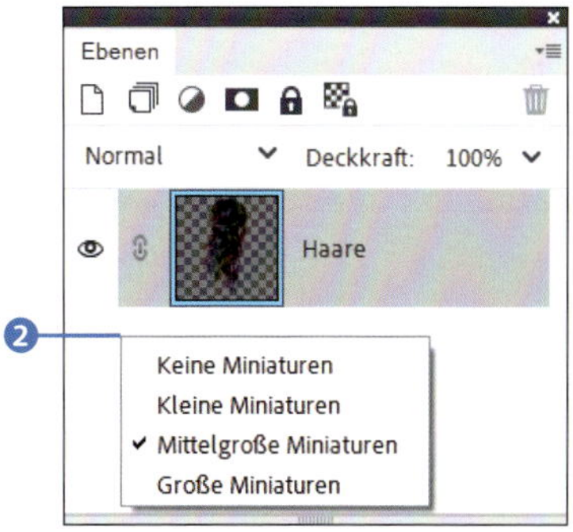

▴ **Abbildung 25.35**
Die Miniaturansicht können Sie auch direkt im Ebenen-Bedienfeld ändern.

25.4.6 Ebenen reduzieren

Je mehr Ebenen ein Bild enthält, desto umfangreicher und unübersichtlicher wird die Datei. In solchen Fällen ist es möglich, Ebenen zusammenzufügen. Genauer spricht man hierbei vom Reduzieren. Um Ebenen zu reduzieren, haben Sie wie immer mehrere Möglichkeiten.

Auf Hintergrundebene reduzieren | Den Befehl AUF HINTERGRUNDEBENE REDUZIEREN erreichen Sie entweder über das Menü EBENE oder über das Kontextmenü, das nach einem rechten Mausklick auf einer Ebene im Ebenen-Bedienfeld angezeigt wird, oder über das Bedienfeldmenü des Ebenen-Bedienfeldes. Mit diesem Kommando fügen Sie alle vorhandenen und sichtbaren Ebenen im Ebenen-Bedienfeld zu einer einzigen (Hintergrund-) Ebene zusammen. Bei nicht sichtbaren Ebenen fragt Photoshop Elements, ob Sie sie zuvor löschen wollen, was Sie mit OK bestätigen müssen, wenn Sie alle Ebenen vereinen wollen.

Tipp: Stempeln

Das Stempeln ist dem Befehl AUF HINTERGRUNDEBENE REDUZIEREN recht ähnlich, wird aber von Photoshop Elements nirgendwo aufgelistet und auch nicht dokumentiert. Aufrufen können Sie diese Operation daher auch nur über den Tastenbefehl ⇧+Alt+Strg/cmd+E.

Mit dieser Funktion werden alle sichtbaren Ebenen im Ebenen-Bedienfeld auf eine Ebene reduziert. Im Gegensatz zum Befehl AUF HINTERGRUNDEBENE REDUZIEREN handelt es sich hierbei aber um eine neue und zusätzliche Ebene im Stapel. Die anderen Ausgangsebenen bleiben davon unberührt.

Auf eine Ebene reduziert kopieren | Den Befehl AUF EINE EBENE REDUZIERT KOPIEREN rufen Sie entweder über das Menü BEARBEITEN oder mit der Tastenkombination Strg/cmd+⇧+C auf. Dabei wird alles, was ausgewählt und sichtbar ist, in die Zwischenablage kopiert. Am schnellsten wählen Sie alles Sichtbare mit Strg/cmd+A aus. Beachten Sie, dass hierbei nicht die einzelnen Ebenen kopiert, sondern alle sichtbaren Ebenen zu einer einzigen (Hintergrund-)Ebene zusammengefügt und dann in die Zwischenablage gelegt werden.

Über BEARBEITEN • EINFÜGEN oder Strg/cmd+V fügen Sie diese eine Ebene in ein beliebiges Bild als weitere Ebene ein oder erstellen über DATEI • NEU • BILD AUS ZWISCHENABLAGE daraus ein neues Dokument. Die Zwischenablage beschränkt sich allerdings nicht allein auf Photoshop Elements. Das in die Zwischenablage kopierte Bild können Sie auch in anderen Programmen wie dem großen Photoshop oder in GIMP (als neues Bild) einfügen.

Sichtbare auf eine Ebene reduzieren | Auch diesen Befehl erreichen Sie entweder über das Menü EBENE, über das Kontextmenü der Ebene oder über das Bedienfeldmenü des Ebenen-Bedienfeldes. Schneller führen Sie den Befehl mit Strg/cmd+⇧+E aus. Mit diesem Befehl werden nur die sichtbaren Ebenen reduziert. Sichtbare Ebenen erkennen Sie am Augensymbol im Ebenen-Bedienfeld.

Um nur bestimmte Ebenen im Ebenen-Bedienfeld auf eine Ebene zu reduzieren, können Sie sie alternativ auch mit gehaltener [Strg]/[cmd]-Taste markieren und den Befehl Auf eine Ebene reduzieren oder [Strg]/[cmd]+[E] ausführen. Befindet sich in Ihrer Auswahl eine Ebene, deren Augensymbol deaktiviert wurde, wird diese verworfen.

Mit darunterliegender auf eine Ebene reduzieren | Der Befehl Mit darunterliegender auf eine Ebene reduzieren ist auf demselben Weg erreichbar wie der Befehl Sichtbare auf eine Ebene reduzieren und steht Ihnen zur Verfügung, wenn Sie eine Ebene im Ebenen-Bedienfeld markiert haben. Damit fügen Sie die aktuell markierte Ebene mit der darunterliegenden Ebene zusammen. Alternativ verwenden Sie auch hier die Tastenkombination [Strg]/[cmd]+[E].

25.4.7 Bilder mit Ebenen speichern

Am Ende der Ebenenkomposition (oder auch zwischendurch) werden Sie die Arbeit sichern wollen. Hierzu haben Sie wieder zwei Möglichkeiten.

Bild mit Ebenen sichern | Wenn Sie die komplette Ebenenkomposition mitsamt den Ebenen sichern wollen (was Sie ganz zu Beginn auch immer tun sollten), sind Sie auf zwei Datenformate beschränkt: zum einen auf das PSD-Format, das auch Photoshop verwendet, und zum anderen auf das TIFF-Format. Der Nachteil ist natürlich, dass solche Dateien sehr groß sein können und somit für die Weitergabe weniger geeignet sind. Dennoch ist es unerlässlich, die Komposition zu sichern, ehe Sie daraus eine einzige Bilddatei mit einer Hintergrundebene erstellen.

Bild ohne Ebenen sichern | Ganz klar: Für die Weitergabe sind 100-Megabyte-Bilder kaum geeignet. Dennoch empfiehlt es sich, eine Ebenenkomposition immer zuerst mitsamt allen Ebenen in einem geeigneten Format zu sichern, um später für Korrekturen oder Verbesserungen wieder Zugriff darauf zu haben.

Verknüpfte auf eine Ebene reduzieren

Wenn die aktive Ebene im Ebenen-Bedienfeld eine verknüpfte Ebene ist, können Sie diese Ebenen über das Menü Ebene, das Kontextmenü der Ebene oder das Bedienfeldmenü mit Verknüpfte auf eine Ebene reduzieren auf eine Ebene reduzieren. Alternativ steht Ihnen auch hierfür die Tastenkombination [Strg]/[cmd]+[E] zur Verfügung.

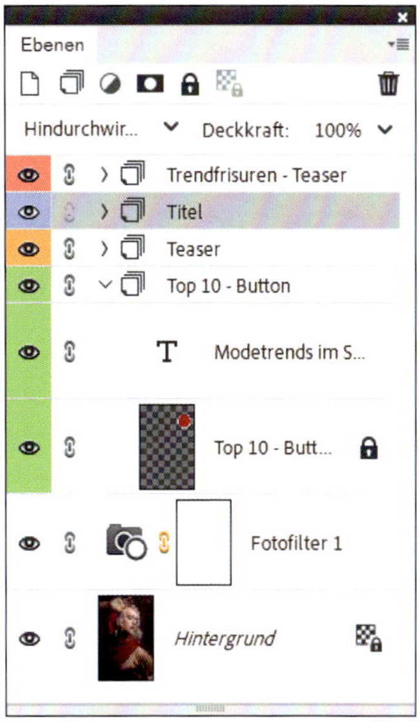

▲ **Abbildung 25.36**
Diese Komposition benötigt im PSD-Format 59 Megabyte und im TIFF-Format 63 Megabyte Speicher bzw. 55 Megabyte als TIFF mit LZW-Komprimierung.

Kapitel 26

Transformieren, Skalieren, Vergrößern und Verkleinern

In diesem Kapitel lernen Sie Werkzeuge kennen, mit denen Sie die Größe von Ebenen (auch der Hintergrundebene) ändern können. Auch die Transformation und das Positionieren von Ebenen wird thematisiert.

26.1 Bildgröße, Auflösung und Arbeitsfläche ändern

Wie Bildgröße und Auflösung zusammenhängen, können Sie in Anhang B in Abschnitt B.1 nachlesen. Wichtig wird dieses Wissen vor allem dann, wenn Sie die Größe eines Bildes verändern wollen – zum Beispiel für einen Ausdruck oder wenn Sie bestimmte Vorgaben von einem Fotodienstleister bekommen. Der entsprechende Dialog wirkt sich immer auf das ganze Bild mitsamt den eventuell vorhandenen Ebenen aus. Wollen Sie nur eine der Ebenen vergrößern oder verkleinern, dann bietet sich dafür das Skalieren mit dem Verschieben-Werkzeug an.

26.1.1 Der Bildgröße-Dialog

Wollen Sie das gesamte Bild mitsamt den eventuell vorhandenen Ebenen vergrößern oder verkleinern, finden Sie das passende Werkzeug im Menü Bild • Skalieren unter Bildgrösse (alternativ mit der Tastenkombination [Strg]/[cmd]+[Alt]+[I]).

Bildgröße und Auflösung sind mit dem Dialog Bildgrösse zwar schnell geändert, wenn Sie aber nicht genau wissen, was Sie hier tun, wirkt sich diese Änderung schnell negativ auf die Bildqualität aus.

Bild neu berechnen
Wenn die Pixelmaße verändert werden, wirkt sich die Neuberechnung nicht nur auf die Anzeigegröße aus, sondern auch auf die Druckausgabe und Bildqualität. Wird die Anzahl der Pixel im Bild reduziert (*Downscaling*), werden zugleich Informationen aus dem Bild entfernt. Analog werden beim Vergrößern eines Bildes (*Upscaling*) neue Pixel hinzugefügt. Diese neuen Pixel werden aus den Farbwerten der benachbarten Pixel errechnet. Hierbei verliert das Bild an Schärfe.

Pixelmaße ändern | Wenn Sie ein Bild weitergeben oder für eine Ebenen-Komposition anpassen möchten, kann es sein, dass Sie dafür die Pixelmaße des Bildes ändern müssen. In der Praxis werden Sie die Pixelmaße des Bildes vermutlich meistens reduzieren, obgleich es auch möglich ist, sie zu vergrößern. Solche Neuberechnungen (*Resampling*) wirken sich allerdings immer auf die Bildqualität aus. Es versteht sich von selbst, dass Sie in solchen Fällen nicht das Originalbild verwenden oder überschreiben sollten.

Um ein Bild neu zu berechnen oder, genauer, seine PIXELMASSE ❶ zu ändern, aktivieren Sie die Checkbox BILD NEU BERECHNEN MIT ❺ und wählen gegebenenfalls eine entsprechende Interpolationsmethode ❻ aus.

Über die Zahlenfelder von BREITE und HÖHE bei PIXELMASSE können Sie die Pixelgröße ändern. Als Maßeinheit verwenden Sie hierbei PIXEL oder PROZENT. Das Kettensymbol ❼ dahinter bedeutet, dass Sie die Proportionen (Seitenverhältnis) des Bildes nicht verändern können. Sollten Sie Breite und Höhe unabhängig voneinander ändern wollen, etwa um das Bild zu strecken, müssen Sie die Checkbox PROPORTIONEN BEIBEHALTEN ❹ deaktivieren. Mit einer solchen Streckung lassen Sie zum Beispiel Landschaftsaufnahmen weiter oder Personen schlanker wirken.

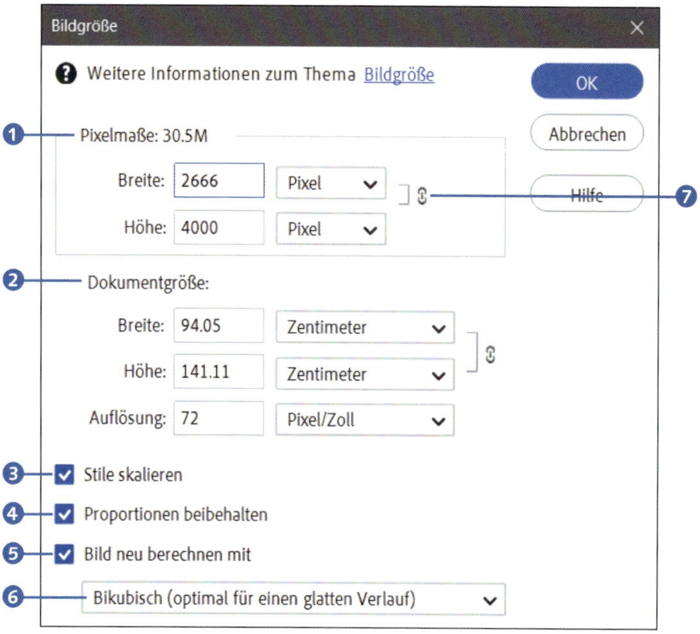

Abbildung 26.1 ▸
Der Dialog BILDGRÖSSE

Für das Interpolationsverfahren ❻ zum Neuberechnen eines Bildes stehen Ihnen folgende Möglichkeiten zur Verfügung:

- PIXELWIEDERHOLUNG (HARTE KANTEN BEIBEHALTEN): Dieses Verfahren verzichtet auf jede Art der Kantenglättung. Es ist daher weniger präzise und eignet sich eher für Illustrationen mit ungeglätteten Kanten. Außerdem können beim Verzerren oder Skalieren Zacken entstehen, weshalb die Methode für Fotos ungeeignet ist.
- BILINEAR: Dieses Verfahren erzeugt Bilder mittlerer Qualität, findet aber kaum noch Verwendung.
- BIKUBISCH (GLATTER/SCHÄRFER): Das Verfahren BIKUBISCH ist der aktuelle Standard und bietet die beste Möglichkeit für die Neuberechnung. Noch bessere Qualitäten erzielen Sie mit den Verfahren BIKUBISCH GLATTER (OPTIMAL BEI VERGRÖSSERUNG) beim Vergrößern (*Upscaling*) von Bildern und mit BIKUBISCH SCHÄRFER (OPTIMAL BEI VERKLEINERUNGEN) bei Verkleinerungen (*Downscaling*). Sollte das Bild beim Verkleinern mit BIKUBISCH SCHÄRFER überscharf geraten, probieren Sie die Option BIKUBISCH (OPTIMAL FÜR EINEN GLATTEN VERLAUF) aus.

26.1.2 Dokumentgröße für den Druck ändern

Wenn es um das Drucken geht, ist nicht die Pixelgröße im Bild entscheidend, sondern die Bildgröße und die Auflösung in Zentimetern. Sofern Sie die Auflösung des Bildes ändern wollen, müssen Sie die Werte BREITE, HÖHE und AUFLÖSUNG unter DOKUMENTGRÖSSE ❷ anpassen. Es ist wichtig zu wissen, dass die Auflösung nichts mit der Darstellung auf dem Monitor zu tun und somit keinen Einfluss auf das Bild hat. Wenn Sie die Darstellungsgröße auf dem Monitor ändern, erfolgt also keine Neuberechnung. Sie können die Proportionen des Bildes auch ungleichmäßig verzerren, indem Sie die Option PROPORTIONEN BEIBEHALTEN ❹ deaktivieren. Als Maßeinheiten für die BREITE und HÖHE werden hierzulande gewöhnlich Zentimeter (CM) und für die AUFLÖSUNG PIXEL/ZOLL (dasselbe wie Pixel/Inch) verwendet. Welche Werte Sie verwenden, hängt davon ab, in welcher Größe und Auflösung Sie das Bild drucken wollen. Wenn Sie es an einen Druckdienstleister senden, gibt dieser häufig schon passende Werte vor.

Mit der Option STILE SKALIEREN ❸ sorgen Sie bei Bildern mit mehreren Ebenen, in denen Sie zum Beispiel Ebenenstile wie Schlagschatten verwenden, dafür, dass auch diese Effekte mitwachsen oder -schrumpfen.

Deaktivieren Sie ggf. BILD NEU BERECHNEN MIT ❺, um eine Änderung der Pixelmaße und eine Neuberechnung des Bildes zu vermeiden. Lassen Sie die Option hingegen gesetzt, werden beim Ändern der Dokumentgröße und Auflösung auch die Pixelmaße neu berechnet.

26.2 Bildfläche erweitern

Einsatzzweck
Auf diese Weise lässt sich beispielsweise auf einfache Art ein Rahmen um ein Bild ergänzen, oder Sie schaffen Platz für neue Bildelemente in Montagen.

Wollen Sie die Bildfläche an einer Seite oder an allen vier Seiten des Bildes vergrößern, finden Sie im Menü unter Bild • Skalieren • Arbeitsfläche (alternativ mit der Tastenkombination Strg/cmd+Alt+C) einen entsprechenden Dialog. Die so vergrößerte Arbeitsfläche wird dann mit der aktuell ausgewählten Hintergrundfarbe erweitert. Wenn das Bild mehrere Ebenen hat, wird nur die Hintergrundebene mit der ausgewählten Hintergrundfarbe erweitert. Bei allen anderen Ebenen sind diese Bereiche transparent.

Hintergrund erweitern
Oftmals will man nur ein Bild auf ein bestimmtes Seitenverhältnis für die sozialen Medien erweitern. Hierfür bietet der Assistent mit Hintergrund erweitern eine sich selbst erklärende Funktion in der Kategorie Spezielle Bearbeitungen an. Diese Funktion kann den Hintergrund des Fotos sowohl einfarbig als auch automatisch mit umliegenden Bildbereichen füllen.

Die Optionen des Dialogs | Innerhalb des oberen Bereichs ❶ finden Sie die Angaben zur aktuellen Größe des Bildes. Darunter im Bereich Neue Grösse ❷ können Sie in den Zahlenfeldern Breite und Höhe die Bildfläche vergrößern. Wenn Sie die Checkbox Relativ ❸ aktivieren, wird das Bild um die in Breite und Höhe angegebenen Werte vergrößert. Ist die Checkbox deaktiviert, wird das Bild auf die von Ihnen angegebenen Maße vergrößert. Sind diese Werte geringer als die aktuelle Größe des Bildes, wird das Bild – nach Anzeige einer Warnung – beschnitten. Dies ist zum Beispiel sinnvoll, wenn Sie ein Bild anhand einer bestimmten Position pixelgenau beschneiden möchten. An welcher Position das Bild erweitert oder beschnitten werden soll, legen Sie unter Position ❹ fest. Die Farbe der neuen Bildfläche bestimmen Sie im Dropdown-Menü Farbe für erw. Arbeitsfläche ❺. Allerdings können Sie nur eine Farbe festlegen, wenn das Bild eine Hintergrundebene besitzt. Gibt es bei dem Bild keine Hintergrundebene, wird die Arbeitsfläche mit Transparenz erweitert.

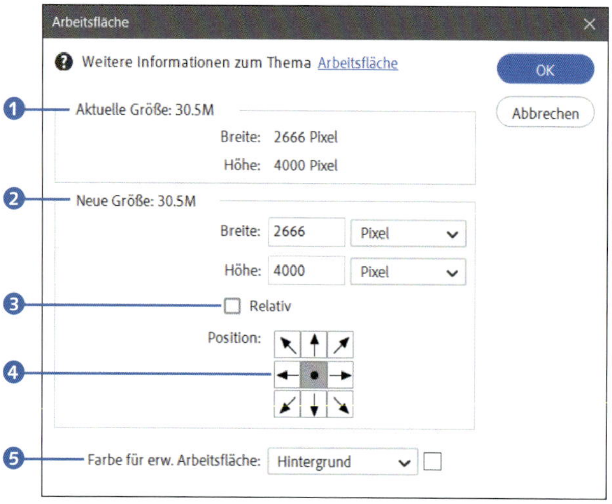

Abbildung 26.2 ▸
Der Dialog zur Erweiterung der Arbeitsfläche

▲ **Abbildung 26.3**
Dieses Bild habe ich im Hochformat mithilfe des Arbeitsfläche-Dialogs auf ein quadratisches Format erweitert. Die erweiterte Fläche wurde mit der eingestellten Hintergrundfarbe gefüllt.

▲ **Abbildung 26.4**
Wenn das Bild keine Hintergrundebene besitzt, ist die Dropdown-Liste zur Auswahl der Erweiterungsfarbe ausgegraut. In diesem Fall wird die Arbeitsfläche um den angegebenen Bereich für Breite und Höhe mit Transparenz erweitert. Im Beispiel habe ich die Hintergrundebene vorher in eine gewöhnliche Ebene umgewandelt.

26.3 Ebenen transformieren

Selten passen neue Ebenen, die Sie einfügen oder erstellen, auf Anhieb mit den anderen Ebenen zusammen. Häufig kommen Sie nicht darum herum, Größe, Position und Perspektive anzupassen. Dies ist mit Photoshop Elements glücklicherweise ohne größeren Aufwand möglich.

Transformationen sind in Photoshop Elements auf ganzen Ebenen, mehreren Ebenen, Ebenenmasken oder ausgewählten Bereichen möglich. Am gebräuchlichsten sind Transformationen einzelner, freigestellter Bildelemente.

Voraussetzung, um eine Pixelebene zu transformieren, sind folgende:

- Die Ebene, die Sie transformieren wollen, muss aktiviert sein.
- Hintergrundebenen können nicht transformiert werden und sind gesperrt. Wollen Sie sie transformieren, müssen Sie eine normale Ebene daraus machen, zum Beispiel mit Ebene • Neu • Ebene aus Hintergrund oder per Doppelklick auf die Hintergrundebene im Ebenen-Dialog.

Auswahlinhalte transformieren
Natürlich ist es auch möglich, Bildpartien vor der Transformation auszuwählen und dann mit den entsprechenden Transformationsbefehlen zu bearbeiten. Beachten Sie dabei allerdings, dass Sie hiermit den Auswahlinhalt (!) und nicht die Auswahllinie transformieren. Verwechseln Sie daher die Befehle unter Bearbeiten • Transformieren nicht mit Auswahl • Auswahl transformieren.

- Wenn Sie mehrere Ebenen zusammen transformieren wollen, müssen Sie sie gemeinsam im Ebenen-Dialog aktivieren oder mit der Kette verknüpfen.

Sind die Voraussetzungen erfüllt, haben Sie folgende Möglichkeiten, eine Ebene zu transformieren:

- Mit dem Tastenkürzel [Strg]/[cmd]+[T] oder dem Befehl BILD • TRANSFORMIEREN • FREI TRANSFORMIEREN rufen Sie das Transformieren auf. Es erscheinen ein Rahmen mit Griffen an den Ecken und Seiten und die Transformationsleiste in den Werkzeugoptionen. Mit dem Befehl FREI TRANSFORMIEREN wechseln Sie ganz bequem zwischen den verschiedenen Transformationsarten.
- Alternativ können Sie auch mit aktivem Verschieben-Werkzeug [V] + über den eingeblendeten Rahmen mit Griffen transformieren. Sobald Sie eine Transformation durchführen, erscheint auch hier die Transformationsleiste in den Werkzeugoptionen.
- Darüber hinaus können Sie natürlich auch die Menübefehle unter BILD • TRANSFORMIEREN nutzen.

Abbildung 26.5 ▼
Die Transformationsleiste in den Werkzeugoptionen, wo Sie Zugriff auf die gebräuchlichen Transformationsarten Drehen, Skalieren, Neigen und Verkrümmen haben, zwischen denen Sie durch Anklicken wechseln.

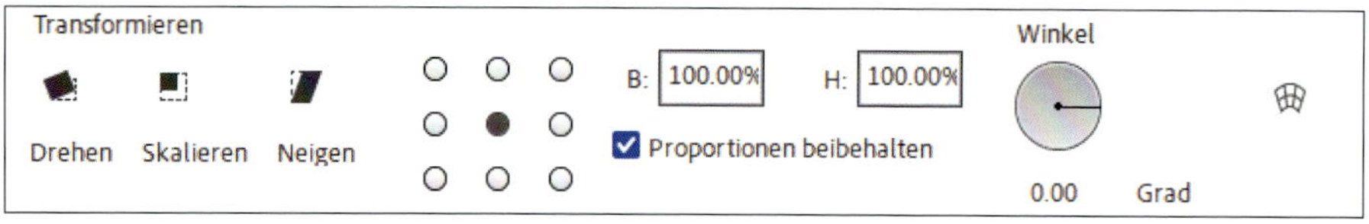

▲ **Abbildung 26.6**
Transformationen bestätigen oder abbrechen

Egal, welche der gleich folgenden Transformationsarten Sie durchführen, alle Eingaben müssen Sie der Schaltfläche FERTIG oder der [↵]-Taste bestätigen oder mit der ABBRECHEN-Schaltfläche bzw. mit [Esc] abbrechen.

26.3.1 Ebenen skalieren

Um die Breite und Höhe der Ebene zu verändern, ziehen Sie an den kleinen Quadraten in den Ecken ❷ des Transformationsrahmens. Standardmäßig werden hierbei die Proportionen von Höhe und Breite eingehalten. Dies können Sie allerdings deaktivieren, indem Sie in den Werkzeugoptionen das Häkchen vor PROPORTIONEN BEIBEHALTEN ❹ entfernen oder während der Skalierung die [⇧]-Taste gedrückt halten. Alternativ skalieren Sie Breite und Höhe in den Werkzeugoptionen in den Zahlenfeldern B und H ❸ durch die Eingabe der Zahlenwerte. Wollen Sie hingegen nur die Proportionen der Ebene skalieren, ziehen Sie einfach an den mittigen Quadraten ❶ des Transformationsrahmens. Neben der Möglichkeit über FREI TRANSFORMIEREN oder das Verschieben-Werkzeug führt auch der Befehl BILD • SKALIEREN • SKALIEREN zu demselben Ziel.

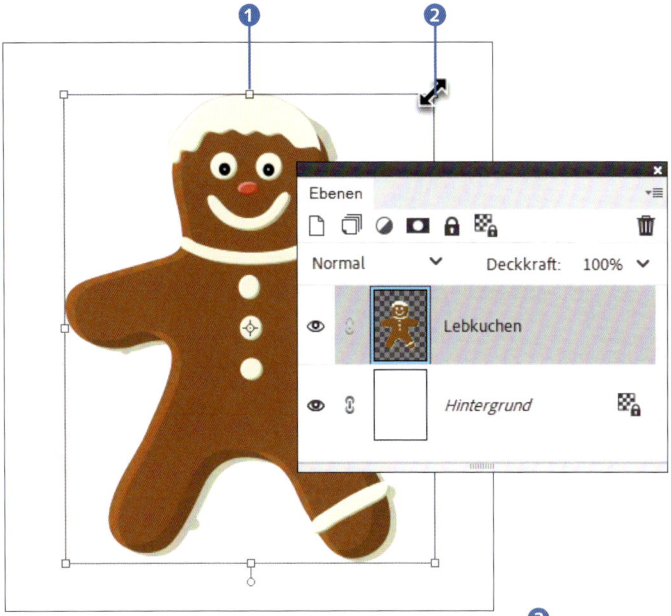

Kapitel_26: Lebkuchen.psd

◂ **Abbildung 26.7**
Der typische Transformationsrahmen beim Transformieren und der Ebenen-Dialog mit dem Ebenenaufbau des Demobildes. Hier skaliere ich den Lebkuchen.

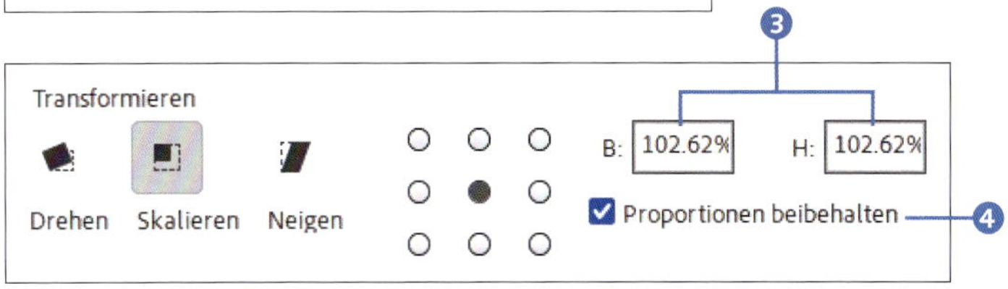

▴ **Abbildung 26.8**
Deaktivieren Sie die Option PROPORTIONAL BEIBEHALTEN, um die Seitenproportionen des skalierten Objekts unabhängig voneinander zu ändern.

26.3.2 Ebenen drehen

Wollen Sie mit dem Befehl FREI TRANSFORMIEREN das Bild drehen, müssen Sie sich etwas außerhalb des Transformationsrahmens nähern, bis aus dem Mauszeiger ein gebogener Pfeil mit zwei Spitzen ❹ (Abbildung 26.9) wird. Alternativ steht Ihnen unterhalb des unteren Quadrats des Transformationsrahmens ein Kreissymbol ❸ zur Verfügung. Wenn Sie mit dem Mauszeiger darüberfahren, wird der Zeiger zu einem Symbol mit kreisförmig angeordneten Pfeilen. Auch hier können Sie mit gedrückter linker Maustaste die Ebene(n) drehen, oder Sie geben den Winkel in den Werkzeugoptionen im entsprechenden Zahlenfeld ❷ ein.

Auch den Drehmittelpunkt können Sie in den Werkzeugoptionen durch Anklicken festlegen. Der kleine Kreis, der hier nicht weiß gefüllt ist ❶, ist der Referenzpunkt. Standardmäßig ist dies immer die Mitte des Bildes. Dieselbe Funktion erreichen Sie auch über den Befehl BILD • DREHEN • EBENE FREI DREHEN.

Abbildung 26.9 ▸
Eine Ebene lässt sich mithilfe des Anfassers einfach drehen. Über die Transformationsleiste in den Werkzeugoptionen können Sie zudem eine gradgenaue Drehung einstellen.

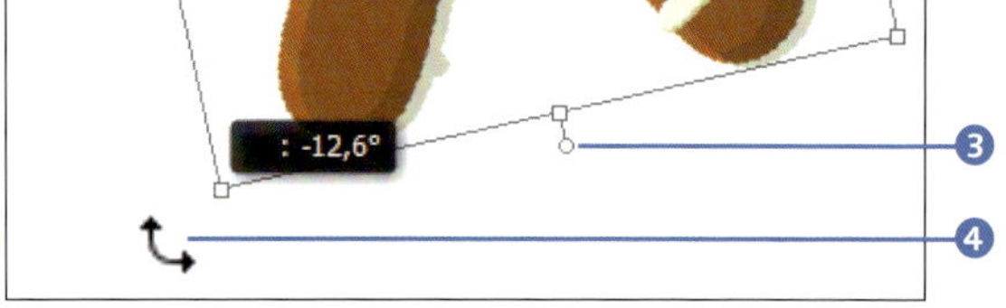

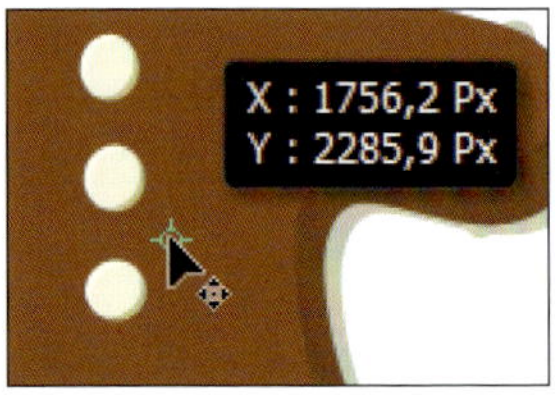

▲ **Abbildung 26.10**
Den Drehmittelpunkt mit der Maus verschieben

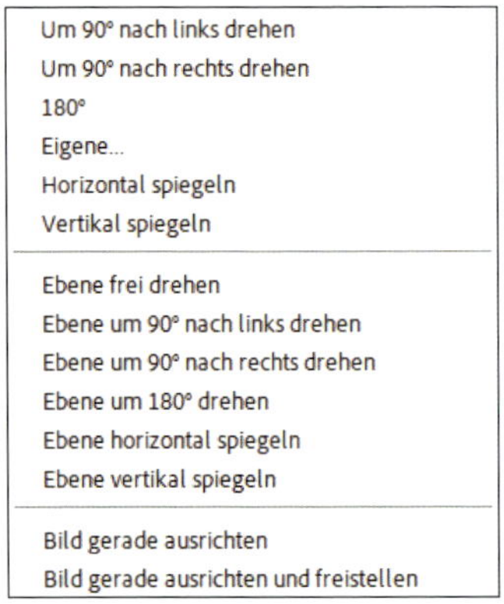

▲ **Abbildung 26.11**
Funktionen zum Drehen im Menü Bild • Drehen

Drehmittelpunkt verändern | Entscheidend für die Drehwirkung ist die Position des Drehmittelpunktes der Achse, die standardmäßig immer in der Mitte ist. Über die Transformationsleiste in den Werkzeugoptionen können Sie die Lage des Referenzpunktes über die sieben Punkte ❶ festlegen. Alternativ verschieben Sie den Referenzpunkt bei gehaltener [Alt]-Taste per Drag & Drop.

Weitere Funktionen zum Drehen einer Ebene | Im Menü Bild • Drehen finden Sie weitere Funktionen zum Drehen um 90° nach links und rechts, um 180° und horizontal oder vertikal spiegeln vor. Alle Versionen, die mit Ebene anfangen, beziehen sich auf die aktuell ausgewählte(n) Ebene(n). Die anderen Versionen werden auf alle Ebenen angewendet. Wenn Sie eines der Transformieren-Werkzeuge aktiviert haben, finden Sie die Funktionen zum Drehen und Spiegeln auch als Schaltfläche in der kontextbezogenen Schaltfläche (siehe Abbildung 26.6).

26.3.3 Ebene neigen

Um eine Ebene zu neigen, halten Sie entweder für den Befehl Frei transformieren die Tasten [Strg]/[cmd]+[⇧] gedrückt und ziehen mit der Maus an den Seitengriffen des Transformationsrahmens, oder Sie aktivieren das Neigen-Icon ❺ in den Werkzeugoptionen. Dasselbe erreichen Sie auch über Bild • Transformation • Neigen.

◂ **Abbildung 26.12**
Eine Ebene neigen

26.3.4 Ebenen verzerren

Insgesamt gibt es drei verschiedene Möglichkeiten, eine Ebene zu verzerren. Für alle drei Möglichkeiten benötigen Sie einen Transformationsrahmen, den Sie entweder über den Befehl FREI TRANSFORMIEREN (Strg/cmd+T) oder durch Aktivieren des Verschieben-Werkzeugs + V erzeugen.

Kapitel_26: Verzerrung.jpg

▴ **Abbildung 26.13**
Das Ausgangsbild

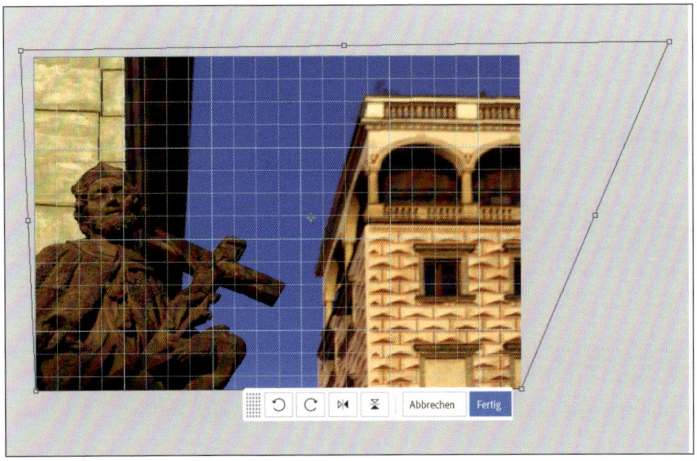

◂ **Abbildung 26.14**
Hier passe ich mithilfe von VERZERREN die nach innen gekippte Perspektive der Gebäude an.

Frei verzerren | Zum freien Verzerren halten Sie einfach die Strg/cmd-Taste gedrückt und ziehen dann mit der Maus einen beliebigen Griff des Transformationsrahmens in die gewünschte

Richtung. Alternativ erreichen Sie das freie Verzerren über BILD • TRANSFORMIEREN • VERZERREN.

Relatives Verzerren zum Mittelpunkt | Auch die Funktion zum Verzerren relativ zum Mittelpunkt ist in Photoshop Elements nirgendwo explizit aufgelistet. Verwenden können Sie diese Funktion nur durch Halten der Tastenkombination [Strg]/[cmd]+[Alt]. Mit den Griffen drehen Sie dann das Bildobjekt um den eingestellten Mittelpunkt. Die Bildobjekte werden wie bei einer dreidimensionalen Drehung um den Mittelpunkt gedreht. Mithilfe der Werkzeugoptionen, die Sie mit FREI TRANSFORMIEREN oder [Strg]/[cmd]+[T] aufrufen, können Sie den Drehmittelpunkt ändern, der standardmäßig in der Mitte liegt.

Abbildung 26.15 ▸
Ebene frei verzerren

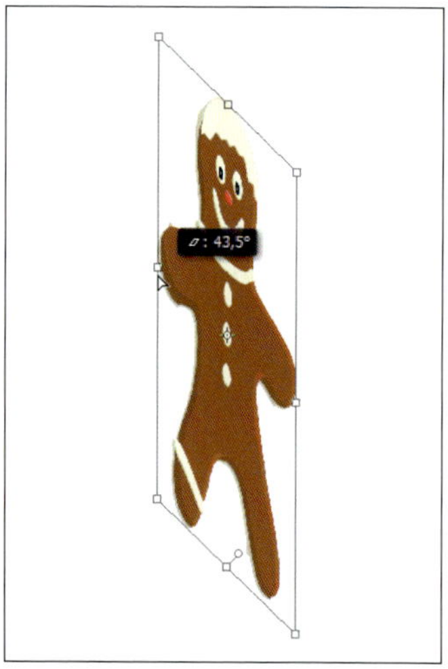

Abbildung 26.16 ▸▸
Relativ zum Mittelpunkt verzerren

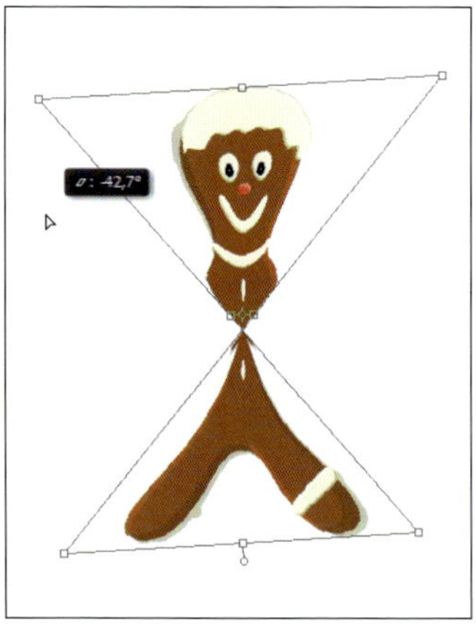

▲ Abbildung 26.17
Auch solche Spielereien sind mit dem perspektivischen Verzerren möglich.

Perspektivisches Verzerren | Die perspektivische Verzerrung wird gerne für verzerrte Architekturfotos verwendet. Sie rufen diese Art der Verzerrung über die Tastenkombination [Strg]/[cmd]+[Alt]+[⇧] auf oder alternativ über das Menü BILD • TRANSFORMIEREN • PERSPEKTIVISCH VERZERREN. Jetzt können Sie das Bild über die Griffe am Transformationsrahmen verzerren.

26.3.5 Ebene verkrümmen

Über den Befehl FREI TRANSFORMIEREN ([Strg]/[cmd]+[T]) wechseln Sie mit einem Klick auf das entsprechende Symbol in der Werkzeugleiste zur Funktion VERKRÜMMEN. Dasselbe erreichen Sie über BILD • TRANSFORMIEREN • VERKRÜMMEN.

Mit dem Gitternetz, den Linien, Ecken, Griffen und Kreuzpunkten können Sie bei gedrückter Maustaste die Ebenenobjekte nach Belieben verkrümmen und verformen.

Alternativ können Sie auch zunächst aus den vordefinierten Formen in den Optionen der Dropdown-Liste VERKRÜMMEN 1 wählen und dann die Werte von BIEGUNG, HORIZONTAL und VERTIKAL anpassen. Über das Symbol wechseln Sie wieder zu FREI TRANSFORMIEREN und von dort wieder zurück zum VERKRÜMMEN, ohne dass die gemachten Verformungen verloren gehen. Dies können Sie so oft wiederholen, bis Sie zufrieden sind und die Transformation bestätigen.

▲ **Abbildung 26.18**
Verkrümmen von Ebenenobjekten – ziehen Sie einfach an den Griffen, oder verschieben Sie die Gitterlinien.

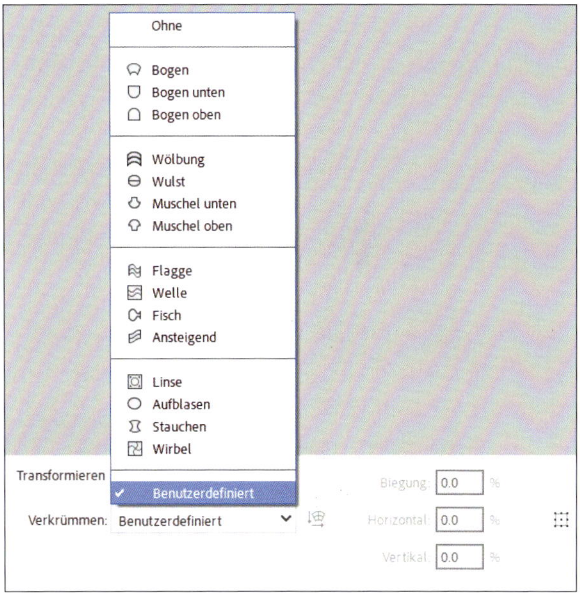

▲ **Abbildung 26.19**
Die Optionen der VERKRÜMMEN-Funktion

Schritt für Schritt
Ebenenobjekt per Transformation einmontieren

Im folgenden Beispiel soll das Bild »Tokio-Abstrakt.jpg« als Reflexion in die Sonnenbrille des jungen Herrn im Bild »Pink.jpg« einmontiert werden – ein perfektes Beispiel für verschiedene Transformationen. Laden Sie die beiden Bilder zunächst in den Editor.

Kapitel_26:
Pink.jpg,
Tokio-Abstrakt.jpg

1 Ebene einfügen und duplizieren

Ziehen Sie die Hintergrundebene des Bildes »Tokio-Abstrakt.jpg« aus dem Ebenen-Dialog per Drag & Drop, und lassen Sie sie auf dem Bild »Pink.jpg« fallen. Jetzt sollte das Bild als zweite Ebene im Bild »Pink.jpg« vorliegen. Dasselbe erreichen Sie mit Copy &

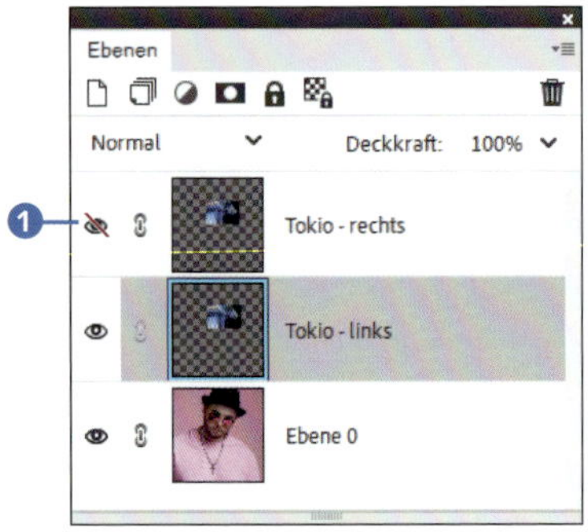

▲ **Abbildung 26.20**
Zwei Ebenen mit demselben eingefügten Bild von »Tokio-Abstrakt.jpg« auf dem Bild »Pink.jpg« für die Reflexionen in der Sonnenbrille

Paste, indem Sie das Bild »Tokio-Abstrakt.jpg« mit Strg/cmd+A auswählen, mit Strg/cmd+C in die Zwischenablage kopieren und dann mit Strg/cmd+V in das Bild »Pink.jpg« einfügen. Duplizieren Sie die neu eingefügte Ebene im Bild »Pink.jpg«, indem Sie sie im Ebenen-Dialog auswählen und Strg/cmd+J drücken. Machen Sie diese Ebene dann über das Augensymbol 1 unsichtbar.

2 Ebene drehen

Aktivieren Sie die Ebene, die Sie auf das linke Brillenglas legen wollen. Reduzieren Sie die Deckkraft der Ebene im Ebenen-Dialog vorübergehend etwas, damit Sie beim Einmontieren besser sehen können, was sich darunter befindet. Wählen Sie das Verschieben-Werkzeug + V, und schieben Sie die Ebene über die Brille. Sie können sich am Mittelpunkt des Transformationsrahmens orientieren. Gehen Sie dann auf die Ecke und etwas darüber hinaus, bis das Symbol zu einem um die Ecke gebogenen Pfeil wird. Jetzt können Sie die Ebene drehen. Drehen Sie ungefähr, bis der obere Rahmen der Brille in etwa auf derselben Geraden liegt wie die obere Kante der Ebene.

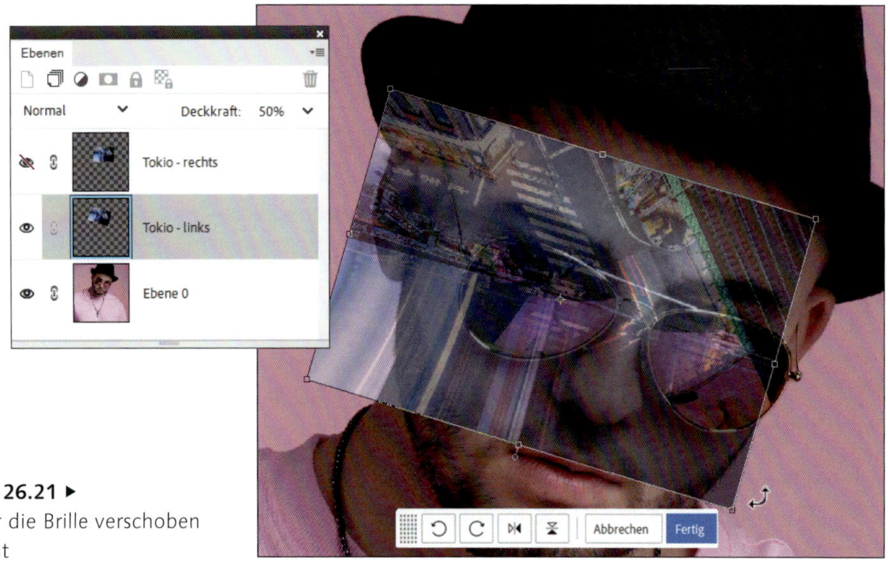

Abbildung 26.21 ►
Ebene über die Brille verschoben und gedreht

3 Ebene skalieren

Gehen Sie nun mit dem Verschieben-Werkzeug + V auf die Ecke des Transformationsrahmens, und verkleinern Sie die Ebene. Sie können auch unproportional an den Seiten die Ebene skalieren, bis an allen vier Seiten ein Teil des goldenen Rahmens der Sonnenbrille zu sehen ist. Hierbei können Sie jederzeit zwischen den Transformationen DREHEN und SKALIEREN wechseln. Bestätigen Sie die Transformation noch nicht, weil es sonst schwierig wird, die Ebene an den Ecken zu verkrümmen.

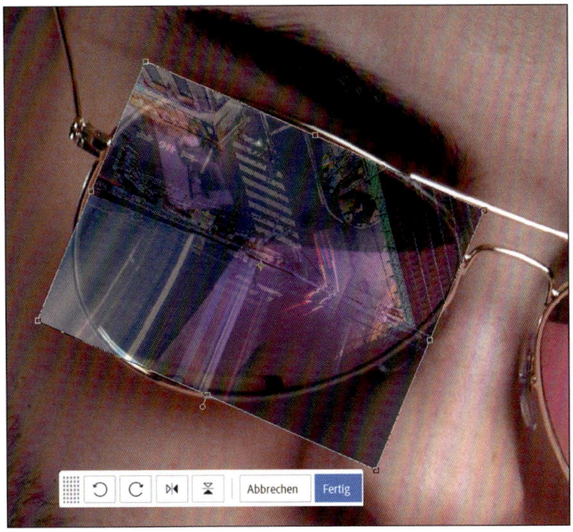

◂ **Abbildung 26.22**
Ebene durch Skalieren und weiteres Drehen über die linke Seite der Sonnenbrille gelegt

4 Bild verkrümmen

Wechseln Sie direkt bei FREI TRANSFORMIEREN über das Symbol zum VERKRÜMMEN. Dort ziehen Sie nun zunächst die Ecken nach innen, damit das Bild für die Reflexionen auch runde Ecken bekommt. Über die beiden Griffpunkte, die jetzt an jeder Ecke erscheinen, können Sie diese Rundungen verfeinern. In diesem Beispiel sind diese Punkte entscheidend für das Gelingen der Montage. Des Weiteren stehen Ihnen alle anderen Linien und Kreuzungspunkte im Gitternetz zur Verfügung, um die Ebene passend zum Brillenglas zu verformen.

Feinarbeiten

Wenn Sie beim Verkrümmen etwas mehr noch den goldenen Brillenrahmen überdeckt lassen, können Sie hier am Ende mit dem Radiergummi sauber nacharbeiten und diese Bereiche entfernen. Noch besser dafür geeignet ist natürlich eine Ebenenmaske, weil Sie diese Bereiche so jederzeit wiederherstellen können. Die Ebenenmasken werde ich in Kapitel 28, »Ebenenmaske«, des Buches beschreiben.

◂ **Abbildung 26.23**
Die Montage mit VERKRÜMMEN kann sich sehen lassen.

5 Schritt 2 wiederholen

Wiederholen Sie den Vorgang ab Schritt 2 nun auf dem zweiten Brillenglas mit der duplizierten Ebene, die Sie vorher wieder sichtbar machen. Auch die DECKKRAFT der transformierten Ebenen können Sie nach Belieben anpassen.

▲ **Abbildung 26.24**
Links das Bild im Original und rechts mit dem Einmontieren einer Reflexion mithilfe verschiedener Transformationen. Zusätzlich habe ich auf dem T-Shirt einen Text angebracht und diesen mit VERKRÜMMEN verformt.

Kapitel_26: Rahim.psd, Odeon.jpg

26.4 Bild als Smartobjekt einfügen

Wenn Sie ein (freigestelltes) Bild einfügen, das in der Höhe größer ist als das Zielbild, dann ragen die Ecken über die Arbeitsfläche des Zielbildes hinaus. Um das eingefügte Bild passend zu machen, müssen Sie die Ansicht verkleinern und es dann kleiner skalieren, wie Sie es bereits im vorangegangenen Abschnitt gesehen haben. Alternativ passen Sie die Pixelmaße des Quellbildes mit BILD • SKALIEREN • BILDGRÖSSE vor dem Einfügen in das Zielbild an.

Es gibt eine Möglichkeit, das eingefügte Bild automatisch an die Größe des Zielbildes anzupassen. Hierzu müssen Sie das Bild lediglich per Drag & Drop aus dem FOTOBEREICH ❶ auf das Zielbild ❷ ziehen, und es wird als Smartobjekt auf die Größe des Zielbildes angepasst. Ein Smartobjekt erkennen Sie im Ebenen-Bedienfeld am entsprechenden Symbol ❸ in der Ebenenminiatur.

Das als Smartobjekt eingefügte Bild besitzt immer noch seine ursprüngliche Größe. Wenn Sie den Befehl BILD • SKALIEREN • SKALIEREN aufrufen und einen Blick in die Werkzeugoptionen (WZ-OPTIONEN) werfen, werden Sie feststellen, dass dieses Bild hier auf 66 % ❹ herunterskaliert wurde.

Smartobjekt deaktivieren

Wenn Sie nicht möchten, dass ein Bild, das Sie per Drag & Drop aus dem Fotobereich auf einem Zielbild fallen lassen, zu einem Smartobjekt wird, können Sie die Funktion deaktivieren. Gehen Sie über BEARBEITEN/ADOBE PHOTOSHOP ELEMENTS EDITOR • VOREINSTELLUNGEN • ALLGEMEIN und wählen SMARTOBJEKT DEAKTIVIEREN.

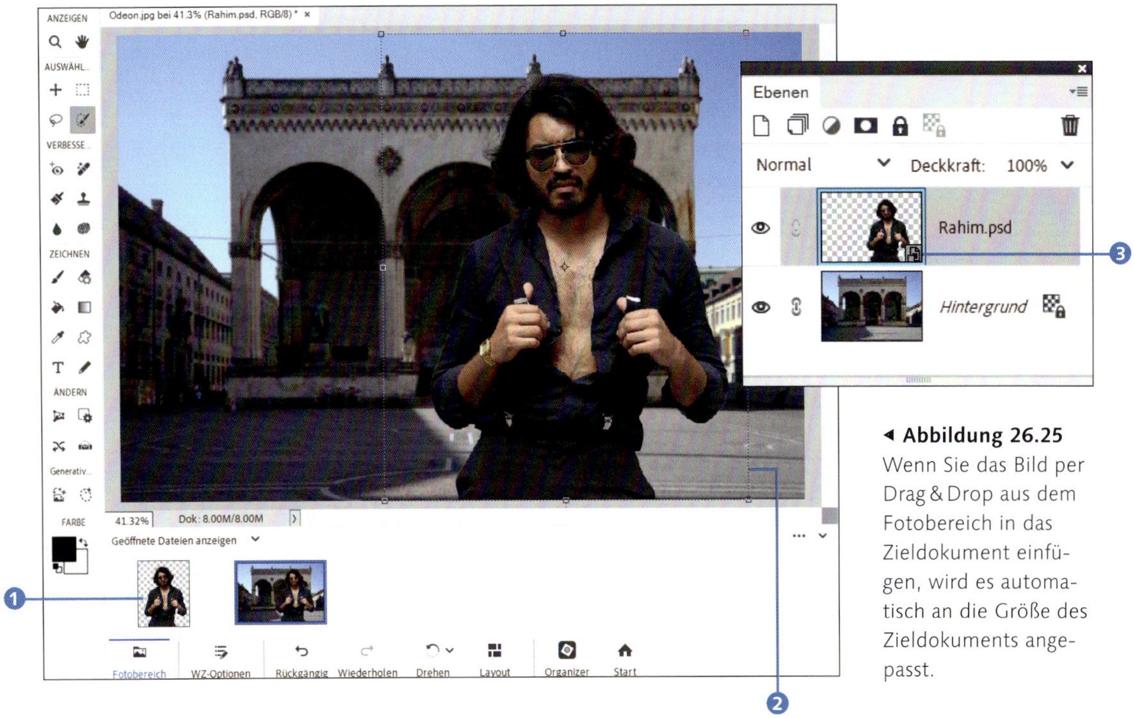

◂ Abbildung 26.25
Wenn Sie das Bild per Drag & Drop aus dem Fotobereich in das Zieldokument einfügen, wird es automatisch an die Größe des Zieldokuments angepasst.

Sie erkennen das Smartobjekt **5** nun auch an den sich kreuzenden Linien im Bild. Neben der automatischen Anpassung der Größe liegt ein großer Vorteil des Smartobjekts darin, dass Sie das Bild jederzeit wieder verlustfrei auf 100 % hochskalieren können.

◂ Abbildung 26.26
Die Ebene mit dem Smartobjekt kann jederzeit wieder ohne Verluste auf 100 % hochskaliert werden.

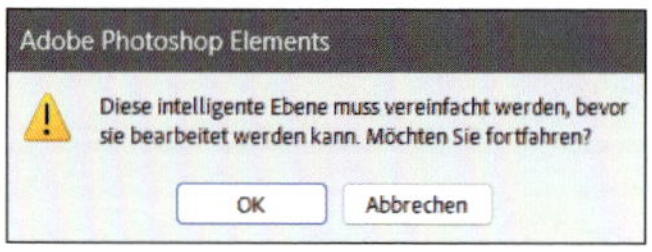

▲ **Abbildung 26.27**
Für pixelbasierte Bearbeitungen in einem Smartobjekt muss dieses zuvor zu einer herkömmlichen Ebene vereinfacht werden.

Eine weitere Besonderheit ist, dass die Ränder beim Smartobjekt nicht wirklich abgeschnitten werden, wenn Sie mit dem Freistellungswerkzeug arbeiten, sondern vollständig erhalten bleiben. Wollen Sie die Ränder endgültig abschneiden, müssen Sie das Smartobjekt zuvor mit EBENE • EBENE VEREINFACHEN in eine gewöhnliche Ebene umwandeln.

Dieser »Schutz« des Smartobjekts hat allerdings auch seinen Preis: Sie können diese Ebenen nicht mehr direkt bearbeiten. Falls Sie versuchen, das Smartobjekt beispielsweise mit einem Pinselwerkzeug oder mit UNSCHÄRFE MASKIEREN zu bearbeiten, fordert Photoshop Elements Sie dazu auf, diese Ebene zu vereinfachen. Einstellungsebenen können Sie aber nach wie vor verwenden, ohne das Smartobjekt vorher vereinfachen zu müssen.

26.5 Perspektivisches Freistellungswerkzeug

Kapitel_26: Perspektive.jpg

Mit dem perspektivischen Freistellungswerkzeug [C] können Sie die Perspektive im Bild korrigieren und gleichzeitig das Bild zuschneiden. Das Werkzeug eignet sich zum Beispiel sehr gut, um die stürzenden Linien zu korrigieren, was beispielsweise der Fall ist, wenn Sie hohe Gebäude von unten nach oben oder umgekehrt fotografiert haben.

Die Verwendung ist einfach: Ziehen Sie mit gedrückter Maustaste einen Rahmen um das Objekt mit den stürzenden Linien. Alternativ können Sie auch die einzelnen Punkte durch Klicken an den vier Ecken hinzufügen.

Bildqualität
Durch den Einsatz des perspektivischen Freistellungswerkzeugs und das Skalieren verschlechtert sich die Bildqualität erheblich. Wie stark dies geschieht, hängt vom Grad der Anpassung ab. Wenn Sie sich die Bilder hier im Buch anschauen, fällt dies nicht weiter auf. Sobald Sie aber eine 1:1-Ansicht einstellen, erkennen Sie, dass dem Bild etwas Schärfe genommen wurde. Ein Nachschärfen des Bildes ist daher unerlässlich.

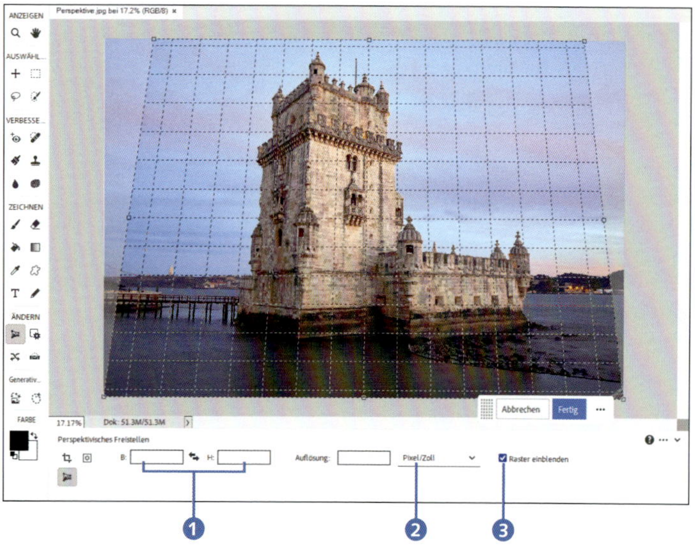

Abbildung 26.28 ▶
Freistellungsrahmen an die Perspektive anpassen

Über RASTER EINBLENDEN ❸ lassen Sie sich Rasterlinien zur Hilfe einblenden. Optional können Sie hierbei auch die Breite (B) und die Höhe (H) ❶ sowie die AUFLÖSUNG ❷ vorgeben.

Passen Sie dann die Eckpunkte des Freistellungsrahmens durch Verschieben an, damit die Seiten des Freistellungsrahmens mit den Seiten der stürzenden Linien des Objekts parallel verlaufen. Mit ENTER oder dem Häkchen führen Sie den perspektivischen Schnitt durch.

◂ **Abbildung 26.29**
Das Ergebnis mit dem perspektivischen Freistellungswerkzeug kann sich sehen lassen.

26.6 Ebenen verschieben, ausrichten und verteilen

Mehrere Ebenen lassen sich bei Bedarf mithilfe des Verschieben-Werkzeugs [+] [V] mühelos verteilen oder sauber aneinander ausrichten. Hierzu finden Sie unter AUSRICHTEN ❶ und VERTEILEN ❷ die entsprechenden Befehle.

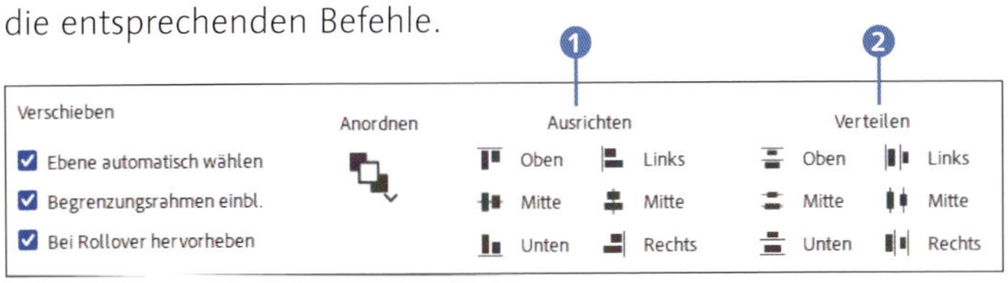

◂ **Abbildung 26.30**
Befehle zum AUSRICHTEN und VERTEILEN in den Werkzeugoptionen des Verschieben-Werkzeugs

26.6.1 Ebeneninhalte verschieben

Zum Verschieben von Ebeneninhalten muss immer die entsprechende(n) Ebene(n) aktiv und das Verschieben-Werkzeug [V] [+] ausgewählt sein. Ist dies gegeben, können Sie die Ebene mit gedrückt gehaltener linker Maustaste auswählen und verschieben.

Mit gedrückt gehaltener [⇧]-Taste beschränken Sie das Verschieben mit der Maus auf 45°-Schritte.

Verknüpfte Ebenen verschieben
Miteinander verknüpfte Ebenen werden alle verschoben, egal, ob Sie nur eine Ebene im Ebenen-Dialog ausgewählt haben. Dasselbe gilt, wenn Sie eine Ebenengruppe im Ebenen-Dialog ausgewählt haben.

Kapitel_26: Tafeln.tif

Alternativ verwenden Sie zum Verschieben die Pfeiltasten der Tastatur. Mit den Pfeiltasten haben Sie den Vorteil, feiner arbeiten zu können, wenn es nötig ist. Ein Tastendruck verschiebt dabei die Ebene um einen Pixel in Pfeilrichtung. Mit gedrückt gehaltener ⇧-Taste wird die Ebene hingegen um 10 Pixel pro Tastendruck verschoben. Um das Verschieben mit den Pfeiltasten anwenden zu können, müssen Sie natürlich zuvor die Ebene mit der Maus und dem Verschieben-Werkzeug anfassen.

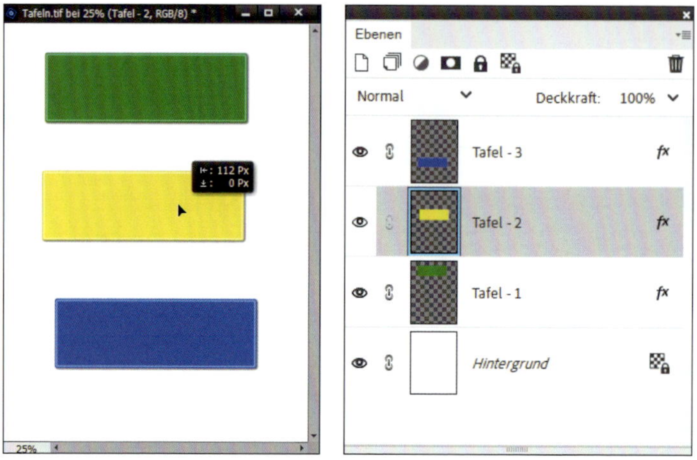

Abbildung 26.31 ▸
Eine aktive Ebene (hier: Tafel - 2) können Sie jederzeit mit gedrückt gehaltener Maustaste und dem Verschieben-Werkzeug verschieben.

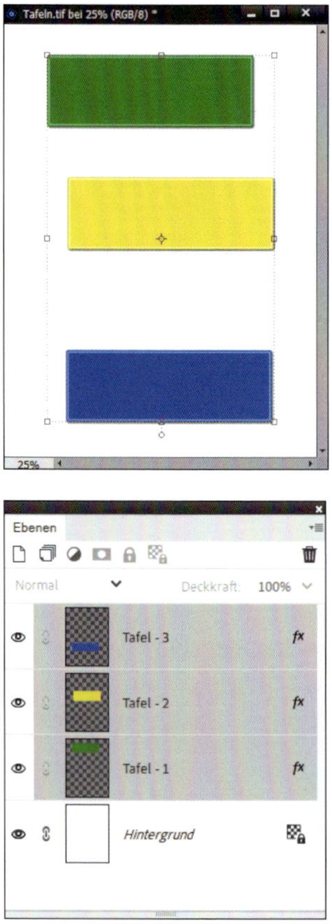

▴ Abbildung 26.32
Das Ausgangsbild – alle drei Tafeln wurden im Ebenen-Dialog markiert.

26.6.2 Mehrere Ebenen untereinander ausrichten

Wollen Sie mehrere Ebenen aneinander ausrichten, müssen mindestens zwei Ebenen markiert oder miteinander verknüpft sein. Außerdem dürfen die Ebenen nicht fixiert sein. Folgende Möglichkeiten stehen Ihnen unter dem Punkt Ausrichten zur Verfügung:

- Oben: Richtet alle ausgewählten Ebenen an der höchsten Kante aller ausgewählten Ebenen oder an der obersten Auswahlbegrenzung aus.
- Mitte (vertikal): Richtet alle ausgewählten Ebenen an der vertikalen Mitte aller ausgewählten Ebenen oder an der vertikalen Mitte einer Auswahlbegrenzung aus.
- Unten: Damit werden alle ausgewählten Ebenen an der untersten Kante aller ausgewählten Ebenen oder an der untersten Auswahlbegrenzung ausgerichtet.
- Links: Richtet alle ausgewählten Ebenen an der linken Kante aller ausgewählten Ebenen oder an der linken Kante einer Auswahlbegrenzung aus.
- Mitte (horizontal): Damit werden alle ausgewählten Ebenen an der horizontalen Mitte aller ausgewählten Ebenen oder an der horizontalen mittleren Auswahlbegrenzung ausgerichtet.

- RECHTS: Richtet alle ausgewählten Ebenen an der rechten Kante aller ausgewählten Ebenen oder an der rechten Kante einer Auswahlbegrenzung aus.

26.6.3 Ebenen verteilen

Was für das Ausrichten von Ebenen gilt, gilt auch für das Verteilen von Ebenen. Die entsprechenden Befehle werden gleich neben AUSRICHTEN mit VERTEILEN aufgelistet. Folgende Möglichkeiten stehen Ihnen hierbei zur Verfügung:

- OBEN: Alle ausgewählten Ebenen werden ausgehend von der höchsten Kante der ausgewählten Ebenen verteilt.
- MITTE (vertikal): Verteilt die ausgewählten Ebenen ausgehend von der vertikalen Ebenenmitte.
- UNTEN: Alle ausgewählten Ebenen werden ausgehend von der untersten Kante der ausgewählten Ebenen verteilt.
- LINKS: Die ausgewählten Ebenen werden ausgehend von der Kante, die sich am weitesten links befindet, verteilt.
- MITTE (horizontal): Alle ausgewählten Ebenen werden ausgehend von der horizontalen Mitte jeder Ebene verteilt.
- RECHTS: Hiermit werden die ausgewählten Ebenen ausgehend von der Kante, die sich am weitesten rechts befindet, verteilt.

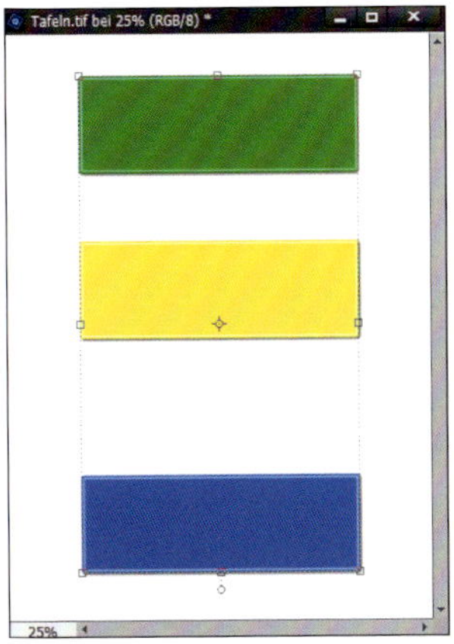

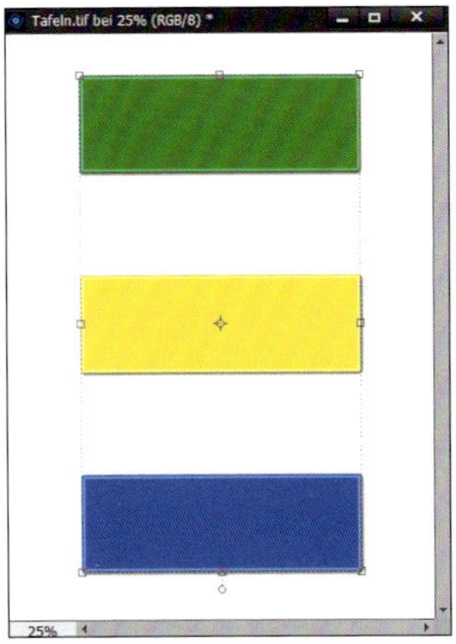

◂◂ **Abbildung 26.33**
Bei AUSRICHTEN habe ich die Option MITTE (vertikal) ausgewählt …

◂ **Abbildung 26.34**
… und hier bei VERTEILEN die Option MITTE (vertikal), wodurch die drei Tafeln nun ordentlich ausgerichtet und verteilt sind.

26.7 Schnittmasken

Mit dem Einsatz von Schnittmasken können Sie den Inhalt einer Ebene zum Maskieren einer darüberliegenden Ebene verwenden. Dies ist hilfreich, wenn Sie mehr als zwei Ebenen benutzen und sich eine Ebene nur auf die direkt darunterliegende Ebene beziehen soll. Ich möchte Ihnen an einem einfachen Beispiel zeigen, wie sich eine Schnittmaske auswirkt.

Kapitel_26:
Drei-Herzen.tif

Im Bild »Drei-Herzen.tif« finden Sie drei Ebenen mit Herzen vor. Leider gibt es hier nur die beiden Farben Rot und Blau. Wir wollen aber zusätzlich ein grünes Herz haben.

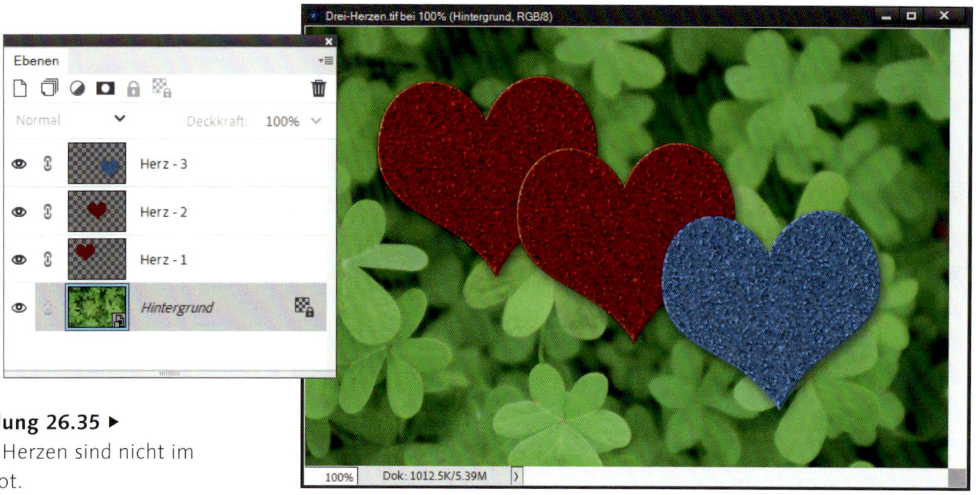

Abbildung 26.35 ▸
Grüne Herzen sind nicht im Angebot.

Hier im Buch angekommen, dürften Sie viele Wege kennen, ein grünes Herz herzustellen bzw. umzufärben. Im Beispiel wurde hierzu oberhalb der Ebene Herz – 2 eine Farbton/Sättigung-Einstellungsebene hinzugefügt, um hier den Regler Farbton zu verschieben, bis das Herz in grüner Farbe erstrahlt. In Abbildung 26.36 wurden dadurch allerdings alle Ebenen darunter aufgrund der Farbverschiebung umgefärbt.

▴ Abbildung 26.36
Alle Ebenen unterhalb der Einstellungsebene wurden hier mit einer Farbton/Sättigung-Einstellungsebene umgefärbt.

Aus der Einstellungsebene FARBTON/SÄTTIGUNG soll jetzt eine Schnittmaske erstellt werden, damit sie sich nur noch auf die darunterliegende Ebene bezieht. Eine Schnittmaske im Ebenen-Bedienfeld erkennen Sie daran, dass die Miniaturvorschau und der Name der Ebene leicht eingerückt sind.

Der Name der Grundebene in der Maske ist zudem unterstrichen. Alle über dieser Grundebene liegenden Ebenen werden mit einem Schnittmaskensymbol ❶ angezeigt.

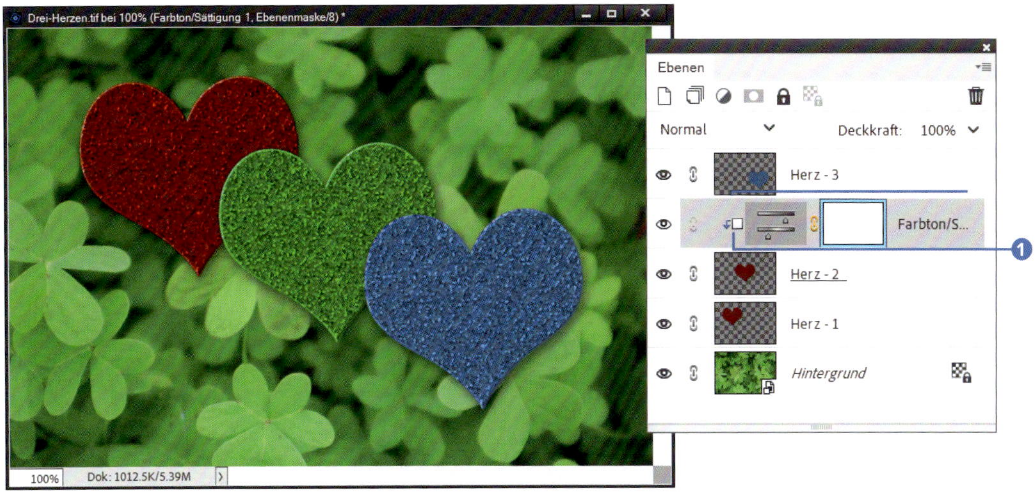

▲ **Abbildung 26.37**
Mithilfe einer Schnittmaske wirkt sich die Einstellungsebene nicht mehr auf alle Ebenen aus, sondern nur noch auf die darunterliegende Ebene, was in diesem Fall das Herz von HERZ - 2 ist.

26.7.1 Schnittmasken erzeugen

Nachfolgende Möglichkeiten haben Sie, eine Schnittmaske zu erzeugen:

- Der einfachste und schnellste Weg führt über das Ebenen-Bedienfeld. Setzen Sie hierzu den Mauszeiger genau zwischen zwei Ebenen, halten Sie [Alt] gedrückt, und betätigen Sie die linke Maustaste. Der Mauszeiger ändert sich in ein Quadrat mit durchgestrichenem Pfeil ❷. Auf demselben Weg lösen Sie eine vorhandene Schnittmaske wieder auf.
- Den gleichen Effekt erzielen Sie auch über das Menü oder mit einer Tastenkombination. Aktivieren Sie die Ebenen, die Sie zur Schnittmaske machen wollen, und wählen Sie im Menü den Punkt EBENE • SCHNITTMASKE ERSTELLEN, oder nutzen Sie die Tastenkombination [Strg]/[cmd]+[G]. Lösen können Sie die Schnittmaske wieder mit EBENE • SCHNITTMASKE ZURÜCKWANDELN oder ebenfalls mit [Strg]/[cmd]+[G].

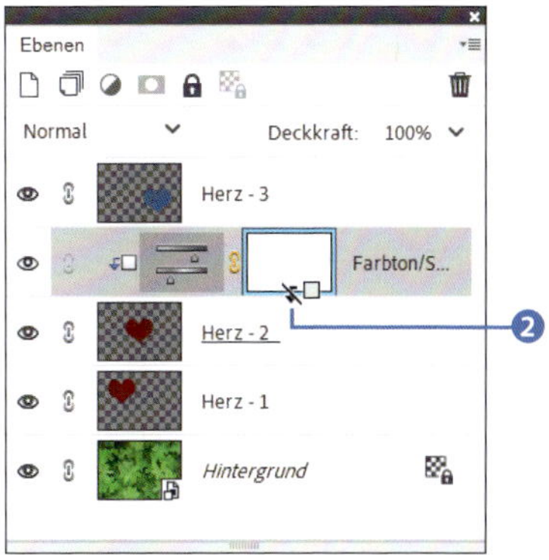

▲ **Abbildung 26.38**
Das Symbol des Mauszeigers zeigt an, dass Sie eine Schnittmaske erzeugen oder (hier) wieder lösen können.

- Wenn Sie eine Ebene über EBENE • NEU • EBENE oder [Strg]/[cmd]+[⇧]+[N] anlegen, können Sie gleich beim Anlegen im entsprechenden Dialog ein Häkchen vor SCHNITTMASKE AUS VORHERIGER EBENE ERSTELLEN ❸ setzen.

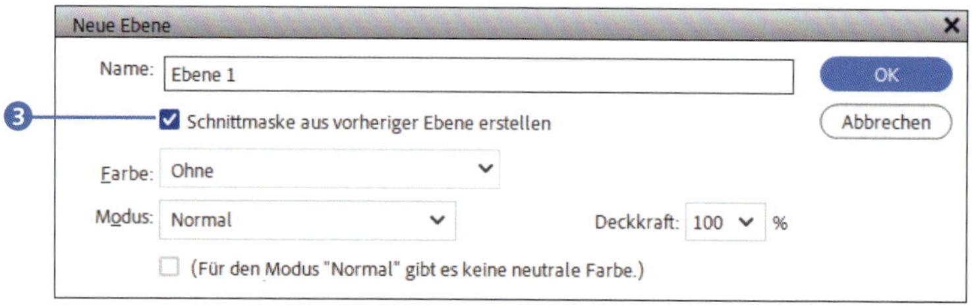

Abbildung 26.39 ▸
Auch im Dialog NEUE EBENE können Sie diese Ebene gleich als Schnittmaske zur vorherigen Ebene anlegen.

26.7.2 Anwendungsgebiet

In der Praxis werden diese Schnittmasken zum Retuschieren, bei Einstellungsebenen oder bei der Arbeit mit Texten verwendet. So ist es zum Beispiel auch möglich, in einer Schnittmaske mehrere Ebenen zu verwenden. Allerdings müssen diese Ebenen immer in aufeinanderfolgender Reihenfolge vorliegen.

Kapitel_26: Mexiko.tif

Ein gutes Beispiel für eine kreative Textgestaltung zeigt Abbildung 26.40. Damit die Ebene mit der Mexiko-Flagge nicht das komplette Bild überlagert, sondern nur für die darunterliegende Textebene zur Textgestaltung verwendet wird, wurde einfach eine Schnittmaske daraus erstellt.

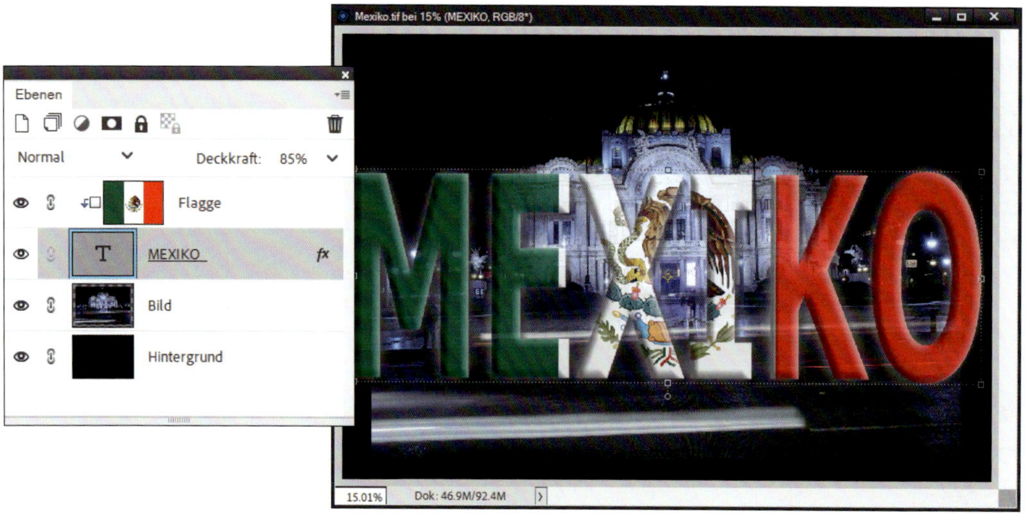

▲ **Abbildung 26.40**
Kreativer Umgang mit Text und Bild dank Schnittmaske

Kapitel 27

Füllmethoden von Ebenen

Bisher haben Sie sich bei der Verwendung von Ebenen ganz auf die richtige Reihenfolge verlassen. Alles, was über einer Ebene liegt, verdeckt einen Teil der unteren Ebene. Zwar konnten Sie mit der Deckkraft diesen verdeckten Teil durchscheinen lassen, aber hierbei erlauben die sogenannten Füllmethoden auch unterschiedliche Pixelverrechnungsmethoden.

27.1 Füllmethoden im Überblick

Wenn Sie die Füllmethode ändern, bezieht sich diese Änderung direkt auf das Verhältnis zweier übereinanderliegender Ebenen – und indirekt auch auf andere übereinandergeschichtete Pixel dieser Ebenen. In der Praxis wirkt sich eine Veränderung der Füllmethode der oberen Ebene auf die darunterliegende Ebene aus.

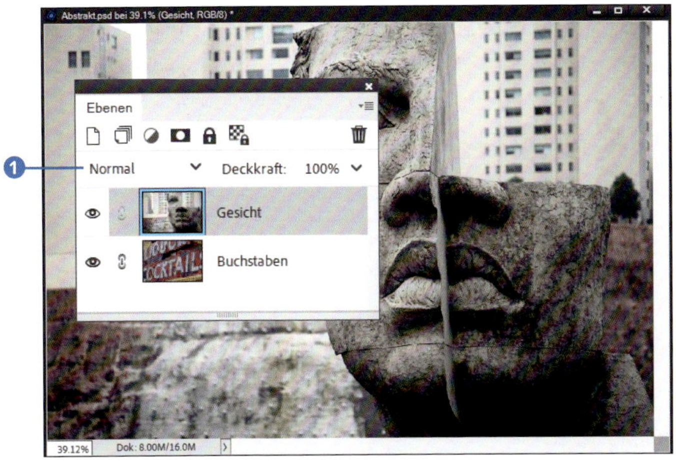

▲ **Abbildung 27.1**
Wenn zwei Ebenen mit der Füllmethode NORMAL (1) übereinanderliegen, wird immer die untere Ebene von der oberen Ebene verdeckt.

▲ **Abbildung 27.2**
Übersicht über alle Füllmethoden aus dem Ebenen-Bedienfeld

Kapitel_27:
Abstrakt.psd

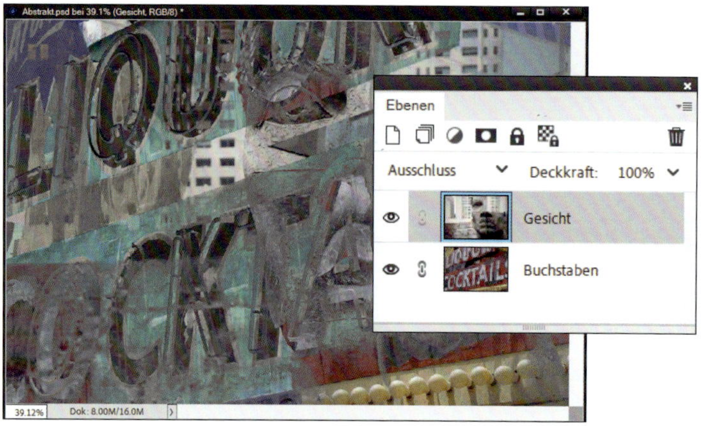

Abbildung 27.3 ▸
Eine Änderung der Füllmethode auf Ausschluss erzeugt einen sehr interessanten Effekt.

> **Live-Vorschau der Füllmethoden**
> Sehr praktisch ist, dass Sie, während Sie mit dem Mauszeiger über die verschiedenen Füllmethoden im Ebenendialog fahren, in der Vorschau die Auswirkungen in Echtzeit sehen können. Die Vorschau aktualisiert sich automatisch, sobald Sie den Mauszeiger über eine andere Füllmethode bewegen.

Das Mischen von Pixeln ist nicht nur den Ebenen vorbehalten. Auch beim Auftragen von Farbpixeln bieten viele Mal- und Retuschewerkzeuge die hier erwähnten Füllmethoden an – nur dass hier mit Modus für die gleichen Berechnungen ein anderer Begriff verwendet wird. Genaueres erfahren Sie in Abschnitt 27.3, »Füllmethoden für Mal- und Retuschewerkzeuge«.

Ob Sie nun die Füllmethoden im Ebenen-Bedienfeld nutzen oder ob Sie Werkzeuge verwenden – alle arbeiten mit denselben Algorithmen. Bei dieser Berechnung werden immer die darunterliegenden Pixel als *Ausgangsfarbe* verwendet. Die darüberliegenden Pixel sind die *Füllfarbe*. Beide zusammen werden zu einer *Ergebnisfarbe* gemischt.

Die Trennungsstriche bei der Auflistung der Füllmethoden wurden übrigens nicht willkürlich verwendet, sondern teilen die Füllmethoden in Gruppen auf, die ich nachfolgend vorstelle.

▴ **Abbildung 27.4**
Normale Füllmethoden

Normale Füllmethoden | Bei diesen Füllmethoden verdecken die Pixel der oberen Ebene die Pixel der darunterliegenden Ebene.

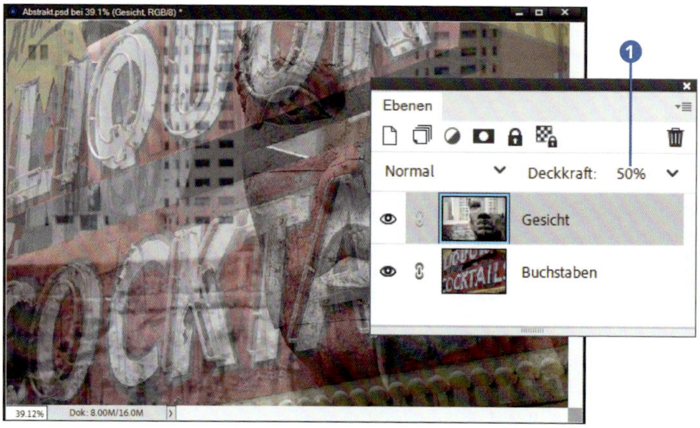

Abbildung 27.5 ▸
Für ein sinnvolles Arbeiten mit den normalen Füllmethoden, müssen Sie die Deckkraft der oberen Ebene reduzieren.

Sie können transparente Bereiche schaffen, indem Sie die DECKKRAFT ① der oberen Ebene reduzieren. Zu diesen Standardmethoden gehören NORMAL und SPRENKELN.

Abdunkelnde Füllmethoden | Bei diesen Füllmethoden fällt das Endergebnis dunkler aus als die Originalbilder. Daher eignen sich diese Modi sehr gut, um zu helle Bildbereiche abzudunkeln. Zu den abdunkelnden Füllmethoden gehören ABDUNKELN, MULTIPLIZIEREN, FARBIG NACHBELICHTEN, LINEAR NACHBELICHTEN und DUNKLERE FARBE.

Abdunkeln
Multiplizieren
Farbig nachbelichten
Linear nachbelichten
Dunklere Farbe

▲ **Abbildung 27.6**
Abdunkelnde Füllmethoden

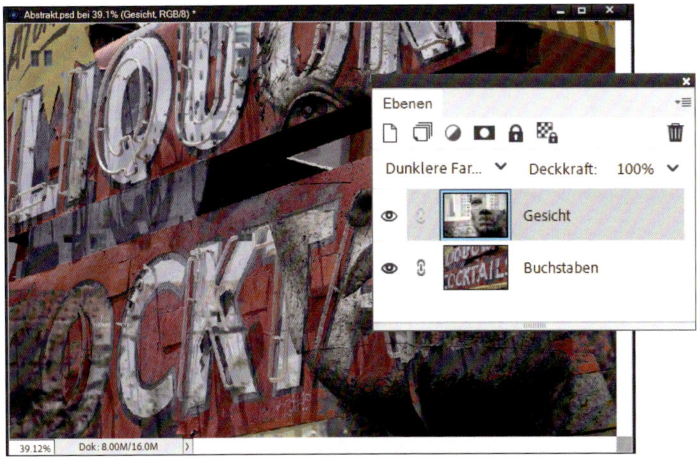

◀ **Abbildung 27.7**
Abdunkelnde Füllmethoden liefern ein dunkleres Endergebnis. Hier wurde zum Beispiel der Modus DUNKLERE FARBE verwendet.

Aufhellende Füllmethoden | Bei diesen Füllmethoden fällt das Endergebnis häufig heller aus als die Originalbilder. In der Praxis werden diese Modi daher gerne zum Aufhellen verwendet. Dazu zählen die Methoden AUFHELLEN, NEGATIV MULTIPLIZIEREN, FARBIG ABWEDELN, LINEAR ABWEDELN (ADDIEREN) und HELLERE FARBE.

Aufhellen
Negativ multiplizieren
Farbig abwedeln
Linear abwedeln (Add.)
Hellere Farbe

▲ **Abbildung 27.8**
Aufhellende Füllmethoden

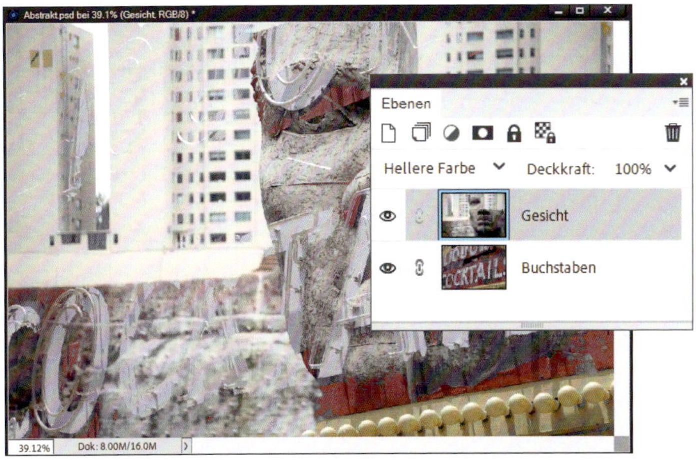

◀ **Abbildung 27.9**
Aufhellende Füllmethoden liefern ein helleres Endergebnis; hier im Beispiel die Füllmethode HELLERE FARBE.

Kapitel_27: Schwan.jpg

Im folgenden Beispiel habe ich die Hintergrundebene dupliziert und als Füllmethode Negativ multiplizieren eingestellt. Dadurch wurde die Gesamthelligkeit deutlich verbessert. Mit der Deckkraft 1 können Sie die Aufhellung feinregeln. Dasselbe funktioniert mit den abdunkelnden Füllmethoden bei zu hell geratenen Bildern.

▲ **Abbildung 27.10**
Das Originalbild ist etwas dunkel.

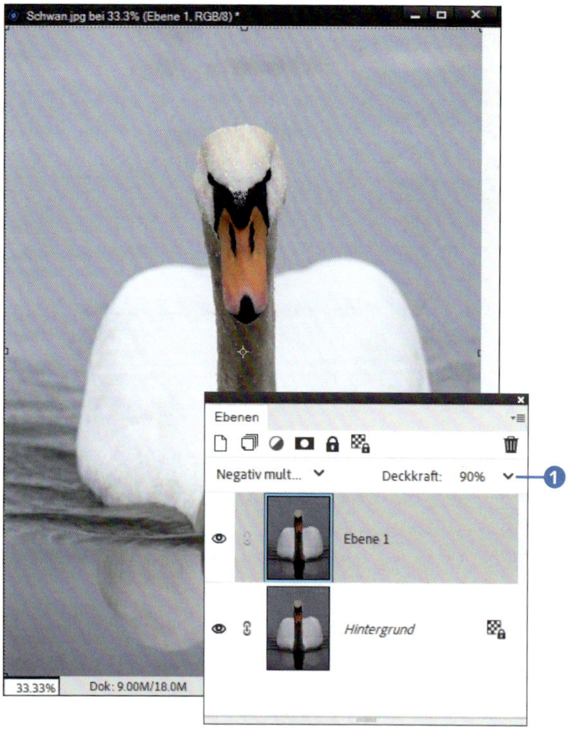

▲ **Abbildung 27.11**
Mithilfe einer duplierten Hintergrundebene und der Füllmethode Negativ multiplizieren habe ich das Bild aufgehellt.

▲ **Abbildung 27.12**
Komplexe Füllmethoden

▲ **Abbildung 27.13**
Invertierte Füllmethoden

Komplexe Füllmethoden | Bei diesen Methoden lässt sich durch das Kombinieren von Füllmethoden eine Vielzahl von Effekten erzielen. Viele der Methoden bilden einen Lichteffekt, der auf die obere Ebene scheint und auch die untere Ebene mit einbezieht. Zu dieser Gruppe gehören Ineinanderkopieren, Weiches Licht, Hartes Licht, Strahlendes Licht, Lichtpunkte und Harte Mischung.

Invertierte Füllmethoden | Das Ergebnis dieser Methoden sieht aus wie ein Fotonegativ. Die beiden Methoden Differenz und Ausschluss werden zu einer Gruppe zusammengefasst.

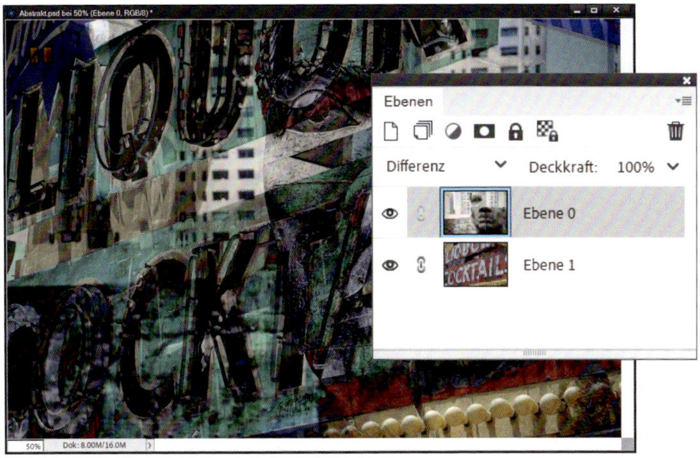

◂ **Abbildung 27.14**
Invertierte Füllmethoden liefern häufig ein Ergebnis wie bei einem Fotonegativ. Im Beispiel sehen Sie den Modus DIFFERENZ.

Farbton, Helligkeit und Sättigung | Die letzte Methodengruppe bezieht sich auf den Farbton, die Helligkeit oder die Sättigung und erzeugt eine neue Ergebnisfarbe aus den Originalbildern. Zu dieser Gruppe zählen FARBTON, SÄTTIGUNG, FARBE und LUMINANZ.

Farbton
Sättigung
Farbe
Luminanz

▴ **Abbildung 27.15**
Modi für FARBTON, SÄTTIGUNG, FARBE und LUMINANZ.

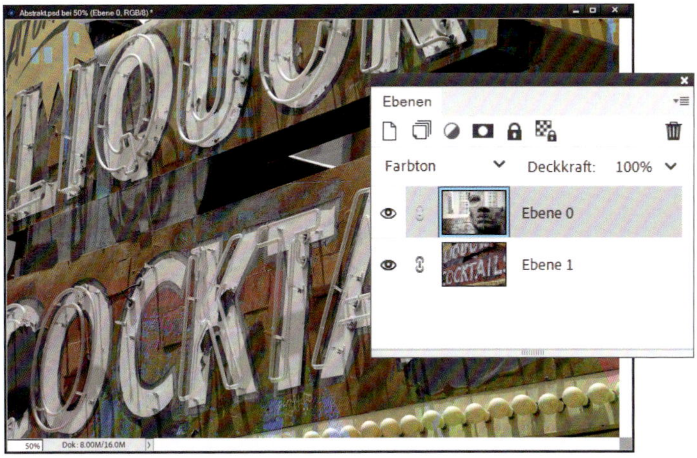

◂ **Abbildung 27.16**
Hier wurde die Füllmethode FARBTON verwendet, die eine neue Farbe aus den beiden übereinanderliegenden Bildern errechnet.

27.2 Füllmethoden für Ebenengruppen

Im Abschnitt zuvor haben Sie erfahren, wie Sie mit Füllmethoden die Pixel von Ebenen unterschiedlich miteinander verrechnen können. Wenn Sie keine Änderung an der Füllmethode einer Ebene machen, steht der Wert auf NORMAL.

Wenn Sie jedoch eine Gruppe von Ebenen erstellen, ändert sich die Füllmethode dieser Gruppe auf HINDURCHWIRKEN ❷ (Abbildung 27.17). Der Standardwert HINDURCHWIRKEN für Ebenengruppen steht den einzelnen Ebenen nicht zur Verfügung.

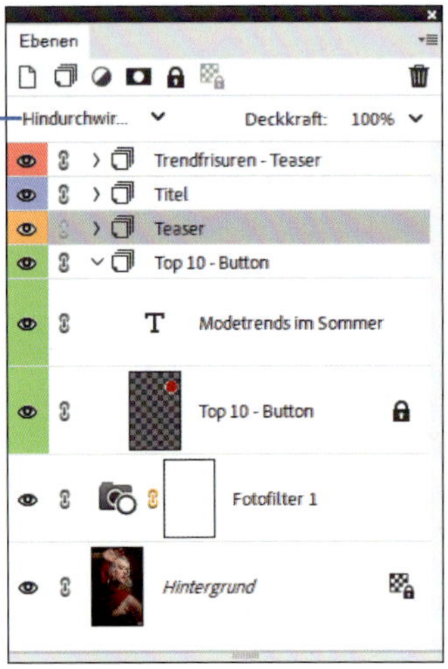

▲ **Abbildung 27.17**
Der Standardwert für Ebenengruppen bei den Füllmethoden ist HINDURCHWIRKEN ❷.

Die Bedeutung dieser Füllmethode HINDURCHWIRKEN ist schnell erklärt. Dieser Wert sorgt dafür, dass alle Ebenen, die in dieser Gruppe enthalten sind, und auch alle Ebenen außerhalb der Gruppe sich genauso verhalten, als wenn es gar keine Gruppe gäbe – genauer: die Gruppe selbst enthält eigentlich gar keine Fülleigenschaft. Daher ändert sich mit der Füllmethode HINDURCHWIRKEN rein optisch überhaupt nichts.

Wenn Sie allerdings für eine Gruppe eine andere Füllmethode als HINDURCHWIRKEN verwenden, werden die verwendeten Füllmethoden innerhalb der Gruppe nicht auf Ebenen außerhalb der Gruppe angewendet. Auch Einstellungsebenen innerhalb einer solchen Ebenengruppe sind dann nur auf die Ebenen innerhalb der Gruppe beschränkt.

27.3 Füllmethoden für Mal- und Retuschewerkzeuge

Die Modi der Werkzeuge arbeiten nach demselben Prinzip wie die Ebenen-Füllmethoden, nur dass Sie für die Anwendung der Werkzeugmodi lediglich eine Ebene benötigen. Die Werkzeugmodi können Sie über MODUS ❶ auswählen; sie wirken sich direkt auf die aktive Ebene aus. Bei einigen Mal- und Retuschewerkzeugen finden Sie mit DAHINTER AUFTRAGEN und LÖSCHEN zwei zusätzliche Modi.

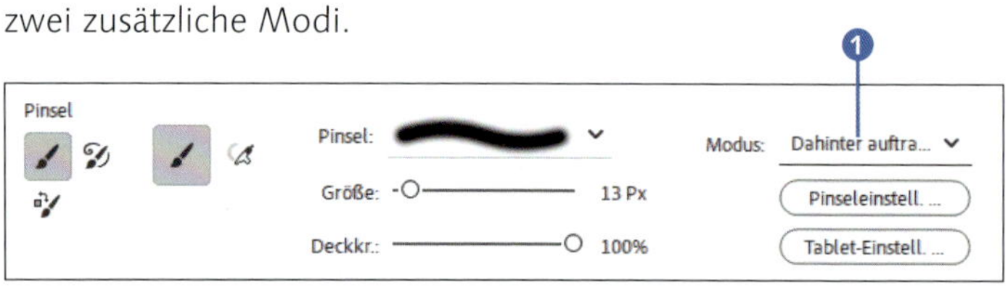

▲ **Abbildung 27.18**
Einige Werkzeuge bieten neben den üblichen Ebenen-Füllmethoden mit DAHINTER AUFTRAGEN und LÖSCHEN zwei weitere Modi.

Kapitel_27: Schmetterling.tif

Dahinter auftragen | Den Modus DAHINTER AUFTRAGEN finden Sie beim Pinsel-Werkzeug, Buntstift, Füllwerkzeug, Verlaufswerkzeug, Kopierstempel und Musterstempel.

Mit diesem Modus wird eine Farbe nur in den transparenten Bereichen des Bildes aufgetragen. Das entspricht dem Effekt, als würden Sie auf der Rückseite einer Klarsichtfolie etwas aufmalen. Natürlich bedeutet dies auch, dass dieser Modus nur dann funktioniert, wenn die Ebene einen transparenten Bereich besitzt (somit darf sie auch keine Hintergrundebene sein) und im Ebenen-Bedienfeld die Option TRANSPARENTE PIXEL FIXIEREN deaktiviert ist.

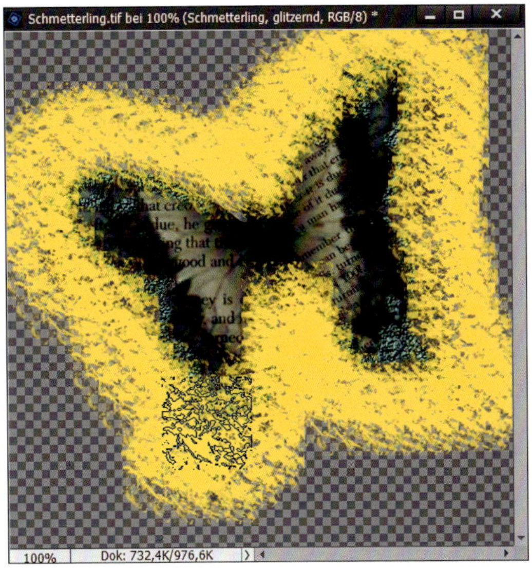

▲ **Abbildung 27.19**
Malen mit dem Pinsel-Werkzeug an den Kanten des Schmetterlings im Modus Normal …

▲ **Abbildung 27.20**
… und dasselbe im Modus Dahinter auftragen. Die Kanten des Schmetterlings wurden nicht übermalt, obwohl der Pinsel darüber hinausging. Es wird in diesem Modus nur der transparente Hintergrund berücksichtigt.

Löschen | Den Modus Löschen finden Sie beim Pinsel-Werkzeug, Buntstift und bei dem Füllwerkzeug.

Mit diesem Modus wird jedes Pixel bearbeitet und transparent gemacht. Natürlich steht dieser Modus nur dann zur Verfügung, wenn die Ebene keine Hintergrundebene ist und die Option Transparente Pixel fixieren deaktiviert ist. Im Grunde können Sie diesen Modus mit dem Radiergummi beim Pinsel-Werkzeug und Buntstift vergleichen, nur dass Sie hierbei die zusätzlichen Funktionen Airbrush und Weitere Pinseloptionen zur Verfügung haben. Beim Füllwerkzeug ist dieser Modus mit dem Magischen Radiergummi vergleichbar.

Kapitel 28
Ebenenmasken

Neben den Auswahlen sind Ebenenmasken die beste Möglichkeit, alle Arten von Manipulationen, Fotocollagen und Bildmontagen zu erstellen. Besser noch als bei den Auswahlen können Sie mithilfe der Ebenenmasken einzelne Bildbereiche ein- und ausblenden, ohne die Bilder zu verändern.

28.1 Anwendungsgebiete von Ebenenmasken

Das Prinzip der Ebenenmasken ist es, einen Teil einer Ebene zu verdecken – genauer zu maskieren – und einen Teil davon sichtbar zu lassen. Das Maskieren von Ebenen darf also gerne als eines der besten Features betrachtet werden, die Photoshop Elements anzubieten hat. Hierzu ein Überblick über einige Anwendungsgebiete von Ebenenmasken:

- Anders als bei Auswahlen mit weichen Kanten sind Ebenenmasken flexibler und genauer steuerbar. Damit lassen sich beispielsweise sehr schöne sanfte Übergänge zwischen bearbeiteten und nicht bearbeiteten Bildbereichen erstellen.
- Da sich einzelne Bildobjekte mithilfe von Ebenenmasken wesentlich genauer und komfortabler als zum Beispiel mit Auswahlen maskieren lassen, können Sie diese Bildobjekte mit Ebenenmasken auch wesentlich einfacher freistellen.
- Mit Ebenenmasken können Sie Bildbereiche kurzzeitig ausblenden – eine prima Alternative zum Radiergummi oder zu einem Auswahlwerkzeug, bei dem Sie die Auswahl mit [Entf] oder BEARBEITEN • LÖSCHEN entfernen müssen.
- Blenden Sie Bildbereiche mit Ebenenmasken aus, können Sie sie jederzeit wiederherstellen. Während beispielsweise mit dem Radierer oder bei einer Auswahl mit BEARBEITEN • LÖSCHEN das

Löschen endgültig ist und die Bildpixel unwiderruflich verloren sind, werden die Pixel bei den Ebenenmasken nicht einmal angefasst und können jederzeit wieder eingeblendet werden.

- Bei der Bildmontage können Sie genauer und effektiver arbeiten. Jederzeit können Sie einzelne Pixel ein- und wieder ausblenden. Sie malen damit die Bildmontage quasi mit dem Pinsel auf und können dasselbe auch wieder rückgängig machen.
- Neben den Montagen eignen sich Ebenenmasken auch prima, um Bilder ohne großen Aufwand mit interessanten Effekten zu versehen. Einige Beispiele dazu werden Sie in diesem Kapitel kennenlernen.

28.2 Funktionsprinzip von Ebenenmasken

Kapitel_28:
Ordner »Santa-Fe«

Wenn Sie einer Ebene eine Ebenenmaske hinzufügen, besitzt diese Maske die gleiche Größe und Pixeldichte wie die dazugehörige Ebene. Mit solchen Ebenenmasken können Sie Ausschnitte (auch die komplette Ebene) der dazugehörigen Ebene ausblenden oder andere verdeckte Bereiche hinter der Ebene anzeigen. Anders als bei der Arbeit mit Werkzeugen wie dem Radiergummi [E] oder beim direkten Löschen ausgewählter Bildbereiche, werden bei der Arbeit mit einer Ebenenmaske die Bereiche nur ausgeblendet und nicht gelöscht. Bildbereiche, die Sie mit der Ebenenmaske entfernt haben, lassen sich jederzeit wiederherstellen. Somit arbeiten Sie mit einer Ebenenmaske nicht-destruktiv.

Voraussetzung für Ebenenmasken

Um eine Ebenenmaske einer Ebene hinzuzufügen, darf diese Ebene weder eine Hintergrund- oder Textebene sein noch eine Ebene, bei der die Option ALLES FIXIEREN aktiv ist.

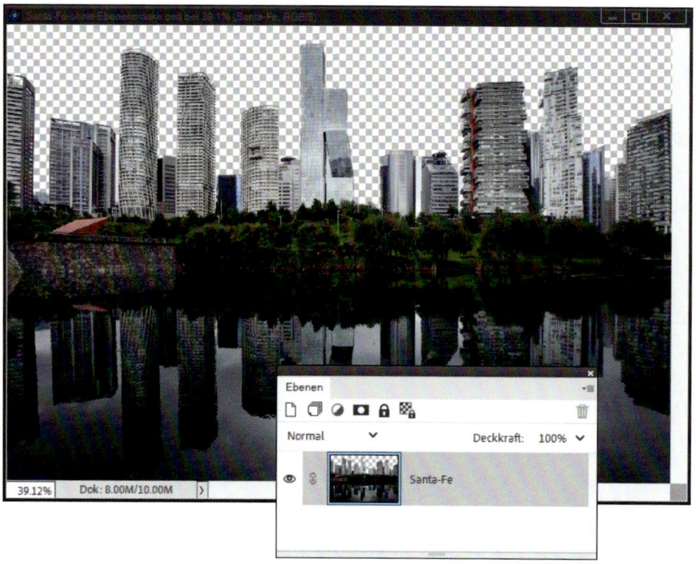

Abbildung 28.1 ▸
Hier habe ich aus der Hintergrundebene eine Ebene gemacht, den Himmel mit der Ein-Klick-Funktion HIMMEL AUSWÄHLEN ausgewählt und den Hintergrund dann über [Entf] bzw. [←] gelöscht. So wurde der Himmel entfernt.

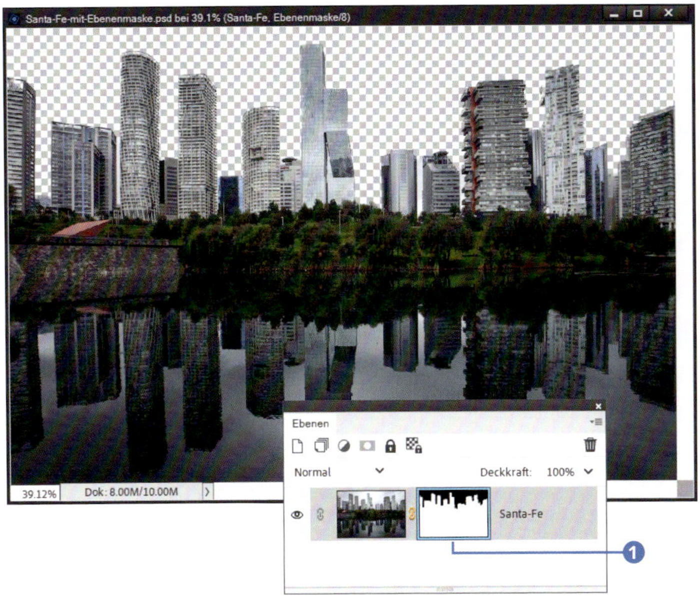

◂ **Abbildung 28.2**
Hier bin ich ähnlich vorgegangen, habe die ausgewählten Bereiche aber mit einer Ebenenmaske ❶ verdeckt.

Das Endergebnis ist bei beiden Bildern dasselbe. Indem Sie das Radiergummi verwenden bzw. eine Auswahl löschen, bearbeiten Sie aber direkt die Pixel der Ebene. Mit der Ebenenmaske hingegen bleiben die Pixel unangetastet, und Sie können die maskierten Pixel jederzeit wieder einblenden. Wie dies funktioniert, erfahren Sie in den folgenden Abschnitten noch genauer.

Ebenenmasken verständlicher | Ebenenmasken zu verstehen ist im Grunde nicht schwer. Sie können sich dies so vorstellen, als würden Sie mit der Schere eine bestimmte Form aus einem Papier herausschneiden, beispielsweise ein Herz. Nach dem Ausschneiden nehmen Sie diesen herzförmigen Rahmen und legen ihn über ein Foto, das vor Ihnen liegt. Das Foto wird jetzt von der Herzform eingerahmt. Alles im Herz bleibt sichtbar, und alles außen herum ist überdeckt. Nehmen Sie die Herzform wieder vom Foto weg, können Sie das Bild wieder komplett betrachten. Anstatt also das Foto komplett in Form eines Herzens auszuschneiden und somit kaputtzumachen, wurde hier nur eine Maske daraufgelegt. Andersherum können Sie natürlich die ausgeschnittene Herzform selbst ebenfalls auf das Foto legen, sodass nur noch alles außerhalb der Herzform zu erkennen ist. Solche Schablonen (Masken) auf ein Foto zu legen entspricht den Ebenenmasken. Das Foto selbst zu beschneiden entspricht der Verwendung des Radiergummis.

Bezogen auf die Abbildung 28.2 heißt das: Der Himmel wurde eigentlich gar nicht entfernt, sondern Sie haben nur mithilfe der Ebenenmaske den Bereich des Himmels abgedeckt bzw. maskiert.

Der Vorteil an dieser Methode, mit den Ebenenmasken etwas freizustellen, liegt darin, dass Sie jederzeit wieder die maskierten Bereiche aufdecken bzw. demaskieren können, weil die Pixel des Bildes unberührt bleiben.

Wenn Sie hingegen die Bereiche des Himmels wie in der Abbildung 28.1 direkt im Bild entfernen, besteht keine Möglichkeit mehr, etwas vom gelöschten Bereich wiederherzustellen, weil Sie in dem Fall direkt die Pixel des Bildes gelöscht haben.

28.2.1 Graustufenmaske und Alphakanal

Ebenenmasken selbst werden als Graustufenmasken, die auf einem Alphakanal basieren, realisiert, in denen Sie jedem einzelnen Pixel der Maske einen Graustufenwert zuordnen. Jedem Pixel können Sie einen Wert von 0 für Schwarz bis 255 für Weiß zuweisen. Ein schwarzes Pixel ist ein komplett transparentes Pixel, und ein weißes Pixel beeinflusst die Ebene überhaupt nicht.

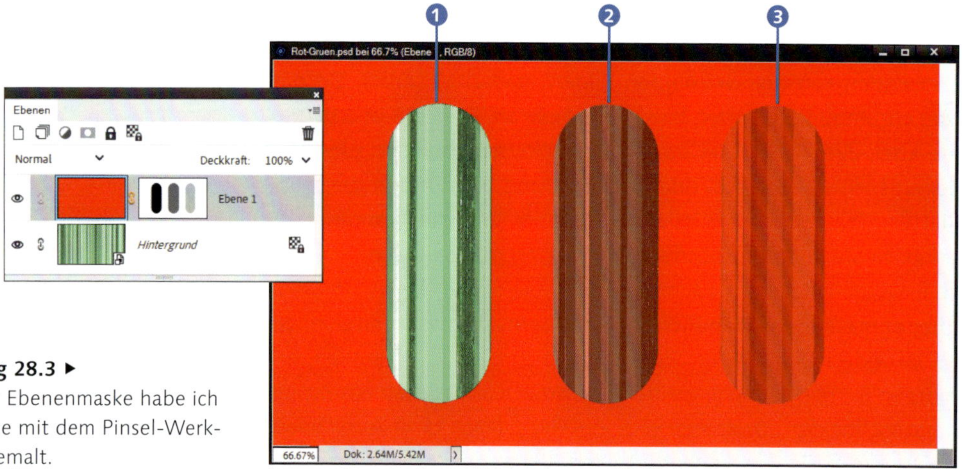

Abbildung 28.3 ▸
Auf dieser Ebenenmaske habe ich drei Striche mit dem Pinsel-Werkzeug aufgemalt.

Im Beispiel habe ich beim Strich links ❶ schwarze Farbe mit dem Wert 0 (Rot, Grün und Blau sind 0) verwendet. Für den mittleren Strich ❷ betrug der Graustufenwert 127 (Rot, Grün und Blau sind 127) und beim letzten Strich ❸ 200 (Rot, Grün und Blau sind 200). Je heller die Graustufenfarbe ist, desto geringer scheint die Farbe der unteren Ebene durch. Wo die Maske weiß geblieben ist, sieht man gar nichts mehr von der unteren Ebene.

Demaskieren

Wenn Sie einen bereits maskierten Bereich mit weißer Farbe einfärben, ist er wieder demaskiert – sprich, der Bildbereich der aktuellen Ebene ist wieder sichtbar! Sie können also jederzeit den maskierten und unmaskierten Bildbereich nachbearbeiten und müssen nie direkt auf die Pixel der Ebene zugreifen.

28.2.2 Maskieren und demaskieren

Das Prinzip ist also recht einfach: Bemalen Sie die Ebenenmaske mit schwarzer Farbe, wird dieser Bereich der Ebene komplett ausgeblendet, woraufhin der darunterliegende Teil durchscheint. Man spricht dabei von einem *maskierten Bereich*. Alle anderen

Stellen, an denen die Ebenenmaske weiß und somit das Bild der aktuellen Ebene sichtbar ist, werden als *unmaskierter Bereich* bezeichnet. Und weil Ebenenmasken mit Graustufen realisiert sind, können Sie auch andere Grautöne (1 bis 254) verwenden, sodass je nach Intensität des Grautons weniger oder mehr durchscheint. Dadurch lassen sich beispielsweise Bildkompositionen mit fließenden Übergängen erstellen.

28.2.3 Ebenenmaske bearbeiten

Die Ebenenmasken lassen sich mit fast allen gängigen Funktionen von Photoshop Elements bearbeiten. Sie können fast alle bekannten Befehle, Werkzeuge oder Filter darauf anwenden. In der Praxis werden Sie wohl am häufigsten das Pinsel-Werkzeug [B] zum Ein- und Ausblenden von Bildbereichen benutzen. Auch das Verlaufswerkzeug [G] und das Füllwerkzeug [K] eignen sich prima dafür. Ebenso werden die Werkzeuge oder Filter zum Weichzeichnen und Schärfen oder zur Erhöhung des Kontrasts gerne in Verbindung mit Ebenenmasken eingesetzt.

Maske aktivieren | Voraussetzung dafür, dass Sie die Ebenenmaske und nicht die Ebene selbst bearbeiten, ist, dass die Maske der Ebene aktiviert ist. Hierfür müssen Sie zunächst die richtige Bildebene ausgewählt haben und dann die Maskenminiatur ❸ anklicken. Ob die Ebenenmaske aktiv ist, können Sie an den folgenden drei Merkmalen feststellen:

- Um die Miniaturvorschau der Ebenenmaske finden Sie einen hellblauen Rahmen ❹.
- In der Bildtitelleiste können Sie ebenfalls ablesen, dass die Ebenenmaske ❷ aktiv ist (EBENENMASKE/8).
- Die Farbfelder ❶ in der Werkzeugpalette wechseln zu Schwarz (bzw. zu den unterschiedlichen Graustufen) und Weiß, unabhängig davon, welche Farben dort zuvor ausgewählt waren.

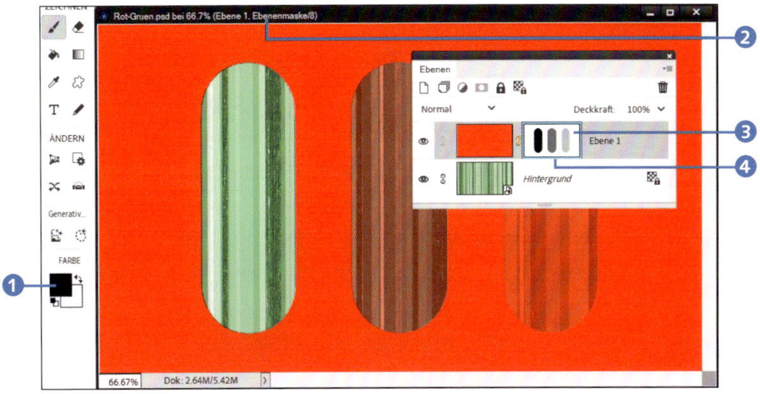

◂ **Abbildung 28.4**
Die Merkmale einer aktiven Ebenenmaske

28.3 Befehle und Funktionen

Zum Verwenden von Ebenenmasken bietet Photoshop Elements viele Befehle und Funktionen an. Einige sind über das Untermenü EBENE • EBENENMASKE erreichbar. Weitere wichtige Kommandos erreichen Sie per rechten Mausklick direkt auf der Ebenenmaske im Ebenen-Bedienfeld ❺ über das Kontextmenü.

▲ **Abbildung 28.5**
Befehle für die Ebenenmaske über das Untermenü EBENE • EBENENMASKE

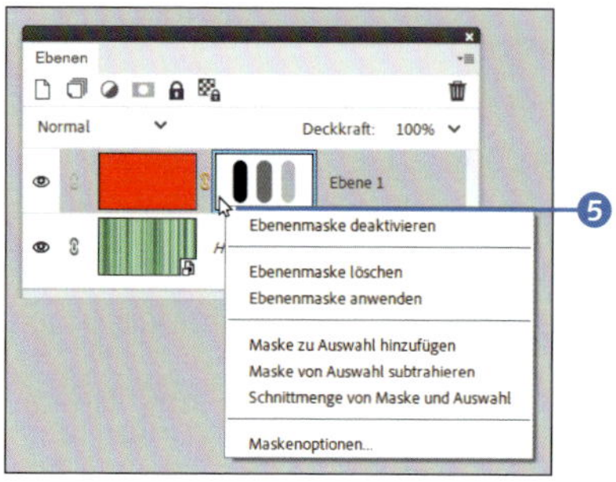

◂ **Abbildung 28.6**
Weitere Befehle lassen sich auch über das Kontextmenü im Ebenen-Bedienfeld auf einer Ebenenmaske aufrufen.

28.3.1 Eine neue Ebenenmaske anlegen

Kapitel_28: Ballerina-gelber-Hintergrund.psd

Um eine neue Ebenenmaske einer Ebene hinzuzufügen, gibt es vier Möglichkeiten, wovon zwei sofort und die anderen zwei nur in Verbindung mit Auswahlen zur Verfügung stehen. Alle vier Möglichkeiten lassen sich über das Menü EBENE • EBENENMASKE oder über die kleine Schaltfläche ❻ im Ebenen-Bedienfeld verwenden. Hier stelle ich zunächst die zwei direkten Möglichkeiten und ihre Auswirkung auf die Ebene vor. Die beiden Varianten, die nur in Verbindung mit Auswahlen zur Verfügung stehen, zeige ich Ihnen in Abschnitt 28.3.6, »Auswahlen und Ebenenmasken«.

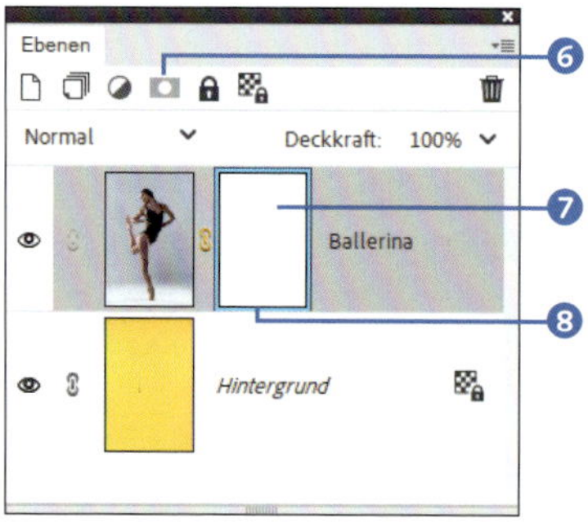

◂ **Abbildung 28.7**
Eine Ebenenmaske wurde mit NICHTS MASKIERT angelegt.

▲ **Abbildung 28.8**
Eine leere weiße Ebenenmaske die mit NICHTS MASKIERT angelegt wurde, hat noch keinerlei Auswirkungen auf eine Ebene. (Model: Anabel Carez)

Nichts maskiert (weiße Maske) | Mit EBENE • EBENENMASKE • NICHTS MASKIERT oder einfach durch Anklicken der Schaltfläche EBENENMASKE HINZUFÜGEN ❻ im Ebenen-Bedienfeld werden Sie zunächst keine Veränderungen an der aktiven Ebene feststellen.

Mit einem Blick im Ebenen-Bedienfeld erkennen Sie hier aber eine weiße Ebenenmaske ❼.

Um diese Ebenenmaske anschließend zu maskieren, malen Sie einfach mit schwarzer Farbe darauf. Damit werden Bildbereiche hinter der aktiven Ebene sichtbar. Wichtig ist, dass Sie hier auch wirklich die Ebenenmaske im Ebenen-Dialog aktiviert haben (zu erkennen am blauen Rahmen ❽).

Mit unterschiedlichen Grautonwerten (1 bis 254) können Sie auch Transparenz in unterschiedlichen Stärken verwenden. Wollen Sie den Bereich wieder komplett demaskieren, brauchen Sie lediglich mit weißer Farbe auf der Ebenenmaske zu malen.

▲ **Abbildung 28.9**
Durch das Aufmalen von schwarzer Farbe mit dem Pinsel-Werkzeug auf der Ebenenmaske wird der gelbe Hintergrund unter der Ebene angezeigt bzw. freigemalt. Befindet sich dort kein Bild, wird ein transparenter Bereich angezeigt.

Alles maskiert (schwarze Maske) | Mit dem Befehl EBENE • EBENENMASKE • ALLES MASKIERT erzielen Sie genau das Gegenteil von NICHTS MASKIERT. Dasselbe erreichen Sie auch, wenn Sie die Schaltfläche ❶ (Abbildung 28.10) im Ebenen-Bedienfeld mit gehaltener [Alt]-Taste anklicken. Die aktive Ebene verschwindet komplett, weil sie vollständig maskiert und somit transparent ist. Mit einem

Blick auf das Ebenen-Bedienfeld erkennen Sie auch den Grund: Sie haben hier zunächst eine komplett schwarze Ebenenmaske **2**.

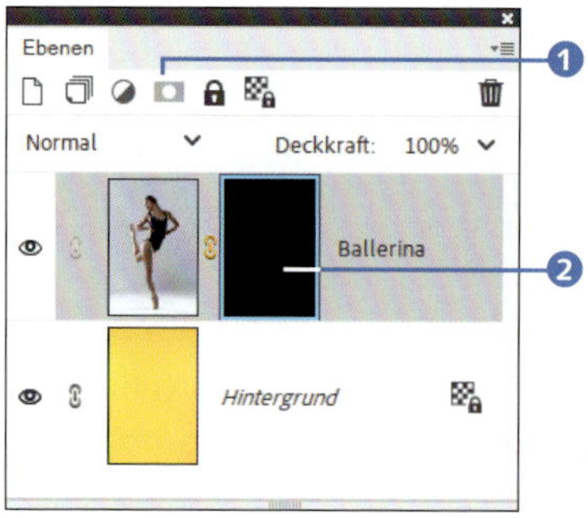

◂ **Abbildung 28.10**
Die Ebenenmaske wurde mit ALLES MASKIERT hinzugefügt.

▴ **Abbildung 28.11**
Hier wurde eine Ebenenmaske mit ALLES MASKIERT angelegt, wodurch die Ebene komplett verschwindet und die Ebene darunter angezeigt wird. Befindet sich dort keine Ebene, wird nur ein leerer transparenter Bereich angezeigt.

Um wieder etwas von der aktiven Ebene zu sehen, müssen Sie auf der Ebenenmaske etwas mit weißer Farbe auftragen. Wie immer müssen Sie darauf achten, dass die Ebenenmaske aktiviert wurde (siehe blauer Rahmen). Auch hier können Sie mit verschiedenen Grautonwerten (254 bis 1) die Stärke der Transparenz bestimmen. Wollen Sie Bereiche oder die komplette Ebene wieder maskieren, übermalen Sie die Stellen mit schwarzer Farbe.

28.3.2 Ebenenmaske anwenden

Um die Ebenenmaske auf die aktive Ebene anzuwenden, also endgültig in das Bild hineinzurechnen, führen Sie den Befehl EBENE • EBENENMASKE • ANWENDEN aus. Besitzt die aktive Ebene keine Ebenenmaske, ist der Befehl ausgegraut. Alternativ klicken Sie mit der rechten Maustaste auf der Ebenenmaske im Ebenen-Bedienfeld und wählen im Kontextmenü EBENENMASKE ANWENDEN aus. Beachten Sie aber, dass Sie mit der Anwendung dieses Befehls die Flexibilität, die Ebenenmasken Ihnen bieten, zunichtemachen. Wenden Sie ihn deshalb nur an, wenn Sie mit der Bearbeitung der Maske fertig sind. Wenn Sie diesen Befehl aufrufen, wird auch die Transparenz, die sich eventuell durch die Ebenenmaske ergeben hat, auf den Alphakanal der aktiven Ebene übertragen.

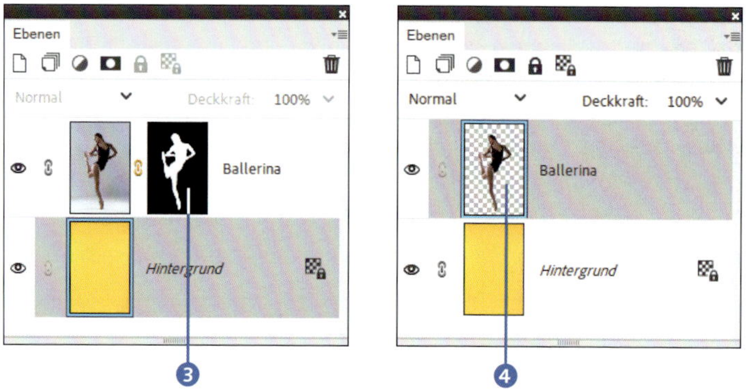

Abbildung 28.12 ▸
In der linken Miniaturvorschau des Ebenen-Bedienfeldes sehen Sie noch die Ebenenmaske **3**. In der rechten Vorschau **4** wurde diese Ebenenmaske nach dem Aufruf EBENENMASKE ANWENDEN gelöscht und die Transparenz auf den Alphakanal der Ebene übertragen.

28.3.3 Ebenenmaske löschen

Wollen Sie die Ebenenmaske nicht auf die Ebene anwenden, sondern entfernen, erreichen Sie dies über den Befehl EBENE • EBENENMASKE • LÖSCHEN. Ist dieser Befehl ausgegraut, besitzt die aktive Ebene keine Ebenenmaske. Ebenfalls löschen können Sie die Ebenenmaske über das Ebenen-Bedienfeld, indem Sie mit der rechten Maustaste darauf klicken und im Kontextmenü den Befehl EBENENMASKE LÖSCHEN auswählen.

Schneller löschen
Alternativ lassen Sie zum Löschen die Miniaturvorschau der Ebenenmaske mit gedrückt gehaltener linker Maustaste auf das Mülleimersymbol im Ebenen-Bedienfeld fallen. Dabei werden Sie aber nochmals gefragt, ob Sie den Vorgang durchführen oder abbrechen wollen und ob Sie die Ebenenmaske auf die Ebene anwenden wollen.

28.3.4 Darstellungsmodi von Ebenenmasken

Um mit Ebenenmasken besser arbeiten zu können, stehen unterschiedliche Darstellungsmodi der Masken zur Verfügung. Gerade bei weichen Übergängen oder nur teilweise transparenten Bildbereichen sind die Graustufenansicht und die Maskierungsfolie eine unverzichtbare Hilfe. Vor allem bei Linien um eine Auswahl können Sie ja nicht erkennen, ob diese weich oder hart angelegt wurde. Zusätzlich darf natürlich eine Möglichkeit nicht fehlen, jederzeit die Ebenenmaske zu deaktivieren und wieder zu aktivieren.

Graustufenansicht | Klicken Sie die Miniaturvorschau der Ebenenmaske im Ebenen-Bedienfeld mit gehaltener [Alt]-Taste an, können Sie die Graustufenansicht der Maske sichtbar machen – sprich, es wird nur noch die reine Ebenenmaske im Bildfenster angezeigt. Mit erneutem Anklicken bei gehaltener [Alt]-Taste aktivieren Sie wieder die normale Ansicht. Auch wenn Sie eine andere Ebene auswählen, wird die Graustufenansicht automatisch deaktiviert.

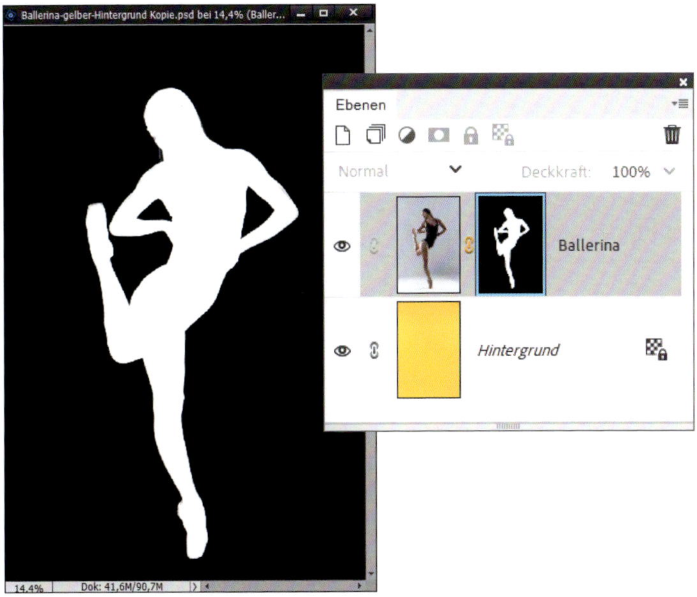

◂ Abbildung 28.13
Ideal für detaillierteres Arbeiten ist die reine Ansicht der Ebenenmaske. Natürlich können Sie die Ebenenmaske in dieser Ansicht nach wie vor bearbeiten.

Maskierungsfolie | Die Maskierungsfolie können Sie verwenden, wenn Sie die Miniaturvorschau der Ebenenmaske mit den gehaltenen Tasten [⇧]+[Alt] anklicken. Die Maskierungsfolie zeigt den maskierten Bildbereich in einer transparenten Farbe (Standard ist Rot) an. Natürlich lässt sich auch hiermit die Ebenenmaske weiter bearbeiten. Deaktivieren können Sie die Maskierungsfolie wieder, indem Sie die Miniaturvorschau der Ebenenmaske erneut mit gehaltenen Tasten [⇧]+[Alt] anklicken oder indem Sie eine andere Ebene auswählen.

Abbildung 28.14 ▸
Mit der Maskierungsfolie wird die Ebenenmaske in einer transparenten Farbe (standardmäßig in Rot) angezeigt.

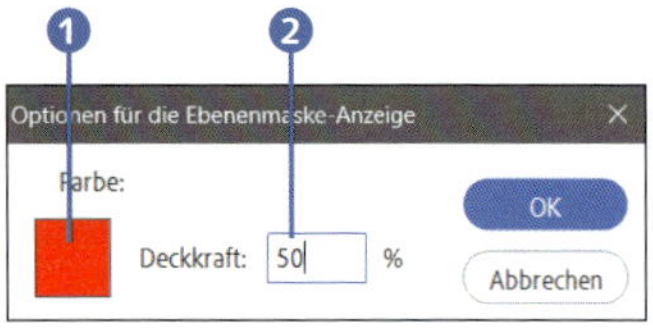

▴ Abbildung 28.15
Die Optionen für die Maskierungsfolie einstellen

Die Farbe und Deckkraft der Maskierungsfolie können Sie natürlich auch ändern. Hierzu müssen Sie lediglich auf der Ebenenmaske im Ebenen-Bedienfeld mit der rechten Maustaste klicken und im Kontextmenü Maskenoptionen auswählen. Im sich öffnenden Dialog stellen Sie jetzt die Farbe ❶ und die Deckkraft ❷ der Maskierungsfolie ein.

Maske ausblenden | Ein extrem wichtiges Feature zur Darstellung von Ebenenmasken fehlt noch, und zwar die Möglichkeit, die Ebenenmaske zu aktivieren und zu deaktivieren, sodass Sie zwischendurch die Ebene ohne Ebenenmaske bearbeiten können. Die Funktion rufen Sie entweder über das Menü Ebene • Ebenenmaske • Deaktivieren zum Deaktivieren auf oder, wenn Sie mit der rechten Maustaste auf der Ebenenmaske im Ebenen-

Bedienfeld klicken, über den Kontextmenübefehl EBENENMASKE DEAKTIVIEREN. In der Miniaturvorschau der Ebenenmaske ist eine deaktivierte Ebenenmaske ③ durchgestrichen.

Wenn die Ebenenmaske deaktiviert ist, können Sie sie ebenfalls wieder über das Menü EBENE • EBENENMASKE • AKTIVIEREN oder über den Kontextmenübefehl EBENENMASKE AKTIVIEREN, den Sie über die Miniaturvorschau der Ebenenmaske via Rechtsklick erreichen, einschalten. Schneller können Sie die Ebenenmaske deaktivieren und wieder aktivieren, indem Sie mit gehaltener [⇧]-Taste in der Miniaturvorschau der Ebenenmaske klicken.

Maskierungsfolie einblenden und Maske ausblenden

Wenn Sie bei aktiver Maskierungsfolie die Maske im Ebenen-Bedienfeld mit gehaltener [⇧]-Taste ausblenden, bleiben die Bildbereiche, die maskiert wurden, weiterhin sichtbar (sind aber nicht mehr durchsichtig). Das ist beispielsweise dann nützlich, wenn Sie die Maske nochmals an komplexeren Stellen genauer unter die Lupe nehmen möchten.

◂ **Abbildung 28.16**
Am roten × ③ der Ebenenmaske erkennen Sie, dass diese deaktiviert wurde, weshalb hier die eigentliche Ebene ohne die transparenten Bereiche angezeigt wird.

28.3.5 Verbindung von Ebene und Ebenenmaske

Die Ebene und die Maske sind normalerweise fest miteinander verknüpft. Das erkennen Sie am Kettensymbol ① (Abbildung 28.17) zwischen der Ebene und der Maske. Durch diese Verknüpfung können Sie sicher sein, dass, wenn Sie die Ebene verschieben, auch die Ebenenmaske mit verschoben wird. Auch beim Transformieren der Ebene wird die Maske dadurch mit transformiert. Wollen Sie diese Verknüpfung aufheben, klicken Sie auf das Kettensymbol zwischen der Ebene und der Maske. Jetzt können Sie die Ebene und die Maske unabhängig voneinander verschieben und transformieren. Klicken Sie erneut zwischen den jetzt leeren Bereich ② der Ebene und der Maske, wird die Verknüpfung wieder aktiviert.

Verknüpfung über das Menü

Alternativ können Sie die Verknüpfung auch über das Menü EBENE • EBENENMASKE aufheben und wiederherstellen, wenn Sie die Ebene mit der Maske im Ebenen-Bedienfeld aktiviert haben.

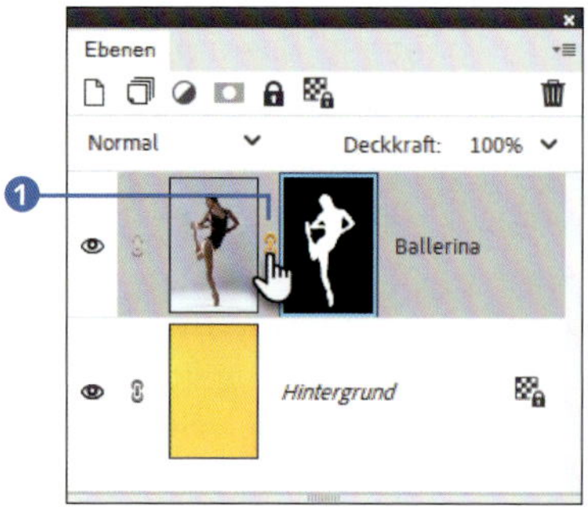

Abbildung 28.17 ▸
Über das Kettensymbol zwischen der Ebene und der Maske …

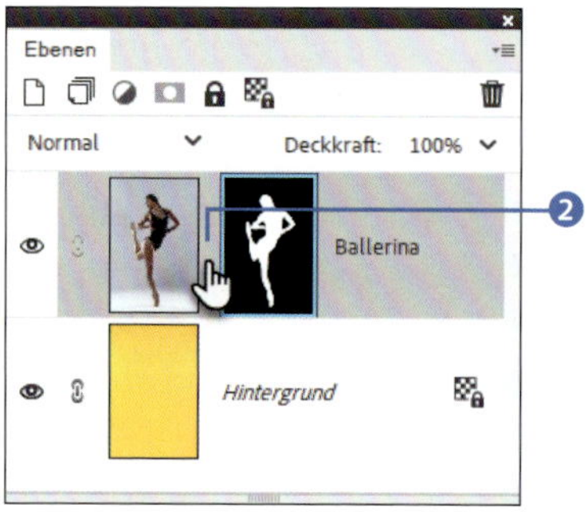

Abbildung 28.18 ▸▸
… können Sie die Verknüpfung (de-)aktivieren.

28.3.6 Auswahlen und Ebenenmasken

Oftmals werden Sie beim Erstellen einer Montage oder dem Freistellen von Objekten mit einer Auswahl anfangen, um dann den ausgewählten oder nicht ausgewählten Bereich zu maskieren. Wie Sie eine Auswahl als Grundlage für eine Ebenenmaske verwenden können, erklären die folgenden Abschnitte.

Kapitel_28: Mural+Portrait.psd, Siege-Bell-War-Memorial.tif

Auswahl einblenden | Über EBENE • EBENENMASKE • AUSWAHL EINBLENDEN wird die aktuelle Auswahl der Ebene eingeblendet (nicht maskiert; deckend) und der nicht ausgewählte Bereich ausgeblendet (maskiert; transparent). Der Befehl ist ausgegraut, wenn es keine Auswahl gibt. Denselben Befehl erreichen Sie auch wieder über die Schaltfläche ❸ im Ebenen-Bedienfeld, wenn Sie diese anklicken und eine Auswahl vorhanden ist.

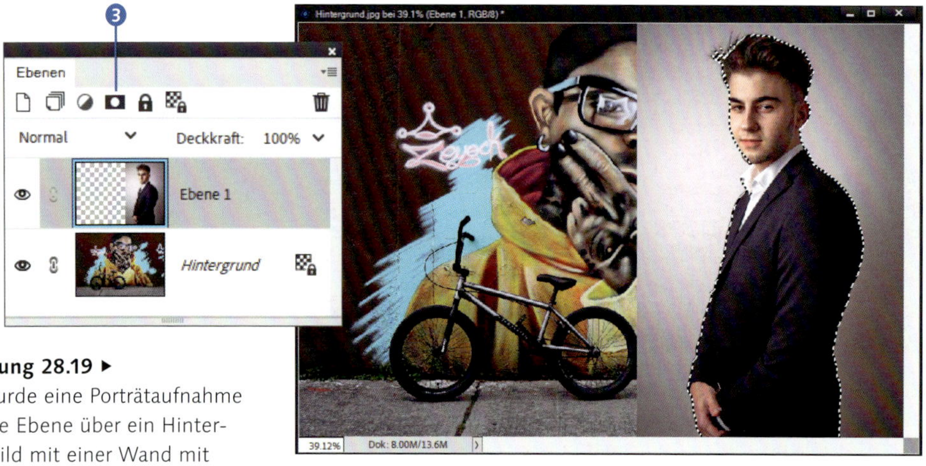

Abbildung 28.19 ▸
Hier wurde eine Porträtaufnahme als neue Ebene über ein Hintergrundbild mit einer Wand mit Graffiti gelegt. Das Porträt habe ich mit verschiedenen Auswahlwerkzeugen ausgewählt.

Natürlich können Sie jederzeit wieder Bildbereiche der Ebene mit weißer Farbe aufmalen oder mit schwarzer Farbe entfernen. Selbstverständlich sind auch wieder transparente Bereiche über die Grautonwerte 1 bis 254 möglich. In der Miniaturvorschau wird die Ebenenmaske in Form der Auswahl angezeigt ❹.

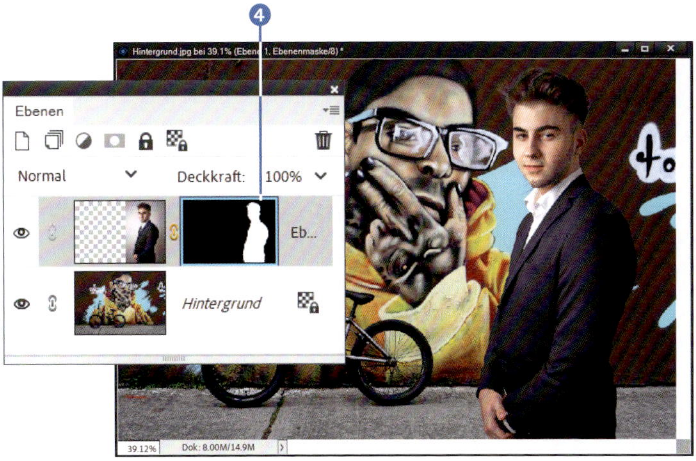

◂ **Abbildung 28.20**
Auf die ausgewählte Person in der oberen Ebene wurde der Befehl Ebene • Ebenenmaske • Auswahl einblenden angewendet. Dadurch wird der Hintergrund mit der Graffiti-Wand in der Ebene darunter sichtbar.

Auswahl ausblenden | Der Befehl Ebene • Ebenenmaske • Auswahl ausblenden ist das Gegenstück zum Befehl Auswahl einblenden. Damit werden praktisch die ausgewählten Bildbereiche ausgeblendet (maskiert; transparent) und die nicht ausgewählten Bereiche eingeblendet (nicht maskiert; deckend). Gibt es keine Auswahl, ist der Befehl ausgegraut.

▴ **Abbildung 28.21**
Von dem Kriegsdenkmal ist zuerst nicht einmal eine mickrige Hälfte zu sehen (links), also habe ich den Ausschnitt mit dem Kriegsdenkmal ausgewählt und dann diesen Bereich mit Auswahl ausblenden ausgeblendet. Anschließend habe ich eine weitere Ebene darunter eingefügt, mit einem Bild, auf dem ich das Kriegsdenkmal komplett hinter dem Durchgang fotografiert habe. Und voilà, jetzt haben Sie schon einen interessanteren Bildausschnitt. Hier sind Ebenenmasken besonders effektiv, weil Sie jederzeit an kniffligen Stellen einzelne Bildbereiche hinzumalen oder auch wegmalen können.

Denselben Befehl erreichen Sie auch über die entsprechende Schaltfläche ⑤ im Ebenen-Bedienfeld. Hierbei müssen Sie beim Anklicken die Taste [Alt] gedrückt halten. Ansonsten gilt dasselbe wie beim Befehl Auswahl einblenden. Auch in der Miniaturvorschau ⑥ erkennen Sie in der Ebenenmaske die Form der Auswahl, nur eben im Gegensatz zu Auswahl einblenden in einer invertierten Version.

Zusätzlich bietet Photoshop Elements Funktionen an, mit deren Hilfe bei Auswahlen, die Sie auf einer Ebene mit Ebenenmasken erstellt haben, die vorhandene Maske berücksichtigt wird. Die einzelnen Funktionen lassen sich allerdings nur im Kontextmenü – nach einem rechten Mausklick auf der Ebenenmaske im Ebenen-Bedienfeld – aufrufen.

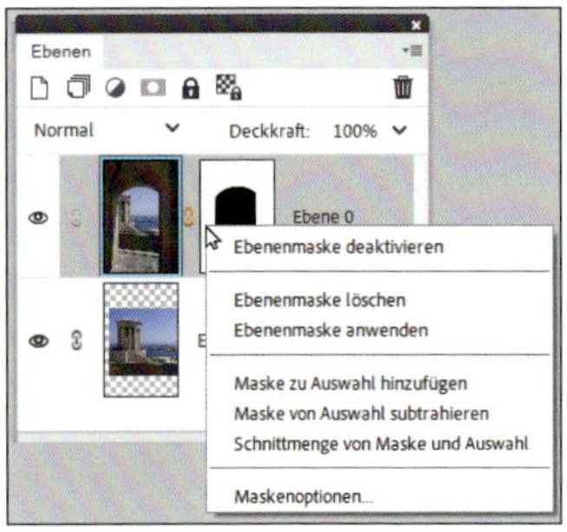

▲ **Abbildung 28.22**
Spezielle Auswahlbefehle für Ebenenmasken

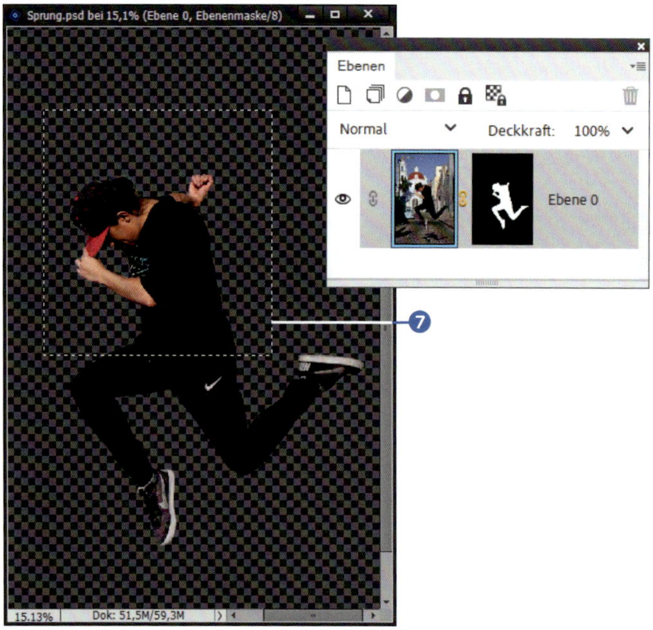

Abbildung 28.23 ▶
Hier habe ich auf der Ebene mit der Ebenenmaske eine quadratische Auswahl ⑦ angelegt, auf die anschließend die Befehle Maske zu Auswahl hinzufügen, Maske von Auswahl subtrahieren und Schnittmenge von Maske und Auswahl ausgeführt werden können.

Kapitel_28: Sprung.psd

Maske zu Auswahl hinzufügen | Mit dem Kommando Maske zu Auswahl hinzufügen wird die Ebenenmaske der aktiven Ebene in eine Auswahl umgewandelt und gegebenenfalls einer bereits vorhandenen Auswahl hinzugefügt. Weiße Bereiche der Ebenenmaske werden ausgewählt und schwarze Bereiche nicht. Graue Bereiche erhalten eine weiche Auswahlkante. Die Ebenenmaske selbst wird durch dieses Kommando nicht verändert.

Maske von Auswahl subtrahieren | Der Befehl Maske von Auswahl subtrahieren ist ähnlich wie schon der Befehl Maske zu Auswahl hinzufügen. Auch hiermit wandeln Sie die Ebenenmaske der aktiven Ebene in eine Auswahl um. Weiße Bereiche der Maske werden ausgewählt und schwarze nicht. Graue Bereiche erhalten eine weiche Auswahlkante. Allerdings besteht im Gegensatz zur Funktion MASKE ZU AUSWAHL HINZUFÜGEN der Unterschied, dass eine eventuell schon vorhandene Auswahl im Bild davon abgezogen wird. Gerade dies kann allerdings sehr verwirrend sein, weil dann die schwarzen Bildbereiche der Ebenenmaske ausgewählt werden. Die Ebenenmaske selbst wird mit diesem Befehl nicht verändert.

Schnittmenge von Maske und Auswahl | Der letzte Auswahlbefehl ist SCHNITTMENGE VON MASKE UND AUSWAHL. Auch hier gilt alles, was ich bereits bei den anderen beiden Befehlen zuvor beschrieben habe. Nur besteht bei diesem Befehl der Unterschied, dass bei einer bereits vorhandenen Auswahl im Bild eine Schnittmenge der neuen Auswahl für diese Maske gebildet wird.

▲ **Abbildung 28.24**
Nach dem Aufruf von MASKE ZU AUSWAHL HINZUFÜGEN

▲ **Abbildung 28.25**
Die Auswahl nach dem Befehl MASKE VON AUSWAHL SUBTRAHIEREN

▲ **Abbildung 28.26**
Die Auswahl nach dem Aufruf von SCHNITTMENGE VON MASKE UND AUSWAHL

28.4 Weitere hilfreiche Funktionen

Die Ebenenmasken sind eine sehr flexible und mächtige Funktion in der digitalen Bildbearbeitung, die Sie nicht mehr missen wollen, wenn Sie deren Umgang beherrschen. Neben den bereits erwähnten Funktionen für die Ebenenmasken finden Sie hier noch weitere Möglichkeiten vor, die Ihnen im Umgang mit Ebenenmasken hilfreich sein können.

Maske umkehren | Sie können eine Ebenenmaske auch umkehren bzw. invertieren. Wenn Sie die Ebenenmaske im Ebenen-Dialog auswählen ❶ und Strg/cmd+I bzw. FILTER • ANPASSUNGSFILTER • UMKEHREN verwenden, wird alles zuvor Maskierte einer Ebenenmaske demaskiert, und alles Demaskierte wird maskiert. Das entspricht demselben Prinzip, bei dem Sie eine Auswahl umkehren.

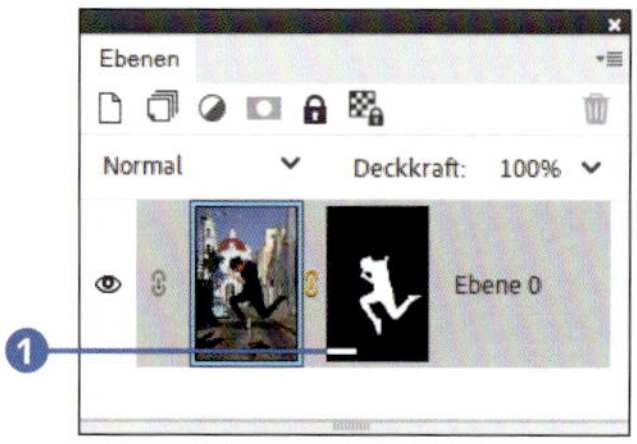

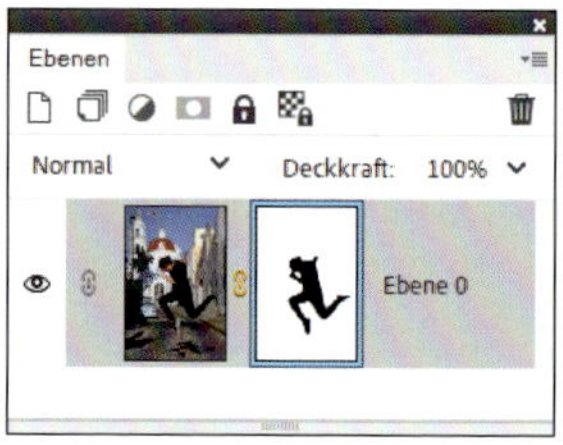

Abbildung 28.27 ▸
Eine Ebenenmaske können Sie jederzeit mit …

Abbildung 28.28 ▸▸
… Strg/cmd+I umkehren.

Maske verbessern | Sie werden es schon festgestellt haben, dass Ebenenmasken recht eng und intensiv auch mit Auswahlen zusammenarbeiten. Daher steht ihnen auch für die Verbesserung von Ebenenmasken der Dialog MASKE VERBESSERN aus dem Menü AUSWAHL zur Verfügung. Die Anwendung und Funktion des Dialogs entspricht genau dem, was bereits in Abschnitt 22.5.3, »Kante verbessern«, beschrieben wurde.

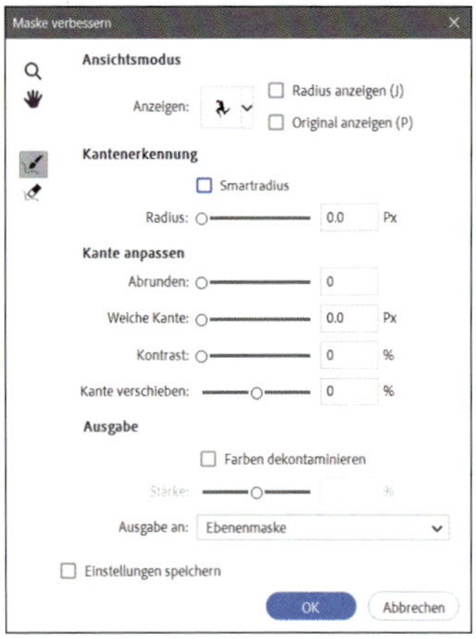

▴ Abbildung 28.29
Der Dialog MASKE VERBESSERN

Auswahl aus Ebenenmaske | Wie Sie eine Ebenenmaske aus einer Auswahl erstellen, wissen Sie bereits. Wollen Sie hingegen aus einer Ebenenmaske eine Auswahl erstellen, müssen Sie nur die Ebenenmaske im Ebenen-Dialog auswählen und mit gehaltener Strg/cmd-Taste anklicken.

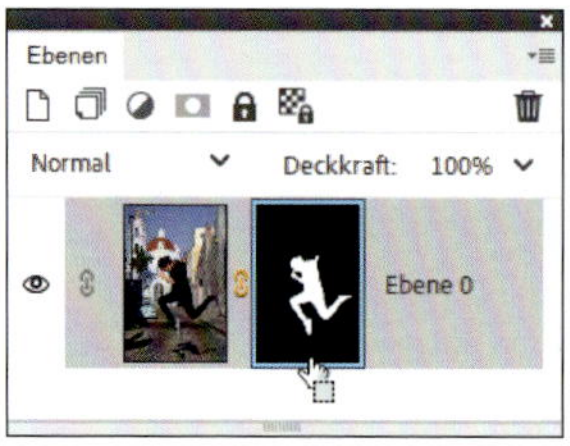

Abbildung 28.30 ▸
Eine Auswahl wird aus einer Ebenenmaske mit gehaltener Strg/cmd-Taste erstellt.

Einstellungsebenen mit Ebenenmaske | Dass jede Einstellungsebene ebenfalls eine Ebenenmaske anlegt, dürfte Ihnen bereits aufgefallen sein. Dies hat den Vorteil, dass Sie den Effekt der Einstellungsebene auf ausgewählte Bereiche im Bild anwenden können. So können Sie beispielsweise mit einer Einstellungsebene wie FARBTON/SÄTTIGUNG ausgewählte Bereiche im Bild über den Regler FARBTON umfärben.

Kapitel 29

Fotocollagen und -montagen

Jetzt haben Sie viele Funktionen und Befehle zu den Ebenen und den Ebenenmasken kennengelernt. In diesem Abschnitt werde ich Ihnen einige gängige und kreative Praxisbeispiele dazu zeigen.

29.1 Einfache Montagen mit Ebenen

Ein wichtiges Anwendungsgebiet von Ebenen sind Fotomontagen. Diese setzen natürlich voraus, dass Sie den grundlegenden Umgang mit den Werkzeugen von Photoshop Elements und natürlich auch den Auswahlen bereits beherrschen. Folgende Tipps will ich Ihnen außerdem zu einer gelungeneren Fotomontage geben:

- **Bildauswahl**: Das Wichtigste für eine gute Montage ist natürlich eine geeignete Bildauswahl. Gerade wenn Sie ein Objekt in ein anderes Bild montieren wollen, sollten Sie ein Objekt wählen, das sich leicht freistellen und wieder einfügen lässt.
- **Lichtverhältnisse**: Das ist meistens das Schwierigste bei der Montage eines Objekts. Selten herrschen bei beiden Bildern dieselben Lichtverhältnisse. Sind einmontierte Objekte im Vergleich zum Zielbild zu hell oder zu dunkel, wird die Fotomontage schwieriger, weil Sie mit anderen Werkzeugen, wie etwa der TONWERTKORREKTUR, HELLIGKEIT und KONTRAST usw., nacharbeiten müssen. Nicht immer lässt sich daher jedes Objekt sauber und unauffällig in ein anderes Zielbild montieren.
- **Planung**: Ganz wichtig ist eine sorgfältige Planung. Zwar können Sie auch einmal einfach so dahinarbeiten, aber trotzdem sollten Sie einige Dinge wie Schatten, harte oder weiche Übergänge usw. vorher überdenken.

Composing, Montage, Collage
Die Fotomontage wird häufiger auch als *Composing* oder *Collage* bezeichnet. Manchmal ist auch einfach nur die Rede von einer *Montage*. Dabei werden verschiedene Bildinhalte über mehrere Ebenen zu einem neuen Bild zusammengesetzt. Dabei gibt es eigentlich keine festen Regeln, und der Kreativität sind hierbei keine Grenzen gesetzt.

- **Genügend Zeit**: Eine gelungene Fotomontage braucht Zeit. Je mehr Zeit Sie sich nehmen, desto sauberer wird die Arbeit sein. Etwas aufwendigere Montagen lassen sich nun einmal nicht in ein paar Minuten zusammenstellen.

Schritt für Schritt
Objekt in ein anderes Bild einmontieren (der manuelle Weg)

Kapitel_29: Ordner »Montage«

Der Klassiker der Fotomontage ist natürlich, Bildobjekte in andere Bilder zu montieren, ohne dass dies dem Betrachter auffällt. Das Prinzip ist relativ einfach: Man stellt ein Objekt aus einem Bild frei und fügt es als neue Ebene in (oder auf) einem anderen Bild ein. Jetzt feilt man so lange an dem hinzugefügten Objekt, bis die Montage kaum oder gar nicht mehr auffällt. In diesem Workshop wollen wir das Bild »Sonnenstrahlen.jpg« und die Person aus dem Bild »Luchador.psd« auf die leere Werbefläche des Bildes »Werbung.jpg« montieren. Öffnen Sie zunächst alle drei Bilder im Fotoeditor.

▲ **Abbildung 29.1**
Das Bild mit den Sonnenstrahlen und die Person rechts sollen in das Bild mit der leeren Werbefläche oben montiert werden.

1 Hintergrund einfügen und transformieren

Markieren Sie das Bild »Sonnenstrahlen.jpg« mit [Strg]/[cmd]+[A], und kopieren Sie es mit [Strg]/[cmd]+[C] in die Zwischenablage. Aktivieren Sie dann das Bild »Werbung.jpg«, und fügen Sie mit [Strg]/[cmd]+[V] das Bild aus der Zwischenablage ein. Aktivieren Sie das Verschieben-Werkzeug [V], und verschieben Sie die neu eingefügte Ebene oben auf den leeren Bereich der Werbefläche. Als Nächstes sollen die Sonnenstrahlen an der leeren Werbefläche angepasst werden. Verschieben (bzw. verzerren) Sie mit gehaltener [Strg]/[cmd]-Taste die vier Endpunkte der Ebene, bis die Ecken und Seiten exakt über der leeren Werbefläche liegen. Reduzieren Sie die Deckkraft der Ebene bei Bedarf etwas, um einen besseren Überblick zu haben.

Zum Weiterlesen

Das Transformieren von Ebenen habe ich ausführlich in Abschnitt 26.3, »Ebenen transformieren«, behandelt.

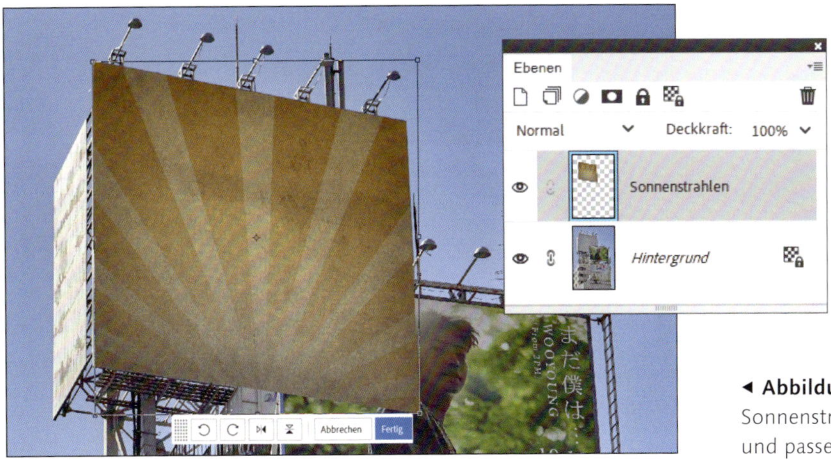

◂ **Abbildung 29.2**
Sonnenstrahlen-Bild einmontiert und passend transformiert

2 Einmontierten Hintergrund mit Ebenenmaske anpassen

Um die überlappenden Bereiche, wie Lampen und Stahlträger, über dem einmontierten Bild wieder sichtbar zu machen, gibt es verschiedene Wege. Deaktivieren Sie zunächst die Ebene mit den Sonnenstrahlen über das Augensymbol im Ebenen-Dialog, und wählen Sie die leere Werbefläche mit dem Schnellauswahl-Werkzeug A aus. Aktivieren Sie die Sichtbarkeit der Ebene mit den Sonnstrahlen wieder, wählen Sie die Ebene aus, und fügen Sie nun eine Ebenenmaske der Auswahl hinzu. Das war zunächst nur eine grobe Auswahl. Bei den feineren Details wie den Lampen und Stahlträgern kommen Sie nicht um den Pinsel B herum – zoomen Sie tief ein, und malen Sie die Lampen und Stahlträger mit schwarzer Farbe auf der Ebenenmaske frei. Zu viel Freigemaltes können Sie mit weißer Farbe wieder abdecken. Für das Zeichnen von geraden Linien beim (De-)Maskieren klicken Sie auf den Anfang und mit gehaltener ⇧-Taste ans Ende.

Zum Weiterlesen
Den Umgang mit den Ebenenmasken habe ich in Kapitel 28 beschrieben.

◂ **Abbildung 29.3**
Mithilfe von Ebenenmasken habe ich überlappende Bereiche wie Lampen oder Stahlträger freigemalt.

Zum Nachlesen

Den Dialog KANTE VERBESSERN habe ich ausführlich in Abschnitt 22.5.3, »Kante verbessern«, behandelt.

3 Luchador freistellen

Verwenden Sie nun das Bild »Luchador.jpg«, und wählen Sie die Person aus. Ich betätige hierzu [Strg]/[cmd]+[Alt]+[S] bzw. AUSWAHL • MOTIV. Das sollte den Luchador schon ganz gut auswählen. Für die Feinarbeiten verwende ich den Dialog KANTE VERBESSERN aus dem Menü AUSWAHL. Bei AUSGABE AN im Dialog KANTE VERBESSERN empfehle ich NEUE EBENE MIT EBENENMASKE. Damit behalten Sie sich alle Optionen vor, jederzeit an der Freistellung via Ebenenmaske nachzuarbeiten.

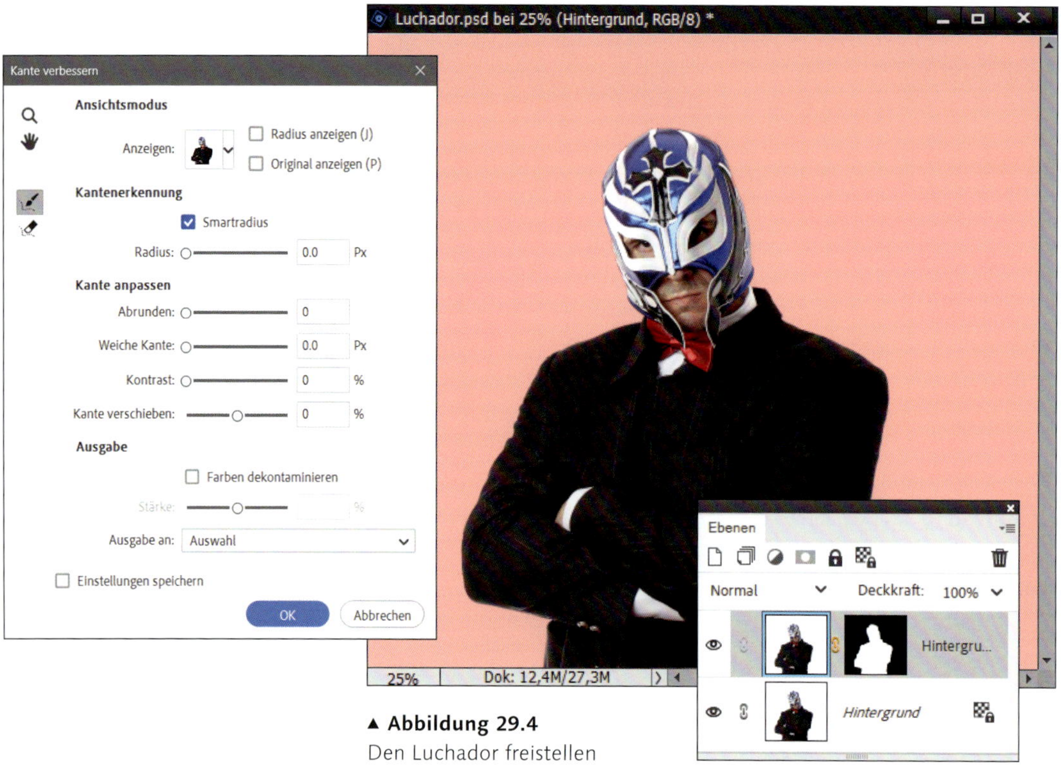

▲ **Abbildung 29.4**
Den Luchador freistellen

4 Luchador in das Zielbild kopieren und transformieren

Den freigestellten Luchador mit der Ebenenmaske ziehen Sie nun aus dem Ebenen-Dialog mit gedrückter Maustaste heraus und lassen ihn über dem Bild »Werbung.jpg« fallen. Aktivieren Sie wieder das Verschieben-Werkzeug [+] [V], und schieben Sie den Luchador über die Ebene mit den Sonnenstrahlen. Damit der Ansichtspunkt passt, habe ich den Luchador zunächst über die Ecken etwas kleiner skaliert und dann mit der Option NEIGEN etwas schräg gestellt, damit der Betrachtungswinkel des Luchadors von unten etwas realistischer wirkt.

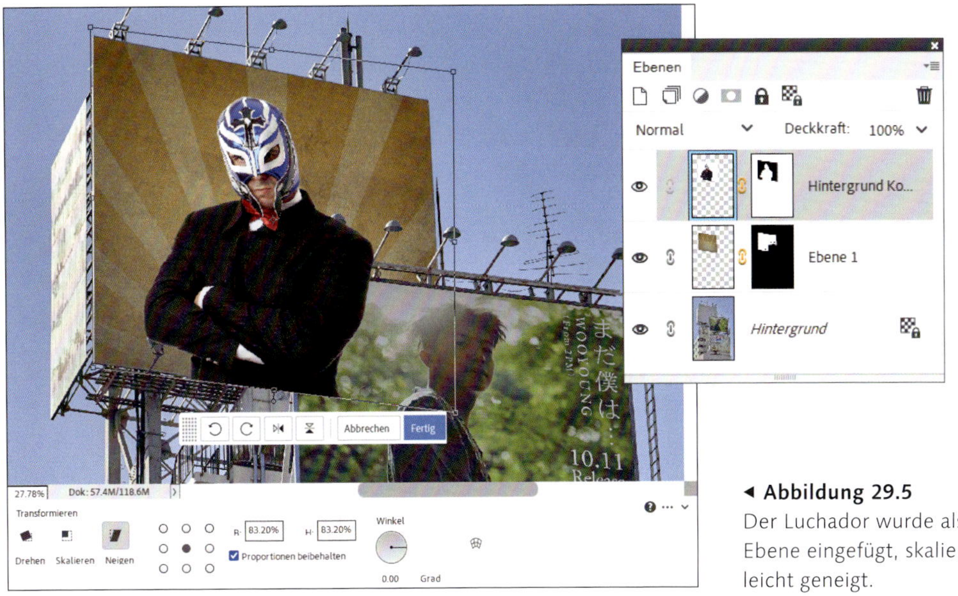

◀ **Abbildung 29.5**
Der Luchador wurde als neue Ebene eingefügt, skaliert und leicht geneigt.

5 Ebenenmaske für den Luchador

Um auch hier die Lampen und das Stahlgerüst vor dem Luchador freizumalen, wählen Sie die bereits freigestellte Ebene mit den SONNENSTRAHLEN und klicken mit gehaltener Strg/cmd-Taste auf die Ebenenmaske. Kehren Sie dann die Auswahl mit Strg/cmd+⇧+I um. Stellen Sie Schwarz als Hintergrundfarbe ein (bspw. mit D). Aktivieren Sie dann die Ebenenmaske des Luchadors im Ebenen-Dialog, und drücken Sie Entf. Nun ist auch der Luchador ordentlich in das Werbeplakat einmontiert.

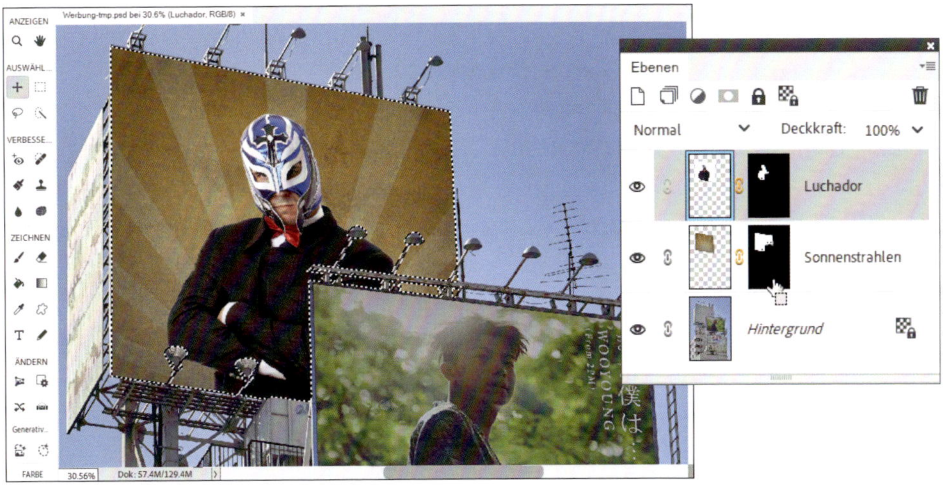

▲ **Abbildung 29.6**
Den Luchador ordentlich in die Komposition einmontieren

6 Einheitliche Farbstimmung

Haben Sie die Montage gemeistert, ist ein nächster Schritt häufig, dem Bild eine einheitliche Farbstimmung zu geben. Oftmals ist es ja so, dass die Licht- und Farbstimmung eines einmontierten Objekts nicht ganz mit dem Hintergrund harmonieren. Eine einheitliche Farbstimmung können Sie auf viele verschiedene Arten erreichen, etwa mit Füllebenen, Verlaufsfiltern oder Fotofiltern. Auch die Füllmethoden lassen sich anpassen, oder Sie reduzieren die Deckkraft. Eine Einstellungsebene wie die Tonwertkorrektur eignet sich hierfür ebenso. Wollen Sie eine bestimmte Anpassung nur auf der darunterliegenden Ebene durchführen, können Sie auch Schnittmasken verwenden. Auch Adobe Camera Raw bietet sich für die Feinabstimmung an, ganz besonders seine tollen Profile. Dafür müssen Sie das Bild allerdings vorher als JPEG oder TIFF speichern.

Abbildung 29.7 ▼
Adobe Camera Raw kann hilfreich sein, wenn es um eine einheitliche Farbstimmung bei Fotomontagen geht.

29.1.1 Fotos zusammenstellen

Die Funktion Fotos zusammenstellen finden Sie im Menü Bild oder beim Assistent unter Kombinieren. Fotos zusammenstellen enthält Funktionen, mit denen Sie mehrere Fotos miteinander kombinieren und zu einem Bild zusammenfügen können. Diese Funktion kann für kreative und künstlerische Zwecke verwendet werden, aber auch zum Erzählen von Bildgeschichten oder zum Erstellen von Fotocollagen.

Sie können die Funktion FOTOS ZUSAMMENSTELLEN mit oder ohne Bilder ausführen. Wenn Sie die Funktion ohne Bilder aufrufen, finden Sie einen leeren Hintergrund vor. Hier können Sie nun im Bereich IMPORTIEREN ❶ über FOTO HINZUFÜGEN AUS ❷ Bilder von Ihrem COMPUTER, dem ORGANIZER oder ADOBE STOCK einfügen. Über LAYOUT WÄHLEN ❸ finden Sie verschiedene Seitenverhältnisse für unterschiedliche Zwecke.

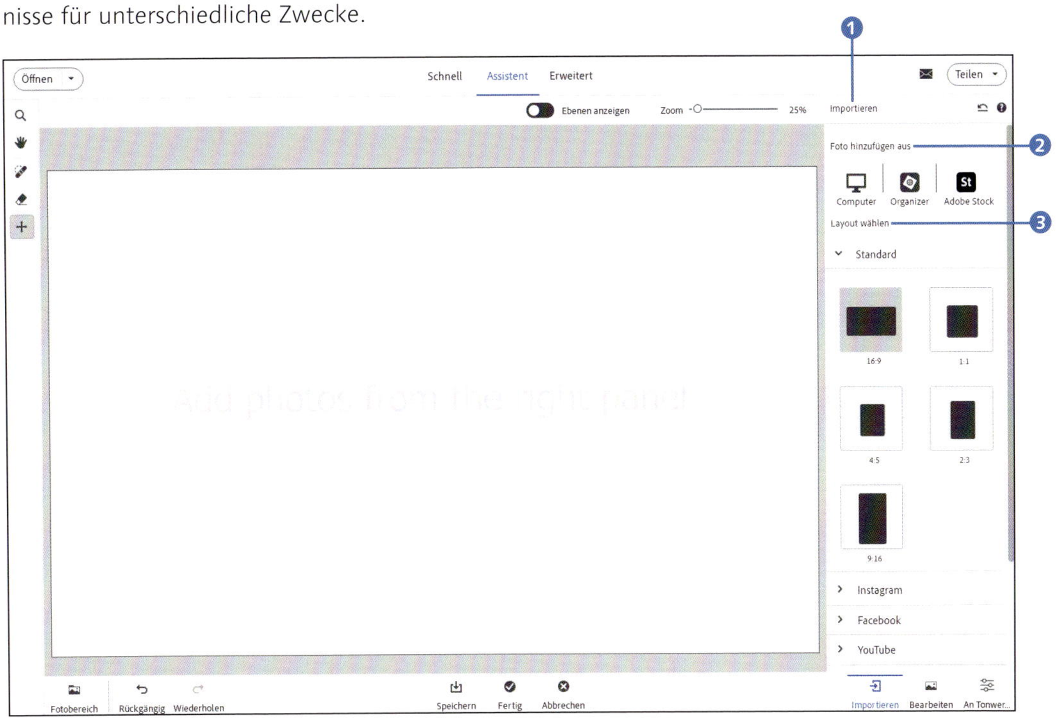

▲ **Abbildung 29.8**
Hier wurde die Funktion FOTOS ZUSAMMENSTELLEN ohne Bilder aufgerufen.

Nachdem Sie die Bilder hinzugefügt haben, können Sie diese über BEARBEITEN ❽ weiter bearbeiten. Hier stehen Ihnen die Funktionen HINTERGRUND ENTFERNEN, mit der das Hauptmotiv automatisch freigestellt wird, oder OBJEKT EXTRAHIEREN, mit der Sie die Freistellung selbst mit den üblichen Auswahlwerkzeugen vornehmen können, zur Verfügung. Außerdem finden Sie hier die Funktion SPIEGELN UND DREHEN. Die Funktion wird – wie alle Funktionen im Bereich BEARBEITEN – immer auf das ausgewählte Bild oder die ausgewählte Ebene angewendet. Mit ALS HINTERGRUND VERWENDEN können Sie eine Ebene zum Hintergrundbild erklären, das sich dann über den gesamten Bildbereich erstreckt. Außerdem können Sie die DECKKRAFT der ausgewählten Ebene anpassen.

Ersetzen, Löschen, Reihenfolge ändern

Sie können die Ebenen zwar jederzeit über EBENEN ANZEIGEN verschieben, aber viele Ebenenfunktionen sind hier deaktiviert. Hilfreich ist daher das Kontextmenü, das Sie durch einen Klick mit der rechten Maustaste auf ein Bild aufrufen können. Dort lässt sich auch die Reihenfolge der Bilder ändern und Bilder löschen oder ersetzen. Alternativ können Sie Bilder auch mit der ← -Taste löschen.

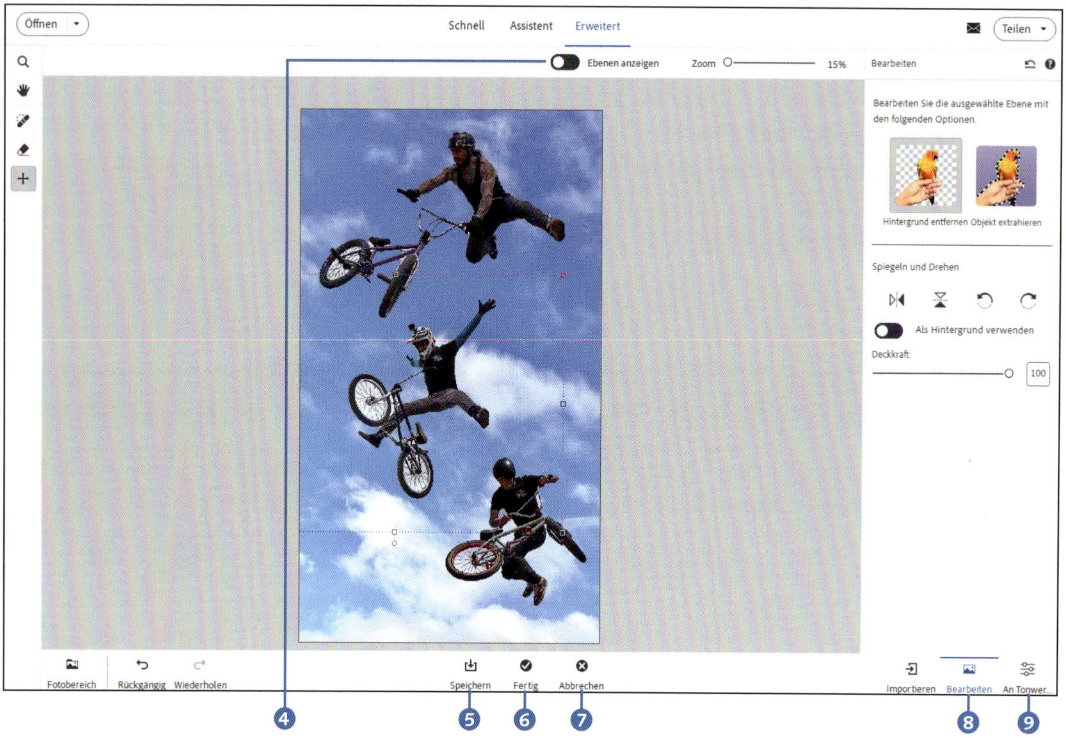

▲ **Abbildung 29.9**
Die Funktion Spiegeln und Drehen

Smart-Objekte
Unabhängig davon, ob Sie die Funktion Fotos zusammenstellen mit oder ohne Bilder aufrufen, werden die Bilder immer als Smart-Objekte übereinander gelegt. Dabei wird für jedes hinzugefügte Bild eine neue Ebene verwendet. Die Ebenen können Sie sich über Ebenen anzeigen ❹ einblenden lassen, wenn Sie zum Beispiel die Reihenfolge eines Bildes im Ebenenstapel ändern möchten. Jedes einzelne Bild kann mit dem Verschieben-Werkzeug verschoben, skaliert und gedreht werden.

Mit dem letzten Register An Tonwerte anpassen ❾ können Sie den Farbton des extrahierten Objekts bzw. des darüber liegenden Bildes an den Hintergrund anpassen und mit den Reglern weiter verfeinern. Diese Funktion wirkt sich allerdings nur auf die oberste Ebene aus und macht daher eigentlich nur Sinn, wenn Sie zum Beispiel nur einzelne Ebenen über die Hintergrundebene gelegt haben.

Wenn Sie auf Speichern ❺ klicken, wird die Komposition mit den Ebenen und Ebenenmasken gespeichert. Sie können dann jederzeit im Fotoeditor im Erweitert-Modus weiterarbeiten. Wenn Sie dagegen auf Fertig ❻ klicken, wird das Bild im Erweitert-Modus geöffnet, aber einige Ebenenmasken sind bereits vereinfacht. Mit Abbrechen ❼ können Sie die vorgenommenen Anpassungen verwerfen, ohne sie zu speichern.

29.1.2 Grafikvorlagen einbinden

Dass Sie auch alle Werkzeuge, Funktionen und sogar Filter auf die Ebenenmasken anwenden können, macht diese noch vielseitiger. Häufig ist einem die Vielfältigkeit von Ebenenmasken gar nicht bewusst.

Schritt für Schritt
Individuelle Bildhintergründe mit Ebenenmasken

Hier folgt ein Workshop als Anregung, wie Sie beispielsweise Rahmen oder kreative Hintergründe mithilfe von Ebenenmasken und den mitgelieferten Grafikvorlagen erstellen können.

Kapitel_29: Tänzer.jpg

1 Bild laden und Hintergrund erstellen

Laden Sie das Bild »Tänzer.jpg« in den Fotoeditor. Machen Sie aus dieser Hintergrundebene auch gleich eine Ebene über Ebene • Neu • Ebene aus Hintergrund.

Nun könnten Sie eine neue leere Ebene erstellen und diese Ebene mit einem Farbverlauf oder Muster Ihrer Wahl füllen. In diesem Beispiel bin ich allerdings anders vorgegangen: Anstatt manuell eine neue Ebene zu erstellen, habe ich einen der Hintergründe verwendet, die Photoshop Elements im Bedienfeldbereich Grafiken ❷ (Fenster • Grafiken bzw. F7) bereithält.

▼ Abbildung 29.10
Photoshop Elements bietet mit unzähligen Vorlagen die Qual der Wahl.

Wählen Sie in der Dropdown-Liste Nach Art ❸ aus und daneben Hintergründe ❶. Jetzt wird eine ganze Liste der vorhandenen Hintergründe angezeigt. Wenn Sie einen davon verwenden wollen, doppelklicken Sie einfach darauf ❺, und dieser Hintergrund wird automatisch unter das Foto »Tänzer.jpg« im Ebenen-Bedienfeld gelegt ❻. Sie können jederzeit durch erneutes Doppelklicken einen anderen Hintergrund auswählen. Wenn unter den von Photoshop Elements bereitgestellten Hintergründen nichts Passendes für Sie dabei ist, können Sie auf das kleine Adobe Stock-Symbol ❹ klicken und einen Hintergrund über Adobe Stock auswählen. Mehr dazu erfahren Sie in Abschnitt 29.4, »Adobe Stock verwenden«.

2 Ebenenmaske hinzufügen

Erstellen Sie eine Auswahl auf dem Bild, die das Hauptmotiv irgendwie einrahmt. Achten Sie dabei darauf, dass die Ebene mit dem Bild im Ebenen-Bedienfeld selektiert ist. Im Beispiel habe ich hierzu mit dem Schnellauswahl-Werkzeug [A] die Person ausgewählt. Natürlich spricht auch nichts dagegen, wenn Sie einfach eine Umrandung mit dem Auswahlrechteck-Werkzeug [M] oder dem Auswahlellipse-Werkzeug [M] erzeugen.

Erstellen Sie jetzt eine Ebenenmaske über das Menü Ebene • Ebenenmaske • Auswahl einblenden. Nun sollten Sie um das Motiv den zuvor erstellten oder ausgewählten Hintergrund eingeblendet sehen.

Kreativ sein

Neben der Möglichkeit, Hintergründe im Bedienfeld Grafiken [F7] zu verwenden, finden Sie hier auch Formen, Rahmen und Grafiken, die sich ebenfalls alle hierzu nutzen lassen. Wie bereits erwähnt, wird die Vielseitigkeit von Photoshop Elements oftmals einfach unterschätzt. Achten Sie darauf, dass Sie Grafiken, Rahmen usw., die rechts oben eine blaue Ecke haben, einmalig aus dem Internet herunterladen müssen. Dafür ist eine Internetverbindung notwendig. Das Herunterladen einzelner Grafiken ist natürlich kostenlos, und wenn Sie eine Grafik erst einmal heruntergeladen haben, wird diese auch auf dem Rechner gespeichert.

Abbildung 29.11 ▸
Ein neuer Hintergrund mithilfe von Ebenenmasken

3 Ebenenmaske mit Filter bearbeiten

Jetzt brauchen Sie nur noch die Ebenenmaske im Ebenen-Bedienfeld 7 auszuwählen und können Ihrer Kreativität freien Lauf lassen. Sie können hierzu beispielsweise einfach über Filter • Filtergalerie die einzelnen Vorschauen verwenden und auf diese Ebenenmaske anwenden. Natürlich können Sie hier auch weiterhin mit den Werkzeugen oder anderen Befehlen operieren. Denken Sie daran, dass Sie jederzeit den Hintergrund wieder ändern können. Auch mit verschiedenen Ebenenmodi, Duplizieren von Ebenen und Ändern der Deckkraft lässt sich hierbei noch vieles ausprobieren.

▲ **Abbildung 29.12**
Zwei einfache Beispiele, die ich mithilfe von Ebenenmasken, Hintergründen von Photoshop Elements und Effekten, Deckkraft und Füllmethoden innerhalb einer Minute erstellt hatte. Zusätzlich fügte ich Text ein, und fertig war der Werbeflyer.

29.2 Einfache Fotocollagen

Eine einfache Fotocollage aus mehreren Bildern ist ebenfalls ein beliebtes Thema in der Bildbearbeitung. Photoshop Elements selbst bietet daher ja auch bereits im Dropdown-Menü ERSTELLEN mit FOTOCOLLAGE eine entsprechende Funktion. Wer lieber sein eigenes Ding macht und die Optionen des Fotoeditors und seine eigene Kreativität ausschöpfen will, der kann auch gerne selbst Hand anlegen. Hierzu ein einfaches Beispiel als Anregung, wie Sie dabei vorgehen können.

Schritt für Schritt
Eine einfache Fotocollage

Öffnen Sie zunächst die Bilder, aus denen Sie eine Fotocollage erstellen wollen, im Fotoeditor. Falls Sie gerade keine eigenen Beispiele zur Hand haben, nehmen Sie die Dateien »Wildlife-1.jpg« bis »Wildlife-9.jpg«.

Kapitel_29:
Ordner »Wildlife«

1 Bildgröße anpassen

Wenn Sie anschließend nicht jedes Bild von Hand skalieren wollen, empfiehlt es sich, zunächst die Bildgröße auf ein einheitlicheres Maß anzupassen.

In diesem Beispiel liegen Bilder aus einem Zeitraum von vielen Jahren vor, wo ich häufig mit unterschiedlichen Kameras in unterschiedlicher Bildgröße fotografiert wurde. Ich verwende dafür den Dialog MEHRERE DATEIEN VERARBEITEN aus dem Menü

DATEI. Ich wähle als QUELLE alle Bilder des Ordners und erstelle als ZIEL einen neuen Ordner. Bei BILDGRÖSSE stelle ich die BREITE auf 1 080 Pixel und setze das Häkchen bei PROPORTIONEN BEHALTEN ❶.

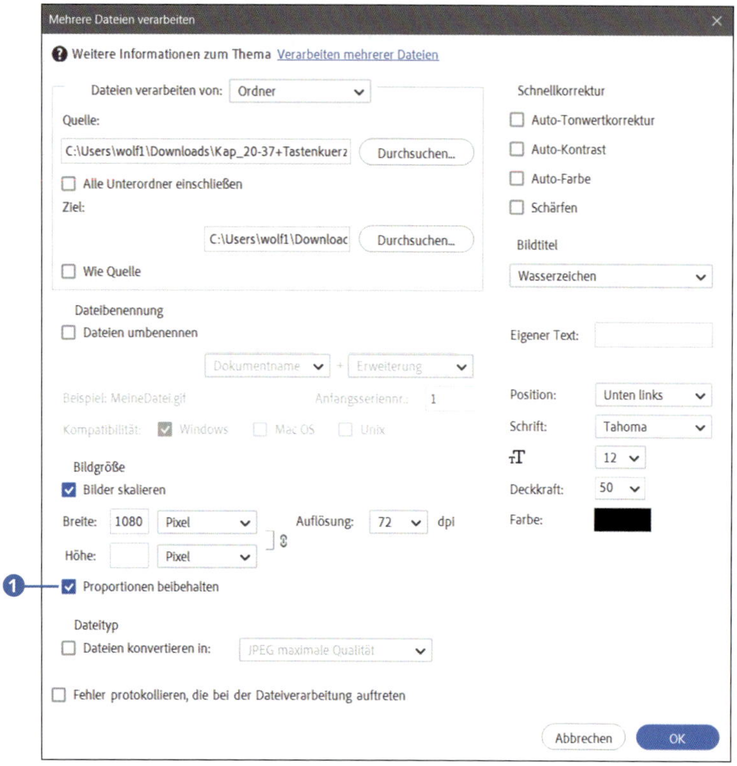

▲ **Abbildung 29.13**
Bildgröße auf ein einheitliches Maß skalieren

2 Bilder öffnen und Rahmen hinzufügen

Um dem ersten Bild einen Rahmen hinzuzufügen, wählen Sie das Aufgabenbedienfeld GRAFIKEN aus (FENSTER • GRAFIKEN bzw. F7). Wählen Sie hier in der zweiten Dropdown-Liste RAHMEN ❷ aus, und es werden alle vorhandenen Rahmen aufgelistet.

Dem Bild verpassen Sie einen Rahmen, indem Sie beispielsweise eine der Miniaturvorschauen der Rahmen in der Liste doppelt anklicken. Photoshop Elements versucht jetzt automatisch, den Rahmen um das Bild anzupassen. Sie können hierbei natürlich nachträglich die Größe des Bildes im Rahmen mit dem Schieberegler ❸ ändern.

Die Rahmen können Sie jederzeit wechseln, indem Sie einen anderen Rahmen in der Liste doppelt anklicken oder per Drag & Drop auf das Bild fallen lassen. Auch diesen Rahmen kön-

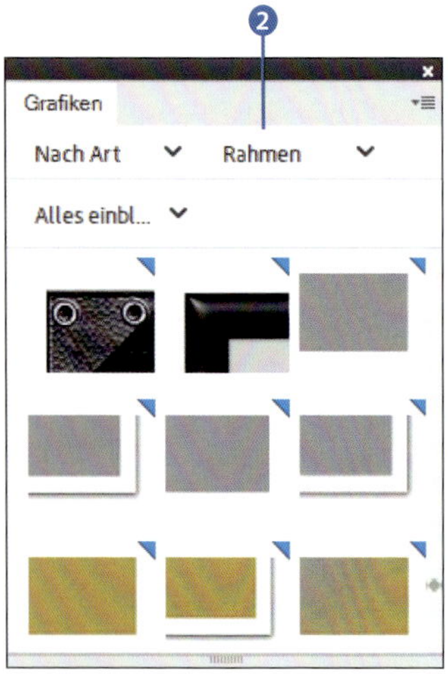

▲ **Abbildung 29.14**
Suchen Sie im Grafiken-Bedienfeld einen Rahmen aus.

nen Sie, wenn ausgewählt, noch nachträglich in Höhe und Breite anpassen.

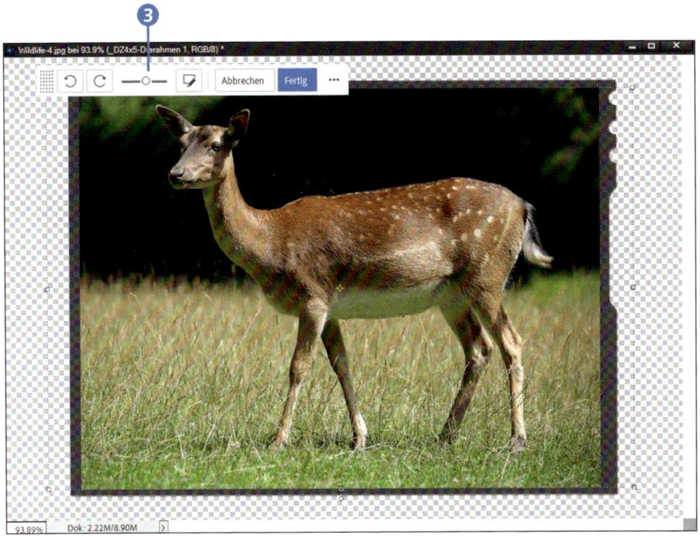

◂ **Abbildung 29.15**
Rahmen und Bild passen Sie über einen Schieberegler einander an.

Internetverbindung
Grafiken, Rahmen usw., die rechts oben eine blaue Ecke haben, müssen einmalig aus dem Internet heruntergeladen werden. Das Herunterladen dieser Grafiken ist natürlich kostenlos, und wenn Sie eine Grafik erst einmal heruntergeladen haben, wird diese auch auf dem Rechner gespeichert.

Versehen Sie auch alle anderen Bilder mit einem Rahmen. Natürlich spricht nichts dagegen, dass Sie selbst kreativ werden und einen eigenen Rahmen für die Bilder erstellen. Gegebenenfalls müssen Sie die einzelnen Bilder, bei denen Sie eben einen Rahmen hinzugefügt haben, noch mit Ebene • Ebene vereinfachen zusammenführen.

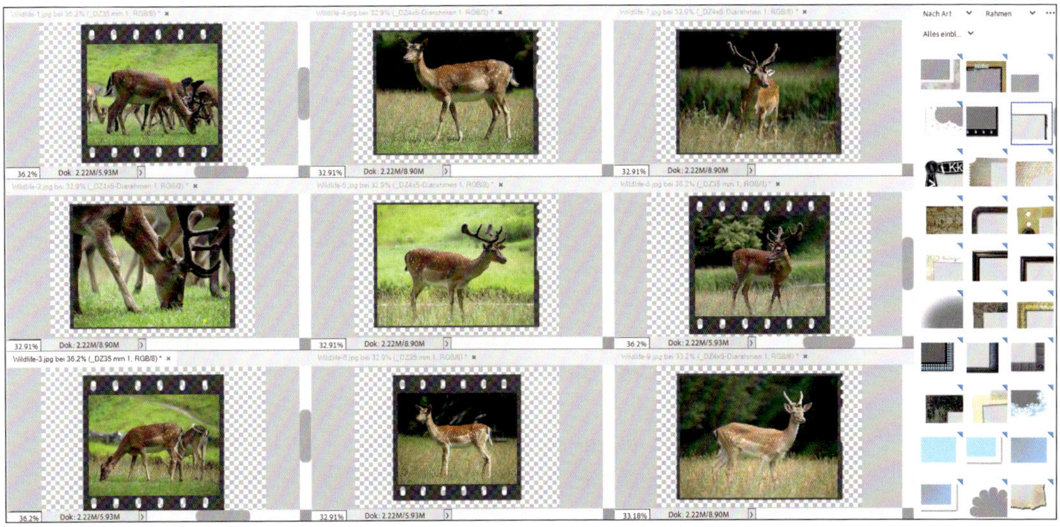

▴ **Abbildung 29.16**
Viele kreative Rahmen sind nur einen Mausklick im Bedienfeld Grafiken entfernt.

3 Hintergrundbild erstellen

Im nächsten Schritt benötigen Sie ein Hintergrundbild, auf dem Sie die einzelnen Fotos anschließend einfügen. Hierzu können Sie entweder ein weiteres Foto verwenden oder ein neues Bild anlegen und den Hintergrund selbst gestalten, oder Sie nutzen einen der vorhandenen HINTERGRÜNDE ④ aus dem Bedienfeld GRAFIKEN, wie es im Beispiel gemacht werden soll.

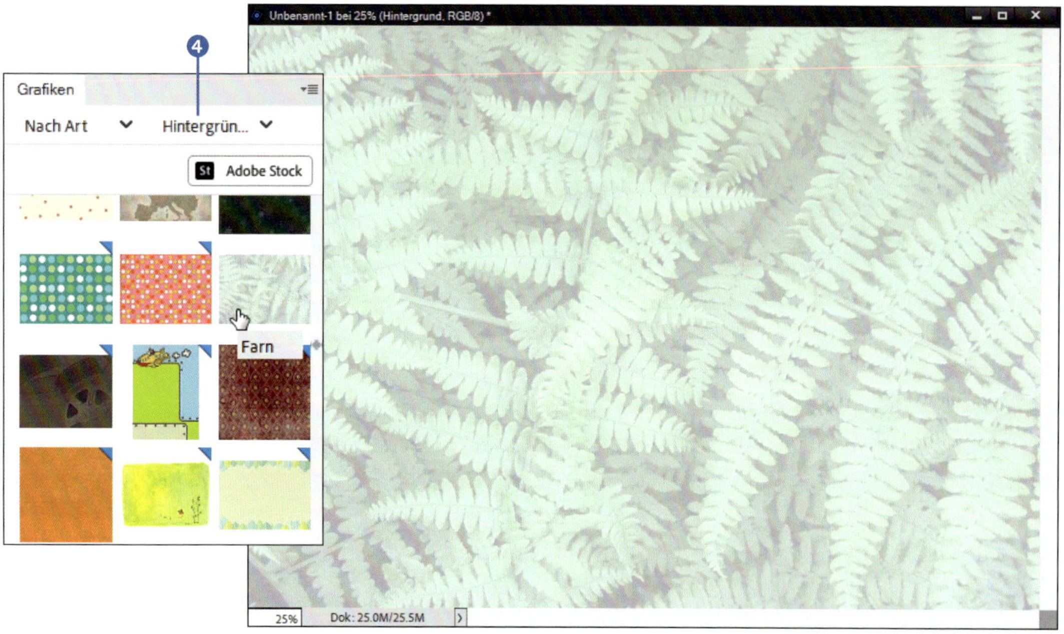

▲ **Abbildung 29.17**
Dies ist das Hintergrundbild für unsere Fotocollage. Auch hier bietet Photoshop Elements viele vordefinierte Hintergründe im Bedienfeld GRAFIKEN an.

Legen Sie eine neue, ausreichend große Datei an, in der unsere Bilder anschließend auch Platz haben. Im Beispiel habe ich hierfür ein Bild mit 3500 × 2500 Pixeln erstellt und einen Hintergrund aus den von Elements angebotenen Hintergründen ausgewählt. Gefällt Ihnen dieser nicht, tauschen Sie ihn einfach durch einen anderen Hintergrund aus.

4 Bilder einfügen

Wählen Sie nacheinander die einzelnen Bilder für die Collage mit AUSWAHL • ALLES AUSWÄHLEN aus, und kopieren Sie das jeweilige Bild mithilfe von BEARBEITEN • KOPIEREN in die Zwischenablage. Fügen Sie dann das jeweilige Bild mit BEARBEITEN • EINFÜGEN auf dem Hintergrundbild ein.

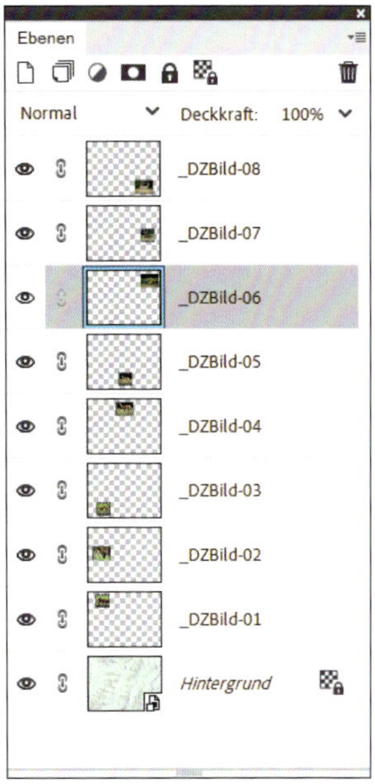

Abbildung 29.18 ▲►
Die einzelnen Bilder wurden auf dem Hintergrund eingefügt.

5 Bilder ausrichten

Im seltensten Fall werden die einzelnen Bilder in der optimalen Größe und Position vorliegen. Wählen Sie daher das Verschieben-Werkzeug + aus, und verschieben, drehen oder skalieren Sie die Bilder auf dieser Hintergrundebene, bis Sie damit zufrieden sind. Es sieht häufig besser aus, wenn die Bilder nicht alle die gleiche Größe und Ausrichtung aufweisen.

6 Ebenenstile verwenden

Über das Bedienfeld EFFEKTE (FENSTER • EFFEKTE) lassen sich einige interessante STILE, wie zum Beispiel ein SCHLAGSCHATTEN für die einzelnen Bilder, einrichten. Mit einem Doppelklick auf das FX-Symbol im Ebenen-Bedienfeld können Sie die meisten dieser Effekte jederzeit noch nachträglich etwas anpassen.

Zum Weiterlesen
Die Ebenenstile und -effekte behandele ich in Kapitel 34.

7 Collage weitergestalten

Sind Sie noch nicht zufrieden, gestalten Sie die Fotocollage weiter. Möglichkeiten dazu gibt es viele. Fügen Sie beispielsweise Grafiken ① vom Bedienfeld GRAFIKEN hinzu. Auch Texte finden Sie über dieses Aufgabenbedienfeld. Natürlich können Sie auch das Textwerkzeug dazu verwenden. Reicht Ihnen das immer noch nicht aus, können Sie auch hier die Ebenenmasken für einen weichen Übergang einsetzen.

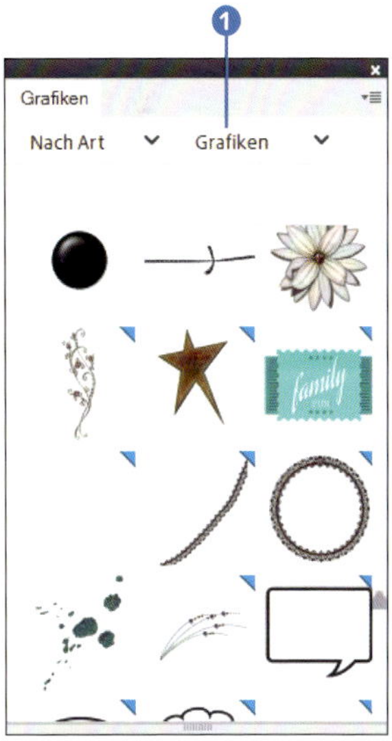

▲ Abbildung 29.19
Stufenlos skalierbare Grafiken (oder Texte) zur Gestaltung der Fotocollage finden Sie ebenfalls im Bedienfeld GRAFIKEN.

8 Speichern und auf eine Ebene reduzieren

Bevor Sie alle Ebenen über EBENE • AUF HINTERGRUNDEBENE REDUZIEREN zurückführen, sollten Sie die komplette Fotocollage zuvor im PSD-Format speichern, um gegebenenfalls später noch Änderungen daran vornehmen zu können.

Abbildung 29.20 ▸
Fertig ist eine einfache Fotocollage (die fertige Datei heißt »Fotocollage.psd«).

29.3 Kontrastumfang erweitern mit Photomerge Exposure

Photoshop Elements kann zwar kein HDR, aber es lassen sich damit trotzdem mehrere Bilder mit unterschiedlicher Belichtung zu einem Bild zusammenfassen. Das ist praktisch bei Aufnahmen mit starken Kontrasten, wo der Kontrastumfang der Kamera nicht mehr ausreicht. Dafür nehmen Sie Bilder mit unterschiedlicher Belichtung auf und fassen die unterschiedlich hellen Bilder zu einem Bild mit einem wesentlich besseren Kontrastumfang deckungsgleich sein. Diese Bearbeitung wird mit der Abkürzung *DRI* zusammengefasst, die für *Dynamic Range Increase* steht.

Schritt für Schritt Automatische DRI-Montage

In diesem Workshop soll die Funktion Photomerge Exposure zum Einsatz kommen.

1 Bilder öffnen

Kapitel_29: Ordner »DRI«

Öffnen Sie die Bilder »Sielenbach-1.jpg« bis »Sielenbach-4.jpg« in Photoshop Elements, und wechseln Sie in den Assistent-Modus. Im Bereich Kombinieren klicken Sie auf Photomerge Exposure und bestätigen den folgenden Dialog mit der Schaltfläche Alle

ÖFFNEN. Dadurch werden die beiden geöffneten Bilder bei der automatischen DRI-Montage berücksichtigt.

◀ **Abbildung 29.21**
Diese vier Aufnahmen einer Belichtungsreihe sollen zu einem guten Foto zusammengesetzt werden.

2 Bilder auswählen

Alle Bilder im Fotobereich, die mit einem Häkchen markiert sind ②, werden beim Zusammenfügen der Belichtungsreihe verwendet. Das fertige Bild wird unter ENDERGEBNIS ① angezeigt.

▼ **Abbildung 29.22**
PHOTOMERGE EXPOSURE

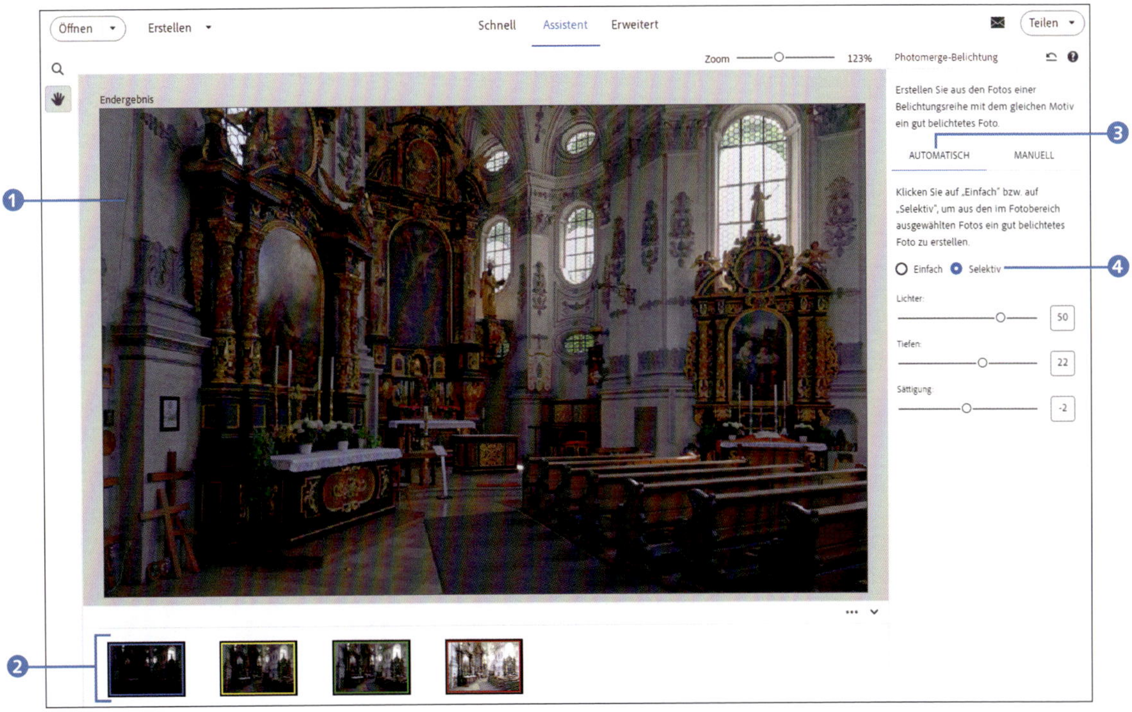

Entfernen Sie ein Häkchen vor einem Bild im Fotobereich, wird dieses im Endergebnis nicht mehr berücksichtigt. So können Sie sehr komfortabel testen, ob das Ergebnis der Belichtungsreihe mit oder ohne ein bestimmtes Bild besser aussieht oder nicht.

3 Selektives Überblenden

Auf der rechten Seite wählen Sie im Reiter Automatisch ❸ aus, ob Sie die Bilder Einfach oder Selektiv ❹ überblenden wollen. Beim einfachen Überblenden wird nur die Automatik verwendet, während Sie das Ergebnis beim selektiven Überblenden noch etwas genauer einstellen können. Daher sollten Sie die Option Selektiv auswählen. Jetzt haben Sie drei weitere Regler vor sich, mit denen Sie das Endergebnis noch präziser justieren können.

4 Lichterdetails anpassen

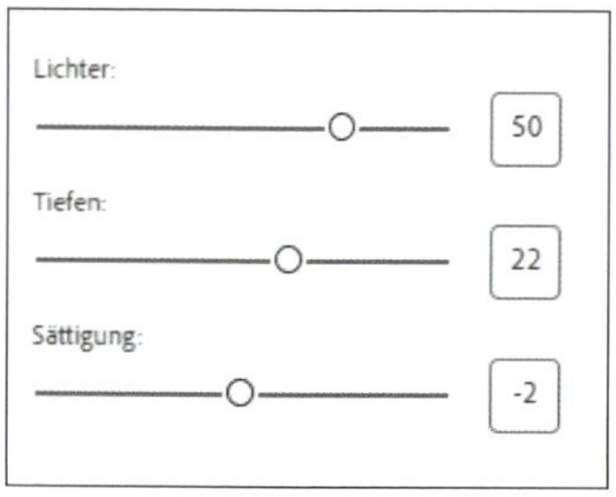

▲ **Abbildung 29.23**
Feinjustieren der Überblendung

Mit dem Regler Lichter schwächen Sie die Lichterdetails ab oder heben sie hervor. Wohlgemerkt ist hier nicht die Rede von Lichtern, wie Sie sie von der Tonwertkorrektur her kennen. Je weiter Sie den Regler nach rechts ziehen, desto mehr Details werden in den Lichtern angezeigt. Je weiter Sie den Regler nach links ziehen, desto heller strahlen die Lichter.

5 Tiefen und Sättigung einstellen

Mit dem Regler Tiefen können Sie eben diese verdunkeln oder aufhellen. Der Regler Sättigung ändert die Intensität der Farbe und des Farbtons. Sind Sie mit dem Ergebnis zufrieden, betätigen Sie die Schaltfläche Weiter, und das Ergebnisbild wird erstellt. Anschließend können Sie Assistent-typisch entscheiden, wie Sie mit dem Ergebnis fortfahren wollen.

Abbildung 29.24 ▸
Hier das fertige Bild, das aus der Photomerge Exposure generiert wurde. Alle Vorzüge aus den »guten« Bildbereichen der beiden Bilder wurden in einem Bild vereint.

Erwähnen möchte ich auch die Möglichkeit, die Komposition mit Photomerge Exposure manuell zu erstellen ❺. Pinseln Sie dazu die korrekt belichteten Bereiche mit dem Auswahlwerkzeug auf. Sie können die Deckkraft ❻ einstellen, damit die Pinselstriche im Endfoto nicht zu stark zu sehen sind. Sollte das Bild nicht richtig ausgerichtet sein, beheben Sie dies mit dem Ausrichtungswerkzeug.

▲ **Abbildung 29.25**
Auch manuell lässt sich ein Bild aus einer Belichtungsreihe erstellen.

29.4 Adobe Stock verwenden

Zwar hat die Adobe-Stock-Integration in Photoshop Elements zunächst nichts mit dem Kapitel »Fotocollagen und -montagen« zu tun, aber häufig ist man bei einer Montage oder Freistellung auf der Suche nach einem besonderen Hintergrund oder neuen Himmel. Mit Adobe Stock soll diese Suche nun erleichtert werden. Sie finden die Adobe-Stock-Integration derzeit über folgende Workflows vor:

- Über das Menü Datei • Adobe Stock durchsuchen
- Im Modus Erweitert über Grafiken • Hintergründe
- Im Modus Assistent im Reiter Spezielle Bearbeitung mit Hintergrund ersetzen

Beim Adobe Stock-Dialog finden Sie einige Kategorien, die Sie erkunden können. Über das Suchfeld können Sie auch Schlüsselwörter eingeben, um nach für Sie relevanten Bildern zu suchen.

Wenn Sie ein Bild auswählen, wird dies mit einem Wasserzeichen angezeigt. Das Wasserzeichen können Sie entfernen, wenn Sie auf die Schaltfläche Kostenlose Lizenz klicken.

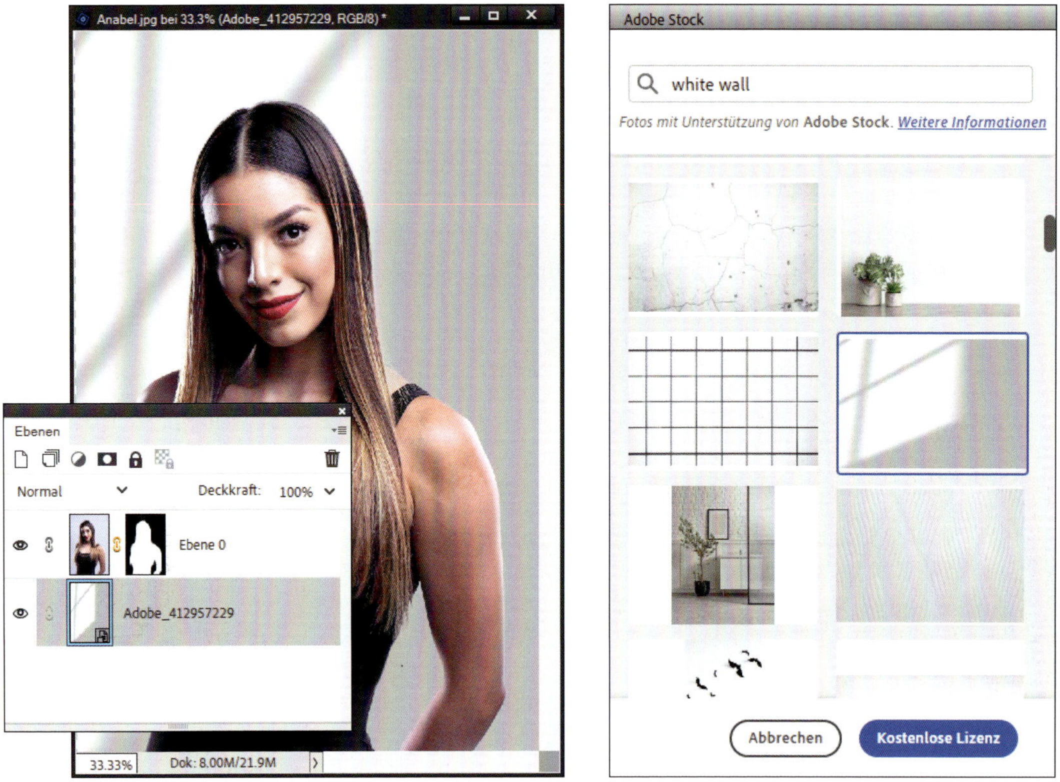

▲ **Abbildung 29.26**
Hier habe ich eine Person im Bild freigestellt und als Hintergrund ein Bild von Adobe Stock über den gleichnamigen Dialog hinzugefügt. (Model: Anabel Carez)

TEIL XI

Reparieren und Retuschieren

Kapitel 30
Bildstörungen

Bei der Retusche handelt es sich um das Entfernen von Bildstörungen wie Rauschen, Kratzer, Staub oder unerwünschte Bilddetails. Für solche Detailarbeiten bietet Photoshop Elements interessante Filter und Werkzeuge.

30.1 Hinweise zur Retusche

Kapitel_30:
Bildrauschen.jpg,
Artefakte.jpg

Da man Bilder auf dem Monitor selten mit 100%iger Auflösung betrachtet, fallen viele Störungen zunächst gar nicht auf. Erst bei näherer Betrachtung bemerkt man dann Störungen wie Bildrauschen, Staub oder starke Kompressionsspuren, die beim Abspeichern von Bildern im JPEG-Format auftreten. Leider ist es nicht immer möglich, solche Störungen komplett zu beheben, aber eine Verbesserung lässt sich häufig allemal erzielen.

◂ **Abbildung 30.1**
Bei dieser Aufnahme fällt das Bildrauschen bei genauerer Betrachtung in der 100%-Ansicht ganz deutlich auf. Kein Wunder, hier wurde mit ISO 12800 fotografiert.

Abbildung 30.2 ▲▶
Die quadratischen Artefakte, die deutlich an den Motivkanten zu sehen sind, entstanden durch eine zu starke JPEG-Kompression.

Bevor wir in die Praxis einsteigen, möchte ich noch ein paar wichtige Hinweise geben, die Sie vor dem Retuschieren unbedingt beachten sollten:

- **Übliche Bildkorrekturen abschließen**
  Bevor Sie mit der Retusche anfangen, sollten Sie alle üblichen Bildkorrekturen wie Tonwertkorrektur, Helligkeit und Kontrast, Farbstiche entfernen usw. abgeschlossen haben. Ein eventuell nötiges Nachschärfen verlegen Sie natürlich erst ans Ende der Korrektur.
- **Duplikate verwenden**
  Wichtig: Verwenden Sie für die Retusche grundsätzlich ein Duplikat, damit Sie das Original bei einer misslungenen Retusche wieder zur Hand haben.
- **1:1-Ansicht verwenden**
  Gerade um Bildstörungen wie das Bildrauschen auch wirklich erkennen zu können, sollten Sie das Bild in einer 1:1-Ansicht betrachten. Erst in einer 1:1-Ansicht können Sie das Ausmaß der Bildstörung wirklich ausmachen, und in dieser Ansicht können Sie unter Umständen diese Störungen beheben, ohne zu viele Details »kaputtzumachen«.

Bildrauschen aus der Kamera
Das Thema Bildrauschen trifft früher oder später einen jeden Fotografen. Spätestens wenn das Umgebungslicht schlechter wird und Sie die ISO-Zahl erhöhen müssen, um zumindest aus der Hand Bilder in einer höheren Verschlusszeit machen zu können, werden Sie mit dem Bildrauschen konfrontiert. Abhängig von der Größe des Bildsensors der Kamera tritt dann ein mehr oder weniger starkes Bildrauschen auf. Je weniger Licht dabei vorhanden ist, umso stärker fällt dieses Rauschen dann meistens auf.

30.2 Bildrauschen entfernen

Als Bildrauschen bezeichnet man unerwünschte und fehlerhafte Pixel in der Bilddatei, die nicht die korrekte Farbe oder Helligkeit haben. Hierbei unterscheidet man zwischen einem Farbrauschen und einem Helligkeitsrauschen (oder auch: Luminanzrauschen). Das Farbrauschen entsteht meistens in dunklen Bildbereichen, in denen unerwünschte bunte Pixel in Rot, Grün und Blau zu sehen sind, wodurch diese Art des Rauschens besonders deutlich auf dem Bild auffällt. Das Helligkeitsrauschen hingegen fällt nicht ganz so markant in helleren Bildbereichen auf, weil hier nur helle und dunkle Pixel vorhanden sind, die an das Filmkorn aus analogen Zeiten erinnern. Bei einem blauen Himmel wirkt sich aber das Helligkeitsrauschen recht störend auf das Bild aus.

Um Bildrauschen oder Körnigkeit entgegenzuwirken, bietet Photoshop Elements einige wirksame Filter und Funktionen an, die ich im Folgenden vorstellen möchte.

30.2.1 Rauschen entfernen – die Automatik

Zur Behebung leichter Schäden können Sie im Menü die Option Filter • Rauschfilter • Rauschen entfernen verwenden. Diesen Filter können Sie allerdings nicht steuern. Er versucht, Kanten und Bildbereiche zu ermitteln, in denen deutliche Farbveränderungen auftreten. Bis auf die Kanten wird diese Auswahl dann durch Weichzeichnen entrauscht, sodass die Details erhalten bleiben.

30.2.2 Staub und Kratzer

Kapitel_30: Geschwister.jpg

Mehr Steuerungsmöglichkeiten bietet Ihnen der Filter unter Filter • Rauschfilter • Staub und Kratzer. Er reduziert optische Störungen aufgrund stark unähnlicher benachbarter Pixel. Die Parameter Radius ❶ und Schwellenwert ❷ kennen Sie ja bereits von den Schärfe- und Weichzeichnungsfiltern:

- Mit Radius bestimmen Sie hier, wie groß der Bereich ist, in dem der Filter nach unähnlichen Pixeln suchen soll. Natürlich bedeutet ein höherer Radius auch eine stärkere Unschärfe für das Bild. Obwohl Sie hier theoretisch ziemlich hohe Werte verwenden können, werden Sie in der Praxis eher mit niedrigeren Werten arbeiten.

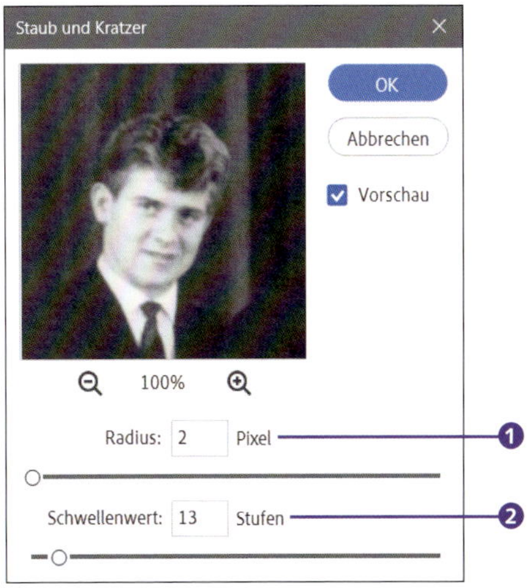

▼ Abbildung 30.3
Bei diesem eingescannten Bild lag Staub auf dem Scanner, bei einem Radius von 2 Pixeln ist er bereits fast komplett verschwunden (wenn auch das Bild deutlich an Schärfe verloren hat).

Mit Vorsicht anwenden
Bei Bildern mit sehr detaillierten Motiven ist der Filter STAUB UND KRATZER weniger geeignet, da der Schärfeverlust häufig zu groß ist. In der Praxis ist dieser Filter daher eher für unschärfere Scans geeignet, um hier eventuell vorhandenen Staub oder Kratzer zu beseitigen.

- Mit dem SCHWELLENWERT geben Sie vor, wie weit die Helligkeits- und Farbwerte voneinander abweichen müssen, damit der Filter auf sie angewendet wird.

30.2.3 Rauschen reduzieren

Den wohl besten Filter mit den meisten Einstellungsmöglichkeiten finden Sie im Menü unter FILTER • RAUSCHFILTER • RAUSCHEN REDUZIEREN. Dieser Filter verringert Luminanzrauschen und Farbstörungen. Solche Bildstörungen treten zum Beispiel auf, wenn Sie zu wenig Licht beim Fotografieren haben. Auch JPEG-Artefakte, die beim Speichern in niedriger JPEG-Qualität erzeugt werden, lassen sich hiermit reduzieren.

Mit dem Regler STÄRKE ❶ regeln Sie den Grad des Luminanzrauschens. Um feine Bilddetails und Kanten zu erhalten, nutzen Sie den Regler DETAILS ERHALTEN ❷. Je höher hierbei der Wert ist, desto mehr Details bleiben erhalten. Allerdings reduziert ein höherer Wert auch die Wirkung der Rauschunterdrückung von STÄRKE. Um eine chromatische Rauschunterdrückung auszugleichen, verwenden Sie den Regler FARBRAUSCHEN REDUZIEREN ❸. Die Option JPEG-STÖRUNG ENTFERNEN ❹ sollten Sie aktivieren, wenn das Bild quadratische JPEG-Artefakte enthält, die bei einer zu starken JPEG-Kompression typischerweise entstehen.

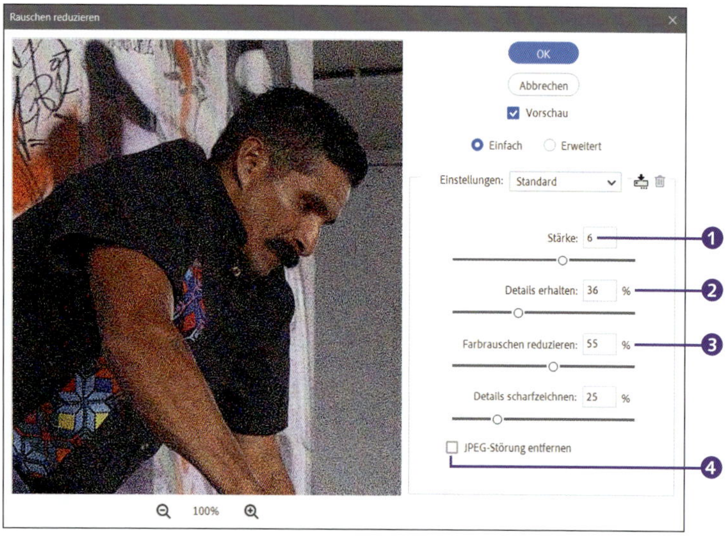

Abbildung 30.4 ▸
Der Dialog RAUSCHEN REDUZIEREN dürfte wohl, neben dem Plug-in Camera Raw, die beste Wahl sein, um Bildstörungen wie Luminanzrauschen, chromatisches Rauschen und JPEG-Artefakte zu reduzieren.

30.2.4 Helligkeit interpolieren

Mit FILTER • RAUSCHFILTER • HELLIGKEIT INTERPOLIEREN reduzieren Sie Bildstörungen in einer Ebene durch das Anpassen der Helligkeitswerte benachbarter Pixel. Dabei sucht der Filter nach Pixeln mit einer ähnlichen Helligkeit. Pixel, die sich von benachbarten Pixeln stark unterscheiden, werden verworfen und durch ein anderes Pixel mit einem durchschnittlichen Helligkeitswert der untersuchten Pixel ersetzt. Mit RADIUS bestimmen Sie, wie groß der Bereich ist, in dem der Filter nach Pixeln mit ähnlichen Helligkeitswerten suchen soll. Ein höherer RADIUS bedeutet auch hier eine stärkere Unschärfe für das Bild, sodass hier ebenfalls nur niedrige Werte zu brauchbaren Ergebnissen führen.

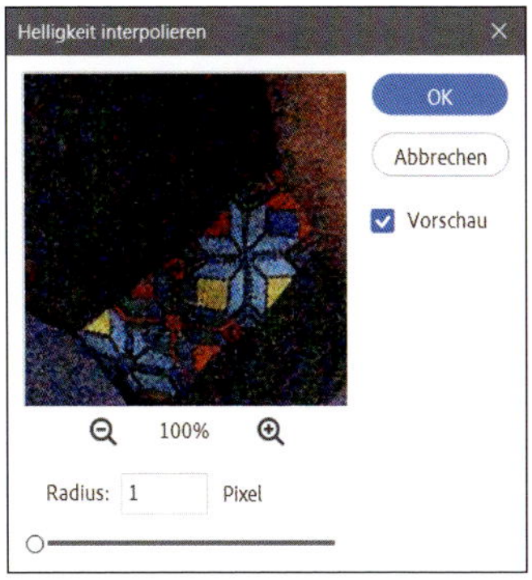

▲ Abbildung 30.5
Der Filter HELLIGKEIT INTERPOLIEREN hat sich schon in vielen Fällen beim Entfernen von Bildrauschen bewährt.

30.2.5 Rauschen reduzieren mit Weichzeichnungsfiltern

Wenn Sie die Filter zum Reduzieren von Bildrauschen ein wenig an die Weichzeichnungsfilter von Kapitel 17, »Bilder weichzeichnen«, erinnern, dann liegen Sie gar nicht so falsch. Im Grunde sind diese Filter zum Reduzieren von Bildrauschen auch eine Form der Weichzeichnung. Daher eignen sich auch die Weichzeichnungsfilter wie GAUSSSCHER WEICHZEICHNER (Abschnitt 17.2), SELEKTIVER WEICHZEICHNER (Abschnitt 17.4) und MATTER MACHEN (Abschnitt 17.7) zur Reduzierung des Bildrauschens.

Da durch die beiden Filter SELEKTIVER WEICHZEICHNER und MATTER MACHEN auch die Kanten erhalten bleiben, eignen sich diese beiden Werkzeuge für ein präziseres Weichzeichnen und Entfernen von Bildrauschen als die speziellen Filter zum Entfernen von Bildrauschen, die das komplette Bild glatt bügeln. Der GAUSSSCHER WEICHZEICHNER-Filter hingegen eignet sich sehr gut für das partielle Entfernen von Bildrauschen mithilfe von Ebenenmasken, ähnlich wie Sie dies in Abschnitt 16.5.2, »Partielle Schärfung«, im Workshop »Einzelne Bildbereiche schärfen« gemacht haben. Sie müssen nur die Ebene duplizieren, dann weichzeichnen, eine schwarze Ebenenmaske hinzufügen und die entsprechenden Bildbereiche mit einer weißen Pinselfarbe entrauschen.

30.2.6 Bildrauschen mit Camera Raw reduzieren

Eine weitere sehr gute Möglichkeit, das Bildrauschen zu reduzieren, bietet sich mit dem Camera-Raw-Plug-in an. Aus dem Abschnitt 13.7, »JPEG-Bilder mit Camera Raw bearbeiten«, wissen Sie, wie Sie JPEGs damit öffnen können, und die Rauschreduzierung wurde bereits in Abschnitt 13.3.8, »Schärfen und Rauschreduzierung«, kurz beschrieben.

Raw vs. JPEG
Wesentlich bessere Ergebnisse erzielen Sie, wenn Sie das Bildrauschen eines Fotos in einer Raw-Datei reduzieren, als wenn Sie ein JPEG verwenden.

Schritt für Schritt
Das Bildrauschen mit Camera Raw reduzieren

Kapitel_30: Rauschen.jpg

Das Camera-Raw-Plug-in bietet die Variante an, sowohl das Helligkeitsrauschen als auch das Farbrauschen recht komfortabel zu reduzieren. Daher finden Sie hier einen Workshop, der Ihnen auch gleich diese beiden Arten des Bildrauschens etwas näherbringt.

Abbildung 30.6 ▸
Das Bild enthält ein Bildrauschen.

1 Bild in Camera Raw öffnen

Öffnen Sie das Bild »Rauschen.jpg« über Datei • In Camera Raw öffnen. Anschließend ist es unerlässlich, die Ansicht auf mindestens 100 % zu stellen, um das Bildrauschen überhaupt beurteilen zu können. Ich habe im Beispiel die Einstellung sogar auf 200 % ❷ gestellt. An den dunklen Stellen im Bild ❶ können Sie hierbei sehr schön das Farbrauschen mit den bunten Pixeln in Rot, Grün und Blau erkennen.

Abbildung 30.7 ▾
Erst in einer detaillierteren Ansicht lässt sich das Bildrauschen deutlich erkennen.

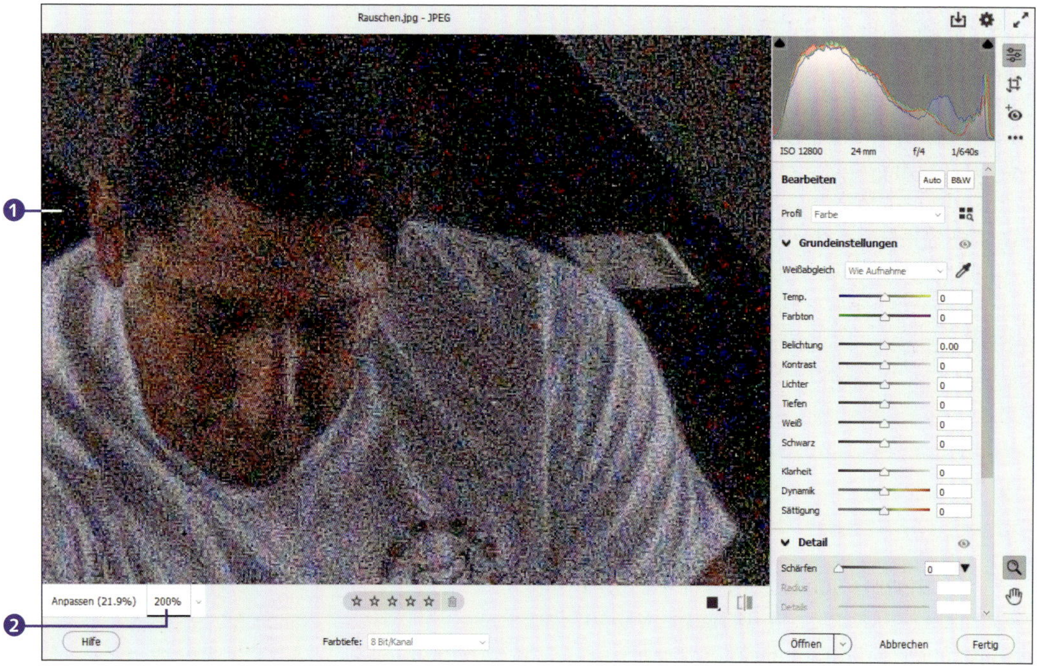

2 Farbrauschen entfernen

Wechseln Sie zu DETAIL ❸, und schieben Sie den Regler FARB-RR ❻ nach rechts, bis das Farbrauschen mit den bunten Pixeln im Bild verschwindet. Ich habe den Regler hier bis auf 100 gezogen. Die Details, die durch die Beseitigung des Farbrauschens verloren gegangen sind, können Sie mit dem Regler DETAILS ❼ darunter wieder hervorholen.

3 Helligkeitsrauschen reduzieren

Das Helligkeitsrauschen können Sie mit dem Regler RR ❹ reduzieren, indem Sie den Regler nach rechts ziehen. Im Beispiel wurde der Regler auf den Wert 75 gezogen, um das Rauschen auf ein erträglicheres Maß zu reduzieren. Sie können den Regler aber auch noch weiter nach rechts ziehen, um das Rauschen (fast) komplett zu entfernen. Dies geht dann allerdings auf Kosten der Details im Bild. Hier müssen Sie selbst entscheiden, was Ihnen wichtiger ist. Die Details, die durch die Reduzierung des Helligkeitsrauschens entfernt wurden, können Sie mit dem Regler DETAILS ❺ darunter etwas hervorholen, indem Sie diesen Wert erhöhen. Jetzt können Sie das Bild mit ÖFFNEN ❽ in den Fotoeditor laden.

Vollbildmodus

Mit dem Icon ⤢ aktivieren Sie den Vollbildmodus; ein erneutes Anklicken schaltet das Fenster wieder in den normalen Bildmodus um.

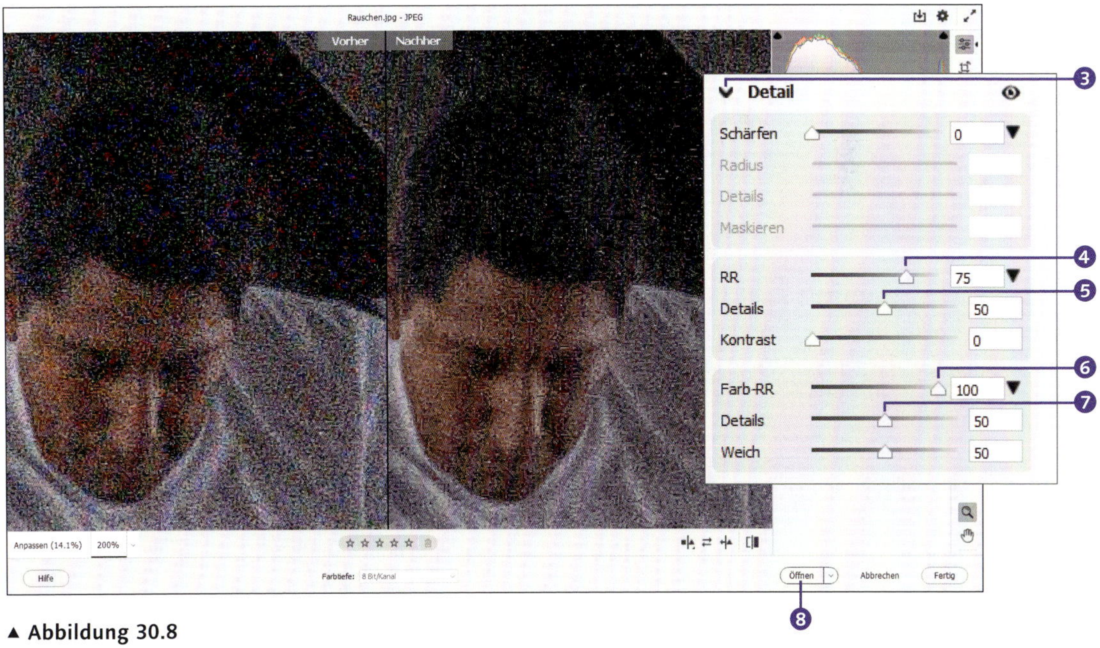

▲ **Abbildung 30.8**
Das Farb- und Helligkeitsrauschen wurde mit Camera Raw reduziert.

30.2.7 Bildrauschen entfernen oder nicht?

Das Thema Bildrauschen ist so alt wie die Fotografie selbst. Das Bildrauschen lässt sich nicht immer ganz vermeiden und schon gar nicht so ohne Weiteres entfernen. Betrachten wir hier einmal die verschiedenen Seiten des Themas.

Die fototechnische Seite | Von der fototechnischen Seite können Sie ein solches Bildrauschen theoretisch reduzieren bzw. vermeiden, wenn Sie die ISO-Einstellung der Kamera möglichst gering halten. Allerdings ist dies nicht immer möglich, wenn beispielsweise nicht genügend Umgebungslicht vorhanden ist oder Sie gar Nachtaufnahmen machen wollen. Hierbei müssen Sie häufig die Empfindlichkeit des Bildsensors (also den ISO-Wert) erhöhen, wenn Sie freihändig fotografieren. Anders sieht es hierbei allerdings aus, wenn Sie mit einem Stativ fotografieren. Hier können Sie den ISO-Wert durchaus niedrig halten und dafür die Belichtungszeit erhöhen.

Die technische Seite | Von der technischen Seite betrachtet, spielt hier auch die Größe des Bildsensors eine sehr bedeutende Rolle. Je größer der verbaute Bildsensor ist, umso weniger rauschen die Kameras gewöhnlich. Daher sind Bilder, die mit kleinen Schnappschusskameras oder Smartphones aufgenommen wurden, häufig wesentlich stärker verrauscht als Bilder, die mit einer DSLR aufgenommen wurden. Mit teuren Vollformatkameras lassen sich heutzutage auch bei ISO-Werten von 6400 bis hin zu 12800 sehr gute Bildergebnisse erzielen, in denen man ein Rauschen häufig erst bei einer 100%-Ansicht erkennen kann. Kameras mit einem größeren Bildsensor sind allerdings in der Regel häufig auch wesentlich teurer.

Die softwaretechnische Seite | Neben der Möglichkeit, den ISO-Wert beim Fotografieren möglichst gering zu halten oder sich eine technisch hochwertige Kamera mit einem großen Bildsensor zu kaufen, bleibt dann letztendlich nur noch die softwaretechnische Möglichkeit, die zum Einsatz kommt, wenn das Bild bereits entstanden und verrauscht ist. Welche Möglichkeiten es mit Photoshop Elements gibt, haben Sie bereits in diesem Kapitel erfahren.

Aber egal, wie Sie hierbei vorgehen, Sie sollten sich dabei immer bewusst sein, dass Sie neben dem Bildrauschen auch fast immer die Bildschärfe reduzieren. Bei einigen Bildern mag das Rauschen wirklich störend sein. Bei anderen Bildern fällt das Rauschen häufig erst bei einer 100%-Ansicht auf. Sie müssen also immer selbst abwägen, ob Ihnen die Reduzierung des Bildrauschens auch die Reduzierung der Bildschärfe wert ist.

30.3 Bildrauschen hinzufügen

Neben der Möglichkeit, Störungen zu entfernen, gibt es natürlich auch die Option, Störungen gezielt hinzuzufügen – über FILTER • RAUSCHFILTER • RAUSCHEN HINZUFÜGEN. Damit erzeugen Sie einen Effekt, wie er sonst entsteht, wenn Sie Bilder mit einem hochempfindlichen Film aufnehmen (das sogenannte Filmkorn). Natürlich eignet sich dieser Filter auch für kreative Zwecke, zum Beispiel, um bei einem retuschierten Bild die Manipulationen zu vertuschen.

Mit dem Wert STÄRKE stellen Sie ein, wie stark das Bildrauschen werden soll. Die Art der Verteilung bestimmen Sie über die Radioschaltflächen GLEICHMÄSSIG (für eine feinere Verteilung) und GAUSSSCHE NORMALVERTEILUNG (für ein gesprenkelteres Aussehen). Mit MONOCHROM wird der Filter nur auf die vorhandenen Tonwerte im Bild angewendet. Die Farben bleiben hierbei unverändert.

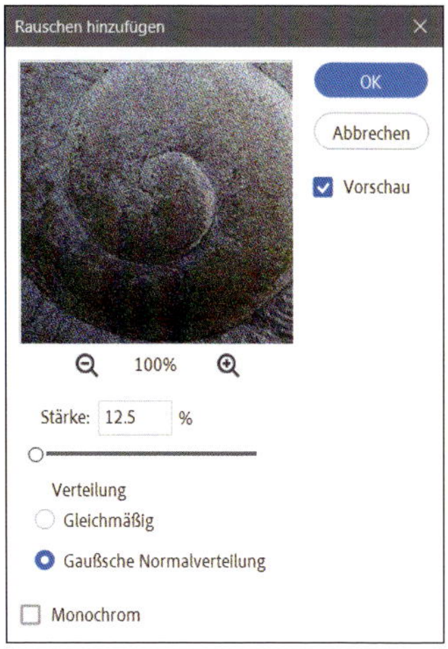

▲ **Abbildung 30.9**
Auch das Hinzufügen von Bildstörungen ist problemlos möglich.

30.4 JPEG-Artefakte entfernen mit KI

Wenn JPEG-Bilder zu stark komprimiert werden, entstehen unschöne Blockartefakte an den Übergängen. Ebenso führt diese Quantisierung dazu, dass feine Details im Bild verschwimmen oder verloren gehen. Im Abschnitt 30.2.3, »Rauschen reduzieren«, haben Sie zwar schon die Option JPEG-STÖRUNG ENTFERNEN kennengelernt, mit der Sie diese Artefakte etwas glätten können. Deutlich bessere Ergebnisse erzielen Sie aber mit der KI-Funktion JPEG-ARTEFAKTE ENTF., die Sie unter den SCHNELLAKTIONEN im SCHNELL-Modus des Fotoeditors finden.

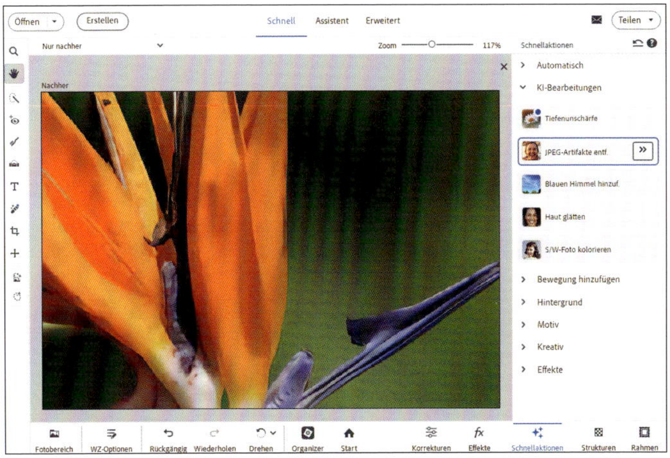

◀ **Abbildung 30.10**
Die KI-Funktion zur Entfernung von JPEG-Artefakten leistet wirklich gute Arbeit.

30.5 Alte Fotos wiederherstellen

Wer unzählige alte Fotos restaurieren muss, für den dürfte es mühsam sein, die gesamte Retuschearbeit bei jedem Bild manuell durchzuführen. Für diesen Zweck bietet sich die Funktion Foto wiederherstellen aus dem Menü Überarbeiten an. Damit können alte und beschädigte Fotos sauber wiederhergestellt werden. Die KI-gesteuerte Funktion soll dabei helfen, Abnutzungserscheinungen, Kratzer oder Risse, Verblassen, Unschärfe oder Verfärbung von alten Fotos zu korrigieren. Dies klappt, abhängig vom verwendeten Foto, sehr gut. Die Wiederherstellung von alten Fotos können Sie dabei mit den Reglern feinjustieren.

Mit Gesicht verbessern werden die Gesichtszüge geglättet und ein subtiler Schimmer hinzugefügt, um die Klarheit des Gesichts zu verbessern, falls es undeutlich ist. Der Regler wird nur angezeigt, wenn Gesichter im Bild erkannt wurden. Mit dem Regler Fotoverbesserungen werden Farbstiche korrigiert und verblasste Bereiche verbessert. Der Standardwert hierfür beträgt 30. Mit dem Regler Kratzerreduzierung können Sie sichtbare Kratzer, Falten und Risse aus dem Foto entfernen. Der Standardwert hierfür beträgt 10. Wenn das Bild zudem verstärktes Rauschen enthält, finden Sie die Optionen Rauschunterdrückung und Farbrauschreduzierung unter Korrekturen. Den Unterschied können Sie sich mit dem Vorher-Nachher-Schalter anzeigen lassen. Wenn Sie auf die Schaltfläche OK klicken, wird eine Kopie des Bildes mit den Korrekturen als neue Ebene hinzugefügt.

Keine All-in-One-Lösung

Ich finde die Funktion sehr hilfreich, um erste Arbeiten an einem alten Bild durchzuführen. Allerdings sollte man nicht erwarten, dass mit einem Klick alles erledigt ist. Je nach Zielsetzung wird man immer etwas nacharbeiten müssen. Auch kann es sein, dass die Funktion nicht immer zum gewünschten Ergebnis führt und mitunter Objekte im Bild entfernt, die eigentlich keine Kratzer sind.

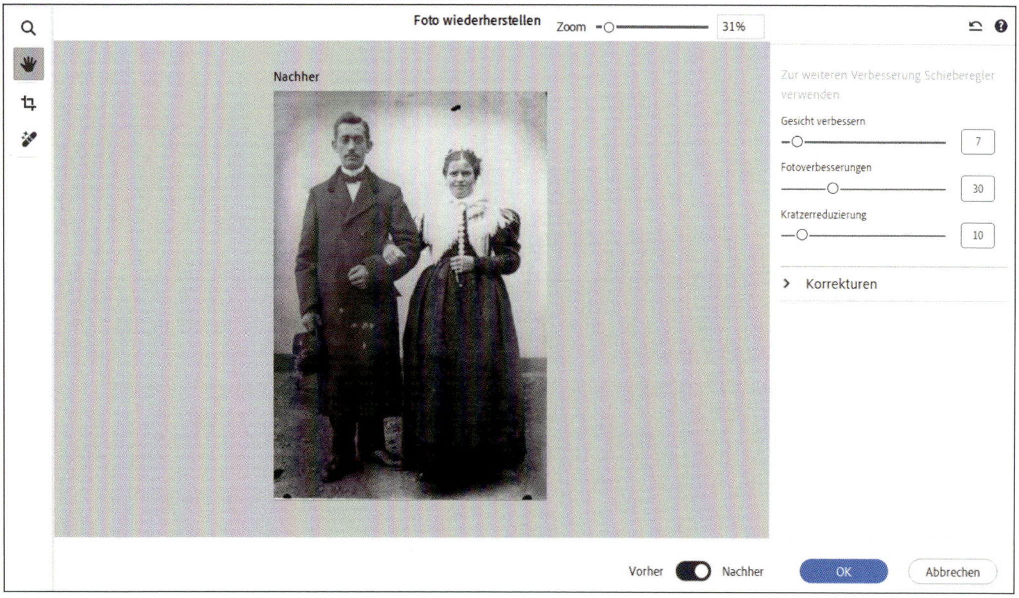

Abbildung 30.11 ▼
Mit der Funktion Foto wiederherstellen können Sie alte Fotos restaurieren lassen.

Kapitel 31
Retuschewerkzeuge

Wenn es um die gezielte Bearbeitung einzelner Bildbereiche geht, kommen Sie mit den im vorangegangenen Kapitel vorgestellten Funktionen nicht weiter. Photoshop Elements bietet aber viele weitere Werkzeuge, die für individuelle Bildretuschen bestens geeignet sind.

31.1 Der Kopierstempel – Objekte klonen und entfernen

Mit dem Kopierstempel malen Sie aufgenommene Bildbereiche an eine andere Stelle im Bild oder sogar in ein anderes geöffnetes Dokumentfenster. In der Praxis wird dieses Werkzeug meistens verwendet, um Objekte zu duplizieren, Fehler in einem Bild zu entfernen oder Objekte in einem Foto zu überdecken.

In Photoshop Elements finden Sie diesen Stempel gleich in zweifacher Ausführung: als Kopierstempel [S] und als Musterstempel [S]. Während der Kopierstempel recht häufig zum Einsatz kommt, werden Sie den Musterstempel eher seltener benötigen (für mehr Infos siehe Abschnitt 31.2).

Übung macht den Meister
Der Umgang mit den Retuschewerkzeugen muss geübt werden. Sie werden feststellen, dass es nicht immer so einfach ist, in einem Bild bestimmte Dinge zu entfernen oder an anderer Stelle hinzuzufügen, ohne dass es auffällt. Daher sollten Sie auf jeden Fall diese Workshops im Buch erst einmal durchgehen, bevor Sie sich an eigene Projekte machen.

Werkzeugoptionen | Wie gewohnt können Sie auch beim Kopierstempel zunächst die Werkzeugspitze aus einer Liste vordefinierter Pinsel auswählen. Wenn Sie auf den Pfeil neben der Pinseldarstellung klicken ❶, sehen Sie eine Auswahl mit Pinselminiaturen. Noch mehr Pinselspitzen finden Sie über das Pop-up-Menü PINSEL. Über GRÖSSE ❷ legen Sie die Pinselgröße in Pixeln fest, indem Sie entweder den Pop-up-Regler ziehen oder einen numerischen Wert im Textfeld eingeben. Wie stark die aufgetragenen Farben zu sehen sind, legen Sie mit DECKKR. ❸ fest.

Je niedriger dieser Wert ist, desto deutlicher sind die Pixel unter der aufgetragenen Farbe erkennbar.

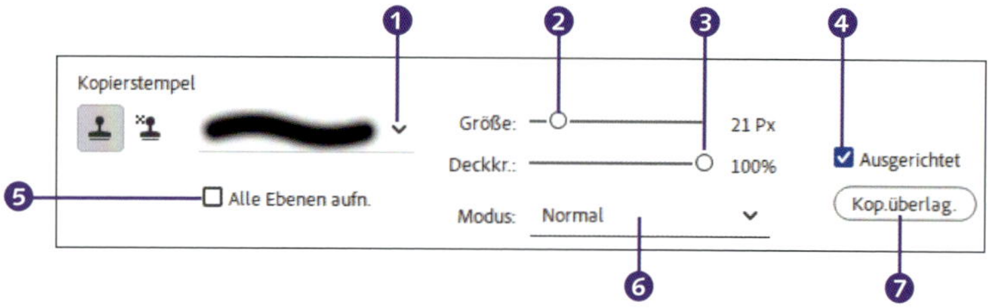

Abbildung 31.1 ▸
Die Werkzeugoptionen des Kopierstempels

Mit MODUS ❻ bestimmen Sie, wie die aufgetragenen Pixel an die vorhandenen Pixel angepasst werden. Hier gilt dasselbe wie für die Füllmethoden von Ebenen (Kapitel 27, »Füllmethoden von Ebenen«). Mit dem (Standard-)Modus NORMAL werden die neuen Pixel einfach über die vorhandenen gelegt. AUSGERICHTET ❹ hebt sich von den üblichen Standard-Werkzeugoptionen ab:

- Ist diese Option **aktiviert**, enthält bei mehrmaligem Stempeln nur der erste Stempeldruck den Original-Aufnahmepunkt. Für jeden weiteren Stempeldruck verschiebt sich der Aufnahmepunkt entsprechend. Dies ist zum Beispiel sinnvoll, um unerwünschte Motive aus dem Bild zu entfernen.
- Ist diese Option hingegen **deaktiviert**, wird der Aufnahmebereich bei jedem erneuten Ansetzen des Stempels vom Original-Anfangspunkt ausgehend aufgestempelt. Der Aufnahmepunkt »wandert« also nicht mit, wie es bei der aktivierten Option der Fall ist. Auf diese Weise lassen sich zum Beispiel mehrere Kopien in demselben oder auch in einem anderen Bild einfügen.

Wollen Sie die Pixel aus allen sichtbaren Ebenen aufnehmen, sollten Sie die Option ALLE EBENEN AUFN. ❺ aktivieren. Soll nur die aktive Ebene berücksichtigt werden, lassen Sie diese Option deaktiviert.

Ganz rechts finden Sie eine weitere Option: eine Schaltfläche ❼, mit der Sie eine Kopierüberlagerung anzeigen lassen können. Diese Option hat keinen Einfluss auf die Wirkung des Werkzeugs, sondern nur auf die Anzeige. Damit sehen Sie, wenn Sie die Option ÜBERLAGERUNG ANZEIGEN ❽ aktivieren, ein teiltransparentes Bild des zu klonenden Bereichs.

Wie stark der transparente Bildbereich eingeblendet werden soll, geben Sie mit DECKKRAFT an. Mit BESCHRÄNKT reduzieren Sie die Überlagerung auf die aktuelle Position des Pinsels. Mit AUTOMATISCH AUSBLENDEN wird der transparente Bildbereich immer während des Stempelns ausgeblendet. ÜBERLAGERUNG UMKEHREN zeigt den transparenten Bereich in Form eines digitalen Negativs an, was der Sichtbarkeit meistens zugutekommt.

Tipp
Die transparente Kopierüberlagerung können Sie auch ohne die Option ÜBERLAGERUNG ANZEIGEN ❽ verwenden, indem Sie Alt+⇧ gedrückt halten. Wenn Sie die Tasten wieder loslassen, verschwindet auch die transparente Überlagerung wieder.

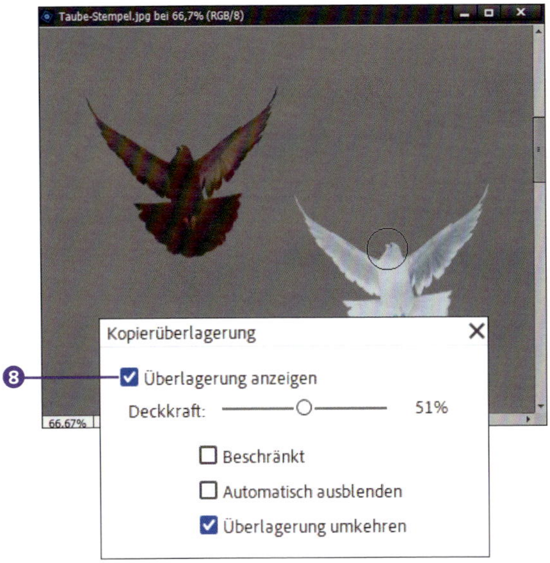

▲ **Abbildung 31.2**
Die zu stempelnde Position wird als transparente Überlagerung angezeigt.

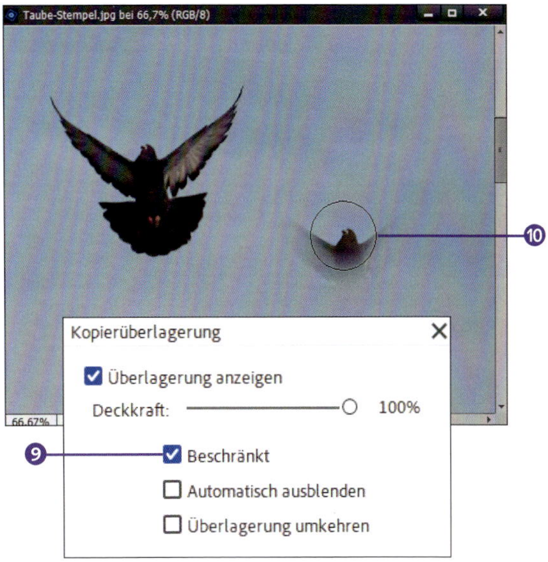

▲ **Abbildung 31.3**
Ebenfalls sehr nützlich ist die Option Beschränkt ⑨, mit der die transparente Überlagerung nur an der Position ⑩ des Pinsels angezeigt wird.

Bedienung | Die Bedienung des Kopierstempels ist recht einfach: Aktivieren Sie den Kopierstempel, und stellen Sie die Werkzeugoptionen ein. Wählen Sie nun im Bild die Pixel zur Reparatur oder zum Klonen aus, indem Sie Alt gedrückt halten und gleichzeitig mit der linken Maustaste auf die entsprechende Bildpartie klicken. Klicken Sie nun (ohne Alt) auf die reparaturbedürftige Stelle im Bild, womit Sie den soeben aufgenommenen Bereich an diese Stelle kopieren. Dieser Vorgang wird als *Stempeln* bezeichnet.

Den Ursprungsbereich zum Klonen bzw. Retuschieren drücken Sie nun entweder mit mehreren Klicks auf das Bild auf oder malen ihn mit gehaltener linker Maustaste auf. Bei größeren Bereichen ist Aufmalen besser geeignet und bei kleineren Bereichen eher das Aufdrücken (oder auch Auftupfen). Bei sehr detaillierten Bildern müssen Sie öfter einen neuen Bildbereich aufnehmen.

Stempeln mit Ebenen
Führen Sie das Stempeln oder Klonen am besten auf einer eigenen, transparenten Ebene durch. So können Sie den geklonten Bereich noch nachträglich anpassen oder Korrekturen vornehmen (zum Beispiel Kanten und Übergänge mit einem weichen Radiergummi bearbeiten).

Schritt für Schritt
Unerwünschte Bildteile mit dem Kopierstempel entfernen

Dass sich der Kopierstempel auch für die professionelle Retusche verwenden lässt, habe ich bereits erwähnt. Diese Schritt-für-Schritt-Anleitung zeigt Ihnen, wie Sie mit dem Kopierstempel retuschieren.

Kapitel_31: Flamenco.jpg

▲ **Abbildung 31.4**
Bei diesem Foto soll die weiße Laterne links oben im Bild entfernt werden.

1 Transparente Ebene erstellen

Öffnen Sie das Bild »Flamenco.jpg«, und erstellen Sie eine neue transparente Ebene über das kleine Icon ❶ im Ebenen-Bedienfeld. Normalerweise ist für das Klonen keine neue Ebene nötig, aber in diesem Fall können Sie mit der Ebene das geklonte Motiv besser angleichen, zum Beispiel gegebenenfalls nachträgliche Änderungen an den geklonten Bereichen vornehmen. Auf diese Weise arbeiten Sie nicht-destruktiv, weil alle Änderungen nur auf den transparenten Ebenen angewendet werden, die Sie jederzeit nachbearbeiten oder bei Nichtgefallen verwerfen können.

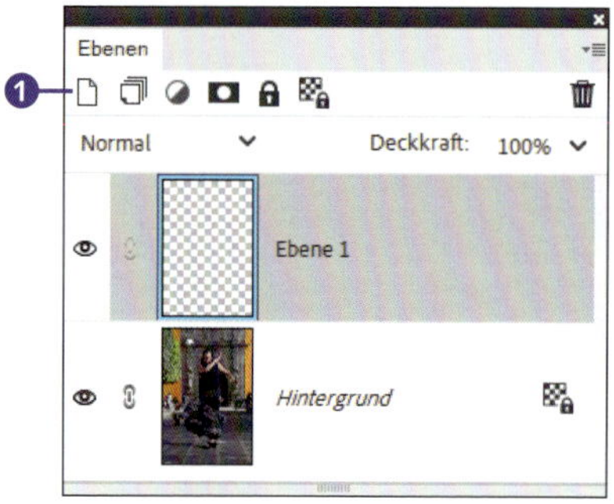

◂ **Abbildung 31.5**
Neue transparente Ebenen für ein nicht-destruktives Klonen anlegen

Alle Ebenen aufnehmen
In der Praxis sollten Sie niemals die Originalebene retuschieren. Werkzeuge wie Kopierstempel, Reparatur-Pinsel und Bereichsreparatur-Pinsel bieten die Option ALLE EBENEN AUFNEHMEN an, womit Sie nicht-destruktiv in einer separaten Ebene retuschieren können. Sie können unbefriedigende Retuschen nacharbeiten, verwerfen oder noch nicht abgeschlossene Arbeiten im TIFF- oder PSD-Format speichern und später daran weiterarbeiten. Diese Option berücksichtigt alle sichtbaren Ebenen.

2 Kopierstempel wählen

Wählen Sie den Kopierstempel [S], und verwenden Sie eine weiche Pinselspitze. Stellen Sie die GRÖSSE ❹ der Pinselspitze auf ca. 100 Pixel ein. Wählen Sie auch hier wieder ALLE EBENEN AUFNEHMEN ❸. Alle anderen Optionen belassen Sie. Die Option AUSGERICHTET ❺ sollte aktiviert sein. Für die Überlagerung verwenden wir diesmal die Option BESCHRÄNKT ❻, wodurch die Überlagerung nur auf den aktuellen Pinsel beschränkt ist, was leichter erkennbar macht, womit der neue Bereich übermalt wird, bevor man mit der Maus klickt.

3 Pixel aufnehmen

Als Nächstes benötigen Sie einen passenden Bereich, mit dem Sie die Lampe wegstempeln können. Da Sie hier dasselbe Muster und Struktur auf der rechten Seite vorfinden, ist es in diesem Bild einfach. Wählen Sie mit gedrückt gehaltener [Alt]-Taste per Mausklick den zu klonenden Bildbereich auf der rechten Seite aus ❷, mit dem Sie die Lampe ersetzen wollen.

Dank der aktivierten Option ALLE EBENEN AUFNEHMEN ❸ müssen Sie hierzu nicht einmal zur Hintergrundebene wechseln, sondern können die Aufnahme des geeigneten Bildbereichs gleich in der transparenten Ebene ❼ durchführen.

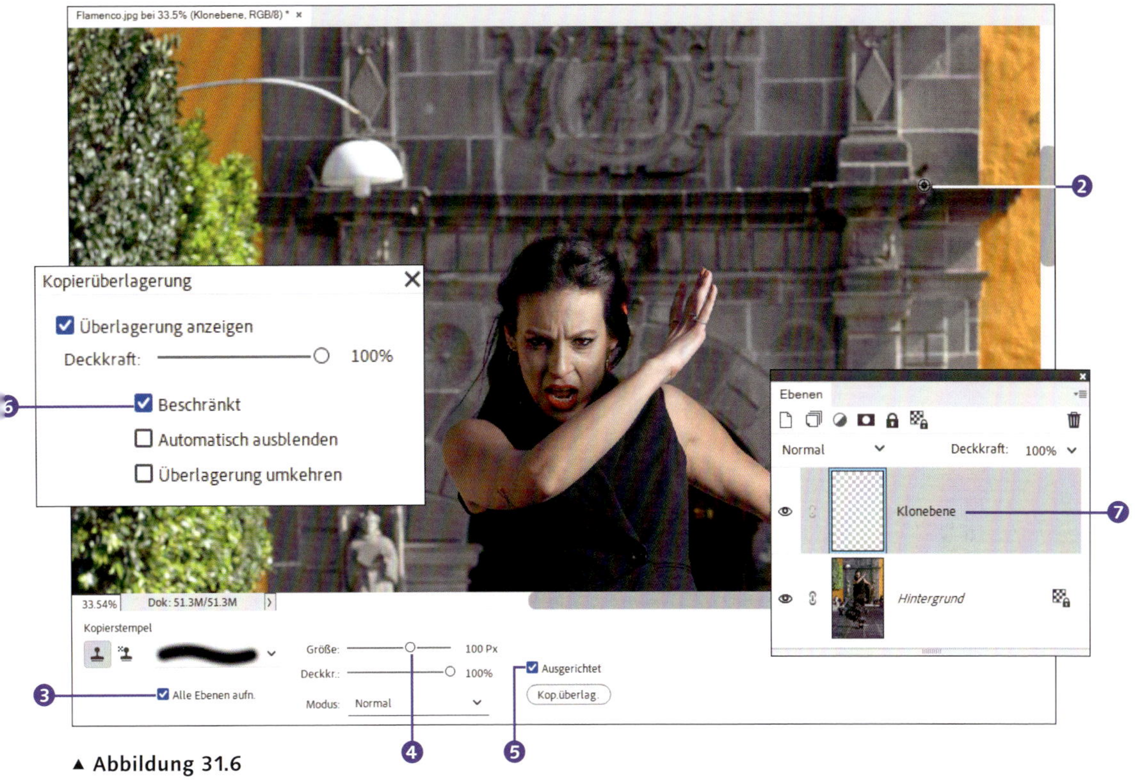

▲ **Abbildung 31.6**
Nehmen Sie mit dem Kopierstempel Pixel aus dem gewünschten Bildbereich auf.

4 Objekt wegstempeln

Zoomen Sie jetzt gegebenenfalls mit Strg/cmd+[+] näher an den Zielbereich mit der Lampe heran. Stempeln Sie entweder mit einzelnen linken Mausklicks oder durch Ziehen mit der Maus bei gedrückt gehaltener linker Maustaste die Lampe aus dem Bild weg. Im Beispiel übertrage ich mit gedrückter Maustaste den rechten Bereich der Säule und achte darauf, dass ich nicht über den Rand mit der orangefarbenen Wand komme.

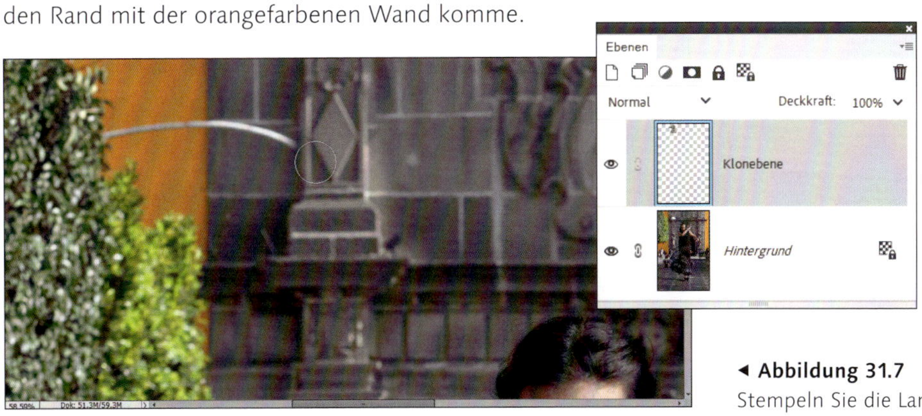

◀ **Abbildung 31.7**
Stempeln Sie die Lampe weg.

▲ **Abbildung 31.8**
Das Bild nach dem Wegstempeln der Lampe links oben

5 Arbeitsschritte 3 und 4 wiederholen

Eventuell werden Sie mehrmals mit gehaltener [Alt]-Taste einen neuen Bildbereich aufnehmen und auch die Pinselgröße anpassen müssen. Voraussetzung für eine gute Retusche ist stets eine gute Auswahl. Häufig werden Sie für detailreiche Bereiche mehrmals eine neue Auswahl treffen müssen. Dies erfordert viel Fingerspitzengefühl und Geduld. Hierbei ist dann oftmals eine harte und etwas kleinere Werkzeugspitze sinnvoll. Auch ein ständiges Ein- und Auszoomen mit [Strg]/[cmd]+[+] bzw. [Strg]/[cmd]+[-] ist unerlässlich für eine saubere Retusche.

In der Praxis werden Sie eine solche Retusche selten mit nur einem Werkzeug durchführen. So werden Sie häufig zusätzlich den Bereichsreparatur-Pinsel oder den Reparatur-Pinsel zum Nacharbeiten verwenden. Das Beispiel dient, wie so viele andere Beispiele im Buch, lediglich dazu, das Werkzeug bei der Ausführung zu demonstrieren.

Über Bildgrenzen hinaus | Das Klonen von Bildmotiven ist nicht nur auf Ebenen beschränkt, sondern ist auch über die Bildgrenzen hinaus möglich. So können Sie in gewohnter Weise einen bestimmten Pixelbereich in einem Dokumentfenster aufnehmen und ihn in einem anderen Dokumentfenster wieder reproduzieren.

31.2 Musterstempel

Der Musterstempel [S] trägt keinen zuvor ausgewählten Bildbereich auf ein Bild auf, sondern ein voreingestelltes Muster. Dieses Muster wählen Sie über die Werkzeugoptionen aus, die, abgesehen von der Auswahl des Musters und der Option IMPRESSIONISTISCH, exakt dem übergeordneten Kopierstempel entsprechen und somit keiner weiteren Erläuterung bedürfen.

Abbildung 31.9 ▶
Diese Leopardenstruktur wurde ebenfalls mit dem Musterstempel im Modus MULTIPLIZIEREN »aufgemalt«.

31.3 Entfernen-Werkzeug, Reparatur-Pinsel und Bereichsreparatur-Pinsel

Anders als die Stempel im Abschnitt zuvor tragen das Entfernen-Werkzeug [J], der Bereichsreparatur-Pinsel [J] und der Reparatur-Pinsel [J] keine zuvor ausgewählten Pixel an anderer Stelle auf, sondern sie vermischen Pixel. Zwar funktionieren diese Werkzeuge ähnlich wie die Stempel, aber die Wirkung der Reparatur-Pinsel ist weniger drastisch. Diese Werkzeuge eignen sich daher besonders für schwierige Stellen im Bild mit vielen Details oder differenzierten Lichtern und Schatten. Auch für die Retusche von Gesichtern sind die Reparatur-Pinsel besser geeignet als die Stempel, weil sich hiermit einfach sanftere Übergänge »aufmalen« lassen.

Reparatur-Pinsel oder Kopierstempel?
In der Praxis erzielen Sie die besten Ergebnisse, wenn Sie den Reparatur-Pinsel und den Kopierstempel abwechselnd verwenden. Einige Bildbereiche lassen sich besser mit dem einen, andere besser mit dem anderen Werkzeug retuschieren. Oft reicht es auch aus, Objekte mit dem Entfernen-Werkzeug zu entfernen und gegebenenfalls mit dem Reparatur-Pinsel und/oder dem Kopierstempel nachzuarbeiten.

31.3.1 Das KI-basierte Entfernen-Werkzeug

Beim ENTFERNEN-Werkzeug wird eine intelligente Technologie verwendet, mit der Sie unerwünschte Objekte übermalen und entfernen können. Der zu entfernende Bereich wird automatisch mit den Gegebenheiten (Belichtung, Farbe, Struktur) rund um das zu entfernende Objekt gefüllt. Diese Funktion arbeitet auch dann eindrucksvoll, wenn Sie größere Objekte entfernen möchten.

Kapitel_31: UNAM.jpg

▲ **Abbildung 31.10**
Links: Vor dem UNAM in Mexiko-Stadt sind eigentlich fast immer Personen. Rechts: Mit dem ENTFERNEN-Werkzeug habe ich Person für Person entfernt.

Werkzeugoptionen | Besonders wichtig bei den Optionen ist die Pinselspitze. Mit HINZUFÜGEN oder SUBTRAHIEREN ❶ wählen Sie, ob Sie mit den einzelnen Pinselstrichen Bereiche hinzufügen oder entfernen wollen. Diese Auswahl macht allerdings nur Sinn, wenn Sie die Option NACH JEDEM STRICH ENTFERNEN ❹ deaktiviert haben. Dann können Sie auch mit der Alt-Taste zwischen den Modi HINZUFÜGEN und SUBTRAHIEREN wechseln.

Über GRÖSSE ❷ stellen Sie die Pinselgröße ein. Hier empfiehlt es sich, die Pinselgröße immer etwas größer zu wählen, als der Bereich ist, den Sie korrigieren bzw. übermalen wollen. Über das Zahnradsymbol ❸ gelangen Sie zu den Überlagerungsoptionen mit den Reglern DECKKRAFT und FARBE, mit denen Sie die Überlagerung anpassen können. Mit der Option PERSONEN IM HINTERGRUND FINDEN ❻ erkennt die KI in einem Bild menschliche Figuren, die nicht das Hauptmotiv sind, und kann sie bei Bedarf automatisch entfernen. Das ist ideal für Landschafts- und Architekturaufnahmen, auf denen sich unerwünschte Personen befinden, oder für Reisebilder, die menschenleer wirken sollen.

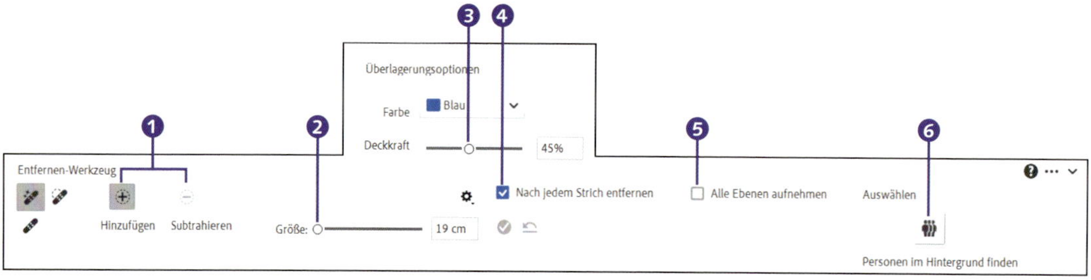

▲ **Abbildung 31.11** ▼
Die Werkzeug-Optionen des ENTFERNEN-Werkzeugs

Mit ALLE EBENEN AUFNEHMEN ❺ können Sie die Daten von allen Ebenen berücksichtigen und/oder auf einer transparenten Korrekturebene arbeiten (siehe die Schritte 3 und 4 im Workshop »Unerwünschte Bildteile mit dem Kopierstempel entfernen« in Abschnitt 31.1, »Der Kopierstempel – Objekte klonen und entfernen«).

Mit der Option NACH JEDEM STRICH ENTFERNEN wird das Entfernen der ausgemalten Bereiche sofort ausgeführt, nachdem Sie einen Pinselstrich gezogen haben und die Maustaste loslassen. Ist die Option deaktiviert, können Sie beliebig viele Pinselstriche auf verschiedenen Bereichen aufmalen und müssen dann in der Optionsleiste oder im Bild auf das Häkchen zur Bestätigung klicken, um die Funktion ausführen zu lassen.

Kapitel_31: Rahim.jpg, Personen.jpg

Mit dem Entfernen-Werkzeug arbeiten | Stellen Sie zunächst die Größe der Pinselspitze und die anderen Optionen ein. Jetzt stehen Ihnen drei Möglichkeiten zur Verfügung, wie Sie das Werkzeug verwenden können:

- **Motiv ausmahlen**: Malen Sie das zu entfernende Objekt aus. Die Funktion wird den markierten Bereich entsprechend auffüllen bzw. entfernen.

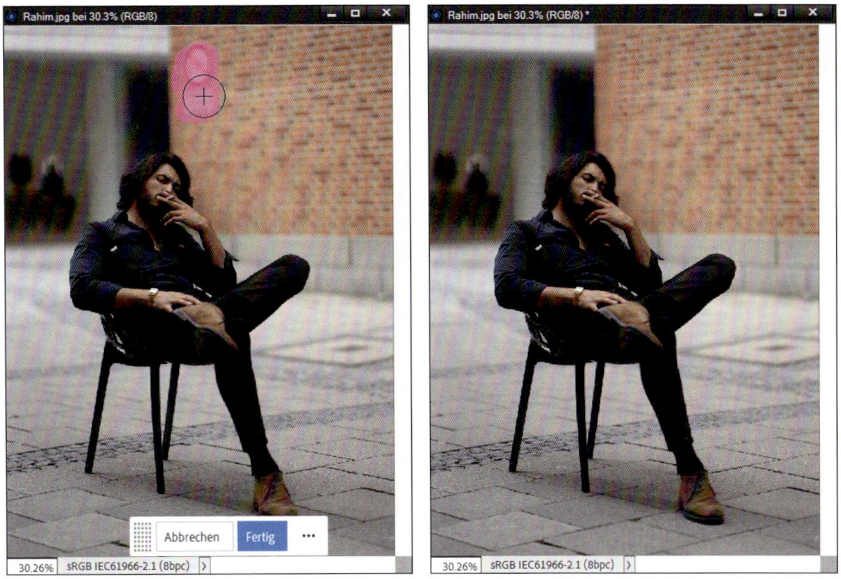

▲ **Abbildung 31.12**
Links: Ich habe das Parkverbotsschild mit dem ENTFERNEN-Werkzeug markiert. Rechts: Die KI hat das Schild perfekt entfernt.

- Motiv umfahren: Bei größeren Bereichen malen Sie einfach um den zu entfernenden Teil des Motivs herum. Sobald Sie am anderen Ende des Bereichs angekommen sind, lassen Sie die Maustaste los. Der innenliegende Bereich wird automatisch gefüllt und entsprechend entfernt. Sie müssen hierbei in der Regel den zu umfahrenden Bereich nicht exakt schließen. Wenn die Abstände nicht zu groß sind, macht Photoshop Elements das automatisch für Sie.

▼ **Abbildung 31.13**
Links: Der Kanaldeckel wurde mit dem ENTFERNEN-Werkzeug umfahren. Mitte: Der innere Bereich wird automatisch aufgefüllt. Rechts: Das Ergebnis nach dem Entfernen des Kanaldeckels kann sich sehen lassen.

- **Mehrere Motive ausmahlen/umfahren**: Wenn Sie die Option Nach jedem Strich entfernen deaktiviert haben, können Sie auch mehrere Motive im Bild ausmalen bzw. umfahren und dann durch Anklicken des Häkchens entfernen lassen.

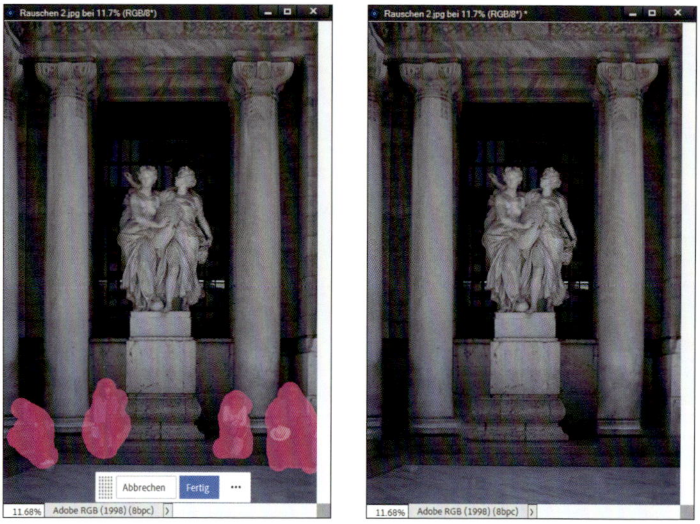

Abbildung 31.14 ▸
Links: Hier habe ich die vier Personen im Bild mit dem Entfernen-Werkzeug markiert. Rechts: Die Personen wurden fast perfekt und nahtlos aus dem Bild entfernt.

Personen im Hintergrund finden | Wenn Sie rechts unten auf die Schaltfläche Personen im Hintergrund finden klicken, werden Personen, die nicht das Hauptmotiv sind, automatisch erkannt und zum Entfernen markiert. Mit Hinzufügen können Sie weitere Objekte hinzufügen und mit Entfernen gegebenenfalls Personen aus der Auswahl entfernen. Mit der Eingabetaste, dem blauen Häkchen oder (wenn Sie die kontextbezogene Taskleiste verwenden) mit Fertig werden die Personen von der KI mit einer intelligenten Hintergrundrekonstruktion nahtlos entfernt, als wären sie nie da gewesen.

Abbildung 31.15 ▾
Hier wurden mit der Schaltfläche Personen im Hintergrund finden Personen in der Szene zum Entfernen markiert.

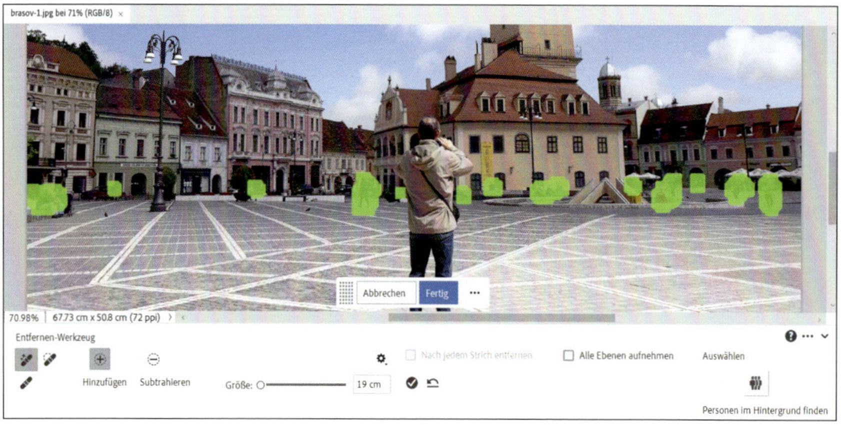

31.3.2 Der Reparatur-Pinsel

Werfen wir nun einen Blick auf den Reperatur-Pinsel.

Werkzeugoptionen | Über GRÖSSE ❶ stellen Sie den Pinseldurchmesser ein. Über die Schaltfläche PINSELEINSTELLUNGEN ❹ können Sie die Pinselspitze mit weiteren Optionen wie HÄRTE, MALABSTAND, WINKEL und RUNDUNG einstellen. Wie beim Stempel gibt es auch hier die Option AUSGERICHTET ❺. Aktivieren Sie sie, werden Pixel dauerhaft aufgenommen, und der Aufnahmepunkt geht auch beim Loslassen der Maustaste nicht verloren. Ist diese Option deaktiviert, werden bei jedem erneuten Ansetzen des Werkzeugs wieder die am Aufnahmepunkt aufgenommenen Pixel verwendet.

Unter QUELLE ❷ legen Sie fest, ob Sie zur Reparatur einen aufgenommenen Bereich (AUFGENOMMEN) aus dem Bild oder ein MUSTER verwenden wollen. In letzterem Fall wird das Pop-up-Menü daneben mit der Musterauswahl aktiviert.

Zum Weiterlesen

Was es mit den Werten der Pinselspitze auf sich hat, habe ich bereits in Abschnitt 20.3, »Pinsel- und Werkzeugspitzen«, beschrieben.

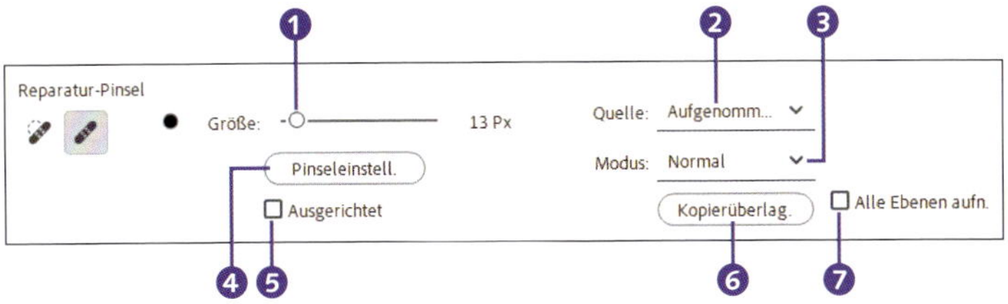

◄ **Abbildung 31.16**
Die Werkzeugoptionen des Reparatur-Pinsels

▲ **Abbildung 31.17**
Auch ein Muster lässt sich mit dem Reparatur-Pinsel auftragen.

Mit dem MODUS ❸ legen Sie fest, wie die Quelle und das Muster an die vorhandenen Pixel angeglichen werden sollen – dabei haben Sie allerdings weniger Möglichkeiten als beim Stempel. Auch ein neuer Modus, ERSETZEN, ist hier aufgelistet. Diesen Modus sollten Sie verwenden, wenn das Bild Störungen oder Körnungen (Filmkorn) enthält. Benutzen Sie diesen Modus auch, wenn Sie Störungen und Strukturen an den Kanten des Malstrichs erhalten möchten. Auch hier finden Sie, wie beim Stempel, ganz rechts noch die Schaltfläche KOPIERÜBERLAG. ❻, mit der Sie die Überlagerung anzeigen lassen können (siehe hierzu im Detail Abschnitt 31.1 unter »Werkzeugoptionen«).

Wollen Sie die Pixel aus allen sichtbaren Ebenen aufnehmen, aktivieren Sie die Option ALLE EBENEN AUFN. ❼. Soll nur die aktive Ebene berücksichtigt werden, lassen Sie diese Option deaktiviert.

Bedienung | Der Reparatur-Pinsel wird ähnlich wie der Stempel verwendet. Wählen Sie den Reparatur-Pinsel aus, und stellen Sie die Werkzeugoptionen ein. Nehmen Sie mit einem linken Mausklick und gleichzeitig gehaltener [Alt]-Taste den Bereich im Bild auf, mit dem Sie die fehlerhafte Stelle ausbessern wollen. Be-

Kapitel_31: John.psd

wegen Sie anschließend den Mauszeiger an die Position, die Sie wegretuschieren wollen, und malen Sie diese Stelle mit Klicken oder Darüberfahren mit gedrückt gehaltener linker Maustaste aus. Ob Sie besser »tupfen« oder »malen«, hängt auch von der Größe des zu retuschierenden Bereichs ab.

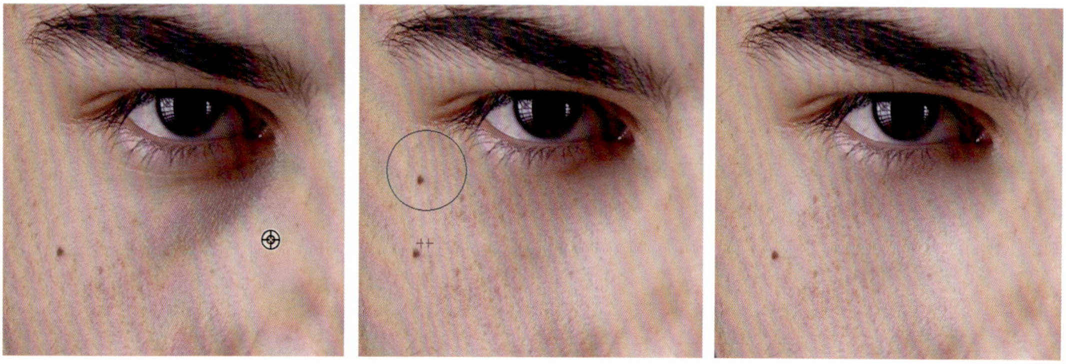

▲ **Abbildung 31.18**
Im linken Bild wird der Aufnahmebereich ausgewählt. Im mittleren Bild wird mit dem Reparatur-Pinsel retuschiert. Dabei vermischt sich der neu aufgetragene mit dem darunterliegenden Bereich, wie das rechte Bild zeigt.

Schritt für Schritt
Unerwünschte Objekte mit dem Reparatur-Pinsel aus dem Bild entfernen

In Abbildung 31.20 sehen Sie eine gemütliche Straße mit Geschäften und einem Baumhaus. Was in diesem Bild allerdings stört, ist die Straßenlaterne; sie wollen wir hier entfernen. Zugegeben, wir könnten es uns mit dem Entfernen-Werkzeug einfacher machen, aber diese Schritt-für-Schritt-Anleitung soll den Umgang mit dem Reparatur-Pinsel demonstrieren.

Kapitel_31:
Baumhaus.jpg

1 Transparente Ebene erstellen

Öffnen Sie das Bild »Baumhaus.jpg«, und erstellen Sie eine neue transparente Ebene über das kleine Icon ❶ im Ebenen-Bedienfeld, auf der Sie anschließend die Retusche nicht-destruktiv ausführen.

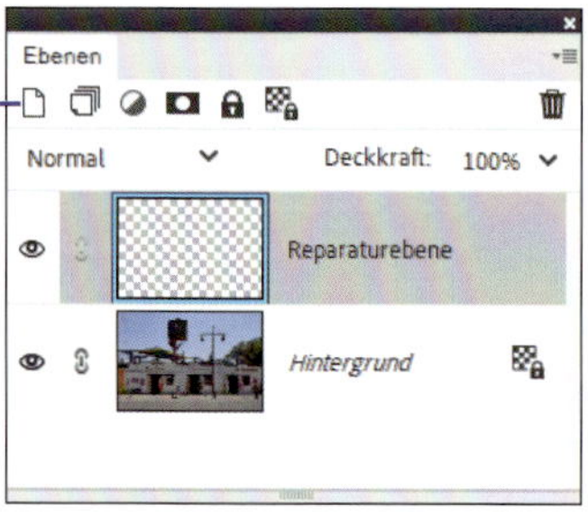

▲ **Abbildung 31.19**
Eine transparente Ebene für die nicht-destruktive Retusche wurde angelegt.

Abbildung 31.20 ▶
Die Laterne im Bild stört den Gesamteindruck.

Auch hier ist nicht zwangsläufig eine neue transparente Ebene nötig, aber auch hier gilt, dass Sie mit der Ebene den korrigierten Bereich nachträglich noch bearbeiten können.

2 Reparatur-Pinsel auswählen und einstellen

Wählen Sie den Reparatur-Pinsel [J] aus, und stellen Sie den Pinsel ein. Im Beispiel habe ich für den Pinsel eine Grösse von 50 Pixeln mit einer Härte von 100% verwendet. Um hier gleich die Retusche auf der transparenten Ebene anzuwenden, wurde auch die Option Alle Ebenen aufnehmen ❸ aktiviert. Alle anderen Werte können Sie belassen. Die Option Ausgerichtet ❷ sollte deaktiviert sein.

3 Objekt wegretuschieren

Nun soll die Laterne wegretuschiert werden. Wählen Sie zunächst einen passenden Bereich knapp neben dem störenden Element mit ähnlicher Farbe und ähnlichen Lichtverhältnissen aus, und klicken Sie mit der linken Maustaste und gleichzeitig gehaltener [Alt]-Taste auf diesen Bereich. Ich fange hier mit dem Bereich im Himmel an.

◂ **Abbildung 31.21**
Tupfen oder malen Sie die Laterne mit einzelnen Mausklicks weg.

Entscheidend für eine gute Retusche ist der ausgewählte Quellbereich, der dem Zielbereich sehr ähnlich sein sollte. Tupfen oder ziehen Sie mit gedrückt gehaltener Maustaste die störenden Objekte weg.

Im Beispiel habe ich die Bereiche mit immer wieder neuen Quellbereichen und Pinselstrichen weggemalt. Nach dem Him-

Licht und Schatten

Das A und O einer erfolgreichen und möglichst unauffälligen Retusche mit dem Reparatur-Pinsel ist, wie schon beim Kopierstempel, der ideale Aufnahmebereich. Beachten Sie beim Retuschieren auch immer Licht und Schatten im Bild: Helle Pixel können nicht einfach mit dunklen Pixeln retuschiert werden.

mel habe ich mich dem Bereich am Gebäude und dann dem Bereich auf dem Fußweg gewidmet. Sind Sie mit dem Ergebnis nicht zufrieden, können Sie den Vorgang jederzeit wieder mit [Strg]/[cmd]+[Z] rückgängig machen. Häufig will es beim ersten Mal nicht so klappen, wie man es sich vorstellt. Hier sind ebenfalls wieder viel Fingerspitzengefühl, Übung und ausreichend Zeit erforderlich.

4 Retusche verfeinern

Falls die Reparatur einzelner Bereiche nicht ganz gelungen sein sollte, schafft vielleicht ein anderer Aufnahmebereich Abhilfe. Bei Bereichen mit weicheren Kanten sollten Sie außerdem für die Pinselspitze eine 75%ige HÄRTE einstellen. Auch die GRÖSSE der Pinselspitze müssen Sie hierbei regelmäßig anpassen. Beachten Sie auch, dass Sie beim Retuschieren stark in ein Bild hineinzoomen und Details erkennen, die der Betrachter des Bildes im Normalfall kaum wahrnimmt.

5 Detailarbeiten

Manchmal ist sehr viel Feinarbeit und Geduld nötig. Bei einigen Bereichen müssen Sie auch den Kopierstempel [S] einsetzen. Unschöne Übergänge, die wiederum beim Wegstempeln entstanden sind, lassen sich mit dem Reparatur-Pinsel [J] retuschieren. Ein Mix aus beiden Werkzeugen führt in der Regel zum besten Ergebnis.

Abbildung 31.22 ▸
Das Endergebnis nach vielen kleineren und größeren Stempelvorgängen und Bereichsreparaturen. Neben der Laterne habe ich auch die Schatten und die Säulen am Fußweg entfernt.

Schritt für Schritt
Hautunreinheiten auf Porträts korrigieren

Kapitel_31: Anna.jpg

Ein unverzichtbares Thema der Bildbearbeitung ist das Korrigieren von Porträts. Da die Bearbeitung von Porträts so beliebt ist, finden Sie verschiedene Beispiele dazu, die Sie durchaus auch an nur einer Person vornehmen können.

1 Transparente Ebene erstellen

Öffnen Sie das Bild »Anna.jpg«, und erstellen Sie eine neue transparente Ebene über das kleine Icon ❶ im Ebenen-Bedienfeld, worauf Sie anschließend die Retusche der Hautunreinheiten nicht-destruktiv ausführen. Wie immer ist auch hier nicht zwangsläufig eine neue transparente Ebene nötig, es ist aber sehr hilfreich, weil Sie den korrigierten Bereich jederzeit nachträglich ändern und bearbeiten können.

Auf diese Weise können Sie übrigens jederzeit weitere transparente Ebenen zur Korrektur der Hautunreinheiten anlegen und unter Umständen auch mit der DECKKRAFT ❷ regulieren.

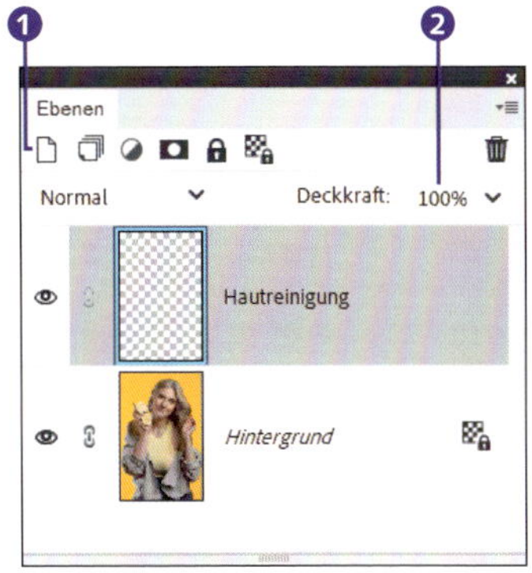

▲ **Abbildung 31.23**
Eine transparente Ebene für die nicht-destruktive Retusche wurde angelegt.

2 Reparatur-Pinsel auswählen und einstellen

Wählen Sie den Reparatur-Pinsel [J] aus, und stellen Sie die Pinselspitze ein. Im Beispiel habe ich für den Pinsel eine GRÖSSE von 100 Pixeln verwendet. Wenn Sie außerdem im ersten Arbeitsschritt eine transparente Ebene angelegt haben, sollten Sie die Option ALLE EBENEN AUFNEHMEN ❸ aktivieren. Alle anderen Werte können Sie, wie voreingestellt, belassen. Nur die Option AUSGERICHTET habe ich deaktiviert.

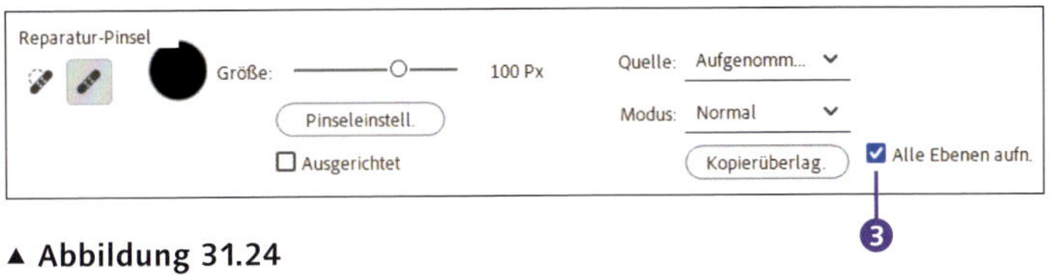

▲ **Abbildung 31.24**
Die Einstellungen für den Reparatur-Pinsel

3 Anfangspunkt auswählen

Zoomen Sie etwas weiter in das Bild hinein, und wählen Sie einen sauberen Hautbereich aus, indem Sie die Stelle bei gedrückter [Alt]-Taste anklicken ❹. Diesen Bereich wollen wir anschließend für die Korrektur von Hautunreinheiten (Hautirritationen, Pickeln, Muttermalen usw.) verwenden.

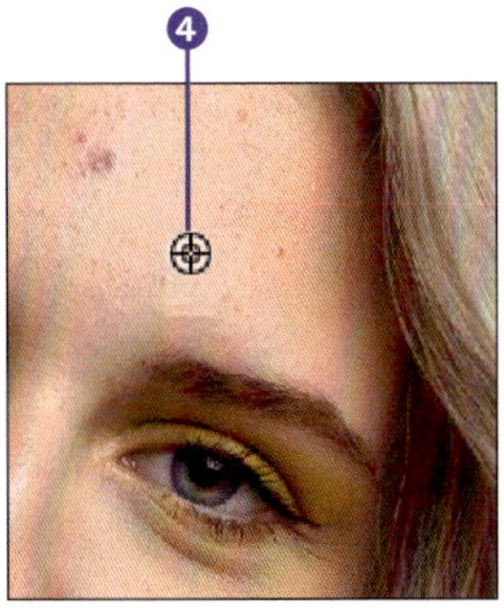

▲ **Abbildung 31.25**
Wählen Sie einen sauberen Hautbereich aus.

4 Hautunreinheiten entfernen

Gehen Sie mit dem Mauszeiger an die Positionen im Bild, an denen Sie Hautunreinheiten, Irritationen, Muttermale, Pickel usw. entfernen wollen. Klicken (tupfen) Sie diese Stellen (zum Beispiel ❺) einfach mit der linken Maustaste weg. Bei Bedarf wählen Sie einen anderen Anfangspunkt aus.

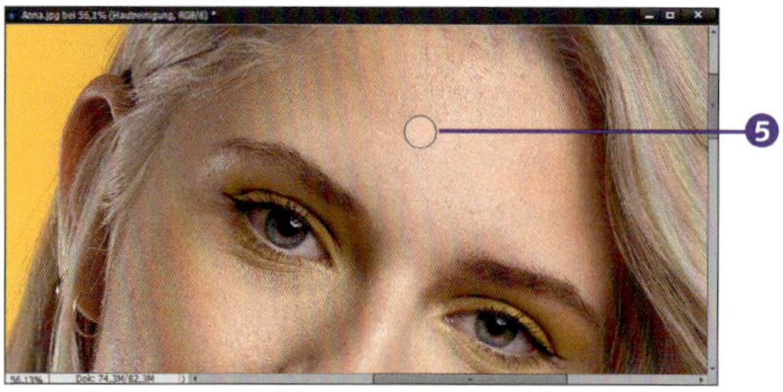

Abbildung 31.26 ▸
Tupfen Sie unreine Stellen auf der Haut weg.

Abbildung 31.27 ▾
Das Porträt nach dem ersten Retuschevorgang, der sämtliche Hautunreinheiten entfernt hat – links das Original, rechts das überarbeitete Bild. (Model: Anna Pfaller)

Bei der Beseitigung von Hautunreinheiten sollten Sie es nicht übertreiben, damit das Resultat natürlich wirkt. Was Sie entfernen, bleibt letztlich Ihnen überlassen und hängt auch maßgeblich vom Foto selbst ab. Ob Sie zum Beispiel Muttermale oder Sommersprossen auf einem Bild belassen wollen, entscheiden Sie selbst.

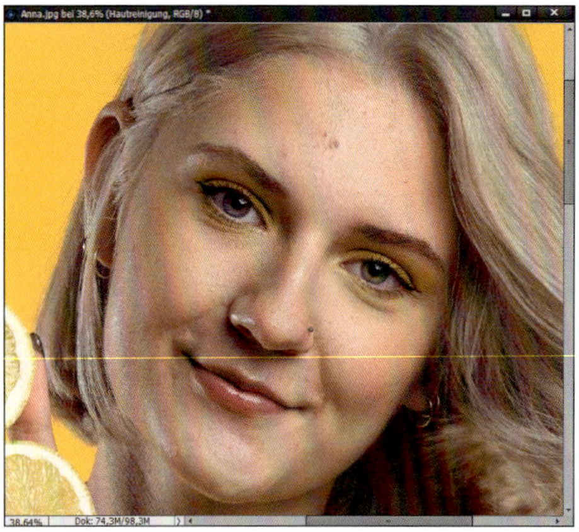

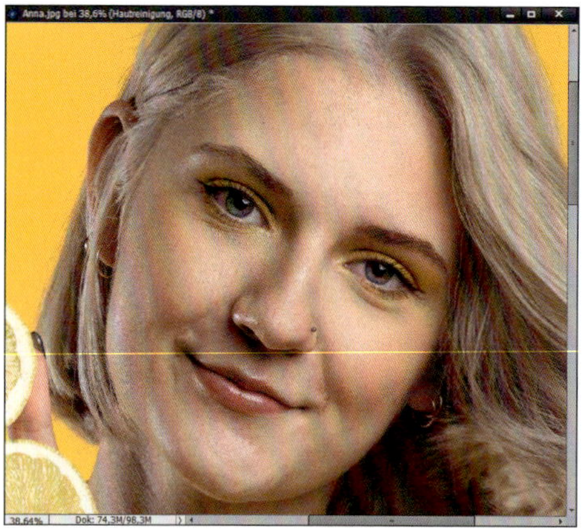

31.3.3 Der Bereichsreparatur-Pinsel

Der Bereichsreparatur-Pinsel [J] funktioniert ähnlich wie der Reparatur-Pinsel, nur müssen Sie hier den Aufnahmepunkt nicht selbst festlegen. Dies erledigt das Werkzeug automatisch. Gegenüber dem Reparatur-Pinsel ermöglicht der Bereichsreparatur-Pinsel ein schnelleres Arbeiten – auf Kosten einer geringeren Kontrolle über das Werkzeug. Bei Bildern, die nicht allzu viele Details besitzen, ist dieses halb automatische Werkzeug bestens geeignet.

Werkzeugoptionen | Zunächst wählen Sie bei den Optionen eine vordefinierte Pinselspitze ❷ aus und stellen deren Grösse ❸ ein. Mit den Radioschaltflächen neben Typ ❶ haben Sie Einfluss darauf, welche Pixel bei der Reparatur herangezogen werden sollen:

- Verwenden Sie Näherungswert, werden die Pixel um die Kanten des Auswahlbereichs herum für die Korrektur innerhalb des Auswahlbereichs verwendet.

- Mit STRUKTUR ERSTELLEN hingegen werden alle Pixel innerhalb des Auswahlbereichs verwendet, um eine Struktur für die Bereichskorrekturen zu erstellen.
- Die Option INHALTSBASIERT überprüft die umliegenden Pixel, um eine Auswahl möglichst nahtlos zu füllen, ohne dabei die wichtigen Details wie Licht oder Schatten zu ignorieren. In Abschnitt 31.3.4, »Inhaltsbasierte Retusche«, zeigen ein paar Beispiele, was die neue Option leistet.

Sollen Bildänderungen auf alle Bildebenen angewendet werden, aktivieren Sie die Option ALLE EBENEN AUFN. ❹.

Inhaltsbasiert vs. Entfernen-Werkzeug

Mit der Einführung des intelligenten Entfernen-Werkzeugs hat die inhaltsbasierende Option an Bedeutung verloren. Das Entfernen-Werkzeug arbeitet wesentlich präziser und übernimmt oft den Löwenanteil der Arbeit beim Entfernen störender Objekte. Es liefert auch wesentlich bessere Ergebnisse, wenn Sie zum Beispiel komplexere Bildbereiche aus dem Bild entfernen wollen.

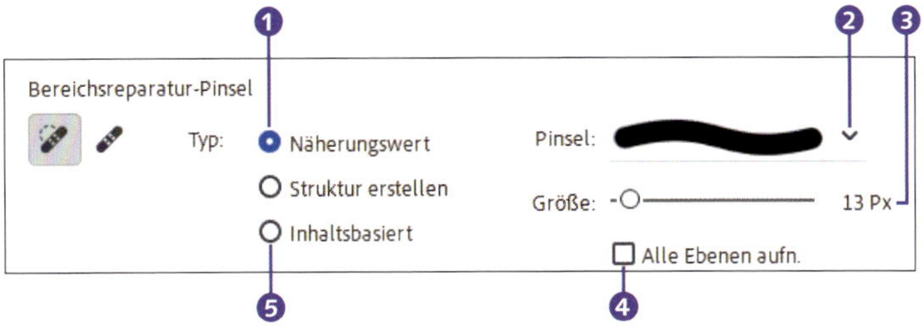

◂ **Abbildung 31.28**
Werkzeugoptionen des Bereichsreparatur-Pinsels

31.3.4 Inhaltsbasierte Retusche

Eine interessante Option für den Bereichsreparatur-Pinsel [J] finden Sie mit INHALTSBASIERT ❺.

Die Möglichkeit, störende Objekte einfach so aus dem Bild zu malen, hört sich natürlich sehr vielversprechend an. Allerdings sollten Sie von dieser neuen Option keine Zaubereien erwarten. Ihr erfolgreiches Verwenden hängt nämlich immer davon ab, was und wo etwas weggemalt werden soll. Die besten Erfolgsaussichten haben Sie, wenn die Umgebung möglichst einheitlich ist und der wegzumalende Bereich deutlich kleiner ist als der noch vorhandene Bereich im Bild. Hierzu einige gelungene und misslungene Beispiele aus der Praxis, die ich absichtlich nicht mehr nachbearbeitet habe.

Kapitel_31: Kabel.jpg

▾ **Abbildung 31.29**
Links sehen Sie das unbehandelte Bild, wo ich das Kabel hinter dem Herrn gerade mit dem Bereichsreparatur-Pinsel und der Option INHALTSBASIERT wegmale. Auf der rechten Seite sehen das Ergebnis, nachdem ich einmal darübergemalt hatte.

Die besten Ergebnisse mit der Option INHALTSBASIERT erzielen Sie, wenn Sie möglichst genau das zu entfernende Objekt in einem Zug ausmalen. Sie sollten nur ganz leicht über das Objekt hinausmalen. Wenn es beim ersten Mal nicht klappt, hilft es, den Vorgang mit [Strg]/[cmd]+[Z] rückgängig zu machen und es nochmals zu probieren. Nicht immer geht es jedoch darum, ganze Bereiche aus einem Bild zu entfernen. Viel häufiger werden Sie die Reparatur-Pinsel für kleinere Retuschen und Bildoptimierungen einsetzen. Wie Sie zum Beispiel Hautunreinheiten mit dem Reparatur-Pinsel entfernen, haben Sie bereits im Workshop »Hautunreinheiten auf Porträts korrigieren« in Abschnitt 31.3.2, »Der Reparatur-Pinsel«, gelesen.

Kapitel_31: Strassenhund.jpg

Eine Auswahl inhaltssensitiv füllen | Neben der Möglichkeit, störende Objekte aus dem Bild zu »malen«, gibt es noch eine zweite Möglichkeit, eine mit einem Auswahlwerkzeug ausgewählte Fläche mit dem umliegenden Bereich der Auswahl zu füllen, sodass bestenfalls der Eindruck entsteht, es hätte sich an dieser Stelle niemals etwas befunden. Auch hier gilt, dass die Erfolgsaussichten am besten sind, wenn der zu füllende ausgewählte Bereich der Umgebung möglichst einheitlich ist.

Die Verwendung ist ansonsten relativ einfach. Wählen Sie den Bereich, den Sie entfernen wollen, mit einem Auswahlwerkzeug Ihrer Wahl aus, und rufen Sie dann den Dialog BEARBEITEN • AUSWAHL FÜLLEN auf, in dem Sie bei VERWENDEN ❶ die Option INHALTSSENSITIV auswählen und anschließend mit OK bestätigen.

Sind Sie mit dem Ergebnis nicht zufrieden, können Sie diesen Vorgang jederzeit wieder mit [Strg]/[cmd]+[Z] bzw. BEARBEITEN • RÜCKGÄNGIG: FLÄCHE FÜLLEN rückgängig machen.

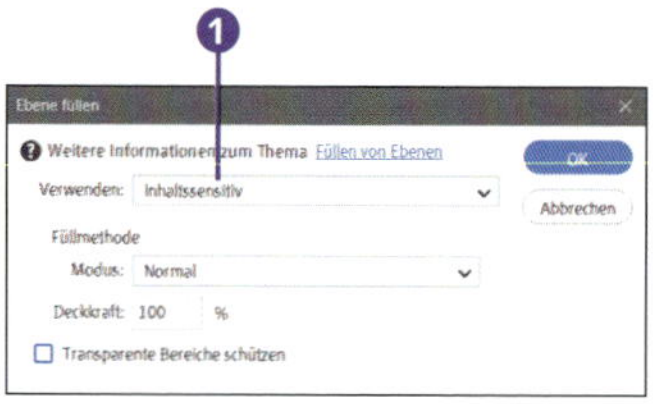

▲ **Abbildung 31.30**
Den ausgewählten Bereich inhaltssensitiv füllen

▲ **Abbildung 31.31**
… mit dem Dialog EBENE FÜLLEN mit der Option INHALTSSENSITIV gefüllt.

▲ **Abbildung 31.32**
Der störende Stromanschluss wurde mit dem Polygon-Lasso-Werkzeug ausgewählt und …

31.3.5 Assistent-Funktion zum Entfernen von Objekten

An dieser Stelle möchte ich noch kurz die ASSISTENT-Funktion zum ENTFERNEN VON OBJEKTEN erwähnen, die Sie bei den GRUNDLAGEN vorfinden. Mit dieser Funktion wählen Sie zunächst das zu entfernende Objekt aus und klicken dann auf die Schaltfläche OBJEKT ENTFERNEN. Für weitere Korrekturen steht Ihnen dann noch der Kopierstempel zur Verfügung.

31.4 Inhaltssensitives Verschieben-Werkzeug

Das Inhaltssensitive Verschieben-Werkzeug [Q] ist eine Mischung aus dem Lasso-Werkzeug und der Option INHALTSBASIERT des Bereichsreparatur-Pinsels. Das Werkzeug erlaubt es Ihnen, den Inhalt einer Auswahl im Bild zu verschieben. Der Bildbereich hinter der verschobenen Auswahl wird mit den passenden umliegenden Bildinformationen (inhaltsbasierend) aufgefüllt, und zwar so, dass die Manipulation kaum auffallen sollte bzw. nur noch wenige Nacharbeiten mit anderen Retuschewerkzeugen, wie beispielsweise dem Kopierstempel oder dem Bereichsreparatur-Pinsel, nötig sind. Genau genommen handelt es sich hierbei um ein Auswahl- und Retuschewerkzeug in einem.

Assistent: Objekt verschieben und skalieren

Zum Inhaltssensitives Verschieben-Werkzeug finden Sie auch eine vereinfachte ASSISTENT-Funktion im Bereich GRUNDLAGEN mit OBJEKT VERSCHIEBEN UND SKALIEREN vor. Diese sich selbst erklärende ASSISTENT-Funktion vereint auch gleich alle Werkzeuge, die dafür nötig sind.

Werkzeugoptionen | Mit den ersten vier Icons ❶ legen Sie fest, was mit Auswahlen geschehen soll. Neben dem Anlegen einer neuen Auswahl können Sie auch hier Auswahlbereiche erweitern (HINZUFÜGEN), entfernen (SUBTRAHIEREN) oder eine SCHNITTMENGE bilden. Mehr dazu haben Sie bereits in Abschnitt 22.4, »Auswahlen kombinieren«, erfahren.

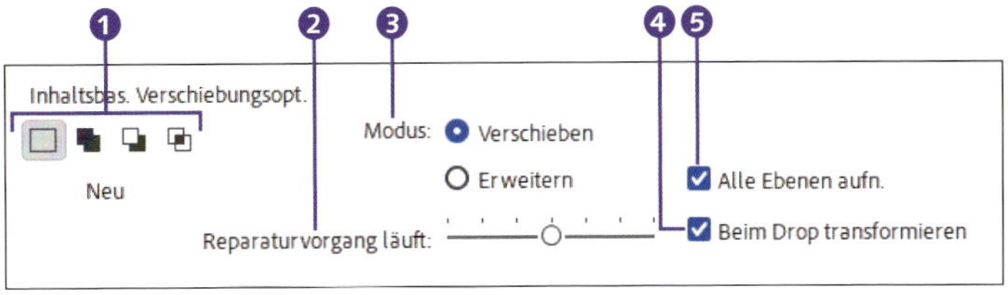

◀ **Abbildung 31.33**
Die Werkzeugoptionen des Inhaltssensitives Verschieben-Werkzeugs

Mit dem MODUS ❸ stellen Sie ein, wie Sie das Werkzeug verwenden wollen. Hierbei stehen Ihnen zwei Möglichkeiten zur Verfügung:

- VERSCHIEBEN: Mit dieser Option verschieben Sie die Auswahl innerhalb des Bildes an eine andere Position. Je mehr der Hintergrund der zu verschiebenden Auswahl mit der neuen Position übereinstimmt, desto besser wird das Ergebnis sein.

- ERWEITERN: Damit können Sie die zu verschiebende Auswahl erweitern. Sinnvoll angewendet, können Sie damit ausgewählte Bereiche wie Gebäude, Bäume usw. erweitern (erhöhen).

Der Regler REPARATURVORGANG LÄUFT ❷ ist kein Regler, um einen Effekt zu verstärken oder zu verringern, sondern damit können Sie einen anderen Algorithmus auswählen, wie der »leere« aufzufüllende Bereich und die Kante der verschobenen Auswahl inhaltsbasierend aufgefüllt bzw. repariert werden sollen. Wenn die Reparatur nicht das gewünschte Ergebnis gebracht hat, können Sie verschiedene Einstellungen des Reglers probieren, bis Sie mit dem Ergebnis zufrieden sind.

Hat Ihr Bilddokument mehrere Ebenen und sollen die Pixel aus allen sichtbaren Ebenen beachtet werden, müssen Sie ALLE EBENEN AUFN. ❺ aktivieren. Wenn nur die aktive Ebene berücksichtigt werden soll, lassen Sie diese Option deaktiviert.

Mit aktiver Option BEIM DROP TRANSFORMIEREN ❹ sorgen Sie dafür, dass nach dem Verschieben ein rechteckiger Rahmen um die Auswahl eingeblendet wird, mit dem Sie den verschobenen Bereich transformieren (drehen und skalieren) können.

Vorhandene Auswahl verwenden

Es ist jederzeit möglich, eine bereits vorhandene Auswahl mit dem Inhaltssensitives Verschieben-Werkzeug zu verwenden, die mit einem anderen Auswahlwerkzeug (Abschnitt 22.1, »Auswahlwerkzeuge im Überblick«) erzeugt wurde. Mit dem Wechsel zum Inhaltssensitives Verschieben-Werkzeug können Sie entweder sofort die Auswahl verschieben oder erweitern (abhängig vom gewählten MODUS) oder die Auswahl weiter bearbeiten mit den Auswahloptionen HINZUFÜGEN, SUBTRAHIEREN oder SCHNITTMENGE.

Bedienung | Die Bedienung des Inhaltssensitives Verschieben-Werkzeugs ⤨ ist relativ einfach. Nachdem Sie es aktiviert haben, wählen Sie aus, ob Sie eine neue Auswahl (Standardeinstellung NEU) erstellen oder etwas zu einer vorhandenen Auswahl HINZUFÜGEN, von ihr SUBTRAHIEREN oder eine SCHNITTMENGE bilden wollen. Wählen Sie dann über MODUS ❸ aus, ob Sie eine Auswahl auf dem Bild VERSCHIEBEN oder ERWEITERN wollen.

Erstellen Sie dann mit gedrückt gehaltener Maustaste eine Auswahl um das Objekt, das Sie verschieben oder erweitern wollen (in der Annahme, dass Sie eine neue Auswahl erstellen). Sobald Sie die Maustaste loslassen, wird die Auswahl geschlossen und ist bereit zum Verschieben. Setzen Sie den Mauscursor innerhalb der Auswahl, verschieben Sie diese mit gedrückt gehaltener Maustaste, und lassen Sie die Auswahl an der gewünschten Position fallen.

Der alte Bereich der zuvor erstellten Auswahl wird jetzt automatisch mit Bildinformationen um diesen Bereich gefüllt. Auch die Kanten der aktuell verschobenen Auswahl werden gemäß dem neuen Hintergrund automatisch »repariert«. Wenn das inhaltssensitive Füllen bzw. die Reparatur nicht das gewünschte Ergebnis gebracht haben, können Sie den Regler REPARATURVOR-

GANG LÄUFT etwas verschieben, und die Arbeiten werden mit einem neuen Algorithmus durchgeführt.

Kapitel_31:
Airing.jpg

▲ **Abbildung 31.34**
Für einen harmonischeren Gesamteindruck werden wir den BMX-Fahrer mehr zur Mitte verschieben.

Schritt für Schritt
Bildmotiv verschieben

Hier soll der BMX-Fahrer in der Luft etwas mehr zur Mitte hin verschoben werden. Laden Sie daher das Bild »Airing.jpg« in den Fotoeditor.

1 Bildmotiv auswählen

Aktivieren Sie das INHALTSSENSITIVES VERSCHIEBEN-Werkzeug [Q]. Im Beispiel soll eine neue Auswahl erstellt werden, weshalb auch das entsprechende Icon NEU ❶ ausgewählt ist (bleibt). Als MODUS soll hier VERSCHIEBEN ❸ verwendet werden. Ziehen Sie mit gedrückt gehaltener Maustaste eine Auswahl um den BMX-Fahrer ❷. Wenn Sie die Maustaste loslassen, wird die Auswahl geschlossen. Sind Sie mit der Auswahl nicht zufrieden, können Sie jederzeit über die Option HINZUFÜGEN weitere Bereiche hinzufügen oder mit SUBTRAHIEREN entfernen.

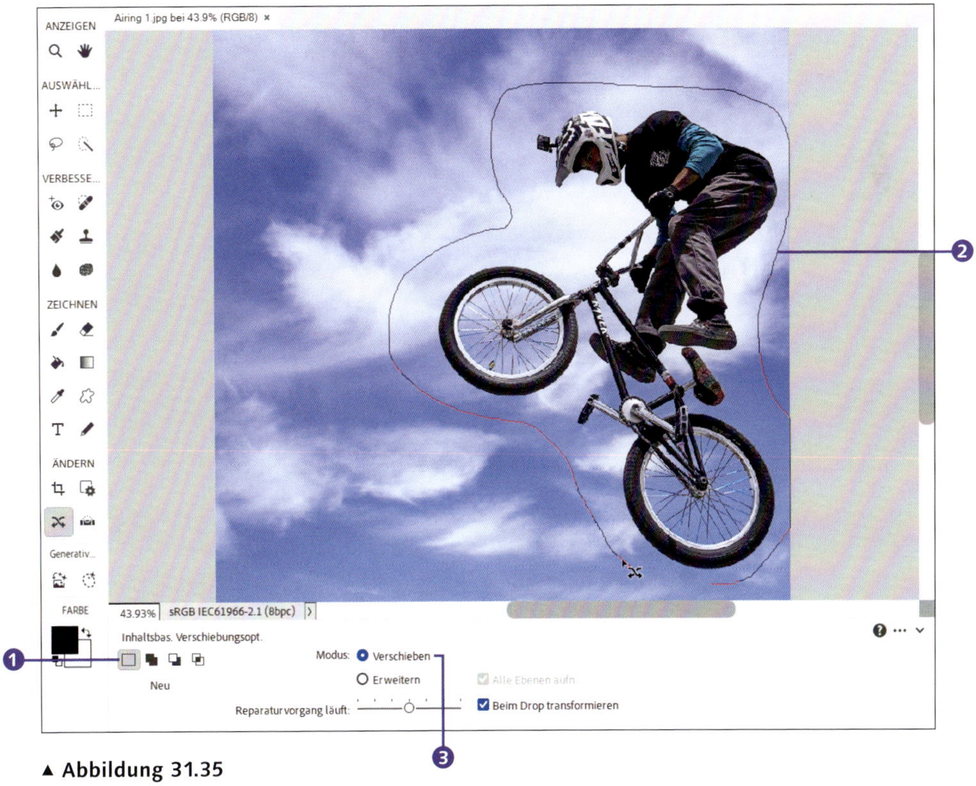

▲ **Abbildung 31.35**
Die Auswahl für das zu verschiebende Motiv wird erstellt.

Lasso-Werkzeug

Die Funktionen, eine Auswahl mit dem Inhaltssensitives Verschieben-Werkzeug zu erstellen, entsprechen denen des Lasso-Werkzeugs , das in Abschnitt 23.1.1, »Das einfache Lasso«, beschrieben wird.

2 Bildmotiv verschieben

Wenn Sie mit der Auswahl zufrieden sind, können Sie diese mit gedrückt gehaltener Maustaste verschieben und an die Stelle im Bild ziehen, an der Sie das Bildmotiv haben wollen. Je mehr der Hintergrund des zu verschiebenden Bildmotivs mit der neuen Position übereinstimmt, desto besser ist das Ergebnis. Lassen Sie die Auswahl an der Position fallen, an der Sie das Bildmotiv platzieren wollen, indem Sie die Maustaste loslassen. Nun haben Sie noch die Option, die Auswahl zu transformieren. In diesem Beispiel habe ich dies nicht gemacht. Bestätigen Sie daher die Verschiebung mit [↵] oder dem Häkchen.

Abbildung 31.36 ▸
Ausgewähltes Bildmotiv an die gewünschte Position ziehen und fallen lassen

3 Reparaturvorgang ändern

Wenn Sie die Verschiebung bestätigt haben, wird der alte Bereich der jetzt verschobenen Auswahl mit umliegenden Bildinformationen aufgefüllt. Auch die Kanten des verschobenen Bereichs werden repariert. Haben das Auffüllen und die Reparatur nicht das gewünschte Ergebnis gebracht, können Sie den Regler Reparaturvorgang läuft ❹ verschieben, und es wird ein anderer Algorithmus dafür verwendet.

Probieren Sie hier ruhig mehrere Einstellungen aus, um ein Gefühl für diesen Regler zu bekommen. Solange die Auswahllinie um das Bildmotiv besteht, können Sie den Regler immer wieder ändern. Wenn Sie mit dem Ergebnis zufrieden sind, können Sie die Auswahl aufheben, indem Sie mit der linken Maustaste außerhalb des ausgewählten Bereichs klicken.

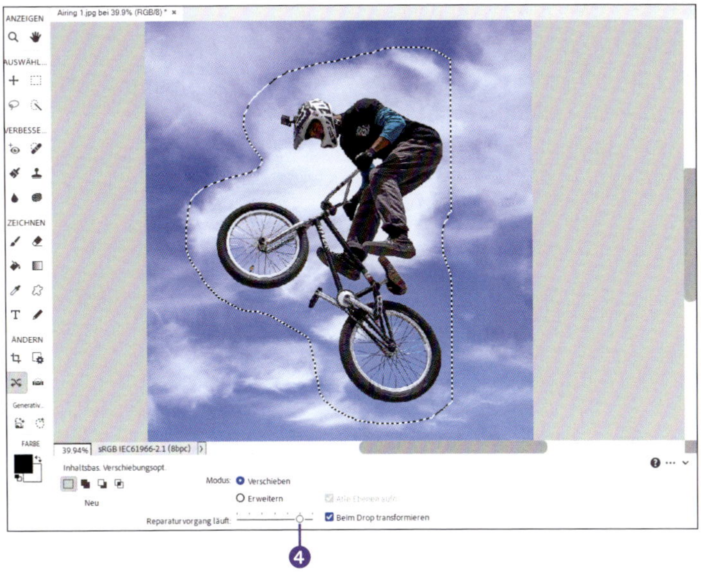

◀ **Abbildung 31.37**
Verschiedene Reparaturvorgänge ausprobieren

4 Nachträgliche Retuschearbeiten

Am Ende können Sie unschöne Kanten oder harte Übergänge mit den üblichen Retuschewerkzeugen wie dem Kopierstempel [S], dem Bereichsreparatur-Pinsel [J] und/oder dem Reparatur-Pinsel [J] beseitigen.

◀ **Abbildung 31.38**
Das Bild vor und nach dem Verschieben mit dem Inhaltssensitives Verschieben-Werkzeug

Kapitel_31: Wolkenkratzer.jpg

Bildmotiv erweitern | Neben dem Verschieben bietet das INHALTSSENSITIVES VERSCHIEBEN-Werkzeug noch die Option ERWEITERN, um eine Auswahl zu erweitern. Im folgenden Bild, »Wolkenkratzer.jpg«, habe ich das Hochhaus ausgewählt und mit der Option ERWEITERN nach oben geschoben, wodurch das Gebäude höher wurde. Mit der Option ERWEITERN können Sie außerdem duplizieren. So habe ich das Hochhaus erneut ausgewählt und nach rechts gezogen, wodurch nun zwei gleiche Hochhäuser dastehen.

Am Ende müssen Sie auch hier unschöne Kanten oder harte Übergänge mit den üblichen Retuschewerkzeugen wie dem Kopierstempel [S], dem Bereichsreparatur-Pinsel [J] und/oder dem Reparatur-Pinsel [J] beseitigen.

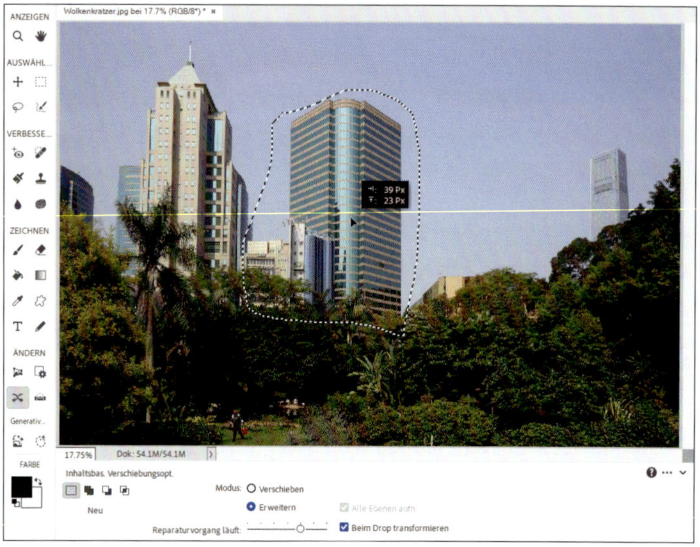

Abbildung 31.39 ▸
Das Bild während der Erweiterung ...

Abbildung 31.40 ▸
... und nach der Erweiterung mit dem Inhaltssensitives Verschieben-Werkzeug

Die besten Ergebnisse mit dem Inhaltssensitives Verschieben-Werkzeug erzielen Sie immer dann, wenn der Hintergrund der zu verschiebenden Auswahl der Position recht ähnlich ist, an die die Auswahl verschoben wird. Ganz ohne Nacharbeiten wird es bei digitalen Bildern wohl eher selten vonstattengehen.

31.5 Verflüssigen-Filter

Wenn Sie bei einem Bild Bereiche verkrümmen, verzerren, verschieben, vergrößern oder verkleinern wollen, sollten Sie sich den Filter VERFLÜSSIGEN ansehen. Sie finden ihn im Menü FILTER • VERZERRUNGSFILTER • VERFLÜSSIGEN.

Dieser Filter kann verwendet werden, um beispielsweise bei Porträtaufnahmen das Gesicht etwas anzupassen, wie die Lippen schmaler zu machen, ein Lächeln aufzusetzen, die Nase optisch etwas zu verbessern oder gar eine Person allgemein ein wenig schlanker zu machen. Ebenso können Sie diesen Filter für spaßige Effekte einsetzen.

Beauty-Retusche
Dezent eingesetzt, eignet sich dieses Werkzeug durchaus auch für eine Porträtretusche, um beispielsweise die Nase optisch zu verbessern oder gar eine Person »schlanker« zu machen.

Die einzelnen Funktionen in der linken Icon-Leiste des VERFLÜSSIGEN-Filters beschreibe ich kurz im Folgenden:

- **Verkrümmungswerkzeug** [W] – verschiebt die Pixel durch Ziehen mit gedrückter linker Maustaste in eine Richtung.
- **Strudel-Werkzeug (im Uhrzeigersinn)** [C] – dreht die Pixel unter dem Pinsel im Uhrzeigersinn, wenn Sie ins Bild klicken oder den Mauszeiger über das Bild ziehen.
- **Strudel-Werkzeug (gegen Uhrzeigersinn)** [L] – dreht die Pixel unter dem Pinsel gegen den Uhrzeigersinn, wenn Sie ins Bild klicken oder den Mauszeiger über das Bild ziehen.
- **Zusammenziehen-Werkzeug** [P] – verkleinert Objekte unter dem Pinsel durch Anklicken.
- **Aufblasen-Werkzeug** [B] – vergrößert Motive unter dem Pinsel durch Anklicken.
- **Pixel-verschieben-Werkzeug** [S] – verschiebt die Pixel senkrecht zur Malrichtung nach links. Eine Rechtsverschiebung erreichen Sie mit gedrückter [Alt]-Taste.
- **Rekonstruktionswerkzeug** [E] – macht Änderungen rückgängig.

Auf der rechten Seite des VERFLÜSSIGEN-Filters verändern Sie die PINSELGRÖSSE (1–600) und den PINSELDRUCK (1–100) des Pinsels. Jeder höher dieser Druck ist, desto stärker wirken sich die Werkzeuge auf die Veränderungen aus. Wenn Sie ein Grafiktablett verwenden, legen Sie den Druck über den STIFTDRUCK fest.

Schritt für Schritt
Kleidergröße anpassen mit dem Verflüssigen-Filter

Kapitel_31: unpassend.jpg

Wer sich Anzüge von der Stange kauft, der kennt das Problem: Sie passen selten. So auch bei diesem Beispiel, wo der Anzug an den Schultern zu schmal und nach unten hin viel zu breit geschnitten

▲ **Abbildung 31.41**
Bei diesem Bild soll der Verflüssigen-Filter demonstriert werden.

ist. Hier wollen wir den virtuellen Schneider spielen. Öffnen Sie daher das Bild »unpassend.jpg« im Fotoeditor.

1 Bauch und Bauchumfang reduzieren

Wählen Sie Filter • Verzerrungsfilter • Verflüssigen aus, woraufhin das Bild im Verflüssigen-Filter angezeigt wird. Wählen Sie das Pixel verschieben-Werkzeug ❶ [S], ändern Sie die Pinselgröße in 250, und reduzieren Sie den Druck auf ca. 30. Ziehen Sie mit dem Werkzeug und gedrückter [Alt]-Taste (für eine Verschiebung nach links) entlang der Kante der rechten Jackenseite ❷.

Ich empfehle, oberhalb am Ellenbogen mit dem Werkzeug zu klicken, mit der Werkzeugspitze ganz unten an das Ende zu gehen und dann mit gehaltener [⇧]-Taste (+ [Alt]-Taste) erneut zu klicken. Damit wird eine saubere Linie nach unten gezogen. Diesen Vorgang wiederholen Sie so oft, bis Sie mit der Anpassung der Jacke an dieser Stelle zufrieden sind. Die Arbeit mit dem Werkzeug erfordert ein wenig Übung und Fingerspitzengefühl.

▲ **Abbildung 31.42**
Die Jacke an der Seite etwas angepasst

2 Weitere Anpassungen

Der Bereich am Ellbogen zum Jackenübergang dürfte beim Verschieben der Jacke nach links einen starken Bogen bekommen haben. Diesen können Sie mit dem Verkrümmungswerkzeug ❸ [W] anpassen, indem Sie diesen Bildbereich mit der Werkzeugspitze ❹ mit gedrückter Maustaste nach links ziehen. Feinere Arbeiten können Sie nach dem Verflüssigen-Werkzeug aus den Retuschewerkzeugen des Editors vornehmen.

▲ **Abbildung 31.43**
Kleinere Details passen wir hier mit dem VERKRÜMMUNGSWERKZEUG an.

3 Schulterpolster anpassen

Da die Schulterpolster bei dieser Jacke sehr mickrig sind, können Sie sie mit dem Aufblasen-Werkzeug [B] ❺ etwas »aufpumpen«. Stellen Sie hierzu die Pinselspitze so ein, dass sie etwas größer ist als der Bereich, den Sie aufblasen wollen. Damit stellen Sie sicher, dass die komplette Schulter erfasst wird.

▼ **Abbildung 31.44**
Die Schulterpolster werden etwas breiter gemacht.

Klicken Sie mit dem Werkzeug ein paarmal auf den Schulterbereich, bis Sie mit dem Ergebnis zufrieden sind. Dasselbe mache ich in diesem Beispiel mit der anderen Schulter.

Auch bei dieser Bearbeitung sind Übung und wahrscheinlich mehrere Versuche erforderlich. Klicken Sie auf WIEDERHERSTELLEN ❼, wenn Sie noch einmal von vorn beginnen wollen. Klicken Sie auf OK ❻, um den VERFLÜSSIGEN-Dialog zu bestätigen und die Verformungen auszuführen.

Abbildung 31.45 ▼
Links sehen Sie das Bild vor und rechts nach der Überarbeitung mit dem VERFLÜSSIGEN-Dialog.

Wie eingangs bereits erwähnt, lässt sich der VERFLÜSSIGEN-Filter auch für das Gesicht anwenden, um einer Person beispielsweise ein Lächeln aufzusetzen oder um die Lippen bzw. die Nase anzupassen. Die Software bietet zur Anpassung von Gesichtsmerkmalen aber auch eine spezielle Funktion an, wie Sie im nächsten Abschnitt erfahren werden.

31.6 Gesichtsmerkmale anpassen und Haut glätten

Mit der Funktion GESICHTSMERKMALE ANPASSEN können Sie den Gesichtsausdruck einer Person nachträglich anpassen. Diese

Funktion eignet sich sowohl für ernsthafte kleinere Anpassungen wie das Hinzufügen eines Lächelns oder das Schlankermachen des Gesichts bis hin zu Spaßeffekten. Angepasst werden können die Lippen, die Augen, die Nase, die Gesichtsform und die Gesichtsneigung.

All-in-One für ein perfektes Porträt
Bei der Assistent-Funktion PERFEKTES PORTRÄT im Bereich SPEZIELLE BEARBEITUNGEN finden Sie ein All-in-One-Paket, das die Funktionen zum Glätten der Haut und die Anpassung der Gesichtsmerkmale enthält. Auch möglich ist das Tauschen von geschlossenen Augen und weitere Funktionen der Porträtretusche wie Schönheitsfehler entfernen, Zähne bleichen, Augen aufhellen oder Augenbrauen abdunkeln. All dies können Sie auch im ERWEITERT-Modus machen, aber hier werden unerfahrene Einsteiger an die Hand genommen.

Schritt für Schritt
Gesichtsmerkmale anpassen

In diesem kurzen Workshop soll das Werkzeug GESICHTSMERKMALE ANPASSEN in der Praxis demonstriert werden. Sie werden dabei feststellen, dass es viele Optionen gibt, das Gesicht anzupassen, und ich empfehle Ihnen, einfach damit zu experimentieren. Ob Sie damit jetzt eine ernsthafte oder spaßige Anpassung umsetzen wollen, bleibt natürlich Ihnen selbst überlassen.

1 Funktion aufrufen

Laden Sie das Bild »Jesus.jpg« in den Fotoeditor, und rufen Sie anschließend die Funktion mit ÜBERARBEITEN • GESICHTSMERKMALE ANPASSEN auf. Photoshop Elements erkennt das Gesicht gewöhnlich automatisch und markiert den betroffenen Bereich mit einem blauen Kreis ❶. Mit Strg/cmd++ bzw. Strg/cmd+- können Sie in das Bild ein- bzw. auszoomen. Die Ansicht können Sie über das Plus- und Minussymbol bzw. die Dropdown-Liste links unten ❷ anpassen.

Kapitel_31: Jesus.jpg

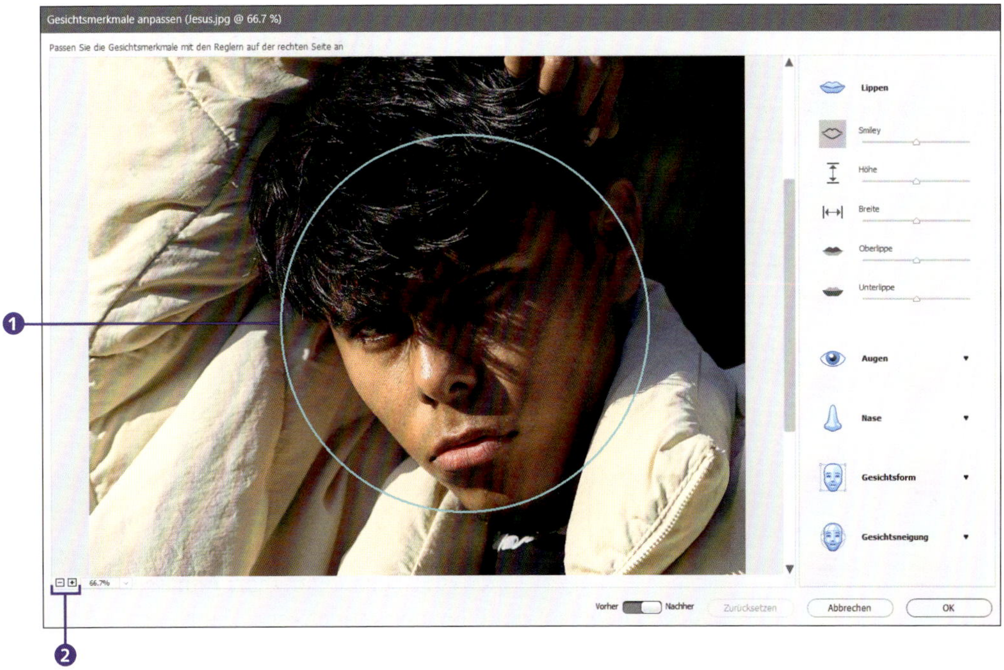

▼ **Abbildung 31.46**
Photoshop Elements erkennt ein Gesicht automatisch und markiert es mit einem blauen Kreis. (Model: Jesus Garcia)

2 Gesichtsmerkmale anpassen

Auf der rechten Seite wählen Sie aus, welches Gesichtsmerkmal Sie anpassen wollen. Wählen Sie das Gesichtsmerkmal aus, wie im Beispiel die Lippen ❹, werden verschiedene Schieberegler für diesen Bereich aufgelistet. Über den Regler SMILEY ❸ können Sie beispielsweise den Mundwinkel nach oben oder unten ziehen, um ein Lächeln ins Gesicht zu zaubern oder ein griesgrämiges Gesicht daraus zu machen. Im Beispiel habe ich den Regler leicht nach rechts gezogen, wodurch die Person jetzt mehr lächelt. Des Weiteren habe ich die Unterlippe etwas schmaler (Regler nach links) gemacht.

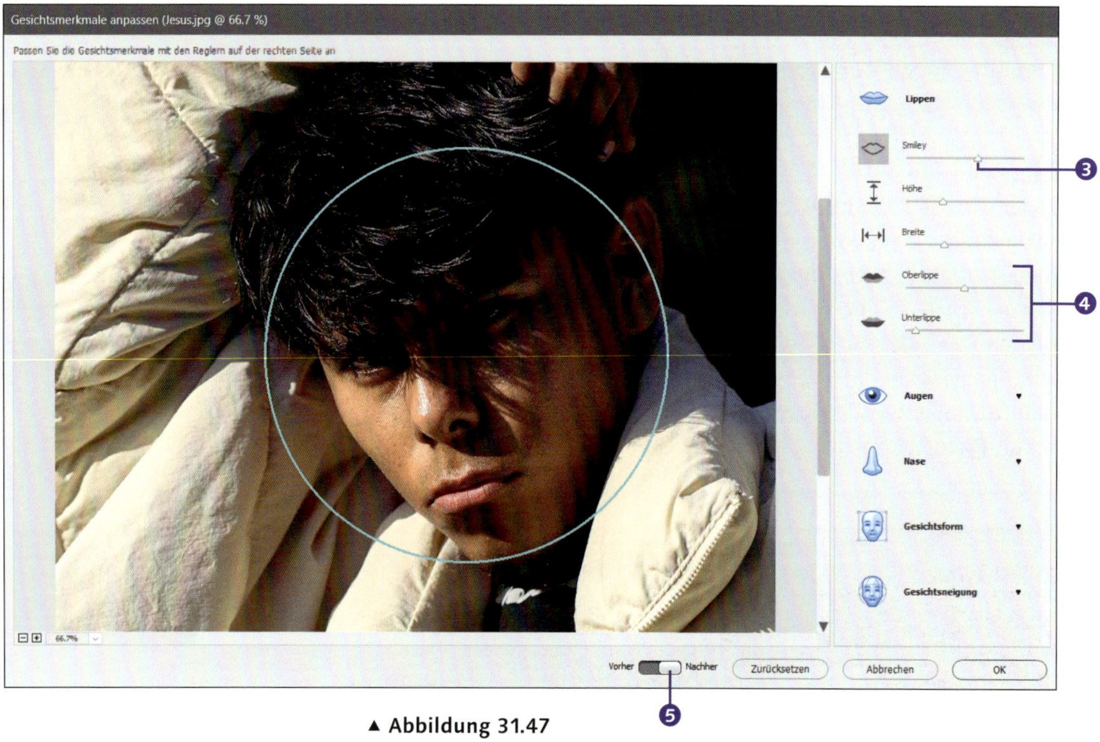

▲ **Abbildung 31.47**
Ein Lächeln wurde zum Gesicht hinzugefügt.

3 Weitere Gesichtsmerkmale anpassen

Wie in Schritt 2 können Sie jetzt bei Bedarf auch bei den Augen, der Nase, der Gesichtsform und der Gesichtsneigung vorgehen. Zwischen einem Vorher-nachher-Vergleich können Sie über den Schalter ❺ umschalten. Im Beispiel habe ich die Augen größer und die Nase etwas schmaler gemacht. Zudem habe ich den Kopf leicht geneigt und gedreht. Sind Sie mit dem Ergebnis zufrieden, klicken Sie auf OK, und die vorgenommenen Anpassungen im Dialog werden auf das Bild angewendet.

◂ **Abbildung 31.48**
Links sehen Sie das Bild im ursprünglichen Zustand. Beim rechten Bild habe ich die Mimik und die Gesichtsform geändert.

Kapitel_31:
Gesichter.jpg

Wenn die Funktion mehrere Gesichter in einem Bild erkennt, werden alle markiert. Das aktive Gesicht wird dabei mit einem blauen Kreis ② angezeigt. Gemachte Änderungen werden dann auf das entsprechende Gesicht mit dem blauen Kreis angewendet. Die nicht aktiven Gesichter im Bild erkennen Sie an einem grauen Kreis um das Gesicht ①. Sie können jederzeit ein anderes Gesicht auswählen, wenn Sie innerhalb des grauen Kreises klicken, wodurch dieser zum blauen aktiven Kreis wird, worauf sich dann die Änderungen mit den Reglern auf der rechten Seite auswirken. So können Sie beispielsweise das Lächeln einzelner Personen nachträglich hinzufügen.

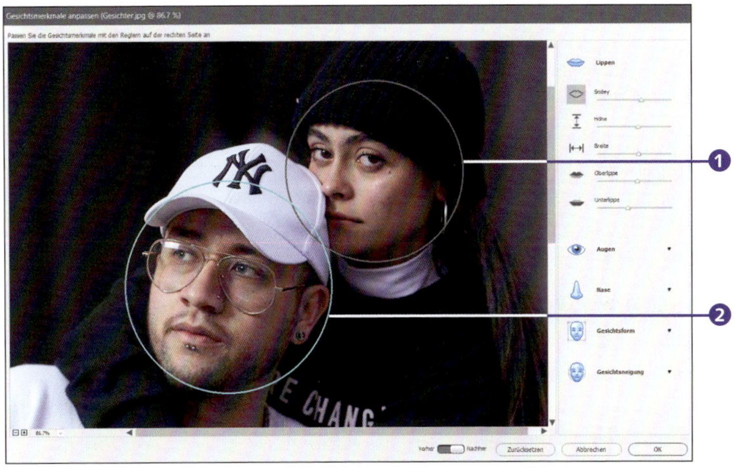

◂ **Abbildung 31.49**
Bei mehreren erkannten Gesichtern können Sie die Merkmale einzelner Gesichter …

Wollen Sie hingegen einzelne Gesichtsmerkmale von mehreren oder allen erkannten Gesichtern bei einem Gruppenfoto gleichzeitig anpassen, müssen Sie nur die entsprechenden Gesichter

▲ **Abbildung 31.50**
... oder aber auch von allen ausgewählten Gesichtern auf einmal ändern.

mit dem grauen Kreis mit gehaltener Strg/cmd-Taste anklicken. Jetzt können Sie die Gesichtsmerkmale von allen mit einem blauen Kreis markierten Gesichtern gleichzeitig ändern.

Haut glätten | Eine weitere Funktion zur Bearbeitung der Gesichtsmerkmale ist HAUT GLÄTTEN. Wenn Sie die Funktion über das Menü ÜBERARBEITEN aufgerufen haben und Elements Gesichter im Bild gefunden hat, können Sie die Haut über den Regler GLÄTTUNG ❸ weichzeichnen. Je weiter Sie den Regler nach rechts ziehen, umso stärker wird ein Gesicht weichgezeichnet. Die Augen, Augenbrauen oder der Mund bleiben von dieser Weichzeichnung unberührt. Auch den Vorher-Nachher-Schalter ❹ finden Sie hier vor. Ob und wie stark Sie weichzeichnen, müssen Sie selbst entscheiden. Allerdings verliert ein Gesicht bei zu starker Anwendung seine Natürlichkeit. Auch das Glätten der Haut von mehreren Gesichtern auf einem Bild ist individuell für jede Person möglich. Auch hier müssen Sie nur die entsprechenden Gesichter mit dem grauen Kreis mit gehaltener Strg/cmd-Taste anklicken.

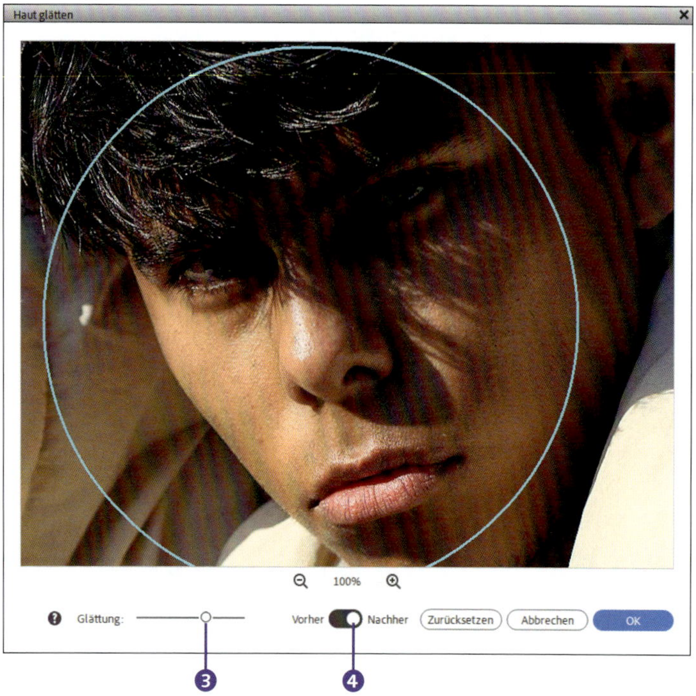

Abbildung 31.51 ▶
Die Funktion zum Glätten der Haut im Gesicht

Kapitel 32
Generative KI

Generative KI ist eine Form der künstlichen Intelligenz, die eigenständig neue Inhalte – etwa Texte, Bilder, Musik oder Videos – erzeugen kann, anstatt nur vorhandene Daten zu analysieren. Photoshop Elements bietet hierfür interessante Werkzeuge.

32.1 Was ist generative KI und wozu ist sie nützlich?

Generative KI in der Bildbearbeitung ermöglicht es Ihnen, nicht nur bestehende Bildelemente zu verändern, sondern auch vollständig neue Inhalte zu erzeugen. Dazu zählen Funktionen wie das Generieren von Bildern, bei dem auf Basis eines Textprompts oder einer Vorlage ein komplett neues Bild entsteht, sowie das Einfügen von Objekten, bei dem die KI zusätzliche Elemente – etwa einen Baum, eine Person oder einen Gegenstand – realistisch in ein bestehendes Bild integriert.

Das Generieren eines vollständig neuen Bildes mithilfe von KI dient in erster Linie dazu, kreative Ideen schnell sichtbar zu machen – und das ganz ohne Kamera, Shooting oder Grafiksoftware. Egal, ob Sie ein fantasievolles Porträt, eine Landschaft, ein Produktkonzept oder eine Filmszene visualisieren möchten: Die KI erstellt aus einem einfachen Textprompt ein komplett neues Bild, das als Entwurf, Inspiration oder sogar als fertiger Inhalt genutzt werden kann. So lassen sich Ideen flexibel ausprobieren und gestalten, was besonders in den Bereichen Werbung, Design, Storytelling und Social Media nützlich ist.

Das Hinzufügen von KI-generierten Objekten zu einem bestehenden Bild ist ideal, um Fotos gezielt zu erweitern oder zu verändern, ohne dass eine aufwendige Nachbearbeitung erforder-

Internet nötig
Die generative KI wird nicht lokal auf Ihrem Rechner, sondern in der Adobe Cloud auf Servern ausgeführt. Das bedeutet, dass Ihr Bild oder die betreffende Bildstelle in die Cloud hochgeladen wird. Dort übernimmt die Adobe-Firefly-KI die eigentliche Verarbeitung. Nach der Generierung wird das Ergebnis an den Photoshop-Elements-Editor zurückgesendet und angezeigt. Daher wird für diese Funktion eine Internetverbindung benötigt.

Das Entfernen-Werkzeug

In gewisser Weise gehört auch das Entfernen-Werkzeug, das in Abschnitt 31.3.1, »Das KI-basierte Entfernen-Werkzeug«, beschrieben ist, zur generativen KI, weil das Werkzeug nicht einfach eine inhaltsbasierte Füllung durchführt, sondern neue Bildinhalte generiert, die zur Umgebung passen, etwa Strukturen, Texturen oder Hintergründe.

lich ist. So können Sie fehlende Elemente ergänzen, störende Details ersetzen oder eine neue Bildaussage schaffen, indem Sie beispielsweise einen Tisch, einen Himmel oder eine Person einfügen. Die KI sorgt dafür, dass das eingefügte Objekt perspektivisch, farblich und lichttechnisch zur Umgebung passt. Diese Funktion ist besonders praktisch für Composings, kreative Montagen, Produktvisualisierungen oder wenn bei einem Shooting etwas gefehlt hat.

Abbildung 32.1 ▸
Dieses Bild wurde mit Photoshop Elements und dem Werkzeug BILD GENERIEREN erzeugt.

32.2 Generative Credits

Generative Credits sind ein nutzungsbasiertes System von Adobe, das den Zugriff auf KI-gestützte Funktionen reguliert. Bei jeder Anwendung einer generativen Funktion in Photoshop Elements (wie BILD GENERIEREN oder OBJEKT HINZUFÜGEN) wird ein Credit verbraucht. Die Anzahl der monatlich verfügbaren Credits können Sie sich über das kleine Symbol ❶ bei den Werkzeugoptionen von BILD GENERIEREN oder OBJEKT HINZUFÜGEN anzeigen lassen. Als Nutzer von Photoshop Elements stehen Ihnen derzeit 25 Credits pro Monat zur Verfügung. Wenn Sie außerdem ein Creative-Cloud-Abo haben, ist die Anzahl, abhängig von Ihrem Abo, höher.

Wenn Sie Ihre monatlichen Credits aufgebraucht haben, können Sie sich über einen Link ❷ für ein Firefly-Standard- oder Pro-Abonnement entscheiden. Zur Drucklegung war dies noch nicht möglich. Ziel dieses Systems ist es, die teils enormen Rechenressourcen, die für KI-Generierungen nötig sind, fair zu verteilen und eine gleichbleibende Servicequalität für alle Anwender sicherzustellen.

◄ **Abbildung 32.2**
Die monatliche Nutzung generativer KI ist limitiert.

32.3 Bild generieren

Mit dem Werkzeug BILD GENERIEREN können Sie sich ein beliebiges Bild durch die Eingabe eines Prompts generieren lassen. Damit können Sie zum Beispiel Ideen visualisieren, Content erstellen, Storytellings entwickeln, Designs entwerfen oder einfach nur Hintergründe generieren lassen.

Schritt für Schritt
Ein Bild mit Generativer KI erzeugen

Die folgenden Schritte zeigen Ihnen, wie Sie von der leeren Leinwand zum fertigen KI-generierten Bild gelangen.

1 Ein leeres Dokument anlegen

Um ein Bild mit der KI zu generieren, benötigen Sie ein Dokument, in dem die KI das Bild erstellen soll. Ich empfehle Ihnen, ein neues Dokument über DATEI • NEU • LEERE DATEI bzw. Strg/Cmd+N mit den gewünschten Angaben zu Höhe, Breite und Auflösung zu erstellen.

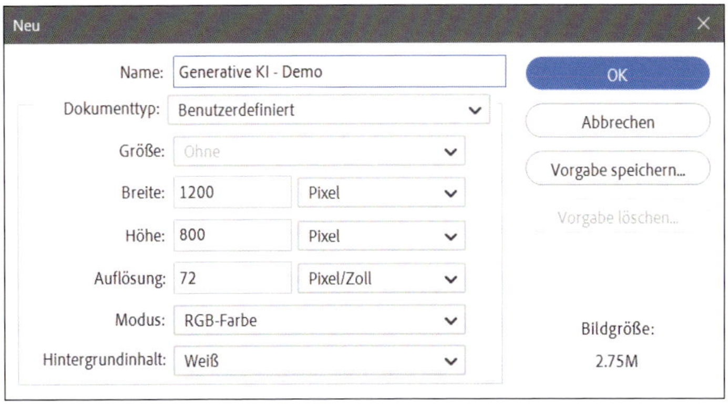

◄ **Abbildung 32.3**
Eine neue leere Datei anlegen

Wenn Sie das Werkzeug BILD GENERIEREN auf ein bestehendes Dokument mit Bildinhalten anwenden, funktioniert dies natürlich auch. In diesem Fall wird das generierte Bild als neue Ebene über der aktuellen Ebene erzeugt. Das kann nützlich sein, wenn Sie beispielsweise für ein freigestelltes Motiv ein Hintergrundbild erzeugen lassen möchten.

2 Eingabe des Prompts

Beschreiben Sie nun im Feld BESCHREIBUNG ❶ bei den Werkzeugoptionen, was auf dem Bild zu sehen sein soll. Zum Beispiel »Ein alter Leuchtturm auf einer Klippe bei Sonnenuntergang«. Die Eingabe können Sie in einer beliebigen Sprache vornehmen. Wenn Ihnen nichts einfällt, können Sie sich über das Glühlampen-Symbol ❷ verschiedene Vorschläge anschauen. Generell gilt: Je klarer, präziser und bildsprachlich geschickter Ihr Prompt formuliert ist, desto wahrscheinlicher erhalten Sie ein hochwertiges, passendes Ergebnis.

3 Inhaltsart festlegen

Über die Dropdown-Liste INHALTSART ❸ können Sie den Stil des generierten Bildes bestimmen. Der Unterschied zwischen den Optionen FOTO und KUNST bei KI-generierten Bildern mit Photoshop Elements liegt im Stil und der Wirkung: Während der fotorealistische Stil darauf abzielt, ein möglichst echt wirkendes Bild zu erzeugen mit natürlichem Licht, realistischen Texturen und typischer Kameraperspektive, geht es bei der künstlerischen Darstellung um eine kreative, oft abstrahierte Interpretation. Künstlerische Bilder wirken wie gemalt oder gezeichnet und nutzen Stilmittel wie Pinselstriche, übertriebene Farben oder verfremdete Proportionen.

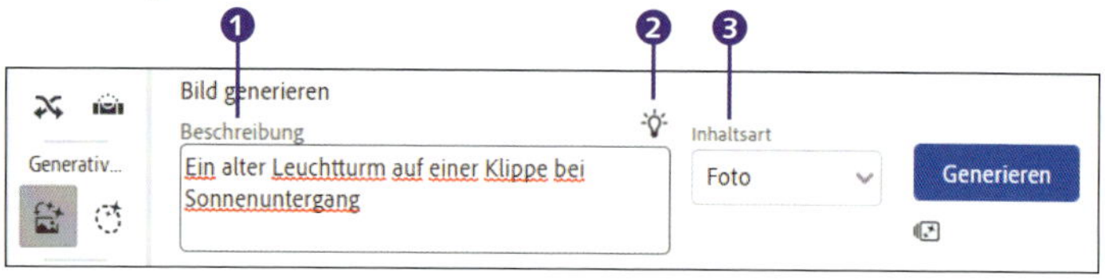

Abbildung 32.4 ▸
Die Werkzeugoptionen von BILD GENERIEREN

4 Generieren und Variationen auswählen

Wenn Sie auf die Schaltfläche GENERIEREN klicken, interpretiert die generative KI (Adobe Firefly) Ihren Prompt mithilfe der gelernten Daten und erzeugt ein neues Bild. Genauer gesagt sind es vier Varianten, die Sie bei den Werkzeugoptionen auswählen und anzeigen lassen können.

Mehr dazu

Auf Smart-Objekte wurde in Abschnitt 26.4, »Bild als Smartobjekt einfügen«, eingegangen.

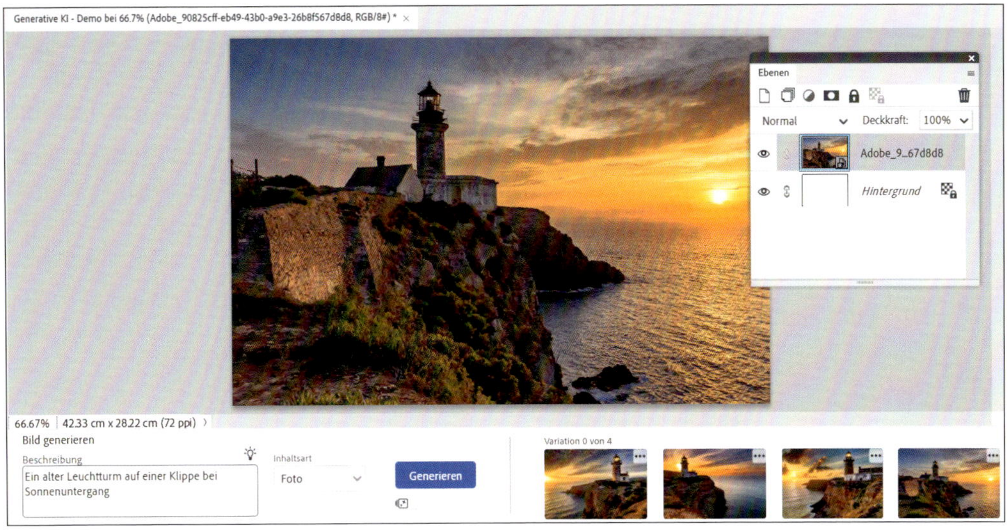

▲ **Abbildung 32.5**
Eine von vier Varianten des gewünschten Bildes, die die KI aus unserem Prompt erzeugt hat

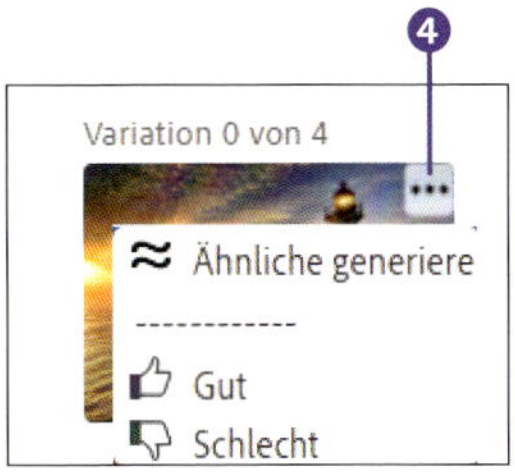

▲ **Abbildung 32.6**
Über die drei Punkte ❹ können Sie ähnliche Varianten aus einem generierten Bild erzeugen.

Das neu generierte Bild wird als neue Ebene hinzugefügt. Wenn Ihnen eine der Varianten besonders gut gefällt und Sie sehen möchten, ob Firefly noch etwas Besseres generieren kann, klicken Sie bei der entsprechenden Variante auf die drei Punkte ❹ und wählen Ähnliche generieren. Die Varianten werden dann zur Liste der Variationen hinzugefügt.

Das Ergebnis des generierten Bildes ist ein Smart-Objekt und kann daher auch mehrfach vergrößert oder verkleinert werden, ohne dass es an Schärfe verliert.

Prompt-Exkurs | Wenn die Ergebnisse nicht Ihren Vorstellungen entsprechen, dann liegt das oftmals am Prompt. Dieser ist sozusagen der Bauplan für das Ergebnis. Je klarer, präziser und bildsprachlich geschickter Sie ihn formulieren, desto wahrscheinlicher erhalten Sie ein hochwertiges und passendes Ergebnis. Schon kleine Änderungen im Prompt können große Unterschiede im Bild bewirken. Ohne klare Begriffe neigt die KI zu »Halluzinationen« oder erzeugt unpassende Elemente. Hierzu ein paar persönliche Erfahrungen, die ich mit generativer KI gemacht habe:

- **Beginnen Sie mit dem Hauptmotiv**: Zum Beispiel »Ein Mann in einem klassischen Anzug sitzt bei Sonnenuntergang auf einem Dach«.
- **Fügen Sie einen Stil oder ein Medium hinzu**: Zwar können Sie mit Foto und Kunst die Inhaltsart vorgeben, aber Sie können

hier noch genauer und spezifischer feintunen, zum Beispiel mit Angaben wie »im Stile von Edward Hopper«, »Comiczeichnung« oder »Analoger Filmlook«.

- **Verwenden Sie Adjektive**: Zum Beispiel »dramatische Beleuchtung«, »verträumte Atmosphäre«, »bunt und surreal«.
- **Nutzen Sie Format- oder Perspektivenangaben**: Zum Beispiel »Weitwinkel«, »Nahaufnahme«, »Draufsicht«.
- **Grenzen Sie Ort und Zeit ein**: Beispielsweise »Tokio bei Nacht«, »1930s New York«, »80er-Jahre Retrostil«.
- **Verwenden Sie technische Angaben**: Zum Beispiel »auf 35-mm-Film aufgenommen«, »geringe Schärfentiefe«, »Bokeh-Hintergrund«.

Ein gut strukturierter Prompt, der der KI dabei hilft, ein klar definiertes und realistisches Bild zu erzeugen, könnte also wie folgt aussehen: »Mann in einem klassischen Anzug sitzt bei Sonnenuntergang auf einem Dach, analoger Filmlook, dramatische Beleuchtung, Weitwinkel, 1930er-Jahre in New York, auf 35-mm-Film aufgenommen«.

Abbildung 32.7 ▼
Je genauer Sie die Angaben im Prompt machen, umso besser wird auch das Ergebnis sein.

32.4 Objekte zum Bild hinzufügen bzw. austauschen

Mit dem Werkzeug OBJEKT EINFÜGEN können Sie Objekte nahtlos in ein Bild einfügen bzw. ersetzen. Auch dies erfolgt über die Eingabe eines Prompts. Das Hinzufügen oder Austauschen von Objekten mithilfe generativer KI ist durchaus hilfreich. So können Sie Szenen gestalten, die in der Realität nicht existieren. Auch leere Bereiche oder unerwünschte Objekte lassen sich damit sinnvoll ausfüllen. Sie können damit viel Zeit sparen, da Sie nicht auf die Suche nach Stockfotos gehen müssen. Ich verwende die KI auch gerne, um schnell Mock-ups und Visualisierungen mit verschiedenen Requisiten zu erstellen.

Schritt für Schritt
Objekte zu einem Bild hinzufügen

In dieser Anleitung zeige ich Ihnen, wie Sie leere Bereiche in Ihren Fotos mit passenden Objekten füllen und so Ihre Landschaftsaufnahmen oder andere Bilder auf natürliche Weise aufwerten.

1 Bild öffnen

Öffnen Sie zunächst das Bild, in das Sie ein neues Objekt einfügen möchten. Im folgenden Bild möchte ich die Landschaftsaufnahme aufwerten, indem ich grasende Schafe hinzufüge und die lichten Stellen auf dem Berg mit mehr Bäumen auffülle.

Kapitel_32: Berglandschaft.jpg

◂ **Abbildung 32.8**
Das Landschaftsbild soll mithilfe von KI etwas aufgepeppt werden.

2 Bereich auswählen

Wählen Sie das Werkzeug Objekt einfügen und bei den Werkzeugoptionen den Auswahlpinsel mit dem Plussymbol aus. Malen Sie damit im Bild den Bereich aus, in den Sie ein Objekt einfügen oder den Sie austauschen möchten. Mit Grösse stellen Sie die Pinselgröße ein. Wenn Sie zu viel ausgewählt haben, können Sie die Auswahl mit dem Auswahlpinsel mit dem Minussymbol wieder entfernen.

Abbildung 32.9 ▸
Zunächst müssen Sie den Bereich auswählen, an dem Sie das Objekt einfügen möchten. Ich habe hier die freie Fläche der Wiese ausgewählt.

3 Prompt eingeben

Geben Sie im Textfeld BESCHREIBUNG ein, was Sie im ausgewählten Bereich hinzufügen möchten. Ich gebe beispielsweise »Schafe beim Grasen« ein. Natürlich können Sie auch eine präzisere Angabe im Prompt machen, wie es im vorherigen Exkurs beschrieben wurde. Drücken Sie nun die ↵-Taste oder klicken Sie auf die Schaltfläche GENERIEREN. Das Bild wird in die Cloud hochgeladen, wo Adobe Firefly es analysiert und anhand der Daten sowie des Prompts verarbeitet.

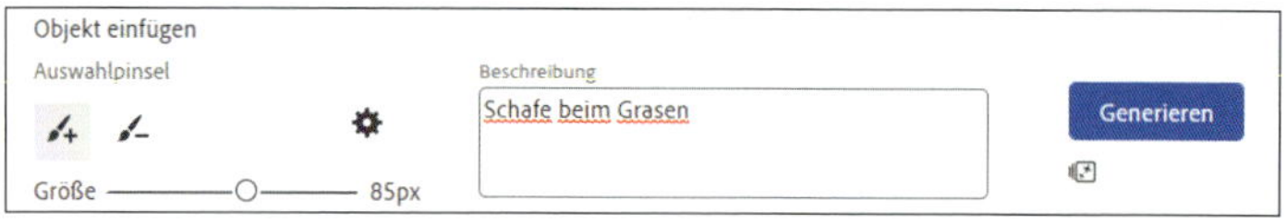

Abbildung 32.10 ▸
Im Prompt geben Sie ein, was Sie zur Auswahl im Bild hinzufügen wollen.

4 Variante auswählen

Nach der Generierung wird das Bild an den Editor zurückgesendet. Dort können Sie nun eine von vier Varianten auswählen. Wenn Sie mit dem Ergebnis nicht zufrieden sind, können Sie den Prompt verfeinern und erneut auf GENERIEREN klicken, um weitere Varianten zu erzeugen. Über die drei Punkte bei einer Variation können Sie ÄHNLICHE GENERIEREN auswählen und so ein komplett neues Bild aus dieser Szene mitsamt den neu eingefügten Objekten generieren lassen.

Abbildung 32.11 ▾
Es wurden Schafe beim Grasen zur Landschaftsaufnahme hinzugefügt.

5 Weitere Objekte hinzufügen oder austauschen

Auch beim Einfügen von Objekten wird ein Smart-Objekt erzeugt. Um weitere Objekte zum Bild hinzuzufügen oder auszutauschen, müssen Sie die Ebene zunächst vereinfachen. Das müssen Sie nicht manuell über den Ebenendialog machen. Wenn Sie mit dem Auswahlpinsel auf das Bild klicken, erscheint ein Dialog, in dem Sie gefragt werden, ob Sie das Smart-Objekt in eine normale Ebene umwandeln möchten.

Anschließend markieren Sie weitere Bereiche mit dem Auswahlpinsel des Werkzeugs OBJEKT EINFÜGEN. Ich male die kahle Stelle links oben auf dem Berg aus und füge mit dem Prompt »Tannenbäume« entsprechende Objekte hinzu, damit der Bereich nicht so leer ist.

◂ **Abbildung 32.12**
Hier sehen Sie das mit KI bearbeitete Bild. Es wurden Schafe hinzugefügt, ein Zaun, mehr Tannenbäume in den Hügeln und auch kleine Wolken am Himmel.

Darüber hinaus gibt es unbegrenzte Möglichkeiten, mithilfe generativer KI Objekte in Bildern zu ergänzen. Dies reicht von Möbeln, Kleidung, Pflanzen bis hin zu Wolken, Tieren und vielem mehr. Bei Personen können auch Merkmale wie der Bart, die Haare oder Accessoires verändert bzw. hinzugefügt werden. Der Fantasie sind hierbei keine Grenzen gesetzt. Das funktioniert natürlich auch, wenn Sie Objekte markieren und gegen andere Objekte austauschen wollen.

▾ **Abbildung 32.13**
Links sehen Sie das Ausgangsbild. Rechts habe ich noch Küchenutensilien an den freien Ecken hinzugefügt, damit das Bild nicht mehr so leer wirkt.

▲ **Abbildung 32.14**
Im linken Bild habe ich der mittelalterlich gekleideten Dame mit generativer KI ein Schwert in die Hand gegeben. Dem Mann im rechten Bild habe ich eine Sonnenbrille aufgesetzt. (Model links: Annika Fendt; Model rechts: Luca Vette)

▲ **Abbildung 32.15**
In diesem Beispiel habe ich die orange Jacke auf der linken Seite gegen eine elegante brauen Jacke ausgetauscht, wie Sie sie in der rechten Abbildung sehen können.

TEIL XII

Mit Text und Formen arbeiten

Kapitel 33

Grundlagen zur Texterstellung

Die Hauptaufgaben von Photoshop Elements sind sicherlich die Bildbearbeitung und die Verbesserung Ihrer Digitalfotos. Das Programm kann aber noch viel mehr: Die Textwerkzeuge bieten Ihnen zahlreiche Möglichkeiten zur Verzierung Ihrer Bilder mit individuellen Texten.

33.1 Text eingeben

Um einen Text zu erstellen oder zu bearbeiten, können Sie das Horizontale Textwerkzeug T [T] oder das Vertikale Textwerkzeug ↓T [T] aus der Werkzeugpalette verwenden. Jeder Text, den Sie hiermit eingeben, wird auf einer neuen Textebene platziert. Hierbei haben Sie die Möglichkeit, einen einzeiligen Text (auch als *Punkttext* bezeichnet) oder einen mehrzeiligen *Absatztext* zu erstellen.

Zum Weiterlesen
Mehr zu den Ebenen bzw. in diesem Fall Textebenen habe ich in Abschnitt 33.2.4, »Textebene in eine Ebene umwandeln«, beschrieben.

33.1.1 Einzeiliger Text (Punkttext)

Um einen einzeiligen Punkttext zu erstellen, wählen Sie einfach das Horizontale Textwerkzeug T [T] in der Werkzeugpalette aus. Gehen Sie dann mit dem Mauszeiger auf das Bild, wodurch der Mauszeiger zu einem Symbol ❶ wird, das anzeigt, dass Sie hier einen Text eingeben können. Dieses Symbol wird auch *Einfügemarke* genannt.

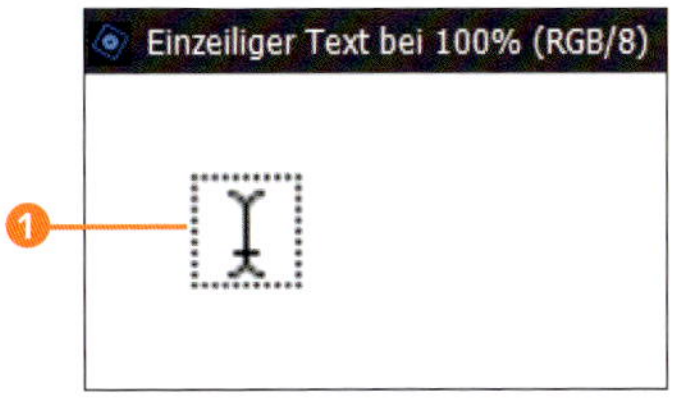

◂ **Abbildung 33.1**
Die Einfügemarke ❶ symbolisiert, dass Sie hier einen Text eingeben können.

↵ versus Enter

Beachten Sie dabei, dass hier Enter auf dem Ziffernblock Ihrer Tastatur nicht dieselbe Funktion wie ↵ hat. Beim Textwerkzeug bestätigen Sie mit Enter die Texteingabe und fügen mit ↵ einen Zeilenumbruch ein. Bei Notebooks ohne Enter-Taste erreichen Sie dasselbe auch mit Strg/cmd+↵.

Natürlich funktioniert dies genauso auch mit dem Vertikalen Textwerkzeug ↓T T, allerdings verläuft hierbei die einzeilige Textrichtung von oben nach unten.

Text eingeben | Wenn Sie jetzt in das Bild klicken, erscheint ein blinkender Textcursor, den Sie sicher von der Textverarbeitung her kennen. Jetzt können Sie mit der Tastatur einen Text eingeben. Der Text bleibt so lange in der Zeile, bis Sie mit ↵ einen manuellen Zeilenumbruch durchführen. In der Praxis sollten Sie allerdings einen mehrzeiligen Text mit einem Absatztext erstellen.

Unterhalb des Textes in Abbildung 33.2 finden Sie eine Grundlinie ①, die sich für ein genaues Positionieren auf einer Linie eignet. Der Text selbst wird in der eingestellten Vordergrundfarbe geschrieben. Die Schrift legen Sie in den Werkzeugoptionen fest. Die Textebene ④ mit dem Icon »T« wird automatisch angelegt.

Abbildung 33.2 ▼
Ein Text und das dazugehörige Ebenen-Bedienfeld

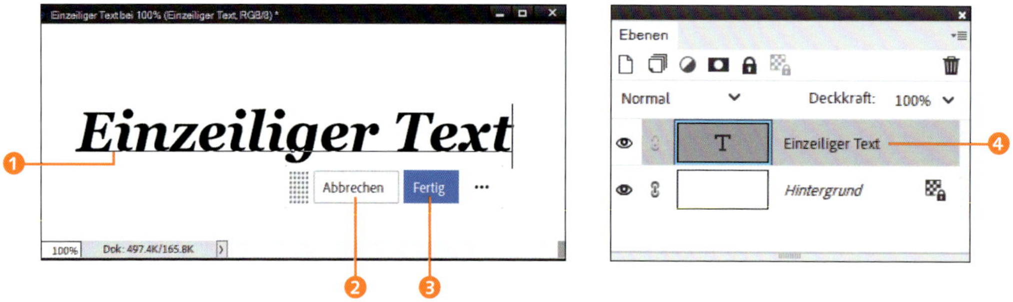

Absatztext: Eingabe bestätigen
Das hier Beschriebene zur Bestätigung oder zum Abbruch der Eingabe gilt auch für den mehrzeiligen Absatztext.

Eingabe bestätigen oder abbrechen | Sind Sie mit der Texteingabe fertig, müssen Sie diese nur noch bestätigen. Dafür nutzen Sie entweder die Fertig-Schaltfläche ③ unter dem Text, die ↵-Taste im Ziffernblock oder, falls Sie keinen Ziffernblock haben, die Tastenkombination Strg/cmd+↵. Auch gilt die Eingabe als bestätigt, wenn Sie das Werkzeug wechseln. Die Eingabe abbrechen hingegen können Sie mit der Abbrechen-Schaltfläche ② oder mit Esc. Wenn Sie die Texteingabe abbrechen, wird automatisch auch die dazugehörige Textebene gelöscht.

Copy & Paste

Natürlich können Sie auch, wie bei einem Texteditor üblich, einen Text, den Sie von einer anderen Anwendung in die Zwischenablage kopiert haben, in den Absatztext einfügen. Damit dies funktioniert, muss aber der Textcursor blinken, womit das Textwerkzeug seine Bereitschaft zur Eingabe signalisiert.

33.1.2 Mehrzeiliger Text (Absatztext)

Bei umfangreicheren Texten bewirken Sie entweder mit ↵ einen Zeilenumbruch, oder Sie verwenden einen Absatztext. Der Vorteil eines solchen Absatztextes ist, dass Sie vor dem Eingeben des Textes festlegen können, welcher Bereich als Textfeld dienen soll.

Aktivieren Sie hierzu wieder das Horizontale (oder Vertikale) Textwerkzeug, und gehen Sie mit dem Mauszeiger in das Bild. Klicken Sie jetzt die linke Maustaste, halten Sie sie gedrückt, und ziehen Sie einen Rahmen in diagonaler Richtung auf. Wenn Sie die Maustaste loslassen, finden Sie links oben wieder den blinkenden Textcursor und können mit der Eingabe des Textes über die Tastatur beginnen.

Die Texteingabe selbst bestätigen Sie wieder so, wie ich es bereits zuvor zum Punkttext beschrieben habe. Der Zeilenumbruch wird automatisch am Rand des Rahmens durchgeführt. Alternativ können Sie auch wieder manuell einen Zeilenumbruch mit [↵] einfügen.

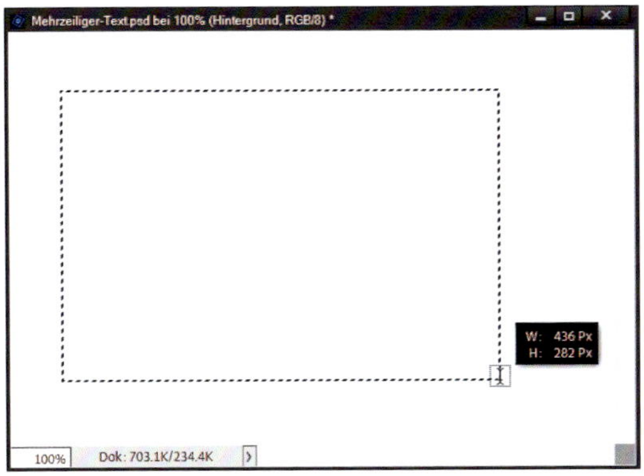

▲ **Abbildung 33.3**
Mit dem Aufziehen des Rahmens legen Sie die Größe des Absatztextes fest.

▲ **Abbildung 33.4**
Über die kleinen Symbole an den Seiten und Ecken können Sie den Rahmen nachträglich in der Größe verändern.

Größe des Textrahmens einstellen | Wollen Sie einen exakt quadratischen Absatztext aufziehen, halten Sie während des Aufziehens des Rahmens die [⇧]-Taste gedrückt. Möchten Sie hingegen einen Absatztext pixelgenau anlegen, halten Sie die [Alt]-Taste gedrückt und klicken mit aktivem Textwerkzeug in das Bild. Daraufhin wird ein Zahleneingabefeld geöffnet, in dem Sie die exakte Breite und Höhe des Absatztextes in Pixel eingeben können.

Sofern Sie mehr Text eingeben, als in den aufgezogenen Rahmen für den Absatztext passt, wird das Symbol zum Verändern der Größe rechts unten als Plussymbol ❺ angezeigt. Dieses macht darauf aufmerksam, dass hier noch mehr Text vorhanden ist, der aber nicht angezeigt werden kann.

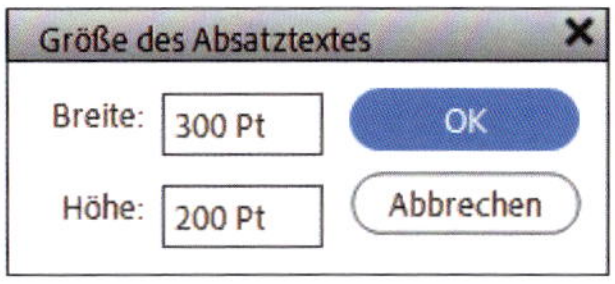

▲ **Abbildung 33.5**
Die Größe des Absatzrahmens können Sie auch exakt eingeben.

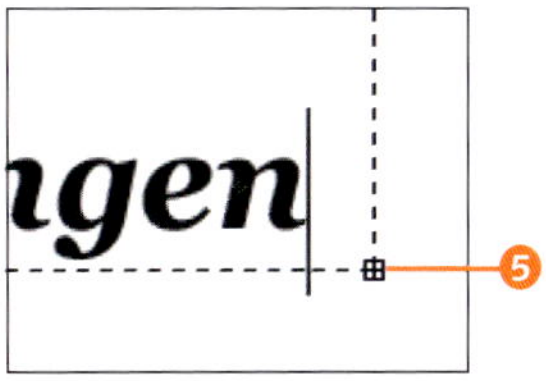

▲ **Abbildung 33.6**
Es wurde mehr Text eingegeben, als im Rahmen des Absatztextes angezeigt werden kann.

Größe des Textrahmens verändern | Um den Rahmen des Absatztextes nachträglich zu ändern, klicken Sie einfach in der richtigen Textebene den Text mit dem Textwerkzeug an, und schon wird der Rahmen wieder angezeigt. Über die Symbole an den Ecken und Seiten des Textbegrenzungsrahmens können Sie den Text jetzt mit gedrückter linker Maustaste vergrößern oder ver-

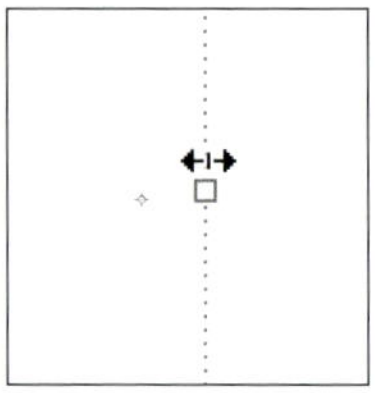

▲ **Abbildung 33.7**
Wird dieser Doppelpfeil angezeigt, können Sie die Größe des Rahmens verändern.

kleinern. Der Zeiger wird, wenn er exakt auf einem Symbol steht, zu einem doppelten Pfeil. Halten Sie während des Ziehens ⇧ gedrückt, werden die ursprünglichen Proportionen bei der Größenänderung eingehalten. Beachten Sie außerdem, dass bei einer Änderung der Rahmengröße auch der Zeilenumbruch erneuert wird.

Textrahmen drehen | Um den Textrahmen mit dem Textwerkzeug zu drehen, platzieren Sie den Mauszeiger knapp außerhalb des Rahmens, bis der Mauszeiger zu einem gebogenen Doppelpfeil (1) wird. Jetzt können Sie mit gedrückt gehaltener linker Maustaste den Textrahmen drehen. Drücken Sie während des Drehens zusätzlich die ⇧-Taste, beschränken Sie die Drehung auf 15°-Schritte.

Abbildung 33.8 ▶
Der Textrahmen lässt sich mit dem Textwerkzeug auch drehen.

▲ **Abbildung 33.9**
Das Symbol zeigt, dass der Textrahmen verschoben werden kann.

Textrahmen verschieben | Wollen Sie den Textrahmen mit dem Textwerkzeug verschieben, müssen Sie ebenfalls erst die entsprechende Textebene anklicken, damit der Textrahmen angezeigt wird. Gehen Sie mit dem Mauszeiger außerhalb des Rahmens, bis der Mauscursor wie das Verschieben-Werkzeug (2) aussieht. Jetzt verschieben Sie mit gedrückt gehaltener linker Maustaste den Rahmen. Alternativ können Sie den Text auch verschieben, wenn Sie sich mit dem Mauszeiger innerhalb des Textrahmens befinden und die Strg/cmd-Taste gedrückt halten. Weiterhin können Sie die Textebene wie jede andere Ebene auch mit dem Verschieben-Werkzeug ✥ verschieben.

Textebene transformieren | Natürlich funktioniert auch hier eine komplette Ebenentransformation mit Strg/cmd+T oder über den Menüpfad Bild • Transformieren • Frei transformieren, um eine Textebene zu drehen, zu skalieren oder zu neigen. Dasselbe erreichen Sie aber ebenfalls mit dem Verschieben-Werkzeug + V. Diese Transformation lässt sich auch auf einen Punkttext anwenden. Beim VERKRÜMMEN über BILD • TRANSFORMIEREN stehen nur die vordefinierten Verformungen zur Verfügung. Zum freien Verkrümmen müssen Sie die Textebene in eine normale Ebene umwandeln. Allerdings ist der Text dann nicht mehr editierbar. Eine VERZERRUNG hingegen lässt sich auf einer Textebene überhaupt nicht durchführen.

Allerdings sollten Sie immer bedenken, dass eine Ebenentransformation auch die Gefahr birgt, dass der Text verzerrt wird und Zeilenumbrüche nicht erneuert werden. Daher sei Ihnen zunächst empfohlen, immer erst alle Möglichkeiten des Textwerkzeugs auszuschöpfen, bevor Sie auf die Ebenentransformation zurückgreifen.

Zum Nachlesen
Das Thema Transformation von Ebenen habe ich in Abschnitt 26.3, »Ebenen transformieren«, näher behandelt.

Textwerkzeug oder Verschieben-Werkzeug | Eine Besonderheit bei der Verwendung der Textwerkzeuge muss noch erwähnt werden: Wenn Sie eine Eingabe mit dem Textwerkzeug über das Häkchen bestätigt haben, wird automatisch das Verschieben-Werkzeug + V aktiviert. Dies ist der logische nächste Schritt, um die Textebene sauber zu positionieren. Dass Sie das Verschieben-Werkzeug verwenden, erkennen Sie daran, dass der Begrenzungsrahmen aus einer gepunkteten Linie 3 besteht. Beim Textwerkzeug besteht der Begrenzungsrahmen aus einer gestrichelten Linie 4. Wenn Sie die Textebene mit dem Verschieben-Werkzeug + V transformieren oder gedreht haben, wird der Begrenzungsrahmen zu einer durchgehenden Linie 5, bis Sie die Transformation bestätigen oder ablehnen. Dasselbe passiert auch, wenn Sie über BILD • TRANSFORMIEREN • FREI TRANSFORMIEREN zur Ebenentransformation wechseln.

▲ **Abbildung 33.10**
Das Verschieben-Werkzeug wird gerade verwendet.

▲ **Abbildung 33.11**
Das Textwerkzeug wird gerade verwendet.

▲ **Abbildung 33.12**
Die Textebene wird gerade transformiert.

33.1.3 Rechtschreibprüfung

In Photoshop Elements können Sie auch eine Rechtschreibprüfung für vorhandene Textebenen durchführen. Wählen Sie hierzu die gewünschte Textebene im Ebenen-Dialog aus und rufen Sie dann den entsprechenden Dialog über BEARBEITEN • RECHTSCHREIBPRÜFUNG auf. Mit diesem Dialog werden falsch geschriebene Wörter erkannt und Sie können aus einer Liste von Ersetzungsvorschlägen wählen.

Der Dialog sollte selbsterklärend sein. Trotzdem erläutere ich die einzelnen Felder und Schaltflächen kurz. Das Wort, das nicht im Wörterbuch erkannt wurde, wird bei NICHT IM WÖRTERBUCH angezeigt. Im Feld ÄNDERN IN finden Sie einen Vorschlag für das ausgewählte Wort. Alternative Ersetzungsvorschläge finden Sie im Feld VORSCHLÄGE. Mit der Schaltfläche ÄNDERN ersetzen Sie das aktuell ausgewählte Wort durch den ausgewählten Vorschlag. Mit IMMER ÄNDERN werden alle Vorkommen des Wortes ersetzt. Mit IGNORIEREN überspringen Sie das Wort und mit ALLE IGNORIEREN werden alle Vorkommen des Wortes übersprungen. Mit HINZUFÜGEN fügen Sie ein Wort Ihrem persönlichen Wörterbuch hinzu, um es später wiederzuerkennen.

Sprache festlegen
Als Sprache für die Rechtschreibprüfung wird die Sprache verwendet, die Sie bei den Werkzeugoptionen in der Dropdown-Liste ausgewählt haben.

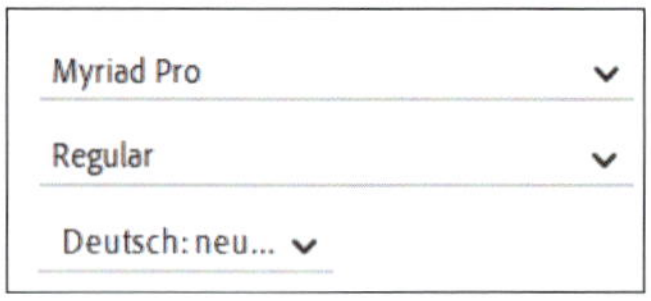

▲ **Abbildung 33.13**
Hier legen Sie die Sprache für die Rechtschreibprüfung fest.

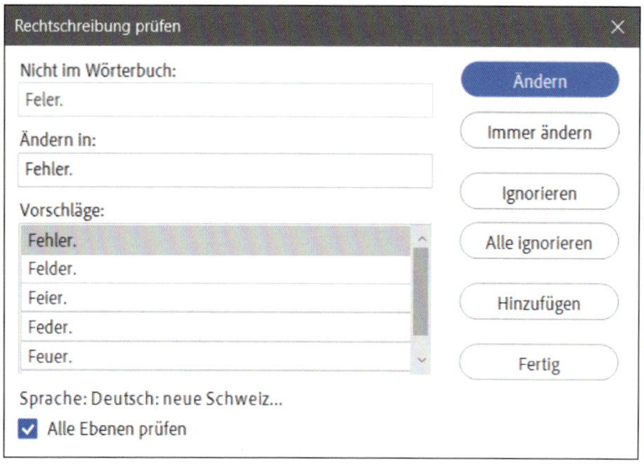

Abbildung 33.14 ▶
Das Dialogfenster für die Rechtschreibprüfung

33.2 Text editieren

Den Text können Sie jederzeit nachträglich editieren, indem Sie die Textebene aktivieren und mit dem Textwerkzeug innerhalb des Textes klicken. Hierbei sollte gleich wieder der blinkende Textcursor erscheinen, mit dem Sie Text wie bei einem gewöhnlichen Texteditor einfügen oder löschen können.

33.2.1 Text gestalten

Egal, ob Sie einen Punkttext oder einen Absatztext verwenden wollen, in den Werkzeugoptionen der Textwerkzeuge können Sie die wichtigsten Formatierungen für die Schrift einstellen. Die Schrift können Sie vor der Texteingabe oder auch nachträglich formatieren. Egal, welches Textwerkzeug Sie verwenden, es haben alle dieselben Optionen.

Abbildung 33.15 ▼
Werkzeugoptionen für Textwerkzeuge

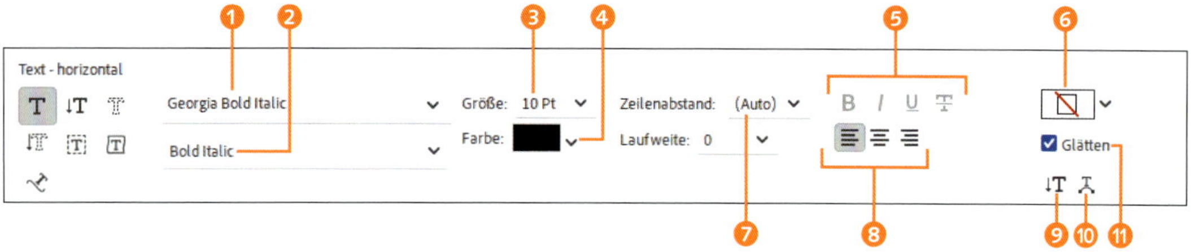

1 Schriftart
2 Schriftschnitt
3 Schriftgrad bzw. -größe
4 Textfarbe
5 Formatierung
6 Ebenenstil
7 Zeilenabstand
8 Textausrichtung
9 Textausrichtung
10 Text verkrümmen
11 Schriftglättung

Schriftart auswählen | Im ersten Dropdown-Feld 1 wählen Sie die Schriftart aus. Aufgelistet werden nur die Schriftarten, die auf dem Rechner installiert sind, und diese unterscheiden sich von Rechner zu Rechner. Neben der Scrollleiste können Sie zum Navigieren durch die Schriften das Mausrad oder die Tasten ↑ und ↓ verwenden sowie den Anfangsbuchstaben oder den ganzen Namen der Schriftart eintippen. Vor der aktiven Schriftart ist ein Häkchen gesetzt.

Schriftschnitt einstellen | Bei der Auswahl der Schrift können Sie den Schriftschnitt 2 unabhängig von der Schriftart 1 festlegen. Der Schriftschnitt ist eine weitere Variante einer Schriftart, wie beispielsweise »Standard«, »Fett« oder »Kursiv«. Die Anzahl der vorhandenen Schriftschnitte kann bei jeder Schrift unterschiedlich sein. Fehlt ein gewünschter Schriftschnitt für eine bestimmte Schriftart, können Sie über die ersten beiden Schaltflächen unter 5 die Faux-Versionen von Kursiv- oder Fettschnitt verwenden. Eine Faux-Schrift ist eine vom Computer generierte Version einer Schrift. Dies ist typografisch jedoch nicht korrekt.

Schriftgrad | Wie groß die Schrift geschrieben werden soll, stellen Sie mit dem Schriftgrad 3 ein. Der Wert bezieht sich immer auf die Höhe der Großbuchstaben und ist standardmäßig auf Punkt (Pt) eingestellt, die typische Größe für Schriften in der Typografie. Über das Menü Bearbeiten/Photoshop Elements Editor • Voreinstellungen • Einheiten & Lineale verändern Sie bei Bedarf die Maßeinheit für den Text. Neben der Maßeinheit Punkt stehen Ihnen Pixel und Millimeter zur Verfügung. Die Einheit Pixel ist beispielsweise bestens geeignet, wenn Sie etwas für das Web gestalten, weil in diesem Bereich alles in Pixel angegeben wird.

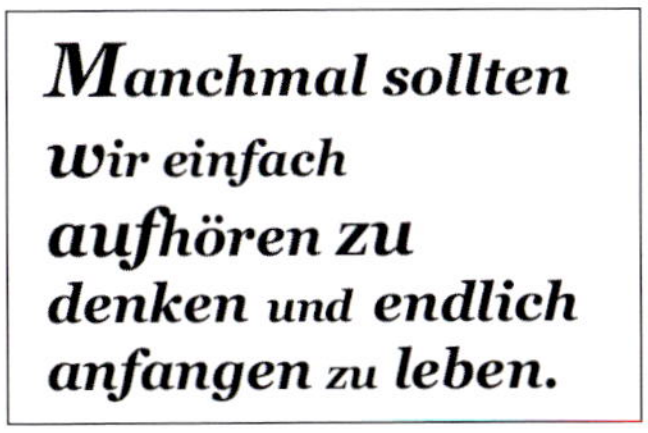

◂ **Abbildung 33.17**
Verschiedene Schriftgrößen lassen sich auch auf einzelne Wörter oder einzelne Zeichen anwenden.

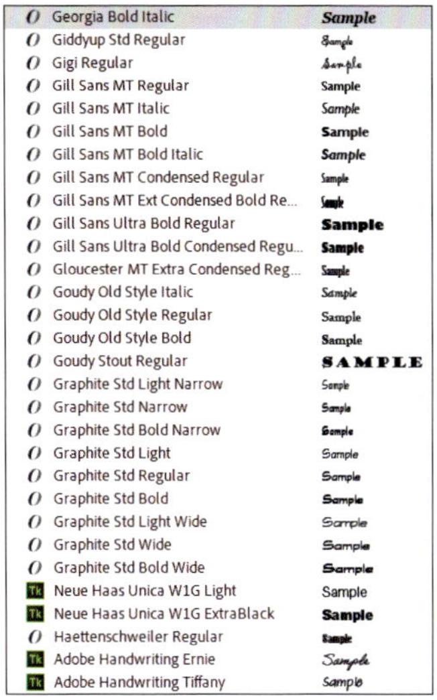

▴ **Abbildung 33.16**
Neben dem Namen der Schriftart finden Sie hier auch eine Schriftvorschau.

Mehr Schriften
Unabhängig von Photoshop Elements können Sie jederzeit weitere Schriften aus dem Web nachinstallieren. Es gibt unzählige Seiten, die zum Teil kostenlose Schriftarten zur Verfügung stellen. Mein Geheimtipp hierzu ist die Seite *http://www.myfont.de*.

Faux-Schrift verwenden
Faux-Schriften sollten Sie nur dann verwenden, wenn eine bestimmte Schriftart keine weiteren Stile zur Verfügung stellt.

Schriftgröße ist relativ …
Beachten Sie, dass die Größenangabe der Schrift oft nur eine grobe Orientierung darstellt. Häufig unterscheiden sich trotz gleicher Schriftgrade und Schriftschnitte die Wirkung und Laufweite von Schriftarten erheblich voneinander.

Es gibt zusätzlich einige Tastenkombinationen, mit denen Sie den Schriftgrad eines ausgewählten Textes vergrößern oder verkleinern können. Mit Strg/cmd+⇧+A verkleinern Sie den ausgewählten Text um zwei Schriftgrade (abhängig von der eingestellten Maßeinheit), und mit Strg/cmd+⇧+W vergrößern Sie ihn um zwei Schriftgrade. Verwenden Sie zu diesen Tastenkombinationen zusätzlich Alt, verringern bzw. erhöhen Sie den Text gleich um je zehn Schriftgrade.

Um innerhalb eines Textes einzelne Wörter oder Buchstaben in einer anderen Schriftgröße zu setzen, markieren Sie die entsprechenden Textteile mit dem Textwerkzeug und ändern dann in den Werkzeugoptionen die Schriftgröße.

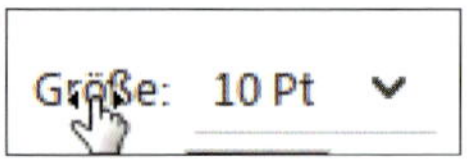

▲ **Abbildung 33.18**
Stehen Sie mit dem Mauszeiger über dem Textlabel Grösse, können Sie die Schriftgröße mit gedrückt gehaltener Maustaste verringern bzw. vergrößern.

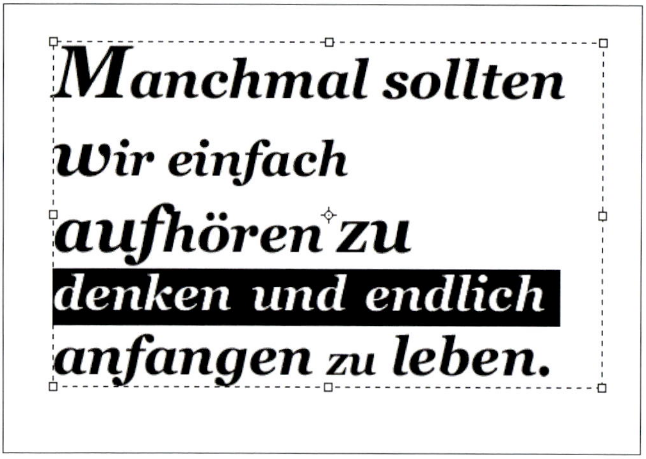

Abbildung 33.19 ▸
Unterschiedliche Schriftgrößen vergeben

Schriftschnitt II | Mit den vier folgenden Schaltflächen ❺ können Sie weitere Formatierungen an der Schrift vornehmen. Neben den beiden erwähnten Faux-Schriftschnitten finden Sie hier auch Schaltflächen, mit denen Sie den Text unter- oder durchstreichen.

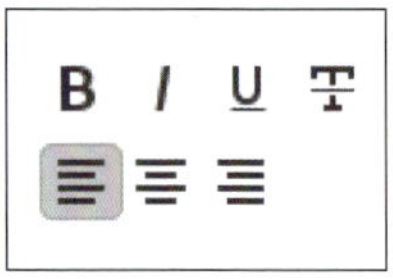

▲ **Abbildung 33.20**
Formatieren und ausrichten

Text ausrichten | Die unter ❽ aufgelisteten Icons kennen Sie sicherlich auch aus verschiedenen Textverarbeitungsprogrammen. Es stehen Ihnen eine linksbündige, eine zentrierte und eine rechtsbündige Ausrichtung des Textes zur Verfügung. Alternativ richten Sie den Text, wenn er aktiviert ist, mit den Tastenkombinationen Strg/cmd+⇧+L links, mit Strg/cmd+⇧+R rechts und mit Strg/cmd+⇧+C zentriert aus.

Tipp: Blocksatz ausrichten
Vielleicht vermissen Sie eine Schaltfläche, um Ihren Text im Blocksatz auszurichten. Dies erreichen Sie jedoch mit der Tastenkombination Strg/cmd+⇧+F, wenn die Textebene aktiviert ist.

Zeilenabstand einstellen | Den Zeilenabstand vergrößern oder verkleinern Sie entweder über den Schieberegler, der sich auf dem Symbol ❼ befindet, oder über das Pop-up-Menü. Standardmäßig ist hier Auto voreingestellt.

Textfarbe auswählen | Auch die Textfarbe ④ können Sie vor oder nach der Texteingabe ändern. Das Farbmenü in den Werkzeugoptionen listet die Farbfelder (Abschnitt 20.1.3, »Das Farbfelder-Bedienfeld«) auf, aus denen Sie eine Farbe auswählen können. Alternativ stellen Sie über den Farbwähler eine benutzerdefinierte Farbe für die Schrift ein, indem Sie auf die Farbe in den Werkzeugoptionen doppelklicken.

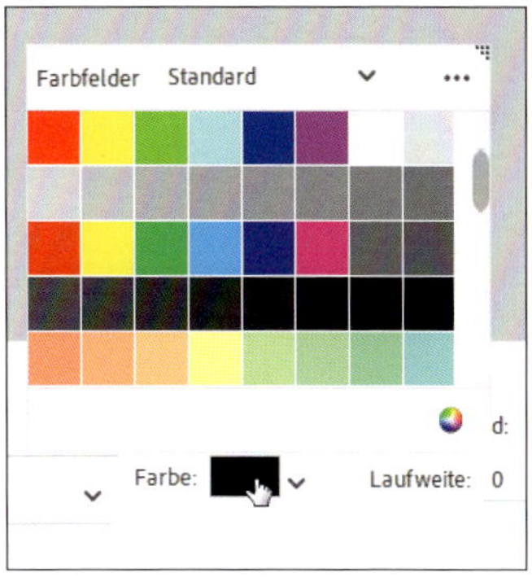

▲ **Abbildung 33.21**
Die Farbe für den Text auswählen. Mit der kleinen Schaltfläche können Sie eine eigene Farbe mit dem Farbwähler einstellen.

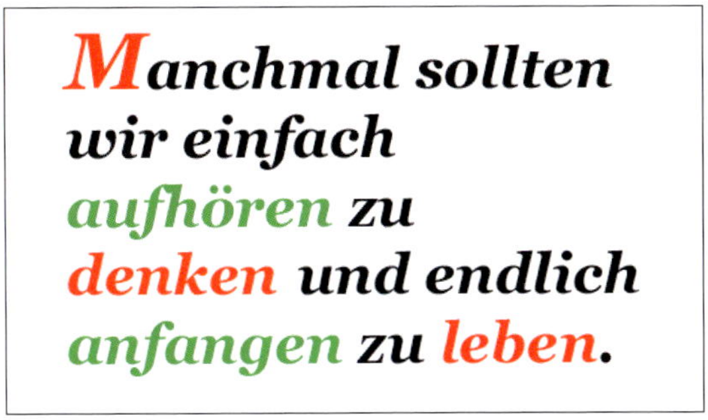

▲ **Abbildung 33.22**
Natürlich lässt sich die Farbe auch wieder auf die einzelnen Wörter oder gar Zeichen anwenden.

Schrift glätten | Über die Checkbox GLÄTTEN ⑪ aktivieren und deaktivieren Sie die Glättung von Schriften. Ist ein Häkchen gesetzt, ist die Schriftglättung aktiv, was der Standardeinstellung entspricht. Die Glättung der Schrift können Sie auch über das Menü EBENE • TEXT ein- und ausschalten; die Textebene muss natürlich zuvor aktiviert worden sein. Das Gleiche erreichen Sie über einen rechten Mausklick auf den Text innerhalb des Bildes oder auf die Textebene im Ebenen-Bedienfeld.

Vielleicht stellt sich Ihnen zunächst die Frage, wozu Sie einen Text überhaupt glätten sollten. Die Notwendigkeit dafür ergibt sich dadurch, wie im Computer ein Text bzw. ein Zeichen aufgebaut ist. Ganz nah betrachtet erkennen Sie »Treppchen« an den Buchstaben, da ein Pixel nicht rund, sondern rechteckig ist. Mithilfe der Glättung (Fachbegriff *Anti-Aliasing*) wird diese harte Treppenbildung vermieden. Der einzelne Buchstabe wird an den Kanten weichgezeichnet.

▲ **Abbildung 33.23**
Schriftglättung aktivieren

▲ **Abbildung 33.24**
Beim oberen Wort ist das Glätten aktiviert. Beim Wort darunter wurde das Glätten deaktiviert.

Verkrümmten Text erstellen | Über die VERKRÜMMEN-Schaltfläche ⑩ verzerren Sie den Text in vielfältige Formen. Die Verkrümmung wird auf alle Zeichen einer Textebene angewandt. Auf einzelne Zeichen oder Wörter lässt sich diese Aktion jedoch nicht beschränken. Auch können Sie Texte mit dem Attribut FAUX FETT nicht verkrümmen.

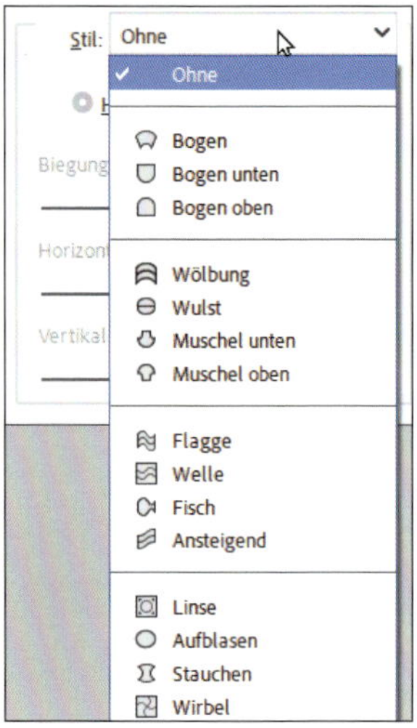

▲ **Abbildung 33.25**
Verschiedene Möglichkeiten, den Text zu verzerren. Alle Stile lassen sich zusätzlich mit den Schiebereglern Biegung, Horizontale Verzerrung und Vertikale Verzerrung anpassen.

▲ **Abbildung 33.26**
Der Text wurde mit dem Wulst-Stil verzerrt. Die Verkrümmung kann jederzeit geändert oder wieder entfernt werden. Im Ebenen-Dialog wird außerdem für einen verkrümmten Text ein entsprechendes Symbol angezeigt.

Dieselben Verformungen für Textebenen finden Sie auch über Bild • Transformieren • Verkrümmen, nur können Sie hierbei zusätzlich die Biegung interaktiv mit gedrückter Maustaste im Bild verändern.

Abbildung 33.27 ▸
Auch mit der Transformation Verkrümmen können Sie die vordefinierten Verkrümmungen verwenden und die Biegung des Textes innerhalb des Dokumentfensters anpassen.

Textausrichtung ändern | Mit der Schaltfläche ⑨ wechseln Sie die Textausrichtung von horizontal nach vertikal und umgekehrt. Auch hier lässt sich nur die Textausrichtung der kompletten Textebene und nicht von einzelnen Zeichen ändern.

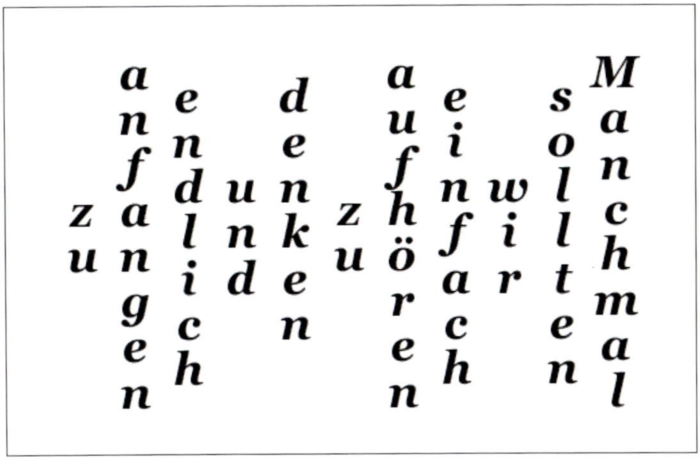

◂ **Abbildung 33.28**
Vertikale Textausrichtung

Zum Weiterlesen
Die Ebenenstile beschreibe ich gesondert in Kapitel 34, »Ebenenstile und -effekte«.

Ebenenstil hinzufügen | Hier können Sie dem Text einen Ebenenstil ❻ hinzufügen. Diese Stile sind nicht nur auf Textebenen beschränkt, sondern sie finden sich auch im Bedienfeld Effekte wieder. Interessant für den Text sind Stile wie abgeflachte Kanten oder Schatten.

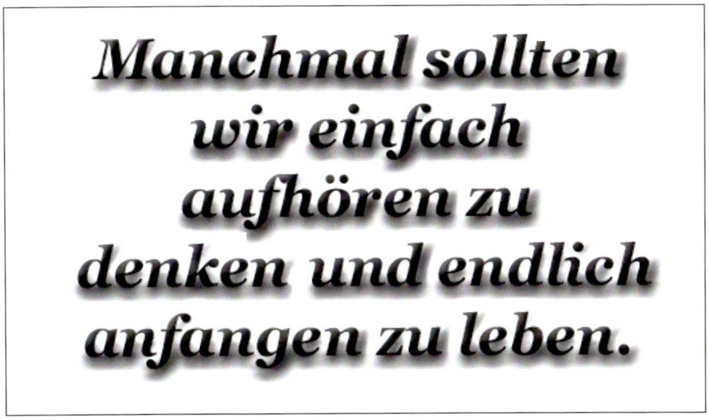

▴ **Abbildung 33.29**
Hier wurde ein einfacher Reliefstil auf den Text angewandt.

Color Fonts | Unter den Schriftarten finden Sie auch einige Color Fonts, zum Beispiel Gilbert, Trajan Color, Honk oder Foldit. Im Gegensatz zu klassischen Fonts enthalten diese bunten Schriften mehrere Ebenen mit Farbinformationen. Sie lassen sich gestalterisch vielseitig für Logos, Plakate und Social Media einsetzen, also überall dort, wo typografische Wirkungen und Eyecatcher wichtig sind. Sie erkennen diese Fonts in der Vorschau direkt, da sie nicht schwarz, sondern farbig angezeigt werden.

Abbildung 33.30 ▸
Einige mitgelieferte Color Fonts im Einsatz

33.2.2 Vertikales Textwerkzeug

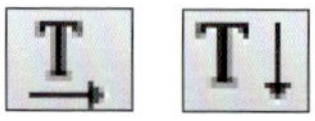

▲ Abbildung 33.31
Mit dieser Schaltfläche ändern Sie die Textrichtung von horizontal zu vertikal bzw. umgekehrt.

Das Vertikale Textwerkzeug entspricht im Grunde dem Horizontalen Textwerkzeug und bietet dieselben Optionen, nur dass hiermit der Text gleich vertikal ausgerichtet geschrieben wird. Eigentlich ist dieses Werkzeug überflüssig, weil Sie dasselbe mit dem Horizontalen Textwerkzeug und der Schaltfläche TEXTAUSRICHTUNG ÄNDERN erreichen.

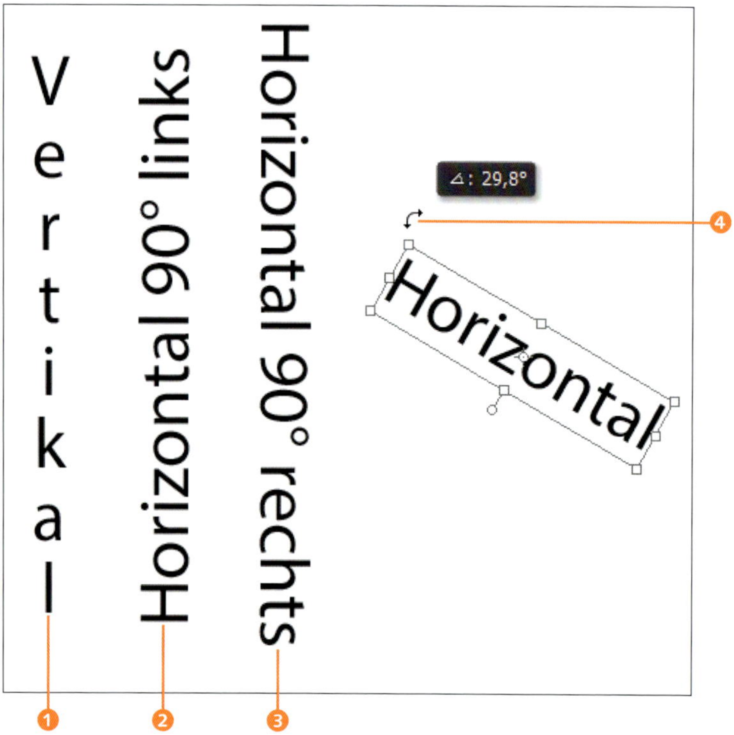

Abbildung 33.32 ▸
Den vertikalen Text (1) schreiben Sie mit und den horizontalen Text (2) mit . Für einen um 90° gedrehten horizontalen Text (3) müssen Sie allerdings den Umweg über den Menüpunkt BILD • DREHEN • EBENE 90° NACH LINKS/RECHTS gehen.

Was man sich jetzt vielleicht noch wünschen würde, wäre eine Option, mit der sich die Textebene um 90° nach links oder rechts drehen lässt. Bis dahin müssen wir eben selbst Hand anlegen und die entsprechende Textebene über die Menüpunkte Bild • Drehen • Ebene 90° nach links und Bild • Drehen • Ebene 90° nach rechts in die gewünschte Richtung drehen. Alternativ können Sie hierzu auch das Verschieben-Werkzeug ✥ [V] verwenden und an den Ecken ④ mit gehaltener [⇧]-Taste die Textebene in 15°-Schritten drehen.

33.2.3 Teile eines Textes bearbeiten

Im vorigen Abschnitt zu den Optionen der Textwerkzeuge haben Sie gelesen, dass Sie mit einigen Einstellungen den kompletten Text und mit anderen Optionen wiederum einzelne Textinhalte markieren und verändern können.

Einzelne Zeichen ändern | Wenn Sie einzelne Zeichen ändern wollen, müssen Sie diese, wie in der Textverarbeitung üblich, markieren. Hierzu aktivieren Sie im Bild den Textrahmen, sodass der blinkende Textcursor zu sehen ist. Jetzt können Sie die gewünschten Zeichen mit gedrückt gehaltener linker Maustaste markieren und so den Text über die Werkzeugoptionen ändern.

◂ **Abbildung 33.33**
Die Zeichen des markierten Textes können jetzt unabhängig von den anderen Zeichen verändert werden. Ausgenommen hiervon sind jedoch die Ebenenstile, das Verkrümmen von Text und das Ändern der Textausrichtung. Diese Optionen wirken sich immer auf die komplette Ebene aus.

Kompletten Text verändern | Um den kompletten Text zu verändern, doppelklicken Sie im Ebenen-Bedienfeld auf die Ebenenminiatur mit dem »T«. Dadurch wird automatisch der komplette Text dieser Ebene ausgewählt und kann bearbeitet werden.

Kopieren, Ausschneiden, Einfügen und Löschen | Wenn Sie einen Text editieren und mit der rechten Maustaste anklicken, er-

▲ **Abbildung 33.34**
Mit einem rechten Mausklick stehen Ihnen beim Editieren weitere Befehle zur Verfügung.

Menü »Bearbeiten«
Befinden Sie sich im Editiermodus mit dem Textwerkzeug, stehen Ihnen die Befehle AUSSCHNEIDEN, KOPIEREN, EINFÜGEN, LÖSCHEN auch im Menü BEARBEITEN zur Verfügung und beziehen sich auf den Text und nicht mehr auf das Bild.

Zum Weiterlesen
Auch wenn Sie Text mit den normalen Pinsel- und Retuschewerkzeugen bearbeiten wollen, muss er zu einer normalen Ebene vereinfacht werden. Ein Beispiel dazu finden Sie im Workshop »Text in ein Foto montieren« in Abschnitt 35.1.3, »Fotomontagen mit Text«.

scheint ein Kontextmenü, in dem Sie einen markierten Text in die Zwischenablage KOPIEREN, AUSSCHNEIDEN oder von dort EINFÜGEN können. Natürlich funktioniert die Zwischenablage systemweit. Haben Sie beispielsweise einen Text aus dem Webbrowser in die Zwischenablage kopiert, können Sie diesen Text in Photoshop Elements wieder einfügen. Alternativ stehen Ihnen diese Befehle auch als Tastenkürzel [Strg]/[cmd]+[C] für Kopieren, [Strg]/[cmd]+[X] für Ausschneiden und [Strg]/[cmd]+[V] für das Einfügen zur Verfügung. Auch LÖSCHEN können Sie einen markierten Text über das Kontextmenü. Schneller sind Sie allerdings mit [Entf]/[←]. Wollen Sie den kompletten Text markieren, verwenden Sie im Kontextmenü ALLES AUSWÄHLEN (oder [Strg]/[cmd]+[A]).

33.2.4 Textebene in eine Ebene umwandeln

Viele Filter lassen sich nicht auf Textebenen im normalen Zustand anwenden. Auch Ebenenstile werden bei einigen Filtern nicht beachtet. Um dieses Problem zu beheben, müssen Sie die Textebene in eine »normale« Ebene umwandeln. Am einfachsten geht dies, indem Sie die Ebene im Ebenen-Bedienfeld mit der rechten Maustaste anklicken und im Kontextmenü EBENE VEREINFACHEN auswählen. Dasselbe Kommando finden Sie auch im Menü EBENE.

Alternativ schlägt Photoshop Elements diese Konvertierung auch mit einer Dialogbox vor, wenn Sie einen Filter verwenden, der nicht auf eine Textebene anwendbar ist. Beachten Sie allerdings, dass Sie, wenn Sie eine Textebene erst einmal in eine gewöhnliche Ebene konvertiert haben, den Text nicht mehr mit dem Textwerkzeug bearbeiten können. Hier ist es sinnvoll, zuvor noch eine Kopie der Textebene zu erstellen und diese dann über das Augensymbol auszublenden.

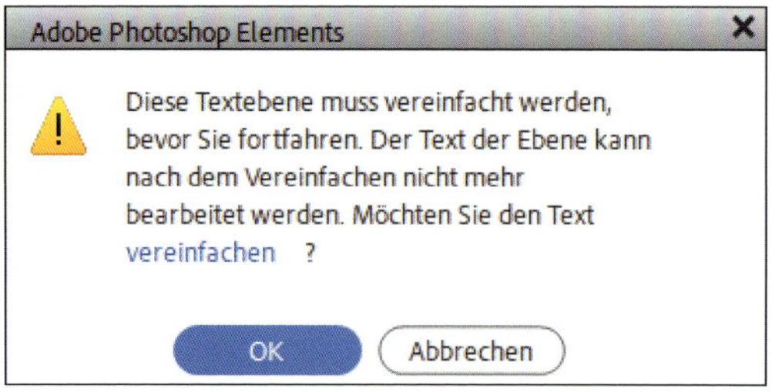

▲ **Abbildung 33.35**
So lautet der Hinweis, dass aus der Textebene eine normale Ebene gemacht werden muss, um einen Filter anzuwenden.

Kapitel 34

Ebenenstile und -effekte

Oftmals können Sie mit vorgefertigten Ebenenstilen mit einem Mausklick den Text grafisch aufwerten und einen richtigen Blickfang daraus machen, beispielsweise wenn Sie Schriftzüge für Logos erstellen. Hier sollte aber nicht der Eindruck entstehen, dass Ebenenstile nur auf Textebenen anwendbar sind. Ebenenstile lassen sich unter bestimmten Voraussetzungen auch auf jede beliebige Ebene anwenden.

34.1 Wie werden Ebenenstile angewendet?

Die wichtigste Voraussetzung, um Ebenenstile einer Bild- oder Textebene zuzuweisen, ist, dass die Ebene neben deckenden auch transparente Pixel enthält. Gerade der transparente Bereich wird für die Berechnungen der Ebenenstile verwendet.

Bei Textebenen müssen Sie sich hierüber keine Gedanken machen, weil diese die Voraussetzung der teilweisen Transparenz immer erfüllen. Bei Bildobjekten hingegen müssen Sie selbst für Transparenz sorgen. Die Hintergrundebene kommt dafür nicht infrage. Diese muss in eine reguläre Ebene umgewandelt werden, und die Transparenz müssen Sie erzeugen.

Zum Weiterlesen

Mehr zum Thema Transparenz finden Sie in Abschnitt 24.2.1, »Ebenentransparenz«.

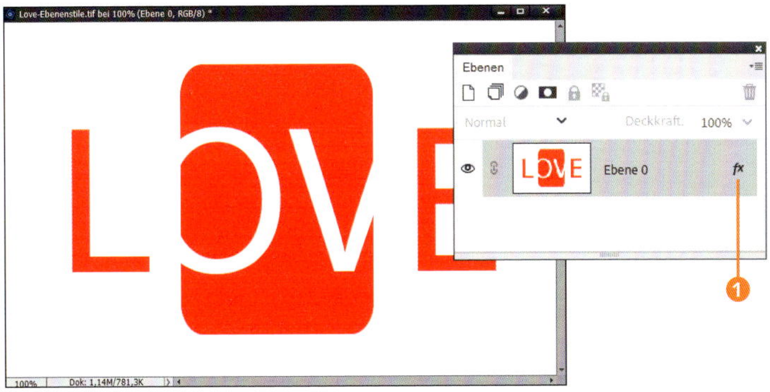

◂ Abbildung 34.1
Weil dieses Bild keine Transparenz enthält, wird der Effekt nicht angezeigt. Dass diese Ebene aber einen Ebeneneffekt enthält, erkennen Sie am FX-Symbol 1 im Ebenen-Bedienfeld.

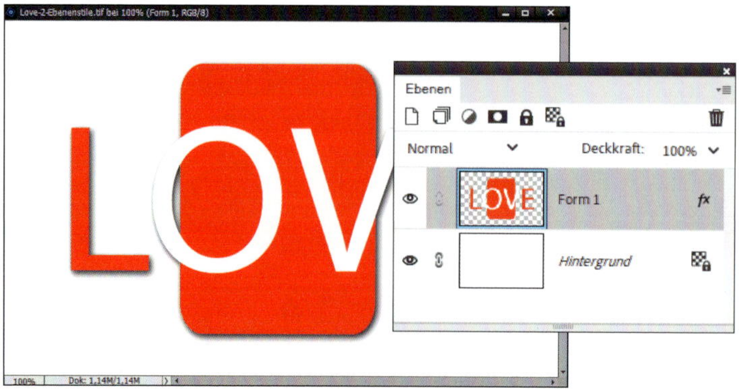

Abbildung 34.2 ▶
Erst wenn das Objekt freigestellt und der Hintergrund transparent ist, wird der ausgewählte Effekt bzw. werden die Effekte, in diesem Fall eine Abgeflachte Kante und ein Schlagschatten, sichtbar.

34.2 Vordefinierte Ebenenstile

Es stehen Ihnen zwei Möglichkeiten zur Verfügung, einer Ebene einen Effekt zuzuweisen.

Ebenenstil über das Textwerkzeug | Eine Möglichkeit haben Sie bereits bei der Beschreibung der Werkzeugoptionen der Textwerkzeuge kurz kennengelernt. Sie müssen lediglich den Text eingeben, die Textebene aktivieren und in den Werkzeugoptionen über das Pop-up-Menü ❸ in der Auswahlliste einen Ebenenstil auswählen, indem Sie das entsprechende Icon ❷ anklicken. Alternativ können Sie über das Dropdown-Menü Stile ❶ weitere Gruppen von Ebeneneffekten und -stilen auswählen und verwenden. Allerdings hat dieser Weg mit dem Textwerkzeug den Nachteil, dass er auf Textebenen beschränkt ist.

Abbildung 34.3 ▶
Sie können Ebenenstile und -effekte über die Werkzeugoptionen des Textwerkzeugs einstellen.

Ebenenstile über das Effekte-Bedienfeld | Der zweite Weg steht für alle Arten von Ebenen mit Transparenz zur Verfügung und führt über das Effekte-Bedienfeld, das Sie über FENSTER • STILE bzw. F6 aufrufen.

Wählen Sie hierbei die Ebene aus, auf die Sie einen Ebenenstil anwenden möchten. Wählen Sie einen Stil aus, indem Sie darauf doppelklicken oder ihn mit der rechten Maustaste anklicken und im Kontextmenü AUF DOKUMENT ANWENDEN auswählen. Alternativ ziehen Sie einen Stil mit gedrückter linker Maustaste auf die Ebene und lassen ihn fallen. Über das Dropdown-Listenfeld ❹ können Sie weitere Gruppen von Ebenenstilen auflisten und gegebenenfalls verwenden.

◄▲ **Abbildung 34.4**
Ebenenstile lassen sich über das Effekte-Bedienfeld auf alle Arten von transparenten Ebenen anwenden.

Ebenenstil entfernen | Wenn Ihnen ein Ebenenstil nicht gefällt, können Sie ihn unmittelbar nach dem Zuweisen mit Strg/cmd+Z wieder entfernen. Liegt das Hinzufügen eines Ebenenstils schon einige Arbeitsschritte zurück, löschen Sie ihn mit einem rechten Mausklick auf die Ebene mit dem Ebenenstil oder, nach einem rechten Mausklick auf das FX-Symbol, über das Kontextmenü mit EBENENSTIL LÖSCHEN. Dasselbe Kommando finden Sie bei aktivierter Ebene im Menü unter EBENE • EBENENSTIL.

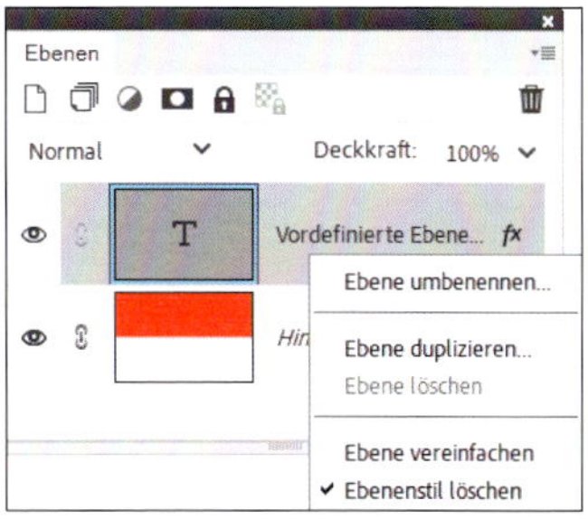

▲ **Abbildung 34.5**
Per Rechtsklick auf das FX-Symbol erreichen Sie das Kontextmenü.

34.3 Eigene Effekte – Ebenenstile anpassen

Wenn Sie für eine Ebene eine Stileinstellung gewählt haben, können Sie diese nachträglich bearbeiten und ändern. Um die Effekte zu modifizieren, doppelklicken Sie einfach im Ebenen-Bedienfeld auf das FX-Symbol, woraufhin sich ein Dialogfeld öffnet, mit dem Sie die Stileinstellungen und -attribute ändern können.

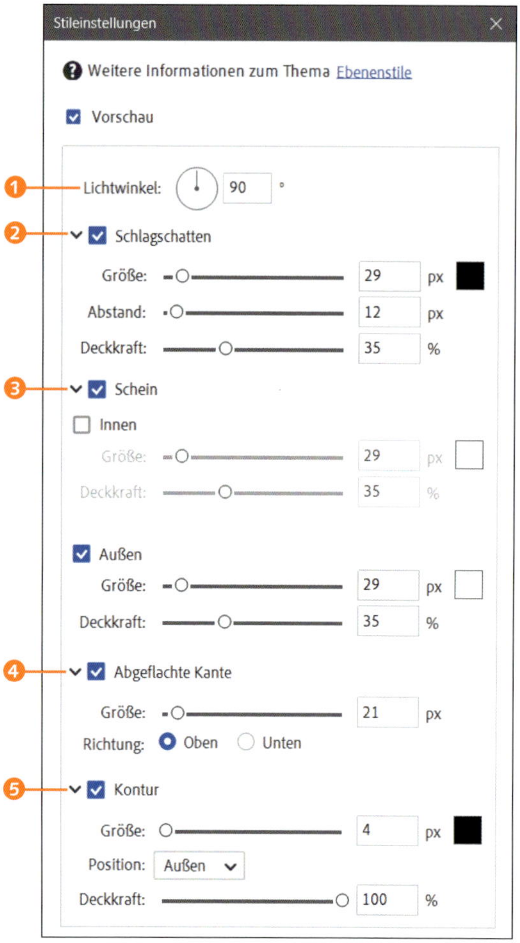

Abbildung 34.6 ▸
Das Dialogfeld, in dem Sie den aktuell verwendeten Ebenenstil ändern

Folgende Stileinstellungen können Sie im Dialogfeld anpassen:

1. Lichtwinkel: Mit diesem Regler stellen Sie den Lichtwinkel ein, der auf die Ebene angewendet wird.
2. Schlagschatten: Die Schieberegler bestimmen die Grösse, den Abstand und die Deckkraft des Schlagschattens.
3. Schein: Hier regulieren Sie die Grösse und Deckkraft des Scheins, der von der Außen- oder Innenkante des Ebeneninhalts ausstrahlt.
4. Abgeflachte Kante: Hier stellen Sie die Grösse und Richtung der abgeflachten Kante entlang der Innenkante des Ebeneninhalts ein.
5. Kontur: Hiermit legen Sie die Grösse (Stärke) und Deckkraft des Strichs fest.

34.4 Effekte, Filter und Stile

Hier sollen nur kurz die Bedienfelder Effekte (Fenster • Effekte), Filter (Fenster • Filter) und Stile (Fenster • Stile) erwähnt werden. Auf Beispiele wurde hierbei verzichtet, weil es einfach zu viele Effekte, Stile und Filter sind. Hier empfehle ich Ihnen, diese einfach selbst in der Praxis auszuprobieren.

Im Bedienfeld Effekte ❶ finden Sie verschiedene Effekte, die Sie mit einem Doppelklick oder Drag & Drop ohne und mit weiteren Optionen auf ein Bild oder eine Auswahl anwenden können. Aus der Dropdown-Liste ❷ können Sie verschiedene Kategorien von Effekten auswählen. Die Kategorie Kunstfilter bietet vordefinierte künstlerische Stile, die Sie auf das eigene Bild übertragen können. Die Kategorie Klassisch enthält weitere Effekte. Mit der Kategorie Farbabst.(immung) können Sie die Farben von anderen Bildern auf das aktuelle Bild anwenden. Beachten Sie, dass bei fast allen Effekten im Ebenen-Bedienfeld eine Kopie des Bildes mitsamt dem Effekt angelegt wird. Unterhalb dieser Kopie finden Sie nach wie vor das Originalbild in unveränderter Form vor.

Das Bedienfeld Stile haben Sie bereits häufiger in diesem Buch verwendet. Um diese Stile möglichst sinnvoll einzusetzen, sollte eine Ebene neben deckenden auch transparente Pixel enthalten. Eine Hintergrundebene wird dabei immer vorher in eine Ebene umgewandelt. Beliebte, häufig verwendete Stile für Text (aber nicht nur dafür), die hierbei enthalten sind, sind Schlagschatten, Abgeflachte Kanten, Konturen, aber auch verschiedene andere Dinge wie Bildeffekte oder Fotografische Effekte. Über eine Dropdown-Liste können Sie hierbei die einzelnen Kategorien auflisten.

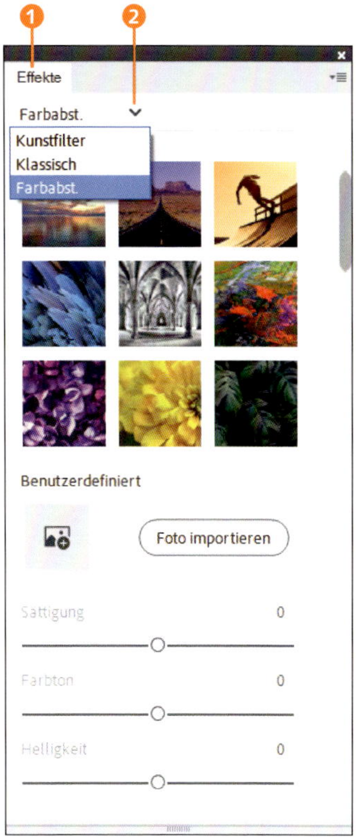

▲ **Abbildung 34.7**
Interessante Effekte finden Sie im Effekte-Bedienfeld.

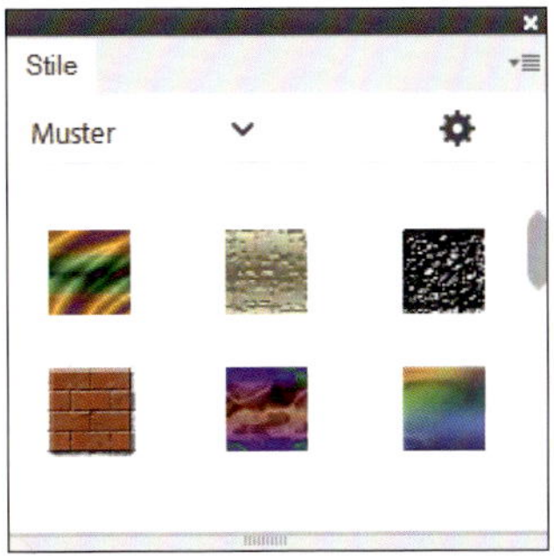

◄ **Abbildung 34.8**
Ein Sammelsurium von Ebenenstilen finden Sie im Bedienfeld Stile.

Die Verwendung von Filter in Photoshop Elements bedarf eigentlich auch keiner großen Erläuterung, und jeden Filter hierbei zu beschreiben würde den Rahmen des Buches sprengen. Laden

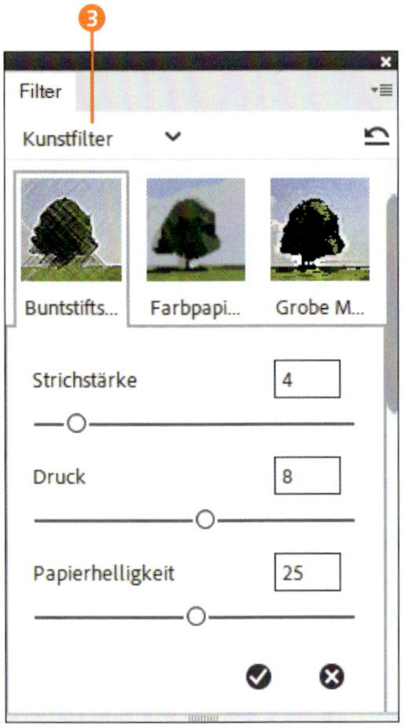

▲ **Abbildung 34.9**
Für die Filter stehen gewöhnlich verschiedene Optionen zum Nachregeln zur Verfügung.

Sie daher einfach ein Bild in den Editor, und probieren Sie nach Herzenslust Ihre Kreativität damit aus.

Zur Anwendung müssen Sie nur über die Dropdown-Liste 3 eine Kategorie auswählen und dann auf den gewünschten Filter klicken. Viele Filter haben, wenn Sie darauf klicken, weitere Optionen mit Schiebereglern, Dropdown-Menü usw., womit Sie den Filter für das Bild speziell anpassen können. Mit dem Häkchen wenden Sie den Filter auf das Bild an, und mit dem ×-Symbol brechen Sie den Vorgang ab. Es gibt auch Filter, die wiederum keine Optionen haben. Andere, etwas aufwendigere Filter (beispielsweise COMIC) öffnen wiederum ein neues Dialogfenster.

Kapitel 35
Kreative Textgestaltung

Nachdem Sie in diesem Teil schon sehr viel zum Thema Text und Typografie mit Photoshop Elements erfahren haben, möchte ich Ihnen in diesem Kapitel noch ein paar praktische Beispiele als Anregung mitgeben.

35.1 Text-Bild-Effekte

Ein beliebter Typografie-Effekt ist es, aus einem Bild eine Schrift zu erstellen und diese Schrift in einem anderen Bild zu verwenden. Dies erreichen Sie zum Beispiel über das Textmaskierungswerkzeug und per Copy & Paste.

Hinweis
Beachten Sie, dass im Gegensatz zu den regulären Textwerkzeugen keine eigene Ebene für den maskierten Text angelegt wird. Die Textauswahlbegrenzung wird im Bild auf der aktiven Ebene angewendet und angezeigt.

35.1.1 Das Textmaskierungswerkzeug

Das Horizontale und das Vertikale Textmaskierungswerkzeug werden verwendet, um eine Auswahl zu erstellen, die die Form eines Textes hat. Hiermit lassen sich interessante Texteffekte erstellen, indem Sie den Text vom Hintergrund befreien und in ein neues Bild einfügen. Eine so erstellte Textmaskierung können Sie wie eine gewöhnliche Auswahl behandeln. Solange Sie den Text nicht mit dem Häkchen oder ↵ bestätigen, können Sie diesen jederzeit mit gedrückt gehaltener Strg/cmd-Taste verschieben. Auch ein Transformieren, Verzerren, Drehen oder Skalieren ist über die Anfasser des Textrahmens dann noch möglich. Haben Sie allerdings einmal eine Auswahl aus der Textmaskierung erstellt, können Sie nicht mehr auf die Werkzeugoptionen der Textwerkzeuge zurückgreifen.

Sie können den ausgewählten Text jetzt kopieren, ausschneiden oder den Hintergrund entfernen und den Text als neue Ebene in anderen Bildern verwenden, das heißt, Sie können mit

Kapitel_35: Wildlife.jpg

dem Text einfach alles machen, was Sie eben mit einer Auswahl auch machen können.

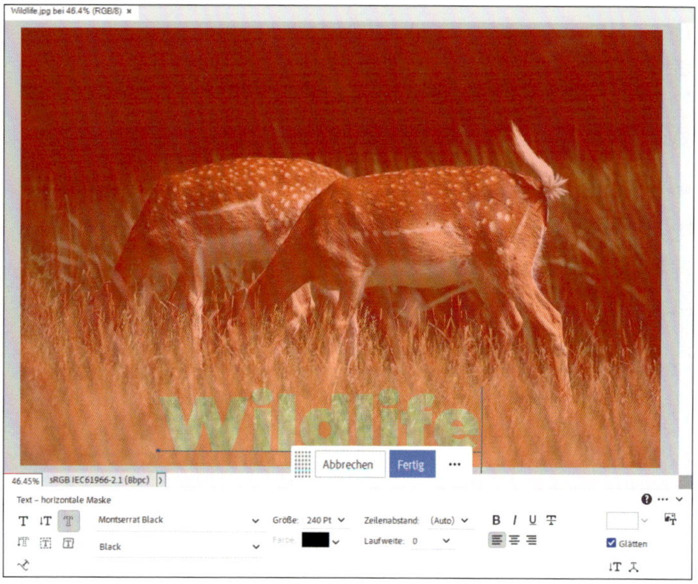

Abbildung 35.1 ▸
Während der Eingabe eines Textes mit den Textmaskierungswerkzeugen wird der nicht ausgewählte Bereich wie mit einer roten Folie überdeckt (Quickmask) angezeigt.

▴ Abbildung 35.2
Sobald Sie die Eingabe bestätigen, erscheinen die Auswahllinien um den Text. Jetzt können Sie den Text bzw. die Form des Textes nicht mehr verändern.

Abbildung 35.3 ▸
Das Endergebnis mit abgeflachten Kanten

35.1.2 Texte und Schnittmasken

Noch einfacher und genauer geht es aber mit einer Schnittmaske. Der Vorteil daran ist, dass Sie jederzeit nachträglich den Text oder gar das Bild, in dem der Text angezeigt wird, ändern können. Mit dem Textmaskierungswerkzeug erstellen Sie hingegen eine endgültige Auswahl, die nicht mehr veränderbar ist. Das Prinzip ist sehr einfach: Tippen Sie zunächst den Text über einer Ebene ein. Legen Sie dann darüber die Ebene ❶, die Sie für den Text verwenden wollen (per Copy & Paste). Klicken Sie nun die eingefügte Ebene mit gehaltener [Alt]-Taste im Ebenen-Dialog an, und schon haben Sie eine Schnittmaske ❷ für die Textebene darunter erstellt. Den Text oder auch die Ebene über dem Text können Sie so jederzeit mit dem Verschieben-Werkzeug + [V] neu positionieren. Um die Textebene zu verschieben, müssen Sie beim Verschieben-Werkzeug die Option EBENE AUTOMATISCH WÄHLEN deaktivieren.

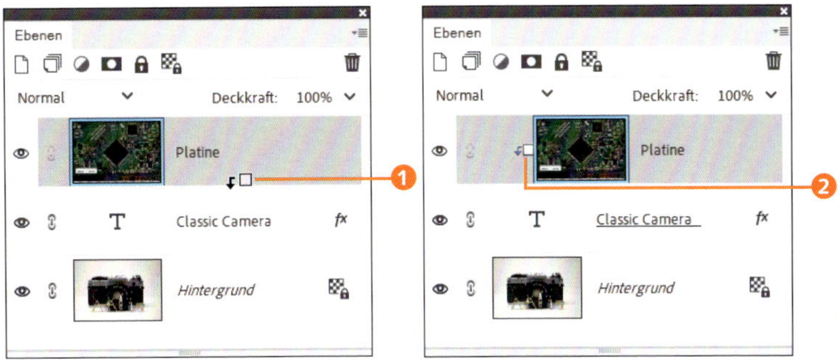

◂ **Abbildung 35.4**
Ein Bild ❶ wurde über die Textebene gelegt und mit gehaltener [Alt]-Taste …

◂ **Abbildung 35.5**
… zu einer Schnittebene ❸ gemacht. Jetzt wird das Bild darüber im Text angezeigt. Zusätzlich habe ich einen Ebenenstil hinzufügt.

35.1.3 Fotomontagen mit Text

Ebenfalls sehr beliebt ist es, einen Text so in ein Foto zu montieren, als sei er ein fester Bestandteil des Motivs.

Schritt für Schritt
Text in ein Foto montieren

Text muss nicht immer nur als deutlich erkennbarer »Fremdkörper« auf ein Bild gelegt werden. Stattdessen können Sie ihn auch so ins Bild integrieren, als sei der Text Teil der Aufnahme.

Kapitel_35:
Anna.jpg,
Anna-mit-Text.psd

1 Text setzen

Öffnen Sie das Bild »Anna.jpg«. Verwenden Sie das Horizontale Textwerkzeug T T. Stellen Sie eine für das Bild geeignete Schriftgröße (hier 300 Pt) sowie eine geeignete Schrift ein. Im Beispiel habe ich die Schrift Minion 3 Bold verwendet. Als Farbe habe ich Weiß gewählt. Schreiben Sie nun den Text Ihrer Wahl in das Bild.

▲ **Abbildung 35.6**
Der Text liegt nun in einer eigenen Ebene über dem Foto.

2 Text positionieren

Zum Positionieren des Textes wählen Sie das Verschieben-Werkzeug + V. Im Beispiel verschiebe ich den Text noch etwas mehr nach oben. Sie können den Text bei Bedarf natürlich auch transformieren.

▲ **Abbildung 35.7**
Text positionieren

3 Ebenenstil hinzufügen

Aktivieren Sie die Textebene im Ebenen-Bedienfeld, und wählen Sie einen Ebenenstil aus. Den Ebenenstil weisen Sie entweder über die Werkzeugoptionen des Textwerkzeugs oder über das Effekte-Bedienfeld zu. Über einen Doppelklick auf das kleine FX-Symbol können Sie die Stileinstellungen nachträglich ändern.

▲ **Abbildung 35.8**
Durch den Ebenenstil wirkt die Schrift plastischer.

4 Textebene in normale Ebene umwandeln

Wenn Sie die Formatierung des Textes abgeschlossen haben, müssen Sie die Textebene in eine normale Ebene konvertieren, um den nächsten Schritt durchführen zu können. Klicken Sie hierzu die Textebene mit der rechten Maustaste an, und wählen Sie im Kontextmenü EBENE VEREINFACHEN aus. Denselben Befehl wählen Sie aus, indem Sie das FX-Symbol in der Ebene mit der rechten Maustaste anklicken.

5 Textteile entfernen

Deaktivieren Sie die Ebene mit dem Text über das Augensymbol im Ebenen-Dialog. Wählen Sie das Hintergrundbild mit dem Model aus, und wenden Sie dann den Befehl MOTIV aus dem Menü

Zum Nachlesen

Den Dialog Kante verbessern habe ich in Abschnitt 22.5.3, »Kante verbessern«, bereits ausführlich behandelt.

Auswahl an, oder drücken Sie Strg/cmd+Alt+S. Jetzt sollte das Model ausgewählt sein. Für die Feinauswahl rufen Sie Kante verbessern im Menü Auswahl auf. Da sich der Text nur »hinter« dem oberen Teil des Models befindet, reicht es aus, nur die Kante an den Haaren zu verbessern. Wählen Sie im Dialog bei Ausgabe an den Wert Auswahl aus. Bestätigen Sie mit OK, wenn Sie mit der Auswahl fertig sind.

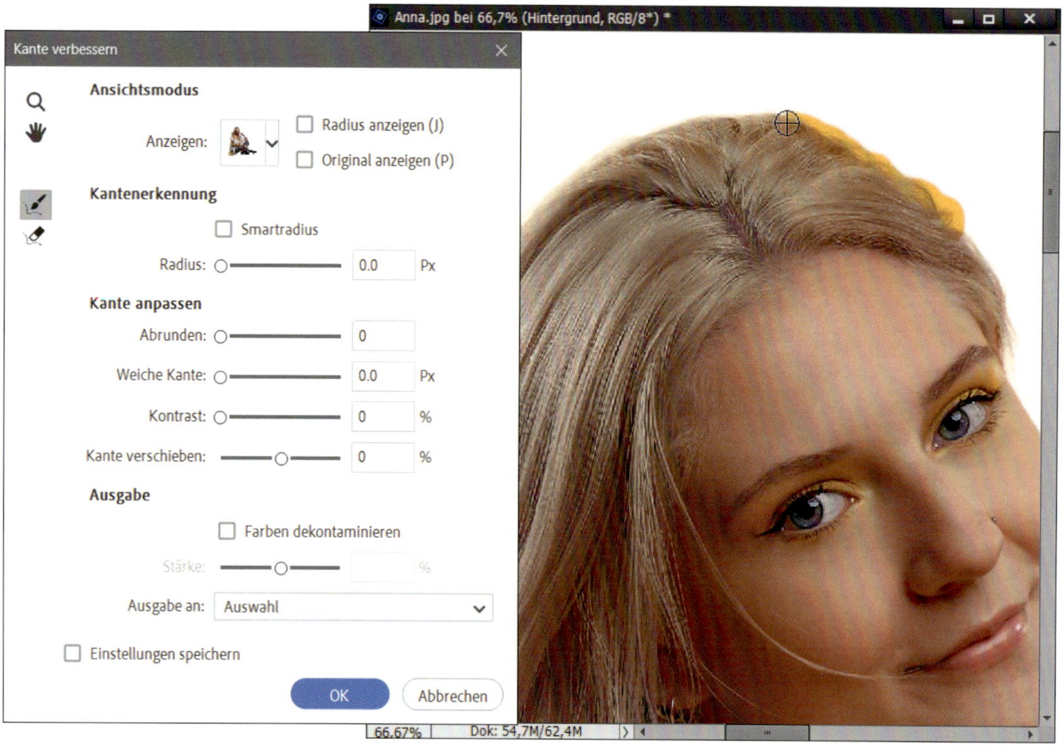

▲ **Abbildung 35.9**
Das Model auswählen und die Kante um die Haare herum verbessern

6 Ebenenmaske anlegen

Machen Sie die Textebene wieder über das Augensymbol sichtbar, und aktivieren Sie sie nun. Mit der eben erstellten Auswahl soll nun ein Teil des Textes vom Model überdeckt werden. Klicken Sie hierzu mit gehaltener Alt-Taste auf das Ebenenmaskensymbol im Ebenen-Dialog. Das war es schon. Das Model befindet sich nun vor dem Text. Dank Ebenenmaske können Sie nun den Text hinter dem Model nachbearbeiten.

◀ **Abbildung 35.10**
Mit einer Ebenenmaske verdeckt das Model nun einen Teil des Textes.

7 Ebenen zusammenfügen

Schließlich müssen Sie nur noch alle Ebenen beispielsweise mit Strg/cmd+⇧+E auf eine reduzieren und das Bild dann abspeichern.

◀ **Abbildung 35.11**
Selbst mit so einfachen Mitteln wie dem Textwerkzeug und der Ebenenmaske lassen sich schon ganz ansehnliche Ergebnisse erzielen. Hier habe ich noch die Füllmethode der Ebene auf Weiches Licht gestellt. (Model: Anna Pfaller)

Text hinzufügen mit dem Assistenten

Im Bereich GRUNDLAGEN des ASSISTENT-Modus finden Sie mit TEXT HINZUFÜGEN eine weitere Textfunktion. Damit können Sie mit verschiedenen Textwerkzeugen Text in ein Bild einfügen. Gehen Sie mit dem Mauszeiger auf eines der Werkzeuge, wird mit einem animiertem GIF die Funktion abgespielt. Sie können dann Schatten und Konturen hinzufügen, um dem Text mehr Tiefe zu verleihen und/oder einen Verlauf oder ein Muster darauf anwenden.

35.1.4 Fototext mit dem Assistenten

Eine weitere Fototext-Montage bietet der Assistent mit der Funktion FOTOTEXT an. Diese Funktion ist relativ schnell erklärt. Fügen Sie mit dem Textwerkzeug ❶ einen Text hinzu. Hierbei können Sie über die Werkzeugoptionen bei Bedarf noch ein passsende Schriftart und eventuell auch die Schriftgröße auswählen. Wenn Sie den Text ohnehin in der Breite einpassen oder komplett füllen wollen, stehen Ihnen hierfür zwei Schaltflächen ❷ zur Verfügung, und Sie brauchen die Schriftgröße dann in den Werkzeugoptionen gar nicht erst anzupassen. Anschließend wählen Sie einen schwarzen, weißen oder transparenten Hintergrund ❸ aus. Wenn Sie nicht FÜLLEN ausgewählt haben, können Sie mit der Schaltfläche FREISTELLEN DES BILDES ❹ das Bild gleich entsprechend der Textgröße automatisch zuschneiden lassen. Am Ende fügen Sie bei Bedarf noch einen Schlagschatten ❺ hinzu, dessen Stil bzw. Kontur Sie über die Schaltfläche ERWEITERT ❻ mithilfe des Dialogs STILEINSTELLUNGEN anpassen können.

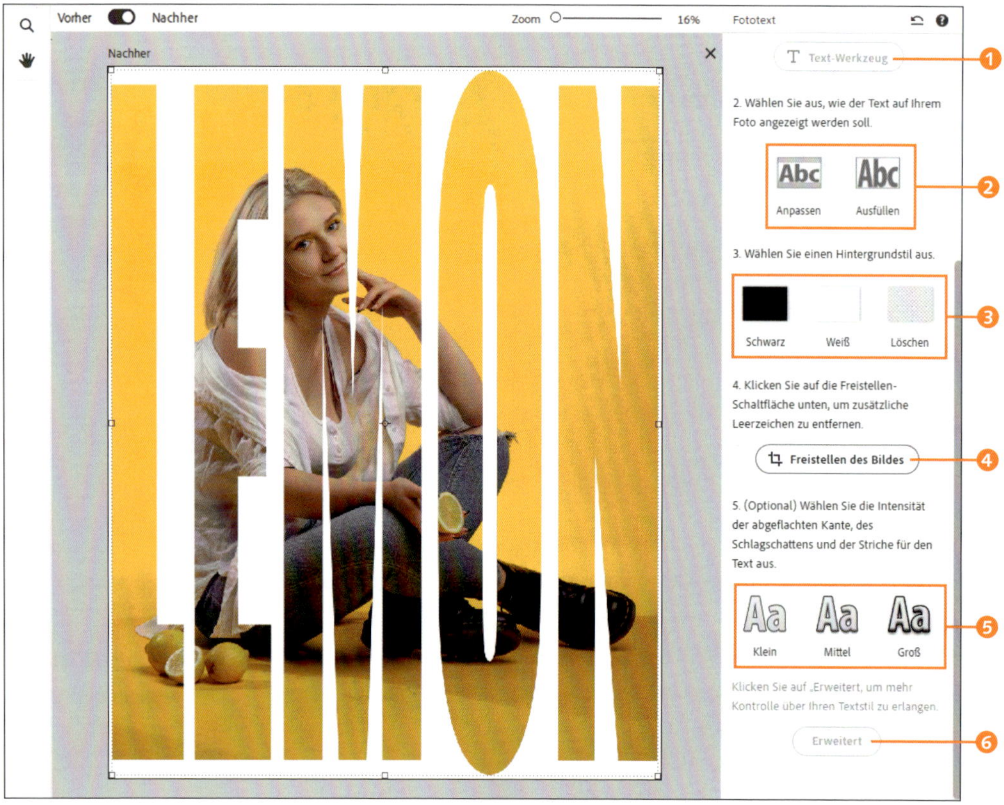

▲ **Abbildung 35.12**
Sehr komfortabel, um ein Foto als Hintergrund für einen Text zu verwenden, ist die ASSISTENT-Funktion FOTOTEXT.

35.2 Text auf Formen bringen

Um einen Text auf eine bestimmte Auswahl oder Form zu schreiben, können Sie die Werkzeuge Text-auf-Auswahl-Werkzeug [T], Text-auf-Form-Werkzeug [T] und Text-auf-eigenem-Pfad-Werkzeug [T] verwenden. Mit jedem dieser Werkzeuge wird der Text auf einer neuen Textebene platziert.

35.2.1 Das Text-auf-Auswahl-Werkzeug

Um einen Text mit dem Text-auf-Auswahl-Werkzeug [T] auf eine Auswahl zu setzen, benötigen Sie zunächst einmal eine Auswahl. Hierzu stehen Ihnen zwei mögliche Wege zur Verfügung:

- Sie erstellen mit dem Text-auf-Auswahl-Werkzeug eine Auswahl. Im Grunde handelt es sich dabei zunächst um nichts anderes als um das Prinzip des Schnellauswahl-Werkzeugs [A] mit dem die Auswahl erstellt wird, an deren Außenkante Sie dann den Text schreiben können.
- Die zweite Möglichkeit ist, eine bereits vorhandene Auswahl zu verwenden. Dabei haben Sie den Vorteil, bei der Erstellung der Auswahl auf die Funktionen im AUSWAHL-Menü von Photoshop Elements zugreifen zu können. Das ist nämlich mit dem Text-auf-Auswahl-Werkzeug nicht möglich.

Werkzeugoptionen | Zunächst finden Sie die beiden Schaltflächen ADDIEREN ❶ (Abbildung 35.13) und SUBTRAHIEREN ❷. Befindet sich im Bild noch keine Auswahl, wird diese ebenfalls mit der Option ADDIEREN ❶ erstellt. Die beiden Optionen habe ich in Abschnitt 22.4, »Auswahlen kombinieren«, beschrieben.

Wie auch bei den einfachen Textwerkzeugen können Sie die Schriftart, den Schriftstil, die Schriftgröße und die Schriftfarbe für den Text einstellen. Sobald Sie anfangen, den Text zu schreiben, stehen Ihnen auch sämtliche Optionen zur Verfügung, die Sie beispielsweise vom Horizontalen Textwerkzeug kennen.

Mit dem Schieberegler VERSATZ ❸ können Sie die Auswahl verkleinern (nach links ziehen) oder vergrößern (nach rechts ziehen), allerdings nur in einem ganz geringen Maße. Wenn Ihnen das nicht ausreicht, erstellen Sie Ihre Auswahl mit einem der Auswahlwerkzeuge – beispielsweise dem Schnellauswahl-Werkzeug [A] – und passen sie dann mit den vielen Funktionen im Menü AUSWAHL an, beispielsweise AUSWAHL • AUSWAHL VERÄNDERN • ERWEITERN oder AUSWAHL • AUSWAHL VERÄNDERN • VERKLEINERN. Leider stehen Ihnen die Funktionen im Menü AUSWAHL nicht mehr zur Verfügung, wenn Sie mit dem Text-auf-Auswahl-Werkzeug eine Auswahl erstellen.

Zum Weiterlesen

Die Optionen zur Gestaltung des Textes habe ich bereits in Abschnitt 33.2.1, »Text gestalten«, umfassend beschrieben.

Werkzeugspitze einstellen

Leider wurde bei dem Werkzeug wohl vergessen, eine Option hinzuzufügen, um die Größe der Werkzeugspitze einzustellen. Da es sich hierbei allerdings im Grunde zunächst nur um das Schnellauswahl-Werkzeug handelt, können Sie auch beim Text-auf-Auswahl-Werkzeug die Werkzeugspitze mit der Taste [#] verkleinern oder mit [⇧]+[#] vergrößern.

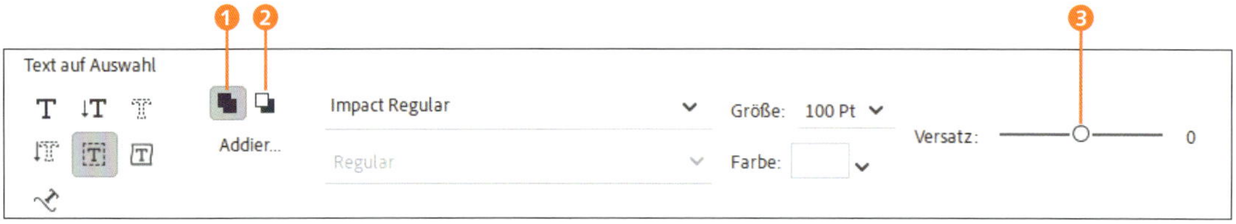

▲ **Abbildung 35.13**
Die Werkzeugoptionen des Text-auf-Auswahl-Werkzeugs

Verwendung des Werkzeugs | Da dieses Werkzeug auf zwei Arten verwendet werden kann, will ich Ihnen diese beiden Möglichkeiten jeweils kurz anhand eines einfachen Beispiels demonstrieren.

Schritt für Schritt
Text auf eine Auswahl schreiben

Kapitel_35: Zebrastreifen.jpg, Zebrastreifen.psd

In dieser Anleitung wird die Auswahl mit dem Text-auf-Auswahl-Werkzeug erstellt. Beachten Sie, dass Sie mit dieser Möglichkeit nicht die Befehle aus dem Menü AUSWAHL verwenden können.

1 Auswahl erstellen

Öffnen Sie das Bild »Zebrastreifen.jpg«. Wählen Sie das Text-auf-Auswahl-Werkzeug [T] aus. Jetzt verwandelt sich der Mauscursor 4, wenn Sie damit über das Bild gehen, in eine Form, wie Sie sie vom Schnellauswahl-Werkzeug her kennen, dessen Funktion Sie letztendlich gerade anwenden. Wählen Sie auf der linken Seite einen Teil des Zebrastreifen aus. Hierbei muss die Option ADDIEREN 5 aktiv sein.

▲ **Abbildung 35.14**
Bei diesem Bild wollen wir mithilfe des Text-auf-Auswahl-Werkzeugs [T] etwas auf die Straße schreiben.

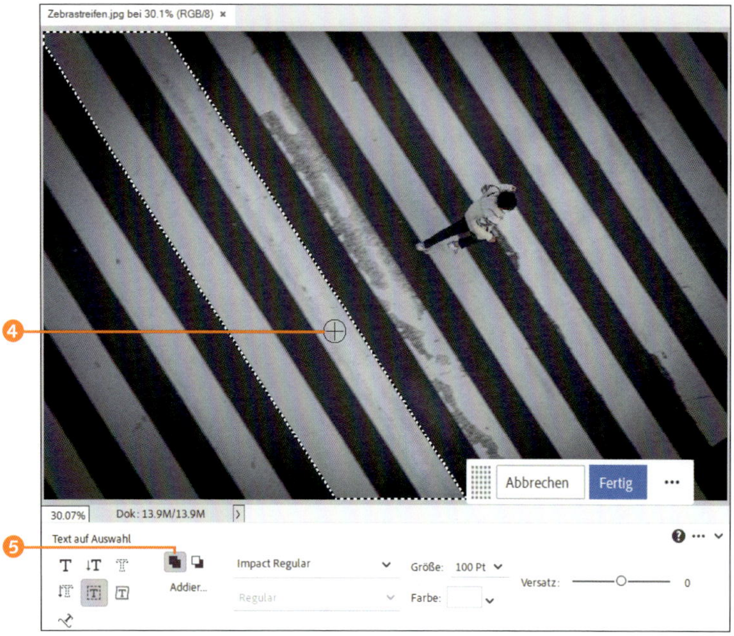

Abbildung 35.15 ▸
Mit dem Text-auf-Auswahl-Werkzeug wurde eine Auswahl erstellt.

Wenn Sie etwas von der Auswahl entfernen wollen, aktivieren Sie die Option Subtrahieren ❻ und entfernen die ausgewählten Stellen im Bild. Wenn Sie die Auswahl über den Regler Versatz ❼ verkleinern oder vergrößern wollen, haben Sie jetzt noch die Gelegenheit dazu. Das ist nützlich, wenn Sie den Text geringfügig unter- oder oberhalb des ausgewählten Objekts schreiben wollen.

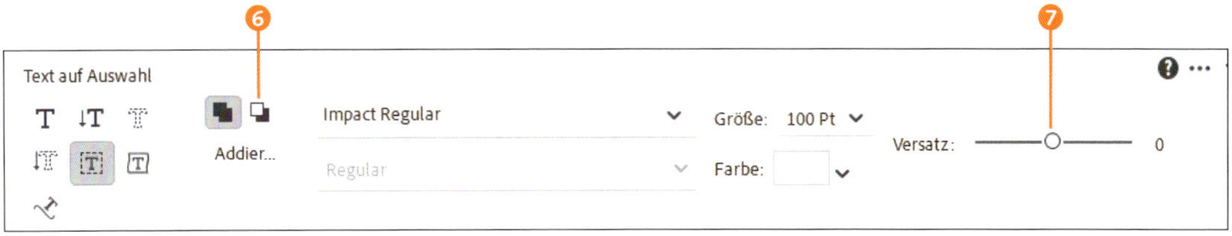

▲ **Abbildung 35.16**
Schrift für den Text einstellen

Sind Sie mit der Auswahl zufrieden, klicken Sie auf das Häkchen (oder betätigen ↵). Mit dem x-Symbol (oder Esc) können Sie den Vorgang abbrechen.

Tipp
Sie sind nicht auf das Text-auf-Auswahl-Werkzeug zum Erstellen einer Auswahl beschränkt, sondern können auf die komplette Palette von Auswahlwerkzeugen zurückgreifen. Wenn Sie die Auswahl erstellt haben, wechseln Sie zum Text-auf-Auswahl-Werkzeug und achten darauf, dass die Option Addieren aktiv ist. Jetzt müssen Sie nur mit dem Mauscursor einmal innerhalb der Auswahl klicken, und Sie erhalten die Bestätigungsauswahl wie hier in Schritt 1.

2 Schrift einstellen

Als Nächstes stellen Sie in den Werkzeugoptionen die Schriftart und andere Schriftoptionen ein. Im Beispiel habe ich mich für Impact Regular mit 200 Pt in weißer Farbe entschieden. Allerdings können Sie die Schrift nachträglich ändern, wie hier geschehen.

3 Text schreiben

Aus der Auswahl ist eine durchgehende Pfadlinie ❾ geworden. Gehen Sie mit dem Mauscursor auf diese Linie, wird der Cursor zu einer speziellen Einfügemarke ❽. Mit einem Mausklick an dieser Einfügemarke erscheint ein blinkender Textcursor, und Sie können jetzt anfangen, den Text mit der Tastatur einzutippen. Wenn Sie jetzt einen Blick auf die Werkzeugoptionen werfen, finden Sie auch wieder alle Optionen vor, um den Text zu gestalten, wie ich dies in Abschnitt 33.2.1, »Text gestalten«, umfassend erläutert habe. Genau genommen wird hier zum Horizontalen Textwerkzeug T gewechselt.

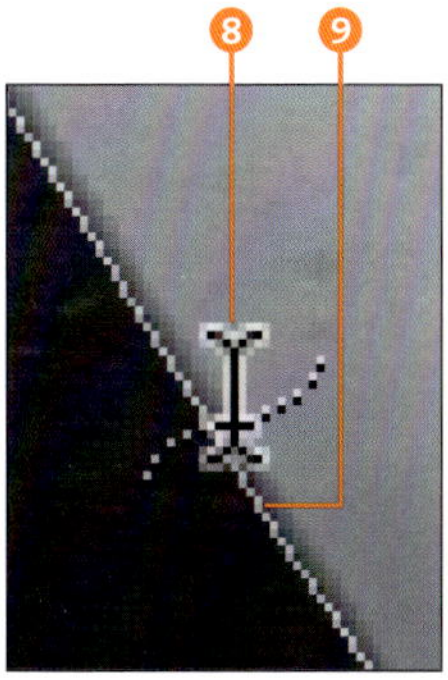

▲ **Abbildung 35.18**
Die Einfügemarke (hier stark vergrößert) zeigt an, dass Sie hier einen Text eingeben können.

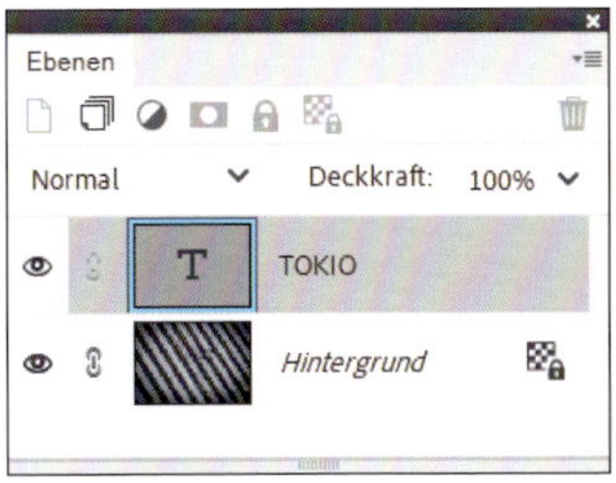

◂ **Abbildung 35.17**
Auch der Text auf Auswahl wird auf eine eigene Ebene gelegt.

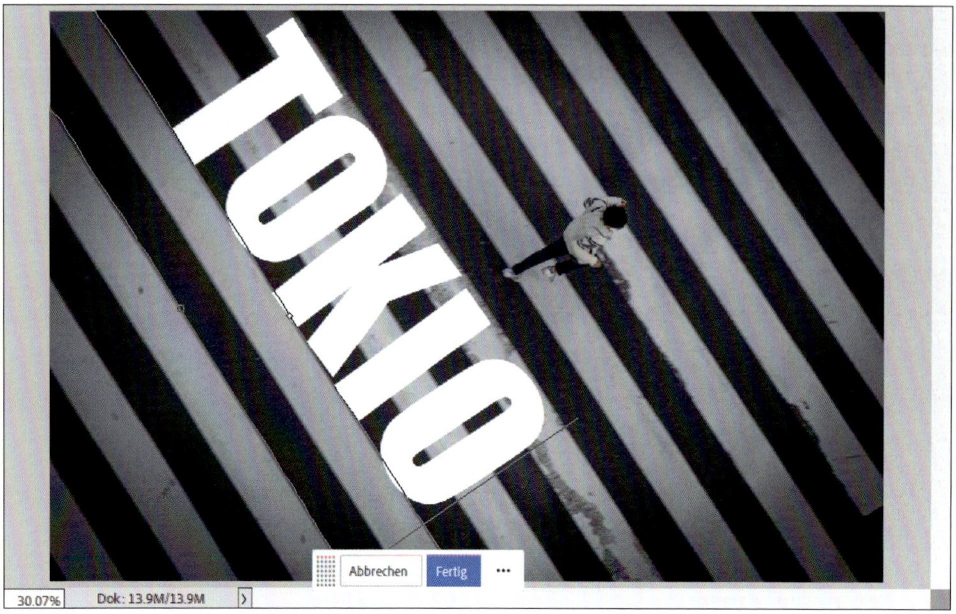

▲ **Abbildung 35.19**
Der Text wird um die Auswahl geschrieben.

Mehrere Textebenen
Achten Sie unbedingt darauf, dass Sie, wenn Sie den Text nachträglich editieren wollen, hierzu auch auf den Text klicken. Klicken Sie stattdessen in einen freien Bereich, sodass die Einfügemarke sichtbar wird, wird der Text auf eine neue Textebene geschrieben, was ja durchaus gewollt sein kann! Es können also durchaus mehrere Textebenen auf eine Auswahl gebracht werden.

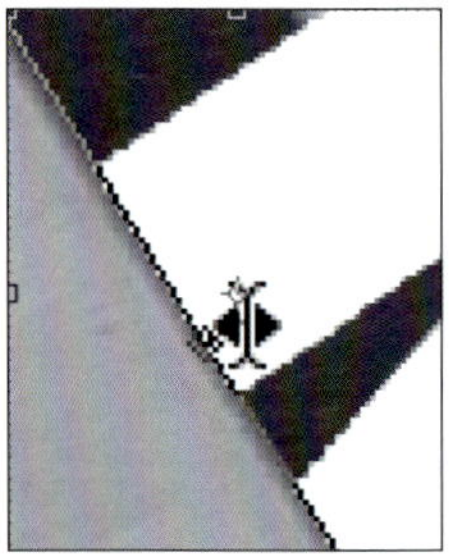

▲ **Abbildung 35.20**
Der Text kann jederzeit nachträglich verschoben werden.

4 Optional: Text nachträglich editieren

Auch wenn Sie die Eingabe mit dem Häkchen bestätigt haben, können Sie jederzeit wieder mit dem Text-auf-Auswahl-Werkzeug [T] weiteren Text schreiben oder den Text editieren. Achten Sie darauf, dass der Mauscursor die Form der Einfügemarke 8 hat. Erst dann können Sie auf oder hinter den Text klicken, um weiterzuschreiben. Oder Sie wechseln zum Horizontalen Textwerkzeug T, um damit den Text nachträglich zu editieren.

5 Text verschieben

In den wenigsten Fällen wird der Text perfekt um die Auswahl liegen und kann natürlich nachträglich auch auf der Auswahl verschoben werden. Zum nachträglichen Verschieben müssen Sie mit dem Textwerkzeug (beispielsweise mit T) in den Editiermodus gehen (ein blinkender Eingabe-Cursor ist zu sehen). Unterhalb der Position, wo Sie den ersten Buchstaben geschrieben haben, finden Sie einen kleinen Kreis. Klicken Sie diesen mit gehaltener Strg/cmd-Taste an, können Sie am Cursor einen Pfeil nach links und rechts mit Eingabesymbol erkennen, den Sie jetzt mit gedrückt gehaltener Maustaste (+ Strg/cmd) beliebig um die Auswahl herum verschieben können. Auch nach innen zur Auswahl können Sie den Text hiermit verschieben.

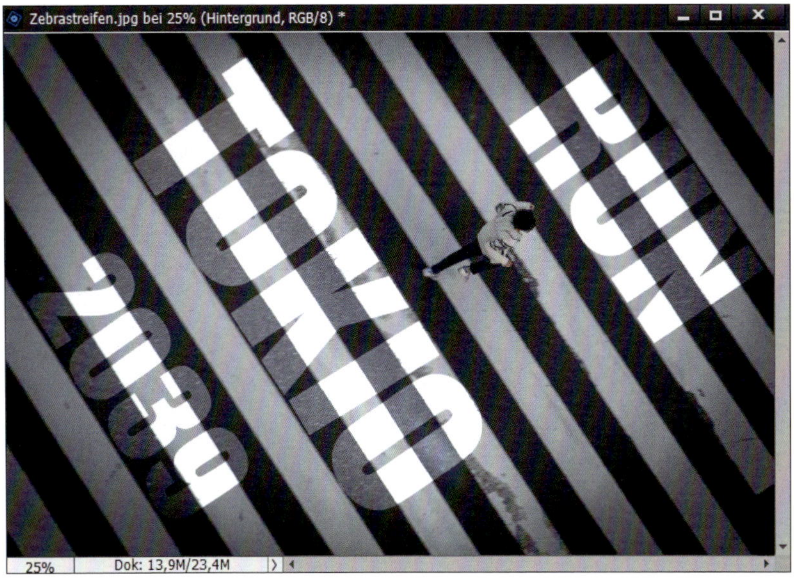

◂ **Abbildung 35.21**
Hier habe ich weitere Texte mit dem Text-auf-Auswahl-Werkzeug hinzugefügt und die Füllmethode der oberen Ebene in INEINANDERKOPIEREN geändert.

Nachfolgend ein kurzer Überblick zu den Anfangs- und Endpunkten beim Text-auf-Auswahl-Werkzeug, die ich in der Schritt-für-Schritt-Anleitung nicht erwähnt habe.

▴ **Abbildung 35.22**
Diesen Text habe ich auf eine kreisrunde Auswahl geschrieben. Das kleine Kreissymbol 1 überdeckt das kleine ×-Symbol, was eben einfach bedeutet, dass der Anfangs- und der Endpunkt an derselben Stelle liegen und Sie somit um die komplette Auswahl herum schreiben können.

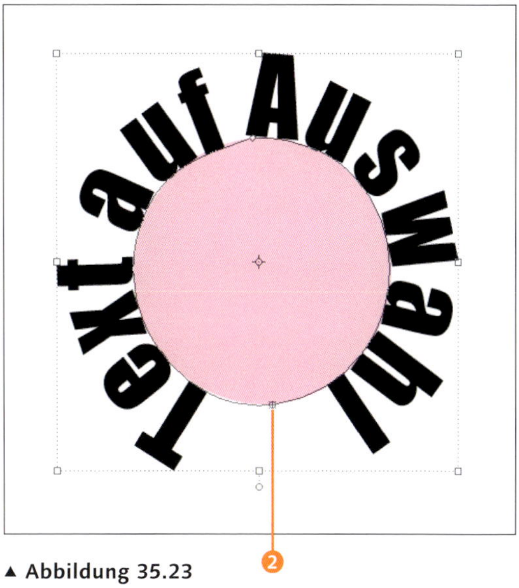

▴ **Abbildung 35.23**
Jetzt habe ich mehr Text eingegeben, als um die Auswahl herum dargestellt werden kann. Sie erkennen dies am kleinen Plussymbol 2 im Kreissymbol.

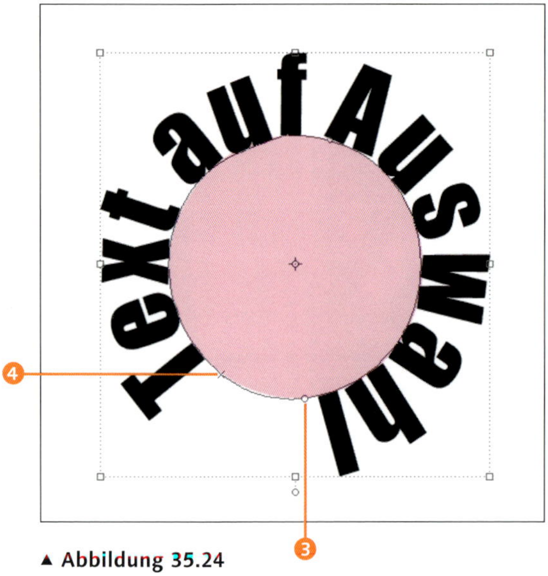

▲ **Abbildung 35.24**
Jetzt habe ich die Markierungen mit gehaltener Strg/cmd-Taste verschoben. Die Anfangsmarkierung wird mit dem kleinen × ❹ symbolisiert und die Endmarkierung mit dem kleinen Kreissymbol ❸. Nun kann nicht mehr um die komplette Auswahl herum geschrieben werden. Sie beschränken hiermit den Bereich.

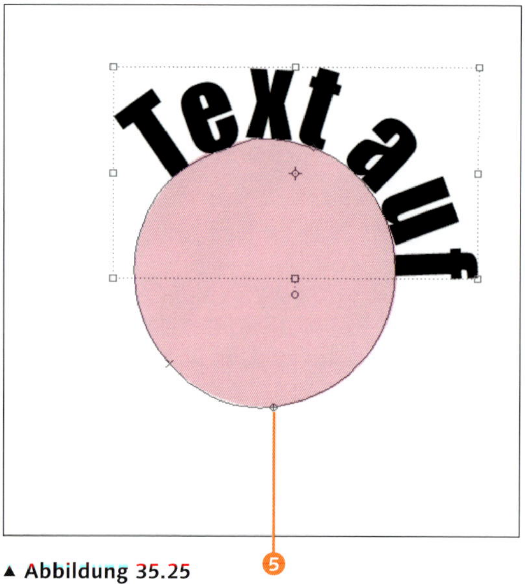

▲ **Abbildung 35.25**
Dass hier bei der Endmarkierung wieder ein Plussymbol ❺ angezeigt wird, liegt daran, dass erneut über den Bereich hinaus geschrieben wurde, da durch die Verschiebung der Anfangs- und Endemarkierung der Bereich deutlich beschränkt wurde.

Die Anfangs- und die Endmarkierung sind auch wichtig, wenn Sie den Text von der Auswahl nach innen bzw. wieder nach außen verlegen wollen. Hierbei wird die Endmarkierung zur neuen Anfangsmarkierung, und die ursprüngliche Anfangsmarkierung wird zur neuen Endmarkierung.

35.2.2 Text-auf-Form-Werkzeug

Um den Text in eine bestimmte Form zu bringen, können Sie ihn mit dem Text-auf-Form-Werkzeug T auf eine von vielen Formen schreiben. Sie können auf zwei Arten vorgehen:

- Benutzen Sie eine der vorhandenen Formen, die das Text-auf-Form-Werkzeug anbietet. Damit können Sie den Text um die Form herum schreiben. Beachten Sie, dass hierbei keine Formebene, sondern eine Textebene erstellt wird.
- Erstellen Sie eine Form mit einem der vielen Formwerkzeuge, wie beispielsweise dem Eigene-Form-Werkzeug U, und wechseln Sie dann zum Text-auf-Form-Werkzeug, um den Text auf bzw. in dieser Form zu schreiben.

Werkzeugoptionen | Mit den Schaltflächen ❶ wählen Sie zunächst die Form aus, die Sie aufziehen und auf der Sie dann den

Text schreiben wollen. Zur Auswahl stehen RECHTECK, ABGERUNDETES RECHTECK, ELLIPSE, POLYGON, HERZ, SPRECHBLASE und SCHMETTERLING.

Mit den nächsten Optionen ❷ stellen Sie wieder die Schriftart, den Schriftschnitt, die Schriftgröße und die Schriftfarbe ❸ für den Text ein, den Sie auf die Form schreiben werden. Wenn Sie anfangen, den Text zu schreiben, stehen Ihnen auch hier sämtliche Werkzeugoptionen zur Verfügung, die Sie beispielsweise vom Horizontalen Textwerkzeug [T] her kennen.

Zum Weiterlesen

Die Formwerkzeuge lernen Sie in Kapitel 36, »Formen zeichnen mit Formwerkzeugen«, genauer kennen.

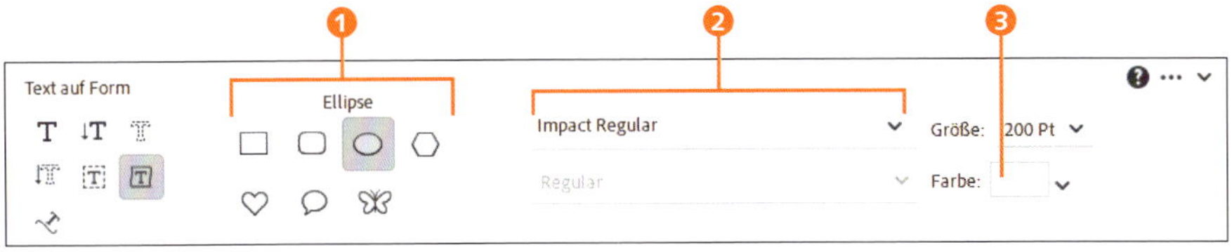

▲ **Abbildung 35.26**
Die Werkzeugoptionen des Text-auf-Form-Werkzeugs

Verwendung des Werkzeugs | Da dieses Werkzeug ebenfalls auf zwei Arten verwendet werden kann, will ich Ihnen diese auch hier wieder mit zwei sehr einfachen Schritt-für-Schritt-Anleitungen demonstrieren.

Schritt für Schritt
Text auf eine Form schreiben

Das Text-auf-Form-Werkzeug bietet einige vordefinierte Formen, die sich für wichtige Standards, wie das Schreiben von Text in einer Kreisform, gut nutzen lassen.

1 Form auswählen

Aktivieren Sie das Text-auf-Form-Werkzeug [T]. Wählen Sie dann eine Form ❶ (Abbildung 35.27) aus, um die Sie schreiben wollen. Im Beispiel habe ich mich für die ELLIPSE entschieden. Wollen Sie einen Kreis erstellen, halten Sie einfach während des Aufziehens sowohl die Maustaste als auch die [⇧]-Taste gedrückt. Wollen Sie hingegen die Form mittig aufziehen, halten Sie nur die [Alt]-Taste gedrückt. [⇧] und [Alt] zusammen während des Aufziehens der Form ist natürlich auch möglich. Mit [←] können Sie die Form wieder entfernen.

Andere Formen verwenden

Sie sind nicht auf die angebotenen Formen des Text-auf-Form-Werkzeugs beschränkt. Sie können jederzeit eine beliebige Form mit dem Eigene-Form-Werkzeug [U] aufziehen und dann erst zum Text-auf-Form-Werkzeug wechseln, um einen Text wie ab Schritt 2 um die Form einzugeben.

2 Schrift einstellen

Als Nächstes stellen Sie in den Werkzeugoptionen die Schriftart und andere Schriftoptionen ein. Im Beispiel habe ich IMPACT

Regular mit 72 Pt in roter Farbe verwendet. Allerdings können Sie die Schrift auch nachträglich ändern.

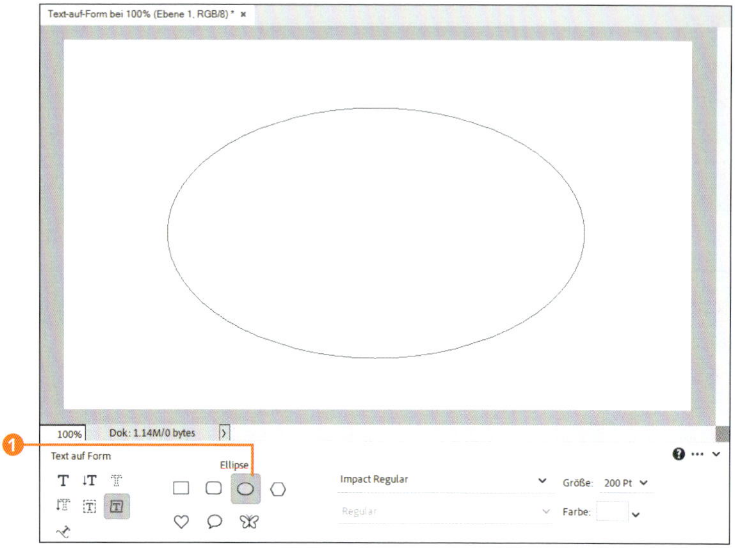

Abbildung 35.27 ▸
Eine Ellipsenform wurde aufgezogen.

3 Text schreiben

Gehen Sie jetzt mit dem Mauscursor auf die Linie dieser Form, sodass der Cursor zu einer speziellen Einfügemarke ② wird. Mit einem Mausklick an dieser Einfügemarke erscheint ein blinkender Textcursor, und Sie können jetzt anfangen, den Text mit der Tastatur einzutippen. Hierbei wird auch gleich eine neue Textebene ③ erzeugt. Wenn Sie jetzt einen Blick auf die Werkzeugoptionen werfen, finden Sie auch hier wieder alle Optionen vor, den Text zu gestalten, wie ich sie in Abschnitt 33.2.1, »Text gestalten«, umfassend erläutert habe.

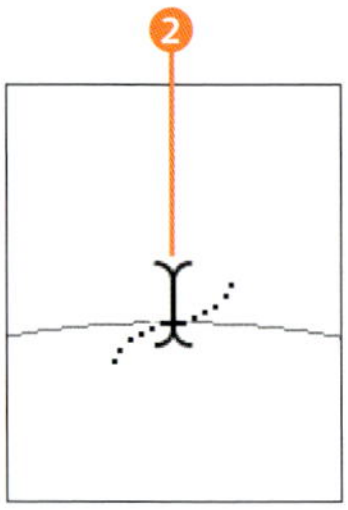

▲ Abbildung 35.28
Die Einfügemarke symbolisiert, dass Sie hier einen Text eingeben können.

Abbildung 35.29 ▸
Der Text wird auf einer neuen Textebene auf die Form geschrieben.

Nach der Bestätigung der Eingabe mit dem Häkchen können Sie mit dem Text-auf-Form-Werkzeug weiteren Text schreiben oder den vorhandenen Text editieren. Natürlich muss auch hierzu wieder der Mauscursor die Form der Einfügemarke haben. Sie können aber auch zum Horizontalen Textwerkzeug T wechseln und damit den Text nachträglich editieren.

35.2.3 Das Text-auf-eigenem-Pfad-Werkzeug

Das letzte Werkzeug, um Text auf eine Form zu bringen, finden Sie mit dem Text-auf-eigenem-Pfad-Werkzeug [T]. Damit schreiben Sie, wie Sie es aus dem Namen schon herauslesen, einen Text auf einen von Ihnen gezeichneten Pfad. Sollten Ihnen die vordefinierten Formen des Text-auf-Form-Werkzeugs also nicht genügen, sind Sie hier genau richtig.

Werkzeugoptionen | Die erste Schaltfläche, ZEICHNEN ❶, ist zunächst immer aktiv, wenn Sie zum Werkzeug wechseln und sich noch kein Pfad auf dem Bild befindet. Damit zeichnen Sie einen Pfad auf das Bild. Mit der Schaltfläche ÄNDERN ❷ daneben können Sie einen bereits erstellten Pfad nachträglich bearbeiten.

Mit den nächsten vier Optionen ❸ stellen Sie wieder die Schriftart, den Schriftstil, die Schriftgröße und die Schriftfarbe für den Text ein, der auf den Pfad geschrieben werden soll. Wenn Sie anfangen, den Text zu schreiben, stehen Ihnen wie gewohnt wieder sämtliche Werkzeugoptionen zur Verfügung, die Sie zum Beispiel vom Horizontalen Textwerkzeug T her kennen.

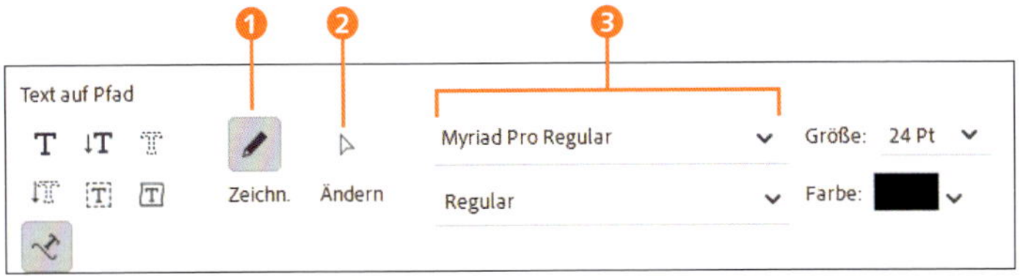

▲ **Abbildung 35.30**
Werkzeugoptionen für das Text-auf-eigenem-Pfad-Werkzeug

Werkzeug verwenden | Das Text-auf-eigenem-Pfad-Werkzeug zu verwenden scheint auf den ersten Blick etwas umständlich, ist aber letztendlich eigentlich recht einfach, wenn man weiß, wie es funktioniert. Trotzdem würde man sich eine Möglichkeit wünschen, beispielsweise einfach einmal eine gerade Linie oder mehrere Knotenpunkte manuell zu setzen (wie es das Polygon-Lasso auch macht und kann), um anschließend die Feinarbeiten mit der Option ÄNDERN vorzunehmen. Das wäre sehr hilfreich und nützlich, wenn man einen Pfad auf ein bestimmtes Objekt zeich-

Innen oder außen schreiben

Natürlich können Sie auch hier den Text auf der Form jederzeit von außen nach innen oder von innen nach außen verschieben. Auch die Position des Textes oder die Anfangs- und Endemarkierung lassen sich nachträglich verschieben. Beides funktioniert genauso, wie ich dies im Workshop »Text auf eine Auswahl schreiben« in Abschnitt 35.2.1, »Das Text-auf-Auswahl-Werkzeug«, beschrieben habe.

Keine echten Pfade

Natürlich muss hier nochmals deutlich betont werden, dass, falls Sie bereits Erfahrung mit Pfaden gemacht haben, Photoshop Elements nicht Pfade im eigentlichen Sinne unterstützt. Erwarten Sie also keine Griffpunkte für die Kurven oder Ähnliches. Zwar sind beim Hinzufügen neuer Knotenpunkte mit gehaltener [Alt]-Taste auch die Griffpunkte zum Anpassen der Kurve des neu erstellten Knotens dabei, aber nur bei der Erstellung und danach nicht mehr. Bereits vorhandene Knotenpunkte haben diese Grifflinien überhaupt nicht, weshalb das Werkzeug immer noch ein sehr uneinheitliches Bild liefert.

net, wohin man später den Text schreiben will. Somit bleibt Ihnen eben nichts anderes übrig, als freihändig den Pfad zu zeichnen, der dann, gerade mit der Maus ausgeführt, häufig recht wacklig aussieht.

Schritt für Schritt
Text auf Pfad schreiben

Tipp: Saubere und gerade Linie
Wollen Sie eine gerade Linie zeichnen (und nachträglich Pfadpunkte und saubere Kurven hinzufügen), können Sie auch das Raster mit einer passenden Größe einblenden und das Ausrichten daran aktivieren. Das Raster wurde in Abschnitt 5.8.2, »Raster verwenden und einstellen«, umfassend behandelt.

Mit dem Text-auf-eigenem-Pfad-Werkzeug können Sie ganz individuelle Pfade zeichnen, an denen sich dann später der Text orientieren soll. Der Einfachheit halber verwenden wir hier nur einen leeren weißen Hintergrund. Aber selbstverständlich können Sie das Text-auf-eigenem-Pfad-Werkzeug auch auf ein Bild anwenden.

1 Pfad zeichnen

Wählen Sie das Text-auf-eigenem-Pfad-Werkzeug [T] aus. Zeichnen Sie mit gedrückt gehaltener Maustaste einen Pfad auf das Bild. Eine Freihandlinie wird allerdings oft nicht so richtig gerade. Ein wesentlich besseres Ergebnis erzielen Sie, wenn Sie die Linie mit einem Zeichentablett zeichnen. Sie können die Linie aber auch jederzeit nachbearbeiten. Wollen Sie den Pfad anpassen, klicken Sie auf die Schaltfläche ÄNDERN 1.

Abbildung 35.31 ▸
Einen Pfad in das Bild zeichnen

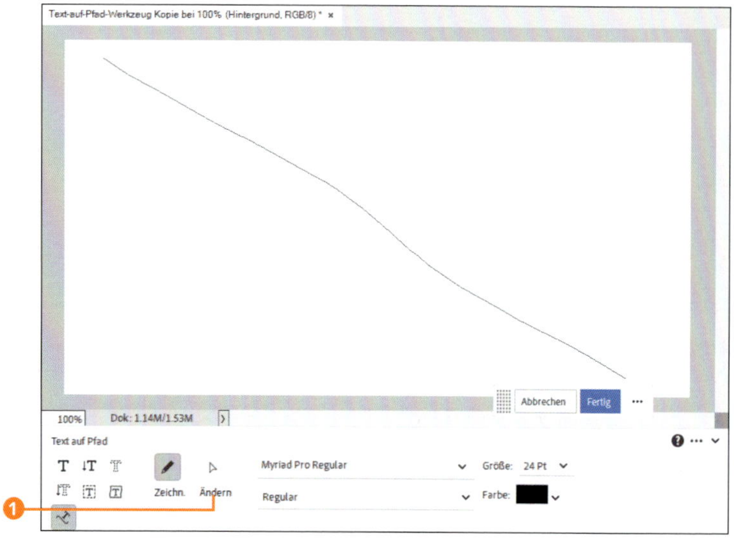

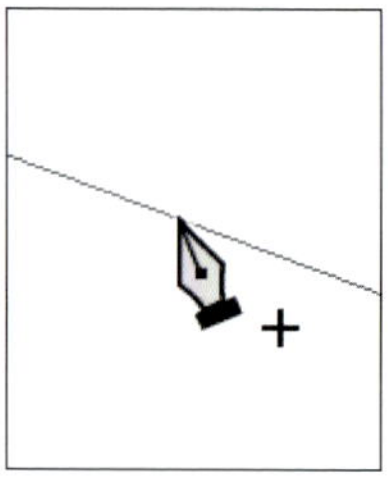

▴ Abbildung 35.32
Neue Pfadpunkte fügen Sie mit gehaltener [⇧]-Taste hinzu.

2 Pfad anpassen

Haben Sie die Schaltfläche ÄNDERN angeklickt, erkennen Sie in der Pfadlinie die einzelnen (leider sehr kleinen) Pfadpunkte. Mit gedrückter linker Maustaste auf den Punkten können Sie diese jetzt verschieben 2.

Klicken Sie mit gehaltener [⇧]-Taste auf eine Linie, erscheint in der Werkzeugspitze ein Plussymbol, und Sie können einen weiteren Pfadpunkt hinzufügen. Halten Sie hingegen die [Alt]-Taste gedrückt, während Sie auf einen Pfadpunkt klicken, erscheint ein Minussymbol in der Werkzeugspitze, sodass Sie einen Pfadpunkt entfernen können. Gehen Sie mit dem Mauszeiger auf die Linie zwischen den Pfadpunkten, können Sie diese mit gedrückt gehaltener linker Maustaste in die gewünschte Richtung verbiegen. Im Beispiel habe ich zunächst alle unnötigen Pfadpunkte mit gehaltener [Alt]-Taste durch Anklicken entfernt. Bestätigen Sie den Pfad mit der FERTIG-Schaltfläche ❸, oder brechen Sie mit der ABBRECHEN-Schaltfläche ❹ ab.

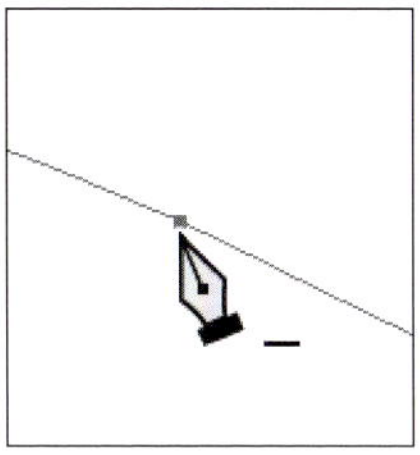

▲ **Abbildung 35.33**
Mit gehaltener [Alt]-Taste hingegen entfernen Sie vorhandene Pfadpunkte.

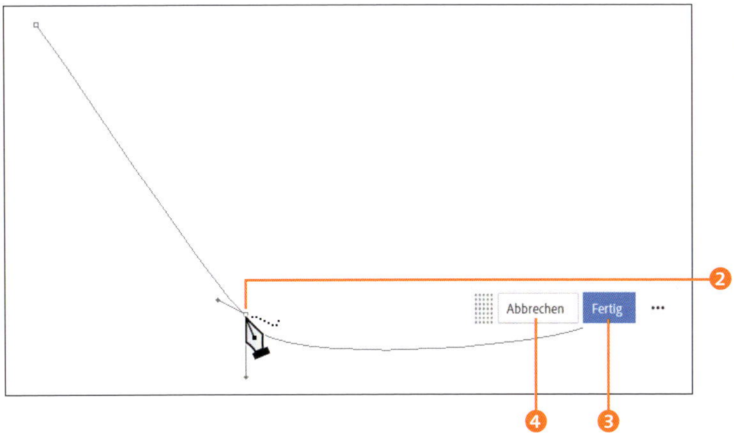

◀ **Abbildung 35.34**
Pfadpunkte können jederzeit verschoben werden.

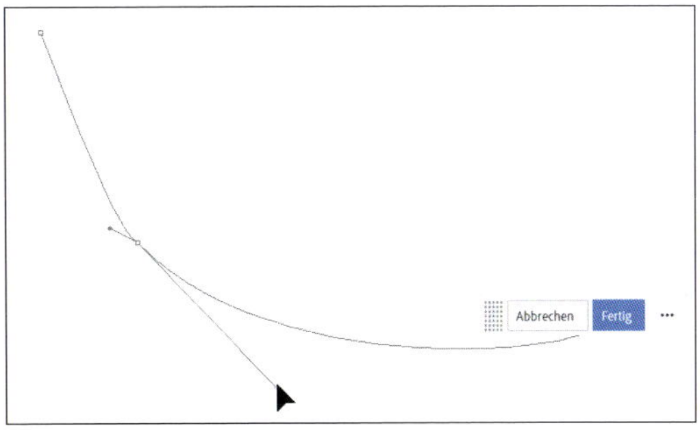

▲ **Abbildung 35.35**
Über die Linien an den einzelnen Pfadpunkten können Sie die Krümmung anpassen. Halten Sie die [Alt]-Taste gedrückt, um die Linien unabhängig voneinander zu verstellen.

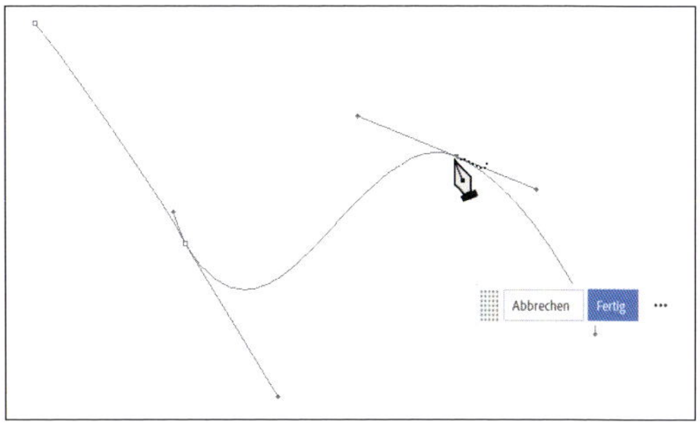

▲ **Abbildung 35.36**
Nach einigen Anpassungen sieht der Pfad schon etwas ordentlicher aus, als der im ersten Arbeitsschritt erstellte.

3 Schrift einstellen

Als Nächstes stellen Sie die Schriftoptionen wie Schriftart usw. ein. Hier habe ich mich für MYRIAD PRO REGULAR in 24 PT in schwarzer Farbe entschieden. Allerdings können Sie (wie immer) die Schrift auch nachträglich ändern.

Abbildung 35.37 ▸
Schriftart, Schriftgröße und Farbe einstellen

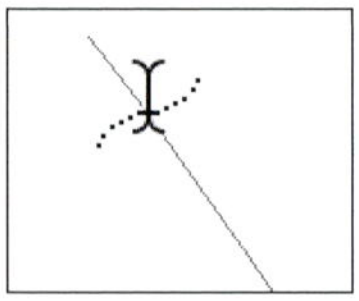

▲ Abbildung 35.38
Die Einfügemarke zeigt an, dass Sie dort einen Text eingeben können.

4 Text eingeben

Gehen Sie mit dem Mauscursor auf die Pfadlinie, und Sie finden wieder die bekannte Einfügemarke vor. Klicken Sie jetzt mit der linken Maustaste, können Sie Ihren Text eingeben.

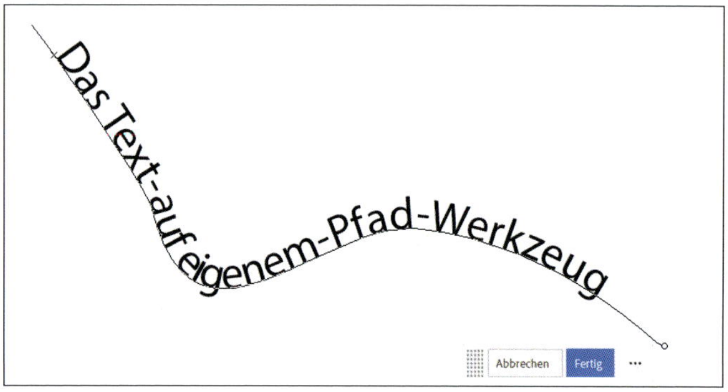

▲ Abbildung 35.39
Der Text wird auf den Pfad geschrieben.

Neue Textebene

Und natürlich auch hier: Wenn Sie den Text nachträglich editieren wollen, dürfen Sie nicht vergessen, auf den Text zu klicken. Klicken Sie stattdessen in einen freien Bereich, sodass die Einfügemarke sichtbar wird, wird der Text auf eine neue Textebene geschrieben, was ja durchaus gewollt sein kann! Es können also durchaus mehrere Textebenen auf einen Pfad gebracht werden.

5 Pfad nachbearbeiten

Die Pfadpunkte können Sie nachträglich verändern, hinzufügen oder entfernen. Auch der Text bleibt immer noch editierbar. Des Weiteren können Sie jederzeit weitere Textebenen auf dem Pfad anlegen, wenn Sie auf einen freien Bereich der Linie klicken.

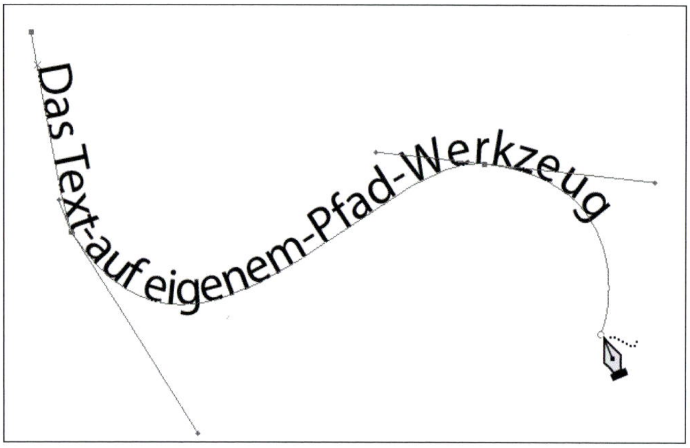

Abbildung 35.40 ▸
Text und Pfadpunkte können weiterhin bearbeitet werden.

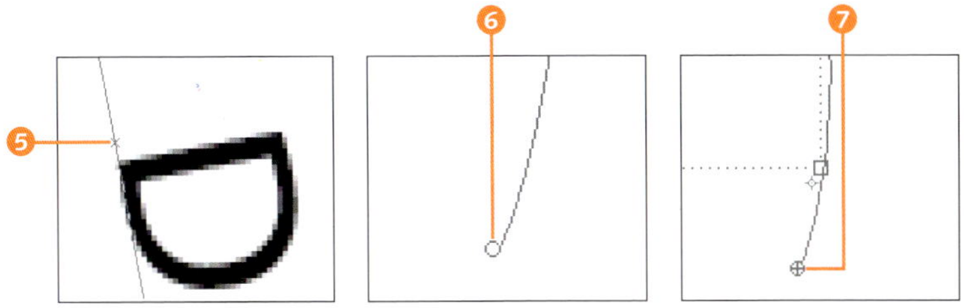

◂ **Abbildung 35.41**
Der Anfang des Textes bei einem Pfad wird mit einem kleinen × ❺ angezeigt. Das Ende ist hier ein geschlossener Kreis ❻. Finden Sie im Kreis noch ein Kreuz ❼ vor, wurde mehr Text auf den Pfad geschrieben, als Platz vorhanden ist.

Es sollte außerdem nicht unerwähnt bleiben, dass Sie auch hier zunächst eine Form mit einem der Formwerkzeuge aufziehen können, um anschließend die einzelnen Pfadpunkte des Formwerkzeugs mit dem Text-auf-eigenem-Pfad-Werkzeug und der Option Ändern zu verändern, hinzuzufügen oder zu entfernen und dann mit dem Werkzeug auch gleich etwas auf diesen Pfad zu schreiben.

Des Weiteren haben Sie die Option, über Bild • Form transformieren • verkrümmen die Form und somit den Pfad, auf dem der Text geschrieben ist, zu verformen.

Text innen oder außen schreiben
Auch hier können Sie den Text auf dem Pfad jederzeit von innen nach außen oder umgekehrt verschieben. Auch die Position des Textes lässt sich nachträglich verändern. Im Workshop »Text auf eine Auswahl schreiben« in Abschnitt 35.2.1, »Das Text-auf-Auswahl-Werkzeug«, habe ich beschrieben, wie es geht.

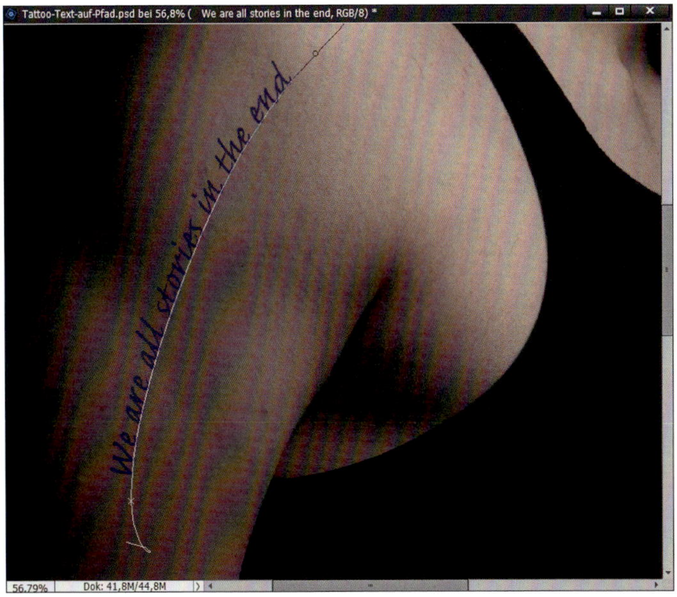

◂ **Abbildung 35.42**
Richtig angewendet, kann man mit dem Text-auf-eigenem-Pfad-Werkzeug auch Text an den Stellen positionieren, an denen sich recht schwer eine Auswahl mit dem Text-auf-Auswahl-Werkzeug anbringen lässt, hier zum Beispiel ein Tattoo auf dem Arm.

35.2.4 Text verkrümmen

Einfache Krümmungen können Sie mit dem Textwerkzeug T in den Werkzeugoptionen über die Verkrümmen-Schaltfläche erstellen (Abschnitt 33.2.1, »Text gestalten«), allerdings mit dem Nachteil, dass Sie auf die vorgegebenen Stile beschränkt sind. Alternativ rufen Sie den Dialog über den Menüpunkt Ebene • Text • Text verkrümmen oder mit einem rechten Mausklick auf der Textebene über das Kontextmenü auf.

Kapitel_35: Mural-Artist.psd

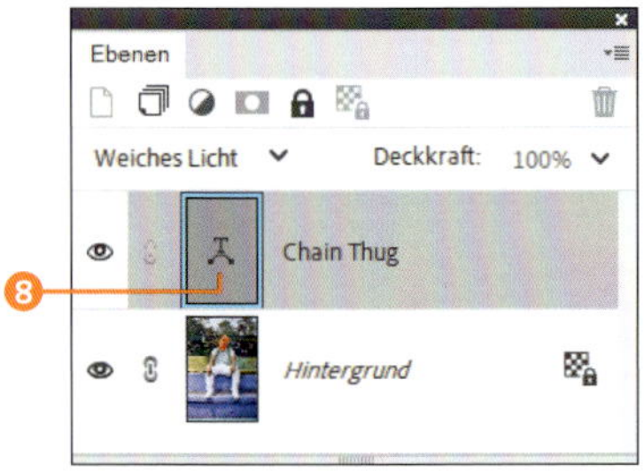

▲ **Abbildung 35.43**
Das Symbol eines verkrümmten Textes im Ebenen-Bedienfeld

Um den Dialog Text verkrümmen auf einen Text anzuwenden, muss der Text bereits geschrieben und die Textebene im Ebenen-Bedienfeld aktiv sein. Das Tolle an dem Werkzeug ist auch, dass Sie den Dialog jederzeit erneut aufrufen können, um weitere Krümmungen des Textes vorzunehmen oder die Krümmung zu modifizieren. Klicken Sie dazu einfach mit aktiviertem Textwerkzeug in den Text und anschließend auf die Verkrümmen-Schaltfläche in den Werkzeugoptionen. Wollen Sie die Verkrümmung wieder entfernen, wählen Sie im Dialogfenster den Stil 9 Ohne aus.

Im Ebenen-Bedienfeld wird eine Ebene mit verkrümmtem Text auch mit einem entsprechenden Symbol 8 angezeigt.

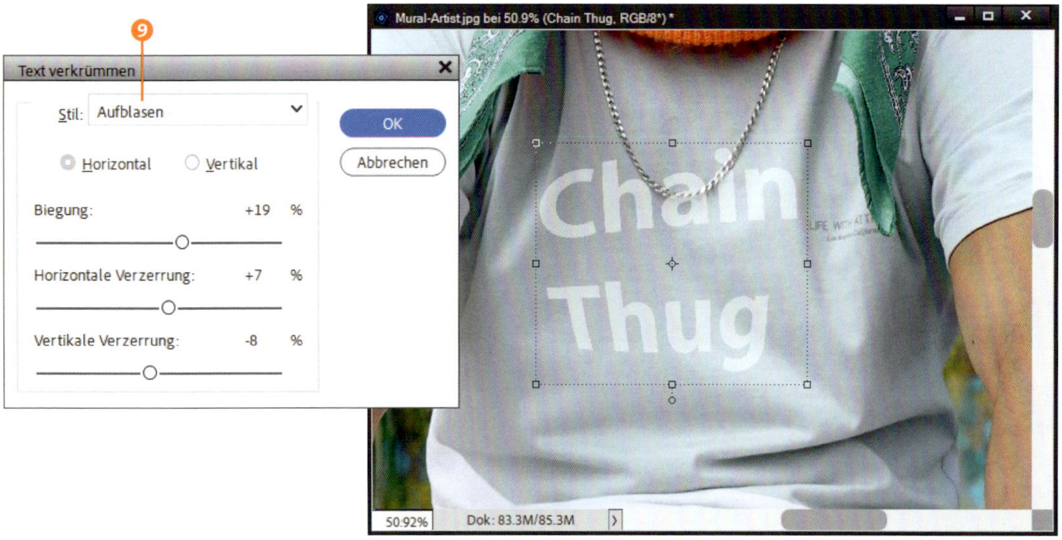

▲ **Abbildung 35.44**
Für einfache Teilkreise, Wellen oder Wölbungen reicht die Verkrümmen-Schaltfläche des Textwerkzeugs aus.

Kapitel 36

Formen zeichnen mit Formwerkzeugen

Formen sind relativ vielseitig einsetzbar. Sie sind ideal für Dinge wie Logos, Schaltflächen, Webseitenelemente, aber auch für kreative Zwecke, wie zum Beispiel um einen Bilderrahmen oder einfach nur eine coole Notiz auf einem Bild anzubringen.

36.1 Die Formwerkzeuge im Überblick

Die Formen der Formwerkzeuge werden in Photoshop Elements über Vektorgrafiken realisiert. Das bedeutet, dass beim Aufziehen der Formen und beim nachträglichen Skalieren keinerlei Schärfeverluste zu erwarten sind, wie dies bei Pixelgrafiken der Fall ist. Außerdem können Sie jederzeit die Farbe ändern oder die Ebenenstile darauf anwenden.

Wenn Sie eine Form mit den Formwerkzeugen erstellen, werden diese auf einer speziellen Formebene ❶ erstellt.

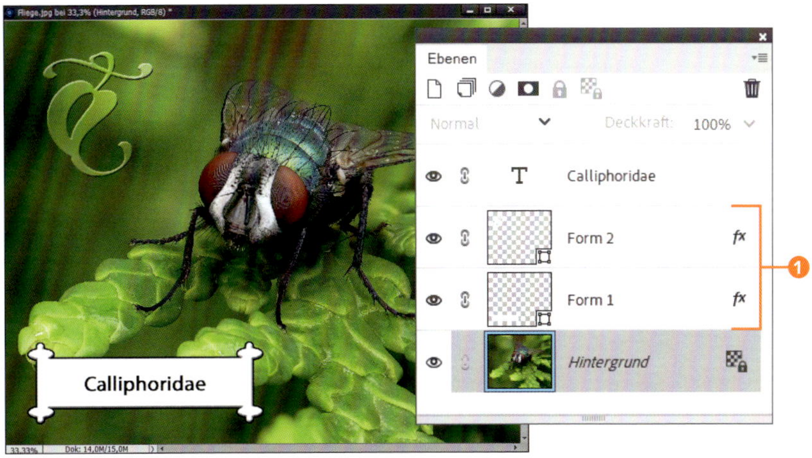

◂ **Abbildung 36.1**
Mehrere vordefinierte Formebenen im Einsatz

Formwerkzeuge
Sie rufen die Formwerkzeuge über die Taste U im ERWEITERT-Modus auf.

Formen gibt es in Hülle und Fülle. Für jeden Zweck ist etwas dabei. Zunächst wären die klassischen Formen für die geometrischen Dinge wie Rechtecke, Ellipsen oder Polygone zu nennen, dann hilfreiche Formen für Linien oder Pfeile und außerdem eine umfangreiche Sammlung von vorgefertigten Formen.

Werkzeugoptionen | An dieser Stelle sollen die Werkzeugoptionen beschrieben werden, die alle Formwerkzeuge besitzen. Jedes Formwerkzeug hat hingegen noch eigene spezielle, zum Werkzeug passende Optionen, die ich bei den Beschreibungen der einzelnen Werkzeuge kurz erläutern werde.

Tipp
Mit einem Doppelklick auf das Miniaturbild der Formebene im Ebenen-Bedienfeld können Sie ebenfalls die Füllfarbe der Form verändern.

Über die Dropdown-Liste mit der Farbe ❶ können Sie die Farbe für die Form auswählen. Mithilfe von Ebenenstilen ❷ können Sie den Formen auch Effekte, wie beispielsweise einen Schlagschatten oder Konturen, zuweisen. Mehr über die Ebenenstile entnehmen Sie Abschnitt 34.2, »Vordefinierte Ebenenstile«.

Über die Formoptionen können Sie einstellen, ob eine Form auf eine neue Ebene gezeichnet werden soll oder wie sich die Form mit einer bereits vorhandenen Form überlappen soll. Sie können dabei aus den folgenden fünf Optionen wählen:

- ❸ NORMAL: Bewirkt genau das, was es sagt: Erstellt für jede neue Form, die Sie aufziehen, eine neue Formebene.
- ❹ ADDIEREN: Fügt die neue Form über der aktuellen Form auf derselben Ebene hinzu und vereinigt beide Formen, falls sich diese überlappen. Voraussetzung für diese Option ist natürlich, dass bereits eine Formebene existiert.
- ❺ SUBTRAHIEREN: Hiermit wird der Bereich entfernt, an dem sich die Formen überlappen.
- ❻ SCHNITTLINIE: Damit werden nur die Bereiche angezeigt, an denen sich die Formen überlappen. Die übrigen Bereiche werden entfernt.
- ❼ AUSSCHLIESSEN: Entfernt nur die sich überlappenden Bereiche von der vorhandenen und der neuen Form.

Zu guter Letzt können Sie noch mit der Schaltfläche VEREINFACHEN ❽ aus einer vektorbasierten Formebene eine gewöhnliche Pixelebene erstellen.

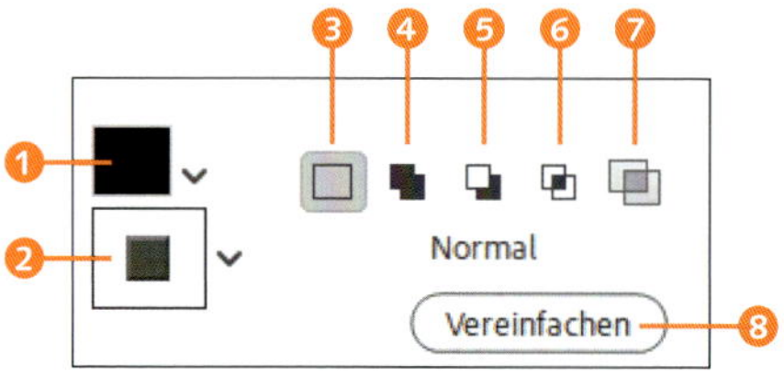

Abbildung 36.2 ▸
Diese Optionen stehen für alle Formwerkzeuge zur Verfügung.

▲ **Abbildung 36.3**
Die Option NORMAL wurde gewählt.

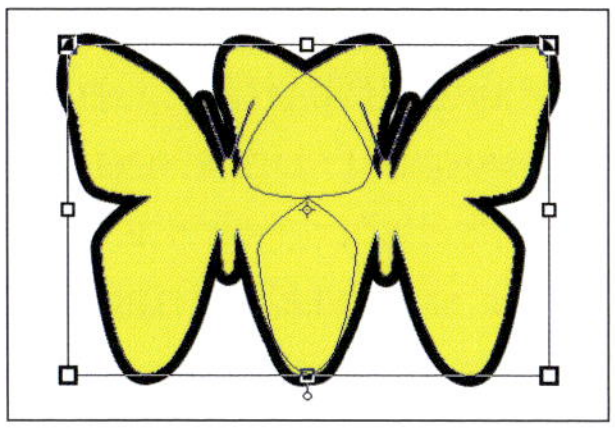

▲ **Abbildung 36.4**
Mit der Option ADDIEREN habe ich einen neuen Schmetterling hinzugefügt.

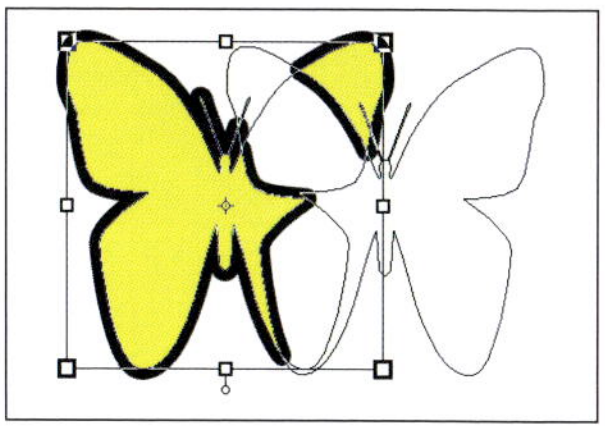

▲ **Abbildung 36.5**
Derselbe Schmetterling nochmals, nur habe ich jetzt die Formoption SUBTRAHIEREN ausgewählt.

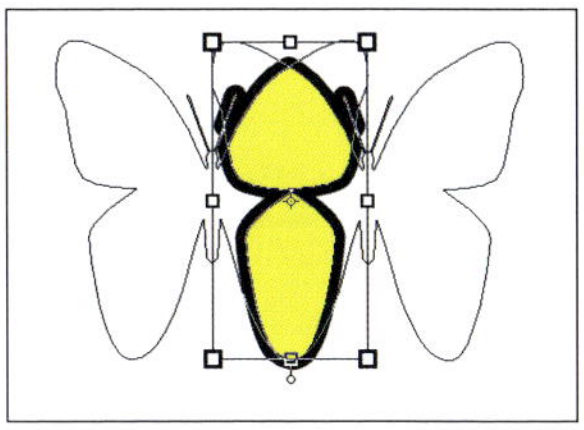

▲ **Abbildung 36.6**
Und unser Schmetterling nochmals, nur dieses Mal mit der Option SCHNITTLINIE

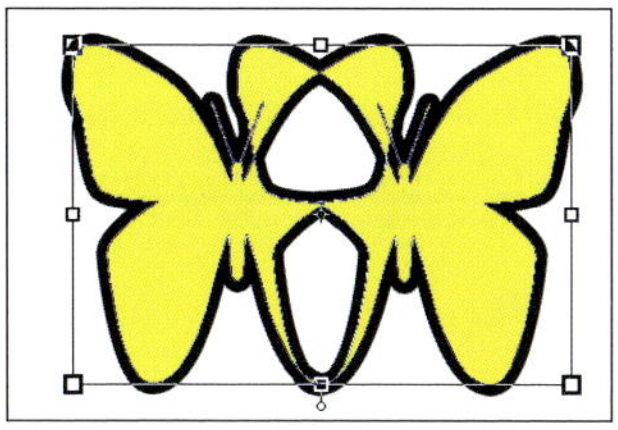

▲ **Abbildung 36.7**
Und zu guter Letzt der neue Schmetterling mit der Option AUSSCHLIESSEN

Eigene-Form-Werkzeug | Wenn Sie auf der Suche nach einer speziellen Form sind, bietet Ihnen das Eigene-Form-Werkzeug U viele vorgefertigte Formen an. Über die Dropdown-Liste (10) wählen Sie die gewünschte Form aus. Aufgelistet werden zunächst nur die Standardformen. Aber über die kleine Dropdown-Liste FORMEN (9) können Sie auch andere Formen auflisten lassen.

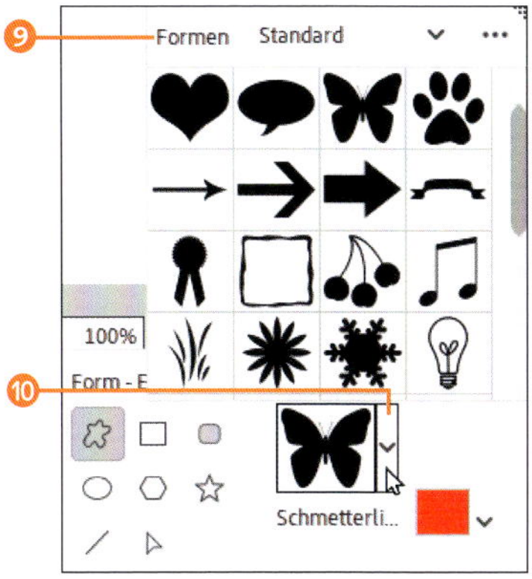

◀ **Abbildung 36.8**
Enorm viele Formen stehen für das Eigene-Form-Werkzeug zur Verfügung.

Über die Formoptionen (1) (Abbildung 36.9) stellen Sie die Optionen für das Aufziehen der Form ein. Die Formoptionen lassen sich über die Dropdown-Liste öffnen und haben folgende Wirkungen:

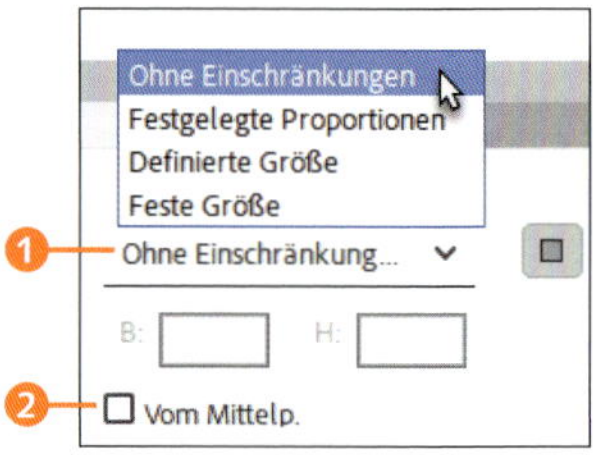

▲ **Abbildung 36.9**
Eigene-Form-Optionen

- Ohne Einschränkungen: Sie können die Form in beliebiger Größe und Proportion aufziehen.
- Festgelegte Proportionen: Hiermit können Sie die Form zwar in beliebiger Größe, aber nur mit einer festen Proportion (Höhe und Breite) aufziehen.
- Definierte Grösse: Die Form wird mit der von Photoshop Elements vorgegebenen fixen Größe aufgezogen.
- Feste Grösse: Hier geben Sie über die Textfelder Breite (B) und Höhe (H) feste Maße für die Definierte Grösse der fertigen Form ein.

Setzen Sie ein Häkchen vor die Option Vom Mittelp. ❷, wird die Form vom Mittelpunkt aus aufgezogen.

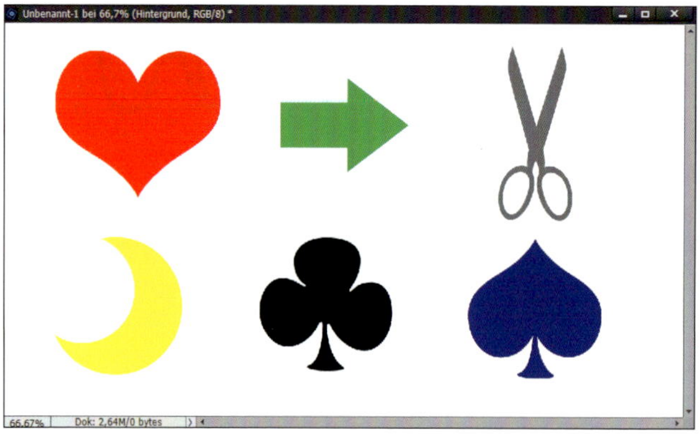

Abbildung 36.10 ▶
Einige Formen, die mit dem Eigene-Form-Werkzeug aufgezogen wurden

Rechteck-Werkzeug | Mithilfe des Rechteck-Werkzeugs U können Sie mit gedrückt gehaltener linker Maustaste eine rechteckige Form aufziehen. Zu den bereits beschriebenen Optionen stehen Ihnen auch hier einige spezielle Optionen zur Verfügung, die Sie über das Dropdown-Menü ❸ aufrufen:

- Ohne Einschränkungen: Die Form kann beliebig in Breite und Höhe aufgezogen werden.
- Quadratisch: Die Form kann zwar in beliebiger Größe aufgezogen werden, beschränkt sich allerdings auf ein Quadrat.
- Feste Grösse: Zeichnet ein Rechteck in exakt den Maßen auf, die Sie in den Textfeldern für Breite (B) und Höhe (H) angegeben haben.
- Proportional: Zieht ein Rechteck in beliebiger Größe mit fest vorgegebenen Proportionen auf, die Sie in den Textfeldern für Breite (B) und Höhe (H) vorgeben.

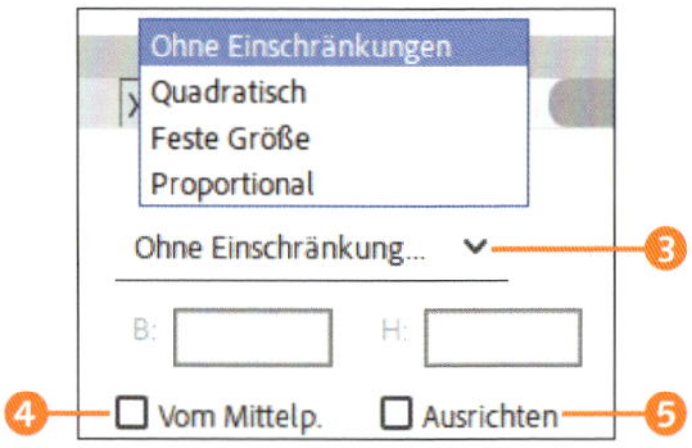

▲ **Abbildung 36.11**
Spezielle Optionen für das Rechteck-Werkzeug

Setzen Sie ein Häkchen vor die Option Vom Mittelp. ❹, wird die Position, an der Sie anfangen zu zeichnen, als Mittelpunkt für die

Form verwendet. Standardmäßig wird eine Form eigentlich von der linken oberen Ecke aufgezogen.

Mithilfe der Option AUSRICHTEN ⑤ werden die Kanten der Form an den Pixelbegrenzungen ausgerichtet.

◂ **Abbildung 36.12**
Rechteckige Formen ziehen Sie mit dem Rechteck-Werkzeug auf.

Abgerundetes-Rechteck-Werkzeug | Das Abgerundetes-Rechteck-Werkzeug [U] entspricht im Grunde dem Rechteck-Werkzeug, nur – wer hätte das gedacht – dass hier zusätzlich eine Option RADIUS ⑥ vorhanden ist, mit der Sie über ein Textfeld den Radius für die abgerundeten Ecken eingeben können.

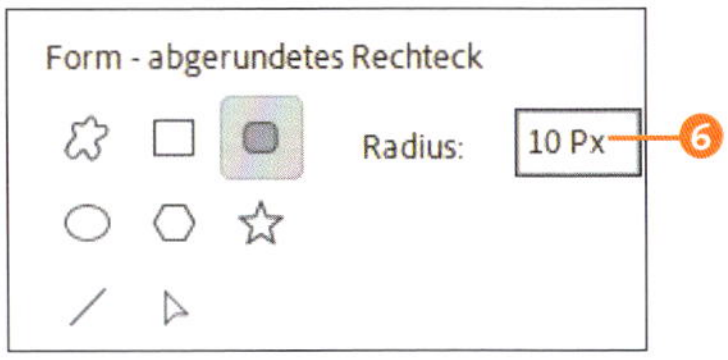

▴ **Abbildung 36.13**
Option für den RADIUS der abgerundeten Ecken

▴ **Abbildung 36.14**
Für rechteckige Formen mit runden Ecken steht Ihnen das Abgerundetes-Rechteck-Werkzeug zur Verfügung.

Ellipse-Werkzeug | Dem Aufziehen einer Ellipse oder eines Kreises dient das Ellipse-Werkzeug [U]. Die Optionen des Werkzeugs sind fast identisch mit denen des Rechteck-Werkzeugs, allerdings finden Sie statt der Option QUADRAT hier eine Option KREIS, um damit das Zeichnen auf eine Kreisform zu beschränken.

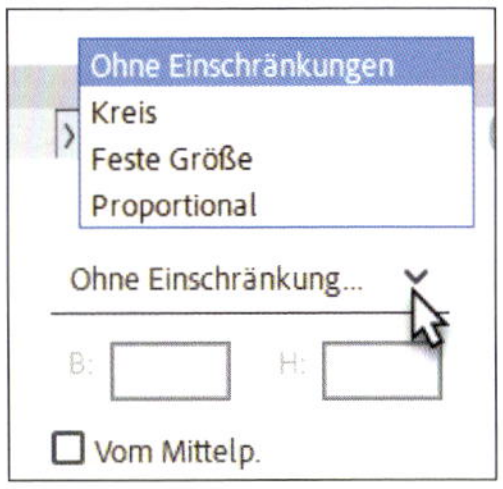

▴ **Abbildung 36.15**
Die Ellipse-Optionen

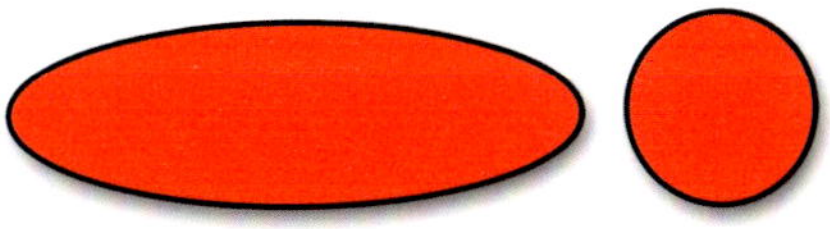

▴ **Abbildung 36.16**
Zum Zeichnen von Ellipsen- und Kreisformen eignet sich das Ellipsen-Werkzeug.

Polygon-Werkzeug | Mit dem Polygon-Werkzeug [U] können Sie einfache Formen mit unterschiedlichen Ecken zeichnen. Dabei sind Dinge wie Dreiecke oder Vielecke ohne großen Aufwand möglich. Über die Option SEITEN ① geben Sie die Anzahl der Ecken bei einem Vieleck an (hier ist ein Wert zwischen 3 und 100 möglich). Setzen Sie ein Häkchen vor ABRUNDEN, werden die Ecken des Polygons abgerundet.

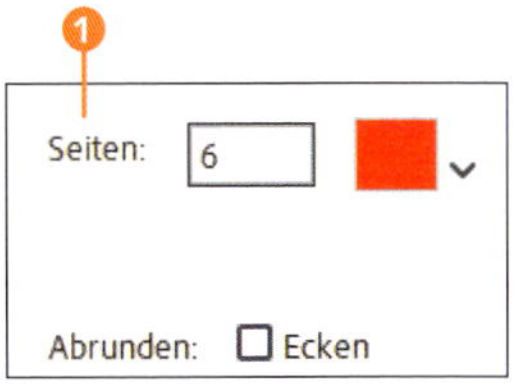

▴ **Abbildung 36.17**
Werkzeugoptionen für das Polygon-Werkzeug

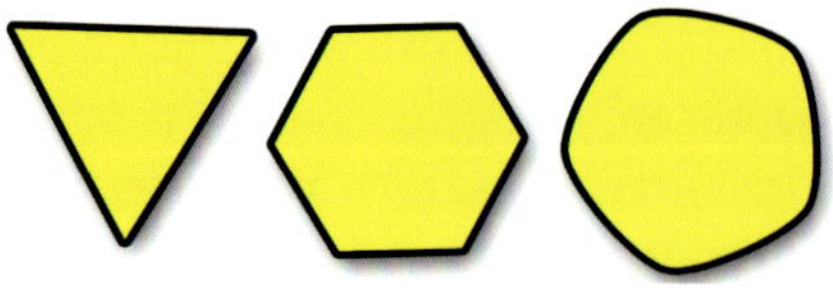

Abbildung 36.18 ▸
Einige mit dem Polygon-Werkzeug aufgezogene Formen

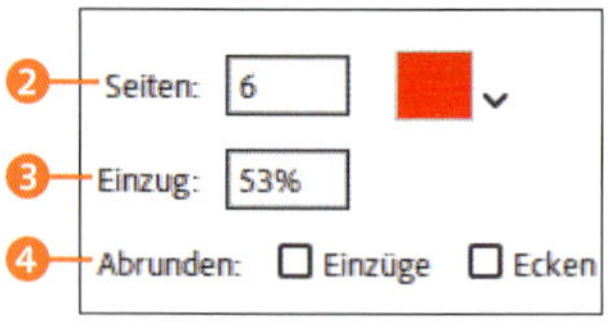

▴ Abbildung 36.19
Werkzeugoptionen für das Stern-Werkzeug

Stern-Werkzeug | Mit dem Stern-Werkzeug ☆ U können Sie Sterne zeichnen. Über die Option Seiten ❷ geben Sie die Anzahl der Spitzen an (hier ist ein Wert zwischen 3 und 100 möglich). Weitere Optionen sind:

- Einzug ❸: Damit geben Sie an, wie »tief« die Seiten des Sterns aufgezogen werden. Je höher dieser Wert, desto länger werden die Spitzen des Sterns.
- Abrunden ❹:
  - Einzüge: Anstelle scharfer Einzüge werden runde Einzüge verwendet.
  - Ecken: Anstelle scharfer Ecken werden abgerundete Ecken verwendet.

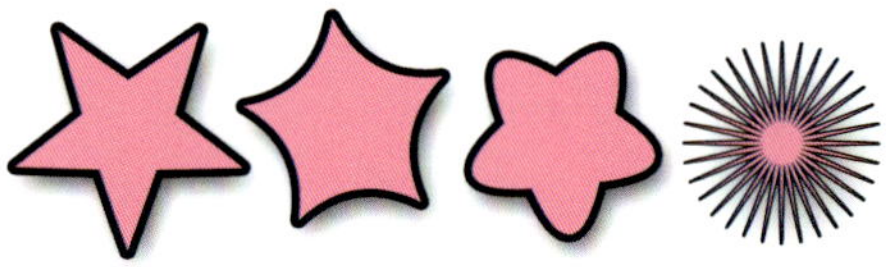

Abbildung 36.20 ▸
Einige mit dem Stern-Werkzeug aufgezogene Formen

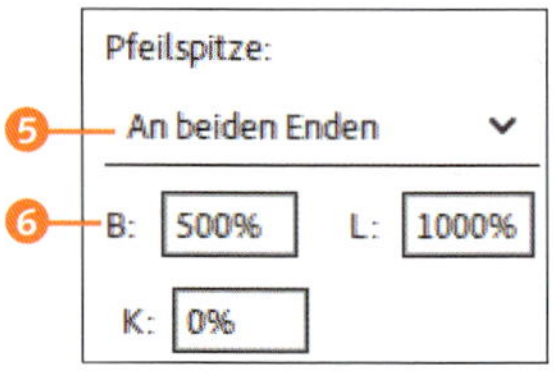

▴ Abbildung 36.21
Werkzeugoptionen für Pfeilspitzen

Linienzeichner | Mit dem Linienzeichner ⁄ U können Sie Linien mit und ohne Pfeilspitzen auf ein Bild zeichnen. Über das Textfeld B (für die Breite) ❻ legen Sie die Linienstärke in Pixeln fest. Über die Dropdown-Liste Pfeilspitze ❺ finden Sie dann folgende weitere Optionen für die Pfeilspitzen (falls verwendet):

- Am Beginn, Am Ende oder An beiden Enden: Hier legen Sie fest, ob am Anfang und/oder Ende der Linie eine Pfeilspitze aufgezeichnet werden soll.
- B (Breite) und L (Länge): Damit bestimmen Sie die Proportionen der Pfeilspitzen. Beachten Sie, dass diese Werte von der Linienstärke abhängen.
- K (Rundung): Damit legen Sie fest, wie die Pfeilspitze hinten beim Übergang zur Linie aussieht. Sie können Werte zwischen –50 % und +50 % eingeben. Bei 0 % ist der Übergang genau senkrecht.

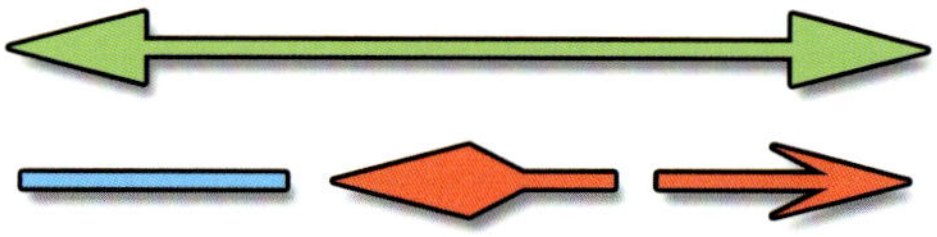

Abbildung 36.22 ▸
Einige Formen, die mit dem Linienzeichner aufgezogen wurden: Die Pfeilspitzen beim grünen Pfeil wurden mit 0 % Rundung (K) erzeugt. Der rechte rote Pfeil hingegen wurde mit +50 % und der linke rote Pfeil mit –50 % Rundung erstellt.

36.2 Formen auswählen, verschieben und transformieren

Um eine Form auszuwählen, zu verschieben, zu drehen oder zu transformieren, verwenden Sie das Formauswahl-Werkzeug [U]. Das Werkzeug können Sie übrigens auch bei allen Formwerkzeugen über das Symbol ganz links in den Werkzeugoptionen aufrufen.

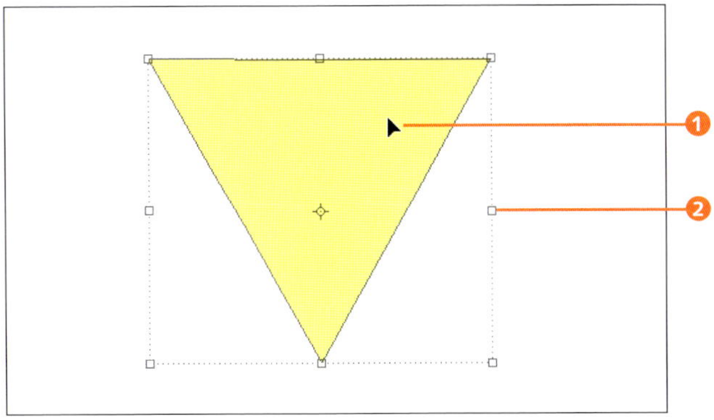

◄ **Abbildung 36.23**
Die Form wurde mit dem Formauswahl-Werkzeug erfasst.

Um damit eine Form auszuwählen, klicken Sie sie einfach an. Halten Sie innerhalb der Begrenzungsrahmen ❶ die linke Maustaste gedrückt, um die Form zu verschieben. Über die Griffpunkte ❷ lässt sich die Form skalieren, und wenn Sie die Form etwas außerhalb der Griffpunkte anfassen, können Sie sie drehen.

Das Formauswahl-Werkzeug hat ebenfalls einige Optionen. So können Sie mit Begrenzungsrahmen einblenden ❸ diesen um die Form (de-)aktivieren. Falls Sie mehrere Formen auf einer Ebene aufgezogen haben, können Sie über die nächsten vier Schaltflächen ❹ nachträglich ändern, wie sich eine ausgewählte Form verhalten soll, wenn sie sich mit einer anderen Form auf derselben Ebene überlappt. Die vier Schaltflächen sind allerdings nur aktiv, wenn Sie eine Form ausgewählt haben. Die einzelnen Optionen haben dieselbe Bedeutung wie diejenigen, die ich bereits in Abschnitt 36.1, »Die Formwerkzeuge im Überblick«, unter »Werkzeugoptionen« näher erläutert habe.

Die Schaltfläche Kombinieren ❺ steht nur dann zur Verfügung, wenn sich auf derselben Ebene mindestens zwei Formen befinden; mit einem Klick darauf würden Sie diese Formen zu einer einzigen Form gemäß der einer ausgewählten Schaltfläche darüber kombinieren. Eine zweite identische Form auf derselben Ebene können Sie beispielsweise erstellen, wenn Sie mit gehaltener [Alt]-Taste und dem Formauswahl-Werkzeug die Form verschieben.

Verschieben-Werkzeug
Auswählen, Verschieben, Drehen oder Transformieren von Formen – all dies ist auch mit dem Verschieben-Werkzeug [V] möglich. Auch das Transformieren einer Form lässt sich über Bild • Form transformieren und einen der Befehle durchführen.

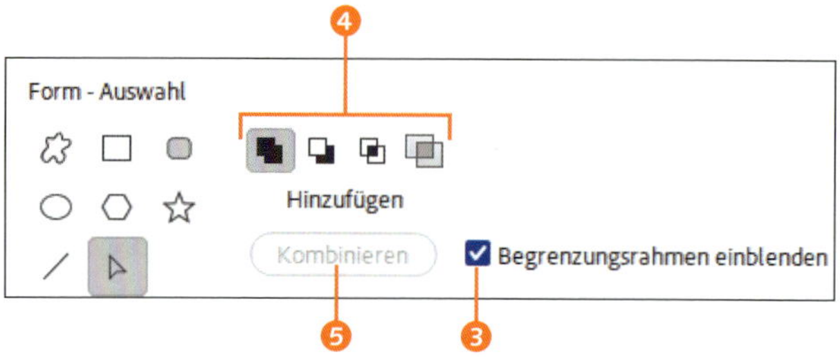

Abbildung 36.24 ▸
Optionen für das Formauswahl-Werkzeug

Zum Weiterlesen
Wie Sie mithilfe des Text-auf-eigenem-Pfad-Werkzeugs die Pfadpunkte bearbeiten können, habe ich in Abschnitt 35.2.3, »Das Text-auf-eigenem-Pfad-Werkzeug«, beschrieben.

Ich finde die Verwendung der Formen auch interessant, um mit dem Text-auf-eigenem-Pfad-Werkzeug [T] darauf zu schreiben. Die Erstellung von Pfaden mit diesem Werkzeug ist leider nicht wirklich gelungen. Sobald Sie die gewünschte Form erstellt haben, können Sie den Pfad mit dem Text-auf-eigenem-Pfad-Werkzeug [T] bearbeiten. Damit die Pfadpunkte angezeigt werden, müssen Sie hier nur die Option ÄNDERN beim Text-auf-eigenem-Pfad aktivieren.

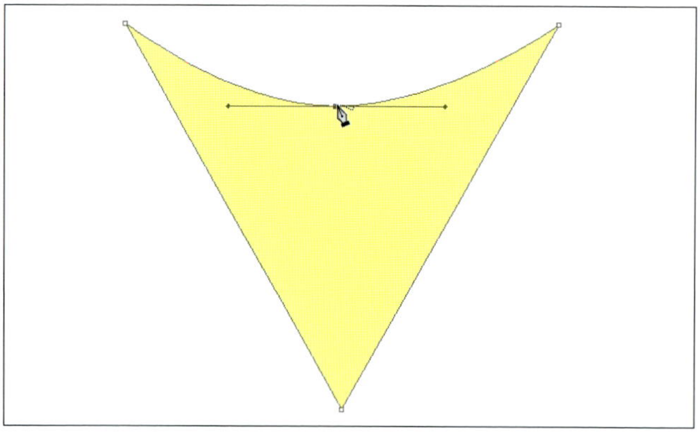

Abbildung 36.25 ▸
Pfadpunkte ändern oder zur Form hinzufügen können Sie mit dem Text-auf-Pfad-Werkzeug und der Option ÄNDERN.

Neben den verschiedenen Transformationen wie Drehen, Neigen und Verzerren kommt über das Untermenü FORM TRANSFORMIEREN in BILD die Möglichkeit VERKRÜMMEN hinzu, mit der Sie die Form bzw. den Pfad für den Text ebenfalls sehr komfortabel mit gedrückter Maustaste innerhalb des Verformungsgitters verformen können.

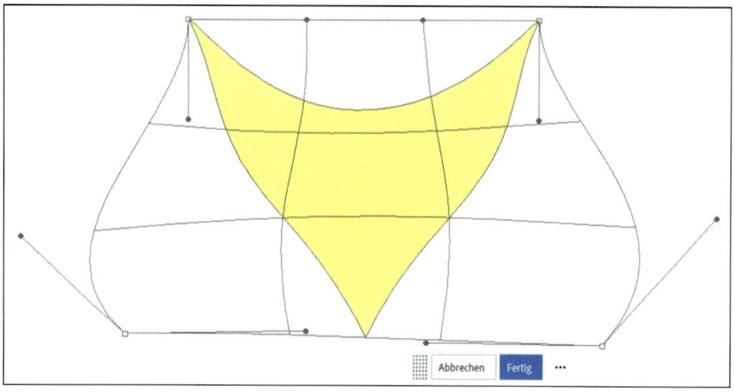

Abbildung 36.26 ▸
Auch die Transformation VERKRÜMMEN steht Ihnen bei den Formen zur Verfügung.

TEIL XIII
Präsentieren und Teilen

Kapitel 37

Bilder im Internet teilen

Verschiedene Gründe sprechen dafür, Bilder eigens für das Internet anzupassen – allen voran die Reduzierung der Datenmengen, die über das Netz gehen. Diesen Aspekt und weitere Gründe möchte ich im Folgenden näher erläutern.

37.1 Kleine Dateigrößen und maximale Bildqualität

Kapitel_37: Musikant.jpg

Sie haben eine Webseite und möchten Ihre Bilder präsentieren? In diesem Fall wäre es wenig sinnvoll, wenn Sie die Bilder mit 4000 × 3000 Pixeln unkomprimiert mit einer Dateigröße von 3 bis 4 Megabyte hochladen und anzeigen. Eine hohe Auflösung bringt für die Bildschirmanzeige recht wenig, weil die meisten Monitore ohnehin eine geringere Pixelauflösung haben. Standardwerte von Monitoren sind zum Beispiel 1024 × 768 oder 1280 × 800 Pixel. Somit werden die Bilder zumeist schon vom Webbrowser (herunter-)skaliert angezeigt.

Das nächste Ärgernis ist das Datenaufkommen, das bei diesem Bild ca. 2 Megabyte oder mehr beträgt. Der Internetnutzer muss also einige Zeit warten, bis das Bild komplett geladen ist. Wie lange genau, hängt natürlich auch von der verfügbaren Internetgeschwindigkeit ab. Wenn bei einer langsamen Verbindung viele Bilder geladen werden, drückt der Betrachter schon einmal genervt den ABBRECHEN-Button des Webbrowsers, noch ehe das Bild erscheint.

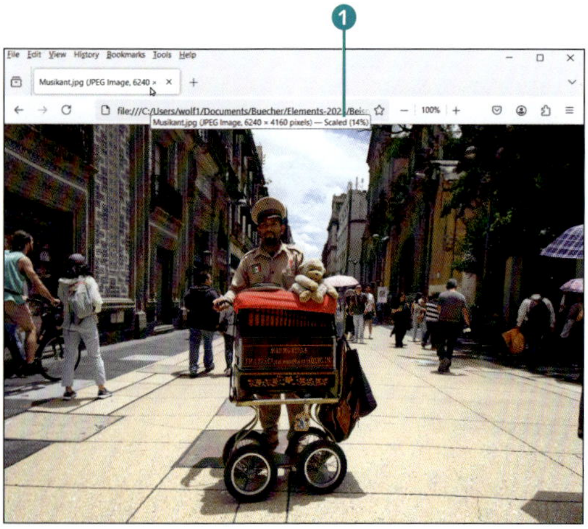

▲ **Abbildung 37.1**
Die Titelleiste des Webbrowsers zeigt schon an, dass dieses Bild um 14 % skaliert ❶ wurde, um es überhaupt vollständig darstellen zu können.

▲ **Abbildung 37.2**
Hätte der Webbrowser das Bild nicht skaliert, bekäme der Betrachter nur einen Bildausschnitt zu sehen.

37.2 Pixelmaße anpassen

Zum Weiterlesen
Das Thema Bildgröße und Auflösung wird in Anhang B in Abschnitt B.1, »Eigenschaften digitaler Bilder«, behandelt. Der Bildgröße-Dialog wurde bereits im Abschnitt 26.1, »Bildgröße, Auflösung und Arbeitsfläche ändern«, beschrieben.

Der erste Schritt dürfte in der Regel das Anpassen der Pixelmaße ❷ des Bildes sein. Wählen Sie hierzu den Menüpunkt Bild • Skalieren • Bildgrösse aus, oder betätigen Sie die Tastenkombination Strg/cmd+Alt+I. Die Dokumentgröße ❸ ist nur für den Druck von Bedeutung.

Bilder nachschärfen
Wenn Sie das Bild verkleinert haben, sollte in der Regel der letzte Schritt ein Nachschärfen des Bildes sein, weil das Bild beim Verkleinern immer etwas an Schärfe verliert. Hierbei sollten Sie stets Überarbeiten • Unscharf maskieren verwenden und keine automatischen Funktionen.

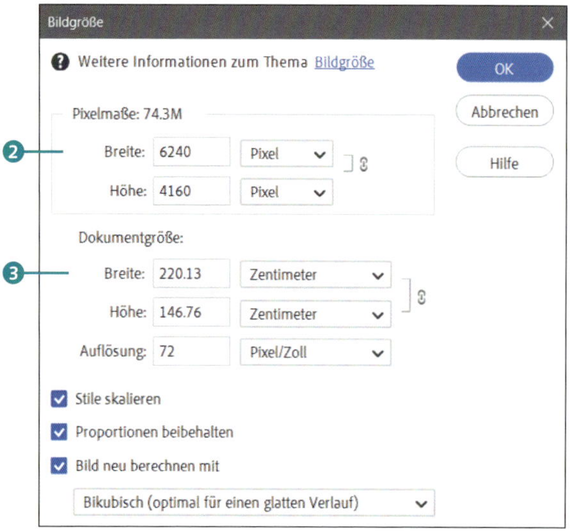

Abbildung 37.3 ▶
Anpassen der Pixelmaße

Eine exakte Empfehlung, welche Pixelmaße Sie für das Internet verwenden sollten, kann ich Ihnen nicht geben, da dies immer vom jeweiligen Einsatzzweck abhängt. Wenn Sie ein kleineres

Bild für einen Fließtext verwenden möchten, dann finden Sie häufig Seitenlängen von 300 bis 400 Pixeln. Bei Galeriebildern hängt es auch davon ab, ob Sie diese in einer kleinen oder großen Ansicht zeigen wollen. Für eine kleine Ansicht verwende ich Seitenlängen zwischen 500 und 700 Pixeln, bei einer großen Ansicht 1 000 bis 1 280 Pixel.

Eine weitere Lösung, um die Pixelgröße eines Bildes für das Web (oder den Druck) zu optimieren, finden Sie über die Assistent-Funktion Fotogrösse verändern bei Grundlagen. Im Grunde ist dies allerdings lediglich eine andere Form des Bildgrösse-Dialogs.

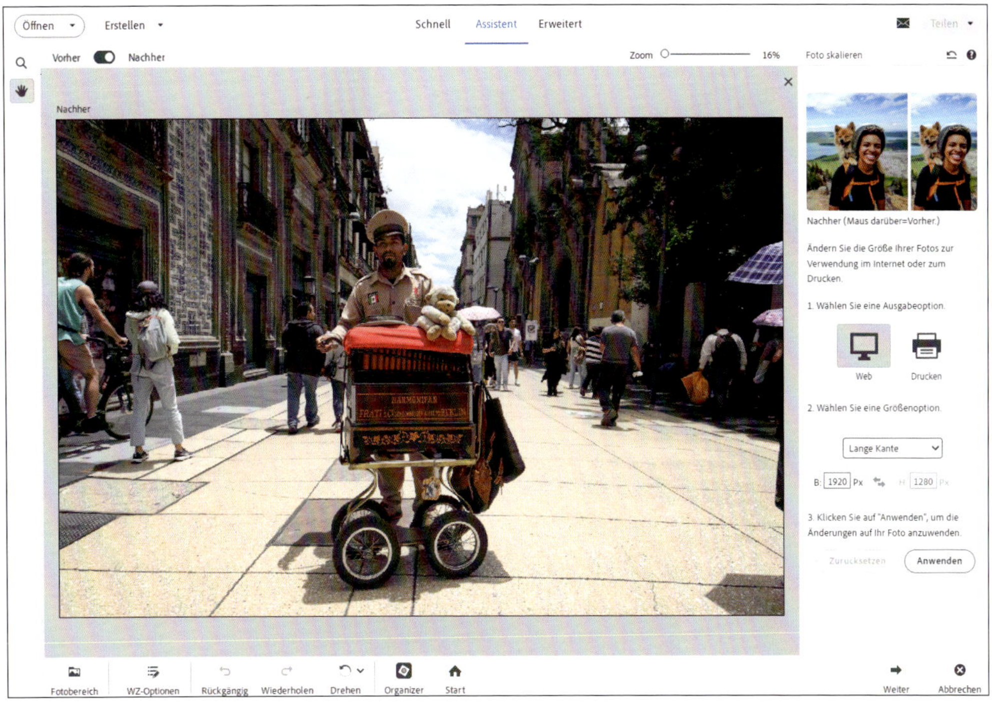

▼ Abbildung 37.4
Der Assistent bietet eine komfortable Funktion an, um Ihre Bilder für das Web oder den Druck anzupassen.

37.3 Bilder für das Web speichern

Um Bilder, speziell Fotos, für das Web zu speichern, kommen eigentlich nur komprimierte Formate wie WebP, JPEG oder PNG in Frage. In der Praxis kommt bei der Weitergabe von Fotos vorwiegend JPEG zum Einsatz sowie für das Web das WebP-Format.

Über Datei • Speichern unter oder mit ⇧+Strg/cmd+S rufen Sie den Dialog Speichern unter auf, über den Sie den Dateinamen, den Speicherort und insbesondere das Datenformat festlegen. Wählen Sie hier das JPEG-, WebP- oder PNG-Format.

Zum Weiterlesen
Für eine ausführliche Beschreibung der gängigen Datenformate siehe Abschnitt B.4, »Dateiformate«, in Anhang B.

Der Dialog »Für das Web speichern«
Über das Menü Datei • Für Web speichern bietet Photoshop Elements ebenfalls eine Art All-in-One-Lösung, mit der das Bild skaliert und in einem bestimmten Bildformat gespeichert werden kann. Allerdings ist dieser Dialog schon etwas veraltet und auch das WebP-Format ist hier nicht integriert. Deswegen konzentriere ich mich auf den anderen Weg.

Wenn Sie auf die Schaltfläche Speichern klicken, können Sie die Optionen für das Dateiformat festlegen.

Das JPEG-Format | Bei den JPEG-Optionen können Sie unter Bild-Optionen ❶ die Kompression entweder über den Schieberegler, das Zahlenfeld oder das Dropdown-Menü bestimmen. Alle drei Werte erfüllen dieselbe Funktion. Je niedriger Sie die Qualität einstellen, desto mehr verringert sich die Dateigröße, die unter dem Häkchen von Vorschau ❸ angezeigt wird. Allerdings treten bei allzu starker Kompression unerwünschte Artefakte im Bild auf. Für eine passable Qualität sollten Sie den Wert 8 (bzw. Hoch) bei Qualität niemals unterschreiten. Die Auswirkungen der getroffenen Einstellungen erkennen Sie am besten, wenn Sie tiefer in das Bild hineinzoomen (auf 100 % bzw. 1:1).

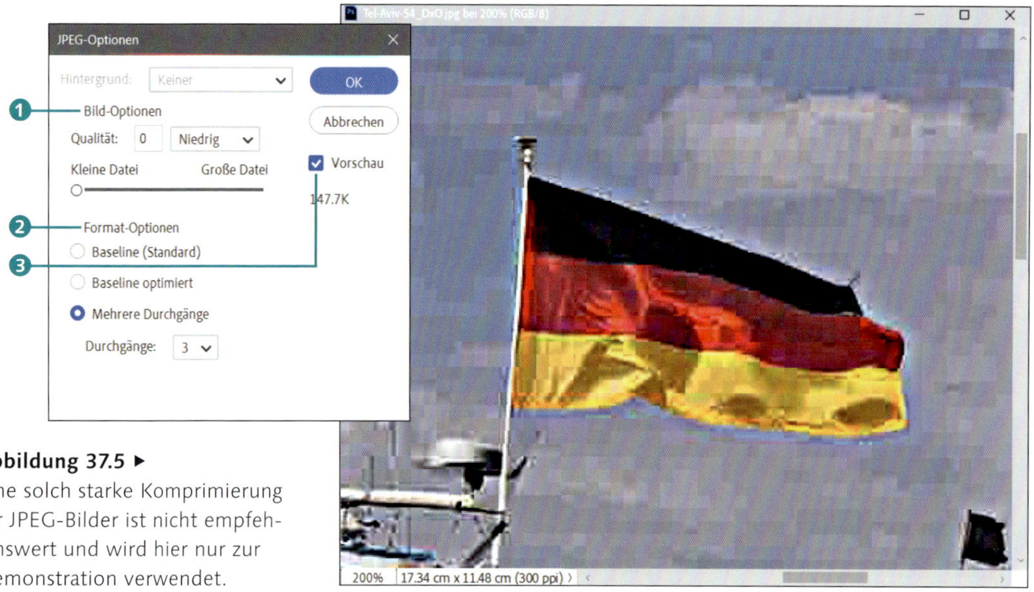

Abbildung 37.5 ▸
Eine solch starke Komprimierung für JPEG-Bilder ist nicht empfehlenswert und wird hier nur zur Demonstration verwendet.

Unterhalb der Bild-Optionen können Sie die Format-Optionen ❷ einstellen. Die einzelnen Optionen haben jeweils die folgenden Effekte:

- Baseline (Standard): Dies ist die Standardeinstellung. Sie erzeugt eine größere Datei als Baseline optimiert.
- Baseline optimiert: Im Gegensatz zu Baseline (Standard) wird eine zusätzliche Glättung eingesetzt, sodass das Bild weichgezeichnet wird. Der Vorteil, der durch diese Glättung entsteht, ist eine weiter reduzierte Dateigröße.
- Mehrere Durchgänge: Mit dieser Option verringern Sie die Dateigröße gegenüber den Baseline-Versionen nochmals ein

wenig. Während des Ladevorgangs auf Webseiten erscheint das Bild hierbei zunächst in einer schlechteren Qualität. Mit zunehmender Ladezeit erscheint auch das Bild in einer immer besseren Darstellungsqualität. Bei DURCHGÄNGE geben Sie die Zwischenschritte bis zum vollständigen Laden des Bildes an. Je höher die Zahl der Zwischenschritte, desto stärker wird die Datei reduziert.

WebP-Format | WebP ist besonders für das Web geeignet, da es bei ähnlicher Qualität deutlich kleinere Dateien erzeugt als JPEG oder PNG. Als Optionen zum Speichern stehen Ihnen hier VERLUSTFREI oder VERLUSTBEHAFTET zur Verfügung. Bei VERLUSTFREI gehen keine Bildinformationen verloren, dafür ist die Dateigröße allerdings höher. Bei der verlustbehafteten Kompression wird eine Bildreduktion wie bei JPEG durchgeführt, aber die Bilder sind 20–35 % kleiner und haben trotzdem eine bessere Qualität. Zudem können Sie bei verlustbehafteter Kompression die QUALITÄT einstellen. Der Wert 100 steht dabei für die maximale und der Wert 0 für die niedrigste Qualität. Dies wirkt sich entsprechend auf die Dateigröße aus. Für gute Ergebnisse im Web haben sich Einstellungen zwischen 75 und 90 bewährt.

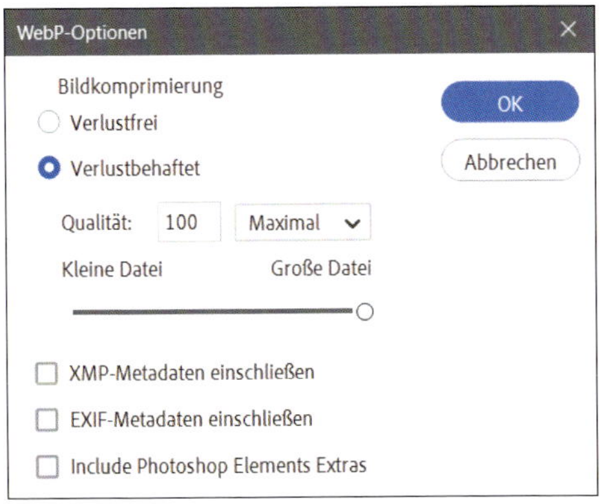

◂ **Abbildung 37.6**
Der WebP-Dialog

37.4 Stapelverarbeitung

Wollen Sie einen ganzen Stapel von Fotos verarbeiten und zum Beispiel in einem bestimmten Format speichern, eignet sich DATEI • MEHRERE DATEIEN VERARBEITEN dazu. Diese Funktion erlaubt es, eine ganze Serie von Fotos umzubenennen, kleiner zu skalieren oder in ein anderes Datenformat zu konvertieren. Zwar gibt es hierbei auch Optionen zur Schnellkorrektur, aber das sollten Sie besser selbst in die Hand nehmen.

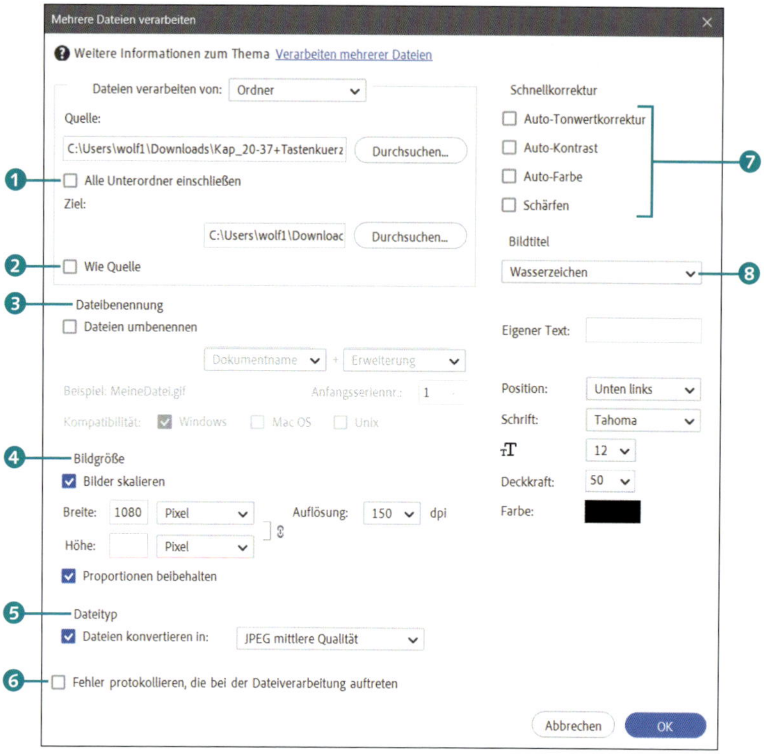

Abbildung 37.7 ▸
Die Stapelverarbeitung im Fotoeditor steht nur im ERWEITERT-Modus zur Verfügung.

Nur im Modus »Erweitert«

Die Stapelverarbeitung steht Ihnen nur im ERWEITERT-Modus zur Verfügung. Im Schnellbzw. ASSISTENT-Modus ist der Befehl MEHRERE DATEIEN VERARBEITEN ausgegraut.

Über die Schaltfläche DURCHSUCHEN bei QUELLE wählen Sie einen Ordner aus, in dem sich die Bilder befinden, die Sie verarbeiten wollen. Sind dabei auch Unterordner enthalten und sollen diese Dateien auch bearbeitet werden, müssen Sie das entsprechende Häkchen ❶ aktivieren. Über die zweite Schaltfläche DURCHSUCHEN bei ZIEL geben Sie das Verzeichnis an, in dem die zu verarbeitenden Dateien gespeichert werden sollen. Wollen Sie die Quelldateien überschreiben, brauchen Sie lediglich ein Häkchen vor WIE QUELLE ❷ zu setzen (was Sie allerdings in der Regel nie machen sollten).

Unter DATEIBENENNUNG ❸ legen Sie die Namen für die zu verarbeitenden Dateien fest. Bei BILDGRÖSSE ❹ können Sie die BREITE, HÖHE und AUFLÖSUNG ändern. Unter DATEITYP ❺ wählen Sie das gewünschte Dateiformat aus, in dem die zu verarbeitenden Dateien gespeichert werden sollen – natürlich nur dann, wenn die Dateien tatsächlich konvertiert und nicht im ursprünglichen Format belassen werden sollen.

Bei SCHNELLKORREKTUR ❼ finden Sie einige Korrekturen, die Sie bei der Konvertierung automatisch durchführen lassen können. Im Grunde sollten Sie die Nachbearbeitung natürlich nicht Automatiken überlassen, aber wenn Sie ein Bild verkleinern, *könnten* Sie das Bild etwas nachschärfen. Mit Bildtitel ⑧ können Sie automatisch in jedes Bild ein Wasserzeichen oder den Bildtitel einfügen.

Mit OK starten Sie die Verarbeitung, und mit Abbrechen können Sie sie beenden. Für den Fall von Problemen können Sie ein Häkchen vor Fehler protokollieren, die bei der Dateiverarbeitung auftreten ⑥ setzen, womit in einer Log-Datei festgehalten wird, was bei der Verarbeitung schiefgegangen ist.

37.5 Animierte Bilder

Animierte Bilder erfreuen sich großer Beliebtheit und werden gerne auf den sozialen Medien über Instagram, Facebook oder WhatsApp geteilt. Auch Photoshop Elements bietet hierfür zwei Funktionen mit Bewegte Fotos und Bewegte Überlagerungen aus dem Menü Überarbeiten an, mit denen Sie die Animation sowohl im GIF- als auch im MP4-Format speichern können.

GIF-Animationen
Auch das Teilen von GIF-Animationen erfreut sich immer noch größter Beliebtheit. Allerdings ist der Aufwand, ein animiertes GIF zu erstellen, häufig etwas größer, und auch Farbtiefe und Auflösung sind alles andere als zeitgemäß. Viele selbst erstellte GIF-Animationen wirken daher schnell etwas kitschig (was ja durchaus einen 90er-Jahre-Charme hat).

37.5.1 Bewegte Fotos

Mit der Funktion Bewegte Fotos im Menü Überarbeiten können Sie auf der rechten Seite ① (Abbildung 37.8) zum ausgewählten Foto einen Bewegungseffekt (Ein- oder Auszoomen, Schwenken etc.) auswählen und das Bild als animiertes GIF oder als MP4 über die Schaltfläche Exportieren ② speichern und weitergeben. Die Funktion bietet auch einen 3D-Effekt an. Das beste Ergebnis erzielen Sie (mit einem 3D-Effekt), wenn Sie ein Motiv haben, das sich eindeutiger vom Hintergrund abhebt, weil ein solches Motiv von der Software ausgewählt und vom Hintergrund getrennt wird.

▼ Abbildung 37.8
Mit der Funktion Bewegte Fotos können Sie einen animierten Effekt hinzufügen und als GIF oder MP4 speichern und weitergeben.

37.5.2 Bewegte Überlagerungen

Die Funktion BEWEGTE ÜBERLAGERUNGEN im Menü ÜBERARBEITEN hingegen fügt animierte Überlagerungen, Grafiken oder Rahmen zum Foto hinzu. Hierzu wählen Sie rechts oben im Dropdown-Menü ❸ entsprechend ÜBERLAGERUNG, GRAFIK oder RAHMEN aus. Darunter werden dann passende Vorlagen ❹ aufgelistet, die Sie durch Anklicken auswählen können.

Abbildung 37.9 ▼
Animierte Überlagerungen zu einem Foto hinzufügen

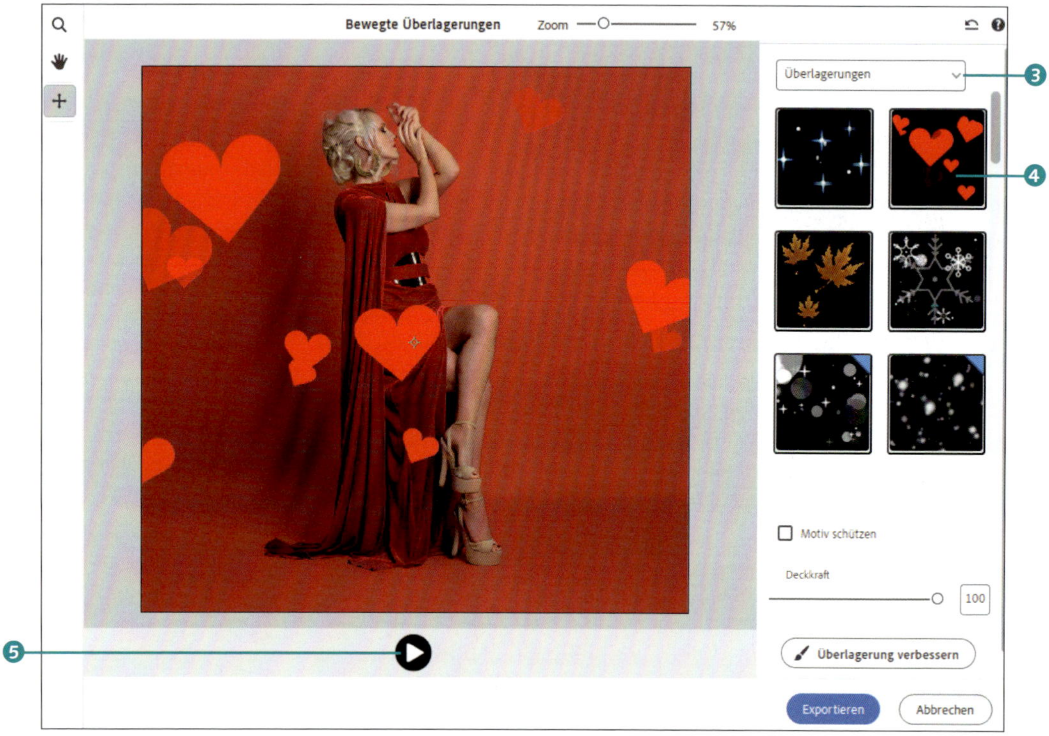

Des Weiteren können Sie das Motiv vor Überlagerungen schützen, die Überlagerung verbessern oder ihre DECKKRAFT anpassen. Die einzelnen Überlagerungen wiederum können Sie im Bild mit dem Verschieben-Werkzeug + V beliebig verschieben oder skalieren. Über die Abspieltaste ❺ können Sie sich eine Vorschau der Animation ansehen. Mit der Schaltfläche EXPORTIEREN können Sie die animierte Überlagerung als GIF oder MP4 speichern und weitergeben.

Mehrere Pfeile
Sie sind bei dieser Funktion übrigens nicht auf einen Pfeil beschränkt und können die Bewegung auch mit einem weiteren Pfeil in zwei (oder mehr) Richtungen aufteilen, sofern dies sinnvoll erscheint. Einen Pfeil können Sie wieder entfernen, indem Sie auf das Papierkorbsymbol klicken, welches in der Mitte des Pfeils eingeblendet wird.

37.5.3 Elemente in Bewegung setzen

Mit der Funktion BEWEGTE ELEMENTE im Menü ÜBERARBEITEN können Sie einzelnen Elementen im Bild Bewegungen hinzufügen. Sie wählen mit den Werkzeugen den Bereich, den Sie in Bewegung setzen wollen. Zur Auswahl stehen HIMMEL und HINTER-

GRUND (der Bereich um das Motiv herum), oder Sie malen die Auswahl mit MANUELL selbst auf das Bild. Danach klicken Sie auf das Symbol mit dem Pfeil ❶ und ziehen im Bild mit gedrückter Maustaste in die Richtung, in die sich der ausgewählte Bereich bewegen soll. Über den Schieberegler können Sie die Geschwindigkeit steuern. Bereits gezogene Pfeile können Sie über das Papierkorbsymbol wieder löschen. Klicken Sie auf die Play-Taste ❷, um eine Vorschau zu sehen und auf EXPORTIEREN, wenn Sie das Ergebnis als MP4 oder GIF speichern und weitergeben möchten.

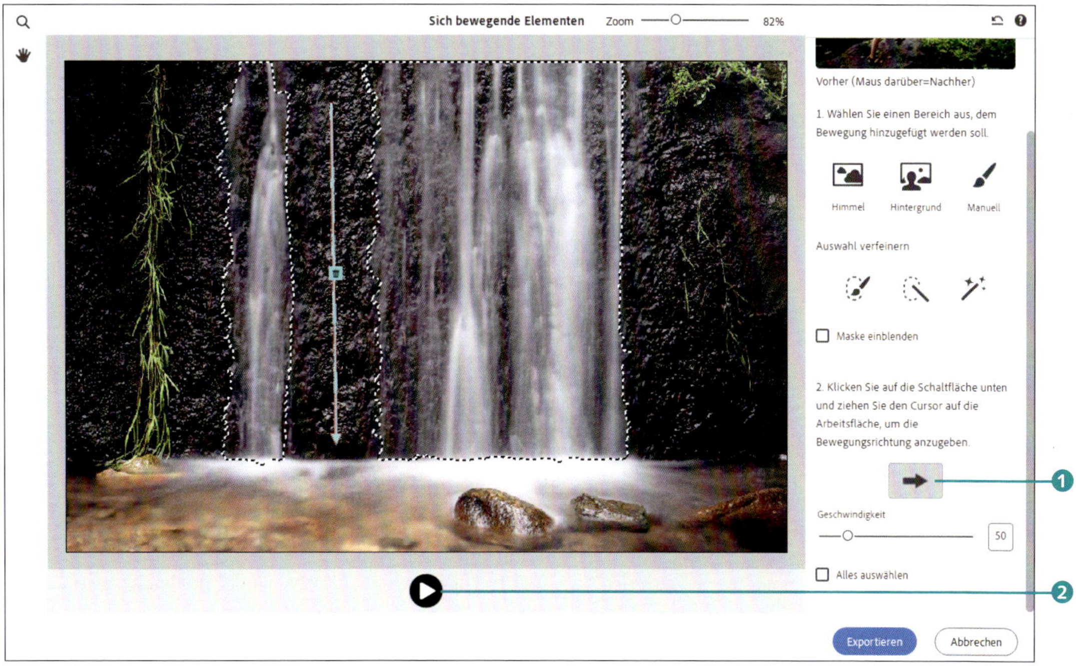

▼ Abbildung 37.10
Hier wird das fließende Wasser ausgewählt und der Pfeil für die Bewegung nach unten gezogen. Wenn Sie auf die Play-Taste klicken, entsteht der Eindruck, das Wasser würde wirklich herunterfließen.

37.6 Flickr, YouTube und Vimeo

Natürlich ist Elements auf der Höhe der Zeit und bietet eine Möglichkeit, Bilder auf Flickr und Videos auf YouTube oder Vimeo hochzuladen. Voraussetzung dafür ist natürlich, dass Sie über ein Konto bei den jeweiligen Diensten verfügen (*www.youtube.com*, *www.vimeo.com* bzw. *www.flickr.com*). Alle Funktionen rufen Sie ebenfalls über die Dropdown-Liste TEILEN mit den entsprechenden Schaltflächen VIMEO, FLICKR und YOUTUBE auf.

Upload zu YouTube und Vimeo
Mit beiden Diensten ist es möglich, Videos aus dem Organizer oder selbst erstellte Diashows auf Ihr YouTube- oder Vimeo-Konto hochzuladen.

Egal, welchen der Dienste Sie verwenden wollen, Sie müssen Photoshop Elements zunächst noch autorisieren, bevor Sie Bilder hochladen dürfen. Hierbei öffnet sich in allen Fällen ein gesonderter Dialog, in dem Sie die Schaltfläche AUTORISIEREN anklicken

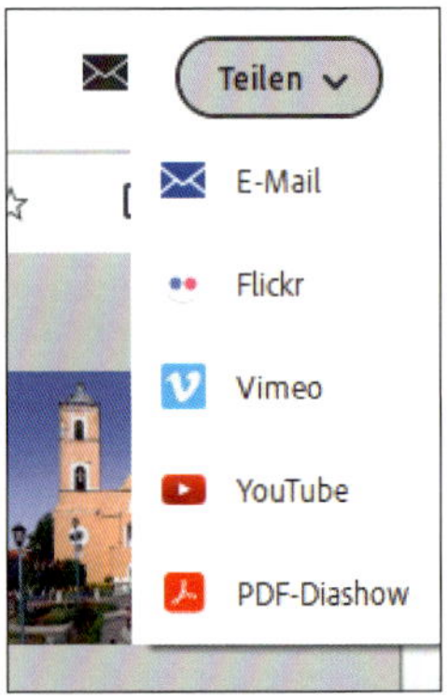

▲ **Abbildung 37.11**
Mit YouTube, Vimeo und Flickr werden auch bekanntere Dienste zum Hochladen von Fotos bzw. Videos unterstützt.

müssen. Daraufhin sollte sich die Webseite mit dem Log-in zum entsprechenden Dienst öffnen, mit dem Sie nach dem Einloggen Photoshop Elements erlauben, Bilder hochzuladen. Wenn Sie Photoshop Elements online bei den Diensten autorisiert und das Browserfenster wieder geschlossen haben, brauchen Sie nur noch in einem weiteren Dialogfenster von Photoshop Elements die Schaltfläche Autorisierung abschliessen anzuklicken.

Jetzt können Sie künftig über die Schaltflächen Flickr Ihre Bilder (besser Alben) über den Organizer hochladen. Hochgeladen wird gewöhnlich immer das aktive Album.

37.7 Fotos per E-Mail verschicken

Ein nützliches Feature ist das Versenden von Fotos per E-Mail über Photoshop Elements. Auf den ersten Blick erscheint diese Funktion vielleicht eher überflüssig, doch auf den zweiten Blick ist sie eine feine Sache: Anstatt sich im gigantischen Fotoarchiv mühsam die Bilder herauszusuchen, die Sie versenden wollen, wählen Sie die Bilder ganz komfortabel aus dem Fotoeditor oder von der Vorschau des Organizers aus.

Sicherheitseinstellungen
Wenn Sie eine Firewall verwenden, müssen Sie die Kommunikation zwischen den Ports 456 und 587 freigeben, falls Sie eine Fehlermeldung Ihrer Firewall über eine blockierende Kommunikation erhalten. Wenn außerdem die Validierung fehlschlägt, kann es sein, dass Sie bei einigen E-Mail-Anbietern die Kontoberechtigung für den Zugriff von weniger sicheren Anwendungen (Apps) erlauben müssen. Für diese Einstellung müssen Sie allerdings auf die Webseite Ihres E-Mail-Kontos gehen.

E-Mail-Profile einrichten | Zum Versenden von Fotos per E-Mail stehen Ihnen zwei Möglichkeiten zur Verfügung: Entweder Sie verwenden den auf dem System eingerichteten E-Mail-Client dafür (wenn vorhanden), oder Sie richten ein (weiteres) E-Mail-Profil ein.

Haben Sie einen E-Mail-Client auf Ihrem Rechner eingerichtet, wird dieser über den Menüpunkt Bearbeiten/Elements Organizer • Voreinstellungen • E-Mail in der Dropdown-Liste E-Mail-Profil ❶ aufgelistet. Unter Windows finden Sie hier häufig Microsoft Outlook und am Mac die Anwendung Mail zur Auswahl vor.

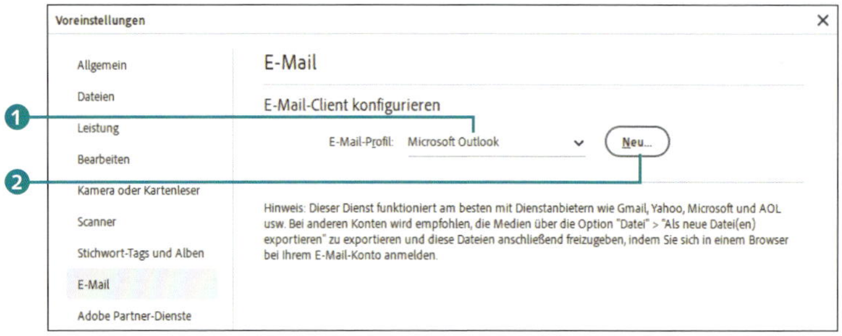

▲ **Abbildung 37.12**
E-Mail-Client für den Versand von E-Mails einrichten

Wird kein E-Mail-Client in der Dropdown-Liste aufgelistet oder wollen Sie Ihre E-Mails über ein anderes Konto versenden, können Sie durch Anklicken der Schaltfläche Neu ❷ Ihr Gmail-, Yahoo-, Microsoft-, AOL- oder ein anderes E-Mail-Konto mit dem Organizer einrichten.

Beim Einrichten von einem vorhandenen Gmail-, AOL- oder Microsoft-Konto ist der Vorgang immer gleich. Nachdem Sie den Dienstanbieter ❹ ausgewählt und einen beliebigen Profilnamen ❸ eingegeben haben, benötigen Sie lediglich die E-Mail-Adresse ❺ und das Kennwort ❻, um dann über die Schaltfläche Validieren ❼ den Zugriff auf Ihr Konto zu erlauben bzw. zu überprüfen.

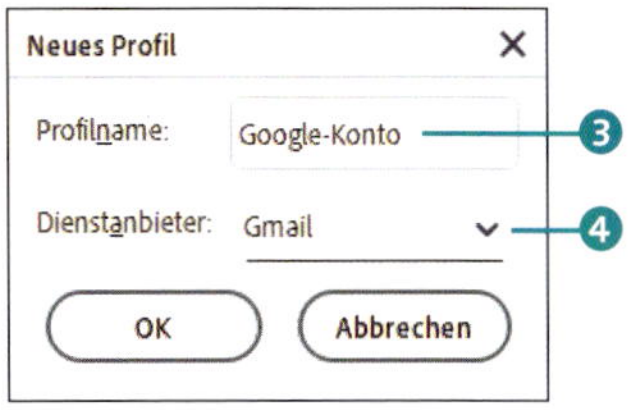

▲ **Abbildung 37.13**
Profilname und Dienstanbieter für ein neues Profil auswählen

▲ **Abbildung 37.14**
E-Mail-Adresse und Kennwort eingeben und das Profil validieren

Wenn Ihr Dienstanbieter nicht aufgelistet ist, können Sie Sonstige in der Dropdown-Liste auswählen. Hierbei benötigen Sie allerdings neben der E-Mail-Adresse und dem Kennwort auch noch die Daten für den SMTP-Server ❽, den SMTP-Port ❾ und die Verbindungssicherheit ❿. Für gewöhnlich erhalten Sie diese Daten von Ihrem Internet Service Provider.

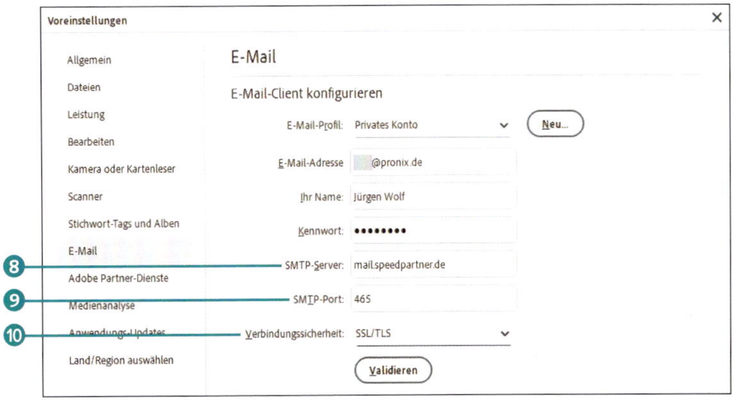

◀ **Abbildung 37.15**
Auch andere E-Mail-Konten lassen sich mit dem Organizer verknüpfen.

Schritt für Schritt
Fotos per E-Mail versenden

In diesem Workshop erfahren Sie, wie Photoshop Elements Sie beim Versenden Ihrer Fotos per E-Mail unterstützt. Dabei wird davon ausgegangen, dass Sie Ihren E-Mail-Client bereits eingerichtet bzw. konfiguriert haben.

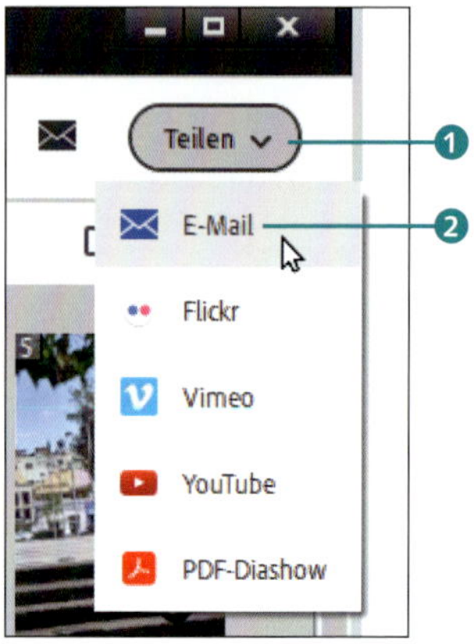

▲ Abbildung 37.16
Weitergeben von Fotos als E-Mail

1 E-Mail-Versand auswählen

Starten Sie den Organizer, und wählen Sie über TEILEN ❶ zunächst den Befehl E-MAIL ❷ aus.

2 Fotos auswählen

Wählen Sie auf der linken Seite, in der Organizer-Bildervorschau, die Bilder für den E-Mail-Anhang aus, und ziehen Sie diese in das kleine Vorschaufenster ❹ auf der rechten Seite. Sie können dabei auch mehrere Bilder mit [Strg]/[cmd] markieren und mit einem Klick auf die Schaltfläche DEM MEDIENBEREICH HINZUFÜGEN ❸ dem E-Mail-Anhang beifügen. Zum Entfernen von Anhängen benutzen Sie wie gewohnt das Mülleimersymbol ❺. Unterhalb können Sie zusätzlich noch die FOTOGRÖSSE ❻ und die QUALITÄT ❼ (Komprimierung) der Anhänge einstellen. Klicken Sie nun auf die Schaltfläche WEITER.

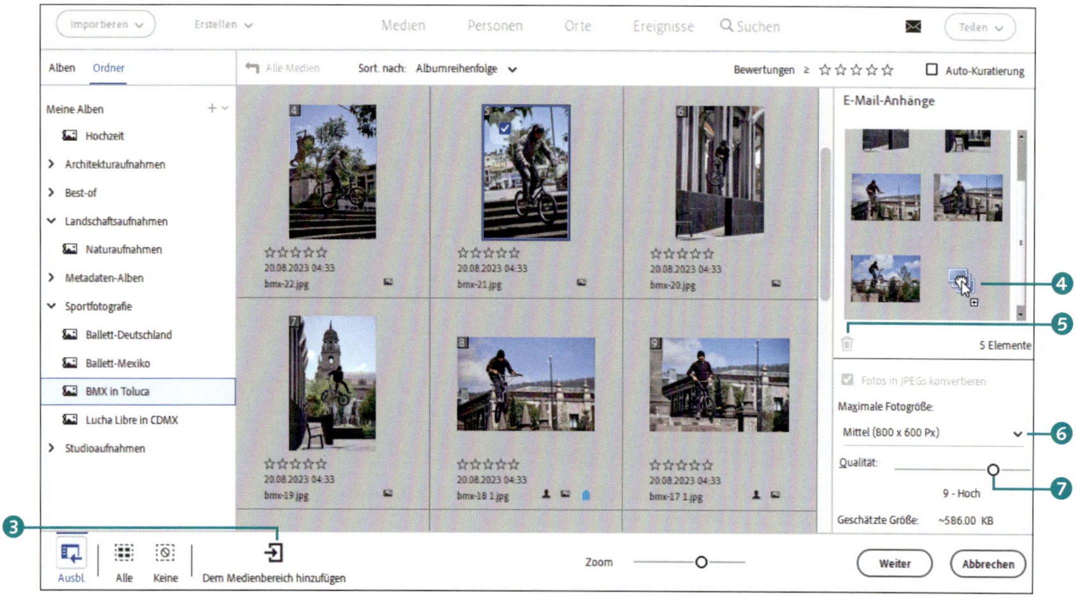

▲ Abbildung 37.17
Wählen Sie die Fotos aus, und stellen Sie die gewünschte Fotogröße und Qualität der zu versendenden Bilder ein.

3 Angaben für die E-Mail

Bei Empfänger auswählen ❽ können Sie ein Häkchen vor den Namen des Empfängers setzen, an den Sie Ihre Bilder versenden wollen. Sind noch keine Namen vorhanden, können Sie über das Kontaktsymbol ❾ neue Adressen eingeben oder importieren (beispielsweise von Microsoft Outlook). Zusätzlich können Sie hier noch einen Betreff ❿ und eine Nachricht ⓫ eingeben. Klicken Sie auf Weiter, um die E-Mail mit den Bildern zu versenden.

Wenn Sie unter Windows den E-Mail-Client Outlook und unter macOS den Client Mail verwenden, wird der entsprechende E-Mail-Client mit den Fotos, den Empfängern, dem Betreff und der Nachricht geöffnet, sodass Sie dort auch nur noch auf Absenden klicken müssen. Wenn Sie hingegen den Organizer mit einem eigenen E-Mail-Konto verknüpft und validiert haben, werden die E-Mails direkt nach dem Anklicken von Weiter versendet.

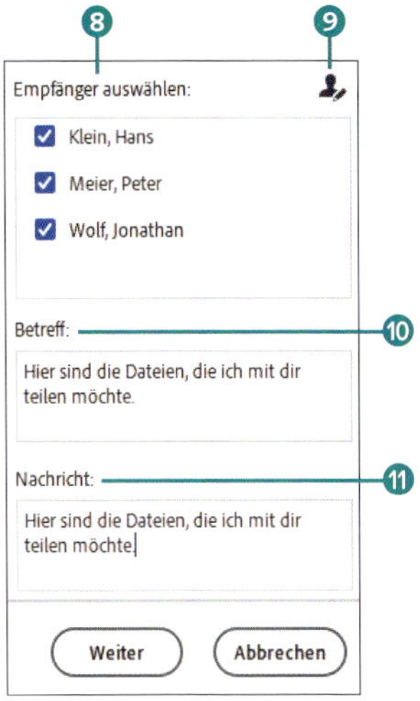

▲ **Abbildung 37.18**
Angaben wie Empfänger, Betreff und Nachricht der E-Mail

37.7.1 Bilder als PDF-Diashow versenden

Anstelle einer ganzen Serie von einzelnen Bildern können Sie auf die soeben beschriebene Weise auch mehrere Bilder in einer PDF-Diashow als E-Mail-Anhang versenden. Rufen Sie zu diesem Zweck den Menüpunkt Teilen • PDF-Diashow auf. Ab hier verläuft der Vorgang ebenso wie soeben für die Option E-Mail-Anhänge beschrieben – nur dass Sie diesmal noch einen Namen für die PDF-Datei eingeben müssen.

Import/Export von PDF

Neben dem Versenden von PDF-Diashows kann Photoshop Elements auch PDF-Dateien über Datei • Öffnen in den Fotoeditor importieren und auch eine bearbeitete Datei als PDF mit Datei • Speichern unter erstellen.

37.8 Fotorolle (Photo Reels)

Wer eine Story oder einen Reel mit einer Folge von Bildern als Diashow erstellen möchte, findet im Fotoeditor über die Schaltfläche Erstellen die Funktion Fotorolle. Hier finden Sie passend zu den Plattformen Instagram, Facebook, Pinterest, Snapchat, Twitter, TikTok, YouTube oder einfach nur für den Bildschirm verschiedene Formate.

Um die Funktion zu nutzen, empfiehlt es sich, die gewünschten Bilder im Fotoeditor zu öffnen. Es sollten mindestens zwei Bilder sein. In der Funktion Fotorolle können Sie jederzeit weitere Medien über Computer oder Organizer ❶ hinzufügen. Auf der rechten Seite ❷ wählen Sie außerdem die Plattform (Instagram, Facebook, TikTok etc.) und das Format aus. In diesem Beispiel wähle ich Geschichte für Instagram. Die einzelnen Medien für den Reel werden unten ❻ angezeigt. Wenn die Medien nicht angezeigt werden, klicken Sie auf die Schaltfläche Schnittfenster ❺. Mit Effekte ❹ können Sie Effekte auf die ausgewählten Fotos oder auf alle Fotos anwenden und die Intensität des Effekts anpassen. Und über GRAFIKEN ❸ können Sie dem ausgewählten Bild Grafiken hinzufügen. Anschließend können Sie die Grafiken mit dem Werkzeug VERSCHIEBEN ❽ anpassen und verschieben. Mit dem TEXT-Werkzeug ❼ können Sie den einzelnen Bildern auch Text hinzufügen.

Abbildung 37.19 ▼
Die Funktion FOTOROLLE

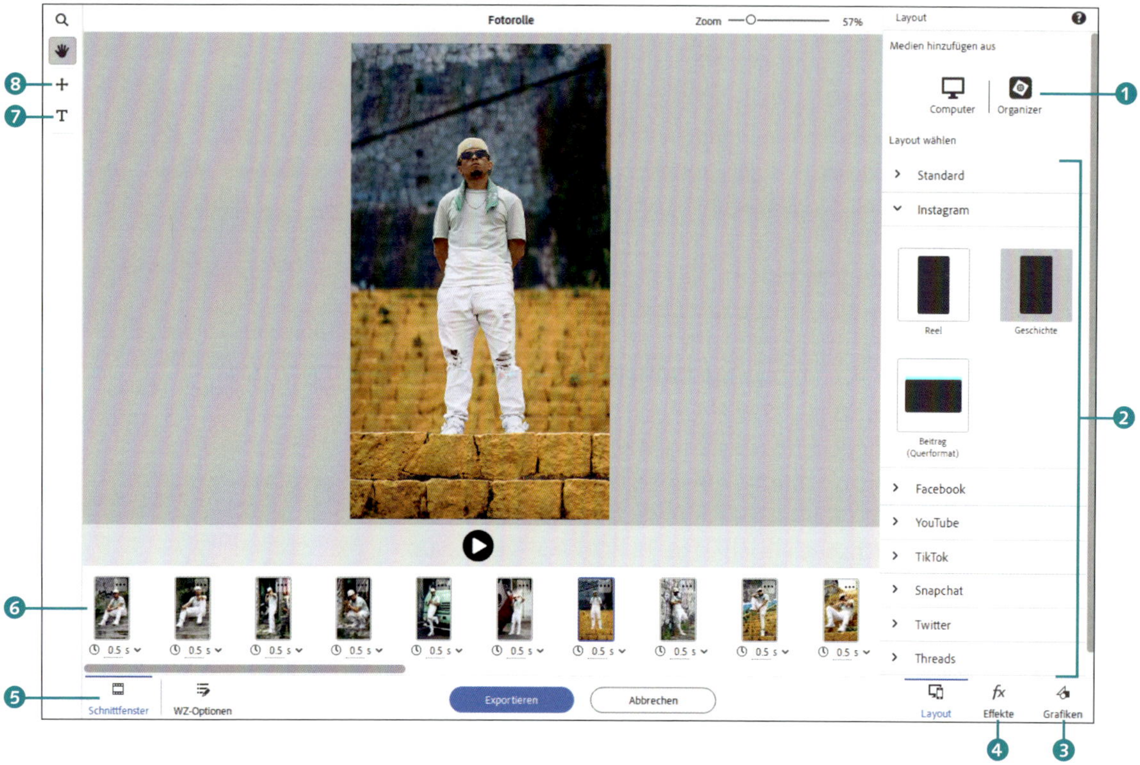

Unterhalb der einzelnen Vorschaubilder können Sie in einer kleinen Dropdown-Liste angeben, wie lange das jeweilige Bild in der Diashow der Filmrolle angezeigt werden soll. Wenn Sie ein Häkchen vor AUF ALLE ANW. setzen, wird die Anzeigedauer bei allen Bildern im Schnittfenster angezeigt. Klicken Sie auf das Play-Symbol, um die Diashow für die Filmrolle abzuspielen.

Abbildung 37.20 ▶
Sie können vorgeben, wie lange die einzelnen Bilder angezeigt werden sollen.

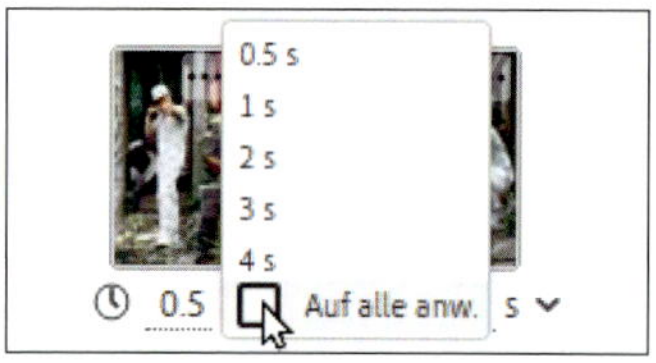

Über die Schaltfläche EXPORTIEREN können Sie die Diashow als MP4-Video oder im GIF-Format speichern und dann auf der entsprechenden Plattform hochladen.

37.9 Metadaten

Metadaten sind nicht visuelle Informationen, die in einer Bilddatei gespeichert sind. Dazu zählen der Dateiname, Datum und Uhrzeit der Aufnahme, wer auf dem Bild abgebildet ist, wer der Eigentümer des Fotos ist oder wie die Verwendungsrechte dafür ausgelegt sind. Bereits beim Import können Sie die Metadaten für das Copyright festlegen. Für Fotos haben sich die Standards Exif, IPTC und XMP für Metadaten etabliert.

37.9.1 Die Exif-Daten

Exif-Daten werden dem Bild vorwiegend von Ihrer Kamera hinzugefügt und umfassen Kamerainformationen und -einstellungen. Auch Kameras beispielsweise von Smartphones oder Tablets fügen Exif-Informationen zum aufgenommenen Bild hinzu. In den Exif-Einträgen finden Sie zahlreiche Aufnahmeparameter wie Datum, Uhrzeit, Brennweite, Blendeneinstellung, ISO-Wert, die geografischen Koordinaten, Kameramarke, Bildausrichtung oder Bildgröße. Es gibt nur wenige Exif-Daten, die Sie nachträglich ändern können (zum Beispiel die Sternebewertung).

37.9.2 Die IPTC-Daten

Mit den IPTC-Daten können Sie dem Bild weitere nützliche Informationen hinzufügen, wie eine Bildbeschreibung, den Urheber, die Internetadresse Ihrer Website oder auch Angaben zu den Urheberrechten. Gerade wenn Sie für Fotografen-, Bild- und Nachrichtenagenturen arbeiten und Ihre Bilder verkaufen wollen, sollten Sie sich gründlich mit der Pflege der IPTC-Metadaten befassen. Die IPTC-Metadaten können also geändert und auch hinzugefügt werden.

Stichwörter
Sie haben bereits bei der Verwaltung der Fotos mit dem Organizer in Abschnitt 8.4, »Stichwort-Tags«, eine erweiterte Form von Metadaten kennen gelernt. Mit solchen Stichwörtern können Sie ein Bild mit sinnvollen textuellen Informationen ausstatten. Strenggenommen gehören diese Stichwörter zu den IPTC-Daten.

37.9.3 Die XMP-Daten

XMP steht für *Extensible Metadata Platform* und wurde von Adobe für die Verwaltung von Metainformationen entwickelt. Es wird nicht nur für Bilddokumente verwendet. XMP-Daten können neben IPTC-Daten auch die Exif-Informationen und weitere Angaben umfassen. Dies sind zum Beispiel auch Informationen dazu, mit welchen Einstellungen das Bild bearbeitet wurde. Allerdings sind solche Daten häufig auch nur von dem Programm lesbar, mit dem sie hinzugefügt wurden.

37.9.4 Metadaten anzeigen lassen

Bei Photoshop Elements können Sie die Metadaten zu einem geöffneten Bild im Fotoeditor über das Menü DATEI • DATEIINFOR-

MATIONEN nachlesen oder editieren. Die Exif-Daten finden Sie unter dem Reiter KAMERADATEN und die IPTC-Daten unter dem Reiter IPTC und IPTC-ERWEITERUNG.

Beachten Sie dabei, dass Sie, wenn Sie diese IPTC-Daten editieren, das Bild anschließend auch speichern müssen, damit die Textinformationen dauerhaft in der Bilddatei abgelegt werden.

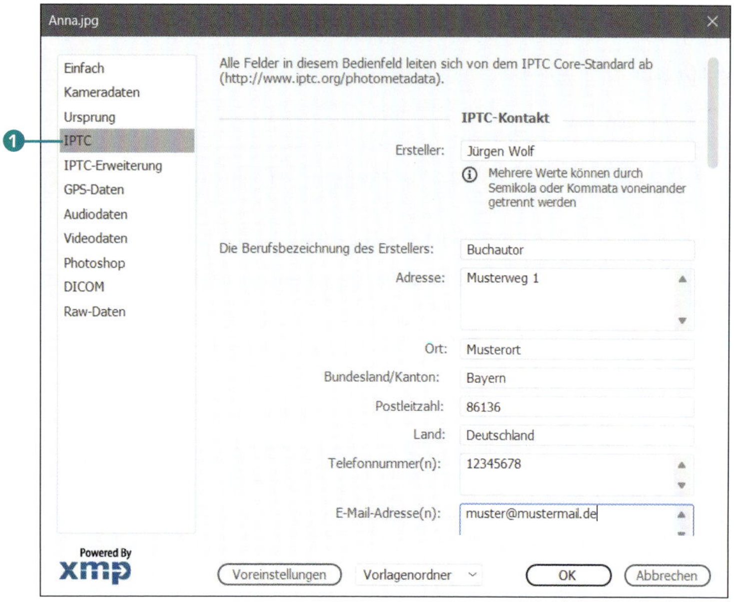

Abbildung 37.21 ▶
Über den Reiter IPTC ❶ können Sie verschiedene Informationen wie Hinweise zu den Bildrechten, Angaben zum Autor/Fotograf usw. nachlesen oder auch selbst editieren.

Mehrere Bilder gleichzeitig bearbeiten | Auch über den Organizer lassen sich die IPTC-Daten nachträglich editieren, auch wenn diese Möglichkeit auch etwas versteckt ist. Hierzu müssen Sie ein Bild markieren ❷ und dann die Schaltfläche TAGS ❸ aktivieren. Bei INFORMATIONEN ❹ klappen Sie die METADATEN ❺ auf und aktivieren die VOLLSTÄNDIG-Ansicht ❻.

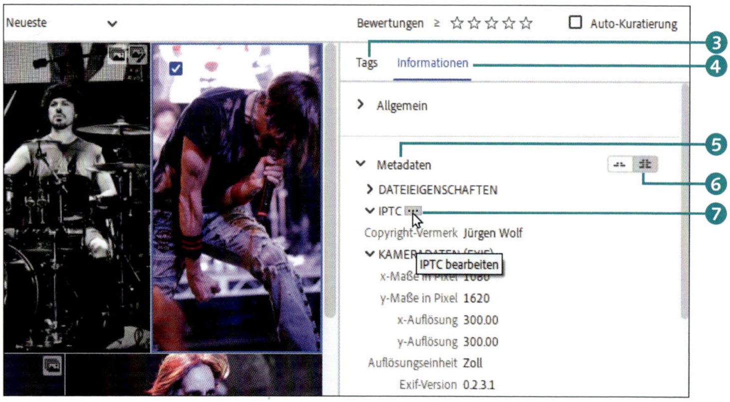

Abbildung 37.22 ▶
Ziemlich versteckt ist die Möglichkeit, die IPTC-Informationen mit dem Organizer zu bearbeiten.

Jetzt finden Sie etwas weiter unten, über den Exif-Daten (Kameradaten (EXIF)), den Eintrag IPTC, ergänzt um eine kleine Schaltfläche mit drei Punkten ❼. Diese müssen Sie anklicken, um IPTC-Informationen (nachträglich) bearbeiten zu können.

Im sich öffnenden Dialog können Sie jetzt die IPTC-Informationen bearbeiten oder über die Schaltfläche IPTC-Metadaten entfernen ❽ komplett löschen. Mit einem Klick auf die Schaltfläche Speichern ❾ werden die IPTC-Metadaten in der Datei gespeichert.

IPTC-Stichwörter
Die Stichwörter, die Sie bei den IPTC-Daten hinzufügen können, werden nicht als Stichwörter bei der Verwaltung des Organizers verwendet und auch nicht bei der Suche berücksichtigt.

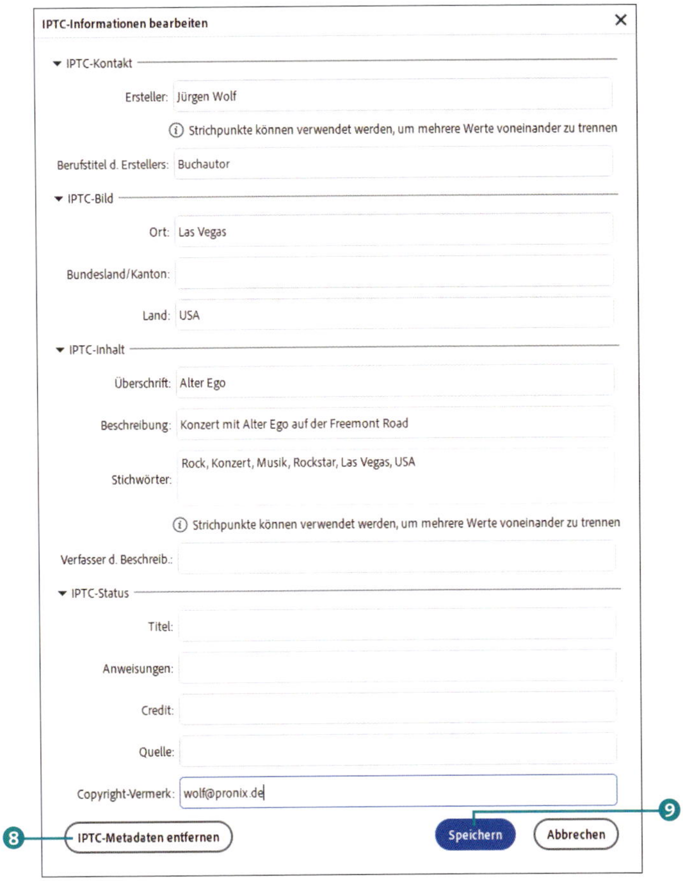

◀ **Abbildung 37.23**
Der Dialog, um die IPTC-Informationen zu editieren oder zu entfernen

In der Praxis will man aber häufig nicht nur eine Datei, sondern oft einen ganzen Satz an Dateien auf einmal editieren oder gar die IPTC-Informationen entfernen. Auch das ist ohne großen Aufwand möglich. Hierzu müssen Sie nur die entsprechenden Bilder im Medienbrowser markieren, wobei Tags/Info ⓭ aktiviert sein muss. Bei Informationen ❿ finden Sie jetzt eine Schaltfläche IPTC-Informationen bearbeiten ⓬ vor. Wenn Sie diese anklicken, werden bei allen ausgewählten Dateien (die Anzahl ⓫ steht über der Schaltfläche) im sich öffnenden Dialog die IPTC-Informationen bearbeitet oder über die entsprechende Schaltfläche entfernt.

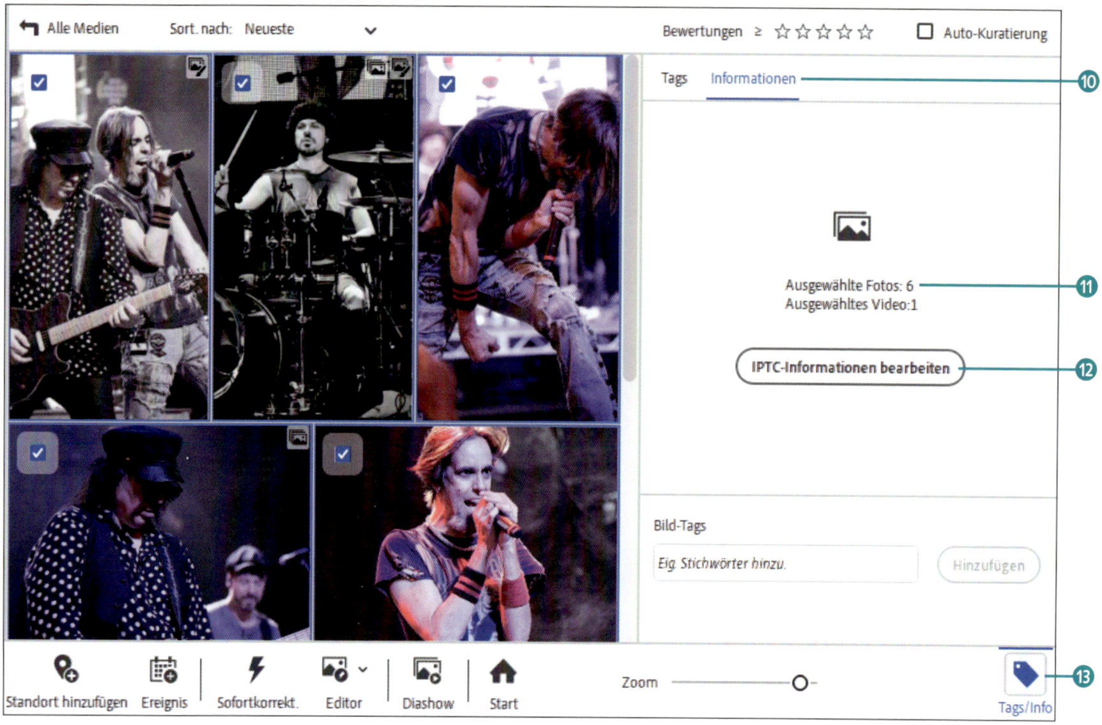

▲ **Abbildung 37.24**
IPTC-Informationen für mehrere Bilder gleichzeitig bearbeiten

Kapitel 38

Bilder präsentieren

Im letzten Kapitel zeige ich Ihnen einige Möglichkeiten, die Photoshop Elements zur Verfügung stellt, um Bilder zu präsentieren. Für den Fall, dass Sie Fotos mit dem heimischen Drucker auf das Papier bringen möchten, erhalten Sie auch einen Überblick über die verschiedenen Druckbefehle und -optionen der Software.

38.1 Eine Diashow erstellen

Eine Präsentation des letzten Urlaubs, der Hochzeit oder eines Geburtstags – es gibt viele Anlässe, um Bilder in einer ansprechenden Diashow zu präsentieren. Photoshop Elements bietet Ihnen hierfür alles, was nötig ist, um im Handumdrehen eine Diashow mit Musik zu erstellen. Eine so erzeugte Diashow können Sie einfach auf dem Bildschirm abspielen, als MP4-Video speichern oder mit anderen Personen beispielsweise über YouTube oder Vimeo teilen.

Schritt für Schritt Diashow erstellen

Die Möglichkeiten der Elements-Diashow sind überschaubar, und die Erstellung ist sehr einfach gehalten. Trotzdem finden Sie alles, was für eine schöne Diashow mit Musikuntermalung nötig ist.

1 Dateien auswählen

Eine Diashow erstellen Sie entweder über den Organizer oder über den Fotoeditor. Wenn Sie eine Diashow über den Fotoeditor starten wollen, müssen Sie zuvor alle Bilder mit Datei • Öffnen oder mit Strg+O (o, nicht Null) in den Fotoeditor laden.

Bilder organisieren

Wie Sie Bilder organisieren können, wurde sehr ausführlich in Teil II des Buches, »Der Organizer«, beschrieben.

Verwenden Sie hingegen den Organizer, ist es sinnvoll, wenn Sie die Bilder, die Sie für die Diashow benutzen wollen, bereits zuvor in einem Album oder in Personen, Orte oder Ereignisse organisiert haben.

Um Bilder für die Diashow auszuwählen, haben Sie mehrere Möglichkeiten. Wählen Sie beispielsweise ein Album, einen Ordner, Personenstapel, einen Ort oder ein Ereignis, dann werden alle im Medienbrowser angezeigten Bilder für die Diashow zur Präsentation verwendet. Ebenso können Sie über die Tags entsprechende Bilder mit den Stichwort-, Personen-, Ort- oder Ereignis-Tags ausfiltern, um so alle im Medienbrowser angezeigten Bilder zu verwenden. Wollen Sie nicht alle Bilder, die im Augenblick im Medienbrowser angezeigt werden, für verwenden, können Sie eine selektive Auswahl treffen. Bilder, die Sie im Medienbrowser mit gehaltener Taste Strg/cmd bzw. ⇧ ausgewählt haben (dadurch mit blauen Rahmen und Häkchen versehen), werden direkt in der Diashow verwendet. Bilder können aber auch jederzeit wieder entfernt oder weitere Bilder hinzugefügt werden. Um die Funktion im Organizer zu starten, müssen Sie mindestens ein Bild für die Diashow ausgewählt haben. Im Beispiel habe ich ein lokales Album (hier Partnachklamm) verwendet, in dem ich mit Strg/cmd+A alle Bilder ausgewählt habe.

Abbildung 38.1 ▼
Bilder für die Diashow auswählen und die Funktion aufrufen

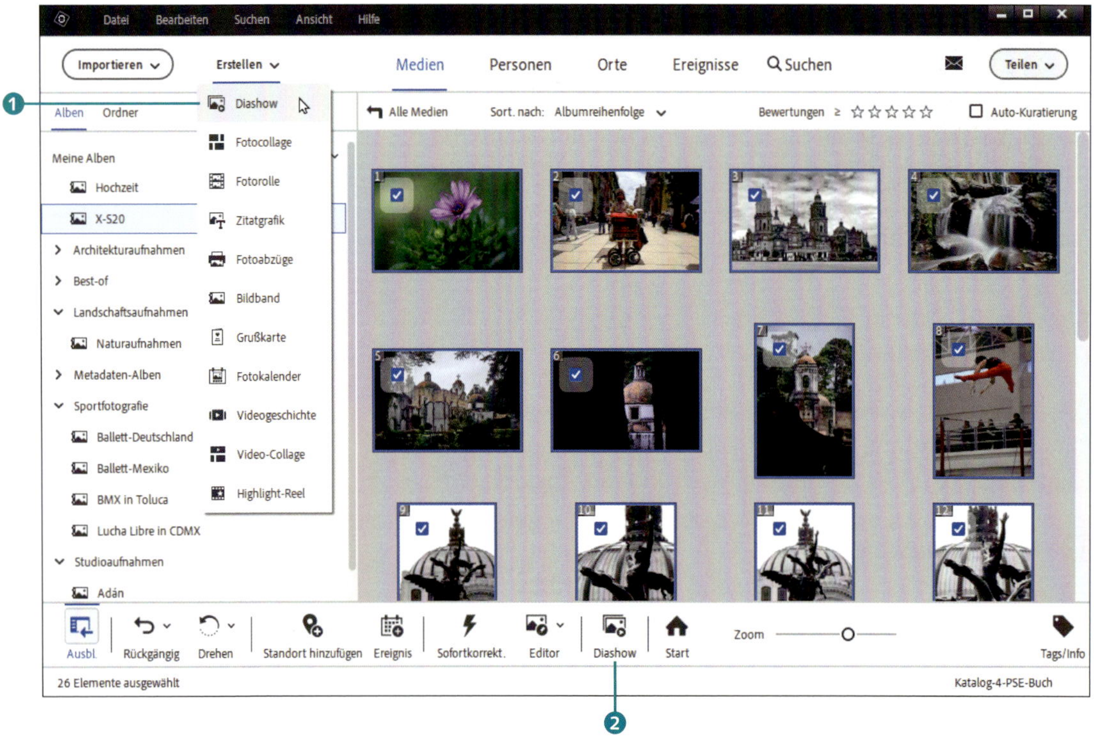

2 Dialog für Diashow aufrufen

Egal, ob Sie die Diashow über den Fotoeditor oder über den Organizer ausführen, in jedem Fall rufen Sie die Präsentation über Erstellen und dann mit der Schaltfläche Diashow ❶ auf. Selbiges erreichen Sie auch über die Schaltfläche Diashow ❷ unterhalb des Organizers. Beachten Sie, dass eine Diashow auf maximal 250 Medienelemente beschränkt ist. Werden mehr Medien im Medienbrowser angezeigt, so werden nur die ersten 250 Medien für die Diashow verwendet. Ein Dialog weist in dem Fall darauf hin.

3 Abspielen der Diashow

Nach der Generierung wird die Präsentation direkt gestartet und mit verschiedenen Kontrollelementen angezeigt. Praktisch könnten Sie hier bereits die Präsentation abspielen, die Diashow abspeichern und/oder exportieren und wären somit bereits fertig mit der Erstellung der Diashow. Hier soll aber noch gezeigt werden, wie Sie die Diashow gezielt nachbearbeiten können.

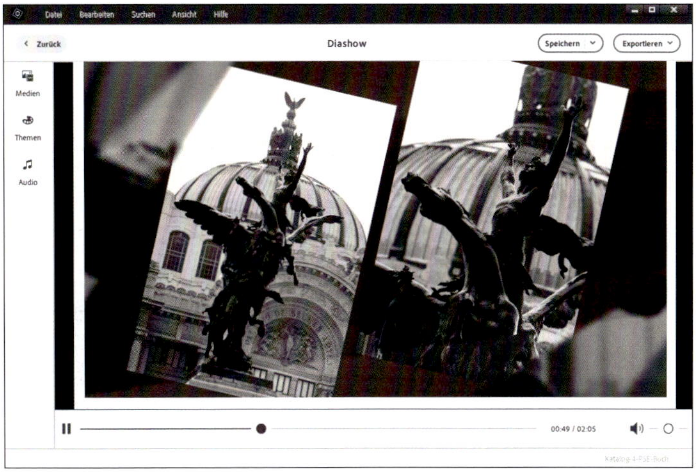

◂ **Abbildung 38.2**
Abspielen der Diashow

4 Thema auswählen

Klicken Sie links auf Themen ❸, und es erscheint eine Übersicht, in der Sie eines von mehreren Themen für die Diashow auswählen können. Auch dieser Schritt ist noch nicht endgültig und kann jederzeit nachträglich geändert werden. Im Beispiel habe ich einfach willkürlich das Thema Slice of Life ausgewählt. Bestätigen Sie Ihre Auswahl mit der Schaltfläche Anwenden ❹. Das Thema wird gleich auf die Diashow angewendet und das Abspielen mit dem neuen Thema gestartet.

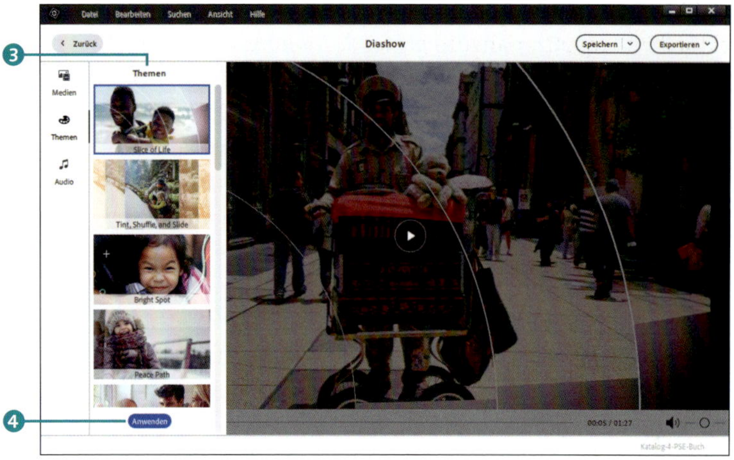

Abbildung 38.3 ▸
Das Thema der Diashow kann jederzeit geändert werden.

5 Weitere Bilder hinzufügen

Sie können jederzeit weitere Bilder oder Videos zur Diashow hinzufügen. Klicken Sie hierzu auf der linken Seite auf MEDIEN ❺, und schon werden die bereits verwendeten Bilder und Videos angezeigt. Klicken Sie hier nun auf das Symbol ❻ rechts oberhalb des ausgeklappten Medienbereichs, und Sie können jetzt entweder FOTOS UND VIDEOS AUS DEM ELEMENTS ORGANIZER oder FOTOS UND VIDEOS AUS ORDNER hinzufügen. Im Beispiel wollen wir weitere Bilder aus dem Organizer von Elements hinzufügen. Die Möglichkeit, weitere Bilder aus einem Ordner hinzuzufügen, dürfte wohl für niemanden mehr ein Problem darstellen.

Video zur Diashow?
In der Tat ist es auch möglich, Videos (wenn das Dateiformat unterstützt wird) zur Diashow hinzuzufügen, was einer Diashow durchaus mehr Leben einhauchen kann.

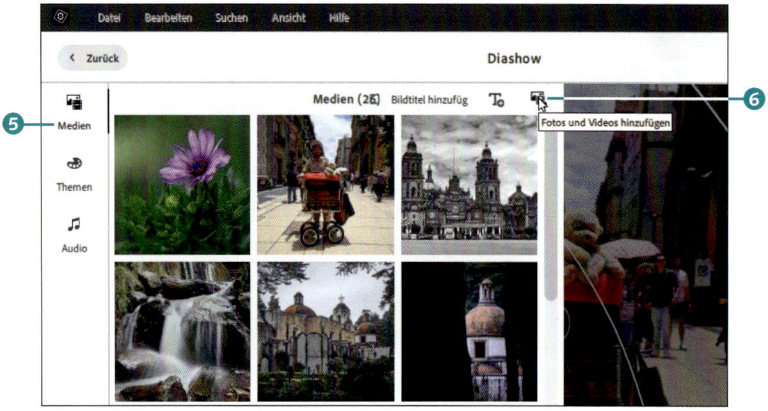

Abbildung 38.4 ▸
Weitere Medien zur Diashow hinzufügen

Anzahl von Bildern
Einen Tipp noch am Rande: Übertreiben Sie es nicht mit der Anzahl von Bildern, die Sie zur Diashow hinzufügen wollen. Aus eigener Erfahrung weiß ich, dass es den Betrachter schnell langweilt, wenn eine Diashow zu lange dauert (das kommt natürlich auch auf den Inhalt an). Ich persönlich fasse die Highlights auf maximal 25–50 Bildern zusammen – auch wenn es manchmal sehr schwerfällt.

Im sich öffnenden Dialog MEDIEN HINZUFÜGEN können Sie unterhalb von EINFACH entweder ALLE MEDIEN ❼ auswählen, woraufhin alle Medien, die vom Organizer verwaltet werden, in der Bildervorschau ⓭ angezeigt werden. Mit MEDIEN AUS DEM RASTER

8 hingegen werden alle Dateien in der Vorschau dargestellt, die aktuell im Organizer angezeigt werden. Haben Sie beispielsweise ein Album »Menschen« im Organizer geöffnet, werden nur die Bilder dieses Albums aufgelistet. Weitere Möglichkeiten, die Bildervorschau 13 etwas zu filtern, sind noch die für sich selbst sprechenden Optionen Medien mit Sternbewertungen anzeigen 9 und Ausgeblendete Medien anzeigen 10.

Wenn Sie auf Erweitert klicken, finden Sie weitere Auswahlmöglichkeiten, um Medien zur Diashow hinzuzufügen. Mit Album, Stichwort-Tag, Personen, Orte oder Ereignisse dürfte für jeden die passende Option dabei sein. Bei mir werden in der Bildvorschau die Bilder aus dem Album »Camera Roll« aufgelistet.

Wählen Sie jetzt die Medien in der Bildervorschau aus, die Sie zur Diashow hinzufügen wollen, und klicken Sie entweder auf Ausgewählte Medien hinzufügen 11 oder auf Fertig 12. Bei Ersterem werden nur die ausgewählten Medien hinzugefügt, der Dialog wird aber nicht geschlossen. Bei Letzterem wird der Dialog geschlossen, zuvor werden jedoch gegebenenfalls ausgewählte Medien noch hinzugefügt.

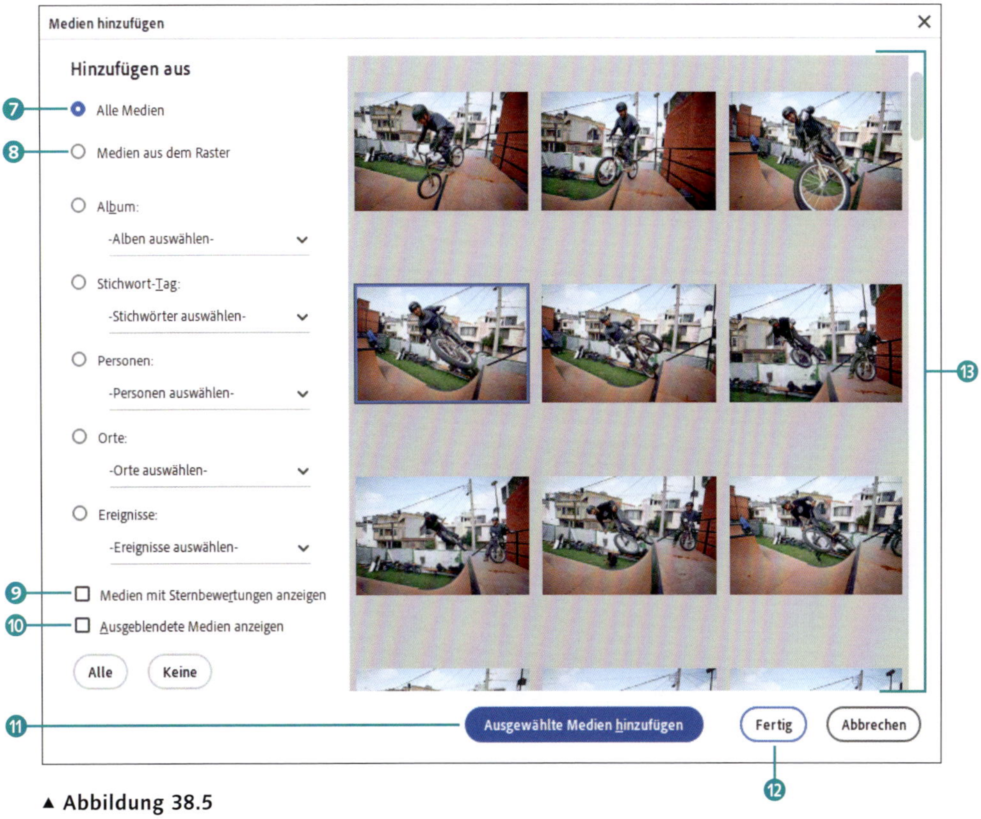

▲ **Abbildung 38.5**
Weitere Medien auswählen und zur Diashow hinzufügen

6 Video einer Diashow trimmen

Wie bereits erwähnt, können Sie auch Videos zur Diashow hinzufügen. Eine Mischung aus Videos und Bildern ist durchaus ein interessanter Effekt. Hierbei sollten Sie allerdings nicht ein allzu langes Video hinzufügen. Idealerweise bietet die Software hierzu eine Option an, das Video zu trimmen. Klicken Sie hierzu das entsprechende Video mit der rechten Maustaste an, und wählen Sie den Befehl VIDEO TRIMMEN (1) aus.

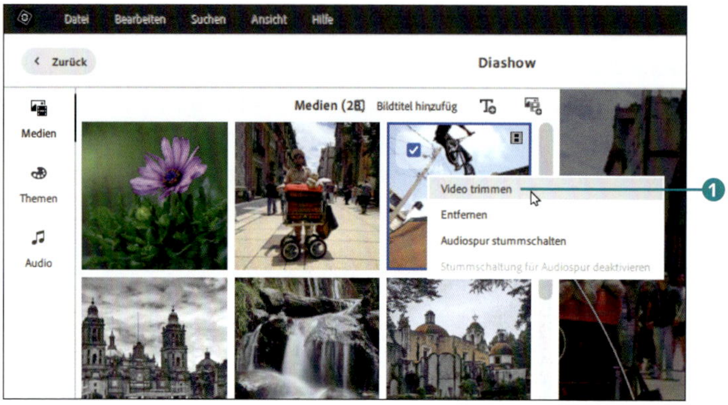

Abbildung 38.6 ▸
Die Länge der Videos für die Diashow können Sie trimmen.

Das Video wird in einem separaten Fenster geöffnet, in dem Sie über zwei orangfarbene Schieberegler ((3) und (5)) den Anfang und das Ende des Videos für die Diashow festlegen. Mit der PLAY-Schaltfläche oder dem weißen Kreis (4) der Abspielleiste können Sie diesen Bereich zur Kontrolle abspielen. Die Gesamtdauer des getrimmten Videos wird rechts (6) angezeigt. Wollen Sie außerdem die Audiospur stummschalten, müssen Sie ein Häkchen vor der entsprechenden Option (2) setzen. Sind Sie mit dem Trimmen fertig, klicken Sie auf FERTIG.

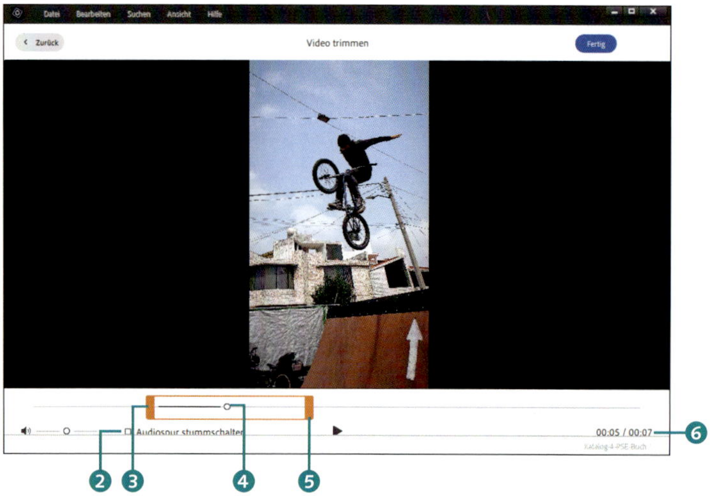

Abbildung 38.7 ▸
Das Video für die Diashow trimmen

7 Bilder entfernen

Zu viel hinzugefügte oder nicht erwünschte Medien können Sie jederzeit aus dem Projekt entfernen, indem Sie das Medium mit der rechten Maustaste anklicken und den entsprechenden Befehl ❼ im Kontextmenü auswählen. Der Befehl funktioniert natürlich auch, wenn Sie mehrere Medien mit gehaltener [Strg]/[cmd]-oder der [⇧]-Taste ausgewählt haben.

▲ **Abbildung 38.8**
Medien aus der Diashow entfernen

8 Reihenfolge anpassen

Die Reihenfolge der einzelnen Bilder können Sie per Drag & Drop ändern. Wählen Sie hierzu ein Bild aus ❶, und ziehen Sie es mit gedrückt gehaltener Maustaste an die Position, an der Sie es haben wollen. Die Position wird mit einem blauen Balken angezeigt ❷. Wenn Sie die Maustaste dort loslassen, wird das Bild an dieser Position platziert ❸.

◀ **Abbildung 38.9**
Bilder können in der Reihenfolge per Drag & Drop verändert werden.

9 Audiodatei auswählen und anpassen

Über die Schaltfläche Audio ❹ öffnet sich ein Bereich, in dem Sie die Begleitmusik für die Diashow auswählen können. Hier finden Sie ein paar mitgelieferte Musiktitel und unter Umständen die bereits im Organizer von Elements importierte Musik vor. Über das Plussymbol ❺ fügen Sie einen Titel zur Audiospur hinzu. Über das Minussymbol bei der Audiospur hingegen können Sie einzelne Titel entfernen. Die Gesamtspieldauer der Musik wird rechts oben ❼ angezeigt. Dauert die Musik länger als die Diashow, wird die Gesamtspieldauer in roter Farbe angezeigt. Das macht allerdings nichts aus, weil die Musik am Ende der Diashow auch beendet wird. Ist die Gesamtspieldauer der Musik kürzer als die Diashow, werden die Titel der Audiospuren wiederholt.

Weitere Musik können Sie über das kleine Icon oben ❻ auswählen und zu dieser Liste hinzufügen. Als Musikformat können MP3, WAV, WMA und M4A verwendet werden. Mit der Play-Schaltfläche können Sie den Musiktitel vorab anhören.

Copyright beachten
Man kann es nicht oft genug betonen: Auch Lieder haben ihre Urheber, und man darf nicht einfach die Musik bekannter Künstler verwenden und für seine eigenen Zwecke im Web veröffentlichen.

Abbildung 38.10 ▸
Musikbegleitung für die Diashow auswählen

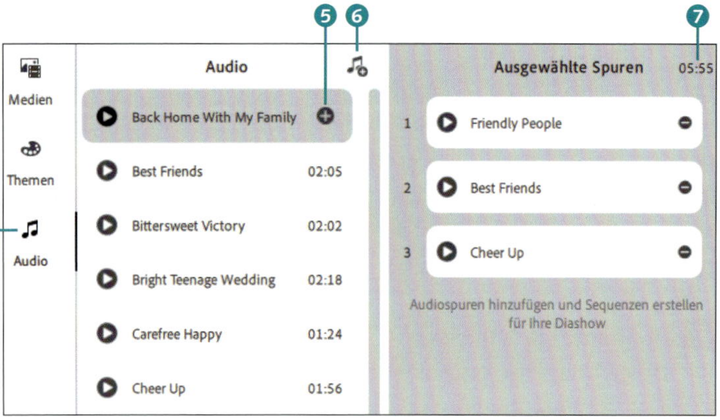

Bildtitel

Einen Text zu einem Bild hinzufügen können Sie über den Bildtitel. Bilder, die Sie bereits im Organizer mit einem Bildtitel versehen haben, erhalten automatisch einen Bildtitel. Ansonsten müssen Sie auch hier nur unterhalb des Bildes klicken und einen gewünschten Bildtitel eingeben. Abhängig vom gewählten Thema wird der Bildtitel während der Diashow unter dem Bild angezeigt – natürlich vorausgesetzt, die Option BILDTITEL HINZUFÜGEN 8 ist aktiviert.

10 Textfolien hinzufügen

Über Medien können Sie Textfolien hinzufügen oder vorhandene Textfolien anpassen. Eine Textfolie können Sie über die Schaltfläche rechts oben 9 erstellen. Anschließend müssen Sie lediglich den Hintergrund, den Titel und den Untertitel in einem sich öffnenden Dialog auswählen und eingeben, und mit HINZUFÜGEN wird eine neue Textfolie erstellt. Per Drag & Drop können Sie auch hier die Position der Textfolie verschieben, wie dies bereits mit den Bildern gemacht wurde. Der Text und auch der Hintergrund der Textfolie können jederzeit nachträglich editiert werden, wenn Sie darauf doppelklicken.

Abbildung 38.11 ▸
Eine Textfolie hinzufügen bzw. editieren

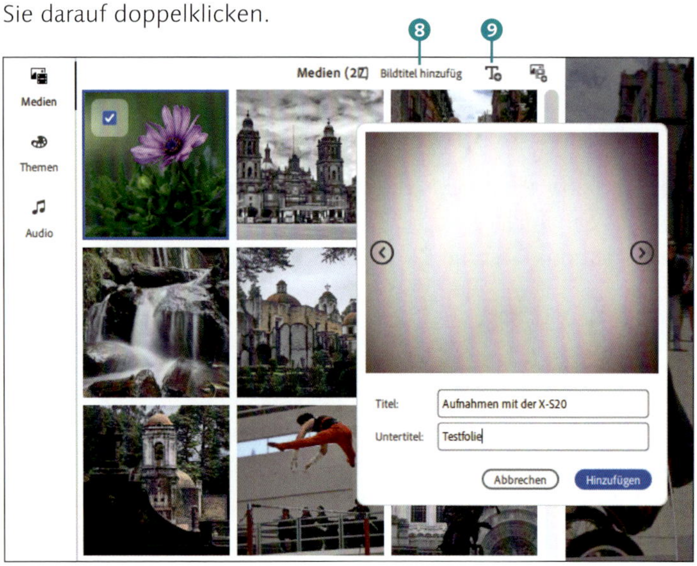

▴ Abbildung 38.12
Eine Textfolie wurde hinzugefügt.

11 Diashow abspielen

Wenn Sie mit der Gestaltung der Diashow fertig sind, können Sie diese über die PLAY-Schaltfläche abspielen, überprüfen und gegebenenfalls noch Änderungen daran vornehmen.

12 Diashow-Projekt speichern

Auf jeden Fall sollten Sie das Projekt speichern, um bei Bedarf erneut daran weiterarbeiten zu können. Sie können nur an einer gespeicherten Projektdatei einer Diashow weiterarbeiten – nicht an einer exportierten. Zum Speichern klicken Sie auf die entsprechende Schaltfläche ①, und es öffnet sich ein Dialog, in dem Sie den NAMEN ② der zu speichernden Diashow eingeben können. Das so gespeicherte Projekt können Sie jederzeit aus dem Medienbrowser des Organizers wieder zum Bearbeiten oder Abspielen öffnen.

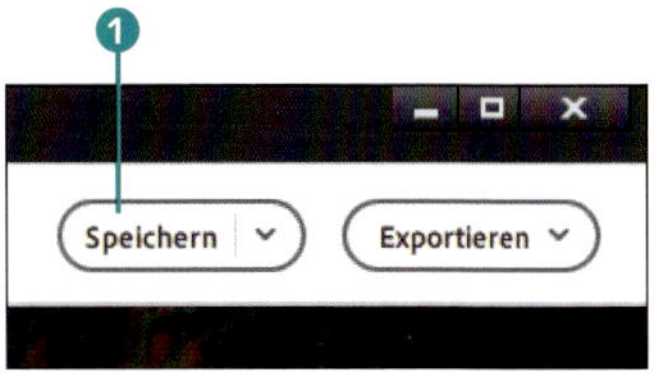

▲ **Abbildung 38.13**
Das Projekt abspeichern

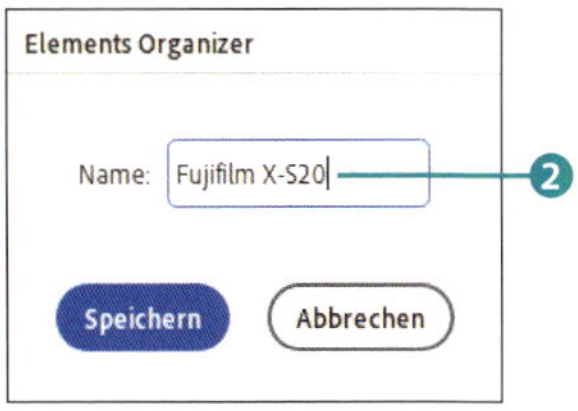

▲ **Abbildung 38.14**
Namen für das Projekt vergeben

13 Diashow exportieren

Im nächsten Schritt können Sie das Projekt als MP4-Videodatei über EXPORTIEREN ③ und dann VIDEO AUF LOKALE FESTPLATTE EXPORTIEREN ④ speichern. Im sich öffnenden Dialog müssen Sie noch einen Namen, den Speicherort und die Qualität (720p HD oder 1080p HD) für die MP4-Videodatei vorgeben. Mit einen Klick auf OK wird die Diashow als MP4-Videodatei erstellt.

Alternativ können Sie auch die Diashow auf YOUTUBE oder VIMEO hochladen.

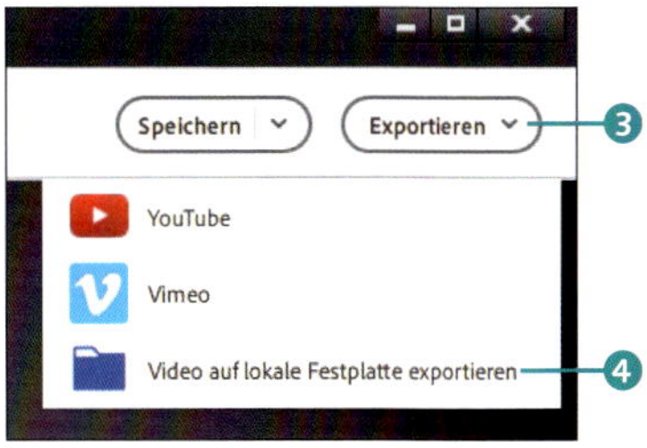

▲ **Abbildung 38.15**
Exportieren der Diashow als MP4-Video oder Posten auf YouTube oder Vimeo

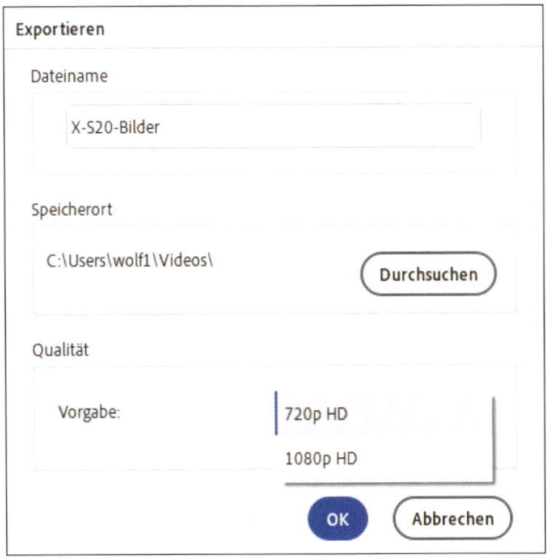

◄ **Abbildung 38.16**
Einstellungen für den Export des MP4-Videos auf die Festplatte

38.2 Fotocollagen

Wenn Sie schnell eine Fotocollage erstellen möchten, bietet Ihnen Photoshop Elements fertige Vorlagen dafür an. Diese Funktion können Sie sowohl im Fotoeditor als auch im Organizer aufrufen. Voraussetzung dafür ist, dass Sie mindestens zwei Bilder im Organizer ausgewählt oder im Fotoeditor geöffnet haben.

Schritt für Schritt
Fotocollage erstellen

Diese Schritt-für-Schritt-Anleitung zeigt Ihnen, wie Sie vorgehen, wenn Sie auf die Schnelle eine Fotocollage erstellen möchten.

1 Fotocollage starten

Wählen Sie mindestens zwei bis maximal acht Bilder im Organizer aus oder laden Sie diese in den Fotoeditor. Klicken Sie dann auf Erstellen • Fotocollage.

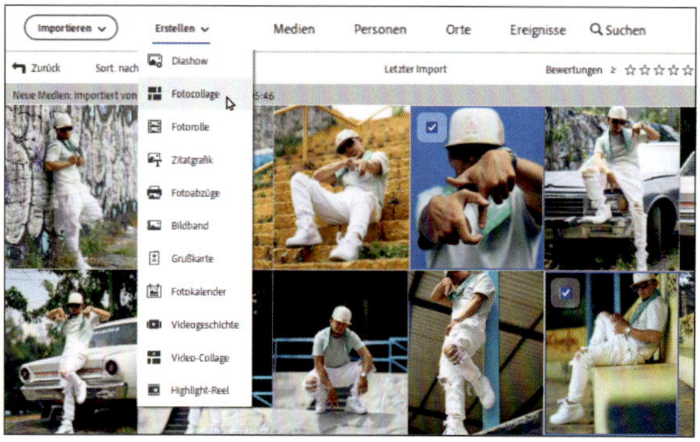

Abbildung 38.17 ▸
Hier wurden Bilder im Organizer ausgewählt, aus denen eine Fotocollage erstellt werden soll.

2 Layout ändern

Die Fotocollage-Funktion wird im Fotoeditor ausgeführt und passt die Bilder automatisch an. Sind Personen auf dem Bild zu sehen, klappt die automatische Anpassung erfahrungsgemäß sehr gut. Sind Sie mit dem automatischen Layout nicht zufrieden, finden Sie auf der rechten Seite ❶ weitere Layouts im Querformat, im Hochformat, sowie für Facebook oder Instagram zur Auswahl vor.

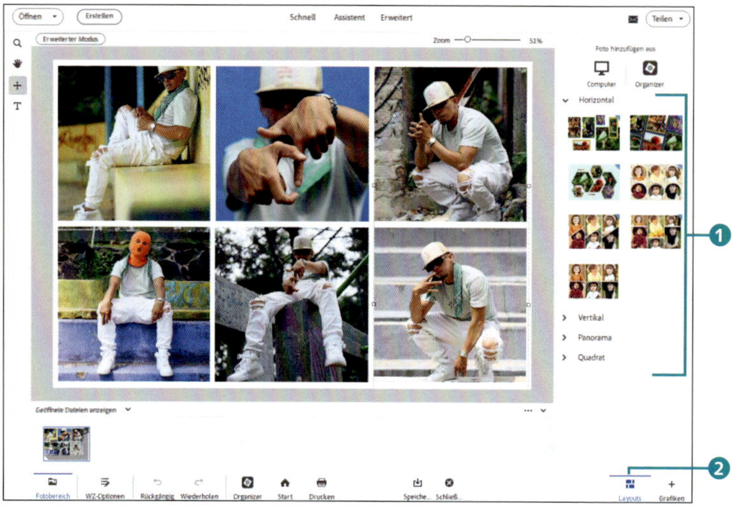

Abbildung 38.18 ▸
Layout für die Fotos auswählen

Es reicht aus, einen Doppelklick auf einem der Layouts auszuführen, um dieses auszuwählen. Werden die Layouts bei Ihnen nicht angezeigt, können Sie die Seitenleiste über die Schaltfläche LAYOUTS ❷ ein- bzw. ausblenden.

3 Fotos hinzufügen bzw. entfernen

Möchten Sie weitere Bilder (maximal acht) zur Fotocollage hinzufügen, können Sie dies entweder über einen gewöhnlichen Auswahldialog auf dem COMPUTER ❸ oder über den ORGANIZER ❹ tun. Ich wähle hier die zweite Option, über die ich eine umfassende Bildersammlung in meinem Organizer-Katalog vorfinde. Entscheiden Sie, ob Sie aus den aktuell im Organizer sichtbaren Fotos, dem gesamten Katalog oder einzelnen Alben, Personen, Orten, Ereignissen oder Stichwort-Tags wählen wollen. Zum Auswählen müssen Sie nur ein Häkchen ❺ vor den entsprechenden Bildern setzen und diese mit der Schaltfläche FERTIG ❻ zur Fotocollage hinzufügen.

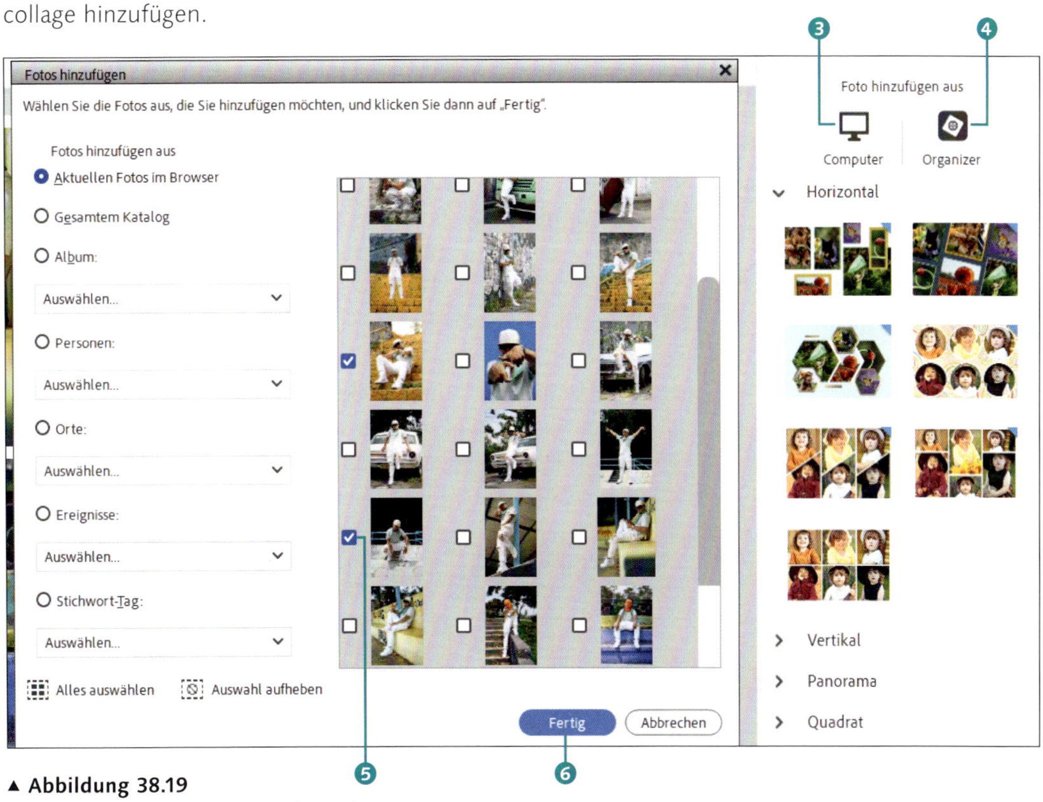

▲ **Abbildung 38.19**
Weitere Bilder zur Fotocollage hinzufügen.

Jetzt richtet der Fotoeditor die neu hinzugefügten Bilder passend zum Layout aus. Natürlich können Sie auch hier wieder das Layout nachträglich anpassen, wie im Arbeitsschritt 2 beschrieben.

Abbildung 38.20 ▸
Neue Bilder wurden zur Fotocollage hinzugefügt und automatisch ausgerichtet.

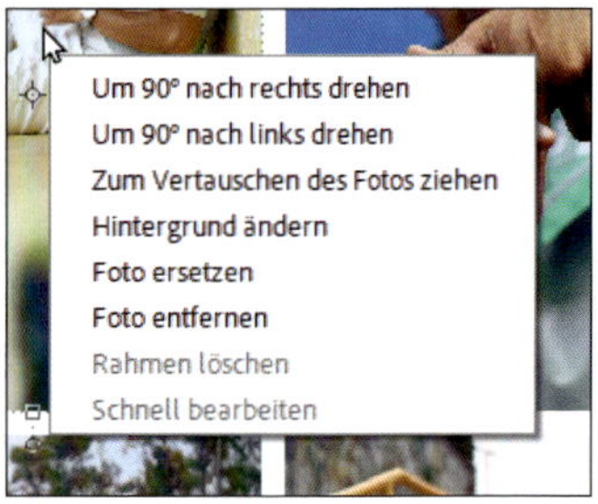

▴ Abbildung 38.21
Sämtliche Befehle zum Bearbeiten der Fotocollage finden Sie auch, wenn Sie mit der rechten Maustaste auf ein Bild klicken.

Internetverbindung nötig
Es wurde zwar schon häufiger erwähnt, aber dennoch möchte ich hier noch einmal darauf hinweisen: Bei Grafiken, Layouts, Hintergründen oder Rahmen, bei denen die rechte Ecke blau markiert ist, benötigen Sie eine Internetverbindung, damit diese Inhalte heruntergeladen werden können. Einmal heruntergeladene Inhalte müssen anschließend nicht mehr heruntergeladen werden und haben daher auch keine blaue Ecke mehr.

Die Bildgröße können Sie anpassen, indem Sie einen Doppelklick auf dem Bild ausführen. Daraufhin öffnen sich ein Schieberegler ❼ und ein Rahmen um das Bild ❾. Damit können Sie das Bild entsprechend anpassen. Des Weiteren finden Sie noch Schaltflächen, um das Bild zu drehen, oder es zu ersetzen. In dem Bearbeitungsmodus, in dem der Schieberegler sichtbar ist, können Sie das Bild auch per Drag & Drop durch ein anderes Bild der Fotocollage ersetzen. Die Position eines Bildes selbst können Sie mit dem Verschieben-Werkzeug ✛ V nachträglich ändern. Mit einem Klick auf FERTIG ❽ bestätigen Sie die Anpassung

4 Fotocollage gestalten

Im nächsten Schritt gehen Sie auf die Schaltfläche GRAFIKEN ❿. Hier wählen Sie per Doppelklick oder durch Ziehen und Fallenlassen den Hintergrund aus. Ebenso können Sie Rahmen zu den Fotos hinzufügen. Wählen Sie dafür das entsprechende Foto aus, und entscheiden Sie sich per Doppelklick für einen Rahmen.

Abbildung 38.22 ▸
Fügen Sie den Hintergrund und bei Bedarf einzelne Rahmen hinzu.

Ich mag es gerne dezent und verwende daher statt eines Rahmens für einzelne Bilder einen schwarzen Hintergrund.

5 Text hinzufügen

Wählen Sie jetzt das Textwerkzeug 13 T [T] aus, und fügen Sie Text hinzu. Natürlich können Sie den Text auch hier, wie von diesem Werkzeug gewohnt, jederzeit nachträglich ändern, ihn verkrümmen und Stile hinzufügen. Mit dem Verschieben-Werkzeug + [V] können Sie den Text nachträglich drehen und skalieren.

Zum Nachlesen

Alles rund um die Textwerkzeuge können Sie in Teil XII, »Mit Text und Formen arbeiten«, nachlesen.

◂ **Abbildung 38.23**
Fügen Sie einen Text hinzu. Mit 12 können Sie zoomen.

6 Noch mehr Optionen

Reichen Ihnen die Einstellungsmöglichkeiten nicht aus und benötigen Sie zusätzlich Filter, die Ebenenstile, weitere Grafiken, Rahmen oder Hintergründe oder genügen Ihnen die Werkzeuge in diesem Modus nicht, klicken Sie die Schaltfläche Erweiterter Modus 11 an.

◂ **Abbildung 38.24**
Wollen Sie selbst noch etwas mehr in die Bearbeitung der Collage eingreifen, aktivieren Sie den erweiterten Modus. (Model: ChainThug)

Natürlich finden Sie im erweiterten Modus auch das Ebenen-Bedienfeld wieder, um auch auf die einzelnen Ebenen zugreifen zu können. Erneutes Anklicken der Schaltfläche ⑭ bringt Sie wieder zurück zum einfachen Modus.

7 Entwurf speichern

Zum Schluss sollten Sie den Entwurf mit der Schaltfläche SPEICHERN ⑮ als Fotoprojekt im PSE-Format oder als TIFF-Dokument speichern, falls Sie die Collage später weiter bearbeiten wollen. Ansonsten können Sie die Fotocollage über DATEI • SPEICHERN UNTER als JPEG-Datei für die Weitergabe sichern.

38.3 Noch mehr Möglichkeiten zur Weitergabe

Neben dem Erstellen einer Fotocollage bietet Photoshop Elements Ihnen weitere Möglichkeiten, Ihre Bilder über ERSTELLEN weiterzugeben. Diese Möglichkeiten sind sich allerdings recht ähnlich; lediglich die Vorlagen, in die Sie Ihre Bilder einfügen, unterscheiden sich voneinander. Daher werde ich hier nicht auf alle Details im Einzelnen eingehen. Im Folgenden möchte ich Ihnen jedoch eine Möglichkeit etwas genauer zeigen, und zwar diejenige, mit der Sie eine Grußkarte erstellen können.

38.3.1 Post- und Grußkarten erstellen

Selbst erstellte Grußkarten mit eigenen Fotos wirken einfach viel persönlicher und sind mit der Option GRUSSKARTE auch im Handumdrehen angefertigt.

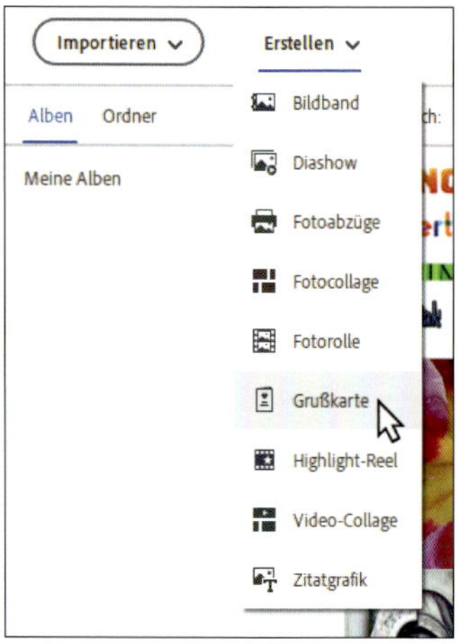

▲ **Abbildung 38.25**
Die Option GRUSSKARTE

Schritt für Schritt
Eine Grußkarte oder einen Flyer erstellen

Die Funktion zum Erstellen einer Grußkarte lässt sich auch zweckentfremden, um einen Flyer damit zu gestalten.

1 Grußkarte erstellen

Die Funktion erreichen Sie über ERSTELLEN • GRUSSKARTE sowohl vom Organizer als auch vom Fotoeditor aus. Im Beispiel habe ich gleich zwei Bilder im Organizer ausgewählt, die ich für die Grußkarte verwenden will. Sie können aber auch jederzeit Bilder ändern bzw. hinzufügen.

2 Größe und Thema erstellen

Als Erstes wählen Sie die Größe ❶ aus, die Ihre Grußkarte haben soll. Bestimmen Sie dann bei THEMEN ❷ das gewünschte Thema. Wollen Sie die Grußkarte gleich mit den geöffneten bzw. markierten Bildern füllen, müssen Sie die entsprechende Option ❸ aktivieren. Klicken Sie auf die Schaltfläche OK wird die Grußkarte erstellt.

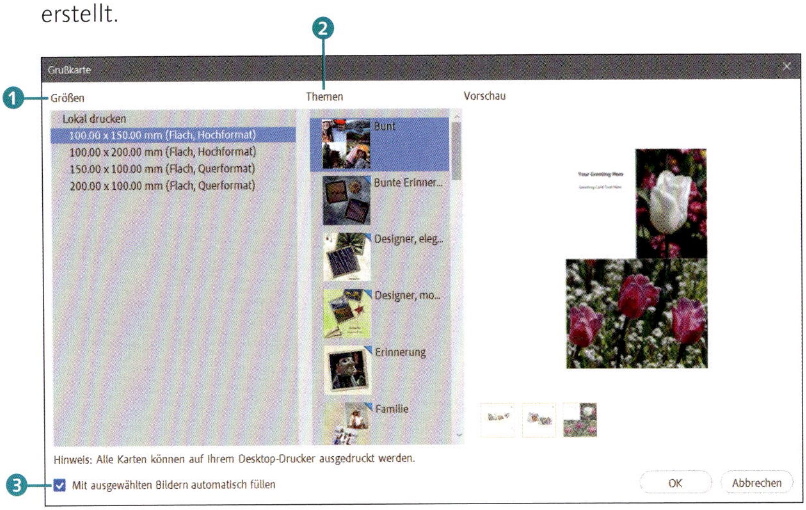

◂ **Abbildung 38.26**
Größe und Thema auswählen.

3 Layout und Grafiken anpassen

Gefällt Ihnen das vorgegebene Layout nicht, können Sie es über die entsprechende Schaltfläche ❻ ändern. Ein Doppelklick auf eines der angebotenen Layouts aktiviert das Layout für die Grußkarte. Über GRAFIKEN ❼ können Sie der aktuellen Seite einen neuen Hintergrund oder andere Grafiken hinzufügen. Wenn Sie auf alle Hintergründe und Grafiken zugreifen möchten, die Photoshop Elements anbietet, klicken Sie auf ERWEITERTER MODUS ❹.

Layout ändern

Sie können das Layout auch mit dem Verschieben-Werkzeug ✚ überarbeiten, indem Sie die einzelnen Bilder oder den Text damit an eine andere Position verschieben.

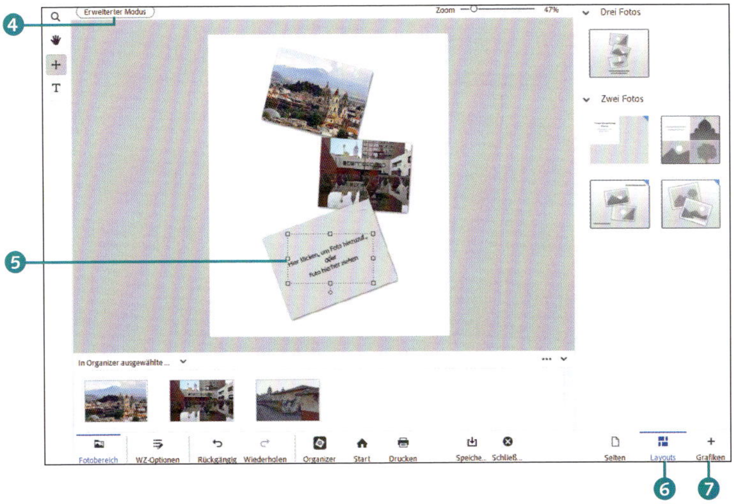

◂ **Abbildung 38.27**
Layout und Grafiken festlegen

4 Bilder hinzufügen/tauschen

Bereits hinzugefügte Bilder können Sie mit der rechten Maustaste anklicken und entsprechend den im Kontextmenü angezeigten Befehlen bearbeiten. Auch das Entfernen und Ersetzen finden Sie hier vor. Um Bilder zu den grauen leeren Flächen ❺ hinzuzufügen, können Sie entweder die Textzeile innerhalb des Bereichs anklicken oder ein Bild aus dem Fotobereich per Drag & Drop darauf fallen lassen.

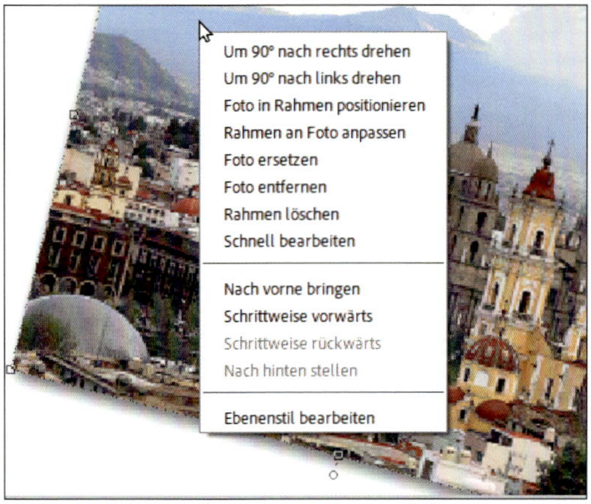

▲ **Abbildung 38.28**
Befehle, um die Bilder zu bearbeiten, zu entfernen oder zu ersetzen

▲ **Abbildung 38.29**
Hier wurde noch kein Foto hinzugefügt.

5 Größe des Bildes anpassen

Die Bildgröße innerhalb des Bildbereichs ändern Sie, indem Sie einen Doppelklick auf dem Bild ausführen. Daraufhin erscheinen ein Schieberegler ❽ und ein Rahmen, mit deren Hilfe Sie das Bild innerhalb des Rahmens anpassen können. Auch den Rahmen können Sie mit dem Verschieben-Werkzeug ✥ (V) nachträglich ändern.

Abbildung 38.30 ▸
Bildausschnitt innerhalb des Bildbereichs anpassen

6 Text anpassen

Mit dem Textwerkzeug T [T] ❾ können Sie den Bildern jetzt Text hinzufügen oder bereits vorhandenen Text ändern. Um einen bereits vorhandenen Text zu bearbeiten, wählen Sie ihn einfach aus.

7 Speichern und/oder Drucken

Sind Sie damit fertig, sollten Sie die Grußkarte über die Schaltfläche SPEICHERN ⓫ im Photoshop-Elements-Format PSE sichern. Jetzt können Sie die Karte entweder direkt über die Schaltfläche DRUCKEN ❿ ausdrucken, oder aber Sie exportieren den Bildband über DATEI • KARTE EXPORTIEREN als PDF-Dokument, um dieses später an eine Druckerei weitergeben zu können. Des Weiteren sind beim Exportieren die Formate JPEG oder TIFF möglich.

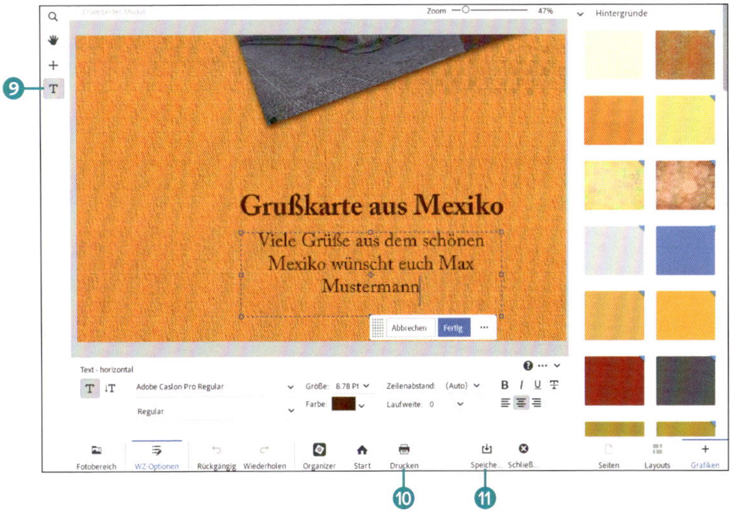

◀ **Abbildung 38.31**
Die fertige Grußkarte

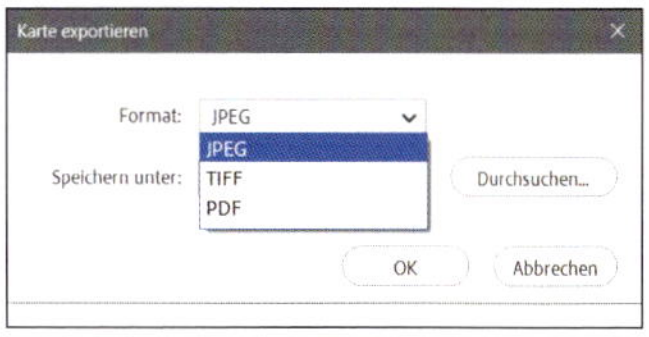

▲ **Abbildung 38.32**
Die Grußkarte kann auch als PDF, TIFF oder JPEG exportiert werden.

38.3.2 Einen Bildband erstellen

Um einen Bildband mit Photoshop Elements zu erstellen, wählen Sie ERSTELLEN • BILDBAND und entscheiden sich dann für die Bilder und das Layout – Photoshop Elements erledigt alles Weitere für Sie. Details wie Grafiken, Layout, weitere Seiten und die Reihenfolge der Bilder können Sie jederzeit anpassen.

38.3.3 Adobe Express-Vorlagen

Über die Schaltfläche ERSTELLEN im Editor gelangen Sie auch zu den Adobe Express-Vorlagen. Sie können hier auf Tausende professioneller Vorlagen zugreifen, um Zeit zu sparen und sich inspirieren zu lassen. Hierbei handelt es sich jedoch um einen externen Link zum Adobe Express Webservice, der nicht direkt in den Workflow von Photoshop Elements integriert ist.

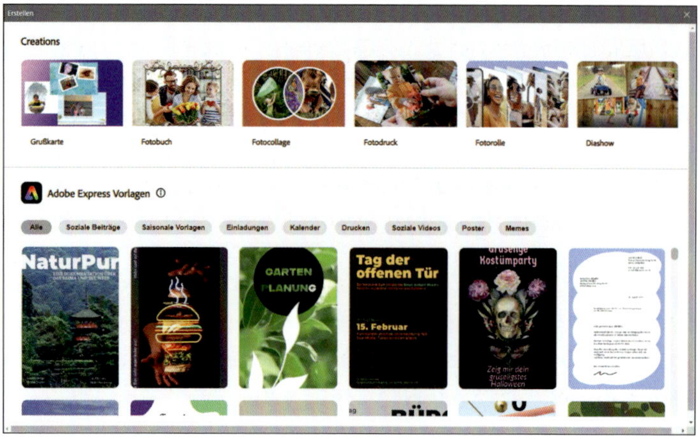

Abbildung 38.33 ▸
Neben den bekannten Kreationen finden Sie hier auch Adobe Express-Vorlagen zur Auswahl vor.

38.4 Fotoabzüge drucken

Bei der Mac-Version finden Sie im Menü Datei noch die Druckbefehle Kontaktabzug II (Tastenkürzel alt+cmd+P) und Bildpaket. Die beiden Befehle sind bei der Windows-Version nur im Drucken-Dialog über Abzugsart auswählen erreichbar. Windows ruft den Organizer auf, um diese Befehle auszuführen.

Alle Befehle zum Drucken rufen Sie im Fotoeditor auf beiden Betriebssystemen (also Windows und Mac) über das Menü Datei • Drucken oder mit dem Tastenkürzel Strg/cmd+P auf. Aber auch aus dem Organizer heraus ist das Drucken ohne Probleme möglich; dort müssen Sie nur mit einer kleinen Einschränkung leben, die ich in Abschnitt 38.4.2, »Drucken aus dem Organizer«, erläutere.

38.4.1 Drucken aus dem Fotoeditor

Der sich daraufhin öffnende Dialog enthält alle Kommandos zum Drucken, die Adobe Photoshop Elements anbietet.
Der Dialog bietet vielfältige Möglichkeiten, den Druck zu steuern. Im Folgenden stelle ich die Optionen der Reihe nach vor:

- Drucker auswählen: Wenn Sie mehrere Drucker auf Ihrem Rechner installiert haben, wählen Sie hier den Drucker aus, den Sie jeweils verwenden möchten. Ansonsten wird der Drucker benutzt, der im System als Standarddrucker eingestellt ist.
- Druckereinstellungen (nur Windows): Hier ändern Sie reine Druckereinstellungen wie Papiertyp, Druckqualität, Papierfach usw. Im Grunde handelt es sich dabei nur um einen ähnlichen Dialog, wie Sie ihn vielleicht auch schon vom Betriebssystem her kennen, wenn Sie die Eigenschaften eines Druckers aufrufen und ändern.
- Papierformat auswählen: Hier geben Sie die Größe des Papiers an, auf dem gedruckt werden soll. Standardmäßig ist dieser Wert auf A4 eingestellt. Auch die Ausrichtung des Drucks (Hoch- oder Querformat) legen Sie hier fest.

- Abzugsart auswählen (nur Windows): Diese Option dürfte für Sie interessant sein, wenn Sie mehrere Abzüge von einem oder unterschiedlichen Bildern auf eine Seite drucken wollen.
- Druckformat auswählen: Hier stellen Sie die Ausgabegröße ein, mit der das Bild auf eine Seite gedruckt werden soll. Die Werte reichen von der Originalgröße über übliche Fotoformate bis hin zu einem benutzerdefinierten Wert. Die entsprechende Ausgabegröße können Sie links in der Druckvorschau betrachten. Wollen Sie die Maßangaben (Zoll oder cm/mm) ändern, rufen Sie unter Bearbeiten/Photoshop Elements • Voreinstellungen • Einheiten & Lineale im Dropdown-Menü Ausgabegrössen auf.
- Zuschneiden: Setzen Sie ein Häkchen vor diese Option, wird das Foto auf das Format zugeschnitten, das Sie unter Druckformat auswählen eingestellt haben. Das ist beispielsweise recht nützlich, wenn Sie ein Bild auf ein Fotopapier mit einer vorgegebenen Größe drucken wollen.
- Druck: [n] Exemplare: Geben Sie hier an, wie viele Abzüge von dem Bild gedruckt werden sollen.

Unterhalb der Druckvorschau ❷ finden Sie Funktionen, um die Bildausrichtung noch um 90° nach links oder rechts zu drehen ❹. Ist die Option Nur Bild ❺ aktiviert, wird beim Drehen nur das Bild auf der Seite gedreht. Ist sie nicht aktiviert, ändern Sie die Ausrichtung der Seite.

▼ **Abbildung 38.34**
Das Dialogfenster zum Drucken im Fotoeditor unter Windows. Beim Mac finden Sie im Großen und Ganzen dieselben Elemente vor.

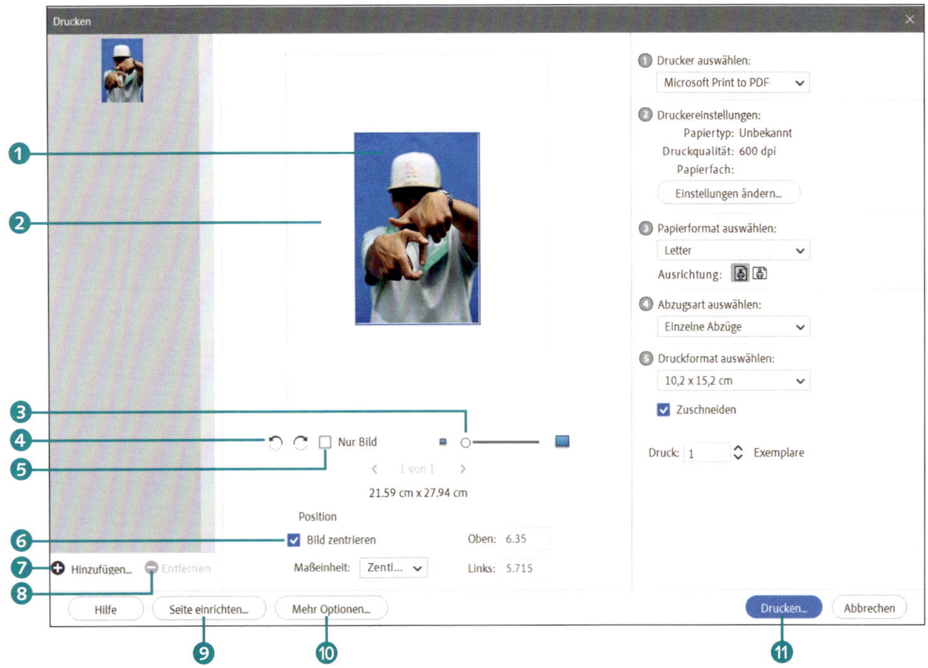

Mit dem Regler daneben ❸ skalieren Sie das Bild. Ist das Häkchen vor Bild zentrieren ❻ gesetzt, lässt sich die Position des Bildes nicht mehr verschieben. Deaktivieren Sie dieses Häkchen, können Sie die Position mit den beiden Feldern daneben anhand der linken oberen Ecke in der eingestellten Masseinheit ausrichten. Alternativ verschieben Sie das Bild mit gedrückt gehaltener linker Maustaste am blauen Rahmen ❶. Achtung: Wenn Sie mit gedrückt gehaltener Maustaste *auf* dem Bild sind, wird der Mauszeiger zur Hand, und das Bild wird innerhalb des Rahmens verschoben.

Weitere Bilder fügen Sie über das Plussymbol ❼ hinzu oder entfernen sie über das Minussymbol ❽. Über die Schaltfläche Seite einrichten ❾ rufen Sie den systemeigenen Dialog des Betriebssystems zum Einrichten einer Seite auf. Noch mehr Optionen für den Druck erreichen Sie über die Schaltfläche Mehr Optionen ❿. Mit Drucken ⓫ starten Sie den Druckvorgang.

Bildtitel
Den Bildtitel können Sie über die allgemeinen Eigenschaften eines Bildes (Abschnitt 8.13, »Bildinformationen«) eingeben.

Mehr Optionen | Wenn Sie im Drucken-Dialog auf die Schaltfläche Mehr Optionen ❿ klicken, erreichen Sie einige interessante zusätzliche Einstellungsmöglichkeiten.

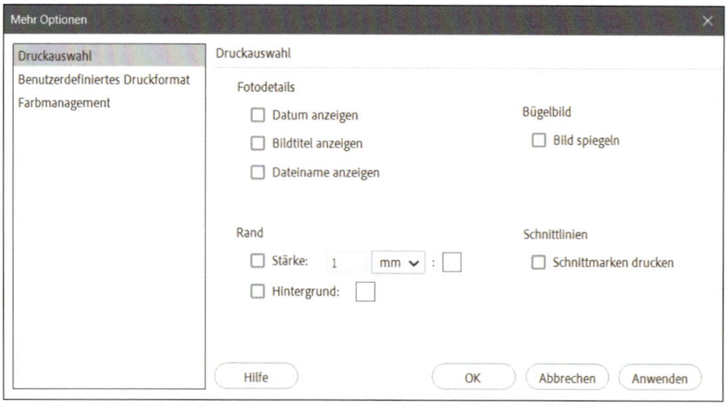

Abbildung 38.35 ▸
Noch mehr Druckoptionen

- Druckauswahl: Hier entscheiden Sie, ob der Dateiname und/oder ein Bildtitel als Überschrift ausgedruckt werden sollen. Auch einen Rand um das Bild können Sie mit einer bestimmten Farbe und Stärke ausgeben. Den restlichen Bereich um den Rahmen herum färben Sie mit Hintergrund ein. Mit Schnittmarken drucken werden Hilfslinien auf alle vier Kanten des Fotos gedruckt, die anzeigen, an welchen Stellen das Foto zugeschnitten werden soll. Mit Bild spiegeln wird das Bild horizontal gespiegelt ausgedruckt. Dies ist beispielsweise sinnvoll, wenn Sie ein T-Shirt bedrucken wollen.
- Benutzerdefiniertes Druckformat: Hier können Sie das Bild auf die Papiergröße skalieren, wenn Sie die Checkbox Auf Me-

DIENGRÖSSE SKALIEREN aktivieren. Ansonsten können Sie über HÖHE und BREITE ein benutzerdefiniertes Maß eingeben. Das Ergebnis können Sie wie gewohnt in der Druckvorschau betrachten, wenn Sie auf die Schaltfläche ANWENDEN klicken.

- FARBMANAGEMENT: Mit dem Farbmanagement wird über BILDFARBRAUM das Farbprofil des Bildes angezeigt.

Schritt für Schritt
Bild auf Fotopapier (10 × 15 cm) drucken

Kapitel_38: CT.jpg

In Zeiten digitaler Medien, in denen Bilder immer mehr auf heimischen Rechnern oder Tablet-Computern präsentiert werden, findet man immer seltener echte Fotos vor. Trotzdem druckt jeder gerne einmal das eine oder andere Erinnerungsfoto oder Meisterstück aus und stellt es eingerahmt auf den Schreibtisch oder hängt es an die Wand. In diesem kleinen Workshop soll gezeigt werden, wie die üblichen Schritte aussehen können, ein digitales Bild auf Fotopapier zu drucken. Im Beispiel wird das gängige Format 10 × 15 cm verwendet.

1 Bild für den Druck vorbereiten

Öffnen Sie ein Bild im Fotoeditor. Hier habe ich mit »CT.jpg« ein Foto des Musikers ChainThug ausgewählt, um es auszudrucken. Überprüfen Sie zunächst die Auflösung über BILD • SKALIEREN • BILDGRÖSSE. Ein gute Einstellung sind 150 dpi bis 300 dpi. Im nächsten Schritt müssen Sie gegebenenfalls das Freistellungswerkzeug C auswählen, um das Bild auf das richtige Format zuzuschneiden. Wählen Sie daher bei der Freistellungsvorgabe 10 × 15 cm (1) aus, und schneiden Sie das Bild dann auf dieses Format zu.

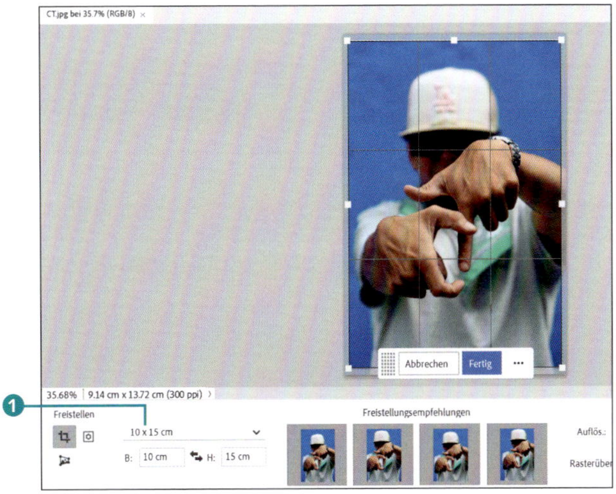

◀ **Abbildung 38.36**
Bild in die richtige Form bringen

2 Drucken-Dialog aufrufen und einstellen

Rufen Sie jetzt den Drucken-Dialog über das Menü Datei • Drucken oder mit dem Tastenkürzel [Strg]/[cmd]+[P] auf. Nachdem Sie den Drucker ❷ ausgewählt haben, sollten Sie bei den Druckereinstellungen über die Schaltfläche Einstellungen ändern ❸ den Papiertyp auf Fotopapier stellen und die Druckqualität erhöhen. Beim Mac machen Sie dies über die Schaltfläche Seite einrichten. Als Papierformat ❹ wählen Sie 10 × 15 cm. Ist diese Vorgabe nicht vorhanden, können Sie auch das gleichwertige Gegenstück 4 × 6 Zoll verwenden. Bei der Abzugsart ❺ lassen Sie Einzelne Abzüge eingestellt, und als Druckformat ❻ wählen Sie 10,2 × 15,2 cm.

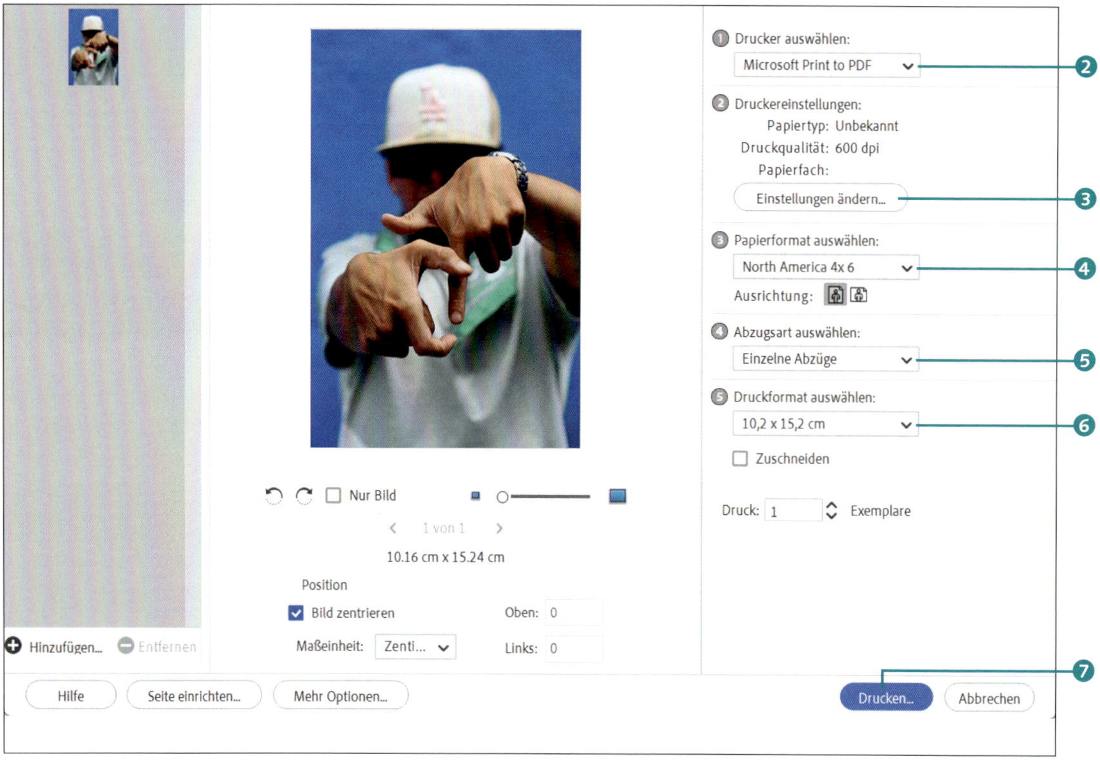

▲ **Abbildung 38.37**
Druckeinstellungen unter Windows. Beim Mac finden Sie in der rechten Spalte neben der Anzahl der Exemplare nur die Einstellungen ❷, ❹ und ❻ vor.

3 Papier einlegen und den Fotodruck starten

Legen Sie jetzt das Fotopapier in den Drucker, und starten Sie den Druck über die Schaltfläche Drucken ❼. Je nach Qualitätseinstellungen und Drucker kann dies ein wenig länger dauern als üblich.

Randlos drucken | Wollen Sie ohne den weißen Rand drucken, müssen Sie dies bei Ihrem Drucker einstellen. Randloses Drucken ist nicht Sache von Photoshop Elements, sondern eine Einstellung Ihres Druckers. Beim Mac finden Sie diese Option meistens schon beim Auswählen des Papierformats. Bei Windows müssen Sie diese Option über die Eigenschaften des Druckers einstellen, auch zu erreichen über die Schaltfläche SEITE EINRICHTEN des Dialogs von Photoshop Elements. Aber seien Sie gewarnt, trotz dieser Einstellung lässt sich nicht jeder Drucker dazu überreden, absolut randlos zu drucken.

▲ **Abbildung 38.38**
Alle Befehle zum Drucken können beim Organizer und beim Fotoeditor auch über ERSTELLEN • FOTOABZÜGE aufgerufen werden.

38.4.2 Drucken aus dem Organizer

Wenn Sie den Druckbefehl DATEI • DRUCKEN oder [Strg]/[cmd]+[P] aus dem Organizer heraus aufrufen, öffnet sich ein ähnlich umfangreicher Dialog wie im Fotoeditor. Das Einzige, worauf Sie hier verzichten müssen, ist die freie Positionierung über die Option BILD ZENTRIEREN (in Abbildung 38.34).

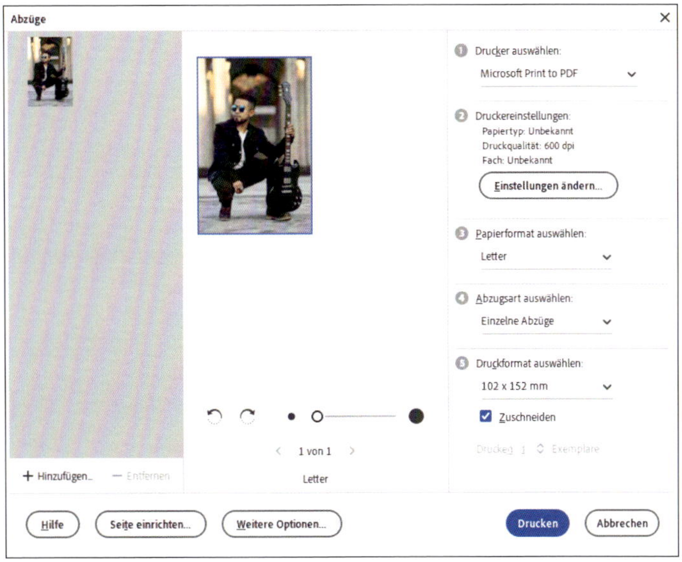

◀ **Abbildung 38.39**
Die Einstellungen für den Druck aus dem Organizer heraus

Viele Möglichkeiten
Die Möglichkeiten zum Drucken einzelner oder mehrerer Bilder mit dem DRUCKEN-Dialog des Organizers sind recht vielseitig, dank vieler Vorgaben. Hier können Sie nach Herzenslust experimentieren. Das jeweilige Ergebnis können Sie vorab im Vorschaufenster des DRUCKEN-Dialogs betrachten.

38.4.3 Ein Bild mehrmals auf eine Seite drucken – Bildpaket

Wenn Sie ein Bild mehrmals auf eine Seite drucken wollen, müssen Sie am Mac und unter Windows unterschiedlich vorgehen.

Windows | Um von einem Bild mehrere Abzüge auf einer Seite auszudrucken, verwenden Sie bei ABZUGSART AUSWÄHLEN ❶ die Option BILDPAKET und bestimmen dann bei LAYOUT AUSWÄHLEN ❷ ein entsprechendes Layout.

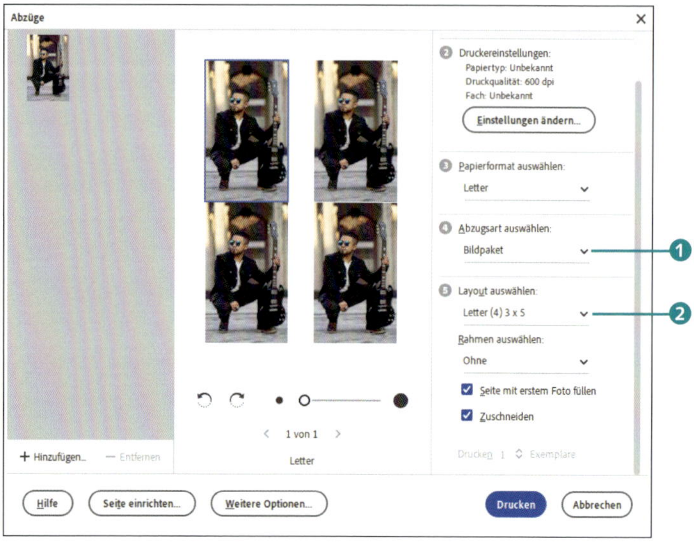

Abbildung 38.40 ▸
Natürlich lassen sich auch mehrere Abzüge von demselben Bild auf eine Seite drucken.

Jetzt müssen Sie nur noch ein Häkchen vor SEITE MIT ERSTEM FOTO FÜLLEN ❸ setzen.

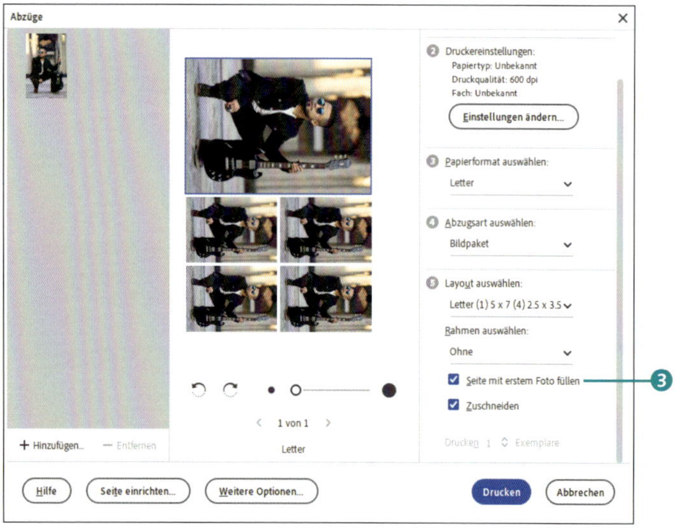

Abbildung 38.41 ▸
Passfotos und Miniaturen können Sie mit der Abzugsart BILDPAKET und dem entsprechenden Layout ebenfalls einstellen.

Mac | Wollen Sie beim Mac mehrere Abzüge von einem Bild ausdrucken, rufen Sie aus dem Fotoeditor von Photoshop Elements das Menü DATEI • BILDPAKET auf. Im sich öffnenden Dialog BILDPAKET müssen Sie nur das SEITENFORMAT ❹ einrichten und aus LAYOUT ❺ ein vordefiniertes auswählen. Sollten Sie kein passendes SEITENFORMAT oder LAYOUT vorfinden, bietet Ihnen die Schaltfläche LAYOUT BEARBEITEN ❻ eine Möglichkeit, das aktuell ausgewählte Bildpaket-Layout zu bearbeiten.

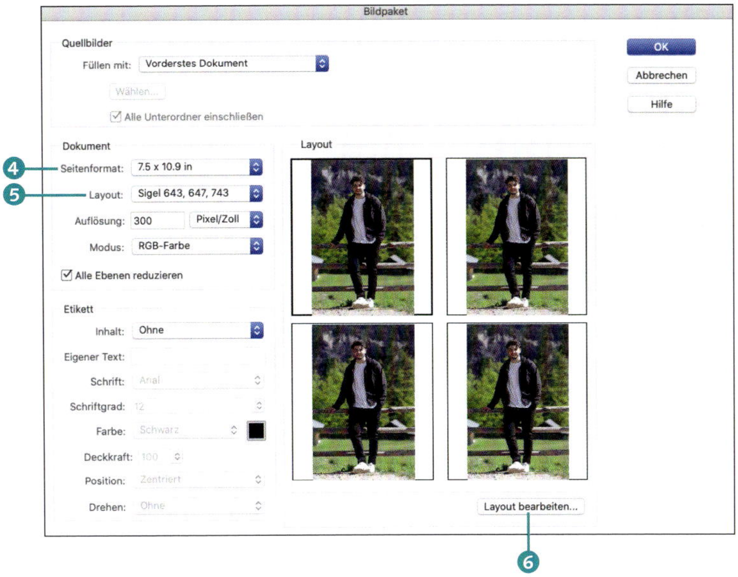

◂ **Abbildung 38.42**
Der Dialog zum Drucken von Bildpaketen beim Mac

38.4.4 Mehrere Bilder drucken

Auch das Drucken mehrerer Bilder funktioniert am Mac und unter Windows etwas unterschiedlich. Worauf Sie achten müssen, erfahren Sie in diesem Abschnitt.

Windows | Um mehrere verschiedene Bilder zu drucken, markieren Sie im Medienbrowser des Organizers mehrere Bilder und starten den DRUCKEN-Dialog über [Strg]+[P]. Weitere Bilder können Sie jederzeit nachträglich über das Plussymbol ❶ hinzufügen, und über das Minussymbol ❷ entfernen Sie Bilder.

Fotoabzüge

Dieselbe Funktion erreichen Sie auch über das Dropdown-Menü ERSTELLEN unter FOTOABZÜGE • BILDPAKET, sowohl unter Windows als auch am Mac.

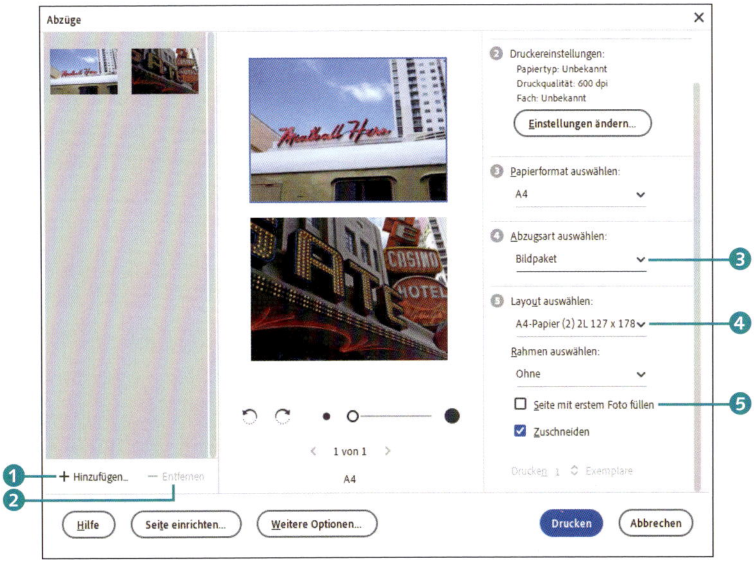

◂ **Abbildung 38.43**
Auch mehrere Bilder lassen sich gleichzeitig zum Drucken einrichten.

Wollen Sie mehrere Bilder pro Seite ausdrucken, müssen Sie die Bildgröße wieder für den Druck anpassen. Verwenden Sie dazu bei ABZUGSART AUSWÄHLEN ❸ den Wert BILDPAKET, und wählen Sie anschließend das gewünschte LAYOUT ❹ aus. Das Häkchen vor SEITE MIT ERSTEM FOTO FÜLLEN ❺ sollte jetzt deaktiviert sein.

Mac | Am Mac wählen Sie im Menü des Fotoeditors DATEI • BILDPAKET aus. Hier finden Sie eine Dropdown-Liste FÜLLEN MIT ❻, die standardmäßig auf VORDERSTES DOKUMENT eingestellt ist. Hier wählen Sie entweder mit der Option DATEI mehrere Bilder aus einem Ordner aus, indem Sie in der LAYOUT-Vorschau ❾ auf ein entsprechendes leeres Feld klicken, oder Sie nutzen die Option GEÖFFNETE DATEIEN; dann werden alle im Fotoeditor geöffneten Dateien verwendet. Natürlich müssen Sie auch hier wieder das SEITENFORMAT ❼ und vor allem auch das LAYOUT ❽ auswählen. Erst das LAYOUT bestimmt, welche und wie viele Bilder auf ein Blatt gedruckt werden. Wenn kein passendes Layout vorhanden ist, können Sie eines über LAYOUT BEARBEITEN ❿ erstellen.

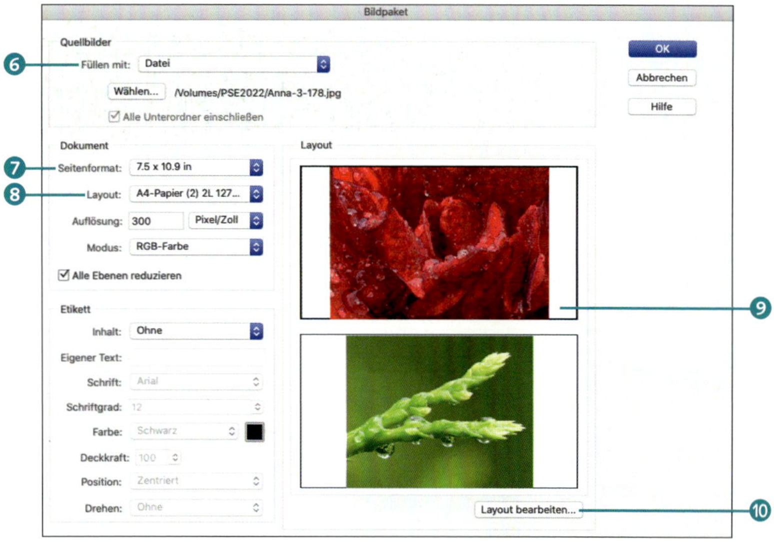

Abbildung 38.44 ▸
Auch mehrere unterschiedliche Bilder sind mit dem Mac kein Problem.

38.4.5 Kontaktabzug

Im Organizer finden Sie bei ABZUGSART AUSWÄHLEN die Option KONTAKTABZUG. Sie erreichen diese Option am Mac im Fotoeditor über DATEI • KONTAKTABZUG II (oder alt+cmd+P). Ein Kontaktabzug ist ein ganzer Satz von Miniaturansichten von Bildern, die sich beispielsweise in einem Ordner befinden. Einen solchen Abzug können Sie etwa erstellen, wenn Sie Ihre Bilder als Referenz ausdrucken lassen wollen.

Kontaktabzug drucken
Ebenfalls einen Kontaktabzug drucken können Sie über das Aufgabenbedienfeld ERSTELLEN unter FOTOABZÜGE • KONTAKTABZUG DRUCKEN.

Anhang

Anhang A
Voreinstellungen im Überblick

Der Fotoeditor und der Organizer bieten einige Optionen an, mit denen Sie das Verhalten und einige Einstellungen der Software ändern können. Dieses Kapitel liefert Ihnen einen Überblick darüber.

A.1 Voreinstellungen im Fotoeditor

Über das Untermenü BEARBEITEN • VOREINSTELLUNGEN oder Strg+K unter Windows bzw. PHOTOSHOP ELEMENTS EDITOR • VOREINSTELLUNGEN oder cmd+K beim Mac erreichen Sie viele verschiedene Optionen, um Photoshop Elements Ihren eigenen Bedürfnissen anzupassen.

Die Voreinstellungen selbst gliedern sich in neun Bereiche, der erste ist der Bereich ALLGEMEIN, mit dem wir starten wollen. Sie wechseln die Bereiche einfach per Klick in der Liste links.

A.1.1 Allgemein

Im Bereich ALLGEMEIN finden Sie verschiedene gemischte Einstellungen zum Fotoeditor wieder.

Über die Dropdown-Liste FARBAUSWAHL ❸ können Sie entscheiden, ob Sie als Farbwähler den Dialog von ADOBE (Standardeinstellung) oder den Dialog des entsprechenden Betriebssystems (WINDOWS oder APPLE) verwenden wollen.

In der Dropdown-Liste SCHRITT ZURÜCK/VORWÄRTS ❹ hingegen können Sie die Tastenkombination zum Rückgängigmachen und Wiederholen von Befehlen ändern. Neben der Standardeinstellung Strg/cmd+Z bzw. Strg/cmd+Y finden Sie hier zwei weitere Tastenkombinationen für diese Befehle zur Auswahl.

Farbschema
Seit Version 2024 können Sie Photoshop Elements in einem hellen oder dunklen Modus verwenden. Mit der Dropdown-Liste MODUS DER BENUTZEROBERFLÄCHE ❷ legen Sie die gewünschte Einstellung für den Fotoeditor fest.

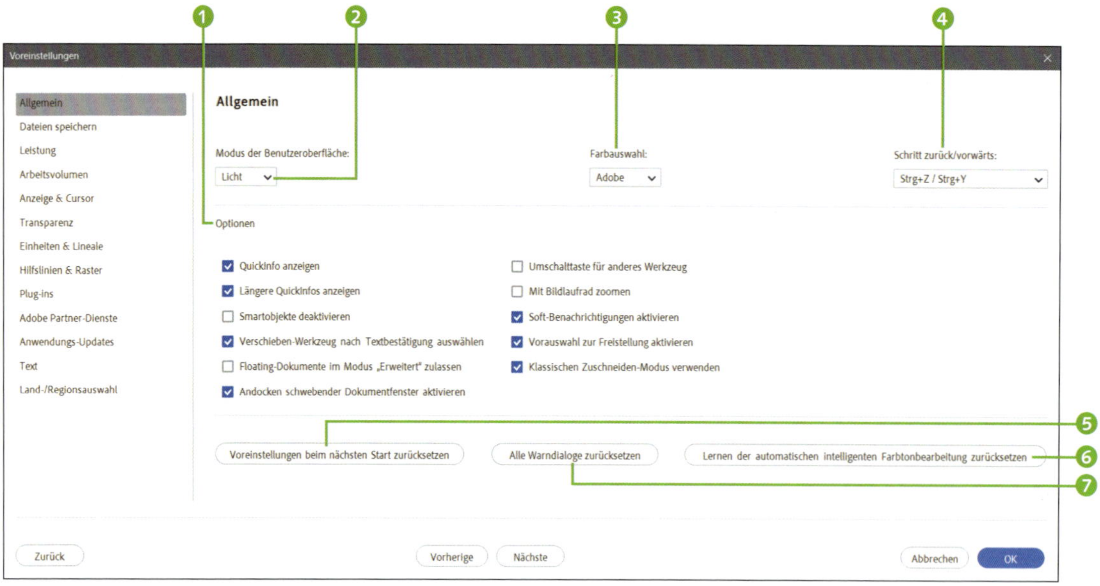

▲ **Abbildung A.1**
Unter Allgemein erreichen Sie verschiedene Einstellungen.

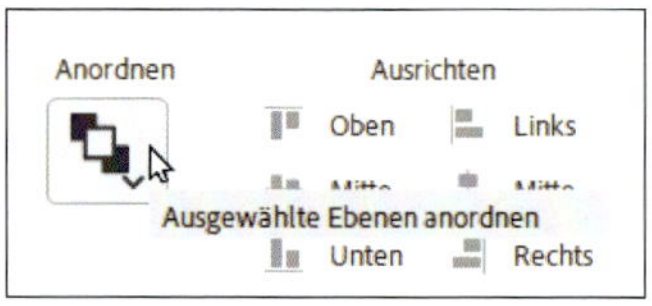

▲ **Abbildung A.2**
QuickInfos können nützliche Informationen enthalten, werden aber von manchen Anwendern als störend empfunden.

Mit den Checkboxen unter Optionen ❶ können Sie diverse Funktionen (de-)aktivieren. Wenn vor einer Checkbox ein Häkchen gesetzt wurde, ist diese Option aktiviert. Kein Häkchen davor bedeutet, dass diese Option nicht aktiv ist. Hier die Beschreibung der einzelnen Optionen:

- Quickinfo anzeigen: Wollen Sie die QuickInfos für einzelne Werkzeuge und Einstellungen einblenden lassen, wenn Sie mit dem Mauscursor darüber stehen bleiben, muss diese Option aktiviert sein, was standardmäßig auch der Fall ist.
- Längere QuickInfos anzeigen: Hier können Sie die animierten Benutzertipps, auch Rich-Text-QuickInfos, (de-)aktivieren. Diese Option ist nur verfügbar, wenn Sie die vorherige Option QuickInfos anzeigen aktiviert haben.
- Smartobjekte deaktivieren: Damit deaktivieren Sie beim Erstellen einer neuen Ebene die Erstellung von Smartobjekten.
- Verschieben-Werkzeug nach Textbestätigung auswählen: Wenn diese Option ausgewählt ist, wird gleich nach der Verwendung des Textwerkzeugs das Verschieben-Werkzeug ✚ aktiviert, was häufig der nächste Schritt ist, wenn Sie Ihren Text eingegeben haben. Standardmäßig ist die Option aktiviert.
- Floating-Dokumente im Modus "Erweitert" zulassen: Ist diese Option aktiviert, können Sie die einzelnen Dokumente im Erweitert-Modus als frei schwebende Fenster auf dem Bildschirm auch über den Rand des Programms (beispielsweise auf einen zweiten Monitor) hinausziehen. Wollen Sie hingegen immer nur ein Bild innerhalb des Fotoeditors sehen und bearbeiten, darf diese Option nicht aktiviert sein. Über Strg/

[cmd]+[⇆], die Register der Dokumente oder unten im Fotobereich wechseln Sie dann zwischen den einzelnen Dokumenten.

- Andocken schwebender Dokumentfenster aktivieren: Damit können Sie schwebende Dokumentfenster durch Ziehen auf andere schwebende Fenster innerhalb des Fensters als Registerkarten gruppieren. Diese Funktion macht natürlich nur Sinn, wenn Sie zuvor Floating-Dokumente im Modus "Erweitert" zulassen aktiviert haben. Diese Einstellung können Sie beim Ziehen von Fenstern mit gehaltener [Strg]-Taste vorübergehend umkehren.

▲ **Abbildung A.3**
Dokumentfenster lassen sich innerhalb von anderen Dokumentfenstern anordnen, wenn die Option Andocken schwebender Dokumentfenster aktivieren aktiviert ist.

- Umschalttaste für anderes Werkzeug: Ist diese Option aktiv, müssen Sie die [⇧]-Taste gedrückt halten, wenn Sie zu einem Werkzeug in derselben Werkzeuggruppe wechseln wollen. Wenn Sie beispielsweise die einzelnen Radiergummi-Werkzeuge wechseln wollen, genügt nicht mehr das Drücken von [E], um ein anderes Radiergummi-Werkzeug zu aktivieren, sondern Sie müssen zusätzlich die [⇧]-Taste gedrückt halten.
- Mit Bildlaufrad zoomen: Wenn Sie diese Option aktivieren, können Sie mithilfe eines Mausrades, falls vorhanden, in das Bild hinein- oder aus ihm herauszoomen, wenn sich der Mauscursor über dem Bild befindet. Standardmäßig ist diese Option deaktiviert.
- Soft-Benachrichtigungen aktivieren: Hier können Sie die kleinen Soft-Benachrichtigungen (de-)aktivieren, die Sie beispielsweise zu sehen bekommen, wenn Sie einen Vorgang rückgängig gemacht haben. Die Option ist standardmäßig aktiviert.

▲ **Abbildung A.4**
Eine typische Soft-Benachrichtigung

- Vorauswahl zur Freistellung aktivieren: Damit (de-)aktivieren Sie die automatische Vorauswahl einer Freistellungsempfehlung, die angezeigt wird, wenn Sie das Bild öffnen und zum Freistellungswerkzeug ⌗ wechseln. Standardmäßig ist diese Option aktiviert.
- Klassischen Zuschneiden-Modus verwenden: Wenn Sie während des Zuschneidens den Zuschneiderahmen verschieben, wird das Bild verschoben, während der Zuschneiderahmen in der Mitte der Leinwand fixiert bleibt. Wenn Sie jedoch das alte Verhalten verwenden möchten, bei dem der Beschnittrahmen verschoben wird, während das Bild fixiert bleibt, müssen Sie diese Option aktivieren.

Wollen Sie alle Voreinstellungen auf den Zustand nach der Installation von Photoshop Elements zurücksetzen, können Sie dies mit der Schaltfläche Voreinstellungen beim nächsten Start zurücksetzen ❺ tun. Diese Aktion greift allerdings erst nach dem nächsten Neustart des Fotoeditors.

Bei manchen Warnmeldungen können Sie eine Checkbox Nicht mehr anzeigen aktivieren, woraufhin diese künftig nicht mehr angezeigt wird. Beschleicht Sie jetzt ein ungutes Gefühl dabei, können Sie über die Schaltfläche Alle Warndialoge zurücksetzen ❻ alle Meldungen wieder aktivieren.

Zum Weiterlesen

Die Funktion Automatische intelligente Farbtonbearbeitung wird im Buch in Abschnitt 10.7, »Automatische intelligente Farbtonbearbeitung«, behandelt.

Mit der Schaltfläche Lernen der automatischen intelligenten Farbtonbearbeitung zurücksetzen ❼ setzen Sie die Funktion, die Sie mit Überarbeiten • Automatische intelligente Farbtonbearbeitung bzw. der Tastenkombination [Alt]+[Strg]/[cmd]+[T] aufrufen, auf den Standardstatus zurück – der Lernmodus startet quasi wieder von vorn.

A.1.2 Dateien speichern

Die Einstellungen im Bereich Dateien speichern betreffen – wer hätte das gedacht – das Speichern von Dateien.

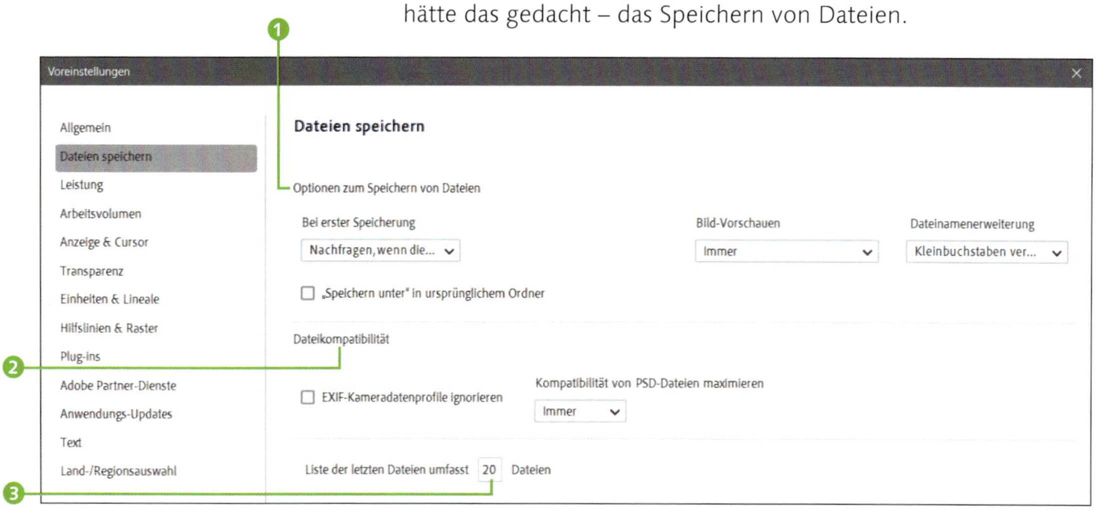

▲ **Abbildung A.5**
Verschiedene Einstellungen, die das Speichern von Dateien betreffen, bietet der Bereich Dateien speichern.

Bei Optionen zum Speichern von Dateien ❶ stehen Ihnen folgende Einstellungen zur Verfügung:

- Bei erster Speicherung: Damit stellen Sie ein, wie die Datei beim ersten Speichern über Datei • Speichern oder [Strg]/[cmd]+[S] gesichert werden soll. Standardmäßig ist hier Nachfragen, wenn die Datei die Originaldatei ist eingestellt, woraufhin beim ersten Speichern der Dialog Speichern unter zum Speichern erscheint. Bei allen folgenden Speichervorgängen wird allerdings die jeweils vorherige Version überschrieben. Öffnen Sie hingegen nur eine Kopie, wird sofort die vorherige Version ohne den Dialog Speichern unter überschrieben.
  Wollen Sie sowohl bei einer Kopie als auch beim Original, dass immer der Dialog Speichern unter beim ersten Speichern aufgerufen wird, müssen Sie die Option Immer bestätigen aus-

wählen. Mit der letzten Option AKTUELLE DATEI ÜBERSCHREIBEN wird niemals der Dialog SPEICHERN UNTER angezeigt, und die Datei sofort überschrieben (was nicht unbedingt zu empfehlen ist).

- BILDVORSCHAUEN: Hiermit wählen Sie aus, wann und ob Miniaturen und Vorschauen des Bildes mitgespeichert werden sollen. Standardmäßig ist hier IMMER eingestellt. Die anderen beiden Optionen, NIE und BEIM SPEICHERN WÄHLEN, sprechen ebenfalls für sich. Beim Mac finden Sie hier weitere Optionen, welche Bildübersichten gespeichert werden sollen (auch diese Angaben sprechen für sich).
- DATEIERWEITERUNG: Damit legen Sie fest, ob die Dateiendung für das Grafikformat in Großbuchstaben (beispielsweise »bild.JPG«) oder Kleinbuchstaben (beispielsweise »bild.jpg«) gespeichert werden soll. Ich empfehle, es immer auf Kleinbuchstaben zu belassen. Beim Mac lautet diese Option KLEINBUCHSTABEN VERWENDEN und ist als Checkbox implementiert.
- »SPEICHERN UNTER« IN URSPRÜNGLICHEM ORDNER: Diese Option ist standardmäßig aktiviert und sorgt dafür, dass beim Aufruf von SPEICHERN UNTER im Dialog der ursprüngliche Ordner als Standardordner verwendet wird.

Die drei folgenden Einstellungen im Rahmen DATEIKOMPATIBILITÄT ② beziehen sich auf die Kompatibilität beim Speichern von Grafikdateien:

- EXIF-KAMERADATENPROFILE IGNORIEREN: Wenn Sie diese Option aktivieren, wird das verwendete Farbprofil der Kamera verworfen und das Bild stattdessen in dem im Fotoeditor verwendeten Farbprofil gespeichert. Standardmäßig ist diese Option deaktiviert.
- KOMPATIBILITÄT VON PSD-DATEIEN MAXIMIEREN: Mit dieser Einstellung sorgen Sie dafür, dass ein als PSD-Datei gespeichertes Bild mit beispielsweise Ebenen auch mit anderen Anwendungen (oder gar künftigen Photoshop-Elements-Versionen) geöffnet werden kann, indem Sie diese Option auf IMMER (Standardeinstellung) stellen. Die anderen beiden Optionen, NIE und FRAGEN, sprechen wieder für sich. Natürlich benötigen diese Kompatibilitätsinformationen auch mehr Datenspeicher (ca. 10–15%).

Ganz unten legen Sie über LISTE DER LETZTEN DATEIEN UMFASST ③ die Anzahl der Dateien fest, die im Untermenü DATEI • ZULETZT BEARBEITETE DATEI ÖFFNEN aufgelistet werden. Maximal können Sie hier den Wert 100 eingeben.

A.1.3 Leistung

Echtes Feintuning, abgestimmt auf die optimale Rechenpower, ermöglicht Ihnen der Bereich LEISTUNG.

Über die SPEICHERBELEGUNG ❶ (Abbildung A.6) legen Sie fest, wie viel Arbeitsspeicher Photoshop Elements zur Bildbearbeitung erhalten soll. Bei der digitalen Bildbearbeitung kann man hiervon gar nicht genug haben. In der Praxis hat sich der Standardwert von 70% bestens bewährt. Beachten Sie, falls Sie noch mehr Speicher vergeben wollen, dass neben anderen Anwendungen auch das Betriebssystem etwas Arbeitsspeicher benötigt.

Über VERLAUF UND CACHE ❷ stellen Sie ein, wie viele Arbeitsschritte Sie rückgängig machen können. Mit PROTOKOLLOBJEKTE legen Sie die Anzahl der Schritte fest, die standardmäßig mit 50 Schritten recht knapp bemessen ist. Ein höherer Wert benötigt allerdings auch wieder mehr Arbeitsspeicher. Maximal ist ein Wert von bis zu 1000 Schritten möglich. In der Praxis würde ich 100 bis 200 Schritte empfehlen. Diese Änderungen sind allerdings erst nach einem Neustart aktiv.

Wird im System eine kompatible Grafikkarte erkannt, erscheint sie im Bereich Grafikprozessoreinstellungen. In diesem Fall ist die Option GRAFIKPROZESSOR VERWENDEN ❸ standardmäßig aktiviert. Ist die Option ausgegraut, liegt entweder keine unterstützte Karte vor oder es gab zuvor absturzbedingte Konflikte, etwa durch fehlerhafte Treiber.

Unter den erweiterten GPU-Einstellungen über die Schaltfläche ERWEITERTE EINSTELLUNGEN lassen sich zusätzliche Optionen aktivieren, darunter:

- OPENCL VERWENDEN: Sollte bei Problemen mit Funktionen wie VERFLÜSSIGEN oder BILDGRÖSSE MIT DETAILS BEIBEHALTEN deaktiviert werden.
- GLÄTTEN-HILFSLINIE: Deaktivieren, falls Linien zu breit oder zu stark erscheinen.
- 30-BIT-ANZEIGE: Für eine verbesserte Farbdarstellung auf kompatiblen Monitoren.

Mit MULTITHREADED-COMPOSITING ❹ verarbeitet Photoshop Elements Aufgaben wie Anpassungsebenen, Filter oder Mischmodi über mehrere Prozessorkerne parallel. Das steigert insbesondere bei komplexen Dokumenten die Bearbeitungsgeschwindigkeit deutlich. Ergänzt wird dies durch GPU-Compositing, das für eine flüssigere Vorschau und schnellere Reaktionen bei Ebenenoperationen sorgt – vorausgesetzt, der Grafikprozessor wird beim Start korrekt erkannt und aktiviert.

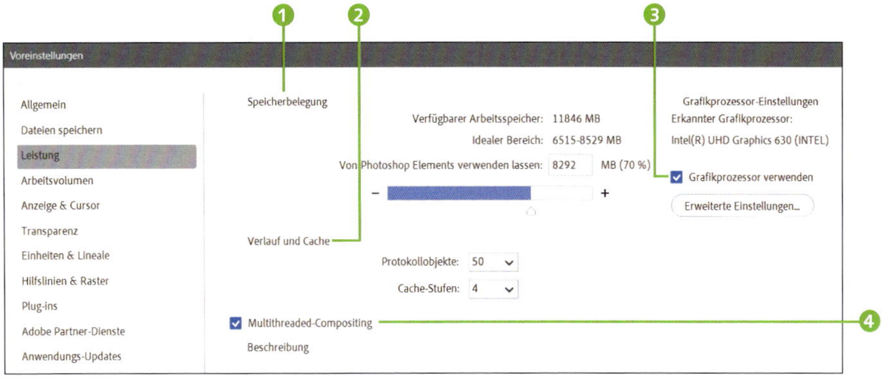

▲ **Abbildung A.6**
Die Einstellungen in LEISTUNG haben Auswirkungen auf das Laufzeitverhalten von Photoshop Elements.

A.1.4 Arbeitsvolumen

Reicht der Arbeitsspeicher nicht mehr aus, werden die Daten auf die erheblich langsamere Festplatte ausgelagert. Über ARBEITSVOLUMEN ❺ können Sie, falls mehrere Platten vorhanden sind, die Festplatte zum Auslagern über ein Häkchen aktivieren.

◀ **Abbildung A.7**
Festplatten zum Auslagern bei Arbeitsspeicherknappheit auswählen.

Externe Festplatten
Verwenden Sie am besten eine Platte, auf der nicht das Betriebssystem installiert ist (das ebenfalls idealerweise auslagert sein sollte), und benutzen Sie auf gar keinen Fall externe USB-Festplatten (viel zu langsam).

A.1.5 Anzeige & Cursor

Über ANZEIGE & CURSOR konfigurieren Sie die Darstellung verschiedener Werkzeuge.

Über MALWERKZEUGE ❶ (Abbildung A.8) ändern Sie die Anzeige der verschiedenen Malwerkzeuge. Mit STANDARD werden beim Malen kleine Symbolzeiger verwendet, die dem Werkzeug entsprechen. Mit FADENKREUZ wird nur ein solches angezeigt. Mit NORMALE PINSELSPITZE wird eine um 50% verkleinerte Pinselspitze und mit PINSELSPITZE IN VOLLER GRÖSSE eine Spitze mit voller Größe angezeigt. Zusätzlich können Sie bei den letzten beiden Optionen in der Mitte ein Fadenkreuz anzeigen lassen, indem Sie die Checkbox PINSELSPITZE MIT FADENKREUZ ANZEIGEN aktivieren.

Bei ANDERE WERKZEUGE ❷ stellen Sie die Darstellung für alle anderen Nicht-Malwerkzeuge ein. Mit STANDARD wird auch hier ein kleiner Symbolzeiger des entsprechenden Werkzeugs verwendet. Alternativ benutzen Sie hier ebenfalls nur ein FADENKREUZ.

Unter FREISTELLUNGSWERKZEUG ❸ legen Sie die Farbe und DECKKRAFT des dunkleren Bereichs fest, der nach der Bestätigung des Werkzeugs entfernt wird. Wenn Sie das Häkchen vor ABDECKUNG VERWENDEN deaktivieren, schalten Sie diesen dunklen Bereich komplett aus.

Im Bereich DISPLAYS MIT HOHER PIXELDICHTE finden Sie die Einstellung UI-SKALIERUNGSFAKTOR ❹, womit Sie Photoshop Elements auch mit hohen Auflösungen ordentlich verwenden können. Standardmäßig arbeitet der Wert AUTOMATISCH ganz hervorragend. Wenn es aber mal auf einem hochauflösenden Display nicht so recht mit der Anzeige klappen will, können Sie auch den Wert manuell auf 200% auswählen.

Abbildung A.8 ▼
Die Darstellung einiger Werkzeuge beeinflussen Sie über ANZEIGE & CURSOR.

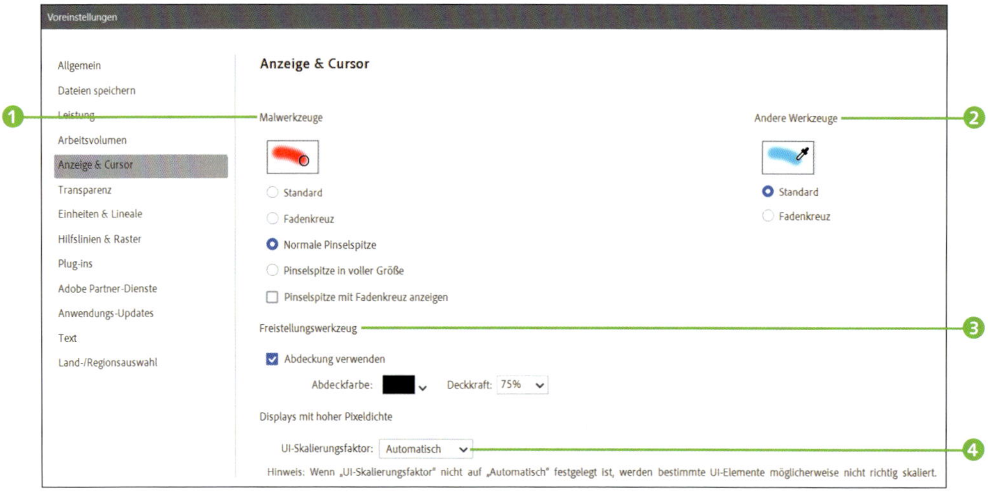

A.1.6 Transparenz

Über TRANSPARENZ konfigurieren Sie die Größe des quadratischen HINTERGRUNDMUSTERS der Transparenz und die RASTERFARBEN.

Abbildung A.9 ▶
Die Darstellung der TRANSPARENZ stellen Sie im gleichnamigen Bereich ein.

A.1.7 Einheiten & Lineale

Unter EINHEITEN & LINEALE legen Sie verschiedene Maßeinheiten für Photoshop Elements fest.

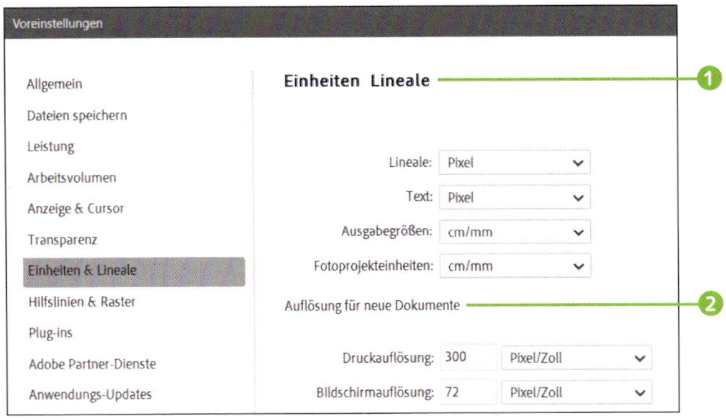

◂ **Abbildung A.10**
Maße und Maßeinheiten können Sie über EINHEITEN & LINEALE voreinstellen.

Folgende Einstellungen stehen Ihnen innerhalb von EINHEITEN & LINEALE ① zur Verfügung:

- LINEALE: Damit bestimmen Sie die Maßeinheit für die Lineale (ANSICHT • LINEALE). Neben dem Standardwert Zentimeter (CM) können Sie hierbei aus PIXEL (ideal für das Web), ZOLL, Millimeter (MM), PUNKT, PICA und PROZENT wählen.
- TEXT: Hier legen Sie die Maßeinheit fest, die für das Textwerkzeug T verwendet werden soll. Neben der Standardeinstellung PUNKT finden Sie hier PIXEL (für das Web) und Millimeter (MM) vor.
- AUSGABEGRÖSSEN: Damit stellen Sie die Maßeinheit für die Ausgabegröße ein. Neben der Standardeinstellung Zentimeter/Millimeter (CM/MM) können Sie hierbei auch ZOLL auswählen.
- FOTOPROJEKTEINHEITEN: Hiermit legen Sie die Maßeinheit für Fotoprojekte wie BILDBAND, GRUSSKARTE, FOTOKALENDER, FOTOCOLLAGE usw. aus dem Bedienfeld ERSTELLEN fest.

Im Bereich AUFLÖSUNG FÜR NEUE DOKUMENTE ② bestimmen Sie mit BILDSCHIRMAUFLÖSUNG, welche Monitorauflösung als Grundlage für die Anzeige der Ausgabegröße (beispielsweise beim Zoom-Werkzeug 🔍) verwendet werden soll. Als Standardwert wird 72 dpi (PIXEL/ZOLL) empfohlen, wer aber den genauen Wert kennt, sollte diesen hier eintragen. Mit der DRUCKAUFLÖSUNG bestimmen Sie, wie hoch die Auflösung neuer Dokumente sein soll, die für den Druck bestimmt sind. Der Standardwert lautet 300 dpi.

A.1.8 Hilfslinien & Raster

Bei HILFSLINIEN & RASTER können Sie im oberen Bereich ③ die FARBE und ART der Hilfslinien (ANSICHT • HILFSLINIEN oder Strg/cmd+L) bestimmen. Dasselbe gilt für das RASTER ④ (ANSICHT • RASTER), in dem Sie die FARBE, die ART, den ABSTAND und die UNTERTEILUNGEN vorgeben können.

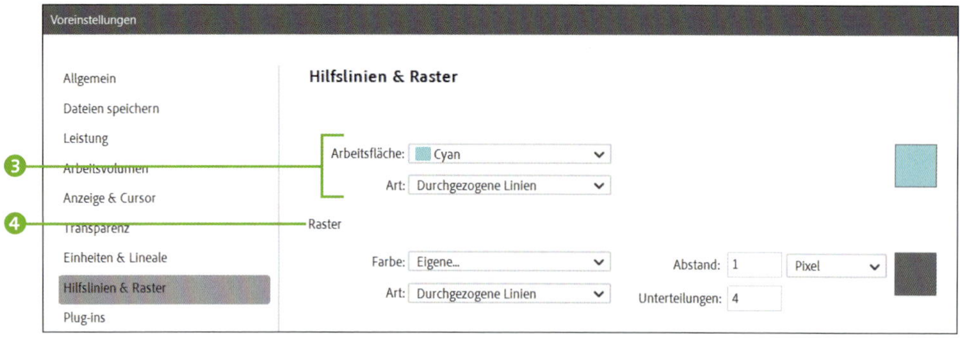

▲ **Abbildung A.11**
Unter HILFSLINIEN & RASTER passen Sie die Hilfslinien und Raster Ihren persönlichen Bedürfnissen an.

A.1.9 Plug-Ins

Über ZUSÄTZLICHER ZUSATZMODULORDNER haben Sie die Möglichkeit, einen weiteren Ordner mit Plug-ins anzugeben, in dem Photoshop Elements beim Laden nach Plug-ins suchen soll. Hierzu aktivieren Sie die Checkbox und wählen den Ordner, in dem sich die Plug-ins befinden.

A.1.10 Adobe Partner-Dienste

Bei Adobe Partner-Dienste können Sie mit den Häkchen 5 (Abbildung A.12) wählen, ob Sie über Benachrichtigungen über Partner-Dienste (wie Flickr, YouTube) oder Updates für Photoshop Elements informiert werden möchten. Mit einem Klick auf die Schaltfläche AKTUALISIEREN 6 können Sie manuell nach neuen Diensten und Updates suchen lassen.

Über KONTEN ZURÜCKSETZEN können Sie die gespeicherten Kontoinformationen von den vorhandenen Diensten zurücksetzen. Dasselbe gilt für die Schaltfläche ONLINEDIENSTDATEN LÖSCHEN für die gespeicherten Online-Dienstdaten.

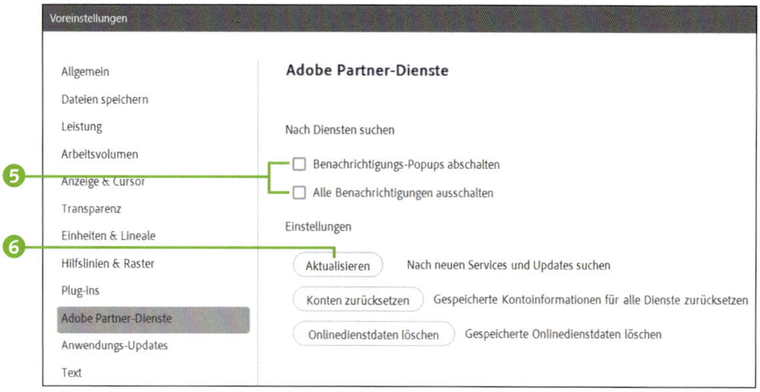

Abbildung A.12 ▶
Über ADOBE PARTNER-DIENSTE können Sie nach Diensten suchen oder Dienste zurücksetzen.

A.1.11 Anwendungs-Updates

Über Anwendungs-Updates können Sie einstellen, wie Photoshop Elements vorgehen soll, wenn ein Update vorliegt. Hierbei können Sie entweder Updates automatisch herunterladen und installieren oder die Standardeinstellung Benachrichtigen, wenn ein Update verfügbar ist auswählen.

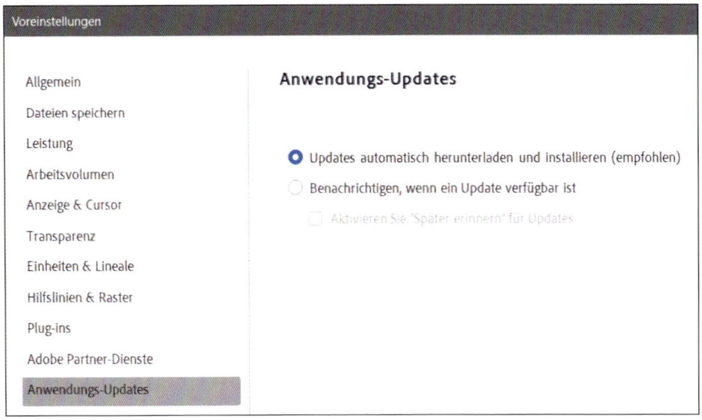

◂ **Abbildung A.13**
Einstellungen, wie mit einem vorhandenen Update verfahren werden soll

A.1.12 Text

Über Text können Sie die folgenden Textoptionen (de-)aktivieren:

- Typografische Anführungszeichen verwenden: Ist diese Option aktiviert, werden während der Texteingaben die Zeichen ' und " durch die typografischen Anführungszeichen (‚‘ und „“) ersetzt.
- Asiatische Textoptionen einblenden: Aktivieren Sie diese Option, werden bei den Werkzeugoptionen auch Optionen für asiatische Schriftarten angezeigt ❽.
- Schutz für fehlende Glyphen aktivieren: Wenn Sie ein PSD-Dokument öffnen, das Schriftarten verwendet, die nicht auf Ihrem System installiert sind, wird eine Warnmeldung ausgegeben und eine andere Schriftart verwendet. Durch aktiven Glyphenschutz wählt Photoshop Elements automatisch eine Schriftart aus, sodass nach Möglichkeit falsche und unleserliche Zeichen vermieden werden.
- Schriftnamen auf Englisch anzeigen: Zeigt den Namen nicht lateinischer Schriftarten in lateinischer Schrift an. So ist beispielsweise sichergestellt, dass asiatische Schriftnamen auf Englisch angezeigt werden.
- Grösse der Schriftvorschau: Über diese Dropdown-Liste stellen Sie die Größe der Schriftvorschau in den Werkzeugoptionen der Textwerkzeuge ein.

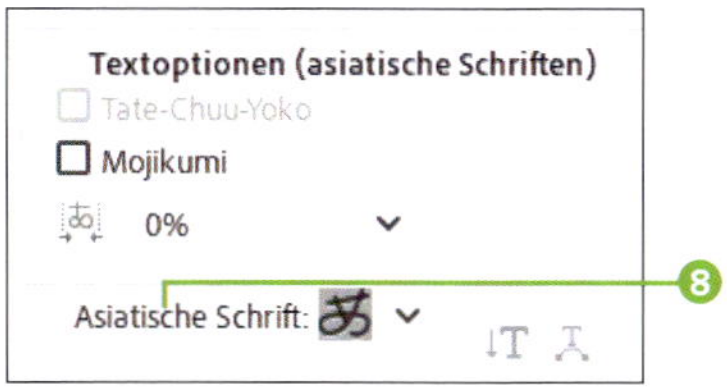

▴ **Abbildung A.14**
Asiatische Textoptionen sind eingeblendet.

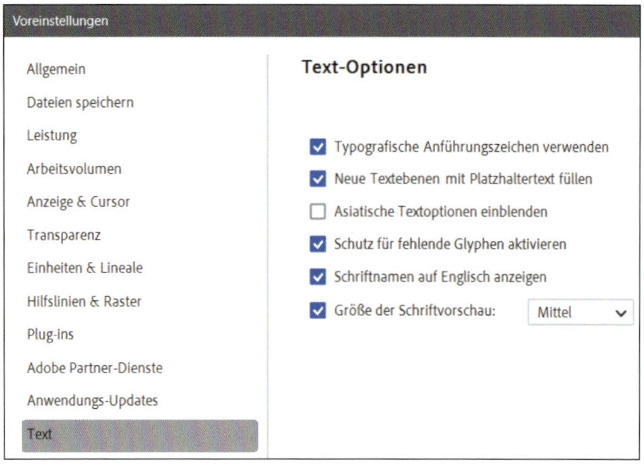

Abbildung A.15 ▶
Verschiedene Optionen für das Textwerkzeug

A.1.13 Land-/Regionsauswahl

Über LAND-/REGIONSAUSWAHL können Sie Ihr Land ändern. Dies kann beispielsweise nützlich sein, wenn Sie Online-Dienste verwenden wollen, die in Ihrem Land nicht zur Verfügung stehen.

A.1.14 Alle Einstellungen zurücksetzen

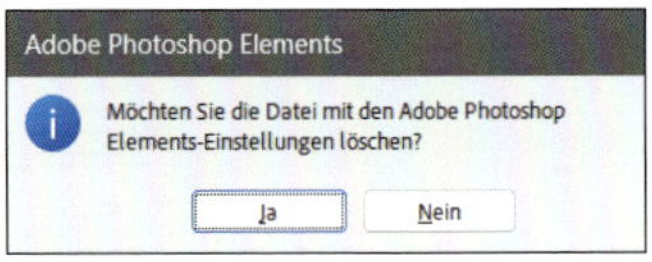

▲ Abbildung A.16
Notfalls können Sie die Optionen von Elements wieder zurücksetzen.

Haben Sie bei den Einstellungen etwas verändert und wissen jetzt nicht mehr, wie Sie das rückgängig machen können, gibt es nur die Möglichkeit, alle getroffenen Einstellungen wieder zu löschen und somit den Standardzustand wiederherzustellen. Dies geht, indem Sie beim Starten (über den Startbildschirm) des Fotoeditors [Strg]/[cmd]+[⇧]+[Alt] gedrückt halten. Daraufhin erfolgt ein Dialog, den Sie mit JA bestätigen müssen, wenn Sie alle Einstellungen löschen und somit den Standard wiederherstellen wollen.

A.2 Voreinstellungen im Organizer

Auch den Organizer können Sie über das Untermenü BEARBEITEN • VOREINSTELLUNGEN oder [Strg]+[K] unter Windows bzw. ELEMENTS ORGANIZER • VOREINSTELLUNGEN oder [cmd]+[K] beim Mac Ihren Bedürfnissen anpassen. Wechseln Sie in die verschiedenen Voreinstellungsbereiche per Klick in die Liste links.

A.2.1 Allgemein

Über ALLGEMEIN ändern Sie die allgemeinen ANZEIGEOPTIONEN.

- DRUCKFORMATE: Damit stellen Sie die Maßeinheit für den DRUCKEN-Dialog (DATEI • DRUCKEN oder [Strg]+[P]) auf ZOLL oder ZENTIMETER/MILLIMETER ein. Diese Option steht nur Windows-Nutzern zur Verfügung.

- Datum (neuestes zuerst): Hiermit legen Sie fest, wie die Bilder sortiert werden, die am selben Tag fotografiert wurden (nach der Uhrzeit). Die beiden Radiobuttons sprechen für sich.
- Fotos dürfen skaliert werden: Aktivieren Sie diese Option, wenn Fotos auch auf mehr als 100% ihrer Größe skaliert werden dürfen, um den vorhandenen Platz voll auszunutzen.
- Systemschrift verwenden: Damit verwendet der Organizer die aktuelle Systemschrift anstatt, wie standardmäßig der Fall, die für die Anwendung vorgegebene Schrift. Diese Option wird erst beim nächsten Neustart vom Organizer aktiv und steht nur Windows-Nutzern zur Verfügung.
- Datum und Uhrzeit durch Klicken auf Miniaturdaten ändern: Aktivieren Sie diese Option, können Sie durch das Anklicken des Datums in der Miniaturvorschau des Medienbrowsers das Datum und die Uhrzeit ändern.
- Grafikprozessor zur Wiedergabe von Videos verwenden: Damit verwenden Sie den Prozessor der Grafikkarte zur Wiedergabe von Videos. Diese Option steht nur unter Windows zur Verfügung.
- Backup-Katalogstruktur: Hier können Sie das Intervall für das automatische Backup der Katalogstruktur (nicht die Bilder) des Organizers festlegen. Ich empfehle, die Standardeinstellung Bei jedem Beenden zu verwenden.

Modus der Benutzeroberfläche

Hier können Sie auswählen, ob Sie den Organizer in einem hellen oder dunklen Farbschema betreiben möchten.

Warnmeldungen ausschalten

Bei manchen Warnmeldungen oder Aufforderungen können Sie eine Checkbox Nicht mehr anzeigen aktivieren, woraufhin die Warnmeldung künftig nicht mehr angezeigt wird. Über die Schaltfläche Alle Warndialoge zurücksetzen können Sie alle Meldungen wieder aktivieren.

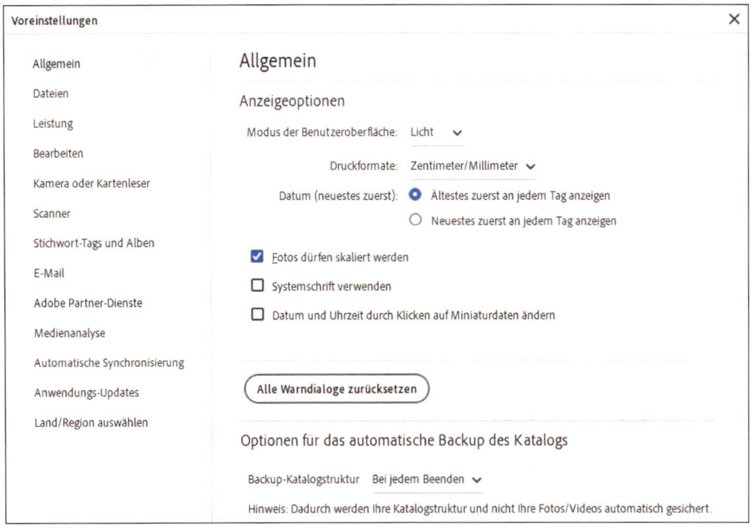

◂ **Abbildung A.17**
Unter Allgemein stellen Sie unterschiedliche Anzeigeoptionen des Organizers ein.

A.2.2 Dateien

Über Dateien erreichen Sie verschiedene Optionen, wie Dateien im Organizer behandelt werden sollen. Innerhalb von Dateioptionen ❶ finden Sie folgende Einstellungen:

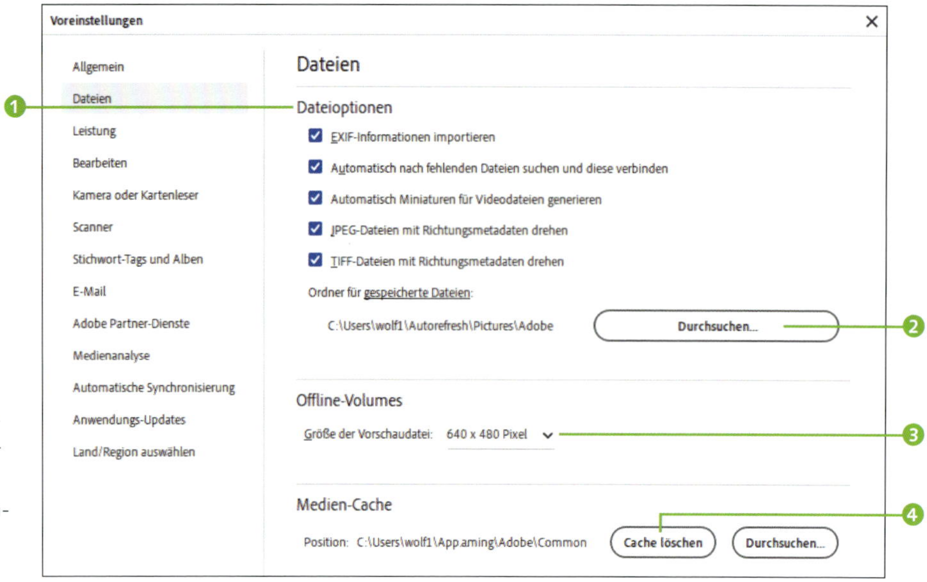

Abbildung A.18 ▶
Wie der Organizer mit den Dateien umgehen soll, können Sie unter DATEIEN ändern.

- EXIF-INFORMATIONEN IMPORTIEREN: Hier können Sie die Exif-Informationen aus einer Datei importieren oder nicht, wenn welche vorhanden sind. Wenn Sie diese Option deaktivieren, werden die Exif-Informationen allerdings nicht entfernt, sondern nur blockiert. Standardmäßig ist diese Funktion immer aktiviert.
- AUTOMATISCH NACH FEHLENDEN DATEIEN SUCHEN UND DIESE VERBINDEN: Fehlende Dateien werden im Medienbrowser mit einem Fragezeichen in der Miniaturvorschau versehen. Wählen Sie die fehlende Datei aus, beginnt ein Suchdialog automatisch mit der Suche (Standardeinstellung). Deaktivieren Sie diese Option, können Sie manuell nach der fehlenden Datei suchen.
- AUTOMATISCH MINIATUREN FÜR VIDEODATEIEN GENERIEREN: Sofern der Organizer das Videoformat erkennt, wird bei aktivierter Option (Standardeinstellung) auch eine Miniaturvorschau für Videodateien erstellt.
- AUTOMATISCH ZUM SICHERN DES KATALOGS UND DER DATEIEN AUFFORDERN: Wenn diese Option aktiviert ist (Standardeinstellung), werden Sie nach einer gewissen Anzahl erfasster Fotos aufgefordert, ein Backup der Katalogdatei zu erstellen.
- JPEG-DATEIEN MIT RICHTUNGSMETADATEN DREHEN: Wollen Sie, dass die Miniaturen von JPEG-Dateien im Medienbrowser entsprechend den Richtungsmetadaten (falls vorhanden) gedreht werden, sollte diese Option aktiv (Standard) sein. Deaktivieren Sie diese Option, wird die Datei zwar nicht entsprechend den Metadaten gedreht, aber die Miniaturauflösung hat eine höhere Auflösung.

- TIFF-Dateien mit Richtungsmetadaten drehen: Wie der Punkt zuvor, nur bezieht sich diese Option auf TIFF-Dateien.
- Ordner für gespeicherte Dateien: Hier finden Sie den Standardordner, in dem der Organizer seine Projekte und andere Dateien speichert. Klicken Sie auf die Schaltfläche Durchsuchen ②, wenn Sie den Pfad ändern wollen.

Über Offline-Volumes stellen Sie die Grösse der Vorschaudatei ③ ein, die der Organizer beim Offline-Speichern für Mediendateien verwenden darf. Standardeinstellung ist 640 × 480 Pixel.

Des Weiteren finden Sie hier eine Option Cache löschen ④ mit einem Verzeichnis, in dem der Organizer die Vorschauen zwischenspeichert, um schneller darauf zugreifen zu können. Diesen Zwischenspeicher können Sie mit der Schaltfläche Cache löschen freigeben oder den Pfad mit Durchsuchen ändern.

A.2.3 Leistung

Hier finden Sie verschiedene Leistungsoptionen für den Organizer. Sie können zum Beispiel festlegen, ob Sie den Grafikprozessor für die Wiedergabe von Videos verwenden wollen. Die einzelnen Optionen sind im Grunde selbsterklärend.

A.2.4 Bearbeiten

Über Bearbeiten wählen Sie aus, welche weiteren Optionen und Funktionen Ihnen über den Organizer zur Verfügung stehen.

Über Zusätzliche Bearbeitungsanwendung verwenden ① können Sie eine weitere Anwendung zur Bearbeitung von Fotos auswählen. Über die Schaltfläche Durchsuchen ② legen Sie die Anwendung fest, die Sie dann im Menü Bearbeiten oder über die Dropdown-Liste neben Editor mit Externer Editor aufrufen können, um das ausgewählte Bild im Medienbrowser damit zu bearbeiten.

Darunter finden Sie drei Radioschaltflächen, über die Sie auswählen können, ob Sie nur Optionen von Photoshop Elements Editor, Premiere Elements Editor oder von beiden Editoren anzeigen wollen. Standardmäßig werden die Optionen von allen Editoren angezeigt. Die ist allerdings natürlich nur dann sinnvoll, wenn Sie Premiere Elements auf dem Rechner installiert haben.

Die Funktionen von Photoshop und/oder Premiere Elements finden Sie beim Organizer dann unter Erstellen und Teilen. Wenn Sie nicht im Besitz von Premiere Elements sind, sollten Sie die Option Nur Photoshop Elements Editor-Optionen anzeigen ③ aktivieren, weil Sie sonst viele Funktionen im Organizer haben, die keinen Nutzen haben.

▲ **Abbildung A.19**
Im Medienbrowser markierte Bilder können auch mit einer externen Anwendung als Kopie bearbeitet werden. Der Organizer legt dabei automatisch einen Versionssatz an.

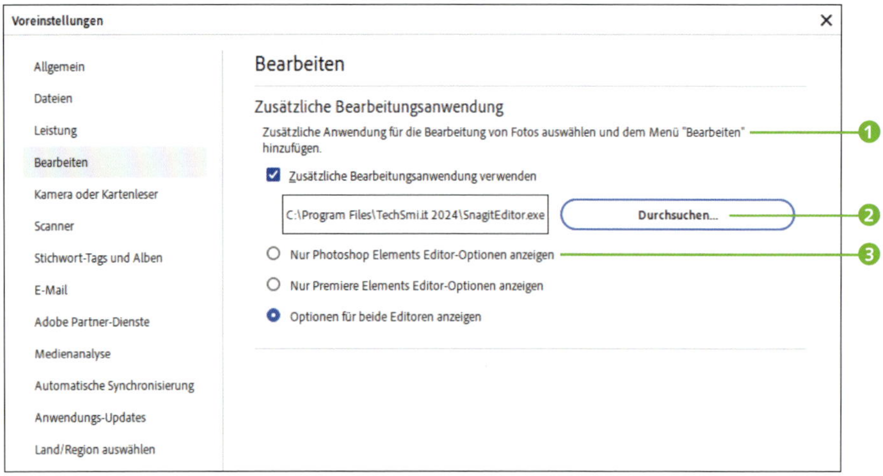

▲ **Abbildung A.20**
Hier werden die Anwendungen aufgelistet, mit denen die Bilder unter anderem über das Menü BEARBEITEN aufgerufen und weiterverarbeitet werden können.

A.2.5 Kamera oder Kartenleser

Über KAMERA ODER KARTENLESER stellen Sie die Ladeoptionen für den Foto-Downloader ein, wenn eine Kamera oder ein Kartenlesegerät mit Fotos angeschlossen wird.

Über DATEIEN ❹ konfigurieren Sie, was mit den Dateien beim Import geschehen soll. Alle Optionen und noch einige mehr können Sie allerdings auch nachträglich im FOTO-DOWNLOADER-Dialog ändern. Folgende Voreinstellungen sind hier möglich:

- DATEIEN SPEICHERN IN: Hier finden Sie den Speicherort, an dem der Foto-Downloader die Dateien nach dem Import speichert. Standardmäßig ist dies das Bilderverzeichnis auf dem System, aber über die Schaltfläche DURCHSUCHEN können Sie diesen Pfad auch ändern.
- ROTE AUGEN AUTOMATISCH KORRIGIEREN: Ist diese Option aktiv, wird versucht, rote Augen beim Import automatisch zu beheben. Standardmäßig ist diese Option deaktiviert, und ich empfehle Ihnen, das so zu lassen und rote Augen besser mit dem entsprechenden Werkzeug manuell zu beheben.
- FOTOSTAPEL AUTOMATISCH VORSCHLAGEN: Mit aktiver Option veranlassen Sie den Organizer beim Import, Fotostapel automatisch vorzuschlagen. Auch diese Option ist standardmäßig nicht aktiv, und ich empfehle hier ebenfalls, diesen Vorgang anschließend manuell durchzuführen.
- RAW- UND JPEG-DATEIEN AUTOMATISCH STAPELN: Wenn Sie Bilder im Raw- und JPEG-Format aufnehmen, werden diese zu

Premiere Elements
Premiere Elements ist das filmorientierte Gegenstück zu Photoshop Elements für den Videoschnitt. Häufig gibt es Photoshop Elements und Premiere Elements als Bundle zu kaufen. Premiere Elements kann aber auch extra heruntergeladen werden.

einem Stapel zusammengefasst und nicht doppelt, einmal als Raw und einmal als JPEG, im Medienbrowser angezeigt.

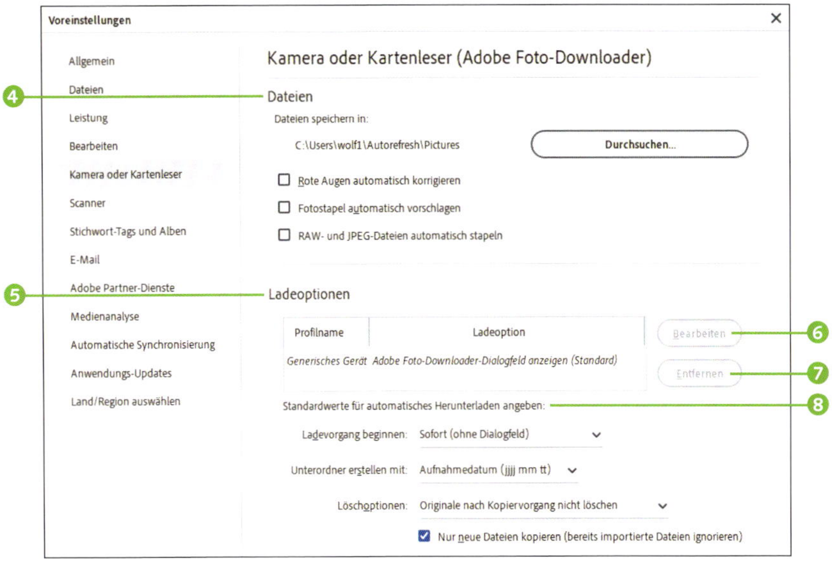

◂ **Abbildung A.21**
Voreinstellungen für den Foto-Downloader

Der Rahmen Ladeoptionen steht am Mac nicht zur Verfügung.

Unterhalb von Ladeoptionen ❺ geben Sie dann die entsprechenden Voreinstellungen für den eigentlichen Importvorgang an. In der folgenden Liste können Sie einstellen, wie der Foto-Downloader beim Anschließen einer Kamera oder eines entsprechenden Speichermediums angezeigt wird (Standard, Erweitert oder gar nicht, indem die Bilder gleich automatisch importiert werden). Über die Schaltfläche Bearbeiten ❻ oder einen Doppelklick auf den Eintrag ❼ können Sie die Einstellung ändern.

Für den Fall, dass Sie einen vollständig automatischen Import eingestellt haben, finden Sie hinter Standardwerte für automatisches Herunterladen angeben ❽ einige Einstellungen dafür:

- Ladevorgang beginnen: Hier können Sie eine Verzögerung des Ladevorgangs einstellen, um noch reagieren zu können.
- Unterordner erstellen mit: Hier geben Sie den Namen für die Unterordner vor, in die die Bilder importiert werden sollen.
- Löschoptionen: Hier stellen Sie ein, ob die Bilder nach dem Import vom Speichermedium gelöscht werden sollen oder nicht. Zu dieser Option finden Sie noch eine Checkbox, mit der Sie vorgeben können, dass nur neue Dateien kopiert und bereits importierte Dateien ignoriert werden sollen.

A.2.6 Scanner (nur Windows)

Im Bereich Scanner bestimmen Sie mit den Einstellungen unter Importieren ❶, mit welchem Scanner Sie die Bilder in welcher

Qualität und in welchem Format speichern lassen. Sie können unter Dateien ❷ den Pfad voreinstellen, unter dem die gescannten Bilder gespeichert werden sollen. Über die Schaltfläche Durchsuchen ❸ lässt sich dieser Pfad ändern. Alle Angaben können Sie allerdings auch noch nachträglich im Dialog Fotos von Scanner laden ändern.

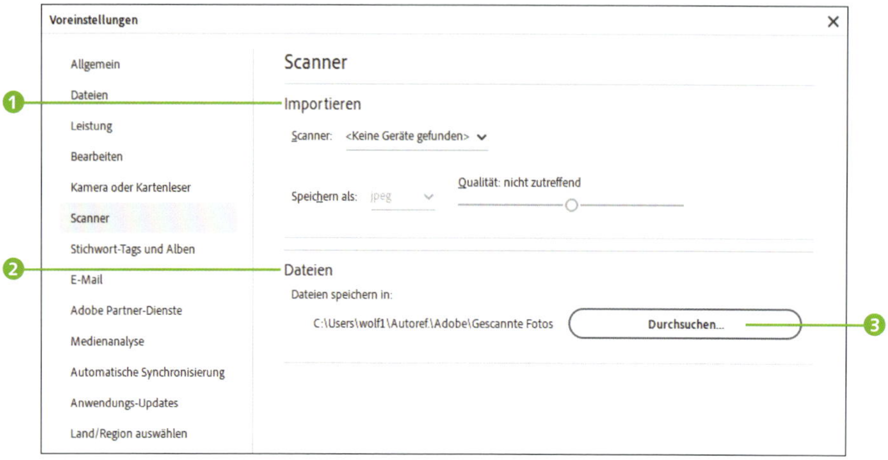

Abbildung A.22 ►
Voreinstellungen für das Einscannen von Bildern mit einem Scanner

A.2.7 Stichwort-Tags und Alben

Über Stichwort-Tags und Alben bestimmen Sie unter Manuelle Sortieroption aktivieren ❹, ob Sie Kategorien, Unterkategorien, Stichwort-Tags, Albumkategorien und Alben jeweils Manuell sortieren oder automatisch Alphabetisch sortieren lassen wollen.

Unter Stichwort-Tag-Anzeige können Sie festlegen, ob der Stichwort-Tag-Name nur mit einem farbigen Etikett ❺ oder auch mit einer Miniaturvorschau ❻ angezeigt werden darf.

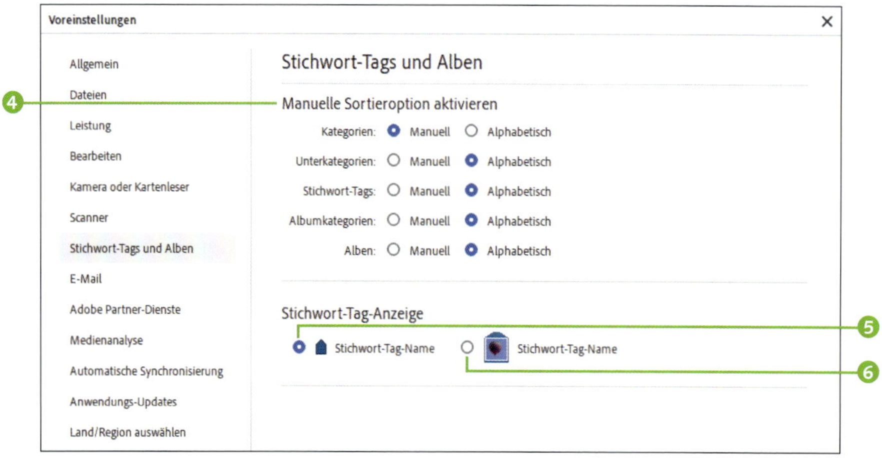

Abbildung A.23 ►
Über Stichwort-Tags und Alben stellen Sie deren Sortieroptionen ein.

A.2.8 E-Mail

Unter E-MAIL konfigurieren Sie Ihren E-Mail-Client oder verknüpfen ein E-Mail-Konto mit dem Organizer, mit dem Sie Bilder aus dem Organizer heraus versenden können. Wie Sie ein neues E-Mail-Profil einrichten können, wurde ausführlich in Abschnitt 37.7, »Fotos per E-Mail verschicken«, beschrieben.

▲ **Abbildung A.24**
Das Versenden von Bildern per E-Mail richten Sie unter E-MAIL ein.

A.2.9 Adobe Partner-Dienste

Wie in den Voreinstellungen des Fotoeditors finden Sie auch hier die Adobe Partner-Dienste mit den gleichen Optionen, wie sie bereits in Abschnitt A.1.10, »Adobe Partner-Dienste«, beschrieben wurden.

A.2.10 Medienanalyse

Da der Organizer automatisch die Medien analysieren kann, finden Sie unter MEDIENANALYSE die Einstellungen dazu. Bei EINSTELLUNG FÜR PERSONEN-ANSICHT können Sie die automatische Gesichtserkennung für FOTOS und/oder VIDEOS ❶, die standardmäßig aktiviert ist, deaktivieren. Über die Schaltfläche GESICHTERANALYSE ZURÜCKSETZEN ❷ können Sie alle bestehenden und benannten Personenstapel wieder zurücksetzen.

Wollen Sie die automatischen Smart-Tags und die Auto-Kuratierung nicht verwenden, müssen Sie die Option SMART-TAGS UND AUTO-KURATIERUNG ANZEIGEN ❹ deaktivieren. Dies könnte Sinn machen, wenn Sie sehr viele Bilder importieren möchten und nicht wollen, dass im Hintergrund direkt eine Analyse ausgeführt wird. Möchten Sie keine automatischen Kreationen von Fotocollagen und Diashows erstellt bekommen, müssen Sie die Option GENERIEREN AUTOMATISCHER KREATIONEN ❺ deaktivieren. Über MEDIEN FÜR AUTOMATISCHE KREATION ANALYSIEREN ❸ können Sie außerdem festlegen, ob die automatische Analyse für Kreationen auf BILDER und/oder VIDEOS durchgeführt werden soll.

Abbildung A.25 ▼
Automatische Analysen (de-)aktivieren Sie über MEDIENANALYSE.

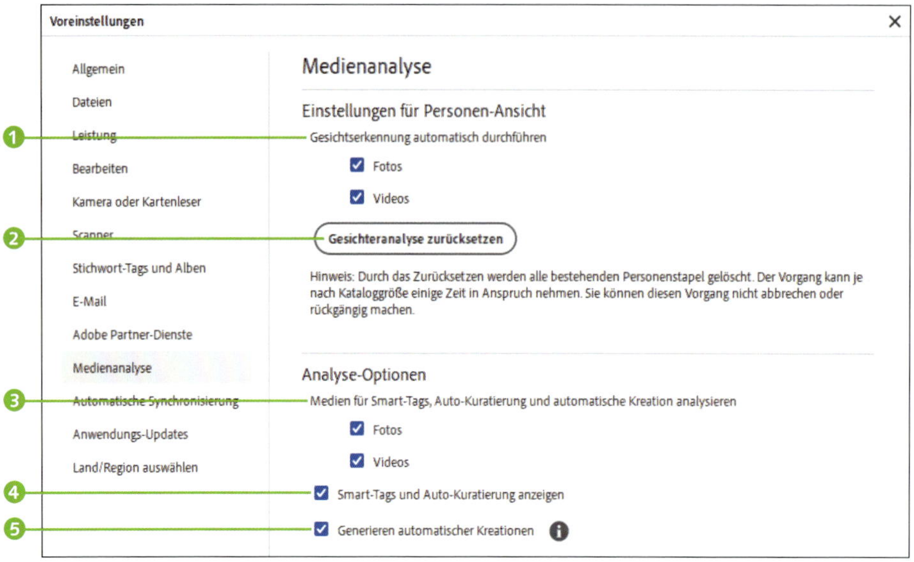

A.2.11 Automatische Synchronisation

Hier legen Sie fest, welche Medien ❶ (Fotos, Videos) automatisch in die Cloud hochgeladen werden sollen. Mit LADEN SIE AUTOMATISCH CLOUD-MEDIEN IN VOLLER AUFLÖSUNG HERUNTER ❷ stellen Sie sicher, dass die Bilder bei der Synchronisation automatisch in voller Auflösung heruntergeladen werden. Mit DURCHSUCHEN ❸ legen Sie fest, wo die aus der Cloud heruntergeladenen Medien auf dem lokalen Computer gespeichert werden sollen.

Abbildung A.26 ▼
Einstellung der Synchronisierung mit der Cloud

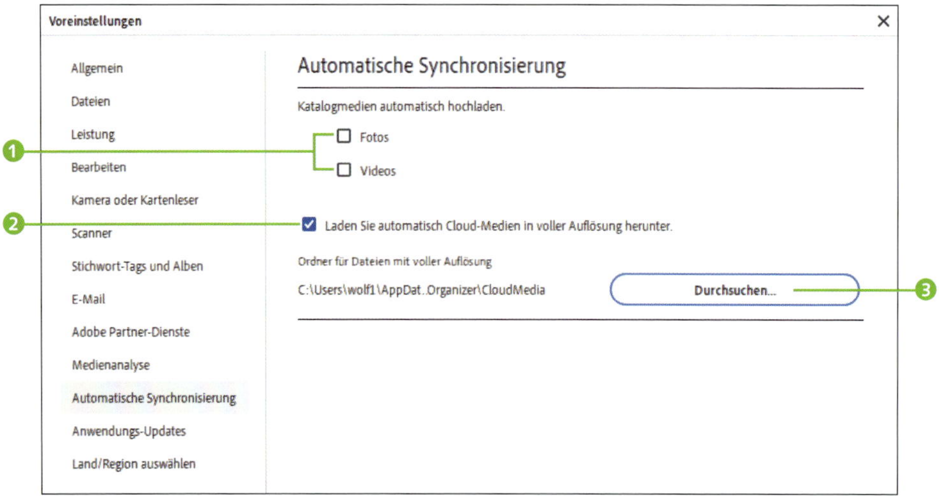

A.2.12 Standardeinstellung wiederherstellen

Wollen Sie die Standardeinstellungen des Organizers wie nach der Installation wiederherstellen, finden Sie hierzu im Dialog Voreinstellungen ganz unten die Schaltfläche Standardeinstellungen wiederherstellen.

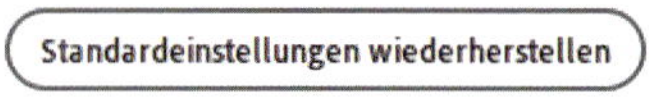

▲ **Abbildung A.27**
Im Notfall lässt sich über diese Schaltfläche alles wieder auf den Ursprungszustand stellen.

A.3 Verzeichnisse für Plug-ins, Pinsel & Co.

An dieser Stelle sollen kurz die verschiedenen Verzeichnisse von Windows und Mac zu den Plug-ins, Pinseln usw. erwähnt werden. Sie sind nötig, wenn Sie Photoshop Elements um diese Dinge erweitern wollen. Grundlegend müssen Sie hier zwischen dem Benutzerverzeichnis, das hier als <Benutzer> geschrieben wird, und dem Programmverzeichnis unterscheiden. Das Benutzerverzeichnis ist gewöhnlich das Verzeichnis des angemeldeten Benutzers auf dem System. Das Programmverzeichnis ist das Verzeichnis, in dem die Software installiert ist.

Vorgaben-Manager
Pinsel, Farbfelder, Verläufe und Muster sollten Sie zwar mit dem Vorgaben-Manager (Bearbeiten • Vorgaben-Manager) verwalten, aber aufgrund vieler Nachfragen, habe ich diesen Anhang mit ins Buch genommen.

Windows-Benutzerverzeichnis | Das Benutzerverzeichnis unter Windows, in dem Photoshop Elements nach Pinseln, Farbfeldern, Verläufen, Mustern und dergleichen sucht, lautet:

[Laufwerk]:\<Benutzer>\<Benutzername>\AppData Roaming\Adobe\Photoshop Elements\26.0\Presets

Der Ordner AppData ist vermutlich ausgeblendet oder versteckt und muss über Extras • Ordneroptionen im Reiter Ansicht über die entsprechende Option eingeblendet werden.

Windows-Programmverzeichnis | Das Programmverzeichnis unter Windows zu den Pinseln, Farbfeldern, Verläufen, Mustern usw. lautet gewöhnlich:

[Laufwerk]:\Programme\Adobe\PhotoshopElements2026\Presets

Mac-Benutzerverzeichnis | Das Benutzerverzeichnis auf einem Mac-System für Pinsel, Farbfelder, Muster, Verläufe und dergleichen lautet:

/Users/<Benutzer>/Library/Application Support/Adobe/Adobe Photoshop Elements 2026/Presets

Mac-Programmverzeichnis | Das Programmverzeichnis auf dem Mac lautet hingegen:

Programme/Photoshop Elements 2026/Support Files/Presets

Alle zusammen | Egal, auf welchem System und ob es sich jetzt um das Benutzer- oder Programmverzeichnis handelt, alle wichtigen Verzeichnisse, über die Sie Photoshop Elements um weitere Pinsel, Farbfelder, Muster, Verläufe und noch einiges mehr erweitern können, liegen unterhalb des PRESETS-Verzeichnisses. Da die Verzeichnisse allerdings in englischer Sprache gehalten sind, erhalten Sie in Tabelle A.1 kurz einen Überblick über die gängigen Verzeichnisnamen und deren deutsche Bedeutung.

Tabelle A.1 ▸
Die gängigen Verzeichnisnamen von Photoshop Elements

Verzeichnisname	Endung	Beschreibung
BRUSHES	ABR	Darin werden die Pinsel gespeichert.
COLOR SWATCHES	ACO	Hierbei handelt es sich um den Ordner mit den Farbfeldern.
GRADIENTS	GRD	Darin sind die Farbverläufe enthalten.
PATTERNS	PAT	Verzeichnis für die Muster

Plug-in-Verzeichnis | Zwar bietet Photoshop Elements auch hier eine Möglichkeit an, über BEARBEITEN/PHOTOSHOP ELEMENTS • VOREINSTELLUNGEN • ZUSATZMODULE ein eigenes Plug-in-Verzeichnis einzurichten, aber viele Anwender suchen auch hierfür lieber nach dem Programmverzeichnis.

- Dieses finden Sie bei Windows unter: [LAUFWERK]:\PROGRAMME\ADOBE\PHOTOSHOP ELEMENTS 2026\PLUG-INS
- Haben Sie ein Plug-in für den Mac, finden Sie das Programmverzeichnis dazu unter: PROGRAMME/PHOTOSHOP ELEMENTS 2026/SUPPORT FILES/PLUG-INS

Anhang B
Grundlagen zu digitalen Bildern

Die Grundlagen der digitalen Bildbearbeitung sind nicht nur für Einsteiger, sondern auch für die etwas fortgeschrittenen Leser von Interesse. Sie bilden die Voraussetzung für eine professionelle und erfolgreiche Arbeit mit Photoshop Elements.

B.1 Eigenschaften digitaler Bilder

Digitale Bilder sind an sich nicht sichtbar, weil sie im Prinzip nur aus binär codierten Zahlen bestehen. Um diese Bilder sichtbar zu machen, ist ein Anzeigegerät wie ein Computermonitor, ein Projektor oder ein Drucker nötig. Weiterhin brauchen Sie eine Software auf dem Computer als Vermittler zwischen dem digitalen Bild und dem Anzeigegerät, um die Datei visualisieren zu können. In diesem Abschnitt sollen die Eigenschaften digitaler Bilder etwas genauer erläutert werden.

B.1.1 Rastergrafiken aus Pixeln

Herkömmliche digitale Bilder werden als *Rastergrafiken* beschrieben. Solche Rastergrafiken werden fotografisch mithilfe von Kameras oder Scannern bei der Digitalisierung erstellt. Sie können aber auch selbst Rastergrafiken mit Bildbearbeitungsprogrammen wie Photoshop Elements erstellen oder errechnete Bilder mit formaler Mathematik in einer Software generieren lassen.

Pixel (Picture Elements) | Die einzelnen Elemente einer digitalen Rastergrafik zur Darstellung von Farbwerten sind Pixel (kurz für *Picture Elements*). Wie Mosaiksteinchen setzen diese die Grafik zusammen. Ein Pixel ist somit die kleinste Flächeneinheit eines digitalen Bildes. Welche Informationen in einem Pixel gespeichert sind, hängt von der Bildgröße und Bauart des Sensorchips der Kamera ab. Neben der Speicherung von Farbinformationen können Pixel auch weitere Informationen enthalten. So gibt es zum Beispiel Grafikformate, die neben Farbinformationen auch Transparenzinformationen (den Alphakanal) speichern. In welcher Farbe ein Pixel codiert wird, wird durch den Farbraum und die Farbtiefe bestimmt.

Abbildung B.1 ▸
Erst wenn Sie tief in ein Bild hineinzoomen, werden die einzelnen Pixel einer Rastergrafik sichtbar.

Bildauflösung
Anstelle von Pixelmaßen wird bei Rastergrafiken häufig auch von der Bildauflösung gesprochen. Allerdings wird der Begriff *Auflösung* in der Praxis mehrdeutig und in vielen Bereichen verwendet, wodurch es schnell zu Missverständnissen kommen kann.

Pixelmaße eines Bildes | Die Angabe des Pixelmaßes eines digitalen Bildes beschreibt, wie viele Pixel ein Bild in seiner Breite und Höhe aufweist. Bei digitalen Kameras werden hierbei häufig lediglich Megapixel angegeben. Die Anzahl der Megapixel errechnet sich allerdings immer aus dem Produkt der Pixelmaße von Höhe und Breite. Ein Bild mit 6000 Pixeln in der Breite und 4000 Pixeln in der Höhe enthält 24 Millionen einzelne Pixel, also 24 Megapixel. Viele Digitalkameras bieten verschiedene Möglichkeiten zur Einstellung der Pixelmaße an.

Abbildung B.2 ▸
Pixelmaße eines Bildes

Mehr Megapixel zur Verfügung zu haben bedeutet übrigens nur, dass Sie mehr Informationen zur geometrischen Größe (Höhe und Breite) in einem Bild speichern können – was nicht automatisch mit einer besseren Bildqualität gleichzusetzen ist. Mit höheren Pixelmaßen steigt proportional auch die Dateigröße des digitalen Bildes.

Seitenverhältnis | Neben den Pixelmaßen und der Pixelzahl ist auch das Seitenverhältnis wichtig, das häufig auch als *Bildformat* bezeichnet wird. Das Seitenverhältnis beschreibt, in welchem Verhältnis Breite und Höhe zueinanderstehen. Bei dem Beispielbild von 6000 × 4000 Pixeln ist das Seitenverhältnis 6000 zu 4000. Gekürzt ergibt sich daraus das Seitenverhältnis 3 zu 2, fachsprachlich *3:2* bezeichnet. Andere gängige Seitenverhältnisse sind 4:3, 16:9 oder 1:1. Viele Kameras bieten die Möglichkeit, das Seitenverhältnis zu ändern.

Punktdichte | Bei Rastergrafiken hängt die Wiedergabequalität hauptsächlich von den Pixelmaßen der Grafik ab. Eine Rastergrafik auf dem Computer selbst besitzt eigentlich gar keine qualitätsbestimmende Punktdichte. Zwar werden Sie in den Metadaten eine Auflösung in dpi (oder ppi) vorfinden, diese hat aber keinen Einfluss auf die Qualität der Darstellung auf dem Bildschirm. Die Werte bekommen erst eine Bedeutung, wenn Sie die Datei drucken möchten.

Auflösung
In der Praxis wird die Punktdichte häufig auch mit dem Begriff *Auflösung* oder *relative Auflösung* verwendet. Wobei relative Auflösung eher irreführend ist, weil die Punktdichte eine absolut physikalische Größe ist, die direkt gemessen werden kann. Photoshop Elements verwendet den Begriff *Auflösung* dafür.

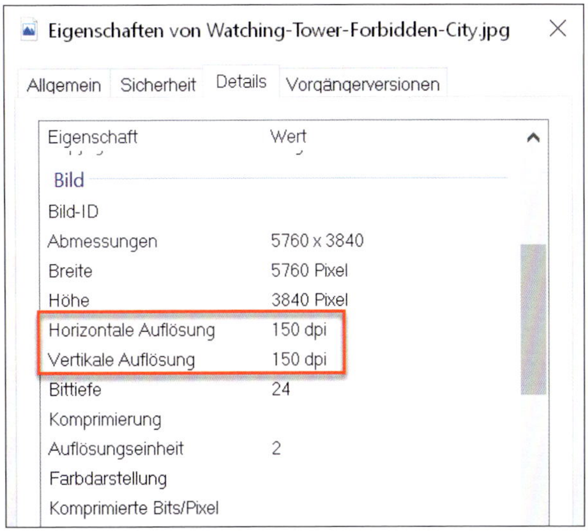

◂ **Abbildung B.3**
Die Punktdichte in dpi steht zwar in den Metadaten der Bilddatei, hat aber keine Auswirkung auf die Anzeige des Bildes auf einem Computerbildschirm.

Pixelmaße und Monitorgröße | Digitale Bilder haben also eine bestimmte Anzahl Pixel. Ebenso können Anzeigegeräte eine bestimmte Anzahl Pixel wiedergeben. Ein Bild, das 500 Pixel breit ist, wird auf einem Monitor mit einer Auflösung von 1024 × 768 Pixeln wesentlich größer wirken als auf einem Bildschirm mit einer Auflösung von 1920 × 1080 Pixeln. Die dargestellte Bildgröße ist immer abhängig von der eingestellten bzw. vorhandenen Monitorauflösung.

Abbildung B.4 ▼
Zum Vergleich: Die linke Abbildung zeigt ein Bild mit 500 × 333 Pixeln bei einer Bildschirmauflösung von 1920 × 1080 Pixeln; rechts das gleiche Bild bei einer Bildschirmauflösung von 1024 × 768 Pixeln.

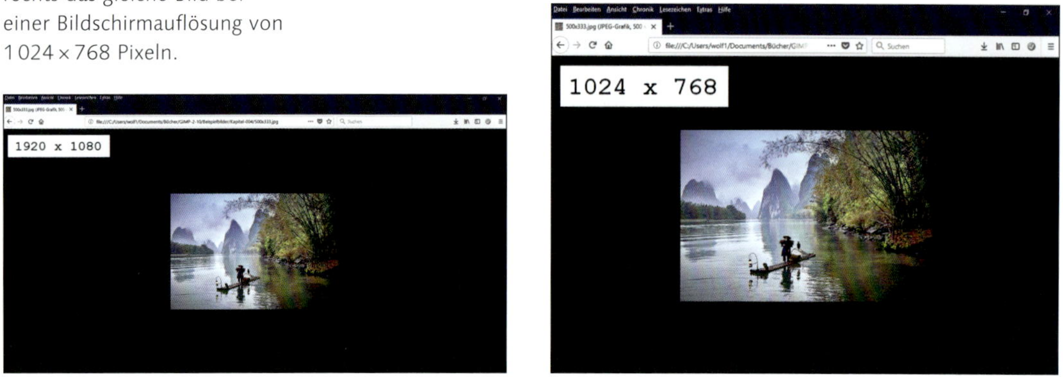

Sind die Pixelmaße einer digitalen Bilddatei hingegen größer als die Monitorauflösung, sorgt gewöhnlich eine Software dafür, dass das Bild so verkleinert angezeigt wird, dass Sie es trotzdem vollständig sehen können.

Wenn Sie ein Bild in einem Bildbearbeitungsprogramm bei 100 % (das heißt im 1:1-Verhältnis) betrachten, wird die Auflösung der Pixel eines Bildes zum Verhältnis der Bildschirmpixel angezeigt. Reduzieren Sie die Größe der Ansicht auf 50 %, sehen Sie nur noch jedes vierte und bei 25 % jedes achte Bildpixel auf dem Bildschirm.

Abbildung B.5 ▸
In der 100 %-Ansicht entspricht ein Bildpixel einem Bildschirmpixel.

Vergrößern Sie hingegen die Ansicht auf 500 %, verteilen Sie die Information eines Bildpixels auf 25 Bildschirmpixel (5 Pixel × 5 Pixel). Abbildung B.5 zeigt ein Bild in der 100 %-Ansicht in Photoshop Elements. Jedes Bildpixel entspricht einem Bildschirmpixel.

Die Punktdichte beim Drucken | Sie haben soeben erfahren, dass die Pixeldichte bzw. Auflösung für die Darstellung auf dem Monitor keine Rolle spielt. Erst wenn Sie ein Rasterbild drucken möchten, wird die Angabe *dpi* relevant (***d****ots* ***p****er* ***i****nch* = Punkte pro Zoll). In diesem Fall können Sie sich nicht an den Pixelmaßen des digitalen Bildes orientieren, weil das Bild beim Drucken auf eine bestimmte Größe in Zentimetern bzw. Zoll übertragen werden soll. Dafür benötigen Sie die Einheit dpi.

Ein Inch/Zoll entspricht 25,4 mm bzw. 2,54 cm. Je mehr Pixel pro Inch in die Breite und in die Höhe Sie mit Ihrer Bilddatei füllen können, desto feiner und höher aufgelöst ist der Druck. Wichtig ist aber auch das Verhältnis zwischen dpi und den Pixelmaßen (Höhe und Breite). Sie können zwar auch ein Bild mit 640 × 480 Pixeln mit einer sehr hohen dpi-Auflösung drucken, dann aber nur in Daumengröße. Ein Bild muss also für den Druck nicht nur über eine passend hohe dpi-Auflösung verfügen, sondern auch über eine entsprechend hohe Anzahl Pixel in Höhe und Breite.

ppi oder dpi?

Die Einheiten der Pixeldichte sind recht vielseitig und sorgen häufig für Verwirrung. In der Praxis werden *dpi* eigentlich immer dann verwendet, wenn es darum geht, etwas auf das Papier zu bringen. Die Angabe *ppi* hingegen wird eher dann verwendet, wenn es um etwas Digitales wie einen Bildschirm geht. Ebenfalls recht gängig ist der Begriff *lpi* (für ***l****ines* ***p****er* ***i****nch*), der beispielsweise im Kontext von Tageszeitungen oder Zeitschriften zur Anwendung kommt. Es gibt noch weitere Einheiten, wie das metrische System mit DPCM, PPCM oder L/cm, die aber allesamt eher bei Spezialanwendungen relevant sind.

Vermutlich haben Sie schon das eine oder andere Bild in eine Druckerei gegeben, die Bilder in einer Auflösung von 300 dpi oder 150 dpi angefordert hat. An sich macht diese Angabe allein wenig Sinn. Es nützt zum Beispiel nichts, ein Bild mit 640 × 480 Pixeln und 300 dpi auf ein DIN-A3-Blatt mit 420 × 297 mm zu drucken. Allerdings ist es nicht schwierig, die Größe in Pixeln, Zentimetern oder dpi zu errechnen, wenn Sie die anderen beiden Werte haben. In Tabelle B.1 finden Sie einen Überblick darüber, wie Sie die gesuchte Einheit errechnen können.

Sie benötigen	Formel
Pixel	(cm × dpi) ÷ 2,54 cm
cm	(Pixel ÷ dpi) × 2,54 cm
dpi	(Pixel ÷ cm) × 2,54 cm

◂ **Tabelle B.1**
Ermittlung der Werte für Pixel, Zentimeter und dpi

Als Beispiel möchte ich ein digitales Bild mit Abmessungen von 3 000 × 2 000 Pixeln (= 6 000 Pixel) als Poster mit einer Größe von 150 × 100 cm drucken lassen.

Wo finde ich das bei Photoshop Elements?

Die zuvor erwähnten Einstellungen wie Pixelmaße, Dokumentgröße und die Punktdichte beim Druck (hier als *Auflösung* bezeichnet) finden Sie, wenn Sie ein Bild über das Menü Bild • Skalieren • Bildgrösse oder [Strg]/[cmd]+[Alt]+[I] geöffnet haben. In dem sich öffnenden Dialog können Sie die Werte gegebenenfalls auch ändern.

Die Druckerei verlangt eine Punktdichte von mindestens 150 dpi. Ob das Bild ausreichend Pixel hat, berechne ich folgendermaßen:

$(150\,cm \times 150\,dpi) \div 2{,}54\,cm = 8\,858\ Pixel$

Das Bild entspricht also absolut nicht den Anforderungen. Wollen Sie hingegen errechnen, welche Bildgröße in Zentimetern Sie bei einer Anforderung von 150 dpi maximal drucken lassen können, rechnen Sie:

$Breite: (3\,000\ Pixel \div 150\,dpi) \times 2{,}54\,cm = 50{,}8\,cm$

$Höhe: (2\,000\ Pixel \div 150\,dpi) \times 2{,}54\,cm = 33{,}87\,cm$

Sie können auch ermitteln, ob das Bild mit den bestehenden Maßen ausreichend dpi aufweist. Gehen wir davon aus, dass ein Fotoabzug auf 30 × 20 cm mit 150 dpi erstellt werden soll. Dafür liegt Ihnen ein digitales Bild mit 4 000 × 3 000 Pixeln vor:

$(4\,000\ Pixel \div 30\,cm) \times 2{,}54\,cm = 338{,}67\,dpi$

Die Punktdichte ist also mehr als ausreichend, und Sie könnten sogar noch mit 300 dpi drucken.

B.1.2 Vektorgrafiken – errechnete Bilder

Vektorgrafik-Programme

Es gibt eine Menge Programme, die auf Vektorgrafiken spezialisiert sind. Zu diesen zählen InDesign, PageMaker, FreeHand, CorelDraw und die freie und kostenlose Alternative Inkscape.

Vektorgrafiken werden nicht als Pixelraster, sondern als mathematische Funktionen beschrieben. Um beispielsweise einen Kreis zu zeichnen, benötigen Sie nur einen Radius, die Linienstärke und eventuell eine Farbe. Der Vorteil dabei ist, dass sich eine solche Grafik beliebig skalieren lässt, ohne dass ein Qualitätsverlust entsteht. Und der Speicherverbrauch von Vektorgrafiken ist auch sehr bescheiden.

Auf fotorealistische Darstellungen müssen Sie bei Vektorgrafiken allerdings verzichten. Die Stärke von Vektorgrafiken liegt in der Erstellung von grafischen Primitiven (Linien, Kreise, Polygone, Kurven usw.), womit sich diese Grafiken bestens für die Erstellung von Diagrammen, Logos und natürlich kreativen Arbeiten eignen.

Photoshop Elements und Vektorgrafiken | Photoshop Elements ist zwar kein Meister in Sachen Vektorgrafik, aber es bietet mit dem Eigene-Form-Werkzeug, dem Rechteck-Werkzeug, dem Abgerundetes-Rechteck-Werkzeug, dem Ellipse-Werkzeug, dem Polygon-Werkzeug, dem Stern-Werkzeug und dem Linienzeichner einige vektorbasierte Werkzeuge.

B.2 Farbmodi

Jedes Pixel in einem digitalen Bild hat eine bestimmte Farbe. Um eine Farbe zu definieren, gibt es verschiedene Farbsysteme oder auch Farbmodi. In Verbindung mit digitalen Bildern sind besonders der RGB-Modus und der CMYK-Modus von Bedeutung. Bilder werden meistens im RGB-Modus abgespeichert und beim Druck im CMYK-Modus verarbeitet. Aber auch der Farbmodus Lab ist ein wichtiger Farbraum. Ich werde in erster Linie auf den RGB-Modus eingehen, weil Photoshop Elements diesen unterstützt und Sie damit arbeiten werden. Der CMYK- und der Lab-Modus werden nicht von Photoshop Elements unterstützt.

B.2.1 Farbmodus RGB

Das RGB-Modell ist das gängigste Farbmodell und kommt überwiegend bei Digitalkameras, Bildschirmen, TV-Geräten und Scannern zur Anwendung, also bei allen Geräten, die mit Licht arbeiten. Beim RGB-Modell handelt es sich um eine additive Farbsynthese, eine Mischung von Lichtfarben. Die Primärfarben dieser Farbmischung sind Rot, Grün und Blau. Wenn alle drei Farben mit maximaler Kraft auf einen Punkt strahlen, ergibt dies Weiß. Schwarz entsteht, wenn – logischerweise – kein Licht strahlt. Leuchten jeweils nur zwei der drei Farben, entstehen die Sekundärfarben Gelb, Magenta und Cyan.

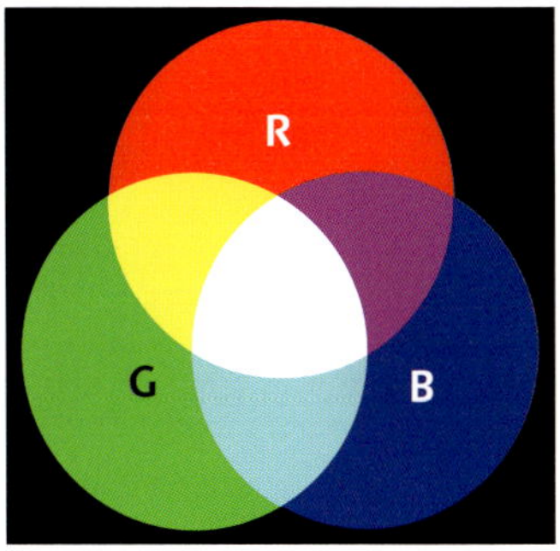

▲ **Abbildung B.6**
Das RGB-Farbmodell

In einem RGB-Bild setzt sich die Farbe jedes Pixels aus den drei Kanälen Rot, Grün und Blau zusammen. Wenn alle drei Kanäle den Wert 0 haben, wird kein Licht verwendet, und das Pixel bleibt schwarz. Bei der vollen Leuchtstärke von 255 aller Kanäle leuchtet das Pixel weiß. Je höher der Wert ist, desto höher ist also die Leuchtintensität. Über diese drei Kanäle lassen sich bei einer Farbtiefe von 8 Bit somit 16,7 Millionen Farben darstellen (256 × 256 × 256) – weitaus mehr, als unser menschliches Auge unterscheiden kann. Tabelle B.2 listet einige grundlegende Farbmischungen der Primär- und Sekundärfarben auf.

Farbe	Rot-Wert	Grün-Wert	Blau-Wert
Rot	255	0	0
Grün	0	255	0
Blau	0	0	255
Gelb	255	255	0
Magenta	255	0	255
Cyan	0	255	255
Weiß	255	255	255
Schwarz	0	0	0
Grau	127	127	127

◂ **Tabelle B.2**
Einige Farbmischungen im RGB-Farbmodell

CMYK und Photoshop Elements
Wie bereits erwähnt, unterstützt Photoshop Elements nur das RGB-Farbmodell. Das CMYK-Farbmodell ist dem größeren Photoshop CC vorbehalten. Da dieses Modell für den Druck Ihrer Bilder aber durchaus einmal relevant werden könnte, wissen Sie nach diesem Abschnitt, was es damit auf sich hat.

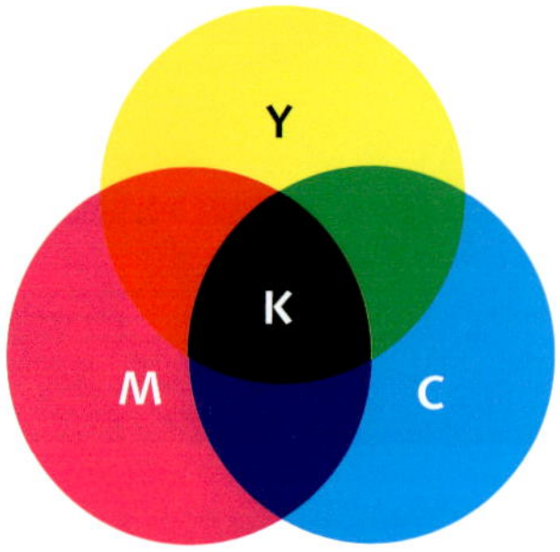

▲ **Abbildung B.7**
Das CMYK-Farbmodell

B.2.2 Farbmodus CMYK

Das CMYK-Farbmodell wird bevorzugt bei Druckverfahren eingesetzt. Es ist ein subtraktives Modell, das heißt, die Farbwirkung entsteht dadurch, dass die gedruckten und gemischten Farben nicht selbst leuchten, sondern Licht filtern und das Restlicht reflektieren. Die Abkürzung CMYK steht für **C**yan (Türkis), **M**agenta (Fuchsie), **Y**ellow (Gelb) und Blac**k** (Schwarz). Beim Drucken wird daher vom *Vierfarbdruck* gesprochen. Das Schwarz dient vor allem dazu, die Helligkeit der CMY-Farben anzupassen. Jede der Farben kann Werte von 0 (keine Farbe) bis 100% (Vollfläche) annehmen.

Cyan, Magenta und Yellow würden theoretisch ausreichen, um Schwarz zu erstellen. Dafür müssten alle drei Werte auf 100% gestellt werden. In der Praxis funktioniert dies allerdings nicht gut. Daher wird zusätzlich die Farbe Schwarz verwendet, um auch Kontrast und Tiefe zufriedenstellend darstellen zu können.

B.3 Farbtiefe

Die Farbtiefe beschreibt, wie viele unterschiedliche Farben ein einzelnes Pixel im Bild aufnehmen kann. Die Angabe erfolgt in Bit. Ein Strichbild (bzw. Bitmap), in dem es nur die beiden Farben Schwarz und Weiß gibt, hat 1 Bit Farbtiefe. 1 Bit ist auch die kleinste Datenmenge in der Informatik und kann entweder den Wert 0 oder 1 haben. Um Schwarz oder Weiß darzustellen, ist lediglich 1 Bit nötig: Hat das Bit den Wert 0, ist das Bild schwarz; bei einem Wert von 1 ist das Bild weiß.

Wie viel sehen wir?
Unser Auge vermag etwa 50 bis 100 Helligkeitswerte zu unterscheiden. Ein Bild mit 8 Bit ist daher für unser Auge völlig ausreichend.

Besitzt ein Bild hingegen 8 Bit pro Kanal, wie es bei klassischen JPEG-Fotos aus der Kamera der Fall ist, ergibt dies 256 mögliche Farben pro Kanal ($2^8 = 256$). Bei einem RGB-Bild mit drei Kanälen (Rot, Grün und Blau) erhalten Sie insgesamt 24 Bit Farbtiefe. Somit stehen für ein einzelnes Pixel 16,7 Millionen Farbmöglichkeiten (256^3) zur Verfügung.

Doch bei 8 Bit Farbtiefe pro Farbkanal ist noch lange nicht Schluss. Mit höherwertigen Kameras können Sie Bilder mit einer höheren Farbtiefe aufnehmen. Zwar kann unser menschliches Auge höhere Farbtiefen wie beispielsweise 16 Bit nicht wahrnehmen, aber ein Mehr an Farbinformationen und Tonwerten in einem Bild bedeutet auch mehr Möglichkeiten in der Nachbearbeitung von Farben, Belichtung, Kontrast, Helligkeit oder Sättigung. Bei einem Bild mit 8 Bit stoßen Sie schnell an Grenzen und in sehr hellen oder dunklen Bildbereichen sind keinerlei Informationen mehr im Bild enthalten. Diese Bereiche lassen sich folglich auch nicht mehr retten. Für die Ausgabe in Digital- oder Printmedien oder die Weitergabe im Internet reichen die 8 Bit Farbtiefe pro Farbkanal aber in der Regel aus.

Farbtiefe	Anzahl darstellbarer Farben
1 Bit	$2^1 = 2$
8 Bit	$2^8 = 256$
12 Bit	$2^{12} = 4096$
16 Bit	$2^{16} = 65536$
32 Bit	$2^{32} = 4294967296$

◂ **Tabelle B.3**
Übersicht über einige gängige Farbtiefen

Farbtiefe mit Photoshop Elements ändern | In Photoshop Elements können Sie maximal mit 8 Bit Farbtiefe arbeiten. Zwar können Sie auch Bilder mit 16 Bit Farbtiefe öffnen, aber dann sind die meisten Funktionen ausgegraut und lassen sich nicht verwenden. Sie können die Farbtiefe dann über Bild • Modus ändern. Beachten Sie allerdings, dass Sie bei einer Modusänderung auch die Farbwerte unwiderruflich ändern und diese bei einer Rückkonvertierung nicht wiederherstellen können. Arbeiten Sie aus diesem Grund niemals mit dem Originalbild. Die Kopie des Bildes sollten Sie wiederum zuerst im Originalmodus bearbeiten. Im Idealfall (und in der Regel) liegt das Bild im RGB-Modus vor. Nur in diesem Modus haben Sie Zugriff auf alle Bildbearbeitungsfunktionen von Photoshop Elements.

Ausgegraute Funktionen
Sind im Menü viele Funktionen ausgegraut und stehen demnach für die Bildbearbeitung nicht zur Verfügung, sollten Sie den Bildmodus über Bild • Modus überprüfen. Nur im RGB-Modus stehen alle Bildbearbeitungsfunktionen bereit.

Die Angabe von 8 Bit pro Farbkanal unter Bild • Modus ist ausgegraut und steht nur zur Verfügung, wenn Sie zum Beispiel ein Raw-Bild mit Adobe Camera Raw bearbeitet und mit 16 Bit Farbtiefe in Photoshop Elements geöffnet haben. In diesem Fall können Sie dann die Farbtiefe von 16 Bit auf 8 Bit reduzieren.

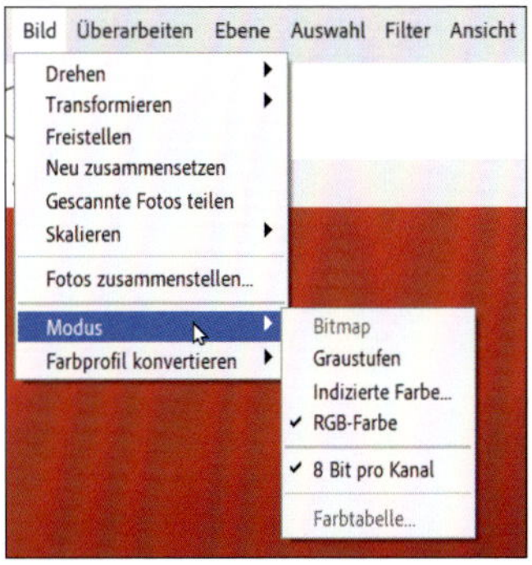

▴ **Abbildung B.8**
Über Bild • Modus finden Sie alle in Photoshop Elements verfügbaren Modi.

Modus »RGB-Farbe« – der Bildbearbeitungsstandard | Photoshop Elements arbeitet standardmäßig mit dem RGB-Farbmodell. Mit dem RGB-Modus werden Sie am wenigsten Probleme bei der Bildbearbeitung haben. Beim Import von Bildern über einen Scanner oder eine Kamera und in anderer Bildbearbeitungssoftware wird ebenfalls der RGB-Modus verwendet.

Modus »Indizierte Farben« | Mit Indizierte Farbe erhält jedes Pixel anstelle eines Wertes der RGB-Farbkanäle lediglich einen Index, der auf einen Wert in einer Farbpalette verweist. Diese Farbpalette wird gemeinsam mit dem Bild gespeichert.

▲ **Abbildung B.9**
Einstellungsmöglichkeiten, um aus einem Bild ein Bild mit indizierten Farben zu machen

Bei diesem Modus erhält jedes Pixel eine Nummer. Zu dieser Nummer wird dann in einer Tabelle die zugehörige Farbe hinterlegt. Es steht ein Kanal mit 256 Farben (also 8 Bit Farbtiefe) zur Verfügung. So lässt sich viel Speicherplatz sparen. Eingesetzt werden indizierte Farben im Webbereich bei Grafikformaten wie GIF. Für die Bildbearbeitung ist diese radikale Farbreduzierung eher ungeeignet.

Wenn Sie ein Bild in den Modus Indizierte Farbe umwandeln (Bild • Modus • Indizierte Farbe), erscheint ein Dialog mit den verschiedenen Einstellungsmöglichkeiten. Je nach Einstellung fallen die Ergebnisse recht unterschiedlich aus.

Modus »Graustufen« | Ähnlich wie bei Indizierte Farbe wird das Bild auch im Graustufen-Bildmodus in einem Kanal mit 8 Bit Farbtiefe gespeichert. Es ergeben sich maximal 256 Graustufen, vom hellsten Weiß (0) bis zum tiefsten Schwarz (255). In der Regel reichen diese 256 Graustufen vollkommen aus, um eine gute Darstellung zu erzielen.

Genau genommen wird beim Graustufen-Bildmodus die Helligkeit der Graustufen von 0 % (für Weiß) bis 100 % (für Schwarz) beschrieben. Allerdings findet man bis heute noch wie bei den RGB-Farben die Angaben 0 (für Weiß) bis 255 (für Schwarz).

Modus »Bitmap« | Im Bildmodus Bitmap steht Ihnen nur noch ein einziges Bit an Farbtiefe pro Pixel zur Verfügung. Somit kann ein Pixel nur noch Schwarz oder Weiß enthalten.

B.4 Dateiformate

Wie die Informationen von Daten innerhalb einer Datei angeordnet werden, wird mit dem Dateiformat festgelegt. Solche Dateiformate werden gewöhnlich durch Softwarehersteller oder von einem standardisierten Gremium festgelegt. Für digitale Bilder sind besonders die Formate JPEG und Raw von Bedeutung. Bei Bildbearbeitungsprogrammen kommen dann während der Bearbeitung proprietäre Dateiformate wie beispielsweise PSD (Photoshop) zum Einsatz. Für den Druck von Printmedien ist das TIFF-Format weit verbreitet. Für die Weitergabe im Internet oder bei anderen Digitalmedien spielen neben JPEG noch die Dateiformate GIF und PNG eine Rolle.

B.4.1 Das JPEG-Format

Die JPEG-Kompression (*Joint Photographic Experts Group*) wurde für Pixelbilder der Fotografie und computergenerierte Bilder

(***C***omputer-***g***enerated ***i***magery = CGI) entwickelt. JPEG ist das beste Dateiformat für Fotos mit einer möglichst kleinen Dateigröße. Dieses Format ist auch das Standardformat zur Speicherung von Bildern in Digitalkameras oder mobilen Geräten und wird auch häufig als Bilddateiformat in Digitalmedien verwendet.

Vorteile:

- Es sind bis 16,7 Millionen Farben (8 Bit pro Farbkanal) darstellbar.
- Es ist sehr weit verbreitet und kann fast immer problemlos auf verschiedenen Plattformen, Webbrowsern, in Grafikprogrammen usw. angezeigt werden.
- Qualität und Bildgröße lassen sich sehr flexibel einstellen (gutes Speicherplatz-Qualitäts-Verhältnis).
- EXIF-Informationen (Metadaten) lassen sich in diesem Format sichern.
- Speicherung ist im RGB- oder CMYK-Modus möglich.
- Speicherung von Farbprofilen ist möglich.

Nachteile:

- JPEG komprimiert immer mit Verlusten. Jedes weitere Abspeichern führt zu weiteren Qualitätsverlusten.
- Das Format ist nicht für den professionellen Druck geeignet.
- Es können keine Ebenen und auch keine Alphakanäle (Transparenz) gespeichert werden.

Beachten Sie, dass JPEG eigentlich den Algorithmus bezeichnet, mit dem die Grafik verlustbehaftet komprimiert wird. Die entsprechenden Dateiendungen lauten meistens »*.jpeg«, »*.jpg« oder auch »*.jpe«. Beim Speichern von Bildern im JPEG-Format gehen viele erweiterte Funktionen (zum Beispiel Ebenen) verloren. Die Kompression können Sie bei diesem Format unterschiedlich einstellen. Je stärker die Kompression, desto geringer ist der Speicherverbrauch, aber desto schlechter ist auch die Bildqualität. Bei zu starker Kompression entstehen Kompressionsartefakte.

JPEG als Arbeitsformat

Als Arbeitsformat ist das JPEG-Format weniger geeignet. Bei jedem Speichern wird mit Verlusten komprimiert (auch wenn Sie die Option 100 % VERLUSTFREI verwenden). Wenn Sie JPEG-Bilder des Öfteren überarbeiten und abspeichern, bemerken Sie irgendwann sichtbare Qualitätsverluste im Bild.

B.4.2 PSD – das hauseigene Format

Das hauseigene Format PSD (für ***P****hoto****s****hop* ***D****ocument*) ist ein reines Arbeitsformat und für die Weitergabe von Dateien eher ungeeignet. Um eine PSD-Datei weiterzugeben oder ins Web zu stellen, können Sie sie jederzeit in einem anderen Format abspeichern. Der Austausch mit anderen Adobe-Produkten, wie zum Beispiel Photoshop, funktioniert dagegen problemlos.

Vorteile:

- Die Daten werden verlustfrei ohne Kompression gesichert.

- Die Speicherung kann in verschiedenen Farbmodi und Farbtiefen erfolgen.
- Alle Informationen wie Ebenen, Masken, Alphakanäle, Hilfslinien usw. werden mitgespeichert.

Nachteile:

- Eingeschränkte Weitergabe: Die Software muss beim Laden mit dem proprietären PSD-Datenformat umgehen können. Selbst wenn es gelesen werden kann, können nicht immer alle Informationen verwertet werden. Daher sind solche Formate häufig auf einzelne Anwendungen beschränkt.
- Da die Daten verlustfrei inklusive aller verfügbaren Informationen gesichert werden, ist der Speicherbedarf für solche Formate enorm.

B.4.3 TIFF – das Profiformat für hohe Qualität

TIFF (***T****agged* ***I****mage* ***F****ile* ***F****ormat*, manchmal auch *TIF*) ist eigentlich das Dateiformat schlechthin, wenn es um den Austausch hochwertiger Bilddateien geht. Auch mit Transparenzen bei voller Farbtiefe kann das TIFF sehr gut umgehen. Das Format speichert die Dateien verlustfrei. Diese sind allerdings recht groß, da TIFF keine hohe Kompressionsrate besitzt.

Beim Abspeichern können Sie TIFF wahlweise komprimiert oder unkomprimiert sichern. Beim Komprimieren haben Sie die Wahl zwischen den beiden verlustfreien Kompressionsverfahren LZW und ZIP und der verlustbehafteten JPEG-Komprimierung.

In der Praxis ist TIFF neben PDF das wichtigste Format zum Austausch von Daten in der Druckvorstufe, weil es auch das für den Druck benötigte CMYK-Farbprofil unterstützt. Aber auch als Speicher- und Austauschformat in der Bildbearbeitung ist TIFF sehr gut geeignet. TIFF ist somit quasi ein Standardformat für Bilder mit hoher Qualität.

Vorteile:

- Eine Speicherung ist in fast jedem Farbmodus möglich.
- Das Format unterstützt eine Farbtiefe von 8 Bit, 16 Bit oder 32 Bit pro Farbkanal.
- Das Format ermöglicht die Speicherung von Farbprofilen.
- Sie können Ebenen und Alphakanäle abspeichern. Dies funktioniert allerdings nicht in allen Bildbearbeitungsprogrammen (möglich zum Beispiel in Photoshop, aber in GIMP beispielsweise nicht).
- Sie können zwischen verlustfreier und verlustbehafteter Komprimierung wählen und haben so Einfluss auf die Speichergröße.

B.4.4 Das GIF-Format

GIF (***G**raphics **I**nterchange **F**ormat*) mit der Dateiendung »*.gif« ist ein richtiger Klassiker unter den Dateiformaten. GIF bietet eine relativ gute, verlustfreie Komprimierung mit 256 Farben. GIF wird bei Grafiken mit wenigen Farbabstufungen, wie beispielsweise Buttons, Logos und Grafiken, in Digitalmedien verwendet. Beliebt ist GIF auch, weil sich damit Animationen erstellen lassen. Zudem unterstützt GIF Transparenz durch Festlegung einer Transparenzfarbe. Für das Speichern von Fotos ist dieses Format allerdings ungeeignet. Als Kompressionsverfahren verwendet GIF immer den LZW-Algorithmus.

Animationen
GIF wird häufig für sehr kleine Animationen im Web verwendet. Dabei werden mehrere Einzelbilder in einem GIF gespeichert. Der Webbrowser oder ein Bildbearbeitungsprogramm zeigt diese Einzelbilder dann zeitverzögert nacheinander an. Auf diese Weise werden, ähnlich wie bei einem Daumenkino, kleine »Filme« abgespielt. Sie können eine Animation entweder einmal abspielen oder in einer Endlosschleife wiederholen.

Vorteile:

- Das Format hat einen geringen Speicherbedarf.
- Bild-für-Bild-Animationen können erstellt werden.
- Sie können Transparenzen speichern (ohne Alphakanal).

Nachteile:

- Das Format speichert keinen Alphakanal, daher sind entweder nur vollständige oder gar keine Transparenzen möglich (keine Abstufungen).
- Es ist nicht für den Druck geeignet, weil viele notwendige Informationen zugunsten des Speicherbedarfs verworfen werden.
- Das Format speichert nur 256 Farben bei 8 Bit Farbtiefe mit einem Kanal (INDIZIERTE FARBEN).
- keine Speicherung von Ebenen oder Farbprofilen

B.4.5 PNG – die bessere Alternative für das Web

Da es mit GIF bis Oktober 2006 noch Probleme bezüglich der Lizenzierung gab, haben fleißige Entwickler das PNG-Format (***P**ortable **N**etworks **G**raphics*) als freie Alternative entworfen. PNG hat dieselben Eigenschaften wie GIF, allerdings ist es damit nicht möglich, Animationen zu erstellen. Im Gegensatz zum JPEG-Format hat PNG den Vorteil, dass die Daten bis zu 100% verlustfrei komprimiert abgespeichert werden. Zudem ist PNG weniger komplex als TIFF. Neben unterschiedlichen Farbtiefen (256 oder 16,78 Millionen Farben) unterstützt PNG auch die Transparenz per Alphakanal. Auch hier können Sie beim Speichern die Kompression einstellen. PNG ist somit ein gutes Format für das Platzieren von Fotos und Grafiken in Digitalmedien.

Vorteile:

- Bilder können mit 8 Bit Farbtiefe (PNG-8) mit einem Farbkanal (= 256 Farben) oder mit 24 Bit Farbtiefe (PNG-24) mit drei Farbkanälen (= 16,7 Millionen Farben) gespeichert werden.

- Sie können eine verlustfreie Komprimierung wählen.
- Das Format speichert Farbprofile.
- Das Format speichert Alphakanäle.

Nachteile:
- Ebenen lassen sich nicht speichern.

B.4.6 WebP – das ideale Format für das Web

Dateiformate wie JPEG, GIF oder PNG sind in den 90er-Jahren und davor entstanden. Seitdem haben sich die Anforderungen an Bilder stark weiterentwickelt, vor allem in Bezug auf die Leistung. Kein Wunder also, dass es zahlreiche Initiativen zur Weiterentwicklung der Bildformate gibt. Formate wie JPEG 2000 oder JPEG XR waren vielversprechend, haben sich aber nie wirklich durchgesetzt.

Das von Google entwickelte WebP-Format wurde speziell für das Web konzipiert. Es liefert selbst bei starker Komprimierung eine bessere Qualität als das JPEG-Format. Im Vergleich zu JPEG-Bildern sind WebP-Bilder etwa 25–35 % kleiner. Auch die Unterstützung für Animationen wurde hinzugefügt. Darüber hinaus unterstützt WebP auch Transparenz, XMP-Metadaten und ICC-Profile. Bilder können verlustfrei oder verlustbehaftet gespeichert werden.

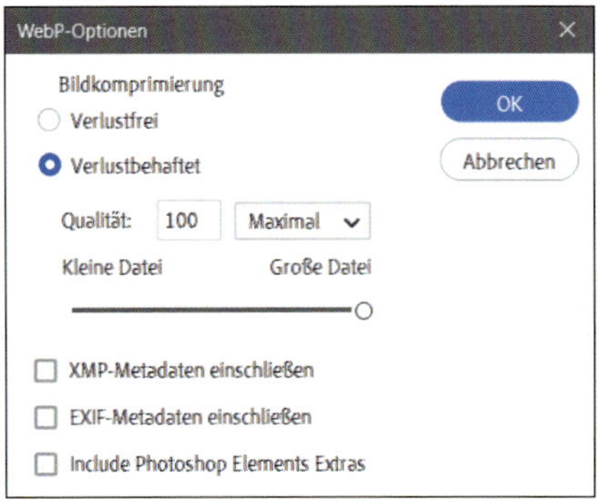

Abbildung B.10 ▸
Der Dialog, um Bilder im WebP-Format zu speichern

Trotz dieser Vorteile unterstützt insbesondere Apple WebP nur sehr zögerlich. Der Browser-Support für das Format ist heute aber ziemlich gut. Dennoch wird das WebP-Format immer noch nicht so eingesetzt, wie man dies eigentlich erwarten würde. Hier werden Vorteile wie eine geringere Ladezeit und weniger Datenübertragung verschenkt. Es gibt eigentlich keinen Grund mehr, WebP nicht im Internet gegenüber JPEG, GIF oder PNG zu bevorzugen. Mit WebP werden alle Vorteile vereint, die man mit JPEG und PNG zusammen hat.

Format	Transparenz	Verlustfrei	Verlustbehaftet	Animierbar
JPEG	Nein	Nein	Ja	Nein
PNG	Ja	Ja	Nein	Ja
WebP	Ja	Ja	Ja	Ja

◂ **Tabelle B.4**
Das WebP-Format im Vergleich mit den Formaten JPEG und PNG

B.4.7 Das Rohdatenformat aus der Kamera

Viele gute Digitalkameras und auch Smartphones können Bilder auch im Rohdatenformat speichern, was häufig auch als *Raw-Format* bezeichnet wird. Dabei handelt es sich nicht um ein hersteller- oder systemunabhängiges Datenformat wie bei JPEG, TIFF oder PNG, sondern um ein herstellereigenes Format. Das bedeutet, dass jeder Hersteller sein eigenes Raw-Format anbietet. Canon verwendet beispielsweise die Dateiendung »*.cr2«, Nikon nutzt »*.nef« und Leica die Endung »*.raw«, um nur einige zu nennen.

Beim Raw-Format handelt es sich um ein in der Kamera unbehandeltes Bild, das zwar die drei Farbsignale Rot, Grün und Blau enthält, sie aber nicht in einen Farbraum konvertiert. Alle Informationen sind genau so gespeichert, wie sie auf dem Sensor der Digitalkamera aufgenommen wurden. Für die Bearbeitung von Raw-Bildern benötigen Sie einen speziellen Raw-Konverter wie zum Beispiel das Adobe Camera-Raw-Plug-in von Photoshop Elements.

Vorteile:

- Raw-Dateien sind nicht komprimiert.
- Sie haben maximale Möglichkeiten in der Bildbearbeitung für die beste Bildqualität.

Nachteile:

- Sie benötigen eine eigene Software zur Bearbeitung.
- Die Bilder **müssen** nachbearbeitet werden.
- Für die Weitergabe muss die Datei erst in ein Format wie JPEG oder TIFF exportiert werden.
- Raw benötigt viel Speicherplatz.

HEIF – ein Format für die Zukunft?!
Auf dem Mac und dem Windows-PC können Sie auch Bilder im HEIF-Format (***H**igh **E**fficiency **I**mage **F**ile **F**ormat*) in den Organizer importieren und im Fotoeditor öffnen. HEIF ist ein anderer Name für HEIC und wurde dafür entwickelt, irgendwann einmal das JPEG-Format abzulösen. Eine Bilddatei im HEIC-Format ist halb so groß wie eine Bilddatei im JPEG-Format.

B.5 Farbmanagement mit Photoshop Elements

Für die richtige Darstellung der Farben bietet Photoshop Elements einige einfache Einstellungen an, die Sie im Fotoeditor über den Menübefehl Bearbeiten • Farbeinstellungen oder [Strg]/[cmd]+[⇧]+[K] aufrufen.

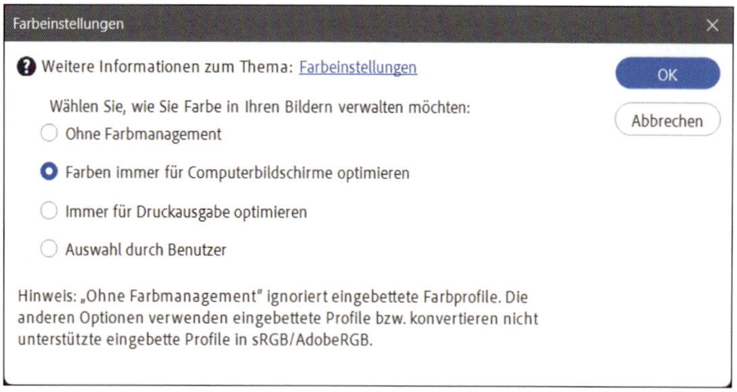

Abbildung B.11 ▸
Der einfach gehaltene Dialog zum Farbmanagement mit Photoshop Elements

- Ohne Farbmanagement: Öffnen Sie ein Bild mit dieser eingestellten Option, wird das eingebettete Profil entfernt. Während der Bearbeitung im Fotoeditor wird das Monitorprofil als Farbraum verwendet. Beim Speichern wird zwar kein Profil zugeordnet, aber Sie können zumindest im Dialog Speichern unter bei Farbe das ICC-Profil des Monitors auswählen.

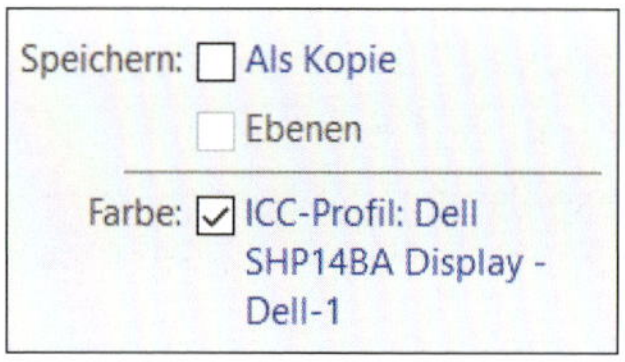

◂ **Abbildung B.12**
Das ICC-Profil des Monitors mitspeichern

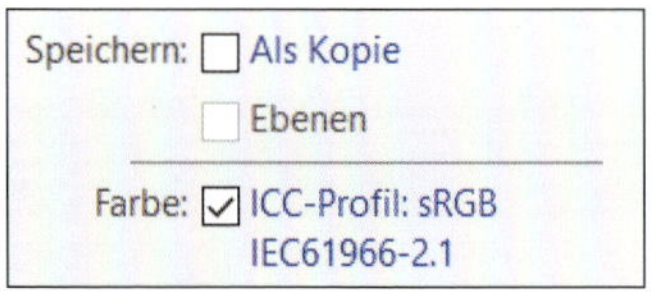

▴ **Abbildung B.13**
Der Spezialist für die Computerbildschirme – der sRGB-Farbraum

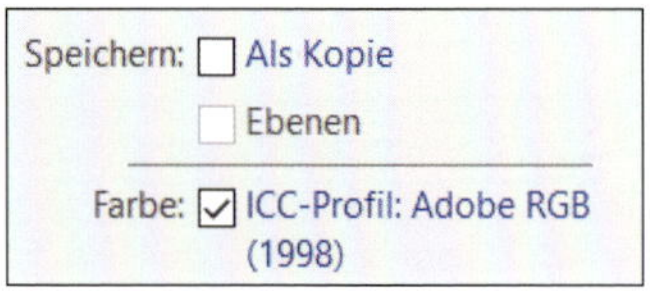

▴ **Abbildung B.14**
Bestens für den Vierfarbdruck geeignet ist das Adobe-RGB-Profil.

- Farben immer für Computerbildschirme optimieren: Es wird sRGB als Arbeitsfarbraum verwendet, wenn Photoshop Elements das eingebettete Profil nicht unterstützt. Ansonsten wird das eingebettete Profil benutzt. sRGB wird auch verwendet, wenn eine Datei beim Öffnen gar kein Farbprofil enthält. Auch im Dialog Speichern unter können Sie dann bei der Option ICC-Profil das eingebettete Profil zuweisen oder, wenn das nicht unterstützt wird, das sRGB-Profil.
- Immer für Druckausgabe optimieren: Adobe RGB wird als Arbeitsfarbraum verwendet. Das eingebettete Profil bleibt erhalten und kann auch im Dialog Speichern unter wieder bei der Option ICC-Profil zugewiesen werden. Enthält die Datei beim Öffnen gar kein Farbprofil, wird automatisch Adobe RGB zugewiesen.
- Auswahl durch Benutzer: Beim Öffnen von Dateien ohne ein Profil können Sie über einen Dialog zwischen kein Farbmanagement, sRGB oder Adobe RGB wählen. Das entsprechende Profil steht Ihnen dann auch im Dialog Speichern unter unter dem ICC-Profil zum Mitspeichern zur Verfügung. Hat die

Datei jedoch ein eingebettetes Profil, wird dieses verwendet, sofern es von Photoshop Elements unterstützt wird.

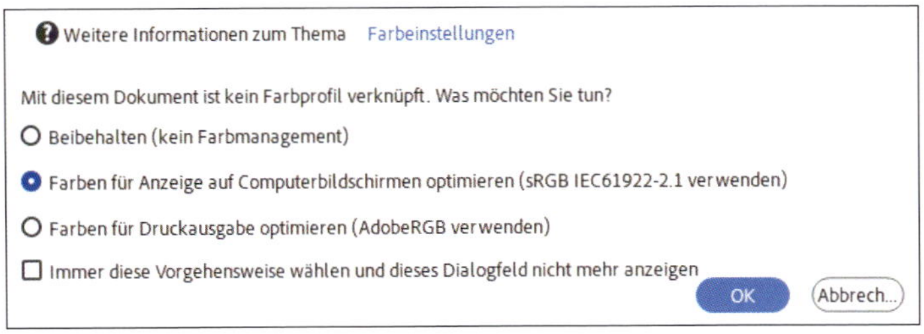

◂ **Abbildung B.15**
Öffnen Sie ein Bild ohne Farbprofil, können Sie mit der Option AUSWAHL DURCH BENUTZER selbst entscheiden, was Sie damit machen wollen.

Standard-Farbprofil: sRGB | Das häufig anzutreffende Profil mit dem kleinsten Farbraum ist sRGB. Wird dieses Profil verwendet, dürften Sie am wenigsten Probleme haben, wenn ein Bild auch auf anderen Bildschirmen angezeigt wird. Jeder Monitor verfügt mindestens über den sRGB-Farbraum, und für Bilder, die Sie im Internet veröffentlichen, ist sRGB völlig ausreichend.

Adobe RGB | Es herrscht leider häufig noch der Irrtum vor, Adobe RGB könne mehr Farben darstellen als sRGB. Die Anzahl der Farben hängt von der Farbtiefe ab, und ein 8-Bit-RGB-Bild kann daher 16,7 Millionen Farben kodieren, egal in welchem Farbraum. Der Unterschied liegt vielmehr in der Größe des Bereichs, über den sich diese 16,7 Millionen Farben erstrecken (auch als *Gamut* bezeichnet). Und hier ist es richtig, dass der Bereich des Adobe-RGB-Farbraums größer ist. Durch den größeren Gamut von Adobe RGB werden auch mehr für das menschliche Auge unterscheidbare Farben dargestellt als bei sRGB. Für die Auswahl des Farbraums ist also der Anwendungszweck entscheidend und mit welchen Geräten Sie die Farben verwenden wollen. Die Option ADOBE RGB wird tendenziell für die Weiterverarbeitung im Vierfarbdruck (CMYK) genutzt.

B.5.1 Konvertieren des Farbprofils

Wenn Sie ein Bild öffnen, weist Photoshop Elements das Farbprofil auf Grundlage der Einstellung des zuvor beschriebenen Dialogs FARBEINSTELLUNGEN zu. In der Praxis dürften Sie daher eher selten das Farbprofil verändern wollen. Wenn Sie trotzdem das Farbprofil anpassen möchten – was Sie allerdings nur dann tun sollten, wenn Sie sich im Klaren darüber sind, was Sie tun –, finden Sie über das Untermenü BILD • FARBPROFIL KONVERTIEREN die folgenden drei Befehle dazu:

- PROFIL ENTFERNEN: Damit entfernen Sie das Farbprofil komplett, sodass die Datei keinem Profil und somit keinem Farbmanagement mehr unterliegt. Im Dialog SPEICHERN UNTER können Sie trotzdem noch optional über ICC-PROFIL im sRGB-Farbraum speichern.

- IN SRGB-PROFIL KONVERTIEREN: Damit betten Sie das sRGB-Profil in die Datei ein. Liegt das Bild in einem anderen Profil vor, wird es in das sRGB-Profil konvertiert. Ist bereits ein sRGB-Profil in der Datei eingebettet, ist dieser Befehl ausgegraut.

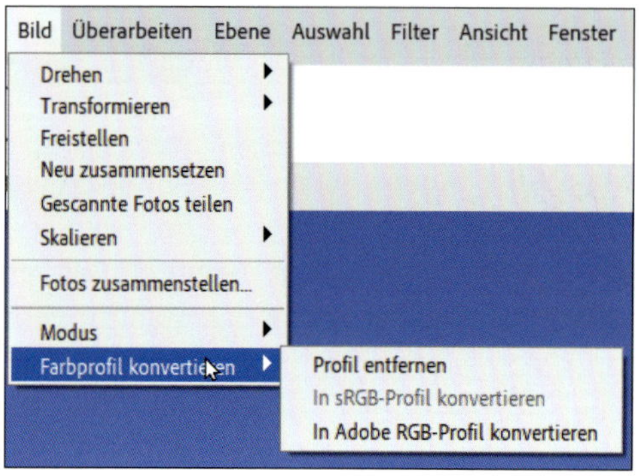

Abbildung B.16 ▸
Manuelle Konvertierung des Farbprofils

- IN ADOBE RGB-PROFIL KONVERTIEREN: Bettet das Adobe-RGB-Profil in die Datei ein. Ist in der Datei ein anderes Profil eingebettet, wird es in das Adobe-RGB-Profil konvertiert. Auch hier gilt: Ist der Befehl ausgegraut, liegt die Datei bereits im Adobe-RGB-Profil vor.

B.5.2 Farbprofil beim Drucken auswählen

Um auch beim Drucken ein ICC-Profil auszuwählen, klicken Sie einfach im DRUCKEN-Dialog (DATEI • DRUCKEN) auf die Schaltfläche MEHR OPTIONEN. Im Dialog wechseln Sie in das FARBMANAGEMENT ❶. Wählen Sie bei FARBHANDHABUNG ❷ die Option DURCH PHOTOSHOP ELEMENTS aus. Nun können Sie unter DRUCKERPROFIL ❸ das gewünschte Profil festlegen.

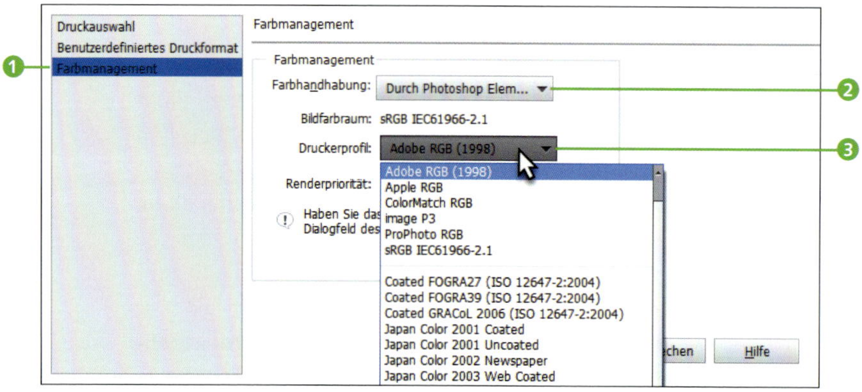

Abbildung B.17 ▸
Auswählen des Profils zum Drucken

Anhang C
Zusatzmodule, Aktionen und Plug-ins

Sollte Ihnen der Funktionsumfang von Adobe Photoshop Elements nicht ausreichen, können Sie den Fotoeditor um weitere Plug-ins und Aktionen erweitern. Wie und was dabei geht, will ich Ihnen in diesem Anhang kurz beschreiben.

C.1 Plug-ins nachinstallieren

Natürlich ist es auch möglich, Photoshop Elements mit weiteren Zusatzmodul-Filtern nachzurüsten, die entweder von Adobe oder von anderen Softwareentwicklern stammen. In der Regel werden solche Filter im Menü FILTER angezeigt, sofern der Entwickler des Moduls keine anderen Vorgaben gemacht hat. Zusatzmodule sind im Grunde weitere Softwareprogramme, die Zusatzfunktionen für Photoshop Elements bieten.

Abhängig vom Hersteller des Zusatzmoduls haben Sie drei Möglichkeiten, um das Plug-in zu installieren:

1. **Installer**: Einige Hersteller liefern ihre Plug-ins mit einer Installierroutine, die Sie bei der Installation an die Hand nimmt und durch die Installation begleitet.
2. **Kopieren**: Sie kopieren die Plug-in-Datei(en) manuell ins dafür vorgesehene Plug-in-Verzeichnis. In meinem Fall ist dies beispielsweise C:\PROGRAMME\ADOBE\PHOTOSHOP ELEMENTS 2026\PLUG-INS. BEIM MAC WÄRE DIES PROGRAMME/ADOBE PHOTOSHOP ELEMENTS 2026/SUPPORT FILES/PLUG-INS. Beim nächsten Neustart von Photoshop Elements sollten Sie das Plug-in dann im Menü FILTER vorfinden.
3. **Eigenen Ordner einrichten**: Anstelle eines fixen Verzeichnisses können Sie auch den Menüpunkt PHOTOSHOP ELEMENTS EDITOR/BEARBEITEN • VOREINSTELLUNGEN • PLUG-INS wählen, ein

Photoshop-Module
Gute Nachrichten auch, was Photoshop-Module betrifft: Viele im Web vorhandene Module lassen sich auch im kleinen Photoshop, in Elements, verwenden.

Support
Es versteht sich, dass Sie bei der Verwendung von Zusatzmodulen mögliche Fragen an den Hersteller und nicht an Adobe richten sollten.

Häkchen vor Zusätzlicher Zusatzmodulordner setzen und den Ordner über die Schaltfläche Wählen ❶ auswählen, in dem sich das oder die Zusatzmodul(e) befindet bzw. befinden.

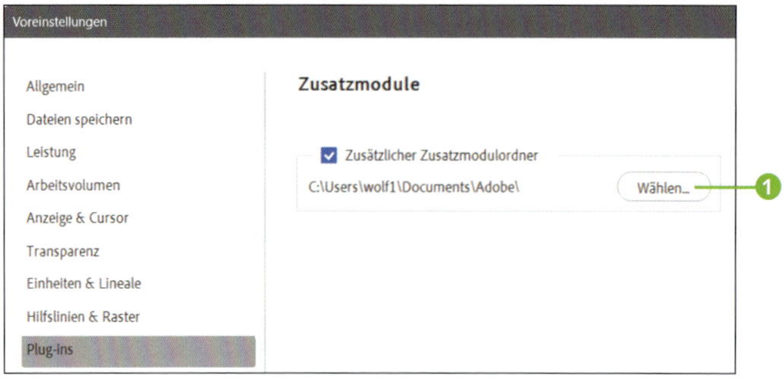

Abbildung C.1 ▸
Eigenen Ordner für Plug-ins einrichten

Plug-ins für macOS
Wenn Sie Plug-ins für den Mac herunterladen, sollten Sie darauf achten, dass diese auch für den Mac gekennzeichnet sind. Ein Plug-in für Windows funktioniert nicht auf einem Mac, ebenso wenig läuft es umgekehrt.

Probieren geht über ...
Da Photoshop Elements von Haus aus viele Aktionen anbietet, empfehle ich Ihnen, damit zu experimentieren. Interessant ist zum Beispiel die Aktion Sofort-Schnappschuss im Aktionssatz Spezialeffekte, mit der Sie eine Art Polaroid-Foto erstellen. Hier wird beim Ausführen der Aktion ein Dialogfeld eingeblendet, in dem Sie eine Einstellung vornehmen und bestätigen müssen. Erst dann wird die Aktion abgeschlossen.

C.2 Aktionen anwenden und nachinstallieren

Die Aktionen können Sie über Fenster • Aktionen aufrufen. Bei den Aktionen handelt es sich ganz einfach um einen vordefinierten Arbeitsablauf verschiedener Befehle, der der Automatisierung von Arbeitsprozessen dient.

Die Verwendung von Aktionen ist einfach. Laden Sie ein Bild in den Fotoeditor, und wählen Sie aus der Liste von Aktionen ❷ eine Aktion aus. Die Aktionen sind hierbei in einer ordnerähnlichen Hierarchie angeordnet. Die ausgewählte Aktion ist blau markiert ❸. Mit einem Klick auf das Playsymbol ❹ wird die Aktion auf das aktive Bild angewendet.

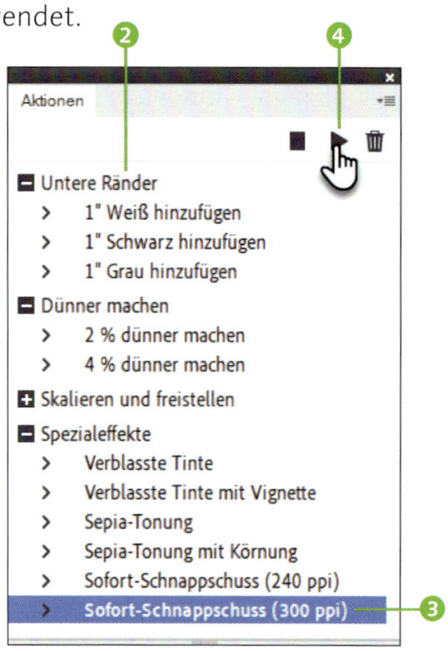

Abbildung C.2 ▸
Eine Aktion nach der Ausführung, hier bei der Erstellung eines Polaroid-Fotos (Sofort-Schnappschuss [300 ppi])

Schritt für Schritt
Aktionen nachinstallieren

Es ist möglich, die Aktionen um viele weitere kostenlose und kommerzielle Aktionen, die es beispielsweise im Internet zum Download gibt, zu erweitern. Ein interessanter Weblink, über den Sie Photoshop Elements um tolle Aktionen erweitern können ist *www.panosfx.com*.

Was geht und was nicht
Leider ist es nicht möglich, eigene Aktionen mit Photoshop Elements zu erstellen. Das Erstellen von eigenen Aktionen ist nur dem großen Photoshop vorbehalten. Nicht alle erhältlichen Aktionen, die mit Photoshop CC erstellt wurden, sind unter Photoshop Elements funktionsfähig. Voraussetzung dafür, dass eine Aktion mit Photoshop Elements funktioniert, ist, dass die für die Aktionen benötigten Funktionen auch in Photoshop Elements enthalten sind.

1 Aktionen herunterladen

Suchen Sie sich im Internet eine Aktion aus. Im Beispiel habe ich mich für die Aktionssammlung »Unfolded Paper« von der Webseite *www.panosfx.com* entschieden. Die Seite *www.panosfx.com* kann ich schon aus dem Grund empfehlen, weil die Aktionen zwischen dem großen Photoshop und Photoshop Elements unterschieden werden.

2 Aktionen laden

Ist die Aktion ZIP-komprimiert, müssen Sie diese zunächst entpacken. Merken Sie sich, wo Sie die Aktion entpackt haben, oder legen Sie sich einen eigenen Ordner für heruntergeladene Aktionen an. Klicken Sie auf das kleine Dropdown-Menü (1) im Bedienfeld AKTIONEN, und wählen Sie dort den Befehl AKTIONEN LADEN (2) aus. Jetzt öffnet sich der Dialog zum Laden. Aktionen haben die Dateiendung »*.atn«. Gehen Sie daher jetzt zu dem Verzeichnis, in das Sie die Aktion entpackt haben, und laden Sie von dort die ATN-Datei. Die heruntergeladene Aktion hat außerdem auch gleich zwei Teile, weshalb ich hier den zweiten Teil der Aktion auch noch lade. Am Ende finden Sie im Bedienfeld AKTIONEN die geladenen Aktionen.

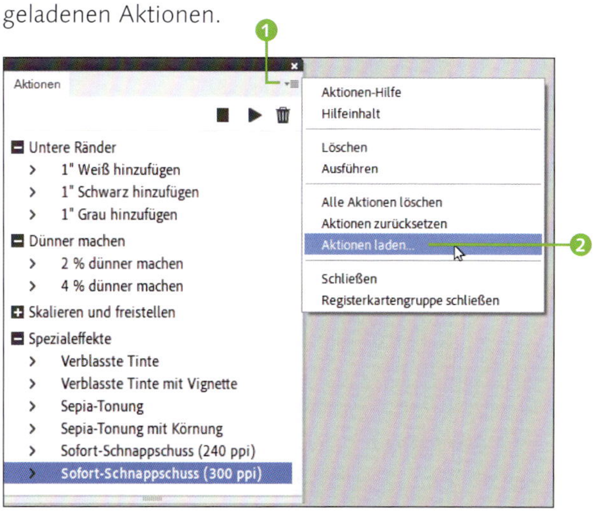

◂ **Abbildung C.3**
Den Befehl zum Laden von Aktionen aufrufen

Aktionen bleiben erhalten
Die geladenen Aktionen bleiben auch nach einem Neustart des Fotoeditors im Bedienfeld AKTIONEN erhalten. Entfernen können Sie Aktionen, indem Sie die entsprechende Aktion markieren und dann das Mülleimersymbol 5 anklicken.

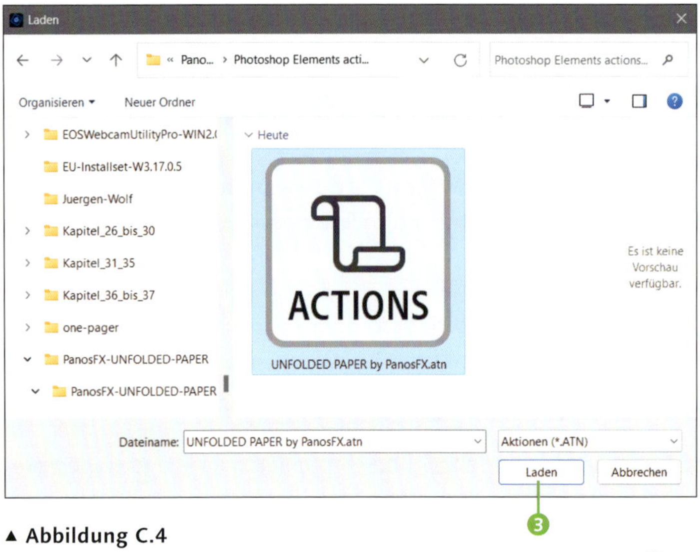

▲ **Abbildung C.4**
Aktionen auswählen und über die gleichnamige Schaltfläche LADEN 3

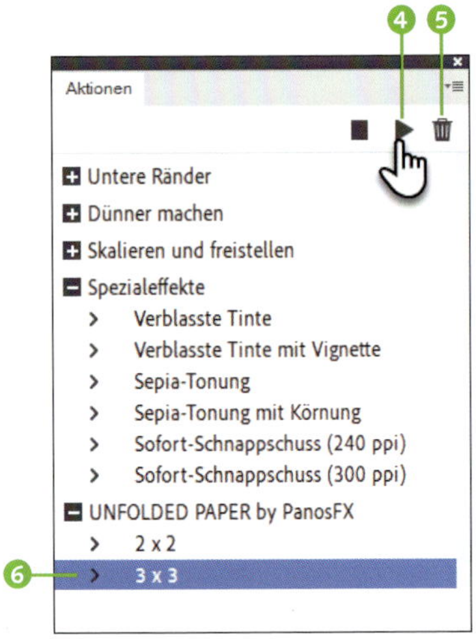

▲ **Abbildung C.5**
Die Aktion ausführen

3 Aktionen ausführen

Wollen Sie die Aktionen jetzt auf ein Bild anwenden, brauchen Sie nur ein Bild in den Fotoeditor zu laden und die Aktionen auszuführen. Im Beispiel habe ich zunächst 3 × 3 6 ausgewählt und die Aktion über das Playsymbol 4 gestartet. Diese Aktion begleitet Sie mit Nachrichtendialogen bis zum Endergebnis und gibt Ihnen zudem weitere Tipps.

▲ **Abbildung C.6**
Auf dieses Bild wird die Aktion 3 × 3 angewandt.

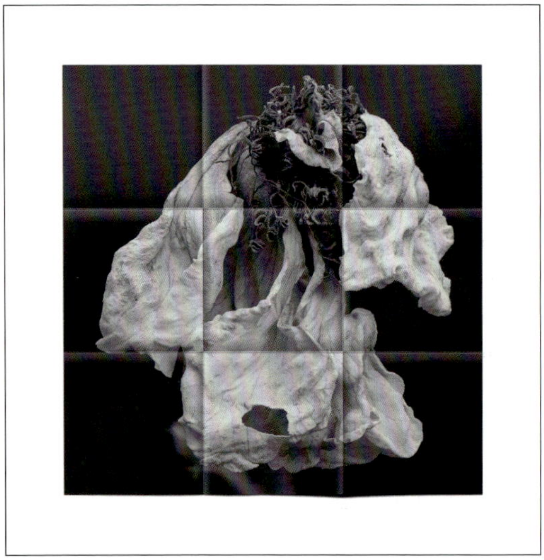

▲ **Abbildung C.7**
Hier sehen Sie das Ergebnis der ausgeführten Aktion.

Anhang D
Die Beispieldateien zum Buch

Auf der Webseite zum Buch *www.rheinwerk-verlag.de/6213* können Sie sämtliche Beispieldateien herunterladen. Scrollen Sie etwa bis zum Ende des ersten Drittels der Seite, dort sehen Sie dann den Kasten MATERIALIEN. Bitte halten Sie Ihr Buchexemplar bereit, damit Sie die Materialien freischalten können. Im Downloadbereich finden Sie neben den Beispielbildern zusätzliches Arbeitsmaterial.

Dieses Icon in der Randspalte des Buches nennt die Beispieldatei der Schritt-für-Schritt-Anleitung und den entsprechenden Unterordner.

Beispielbilder

In diesem Ordner finden Sie die Bilder, die unter anderem in den Schritt-für-Schritt-Anleitungen verwendet werden, sortiert nach den einzelnen Buchkapiteln, in entsprechenden Unterordnern wieder. Um die Bearbeitung der Bilder am eigenen Rechner nachzuverfolgen, müssen Sie einfach die jeweilige Datei in Photoshop Elements öffnen. In der Randspalte des Buches finden Sie jeweils einen Hinweis zur passenden Datei.

Zusatzmaterial

In diesem Ordner haben wir die Tastenkürzel vom Fotoeditor für Sie gesammelt. Die PDF können Sie ausdrucken oder direkt am Bildschirm lesen.

Index

B

C

D

E

F

G

H

I

J

K

L

M

N

O

P

Q

R

S

T

U

V

W

X

Y

Z